中国哲学社会科学学科年鉴
CHINESE ACADEMIC ALMANAC

CHINA JOURNALISM AND
COMMUNICATION
ALMANAC

胡正荣 主编

中国新闻传播学年鉴
2021

中国社会科学出版社

图书在版编目(CIP)数据

中国新闻传播学年鉴.2021 / 胡正荣主编. -- 北京：中国社会科学出版社，2024.10. -- ISBN 978-7-5227-4340-0

Ⅰ.G219.2-54

中国国家版本馆CIP数据核字第2024FQ7360号

出 版 人	赵剑英
责任编辑	彭莎莉
责任校对	李　惠
责任印制	张雪娇

出　　版	中国社会科学出版社
社　　址	北京鼓楼西大街甲158号
邮　　编	100720
网　　址	http://www.csspw.cn
发 行 部	010-84083685
门 市 部	010-84029450
经　　销	新华书店及其他书店

印刷装订	三河市东方印刷有限公司
版　　次	2024年10月第1版
印　　次	2024年10月第1次印刷

开　　本	787×1092　1/16
印　　张	48.25
插　　页	12
字　　数	1051千字
定　　价	398.00元

凡购买中国社会科学出版社图书，如有质量问题请与本社营销中心联系调换
电话：010-84083683
版权所有　侵权必究

《中国新闻传播学年鉴2021》编委会

主任委员　　胡正荣　中国社会科学院新闻与传播研究所所长
副主任委员　方　勇　中国社会科学院新闻与传播研究所党委书记、副所长
　　　　　　胡百精　中国人民大学副校长
　　　　　　段　鹏　中国传媒大学副校长
　　　　　　王润泽　中国新闻史学会会长、中国人民大学新闻学院副院长
　　　　　　高晓虹　教育部高等学校新闻传播学类专业教学指导委员会秘书长
编　　　委（按姓氏音序排列）
　　　　　　陈昌凤　清华大学新闻与传播学院常务副院长
　　　　　　陈　龙　苏州大学传媒学院执行院长
　　　　　　程曼丽　北京大学新闻学研究会会长
　　　　　　陈于武　中国社会科学院新闻与传播研究所纪委书记、副所长
　　　　　　董天策　重庆大学新闻学院院长
　　　　　　冯　诚　兰州大学新闻与传播学院院长
　　　　　　郭万超　北京市社会科学院传媒与舆情研究所所长
　　　　　　耿海军　光明日报社新闻研究部主任
　　　　　　韩立新　河北大学新闻传播学院院长
　　　　　　黄楚新　中国社会科学院新闻与传播研究所数字媒体研究室主任
　　　　　　姜　红　安徽大学新闻传播学院院长
　　　　　　蒋晓丽　四川大学企鹅新媒体学院院长
　　　　　　李秀云　天津师范大学新闻传播学院院长
　　　　　　刘　昶　汕头大学长江新闻与传播学院院长
　　　　　　刘光牛　新华社新闻研究所副所长
　　　　　　刘志明　中国社会科学院新闻与传播研究所舆论学研究室主任
　　　　　　陆绍阳　北京大学新闻与传播学院院长
　　　　　　吕新雨　华东师范大学传播学院院长
　　　　　　孟　威　中国社会科学院新闻与传播研究所网络学研究室主任
　　　　　　彭　剑　四川省社会科学院新闻研究所所长

漆亚林　中国社会科学院大学媒体学院执行院长
钱莲生　中国社会科学院新闻与传播研究所科研处处长
强月新　武汉大学新闻与传播学院院长
苏宏元　华南理工大学新闻与传播学院院长
田俊荣　人民日报社研究部主任
王来华　天津社会科学院舆情研究所所长
王鹏飞　河南大学新闻与传播学院院长
韦　路　浙江大学传媒与国际文化学院院长
向　芬　中国社会科学院新闻与传播研究所新闻学研究室主任
徐清泉　上海社会科学院新闻研究所所长
许加彪　陕西师范大学新闻与传播学院院长
严三九　上海大学新闻传播学院院长
孟庆凯　河北省社会科学院副院长
殷　乐　中国社会科学院新闻与传播研究所应用新闻学研究室主任
余清楚　厦门大学新闻传播学院院长
曾庆香　中国社会科学院新闻与传播研究所传播学研究室主任
张红军　南京大学新闻传播学院执行院长
张举玺　郑州大学新闻与传播学院院长
张明新　华中科技大学新闻与信息传播学院院长
张涛甫　复旦大学新闻学院院长
张晓锋　南京师范大学新闻与传播学院院长
支庭荣　暨南大学新闻与传播学院执行院长
周　勇　中国人民大学新闻学院院长
钟智锦　中山大学传播与设计学院副院长

特约编委（按姓氏音序排列）

白　贵　蔡　骐　常　松　崔保国　杜骏飞
范东升　顾理平　郭庆光　郭中实　胡正荣
李建伟　刘卫东　马兴宇　米博华　石义彬
宋小卫　孙瑞祥　唐绪军　吴　飞　阎立峰
杨思远　杨萌芽　杨锦明　尹明华　张　昆

主　　编　胡正荣

执行主编　朱鸿军

编辑部

主　　任　沙　垚
副 主 任　张　萌
成　　员　贾金玺　韩　博　左　灿
　　　　　叶　俊　孙　萍　刘瑞生
　　　　　肖重斌　张满丽
特约编辑（按姓氏音序排列）
　　　　　白长茂（中国社会科学院新闻与传播研究所）
　　　　　陈开和（北京大学新闻与传播学院）
　　　　　陈瑞仪（暨南大学新闻与传播学院）
　　　　　陈晓伟（郑州大学新闻与传播学院）
　　　　　邓绍根（中国新闻史学会）
　　　　　方金友（安徽省社会科学院新闻与传播研究所）
　　　　　顾　洁（中国传媒大学）
　　　　　贾　杨（天津社会科学院舆情研究所）
　　　　　兰　欢（陕西师范大学新闻与传播学院）
　　　　　李杰琼（北京大学新闻研究会）
　　　　　李秀云（天津师范大学新闻传播学院）
　　　　　林　莉（安徽大学新闻传播学院）
　　　　　刘发群（南京师范大学新闻与传播学院）
　　　　　刘颂杰（中山大学传播与设计学院）
　　　　　龙　伟（重庆大学新闻学院）
　　　　　毛良斌（汕头大学长江新闻与传播学院）
　　　　　彭　剑（四川省社会科学院新闻研究所）
　　　　　彭莎莉（中国社会科学出版社）
　　　　　商建辉（河北大学新闻传播学院）
　　　　　施慧慧（浙江大学传媒与国际文化学院）
　　　　　王　会（新华社新闻研究所）

王传鹏（南京大学新闻传播学院）
王　丽（北京市社会科学院传媒与舆情研究所）
王婷婷（复旦大学新闻学院）
王小骎（清华大学新闻与传播学院）
王志锋（人民日报社研究部）
肖　洋（华东师范大学传播学院）
殷　琦（厦门大学新闻传播学院）
张　放（四川大学文学与新闻学院）
张　青（光明日报社新闻研究所）
张庆园（华南理工大学新闻与传播学院）
张新璐（上海社会科学院新闻研究所）
张　芸（河北省社会科学院新闻与传播学研究所）
赵　博（澳门科技大学人文艺术学院）
郑中原（武汉大学新闻与传播学院）
周婷婷（华中科技大学新闻与信息传播学院）

编辑说明

《中国新闻传播学年鉴》是记录中国新闻学与传播学学科发展变化的学科年鉴，忝列中国社会科学院创新工程项目"中国哲学社会科学学科年鉴"系列。

《中国新闻传播学年鉴》2021年卷是继本年鉴2015年创办以来连续出版的第七卷，全面、真实地反映了2020年我国新闻学与传播学学科发展的实绩。

全书设置12个栏目。卷首选编了29幅照片，记录2020年中国新闻传播学发展情况。值得一提的是，2020年由于新冠疫情的出现，中国新闻传播学界出现大量的线上会议。

"研究综述"栏目分"学科综述"和"专题综述"两部分。"学科综述"对2020年我国新闻理论、广播电视、传播学、新媒体、广告学、编辑出版学等领域的成果进行了梳理和述评；"专题综述"主要刊发了马克思主义新闻观、新闻传播法治与伦理、媒体融合、建设性新闻、新闻教育、政治传播、国际传播、公共传播、科学传播、城市传播、乡村传播、舆情、视听传播、华夏传播等专题2020年的研究成果。

"论文选粹"栏目的第一部分摘编了20篇论文，包括中国社会科学院新闻与传播研究所第九届全国新闻传播学优秀论文遴选活动的成果以及《新闻与传播研究》年度优秀论文各10篇，统一冠名为"《中国新闻传播学年鉴》优秀论文奖"。这些论文是从全国新闻传播专业期刊、综合性社科期刊、高校学报等100多种期刊的1万多篇论文中筛选出来的。本栏目的第二部分为"专题（热点）研究论文选编"，对年度研究相对集中的热点话题进行了观点摘编。

"论文辑览"栏目的第一部分刊发了2020年《新华文摘》、《中国社会科学文摘》、《高等学校文科学术文摘》、人大复印报刊资料《新闻与传播》转载的新闻传播学论文篇目。第二部分刊载了2020年部分新闻传播专业期刊论文索引，包括《国际新闻界》《现代传播（中国传媒大学学报）》《新闻大学》《新闻与传播研究》4家期刊的年度总目录。

"国际交流"栏目则呈现了中国学者2020年在国际期刊（SSCI/A&HCI收录期刊）发表论文和国际合作的概况，同时对发表篇目等予以摘登。

"学术出版"栏目重点推介了20本有代表性的2020年度中外学术新著，整理了2020年我国出版的新闻传播学论著的书目。

"学术期刊"栏目介绍了学术期刊2020年概况，包括《出版发行研究》《国际新闻界》《全球传媒学刊》《现代传播（中国传媒大学学报）》《新闻大学》《新闻记者》《新闻与传播评论》《新闻与传播研究》《中国科技期刊研究》等。

"高校学术概况"栏目介绍了20余家主要新闻传播学院系2020年在学术研究方面的情况,其中包括澳门特别行政区的3所新闻传播学院系。

"研究机构概况及学术社团"栏目介绍了社科院系统7家研究所和中央级媒体(人民日报社、新华社、光明日报社)3家研究机构、2家学会的发展情况。

"学术评奖"栏目涉及论著、论文、教学成果、人物等方面的评奖情况。

"科研项目"栏目汇集了国家社科基金和国家广电总局课题的立项情况。

"学术人物"栏目主要刊载在新闻传播学领域取得突出成就、作出重要贡献的学人的治学经历和学术思考。本卷收录了22位学人的治学自述,包括老、中、青三代学者。这些自述性文字均为学者本人亲撰。

"研究生学苑"栏目重在反映我国研究生教育的状况。主要收录了2020年5篇优秀博士学位论文的内容摘要,2020年博士学位论文篇目和博士后出站报告篇目。

在编辑方面,栏目内条目顺序因循空间和时间两个坐标轴排列。"论文选粹"栏目按论文发表期刊号排序,同一期刊号的按作者姓氏音序排列。"学术评奖"栏目不分级别,按奖项设置时间的先后排列;"学术人物"栏目按学者出生时间的先后排列,同一年份的按姓名音序排列;"序跋选粹"按图书出版时间的先后排序,图书书目先按内容大体分类,再按出版时间排序,同一月份出版的按图书名称音序排列;"高校学术概况""研究机构概况及学术社团"等栏目按院系、机构成立时间的先后排序;"研究生学苑"栏目按高校行政区划排序。其他栏目按内容、音序分类编排。

图说 2020

论坛研讨

2月28日，全国网络素养教育学术峰会在华南理工大学举行。

6月6日，厦门大学新闻传播学科创新发展座谈会在厦门大学举行。

9月25日,"学习贯彻习近平总书记全国抗击新冠肺炎疫情表彰大会重要讲话精神研讨会"在宁夏银川举行。

11月14—15日,"重访网络社区——数字文化研究论坛"在四川大学举行。

11月24日,"网络空间国际规则:实践与探索"论坛在乌镇举行。

12月4—6日,"2020符号学高层论坛——话语与符号传播"在四川外国语大学举行。

12月5日，《红色见证》《在希望的田野上》摄影展览暨学术座谈会在中山大学举行。

12月5日，厦门大学百年影像史暨影像词典高峰论坛在厦门大学举行。

线上会议

四校合作新闻传播研究方法创新工作坊

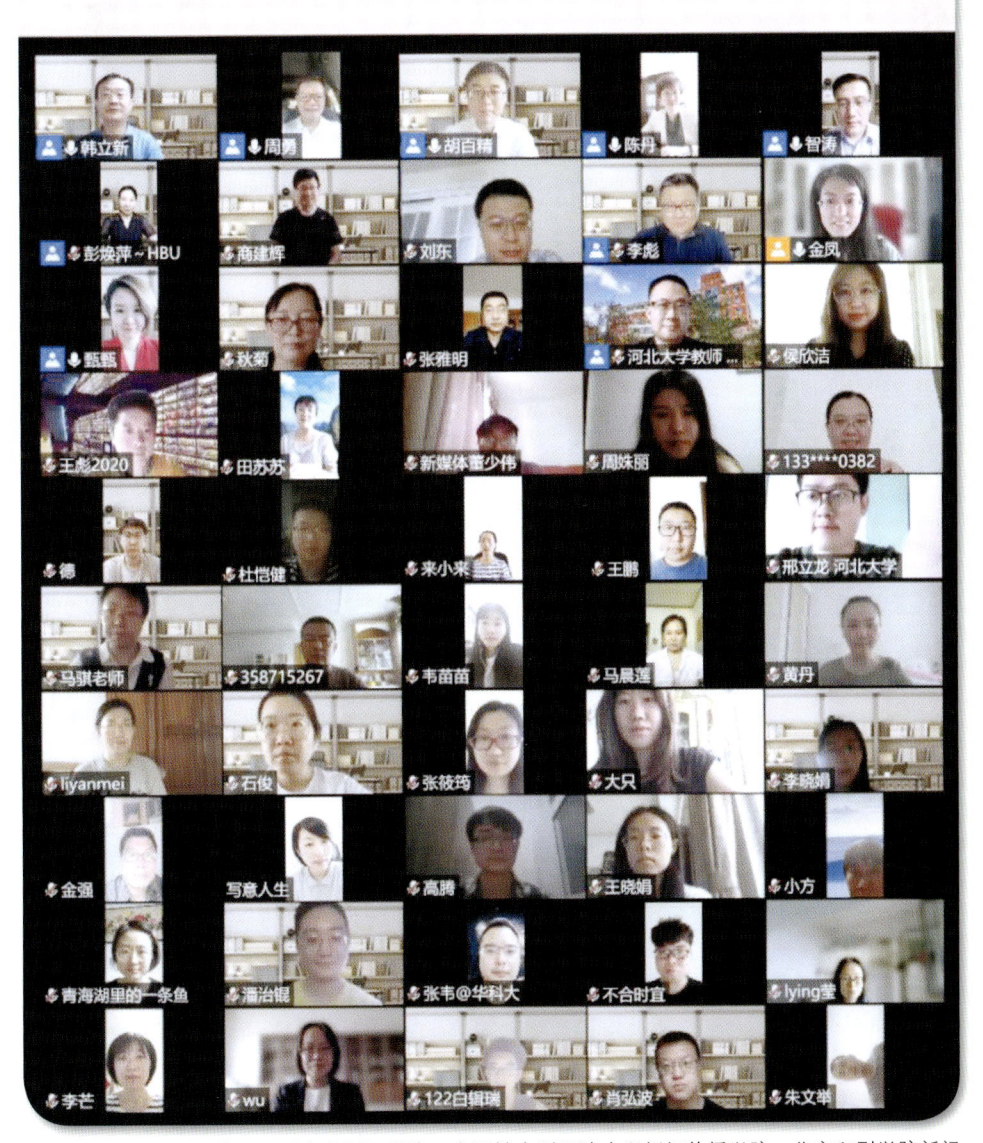

6月12—14日，中国人民大学新闻学院、中国社会科学院大学新闻传播学院、北京印刷学院新闻出版学院和河北大学新闻传播学院主办的第二届"四校合作新闻传播研究方法创新工作坊"在线上举行。

7月25日，由河南大学新闻与传播学院主办的"新文科背景下的新闻与传播教育高端论坛"在线上举行。

9月5日，武汉大学媒体发展研究中心及新闻与传播学院主办的"2020中国传播创新论坛"在线上举行。

图说 2020

12月12日，由暨南大学新闻与传播学院承办的"视觉技术研究：视觉传播与当代社会"学术论坛暨2020年中国新闻史学会视听传播研究委员会学术年会在线上举行。

新生

6月27日，电商直播人才培养论坛暨广州直播电商研究院人才培养基地揭牌仪式在广州举行。

11月18日,广东省社会科学研究基地——暨南大学国家话语体系研究中心在新闻与传播学院举行揭牌仪式。

12月5日,《跨文化传播研究》集刊发布与学术讨论会在武汉举行。

学术年会

10月24日,第五届中国公共关系学术年会暨第十三届公关与广告国际学术论坛在兰州大学举行。

11月7—8日,第九届新闻史论青年论坛暨北京大学新闻学研究会年会在湖南大学举行。

11月14日，2020全国广告学术研讨会暨中国广告教育学术年会在厦门举行。

11月21日，第八届闻天论坛暨2020蓝皮书发布会在上海社会科学院新闻研究所举行。

11月21日，第四届中国主持传播论坛暨第五届口语传播高峰论坛在华东师范大学举行。

11月21日，中国高等教育学会新闻学与传播学专业委员会第八届理事会第三次全体会议暨"后疫情时代的新闻传播教育"学术年会在武汉大学举行。

11月26日，2020年新华社新闻学术年会在北京举行。

11月28—29日，第六届中国新闻史青年学者论坛在华东师范大学举行。

图说 2020

12月11—13日，第三届"中国传播创新研究工作坊"在武汉大学举行。

12月12—13日，"智能驱动下的传媒再造与传播想象"学术年会在郑州举行。

12月18日，第八届广东互联网政务论坛在广州举行。

12月18—19日，第八届传播视野下的中国研究论坛（2020）暨"媒介变迁与知识生产"学术研讨会在华南理工大学举行。

年鉴会议

11月7日,《中国新闻传播学年鉴》第五届编辑出版研讨会在河北大学举行。

11月7日,《中国新闻传播学年鉴》第五届编辑出版研讨会会议现场。

《中国新闻传播学年鉴 2021》简目

研究综述……………………………（1）

　　学科综述………………………（3）

　　专题综述………………………（103）

论文选粹……………………………（257）

　　《中国新闻传播学年鉴》优秀论文奖

　　作品选摘………………………（259）

　　专题（热点）研究论文选编……（269）

论文辑览……………………………（289）

国际交流……………………………（327）

学术出版……………………………（373）

　　新书选介………………………（375）

　　书目辑览………………………（382）

学术期刊……………………………（405）

高校学术概况………………………（429）

研究机构概况及学术社团…………（587）

　　研究机构概况…………………（589）

　　学术社团………………………（630）

学术评奖……………………………（643）

科研项目……………………………（653）

学术人物……………………………（675）

研究生学苑…………………………（723）

目 录

序言　为中国特色哲学社会科学事业立传 ························ 高培勇（1）

研究综述

学科综述

2020 年中国新闻理论研究综述 ···（3）
2020 年中国广播电视研究综述 ··（20）
2020 年中国传播学研究综述 ···（43）
2020 年中国新媒体研究综述 ···（64）
2020 年中国广告学研究综述 ···（79）
2020 年中国编辑出版学研究综述
　　——基于 2020 年中国编辑出版学学术论文关键词词频分析 ···············（92）

专题综述

2020 年马克思主义新闻观研究综述 ·······································（103）
2020 年新闻传播法治与伦理研究综述 ····································（111）
2020 年媒体融合研究综述 ···（120）
2020 年建设性新闻研究综述 ··（130）
2020 年新闻教育研究综述 ···（150）
2020 年政治传播研究综述 ···（161）
2020 年国际传播研究综述 ···（167）
2020 年公共传播研究综述 ···（175）
2020 年科学传播研究综述 ···（185）
2020 年城市传播研究综述 ···（203）

2020年乡村传播研究综述	(211)
2020年舆情研究综述	(220)
2020年视听传播研究综述	(228)
2020年华夏传播研究综述	(245)

论文选粹

《中国新闻传播学年鉴》优秀论文奖作品选摘

桥接社群与跨文化传播：基于对西游记故事海外接受实践的考察	(259)
"信息茧房"在西方：似是而非的概念与算法的"破茧"求解	(260)
网络谣言入罪的尺度与限度	
——以风险刑法为分析视角	(260)
整合框架与解释水平：海内外报纸对"一带一路"报道的对比分析	(261)
劳动者社交媒体言论自由及其限制	(261)
清末京师阅报社考察	
——基于空间和族群的视角	(262)
数字化记忆的双重书写	
——百度贴吧中"克拉玛依大火"的记忆结构之变迁	(262)
短视频平台上的职业可见性：以抖音为个案	(263)
"牧影"：中国流动电影放映再阐释	
——基于滇川藏"大三角"地区田野研究的讨论	(263)
作为知识的"报刊"：清末民初新式教科书中的报刊叙述（1902—1922）	(263)
偏移的转折点：传播学史上被"受众民族志"遮蔽的"双重转向"	(264)
"信息茧房"学术场域偏倚的合理性考察	(264)
早期《申报》"体例"与19世纪新闻人的伦理观	(265)
心智模型视角下风险认知差距的探寻与弥合	
——基于邻避项目风险沟通的实证研究	(265)
"学术性新闻"：马克思在《纽约每日论坛报》的社会历史写作	(265)
新冠中的非典往事：历史类比、记忆加冕与瘟疫想象	(266)
在文化与结构之间：斯图亚特·霍尔传播观的范式整合	(266)
媒介化治理	
——电视问政个案的比较分析	(267)

中国舆论观的近代转型及其困境 ……………………………………………………………（267）
"通知—移除"抑或"通知—拦截"：算法时代的选择 …………………………………（268）

专题（热点）研究论文选编
中国特色新闻学 …………………………………………………………………………（269）
新闻学三个体系建设 ……………………………………………………………………（270）
延安新闻史 ………………………………………………………………………………（271）
县级融媒体中心建设研究 ………………………………………………………………（272）
数据新闻研究 ……………………………………………………………………………（273）
新报刊（阅读）史书写 …………………………………………………………………（274）
短视频平台研究 …………………………………………………………………………（275）
网络治理研究 ……………………………………………………………………………（276）
人工智能研究 ……………………………………………………………………………（277）
游戏研究 …………………………………………………………………………………（278）
国际传播研究 ……………………………………………………………………………（279）
情感传播 …………………………………………………………………………………（280）
媒介记忆 …………………………………………………………………………………（282）
数字劳工 …………………………………………………………………………………（283）
危机传播 …………………………………………………………………………………（284）
5G 时代 ……………………………………………………………………………………（285）
传媒经济 …………………………………………………………………………………（286）
脱贫攻坚 …………………………………………………………………………………（287）

论文辑览

2020 年主要文摘类期刊转载新闻传播学论文篇目
《新华文摘》………………………………………………………………………………（291）
《中国社会科学文摘》……………………………………………………………………（293）
《高等学校文科学术文摘》………………………………………………………………（294）
人大复印报刊资料《新闻与传播》………………………………………………………（294）

2020 年部分新闻传播学专业期刊论文索引
《国际新闻界》……………………………………………………………………………（302）
《现代传播（中国传媒大学学报）》……………………………………………………（306）

《新闻大学》……………………………………………………………………………………（318）
《新闻与传播研究》………………………………………………………………………（322）

国际交流

2020年中国新闻传播研究的国际期刊发表与国际合作
　　——基于SSCI/A&HCI收录数据的计量分析………………………………………（329）
2020年中国传播学国际发表篇目…………………………………………………………（340）

学术出版

新书选介

《宣传：观念、话语及其正当化》…………………………………………………………（375）
《报刊史的底色：近代中国新闻界与社会》………………………………………………（375）
《再访传统：中国文化传播理论与实践》…………………………………………………（375）
《边界、权威与合法性：中国语境下的新闻职业话语研究》……………………………（376）
《新媒体用户研究：节点化、媒介化、赛博格化的人》…………………………………（376）
《注意力分散时代：高速网络经济中的阅读、书写与政治》……………………………（376）
《近代以来中国"大众"话语的生成与流变》……………………………………………（377）
《媒介融合：网络传播、大众传播和人际传播的三重维度》……………………………（377）
《近代中国新闻实践史略》…………………………………………………………………（377）
《网络空间的劳动图景：技术与权力关系中的网络用户劳动及报酬》…………………（378）
《见微知著：地县媒体融合创新实践》……………………………………………………（378）
《互联网传播治理：理论探讨与国际经验》………………………………………………（378）
《释放数据的力量：数据新闻生产与伦理研究》…………………………………………（379）
《想象中国：新媒体时代的中国形象》……………………………………………………（379）
《被算法操控的生活：重新定义精准广告、大数据和AI》………………………………（379）
《传统出版融合发展的路径与对策研究》…………………………………………………（380）
《媒介与传播地理学》………………………………………………………………………（380）
《信息、算法与编码》………………………………………………………………………（381）
《数字出版盈利模式研究》…………………………………………………………………（381）
《敞视与隐匿——视觉文化理论与实践》…………………………………………………（381）

书目辑览

2020 年新闻传播类书目 ……………………………………………………………（382）
  新闻传播理论 ………………………………………………………………（382）
  新闻传播业务 ………………………………………………………………（384）
  新闻传播史 …………………………………………………………………（386）
  媒介经营与管理 ……………………………………………………………（387）
  新媒体 ………………………………………………………………………（388）
  广告 …………………………………………………………………………（392）
  广播电视 ……………………………………………………………………（393）
  电影 …………………………………………………………………………（394）
  国外新闻传播论（译）著 …………………………………………………（397）
  论文集及综合性工具书 ……………………………………………………（400）
  其他 …………………………………………………………………………（403）

学术期刊

学术期刊 2020 年概况

《出版发行研究》……………………………………………………………………（407）
《国际新闻界》………………………………………………………………………（410）
《全球传媒学刊》……………………………………………………………………（412）
《现代传播（中国传媒大学学报）》…………………………………………………（414）
《新闻大学》…………………………………………………………………………（415）
《新闻记者》…………………………………………………………………………（418）
《新闻与传播评论》…………………………………………………………………（420）
《新闻与传播研究》…………………………………………………………………（423）
《中国科技期刊研究》………………………………………………………………（425）

高校学术概况

中国传媒大学新闻传播学科 2020 年学术发展概况 ……………………………（431）
中国人民大学新闻学院 2020 年学术发展概况 …………………………………（444）
复旦大学新闻学院 2020 年学术发展概况 ………………………………………（455）
南京大学新闻传播学院 2020 年学术发展概况 …………………………………（464）

四川大学新闻学院2020年学术发展概况 …………………………………………………………（471）
河北大学新闻传播学院2020年学术发展概况 ……………………………………………………（477）
武汉大学新闻与传播学院2020年学术发展概况 …………………………………………………（481）
北京大学新闻与传播学院2020年学术发展概况 …………………………………………………（488）
暨南大学新闻与传播学院2020年学术发展概况 …………………………………………………（492）
清华大学新闻与传播学院2020年学术发展概况 …………………………………………………（503）
中山大学传播与设计学院2020年学术发展概况 …………………………………………………（511）
天津师范大学新闻传播学院2020年学术发展概况 ………………………………………………（518）
安徽大学新闻传播学院2020年学术发展概况 ……………………………………………………（521）
汕头大学长江新闻与传播学院2020年学术发展概况 ……………………………………………（524）
南京师范大学新闻与传播学院2020年学术发展概况 ……………………………………………（527）
郑州大学新闻与传播学院2020年学术发展概况 …………………………………………………（531）
华南理工大学新闻与传播学院2020年学术发展概况 ……………………………………………（535）
华东师范大学传播学院2020年学术发展概况 ……………………………………………………（540）
厦门大学新闻传播学院2020年学术发展概况 ……………………………………………………（545）
重庆大学新闻学院2020年学术发展概况 …………………………………………………………（548）
河南大学新闻与传播学院2020年学术发展概况 …………………………………………………（554）
上海大学新闻传播学院2020年学术发展概况 ……………………………………………………（557）
兰州大学新闻与传播学院2020年学术发展概况 …………………………………………………（562）
陕西师范大学新闻与传播学院2020年学术发展概况 ……………………………………………（565）
澳门大学社会科学学院传播学系2020年学术发展概况 …………………………………………（574）
澳门科技大学人文艺术学院新闻传播专业2020年学术发展概况 ………………………………（577）
澳门城市大学人文社会科学学院文化产业管理专业2020年学术发展概况 ……………………（584）

研究机构概况及学术社团

研究机构概况

中国社会科学院新闻与传播研究所2020年概况 …………………………………………………（589）
北京市社会科学院传媒与舆情研究所2020年概况 ………………………………………………（598）
上海社会科学院新闻研究所2020年概况 …………………………………………………………（602）
天津社会科学院舆情研究所2020年概况 …………………………………………………………（605）
四川省社会科学院新闻传播研究所2020年概况 …………………………………………………（609）
河北省社会科学院新闻与传播学研究所2020年概况 ……………………………………………（612）

安徽省社会科学院新闻与传播研究所 2020 年概况 ……………………………………（615）
人民日报社研究部 2020 年概况 ……………………………………………………（618）
新华社新闻研究所 2020 年概况 ……………………………………………………（622）
光明日报社新闻研究部 2020 年概况 ………………………………………………（627）

学术社团
中国新闻史学会及其二级学会 2020 年概况 ………………………………………（630）
北京大学新闻学研究会 2020 年概况 ………………………………………………（637）

学术评奖

第三十届中国新闻奖获奖作品名录（新闻论文）……………………………………（645）
第九届（2020 年度）全国新闻传播学优秀论文遴选结果名录 ……………………（647）
第三届青年新媒体学术研究"启皓奖"获奖名单 …………………………………（648）
中国新闻史学会第六届新闻传播学获奖名单（2020）……………………………（650）

科研项目

项目名录
国家社科基金 2020 年度重大项目立项一览表（新闻学与传播学）………………（655）
国家社科基金 2020 年度重点项目、一般项目、青年项目立项一览表（新闻学与传播学）
……………………………………………………………………………………………（656）
国家社科基金 2020 年度西部项目立项名单（新闻学与传播学）…………………（668）
国家社科基金 2020 年度后期资助项目立项名单（新闻学与传播学）……………（669）
2020 年度国家广播电视总局部级社科研究项目立项名单…………………………（671）

学术人物

尹韵公（677）　葛　岩（679）　荆学民（682）　李本乾（684）　张洪忠（686）
姜　飞（688）　廖圣清（691）　贾鹤鹏（693）　马　忠（695）　周　勇（697）
韦　路（698）　杜智涛（700）　曾繁旭（702）　钟智锦（704）　周庆安（706）
周裕琼（708）　牟　怡（710）　陈积银（711）　李　彪（713）　吴　晔（714）
蒋俏蕾（717）　苗伟山（719）

研究生学苑

2020 年新闻传播学优秀博士学位论文选粹……………………………………………（725）
《环境传播视域下的社会动员——基于阿拉善左旗荒漠化治理运动的传播民族志考察》
　　内容摘要………………………………………………………………………………（725）
《记忆的实践：东北老工业基地集体记忆的媒介学研究》内容摘要……………………（726）
《近现代上海小报报人的职业化研究——基于社会交往视角的考察》内容摘要………（728）
《中国大陆消费者社交媒体广告态度研究：基于4172份全国性样本的分析》
　　内容摘要………………………………………………………………………………（729）
《中国媒体文化的全球传播：模式差异与价值共识》内容摘要…………………………（730）
2020 年新闻传播学博士学位论文、博士后出站报告篇目辑览……………………………（731）

Contents

Preface: Establishing a Biography for the Cause of Philosophy and Social Sciences with
 Chinese Characteristics ·· Gao Peiyong (1)

Research Reviews

Disciplinary Review

Theoretical Journalism Research in China, 2020 ·· (3)
Radio and Television Research in China, 2020 ·· (20)
Communication Research in China, 2020 ·· (43)
New Media Research in China, 2020 ·· (64)
Advertising Research in China, 2020 ·· (79)
Editing and Publishing Research in China, 2020: A Keyword Frequency Analysis of
 Academic Papers in 2020 ··· (92)

Thematic Overview

Marxist Views of Journalism Research in 2020 ··· (103)
Law and Ethics in Journalism and Communication Research in 2020 ················· (111)
Media Convergence Research in 2020 ·· (120)
Constructive Journalism Research in 2020 ··· (130)
Journalism Education Research in 2020 ·· (150)
Political Communication Research in 2020 ··· (161)
International Communication Research in 2020 ·· (167)
Public Communication Research in 2020 ··· (175)
Science Communication Research in 2020 ·· (185)
Urban Communication Research in 2020 ··· (203)

Rural Communication Research in 2020 ··· (211)

Public Opinion Research in 2020 ·· (220)

Audio-visual Communication Research in 2020 ··· (228)

Huaxia Communication Research in 2020 ··· (245)

Selected Essays

Selected Works of the Outstanding Theses Award of the *China Journalism and Communication Almanac*

Bridging Communities and Intercultural Communication: A Case Study of the Reception
of Journey to the West Stories Overseas ··· (259)

"Information Cocoons" in the West: Plausible Concepts and "Cocoons' Breaking" Solution
with Algorithms ··· (260)

Scale and Boundary of Internet Rumor Conviction: From the Perspective of Risk Criminal Law
··· (260)

Framing and Construal Level: A Comparative Analysis of Press Coverage of China's Belt
and Road Initiative ·· (261)

Employee's Freedom of Speech on Social Media and Its Restriction ································ (261)

A Study on Newspaper-Reading Societies in Late Qing Beijing from the Perspectives of Space
and Ethnicity ··· (262)

The Dual Composition of Digital Memory: The Changing Memorial Structure of the Kelamayi
Fire in Baidu Tieba ·· (262)

Occupational Visibility on Short Video Platforms: A Case Study of TikTok ························ (263)

"Duojie Lo:nian": Reinterpretation of the Study of Chinese Mobile Film Screening: Discussions
Based on the Field Research in the "Big Triangle" Region of Yunnan, Sichuan, and Tibet
··· (263)

Newspapers as Knowledge: Newspaper Narration in New Textbooks of Late Qing Dynasty
and Early Republic of China (1902-1922) ··· (263)

The Skewing Turning Point: On the Dual Turn Shaded by Ethnography of Audience in the
History of Communication Studies ·· (264)

Rationality of Bias in the Field of Information Cocoons ·· (264)

The Rules of *Shun Pao* and Journalism Ethics in the 19th Century ································· (265)

The Exploration and Convergence of Risk Perception Difference from a Mental Model Perspective:
　　An Empirical Study on Risk Communication of Not-In-My-Back-Yard Problems ············ (265)
Academic Journalism: Marx's Social History Writing in *The New-York Daily Tribune* ············ (265)
Recalling the SARS Epidemic in the Era of COVID-19: Historical Analogies,
　　Mnemonic Coronations, and the Imagination of Plagues ·································· (266)
Between Culture and Structure Paradigmatic Integration of
　　Stuart Hall's Ideas of Communication ··· (266)
Mediatized Governance: A Comparative Case Analysis of Television Wenzheng Shows············ (267)
The Modern Transformation of Chinese Public Opinion and Its Dilemma ······················ (267)
Notice and Take Down or Notice and Stay Down: A Choice to Make in the Era of Algorithm
　　·· (268)

Compilation of Special (Hot Topic) Research Papers

Journalism with Chinese Characteristics ··· (269)
Construction of the Three Systems in Journalism ·· (270)
Yan'an Journalism History ·· (271)
The Construction of County-Level Integrated Media Centers ····························· (272)
Data Journalism Research ··· (273)
Writing the (Reading) History of New Newspapers and Magazines ························ (274)
Short Video / Live Platform Streaming Research ·· (275)
Internet Governance ·· (276)
Artificial Intelligence Research ··· (277)
Video Game Studies ·· (278)
International Communication Research ··· (279)
Emotional Communication ·· (280)
Medium Memory ·· (282)
Digital Labor ·· (283)
Crisis Communication ··· (284)
5G Era ·· (285)
Media Economics ··· (286)
Poverty Alleviation ·· (287)

Paper Overview

Compilation of Journalism and Communication Papers Reprinted in Major Abstracting Journals in 2020

Xinhua Digest ·· (291)

Chinese Social Science Digest ··· (293)

China University Academic Abstracts ·· (294)

China Social Science Excellence (Journalism and Communication) ································ (294)

Index to Selected Journals of Journalism and Communication in 2020

Chinese Journal of Journalism & Communication ··· (302)

Modern Communication (Journal of Communication University of China) ····················· (306)

Journalism Research ·· (318)

Journalism & Communication ·· (322)

International Communication

International Journal Publication and International Cooperation of Journalism and
    Communication Research in China 2020: A Quantitative Analysis of SSCI/A&HCI Data
    ··· (329)

International Publication of Communication Studies in China in 2020 ···························· (340)

Academic Publication

New Book Selections

Propaganda: Ideas, Discourses and Its Legitimization ·· (375)

The Underlying Colors of Newspaper History: Modern Chinese Journalism and Society ······ (375)

Revisiting Tradition: Chinese Cultural Communication Theory and Practice ·················· (375)

*Borders, Authority, and Legitimacy: Discourse Analysis of Journalism Profession in the
    Chinese Context* ·· (376)

Users in the New Media Era: People of Nodalization, Mediation, and Cyberization ············ (376)

The Age of Distraction: Reading, Writing, and Politics in a High-speed Networked Economy
  ·· (376)
The Formation and Evolution of "Mass" Discourse in Modern China ······················· (377)
Media Convergence: The Three Degrees of Online Mass and Interpersonal Communication ······ (377)
A Brief History of Modern Chinese Journalism Practice ··· (377)
The Prospect of Labor in Cyberspace: Labor and Compensation of Network Users in the Context of Technology and Power Relations ·· (378)
Discerning the Profound: Media Convergence and Innovation in County-level Context ········ (378)
Internet Communication Governance: Theoretical Exploration and International Experience ······ (378)
The Power of Data: Data Journalism Production and Ethics Studies ···························· (379)
Imagining China: The Image of China in the Age of New Media ································ (379)
From Facebook and Google to Fake News and Filter-bubbles: The Algorithms That Control Our Lives ·· (379)
Integration and Development of Traditional Publishing ·· (380)
Geographies of Media and Communication ·· (380)
Information, Algorithms, and Encoding ·· (381)
Research on the Profit Models of Digital Publishing ··· (381)
Exposure and Concealment: Visual Culture Theory and Practice ··································· (381)

Bibliography Overview

Bibliography of Journalism and Communication in 2020 ··· (382)
  Journalism and Communication Theory ·· (382)
  Journalism and Communication Business ··· (384)
  Journalism and Communication History ·· (386)
  Media Operation and Management ··· (387)
  New Media ·· (388)
  Advertisement ·· (392)
  Radio and Television ··· (393)
  Movie ··· (394)
  Foreign Journalism and Communication Translation ··· (397)
  Papers and Comprehensive Reference Book ·· (400)
  Other ··· (403)

Academic Journal

Overview of Academic journals in 2020

Publishing Research ··· (407)

Chinese Journal of Journalism & Communication ··· (410)

Global Media Journal ··· (412)

Modern Communication (Journal of Communication University of China) ····························· (414)

Journalism Research ·· (415)

Journalism Review ·· (418)

Journalism & Communication Review ··· (420)

Journalism & Communication ··· (423)

Chinese Journal of Scientific and Technical Periodicals ·· (425)

Academic Overview of Chinese Universities

Journalism and Communication Discipline, Communication University of China in 2020 ······ (431)

School of Journalism, Renmin University of China in 2020 ·· (444)

School of Journalism, Fudan University in 2020 ·· (455)

School of Journalism and Communication, Nanjing University in 2020 ································ (464)

School of Journalism, Sichuan University in 2020 ··· (471)

School of Journalism and Communication, Hebei University in 2020 ··································· (477)

School of Journalism and Communication, Wuhan University in 2020 ································· (481)

School of Journalism and Communication, Peking University in 2020 ································· (488)

School of Journalism and Communication, Jinan University in 2020 ··································· (492)

School of Journalism and Communication, Tsinghua University in 2020 ······························ (503)

School of Communication and Design, Sun Yat-sen University in 2020 ······························· (511)

School of Journalism and Communication, Tianjin Normal University in 2020 ······················ (518)

School of Journalism and Communication, Anhui University in 2020 ·································· (521)

Cheung Kong School of Journalism and Communication, Shantou University in 2020 ·········· (524)

School of Journalism and Communication, Nanjing Normal University in 2020 ····················· (527)

School of Journalism and Communication, Zhengzhou University in 2020 ··························· (531)

School of Journalism and Communication, South China University of Technology in 2020 ······ (535)
School of Communication, East China Normal University in 2020 ································ (540)
School of Journalism and Communication, Xiamen University in 2020 ··························· (545)
School of Journalism, Chongqing University in 2020 ··· (548)
School of Journalism and Communication, Henan University in 2020 ··························· (554)
School of Journalism and Communication, Shanghai University in 2020 ······················· (557)
School of Journalism and Communication, Lanzhou University in 2020 ························ (562)
School of Journalism and Communication, Shaanxi Normal University in 2020 ················ (565)
Department of Communication, Faculty of Social Sciences, University of Macau in 2020 ······ (574)
Journalism and Communication Program, Faculty of Humanities and Arts, Macau University
　　of Science and Technology in 2020 ·· (577)
Cultural Industries Management Program, Faculty of Humanities and Social Science,
　　City University of Macau in 2020 ·· (584)

Research Institutions and Associations

Research Institutions Overview

Institute of Journalism and Communication, Chinese Academy of Social Sciences in 2020 ······ (589)
Media Institute, Beijing Academy of Social Sciences in 2020 ·· (598)
Journalism Institute, Shanghai Academy of Social Sciences in 2020 ······························· (602)
Public Opinion Institute, Tianjin Academy of Social Sciences in 2020 ···························· (605)
Journalism and Communication Institute, Sichuan Academy of Social Sciences in 2020 ······ (609)
Journalism and Communication Institute, Hebei Academy of Social Sciences in 2020 ········· (612)
Journalism and Communication Institute, Anhui Academy of Social Sciences in 2020 ········· (615)
Research Department, People's Daily in 2020 ··· (618)
Journalism Research Institute, Xinhua News Agency in 2020 ·· (622)
Journalism Research Department, Guangming Daily in 2020 ··· (627)

Academic Associations

Chinese Association for History of Journalism and Communication and Its Secondary Associations
　　in 2020 ·· (630)
Journalism Research Association, Peking University in 2020 ·· (637)

Academic Awards

List of Award-Winning Works of the 30th China News Awards (Academic Papers in Journalism) ………………………………………………………………………………… (645)

Selection of the 9th (2020) National Excellent Research Papers Awards for Journalism and Communication Studies ………………………………………………………… (647)

Winners of the 3rd Qihao Awards for Young Scholars of New Media ………………… (648)

List of Award-Winning from China Journalism History Society's 6th (2020) Journalism and Communication Society Award ………………………………………………… (650)

Research Projects

Project Directory

National Social Science Fund 2020 Annual List of Major Project Proposals (Journalism and Communication) ………………………………………………… (655)

National Social Science Fund 2020 Annual List of Key Projects, General Projects, and Youth Projects (Journalism and Communication) ……………………………… (656)

National Social Science Fund 2020 Annual List of Western Region Projects (Journalism and Communication) ………………………………………………… (668)

National Social Science Fund 2020 Annual List of Post-funding Project Proposals (Journalism and Communication) ………………………………………………… (669)

State Administration of Radio and Television 2020 Annual List of Department-Level Social Science Research Project Proposals ……………………………………… (671)

Scholars

Yin Yungong (677)	Ge Yan (679)	Jing Xuemin (682)	Li Benqian (684)
Zhang Hongzhong (686)	Jiang Fei (688)	Liao Shengqing (691)	Jia Hepeng (693)
Ma Zhong (695)	Zhou Yong (697)	Wei Lu (698)	Du Zhitao (700)
Zeng Fanxu (702)	Zhong Zhijin (704)	Zhou Qingan (706)	Zhou Yuqiong (708)
Mou Yi (710)	Chen Jiyin (711)	Li Biao (713)	Wu Ye (714)
Jiang Qiaolei (717)	Miao Weishan (719)		

Graduate Academic Essays

2020 Outstanding Ph.D Dissertations in Journalism and Communication (725)

Social Mobilization from the Perspective of Environmental Communication:
  An Ethnographic Study of the Desertification Control Movement in
  Alxa Zuoqi (Abstract) (725)

The Practice of Memory: A Media Studies Research on Collective Memory in Northeast
  China's Old Industrial Base (Abstract) (726)

Professionalization of Shanghai Tabloid Journalists in Modern Times: A Study from the
  Perspective of Social Interaction (Abstract) (728)

Social Media Advertising Attitudes of Consumers in Mainland China: An Analysis Based on
  4172 National Samples (Abstract) (729)

The Global Spread of Chinese Media Culture: Pattern Differences and Value Consensus
  (Abstract) (730)

Select 2020 Ph.D Theses and Postdoctoral Outbound Reports in Journalism and Communication
  (731)

序 言

为中国特色哲学社会科学事业立传

——写在《中国哲学社会科学学科年鉴》系列出版之际

（一）

2016年5月17日，习近平总书记《在哲学社会科学工作座谈会上的讲话》中正式作出了加快构建中国特色哲学社会科学的重大战略部署。自此，中国特色哲学社会科学学科体系、学术体系、话语体系的构建进入攻坚期。

2022年4月25日，习近平总书记在中国人民大学考察时强调指出，"加快构建中国特色哲学社会科学，归根结底是建构中国自主的知识体系"。这为我们加快构建中国特色哲学社会科学进一步指明了方向。

2022年4月，中共中央办公厅正式印发《国家哲学社会科学"十四五"规划》。作为第一部国家层面的哲学社会科学发展规划，其中的一项重要内容，就是以加快中国特色哲学社会科学为主题，将"中国哲学社会科学学科年鉴编纂"定位为"哲学社会科学学科基础建设"，从而赋予了哲学社会科学学科年鉴编纂工作新的内涵、新的要求。

从加快构建中国特色哲学社会科学到归根结底是建构中国自主的知识体系，再到制定第一部国家层面的哲学社会科学发展规划，至少向我们清晰揭示了这样一个基本事实：中国特色社会主义事业离不开中国特色哲学社会科学的支撑，必须加快构建中国特色哲学社会科学、建构中国自主的知识体系。加快构建中国特色哲学社会科学、建构中国自主的知识体系是一个长期的历史任务，必须持之以恒，实打实地把一件件事情办好。

作为其间的一项十分重要且异常关键的基础建设，就是编纂好哲学社会科学学科年鉴，将中国特色哲学社会科学事业的发展动态、变化历程记录下来，呈现出来。以接续奋斗的精神，年复一年，一茬接着一茬干，一棒接着一棒跑。就此而论，编纂哲学社会科学学科年鉴，其最基本、最核心、最重要的意义，就在于为中国特色哲学社会科学事业立传。

呈现在读者面前的这一《中国哲学社会科学学科年鉴》系列，就是在这样的背景之下，由中国社会科学院集全院之力、组织精锐力量编纂而成的。

（二）

作为年鉴的一个重要类型，学科年鉴是以全面、系统、准确地记述上一年度特定学科或学科分支发展变化为主要内容的资料性工具书。编纂学科年鉴，是哲学社会科学发展到一定阶段的产物。

追溯起来，我国最早的哲学社会科学年鉴——《中国文艺年鉴》，诞生于上个世纪30年代。党的十一届三中全会之后，伴随着改革开放的进程，我国哲学社会科学年鉴不断发展壮大。40多年来，哲学社会科学年鉴在展示研究成果、积累学术资料、加强学科建设、开展学术评价、凝聚学术共同体等方面，发挥着不可替代的作用，为繁荣发展中国特色哲学社会科学作出了重要贡献。

1. 为学科和学者立传的重要载体

学科年鉴汇集某一学科领域的专业学科信息，是服务于学术研究的资料性工具书。不论是学科建设、学术研究，还是学术评价、对外交流等，都离不开学科知识的积累、学术方向的辨析、学术共同体的凝聚。

要回答学术往何处去的问题，首先要了解学术从哪里来，以及学科领域的现状，这就离不开学科年鉴提供的信息。学科年鉴记录与反映年度内哲学社会科学某个学科领域的研究进展、学术成果、重大事件等，既为学科和学者立传，也为学术共同体的研究提供知识基础和方向指引，为学术创新、学派形成、学科巩固创造条件、奠定基础。学科年鉴编纂的历史越悠久，学术积淀就越厚重，其学术价值就越突出。

通过编纂学科年鉴，将中国哲学社会科学界推进学科体系、学术体系、话语体系建设以及建构中国自主知识体系的历史进程准确、生动地记录下来，并且，立此存照，是一件非常有意义的事情。可以说，学科年鉴如同学术研究的白皮书，承载着记录、反映学术研究进程的历史任务。

2. 掌握学术评价权的有力抓手

为学界提供一个学科领域的专业信息、权威信息，这是学科年鉴的基本功能。一个学科领域年度的信息十分庞杂，浩如烟海，不可能全部收入学科年鉴。学科年鉴所收录的，只能是重要的、有价值的学术信息。这就要经历一个提炼和总结的过程。学科年鉴的栏目，如重要文献（特载）、学科述评、学术成果、学术动态、统计资料与数据、人物、大事记等，所收录的信息和资料都是进行筛选和加工的基础上形成的。

进一步说，什么样的学术信息是重要的、有价值的，是由学科年鉴的编纂机构来决定。这就赋予了学科年鉴学术评价的功能，所谓"入鉴即评价"，指的就是这个逻辑。特别是学科综述，要对年度研究进展、重要成果、学术观点等作出评析，是学科年鉴学术评价功能的集中体现。

学科年鉴蕴含的学术评价权，既是一种权力，更是一种责任。只有将学科、学术的评价权用好，把有代表性的优秀成果和学术观点评选出来，分析各学科发展面临的形势和任务、成绩和短板、重点和难点，才能更好引导中国特色哲学社会科学的健康发展。

3. 提升学术影响力的交流平台

学科年鉴按照学科领域编纂，既是该领域所有学者共同的精神家园，也是该学科领域最权威的交流平台。目前公认的世界上首部学术年鉴，是由吕西安·费弗尔和马克·布洛赫在1929年初创办的《经济社会史年鉴》。由一群有着共同学术信仰和学术观点的历史学家主持编纂的这部年鉴，把年鉴作为宣传新理念和新方法的学术阵地，在年鉴中刊发多篇重要的理论成果，催发了史学研究范式的演化，形成了法国"年鉴学派"，对整个西方现代史学的创新发展产生了深远影响。

随着学科年鉴的发展和演化，其功能也在不断深化。除了记载学术共同体的研究进展，还提供了学术研究的基本参考、学术成果发表的重要渠道，充当了链接学术网络的重要载体。特别是学科年鉴刊载的综述性、评论性和展望性的文章，除了为同一范式下的学者提供知识积累或索引外，还能够对学科发展趋势动向作出总结，乃至为学科未来发展指明方向。

4. 中国学术走向世界的重要舞台

在世界范围内，学科年鉴都是作为权威学术出版物而被广泛接受的。高质量的学科年鉴，不仅能够成为国内学界重要的学术资源、引领学术方向的标识，而且也会产生十分显著的国际影响。

中国每年产出的哲学社会科学研究成果数量极其庞大，如何向国际学术界系统介绍中国哲学社会科学研究成果，做到既全面准确，又重点突出？这几乎是不可能完成的任务。学科年鉴的出现，则使不可能变成了可能。高质量的学科年鉴，汇总一个学科全年最重要、最有代表性的研究成果、资料和信息，既是展示中国哲学社会科学研究成果与现状的最佳舞台，也为中外学术交流搭建了最好平台。

事实上，国内编纂的学科年鉴一直受到国外学术机构的重视，也是各类学术图书馆收藏的重点。如果能够站在通观学术界全貌之高度，编纂好哲学社会科学各学科年鉴，以学科年鉴为载体向世界讲好中国学术故事，当然有助于让世界知道"学术中的中国"、"理论中的中国"、"哲学社会科学中的中国"，也就能够相应提升中国哲学社会科学的国际影响力和话语权。

（三）

作为中国哲学社会科学研究的"国家队"，早在上世纪70年代末，中国社会科学院就启动了学科年鉴编纂工作。诸如《世界经济年鉴》《中国历史学年鉴》《中国哲学年鉴》《中国文学年鉴》等读者广为传阅的学科年鉴，迄今已有40多年的历史。

2013年，以国家哲学社会科学创新工程为依托，中国社会科学院实施了"中国社会科学年鉴工程"，学科年鉴编纂工作由此驶入快车道。至2021下半年，全院组织编纂的学科年鉴达到26部。

进入2022年以来，在加快构建中国特色哲学社会科学、贯彻落实《国家哲学社会科学"十四五"规划》的背景下，立足于更高站位、更广视野、更大格局，中国社会科学院进一步加大了学科年鉴编纂的工作力度，学科年鉴编纂工作迈上了一个大台阶，呈现出一幅全新的学科年鉴事业发展格局。

1. 哲学社会科学学科年鉴群

截至2023年5月，中国社会科学院组织编纂的哲学社会科学学科年鉴系列已有36部之多，覆盖了15个一级学科、13个二三级学科以及4个有重要影响力的学术领域，形成了国内规模最大、覆盖学科最多、也是唯一成体系的哲学社会科学学科年鉴群。

其中，《中国语言学年鉴》《中国金融学年鉴》《当代中国史研究年鉴》等10部，系2022年新启动编纂。目前还有将近10部学科年鉴在编纂或酝酿之中。到"十四五"末期，中国社会科学院组织编纂的学科年鉴总规模，有望超越50部。

2. 学科年鉴的高质量编纂

从总体上看，在坚持正确的政治方向、学术导向和价值取向方面，各部学科年鉴都有明显提高，体现了立场坚定、内容客观、思想厚重的导向作用。围绕学科建设、话语权建设等设置栏目，各部学科年鉴都较好地反映了本学科领域的发展建设情况，发挥了学术存史、服务科研的独特作用。文字质量较好，文风端正，装帧精美，体现了学科年鉴的严肃性和权威性。

与此同时，为提高年鉴编纂质量，围绕学科年鉴编纂的规范性，印发了《中国哲学社会科学学科年鉴编纂出版规定》，专门举办了年鉴编纂人员培训班。

3. 学科年鉴品牌

经过多年努力，无论在学术界还是年鉴出版界，中国社会科学院组织编纂的哲学社会科学学科年鉴系列得到了广泛认可，学术年鉴品牌已经形成。不仅成功主办了学术年鉴主编论坛和多场年鉴出版发布会，许多年鉴也在各类评奖中获得重要奖项。在数字化方面，学科年鉴数据库已经建成并投入使用，目前试用单位二百多家，学科年鉴编纂平台在继续推进中。

4. 学科年鉴工作机制

中国社会科学院科研局负责学科年鉴管理，制定发展规划，提供经费资助；院属研究单位负责年鉴编纂；中国社会科学出版社负责出版。通过调整创新工程科研评价考核指标体系，赋予年鉴编纂及优秀学科综述相应的分值，调动院属单位参与年鉴编纂的积极性。

学科年鉴是哲学社会科学界的学术公共产品。作为哲学社会科学研究的"国家队",编纂、提供学科年鉴这一学术公共产品,无疑是中国社会科学院的职责所在、使命所系。中国社会科学院具备编纂好学科年鉴的有利条件:一是学科较为齐全;二是研究力量较为雄厚;三是具有"国家队"的权威性;四是与学界联系广泛,主管120家全国学会,便于组织全国学界力量共同参与年鉴编纂。

(四)

当然,在肯定成绩的同时,还要看到,当前哲学社会科学学科年鉴编纂工作仍有较大的提升空间,我们还有很长的路要走。

1. 逐步扩大学科年鉴编纂规模

经过40多年的发展,特别是"中国社会科学年鉴工程"实施10年来的努力,哲学社会科学系列学科年鉴已经形成了一定的规模,覆盖了90%的一级学科和部分重点的二三级学科。但是,也不容忽视,目前还存在一些学科年鉴空白之地。如法学、政治学、国际政治、区域国别研究等重要的一级学科,目前还没有学科年鉴。

中国自主知识体系的基础是学科体系,完整的学科年鉴体系有助于完善的学科体系和知识体系的形成。尽快启动相关领域的学科年鉴编纂,抓紧填补相关领域的学科年鉴空白,使哲学社会科学年鉴覆盖所有一级学科以及重要的二三级学科,显然是当下哲学社会科学界应当着力推进的一项重要工作。

2. 持续提高学科年鉴编纂质量

在扩张规模、填补空白的同时,还应当以加快构建中国特色哲学社会科学、建构中国自主的知识体系为目标,下大力气提高学科年鉴编纂质量,实现高质量发展。

一是统一学科年鉴的体例规范。学科年鉴必须是成体系的,而不是凌乱的;是规范的,而不是随意的。大型丛书的编纂靠的是组织严密,条例清楚,文字谨严。学科年鉴的体例要更加侧重于存史内容的发掘,对关乎学术成果、学术人物、重要数据、学术机构评价的内容,要通过体例加以强调和规范。哲学社会科学所有学科年鉴,应当做到"四个基本统一":名称基本统一,体例基本统一,篇幅基本统一,出版时间、发布时间基本统一。

二是增强学科年鉴的权威性。年鉴的权威性,说到底取决于内容的权威性。学科年鉴是在对大量原始信息、文献进行筛选、整理、分析、加工的基础上,以高密度的方式将各类学术信息、情报传递给读者的权威工具书。权威的内容需要权威的机构来编纂,来撰写,来审定。学科综述是学科年鉴的灵魂,也是年鉴学术评价功能的集中体现,必须由权威学者来撰写学科综述。

三是要提高学科年鉴的时效性。学科年鉴虽然有存史功能,但更多学者希望将其作为学术工具书，从中获取对当下研究有价值的资料。这就需要增强年鉴的时效性，前一年的年鉴内容，第二年上半年要完成编纂，下半年完成出版。除了加快编纂和出版进度，年鉴的时效性还体现在编写的频度上。一级学科的年鉴，原则上都应当一年一鉴。

3. **不断扩大学科年鉴影响力**

学科年鉴的价值在于应用，应用的前提是具有影响力。要通过各种途径，让学界了解学科年鉴，接受学科年鉴，使用学科年鉴，使学科年鉴真正成为学术研究的好帮手。

一是加强对学科年鉴的宣传。"酒香也怕巷子深"。每部学科年鉴出版之后，要及时举行发布会，正式向学界介绍和推出，提高学科年鉴的知名度。编纂单位也要加大对学科年鉴的宣传，结合学会年会、学术会议、年度优秀成果评选等活动，既加强对学科年鉴的宣传，又发挥学科年鉴的学术评价作用。

二要在使用中提高学科年鉴的影响力。要让学界使用学科年鉴，必须让学科年鉴贴近学界的需求，真正做到有用、能用、管用。因此，不能关起门来编学科年鉴，而是要根据学界的需求来编纂，为他们了解学术动态、掌握学科前沿、开展学术研究提供便利。要确保学科年鉴内容的原创性、独特性，提供其他渠道提供不了的学术信息。实现这个目标，就需要在学科年鉴内容创新上下功夫，不仅是筛选和转载，更多的内容需要用心策划、加工和提炼。实际上，编纂学科年鉴不仅是整理、汇编资料，更是一项学术研究工作。

三是提高学科年鉴使用的便捷性。当今网络时代，要让学科年鉴走进千万学者中间，必须重视学科年鉴的网络传播，提高学科年鉴阅读与获取的便捷性。出版社要重视学科年鉴数据库产品的开发。同时，要注重同知识资源平台的合作，利用一切途径扩大学科年鉴的传播力、影响力。在做好国内出版的同时，还要做好学科年鉴的海外发行，向国际学术界推广我国的学科年鉴。

4. **注重完善学科年鉴编纂工作机制**

实现学科年鉴的高质量发展，是一项系统工程，需要哲学社会科学界的集思广益，共同努力，形成推动学科年鉴工作高质量发展的工作机制。哲学社会科学学科年鉴编纂，中国社会科学院当然要当主力军，但并不能包打天下，应当充分调动哲学社会科学界的力量，开展协调创新，与广大同仁一道，共同编纂好学科年鉴。

学科年鉴管理部门和编纂单位不仅要逐渐加大对学科年鉴的经费投入，而且要创新学科年鉴出版形式，探索纸本与网络相结合的新型出版模式，适当压缩纸本内容，增加网络传播内容。这样做，一方面可提高经费使用效益，另一方面，也有利于提升学科年鉴的传播力，进一步调动相关单位、科研人员参与学科年鉴编纂的积极性。

随着学科年鉴规模的扩大和质量的提升，可适时启动优秀学科年鉴的评奖活动，加强对优秀年鉴和优秀年鉴编辑人员的激励，形成学科年鉴工作良性发展的机制。要加强年鉴工作机制和编辑队伍建设，有条件的要成立专门的学科年鉴编辑部，或者由相对固定人员负责学科年鉴编纂，确保学科年鉴工作的连续性和编纂质量。

出版社要做好学科年鉴出版的服务工作，协调好学科年鉴编纂中的技术问题，提高学科年鉴质量和工作效率。除此之外，还要下大力气做好学科年鉴的市场推广和数字产品发行。

说到这里，可将本文的结论做如下归结：学科年鉴在加快构建中国特色哲学社会科学、建构中国自主知识体系中的地位和作用既十分重要，又异常关键，我们必须高度重视学科年鉴的编纂出版工作，奋力谱写哲学社会科学学科年鉴编纂工作新篇章。

研究综述

·学科综述·

2020年中国新闻理论研究综述

向 芬 余 越[*]

2020年以恩格斯诞辰200周年与列宁诞辰150周年为契机,学界对马克思主义新闻观的历史沿革和基础观念予以回顾,进一步探索中国特色新闻学及"三大体系"建设,持续关注新语境下的理论创新与范式转换,同时从国家治理体系建设出发,关注新型主流媒体实践,并深入探讨媒体建设的实践难点和现实路径,着力于国家形象建构与国际话语权竞争的研究。学界还配合国家战略纵深发展的媒体融合,注重新闻生产模式的变化和媒介治理的研究与论证,并更加深入探索新闻传播伦理规范与行业治理。

2020年新冠肺炎疫情全球大流行,深刻影响并重塑了传媒实践与新闻生产理念。学界从多个角度总结和研判新冠肺炎疫情期间新闻传播的新情况和新特点。在重大公共卫生事件中,新闻媒体的危机传播应对、新闻发布和信息传播治理方面的现实案例,也蕴含着丰富的理论资源。

一、新闻传播学科的理论创新与系统重构

(一)中国特色新闻学与马克思主义新闻观

中国特色新闻学是近年来的研究热点。胡智锋、刘俊将新中国70年以来新闻传播学的演进历程分为三个阶段进行考察,并指出中国特色新闻学的进一步发展有赖于学科独立化与研究本土化两个向度的努力。[①] 杨保军考察了当代中国新闻学的主要对象、性质理论、主导观念、核心内容、总体目标以及实践追求等要素,指出中国特色新闻学"三大体系"建设面临的诸多时代性的重大课题。[②] 黄春平审视中国特色新闻学科建设历程,发现了发展定位不清晰、学科理论套用照搬、学科方法论消解等问题,并提出坚持马克思主义指导、强化学科发

---

[*] 向芬,中国社会科学院新闻与传播研究所研究员;余越,中国社会科学院新闻与传播研究所硕士研究生。

[①] 胡智锋、刘俊:《新中国70年新闻传播学发展的回顾与展望》,《新闻大学》2020年第2期。

[②] 杨保军:《理论视野中当代中国新闻学的重大问题》,《国际新闻界》2020年第10期。

展史研究等具体解决路径。① 朱清河认为中国特色新闻学话语的形成与中国共产党人的新闻实践密切相关，并从实践环境与应用逻辑等方面论证了"中国故事话语体系"和"人民中心话语体系"的现实意义。② 方提、尹韵公提出认清本质、更新理念、守正创新、强化互联网思维、全面提高舆论引导能力，是把握新时代中国特色新闻学的根本要义。③

中国共产党的新闻实践是中国特色新闻学的重要源头。按照中国共产党的四个发展阶段，即新民主主义革命时期、社会主义革命和建设时期、改革开放和社会主义现代化建设时期以及中国特色社会主义新时代，郑保卫、王仕勇认为百年来中国共产党新闻政策变化的脉络与规律及其对中国社会现实的反映，将在全新的传播语境下再塑人们对于党的新闻政策的认知并指导未来的社会实践。④

在中国共产党百年新闻传播理论与实践中，马克思主义新闻观是贯穿始终的一条红线。陈作平回顾马克思主义新闻观中"建设者"范式的历史沿革，指出新闻实践活动与中国国情的需要具有一致性，并强调新闻事业要注意遵循新闻传播的客观规律，避免新闻实践出现"偏航"。⑤

对马克思、恩格斯新闻思想形成以及无产阶级新闻活动的研究至为关键。沈荟、熊涛梳理了马克思与《纽约每日论坛报》的合作背景、总体经历，以及马克思报刊文章的社会历史写作方式，进而思考在马克思理论、思想与现实相配合的实践中，究竟怎样的新闻和记者才是为公众所期待的。⑥ 郑保卫、王青指出，恩格斯的报刊实践以及新闻思想能够从党性原则的定位、党群关系的处理、实事求是的路线以及人才队伍的建设等诸多方面为我们带来启示。⑦

（二）新闻学理论创新与范式转换

如今新闻实践日新月异，新闻学理论和方法也在不断更新。胡钰、陆洪磊认为扎根理论正在广泛应用于诸如健康传播、新闻生产、社交媒体等新闻传播学研究领域。扎根理论与中

---

① 黄春平:《中国特色新闻学科建设的历程与问题检视》,《现代传播（中国传媒大学学报）》2020年第2期。

② 朱清河:《中国特色新闻学本体论话语的历史变迁与价值体现》,《新闻大学》2020年第4期。

③ 方提、尹韵公:《中国特色新闻学的时代语境、实践基础和根本要义》,《现代传播（中国传媒大学学报）》2020年第11期。

④ 郑保卫、王仕勇:《百年中国共产党新闻政策变迁研究：意义、问题与内容》,《中国出版》2020年第19期。

⑤ 陈作平:《论马克思主义新闻观中的"建设者"范式》,《现代传播（中国传媒大学学报）》2020年第12期。

⑥ 沈荟、熊涛:《"学术性新闻":马克思在〈纽约每日论坛报〉的社会历史写作》,《新闻与传播研究》2020年第9期。

⑦ 郑保卫、王青:《论恩格斯新闻思想的形成背景、历史贡献及当代启示——为纪念恩格斯诞辰200周年而作》,《现代传播（中国传媒大学学报）》2020年第11期。

国新闻学研究特别是原创性研究的契合程度相当高，能够成为本土研究中的重要工具。① 王辰瑶对当前的新闻创新实践进行考察，试图将"新闻创新"这一概念理论化，并总结出新闻创新研究的商业、技术、组织、文化、使用者和关系等六种可行路径。② 杨保军、李泓江则对新闻学诞生的职业语境进行了回溯，探讨了信息革命下新闻学研究逻辑起点和研究对象的转换，并进一步分析了从"职业化"范式到"去职业化"的转向。③ 周睿鸣通过参与式观察以及深度访谈对澎湃新闻进行研究，强调了在网络话语体系中新闻时效与新闻组织架构的创新。④ 张超指出新闻业信任危机、客观性式微、传受关系数字变革是透明性原则受到关注的三重背景，该原则应当在可信度标准、偏见标准、公共利益与最小伤害标准、用户体验标准等层面探索最适宜的生存位置。⑤ 郑忠明认为学界对于新闻客观性的研究，不仅要关注事实本体结构，还要关注由此延伸出的理性规则与承载这一客观性的社会历史环境因素。⑥

数字实践的勃兴已然形成了新闻学新兴的学科分支。常江指出，数字新闻学从技术的作用、从业者的角色、新闻业态以及新闻业当下面临的危机等维度实现了较传统新闻学而言的创新，数字新闻学需要从价值内核、核心概念、研究实践、批判理论等诸多层面同向发力。⑦ 王斌从当前新闻教育体系的现实困境切入，认为在互联网环境下新闻学研究存在着内在逻辑尚不严谨等诸多问题，并从研究对象、研究视角、研究范式三方面提出互联网新闻学的反思路径。⑧

（三）新闻教育与人才培养

2020年清华大学宣布不再招收新闻学专业本科生以及大幅度扩大新闻学院硕士研究生规模引起学界关注。杜骏飞认为未来新闻传播教育可以延伸到综合性大学的通识教育中。他对清华教改抱持积极态度，并提出未来各高校应当基于自身的资源配置与角色定位去探索新闻教育模式。⑨ 陈昌凤结合对学界和业界专家的访谈、课程调查，从综合素养、思维与沟通等素质、核心课程与专业能力、新科技时代叙事能力四方面，探讨如何培养创新型新闻

---

① 胡钰、陆洪磊：《扎根理论及其在新闻学中的应用》，《新闻大学》2020年第2期。
② 王辰瑶：《新闻创新研究：概念、路径、使命》，《新闻与传播研究》2020年第3期。
③ 杨保军、李泓江：《新闻学的范式转换：从职业性到社会性》，《新闻与传播研究》2020年第8期。
④ 周睿鸣：《锚定常规："转型"与新闻创新的时间性》，《新闻记者》2020年第2期。
⑤ 张超：《"后台"前置：新闻透明性的兴起、争议及其"适度"标准》，《国际新闻界》2020年第8期。
⑥ 郑忠明：《新闻事实的本体结构与新闻客观性——基于批判实在论的解释》，《国际新闻界》2020年第2期。
⑦ 常江：《数字新闻学：一种理论体系的想象与建构》，《新闻记者》2020年第2期。
⑧ 王斌：《互联网新闻学：一种对新闻学知识体系的反思》，《编辑之友》2020年第8期。
⑨ 杜骏飞、胡泳、潘忠党、叶铁桥、张力奋：《清华"教改"与新闻学院的未来》，《新闻大学》2020年第7期。

传播人才。① 胡泳指出新闻教育与媒体实务的脱节，教育应当注重培养学生媒介素养与批判精神。② 张昆归纳了"华科大模式"，即一种依托于华科大本身自有的优势，重视实践应用、与工科高位嫁接的教育模式，并提出了"复合型人才"的培养方案。③ 常江则运用深度访谈法对欧美新闻教育模式的变革进行探究，并发现欧美国家的新闻教育或将通过"去职业化""去标准化"的方式培养学生的质疑精神并向着价值教育的方向进行变革。④ 李沁考察了美国12所高校十年内新闻实务课程的革新，阐述了美国新闻教育凝聚学校、媒体、社会多方合力的创新思路，并且明确教育改革必须关注具体的学科规划和课程设置。⑤

新闻教育和新闻学子的职业选择与出路紧密挂钩。郑佳雯等通过调查两所综合性大学新闻院系不同年级本科生的职业意愿、选择动机以及对行业环境的感知，提出新闻教育应当对学生的理想主义倾向和职业自主性的弱化有所认知并有所作为。⑥ 牛静、赵一菲以传统媒体实习生普遍的"倒贴钱"实习现象为研究对象，从新闻业需求与新闻教育供给之间的失衡、理想主义驱动的自我规训等方面对这一现象形成的内在逻辑进行了梳理。⑦

二、国家治理体系建设与新型主流媒体实践

（一）国家治理与媒体实践

在推动国家治理体系和治理能力现代化进程中，媒体治理发挥着重要作用。胡百精认为公共传播提供了增进社会认同、改善国家治理的可能性，同时也导致了自由与秩序之间的价值两难，公共传播应促成多元对话、抵达多元共识，增益协商民主、国家和社会治理创新。新闻发言人与干部媒体素养是应对复杂信息舆论环境、实现国家治理现代化的重要考量。⑧ 孟建、裴增雨通过对九省区市新闻发布的实证分析，强调了在新冠肺炎疫情的危机传播中新

---

① 陈昌凤：《21世纪的新闻教育：如何培养创新型人才？》，《新闻大学》2020年第9期。

② 杜骏飞、胡泳、潘忠党、叶铁桥、张力奋：《清华"教改"与新闻学院的未来》，《新闻大学》2020年第7期。

③ 张昆：《中国新闻传播教育"华科大模式"的内涵及价值》，《新闻大学》2020年第1期。

④ 常江：《欧美新闻教育模式革新及其在数字新闻学体系中的角色》，《新闻大学》2020年第9期。

⑤ 李沁：《重构高等教育的社会契约：美国新闻教育变革逻辑和路径》，《现代传播（中国传媒大学学报）》2020年第9期。

⑥ 郑佳雯、孔舒越、汪洁：《什么在影响新闻学子的职业选择？——基于职业动机和行业环境感知影响的分析》，《新闻大学》2020年第10期。

⑦ 牛静、赵一菲：《"倒贴钱"的实习如何可能？——新闻媒体实习生劳动过程中的同意制造与"理想游戏"》，《新闻与传播研究》2020年第4期。

⑧ 胡百精：《公共协商与偏好转换：作为国家和社会治理实验的公共传播》，《新闻与传播研究》2020年第4期。

闻发布制度的重要作用,并从法律制度、社会矛盾化解、执政能力建设等多方面提出了优化策略。① 廖声武、刘倩考察了湖北部分领导干部的媒介素养,认为领导干部在积极接触媒介的同时还需正确把握新闻与宣传的区别,通过智慧地运用媒介进而优化现实工作。② 陈先红、宋发枝围绕"中国故事"这一主题展开讨论,强调了中国风格、叙事话语以及传播方式对建构中国表达、增强国际话语权的重要影响。③

(二)中国舆论生态与话语机制

开放的互联网赋予了意见表达以空间,同时也形成了舆论生态的多种可能性。曾振华、袁甲指出民粹化话语可能会对民众的态度与行为产生非理性的影响,因此传媒需要通过规避垄断性话语表达、减少不确定风险、弥补阶层话语裂痕等诸多路径对其进行纾解。④ 葛岩等指出舆论在演化过程中会受到社会稳定程度、对主流媒体的干预策略、主流媒体派别观点的极端程度及信誉等诸多要件的影响;当社会失稳和主流媒体信誉流失时,社交媒体对于舆论极化会产生明显的推动作用。⑤ 董天策、梁辰曦将"网络舆论聚集"现象这一概念与"网络群体性事件"进行辨析,认为"网络公共事件"更能准确地表述研究对象并推进公共领域范式研究。⑥ 曾庆香等以"江歌案"为例,研究了社会记忆对新闻报道和舆论高潮的影响,认为社会记忆会导致民众关注不同事件、不同要点,建构不同的理解框架与情感倾向并形成相应行为模式。⑦

姬德强、应志慧分析了舆论观念与当下现实的适配程度、舆情制度的变迁,指出针对多边的、网络化的、网格化的舆情供需关系,需要转换观念并利用分权的治理模式应对网络化的舆论表达。⑧ 李希光指出全球新闻生态暴露出同质化、信任危机、伦理冲击等诸多问题,中国

---

① 孟建、裴增雨:《关于我国抗击新冠肺炎新闻发布的实证研究——基于九省区市新闻发布的实证分析和若干对策建议》,《新闻大学》2020年第3期。

② 廖声武、刘倩:《领导干部的媒介素养现状与思考——基于湖北省的调查》,《新闻记者》2020年第10期。

③ 陈先红、宋发枝:《"讲好中国故事":国家立场、话语策略与传播战略》,《现代传播(中国传媒大学学报)》2020年第1期。

④ 曾振华、袁甲:《争议性事件的民粹化网络话语表达及传媒纾解》,《现代传播(中国传媒大学学报)》2020年第12期。

⑤ 葛岩、秦裕林、赵汗青:《社交媒体必然带来舆论极化吗:莫尔国的故事》,《国际新闻界》2020年第2期。

⑥ 董天策、梁辰曦:《究竟是"网络群体性事件"还是"网络公共事件"抑或其他?——关于"网络舆论聚集"研究的再思考》,《新闻与传播研究》2020年第1期。

⑦ 曾庆香、李秀莉、吴晓虹:《永恒故事:社会记忆对新闻框架和舆论爆点的形塑——以"江歌案"为例》,《新闻与传播研究》2020年第1期。

⑧ 姬德强、应志慧:《重思"舆情":平台化时代的舆论》,《现代传播(中国传媒大学学报)》2020年第2期。

可以积极打造支撑"一带一路"和"人类命运共同体"的话语体系，针对国际社交网络发挥中国作用。[①] 周俊对中国特色社会主义新时代语境下的舆论监督理论进行了溯源以及实践的重新梳理，认为在当前背景下舆论监督应当做到主体要全面、评价要系统、制度要保障。[②]

（三）新型主流媒体建设

打造新型主流媒体是努力提升传播力、引导力、影响力、公信力所指向的最终目标。蔡雯认为，在媒体融合迈入"深水区"的过程中，"连接"个人用户与建设"开放型"媒体，即洞察用户并增强新闻生产与传播的透明度，是新型主流媒体建设的重点、难点。[③] 段鹏梳理了新疆主流媒体的融合现状，认为新疆主流媒体未来应当从传播媒介层次设计、旗舰媒体平台以及全媒体国际传播体系三个维度进行发力。[④] 张举玺、王文娟围绕着"国际一流新型主流媒体"这一理念，运用层次分析法对其进行建构，并且对基础实力、引领力、传播力、影响力、数字外交能力、经营能力六大指标的重要性进行分析。[⑤] 张毓强、张开扬通过考察新华社防疫抗疫系列报道，探讨了影响主流媒体内容生产的宣传因素、产业因素、技术因素与专业因素，指出调和优化宣传逻辑给予的权威赋权，资源优势与产业、专业、技术形成良好互动关系。[⑥] 高贵武、薛翔梳理了国内外企业及媒体声誉评价的代表性体系，针对中国主流媒体声誉评价体系提出了媒体形象、产品质量、财务业绩、工作环境、社会责任、发展前景等六项指标。[⑦] 张洪忠、石韦颖通过调研指出，从群体层面来看，社交媒体对党报公信力存在正面效应。探究党报公信力下降的原因，必须认识到党报公信力与媒介接触量之间的内在逻辑，并且从党报受众市场、党报传播模式、受众媒介素养等多重维度进行分析。[⑧]

（四）国家形象建构与国际话语权竞争

刘小燕、崔远航指出，关于百年中国共产党对外传播研究将会出现更多取向，包括中共对外传播的思想、政策与实践之间的关系、"中国对外传播"与"中共对外传播"之间的区

[①] 李希光：《全球社交网络的新闻生态与国际舆论引导》，《人民论坛·学术前沿》2020年第15期。
[②] 周俊：《论中国特色社会主义新时代舆论监督的功能和要求》，《国际新闻界》2020年第6期。
[③] 蔡雯：《媒体融合进程中的"连接"与"开放"——兼论新型主流媒体建设的难点突破》，《国际新闻界》2020年第10期。
[④] 段鹏：《中华民族共同体意识传播中主流媒体融合发展的实践进路——以新疆为例》，《现代传播（中国传媒大学学报）》2020年第7期。
[⑤] 张举玺、王文娟：《基于层次分析法的国际一流新型主流媒体评价指标体系研究》，《现代传播（中国传媒大学学报）》2020年第8期。
[⑥] 张毓强、张开扬：《主流媒体内容生产：逻辑、空间及其内在张力——以新华通讯社防疫抗疫报道为例》，《现代传播（中国传媒大学学报）》2020年第6期。
[⑦] 高贵武、薛翔：《新媒介环境下中国主流媒体的声誉评价体系研究》，《国际新闻界》2020年第7期。
[⑧] 张洪忠、石韦颖：《社交媒体兴起十年如何影响党报公信力变迁？》，《新闻与传播研究》2020年第10期。

别联系、中共对外传播"实践"的多元形态与内部关系等。① 王唯滢、李本乾认为信息质量、信息权威性、媒介接触度都是影响海外受众对中国重大主题新闻关注度和分享欲的重要因素。② 徐明华等通过对比研究考察了 Google News 平台中印两国雾霾议题的呈现，指出中国雾霾议题被冠以"政治框架"，而印度雾霾议题却得到"合理性解释"。未来如何突破西方"霸权逻辑"的束缚，在"共同体"理念指导下建构平等互动的话语环境，成为对外传播的重要课题。③ 李东晓围绕着大众传播媒介的"地位授予"功能，以某一国际环保组织为个案进行分析，认为我国媒体对国际非政府组织"媒体身份"的建构具有不稳定性和策略性。④ 赵永华、郭美辰考察了《印度时报》《印度教徒报》《印度斯坦时报》数千篇关于"一带一路"的报道，发现经三家媒体驯化的相关报道通过引用本国政要发言、勾连民族历史记忆、强调本国实际利益、关联本国外交政策等方式对中国形象进行歪曲。⑤ 陈薇对《人民日报》海外撤侨行动的报道进行了研究，认为撤侨话语成为一种展现国家力量与国家意识的权力书写，通过英雄原型叙事、建构集体记忆的话语互文、塑造"家国一体"的概念隐喻以及话语互动，实现国家情感的表达与国家认同的凝聚。⑥ 陶建杰、尹子伊聚焦于中国文化软实力的有机运动过程，提出了评价指标体系，认为中国文化软实力仍有较大提升空间，而其推进策略要根据受众的不同类型进一步精细化。⑦

三、传媒业态与新闻生产模式

（一）智媒时代的大数据与技术赋权

智能媒体与大数据是学术界研究传媒业发展绕不开的词语。赵曙光、吴璇对国内外大数据研究文献进行回溯，发现国内传播学研究对大数据方法的界定暂无定论，而国际学术界也没有将其视作一种成熟完善的研究方法，将"大数据方法"当作创新性研究方法暂无可靠的

---

① 刘小燕、崔远航：《中国共产党对外传播研究的演进与未来取向》，《国际新闻界》2020 年第 6 期。
② 王唯滢、李本乾：《中国重大主题新闻对外传播的受众影响机制研究——基于海外受众调查的 SEM 模型建构》，《新闻大学》2020 年第 6 期。
③ 徐明华、李丹妮、王中宇：《"有别的他者"：西方视野下的东方国家环境形象建构差异——基于 Google News 中印雾霾议题呈现的比较视野》，《新闻与传播研究》2020 年第 3 期。
④ 李东晓：《"地位授予"：我国媒体对一家国际环保组织"媒体身份"建构的描述性分析》，《国际新闻界》2020 年第 10 期。
⑤ 赵永华、郭美辰：《策略性叙事中的国际新闻驯化：印度主流媒体"一带一路"报道分析》，《国际新闻界》2020 年第 8 期。
⑥ 陈薇：《被"标识"的国家：撤侨话语中的国家认同与家国想象》，《国际新闻界》2020 年第 1 期。
⑦ 陶建杰、尹子伊：《中国文化软实力：国际评价、传播影响与提升策略》，《现代传播（中国传媒大学学报）》2020 年第 7 期。

科学依据。① 李良荣、辛艳艳追溯了技术变革驱动下中国传媒业的新转变，强调"传者中心"思想正在向"受众中心"思想转变，认为传媒业应当坚持平台化发展策略，深化媒介融合，促进资源整合，打造各具特色的生态性传媒品牌。② 马克·安德烈赫维奇等认为，不同人群的数字鸿沟有所缩小，但这并不代表大数据鸿沟的弥合。大数据鸿沟加剧所带来的不透明的歧视，将是人类面临的考验。③ 高传智通过对珠三角地区新生代农民工的历时性调查，发现这一群体利用自媒体重新获得应得权力与主体性的声势逐渐减弱，自媒体所包含的泛娱乐化特征甚至对这一群体的权力行使产生负面影响。④

新媒体技术正在深刻地变革社会生产与资源的分配以及社会个体的生存方式。吴琳琳、徐琛通过参与式观察以及深度访谈，研究了手机作为媒介在陕西某村村民日常生活中勾连不同场景的现状，在展现西部农村"空巢化"等问题的同时也呈现西部农村生活追求、阶层归属等方面的剧烈变动，强调城乡数字鸿沟的消除应当致力于改善乡村社会的网络行为、信息使用、知识获取等。⑤ 范英杰、李艳红选取了三位从中国去往赞比亚的农村青年快手主播作为研究样本，发现与非洲直接接触和自身所属群体的草根性质并不能使他们的叙事方式跳脱出现有的中介化经验，受到传播平台的商业属性影响，这类自主传播实践逐渐异化进而走向商业盈利。⑥ 张文娟则考察了一位"60后"下岗工人的数字化生存实践，发现底层个体具有强烈的再社会化的主体自觉，在构建新的数字身份认同的同时也获得经济福祉与"向上"流动的希望。⑦

（二）媒体技术创新

媒体技术创新成为传媒业务改革的新风向，同时也成为学界研究的热点。师文、陈昌凤分析总结了《纽约时报》关于香港"修例"风波的系列报道在社交媒体 Twitter 上的一级传播与二级传播，发现新闻机器人在扩散相关报道过程中扮演了重要角色，但是收获的人类用户反馈却

---

① 赵曙光、吴璇：《大数据：作为一种方法论的追溯与质疑》，《国际新闻界》2020年第11期。
② 李良荣、辛艳艳：《从2G到5G：技术驱动下的中国传媒业变革》，《新闻大学》2020年第7期。
③ 马克·安德烈赫维奇、张岩松、蔡润芳：《对大数据鸿沟几个相关问题的思考》，《国外社会科学前沿》2020年第4期。
④ 高传智：《流水线下的网络低语：珠三角地区新生代农民工自媒体赋权演变考察》，《现代传播（中国传媒大学学报）》2020年第3期。
⑤ 吴琳琳、徐琛：《日常生活情境中的"勾连"：陕西省×家村村民使用手机获取信息的考察》，《现代传播（中国传媒大学学报）》2020年第10期。
⑥ 范英杰、李艳红：《草根全球化、技术赋权与中国农村青年的非洲叙事：对快手平台上三个视频主播的分析》，《国际新闻界》2020年第11期。
⑦ 张文娟：《"底层"数字化生存的可能及其意义——基于"60后"下岗工人个体生命历程的考察》，《新闻记者》2020年第11期。

是寥寥。① 高山冰、汪婧强调要警惕社交机器人可能产生的语义偏见继承、情感欺骗、用户隐私侵犯、虚假新闻传播及政治活动操纵等失范行为，构建技术、平台与监管部门多方合力的治理共同体，保障社交机器人的有序发展。② 方惠对数据可视化的历史以及应用现状进行了梳理，未来数据可视化还需要克服乐理素养和参数映射上的困境，才能够不断优化其呈现效果。③

5G时代帷幕拉开，新兴技术解构传统传媒业边界。胡泳认为从微观层面看，5G大大提升了信息传播的速度；从中观层面看，5G催生了新的商业模式与信息获取方式；从宏观层面看，5G变革了媒体行业中不同群体之间的关系，为人们的信息获取和娱乐活动增加新的维度。④ 李华君、涂文佳认为以5G为底层支持的信息社会将为全媒体传播创造崭新生态环境，指出打造技术平台、建构互联系统、激活市场环境、培育舆论生态将会是实现传媒产业转型的重要路径。⑤ 骆正林回溯了人类传播理念的变革历程，发现传媒的每一次变革与赋权都能够对社会权力结构产生影响进而为弱势或者边缘群体赋权，并预言未来会在多元传播主体的思想交集的基础上形成"公共传播理念"。⑥

算法技术仍然是业界关注与研究的焦点。黄森、黄佩通过实证分析阐释了发生在自媒体生产过程中的两次算法驯化，并且对两次驯化建构的"职责共识网络"与"规律共识网络"进行研究，指出算法规则在以上两个局部网络中都是"强制通过点"，同时也是局部网络之间的连接点，由此成为整个网络的权力中心。⑦ 徐琦认为祛魅算法黑箱并不是智媒治理的"万能钥匙"，走出技术视野的局限，政府规制、平台自治和社会共治等各个行动主体之间的持续博弈才是算法透明度所要辅助的对象。⑧

（三）新闻业务与媒体产业的嬗变

随着移动互联网的融入与媒介技术的发展，新闻业务流程得以不断重塑，技术给新闻业的未来带来了诸多不确定性。肖鳕桐、方洁采用了深度访谈法，探究了媒体机构或者媒体技术公司中的新闻生产创新现象，认为技术与内容的合作问题在技术协助内容生产浪潮下被忽

---

① 师文、陈昌凤：《社交机器人在新闻扩散中的角色和行为模式研究——基于〈纽约时报〉"修例"风波报道在Twitter上扩散的分析》，《新闻与传播研究》2020年第5期。
② 高山冰、汪婧：《智能传播时代社交机器人的兴起、挑战与反思》，《现代传播（中国传媒大学学报）》2020年第11期。
③ 方惠：《数据可听化：声音在数据新闻中的创新实践》，《新闻记者》2020年第11期。
④ 胡泳：《所到之处皆媒介——5G对媒体产业的影响分析》，《新闻记者》2020年第7期。
⑤ 李华君、涂文佳：《5G时代全媒体传播的价值嬗变、关系解构与路径探析》，《现代传播（中国传媒大学学报）》2020年第4期。
⑥ 骆正林：《传媒技术赋权与人类传播理念的演变》，《现代传播（中国传媒大学学报）》2020年第2期。
⑦ 黄森、黄佩：《算法驯化：个性化推荐平台的自媒体内容生产网络及其运作》，《新闻大学》2020年第1期。
⑧ 徐琦：《辅助性治理工具：智媒算法透明度意涵阐释与合理定位》，《新闻记者》2020年第8期。

视，针对协作困境，创新团队试图磨合出沟通机制以改善异质行动者之间的关系，实现"全员全程"参与。① 郭嘉良基于对国内三家数据新闻媒体栏目的分析，提出当前国内数据新闻的发展受困于数据缺失、规范性不足、编辑室话语权冲突制约数据获取等问题，而影响数据新闻发展的这些阻碍可能会造成相关产业的逆产品化危机、信任危机、新闻精英化危机。② 王海燕、刘湘通过对报纸的对比性内容分析，发现我国报纸新闻呈现出"去专业化"的趋势，"去专业化"所指代的是一种相对于传统共识标准的改变，是"再专业化"的开始，是未来"新型专业化"的发端。③ 李唯嘉通过对25位新闻从业者的深度访谈，发现"可视化"以及"交朋友"策略是社交媒体时代形塑传受之间"人际信任"的重要途径，指出尽管"信任"是最终能够实现新闻真实的重要构成，但是不能将受众信任与新闻真实等同起来。④ 丁和根认为应当加大供给侧改革力度，坚决淘汰落后产能；深化传媒体制机制改革，促进资源有效流通与聚集；增强与新兴产业融合以拓展产业链和价值链，实现传媒产业可持续发展。⑤ 吴飞、徐百灵以"方方日记在海外出版"形成的广泛论争作为研究对象，发现不同价值体系之间存在明显观点极化现象，强调为了应对自媒体话语实践中的观点极化与信息流爆，群体交流需要依靠个体交往理性进行建构，弱化群体极化倾向，促进共识达成和话语共同体的实现。⑥ 闫岩、任禹衡对八卦与八卦新闻的缘起进行了回溯，并且对八卦新闻的支持者与反对者的心理进行了剖析。⑦

（四）媒体人职业转换与媒体职责

在流变的传媒生态中，学界针对诸如气候报道记者、环境记者等传媒职业群体开展了诸多研究，发现媒体从业者的自我认知与职能定位也处于有机运动中。单波、张洋认为诸多地方性实践共同建构了记者这一角色，其对记者角色的地方性进行了考察，提出建构以跨文化

---

① 肖鳕桐、方洁：《内容与技术如何协作？——行动者网络理论视角下的新闻生产创新研究》，《国际新闻界》2020年第11期。

② 郭嘉良：《数据新闻产业化发展的现实困境与未来危机——基于国内三家数据新闻媒体栏目的分析》，《现代传播（中国传媒大学学报）》2020年第7期。

③ 王海燕、刘湘：《数字化环境下的新闻"去专业化"研究——基于2018与2012年我国报纸新闻的比较内容分析》，《新闻大学》2020年第7期。

④ 李唯嘉：《如何实现"信任性真实"：社交媒体时代的新闻生产实践——基于对25位媒体从业者的访谈》，《国际新闻界》2020年第4期。

⑤ 丁和根：《我国传媒产业关联及其演化趋势分析——基于投入产出表的实证研究》，《新闻与传播研究》2020年第11期。

⑥ 吴飞、徐百灵：《自媒体话语实践中的观点极化与社会流瀑——对方方日记海外出版争论的个案分析》，《新闻记者》2020年第6期。

⑦ 闫岩、任禹衡：《从八卦到八卦新闻：起源、功能与争论》，《新闻记者》2020年第8期。

理解为导向的比较范式，还原地方性新闻实践中被化约的文化意义。① 白红义通过对 13 位气候报道记者的访谈，探究了记者如何形成与报道主题相关的专业知识，认为气候报道记者既是阐释共同体也是实践共同体。② 路鹏程等通过研究发现，在中国环境新闻记者职业角色认知中，认知程度由高到低依次是解释者、传播者（与中立型记者类似）、动员者、异议者。③ 曹艳辉、张志安考察了中国调查记者的职业认同变迁，发现这一群体的职业地位认同与职业行为认同均呈现出明显的下降趋势，指出这无疑会加速媒体行业人才的流失以及职业共同体的消逝，并且将外界对新闻行业价值的质疑扩大化。④ 唐佳梅、洪宇通过问卷调查与深度访谈的方式对外派记者的跨文化能力进行研究，发现外派记者跨文化知识储备存在缺乏系统性与专业性等短板，并且提出通过有组织的系统培训以及前瞻性的专业教育等方式，从不同维度推动外派记者跨文化能力的养成。⑤

四、新冠肺炎疫情报道与信息传播

（一）新冠肺炎疫情报道

新冠肺炎疫情全球大流行引起媒体与公众的高度关注，学术界也对疫情背景下的新闻话语和传播实践进行了研究分析。钟智锦、周金连针对媒体、公众注意力与重大突发性公共卫生事件防控效果之间的关联进行了研究，发现媒体注意力并不遵循流行病学的发展逻辑，而是时常受到关键事件的驱动和牵引。⑥ 胡菡菡认为疫情之初新闻媒体对"警方查谣通报"采取"合理信赖原则"可能会产生偏差，因此需要采用"合理怀疑原则"对其进行矫正，进而指出新闻媒体一方面需要主动探索更多有关官方通报的报道原则，另一方面也需要得到更多法律层面的规范与保护，以更好地维护我国新闻与信息传播体系的公信力。⑦ 王志、贾媛媛探讨了在疫情所带来的危机中新闻媒体的信息甄别责任，认为新闻媒体负有信息集散、知识普及、社会动员、舆论引导、情绪安抚等多重职能。因此在进行相关报道时，新闻媒体必须

---

① 单波、张洋：《记者角色的地方性实践与记者比较范式的跨文化重构》，《新闻与传播研究》2020 年第 4 期。
② 白红义：《气候报道记者作为"实践共同体"——一项对新闻专业知识的探索性研究》，《新闻记者》2020 年第 2 期。
③ 路鹏程、王积龙、黄康妮：《徘徊在传播和动员之间：中国环境新闻记者职业角色认知的实证研究》，《新闻记者》2020 年第 2 期。
④ 曹艳辉、张志安：《地位、理念与行为：中国调查记者的职业认同变迁研究》，《现代传播（中国传媒大学学报）》2020 年第 12 期。
⑤ 唐佳梅、洪宇：《外派记者跨文化能力研究》，《现代传播（中国传媒大学学报）》2020 年第 7 期。
⑥ 钟智锦、周金连：《新冠疫情中的媒体与公众注意力研究》，《新闻记者》2020 年第 10 期。
⑦ 胡菡菡：《合理信赖与合理怀疑——从新冠肺炎事件看媒体应如何报道官方通报》，《新闻记者》2020 年第 3 期。

做到坚定维护公共利益，在危机事件中发挥好守望作用。① 师文、陈昌凤关注到 Twitter 社交机器人在新冠肺炎疫情讨论中的表现，指出社交媒体机器人侧重于发布美国以外的疫情信息并在病毒起源问题上进行倾向性影射，这与人类普遍关注本国国内疫情及其批判性精神和客观表述相左。② 孙玮认为，感知视角的媒介研究力图在人类如何感知、媒介塑造感知、个体感知转变为社会感知模式的深层文化过程及其蕴含的权力关系、媒介经由感知塑造新型主体等方面，探讨媒介特别是当前智能媒介技术对人类的影响。③

（二）重大公共卫生事件的危机传播与新闻发布

新冠肺炎疫情对于我国新闻媒体危机传播意识与实践以及信息发布是一次大考，对于学界的研究也是一种导向。刘哲峰、苏婧梳理了融媒体视域下国家卫生健康委的信息发布，指出其发布理念、机制、流程、产品均体现了融合思维、共享思维，实现"中央厨房"理论应用场景的创造性拓展。④ 邓杭运用内容分析法对疫情期间我国的 150 场政府新闻发布会系列进行文本研究，认为偏离事实真相或不当的危机传播策略均容易引发危机传播效果受损。⑤ 侯迎忠、杜明曦认为，新闻发布会是政府与媒体和公众沟通的重要场所，地方政府在重大公共卫生事件新闻发布中能够做到通过顶层设计周密策划组织、发挥政府官员和权威专家的在场效应、紧跟热点设置主题内容、多方联动全媒体发布、直接回应引导舆论、研判评估自我调整等。⑥ 张薇提炼了政务新媒体舆情应对的三种策略以供借鉴：一是疫情前期针对非精准性问题，设置架构，塑造政府公信；二是疫情中期针对非恰当性问题，选择架构，引导受众科学思维，释放正能量；三是疫情后期提高话语系统性，整合架构，凝聚全媒合力。⑦

（三）疫情背景下的信息传播治理

新冠肺炎疫情暴露了信息沟通中隐藏的诸多问题，也成为学术界反思传媒业边界拓展与传

---

① 王志、贾媛媛：《论危机传播中新闻媒体的信息甄别责任——基于对新冠肺炎疫情期间新闻报道的研究》，《现代传播（中国传媒大学学报）》2020 年第 5 期。
② 师文、陈昌凤：《议题凸显与关联构建：Twitter 社交机器人对新冠疫情讨论的建构》，《现代传播（中国传媒大学学报）》2020 年第 10 期。
③ 孙玮：《论感知的媒介——兼析媒介融合及新冠疫情期间的大众数字传播实践》，《新闻记者》2020 年第 10 期。
④ 刘哲峰、苏婧：《政府信息发布升级：国家卫生健康委的"中央厨房"模式分析》，《现代传播（中国传媒大学学报）》2020 年第 8 期。
⑤ 邓杭：《突发公共卫生事件的危机传播与新闻发布》，《现代传播（中国传媒大学学报）》2020 年第 4 期。
⑥ 侯迎忠、杜明曦：《入场、转场与退场：重大公共卫生事件的政府新闻发布机制创新——以广东疫情防控系列新闻发布为例》，《现代传播（中国传媒大学学报）》2020 年第 9 期。
⑦ 张薇：《突发公共卫生事件与政务新媒体舆情应对话语研究——以新冠肺炎疫情事件为例》，《江海学刊》2020 年第 2 期。

播治理的契机。彭兰认为面对公共性突发事件，媒体应当不断提升内容生产的专业性，平台方也必须致力于提升公共性内容与个体用户之间的连通性，强调在未来，中心化与去中心化的传播仍然将并存于人类传播图景之中。① 杨洸、闻佳媛考察了微信朋友圈的虚假健康信息纠错现象，指出无论何种策略指导下的纠错行为都能对消除错误健康观念产生或多或少的影响；科学论证、好友推荐等不同手段的效果所形成的影响力不存在太大差异。基于这一发现，其认为在个人信息处理、社交网络的建立、社会信息生产传播等层面上探讨实现有效互动将有助于抵制虚假信息的侵入。② 王四新、徐菱骏考察了疫情期间国内的谣言传播现象与治理情况，认为国际上意识形态之间的冲突演进为对关于新冠肺炎疫情的诸多谣言进行传播，但中国政府对舆论的及时回应以及互联网技术的助力与大量用户的自发行为，共同扫除了疫情谣言的阴霾。③ 刘鹏对疫情背景下的用户新闻生产进行研究，发现在数字媒体环境下，私人的人际交流走向公共化，公共事件则有了用户个人书写版本，指出用户通过积极自我曝光获得更多可见性，并通过重写新闻的方式再生产了更多文本和意涵。④ 冷凇关注到疫情期间短视频平台的盛况，认为短视频承载着"人间烟火"的景象迁移，展现出特色化的内容品类与平台生态，重新建构出拟态环境的显著现象，并体现在场景的聚集性与事件的聚焦性两个维度。⑤

五、媒体融合发展与县级融媒体

（一）媒体融合的经验与反思

学界则对融合实践中产生的有益经验以及须得正视的教训进行了进一步研究。方兴东、钟翔铭认为，中国媒体融合的战略思维必须超越传统单纯的内容思维，超越过去固有的技术—内容—机制维度，站在媒体传播—互联网—数字社会治理这一全新的三维结构之中。⑥ 雷跃捷、王娜对媒体融合背景下的新闻定义问题进行了重新思考，认为目前学界尚缺乏充足的实践经验和理论思考支撑新闻的再定义，进而强调新闻是事实的传播与意义的互动，这是

---

① 彭兰：《我们需要建构什么样的公共信息传播？——对新冠肺炎疫情期间新媒体传播的反思》，《新闻界》2020年第5期。
② 杨洸、闻佳媛：《微信朋友圈的虚假健康信息纠错：平台、策略与议题之影响研究》，《新闻与传播研究》2020年第8期。
③ 王四新、徐菱骏：《疫情期的谣言传播与治理》，《现代传播（中国传媒大学学报）》2020年第5期。
④ 刘鹏：《"全世界都在说"：新冠疫情中的用户新闻生产研究》，《国际新闻界》2020年第9期。
⑤ 冷凇：《"人间烟火"的景象迁移与"现实图景"的双向建构——新冠肺炎疫情下短视频与拟态环境重构》，《新闻与传播研究》2020年第9期。
⑥ 方兴东、钟翔铭：《中国媒体融合的本质、使命与道路选择——从数字传播理论看中国媒体融合的新思维》，《现代出版》2020年第4期。

媒体融合背景下可供参考的新闻定义，在这一背景下进一步审视新闻生态的变化将有助于当代新闻理论研究。[1]

（二）国家战略视域下的县级融媒体中心建设

县级融媒体中心建设既是我国媒体融合工程的重要一环，同时也是国家治理体系和治理能力现代化建设的重要组成部分。从国家战略视域出发，考察县级融媒体中心的建设实践和成果，能够为媒体融合的未来发展提供助力。曾培伦、毛天婵通过对71篇县级融媒体中心挂牌新闻进行分析，发现在中央顶层设计的统一领导下，各县级融媒体中心建设表现出各有差异的多元创新模式，指出媒体融合不仅仅是某一行政区域内"横向"的资源整合与调适，更是从中央到地方"纵向"的技术指标与实践的耦合过程。[2] 周逵、黄典林对中国基层媒体的发展历程进行回溯，将其视为理解当下与未来融媒体发展的逻辑起点，指出县级融媒体中心建设的政策出发点是在延续传统"四级"媒体框架的基础上，寻求基层媒体与政治传播困境的政策突破口。[3] 张克旭等通过采用实地考察与问卷调查相结合的方式对上海8个区级融媒体中心进行了考察，指出区级融媒体中心应当积极对接国家治理战略，同时在功能定位中将政务与服务前置，进而融入地方治理平台中，并建立相应的激励机制。[4]

六、新闻伦理规范与行业治理

（一）新闻侵权、谣言治理与权利保护

江作苏、李孟名对《中国新闻工作者职业道德准则》进行考察，认为新时代对媒体行为尺度提出了新要求：数字时代媒体的权责一致、多样传播语境与正向价值引领、法治意识的不断增强、在保障公共传播与维护媒体权益之间平衡、在国际传播中不断增强主体意识。[5] 李良荣、戴前柏认为互联网新闻制作缺乏统一的评判标准，导致失范问题频现，职业性新闻主体亦难以避免，指出从专业性文体要求等层面和路径予以规范是有效应对这一危机的策略。[6]

---

[1] 雷跃捷、王娜：《媒体融合时代新闻定义问题的再思考》，《新闻大学》2020年第8期。
[2] 曾培伦、毛天婵：《技术装置"多棱镜"：国家治理视阈下的县级融媒体中心建设研究——基于71篇县级融媒体中心挂牌新闻的分析》，《新闻记者》2020年第6期。
[3] 周逵、黄典林：《从大喇叭、四级办台到县级融媒体中心——中国基层媒体制度建构的历史分析》，《新闻记者》2020年第6期。
[4] 张克旭、赵士林、邓江：《国家战略的地方路径：区县融媒体中心建设的上海探索——基于上海8个区级融媒体中心的实地调研与问卷调查》，《新闻记者》2020年第6期。
[5] 江作苏、李孟名：《新时代媒体行为尺度的新变化与新要求——对〈中国新闻工作者职业道德准则〉四个版本的考察与思考》，《新闻记者》2020年第4期。
[6] 李良荣、戴前柏：《互联网新闻制作失范：表现、原因与规范进路》，《现代传播（中国传媒大学学报）》2020年第10期。

2020年《中华人民共和国民法典》（以下简称《民法典》）高票通过，学界对其涉及新闻报道与舆论监督的相关内容展开了研究。陈堂发对《民法典》"人格权编"的诸条款进行考察，提出私法属性的媒体权利体现为侵权法范畴的权利与义务关系，属于消极性权利或普通权利。"人格权编"设立的合理审查义务对于媒体权利的补强功能，有赖于司法适用证据规则的转移即采纳证据盖然性规则、引入人民陪审理员制度，以减轻媒体承担苛刻的举证责任。① 岳业鹏认为，《民法典》新增人格权诉前禁令，完善了新闻侵权事前预防制度，但需通过动态系统论严格控制其适用范围。② 刘文杰指出，《民法典》中有关新闻报道与舆论监督免责条款的规定体现出对言论表达自由的观照，这使得宪法所规定的公民权利得以真正落地，对于法律的裁决具有积极意义；但是就目前而言，相关规定尚待司法实践结合个案情况加以充实。③

谣言传播是危害互联网秩序的一大毒瘤。冯建华认为目前网络谣言所产生的现实后果以及潜在危害使得网络谣言入罪成为必然。网络谣言治理需要有整体性、综合性的视野，刑事处罚是其中的最后手段。网络谣言入罪既要考虑手段的合法性与正当性，又要考虑法律成本与实际效果。④ 魏永征对疫情防控进程中打击网络散布谣言的行政行为进行了回溯，对须受行政处罚网络造谣行为的构成要件进行了分析，指出采取放手让主流媒体以真实客观及时的权威信息引导舆论等措施，是减少、消除谣言及其不利影响的最有效途径。⑤ 雷霞总结对比了谣言的十种概念并且指明其所揭示的谣言产生与传播的不同根源与面向，认为在新媒体平台谣言传播中，谣言与广告、游戏结合现象，以及传播技术和推送力度等作为谣言传播的助推因素，均值得关注。⑥ 李春雷、雷少杰选取了某一公共事件作为研究对象对谣言传播进行考察，发现公共事件中的谣言传播有着一套独特的传播机制与演变逻辑，指出朴素的话语表达，使得谣言依赖强关系达成合意，而经过网络媒体的大量转发，想象的真实让谣言符码实现了意义的内爆，并产生一种超真实体验，在各种关系驱动与群体动力下，谣言由内爆发展为外爆。⑦ 强月新、孙志鹏选取了新冠肺炎疫情期间的辟谣文本及网友评论作为研究对象，

---

① 陈堂发：《论私法范畴的媒体权利——基于〈民法典·人格权编〉相关条款》，《新闻与传播研究》2020年第8期。
② 岳业鹏：《〈民法典〉中新闻侵权责任方式的创新与适用》，《新闻记者》2020年第11期。
③ 刘文杰：《〈民法典〉在新闻侵权抗辩事由上的探索与创新》，《新闻记者》2020年第9期。
④ 冯建华：《网络谣言入罪的尺度与限度——以风险刑法为分析视角》，《新闻与传播研究》2020年第2期。
⑤ 魏永征：《略论治理网络谣言的行政处罚》，《新闻记者》2020年第3期。
⑥ 雷霞：《谣言生命力解读——谣言概念及公式研究综述》，《新闻记者》2020年第11期。
⑦ 李春雷、雷少杰：《想象、话语与景观：底层视角下公共事件中的谣言传播进路研究——一项基于NC市XH事件的扎根研究》，《国际新闻界》2020年第8期。

发现所选取的辟谣文本主要采用单向的直接驳斥辟谣方式，且没有取得应有的辟谣效果。其认为这一辟谣实践呈现出的风险有其内在成因：强制性辟谣方式的单一向度、封闭式辟谣内容的话语噪音、全能型辟谣主体的意义闭塞。①

（二）数字媒体新闻伦理风险与治理路径

数字媒体时代的新闻行业伦理也受到技术变迁与模式重塑的潜移默化。季为民考察了2019年国内学术界对于新闻伦理的研究，肯定了相关研究中涌现的诸多新颖观点，也指出了其中暴露出的新问题，例如学科建设滞后，研究范式过于单一，基础理论框架不清晰，缺乏基础理论、核心议题和伦理规范的研究创新等。② 马澈以脸书发生数据泄露后扎克伯格参与的三次听证会作为研究对象，对其中六份证词和记录文本进行内容分析和深读，发现围绕脸书事件，立法机构不仅关注事件本身暴露的数据泄露和对政治选举的影响，而且拓展到个人隐私和言论空间的方方面面，更深入互联网赖以生存的商业模式和平台中立的问题。③

在算法逐渐渗入新闻信息的生产与推送的过程中，算法权力与伦理风险也成为智媒时代的热点话题。许向东、王怡溪认为算法偏见不仅背离了公平公正的新闻职业规范、挑战了用户知情权和信息选择权，还会解构社会共识，引发舆论风险等。规制算法偏见的风险，可以从法律法规、技术创新、第三方审核机构和算法价值观四个维度着手发力。④ 毛湛文、孙曌闻提出从"算法调节"的视角观察新闻透明性原则在算法新闻分发平台的实践中所面临的障碍，进而沿着"技术道德化"思路提出改进路径，包括把新闻透明性纳入算法设计的"常规"、加强算法利益相关方的协作，以及用对话而非对抗的方式重新调整人和算法的关系等。⑤ 林爱珺、刘运红认为，从个人主体权利的角度看，算法偏见使用户的信息选择权和知情权遭遇严峻挑战。构建算法伦理原则更强调预防的重要性，设计者在算法设计阶段遵循相关的伦理规则，在算法程序运行之前就考虑算法可能带来的伦理问题，将最大限度地避免算法技术的滥用。⑥ 匡文波、张一虹认为，新闻推荐算法管理的最大难点就在于，新闻推荐算法其实是一个技术"黑箱"，互联网公司通常以新闻推荐算法属于商业机密为

---

① 强月新、孙志鹏：《政治沟通视野下政务微博辟谣效果研究》，《新闻大学》2020年第10期。
② 季为民：《数字媒体新闻伦理研究的新观点、新问题和新趋向》，《现代传播（中国传媒大学学报）》2020年第4期。
③ 马澈：《隐私、言论与平台规制——基于扎克伯格听证会的议题分析与思考》，《现代传播（中国传媒大学学报）》2020年第1期。
④ 许向东、王怡溪：《智能传播中算法偏见的成因、影响与对策》，《国际新闻界》2020年第10期。
⑤ 毛湛文、孙曌闻：《从"算法神话"到"算法调节"：新闻透明性原则在算法分发平台的实践限度研究》，《国际新闻界》2020年第7期。
⑥ 林爱珺、刘运红：《智能新闻信息分发中的算法偏见与伦理规制》，《新闻大学》2020年第1期。

由，拒绝接受政府相关部门管理和社会监督。但是由于涉及大众的健康及社会利益，其必须接受政府的监管和社会监督，因此应该从政府、用户、企业、技术等方面对新闻推荐算法进行科学管理。[①]

总体而言，2020年新闻理论研究聚焦以下三个方面的内容：一是突出国家治理体系和治理能力建设的研究，围绕三大体系建设、国家形象与国际话语权、危机应对中的信息传播与治理、县级融媒体建设等诸多方面，对中国特色社会主义新闻事业相关制度的建设表达了观照；二是针对社会现实和新闻实践，2020年度研究侧重谣言传播与治理、《民法典》的分析、新冠肺炎疫情报道的总结与反思等，充分体现了新闻理论研究回应社会需求的现实价值；三是学界力求探索新闻学理论创新与范式转换，关注中国特色新闻学的推进与数字新闻学的发展，对互联网背景下新闻学知识体系进行了反思。

---

① 匡文波、张一虹：《论新闻推荐算法的管理》，《现代传播（中国传媒大学学报）》2020年第7期。

2020年中国广播电视研究综述

殷 乐 高源昊 杨 宁[*]

一、中国广播研究综述

中国广播在2020年的研究可以总结出以下几个角度。首先,新冠肺炎疫情既是广播实践和研究的大背景,也是新的挑战。其次,这一年是中国人民广播事业创建80周年,是世界第一家广播电台诞生100周年,广播研究者站在历史的节点上从多个角度共同描绘出一幅异彩纷呈的广播发展历程画卷,以古鉴今。最后,2020年是媒体融合和智媒化潮流快速发展的一年,是融媒体从"量"到"质"的发展都取得成果的一年,也是广播媒体不再迷茫焦虑、坚定地拥抱创新、勇敢投身于智媒浪潮的一年;从某个角度上看,媒体融合和智慧化已从现象、目标变成生态,孕育着新的环境。

概而述之,2020年的广播研究既体现了历史节点的特殊性,又结合了媒体融合、智慧媒体的发展浪潮,在特殊的时空背景下,展现出研究者对广播学科和产业创新发展的上下求索。

(一)抗疫情,理经验——疫情下的广播态势

2020年新年伊始,中国遭到了新冠肺炎疫情的重击。疫情抗击既是舆论之战,又是平台阵地之战,还是能力体系之战。[①] 疫情相关话题无疑成为2020年广播研究的重要内容:首先,在疫情期间,广播在信息传递、舆论导向等方面承担起主流媒体应有责任的同时,在几个特定场景下还发挥着不可替代的功能;其次,在疫情考验后,应急情况下广播的实践经验和教训、暴露出的漏洞成为研究者重点关注对象。

1. 农村广播与方舱电台

在疫情期间,广播在农村以"大喇叭"的形式成为基层消息传达的不可或缺的重要媒介,

---

[*] 殷乐,中国社会科学院新闻与传播研究所研究员;高源昊,中国社会科学院大学新闻传播学院硕士研究生;杨宁,中国社会科学院大学新闻传播学院博士研究生。

[①] 郭忠:《复盘疫情之下传统媒体阵地之战——以湖北广播电视台为例》,《中国广播电视学刊》2020年第8期。

它能够使消息及时传达、消息强制接受，起到相当明显的动员效果。[①] 这种在社区中长期存在的、可以及时响应突发事件应急服务的广播媒介体系，自1952年开始在农村生根存在，从1955年"消灭血吸虫病"运动到2003年抗击"非典"一直起着重要的作用，随着"村村通"工程、县级融媒体中心的建设广泛存在于农村地区。[②] 在此次疫情中由于近年移动互联网的广泛普及而获得大众注意的是"大喇叭"的"土味"广播，口语化方言式的播报特征使它在覆盖广、效率高、强度大的"大喇叭"基础上，增加了群众接受度高的优势，有效助力抗疫。[③] 对"大喇叭"和"土味"广播的关注，成为疫情相关主题广播研究的一个亮点，让研究者注意到广大的乡村还存在着广阔的研究场域值得深耕。

除了农村，另一个备受关注的场景是武汉的方舱医院。"方舱电台"作为"战地广播"，在疫情期间通过发挥社会责任和媒体价值、使用多元的人格化声音文本以及从方舱走向社会多平台传输，发挥了构建积极社会心理、维护良好医患关系以及畅通信息舆论的传播功能。[④] 广播在特殊时期难以替代的作用正是广播媒介核心竞争力之所在。

2. 疫情后的反思

得益于我国上下一心，疫情于2020年上半年较早得到了控制。下半年广播研究者得以定心进行有关疫情广播的经验梳理和教训反思。

学理上，有学者在媒介生态理论的框架下，分析了疫情影响下广播融媒体传播内部生态系统，并认为其呈现出共生化趋势明显增强、链网化态势更加突出、生态性规划特征尤为鲜明的特点。[⑤]

业务中，不同地区不同层级的一线工作者都对疫情间广播作用和不足进行了总结。有学者关注基层广播在社会动员中如同社会的"神经末梢"般将国家意志直达民众的作用[⑥]；也有各地学者研究地方广播，发现地方广播重点围绕权威信息发布、及时辟谣证伪、主动提供服务三个方面发挥了重要功能，还通过积极融合新媒体实现广播、电视、手机移动端等各渠道传播覆盖，针对性地为民解惑。同时，学者从实践中反思地方广播建设，发现应急广播体

---

① 柳帆、盖颐帆：《农村广播的"最后一公里"——从疫情防控看农村"大喇叭"的应急传播与服务功能》，《中国广播》2020年第7期。
② 覃信刚：《农村大喇叭告诉了我们什么——新冠肺炎疫情防控实例分析》，《中国广播》2020年第3期。
③ 牟星：《"土味"广播在基层农村防疫中的作用》，《公共管理评论》2020年第1期。
④ 卜晨光、刘炜：《方舱电台：疫情中的应急广播》，《中国广播》2020年第7期。
⑤ 瞿兴华、王伟：《疫情下广播融媒体传播生态透视——基于媒介生态理论视角》，《中国广播》2020年第10期。
⑥ 冯帆、王安祺：《基层广播：疫情防控中的社会动员利器》，《青年记者》2020年第7期。

系不健全、平时服务功能被忽略和缺少新技术应用等不足。[1]

疫情是一场战争，也是一次突击考试，我国总体上交出了令人满意的答卷。所有人都是疫情的经历者，许多媒体人都在一线或二线进行了传播实践，所以广播研究者能够十分精准地抓住经验、揭示问题。亲历之余，广播研究者还能跳脱出疫情本身，以陌生化视角去审视这场突发事件，既关注宏观也重视细节，既有理论分析也有实践思考，成为2020年广播研究浓墨重彩的一笔。

（二）薪火传，声不息——2020年的广播史学研究

2020年广播史学研究主要在两个方面展开：一是保持近年对中国现代广播实践做阶段性梳理研究的趋势，对民国时期、新中国成立后的特定时间段广播经历进行挖掘和分析；二是站在特殊的时间节点，从不同角度回望、梳整广播发展的历程。广播史学研究在2020年的突出特点是将史料整理和视角创新融合起来，以新理论视角加以阐释；在回望历史的同时，广播史学者展望着新时代的到来。

1. 民国和新中国广播研究

①民国广播史

对于民国的广播史，有学者以广播的娱乐节目为切入点，讲述了广播进入中国后，娱乐节目的兴盛、改良与管理的进程，并对当时娱乐伦理广播价值大讨论进行了探究，最终把"广播娱乐应有利于道德人格的培养、促进人际交往的和谐、有助于社会风气的提升"的观念与现代广播业相关联，对现实中的媒体娱乐化倾向进行反思。[2] 除了对民国民营广播的历史分析，中南财经政法大学王大丽对国民党《中央日报》1932年改革前后的文本进行了内容分析，从媒体现代化视角考察国民党三大党营新闻机构的现代化特征、改革原因和效力。[3] 这些研究是对民国新闻史的重要补充。

②新中国广播史

对于新中国成立后的广播史，有学者发现过往研究中新中国广播电视人集体"缺席"，于是从学理上对播音口述史研究的合法性、研究路径以及研究意义等方面展开探讨。研究认为中国播音口述史根植于中华民族伟大复兴历史进程，为国家和民族的发展留存了具有重要

---

[1] 宋秀辉：《城市应急广播组织战"疫"的思考——以佛山人民广播电台实践为例》，《中国广播》2020年第5期。

[2] 朱时宇：《兴盛、改良与管理：20世纪20至30年代上海民营广播中的娱乐节目》，《新闻与传播研究》2020年第5期；康智、白贵：《民国时期关于广播娱乐伦理的争论及历史反思》，《河北学刊》2020年第1期。

[3] 王大丽：《1932年国民党党营新闻机构的"现代化"改革研究》，《新闻大学》2020年第2期。

参考价值的史料,这个领域对于媒体史学研究者来说大有可为。① 有学者看到广播在农村疫情中的重要作用,试着从政治、经济视角寻找广播在疫情中一枝独秀的历史原因,并梳理出"下场""离场""返乡"的新中国农村有线广播发展"三部曲"。② 当代中国的媒体研究一直是新闻传播史学的重要领域,在2020年得到了继往开来的发展。

2. 历史节点的广播史回顾

当我们跳出常规研究的惯性,就看到了2020年史学研究的一个重点——立足周年节点对广播历史的多角度回顾和梳理。2020年是中国民族语言节目创办70周年,是中国人民广播事业创建80周年,也是世界第一家广播电台诞生100周年。站在这样一个历史节点上,广播研究者展现出丰富的学术想象力,从不同的角度对广播的发展史进行了阐释和梳理,以从历史吸取经验教训,为当前数字化、社会化、个性化、融合化时代的广播探求发展的新路径。

①藏语广播70年

1950年中央人民广播电台藏语广播开播。有学者梳理了其在70年间历经创办起步、停播恢复、发展和融合等阶段,在总结藏语广播成绩和经验之余,更对中央广播电视总台藏语节目前景进行了展望。③ 也有学者从政治角度梳理了中央人民广播电台藏语广播70年来的发展脉络。④ 对中央人民广播电台藏语广播发展历程的梳理从时间到地点、从节目到事件翔实细致,完善了我们对少数民族广播发展的认知。民族与国家、地方与全局有机地结合在一起,少数民族广播史与整个中国媒介发展历程产生了共振。云南大学学者王东林、孙信茹对藏区媒体人进行考察,发现在职业新闻人和藏族文化人双重身份下,他们的传播实践成为文化空间创造和意义生成的重要方式;其还分析了媒体当中的人作为主体去创造意义和价值的过程。⑤ 这样的田野考察加深了我们对少数民族媒体人双重身份下传播实践的理解,使得对文化空间和媒体人的意义有了新的观察视角。

②中国人民广播80年

1940年,延安的窑洞中发出第一段电波,中国广播的新篇章自此开启。许多学者从不同的角度描绘了这波澜壮阔的80年。譬如,中国人民大学学者高贵武、李政认为广播研究可以

---

① 李颖、蒋启迪:《新中国播音口述史研究路径与方法》,《中国广播电视学刊》2020年第8期。
② 艾红红:《"下乡""离场"与"返乡"——新中国农村有线广播发展"三部曲"》,《福建师范大学学报(哲学社会科学版)》2020年第4期。
③ 泽嘎:《中央广播电视总台藏语节目发展历程与实践探索》,《中国广播电视学刊》2020年第7期。
④ 张小平:《世界屋脊上的西藏解放进步之声——中央人民广播电台藏语广播70年回顾》,《中国藏学》2020年第3期。
⑤ 王东林、孙信茹:《藏区媒体人的传播实践与文化空间建构——对康巴语译制中心的田野考察》,《当代传播》2020年第2期。

突破对报刊史研究范式的沿袭，改变以政治变迁作为划分时期标准的传统。他们以技术变迁为线索，按照中国无线广播、有线广播、卫星与调频广播、数字化广播的技术发展脉络描绘了80年广播史，最后描绘了超越过去广播的内涵和外延、突破一切传统广播模式的新媒体语境下人民广播的未来形态——"超越广播"。① 暨南大学申启武教授从节目形态考察了这80年的广播事业，认为节目形态的演变与发展历程是一个从形态意识缺失与模糊到形态意识觉醒与跃升、再到形态意识延展与超越的不断变革与不断创新的过程。他认为，随着广播工作者对广播规律把握的深化、随着时代和社会对广播事业影响的不断扩大，节目从无到有，形态从单一到多样、从平面到立体、从刻板到灵动。② 还有学者从理念传承发展的角度，考察了80年里"为人民服务"理念是如何从延安精神的火炬中传递至今的。针对新媒体时代中的媒体困境，其提出了广播社会服务需分清公益和付费界限，应探索对用户的"小群众"传播的细分服务模式，以及要让广播成为公民参与公共决策和公益行动的平台三个发展层面。③ 除了上面提到的研究，还有许多学者分别从传媒生态位变迁、功能与空间等视角，以广播剧、舆论话语等主题，展现了人民广播丰富多彩的80年。

③世界广播电台诞生100年

适逢广播百年华诞，许多学者对广播的历史进行了学理性研究。中国传媒大学张彩、曹默回顾了广播学的百年历程，探讨了当下广播学建设要以人文基础、跨界能力和技术思维为人才培养路径。其强调未来广播学专业要立足新时代新要求，根植声音本位，探索听觉传播规律，在媒体融合中实现广播学专业的创造性转化和创新性发展。④ 有学者从媒介学视野切入广播百年史，重点突出了广播在城市中不断塑造的"声音景观"文化。这种文化是一种"听觉空间的新型建构"，它将听觉主体的身体沉浸其中，并实现"浸润式"地传递意义。现代广播业应该利用好声音媒介的特质，为新时代广播形成自己的文化印记。⑤ 还有学者从广播功能的衍变、广播节目的沿革来梳理广播史。⑥ 在这些学者的研究中，我们可以看到世界政治、经济、技术等历史和广播史的勾连。广播因时而起，也曾因时而衰，今天也将因时而变。

综观2020年的广播史学研究，立足重要时间节点、多元丰富是最大特征。不论是70年，

---

① 高贵武、李政:《中国人民广播事业80年发展回眸——基于技术变迁的考察视角》，《中国广播》2020年第12期。
② 申启武:《人民广播80年来节目形态的历史演进与发展特征》，《中国广播》2020年第12期。
③ 吴生华、陈旭春:《为人民服务理念的广播传承与发展》，《中国广播》2020年第12期。
④ 张彩、曹默:《广播百年看广播学：声音本位与听觉传播规律探索》，《现代传播（中国传媒大学学报）》2020年第4期。
⑤ 张寅:《车轮子上的"声音景观"文化：广播的媒介学想象》，《传媒》2020年第16期。
⑥ 马阳:《百年广播的功能衍变与拓展》，《中国广播》2020年第5期。

80 年，还是 100 年，世上唯一不变的是变化本身。在历史中我们看到广播事业潮起潮落，却一直薪火相传；看到历史车轮般碾过一个又一个曾经辉煌的节目、电台，不因它们的失误而等待，不因它们的精彩而驻足，广播业总是生生不息。21 世纪第二个十年已逝，广播研究似乎不久前才刚刚厘清互联网时代的头绪，新媒体的高速列车正把我们带向一个崭新的时代：一个危机与机遇并存、一个更激烈更变化多端的时代——智媒体、融媒体时代。

（三）新时代，新广播——媒体融合和智慧化浪潮中的广播

如果说过去把媒体融合和媒体智慧化作为两个平行的学术主题分开论述是可行的，那么时间到达 2020 年，这样的局面改变了。2020 年的融媒体和智媒体研究清晰地展现出媒体融合不仅是把广播电视和新媒体部门合并到一个办公楼，智慧化也不是将 5G、AI 等高大上的技术搭积木般堆叠到媒体上。广播转型的未来方向要拥有全媒体的理念、拥抱新技术的浪潮、拓展垂直内容和服务。[①] 媒体融合和智慧化在现今的媒介环境中是交叉相融的，两者都是新时代的要求，更重要的是它们本身也构建着新的软件和硬件生态，创造出新的内容和商业环境。处于这样的生态环境中，广播研究者不断思考着新时代要有什么样的新广播。

1. 媒体融合与新技术再造各级媒体

2020 年 3 月，中国首个 5G 高新视频多场景应用国家广播电视总局重点实验室在长沙挂牌，以 5G 为代表的高新技术不断落地进入实用领域。[②] 11 月，国家广播电视总局印发《关于加快推进广播电视媒体深度融合发展的意见》的通知，明确了加快推进广播电视媒体深度融合发展的总体要求和目标任务。[③] 广电融合推广加深、技术应用落地加速成为 2020 年的广播发展的底色。在这样的背景下，广播研究者着重关注融媒体的发展和广播在新技术使用方面的可行路径。

①中央与国家层面的媒体发展

2020 年国家层面广播媒体融合发生了一件重要的事情：3 月，中央广播电视总台"云听"音频客户端上线，与"央视频"共同构成了总台的"一体两翼"。作为国家级的融媒体音频客户端，学者中既有对"云听"报之以歌，认为"云听"对内容格局、产品形态、技术架构、商业模式等方面所做的创新，为广播新生态提供了一个新范式[④]；也有学者把它同"喜马拉

[①] 胡正荣、李荃：《打造智慧视听生态：广播转型的未来方向》，《中国广播》2020 年第 9 期。

[②] 《5G 高新视频多场景应用国家广播电视总局重点实验室揭牌仪式在中国（长沙）马栏山视频文创产业园举行》，国家广播电视总局官网，http://www.nrta.gov.cn/art/2020/4/3/art_112_50615.html，2020 年 4 月 3 日。

[③] 《关于加快推进广播电视媒体深度融合发展的意见》，国家广电总局机关服务局官方网站，http://www.gd-gsb.com/Item/53159.aspx，2020 年 11 月 27 日。

[④] 夏恩博、吴弘乐、魏翥凡：《"云听"与同类产品的差异及应解决的几个核心问题——与"喜马拉雅 FM"和"荔枝 FM"的比较》，《中国广播》2020 年第 6 期。

雅FM"和"荔枝FM"作对比,直率地点出了"云听"与主要互联网音频平台相比的不足,提出了从顶层设计层面解决内部机制问题、明确对待技术的态度、考虑是否要赋予"云听"以社交属性三个需要思考的核心问题①。不论当前暂时的效果如何,国家层面的广播媒体的努力和顶层设计已经可以看到。

2020年7月,中央广播电视总台《中央广播电视总台5G媒体应用白皮书(2020版)》发布,它面向基于5G网络的4K采集传输、4K移动生产、VR制作分发三类媒体应用,提出的生产流程、技术要求和关键指标描述准确,将5G传输、云计算与媒体生产融为一体,对于5G技术在媒体行业的应用具有重要的指导意义和推动作用。② 在技术和消费双重驱动下,有学者总结了广播媒体三个转型基本策略。一是媒体属性的智能化转型:从线性媒体到时域媒体。二是媒体功能的智能化提升:从千人一面的"广播"到千人千面的算法推荐。三是智能化应用的创新:从声音陪伴到智能应用。③ 广播媒体在技术革新浪潮中,已经找到了突破点。

②县级融媒体与地方媒体发展

县级媒体是国家治理体系中的媒体末梢,在信息服务"最后一公里"上发挥重要作用。2020年广电融媒体下沉到县区,在疫情中扮演了疫情信息的发布者、公众舆论的引领者、政府形象塑造者、社会活动协调者④的重要角色。胡正荣教授提出要抓住打造2.0版的县级融媒体中心,其中自主平台建设、中心定位、功能聚合和数据生产是检验2.0版县级融媒体中心建设效果的四个方面。⑤ 在县级融媒体在全国遍地开花之时,长三角四家县级广播媒体跨区合作实践给媒体融合战略带来了新的可能。浙江、上海、江苏、安徽的四个县级媒体以"大三农"视角,联合推出对农广播融媒体大型跨地"长三角特色小镇1+1"活动,是长三角县级基层广播资源共享、互助合作、融合传播的一次有益尝试。⑥ 这样自发性质的县级融媒体跨区联合活动,给地方层面媒体融合展现了新的发展可能性,显示出县域融媒体巨大活力。

身处一线的广播研究者以地方性广播媒体实践经验,总结了广播电台发展路径。北京人

---

① 夏恩博、吴弘乐、魏蠢凡:《"云听"与同类产品的差异及应解决的几个核心问题——与"喜马拉雅FM"和"荔枝FM"的比较》,《中国广播》2020年第6期。

② 《〈中央广播电视总台5G媒体应用白皮书(2020版)〉发布》,央视网,http://tv.cctv.com/2020/07/08/ARTISXAxEvUYCulNVgbY25Sw200708.shtml,2020年7月8日。

③ 安琪:《5G时代广播媒体的智能化转型》,《中国广播电视学刊》2020年第1期。

④ 单文盛、杨杨、宋颖:《县级融媒体在新冠肺炎疫情事件中的媒体角色》,《长沙大学学报》2020年第3期。

⑤ 胡正荣:《打造2.0版的县级融媒体中心》,《新闻界》2020年第1期。

⑥ 毛萍霞:《开展跨地直播 打造长三角县级广播共同体》,《中国广播电视学刊》2020年第1期。

民广播电台通过视听技术、人工智能、大数据、云平台等，在内容创新、分发传播、数据管理、全媒体渠道建设上加以智能化应用，实现高效产出，全面提升智慧化水平。[①] 为了使广播在互联网时代传播得更"广"，媒体融合更"深"，发展机遇更"大"，厦门广播则以小程序为切入点，利用其"小""轻""简""智"的特点，开发小程序+广播频率、小程序+音频产品、小程序+视频、小程序+特色产品的用户服务路径，达到传播一体化、音频场景化、广播可视化、服务延展化的作用。[②] 有学者谈及地方性广播媒体的不足，认为地方性的融媒体在稀缺性内容供给、用户互动能力、人才吸引保留等方面还存在问题。[③] 其中一部分问题可以通过坚持更深度的融合而解决，但也有一部分还需要不断地在实践中探索。总结来说，一线研究者都在努力从实践中寻找知识，为广播行业在技术发展路径中探明前路。

2. 软硬件升级改变重构音频生态

2020年上半年，受疫情影响，大规模居家隔离和通勤减少，使得视频媒介使用增加，传统端和车载广播使用大幅减少，广播周活跃用户比去年同期减少了8.2%。传统端和车载广播减少适用的情形却意外倒逼了广播终端格局的加速改变。广播的智能端使用率快速增加，传统收听终端、车载终端和智能终端三足鼎立的局势被打破并进行了新的重组，传统收听市场缩减，智能手机、智能音箱等智能终端使用率不断提升。[④] 以此为契机，2020年广播在智能浪潮中出现了软件和硬件的双重发展。

①播客

软件上，疫情中的播客在中国迅速扎根。各大音频平台进场播客，并且成为疫情下广播智能化浪潮的巨大受益者。2020年3月，国内首款基于RSS的中文播客App"小宇宙"上线，不仅俘获了大量忠实听众，更吸引了部分潜在的草根生产者参与到节目制作中，之后喜马拉雅、蜻蜓FM、网易云音乐等传统音频平台甚至快手视频也纷纷入场。有学者从播客的"舶来品"属性出发，指出当前中文播客使用者中高学历者多、互联网意见领袖多和内容多元自由的现状，还对中文播客发展前途进行了冷静的预测。[⑤] 也有学者从"耳朵经济"切入，从经济和市场的角度分析，认为多层面及专业的优质播客内容和平台面临着巨大的需求市场，对播客的未来表示乐观。[⑥] 辜晓进教授关注了国外播客发展状况，发现美国报业出现了一种

---

① 贾子牧、张晓菲：《广播的智慧化路径探索——以北京人民广播电台为例》，《中国广播》2020年第7期。
② 林军：《"小程序+"让广播在新媒体时代传播更"广"——以厦门广播为例》，《传媒》2020年第20期。
③ 同②。
④ 梁毓琳、赵景仁：《疫情影响下的广播媒体变化趋势——2020年上半年中国广播市场浅析》，《中国广播》2020年第7期。
⑤ 吴思哲：《沙龙复兴与广播续章：中文播客的热度与冷性》，《新媒体研究》2020年第23期。
⑥ 姜烨：《新浪潮听觉文化下播客复兴的发展分析》，《新媒体研究》2020年第3期。

新的播客子类——报业播客（papercasts），它是以报纸内容生产优势驱动且不同于广播表现形式的数字音频产品。美国《纽约时报》、《华盛顿邮报》、《华尔街日报》和《今日美国》四大全国报纸无一缺席报业播客的盛宴。作者以自己独到的眼光解析了报业播客受欢迎的原因及媒体演进规律。[1]

在2020年的播客研究中，几乎全部学者对播客的发展都怀有乐观的预期。播客在21世纪初被发明，当下已是第三次播客浪潮了。[2] 新媒体时代各路媒体势态风云变幻，或许我们应该在弄清前两次浪潮为何半途退去之前，对播客的媒介形态保持更谨慎的态度。播客和广播虽都属于大音频领域，可是播客的火热和广播之间的关联也没有表面上看上去那么紧密，换句话说，播客和广播之间的关系需要广播从业者更深入地去摸索建立。

②智能音箱

硬件上，智能音箱是突出被关注的对象。即使受到疫情影响，2020年上半年中国智能音箱市场销量为1908.6万台，同比增长22.7%，保持着较高的增长速度。[3] 有学者总结了智能音箱的三大媒介特性：作为搜索引擎的个性化、居家助手时的有温度、声音空间的可感知，以此为基础思考了智能音箱形态下的新闻生产与呈现。[4] 有学者从广播、博客、语音助手到如今智能音箱，绘制了一张声音传播视域下时代变迁的传播地形图。图中的智能音箱被描绘成智媒时代人机互动的"桥梁"，成为人进入广阔的平台社会的"新端口"，预示了人机共生的新社会景观。但这种景观紧接着带来的是主体性危机和情感缺席等技术伦理问题，需要多学科在社会发展过程中共同探讨。[5]

智能音箱与广播的关系十分紧密，但也有学者把智能音箱和车载传统广播对立起来，认为广播的场景优势在无人驾驶技术日趋完善的未来将进一步弱化，这可能导致场景优势被智能音箱或类似的产品占领。[6] 我们需要具体地思考智能音箱如何与广播互相成就。

智媒体时代软件或硬件的媒介的流变可能随时会发生。广播作为播客、智能音箱等声音媒介的先驱，被"打在沙滩上"的命运是否会发生还难有定数。总之所有学者都反对广播固

---

[1] 辜晓进：《"报业播客"爆红背后的大众传播演进逻辑——纽约时报成功进军音频世界的启示》，《新闻与写作》2020年第9期。

[2] 刘艳青：《全媒体语境下国内新闻播客发展路径探索》，《新闻研究导刊》2020年第20期。

[3] 《智能音箱半年报 | 2020年中国智能音箱市场H1总结》，奥维云网，http://www.avc-mr.com/index.php?m=content&c=index&a=show&catid=49&id=3520，2020年8月4日。

[4] 卢维林、宫承波：《智能音箱中的新闻生产与呈现逻辑》，《青年记者》2020年第13期。

[5] 朱泓宇、姬德强：《"声声"不息——声音传播视域下智能音箱的功能与伦理》，《现代视听》2020年第4期。

[6] 于中涛：《化解场景危机的广播战略性选择》，《中国广播》2020年第1期。

守旧桎，认为融合、创新、把自己变成智慧媒体才是广播研究的根本出路。

3. 广播内容和市场环境创造学术热点

媒体的融合化、智慧化实践在数年发展中已经不再是孤立的个案，一个特定的生态已经形成。在这个生态中，广播媒体融合和智慧化不仅是正在发生的现象而且已经成为一种背景。在2020年的时间节点，在融合化和智慧化的背景下，广播的内容、市场等新环境正在孕育。

①多元的广播内容

融媒智媒广播对内容的强烈需求催生出了研究者对2020年有声阅读的持续关注。2020年对有声阅读的研究十分丰富，从理论阐释到案例分析，从国内到国外，从对策探讨到趋势研究学者都有涉及。有学者用实证研究的方式，以有声读物App作为研究对象，对其用户进行问卷调查，探究了影响有声读物App持续使用意愿的因素，发现感知娱乐性是影响用户满意度和持续使用意愿的关键因素，投资回报价值其次。① 量化研究注重效果研究，也有学者通过对有声读物平台中具有代表性的喜马拉雅FM作为研究个案，剖析其运营特色，以期为其他有声读物平台的发展提供借鉴。②

以广播剧为主的广播作品也随着有声阅读出现在学者视野中。一方面，学者注重从个案中发掘广播剧成功的方法，比如广州市广播电视台以全国首个"视听广播剧"《守护英雄》为例，强调了融媒再创对广播剧成功的重要性。③ 另一方面，也有学者从影视艺术中将"声音蒙太奇"的概念引入广播文艺作品创作，提出"声音蒙太奇"既是一种创作手法，也是一种创作思维。这是近年少有的广播创作理论的发展。④

②复杂的市场环境

融媒体和智媒体推动下有声读物和广播剧的高速发展在为整个媒体产业注入活力的同时，许多市场规范问题也涌现出来，亟待解决，比如版权问题。当前有声读物发展面临立法滞后、公众版权保护意识缺乏、盗版侵权成本较低的挑战，导致有声读物盗版侵权、版权纠纷等现象时有发生，影响了有声阅读行业的健康发展。⑤ 2020年8月22日中央广播电视总台版权交易中心在上海启动建设，这是版权问题在国家媒体层面受到重视的一个体现。⑥ 除了版权

---

① 姜虹冰、吕建生：《有声读物App用户的持续使用行为影响因素研究》，《科技与出版》2020年第10期。
② 田常清、孟鑫：《喜马拉雅FM运营特色及启示》，《青年记者》2020年第20期。
③ 谢彩雯、黄建伟：《广播剧的融媒再创尝试——以"视听广播剧"〈守护英雄〉为例》，《中国广播》2020年第1期。
④ 张鹏飞：《声音蒙太奇：广播文艺节目创作新思维》，《中国广播》2020年第11期。
⑤ 刘维付：《有声读物发展中的版权挑战及应对》，《人民论坛》2020年第12期。
⑥ 《中央广播电视总台版权交易中心在沪启动建设 慎海雄龚正共同启动》，新华网客户端，https://author.baidu.com/home?from=bjh_article&app_id=1537196318595058，2020年8月22日。

之外，有声阅读领域的规范性问题，也是一个重要议题。有学者运用实证的方法，对有声读物行业的标准化现状进行定量定性的详细剖析，发现有声读物行业存在标准化意识低、采标率低、现有标准不够完备等各种问题，并根据有声读物行业的标准化发展特征，对该行业发展所呈现的产业标准化短板给出了相应的对策和建议。①

融媒体和智媒体浪潮对整个媒体商业环境影响是巨大的，它驱使着从业者做出新的尝试。有学者根据实践经验对广播广告中植入式口播广告进行了研究，总结了植入式口播广告的植入原则、使广告与节目怎样有效相融、如何提高主体播出者的业务素质等。② 广播商业化也在扶贫中取得了重要成就。有学者对2020年广播直播带货进行考察，发现广播主持人有成为带货"网红"的天然优势；通过平台、电台、政府的多渠道共同合作，广播直播带货可以有很好的前景。③ 新时代也要求媒介融合时代广电学科人才拥有政治、受众互动和专业理论的核心素养。④ 广播形态的流变、商业化的推动，使得对广播一线从业人员的职业要求也不断变化、提高。有学者从扶贫案例中对保障广播记者"四力"的实践进行了经验的总结，脚力、眼力、脑力、笔力要作为广播工作者的核心能力。⑤

如果在未来回望2020年，会发现它是媒体融合和智慧化浪潮发展的关键一年。全国媒体研究者以各自的努力，共同拼接成一幅多层次、多角度的精彩图景。技术、软硬件生态、内容和商业环境都成为新时代中广播研究者关注的重点，对它们的研究也是广播业突破创新、继往开来的表现。

总而言之，2020年中国的广播研究呈现出欣欣向荣的姿态。大量从业者和学者都投身在时代之中，努力地进行研学创新。立足当下特殊的时间节点，从回望历史再到展望未来，从量化分析到对策思考，从实务观察中的感性认识到理性思辨后的理论深思，2020年的广播研究精彩纷呈：既有疫情广播的广泛研究，又有史学方面的深入钻研，广播媒体融合和智慧化实践和理论也硕果累累。但是与此同时，研究主题趋同、缺乏新意的问题还是存在；以思辨性、案例式研究为主，实证研究较少，使得广播学术的严谨性、科学性还不够高，理论性不强；在2020年决胜小康的年份中整个广播界对扶贫广播研究较少、质量不高也是主题方面的

---

① 陈磊：《有声读物行业标准化现状与问题》，《科技与出版》2020年第10期。
② 姚红亮：《植入式口播广告与广播节目有效融合初探——以河南私家车广播〈唱行早高峰〉为例》，《中国广播》2020年第1期。
③ 马军、杨晶宇：《广播媒体"网红+扶贫直播带货"模式探析》，《中国广播》2020年第10期。
④ 李永健、杨苏丽：《媒介融合时代广播电视学专业人才核心素养探究》，《现代传播（中国传媒大学学报）》2020年第5期。
⑤ 谈秀彩、林晓静：《融媒时代广播记者增强"四力"的实践与思考——以〈奔跑吧！第一书记〉全媒体报道为例》，《新媒体研究》2020年第19期。

一个严重疏漏。已经有学者看到了这些不足,开始努力搭建更完善的广播学科理论框架;在广泛的实践中,学者也需要把实践和理论结合起来,不仅观照特定广播电台的具体发展,也要注重推动理论上的进步。

二、中国电视研究综述

中国电视事业历经 62 载春秋走过了波澜壮阔的征程,中国电视研究在理论钻研与实践探索上亦紧跟电视发展的脚步且从未止步。2020 年,"融合"依旧是电视研究领域的关键词,不过较之以往,研究重点正从"媒体融合"逐渐转向"融合媒体"。此外,2020 年 8 月 25 日,国家广播电视总局发布了《广播电视和网络视听大数据标准化白皮书(2020 版)》。皮书从数据、技术、治理、资产、应用、安全、评价七个方面出发,制定了广播电视和网络视听大数据标准体系。

基于 2020 年中国知网数据库,以"电视"为主题词搜索得到的文章总数为 16579 篇,数量较 2019 年的 21678 篇有所下降。本文的研究文本主要基于中国知网收录的 2020 年 1 月 1 日至 12 月 31 日发表在新闻传播学主要核心期刊上的文献。本文着重从技术与产业、内容与文本、艺术与历史、国际传播与版权四个维度考察梳理 2020 年度中国电视研究的热点问题、重要观点与新兴视野。

(一)技术与产业:电视研究的热门议题

1. 从媒体融合到融合媒体:融合的深化与沉思

2020 年媒体融合依旧是广电研究领域的热门话题,融合现状与趋势、融合策略与路径是大部分学者的论述主题所在。此外,也有学者对媒体融合进程本身进行了深思,对融合的阶段进行了划分:如果从宏观、全景的视角来审视整个媒体融合进程,就会发现媒体融合大致可以划分为媒体融合、融合媒体、智能媒体这三个阶段,而当下电视媒体正处于融合媒体的中期。[①]

融合现状与趋势类研究主要从三个层次推进:一是宏观层面探讨媒体融合本身的发展现状与趋势;二是中观层面探讨技术在媒体融合中的应用现状与趋势;三是微观层面结合实例探讨媒体融合的实践进展与趋势。从宏观出发,有研究指出:当前广播电视融合已进入深水区,摆在面前的问题是如何向县区、基层纵深推进,未来"TMT"(Technology, Media, Telecom)产业融合、平台型媒体与垂直型媒体分化、"5G+4K/8K"直播将成为融合新趋

---

① 廖祥忠:《从媒体融合到融合媒体:电视人的抉择与进路》,《现代传播(中国传媒大学学报)》2020 年第 1 期。

势。① 新技术的应用推动了"5G+4K+AI"智慧广电的建设,但技术的推进也面临技术人才匮乏、数据基础薄弱、安全风险提高等困境。② 微观层面,有学者以省级广电媒体为例,通过实证研究分析了全媒体效果的影响因素及其在社会治理中的应用前景。③

关于融合策略与路径的探讨主要从思维观、技术观两个面向展开。就思维层面而言,有研究者指出针对当下媒体融合用户思维"先天缺失症"、媒体生产价值"单一症"、内容生产能力"低下症"等问题,广电媒体应坚持用户思维、平台思维、数据思维导向,在发展中寻找突破口。④ 此外,也有研究者从跨学科视角,为广电媒体融合研究打开了新视野。譬如有研究从马克思主义系统论思想出发,剖析了省级广电媒体融合的顶层设计与改革路径。⑤ 就技术层面而言,有研究认为智能技术逻辑贯穿了广播电视信息的产、制、播、发等各个场域,因而"媒介融合4.0"阶段的方向是加速智能化演进与智能媒体生态系统建设。⑥

5G不是作为单纯的技术,而是作为一种技术语境为传媒业带来巨大的变革,尤其给以视频为主要内容的电视行业带来了巨大的机遇与挑战。以指导实践为目标思考电视在5G背景下进行媒体融合的新进路成为学界与业界共同的担当与使命。5G技术带来的挑战在于消解媒体边界⑦、叠加现实世界与虚拟环境⑧,但与此同时5G也使电视重新"嵌入"信息网络⑨,甚至为电视重返客厅中心并重塑家庭关系进行技术赋能⑩。

电视进行媒体融合归根结底要依赖广电人才的现实实践,因而如何培养专业人才便成了学界另一个热门话题。面对融合媒体时代的到来,摆在电视人面前的是这样的抉择:一是要重视技术、直面技术强权;二是要认清现实状况和媒体融合本质;三是要重视且主动融入二次元文化;四是要守正创新,传承好电视人的媒体基因。⑪ 不仅如此,电视人还应注重自身

---

① 林小勇:《当前广播电视媒体融合发展现状与趋势》,《中国电视》2020年第1期。
② 刘湛:《广电媒体融合发展中技术应用的现状与挑战》,《中国广播》2020年第1期。
③ 高慧军、黄华津:《全媒体服务的效果与影响因素研究——以省级广电媒体为例》,《现代传播(中国传媒大学学报)》2020年第9期。
④ 颜兆祥、张萍:《推进广电媒体融合的三个思维导向》,《传媒》2020年第9期。
⑤ 刘英魁:《系统集成视角下省级广播电视台的媒体融合探究》,《中国记者》2020年第1期。
⑥ 段鹏:《智能化演进:广电媒体深度融合历史机遇与发展策略》,《编辑之友》2020年第3期。
⑦ 李亘:《5G时代电视的进路:载体重构、文本创新与融合传播》,《传媒》2020年第23期。
⑧ 兰鑫、王雪梅:《5G时代视听产业发展的识变、应变与求变》,《传媒》2020年第15期。
⑨ 庄莹:《5G背景下广电媒体优势重塑的逻辑与进路——基于中国广电网络股份有限公司成立的分析》,《传媒》2020年第24期。
⑩ 周芳:《电视媒体的5G智能技术赋能与未来图景》,《传媒》2020年第13期。
⑪ 廖祥忠:《从媒体融合到融合媒体:电视人的抉择与进路》,《现代传播(中国传媒大学学报)》2020年第1期。

核心竞争力亦即核心素养的提升。广播电视行业人才的核心素养是一个"双轮驱动""两翼齐飞"的整体,"双轮"指代政治素养和受众互动素养,而"两翼"则指代专业理论素养和新媒体素养。① 总之,智媒时代影视人才的培养是一种多主体、多层次、多区域、多学科互相协同的方式。②

2. 新技术下的新形态：电视的智能化与云端化

新技术的应用总会带来新讨论,2020年学界关于电视新技术的讨论围绕"AI""云"等关键词展开。有研究者从宏观层面分析了AI技术对电视业的影响,指出以传感器技术、深度学习、语音识别、图像识别为代表的人工智能在与电视结合的同时改变了电视内部生态,重塑了行业格局,也带来技术垄断、数据安全、用户隐私等伦理问题。③ 不仅如此,有学者将人工智能对电视行业的影响推及文化,认为其有利于"客厅文化"的回归和情感的重塑。④ 也有研究以具体案例为支点,从微观层面入手分析。譬如郭全中以中央广播电视总台"人工智能编辑部"为例,剖析了从智能传播、智能产品、智能生态系统入手打造智媒体的路径。⑤ 又如姚红亮以中央广播电视总台央广和北京人民广播电台为例,分析了AI主播的应用前景、问题与对策。⑥

一场疫情为"云端"电视的发展提供了驱动力与契机,学界的研究主要集中在"云录制"与"云综艺"等话题上。"云录制"是云端电视的基础,有研究认为以"云综艺""云直播""云报道"等为实践形态的"云录制"既为电视的跨界融合提供了契机,也以注意力在场弥补了身体缺席。⑦ 有研究分析了"云录制"应用在新闻报道上的优势,指出"两会"期间的"云跑会"不仅协助广播电视台推进了内容层面的生产流程再造,也推动电视把短视频做"重"、把电视新闻做"轻"。⑧ 有研究甚至认为"云录制"是特殊时期以"云采访 + 嘉宾自

---

① 李永健、杨苏丽：《媒介融合时代广播电视学专业人才核心素养探究》,《现代传播（中国传媒大学学报）》2020年第5期。
② 李旭：《协同培养：智媒时代戏剧影视人才培养新范式》,《传媒》2020年第24期。
③ 季丽莉：《人工智能在电视中的应用及影响》,《东南传播》2020年第1期。
④ 杨启飞：《人工智能与电视：现状、展望与反思》,《传媒》2020年第3期。
⑤ 郭全中：《智媒体如何打造——以中央广播电视总台"人工智能编辑部"为例》,《青年记者》2020年第4期。
⑥ 姚红亮：《新时代AI主播应用发展前景初探——以中央广播电视总台央广和北京人民广播电台为例》,《传媒》2020年第6期。
⑦ 田园：《电视节目"云录制"的传播学审视——基于对中央广播电视总台"云录制"实践的观察与思考》,《电视研究》2020年第7期。
⑧ 蔡理、朱玲：《"云跑会"带来的媒体融合新景象——2020全国两会报道启示》,《上海广播电视研究》2020年第3期。

主拍摄"为核心生产方式，通过融屏创作催生融合传播的电视生产的范式创新。①

"云综艺"的研究主要集中在综艺内容生产模式创新、"云综艺"的发展困境与创新路径两个面向。"云综艺"是对旧的综艺制播模式的创新，有研究从内容、生产、分发三个维度考察了"云综艺"的创新点，认为其在内容编排上更注重热点和受众的陪伴式观看体验，在生产流程上以跨界融合的云平台为中心形成了一种扁平化的资源共享生产格局，在分发流程上通过产品矩阵、分众化营销进行多级传播。② 有研究认为"云综艺"的困境源于尚未形成独特的美学风格和核心竞争力、内容与形式同质化、技术上存在瓶颈、个人叙事侵蚀公共性话语，而突破口则在探索多屏叙事、满足受众云生活的文化娱乐想象等方面。③ 也有研究认为，突破技术瓶颈、同质化、审美体验差等的路径在于优化内容、采用"强情节"叙事以及IP产业化。④ 总之，尽管云端化是疫情倒逼下催生出的电视新样态，但其本身是电视在融媒时代全媒体化发展的必然结果，也是数字化生存和云端化生活的必经站点。

3. 电视产业运营研究：内部改革与外部经验

近年来，电视产业"寒冬论""拐点论"甚嚣尘上。电视业欲"走出寒冬"就要充分发动高质量内容和高科技双引擎，既注重优质内容的生产，也重视新技术的应用。⑤ 技术上，有研究认为8K超高清技术会带来电视产业格局的革命。⑥ 总体而言，"供给侧改革"是许多研究给出的破冰良策。

有研究认为电视产业供给侧改革要以减产增质为目标，尽量避免产能过剩，改革的着力点首先在于转变思维，从底线要求转向导向意识，推动电视剧类型化发展；其次在于转变目标，从商业效益转向文化品牌；最后在于产业整合，从各自为营转向产业链的打造。⑦ 也有研究从融合角度出发，认为电视产业走出困境的必由之路在于全媒体战略下在内容、技术、平台、管理等方面与新兴媒体共融共通；在于从企业运营体系、结构层级、混合所有制维度推进供给侧结构性改革；在于从深度融合、移动传播、智能传播面向出发推进新

---

① 田园：《"云录制"的实践路径与前景展望——中央广播电视总台"云录制"的实践与思考》，《传媒》2020年第13期。
② 邵婉霞：《"云综艺"制播模式创新策略》，《编辑之友》2020年第8期。
③ 赵晖、于欣彤：《电视"云综艺"的探索、问题与对策》，《当代电视》2020年第4期。
④ 王艳玲、刘琪：《融媒体时代"云综艺"的瓶颈及创新路径》，《中国电视》2020年第11期。
⑤ 彭健明：《电视产业双引擎：高品质内容＋高科技应用》，《上海广播电视研究》2020年第4期。
⑥ 胡智锋、雷盛廷：《技术驱动下的审美、媒介、接受——对8K超高清电视的观察与思考》，《编辑之友》2020年第4期。
⑦ 司若、刁基诺：《垂直整合与供给侧改革：中国电视剧产业趋势观察》，《现代传播（中国传媒大学学报）》2020年第5期。

技术应用。①

他山之石可以攻玉，分析他国电视产业成功的经验和失败的教训有利于自我反思与自我改进。有研究分析了韩国电视产业的经营危机，认为其原因在以下几方面：一是大型电视平台优势消失，多频道、多屏幕竞争白热化；二是广告规制的不对称性导致数字媒体广告分流加剧；三是国外新媒体平台进入本国市场造成节目制作成本上涨。该研究指出启动融媒体战略和管制改革是应当予以探索的突围点。② 也有研究分析了迪士尼产业化运营的成功经验，认为其成功之道在以下几方面：一是依托数字化战略，由前沿技术深度赋能；二是依托品牌化战略，打造一体化品牌价值链，实行整合营销；三是依托产业化战略，推进多领域业务延伸性纵横发展；四是依托国际化战略，落地后推行本土化；五是进军流媒体产业。③

（二）内容与文本：电视研究的主要议题

1. 电视新闻：移动化与场景化

新技术给电视行业带来的影响是方方面面的，电视新闻的生产也越来越依托新技术，且在新技术的加持下，电视新闻趋向于移动化和场景化。电视新闻的研究集中在融媒体时代电视新闻的生产问题和主流新闻在新技术背景下的创新实践研究。就融媒体时代电视新闻的生产问题来看，有研究认为电视媒体的移动新闻生产可以通过强化在场感和个体化叙事视角，综合运用PGC+UGC新闻生产方式，使视听呈现更加碎片化、即时化、震撼化等方式，获得更多关注。④

"Vlog+新闻"是电视新闻的创新实践之一。有研究认为Vlog+新闻具有报道模式生活化，兼具记录、直播、社交多重属性，报道方式灵活化，兼具权威性与便捷性等特点。⑤ 也有研究以"康辉Vlog"为例，分析了基于Vlog的传统新闻的移动化、社交化、场景化传播现象，认为Vlog+新闻的特色在于个人化叙事和多元场景展现，但其在重塑品牌为主流话语赋能的同时也在一定程度上消解了新闻的价值。⑥

2. 电视剧：源于现实而高于现实

2020年"电视剧创作"是电视剧研究领域最热门话题，且网络剧较古装剧讨论度更高，

---

① 朱晓燕：《全媒体时代省级广播电视机构运营管理改革路径研究》，《新闻爱好者》2020年第10期。
② 朴由敬：《艰难中突围：2019年韩国电视产业报告》，《现代传播（中国传媒大学学报）》2020年第3期。
③ 闫海涛：《迪士尼产业化运营的成功之道》，《传媒》2020年第15期。
④ 武楠、梁君健：《短视频时代主流媒体的新闻生产变革与视听形态特征——以新冠肺炎疫情期间"央视新闻"快手短视频为例》，《当代传播》2020年第3期。
⑤ 胡志刚、夏梦迪：《"Vlog+新闻"对5G时代新闻报道的影响探析》，《出版广角》2020年第4期。
⑥ 詹绪武、李珂：《Vlog+新闻：主流话语的传播创新路径——以"康辉vlog"为例》，《新闻与写作》2020年第3期。

《都挺好》《安家》《红楼梦》《小欢喜》是讨论度最高的案例。此外，现实主义题材的影视剧更受学界关注。电视剧的人物塑造、叙事策略与女性形象呈现是学界关注的重点。2019年是新中国成立70周年的特殊年份，无论是业界还是学界均比较关注主旋律电视剧，相关研究多从具体案例入手分析。2020年，学界依旧在关注主旋律电视剧，且相关研究更多探索主旋律电视剧的共性而非从单个影视剧入手分析。

主旋律电视剧将主流价值观念注入形象生动的符号和话语中，以一种"润物细无声"的方式实现对观众精神世界的建构，是社会主义核心价值观传播的重要载体。[①] 部分研究分析了主旋律电视剧的"破围"问题。有研究认为主旋律影视剧低质量、低评价的原因在于艺术内涵不够、未能真正做到以人民为中心、姿态过高忽视负面反馈等，改进的方向在于厘清艺术品与宣传品的异同、达成目的性与效果性统一。[②] 也有研究提出了相反的观点，认为主旋律电视剧的困境在于"曲高和寡"，具体而言就是趣味性不高、共鸣性不强、新意不够、宣传不足，可以通过在人物上由关注英雄转向关注大众、在叙事上由教条化转向现实化、在宣传上多媒体联动来实现突围。[③] 此外，部分研究以国庆70周年展播剧为切入点，对主旋律电视剧进行了分析。有研究认为展播剧体现了主旋律电视剧在叙事方面的创新，其叙事视角变得多元化，对叙事人物也以更加多维的方式呈现。[④] 也有研究认为其创新体现在叙事题材的创新和人物塑造上知识分子逐渐进入视野方面。[⑤]

关于现实主义题材电视剧的研究成果很多，引用量较高的本学科文章主要立足于女性和叙事两个角度。有研究分析了国家话语、市场话语、传统话语下的不同性别话语机制和其中的女性性别生成。[⑥] 也有研究对现实题材电视剧和网络剧的女性叙事模式进行了对比，认为现实题材电视剧采取的是"寻找自我"式的传统叙事模式，而网络剧则采用后现代叙事模式。[⑦] 有研究分析了现实题材电视剧中的"生活流"叙事，认为其不从特例中虚构矛盾而从生活中挖掘共性的叙事方式赋予了电视剧真、善、美。[⑧] 也有研究认为现实题材电视剧

---

① 杜莹杰、付伟：《主旋律电视剧与社会主义核心价值体系建构研究》，《当代电视》2020年第1期。
② 李胜利、李子佳：《论主旋律电视剧的网络接受困境及其应对策略》，《现代传播（中国传媒大学学报）》2020年第12期。
③ 纪君：《新时代主旋律电视剧的"破围"与"立新"》，《声屏世界》2020年第4期。
④ 杨杰、刘琳璐：《主旋律电视剧的叙事创新探究——基于新中国成立70周年电视剧展播视角》，《中国电视》2020年第3期。
⑤ 白娟娟、顾美和：《从国庆70周年展播剧看主旋律电视剧的叙事重构》，《电影文学》2020年第23期。
⑥ 王丽：《国产现实题材电视剧的性别话语机制与女性性别生成》，《当代电视》2020年第5期。
⑦ 吴昊：《现实题材电视剧和网络剧的女性叙事模式异同探析》，《当代电视》2020年第6期。
⑧ 韩天棋、储钰琦：《论现实题材电视剧的"生活流"叙事》，《中国电视》2020年第6期。

表现了叙事方面的新样貌,譬如立足现实反映生活、塑造多样化的人物、注重主流精神传承等。①

3. 电视综艺：云端化与微型化

总体而言,我国综艺节目的生产格局呈现出一种从"以量取胜"向"以质立身"转变的态势。② 2020年,"真人秀""网络综艺""慢综艺"等依旧是热点话题,文化类综艺节目也依旧受到广泛关注。《乘风破浪的姐姐》、《国家宝藏》和《向往的生活》是学界最关注的案例。除去上述"常态化"研究,疫情这一特殊事件催生了"云综艺"及其研究。此外,"微综艺"尽管受到的关注不多,但其也是较有前景的研究新领域。

中国的综艺陷入了一种"二律背反"的关系,一方面规制和管制渐趋严格,另一方面产业化、资本化进程加剧。③ 正是在这种张力之下,加之短视频崛起为整个电视业带来新的危机,一种新的综艺形式"微综艺"逐渐兴起。相较于传统综艺,微综艺注重个性化的内容生产,通常时长在5—10分钟,呈现出片段化的特征,此外在内容、场景、情感等方面也有碎片化趋势。④ 微综艺与短视频、Vlog有一定联系,主要在各视频网站播出,目前面临着推广受限、同质化、节目形态不成熟等问题。⑤ 其突围之道在于充分发挥其"基因"优势,在编排和话题方面加大融合力度,进一步推动内容垂直化,并充分发挥其微叙事的优势。⑥ 关于"云综艺"的介绍上文"电视形态"部分已有叙述,此处不再赘述。

除去微综艺和云综艺,"她综艺"也悄然兴起,学界关于她综艺的研究才刚刚起步。有研究认为她综艺的创作样态表现为类型视域下内容的垂直深耕与融合扩展、节目表现形式的多元化与丰富化,尽管她综艺有利于女性形象的多元化呈现,但也存在一方面虚构性削弱其建构女性话语权力的功效,另一方面在打破刻板印象的同时又陷入刻板思维的问题,总而言之,女性经济的繁荣、新媒体社会语境的宽容以及一些社会观念的流行是她综艺呈现出特定创作样态的原因,从根本上来讲它是多方利益博弈的结果。⑦ 上述研究为她综艺相关研究中发表刊物级别最高、引用量最高的,该文从生产角度较为深入地剖析了她综艺的创作样态、女性

---

① 刘颖:《现实题材电视剧叙事新面貌》,《当代电视》2020年第10期。
② 冷淞、王云:《新时代我国视频综艺节目的创新转型趋势研究》,《中国电视》2020年第6期。
③ 吴畅畅:《中国电视综艺的二律背反（1997—2017）：基于政治经济与社会转型的视角》,《现代传播（中国传媒大学学报）》2020年第11期。
④ 孔令顺、范晶菁:《云综艺与微综艺：无奈之举还是潮流之趋》,《中国电视》2020年第7期。
⑤ 文卫华、林小平:《微综艺：移动传播时代的综艺新形态》,《中国电视》2020年第6期。
⑥ 董洪哲、王嘉钰:《微综艺：综艺节目的突围与转向》,《青年记者》2020年第17期。
⑦ 安晓燕:《创作样态、话语传达与支配力量——浅谈国内"她综艺"的生产》,《中国电视》2020年第2期。

话语的表达以及存在于其背后影响创作样态的支配力量。

除各类综艺节目外，其他节目也备受关注。有研究以"春晚"为切入点，分析了人们通过观看春晚建构"家—国"集体记忆的四种不同路径。[①] 相较于文化类节目，其他节目受到的关注较少，尤其是时政类节目。有研究通过对比"监督类"和"议政类"两种类型的电视问政节目，分析了媒介逻辑是如何通过与政治逻辑相交织，参与我国地方治理，乃至渗透我国公共生活的。[②]

4. 纪录片：纪实性与功能性

纪录片是各类电视内容中最受学界关注的一种。以"纪录片"为关键词在中国知网进行检索，仅2020年相关文献就达3698篇。相关研究的视点多元，既有从美学、现象学等视域观照纪录片生产及消费的研究；也有从小切口入手，选择经典案例对其进行深入细致分析的研究。从知网数据分析来看，"电视纪录片""微纪录片""创作者""纪录片创作"等是最热门关键词，《人生果实》与《舌尖上的中国》是关注量最多的案例，抗疫纪录片、美食纪录片、人文纪录片是最受关注的纪录片类型。从引用量和发表刊物级别来看，被引量高、发表刊物级别较高的文章探讨的热门话题集中在纪录片的纪实性与功能性上。

长久以来，关于纪录片的真实性一直有两种互相矛盾的观点：一种观点认为纪录片的生命源于纪实性和真实性，真实性是纪录片最崇高的指导方针；另一种观点则认为纪录片本质上也是一种"叙事"，是在"讲故事"而非记录真实。有学者认为数字时代纪录片的纪实文化在分享性、复制性等技术可供性与情感公众理论的影响下产生了一定变化，尤其以短视频纪录片为代表，其对本质真实的追求已逐渐转变为对体验真实的追求。[③] 也有研究从现象学视域出发，对纪录片的真实性进行理性反思，并试图再造以生存真实性为本位的纪实性美学观念，亦即通过反思真实性来重构纪录片真实性的本体论。[④] 上述两篇文章均试图通过重新界定纪录片所追求的真实性来论证真实性依旧是纪录片的本体论，不同之处在于一篇以动态、发展的眼光看待"真实性"，并试图从技术发展的视角出发，重新定义数字时代的纪录片的真实性；而另一篇则运用追本溯源的方式，试图从哲学角度出发，重新定义纪录片的真实性本身，可谓各有千秋。

---

① 谢卓潇：《春晚作为记忆实践——媒介记忆的书写、承携和消费》，《国际新闻界》2020年第1期。

② 闫文捷、潘忠党、吴红雨：《媒介化治理——电视问政个案的比较分析》，《新闻与传播研究》2020年第11期。

③ 常江：《从本质真实到体验真实：论数字时代纪实文化的流变》，《现代传播（中国传媒大学学报）》2020年第2期。

④ 李智、郭沛沛：《纪实性·真实性·真诚性——现象学视域下纪录片纪实性再议》，《当代电视》2020年第2期。

纪录片发挥着政治、经济、社会、文化功能，许多研究通过选择特定案例，从小切口入手，分析纪录片在某一具体方面的特定功能。有研究分析了纪录片在跨文化、跨民族传播中的国家形象塑造与共情叙事功能[①]，另有研究以抗疫纪录片为例分析了其在跨文化传播中的主流价值传播功能[②]。除去上述关注纪录片政治功能的研究外，也有研究关注其文化功能，有研究以《大儒朱熹》为例分析了人文历史纪录片在传播、传承传统文化方面的功能[③]，还有研究以人物历史纪录片本身为抓手分析其蕴含的文化价值[④]。此外，有研究分析了纪录片的社会价值：以《人间世》等纪录片为例分析了医患关系紧张的社会背景下，纪录片通过塑造医生和患者的媒介形象引导正确的关系认知的作用[⑤]。

（三）艺术与历史：电视研究的常青议题

1. 电视艺术研究：基础教育与前沿动态

"电视艺术"属于较为"古早"的研究议题，2012 年是其研究的黄金时期，相关成果达 251 篇。不过其重要性决定了它虽然不能成为热点议题却能成为常青议题，自 1983 年至今每年都有相关成果问世。2020 年相关成果共 109 篇，本文选取下载量、发布期刊级别较高的成果进行分析，发现相关研究一方面关注基础电视艺术教育问题，另一方面注重前沿技术为电视艺术带来的影响问题。

就基础教育来看，相关研究以书评的形式进行该领域书目推介。有研究对《电视艺术概论》进行了评介[⑥]，也有研究对《广播电视艺术学通论》进行了评介[⑦]。就技术前沿问题来看，有研究分析了 5G 时代电视艺术的"深度表达"与"精度表达"[⑧]，也有研究分析了从元

---

① 邵鹏：《论纪录片"他塑"中国形象的共情叙事与共情传播——基于奥斯卡最佳纪录片〈美国工厂〉的分析》，《现代传播（中国传媒大学学报）》2020 年第 4 期。

② 王家东：《抗"疫"纪录片的跨文化传播策略——以〈武汉战疫纪〉为例》，《电视研究》2020 年第 12 期。

③ 曾耀农、李萌萌：《人文历史纪录片对传统文化现代讲述的路径新探——以〈大儒朱熹〉为例》，《电视研究》2020 年第 12 期。

④ 马池珠、刘春晓：《虚实、气蕴、鉴今：论人文历史类纪录片的中华美学与文化精神》，《现代传播（中国传媒大学学报）》2020 年第 12 期。

⑤ 吴红雨、江美仪：《重塑中的医生与患者媒介形象对公众医疗认知的影响——以〈人间世〉等四部纪录片为例》，《新闻大学》2020 年第 1 期。

⑥ 叶长海、严怡静：《从影像到现实的艺术解析——评〈电视艺术概论〉》，《中国广播电视学刊》2020 年第 6 期。

⑦ 苏奕铭：《中国广播电视艺术文化传播与未来发展探究——评〈广播电视艺术学通论〉》，《领导科学》2020 年第 17 期。

⑧ 曾静平、卫玎、刘文良：《5G 赋能时代电视艺术的"深度表达"与"精度表达"》，《中国电视》2020 年第 11 期。

G到5G时代的各类电视艺术①。此外，还有研究从"需求—认同"视角出发剖析了电视艺术的审美认同机制。②

2. 电视历史研究：小众性与分散性

相较于"媒体融合""电视剧""纪录片"等研究议题，电视历史的相关研究成果数量明显较少，总体而言显得较为小众。2020年电视历史的相关研究呈现出一种分散性特点：既有关于70年广播电视传播理念变迁的研究，也有关于70年广播电视管理体制演进的研究；既有从宏观层面考察中国电视历史演进的研究，也有单从一个切入点考察分支历史的研究。

有研究分析了我国广播电视理念的变迁，认为70年来我国广播电视的本体认知经历了"工具""喉舌"理念后又回归"阵地"理念，从"媒介社会学"理论范式来看，一方面内部组织和运作理念由"粗放式覆盖"转向"认同式生产"，另一方面外部效果由政府依附转向公共服务。③ 此外，还有研究从"媒介—社会互动"的视角阐释了中国电视史，认为改革开放前电视是一种"小众化"媒介，改革开放至21世纪前十年成为"大众化"媒介，21世纪第二个十年则成为"分众化"媒介。④ 也有研究分析了我国广播电视管理体制的演进，认为70年来我国广播电视的管理认知经历了"高度统一""层级负责""以管为主""管办分离"的观念嬗变，管理体制改革开放前经历了四次调整，而改革开放后又经历了五轮改革。⑤

除上述从宏观视角分析中国广播电视史或中国电视史的研究外，还有研究从中观视角出发考察广播电视分支的历史演进。有研究介绍了播音口述史，将其界定为"口述史"与"播音学科"的交叉领域，并较为详细地阐释了中国播音口述史的研究方法和研究意义。⑥ 也有研究考察了我国电视文化类节目的发展历史，并指出1961年至1977年是初创时期，20世纪八九十年代是发展的第一个黄金时期，2000年至2013年是市场冲击下的"文化遇冷"时期，2013年至今是第二个黄金时期。⑦ 还有研究从媒介制度史的角度出发，分析了我国县级广电

---

① 曾静平：《中国电视艺术：从2G到5G》，《中国电视》2020年第1期。
② 周建新：《需求与认同的逻辑：论电视艺术审美认同的发生机制》，《现代传播（中国传媒大学学报）》2020年第10期。
③ 欧阳宏生、朱婧雯：《论新中国70年广播电视传播理念的嬗变——基于媒介社会学框架之再梳理》，《现代传播（中国传媒大学学报）》2020年第1期。
④ 周勇、何天平：《作为一种社会语境的中国电视：历史演进与现实抉择》，《当代传播》2020年第5期。
⑤ 覃榕、覃信刚：《新中国70年广播电视管理体制的演进轨迹》，《现代传播（中国传媒大学学报）》2020年第1期。
⑥ 李颖、蒋启迪：《中国播音口述史：当代传承与发展的路径研究》，《传媒》2020年第12期。
⑦ 毕琳：《我国电视文化类节目发展的历史考察》，《青年记者》2020年第15期。

体制确立的历史和政治逻辑。[①] 新闻传播史的研究对于树立学科自信至关重要,而电视史研究的深化、细分化亦增加了电视研究的深度和厚度。

(四)国际传播与版权:电视研究的重要议题

1. 电视国际传播研究:抓个案与找策略

电视国际传播研究中很大比例的成果都倾向于寻找对外传播、国际传播策略,此外也表现出通过个例来探讨对外传播实践的特征。例如,有研究基于"偶像"(icon)模式,从数字公共外交的角度探讨了广播电视业提升国际传播能力的进路。[②] 也有文章对影视艺术的国际传播进行了研究,认为应当充分利用影视节争取国际传播中的话语权,并通过与纪录片进行联动来提升文化对外传播效果,此外也应融合网络媒体和自媒体优势,形成"点对点""多对多"的国际话语交流新样态。[③]

一些研究以传播机构为个案分析对外传播的问题与经验,其中既有以电视台为个案的,也有以对外频道为个案的。譬如,有研究从传播形式、渠道、方式、规则等面向出发,分析了中央广播电视总台的对外传播策略和中国国家形象建构[④],也有研究以中阿卫视(CATV)为立足点,探讨了中国影视剧在阿拉伯的传播情况[⑤],此外也有立足CGTN法语频道[⑥]、英语频道[⑦] 的研究。还有一些研究以特定传播文本为个案分析国际传播问题。此处以纪录片文本为例,有研究分析了中外合拍纪录片的跨文化传播问题[⑧],也有研究分析了外宣纪录片的跨文化传播问题[⑨]。

2. 电视版权研究:细分化与深入化

电视版权研究较为冷门,相关研究成果数量较少,但随着我国版权意识的推广普及,相

---

① 周逵、黄典林:《从大喇叭、四级办台到县级融媒体中心——中国基层媒体制度建构的历史分析》,《新闻记者》2020年第6期。
② 史安斌、王沛楠:《数字公共外交兴起与广电国际传播能力提升——基于"偶像"模式的分析》,《电视研究》2020年第1期。
③ 潘可武、马荟晖:《论影视艺术的创新性国际传播》,《现代传播(中国传媒大学学报)》2020年第8期。
④ 张小琴、文静:《抗"疫"背景下中央广播电视总台的对外传播策略与中国国家形象建构》,《电视研究》2020年第9期。
⑤ 杨威:《中阿卫视:助力中国电视剧在阿拉伯国家的传播》,《传媒》2020年第4期。
⑥ 董颜:《CGTN法语频道官网的传播优势分析和发展建议》,《电视研究》2020年第12期。
⑦ 邓德花:《讲好中国扶贫故事的国际传播策略——以中国国际电视台英语频道为例》,《传媒》2020年第17期。
⑧ 张悦晨:《中外合作合拍纪录片〈中国的宝藏〉跨文化传播》,《电视研究》2020年第10期。
⑨ 陈璐明、闻铕:《外宣纪录片中国故事跨文化传播研究——以〈习近平治国方略:中国这五年〉为例》,《电视研究》2020年第9期。

信这一领域的研究会变得越来越重要。总体而言，媒体保护版权的意识经历了从"漠视"到"觉醒"再到"重视"的过程，当下媒体融合的深化进一步推动了版权保护的发展。① 电视版权作为媒体版权的一部分也逐渐受到更广泛的关注，2020年学界关于电视版权的研究既有从宏观层面整体探讨版权开发、保护的困境及进路的，也有从微观层面探究版权保护案例、新技术应用、电视台版权保护实践等问题的。总之，相关领域的研究表现出一种逐渐细分化与深入化的特征。

有研究从宏观层面分析了城市广播电视媒体版权开发的困境和出路，认为节目版权信息不足、版权管理方法滞后、版权价值评估困难等是版权开发困难的原因，合理化技术性版权管理流程、版权价值评估方法、版权运营模式是其发展的进路所在。② 也有研究从电视节目入手，通过对比国内外版权保护现状，认为完善我国电视节目版权保护的法律政策可以从明确电视节目的法律地位、划分合理的电视节目独创性标准、规范电视节目侵权认定标准入手。③ 此外，有研究以普洱广播电视台为例，认为版权保护应该从精准识别短视频作品的侵权模式、加快短视频监管立法、落实版权保护主体责任、培养公众版权保护意识等方面入手。④ 还有研究以《舌尖上的中国》版权保护案为例，对电视节目中的链接行为进行细分，认为加框链接和盗链属于直接侵权行为，法院应提高以链接技术进行侵权的违法成本。⑤ 技术的发展并不总是为版权保护带来坏消息，有研究认为区块链技术有利于"破解融合环境下的电视媒体数字版权确权、维权取证困境"⑥。随着新技术的应用和版权保护意识的强化，这一领域的研究将越来越重要且越来越受到关注。

"穷则变，变则通，通则久。"2020年中国电视研究领域整体呈现出一种主动"求变"的功能主义取向。学界不再因为忧虑电视在新技术崛起后走向没落而陷入关于电视存在意义和发展方向的争论，也不再表现出对新技术的恐慌和抵触，反而对媒体融合进行更深层次的沉思，将电视研究和电视发展置于整个技术语境下以求与时俱进。整体而言，研究领域广阔，既有回顾电视发展历史以指引当下的研究，也有深入5G技术语境探索电视发展进路的研究；研究维度多元，既有研究技术与融合的成果，也有研究内容与文本的成果；研究视角多样，既有立足本学科理论的研究，也有运用跨学科理论的研究。

---

① 朱鸿军:《从"漠视"到"重视"：媒体融合中媒体保护版权的历史演进》，《国际新闻界》2020年第12期。
② 李金宝、王金川:《城市广电媒体版权开发困境及路径选择》，《电视研究》2020年第7期。
③ 马瑓:《电视节目版权保护的困境及对策》，《传媒》2020年第14期。
④ 李宗艳:《融媒体时代短视频版权保护探析——以普洱广播电视台为例》，《传媒》2020年第24期。
⑤ 杨幸芳:《电视节目传播中链接行为的法律规制——以〈舌尖上的中国〉版权保护案为例》，《电视研究》2020年第5期。
⑥ 梁飞:《存在性证明——区块链技术在数字版权的运用》，《电视研究》2020年第2期。

2020 年中国传播学研究综述

曾庆香　耿婉桐　肖孟乔　姜秋俊　李嘉楹　李俊浩[*]

本文主要关注 2020 年刊载于海峡两岸暨香港学术期刊中的传播学研究文献，其中文献主要来源于《新闻与传播研究》、《国际新闻界》、《新闻大学》、《现代传播（中国传媒大学学报）》、《新闻记者》、《当代传播》、《新闻界》、《新闻学研究》（台湾）、《传播与社会学刊》（香港）等九本期刊，由六位研究者共同参与文章收集和主题聚类。最终将遴选出的传播学研究文献分类整合成政治传播、新冠肺炎疫情下的健康传播与谣言治理、社交媒体与群体传播、媒介理论与物质性、智能传播、数字媒体伦理与治理、传播理论与学科反思等七个专题。下文分别进行简要综述。

一、政治传播

围绕政治传播的相关研究，2020 年的研究成果主要集中在政治传播中的情感表达、媒介使用与政治参与、媒介参与政治治理的中国特色几方面展开。

（一）政治传播中的情感表达

媒介化语境下，共情逻辑受到媒介逻辑影响。情感在政治话语表达中，最突出的当属对"家国"情怀的表达与共同体的认同，如在重大外交事件——撤侨行动中，新闻话语通过英雄原型叙事、建构集体记忆的话语互文、塑造"家国一体"的概念隐喻以及话语互动，实现国家情感的表达与国家认同的凝聚，经由中国传统政治架构中的"家国同构"动员情感，成为精英建构的有力补充，甚至是同盟。[①]

这种情感动员不仅构建了某一群体的家国意识，还可以实现不同群体的"共情"互文。彭修彬以疫情期间日本驻华使馆官微发布的博文及其回复为数据来源，通过语义网络分析法进行分析，反映了中日数字外交中的媒介化"共情"过程。[②] 媒介化共情更多是一种"离

---

[*] 曾庆香，中国社会科学院新闻与传播研究所研究员；耿婉桐，中国传媒大学新闻学院 2021 届硕士毕业生；肖孟乔，中国传媒大学新闻学院 2020 级硕士研究生；姜秋俊，中央民族大学新闻与传播学院 2020 级硕士研究生；李嘉楹，中国传媒大学新闻学院 2020 级硕士研究生；李俊浩，中国传媒大学新闻学院 2019 级传播学专业本科生。

[①] 陈薇：《被"标识"的国家：撤侨话语中的国家认同与家国想象》，《国际新闻界》2020 年第 1 期。

[②] 彭修彬：《文化接近性与媒介化共情：新冠疫情中的数字公共外交探索》，《新闻大学》2020 年第 12 期。

身"的情感认知形态,并呈现双向互动特征,融合了群体共情和个体共情特点。数字化语境下共情的表达途径更为丰富,共情逻辑也在发生变化。情感共情快速起效,认知共情则更为持久,衰减速度低于情感共情。当然,这种共情也受到文化层面的接近性和历史层面的冲突性影响,使得共情与"反共情"因素交互影响。

相较于外交层面的家国一体表达,政治传播中的情感倾诉在互联网层面实现了更加多元与分级的现象。围绕争议性事件形成的民粹化网络话语,具有独特的生成、演化规律,形成了弱势定位的言语策略、群体分化的情感共振、话语权缺失的异化表达、正义裹挟的群体叙事的话语表征,以及集体记忆唤醒下的原型征用、延伸自我的风险建构、对立认同的情绪宣泄的生成逻辑。[1] 新媒介通过改变情感表达的逻辑规则,进而影响公共议题的讨论走向,也是不同阶层政治参与的折射。不同评论框架带来了共识、极化、偏移等情况。[2]

在政治传播的情感中,新媒介尤其改变了愤怒表达的规则。中国新媒介空间中的愤怒杂糅了各种类型的正义观念、民粹主义、民族主义等元素。[3] "情感"的介入直接主导公共事件的表达,在危机事件中"愤怒"极有可能演变为"厌恶":随着危机事件发展,公众情绪经历了由愤怒到厌恶的演变过程,危机衰退期内的官方回应未起到良好的情绪疏导作用,反而造成了公众的负面情绪反弹。[4] 共情机制和再构机制在私人话题进入文化公共领域中扮演着重要的角色,但又可能转变成排斥底层话语进入公共空间的力量。经过共情机制和再构机制,底层表达虽然有机会进入主流的公共空间,但难以形成具有一定持续性的公共议题。无论是共情机制还是再构机制两者的局限,都根源于当代中国社会阶层分化和政治结构不平等。[5]

(二)媒介使用与政治参与

政治传播的另一个研究重点则是公众政治参与意愿与媒介接触。政治知识与社交媒体会产生交互效应,放大其对运动参与的正向效应。内在政治效能感既会对社会运动参与产生正向影响,又能强化社交媒体的动员效应。[6]

---

[1] 曾振华、袁甲:《争议性事件的民粹化网络话语表达及传媒纾解》,《现代传播(中国传媒大学学报)》2020年第12期。

[2] 吴飞、徐百灵:《自媒体话语实践中的观点极化与社会流瀑——对方方日记海外出版争论的个案分析》,《新闻记者》2020年第6期。

[3] 袁光锋:《"众怒"的年代:新媒介、情感规则与"愤怒"的政治》,《国际新闻界》2020年第9期。

[4] 刘念、丁汉青:《从愤怒到厌恶:危机事件中公众的情绪图景》,《新闻大学》2020年第12期。

[5] 袁光锋:《"私人"话语如何成为公共议题?——共情、再构与"底层"表达》,《传播与社会学刊》(香港)2020年第4期,总第54期。

[6] 曹钺、陈彦蓉:《社交媒体接触对社会运动参与的影响研究——基于政治自我概念的交互效应》,《新闻界》2020年第2期。

新媒体语境下，媒介平台的选择性接触更加普遍，与用户媒介实践相互型构，进而塑造了网络政治意见表达的整体图景。定制化平台接触对信息关注影响内在效能感、信息关注影响整体意见表达的调节作用较大，最终它与社交媒体意见表达程度的差距缩小。[①] 例如，通过关注新闻机构、专业记者以及草根意见领袖的社交账号与博客来追踪新闻，让用户能够持续稳定地获取自己感兴趣的资讯，手机新闻阅读与追踪频率能有效预测受众的政治知识水平，对政治知识具有显著的预测力。[②]

对于普通民众而言，政治信息往往复杂而难以理解，其理解主要依赖于无意识的思维惯性和稍加思索的启发法。媒介能改变民众对政治信息的认知，形成新的思维习惯，不仅影响了民众政治知识的接触与积累，也会对民众政治参与意愿、政治意见导向产生直接引导。民众无论是否熟悉具体的议题（譬如中美经贸摩擦），都能够迅速、高效地理解包含相似图式的政治信息。与此同时，为了避免认知失调，大多数人都选择与官方保持一致的政治立场。日积月累形成的思维框架（包括政治图式、意识形态等）并不会被短暂而有限的媒体框架颠覆。[③]

因此，融合多种媒介途径进行全方位国际议题报道有助于增强政治支持。传统的官方媒体宣传模式已经难以对民众的政治态度产生巨大影响，如何向不同媒介渠道提供多元化、富含知识性的外交报道是中国政府国际问题报道应注意的问题，既要有舆论导向功能，又要注意官方话语表达的方式。[④]

（三）媒介参与政治治理的中国特色

在2020年的政治传播研究中，还讨论了关于"治理"的相关问题。胡百精提出，应当推动公共传播转向公共协商、偏好聚合转向偏好转换，主动开启"公共传播—公共协商"社会实验，将公共传播介入国家和社会治理，推进公共讨论、协商治理训练，以期渐次铺展、有所升进。[⑤] "电视问政"作为中国特有政治治理路径，是地方党政力量直接催生的产物，是中国推进地方治理过程中一个特有的传播现象，是政党政治力量在媒介领域的扩展和延伸，

---

① 晏齐宏：《二元性互构：选择性接触影响下的青年网络政治意见表达》，《新闻大学》2020年第9期。
② 李宗亚、罗文辉、魏然、张国良、陈忆宁、Edson Tandoc：《手机新闻使用、导向需求与信息环境对政治知识的影响》，《新闻大学》2020年第7期。
③ 陆屹洲、马得勇：《媒体框架效应及其持续性——以中美经贸摩擦为议题的实验研究》，《新闻大学》2020年第11期。
④ 王菁：《媒介使用与民众政治支持：面向中美贸易摩擦的实证分析》，《现代传播（中国传媒大学学报）》2020年第2期。
⑤ 胡百精：《公共协商与偏好转换：作为国家和社会治理实验的公共传播》，《新闻与传播研究》2020年第4期。

是政治逻辑启用媒体、令之服务于地方治理改革的实践工具。这与西方经验中媒介逻辑制约、改造政治或治理逻辑有主次方向的不同。[①] 尹连根通过对地方政务微信生产实践的考察，尝试性地将我国政务新媒体实践概括为"博弈性融合"：存在融合中的行动主体——行政领导与微信编辑——在投入与效果、有为与无为、代际差异三方面的博弈。政务微信在诸如突发事件等方面具有舆论引导功能。[②]

媒介接触对民众治理评价的影响已引起高度关注。通过对不同媒介接触的研究，可以发现，新旧媒介接触、政府观现代化均降低了民众的地方治理评价，且民众政府观充当了新旧媒介接触对民众地方治理评价产生影响的中介机制，由此形成了"媒介接触—民众政府观—地方治理评价"这一相对完整的解释路径。[③]

二、新冠肺炎疫情下的健康传播与谣言治理

2020年突袭的新冠肺炎疫情成为全球人类共同关注的焦点。公众的媒介接触与健康信息传播行为成为这一领域的研究重点。周敏、林苗运用精细加工可能性模型研究互联网环境下用户的健康信息搜寻行为，认为其健康行为改变受到来自中心路径（信息质量）和边缘路径（信源质量）的双重影响，并在此过程中受到个人能力因素（信息自我效能）与动机因素（健康风险感知）的双重调节。[④] 同时，"风险感知"也是促使人们采纳健康行为的重要因素，在突发重大传染病疫情中尤其如此。媒介关注可以直接强化公众感知疫情风险的不确定性，强化公众的焦虑、恐慌等负面情绪。[⑤] 新冠肺炎疫情严重程度对公众的风险感知和媒介信任程度产生调节作用，影响不同地域公众的风险感知和风险传播行为。[⑥] 疫情初期，受社交媒体使用和参与的影响，个人层面风险感知指向更积极的人际传播；受大众化媒体使用和信息获取的影响，社会层面的风险感知则更多导向抽象的疾病知识和符合社会利益期待的个体行

[①] 闫文捷、潘忠党、吴红雨：《媒介化治理——电视问政个案的比较分析》，《新闻与传播研究》2020年第11期。

[②] 尹连根：《博弈性融合——政务微信传播实践的场域视角》，《国际新闻界》2020年第2期。

[③] 刘元贺、肖唐镖、孟威：《媒介接触如何影响民众地方治理评价？——基于民众政府观的中介效应分析》，《新闻界》2020年第9期。

[④] 周敏、林苗：《风险感知与自我效能的正和博弈——基于ELM模型的健康类信息搜索行为影响因素研究》，《新闻大学》2020年第9期。

[⑤] 马超：《媒介接触对传染病疫情不确定性感知的影响——风险感知的中介作用与情绪反应的调节作用》，《新闻记者》2020年第10期。

[⑥] 章燕、邱凌峰、刘安琪、钟淑娴、李介辰：《公共卫生事件中的风险感知和风险传播模型研究——兼论疫情严重程度的调节作用》，《新闻大学》2020年第3期。

为。① 公众在健康信息的媒介选择上也体现出群体特征，如高学历的年轻群体偏向于从社交媒体获得疫情咨询，武汉本地用户则更偏向传统媒体。②

在疫情突发危机的传播过程中，大量谣言和虚假信息通过手机、社交媒体、互联网快速传播，对大众的健康观念及行为产生负面影响，形成一种关乎信息传播的"信息疫情"。③在重大公共危机发生时，人们的焦虑和恐慌使谣言治理的诸种手段处于失效状态。而数字平台由于作为一种新媒介技术框架更是把这种焦虑和恐慌转化成形形色色的话语斗争。社会的各种结构性矛盾在网络谣言传播中展现出观点极化和话语暴力。④

重大突发公共卫生事件中的谣言，具有地方性、政策性和民生性的内容倾向，以及社群化、接触性和情绪化的传播特征。⑤ 健康信息谣言具有专业性的特征，常借助现代技术和权威信源背书，如采用 PS 技术，以钟南山院士在央视新闻接受采访的画面为背景，呈现"专家说"的字样以期诱导受众传谣。⑥

关于健康信息中谣言的治理与虚假信息纠正，微信朋友圈的纠错信息比纠错策略更能有效减少人们错误的健康观念。⑦ 除个人媒介素养外，政府对舆论的及时回应以及保持信息的公开透明在谣言治理中发挥关键作用。⑧ 强月新、孙志鹏聚焦新媒体技术下政务微博辟谣的潜力，提出政务微博需要调适辟谣理念，在互动沟通中辟谣。⑨ 疫情期间，新闻发布会是政府与媒体和公众沟通对话的重要场所，"也是政府危机传播的重要形式、社会治理的有效手段"，但存在"议题管理偏移，未精准对接受众需求""'次生舆情'多发频发，冲淡新闻发

---

① 闫岩、温婧:《新冠疫情早期的媒介使用、风险感知与个体行为》，《新闻界》2020 年第 6 期。

② 曾祥敏、张子璇:《场域重构与主流再塑:疫情中的用户媒介信息接触、认知与传播》，《现代传播(中国传媒大学学报)》2020 年第 5 期。

③ 徐剑、钱烨夫:《"信息疫情"的定义、传播及治理》，《上海交通大学学报(哲学社会科学版)》2020 年第 5 期。

④ 骆冬松、胡翼青:《谣言传播的媒介化:数字元技术时代公共危机事件的话语斗争》，《新闻界》2020 年第 6 期。

⑤ 何勇、杨映瑜:《突发公共卫生事件网络谣言的特征及治理》，《现代传播(中国传媒大学学报)》2020 年第 6 期。

⑥ 陈华明、刘效禹:《动员、信任与破解:网络谣言的圈子化传播逻辑研究》，《现代传播(中国传媒大学学报)》2020 年第 10 期。

⑦ 杨洸、闻佳媛:《微信朋友圈的虚假健康信息纠错:平台、策略与议题之影响研究》，《新闻与传播研究》2020 年第 8 期。

⑧ 王四新、徐菱骏:《疫情期的谣言传播与治理》，《现代传播(中国传媒大学学报)》2020 年第 5 期。

⑨ 强月新、孙志鹏:《政治沟通视野下政务微博辟谣效果研究》，《新闻大学》2020 年第 10 期。

布主题""发布水准不够稳定，新闻发布效果难以保障"等问题。① 作为风险沟通手段的政府新闻发布，在新闻发言人行为表现、疫情信息的专业供给、公共传播的价值表达等方面存在不足。② 刘毅涛、章于炎运用布诺伊特形象修复理论对疫情期间湖北主要官员在新闻发布会和重要媒体采访等情境下的公开话语策略进行评估，发现"道歉＋纠错"模式辅以"强化支持""超越""补偿"等多个有效策略，利于进行自身形象维护。③

钟智锦、周金连用流行病学中的格兰杰因果分析方法探讨疫情扩散规模、媒体注意力、公众注意力之间的关系，考察了媒体在疾病防控过程中的贡献和价值。④ 田维钢、温莫寒研究发现短视频新闻报道有效地强化了疫情期间受众对于主流价值的认同和情感归属。⑤ 虽然在社交媒体时代，主流官方媒体、市场化媒体、健康专业自媒体的报道框架与内容相互呼应，⑥ 社交媒体可以对公共卫生事件及疾病的发病率、规模进行预测，推进公共参与和公共沟通，有效进行防控干预；⑦ 但健康行业门户网站凭借着内容多元化的属性仍然是本土人群最受信赖的健康信息获取渠道。⑧ 此外，有学者关注到网络流行用语、表情包、漫画等形式辅助公众理解健康知识的潜力。⑨

三、社交媒体与群体传播

媒介技术发展为人们创造了一个异于实体空间的技术空间，在此技术空间内的人际交往也呈现出诸多区别于传统人际交往的特征，⑩ 这个空间为人们的社会交往展现了更多可能性。

---

① 邓杭：《突发公共卫生事件的危机传播与新闻发布》，《现代传播（中国传媒大学学报）》2020年第4期。
② 张志安、冉桢：《"风险的社会放大"视角下危机事件的风险沟通研究——以新冠疫情中的政府新闻发布为例》，《新闻界》2020年第6期。
③ 刘毅涛、章于炎：《形象修复与布诺伊特理论运用：新冠肺炎疫情前期湖北官员的话语策略》，《新闻大学》2020年第11期。
④ 钟智锦、周金连：《新冠疫情中的媒体与公众注意力研究》，《新闻记者》2020年第10期。
⑤ 田维钢、温莫寒：《价值认同与情感归属：主流媒体疫情报道的短视频生产》，《现代传播（中国传媒大学学报）》2020年第12期。
⑥ 孙少晶、王帆、刘志远、陶禹舟：《新冠肺炎疫情语境中多元媒介的微博话语表达》，《新闻大学》2020年第3期。
⑦ 陈娟、郭雨丽：《社交媒体与疫情：对公共卫生事件的预测、沟通与干预》，《新闻记者》2020年第4期。
⑧ 刘德寰、王袁欣：《移动互联网时代健康信息获取行为的族群研究》，《现代传播（中国传媒大学学报）》2020年第11期。
⑨ 牟怡、张林：《幽默说服在医学微信公众号上传播效果代际差异的实验研究》，《现代传播（中国传媒大学学报）》2020年第9期。
⑩ 王敏芝：《技术空间的交往实践与个体困境》，《当代传播》2020年第2期。

（一）社交媒体中的不同群体

女性的媒体再现是女性主义媒介研究中经久不衰的中心话题。在父权制社会中，女性的需求常常被边缘化。在疫情初期，女性医护人员的生理卫生用品需求没有得到应有的关注，这正是女性需求被边缘化的体现。随着社交平台的兴起，网络空间的女性主义话语行动，正成为弥补传统媒体中女性形象"再现不足"的重要力量。社交媒体等数字技术有助于提高性别话语的社会能见度，带来连接、协作和抗争的新模式。①

数字化和老龄化浪潮的交融，使得老年群体的数字化生存成为 2020 年度备受关注的议题。目前传播学领域关于老年群体对新技术的接受的研究使用最多的是创新扩散理论。但近几年，随着相关技术使用模型的优化，技术接受模型（Technology Acceptance Model，简称 TAM）和其优化版 TAM2 模型等被提出和使用。② 经典的技术接受模型有六个维度，包括感知易用性、感知有用性、外部变量、使用态度、行为意图和实际使用行为。③

针对老年群体数字化生存的现状，有学者在数字鸿沟和文化反哺的理论基础上提出了"数字代沟"和"数字反哺"的概念，④ 这已经成为研究老年群体使用数字技术最重要的概念。对于老年群体来说，融入数字时代至少需要跨越三道坎：数字设备的接入短缺（接入沟）、数字技能的不足（使用沟）与数字思维的匮乏（知识沟），且这三道沟的难度逐级递增。⑤ 几乎所有关于数字反哺的实证研究都聚焦于家庭内部，这一方面是由于微观层面的操作性更强；另一方面是因为相较于社会和群体，家庭才是数字反哺发生与作用的核心场域。在这里，数字反哺成为祖代、亲代、子代角色扮演、关系维系、权力分配的重要手段。必须以家庭为基础，数字反哺才能落到实处，其影响才能逐渐延伸到社会的各个层面。⑥

媒介使用行为对青少年、农民工、留学生等群体产生的影响同样受到关注。有研究发现：青少年最常接触的媒介是以微博和网络社区为代表的社交媒体，但对以中央电视台为代

---

① 冯剑侠：《#看见女性劳动者#：新冠疫情中的女性自媒体与话语行动主义》，《新闻记者》2020 年第 10 期。
② 李彪：《数字反哺与群体压力：老年群体微信朋友圈使用行为影响因素研究》，《国际新闻界》2020 年第 3 期。
③ 贺建平、黄肖肖：《城市老年人的智能手机使用与现实幸福感：基于代际支持理论和技术接受模型》，《国际新闻界》2020 年第 3 期。
④ 景义新、孙健：《数字化、老龄化与代际互动传播——视听新媒体环境下的数字反哺分析》，《当代传播》2020 年第 4 期。
⑤ 方惠、曹璞：《融入与"断连"：老年群体 ICT 使用的学术话语框架分析》，《国际新闻界》2020 年第 3 期。
⑥ 周裕琼、丁海琼：《中国家庭三代数字反哺现状及影响因素研究》，《国际新闻界》2020 年第 3 期。

表的官方传统媒体最为信任;传统官方媒体接触对其国家认同有正向促进作用,海外媒体的接触对其国家认同有显著负向影响。这些发现在媒介信任对国家认同的影响中也得到进一步证实。① 媒介使用可以直接影响权益表达,也可以通过权益知识和权益损害感知作为中介因素影响权益表达。② 同时,中国留学生群体通过"分配性"使用社交媒体来调适生活变迁阶段、加速对新地点的适应进程。③

(二)基于社交平台的传播行为

除对新媒介中的不同群体的研究之外,还有关于社交平台和社交现象的研究。在社交平台方面,知识付费平台、共享机制和协同编辑为研究者所关注,并探讨了其背后带来的文化交流问题。有研究以微博问答为例,调查了知识问答社区答主形象对用户付费意愿的影响机理,发现情感和参与契合对知识问答社区的用户付费意愿具有正向影响,知识问答社区的答主需要在社交平台展现优秀的专业能力和塑造美德形象。④ 单波、周夏宇对 Quora 社区的中国知识分享进行分析,发现在 Quora 这个使用英语且主要从外部视角分享中国知识的社区,中国是作为"他者"被分享的。在"回音室效应"和"信息茧房效应"下,互补性知识很难得到保障,而他者化和同质化阻隔了文化观念的互相印证。⑤

赵士林、张亚琼在对维基百科"上海外来人口问题"条目编辑研究中,发现因为存在对抗性的编辑群体——外来人口与本地人的二元对立,话语交锋的结果不是增进了协商,而是强化了偏见。平台的开放性给各种偏见提供了空间,反而加深了话语权利的不平等;争议性话题的论辩结果并非全然走向理性。⑥ 开放平台赋予了大众统一的知识生产分享权利,也往往成为社会话题乃至国际话语斗争与协商的平台,如英文维基百科中存在主权争议的"钓鱼岛"条目,条目正文整体呈现亲日的特征,编辑社群中亲日网民的编辑次数和数量大大超越了亲中网民,平台设定的管理机制无法对活跃用户的不良编辑行为进行实质监管。⑦

---

① 朱多刚、任天浩:《媒介使用对青少年国家认同的影响》,《新闻记者》2020年第4期。
② 赵玉桥:《媒介使用对农民工权益表达的影响分析——一个有调节的中介模型》,《新闻界》2020年第9期。
③ 董晨宇、丁依然、段采薏:《作为复媒体环境的社交媒体:中国留学生群体的平台分配与文化适应》,《国际新闻界》2020年第7期。
④ 董开栋:《知识问答社区答主形象对用户付费意愿的影响机理——以微博问答为例》,《现代传播(中国传媒大学学报)》2020年第5期。
⑤ 单波、周夏宇:《他者的分享与分享的他者:Quora 社区中国知识分享的跨文化分析》,《新闻大学》2020年第12期。
⑥ 赵士林、张亚琼:《在线协同编辑的话语冲突与群体极化——以中文维基百科"上海外来人口问题"条目为例》,《新闻大学》2020年第1期。
⑦ 甘莅豪、庞艳茹:《互联网百科知识的生产机制及其合法性建构:以维基"钓鱼岛"条目为例》,《新闻界》2020年第12期。

除了对社交平台群体行为的研究外，还有对用户及其社交行为的探究。如对朋友圈、美颜自拍、AI换脸、社交视频、网络表情等方面的研究。这些研究通常聚焦于自我认知、自我呈现等议题。例如，在印象管理的心理驱动下，人们通过美颜自拍进行"容颜赋意"，并从他人对美颜自拍的评价中获取自我认知，从而增强自我认同。然而，人们从美颜自拍的评价和反馈中所获得的自我认同，实际上和真实的自我有着或多或少的差异。①

关于社交媒体用户的另一个重要议题是社交媒体倦怠。关于社交媒体的倦怠的成因有许多不同的解释。在青年群体中，存在着较强程度的角色冲突和角色超载的角色压力、社交媒体倦怠以及隐退行为；角色压力通过影响社交媒体倦怠进而导致隐退行为的产生，社交媒体倦怠在这一过程中起着部分中介的作用；用户的性别、性格向度以及分组细致度等个体特质也会对整个作用过程产生影响。② 上行社会比较是错失恐惧和社交媒体倦怠的正向预测因素，青年社交媒体用户的错失恐惧通过引发社交过载、信息过载和社交媒体多任务处理，进而影响用户的社交媒体倦怠，而在线社区脱离意向则是社交媒体倦怠带来的行为结果。③

（三）从线下到线上：文化传承的更迭与记忆的书写

林羽丰对田野中的"月子传授"进行了观察，指出了在传统经验与现代科学的逻辑冲突及其背后深刻的代际断裂现象，但最终因社会外在压力和诉诸亲情的话语策略等因素下，达成了一种认同但不认知的整体性接受。④

新媒体的介入打破了抑或是加速了乡村社会的传统传播活动，新的社交媒介也越来越深入地嵌入乡土社会之中。村民在手机和微信里将传统的现实生活与网络世界结合成一种具有普遍性并被大家所认可、接受的新的生活方式，这种生活实践形成"微信社区"，从而将村民置于一种"技术性的秩序"之中。"微信社区"的存在，一方面让乡村社会在某种程度上成为"脱域的共同体"；但另一方面，由微信建构起来的这个新型社区又"嵌入"其现实的乡土社会结构和文化之中。⑤

社交媒体还影响了社会记忆的建构。记忆书写能衍生嵌套"记忆之记忆"：以百度贴吧中"克拉玛依大火"的记录为例，一方面，是事件非亲历者的抽象记忆，"让领导先走"的

---

① 陈琦：《美颜自拍："容颜赋意"下的身份误同》，《当代传播》2020年第2期。
② 薛静、洪杰文：《角色压力视角下青年群体社交媒体倦怠影响因素研究——以微信朋友圈为例》，《新闻界》2020年第7期。
③ 黄宏辉：《青年群体社交媒体倦怠的成因和对在线社区脱离意向的影响》，《新闻记者》2020年第11期。
④ 林羽丰：《月子传授：行动中心的传统传播研究》，《新闻与传播研究》2020年第9期。
⑤ 杨星星、唐悠悠、孙信茹：《嵌入乡土的"微信社区"——基于一个白族村落的研究》，《新闻大学》2020年第8期。

制造者、捍卫者和求证者就记忆书写权展开互动、竞争与博弈；另一方面则是关于"大火记忆"之记忆，不仅有核心记忆的制造者、求证者、捍卫者围绕记忆内容的争夺，也有边缘人群——哀悼者、围观者，围绕大火进行非书写性参与。① 同时，短视频越来越成为建构社会集体记忆的重要形式，呈现"'人间烟火'的景象迁移与'现实图景'的双向建构"的特征，也在建构中存在对抗性矛盾与冲突。短视频构成了平台、制度与用户三者之间权力再分配的空间。②

四、媒介理论与物质性

2020年海峡两岸暨香港对媒介学的理论和实证研究更加多元、充分，在对物质性研究进行宏观综述的基础上，具体按照三个子主题进行进一步的爬梳：媒介考古学、媒介地理学、媒介理论与哲学传统。

（一）媒介物质性

受晚近哲学影响，在2010年前后，媒体与文化研究领域的"物质性转向"兴起。物质性第一个层面的意义是"物质"，即媒介作为"物"的物理属性，指代支持我们日常传播行为得以产生的原材料、资源、设备、劳动和基础设施。③ 大体可以归为两点："媒介作为文本信息载体或者基础设施的物质性"，"参与媒介过程和实践而得以实现的媒介物质性（如身体和空间）"。随着媒介技术的发展，媒介内容和媒介形式不断变化，但媒介的物质性始终贯穿其中。离开物质性载体，媒介本身无法存在，传播也无从谈起。④ 媒介物质性的第二个层次为"物质性"的研究视角，特征在于强调物在塑造社会文化与日常生活中的本体地位和社会文化属性。

媒介的物质性研究具有非常久远的历史。如古代以物为中心的"档案式叙事"，美国早期人类学界在19世纪至20世纪初期进行的以物作为社会媒介的交换机制和社会组织功能的研究，都是媒介化理论、媒介生态学宝贵的理论资源。直至20世纪80年代，"物质文化研究"才基本成型。第二次世界大战后，以费尔南·布罗代尔为代表的社会物质文化研究的兴起，以及让·鲍德里亚等批评学派学者的研究，都奠定了物质性研究的重要基础。后续研究大多为上述研究视角的交叠。⑤ 基于此，学者逐渐聚焦被忽视的"物"本身的特性和影响，

---

① 闫岩、张皖疆：《数字化记忆的双重书写——百度贴吧中"克拉玛依大火"的记忆结构之变迁》，《新闻与传播研究》2020年第5期。
② 冷淞：《"人间烟火"的景象迁移与"现实图景"的双向建构——新冠肺炎疫情下短视频与拟态环境重构》，《新闻与传播研究》2020年第9期。
③ 孙萍：《媒介作为一种研究方法：传播、物质性与数字劳动》，《国际新闻界》2020年第11期。
④ 何晶娇、褚传弘、陈嫒嫒：《媒介物质性：伊尼斯"媒介－文明"观再思》，《新闻界》2020年第11期。
⑤ 曾国华：《媒介与传播物质性研究：理论渊源、研究路径与分支领域》，《国际新闻界》2020年第11期。

开启以物为本体的视角转变，推动了物质性理论的反思与深化。

几十年来，物质性研究脉络整体上呈现出一种跨越"主/客体""形式/质料"二分的网络化关系的渐进，在内部进行着"本体"与"关系"、"哲学思辨"与"跨学科应用"的分野与折中。学界有关物质性的研究各有侧重：有的将物质性结合于分支领域（如设计与物质性、文学与物质主义等），有的则从哲学根基对物质性研究进行分类（如辩证唯物主义、媒介本体论等）；有的以"行动者网络理论"强调物质能动性和"关系"导向的"新物质主义"体系，有的从微观视角分析机制/装置、媒介特性和软件。① 如刘瑾鸿讨论了货币与媒介经历报纸、广播和电视的演进一样，经历从金属货币到纸币、从信用卡到数字货币的演变，最终归于网络以产生更加深切的互动和共振影响未来社会。② 疫情期间，手机作为感知的媒介塑造了个体的新型感知方式，孙玮从感知视角，探索智能媒介技术对人类命运共同体联结的重要意义。③

（二）媒介考古学

作为一跨学科分支领域，"媒介考古学"在近二十年逐渐成为一门显学。"媒介考古学"的提法脱胎于"电影考古学"与"知识考古学"，常被用来指涉一种以媒介物质为中心的、"回溯—前瞻式"的研究取向。媒介考古学包含三个子体系：一是"恢复媒介物质性"，探究媒介对人存在状态的决定性影响；二是"寻访媒介的异质性"，研究自然宇宙内多种媒介"变体"；三是与"电影考古学"结合，对电影技术媒介史进行物质基础的新媒介史研究。④

2020年中国媒介考古研究主要有如下成果。郭建斌、王丽娜基于田野研究，对中国流动电影放映相关制度、人、技术构成的媒介实践进行了再度意义阐释。短视频的崛起在媒介史上或有革命性意义，促成了福柯所谓"无名者"的历史性出场。⑤ 潘祥辉将其置入历史社会学视野中，考察"全民记录"再次勃兴对当代社会和后世的"非预期后果"。⑥ 徐亚萍则追溯了触控技术的历史，考察了数字触屏装置与"前电影"光学装置、经典电影装置的关系，分析了刷视频姿势的动作模态和标准意图，彰显了信息表面与屏幕边框之间的冲突。⑦ 章戈

---

① 曾国华：《媒介与传播物质性研究：理论渊源、研究路径与分支领域》，《国际新闻界》2020年第11期。
② 刘瑾鸿：《论货币即信息》，《现代传播（中国传媒大学学报）》2020年第5期。
③ 孙玮：《论感知的媒介——兼析媒介融合及新冠疫情期间的大众数字传播实践》，《新闻记者》2020年第10期。
④ 施畅：《视旧如新：媒介考古学的兴起及其问题意识》，《新闻与传播研究》2019年第7期。
⑤ 郭建斌、王丽娜：《"牧影"：中国流动电影放映再阐释——基于滇川藏"大三角"地区田野研究的讨论》，《国际新闻界》2020年第6期。
⑥ 潘祥辉：《"无名者"的出场：短视频媒介的历史社会学考察》，《国际新闻界》2020年第6期。
⑦ 徐亚萍：《运动图像的操作化：对触屏视频流装置及其姿势现象的考古》，《国际新闻界》2020年第6期。

浩采用物质隐喻理论追溯网页的原始形态及演变,并通过身体姿态的变化分析物作为主体与人的互动及对人的影响。①

（三）媒介地理学

在传播学视野下,媒介物常被看作具有社会属性:一是研究城市中某物的物质性是如何被"社会性"地构成的;二是研究某物的物质性如何"介入"城市社会性的互动之中,而最终得以稳定化社会联结。② 如研究基础设施、国际网络、海底电缆本身的能动性对于社会的塑造和影响。③ "媒介地理学"聚焦"物"及物质地理环境与社会结构的相互建构,其研究视角主要有"流动性",研究领域则主要是实体空间、虚拟空间的"空间"与"关系",研究焦点则主要包括基础设施、交通工具、移动媒介等媒介物的"物质性"。

2020年中国传播学界对"流动性"的考察包含交通工具的移动以及货物在全球范围内的流动、人的流动、手机等智能移动设备的不同流动性和相互依赖性,涉及联系（关系）、距离（空间、位置）以及运动（流动过程中的伴随性）。④ 如城镇化背景下电动车的媒介物质特征与"数字工人"的捆绑,成为驱动城市内向流动和外向拓展的媒介,重塑了中国社会的结构、消费文化和景观。⑤ 在技术发展下,地理与空间的变化、都市空间中运输工具等基础设施与新技术之间体现出愈发复杂的互动关系。

关于都市空间的建构与生产,孙玮关注"打卡"这一过程中行动者与地标建筑的空间互动,以及媒介在都市空间实践中的重要角色。打卡将实体空间与虚拟空间的双重感知综合在一起,创造了一种史无前例的新型感知。⑥ 大众媒介的信息虚拟移动,转变为人与信息在虚拟与实体空间的同时移动,由此生成了人与空间的一种新型关系。蒋晓丽、郭旭东结合"媒体朝圣"与"空间芭蕾"两种理论视角,将"网红目的地"解构为媒介再现、具身接触和行动反馈,游客亲身参与,借助移动媒体平台对"网红目的地"空间再生产造成影响。⑦ 陈刚、王继周探讨了广

---

① 章戈浩:《网页隐喻与处理超文本的姿态》,《国际新闻界》2020年第11期。
② 戴宇辰:《"物"也是城市中的行动者吗?——理解城市传播分析的物质性维度》,《新闻与传播研究》2020年第3期。
③ 唐士哲:《海底云端:网际网路的基础设施探问》,《新闻学研究》（台湾）2020年秋,总第145期。
④ 王鑫:《物质性与流动性:对戴维·莫利传播研究议程扩展与范式转换的考察》,《国际新闻界》2020年第9期。
⑤ 孙萍:《媒介作为一种研究方法:传播、物质性与数字劳动》,《国际新闻界》2020年第11期。
⑥ 孙玮:《我拍故我在 我们打卡故城市在——短视频:赛博城市的大众影像实践》,《国际新闻界》2020年第6期。
⑦ 蒋晓丽、郭旭东:《媒体朝圣与空间芭蕾:"网红目的地"的文化形成》,《现代传播（中国传媒大学学报）》2020年第10期。

播、"天眼系统"等不同形态的媒介，通过消除空间环境的不确定性以参与武汉市东湖绿道的空间秩序建构，及以多元媒介基础设施作为重要元素在视听维度塑造"仪式语境"帮助"漫游者"在都市空间进行抵抗现代庸常生活的仪式实践，使作为公共空间的绿道成为社会控制和社会治理的有力途径。① 李耘耕讨论了历史上（1898—1935）惠爱医院以空间媒介的形式重新联结中国家庭、疯人与政府之间的相互作用，转变着对象之间的关系。②

在流动性中，移动媒介的适地性让物理的位置重新变得重要，位置感知技术、地理网和智能手机正是这一转变的基础，并在社交、自我呈现、空间、地方和移动性层面创造着人际关系和认同，改变着空间和地方的意涵。③ 许同文以智能手机的移动地图应用作为一种适地性媒介，其中的身体为"活光标"，地图界面为"活界面"，促成了"媒介化的可见性"，使移动中"自我"与"他者"皆可见，达成媒介与城市空间之间的"结构性耦合"，使赛博空间与物理空间、数字与用户身体生成了"复合空间中移动的赛博格"。④ 刘倚帆研究了台湾共享单车与智能手机的协作移动过程，从车辆网络分布、混杂空间的物质性变动方面展现运营方和使用者之间的协商及媒介对于城市空间意涵的影响。⑤

（四）媒介理论与哲学传统

媒介与传播物质性研究在很大程度上都与哲学问题相关联。在思想溯源层面，媒介研究常被认为主要受德勒兹和瓜塔里哲学的影响。晚近研究在当代哲学运动下转向思辨实在论，从谢林的"物自体"、胡塞尔的现象学，到海德格尔的物性理论研究，再到哈曼的"客体导向的本体论"（同"物向本体论"），不乏学者以反实在论、反绝对主义的取向，从现象和技术的本质出发，为物质性研究带来哲学思想上新的探讨与启发。此外，麦克卢汉的技术哲学、怀特海的过程和有机哲学、生态主义、新斯诺宾沙主义、宇宙哲学、后人类主义等思想皆对媒介理论发展具有巨大贡献。⑥

媒介理论的思想来源丰富，所立学派众多，主要有以下四类：美国学者尼尔·波兹曼创

---

① 陈刚、王继周：《多元媒介嵌入与作为仪式的都市空间实践———项基于武汉市东湖绿道的田野研究》，《传播与社会学刊》（香港）2020年第3期，总第53期。
② 李耘耕：《空间转译：作为"媒介"的惠爱医院（1898—1935）》，《新闻与传播研究》2020年第12期。
③ 金鳞：《适地性媒介研究与城市特质探讨：以移居香港的中国大陆居民之地方经验为例》，《新闻学研究》（台湾）2020年秋，总第145期。
④ 许同文：《复合空间中的移动实践：作为移动力的移动地图》，《新闻学研究》（台湾）2020年秋，总第145期。
⑤ 刘倚帆：《城市空间中的"协作移动"：以WeMo Scooter共享电动机车为例》，《新闻学研究》（台湾）2020年秋，总第145期。
⑥ 曾国华：《媒介与传播物质性研究：理论渊源、研究路径与分支领域》，《国际新闻界》2020年第11期。

立的媒介环境学派（或称媒介生态学）、以德国学者弗里德里希·基特勒为代表的媒介技术哲学（包含文化技艺学派）、由法国学者雷吉斯·德布雷所倡导的媒介学以及兴起于西北欧的媒介化理论。① 德国"文化技艺"（或称文化技术）学派继承基特勒衣钵，目前成为德国文化与媒介研究的新前沿，杰弗里·温斯洛普 – 扬为目前德国媒介理论最重要的媒介哲学家之一。该学派批评技术哲学"人类中心主义"的倾向和媒介决定论单向度、因果性的论调，强调从未有纯粹的人与技术融合。② 目前，国内媒介研究仍以北美媒介环境学、技术决定论为主流，但关于理论溯源和观念演变的研究较为稀缺。如从伊尼斯的经典专著入手，进一步探讨了时间、空间和物质性之间的相互关系，以"媒介 – 文明"识别模式重新考察媒介物质性和文明发展的多元动态关系，重新挖掘北美传播物质研究传统在新时代的意义。③ 从基特勒的后诠释批评取向入手，解读基特勒媒介研究的范式与风格，结合个人学术旨趣、所处时代的学术背景和社会历史动因，以哲学视角解读并探讨基特勒的研究转向。其研究同样关涉物质性的哲学取向与结构主义、后结构主义以及后现代主义等哲学派别之间的有机关系。④ 骆世查关注物向本体论这一议题，从哈曼的"物向本体论"出发厘清其核心概念及思想价值。物质性研究思想来源驳杂，应用领域多有交叉。⑤

五、智能传播

智能传播是"由人工智能技术驱动的传播，即通过数字计算机在'模拟、延伸和扩展人的智能'的过程中，实现'感知环境、获取知识并使用知识'的信息生产活动"⑥。智能传播主要表现在自动化的内容生产和精准化的内容推送，运用人工智能提升信息传播效果，重塑新闻传播的模式。2020年智能传播的相关研究，主要集中在社交机器人和算法两个议题。

（一）社交机器人的角色

社交机器人（social bots）也被称为僵尸用户，指社交媒体上由自动化程序操纵的账户。

---

① 唐海江、肖楠、袁艳：《媒介考古学：渊源、谱系与价值——访加州大学洛杉矶分校埃尔基·胡塔莫教授》，《国际新闻界》2020年第2期。
② 王继周：《文化技艺：德国文化与媒介研究前沿——对话媒介哲学家杰弗里·温斯洛普 – 扬》，《国际新闻界》2020年第5期。
③ 何晶娇、褚传弘、陈媛媛：《媒介物质性：伊尼斯"媒介 – 文明"观再思》，《新闻界》2020年第11期。
④ 徐生权：《意义之外：后诠释批评与基特勒媒介研究的奠基》，《新闻界》2020年第9期。
⑤ 骆世查：《反还原论与媒介哲学：哈曼的"物向本体论"初探》，《新闻大学》2020年第4期。
⑥ 孙江、何静、张梦可：《智能传播秩序建构：价值取向与伦理主体》，《湖南工业大学学报（社会科学版）》2020年第1期。

这些账户可基于特定的脚本模仿人类的行为，进行内容生产、扩散。① 社交机器人的应用广泛，"在政治领域，社交机器人主要被用于选举中的伪草根营销、极化网络意见、病毒式营销虚假新闻、设置社交网络议程上；在经济领域，社交机器人主要被用于影响消费者购买意愿、维护企业公共关系、提升或破坏企业品牌和声誉、影响股票市场上；在社会领域，社交机器人主要被用于大范围快速弥散灾害应急救援信息、科学或伪科学传播上"，且是通过按需高效地改变社交网络的动态结构，来相应控制社会扩散的范围和速率。② 此外，新闻聊天机器人也属于社交机器人的一类，能够重新定义新闻发布，以会话界面和人格化表达，实现了丰富性、趣味性、互动性、定制性的内容生产，在提供知识服务、平衡重大政治报道、实现全球化信息传播方面具有重要意义。③

但机器也可能带来意识形态的偏颇与渗透。国内不少学者分析海外社交平台 Twitter 上的社交机器人的传播行为，发现海外社交机器人对于中国的相关议题具有自动化操纵的现象，不同议题的自动化操纵程度存在差异，从而形成对中国不利的舆论气候。比如在社交平台关于港澳台疆等议题讨论中，机器人发布的推文比例甚至超过30%。④ 以《纽约时报》对香港"修例"风波的系列报道在海外社交平台 Twitter 上的扩散为例，发现大量的社交机器人在参与香港"修例"风波系列新闻报道的扩散，以及社交机器人在一级传播和二级传播中扮演的角色有所不同。⑤ 有关中美贸易谈判议题讨论中，社交机器人占比13%，发布内容占比接近20%；参与中美贸易谈判话题的社交机器人策略主要是消息推送，没有发现意见领袖等；从话题倾向性上看，社交机器人中反对贸易谈判的占了多数（55%），大部分内容跟美国农民有关。⑥

作为社交网络中自主运行、自动生产发布内容的算法智能体，社交机器人从过去的传播中介跃升为传播主体，重塑了传播生态，其所扮演的角色和行为往往影响着人们的议题讨论，甚至影响舆论气候的走向。因此，学者对于社交机器人的存在褒贬不一，郑晨予、范红认为

---

① 师文、陈昌凤：《社交机器人在新闻扩散中的角色和行为模式研究——基于〈纽约时报〉"修例"风波报道在 Twitter 上扩散的分析》，《新闻与传播研究》2020年第5期。

② 郑晨予、范红：《从社会传染到社会扩散：社交机器人的社会扩散传播机制研究》，《新闻界》2020年第3期。

③ 卢长春：《新闻聊天机器人：新闻生产的机遇与挑战》，《现代传播（中国传媒大学学报）》2020年第10期。

④ 师文、陈昌凤：《分布与互动模式：社交机器人操纵 Twitter 上的中国议题研究》，《国际新闻界》2020年第5期。

⑤ 师文、陈昌凤：《社交机器人在新闻扩散中的角色和行为模式研究——基于〈纽约时报〉"修例"风波报道在 Twitter 上扩散的分析》，《新闻与传播研究》2020年第5期。

⑥ 张洪忠、赵蓓、石韦颖：《社交机器人在 Twitter 参与中美贸易谈判议题的行为分析》，《新闻界》2020年第2期。

社交机器人的易被操控特性和其强大的传播功能，使其成为传播虚假信息的温床，虚假传播和恶意传播的社交机器人体现了智能传播时代下传媒生态的失衡。[1] 师文、陈昌凤认为社交机器人的存在可增加人类用户对于特定信息的接触；同时，社交机器人可以成功渗入社交网络，改变既有的信息交互结构。[2]

（二）算法推荐的利弊

关于算法的研究，主要集中在对算法黑箱的揭露与反思上。在算法的风险问题中，"算法偏见"诱发的社会问题数不胜数。算法偏见广泛存在于算法规则设计中的标准预设、数据的收集处理与运用，以及通过深度学习能力解读数据的运算过程。[3] 当人向智能体提供了带有偏见和歧视的数据时，智能新闻生产和智能新闻分发也会带着这种偏见和歧视。[4] 有研究通过讨论互联网"通知—拦截"与"通知—移除"规则，发现算法识别具有极大的出错率，"通知—拦截"规则可能造成信息的过度删除，妨碍信息传播与公众的表达自由。[5] 研究人员还对现阶段传媒业算法工程师的算法伦理水平进行考量。结果显示，目前传媒业算法工程师的算法伦理水平整体处于模糊状态，年龄、学历、工作经历对算法工程师的算法伦理水平均有显著影响，专业背景对算法工程师算法伦理水平的影响并不显著。为此，有必要以伦理规制来提升传媒业算法工程师的算法伦理水平，促使其主动承担算法伦理责任。[6]

算法的内部逻辑始终是一个黑箱，由此赋予互联网公司巨大的权力，也使得外部监管难以有效进行。算法传播在世界数字鸿沟、国际议程设置和全球秩序稳定等方面带来潜在风险，加剧了冲突性的信息地缘政治。[7] 为了防范智能新闻生产过程中算法权力的滥用，关键在于提高互联网平台算法的透明度，使之可以被外界"审计"。其基本思路是从智能新闻生产传播的结果及影响中的不公平切入，反向审查其机制设计与执行过程中是否存在故意或者不自觉的误导，核实其中存在的不公平、不包容与不准确，并督促改正。

---

[1] 郑晨予、范红：《从社会传染到社会扩散：社交机器人的社会扩散传播机制研究》，《新闻界》2020年第3期。

[2] 师文、陈昌凤：《社交机器人在新闻扩散中的角色和行为模式研究——基于〈纽约时报〉"修例"风波报道在Twitter上扩散的分析》，《新闻与传播研究》2020年第5期。

[3] 许向东、王怡溪：《智能传播中算法偏见的成因、影响与对策》，《国际新闻界》2020年第10期。

[4] 耿晓梦、喻国明：《智能媒体伦理建构的基点与行动路线图——技术现实、伦理框架与价值调适》，《现代传播（中国传媒大学学报）》2020年第1期。

[5] 刘文杰：《"通知—移除"抑或"通知—拦截"：算法时代的选择》，《新闻与传播研究》2020年第12期。

[6] 袁帆、严三九：《模糊的算法伦理水平——基于传媒业269名算法工程师的实证研究》，《新闻大学》2020年第5期。

[7] 罗昕、张梦：《算法传播的信息地缘政治与全球风险治理》，《现代传播（中国传媒大学学报）》2020年第7期。

毛湛文等将算法视为人类与世界之间关系的中介者，提出用"算法调节"的视角观察新闻透明性原则在算法新闻分发平台的实践中所面临的障碍，并沿着"技术道德化"思路提出改进路径，包括把新闻透明性纳入算法设计的"常规"、加强算法利益相关方的协作，以及用对话而非对抗的方式重新调整人和算法的关系等。① 徐琦则认为算法透明度并非智媒治理的充要条件，它只是一种要负责任地加以善用的辅助性工具，智媒治理更要跳出技术视角，将算法治理置于网络信息内容生态中去动态考察各行动主体间的持续博弈，着重考量算法所引发的、以权力配置为代表的社会关系变化，通过政府规制、平台自治和社会共治来协同推进智媒算法治理。②

六、数字媒体伦理与治理

随着信息技术的进步和媒体融合的发展，数字媒体新闻伦理问题备受关注。③ 就现阶段而言，智能媒体技术还处在弱人工智能阶段，虽然能够完成一定程度的自主认知和自主决策，但其智能程度有限，尚不具备人类的思辨能力、创造能力和情感表达能力。从技术本质角度观照，智媒技术背后的设计者、操纵者还是人类。④ 因此智能媒体伦理风险的实质仍是人与人之间的控制与反控制危机。

数字媒体伦理问题首先是"数字监控"的威胁。学者马克·波斯特认为基于计算机和数据库的监控比边沁和福柯所设想的圆形监狱更加强大，他将之称为"超级圆形监狱"。⑤ 数字时代，数据即权力，非法收集、过度分析用户数据的现象广泛存在。同时，个体为了使用某些应用程序，寻求技术便利，往往也不得不允许互联网平台采集其个人数据。"数字巨头操控的技术中介化系统，是导致移动智能媒介实践之隐私悖论的根源所在。"技术中介化系统在一定程度上虽促进能动的信息共享，但也使人遭受严重的隐私侵害，这一利害共生的矛盾，凸显出技术主宰与人的尊严之间的张力。⑥ 在智能传播中个人信息作为权力载体，经过数据

---

① 毛湛文、孙曌闻:《从"算法神话"到"算法调节":新闻透明性原则在算法分发平台的实践限度研究》,《国际新闻界》2020年第7期。
② 徐琦:《辅助性治理工具:智媒算法透明度意涵阐释与合理定位》,《新闻记者》2020年第8期。
③ 季为民:《数字媒体新闻伦理研究的新观点、新问题和新趋向》,《现代传播(中国传媒大学学报)》2020年第4期。
④ 宫承波、王玉凤:《主体性异化与反异化视角的智能传播伦理困境及突围》,《当代传播》2020年第6期。
⑤ 马澈:《隐私、言论与平台规制——基于扎克伯格听证会的议题分析与思考》,《现代传播(中国传媒大学学报)》2020年第1期。
⑥ 杜丹:《技术中介化系统:移动智能媒介实践的隐私悖论溯源》,《现代传播(中国传媒大学学报)》2020年第9期。

聚合、代码设计、算法挖掘等一系列后台催化，对信息主体进行规训与控制，构成新的监控范式与权力渗透路径。① 不过，区块链技术令个人数据控制权从互联网公司转移到用户自己手中，使人人掌控自己的个人数据成为可能，它赋予了数据主体对其数据有更多的知情权和控制权，至少在技术上是可行的。②

网络传播秩序治理成为传媒法治方面的研究热点。为维护网络秩序与降低社会风险，动用刑法手段介入网络传播秩序治理已成趋势。然而，在网络治理形势严峻、行政管理手段乏力、刑法工具主义盛行等主客观因素驱动下，刑法介入网络传播秩序治理变得日趋活跃起来，甚而不时被作为应急性的"优先手段"，以一种威慑性的姿态频频站到社会治理的最前线，这显然偏离了刑法作为法律调控"最后手段"的价值本质，网络传播治理的刑法界限受到学界关注。③

人类每次具有革新意义的新的媒体出现，版权制度都会面临着巨大的调整，④ 尤其短视频版权治理的问题备受关注。在司法治理中，一方面，通过分析抖音、快手、微视三款短视频平台与上传用户的许可协议的文本发现，多数情况下平台方为短视频版权的实质行使者，协议中往往约定用户将短视频著作权以及诉讼权利无偿许可给平台方；另一方面，我国在《信息网络传播权保护条例》中实质性引入"避风港原则"，并不要求平台方承担一般的主动审查义务。⑤ 在行政治理中，对短视频平台开展的治理缺乏法律依据且仅能在短期产生作用，缺乏长期机制，这都使得短视频治理面临困境。因此，要在短视频治理中引入社会治理手段，形成"以平台为核心、权利人配合、社会公众监督"的短视频治理模式。

七、传播理论与学科反思

距离"中国传播学破冰之旅"近四十年，而当年的"宣伟伯"也由"奠基人""启蒙者"变成了"冷战专家""传播学学科化的始作俑者"甚至于被清除出传播学历史，这一戏剧性的转折恰恰映照了现代化共识消失后中国传播研究者们的危机感与焦虑，但是，"对施拉姆的批判也永远不能代替对中国传播研究学科化与政治化的批判"，⑥ 不足以解决中国传播学面临的

---

① 许天颖、顾理平：《人工智能时代算法权力的渗透与个人信息的监控》，《现代传播（中国传媒大学学报）》2020年第11期。
② 邹军、吕智娴：《区块链与个人数据保护模式的转型》，《现代传播（中国传媒大学学报）》2020年第7期。
③ 冯建华：《试论网络传播秩序治理的刑法界限》，《新闻大学》2020年第11期。
④ 朱鸿军：《从"漠视"到"重视"：媒体融合中媒体保护版权的历史演进》，《国际新闻界》2020年第12期。
⑤ 冯晓青、许耀乘：《破解短视频版权治理困境：社会治理模式的引入与构建》，《新闻与传播研究》2020年第10期。
⑥ 刘海龙：《施拉姆与中国传播研究：文化冷战与现代化共识》，《新闻与传播研究》2020年第6期。

两大问题：何以"传播学"，即传播学学科自身面临的正当性焦虑；何以"中国传播学"，即中国传播学的主体性如何建构。

尽管传播学作为一门学科已经高度建制化，然而因其"既无核心而统一的问题，亦无单一的理论或学科切入口"，内部同时存在碎片化和超专门化两种趋势，以建筑为喻即是砖瓦四处摆放，矮墙小屋林立，难以建成一幢大厦。学科大厦难以建成部分原因在于其多学科源头，学科疆域不断受到冲击与改写，以英美媒介社会学作为个案来考察如何在学科互动场域中勾勒疆域、划定边界，以及谋求正当性，以此来把握传播学的知识状况及其与其他学科的关系，这也是反思性学术话语实践的一种方式。①

除了从整体视角审视，反思现存的理论范式以及发掘新的理论资源同样也是一种学科建设实践。伊莱休·卡茨在其受众研究中融入了社会结构与文化情境面向，主动寻求跨学科与多传统的对话，以"主动受众观"为起点的一系列研究开创了传播研究的新局面，② 这表明传播学学科想摆脱研究困境必须进行范式转移。波兹曼创立的媒介环境学派、以基特勒为代表的媒介技术哲学、德布雷的媒介学以及西北欧的媒介化理论均高度重视媒介的物质性，将媒介看成一种隐喻而非实体，媒介对社会的组织和建构能力强大，以此媒介研究一举摆脱了功能主义范式的困境。③ 兰德尔·柯林斯的互动仪式链理论从情感唤起与抑制的角度，阐释了仪式性互动启动与运行的微观动力机制，对凯瑞未说明的仪式性传播内在聚集机制和效果产出等要素予以补足，发展了传播学的文化转向。④ 通过重新认识哈洛伦领衔完成的"双重转向"，能够帮助厘清诠释主义范式在当下传播学学术地图中的地位，促进被"5W"模型割裂的传播学在传播要素高度融合的今天走向"综合性研究"。⑤ 法兰克福学派新一代学者哈特穆特·罗萨的社会加速理论从时间维度审视当代社会，发现媒介技术不断解构与建构人对时间的感知，个体的时间主权问题逐渐演变为一种社会"新异化"的症状，这提供了对数字资本主义和平台资本主义新的批判维度。⑥ 同时，也可从被忽视的历史富矿中挖掘新的理论资源：弗洛姆的人本主义

---

① 李红涛、黄顺铭：《从"十字路口"到"中间地带"——英美媒介社会学的边界工作与正当性建构》，《新闻与传播研究》2020年第4期。

② 展宁：《伊莱休·卡茨与大众传播研究：半个多世纪的学术演变》，《新闻与传播研究》2020年第10期。

③ 胡翼青、王焕超：《媒介理论范式的兴起：基于不同学派的比较分析》，《现代传播（中国传媒大学学报）》2020年第4期。

④ 邓昕：《被遮蔽的情感之维：兰德尔·柯林斯互动仪式链理论诠释》，《新闻界》2020年第8期。

⑤ 张放：《偏移的转折点：传播学史上被"受众民族志"遮蔽的"双重转向"》，《新闻与传播研究》2020年第7期。

⑥ 连水兴、邓丹：《媒介、时间与现代性的"谎言"：社会加速理论的传播批判研究》，《现代传播（中国传媒大学学报）》2020年第6期。

思想强调了人作为传播活动乃至所有生命活动的中心地位。① 从被忽视的齐美尔对货币的传播学认识中可以提炼出货币在"关系－行动"双重维度上的解释性理论，构建出"以币为媒"的社会交往过程性框架，提供将货币看作人的社会化媒介的新思路。②

中国的传播学学科建设除了其"原生焦虑"之外，还有自身主体性的焦虑。从中文传播研究中有关"传播"与"仪式"相关问题常常遭到误读和误用可以对中国传播学研究存在的问题窥见一斑：对于基本理论或概念缺乏深入辨析，容易唯"新"是用；无视中国的研究语境与现实，进行概念的生硬拼贴。③ 因此从基本概念入手对引进的理论进行探源式解读尤其重要，以参与传播理论范式为例，其作为对大众传播主导范式的反思而被提出，但国内的理解依然停留在发展主义层面，在互联网时代参与所引发的结构变迁背景下不具备解释效力，而在发掘理解参与这一关键要素的基础上，围绕公众主体性的激活，将媒体近用、赋权、互动进行逻辑关联，关注权力、技术和身份维度，④ 这才能开拓新的范式与路径。同样，梳理霍尔等人对道德恐慌研究的概念内涵与经典范式之间的关系，发掘其文化政治批判属性和特定历史情境下的政治和意识形态功能，才能避免概念误用，更好地考察中国语境下的现象与问题，展现与经典理论对话的可能性。⑤ 通过梳理拉克劳与墨菲的话语理论基本思路与分析逻辑，可以拓展国内媒介话语研究的理论和方法论视野，开辟新的思路。⑥

但除了探源外还必须对理论的适用性进行反思。理论的引入不可抹去"文化中间人"的痕迹，通过考察中国学界译介、挪用、移植媒介社会学的过程，能够发现中国学界对欧美媒介社会学的想象呈现"经典化"趋势，这很大程度上是经由翻译完成的"再经典化"的后果，同时媒介社会学的本土实践则带有强烈的"当代性"，媒介社会学由此被"驯化"为适合中国语境的新闻社会学。⑦

媒介社会学的"驯化"展示了在地学术实践的重要性，以及中国自身独特的历史资源

---

① 潘祥辉、王炜艺：《弗洛姆的"人本主义"传播思想及其启示》，《新闻大学》2020年第1期。
② 李华君、张智鹏：《媒介的货币："关系－行动"与自由交往——齐美尔货币思想的传播社会学解读》，《新闻与传播研究》2020年第10期。
③ 郭建斌、程悦：《"传播"与"仪式"：基于研究经验和理论的辨析》，《新闻与传播研究》2020年第11期。
④ 公丕钰：《参与传播：理论溯源、概念关联及理解维度》，《当代传播》2020年第4期。
⑤ 黄典林：《从边界危机到霸权重构：科恩与霍尔的道德恐慌与媒体研究范式转换》，《新闻与传播研究》2020年第6期。
⑥ 徐桂权、陈一鸣：《后马克思主义视野下的媒介话语分析：拉克劳与墨菲话语理论的传播适用性》，《新闻与传播研究》2020年第2期。
⑦ 李红涛、黄顺铭：《"驯化"媒介社会学：理论旅行、文化中间人与在地学术实践》，《国际新闻界》2020年第3期。

和实践经验的重要性。理论的引入只是辅助，中国传播学的发展最终必然倚赖研究者的学术实践。以桥接社群的身份认同为基础的阐释框架就来自以扎根理论方法对海外华人这一特定的桥接社群在西游记故事的跨文化传播实践中所扮演的角色的考察，研究提出跨文化传播的"动力—意识—策略"模型，同时也对跨文化传播中的媒介中心主义和文本中心主义进行了反思，[①] 留下了中国学者浓墨重彩的一笔。

理论并非诞生自虚空而是自有其历史现实语境，受到实践的滋养，这乃是中国传播学学科主体性之所在，要基于历史以及当下中国的实践去研究。

---

① 田浩、常江:《桥接社群与跨文化传播：基于对西游记故事海外接受实践的考察》,《新闻与传播研究》2020年第1期。

2020年中国新媒体研究综述

苏 涛 彭 兰[*]

2020年，新冠肺炎疫情在全球范围内肆虐，不仅引发了各国经济社会的剧烈震荡，由其产生的影响也势必会延续到今后很长一段时间。疫情的影响涉及方方面面，当然也包含对传媒业和社会信息系统的影响，但与疫情对经济社会发展的迟滞不同，由其带来的人群隔离效应，反倒放大了媒介技术与人们生活之间的密切关联。

显然，疫情加速了社会的各行各业的数字化转型。然而，疫情推动下的技术加速，带来的未必全都是好事。例如，新型数字鸿沟使得以老年人为代表的"数字弃民"（又称"数字难民"）举步维艰；人脸识别技术的大规模应用，让数字时代的个人隐私与信息安全面临更为严峻的挑战；在推荐算法的诱导下，科技上瘾已成为社交媒体时代的新病症。

除了由疫情直接引发的各种社会公共危机和"信息疫情"（infodemic）[①]之外，2020年新技术的快速发展和演化，也为传媒业态和传媒生态带来许多新问题和新困惑。而学者们对这些问题的思考，也远远超越了纯粹的媒介与技术工具层面，从而在数字化生存已然成为现实之际，引向人类社会和人类文明本身。

或许是因为疫情刺激了人们的思考，抑或是人工智能等技术的快速发展逼迫人们不得不去思考。2020年，学者们关于新媒体现象和人类社会的浓厚的反思与批判，似乎已经引导新媒体研究进入了"否思"（unthinking）阶段——并不仅仅是基于既有前提对新媒体研究做常规性反思，而是进行具有范式革命意义的彻底的反思与批判。这种重建新媒体研究范式的努力，也蕴含着学者们回归人文精神和人文价值的期冀与立场。

于是，在技术与人文的双重观照之下，2020年的新媒体研究，既有经典话题的延续与深化，也有新议题的开拓与创新，以及基于新技术趋势的尝试与探索，它们共同指向对智能技术时代共同体的建构以及对更宽容美好生活的期盼。

---

[*] 苏涛，云南民族大学文学与传媒学院副教授；彭兰，通讯作者，中国人民大学新闻与社会发展研究中心研究员，中国人民大学新闻学院教授，博士生导师。

[①] 方兴东、谷潇、徐忠良：《"信疫"（Infodemic）的根源、规律及治理对策——新技术背景下国际信息传播秩序的失控与重建》，《新闻与写作》2020年第6期。

一、连接与隔离：新冠肺炎疫情中的社交媒体及其影响

受制于疫情，一方面人们极力避免线下的身体接触和社交活动，让物理"隔离"成为原本高度连接世界的常态；另一方面，由于转而更多地采用线上的虚拟"连接"，人们也对社交媒体产生了更多的依赖。

在隔离的状态下，社交媒体不仅成为公众获取健康信息的重要来源，也具有重塑公共卫生防控体系的可能。刘丽群、谢精忠关注到"转发"这个社交媒体信息传播的关键机制，发现社交媒体信息的结构、风格和内容是用户转发信息的核心特征，尤其是以健康风险报道框架作为内容特征的作用机制明显。[1] 那么，如何利用社交媒体介入公共卫生事件的防控？针对这一问题，陈娟、郭雨丽通过对国内外相关研究的梳理发现，社交媒体可以基于事件与症状，对公共卫生事件及疾病的发病率、规模进行预测；可以通过推进公共参与，弥合公共卫生资源获取上的不平等，促进疫情中的公共沟通；还能有效地参与健康传播干预，实现公众从认知到行为的改变。[2]

严重的疫情以及由此带来的社会隔离，势必会引发并加剧公众心态与情绪的波动。张放、甘浩辰利用从社交媒体挖掘的数据，从心理时空距离的视角对疫情信息感知如何影响公众情绪的机制进行了探索，发现了心理时间距离的"情绪下沉效应"（心理时间距离的缩短会导致公众情绪变得更加负面）和重要新闻事件的"情绪脉冲效应"（特定时间出现的疫情重要新闻事件会导致公众情绪产生波动）。[3] 钟智锦、周金连分析发现，媒体注意力并不遵循流行病学的发展逻辑，而是时常受到关键事件的驱动和牵引，而每日新增病例数的变化则会引起公众注意力的波动，尤其是疑似病例数；公众对疫情的高度关注可以实现议题显著性向媒体转移。[4]

社交媒体作为一个复杂的信息生态系统，在疫情中所呈现出来的信息和舆论态势引人关注。汪翩翩等发现微博中存在着官方与民间两个话语空间的明显分化：政务微博与媒体微博之间具有共同演化的特征，有着相互"参考"疫情议程的正向显著关系；而由意见领袖、活跃分子和普通公众构成的民间话语空间却呈现出活跃的姿态，不仅形成了超越官方话语影响与引导的、独立完整的话语空间，也形成了对民间舆论的自我控制。[5]

---

[1] 刘丽群、谢精忠：《结构、风格与内容：社交媒体用户转发的信息特征——基于媒体新冠肺炎疫情报道的考察》，《新闻界》2020年第11期。

[2] 陈娟、郭雨丽：《社交媒体与疫情：对公共卫生事件的预测、沟通与干预》，《新闻记者》2020年第4期。

[3] 张放、甘浩辰：《疫情心理时空距离对公众情绪的影响研究——基于新冠肺炎疫期微博文本面板数据的计算分析》，《新闻界》2020年第6期。

[4] 钟智锦、周金连：《新冠疫情中的媒体与公众注意力研究》，《新闻记者》2020年第10期。

[5] 汪翩翩、黄文森、曹博林：《融合与分化：疫情之下微博多元主体舆论演化的时序分析》，《新闻大学》2020年第10期。

处于隔离状态下的乡村，不仅有着与城市不一样的抗疫行动，也通过自己的媒体实践塑造了别样的乡村抗疫景观。刘庆华、吕艳丹发现乡村媒介动员存在"基层组织—高音喇叭"和"熟人网络—微信群"双重结构，二者通过"站堆儿"这种乡村人际传播和生活方式完成共振。这两种媒介动员结构分别呈现"压力型传播"和"自救式传播"的特点，并存在高音喇叭硬核式无力、微信单体自救无序、信息孤岛造成谣言生成等现实困境，而村庄组织权力变化、媒介自组织结构离散化、农村社会关系网络解构等是主要原因。①

周孟杰等关注到乡村中的抗疫青年，并给我们展示了一幅传统媒介（铜锣、高音喇叭、老式录音机等）与新媒体（微信、抖音）交融混搭的别样的媒介图景。作者所亲历的这种乡村青年抗疫媒介实践成为一种动态化过程，不仅可以介入特定的社会结构对其产生影响，而且可能以自身的逻辑和形态改变乃至重塑这一社会结构本身。②

冯剑侠③则关注到了抗疫中的女性及其话语行动和话语策略，发现社交媒体的主题标签作为一种重要的女性主义对话扩展策略，将女权议题和性别视角推出圈层之外，对主流媒体和社会大众产生影响。因而借助主题标签发起和推动女性主义的话语行动，已成为社交媒体时代女性对抗性别不平等、参与传播民主的重要途径。

借助互联网，我们已然实现了历史上最为广泛的连接，然而疫情的出现，却又将人类社会逼入极端的人身隔离窘境，乃至于"疫情之下，每户人都成了一座孤岛"。但不可否认的是，疫情期间的有效隔离是以社会的高度连接为前提的。于是，连接与隔离，似乎也成为我们在当下复杂的数字化生存状态的隐喻。

连接与隔离作为一种相互纠葛的复杂存在，正如疫情期间社交媒体给我们带来的复杂影响。一方面，社交媒体上的传播便利使得各种谣言和虚假信息以前所未有的速度传播，放大了人们对的风险的感知，甚至引起混淆公众正常感知和理性判断的后果，引发公共信任危机和集体恐慌。以至于谣言与"信息疫情"同步扩散，导致"互联打败了深思"④，也使得我们不得不产生"社交媒体是否是一种理想的公共传播渠道"⑤的反思。

---

① 刘庆华、吕艳丹：《疫情期间乡村媒介动员的双重结构——中部A村的田野考察》，《现代传播（中国传媒大学学报）》2020年第7期。

② 周孟杰、吴玮、徐生权：《重拾、共构与嵌合：乡村青年的抗疫媒介实践——以新冠肺炎疫情中的武汉市黄陂区A村为例》，《新闻界》2020年第2期。

③ 冯剑侠：《#看见女性劳动者#：新冠疫情中的女性自媒体与话语行动主义》，《新闻记者》2020年第10期。

④ 胡泳：《新冠肺炎疫情危机与社交媒体的双向影响》，《新闻战线》2020年第11期。

⑤ 彭兰：《我们需要建构什么样的公共信息传播？——对新冠疫情期间新媒体传播的反思》，《新闻界》2020年第5期。

另一方面,被迫的隔离强化了线上的连接,已悄然导致人类社会连接方式的结构性改变,即张宇星所谓的"终端化生存"[①]——越来越多的人依赖(而不是选择性使用)社交终端获取信息,同时也生产信息,并且依赖社交终端从事交往、交流、生产、消费、休闲、游戏、教育等各种类型的社会活动。由此,这种隔离状态在加深人们对社交媒体的依赖和沉浸式体验的同时,也让人们感受到连接的可贵,并引发对人类命运共同体的深切感知。

二、身体问题与人机关系:智能时代的传播

"身体"被中国传播研究重新发现之后,2020年再次被推向了前台。孙玮认为,整个学术界都存在"身体转向"的趋势,而传播视角下的身体研究"有助于探索传播研究在当前发展的新型可能,挖掘传播视角对于普遍社会现象的解释力,及其在这个转向中传播研究的学术价值与独特贡献"。[②] 但为了达到这一目标,我们首先需要思考的是:传播视角能给身体研究带来什么或什么是传播视角下的身体问题。

刘海龙将传播视角下的身体问题归纳为三个基本面向:作为经验感官的身体、作为传播隐喻的身体和作为传播基础设施的身体。[③] 姬德强、高玉炜则从建构主义(侧重于身体的象征意涵)和反建构主义(侧重于身体的感知意涵)进行了解释,这两种截然不同的视角分别对应着作为隐喻的身体和作为现象的身体。[④] 黄典林、马靓辉建议,在身体表征、人机对话、技术对身体的嵌入和重构等议题之外,还可以拓展身体间性、身体实践的传播政治经济分析等更多元的研究维度。[⑤] 虽然学者们对身体问题的理解和分析思路不尽相同,但毫无疑问的是,身体问题的浮现或回归,不仅有助于突破传统传播研究的认知局限,也构成了重构传播学理论的一种契机。

智能技术的快速发展,使得传播中的人机关系问题不断浮现,身体实践已经成为人机交互的表征。因而在身体研究的多维面向当中,身体作为传播的基础设施或者界面,以及由此建构出崭新的(身体)主体及其存在方式,或已成为当前的传播研究特别是新媒体领域颇为急迫的议题。2020年也出现了一些相关的研究成果。

殷乐、高慧敏用"具身互动"来提炼智能传播时代的人机关系,认为人类将在身体、媒介及环境相互交织的"具身互动"中生成新的自我形态——身体的数字化,即一方面身体在

---

① 张宇星:《终端化生存:后疫情时代的城市升维》,《时代建筑》2020年第4期。
② 孙玮:《传播再造身体》,《新闻与写作》2020年第11期。
③ 刘海龙:《什么是传播视角下的身体问题》,《新闻与写作》2020年第11期。
④ 姬德强、高玉炜:《隐喻还是现象:重思传播学视域下的身体问题》,《南昌大学学报(人文社会科学版)》2020年第2期。
⑤ 黄典林、马靓辉:《身体问题的传播研究路径刍议》,《新闻与写作》2020年第11期。

虚拟世界与现实世界的交错在场；另一方面身体从半机器化向机器化演变。① 黄华则从手机屏幕的具身性出发，认为屏幕的意义并不仅限于推动我们与图像关系的演变，还从根本上改变了人和世界的关系，即基于屏幕的中介化作用产生新的日常生活实践。②

宋美杰、徐生权从可穿戴设备切入来具体考察这种人机关系，发现可穿戴设备在为身体的数据化提供了物质基础的同时，也借助数据存储、分析、可视化等生成了一个数字自我。由此，可穿戴设备作为自我与数字自我沟通的中介，也使得自我追踪和规训成为可能：规训的力量从身体表面渗透至身体内部，身体器官被压缩为一块屏幕在"自我优化"与"均值人"之间徘徊。③ 钱佳湧同样认为身体之于传播从来不只是实践主体，同时也在传播实践的过程中成为被关注、展示和规训的客体。而随着身体的数据化，"人"下降为剥离了一切社会关系和政治身份、仅保留身体之生物性特征及其行动轨迹的"数字化个体"。这也成为数字时代资本对个体施以经济控制，以及国家对个人展开治理的技术逻辑。④

当然，人机关系并非只有"身体"视角的研究，研究者也从其他层面探究了智能时代人机关系的可能变化。通过对内容生产中的人机关系问题的深入考察，彭兰认为，尽管在智能化时代，机器具有一定的拟主体性，也必将进入内容生产的各个环节，但机器并不是脱离人独立存在的生产主体，而是作为人的辅助者、延伸者存在。⑤ 智能媒介增强了人对外界的感知、连接与认识能力，同时也增加了人被外界认知与控制的维度。"人与机器的互动与协同，究竟是拓展了人类的疆域还是会让人类本来的地盘失守？人与机器共同作用下的人机文明，是坚持人类文明按照它的既有轨道前行，还是创造人机和谐共生的新文明，或是任由机器将我们带向一个未知的新世界？"⑥ 显然，面对这种崭新的人机关系和人机互动范式，我们还远远没有做好应对的准备，因而有待于学者们未来继续在理论与实践不同层面开展深入、审慎的研究与反思。

三、算法阴影与算法治理：智能技术的反思

作为一种智能技术，算法已成为决定当今新闻生产和传播效率关键性因素，其在新闻领

---

① 殷乐、高慧敏：《具身互动：智能传播时代人机关系的一种经验性诠释》，《新闻与写作》2020年第11期。
② 黄华：《身体和远程存在：论手机屏幕的具身性》，《现代传播（中国传媒大学学报）》2020年第9期。
③ 宋美杰、徐生权：《作为媒介的可穿戴设备：身体的数据化与规训》，《现代传播（中国传媒大学学报）》2020年第4期。
④ 钱佳湧：《传播中的肉身景观与数字身体——媒介技术视角下的考察》，《新闻与写作》2020年第11期。
⑤ 彭兰：《智媒趋势下内容生产中的人机关系》，《上海交通大学学报（哲学社会科学版）》2020年第1期。
⑥ 彭兰：《人—机文明：充满"不确定性"的新文明》，《探索与争鸣》2020年第6期。

域的应用也逐步渗透到新闻采集、生产、分发、推荐、反馈等整个新闻环节。然而，在赋能新闻生产与传播的同时，算法也带来了诸如平台偏向、算法偏见、信息茧房、数字鸿沟等不容忽视的负效应。其中，似乎尤其应该担忧的是，面对以增强社会透明度为己任的新闻传媒业，算法却天然地隐身于一个技术、伦理和管理的"黑箱"之中。

王茜通过对微博"热搜"算法的考察，发现其算法价值要素（时新性、流行性、互动性和导向正确）内嵌于代码的编写与设计之中，从而将其算法价值观在算法的设计和编程阶段就转化为了可操作的指令。① 袁帆、严三九关注到传媒业算法工程师的算法伦理水平的问题。他们通过问卷，从 7 个维度对算法工程师的算法伦理水平进行考察，结果发现其整体算法伦理水平一般，专业伦理认识尤为薄弱，有相当比例算法工程师的算法伦理观处在一种模糊状态。②

鉴于算法问题之于智能媒体的重要性，学者关于"打开算法黑箱，让算法透明"的呼声不绝于耳。然而，将增进算法透明作为算法治理的关键环节的观念，实际蕴含着"一旦算法透明，算法治理问题就能迎刃而解"的幻想。毛湛文、孙曌闻对这种一方面强调算法无所不能，另一方面又对将新闻分发流程的不透明简单地归结于算法不透明的"算法神话"进行了批判；进而提出了"技术道德化"的改进路径，包括把新闻透明性纳入算法设计的"常规"、加强算法利益相关方的协作，以及用对话而非对抗的方式重新调整人和算法的关系等。③

可见，在由算法驱动的智能信息平台已成为主流传播渠道的现实环境下，算法不仅影响着整个社会信息传播生态的发展和走向，也带来制度、伦理、法律等种种方面的社会问题。如数字鸿沟和信息茧房④ 问题，信息地缘政治⑤ 和隐私保护⑥ 问题，以及对新闻公共性的

---

① 王茜：《批判算法研究视角下微博"热搜"的把关标准考察》，《国际新闻界》2020 年第 7 期。

② 袁帆、严三九：《模糊的算法伦理水平——基于传媒业 269 名算法工程师的实证研究》，《新闻大学》2020 年第 5 期。

③ 毛湛文、孙曌闻：《从"算法神话"到"算法调节"：新闻透明性原则在算法分发平台的实践限度研究》，《国际新闻界》2020 年第 7 期。

④ 陈昌凤、仇筠茜：《"信息茧房"在西方：似是而非的概念与算法的"破茧"求解》，《新闻大学》2020 年第 1 期；彭兰：《导致信息茧房的多重因素及"破茧"路径》，《新闻界》2020 年第 1 期；晏齐宏：《技术控制担忧之争议及其价值冲突——算法新闻推荐与信息茧房关系的多元群体再阐释》，《现代传播（中国传媒大学学报）》2020 年第 3 期。

⑤ 罗昕、张梦：《算法传播的信息地缘政治与全球风险治理》，《现代传播（中国传媒大学学报）》2020 年第 7 期。

⑥ 张文祥、杨林：《新闻聚合平台的算法规制与隐私保护》，《现代传播（中国传媒大学学报）》2020 年第 4 期。

扭曲①，等等。由此，未来，研究者需要在密切关注算法实践的前提下，积极应对算法之于信息生产、公共生活、伦理制度、人类价值观等方面的挑战，致力于探索算法技术与传媒业乃至整个社会公共生活的相处相融之道。

四、代际鸿沟与智能鸿沟：数字鸿沟的新发展与新表现

虽然数字鸿沟并不是一个新现象和新问题，但随着社会数字化和智能化程度的加深，它不仅出现了一些新的发展和表现形式，在某些方面还有渐趋扩大之势，并引发严重的社会后果。2020年，学者从代际鸿沟、新闻算法、社会化媒体使用以及数字素养等方面对数字鸿沟的种种新表现进行了讨论。

疫情期间，一些关于老人不会或不能使用"健康码"而无法乘坐地铁或者直接被赶下公交车的新闻一度登上热搜榜，也刺激着社会的神经。显然，新冠肺炎疫情加剧了老年人等"数字弱势群体"所面临的数字鸿沟问题，从而使得"代际鸿沟与城乡鸿沟一样，成为现阶段数字鸿沟的主要表现"②。刘爽认为，在经济层面市场对老年人需求的长期忽视，以及在文化层面网络文化所建构话语壁垒，都使得老年群体虽然能够触摸到互联网，但却不得不面对被技术"隔离"的现实。③ 对此，陈文沁认为，仅仅提升老年人的数字技能并不能真正缩小数字鸿沟，而是要从老年人的现实需求入手，创造"适老化"的媒介样态。④ 周裕琼等以家庭为研究场域，发现这种数字代沟（尤其是素养沟）与健康代沟之间呈显著正相关关系。因此对消弭数字代沟而言，提升家庭文化水平，特别是家庭内部年轻人的数字反哺和健康反哺就显得尤为重要。⑤ 卜卫、任娟则进一步提出，理想的数字素养教育不是单向地"跨越"数字鸿沟，而应在社会包容的基础上努力消除这些鸿沟给处境不利人群带来的消极影响。⑥

以算法、机器学习等为代表的智能技术，进一步加剧数字鸿沟的复杂性。杨洸、佘佳玲以今日头条的用户为研究对象，发现新的数字鸿沟已经从第一级的接入沟，深入扩散到第二级的"使用沟"（用户社会经济地位、对新技术获益感知的不同所引发的算法新闻用户群体的使用技能差异）和"内容沟"（用户的社会经济地位差异导致的算法新闻用户可见内容的差

---

① 彭增军：《算法与新闻公共性》，《新闻记者》2020年第2期。
② 彭兰：《导致信息茧房的多重因素及"破茧"路径》，《新闻界》2020年第1期。
③ 刘爽：《经济导向与文化环境——当代老年群体数字鸿沟的形成路径》，《新闻爱好者》2020年第10期。
④ 陈文沁：《老龄化社会中的数字鸿沟与数字赋能》，《青年记者》2020年第25期。
⑤ 周裕琼、杨洸、许广梅：《新冠疫情中的数字代沟与健康代沟——基于2018年与2020年中国家庭祖孙三代的问卷调查》，《新闻与写作》2020年第10期。
⑥ 卜卫、任娟：《超越"数字鸿沟"：发展具有社会包容性的数字素养教育》，《新闻与写作》2020年第10期。

异）层面，且用户群体之间的内容沟比技术沟更易于形成信息茧房效应。① 耿晓梦、喻国明的研究，也证实了这一点。即在接入沟逐渐缩小的当下，信息贫富分化更主要来源于互联网使用差异，使用沟成为新的关键问题。因此，不论是信息还是娱乐，经济发达地区居民以及高社会经济地位群体，对移动互联网的使用都更充分，这也表明互联网多元化的使用正代替使用类型差异成为数字不平等的重要景象。② 方师师通过对经典新闻深度学习模型的分析，则发现智能媒体从源头就以某种既定的价值观念来进行差异化的内容生产，从而从上游就型塑了新知沟——之前基于经济阶层差异的"知沟"被先期已然决定的"商业价值"所替代，并由此生产出普遍差异化的"知识人"。③

杜骏飞将这种由人工智能、算法等智能技术所带来的新数字鸿沟总结为"智能鸿沟"。他认为，"智能时代所造就的数字鸿沟，因为有智能技术自身的快速迭代，包括社会算力的扩张与渗透，技术生态的日益闭环化，以及智能技术向前发展的不可逆性，这一切，都导致了智能时代所造就的数字鸿沟极强地呈现出马太效应"。④ 基于此，他警醒地指出，数字弱势群体在未来数字时代加速演化以后，很可能会沦为绝对的技术化赤贫种群，从而面临生活濒危和社会化消亡的真正危机。

数字鸿沟曾一度被认为是信息技术领域的现象，但随着信息技术抵达人工智能时代，数字鸿沟加速深化，广泛覆盖了贫富、城乡、代际、跨文化与观念等的种种差别。更为严重的是，新的数字鸿沟可能会将数字弱势群体排除在社会生活之外，不仅阻止了他们分享科技进步所带来的信息红利，甚至还剥夺了其作为社会成员的正常社会权利。因此，未来任何致力于缩小或填平这一鸿沟的研究和探索，都具有非凡的价值和意义。

五、异化与抵抗：马克思主义理论视野下的数字劳动

互联网和数字技术的快速发展，促进了社会的进步和经济的增长，也带来了生产和劳动方式的改变。不同于传统意义上物质形态的劳动，当下这种数字化的、非物质形态的劳动过程模糊了有酬与无偿、工作与娱乐（游戏）、生产（创造）与消费等传统对应关系，也因此呈现出鲜明的时代特征。于是，数字经济背景下的"数字劳动"（digital labor）与"数字劳工"（digital

---

① 杨洸、佘佳玲：《新闻算法推荐的信息可见性、用户主动性与信息茧房效应：算法与用户互动的视角》，《新闻大学》2020年第2期。

② 耿晓梦、喻国明：《数字鸿沟的新样态考察——基于多层线性模型的我国居民移动互联网使用沟研究》，《新闻界》2020年第11期。

③ 方师师：《智媒系统如何型塑"上游"知沟：个性化、新闻增值与普遍差异化》，《新闻与写作》2020年第10期。

④ 杜骏飞：《定义"智能鸿沟"》，《当代传播》2020年第5期。

labour）逐渐成为近年来学者新的聚焦点，与之相关的创意劳动、创业劳动、玩劳动（playbor）等纷纷进入研究者的视野。在整体上，马克思主义学说和传播政治经济学成为数字劳动研究的主要理论资源，但在具体的研究路径上，又分化为批判、实证与阐释三种不同的取向。

"劳动"作为马克思主义学说的核心要素，也成为我们今天批判地理解由新技术驱动的社会变迁的一个重要的理论切入点，"从数字时代的劳动、劳动者与劳动关系特征入手，揭示了资本增殖的隐秘'新'逻辑，为我们理解人类在数字时代的境况设立了一个新的'锚点'"①。汪金刚也认为，信息化社会中的"数字异化劳动"极大地发展并延伸了马克思早期所设想的"商品异化劳动"理论，并制造了一系列具有鲜明时代特色的文化景观与文化后果。因此，马克思"异化劳动理论"可以成为解释和认识当下"数字劳动"实践的重要的理论资源。②

胡骞、吴鼎铭认为，"数字劳动"的缔造者，以游戏（play）为名义，采用驱动、混淆、粉饰、提升的手段，强化了资本主义的商业逻辑。因此，"玩劳动"作为数字劳动的典型表征，并没有脱离传统资本主义的运作逻辑，反而对其进行延伸和强化。③袁潇也同样认为，青少年玩家自觉加入游戏信息的智识性、交往性与情感性的协作生产中，从而成为数字资本剥夺生命政治劳动的核心要素。因而，他们的游戏行为隐含着数字经济深层性的技术控制与经济盘剥。④

钱霖亮发现我国的电商领域同样被数字资本的运作逻辑所控制，导致卖家成为亦商亦工的"创业劳工"。然而，虽然卖家在行内时不得不承受来自平台的严酷剥削，但是他们能够自由进入、反抗和退出的事实则挑战了数字资本主义已然成为21世纪"奴隶制"的假说。⑤何威等以短视频平台上的创意劳动为研究对象，也发现尽管这种创意劳动不够令人满足，但却在为劳动者带来切实的收入的同时，增进其福祉与获得感。由此可见，至少在某些数字劳动领域，并不存在马克思所预言的激烈的劳资对抗，这也有助于我们理解数字资本主义经济下劳动控制方式的复杂性，以及不同类型的数字劳工在自主性方面的差异。⑥

如前所述，由于数字化背景下工作与游戏、生产与消费之间传统关系的模糊与交叠，电

---

① 贾文娟：《从数字劳动探索全球资本主义体系的时代变迁》，《中国图书评论》2020年第8期。
② 汪金刚：《信息化社会生产与数字劳动异化——对马克思"异化劳动理论"的当代阐释》，《新闻大学》2020年第2期。
③ 胡骞、吴鼎铭：《"玩"何以成为劳动——以游戏（play）之名耦合资本主义的商业逻辑》，《传媒观察》2020年第8期。
④ 袁潇：《数字劳工：移动游戏中青少年玩家的非物质劳动研究》，《当代传播》2020年第5期。
⑤ 钱霖亮：《"嘉年华"的阴影：中国电商行业的数字资本运作与创业劳工的形成》，《江苏社会科学》2020年第3期。
⑥ 何威、曹书乐、丁妮、冯应谦：《工作、福祉与获得感：短视频平台上的创意劳动者研究》，《新闻与传播研究》2020年第6期。

子游戏的参与者也呈现出较为复杂的状态。郭建斌、姚健明基于模组（modifications）游戏《我的世界》的"学习"及对游戏参与者的观察、访谈，将传统意义上的电子游戏参与者区分为"消费者"、"玩家"、"玩工"和"生产者"四类角色。这种区分，一方面反映了游戏参与者角色的复杂性；另一方面也体现为对其角色变化和结构性构成的理解，即电子游戏参与者逐渐转变角色，从被动的"消费者"最终获得具有某种主体性的"生产者"的过程。①

近年来，我国已形成规模庞大、面向全球的网络游戏代练产业。胡冯彬通过参与式观察和深度访谈发现，网游代练作为一种新型的数字劳动，不仅持续模糊了生产和消费、工作和娱乐的边界，也消解了劳动的被迫性——将劳动者的被迫劳动转变成一种自愿、愉快的状态。然而，技术壁垒的突破并不意味着数字鸿沟的缩小和城乡空间的突破。恰恰相反的是，作为数字时代的边缘人，网游代练群体必须面对由社会、文化和技术所带来的边缘化压力。②

或许得益于我国如火如荼的互联网产业、数字产业的发展和行业实践（如电子商务），正如李弦所总结的，不仅国内传播学界已成为数字劳动研究的一大主体，近年来关于具体数字劳动的定量化研究，也已经取得了一些比较重要的研究成果。然而，实践上的创新发展并不意味着理论研究上的必然突破。目前来看，国内的数字劳动研究还存在视角较为单一等方面的问题。③

尽管马克思主义和传播政治经济学的整体视野具有非常丰富的理论资源，但其较强烈的结构主义取向，往往会导致研究者在面对日益复杂丰富的技术发展和数字实践时，很难跳脱较为单一的理论视野，因而无法完全回应现实，无法呈现研究对象所蕴含的时代意义和实践价值。正如贾文娟所言："在中国的语境下，数字劳动再生产出来的并不是资本主义，而是'双轨'体制。"④ 因此，未来的数字劳动研究需要跳脱单一的剥削框架，回归劳动者主体性构建与能动性的建构过程的同时⑤，在关注更多元的数字劳动实践的基础上，展开更多实证研究和扎根研究。

六、网络直播与短视频：大视频时代日常生活的媒介化

2020年，伴随5G、人工智能等技术在传媒业应用的深入，以及新冠肺炎疫情发生后人

---

① 郭建斌、姚健明：《"消费者"·"玩家"·"玩工"·"生产者"——基于模组游戏〈我的世界〉的研究》，《新闻记者》2020年第7期。
② 胡冯彬：《边缘的游弋：中国网络游戏代练者的日常生活实践》，《新闻记者》2020年第7期。
③ 李弦：《数字劳动的研究前沿——基于国内外学界的研究述评》，《经济学家》2020年第9期。
④ 贾文娟：《从数字劳动探索全球资本主义体系的时代变迁》，《中国图书评论》2020年第8期。
⑤ 夏冰青：《数字劳工的概念、学派与主体性问题——西方数字劳工理论发展述评》，《新闻记者》2020年第8期。

员流动受限等原因,网络直播、短视频已成为互联网空间最具热度和代表性的传播形态。传播形态的变化,往往是传播环境或传播生态变化的征候。因此,对于新媒体研究者来说,作为文化现象和社会现象的网络直播和短视频,就成为一个必须认真对待的研究课题。

网络直播因其场景化与深度嵌入的互动效应,在诸多公共热点事件中扮演着新型舆论平台的角色。麦尚文、杨朝露发现,随着多元化力量介入直播舆论场,直播场景逐渐融合并呈现出典型的"双重建构"特征——平台自身因网红特质经常作为媒介事件受到关注,同时通过内容互动与场景变革再度生成舆论事件。由此,在泛直播化趋势下,网络直播内涵已经发生结构性改变,从作为议题互动的空间转向更丰富的舆论场景。[①]

在受众心理、审美机制、运营模式等视角之外,也有学者从文化政治的角度分析网络直播现象。王钦提出了"交流闭环"这个概念工具,以此来分析网络直播所依靠的话语结构和消费方式:受众通过不断将直播过程中的各种因素收编为闭环中的新"梗",并不断重复内容层面上的这些"梗"而将它们变成形式层面上的"可交流性"的保障,从而维系交流过程的顺畅运转。而这种结果直接导致了"社会的气泡化":参与者的"社会性"被牢固地确定在其既有的生活现状之上,空洞的交流并没有填补公共性的缺失,而是通过取消公共性/私人性的区分,吊诡地变成了公共性本身。[②]

粉丝刷礼物是网络直播中一种常见的粉丝与主播之间的互动与回报方式。孙信茹、甘庆超将刷礼物的行为理解为一种互动性回赠,经过观察和访谈发现,主播通过对私密话题和身体表演的内容呈现,将个人体验与直播间的集体感知结合,采取特定的方式与粉丝建立关系。从媒介人类学的意义看,这种互动性回赠是在网络情境下基于新技术平台展开的虚拟互动,它一定程度上弥补了人在现实社会中私密关系的不足,成为重构现代社会中陌生人关系的一种方式。[③]

直播带货(直播电商)在2020年的特殊背景下,成为拉动经济、促进消费、助力复工复产的重要引擎,它也受到研究者的关注。信任机制被视为直播带货的成功之所在。李凌、周业萍基于网络信任结构模型(由人格信任、关系信任以及制度技术信任组成),发现直播带货是通过透明展示、社交背书、社会临场实现对关系信任和技术信任的增强。然而,这种信任的中介化,既构成直播带货的特色,也成为导致其信任危机的根源——往往造成道德盲视

---

① 麦尚文、杨朝露:《从议题互动到"场景融合":网络直播的舆论功能与生态重构》,《福建师范大学学报(哲学社会科学版)》2020年第3期。
② 王钦:《直播的政治学:"交流闭环"与"社会的气泡化"》,《东方学刊》2020年第2期。
③ 孙信茹、甘庆超:《"熟悉的陌生人":网络直播中刷礼物与私密关系研究》,《新闻记者》2020年第5期。

和多主体行为的追责困境,最终引发直播带货的信任危机。[1]

场景凭借对直播参与者的强大影响,催生情感共鸣,精准匹配用户需求,成为直播带货的核心要素之一。因此,网络直播中的场景应用逻辑同样值得关注。王佳航、张帅男通过对场景应用实践的分析发现,"展演、临场与陪伴"是直播间场景营造的基本策略,而"建构情感动员机制、塑造新的时空关系、推动虚拟社群的连接"则成为场景的具体作用机制。上述场景应用实践也表明,直播带货重构了商品、信息和用户之间的连接关系,从而在技术驱动下实现了营销范式的迁移。[2]

"粉与被粉"的不同关系对直播带货有着完全不同的影响和作用机制。周懿瑾等通过对虚拟田野的观察,发现直播电商中主播与粉丝之间存在四种关系模式。在"线上导购—顾客"关系以及基于货品的"意见领袖—粉丝"关系中,粉丝的消费者属性更强,理性决策胜于情感决策,粉丝经济不起主导作用;但在基于内容的"意见领袖—粉丝"关系以及"偶像—粉丝"关系中,粉丝的生产者属性更强,产生更多基于情感的决策,此时粉丝经济具有重要加成作用。[3]

短视频的兴起虽稍早于网络直播,但至今热度不减,仍处于突飞猛进的状态。与学者们对网络直播普遍持有的悲观看法相比,大家对短视频似乎有着更为乐观的情绪。孙玮在"社会领域的视觉建构"路径(视觉如何塑造社会)下展开对短视频的研究。她通过对"打卡""自拍"这两个短视频影像实践中典型经验的考察,发现短视频作为一种存在方式,确认了在实体与虚拟世界双重存在的新型自我,故"我拍故我在";而作为一种具身化媒介实践,它又汇聚大众的个人印迹塑造了公共的城市形象,故"我们打卡故城市在"。由此,短视频突破了媒介表征论,凭借突出的涉身性渗透在赛博城市的肌理中,成为建构社会现实的强大视觉性力量。[4]

潘祥辉从历史性的视角来考察这种视觉性力量,认为短视频是"后文字时代"的一种平民媒介,它唤醒和激发了普通人的传播本能,促成了福柯所言的"无名者"的历史性出场。短视频媒介最大的社会价值即其"全民记录"价值,因而其历时性影响之一在于它生成了一

---

[1] 李凌、周业萍:《智能时代网络信任的模型、风险与重构——从直播带货引发的信任危机谈起》,《新闻与写作》2020年第9期。
[2] 王佳航、张帅男:《营销模式迁移:场景传播视角下的直播带货》,《新闻与写作》2020年第9期。
[3] 周懿瑾、黄盈佳、梁诗敏:《"粉与被粉"的四重关系:直播带货的粉丝经济探究》,《新闻与写作》2020年第9期。
[4] 孙玮:《我拍故我在 我们打卡故城市在——短视频:赛博城市的大众影像实践》,《国际新闻界》2020年第6期。

种新型史料。① 曾国华认为短视频平台正是通过大规模生产的"重复性"展演,成为社会文化生产的基础性设施。因此他将短视频的史料价值表述为日常生活的"非常规数据库"——那种消解了宏大故事叙事,而进入碎片化的"小故事",具有潜在或者实在的公共价值,并可能凸显用户主体性位置的日常生活的多元"文化档案"。②

网络直播和短视频作为数字时代的典型影像实践,不仅成为当下的一种主导性媒介,也造就了一种新的媒介和文化景观。在这个意义上,我们已经进入了"大视频时代":一方面,视频成为一种粘连生活与媒介的界面,同时影响着人们的现实生存与媒介表达;另一方面,现实生活和视频化生活也在相互影响、相向流动,它们之间的界限不断模糊,从而带来了一种视频化生存方式——它既是日常生活的媒介化,也是媒介化后的日常生活③。而随着大视频时代的到来,视频在媒介、社会和文化诸多层面所发挥的作用,它给社会带来共时性和历时性影响,以及由此引发传播和社会关系变化等问题,都值得我们持续加以关注。

七、结语:数字时代不可避免的技术与人文的纠缠

以人工智能、算法、大数据、5G技术等为代表的媒介技术革命,已嵌入社会生活的各个层面,甚至深入人的身体,从而构建了新的人机关系,再造了人类之主体,也成为人类社会的"构成性要素"④和社会运行的"基础操作系统"⑤。

智能时代的媒介技术对于身体的建构,集中体现在其对崭新的人类主体及其存在方式的创造上。在由智能技术构建的新的人机关系中,机器(技术)不仅通过嵌入、融合等方式增强和延伸了我们的身体机能,更是通过将其技术经验融入身体知觉系统中,从而形成对世界更为丰富、多元的体验感知,进而也增强了人类的认知能力和决策能力,使之超越人的感官能力和自身经验。人类也不可避免地进入数字社会并呈现出数字化生存状态。

虽然技术与人文之间的张力并不是现在才出现的,但当下技术的迭代发展使得技术已开始对人的主体性构成全面的威胁。而技术之于我们的纠结之处在于:既不能通过发展和改进技术本身,而使人类从这种困境中解脱出来,更不能幻想反对乃至停滞技术的发展——因为人的本质正是由技术建构起来的。因此,在数字化生存状态下,技术与人文的复杂关系也就

---

① 潘祥辉:《"无名者"的出场:短视频媒介的历史社会学考察》,《国际新闻界》2020年第6期。
② 曾国华:《重复性、创造力与数字时代的情感结构——对短视频展演的"神经影像学"分析》,《新闻与传播研究》2020年第5期。
③ 彭兰:《视频化生存:移动时代日常生活的媒介化》,《中国编辑》2020年第4期。
④ 孙玮:《传播再造身体》,《新闻与写作》2020年第11期。
⑤ 金兼斌、王辉:《社会化媒体使用与科学知识沟——以转基因知识沟为例》,《新闻与写作》2020年第10期。

成为新媒体研究必须面对的一个核心问题。

技术的不同发展状况支配着不同阶段的人们对"技术"的理解。技术对当下人的主体性的严重威胁，也使得学者更多地从技术对人文的背离这个方面切入展开对"技术与人文"问题的考察和思考。人文主义面临被智能技术消解甚至颠覆的可能："如果万物皆被机器'量化''算法化'，甚至连艺术创作也都成为一种数据计算，人是否会陷于单一的计算思维与工具理性而导致人文思维与人文精神的萎缩？……如果情感、道德等专属于人类的本质属性都被计算化并可以移植到机器上，是否会意味着人在逐渐丧失他作为人类的地位？"[①]而智能技术与资本的合谋，似乎也与我们构建更公平公正的社会和更透明的信息环境的目标渐行渐远："人类历史上从来没有像今天这样，整个世界被少数几个平台来测量，来确定生存的意义和价值；从来没有像今天这样，由少数几个私人拥有、以商业为目的的平台作为公共知识的生产者、管理者和提供者。"[②]

新闻的生产与实践过程，以及用户的接收与消费过程通通被算法所主导；传统的新闻价值与伦理面临不确定的挑战；社交机器人的活动使社交媒体的信息环境更加复杂[③]；数字鸿沟消弭后又以新的方式再生；隐私保护、数据滥用等引发的社会问题也日益显现；数字劳工可能导致新的技术控制与经济剥削……数字化生存状态所带来的种种不确定性问题背后都隐藏着技术与人文的纠缠。

面对技术与人文的复杂纠缠，学者不仅需要讨论技术对人文有哪些背离，也尝试着提出技术时代人的自我拯救的可能路径。发展具有社会包容性的数字素养教育[④]；建立更具包容性的数字化社会[⑤]；凸显新闻与传媒事业的人文本质；引导新闻向善、传播向善、科技向善……这是学者们给出的答案。如果说在人机关系中我们需要突出人的主体性与主导地位，那么在技术与人文的关系中，显然我们更需要对人文精神和人文关怀的张扬。

虽然数字化浪潮已不可阻挡，但在以技术为表征的数字化生存状态下，我们则必须积极应对技术与人文的纠缠与两难困境。新冠肺炎疫情作为2020年最大的时代背景，在带来种种深刻影响和变化的同时，也给我们提供了一个反思当下的公共信息传播和社会信息生态，乃

---

① 彭兰：《人—机文明：充满"不确定性"的新文明》，《探索与争鸣》2020年第6期。
② 彭增军：《从人文到技术：新闻的量化转身》，《新闻记者》2020年第5期。
③ 师文、陈昌凤：《分布与互动模式：社交机器人操纵Twitter上的中国议题研究》，《国际新闻界》2020年第5期；师文、陈昌凤：《社交机器人在新闻扩散中的角色和行为模式研究——基于〈纽约时报〉"修例"风波报道在Twitter上扩散的分析》，《新闻与传播研究》2020年第5期。
④ 卜卫、任娟：《超越"数字鸿沟"：发展具有社会包容性的数字素养教育》，《新闻与写作》2020年第10期。
⑤ 胡泳、年欣：《中国数字化生存的加速与升级》，《新闻与写作》2020年第12期。

至技术与人文纠缠的机会。新媒体研究有必要以此作为进行"否思"的契机，以在2020年这个极其特殊的一年里所发生的种种现象和实践为基础，去思考诸如"在一个数字支付使用已经全球领先的国度，如何帮助那些不擅长使用科技的数字时代的'结构性弃民'"等具有人文关怀和现实关怀的问题。这种否思，在人类社会即将由比特世界迈进量子世界之际，或许能为我们在未来的行动之前，提供更多合理选择的可能。

2020年中国广告学研究综述

王凤翔　赵艺伟[*]

本文以文献计量学方法对2020年我国广告学研究发展进行梳理，探究我国广告学研究热点关注点与网络广告理论发展态势，为基于新文科的广告学的学科建设、学术体系和话语研究提供一些参考。

一、研究概况

2020年新冠肺炎疫情大流行，我国广告业遭遇重大挑战和发展机遇，网络广告业稳中有进。总体来说，我国广告学研究与时偕行，顺势而为，积极探索，研究议题在继承基调上不乏创新。在移动互联网语境下，广告消费、公益广告、数字广告、智能广告、广告史、广告伦理等仍然是研究热点。同时，"双循环"格局加快国潮品牌发展，用户社交方式与媒体使用行为推动消费升级，出海电商和国家品牌创新发生新变化。这些时代变局为我国广告学研究提供了新视域、新路径，形成了较好学术成果，取得了良好学术影响。

在中国知网以篇名包含"广告"、2020年作为时间限定条件进行检索，研究论文共有5315篇，中文文献3434篇，其中包括2316篇期刊文献、425篇学位论文及会议、报纸等其他文献。从年度发表数量上来看，国内近年来广告学研究数量出现下滑趋势（见图1）。主要

图1　2011—2020年广告学文献研究概况

资料来源：中国期刊网（CNKI）。

---

[*] 王凤翔，中国社会科学院新闻与传播研究所副研究员；赵艺伟，中国社会科学院大学新闻传播学院硕士研究生。

原因是互联网信息技术构建的新媒体、新业态与新生态发展日新月异，网络新媒体研究正在成为显学，而媒体广告市场发生了翻天覆地的变化，传统媒体广告研究走向式微，基于网络信息技术的广告学研究有待提升与深化，广告学逐步进入了相对平稳发展期。

二、广告学学科体系、学术体系与话语体系的建设与发展

2020年，中国广告学研究在学科分布上呈现出应用性强、多学科交叉的特征。"在所有的竞争性的市场经济体系中，广告是不可或缺的部分。"[1] 涉及贸易经济方面的广告学研究（38.57%）位列第一，这说明我国广告商业化、市场化程度比较高，在"双循环"变局中发挥着积极作用。新闻与传播（10.84%）、美术书法雕塑与摄影（9.26%）位列第二、第三，其次为经济法（3.09%）、计算机软件及计算机应用（2.90%）、外国语言文字（2.88%）等。其中，存在大量与经济学、社会学、心理学、美学等其他学科交叉的跨学科研究，推动广告学研究的学科体系建设。

核心期刊呈现了我国广告学研究的专业性和代表性，推动我国广告学研究的话语体系建设。在知网CSSCI数据库中检索2020年篇名包含"广告"的文献共415篇，剔除其中的期刊广告、访谈、征稿、简讯及相关性较低的无效题录，得到292篇文献。利用CiteSpace软件绘制出2020年CSSCI期刊广告研究的关键词图谱，图中的节点大小表示关键词的频数，节点之间的连接则表示关键词之间的共现关系（见图2）。

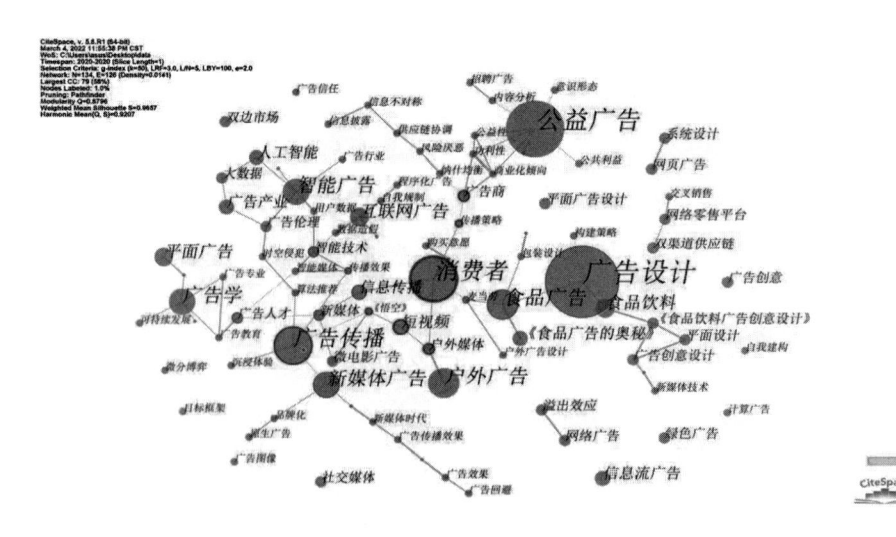

图2　2020年CSSCI期刊广告研究的关键词图谱

资料来源：中国期刊网（CNKI）。

---

[1]［美］肯·奥莱塔：《广告争夺战：互联网数据霸主与广告巨头的博弈》，林小木译，中信出版集团2019年版，第23页。

从图 2 中可以看出，高频关键词有广告设计、公益广告、消费者、广告传播、户外广告、新媒体广告、广告学、智能广告、互联网广告等，表明这些研究课题是国内广告研究关注的热点。关键词整体网络密度极低（destiny=0.0141），表明关键词之间的联系松散，独立关键词更多，侧面反映了广告研究多角度、多视野的特点。中心度是衡量某一节点在网络中发挥作用的程度，若节点的中心度高，则说明这个关键词起到连接不同研究主题的作用。从中心度上来看，公益广告、广告创意设计、互联网广告、广告策略等词具有较高的中心性，表明它们是网络中的关键节点，与其他关键词的关联度更高。广告设计、消费者、广告策略、广告传播作为高频词和中心节点反映出国内研究侧重于微观层面的实务研究，宏观层面研究较少。在这些关键词中，公益广告是一直以来的研究重点，表明国内学术界对于媒体所承担社会责任的关注，这部分研究尤其聚焦于主流媒体；智能广告研究近几年不断增长，人工智能与算法是近些年来最为前沿和热点的应用技术，其在广告领域的应用研究以及随之产生的技术伦理问题也是日益受到重视的研究方向。

在研究机构上，主要集中于国内高校和科研机构，分布上较为分散。从基于 CSSCI 文献分析得到的高频机构来看，武汉大学、中国传媒大学、厦门大学、中国人民大学等高校科研院所仍是国内研究的主要学术阵地。在高频机构上，与全部文献相比，核心刊物论文更集中于各大高校的新闻与传播学院，表明在广告学研究上具有较强的学院性（见表 1）。

表 1 基于 2020 年 CSSCI 文献的中国广告学主要研究机构

机构	频次
武汉大学新闻与传播学院	9
中国传媒大学广告学院	8
厦门大学新闻传播学院	6
中国人民大学新闻学院	5
上海外国语大学新闻传播学院	4
南京理工大学经济与管理学院	4
江西师范大学新闻与传播学院	4
北京大学新闻与传播学院	3
复旦大学新闻学院	3
武汉大学媒体发展研究中心	3

资料来源：中国期刊网（CNKI）。

研究学者间合作网络密度低。通过 Citespace 进行社会网络分析发现，仅少部分研究学者间存在合作关系，合作网络密度低（destiny=0.0037），表明作者间合作程度较低。作者间联系基本为 2—3 人，研究合作团队规模较小，基本没有形成真正意义上的合作团队，表明在广告研究上，国内学者以独立研究为主。各高校间研究者的合作非常缺乏，没有形成跨高校研究合作网络（见图 3）。

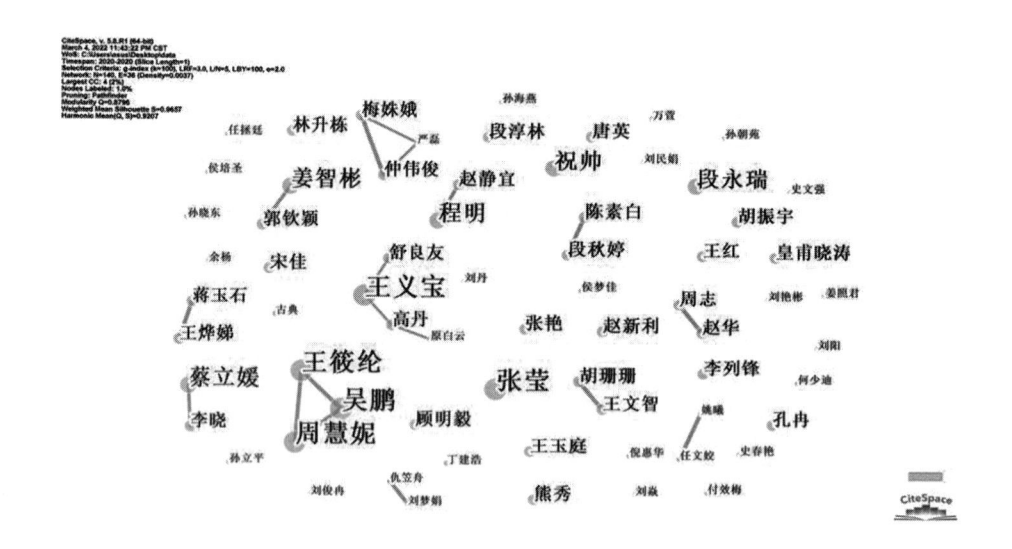

图 3　2020 年广告学研究学者间合作网络密度图谱

资料来源：中国期刊网（CNKI）。

聚类分析是在关键词共现的基础上，提取出了联系较为紧密的关键词中的核心词。聚类分析能够将相似主题进行归纳分类，以便对研究主题进行宏观范畴上的划分。通过 CiteSpace 对关键词进行聚类分析，得到的结果分别为：消费者、公益广告、人工智能、广告设计、新媒体广告、互联网广告、广告学、平面设计、网络安全人才。CiteSpace 基于算法将关系紧密的关键词进行聚类，并用每个聚类中的核心关键词作为聚类的标签，顺序是从 0 到 10，数字越小，聚类中包含的关键词越多。聚类结果中的聚类模块值 Q=0.8915>0.3，意味着聚类结构显著，聚类平均轮廓值 S=0.9714>0.7 意味着聚类是令人信服的。

聚类分析的缺陷在于标签仅能在词组中进行选择，所以需要进行进一步归纳总结。基于聚类分析结果并参考其他广告学研究文献及综述的分类标准，可以将广告学研究归纳为以下 8 个聚类：消费者和受众研究、公益与公共领域、数字广告研究、广告史与广告教育研究、广告创意研究、传统媒体研究、广告法与广告伦理研究以及智能广告研究（见表 2）。对广告研究范畴的总结有助于从宏观上把握广告学的发展趋势。

表 2　研究主题聚类

研究范畴	相关研究主题
消费者和受众研究	消费者认知、消费者态度、消费者行为等
公益与公共领域	公益广告、国家形象、意识形态、绿色广告等
数字广告研究	新媒体广告、互联网广告、短视频广告等
广告史与广告教育研究	广告学研究、广告史、广告教育等

续表

研究范畴	相关研究主题
广告创意研究	广告设计、平面设计等
传统媒体研究	户外广告、电视广告、广播广告等
广告法与广告伦理研究	广告法规、广告监管、广告伦理等
智能广告研究	大数据、算法、人工智能等

三、广告学研究的关注热点

(一) 消费者和受众研究

围绕消费者与受众的研究是广告自始至终的基础命题，相关主题分为消费者认知、态度、行为三个方面，国内对消费者态度的研究最多，而对认知的研究相对较少。随着人工智能技术的赋能，中国广告产业正值加速转型期。有学者强调有大数据、云计算和人工智能等相关技术基础，5G将从传输到内容、服务，给传媒产业的整个生态带来巨大改变，在解构原有产业生态的同时，也带来产业重构的全新可能。[1] 有研究者使用PSR理论模型，分析了人工智能技术背景下广告产业的智能化转型，认为中国广告产业智能化转型应该在技术优化、数据优化、生态优化、治理优化等层面采取相应对策。[2] 有学者通过实验发现，广告的互动方式会对消费者的广告态度产生影响，展露说服意图的广告更容易引发消费者的认知抗拒[3]；广告诉求与消费者自我建构类型之间存在交互作用，自我建构会影响消费者对能力型和热情型广告的偏好[4]。有研究使用UTAUT技术接受采纳用户模型，构建创意、互动性、专注沉浸、享乐、信息、奖励的不同变量组成广告对消费者购买意愿的影响路径。[5] 有学者提出了社交广告态度上的群体差异，在年龄、收入、学历和性别上的"中间群体"对广告持有更加积极的态度，相对的"边缘群体"则更加消极，尝试性地从中观层面对社交媒体广告用户进行群

---

[1] 刘珊、黄升民:《5G时代中国传媒产业的解构与重构》,《现代传播(中国传媒大学学报)》2020年第5期。

[2] 姜智彬、郭钦颖:《基于PSR模型的中国广告产业智能化转型研究》,《现代广告》2020年第20期。

[3] 朱国玮、侯梦佳、周利:《社交电商互动方式对消费者广告态度的影响探究》,《软科学》2020年第12期。

[4] 朱振中、刘福、Haipeng(Allan)Chen:《能力还是热情？广告诉求对消费者品牌认同和购买意向的影响》,《心理学报》2020年第3期。

[5] 周淑金、刘萍、罗俊龙、王静、李丹:《新颖性与适用性在广告再认中的提取模式差异》,《心理科学》2020年第4期。

体画像。① 有学者强调广告学的核心竞争力在于营销、设计与传播三个领域的交叉，并强调设计与广告将走向新一轮整合。②

广告回避是广告效果研究的重要分支，相关学者研究视角从传统 PC 端互联网广告转向了移动广告。随着精准广告日益生活化，消费者普遍对个人隐私产生一定程度的忧虑，进而导致广告回避行为。③ 有研究提出用户面对广告时"广告匹配性→沉浸感→评定逆反→行为回避"的心理机制，为研究消费者行为回避提供实践性的参考和借鉴。④

（二）公益广告、绿色广告等公共性研究

针对公益广告的本质思考，学术界引发一定讨论。有学者认为国内"公益广告"的概念缺乏清晰界定，导致在实践上出现商业化、政治化的现象，提出以"公共广告"取代"公益广告"概念，强调其公共服务的本质目的⑤；也有学者基于中、美、英、日四国的公益广告提出"生命安全"与"爱国主义"两大主题，具有"社会动员"的传播使命⑥。在公共广告的纯粹性上，学者们普遍认可"公益性"和"商业性"相互排斥，但在"政治性"即意识形态表达上依然持有不同观点。

有学者针对青年群体进行网络问卷调查，研究青年群体对新媒体公益广告态度及其影响要素。通过探索性因子分析和逐步回归统计分析得出新媒体时代青年群体接触到公益广告的途径、主要类型，以及对公益广告的态度，揭示出公益广告的创作内容只有具备"符合公共价值观"和"画面颜色符合情节"的属性特征才能引发青年群体产生情感共鸣，从而促使其态度与行为的改变。⑦

2020 年新冠肺炎疫情集中暴发，公益广告在防疫、抗疫中发挥着重要的社会功能，健康传播视域下的研究突出。有学者以《人民日报》微信公众号中的疫情防控广告为研究样本，研究了广告图像如何在重大公共卫生突发事件中发挥"社会服务""战疫宣导""留存记忆"

---

① 林升栋、宣长春:《"中间群体"vs."边缘群体"：群体特征对社交媒体广告态度的影响》，《新闻大学》2020 年第 4 期。

② 祝帅:《广告学与设计学：走向新的整合》，《装饰》2020 年第 7 期。

③ 杨嫚、温秀妍:《隐私保护意愿的中介效应：隐私关注、隐私保护自我效能感与精准广告回避》，《新闻界》2020 年第 7 期。

④ 黄元豪、李先国、黎静仪:《网红植入广告对用户行为回避的影响机制研究》，《管理现代化》2020 年第 3 期。

⑤ 初广志:《公共视角的公益广告概念：溯源、反思与重构》，《山西大学学报（哲学社会科学版）》2020 年第 3 期。

⑥ 李雪枫、王时羽:《公益广告的本质思考》，《山西大学学报（哲学社会科学版）》2020 年第 3 期。

⑦ 张岚、聂艳梅:《新媒体时代青年群体对公益广告的态度及其影响的实证研究》，《广告大观（理论版）》2020 年第 1 期。

的功能。① 有学者将疫情期间公益广告的作用总结为导向、教育和社交三大功能。② 针对公益广告的传播效果，有研究者从主题表达、叙事方式、细节呈现三方面进行分析。③

随着消费者环保意识的提升，绿色广告应运而生。一方面，从社会心理学角度，"绿色广告"作用使消费者从获得框架的广告中感知到更高的产品价值，从而促进产品购买④；另一方面，部分广告主和广告公司以绿色广告为幌子进行"漂绿"，其本质是以环保为噱头的虚假广告，这是当前学界较少关注的问题⑤。

（三）数字广告、智能广告及其伦理监管研究

数字化广告是当前广告市场的最大增长点，短视频与社交媒体广告研究是现阶段的研究重点。围绕社交媒体的5G时代的到来为广告发展提供了新的机遇，使信息传播从最初的单向、碎片、表征特征逐渐向双向、整体、精准化转变⑥，广域联通、超强连接、永久在线的特质创造了真正意义上"泛在"与"沉浸"等广告传播⑦。有研究基于微信朋友圈的实证分析提出信息流广告社交性的影响因素有印象管理、绩效期望、社会因素以及感知风险性，对信息流广告的发展提出建议。⑧ 有研究对广告市场的数字化、社会性和适应性进行辨析，发掘数字化营销趋势、媒体数字化转型和广告公司业务转型。⑨ 有研究通过传统时间序列模型和神经网络模型，利用Holtwinters–BP组合模型，建立社交类App平台广告收入预测模型⑩，是互联网广告理论创新的有益尝试。

---

① 吴来安:《公共危机下新型主流媒体的广告图像传播——基于〈人民日报〉微信公众号的探索性考察》，《新闻大学》2020年第10期。

② 赵新利:《公益广告在疫情防控中的功能探析》，《当代电视》2020年第4期。

③ 汤劲:《突发公共事件中公益广告传播力研究——以防控新冠肺炎疫情公益广告为例》，《新闻世界》2020年第11期。

④ 刘子双、古典、蒋奖:《获得还是损失？广告目标框架对绿色消费意向的影响》，《中国临床心理学杂志》2020年第1期。

⑤ 刘传红、吴文萱:《"漂绿广告"的发生机制与管理失灵研究》，《新闻大学》2020年第6期。

⑥ 莫湘文:《从4G到5G：新媒体广告信息传播路径的变革与重构》，《出版广角》2020年第17期。

⑦ 曾琼:《"泛在"与"沉浸"：5G时代广告传播的时空创造与体验重构》，《湖南师范大学社会科学学报》2020年第4期。

⑧ 赵雪芹、许丽霞:《信息流视频广告社交性的影响因素研究——以微信朋友圈广告为例》，《未来传播》2020年第6期。

⑨ 杜国清、方贤洁:《广告市场的数字化、社会性、适应性辨析》，《现代传播（中国传媒大学学报）》2020年第2期。

⑩ 吴翌琳、南金伶:《互联网企业广告收入预测研究——基于低频数据的神经网络和时间序列组合模型》，《统计研究》2020年第5期。

广告理论创新是智能广告研究热点。人工智能技术不断渗透新闻传播领域，技术赋能正在重塑整个媒体行业和信息传播生态，影响与构建网络广告发展新技术、新业态，智能广告实践与批判由此成为学界关注点。有学者认为，广告智能创作逻辑以数据为驱动，以智能算法为核心，形成数据学习、创意生成、精准投放、效果反馈和评估的有机闭环，并提出广告智能投放的基于主体对象过程的系统模型。① 有学者将智能广告运作的核心逻辑概括为用户需求、算法推荐与场景匹配三方面②，在此逻辑基础上提出了RECM模型，即用户相关性（relation）、场景匹配（environment）、内容适配性（content）和用户协同性（matching）③。有学者认为，智能广告在内容和形式上实现从意识沉浸转向知觉沉浸，实现真正意义上的"身体在场"，广告内容与形式在技术赋能具身性个体上实现融合。④

伴随着算法和大数据应用带来的伦理危机引发关注，广告伦理问题研究比较活跃。海量信息、隐私泄露、社交过度导致消费者遭受"时空侵犯"，并进一步引发信息奴役、智能欺骗与逆向选择等问题。⑤ 我国未来广告研究具有倾向性：规制"隐私窥视"，构建平等互惠的数据利益共享机制；防止"技术异化"，融入品牌精神价值观实现深层次沟通；避免"时空侵犯"，让广告成为有用的信息等。⑥

广告监管研究比较受关注。加强对国外广告治理和立法的借鉴、相关法律法规背景下广告的新要求以及具体广告形式的监管等。面对算法广告挑战，西方国家的广告监管转向政府主导的社会共治，通过技术手段制衡或许是新发展趋势。⑦ 有学者从法学角度出发探究了规制屏蔽视频广告行为的正当性。⑧ 有研究强调网络隐性广告透明化的必要性，并以国外相关

---

① 姜智彬、戚君秋：《学习、生成与反馈：基于动觉智能图式理论的广告智能创作》，《新闻大学》2020年第2期。

② 段淳林、宋成：《用户需求、算法推荐与场景匹配：智能广告的理论逻辑与实践思考》，《现代传播（中国传媒大学学报）》2020年第8期。

③ 段淳林、任静：《智能广告的程序化创意及其RECM模式研究》，《新闻大学》2020年第2期。

④ 姚曦、任文姣：《从意识沉浸到知觉沉浸：智能时代广告的具身性转向》，《现代传播（中国传媒大学学报）》2020年第1期。

⑤ 蔡立媛、龚智伟：《人工智能时代广告的"时空侵犯"》，《新闻与传播评论》2020年第2期。

⑥ 段淳林、宋成：《用户需求、算法推荐与场景匹配：智能广告的理论逻辑与实践思考》，《现代传播（中国传媒大学学报）》2020年第8期。

⑦ 孟茹：《算法时代西方网络广告监管的转向研究》，《编辑之友》2020年第7期。

⑧ 陈耿华：《我国竞争法竞争观的理论反思与制度调适——以屏蔽视频广告案为例》，《现代法学》2020年第6期；王迁：《论规制视频广告屏蔽行为的正当性——与"接触控制措施"的版权法保护相类比》，《华东政法大学学报》2020年第3期。

规制实践为参照，提出法律与自律相结合的透明化规制模式，以及规制标准方面的建议。①有研究对微信信息流广告的监管制度加以研究。②有学者提出对违反一个中国原则涉台广告的规制难题，提出将其纳入检察公益诉讼范围的政策建议。③

（四）广告史与广告教育研究

在广告史研究方面，有新的研究视角。有学者以1914—1936年《申报》广告中的地图和地图元素为例，从地理空间探讨报纸广告与日常生活的关系，强调报纸广告所生产与塑造的空间形象及其建立的空间关系，涉及近现代都市生活的各个方面，在广告的刊登与阅读过程中，空间介入近现代都市人的日常生活之中，发现其常常通过扭曲空间达到吸引消费欲望的效果，是近代消费主义对日常生活空间的介入，最终提出其背后近现代民族意识、国家意识的思考。④有学者梳理了广告观念从古至今发展的三个关键步骤——从原始广告到公共服务、从政府行为到商业竞争、从媒介掮客发展到全案代理，探讨了全球广告传播思想史的变迁。⑤有研究对20世纪广告理论的发展提出质疑，认为广告理论并非线性继承与延续，而是存在断裂和错位，线性发展话语体系是由后世学者建构的"超历史"。⑥注重运用技术工具进行研究，如运用科学知识图谱分析工具VOSviewer对论文的研究主题进行分析，结合图谱显示的关键词和广告史论文的研究内容进行描述分析，以呈现各时期、各地区的广告史研究的主题⑦；对2006—2016年《人民日报》广告版的内容进行抽样，基于有序Logit模型，对广告主特征与广告类型、广告价值导向的关系进行分析⑧。强调学术史视角，有学者认为，关于计算广告的研究主要包括概念辨析、历史流变、产业变革、技术优化和学科发展五个面向，而新闻传播学界和计算机学界的研究者有着不同研究旨趣，研究取向有较大差异。⑨深

---

① 王清、田伊琳：《网红隐性广告透明化规制：必要性、规制模式与标准》，《出版科学》2020年第2期。
② 唐英、黄丹旎：《新〈广告法〉语境下微信信息流广告监管制度研究》，《当代传播》2020年第1期。
③ 吴加明、倪惠华：《规制违反一个中国原则涉台广告的法律难题及政策思考》，《台湾研究》2020年第6期。
④ 潘晟、景晨雪：《空间介入日常生活：1914—1936之间〈申报〉广告地图初探》，《新闻与传播研究》2020年第12期。
⑤ 祝帅：《论广告史观的"古今之变"——基于一种全球传播思想史的进路》，《国际新闻界》2020年第2期。
⑥ 侯培圣：《解构与祛魅：20世纪广告理论发展话语谈略》，《新闻爱好者》2020年第1期。
⑦ 张剑、温进浪：《国内广告史论文的时空主题分析（1979—2018）——基于VOSviewer的文献计量学研究》，《广告大观（理论版）》2020年第1期。
⑧ 谢佩宏：《〈人民日报〉广告内容及其价值导向研究：2006—2016》，《广告大观（理论版）》2020年第1期。
⑨ 张弛：《计算广告研究述评：学术史，学术面向及反思》，《广告大观（理论版）》2020年第2期。

化网络广告年度报告研究，有学者认为我国网络广告经营受新冠肺炎疫情影响而稳中有进，我国广告平台化格局基本成型，整体发展呈现智能化态势，电商广告构建新发展格局大势，搜索广告形成内卷化形势，视频广告社交化与电商化并构建产业链品牌走向生态化经营的发展趋势，希望以网络广告与广告系统推动我国发展新格局建设，以数字规则、内容建设和智能化打造我国广告传播纵深，深化我国数字布局以创新发展我国移动广告生态，以技术共性加强利益共生市场与广告伙伴建设，形成我国数字广告共鸣市场。[1]

在广告教育方面，就广告教育的新文科建设进行了广泛研究与实践探讨。除提出构建中国特色马克思主义广告学外，有学者回顾了互联网时代高等教育从开放式课程到广告学概论SPOC课程的教学模式发展脉络，归纳出从"以知识为中心"过渡到"以教师为主导，以学生为主体"的教育理念变迁路径，强调互联网时代体现学生自主性的"深度学习"以及体现教师主导性的"学习支持"和"教学资源"作用。[2] 有学者认为，广告专业教育与产业实践同频共舞是一个具有内在逻辑的命题，也是当下一个焦点性的话题。因此广告学专业需要与产业实践紧密结合，培养具有专业操作技能的广告人才，业界需要人才而向学界反哺实践资源。[3] 有学者借鉴其他国家经验，从培养转向、校企互动、国际视野、产学融合、学习单元五个方面提出国内学科建设的现实建议。[4] 北京大学"广告类型研究"课程引入腾讯广点通的大数据营销平台，由腾讯提供广告流量费，同学们分组进行品牌创意制作，在腾讯广点通投放，并根据广告效果进行课程考核。这种实战教学模式具有广告专业教育的首创性。[5] 西安工业大学进行"3+3+3"工作坊实践教学，为广告人才培养模式探索改革提供借鉴。[6]

（五）传统媒体广告经营、广告品牌、广告创意等研究

在数字媒体冲击下，传统媒体竞争力下降，纸媒广告走向式微，广播电视方面积极寻求媒介融合转型。电视与广播方面的独立研究数量较少，报纸广告的研究则大多为历史视角下的回溯。有学者考察了马克思的广告理念在《新莱茵报》广告与信息服务中体现的特点，以

---

[1] 王凤翔：《2020年中国网络广告发展报告》，载唐绪军、黄楚新主编《中国新媒体发展报告（2021）》，社会科学文献出版社2021年版。

[2] 康瑾、李若玥、郭羽佳：《"主导—主体"教育理念下的混合式教学——基于广告学概论SPOC课程的实证研究》，《广告大观（理论版）》2020年第6期。

[3] 颜景毅：《广告产教共舞的突破口与路径找寻》，《中国广告》2020年第12期。

[4] 王艺：《智媒时代国外广告人才培养的路径与启示》，《传媒》2020年第9期。

[5] 陈刚：《北大模式：广告教育的新文科建设与数字化创新》，《中国广告》2020年第12期。

[6] 陈红、王嘉、姚雨欣：《"双创"背景下广告学专业实践教学模式探究——以西安工业大学广告学专业"3+3+3"工作坊为例》，《传媒》2020年第20期。

及在《前进报》中的继承和发扬。① 在后疫情时代，户外广告为传统媒体领域创造了新增长点，然而在资本逻辑支配下产生挤压公共空间、娱乐至死的倾向，需通过广告主与广告公司、广告管理者及市民的协同努力建构良性关系。② 程序化户外广告或许为户外广告融入数字生态提供新路径，在未来发展中还面临诸多挑战。③

品牌研究在"双循环"语境下凸显影响与价值。《国际品牌研究》杂志对电商、主流媒体与智能化对品牌建设等方面的研究成果，在学界业界产生了良好影响力传播力。学术刊物发表了系列关于品牌研究论文，推动我国品牌研究新境界。有学者回顾70年国企品牌发展之路发现，国企品牌的发展与国家经济结构变迁、消费变动、社会和政治意识形态嬗变有着密切关系，国企品牌演进之路呈现中国品牌成长过程中"市场—政府"双核驱动与博弈共谋特点，"市场—国企—政府"三角互动关系是理解中国国企品牌发展的一个关键。④ 有学者以中国为新兴市场的品牌全球化和逆向来源国效应背景，从商业品牌资产角度探究全球品牌资产对国家品牌形象的影响及其在消费者品牌态度上的溢出效应，认为感知品牌全球性正向影响品牌感知质量、品牌声望和品牌知识，并由此进一步影响整体国家形象、产品国家形象和类别国家形象。⑤ 有学者认为中国品牌可以基于价值符号、人物形象和主题故事来识别国家文化原型资源，并通过原型化策略（符号化策略 VS. 拟人化策略 VS. 叙事化策略）将其转化为可供国际化操作的品牌原型表征，通过一定的感知标准（中国文化象征性 VS. 东道国文化一致性）可对这一转化的有效性进行检验，⑥ 在实践中为中国企业在国家品牌战略背景下推进品牌全球化战略，以及中国政府以商业路径提升国家品牌形象提供路径思考。有学者认为青年亚文化在互联网时代呈现出的趣群化、混杂性与互动性，品牌传播得以成功聚合目标受众、满足异质传播需求、虚化传播商业本质，借助青年亚文化之群体、符号以及活动，品牌传播得以实现品牌个性化、风格小众化以及传播融合化。⑦

---

① 吴璟薇：《〈新莱茵报〉与马克思的广告思想——基于德国历史与德文原版报纸的考察》，《新闻与传播研究》2020年增刊。
② 宋佳：《嬗变、资本霸权与理性构建——户外互动广告与城市公共空间的关系》，《青年记者》2020年第2期。
③ 王苗、谢佩宏、陈刚：《程序化户外广告研究：模式、特征与要素》，《新闻与传播评论》2020年第5期。
④ 张弛、黄升民：《国有企业品牌70年：历史演进与未来展望》，《新闻与传播评论》2020年第1期。
⑤ 何佳讯、黄海、何盈：《品牌全球化、国家品牌形象与产品品类内外溢出效应》，《华东师范大学学报（哲学社会科学版）》2020年第6期。
⑥ 汪涛、熊莎莎、周玲：《全球化背景下中国品牌文化原型资源的开发——基于原型理论的研究框架》，《华东师范大学学报（哲学社会科学版）》2020年第6期。
⑦ 单文盛：《互联网时代青年亚文化对品牌传播的建构》，《湖南师范大学社会科学学报》2020年第6期。

广告创意离不开互联网,要有互联网思维,深化信息技术渗透。有学者认为媒介技术对广告创意的技术驯化引发广告创意人的抗拒心理,广告创意面对媒介技术冲击时试图对媒介技术进行驯化,最终演变为媒介技术与广告创意之间的互构互驯;要理性看待媒介技术,在充分尊重人的主体性、发挥人的能动性基础上,应科学接纳媒介技术,构建起以共生为核心的媒介技术与广告创意间的良性互动关系。[1] 同时,聚焦于微观层面的实务研究,该范畴内研究从广告创意和广告话语出发,集中于品牌营销案例进行分析,如:总结江小白作为快消品牌营销的成功之处[2],对星巴克广告创意策略进行研究[3],研究营销文字对旅游广告视觉注意的影响[4],从广告符号学上分析无印良品海报中的品牌塑造[5],在一定程度上丰富了广告创意的相关研究。

四、问题与挑战

复合多元学科建设有待加强。作为一门交叉型的边缘学科,广告学术研究在理论视角、研究方法上体现出多元性的特点,这种多学科交叉也体现在研究者背景上。这种多元的学科特征对广告人才培养提出了新的要求,尤其是技术迭代带来的行业变革进一步促使新研究范式的建构,而国内目前跨机构、跨学科之间的合作不够紧密。未来广告学研究还需要进一步打破学科壁垒,跨学科是广告学研究和人才培养的必然趋势。

亟须深化广告学实践性价值。广告学作为一门实践性很强的学科,存在广告与设计割裂、产学研脱节的挑战。广告学研究主力中大多是没有参与过广告业务的新闻传播学领域的学者,广告从业人员则不乏出身美术、设计、营销专业,导致部分广告研究缺乏指导实际生产创作的研究价值和取向。广告研究依靠高校科研院所,缺乏广告从业者的参与,广告与设计被迫割裂,在实用主义导向的微观研究层面容易流于表面、隔靴搔痒。现实情况是国内广告的质量与口碑亟待提升,实用主义与微观视角需要被重视。

亟须强化互联网思维,优化广告学研究导向。广告创意方面具有较强实用性导向,但是

---

[1] 皇甫晓涛:《数字时代广告创意与媒介技术的互驯共生》,《郑州大学学报(哲学社会科学版)》2020年第6期。

[2] 奚宝赟:《新媒体环境下的快速消费品广告创意研究——以江小白为例》,《新媒体研究》2020年第24期。

[3] 朱蕊:《星巴克体验广告创意策略和广告创意表现研究》,《视听》2020年第8期。

[4] 杨洋、钟方瑜、李吉鑫、熊洛奕、黄鹏:《营销文字对旅游广告视觉注意的影响》,《旅游学刊》2020年第4期。

[5] 宋素素:《从广告符号学角度探析无印良品的品牌塑造:基于1984年–2014年的海报广告分析》,《戏剧之家》2020年第31期。

研究重点往往着眼于单一品牌营销和品牌塑造，人才建设注重市场营销领域，缺少懂技术又懂市场的人才，对互联网时代技术革新语境下广告创意缺乏大格局，存在缺少理论建设和范式创新、研究层次难以深入的问题，陷入了人云亦云、老套方法论、被程序控制的学究式研究境地。

广告研究核心期刊建设亟须加强。广告学隶属于一级学科"新闻传播学"二级学科"传播学"名下的"三级学科"，广告研究缺乏权威期刊，至今没有一本 CSSCI 或核心期刊，广告学头部研究在一定程度上集中于新闻传播领域核心期刊，对广告学的新文科建设形成一定挑战。

2020年中国编辑出版学研究综述

——基于2020年中国编辑出版学学术论文关键词词频分析

李建伟 林璐[*]

2020年，突如其来的新冠肺炎疫情给社会各方面带来了重大影响，出版业也在此背景下发生一定的变革。在新冠肺炎疫情的社会背景下的2020年，编辑出版学研究中有哪些热点话题？学者们又在哪些热点领域提出自己的观点？为探析2020年编辑出版学研究的热点，笔者选取了2020年《编辑之友》《编辑学报》《出版发行研究》《科技与出版》《中国科技期刊研究》《出版科学》《中国出版》《现代出版》8种CSSCI来源期刊和《中国编辑》《编辑学刊》《出版广角》3种CSSCI扩展版来源期刊所刊载的编辑出版学相关学术论文作为研究样本，提取其关键词作为研究对象，用SPSS软件对关键词进行频率描述统计，筛选高频关键词十个。通过对关键词进行词频分析，得出2020年编辑出版学研究热点，由此可以看出这一年编辑出版学研究者所关心的话题和问题以及研究成果。研究发现，2020年编辑出版学的研究热点主要集中于以下四个领域：出版技术、出版环境、出版业态和出版内容。

一、出版技术

1. 人工智能

2017年，国务院印发了《新一代人工智能发展规划》。规划中指出，要加快推进产业智能化升级，推动人工智能与各行业融合创新。[①]《中国新一代人工智能科技产业发展报告·2020》显示，2019年，我国地方政府共出台276项涉及人工智能发展的相关政策，覆盖了智慧政务、智慧医疗、工业互联网、智能制造、智能车联网、智慧教育等诸多领域。[②] 人

---

[*] 李建伟，河南大学编辑出版研究中心研究员，河南大学新闻与传播学院教授；林璐，暨南大学新闻与传播学院博士研究生。

[①]《国务院关于印发新一代人工智能发展规划的通知》，中国政府网，2017年7月8日，http://www.gov.cn/zhengce/content/2017-07/20/content_5211996.htm。

[②]《人工智能科技产业步入融合的新阶段》，中国政府网，2020年6月30日，http://www.gov.cn/xinwen/2020-06/30/content_5522700.htm。

工智能在迅速发展的同时,对出版领域也产生了一定的影响。

人工智能技术在出版业已经有了诸多应用。在出版物内容审核方面,人工智能技术被引进出版行业,充分发挥其深度学习、自然语言处理、语音转写、图像识别等内容审核相关技术优势,为数字出版作品把好质量关。① 在科技期刊选题中,人工智能不仅可以提高选题策划的效率和准确性,还可以提升约稿对象匹配度,但在选题同质性、算法公平性、样本和模型的科学性、对青年学者的公正性以及编辑的信息素养等方面也面临着诸多挑战。② 人工智能重塑了阅读场景,时间场景、空间场景、知识场景和心理场景在新技术的影响下都有着一定的改变。③ 知识服务方面,人工智能技术通过优化知识服务供给质效、强化知识服务匹配能力、固化知识服务需求场景,在技术层面增强知识服务平台的输入识别和输出关联能力,在场景方面对用户的精准需求进行智能化匹配。④ 教育出版领域借助人工智能技术进行智能化转型升级,从大数据外部嵌入、技术增强、使能创新三个维度出发,对新技术背景下的教育出版进行营销策略创新。⑤ 随着人工智能技术的发展,学术著作评价体系也随技术发展进行转型升级,智能算法阶段将实现评价体系的自动化,解决评价经济性和可行性难题,并在此基础上回归人在评价中的主体地位。⑥

人工智能在出版业广泛应用的同时也引发了一些伦理问题,主要集中于人工智能出版物的著作权问题。人工智能作品的著作权保护面临着许可成本与知识传播的矛盾、法人作品制度与人工智能特殊性的冲突等问题。需要通过提高人工智能作品独创性认定标准、确立权利义务对等原则下的虚拟法律人格以及运用区块链新技术改进版权登记规则等手段进行完善。⑦ 智能技术的"双刃剑"特性,也为我国著作权集体管理制度的"新生"提供了机遇和方向,在区分非营利性集体管理组织和营利性集体管理组织的基础上,着力构建适度竞争的著作权集体管理模式,优化非营利性著作权集体管理组织的内部治理,赋予非营利性集体管

---

① 陈奎莲:《AI在数字出版内容审核中的应用研究》,《出版广角》2020年第10期。
② 刘畅、姜京梅、范瑜晛:《人工智能在科技期刊选题策划中的应用与应对策略》,《中国科技期刊研究》2020年第8期。
③ 李贝贝:《人工智能对阅读场景的重塑》,《出版发行研究》2020年第3期。
④ 张承兵、黄丽娟:《人工智能技术下出版知识服务生态的重塑》,《出版广角》2020年第13期。
⑤ 王鹏涛、曾慧珊:《教育出版的智能化转型路径:数据驱动下的全方位创新》,《中国编辑》2020年第11期。
⑥ 徐升国:《大数据与人工智能时代的学术著作评价体系建设》,《现代出版》2020年第5期。
⑦ 梅傲、郑宇豪:《人工智能作品的困境及求解——以人工智能写作领域第一案为考察中心》,《出版发行研究》2020年第12期。

理组织调解仲裁权能和健全集体管理组织的反垄断法规制体系。① 基于竞争法模式,依据现行《反不正当竞争法》即可对损害人工智能编创物经营者利益的不正当行为予以规制,并设置合理的竞争法保护边界,有利于防止对公共领域的侵害。②

2. 5G

2020年3月,工信部发布《工业和信息化部关于推动5G加快发展的通知》,提出推广5G应用,促进新型信息消费,鼓励基础电信企业、广电传媒企业和内容提供商等加强协作,丰富教育、传媒、娱乐等领域的4K/8K、VR/AR等新型多媒体内容源。③ 随着中国5G牌照的发放,中国正式进入5G商用元年。5G将重构出版业的运营生态,整合信息传播新技术,向出版业全链条进行渗透、颠覆。④ 5G技术也逐渐成为学界关注的重点。

5G时代出版载体格局构建和深化主要体现在四个方面,即屏读式发展、融合式发展、"瞬合长离"式发展以及"万物皆媒"式发展。⑤ 在5G技术驱动下,数字出版流程将遵循人工智能算法的逻辑重新构建,并呈现出全新特征,进而构筑数字出版的未来图景。有学者从5G、人工智能和数字出版三者形成的关系入手,以感知、挖掘、预测、推断、创作五大算法模块为基础构建了"SMPIC"功能模型,以描绘数字出版中人工智能算法的应用模式,并定义了数字出版流程。

随着5G的商用普及,5G的技术优势将会吸引越来越多的受众进行数字阅读,数字阅读成为人们阅读的主要方式,网络文学、有声读物等新形态不断涌现,丰富着大众文化消费市场,成为人们获取知识、汲取文化、增长智慧的重要手段,成为我国全民阅读的重要助力。⑥ 面对此种技术背景,数字阅读将突破技术、场景局限,迈向智慧化发展的新阶段。⑦ 儿童阅读方面也受到了5G技术的影响,当下的童书出版融合发展项目在内容资源、呈现形式、技术支持上展现了独特的价值,儿童阅读也在大数据、虚拟交互、万物互联等新兴技术的影响下发生新的变化。⑧

5G技术不仅仅是一项独立技术,它还可与其他技术进行融合,打造新的出版产品和媒介

---

① 孟磊:《智能时代的著作权集体管理:挑战、反思与重构》,《出版发行研究》2020年第1期。
② 饶先成:《困境与出路:人工智能编创物的保护路径选择与构建》,《出版发行研究》2020年第11期。
③ 《工业和信息化部关于推动5G加快发展的通知》,中华人民共和国工业和信息化部官网,2020年3月24日,https://www.miit.gov.cn/jgsj/txs/wjfb/art/2020/art_72744a8f6ad146b6b6336c0e25c029c6.html。
④ 程忠良、张艳燕:《5G时代出版产业发展进路分析》,《编辑之友》2020年第4期。
⑤ 万安伦、庞明慧:《5G时代全媒体出版的构建和深化》,《出版广角》2020年第11期。
⑥ 黄晓新:《5G时代数字阅读智能化变革》,《中国出版》2020年第4期。
⑦ 季家慧:《5G加速推进数字阅读迈向智慧化》,《科技与出版》2020年第8期。
⑧ 阮征:《5G时代童书出版的应对策略——基于儿童阅读的新变化》,《出版广角》2020年第9期。

生态，比如，5G 商用化为解决 VR 出版发展的外部环境问题提供了方案，5G 视域下的 VR 出版会不断拓宽行业边界，未来 VR 出版将会为媒体深度融合提供智能平台和智能互动体验，从而推进智媒时代的媒体融合进程。[①] 在 5G 与媒体融合时代之中，能否进行自身体制机制的变革、借力新技术实现发展、盘活自身 IP 资源，也决定了出版业能否实现自身的变革再造与可持续发展。[②] 同时，在 5G 发展的过程中我们也应该清楚地认识到，5G 普及将会是一个长期、循序渐进的曲线过程。出版业应该根据 4G/5G 过渡的不同时间段，以目标群体和应用层次为切入点，设计适合自身的过渡时期发展策略。[③]

二、出版环境

1. 新冠肺炎疫情

2020 年，新冠肺炎疫情对出版业产生了重大影响。在新冠肺炎疫情的防控时期，出版行业更加明确了未来的发展方向，积极向全媒体出版的流程再造转变，力争解决出版企业在传统出版与数字出版之间平衡的难题。[④] 出版业积极通过各种网络传播平台免费提供电子书、在线教育、有声读物等知识服务，助力抗击疫情，履行社会责任；紧急策划战"疫"选题，引导舆情发展；提供内容丰富的知识服务，推动多层次立体化传播。[⑤] 新冠肺炎疫情发生以来，我国数字出版板块通过出版科普类电子出版物、提供在线教育资源、开放应用平台等多种手段联合抗击疫情，取得不俗成绩，同时也在系统性、生产效率、反馈效率方面存在不足。[⑥] 疫情期间，"宅文化"现象、文化消费在线化聚合等得到集中体现，使得出版业数字化转型显得更为紧迫，出版业应重新审视行业发展态势，推动出版业从跨界运营向产业融合转变，并在保持优质内容核心优势的前提下，面对年轻受众需求，主动融入数字创意产业链条。[⑦] 新冠肺炎疫情中，医学期刊编辑与医务工作者息息相关，从积极服务作者、精准策划组稿、医学科普宣传等角度参与抗疫实践。[⑧] 同时，期刊编辑发挥平台优势，充当新冠肺炎疫情防控宣传员，深入医疗一线抗击疫情，积极参与抗疫，体现了医学期刊编辑的

---

① 刘德寰、王袁欣：《内部改革与跨界协作并重：5G 视域下 VR 出版媒体融合发展策略》，《编辑之友》2020 年第 12 期。
② 曹三省、龚明威：《5G 与媒体融合时代下出版业 IP 开发模式的创新发展》，《现代出版》2020 年第 6 期。
③ 王亮、张佳倩：《4G/5G 过渡时期出版业融合发展策略》，《中国出版》2020 年第 18 期。
④ 白中林：《疫情视域下传统出版的挑战与全媒体出版》，《出版广角》2020 年第 7 期。
⑤ 赵树旺：《疫情背景下出版业知识服务的特色、问题与应对》，《科技与出版》2020 年第 4 期。
⑥ 郝振省、宋嘉庚：《疫情防控阻击战中的数字出版与融合发展》，《现代出版》2020 年第 2 期。
⑦ 闫玉刚：《出版业数字化转型的启示——基于疫情期间文化消费的特点》，《出版广角》2020 年第 7 期。
⑧ 贾泽军：《突发事件中医学编辑的抗疫实践及社会责任》，《编辑学报》2020 年第 2 期。

责任感。[1]

而新冠肺炎疫情给中国出版"走出去"带来的影响，或将使出版"走出去"进程有所放缓。面对复杂的国际形势和中国出版"走出去"的关口期，政府层面和企业层面都应该有其应对策略，在危机中找到出版"走出去"新路径。[2] 面对后疫情时代的出版业变化，如何认识其影响以及所带来的变化，包括对出版形态、出版生产方式、阅读需求与习惯的冲击，是出版人须思考的问题，也是后疫情时期图书出版须面对的紧迫问题。[3]

2. 全民阅读

2020年10月，中央宣传部印发《关于促进全民阅读工作的意见》。意见指出，阅读是获取知识、增长智慧的重要方式，是传承文明、提高国民素质的重要途径，深入推进全民阅读，对加强社会主义精神文明建设、促进社会进步具有重要意义。[4]

不断发展的数字化技术对阅读现代化与治理体系化存在着双向影响[5]，准确认识新媒体在助力全民阅读过程中的角色和作用，对于把握全民阅读的未来发展方向、实现高质量的阅读具有重要意义，在阅读内容、阅读习惯和阅读消费方面都有着重要影响[6]。后疫情时代，数字阅读在模式融合、方式创新、场景服务、互动升级等方面都有新变化，数字阅读未来的发展要从技术驱动、需求驱动和市场竞争驱动等多重角度持续发力。[7]

公共图书馆是全民阅读推广的重要阵地，目前媒体环境下，传统公共图书馆的阅读推广模式已无法充分满足互联网时代下读者的多元化需求，众多公共图书馆转变传统思维，在阅读推广上进行有益创新，重塑图书、读者、图书馆的三者关系，改变阅读推广单一的组织模式。[8] 人工智能技术与多元化知识需求是知识传播向知识服务深度转化的推动力和催化剂，公共图书馆建设智慧阅读服务要从四大构成要素，即主体、渠道、内容、用户角度出发，在"阅读+"时代实现从知识传播到知识服务的转变。[9]

除了公共图书馆之外，城市书房也是推进全民阅读发展的重要场域，城市书房发展至今，

---

[1] 王晴、杨惠:《浅析医学期刊编辑在抗击新冠肺炎疫情中的角色》,《科技与出版》2020年第3期。
[2] 戚德祥、蒋欣悦:《新冠肺炎疫情对中国出版走出去的影响及应对策略》,《中国出版》2020年第13期。
[3] 徐海:《后疫情时代的出版》,《编辑之友》2020年第6期。
[4] 《中宣部印发〈关于促进全民阅读工作的意见〉深入推进全民阅读》,中国政府网,2020年12月22日,http://www.gov.cn/xinwen/2020-10/22/content_5553414.htm。
[5] 李龙、刘汉能:《技术变迁视域下全民阅读的现代化与治理体系化》,《出版发行研究》2020年第7期。
[6] 黄楚新、郭海威:《新媒体构筑全民阅读新景观》,《科技与出版》2020年第7期。
[7] 李雅筝、周荣庭、郭璐:《后疫情时代数字阅读发展趋势展望》,《出版广角》2020年第24期。
[8] 金雅茹:《全民阅读背景下公共图书馆阅读推广创新探究》,《出版广角》2020年第8期。
[9] 杨红岩:《从知识传播到知识服务——"阅读+"时代公共图书馆智慧阅读服务建设路径》,《出版广角》2020年第4期。

呈现出服务程序公共化、主体多元化、范围基层化、定位人性化、维护专业化等特征,也暴露出战略规划、推广成本、使用效果、评价标准、线上线下融合等方面的问题,需要通过优化顶层设计、完善服务体系、改革评价机制、加强品牌建设等形成服务长效机制,加强城市书房品牌建设,促进可持续良性发展。① 就全民阅读的实践路径而言,全民阅读高质量发展,对公共图书馆等全民阅读公共服务体系建设提出了全新的要求,阅读设施、阅读内容、阅读活动、阅读服务都需要面向人们的新需求进行全面升级。②

三、出版业态

1. 媒介融合

2020年9月,中共中央办公厅、国务院办公厅印发了《关于加快推进媒体深度融合发展的意见》。意见要求深刻认识全媒体时代推进这项工作的重要性、紧迫性。③ 有学者认为,出版的媒体融合就是要实现人员、技术和产品的融合,需顺应、遵循新媒体及其带来的新产业的规律、以内容和编辑为核心的新出版规律,实施三级产品策略。④

媒介融合时代,编辑实践本身发生很大变革,编辑概念认识需要从更辩证的角度来把握编辑概念的发展变动性和本质不变性,并在此基础上提出编辑概念的新观念、新认识。⑤ 编辑工作也发生了巨大转变,出版企业及编辑人员应立足图书目标用户,做好出版物的传播者、把关者;深入开发出版产品,做好出版营销推广工作;推动传统编辑工作与新媒介融合,建立大编辑运作机制。⑥ 同时,保持编辑匠心也是在媒介融合背景下编辑工作的重要理念。⑦

媒介融合在期刊出版中也有着深刻体现,传统期刊在媒介融合时代的转型发展存在一定的瓶颈,主要是体制问题、理念问题和人才问题,期刊转型发展应突破体制的局限,更新观念,重视人才培养,在坚持"内容为王"满足需求的基础上,结合实践大胆尝试,逐渐推进。⑧ 实践中的期刊出版也积极拥抱媒介融合,比如利用新技术进行短视频和期刊的融合出版⑨、科

---

① 傅绍磊、陈晓旷:《全民阅读时代城市书房服务模式与机制创新》,《中国出版》2020年第15期。
② 徐升国:《全民阅读走向高质量发展路径探究》,《科技与出版》2020年第7期。
③ 《中共中央办公厅 国务院办公厅印发〈关于加快推进媒体深度融合发展的意见〉》,中国政府网,2020年9月26日,http://www.gov.cn/xinwen/2020-09/26/content_5547310.htm。
④ 于殿利:《论媒体融合与出版的关系》,《现代出版》2020年第2期。
⑤ 段乐川、李莎莎:《编辑概念再认识:争论焦点与融合视角》,《中国编辑》2020年第1期。
⑥ 宁伟:《出版融合发展背景下编辑工作面临的新变革》,《出版广角》2020年第3期。
⑦ 姚望星:《留住这一抹书香——媒体融合背景下的编辑匠心》,《编辑学刊》2020年第2期。
⑧ 黎海英、张亚莎:《媒融时代传统期刊转型发展及实践探索》,《编辑学刊》2020年第4期。
⑨ 赵鑫、李金玉:《我国科技期刊短视频营销推广的现状、问题及对策》,《中国科技期刊研究》2020年第8期。

技期刊进行专辑出版①、建设科技期刊知识服务系统②等，通过拓展传播渠道、形成集约化出版模式、打造高水准学术交流与传播平台以及提升编辑的数字素养等路径实现融合发展。③

除此之外，融合媒介环境下的出版业也有了新发展，基于4P理论，图书营销中产品、价格、渠道、宣传四个方面都发生了变革。④ 教育出版中，媒介融合背景下的高校教学模式、读者阅读方式的变革也有了新变化，应从战略定位、人才结构、优质资源和媒介技术等角度提出新的发展路径。⑤ 移动阅读方面，移动内容生产存在优质内容供给不足、形式设计缺乏创新、内容低俗化现象泛滥、用户互动性功能有待改进、商业模式有待进一步探索等发展瓶颈，可从技术支持、自律他律等角度实现未来发展。⑥

2. 知识服务

知识服务是出版服务的重要方式之一，知识服务的概念从提出到如今，已经逐步完善并在实践中成为互联网发展的新风口，也逐渐成为编辑出版学界的研究热点。

通过依托内容授权服务、多元主体合作、自建一体化综合平台等形式，传统出版积极向知识服务领域布局，但同时也面临着规模化建设、版权隐患和用户立场等现实挑战。⑦ 学术期刊也应积极建设以内容为基础、以平台为依托、以技术为动力、以人才为核心、以运营策略为保障的完善的、立体的、动态的学术期刊知识服务生态系统，实现全方位增值，进而从单纯的出版活动向系统的知识服务转型，进一步丰富媒体融合下的新的出版模式，为学术期刊融合发展助力。⑧ 高校学报与智库建设相结合，抓住由知识出版向知识服务转变这个核心，打造融合发展的可行性路径，具体可从坚持问题导向加强基础研究和对策研究，深入挖掘人力资源、数据资源和传播优势，积极打造特色行业智库、专业智库和媒体智库，加快人才队伍建设储备智慧资源等方面着手。⑨ 我国出版智库知识服务创新模式应形成国家出版智库知识服务平台、出版智库知识服务主体、出版智库支持平台、出版智库知识服务内容、出

---

① 散飞雪、宋衍茹、李庚：《英文科技期刊的专辑出版策略与实践——以 *Journal of Earth Science* 为例》，《中国科技期刊研究》2020年第6期。
② 吴芹：《媒体融合环境下学术期刊知识服务生态系统及其优化策略研究》，《中国出版》2020年第23期。
③ 姜红：《媒体融合背景下学术期刊发展路径探析》，《科技与出版》2020年第8期。
④ 傅昕、王崟：《媒介融合背景下出版营销的创新策略研究》，《科技与出版》2020年第1期。
⑤ 张阳：《媒介融合语境下的教育出版转型研究》，《科技与出版》2020年第6期。
⑥ 孟晖：《媒体融合语境下移动阅读内容生产的瓶颈及策略》，《出版科学》2020年第6期。
⑦ 张利洁、张艳彬：《传统出版知识服务转型探究》，《编辑之友》2020年第1期。
⑧ 陈晓堂：《媒体融合背景下学术期刊知识服务体系构建》，《科技与出版》2020年第6期。
⑨ 王圆圆：《从知识出版到知识服务——高校学报与智库建设融合发展路径探析》，《科技与出版》2020年第4期。

版智库知识服务对象五大功能模块的高度协同、共享集成的出版智库知识服务创新模式，为保障该创新模式顺利运转，从运行、人才、政策、需求四个方面提出有效的保障机制。[1] 同时，知识服务的转型也引发了与传统版权制度的冲突，即知识生产源头变化挑战传统版权授权机制、知识生产流程变化冲击传统版权利益平衡机制、知识消费需求变化考验版权技术保护的维度。[2] 知识服务背景下，我国出版业的媒介融合转型升级也呼唤"思想+技术+表达"的复合型现代编辑高级人才。[3]

3.实体书店

受疫情影响，实体书店出现销售额急剧下降等运营危机，积极寻求转型发展。政府也对实体书店出台一定的扶持政策，国家新闻出版署发文要求支持实体书店有序恢复经营，提出对受疫情影响较大的中小微书店，应积极争取专项信贷额度，予以优先支持。[4] 实体书店提供的无可取代的在场体验、城市的文化坐标和第三空间的功能是其存在的核心价值，实体书店应超越"云端"思维，以将线上线下打通的综合性运营为手段，构建"幸福感"经营实体。[5] 借力商圈的实体书店应坚守自身文化底色，为城市文化体验的建构与城市气质形成探索新思路。[6] 新零售以消费者为中心，以大数据为驱动，依托新技术实现线上线下深度融合，为实体书店带来转型契机，实体书店可从数据赋能、链条重构、全域场景三个路径实现转型升级。[7] 中信书店以IP为基础，从主题化IP定位、社群运营、全媒体传播、IP跨界营销等角度实现创新发展。[8] 一部分书店也逐渐开始融入新媒体营销，比如钟书阁、几何书店等进行直播营销，为实体书店发展开启新机遇。[9] 跨界联动、创新融合已成为"互联网+"产业的核心要素，"外卖送书"正是顺应"互联网+"时代O2O服务模式创新的产物，部分书店，比如码字人书店和建设书局已经开启了"外卖送书"的创新实践。

---

[1] 刘春艳、廉强：《我国出版智库知识服务创新模式及其保障机制研究》，《科技与出版》2020年第11期。

[2] 黄先蓉、张窈：《我国出版社知识服务转型的内在变化与传统版权制度冲突的思考》，《科技与出版》2020年第2期。

[3] 高萍：《基于知识服务的现代编辑培养规格探析》，《中国编辑》2020年第1期。

[4] 《国家新闻出版署：支持实体书店有序恢复经营》，中国政府网，2020年3月13日，http://www.gov.cn/xinwen/2020-03/13/content_5490727.htm。

[5] 张铮、陈雪薇：《"云端"之上：实体书店的现实困境、存在价值与发展方向》，《出版发行研究》2020年第8期。

[6] 高竞艳：《城市文化体验建构下的实体书店》，《出版广角》2020年第4期。

[7] 石传静：《图书新零售：从"人货场"重构推动实体书店转型升级》，《中国出版》2020年第20期。

[8] 张晓凡、杨本草：《IP视角下实体书店创新发展路径探析——以中信书店为例》，《出版广角》2020年第22期。

[9] 吕诺：《直播营销：实体书店营销新机遇》，《出版广角》2020年第8期。

对其他国家实体书店的研究也为我国实体书店的发展提供了一定的借鉴意义。比如日本的街区书店以消费者为中心进行观念、产品、技术、营销创新，基本完成进化，如今命运反转后的街区书店已经成为立地街区居民的心灵栖居之所，经济效益与社会效益甚佳。① 在法国，以莎士比亚书店、桅楼、自由书店画廊、在这里书店等为代表的实体书店始终坚持把读者需求置于首位，通过打造独具匠心的专题书店、着力混合多元的经营模式、注重提升文化服务水平、大力融合科技发展潮流等运营策略逐步完成了实体书店的转型和升级，创造出可观的经济效益和良好的社会效益。② 英国以利基动漫书店、五叶书店、德雷克书店为代表的独立书店以消费者为中心，盈利不忘文化，纷纷进行结构变革、解构与重塑，与读者价值共创，经济效益与社会效益颇佳。③

4. 著作权

我国对著作权的保护机制日渐完善。2020 年 11 月 11 日，十三届全国人大常委会第二十三次会议表决通过了关于修改著作权法的决定，自 2021 年 6 月 1 日起施行。④ 除了司法保护之外，有学者提出对著作权进行行政保护，因其具有显著的专业性、主动性和效率性。⑤ 2020 年编辑出版学对著作权的研究，主要集中于自媒体中的著作权问题和人工智能出版物的著作权探讨。

自媒体中的著作权问题。目前，我国对于自媒体著作权的保护主要体现在自媒体平台的用户协议约定和确权、维权领域的平台技术支持两方面，同时自媒体著作权保护也存在知识付费模式尚缺合理规制、电子化作品保存困境凸显、跨平台抄袭侵权情况严重、维权难度大等问题。⑥ 自媒体"洗稿"是目前较为常见的侵犯著作权的形式，是一种改变原作品具体表现形式、窃取其独创成分的"高级抄袭"，政府应该发挥矫正和预防作用，通过加强对自媒体从业者和平台的教育与管理，增加立法供给、助力著作权人有效维权。⑦

人工智能出版物的著作权方面，人工智能的发展和应用给著作权领域带来了新的问题。人工智能作品的创作过程是在深度学习的基础上形成的一种有目的的产出逻辑，其作品并非是现有人类作品的简单重复，而是拥有全新的表达形式与内涵。但人工智能作品的著作权

---

① 吴琼：《日本街区书店经营策略创新与实践》，《出版科学》2020 年第 4 期。
② 高佳华：《互联网时代法国实体书店运营策略创新与实践》，《中国出版》2020 年第 21 期。
③ 吴琼：《英国独立书店经营策略创新与实践》，《中国出版》2020 年第 3 期。
④ 《著作权法修改 明年 6 月 1 日起施行》，中国政府网，2020 年 11 月 11 日，http://www.gov.cn/xinwen/2020-11/11/content_5560596.htm。
⑤ 董亚丽、李泽泓：《著作权的行政保护》，《中国出版》2020 年第 7 期。
⑥ 邹禹同、张志安：《知识付费语境下自媒体著作权保护困境与对策》，《中国出版》2020 年第 4 期。
⑦ 杨春磊：《论自媒体洗稿的违法属性与治理路径》，《中国出版》2020 年第 24 期。

保护仍然面临着许可成本与知识传播的矛盾、法人作品制度与人工智能特殊性的冲突等问题。① 由于人工智能可以在某种程度上"独立"于人进行创作,其产生的"作品"是否有著作权及其权利归属问题,在现有著作权法框架下很难下定论,如何应对这种挑战是著作权法律体系必须面对和解决的问题。② 在私力救济无法给予人工智能编创物以合理救济时,法律介入救济具有必要性,基于竞争法模式,依据现行《反不正当竞争法》即可对损害人工智能编创物经营者利益的不正当行为予以规制,并设置合理的竞争法保护边界,有利于防止对公共领域的侵害。③ 从强—弱保护的合理性与维持著作权制度的内部协调性来看,通过邻接权来保护人工智能生成成果是一种更优的制度选择。④

四、出版内容

1. 主题出版

2019年以来,出版界推出了一批庆祝新中国成立70周年重点主题出版物,为主题出版增添了新的出版内容和新的出版生态⑤,2020年编辑出版学界部分学者针对主题出版提出了自己的观点。

2020年的疫情防控快速响应如同战时大考,对出版社是一次重要的"把社会效益放在首位、实现两个效益相统一"的检验。抗疫斗争中全国有290家出版社积极投入战斗。⑥ 疫情背景下,防疫抗疫相关内容的主题公益出版物涌现,防疫抗疫出版体现了制度优越,传达了中国故事,表现出了人文关怀,同时也展现了中国方案价值与担当。⑦ 近年来主题出版数量不断增多、精品不断涌现,社会关注度也逐渐提高,但同时也存在精品化水平需要进一步提高,通俗化、大众化、时代化有待进一步加强等问题。⑧ 主题出版关注当下时事热点,承担着记录新时代、书写新时代、讴歌新时代的使命。在主题出版过程中,很多出版单位跳出原

---

① 梅傲、郑宇豪:《人工智能作品的困境及求解——以人工智能写作领域第一案为考察中心》,《出版发行研究》2020年第12期。
② 石易:《"非人"的权益:论人工智能作品著作权的司法实践及理论可能》,《现代出版》2020年第4期。
③ 饶先成:《困境与出路:人工智能编创物的保护路径选择与构建》,《出版发行研究》2020年第11期。
④ 向波:《论人工智能生成成果的邻接权保护》,《科技与出版》2020年第1期。
⑤ 《出版界推出一批庆祝新中国成立70周年重点主题出版物》,中国政府网,2019年9月24日,http://www.gov.cn/xinwen/2019-09/24/content_5432770.htm。
⑥ 刘华坤、张志林、陈丹:《疫情防控主题出版服务快速响应观察》,《中国出版》2020年第22期。
⑦ 谭旭东、王海峰:《防疫抗疫主题公益出版与中国担当》,《出版广角》2020年第24期。
⑧ 王继峰:《新时期主题出版高质量发展路径刍探》,《编辑学刊》2020年第6期。

有思维框架,大胆创新,走精品化出版之路,其方式可被行业所借鉴。[1] 优秀的主题出版都是长期谋划、积极策划、主动作为的结果,是内容、作者与形式的完美结合。融媒体时代,具有融媒体思维的策划、宣传营销及 IP 开发,则是做优做精做深主题出版的必由之路。[2] 有学者认为,未来的主题出版将有四大发展趋势:出版单位准确定位,实现联合共赢;主题策划强调国际化视野,"走出去"意识加强;出版形态多元发展,媒介融合成为必然;营销模式多维展开,实现全渠道发行。

2. 图书出版

图书出版是出版业的重要组成部分,在国际传播领域,也是传播中国声音、讲好中国故事的关键阵地。跨文化传播能帮助国际社会更加深入地了解中国,特别是了解中国文化。图书作为最传统、最广泛、最普遍的文化载体和沟通桥梁,可以让各国读者更完整、更真实地认识和了解中国,在图书内容策划中使用国际体系叙事、海外本土化叙事、微叙事等手法来展现内容,并建议加强国际合作模式探索、强化图书出版在跨文化传播中的效果。[3] "一带一路"是跨文化传播的重要倡议,当前"一带一路"图书出版存在地域模糊、数量失衡、质量参差、时间断层问题,应从细分地区、图书数量、图书质量、出版时间、受众调研等角度进行相应改进。[4] 有学者通过对当当网中国站点和亚马逊网美国站点在线出售的"一带一路"图书的数据分析,系统阐述了当前海内外"一带一路"主题图书在内容选题、出版主体、传播效果等方面的现状及问题,并提出从内容制作优化、出版形式创新、海外营销推广、国家出版资助等方面提升我国"一带一路"图书海外出版质量的相关建议。[5]

五、结语

从以上研究结果中可以发现,2020 年的编辑出版学研究在疫情背景下也有一定的相关研究出现,时代背景和媒介技术也为编辑出版学研究提供了新的内容和视角。新的出版业态不断涌现也为研究者们提供了新的研究方向,期望在未来,研究者们能基于热点进行更进一步的深度研究,为业界实践提供理论基础和支持,以助力编辑出版业更好地发展。

---

[1] 胡在东:《主题出版图书的精品化路径探究》,《出版广角》2020 年第 9 期。
[2] 汪修荣:《融媒体时代如何做好主题出版》,《编辑学刊》2020 年第 3 期。
[3] 张洋:《图书出版在跨文化传播中的实践和创新》,《出版广角》2020 年第 11 期。
[4] 汪妍、蒋多:《"一带一路"图书出版现状及相关性新思考——基于"丝路书香出版工程"皮尔逊系数研究》,《科技与出版》2020 年第 12 期。
[5] 王璟璇、潘玥、张何灿、刘琦:《"一带一路"主题图书海内外出版现状对比及海外出版启示——基于当当网中国站点与亚马逊美国站点的实证分析》,《出版科学》2020 年第 4 期。

· 专题综述·

2020年马克思主义新闻观研究综述

叶 俊[*]

马克思主义新闻观是中国新闻学研究的热点议题。随着中央对马克思主义新闻观的重视，学术界掀起了研究热潮，推出了诸多成果。目前，马克思主义新闻观研究主要从马克思主义新闻观理论、马克思主义经典著作、马克思主义新闻观教育与实践、中国共产党新闻思想与实践、中国特色新闻学建构等视角入手，形成了一个较为庞大的学术话语群，学术队伍也日益壮大，马克思主义新闻观的学术性学理性更加得到重视。

一、马克思主义新闻观理论研究

马克思主义新闻观有自身完整的学术理论话语和历史脉络。其中，习近平总书记关于新闻舆论工作系列重要论述作为21世纪的马克思主义新闻观，具有前沿性和现实指导性，而一些具体概念、历史脉络的研究则是夯实马克思主义新闻观理论研究的基础。

习近平总书记关于党的新闻舆论工作作出系列重要论述。论述内容丰富，意义重大，相关研究成果已有不少。有研究认为，习近平总书记关于新闻舆论工作的论述对马克思主义新闻观的发展有六个方面的理论贡献：论证了党性和人民性的一致和统一；提出了以人民为中心的工作导向；重视网络安全和信息化发展；总结和提炼新闻传播规律和新媒体运行规律；对哲学社会科学"三大体系"建设和新闻学科重要地位的认识；马克思主义新闻观的发展深化是个永无止境的过程。[①] 有研究认为，习近平新闻舆论观一以贯之承继着中国共产党历代领导人开创的中国特色社会主义新闻思想的精神主脉、遵依着马克思主义新闻观中国化以及新闻业态与媒介技术发展逻辑而不断守正创新，且深切扣合着时代发展之需之急，为新时代中国新闻实践的不断进步规制着精准航线。[②] 党的十八大以来，国际传播受到高度重视。有

---

[*] 叶俊，中国社会科学院新闻与传播研究所副研究员。
[①] 童兵：《试论习近平新时代新闻舆论工作论述对马克思主义新闻观的发展》，《山东社会科学》2020年第10期。
[②] 尹韵公：《论习近平新闻舆论观的实践基础和时代关切》，《陕西师范大学学报（哲学社会科学版）》2020年第3期。

研究指出，习近平总书记就加强国际传播能力建设，讲好中国故事，传播好中国声音发表了系列重要论述，用辩证唯物主义的思想方法研究当代人类社会精神交往现象，立足中国的客观实际和中国与世界关系的变化，创造性地继承和发展了中国共产党的外宣理论和工作方法，开辟了马克思主义中国化的新境界，指明了新时代国际传播工作的目标使命、路径方法、主要力量和国际传播工作者的素养要求，是新时代做好国际传播工作的总遵循。①

马克思主义新闻观已成为当代新闻舆论工作的主导理论，把握其理论内涵至关重要。有研究认为，当代中国马克思主义新闻观主要由党性原则观念、人民中心观念、舆论引导观念和新闻规律观念构成。其中，新闻规律观念在四大观念结构中居于基础地位。② 有研究认为，党性原则的理论基础、尊重规律的价值表达、以人民为中心的工作出发点，展现了马克思主义新闻观通过内容生产进行意义刻写的逻辑与规律。③

马克思主义新闻观是在马克思列宁主义新闻思想的中国化基础上不断发展起来的，经历了多个重要的发展阶段。有研究指出，从五四运动至建党时期的初步言涉到延安时期的体系化专论，从1956年《人民日报》改版时期的精彩闪放到改革开放时期的多元杂陈，再到当今新时代中国特色社会主义时期的深耕细耙，无不承继着马克思主义"人民报刊"的新闻理想，表征着"人民至上"的新闻价值诉求。④ 有研究在分析、把握马克思主义新闻观理论精髓的基础上，对马克思主义新闻观研究及其中国化发展进行总结，从"实践—理论"的中国化深入、"开放—融会"的中国化拓展、"系统—整体"的中国化建构、"价值—意义"的中国化创新四个维度，梳理了马克思主义新闻观中国化的整体发展脉络，研究马克思主义新闻观中国化及其相关研究的历史进程，并提出进一步深入和推进的期待与展望。⑤

二、马克思主义经典思想与文本研究

马克思、恩格斯、列宁关于新闻工作的论述和实践，是马克思主义新闻观的源头，对深刻认识马克思主义新闻观的指导意义具有重要意义。这也是马克思主义新闻观研究的薄弱环节。由于2020年的历史节点意义，相关研究较往年有所增长。主要集中在以下几个方面。

---

① 何兰、邓德花：《习近平关于国际传播的论述对于新时代中国特色国际传播理论体系的贡献》，《思想理论教育导刊》2019年第12期。
② 杨保军：《新闻规律观念："马新观"的基础观念》，《国际新闻界》2020年第2期。
③ 詹小美、张梦媛：《马克思主义新闻观的研究范式》，《出版发行研究》2020年第2期。
④ 朱清河、宋佳：《文献学视域下马克思主义新闻观中国化的历史进路》，《陕西师范大学学报（哲学社会科学版）》2020年第3期。
⑤ 郝雨、郑立蓬：《马克思主义新闻观四个维度的中国化演进——关于马克思主义新闻观的结构性历史考察与展望》，《新闻爱好者》2020年第2期。

一是马克思新闻思想的研究。有研究关注马克思《评普鲁士最近的书报检查令》一文，认为已有的有关理解和诠释日渐呈某种去政治化和去历史化的趋向，并尝试以唯物史观与"再解读"的方法，深入社会历史语境与思想脉络，探索马克思早期新闻自由论述的内涵。该研究发现，马克思的论述包含民主进步的时代内涵，如新闻自由即追求真理的自由，但尚未超越启蒙理性与唯心主义的认识局限。① 有研究系统分析了1851—1862年作为欧洲通讯记者的马克思在美国大报《纽约每日论坛报》上发表的文章，认为马克思为彼时美国社会变革实验场提供了一种以严肃的学术风格见长、充满生动语言的"学术性新闻"，其思想洞见也影响了各国政治议程的设置。②

二是恩格斯新闻思想研究。2020年是恩格斯诞辰200周年，涌现出一批恩格斯新闻思想的研究成果。有研究从报刊性质任务和功能作用、党报办报方针和工作原则、党报与人民群众关系、党报与党的领导机关关系、新闻真实性、出版自由、新闻人才素养等方面，系统梳理和阐释了恩格斯新闻思想的主要内容及其理论内涵，认为恩格斯早期的民主报刊活动实践、中期的革命报刊实践及后期的政党报刊实践为其新闻思想的形成和发展提供了实践基础。③ 有研究分析了恩格斯新闻思想的重点，指出恩格斯苦读勤练的精神、不断增强新闻工作基本功的追求，永远是我们学习的榜样。④ 还有研究采用语义分析法，分析2000年至2019年党报对恩格斯的报道，归纳党报对恩格斯报道在正面宣传线性传播、中西交融的环状传播、新旧转换的网状传播三阶段的变化轨迹，分析20年来党报对恩格斯报道的主旨变迁原因。⑤

三是列宁新闻思想研究。有研究认为，列宁对西方国家商业报刊的经营模式进行了"阶级改造"，形成了他的无产阶级报刊应该大力刊登广告以增加收入，以此来保证工农大众的媒体近用权，确保他们的新闻出版自由，同时借此限制资产阶级反动报刊的发展的思想。⑥ 有研究关注列宁"报纸不仅是集体的宣传员和集体的鼓动员，而且是集体的组织者"这句经典名言，分析这句话传入中国、生成革命语录、本土解答及再次兴起、走向消融的近百年的

---

① 徐梦菌、李彬：《马克思早期新闻思想及其时代性——〈评普鲁士最近的书报检查令〉再解读》，《国际新闻界》2020年第9期。
② 沈荟、熊涛：《"学术性新闻"：马克思在〈纽约每日论坛报〉的社会历史写作》，《新闻与传播研究》2020年第9期。
③ 郑保卫、王青：《论恩格斯新闻思想的理论内涵及其实践基础——纪念恩格斯诞辰200周年》，《新闻大学》2020年第11期。
④ 童兵：《恩格斯：党报记者的卓越代表——纪念恩格斯诞辰200周年》，《当代传播》2020年第6期。
⑤ 叶妮：《党报对恩格斯报道的主旨变迁研究（2000—2019年）》，《新闻与写作》2020年第11期。
⑥ 葛在波：《略论马克思、恩格斯和列宁的报刊经营思想》，《岭南师范学院学报》2020年第5期。

旅行历程与历史影响，认为列宁党报语录在中国的政治文化旅行提醒我们要时刻警惕"左"，走理论与实践相结合的探索之路。① 有研究认为，列宁的党报思想经历了建党、夺权和建设社会主义三个发展阶段，列宁对马克思主义新闻观的创新与发展成为中国共产党新闻事业的重要思想资源。② 有研究认为，在马克思主义新闻观的发展历程中，列宁是承上启下的重要人物之一，其新闻思想有着显著特色，其主要内涵有：创造性地提出出版物和写作事业的党性原则，提出"报纸不仅是集体的宣传员和集体的鼓动员，而且是集体的组织者"，倡导基于辩证唯物主义的新闻真实观；在新闻出版自由观问题上表明了正确的意见，在苏维埃政权建立之后对经济宣传高度重视并作过诸多重要论述，提出"用现实生活各个方面存在的生动具体的事例和典型来教育群众"。③ 有研究认为，源自欧洲的马克思主义新闻思想，经由列宁的创造性转化，成为指导俄国革命的思想武器。文章指出，列宁利用报刊建党，强化报刊的鼓动、宣传、组织功能，锻造革命党组织，这种思想建党模式是列宁的伟大创造。④

四是《新莱茵报》研究。《新莱茵报》在马克思恩格斯报刊活动史上有重要地位。但国内新闻传播界几乎没有接触过原版报纸，相关研究也很少。对此，有学者尝试翻译《新莱茵报》，并对翻译的必要性作出系统阐述。有研究认为，《新莱茵报》是马克思主义诞生后马克思和恩格斯的第一次完整新闻实践，开创了马克思主义新闻观的光荣传统，编译《新莱茵报》是必要的。文章指出，该报具有坚定的革命立场，同时也是遵循新闻规律、报纸经营规律的典范。⑤ 有研究认为，《新莱茵报》是马克思和恩格斯新闻观的第一次完整实践，也是马克思和恩格斯一生新闻实践中唯一一次完全掌握了报纸的编辑权和实际经营权。鉴于《新莱茵报》十分之九的内容没有被翻译为中文且几乎没有中国人根据原版进行过研究，编译《新莱茵报》中文版的政治意义和学术意义不言而喻。文章提出了《新莱茵报》编译工作的几个原则。一是仿照《马克思恩格斯全集》中文版（特别是第二版）的编译规格和样式，甚至一些地方比全集中文版还要全面和翔实。二是忠实再现报纸的版面原貌。因为报纸报道与一般论著的区别在于涉及新闻传播的职业表达，且报纸版面编排本身，是一种无形的"版

---

① 刘继忠：《"集体的组织者"：一条列宁党报语录的百年政治文化旅行》，《国际新闻界》2020年第10期。
② 孙利军、高金萍：《照亮新时代的"星星之火"——列宁早期党报思想及其现实价值》，《当代传播》2020年第6期。
③ 丁柏铨：《论列宁新闻思想的特色、内涵及启迪意义》，《现代传播（中国传媒大学学报）》2020年第7期。
④ 张涛甫、丁茜菡：《列宁与马克思主义新闻思想的苏俄化——基于思想建党的视角》，《当代传播》2020年第3期。
⑤ 陈力丹：《以原版〈新莱茵报〉为基础研究马克思主义新闻观》，《东岳论丛》2020年第12期。

面语言",是体现马克思和恩格斯新闻观的最直接的新闻实践资料。① 有研究认为,我国现有关于《新莱茵报》研究依据的是少量译文和其他二手材料,缺乏学理性和系统性。文章强调,马克思主义新闻观研究要以负责任的态度和科学精神,准确而忠实地翻译《新莱茵报》,将研究建立在完整史料的基础上。② 有研究依据最新的资料,详细考证《新莱茵报》1848年6月(出版首月)恩格斯写的新闻或评论,确认有37篇(组)新闻在中国没有中译文,这些172年前马克思主义创始人写的新闻及其体现的新闻思想,是研究马克思主义新闻观的宝贵文献。③

三、马克思主义新闻观教育与实践研究

马克思主义新闻观教育和实践是马克思主义新闻观研究的归宿。近年来,马克思主义新闻观教育在各大新闻院校受到重视,新闻界也深入贯彻马克思主义新闻观,相关研究也随之增多。

在马克思主义新闻观教育研究上,学术界从人才培养视角予以探讨。有研究认为,马克思主义新闻观教育应当立足于培养新时代需要的、具有坚定马克思主义立场的新闻舆论人才。未来马克思主义新闻观教育模式的实践,应当以人才培养的实际效果作为衡量目标。④ 有研究探讨了在马克思主义新闻观指导下进行新闻史论与实践教学模式改革的动力与方向,借鉴国内知名高校的马克思主义新闻观教育经验,反思所在院系传播学专业新闻史论和实践课程的教学模式,进而提出优化方案以深化高等教育教学改革。⑤

在马克思主义新闻观教学方法创新上,学术界也作出探索。有研究借助"SECI"模型理论,将马克思主义新闻观的教育进行化整为零、碎片化、体验式教学改革,通过课堂教学的课前经典导读、热门案例选择、课堂问题讨论、实践指导和文化浸润营造等方式,将马克思主义新闻的价值观和方法论以内部组织、隐性内化的方式传授给学生,重构新闻理论教学新范式。⑥ 有研究在剖析马克思主义新闻观教育存在的问题的基础上,探析了全媒体为马克思

---

① 陈力丹:《完整再现马克思〈新莱茵报〉版面的辉煌——论编译中文版〈新莱茵报〉的意义和编译原则》,《新闻与传播研究》2020年第S1期。
② 陈力丹、夏琪:《论〈新莱茵报〉的中文编译》,《新闻大学》2020年第11期。
③ 陈力丹、夏琪:《新确认的恩格斯〈新莱茵报〉37篇(组)新闻考证——纪念恩格斯诞辰200周年》,《新闻界》2020年第11期。
④ 李军、李潇:《新时代高校马克思主义新闻观教育模式探索——基于国内部分高校"马新观"教育理念与实践的梳理》,《普洱学院学报》2020年第5期。
⑤ 贺心颖:《马克思主义新闻观指导下的新闻传播史论与实践教学模式改革》,《教育教学论坛》2020年第16期。
⑥ 陈瑛:《"SECI"模型理论视角下马克思主义新闻观的隐性建构》,《传媒》2020年第9期。

主义新闻观教学方法创新提供的新机遇,并从师资培训、内容表达、互动教学、教学反馈等方面提出了马克思主义新闻观教学方法的创新路径。① 有研究立足第二课堂开展马克思主义新闻观教育的实践活动,着眼课堂教学与第二课堂的有机结合,对第二课堂在学习践行马克思主义新闻观教育所起到的"深化认识、理论提升、实践创新"等方面的作用进行全面梳理和研究。② 有研究以红色新闻资源在高校马克思主义新闻观教育中的应用为研究对象,从价值引领创新、专业培养创新、教育平台创新三个维度,创新红色新闻资源与马克思主义新闻观相融合的教育模式,为新时代卓越新闻传播人才培养开拓新思路。③ 有研究认为,新闻传播类专业鲜明的意识形态属性迫切需要系统性地开展"专业思政",在实施"专业思政"过程中,需要在目标上落实"立德树人"的根本任务,在核心内容上强调"思政育人",在重点工作上抓好"思政课程"与"课程思政"的融通,在关键点上要强化教师的"思政育人主体",难点是对专业思政教育资源的挖掘,在特色上要凸显马克思主义新闻观教育的专业特性。④ 有研究认为,新闻实务课程思政教育改革要以马克思主义新闻观为指导,按照知识传授和价值引领的育人理念,挖掘新闻实务课程当中的德育元素,重构课程内容体系,并运用合适的教学方式,培养具有过硬政治觉悟和高超专业素养的新闻学专业人才。⑤

在马克思主义新闻观实践上,学术界关注新的社会环境下的新闻界如何贯彻马克思主义新闻观。有研究认为,中国面临更复杂的舆论环境,重申党性与人民性的统一关系具有不凡的意义,为新闻舆论工作照亮了前进的方向,并探讨党性与人民性为何是统一的并阐释它们统一的价值。⑥ 有研究认为,面对网络舆论中混杂着理性或非理性成分的各类声音,我们必须正视智媒时代下网络舆论的现状及问题,坚持以马克思主义新闻观为指导,确保网络舆论持续良好健康有序发展,从而为中国特色社会主义事业建设提供有力保障。⑦

四、中国共产党新闻思想与中国特色新闻学研究

中国共产党新闻思想是马克思主义新闻观的重要的组成部分,而中国特色新闻学是马克

---

① 叶俊、杨娇娇:《全媒体环境下马克思主义新闻观教学方法论创新》,《传媒》2020年第9期。
② 刘志武:《第二课堂学习践行马克思主义新闻观的探索》,《记者摇篮》2020年第6期。
③ 白树亮、巩建宇:《基于红色新闻资源的马克思主义新闻观教育创新》,《河北大学学报(哲学社会科学版)》2020年第4期。
④ 费再丽、陈锦宣:《论新闻传播类专业实施"专业思政"的几个着力点》,《传媒》2020年第11期。
⑤ 杨树:《基于马克思主义新闻观的新闻实务课程思政教育改革研究》,《传播与版权》2020年第4期。
⑥ 张程喆:《党性人民性相统一的价值与实践——以人民日报的脱贫攻坚报道为例》,《青年记者》2020年第33期。
⑦ 罗新宇:《马克思主义新闻观与智媒时代网络舆论治理》,《青年记者》2020年第32期。

思主义新闻观在中国新闻实践中的理论提升。因此，对中国共产党新闻思想与中国特色新闻学的研究，是马克思主义新闻观研究的重要议题。

中国共产党领导人新闻思想是中国化的核心部分。李大钊是马克思主义新闻观的传承者、推动者、创新者，也是马克思主义新闻观中国化的开创者和力行者。有研究认为，李大钊的"新闻"概念注重新闻时效性，强调事实的变动，秉持客观报道原则，李大钊新闻思想是马克思主义新闻观中国化的印证和表现。[1] 有研究通过内容分析的研究方法，探析《湘江评论》的新闻舆论监督，并在此基础上解读它和以后毛泽东新闻舆论监督思想的关系。该研究发现，创办《湘江评论》是毛泽东这一思想的萌芽期，它对以后毛泽东新闻舆论监督思想体系的建构具有较大影响。[2]

延安时期是马克思主义新闻观发展的重要阶段。《新中华报》和《解放日报》作为延安期间共产党兴办的重要报刊，在办报的过程中传播和践行了马克思主义新闻观。有研究认为，《新中华报》《解放日报》在马克思主义新闻观的传播和中国化的过程中发挥了桥梁、渠道作用，为党的新闻事业提供了宝贵经验并奠定了理论基础。[3] 有研究关注中国共产党新闻理论与实践自身内在的视野与源流，将中国共产党延安新闻观与既往新闻观比较，认为延安新闻观展现了社会主义中国的现代构想，通过一套全新的价值衡量标准，配合行之有效的制度，将新闻事业植入革命组织与革命斗争的实践中去。[4] 有研究认为，延安时期的新闻教育是中国新闻教育事业的重要组成部分，是在党的新闻事业发展、马克思主义传播、党的高等教育建设以及由报人、记者参与新闻教育等历史背景下产生的，党在延安时期的新闻教育经历了由短期培训向正规化教育发展的历史过程。[5]

中国共产党新闻思想内容丰富，有诸多丰富的概念和实践。党管媒体是中国共产党的优良传统和重要法宝。有研究认为，党管媒体与党的意识形态建设是相互联系、相互贯通的，两者内在统一于党的建设新的伟大工程，而以党管媒体推进中国共产党意识形态建设，必须在导向管控上，坚持党性和人民性的统一；在内容管制上，推动刚性原则指导和柔性政策引导的结合；在对象管束上，处理好媒体政治化和市场化的关系；在队伍管理上，严格政治和

---

[1] 杨欣：《李大钊与马克思主义新闻观的早期实践》，《南昌大学学报（人文社会科学版）》2020年第1期。
[2] 段勃：《从〈湘江评论〉看毛泽东新闻舆论监督思想的萌芽》，《传媒观察》2020年第12期。
[3] 陶贤都、贺子坤：《延安时期马克思主义新闻观中国化的演进——基于从〈新中华报〉到〈解放日报〉的分析》，《湖南大学学报（社会科学版）》2020年第1期。
[4] 向芬：《范式裂变：延安新闻观的兴起》，《兰州大学学报（社会科学版）》2019年第6期。
[5] 吕强、孙江：《马克思主义新闻观教育的发轫与传承：党在延安时期的新闻教育》，《当代传播》2020年第6期。

业务双重标准。[1] 有研究关注"全党办报、群众办报",认为在马克思主义新闻观中国化进程中,"全党办报、群众办报"文本建构历经了孕育、萌芽、形成和发展等诸多阶段,其间不但伴随着"同人办报""精英办报"等多重话语博弈与纠缠,而且还深度统摄着话语生产主体的价值诉求与新闻情怀。[2]

中国特色新闻学建设是马克思主义新闻观指导下,中国新闻理论发展的重要使命。有研究认为,中国特色新闻学科的建设经历了社会主义新闻学重建、学科地位确立、中国特色新闻学科形成、21世纪的快速发展四个阶段,并在学科结构、知识体系、人才培养、学科指导思想等方面取得了重要的突破,但也出现了学科发展定位不清晰、学科理论套用照搬、学科方法论消解等问题。未来的中国特色新闻学科建设须着力于深化马克思主义新闻学研究、梳理学科的发展历史、厘清与传播学的关系、打造"信马"的学科领军人才与团队。[3] 有研究认为,中国特色新闻学本体论话语的形成与变迁实际上就是中国共产党人不断寻求如何运用中国语言与中国修辞厘定、阐释、践行与指导中国新闻实践、进而服务无产阶级各项事业不断进步的历史,中国特色新闻学本体论话语的建构、发展与演化是马克思主义新闻观中国化的历史必然,也是中国革命、建设与发展引领社会主义新闻业不断理性实践的过程。[4]

总体来看,当前马克思主义新闻观研究成果较多,研究队伍日益壮大,研究方法更加扎实,学术性学理性得到一定提升,研究观点也有创新性,但仍然存在一些问题。一是应景式研究较多。一些文章是就某个议题或现实工作需要,做出的应景式研究,不成体系。二是学者队伍有所壮大,但仍显不足。受学术界研究导向影响,越来越多的学者转向传播学研究、实证研究,新闻理论、马克思主义新闻观在一定程度上仍是边缘化存在。三是学术性学理性有待提升。在当前学术环境下,任何一个研究领域都需要一定的研究方法作为支撑,也要有学术性、学理性,泛泛而谈无法夯实本领域的学术基础。四是实践指导性有待加强。马克思主义新闻观教育一个重要目标是解决实践问题,提高新闻舆论工作导向性,解决新闻实践面临的现实问题,但目前研究以理论阐释为主,对实践中的问题回应不及时,针对性不强,需要进一步加强。

---

[1] 唐登然:《党管媒体:中国共产党意识形态建设的内在逻辑》,《科学社会主义》2020年第1期。

[2] 朱清河、王青:《"全党办报、群众办报"话语的历史缘起与建构动力》,《新闻春秋》2020年第3期。

[3] 黄春平:《中国特色新闻学科建设的历程与问题检视》,《现代传播(中国传媒大学学报)》2020年第2期。

[4] 朱清河:《中国特色新闻学本体论话语的历史变迁与价值体现》,《新闻大学》2020年第4期。

2020年新闻传播法治与伦理研究综述

俞立根　顾理平[*]

2020年，受新冠肺炎疫情的影响，社会生活在一段时期内陷入一种例外的状态之中，应对例外状态中的信息失序成为传媒法学研究新的关注点。与此同时，信息技术的快速发展，为日常的媒介化社会带来层出不穷的现实难题，近些年来，如何回应并解决技术进步带来的伦理和侵权问题日渐成为学者们的固定旨趣。从这个角度来看，也正是现实的迫切需要，推动着《中华人民共和国民法典》（以下简称《民法典》）的正式登场，新闻传播学者们试图阐释《民法典》与新闻传播的关系，探索《民法典》与传媒法治的未来可能。由此，新闻传播法治与伦理研究在2020年循着日常、例外和希望三个面向展开，形成了2020年度的学术轮廓。

一、《民法典》与传媒法治研究

（一）《民法典》中的传媒法研究

时值信息化社会发展的高潮期，《民法典》以回应当下又心系未来的姿态成为一切传播技术活动的标准。罗斌、陈雪晴对《民法典》中关乎传播行为的条款进行详细梳理，依次分析了"合同编""人格权编""侵权责任编"中新增、修订的传播条款内容及其中的问题，以此呈现《民法典》在信息时代的意义和充分程度。[①] 陈堂发以《民法典·人格权编》中的媒体权利条款为基础，探讨其中内置的"强义务性"、"公共利益"法则和"合理审查义务"，在使媒体权利清晰化的同时，发掘其在实际应用中的可能。[②]

除了对《民法典》中涉及传媒领域的整体研究外，学者们也针对《民法典》中"新闻报道主体""新闻侵权""舆论监督""个人信息"等具体问题展开探索。魏永征发现《民法典》中的"新闻报道主体"存在模糊性，认为"新闻报道行为人"的界定还需进一步明确。[③] 周

---

[*] 俞立根，南京师范大学新闻与传播学院博士研究生；顾理平，南京师范大学新闻与传播学院教授。
[①] 罗斌、陈雪晴：《新传播生态视域下的〈民法典〉》，《当代传播》2020年第5期。
[②] 陈堂发：《论私法范畴的媒体权利——基于〈民法典·人格权编〉相关条款》，《新闻与传播研究》2020年第8期。
[③] 魏永征：《〈民法典〉中"新闻报道"行为的主体》，《青年记者》2020年第19期。

冲结合《民法典》中的个人信息条款，分析其对新闻报道的影响。① 李洋以《民法典》首创的"合理核实义务"为切入口，尝试解决条款之于新闻报道、舆论监督行为的适用问题。② 刘文杰和岳业鹏均关注到新闻侵权问题中的创新之处，前者由《民法典》中针对新闻报道的免责条款出发，从侵权抗辩事由的角度进行阐释③；后者由侵权责任方式出发，肯定"动态系统论方法"的同时，探索其在司法实践中的适用性。④

（二）多重法律中的传媒法治探索研究

在《民法典》的视域之外，《刑法》《网络安全法》《广告法》中涉及新闻传播的问题也在传媒法治研究的关注中。随着借助《刑法》规制网络违法信息的现象逐渐增多，规制的边界引起重视。冯建华认为，《刑法》介入的目的应当是从内部促成网络信息传播"自生自发秩序"，而非外部构建秩序，以此划清治理的边界。⑤ 熊波以刑事裁判书为主要依据反思"传播次数"作为入罪标准存在的法理问题，指出"刑法法益的现实侵害应当作为网络违法信息传播次数入罪的必要条件"。⑥ 魏永征将《网络安全法》视为我国第一部法律位阶的传媒专门法，基于此探讨传媒法治建设中的问题和进路。⑦ 唐英、黄丹旎以新修订的《广告法》为参照，审视信息流与广告结合带来的问题，最终尝试建立针对微信信息流广告的监管制度。⑧

二、智能技术与新闻伦理研究

智能时代，新闻伦理与多样的技术形式交织在一起。虽然仍有学者关注传统范畴内的新闻伦理话题，如《中国新闻工作者职业道德准则》（修订版）重新确定了中国新闻从业者的伦理准则，季为民对最新修订版进行了细致的阐释，而江作苏、李孟名则针对四个版本的比较研究，考察新版准则的特点⑨；以及陈娟、林子沛考察了《纽约时报》中匿名消息源使用的

---

① 周冲:《〈民法典〉个人信息保护条款解读及其对新闻报道的影响》,《新闻记者》2020年第10期。
② 李洋:《新闻报道、舆论监督行为人的"合理核实义务"研究——基于〈民法典〉第1025条和1026条的释读》,《新闻记者》2020年第8期。
③ 刘文杰:《〈民法典〉在新闻侵权抗辩事由上的探索与创新》,《新闻记者》2020年第9期。
④ 岳业鹏:《〈民法典〉中新闻侵权责任方式的创新与适用》,《新闻记者》2020年第11期。
⑤ 冯建华:《试论网络传播秩序治理的刑法界限》,《新闻大学》2020年第11期。
⑥ 熊波:《网络违法信息传播次数作为入罪标准的困境与出路——基于186份刑事裁判文书和相关司法解释的思考》,《新闻与传播研究》2020年第10期。
⑦ 魏永征:《基于〈网络安全法〉的传媒法治建设探究》,《社会治理》2020年第3期。
⑧ 唐英、黄丹旎:《新〈广告法〉语境下微信信息流广告监管制度研究》,《当代传播》2020年第1期。
⑨ 江作苏、李孟名:《新时代媒体行为尺度的新变化与新要求——对〈中国新闻工作者职业道德准则〉四个版本的考察与思考》,《新闻记者》2020年第4期。

规范，意在为中国的新闻实践提供参照①，但更多的焦点仍集中在技术伦理的层面。季为民在梳理 2019 年国内新闻伦理研究时发现相关研究的四个新趋向，其中，"数字媒体研究议题更加多元，聚焦技术的伦理研究将成热点"已成为研究者们的旨趣所在。②

算法技术的伦理问题一直是近些年的热点话题。袁帆、严三九针对 269 名算法工程师的实证研究，将技术的问题对应到人，从另一角度证实了算法的伦理问题在于算法工程师模糊的算法伦理水平。③ 林爱珺、刘运红从算法偏见出发，提出了一系列基于信息权利的算法伦理原则。④ 陈昌凤、仇筠茜对西方语境的"信息茧房"概念进行辨析，挑战桑斯坦"偶然性信息"解决方案的同时，认为应将实验条件下的单纯信息环境还原到人们的真实信息环境中，以此反思概念本身。⑤ 此外，让算法黑箱变得透明一直是学界所呼吁的治理举措，而徐琦的论文认为打开黑箱仍不足以应对算法技术的挑战，她将算法黑箱认定为一种辅助性的治理工具，提倡跳出技术视角寻找技术背后的行动主体，最终建立算法治理的可能。⑥

在针对算法技术的伦理研究之外，其他新兴技术的伦理研究也映入眼帘。如陈昌凤、徐芳依和姬德强的两篇文章均关注到"深度伪造"的技术困境，前者认为"深度伪造"挑战了新闻真实性原则，在理解技术的同时，更关注技术的治理模式⑦；后者则从视觉政治的角度来理解深度造假中的权力控制，并认为，"深度造假将可能催化算法威权主义，从而进一步巩固现有的平台资本主义"⑧。此外，尤红从 VR 新闻入手，指出新技术在内容主体性、新闻真实性、群体心理上的伦理风险。⑨ 张秀以人脸识别技术为例，试图阐明"伤害最小化伦理原则"之于智能传播伦理的重要性。⑩

---

① 陈娟、林子沛:《〈纽约时报〉匿名消息源使用规范研究》，《新闻界》2020 年第 4 期。
② 季为民:《数字媒体新闻伦理研究的新观点、新问题和新趋向》，《现代传播（中国传媒大学学报）》2020 年第 4 期。
③ 袁帆、严三九:《模糊的算法伦理水平——基于传媒业 269 名算法工程师的实证研究》，《新闻大学》2020 年第 5 期。
④ 林爱珺、刘运红:《智能新闻信息分发中的算法偏见与伦理规制》，《新闻大学》2020 年第 1 期。
⑤ 陈昌凤、仇筠茜:《"信息茧房"在西方：似是而非的概念与算法的"破茧"求解》，《新闻大学》2020 年第 1 期。
⑥ 徐琦:《辅助性治理工具：智媒算法透明度意涵阐释与合理定位》，《新闻记者》2020 年第 8 期。
⑦ 陈昌凤、徐芳依:《智能时代的"深度伪造"信息及其治理方式》，《新闻与写作》2020 年第 4 期。
⑧ 姬德强:《深度造假：人工智能时代的视觉政治》，《新闻大学》2020 年第 7 期。
⑨ 尤红:《VR 新闻的重构特征与伦理风险》，《现代传播（中国传媒大学学报）》2020 年第 4 期。
⑩ 张秀:《智能传播视阈下伤害最小化伦理原则探讨——以智能人脸识别技术为例》，《当代传播》2020 年第 2 期。

三、新媒体与传播侵权问题研究

(一) 新闻传播侵犯隐私权与个人信息权益的问题研究

《民法典·人格权编》的出台引起法学界学者的热议,其中隐私权和个人信息权益的问题更是成为热中之热。新闻传播学科对此问题的研究并没有沿着法学路径展开,而是在技术传播的视域里发现新鲜的话题,探索可能的保护路径。

通过整合型的数据利用方式对公民产生深刻的影响是大数据时代的新特点。顾理平对此提出"整合型隐私"的概念,探讨这一新型隐私类型的逻辑和特征。[①] "整合型隐私"的可能除了数据技术外,还在于可移动的传播媒介带来了全新的交互方式,然而这种技术的可供性却也提供了被液态性监视的可能。王绍蓉通过对智能手机揭露使用者个人信息问题的分析,以此解释手机是如何赋予脸书使用者检视自我并观看他人的能力,进而阐明"液态监视"的理论意涵。[②] 吴璟薇、唐海景研究了社交媒体中的公私界限问题,指出公私差异的问题并非在于边界模糊,而是在于用户互动中的划分。[③] 在隐私的流动性之上,林爱珺、蔡牧讨论隐私的"可携带性"与"合理授权",从而实现隐私保护的可流转性及综合治理。[④] 张文祥、杨林聚焦新闻聚合平台中的隐私保护困境,从算法分层责任制度等方面提出保护策略。[⑤] 卢家银从事前预防和事后监管解释了网络服务提供者在隐私侵权中的注意义务。[⑥] 关于隐私悖论的研究,杜丹提出新的观点,"技术中介化系统导致的隐私悖论问题,不可能在技术层面得到'终结性'解决,而需要更大的系统间的协作、协调和平衡"[⑦]。

虽然隐私和个人信息在信息化社会中时常交织在一起,但从学者们的研究落脚点来看,个人信息的研究在回应现实技术困境上仍有自己的特色。面对算法权力的无形渗透,以及由此而来的对个人信息的监控,许天颖、顾理平将对问题的研究置于新的监控范式之上,通过

---

① 顾理平:《整合型隐私:大数据时代隐私的新类型》,《南京社会科学》2020年第4期。
② 王绍蓉:《监视液态性、手机可供性:行动社群族之隐私与窥视》,《传播与社会学刊》(香港) 2020年第4期,总第54期。
③ 吴璟薇、唐海景:《流动的界限——社交媒体公与私的情境实践与管理》,《传播与社会学刊》(香港) 2020年第4期,总第54期。
④ 林爱珺、蔡牧:《大数据中的隐私流动与个人信息保护》,《现代传播(中国传媒大学学报)》2020年第4期。
⑤ 张文祥、杨林:《新闻聚合平台的算法规制与隐私保护》,《现代传播(中国传媒大学学报)》2020年第4期。
⑥ 卢家银:《网络服务提供者在隐私侵权中的注意义务》,《南京社会科学》2020年第6期。
⑦ 杜丹:《技术中介化系统:移动智能媒介实践的隐私悖论溯源》,《现代传播(中国传媒大学学报)》2020年第9期。

梳理监控与权力的内在关联,揭示技术对人的深层影响。[1] 林凌、贺小石回应人脸识别带来的技术挑战,建议我国应确立个人信息自决等法律规制原则,以此平衡数据产业发展与个人信息保护之间的矛盾。[2] 此外,顾理平和邹军、吕智娴都关注到了区块链技术应用于问题治理的可能性。顾理平认为"区块链中呈现出的去中心化、强加密和可追溯等技术特征,为公民隐私保护提供了一种可能的技术想象"[3]。邹军、吕智娴也指出区块链提供的由"集中保护"向"分散保护"的模式转变,为未来个人数据保护提供了新的思路。[4]

（二）新闻传播侵犯著作权问题研究

2020年时值我国《著作权法》颁布30年,全国人民代表大会常务委员会通过了《著作权法》第三次修正稿草案。"版权是媒体的核心利益,媒体保护版权就是保护自身的核心利益。"朱鸿军从中国经验出发,总结出媒体融合过程中版权保护从"漠视"到"觉醒"再到"重视"的历史演进过程。[5] 阎晓宏也以《著作权法》颁布30年为契机,回顾我国版权保护的历史、经验,并对版权保护展开反思。[6] 郑宁将我国网络版权监管历史分为三个阶段,回顾从无到有的过程之余,建议按照依法治理、合作治理、智能治理三个原则完善相关制度设计,以此应对未来版权保护的问题。[7]

媒体融合的背景下,新闻职务作品的版权归属问题是《著作权法》第三次修订中的重点问题。其中,将特殊职务作品的著作权归属原则适用于新闻职务作品是《著作权法》第三次修改的新内容。朱鸿军、彭桂兵认为《著作权法》中的新闻职务作品条款已凸显出修改的必要性,但并不支持将新闻职务作品强制列为特殊职务作品予以法律保护,而是提倡遵循以"约定在先,法定在后"的保护方式。[8]

人工智能技术的发展集中引发了关于作品著作权的新思考。以"人工智能写作第一案"为例,梅傲、郑宇豪基于现实困境指出,需要通过提高人工智能作品独创性认定标准等方式

---

[1] 许天颖、顾理平:《人工智能时代算法权力的渗透与个人信息的监控》,《现代传播（中国传媒大学学报）》2020年第11期。

[2] 林凌、贺小石:《人脸识别的法律规制路径》,《法学杂志》2020年第7期。

[3] 顾理平:《区块链与公民隐私保护的技术想象》,《中州学刊》2020年第3期。

[4] 邹军、吕智娴:《区块链与个人数据保护模式的转型》,《现代传播（中国传媒大学学报）》2020年第7期。

[5] 朱鸿军:《从"漠视"到"重视":媒体融合中媒体保护版权的历史演进》,《国际新闻界》2020年第12期。

[6] 阎晓宏:《〈著作权法〉颁布30年:历史、经验与反思》,《中国出版》2020年第21期。

[7] 郑宁:《我国网络版权监管的历史发展和展望》,《出版发行研究》2020年第6期。

[8] 朱鸿军、彭桂兵:《新闻职务作品版权归属:历史、争议以及建议——兼评〈中华人民共和国著作权法修正案（草案）〉第16条》,《编辑之友》2020年第10期。

对技术困境进行完善。① 另外，对人工智能写作困境的探讨必须回答人工智能与著作权的关系，而对此问题的研究却形成了确权和不确权的分歧。持不确权观点的研究者认为人工智能创作物是一种没有思想的表达方式，难以符合《著作权法》要求的独创性。如江帆基于此论点，将人工智能创作物归入社会公共领域，提倡公共性②；曹思婕从《著作权法》保护人类作品的立法意图出发，揭示人类作品和智能出版物的区别③。更多的一方支持为人工智能创作物确权，但为了能和现有法律相调和，学者们取道差异化的保护模式。如林爱珺、余家辉提出创设"类版权制度"来规范人工智能创作物④；吴雨辉则建议通过设置不同的独创性标准，构建分层保护的著作权制度⑤。

短视频的崛起迎来传播模式的更新，也挑战着既有版权的认定标准。贺涛聚焦于理论与司法实践中的分歧，认为应当"从作者权体系和版权体系有关独创性标准的比较研究和融合趋势中确立短视频独创性标准的理论和法律政策基础，并从视听作品创作过程入手，重构短视频的独创性标准"⑥。冷凇、刘旭从产业发展的角度，引入"微版权"概念，指出应通过"微版权"模式来迎合短视频时代下的版权保护和产业发展。⑦ 冯晓青、许耀乘将短视频的版权问题置于媒体融合的关键位置上，提出"以平台为核心、权利人配合、社会公众监督"的社会治理模式，从而促进我国媒体融合战略的实施。⑧

除了人工智能和短视频外，对新闻聚合平台中的版权问题的探讨经久不衰。彭桂兵从比较法的视角指出我国新闻聚合版权的独有问题是"原告的诉请并不明确，从而导致法院确立审理范围的随意性"。基于此，其建议分立直接侵权之诉和间接侵权之诉明确诉请目标。⑨ 此外，罗斌提倡通过确立"邻接权"给予传统新闻媒体直接损失上的赔偿，由此调和二者在

---

① 梅傲、郑宇豪：《人工智能作品的困境及求解——以人工智能写作领域第一案为考察中心》，《出版发行研究》2020年第12期。
② 江帆：《论人工智能创作物的公共性》，《现代出版》2020年第6期。
③ 曹思婕：《人工智能出版物的立法思考——基于著作权法中作品的创造性》，《编辑之友》2020年第5期。
④ 林爱珺、余家辉：《机器人写作的身份确权与责任归属研究》，《湖南师范大学社会科学学报》2020年第5期。
⑤ 吴雨辉：《人工智能创造物著作权保护：问题、争议及其未来可能》，《现代出版》2020年第6期。
⑥ 贺涛：《短视频独创性标准的重构》，《出版发行研究》2020年第7期。
⑦ 冷凇、刘旭：《短视频时代"微版权"产业空间与创意延展》，《中国出版》2020年第4期。
⑧ 冯晓青、许耀乘：《破解短视频版权治理困境：社会治理模式的引入与构建》，《新闻与传播研究》2020年第10期。
⑨ 彭桂兵：《我国新闻聚合版权司法的问题阐释与解决方略——基于比较法视角》，《新闻与传播研究》2020年第6期。

投入和成本上的矛盾。①

（三）新闻传播侵犯名誉权问题研究

《民法典》中的"名誉权"成为学者们关于名誉权问题研究的核心。蔡斐、毋爱斌围绕《民法典》第999条、第1025条、第1026条等条款，对新闻侵犯名誉权的认定规则进行解释。② 刘文杰对《民法典》中涉及名誉侵权的法条进行了解释，以"名誉权抗辩事由的系统化"概括了《民法典》对名誉权问题的解答。③ 王伟亮、刘逸帆通过对《民法典》历次草案的对比，呈现了"合理审查义务"抗辩的确立路径，但也指出存在"多种抗辩事由不当结合表述"等方面的不足。④

四、言论表达与网络空间治理研究

（一）虚假信息与谣言防治研究

每逢公共突发事件，如何应对层出不穷的谣言是新闻传播学者们的首要关注点。通过回顾疫情防控中打击谣言的行政行为，魏永征重点分析了施以行政手段惩治谣言行为的构成要件，通过厘清正确的界定方式来敦促行政处罚合法又合理。⑤ 除了借助刑法和行政法寻求法律路径的解决之外，关于新冠肺炎疫情谣言的学术性探究也出现了不一样的视角。周煜、杨洁对比了SARS和新冠肺炎疫情中谣言传播的差异，提出在技术因素之外，通过谣言中的"伪科学色彩"来建立公众素养和谣言防治之间的关系。⑥ 陈昌凤、林嘉琳将虚假信息的泛滥归因为"批判性思维"的缺失，从批判性思维的视角对信息传播中的失实、失善的伦理现象进行分析，进而对虚假信息的防治提供有效建议。⑦ 张文祥、杨林反对"以我为主"的信息治理模式，认为在突发公共卫生事件中应当以"对话"的姿态，及时、充分地公开信息，促成多元主体间的对话和协商。⑧

除了突发公共卫生事件中的谣言防治外，日常网络空间的辟谣、治谣同样是不可或缺的

---

① 罗斌：《著作权视域下新闻聚合平台规制的路径》，《中州学刊》2020年第7期。
② 蔡斐、毋爱斌：《新闻侵犯名誉权的过错归责原则与证明责任分配》，《新闻记者》2020年第12期。
③ 刘文杰：《〈民法典〉在新闻侵权抗辩事由上的探索与创新》，《新闻记者》2020年第9期。
④ 王伟亮、刘逸帆：《论我国新闻侵犯名誉权"合理审查义务"抗辩的确立与完善——兼评民法典分则草案历次审议稿中两条抗辩条款》，《现代传播（中国传媒大学学报）》2020年第3期。
⑤ 魏永征：《略论治理网络谣言的行政处罚》，《新闻记者》2020年第3期。
⑥ 周煜、杨洁：《疫情期间的谣言变迁与治理路径》，《当代传播》2020年第5期。
⑦ 陈昌凤、林嘉琳：《批判性思维与新冠疫情报道的伦理问题》，《新闻界》2020年第5期。
⑧ 张文祥、杨林：《多元对话：突发公共卫生事件的信息传播治理》，《山东大学学报（哲学社会科学版）》2020年第5期。

组成部分。论及通过刑法惩治网络谣言的尺度,冯建华透过风险刑法的视角指出,网络谣言入罪须将现实危害性作为社会防卫的主要价值导向,网络谣言治理是综合系统工程,刑事处罚只是其中的最后手段。[1] 罗斌、宋素红对刑法和行政法中谣言定罪的条件进行对比分析,研究发现,在构成要件方面,对关键概念的界定仍不明确,在违法性上,行政法中的规定有待提高,并建议完善和弥补相关的漏洞。[2]

(二)网络空间中的权力与治理研究

我国从1994年加入国际互联网以来,走过了25年的网络治理之路,多位学者对我国的网络治理之路进行历时性的梳理。彭波、张权将这一段时期划分成五个阶段,并总结出"针对互联网普及率的治理、针对网络媒体的治理、针对网民及集体行动的治理、针对互联网政治性使用的治理、针对互联网利益集团的治理"五个重点任务。[3] 冯建华研究了网络秩序观念的演变并发现,从"硬安全"向"软安全"转化,从严格秩序意义上的"内容管理"向泛秩序意义上的"生态治理"转变是这一时期的主要趋势。[4]

与此同时,网络空间在新的面向上也产生了新的话题和观点。随着平台"私权力"的崛起,韩新华、李丹林提出网络空间权力从"公权力—私权利"到"公权力—私权力—私权利"的新型结构,以此凸显平台"私权力"在网络权力角逐中的重要性,意在对平台"私权力"进行规制。[5] 面对"被遗忘权"在国际网络空间落实过程中遇到的挑战,邹举、叶济舟分析了"被遗忘权"在全球性与属地性问题上的分歧和争议,并提出"从属地原则到效果原则"和"礼让为先,许有例外"的协调路径。[6] 此外,罗昕、张梦注意到算法技术日渐成为国际政治中的"软实力",由此而来的信息地缘政治格局需要发挥国家政府、联合国、技术社群、区域组织等多元行为体的联合力量,共同应对算法传播带来的全球风险。[7]

就新闻传播法治与伦理研究而言,2020年是极具挑战性的一年。当学者面对例外、日常

---

[1] 冯建华:《网络谣言入罪的尺度与限度——以风险刑法为分析视角》,《新闻与传播研究》2020年第2期。
[2] 罗斌、宋素红:《谣言传播违法与犯罪的成立条件——基于行政法与刑法相关制度比较的视角》,《新闻与传播研究》2020年第5期。
[3] 彭波、张权:《中国互联网治理模式的形成及嬗变(1994-2019)》,《新闻与传播研究》2020年第8期。
[4] 冯建华:《中国网络秩序观念的生成逻辑与意涵演变》,《南京社会科学》2020年第11期。
[5] 韩新华、李丹林:《从二元到三角:网络空间权力结构重构及其对规制路径的影响》,《广西社会科学》2020年第5期。
[6] 邹举、叶济舟:《全球性抑或属地性:被遗忘权的空间范围争议与执行方案选择》,《新闻与传播研究》2020年第8期。
[7] 罗昕、张梦:《算法传播的信息地缘政治与全球风险治理》,《现代传播(中国传媒大学学报)》2020年第7期。

和希望三种不同的现实需要时，应展示出更多样的研究层次。首先，应对疫情期间的信息传播病症，研究需要具有建设性的对策取向，回答该如何恢复有序的信息传播生态。其次，随着《民法典》的正式出台，新闻传播研究的学者需要进行阐释性的研究，回答《民法典》中的新闻传播是什么？最后，面对处在不断加速中的技术，研究者不仅需要关注技术带来的现实问题，还需要通过理论建构性的研究带来新的观点和视野。这三个研究层次，正是从2020年新闻传播法治与伦理研究中可以看见的。

2020年媒体融合研究综述

黄楚新　陈玥彤[*]

2020年6月30日,中央全面深化改革委员会第十四次会议审议通过了《关于加快推进媒体深度融合发展的指导意见》。2020年9月26日中共中央办公厅、国务院办公厅印发的《关于加快推进媒体深度融合发展的意见》中,将六年前的"推动"变为"加快推进",从"融合发展"改为"深度融合发展"。2020年10月29日,党的十九届五中全会通过的《中共中央关于制定国民经济和社会发展第十四个五年规划和二〇三五年远景目标的建议》中又进一步提出"推进媒体深度融合,实施全媒体传播工程,做强新型主流媒体,建强用好县级融媒体中心"。随着媒体融合发展进入全面发力、深化改革、构建体系的新阶段,推进媒体深度融合处于战略机遇期和关键窗口期。同时,2020年学术界也针对中国媒体融合现状展开了丰富的研究,从宏观到微观都进行了具有张力的讨论,发现媒体融合过程中的规律和问题,并提出策略性建议,对促进媒体融合发展进程、政策机制改革,以及国家治理体系建设发挥了重要的作用。

一、技术更迭：媒体融合的场景变革

（一）5G技术深度发展

2020年《政府工作报告》中提出"要加强新型基础设施建设,发展新一代信息网络,拓展5G应用",将5G技术提到策略性地位。作为新一代信息技术的代表,5G技术对新闻传播行业具有基础性和全方位的影响,对5G技术的应用体现着技术影响下媒体行业不同维度的变革路径。自2019年步入5G技术商用元年之后,对于5G技术的研究成为2020年媒体融合相关讨论中的热点。有研究从历史与现实的多重角度,分析从2G到5G时代的变革历程,提出技术驱动下最大的变革是思想观念的变化。技术作为一种基础性力量,引起传播速率、网络主体人群结构以及传播格局中权力关系的变化与重塑,形成"以用户为中心、融合性平台创新"的新型信息生产系统。[①] 以《中国青年报》的融媒体实践为例,有研究从沉浸式新闻

---

[*] 黄楚新,中国社会科学院新闻与传播研究所数字媒体研究室主任,研究员；陈玥彤,中国社会科学院大学新闻传播学院博士研究生。

[①] 李良荣、辛艳艳：《从2G到5G：技术驱动下的中国传媒业变革》,《新闻大学》2020年第7期。

这一细分视角阐述 5G 赋能下多重感官、多种方式的新闻报道模式转型以及深度拟态、打破常规的新闻叙事创新，认为 5G 技术落地带来行业风口，但创作融媒精品仍应坚持"以人为本"与"内容为王"。① 于是，从新冠肺炎疫情与 5G 技术商业化等宏观背景入手，有研究认为技术和独特社会传播环境对数字化建设进程和数字治理体系建构起到促进作用，引起直播经济、短视频等新型传播模式出现并成为发展风口，共同影响新媒体智库建设进入快车道。② 最后，在 5G 技术参与绘制的"数字化未来"图谱下，有学者从传播环境、技术返魅与具身性在场、再部落化与社会性记忆三个方面阐述技术变革之下的价值思考，并提出应关注技术变革带来的社会与伦理意识问题，以及虚拟交往带来的文化熵增。③

（二）短视频化趋势明显

短视频以多维表达和表达介质的可嵌入性等优势，成为全媒体建设中社会化表达的主要形态，也是媒体融合向纵深推进的关键组成。有研究分别以融合出版和深度报道为考察视角，讨论短视频对深度融合的推进，提出"视频文本化"的概念，破除短视频作为流量生产力的外在表现，从结构机制、功能机制、互动机制以及创新机制等内在层面为融合出版提出视频化策略，以场景化和开放式价值共创的方式协助传统新闻业转型。④ 而通过对国内外主流媒体深度报道的考察，发现深度报道既能以短视频的方式来呈现，同时也能重新阐释短视频新闻生产的融合张力，可以从对新闻文本质量与记者专业素质的微观层面、新闻伦理与品牌建构的中观层面、国家战略与国际视野的宏观层面三者共同归化，厘清碎片化视听与深度化内容间的关系。⑤ 从短视频发展总体趋势而言，有研究提出，新闻短视频在内容生产上的融合困境主要体现在内容选择、制作和呈现三个方面，认为从媒体融合的目的出发探索融合困境的突围之路更具全局意义和持久有效性，前提是合规合法，而优化生产技能则是新闻短视频走出困境的基本功力，关键在于找到吸引用户和服务公众之间的最佳平衡点，最终应落实持续深度融合与品牌化建设。⑥ 此外，媒体融合进程中，短视频版权治理难题也颇受学界

---

① 曹竞、刘俞希：《5G 时代下的媒体融合发展 中国青年报沉浸式体验新闻的探索与思考》，《新闻与写作》2020 年第 3 期。

② 黄楚新、王丹：《聚焦"5G+"：中国新媒体发展现状与展望》，《科技与出版》2020 年第 8 期。

③ 段鹏、文喆、徐煜：《技术变革视角下 5G 融媒体的智能转向与价值思考》，《现代传播（中国传媒大学学报）》2020 年第 2 期。

④ 王晓红：《短视频助力深度融合的关键机制——以融合出版为视角》，《现代出版》2020 年第 1 期。

⑤ 高贵武、薛翔：《深入"短"出：短视频时代的新闻深度——基于深度报道短视频化的实践考察》，《当代传播》2020 年第 6 期。

⑥ 刘秀梅、朱清：《新闻短视频内容生产的融合困境与突围之路》，《现代传播（中国传媒大学学报）》2020 年第 2 期。

关注。有研究认为需将短视频治理引入社会治理领域，在法律制度框架内进行多元社会主体的协同治理，建立长效化机制，着力于调和短视频平台、权利人、社会公众之间的利益冲突，探索构建"以平台为核心、权利人配合、社会公众监督"的社会治理模式。①

（三）直播呈现常态化

"全民直播"趋势下，"直播+"模式成为主流媒体融合"破圈"的方式之一，从新闻与直播各自独立发展的新闻"移动化"到二者相互融合，直播"常态化"格局呈现。在2020年新冠肺炎疫情背景下，"直播+新闻""直播+经济"等媒体融合形式受到学界关注。有研究以央视新闻首场带货直播为例，发现主流媒体通过直播主的反差设置与提供专业优质内容创造长效吸引力，借助意见领袖共同深耕共享流量达成互补，协助主流媒体传播"破圈"互融。② 有研究则聚焦于新冠肺炎疫情防控中的新闻报道，结合4G到5G移动传播特征，提出新闻媒体与视频直播正从"相加"迈向"相融"，可以通过资源整合、流程优化等方式，实现信息内容、技术应用、平台终端、管理手段的共融共通，加速媒体融合发生质变，建设真正的全媒体新闻传播格局。③

二、多维视角：媒体融合的发展历程

（一）历史性考察

自1999年媒介融合概念被引入中国到2020年媒体深度融合被正式列入"十四五"规划和二○三五年远景目标，媒体融合经历了技术驱动、时空更迭、新旧碰撞等多重因素影响，不断进行着传播实践。2020年，相关研究中较少有宏观视角的历史性分析，更多聚焦于微观层面的内容深挖，跨学科、多维度讨论媒体融合在不同层面的历史性变迁。首先，有研究立足政策风向与传统媒体生存困境，从"主流媒体"这一概念的历史更迭入手，提出"新型主流媒体"在原有对媒体政治职责与影响力的基础上，添加了对媒体形态的新规定，认为媒体深度融合的当下，建设新型主流媒体应该在坚持行政选择机制的基础上，适当地嵌入市场选择机制。④ 其次，有研究认为版权作为媒体的核心利益，版权保护即是保护媒体的核心利

---

① 冯晓青、许耀乘：《破解短视频版权治理困境：社会治理模式的引入与构建》，《新闻与传播研究》2020年第10期。

② 陈静、李永欢：《"全民直播时代"主流媒体传播的"破圈"与融合——基于央视新闻首场带货直播的案例分析》，《当代电视》2020年第7期。

③ 卢迪、邱子欣：《新闻"移动化"与直播"常态化"：5G技术推动新闻与直播深度融合》，《现代传播（中国传媒大学学报）》2020年第4期。

④ 刘帅、李坤、王凌峰：《从主流媒体到新型主流媒体：概念内涵及其实践意义》，《新闻界》2020年第8期。

益，但在我国的媒体融合进程中并非承延这一规律，于是通过对传统媒体和新兴媒体关于版权保护的历史性探究，发现其经历了从"漠视"到"觉醒"再到"重视"的演进过程，展示出媒体融合中我国媒体版权保护的特殊性，而媒体融合纵深发展也正成为影响中国媒体保护版权正向作为的一大结构性因素。① 最后，还有研究以媒介化视角作为切入，从媒体融合的历史进程批驳竞合框架下新旧媒体平等博弈的论断，提出尽管传统媒体很容易采纳新媒体技术，但其运作规则、生产模式等游戏规则却被彻底破坏了，盈利模式的消解和话语权的旁落使大众传媒的新媒体实践与新媒体之间始终难以融合，对竞合框架所引发的重技术、轻内容的媒体融合思路持批判态度。②

（二）新闻生产流程变革

新闻业被全面裹挟进技术浪潮之中，行业壁垒和渠道垄断逐渐打破，被广泛渲染的新闻业危机促使从业者寻求改革，将新的传播技术和生产机制引入编辑室，共同形成变革语境，主导媒体融合的进程。2020年，相关研究多立足内容与技术间的关系，结合融媒体实践，讨论技术对新闻生产和新闻编辑室的影响。有研究以第二十九届中国新闻奖媒介融合奖作品为分析对象，发现媒体融合正在加快引导和催生更多样的新闻报道形式和新闻传播新格局，呈现出新旧媒体通力合作、动静虚实共同呈现、报道内容广泛传播、受众参与高度创新的新闻报道形式新趋势，建构了多平台合作的全媒报道、图文音视频共存的全息报道、用户高度参与的互动报道三种全媒体内容生产方式。③ 有研究从行动者网络视角入手，对媒体机构或媒体技术公司中的内容和技术人员进行深度访谈，挖掘内容和技术行动者之间的转移过程，发现创新团队内部存在内容主导和无明确核心行动者两种网络模式，从创新作品的生产流程来看，起主导作用的（即核心行动者）依然是内容人员，在与不同专业背景团队的合作中，体现出技术需求矛盾、生产理念矛盾和内外部立场之间的矛盾。④ 于是，针对融媒体变革中的从业者，有研究立足技术影响下的媒体集团组织变革背景，以扎根理论建构媒体融合组织变革与新闻从业者变革反应的关系模型，发现媒体组织融合变革对新闻从业者的角色定义、角色权利、角色效能和角色资本产生系统性作用，从业者的接收、抵制与协商在整体媒体融合

---

① 朱鸿军：《从"漠视"到"重视"：媒体融合中媒体保护版权的历史演进》，《国际新闻界》2020年第12期。
② 胡翼青、李璟：《"第四堵墙"：媒介化视角下的传统媒体媒介融合进程》，《新闻界》2020年第4期。
③ 洪少华、卢晓华：《论媒介融合背景下新闻报道形式的创新——以第二十九届中国新闻奖媒介融合奖作品为例》，《出版广角》2020年第2期。
④ 肖鳕桐、方洁：《内容与技术如何协作？——行动者网络理论视角下的新闻生产创新研究》，《国际新闻界》2020年第11期。

变革的角色调适中具有相似性。①

（三）广电新闻融合转型

传播技术创新及媒体行业现状等对广播电视新闻的实践产生重大影响，迫使传统广电机构对技术驱动与政策引导的媒体融合环境作出反应，尤其作为县区基层融媒体建设的基础，广电新闻的融合转型也正进入深水区和关键期。目前广电媒体融合发展面临着迭代升级为新兴媒体的结构性困境、移动客户端市场占比偏低两大难题。有研究认为未来的广播电视媒体融合发展将呈现三大趋势：一是产业融合成重点趋势，二是5G时代视听产业将迎来新一轮爆发，三是未来广电媒体将逐步平台化和在地化分化。② 对广电媒体融合的分析多从技术的全景式描绘展开。有研究将媒体融合分为媒体融合、融合媒体和智能媒体三个时期，提出媒体融合的本质是技术融合、人人融合、媒介与社会融合，VR、5G、AI等技术将使电视业面临技术标准、组织结构和运行机制的大转型。研究者提出了四点未来电视媒体从业者的思考方向：一是高度重视技术驱动力直面技术强权，二是做好媒体融合定位和谋划，三是重视和把握网络原住民的心理和文化特征对传媒业态的影响力，四是履行新型主流媒体担当开辟新的发展空间。③ 另外，有研究从广播电视新闻采编这一偏实务操作的视角入手，为媒体融合时代下的广电采编工作提出方法路径，包括树立创新发展理念、注重总结提高新闻采编能力、深入基层用心处理采编工作的人物关系、善于利用媒体融合时代新技术、注重创新发展的经验教训和意见交流。④

三、县级融媒体：媒体融合的实践操演

（一）发展现状

县级融媒体中心战略既是我国媒体融合进程的重要组成部分，也逐渐成为国家治理体系和治理能力现代化建设在县域的重要一环。2020年是中宣部提出的基本实现县级融媒体中心全国全覆盖目标的收官之年，截至2020年年底，全国各省份的县级融媒体中心已经基本实现挂牌，近30个省份的省级云平台也纷纷建成，机构覆盖和平台支撑的目标基本实现，已有中心建设进入打造2.0版的重要时期。⑤ 因此，在对媒体融合具体实践的研究中，县级融

---

① 黄金：《融媒变革中新闻从业者的角色调适——基于某报集团组织变革的扎根研究》，《新闻记者》2020年第12期。
② 林小勇：《当前广播电视媒体融合发展现状与趋势》，《中国电视》2020年第1期。
③ 廖祥忠：《从媒体融合到融合媒体：电视人的抉择与进路》，《现代传播（中国传媒大学学报）》2020年第1期。
④ 蔡刘明：《探究媒体融合时代广播电视新闻采编工作的创新途径与方法》，《科技传播》2020年第2期。
⑤ 胡正荣：《打造2.0版的县级融媒体中心》，《新闻界》2020年第1期。

媒体建设成为研究者的主要分析对象之一。有研究从宏观视角对县级融媒体建设现状表示认可，提到2020年县级融媒体中心取得巨大进展，从建设初期挂牌起步，到完善舆论阵地、综合服务平台和信息枢纽三项职能，再到探索自我"造血"的可持续发展模式，逐步实现高质量发展的"三级跳"。① 也有研究从媒介制度史角度出发，持较为审慎的态度，研究回溯并诠释县级广电媒体的发展逻辑与挑战，认为县级融媒体中心建设的政策出发点是在延续传统"四级"媒体框架的基础上，试图通过把政策话语与媒体融合的技术逻辑相嫁接，来实现国家整体传播战略的基层落地，但自上而下的行政主导式政策设计与在地化具体实践仍存在诸多不确定性，其本质上是传统媒体在新技术平台上的一种形式化嫁接。② 通过对个案的田野调查，有研究总结出关于县级融媒体中心体制改革探索中所形成的三种模式，即"一类属性、一类管理"模式、"一类属性、争取二类管理"模式、"二类属性、争取一类保障"模式，但研究中发现三种模式尚未根本扭转"吃大锅饭"的体制机制，落后的体制机制已成为县级媒体融合发展的最大阻碍。③

（二）困境与难点

因此在现状讨论的基础上，县级融媒体中心在取得成果的同时也暴露出建设过程中的困境。有研究提出，传统体制机制不再适应融媒体中心发展，优秀人才不足甚至流失降低了新闻生产的活力，同时由于经济、资源等基础条件不同，中东部和西北部发展不平衡现象愈发凸显，影响县级融媒总体进展和成效。④ 多数研究都明确指出，目前的县级融媒体改革主要阻力来自观念、沟通等"软性障碍"，人才队伍建设矛盾以及体制机制僵化问题。⑤ 改革目前还面临着保障与激励相平衡、经营创收与舆论宣传职能相平衡以及政治逻辑与治理逻辑相平衡的难题。⑥ 有研究特别引入了"央地关系"维度，研究县级融媒体中心作为"县域治理技术装置"的添置过程，提出技术标准从中央落地到基层的过程中，"多元经验分享"式的现场推进会和精细的"单一技术文本"式的县级融媒体中心建设标准起到了截然不同的效果，

---

① 周逵、黄典林：《从大喇叭、四级办台到县级融媒体中心——中国基层媒体制度建构的历史分析》，《新闻记者》2020年第6期。
② 黄楚新、刘美忆：《2020年县级融媒体中心建设现状、问题及趋势》，《新闻与写作》2021年第1期。
③ 张雪霖：《县级融媒体中心的体制机制改革研究——以H省3个试点县市为例》，《新闻界》2020年第3期。
④ 黄楚新、刘美忆：《2020年县级融媒体中心建设现状、问题及趋势》，《新闻与写作》2021年第1期。
⑤ 张克旭、赵士林、邓江：《国家战略的地方路径：区县融媒体中心建设的上海探索——基于上海8个区级融媒体中心的实地调研与问卷调查》，《新闻记者》2020年第6期。
⑥ 张雪霖：《县级融媒体中心的体制机制改革研究——以H省3个试点县市为例》，《新闻界》2020年第3期。

后者的制定则有可能对地方性探索形成反作用力。同时在政策从中央向地方扩散过程中存在"技术变形"问题，即"新瓶旧酒"的现象。① 另有研究认为，目前县级融媒体建设的重难点集中在是否能有效挖掘用户资源，壮大用户队伍，能够争夺移动终端信息入口，激活县域用户资源，这也成为打通媒体融合和国家传播力建设的"最后一公里"。②

（三）未来建设路径

作为国家治理体系和治理能力现代化建设在县域的重要一环，县级融媒体中心并不只是一个集成县域内媒体资源和相应业务的新机构，而应是可以消解舆情隐患、有效引导舆论的全新治理平台，因此有不少研究从国家治理与社会功能的角度对县级融媒体建设提出未来路径参考。有研究将县级融媒体置于基层社会重建和媒介化政治的框架之下，提出"平台化"与"组织化"两个特点，将其视为联结党和人民、政府和群众的公共对话平台，致力于把民众组织起来参与公共事务的讨论。③ 为实现县级融媒体的国家治理作用，相关研究提出许多意见和启示。县级融媒体中心应前置服务功能，优化政务等服务的供给，凭借基于服务群众所构筑起的区域内信息传播优势，"编制"本地传播网络的核心圈，并能够在不同圈子间高效"切换"，从而在舆情爆发时得以发挥其良好的调控功能，最终"将舆情消化在本地"。④ 简言之包括对接国家治理战略、政务与服务前置，以及基层融入地方治理平台等路径。⑤ 同时对县级融媒体中心建设的评估也不应继续囿于技术性建设标准，而应指向更有实际意义的治理效果。⑥

四、宏观布局：媒体融合的挑战与未来

（一）发展现状与本质化分析

对于媒体融合的宏观性分析，多立足于2020年我国关于媒体融合的政策导向和新冠肺炎疫情的客观影响，认为现阶段已经进入全面转型与深度融合的攻坚阶段。从发展现状而言，

---

① 曾培伦、毛天婵：《技术装置"多棱镜"：国家治理视阈下的县级融媒体中心建设研究——基于71篇县级融媒体中心挂牌新闻的分析》，《新闻记者》2020年第6期。
② 田龙过：《县级融媒体中心建设的关键：打通与用户的"最后一公里"》，《中国编辑》2020年第1期。
③ 沙垚：《重建基层：县级融媒体中心实践的平台化和组织化》，《当代传播》2020年第1期。
④ 张诚、朱天：《从"集成媒体的新机构"到"治国理政的新平台"——县级融媒体中心的方位坐标及其功能逻辑再思考》，《四川大学学报（哲学社会科学版）》2020年第2期。
⑤ 张克旭、赵士林、邓江：《国家战略的地方路径：区县融媒体中心建设的上海探索——基于上海8个区级融媒体中心的实地调研与问卷调查》，《新闻记者》2020年第6期。
⑥ 曾培伦、毛天婵：《技术装置"多棱镜"：国家治理视阈下的县级融媒体中心建设研究——基于71篇县级融媒体中心挂牌新闻的分析》，《新闻记者》2020年第6期。

2020年度制度创新成为亮点,县级融媒完成挂牌,媒体智能化、直播泛在化成为常态,组织结构调整推进集约发展,跨界融合布局形成规模效应。[①] 有研究对2020年媒体融合发展进行更加细节的现状白描,认为目前直播电商引领用户消费理念与生活方式改变,长视频与短视频博弈升级,互联网专业内容生产展现蓬勃生机,优质内容和品牌方成为资本市场新宠,微经济多元化创新发展,线上线下消费边界不断融合,网络消费呈现个性化与分众化特点,同时互联网头部企业纷纷入局本地生活赛道,数字生活新服务成为发展热门,而Z世代人群在网络社会中的重要性也愈加突出,成为互联网市场与新媒体研究的关注重点。[②] 还有研究通过考察具有引领性的三大中央级媒体、代表性的市场化媒体、特色化的县级融媒体的核心竞争力塑造和差异化战略,提出在统一的战略部署、全媒体标准化的技术架构和功能布局都逐渐成形之际,我国媒体融合本质上应呈现出差异化竞争、专业化生产、分众化传播的融合转型特征。[③] 还有研究认为媒体融合的中国使命分为三个层面,首先是国内层面,媒体融合是为了做大做强主流舆论、服务国家发展的需要,尤其是国家治理现代化的需要;其次是国际层面,需要在国际传播格局中壮大实力、提高能力,建立与中国发展需要相适应的、与国力相称的国际话语权;最后是站在人类命运共同体的高度,助力世界各国全面进入网络时代,为推动人类网络新文明的进程贡献中国力量。使命始终是指导中国媒体融合战略的方向标,也始终是衡量媒体融合成效的基本尺度。媒体融合的本质,不仅仅是媒体形态随技术发展而转变,更是随着互联网的发展,人类生存和发展的空间,由过去现实空间主导开始逐渐转向网络空间主导。[④]

(二)伦理迷思与国家治理

2020年媒体融合发展过程中仍存在较多难题,部分研究聚焦县级融媒体,以其为研究对象综合推演该阶段的整体发展缺陷,这类内容已在上文提及,此处不再赘述。宏观视角的研究中,有学者表示,媒体深度融合中需要解决的核心问题是体制机制改革,目前改革创新乏力,关停并转渐成常态,同时融合纵向联动不畅,横向对比差距明显,平台优势明显,但传

[①] 黄楚新:《全面转型与深度融合:2020年中国媒体融合发展》,《现代传播(中国传媒大学学报)》2021年第8期。

[②] 唐绪军、黄楚新、王丹:《媒体深度融合:中国新媒体发展的新格局——2020-2021年中国新媒体发展现状及展望》,《新闻与写作》2021年第7期。

[③] 曾祥敏、杨丽萍:《论媒体融合纵深发展"合"的本质与"分"的策略——差异化竞争、专业化生产、分众化传播》,《现代出版》2020年第4期。

[④] 方兴东、钟祥铭:《中国媒体融合的本质、使命与道路选择——从数字传播理论看中国媒体融合的新思维》,《现代出版》2020年第4期。

统媒体依然被动,行业乱象频出,网络治理困难。① 鉴于此,有学者对媒介融合中的新闻伦理研究加以分析,指出科技公司和智能技术实践是伦理问题的核心,比如对人工智能和算法的法律讨论、大数据对传统新闻生产方式的改变、对自媒体和短视频平台和社交媒体中网民媒体素养和约束规范问题,以及关于科技向善同技术伦理的探讨。② 对媒体融合建设现状的考察和纠偏,更是对主流媒体进行国家意识形态传播的成果检验,媒体技术的发展对主流媒体传播力、引导力、影响力和公信力都产生一定程度的影响,对主流媒体在国家治理中的作用提出挑战。有研究以新疆主流媒体建设为例,将史论研究和地方融媒体建设研究相结合,通过梳理1949年至今新疆主流媒体在党的领导下开展铸牢中华民族共同体意识相关工作的历史、现状,以及面临的困难,揭示新型主流媒体对于地方政治建设的重要作用。③

(三)策略思考与道路方位

在媒体融合的大趋势之下,有研究总结了未来发展的四大趋势——视频化、MCN化、Tech化、服务化。首先,视频将成为人类传播交流的表达方式和通用语言,未来"无视频则不传播";其次,MCN将成为媒体产业链条上的重要参与方;再次,科技在向传播的全链条蔓延,未来媒体发展必须注入科学家和工程师的基因;最后,在传统广告盈利模式之外,"服务化"成为媒体走出经营困局、实现媒体融合转型突破的关键路径。④ 其中所提到的"服务化",在多位学者的研究中都有所提及,用户建设成为未来媒体融合建设的重要策略之一。有研究认为,"连接"个人用户,建设"开放型"媒体,是媒体融合进一步深化的方向,也是打造新型主流媒体必须突破的难点。要洞察用户的心理和需求。应将用户的内容需求、社交需求与服务需求作为一个整体来认识,对用户习惯、行为进行数据挖掘并做相关性分析,以便根据自身的条件,进行媒体资源与用户需求的最有效匹配。另外,要激活用户的潜在能量,帮助其在自我满足和自我价值实现的同时,真正成为媒体的合作主体和资源提供者。⑤ 在内容建设层面,有研究认为,必须超越过去固有的技术—内容—机制维度,应站在媒体传播—

---

① 黄楚新:《全面转型与深度融合:2020年中国媒体融合发展》,《现代传播(中国传媒大学学报)》2021年第8期。

② 季为民:《数字媒体新闻伦理研究的新观点、新问题和新趋向》,《现代传播(中国传媒大学学报)》2020年第4期。

③ 段鹏:《中华民族共同体意识传播中主流媒体融合发展的实践进路——以新疆为例》,《现代传播(中国传媒大学学报)》2020年第7期。

④ 徐立军:《"新四化":中国传媒发展的未来趋势与关键路径》,《现代传播(中国传媒大学学报)》2020年第1期。

⑤ 蔡雯:《媒体融合进程中的"连接"与"开放"——兼论新型主流媒体建设的难点突破》,《国际新闻界》2020年第10期。

互联网—数字社会治理这一全新的三维结构中。该研究提出未来媒体融合布局的两大道路：一是立足国内、自上而下、深入基层社会，从内容驱动的媒体传播拓展到数据驱动的数字社会治理，走出中国特色的传统媒体转型的康庄大道；二是面向全球、自下而上、立足世界市场，打造全球竞争与博弈能力，建立与中国大国地位相适应的传播能力和话语权。[①]

五、结语

综观 2020 年媒体融合研究的主流脉络和研究结论，可以归纳出如下一些基本走势。

首先，顶层设计引领媒体融合转型方向，同时政策指向也是学者研究热点，学界、业界形成良性互动。以县级融媒体建设为例，2020 年政策层面加强了对县级融媒体建设的要求，并在全国开展改革布局，县级融媒体也成为 2020 年学界分析媒体融合发展成果的主要对象，在研究数量和内容重要性上都占比较重。以顶层设计为核心，进行纵向与横向对比，一方面方便发掘媒体融合建设现状，另一方面也能反哺未来相关政策的制定和更新。

其次，对于媒体融合现状、转型实践和宏观布局等内容的研究及献策，正趋于超越技术工具论的视角，多维度跨学科的研究增多，多数研究对技术持有审慎的态度。无论是学界还是业界，均已经不再将技术作为单纯的应用工具，从"相加"到"相融"的理念更新真正生效，技术作为变革语境，正在颠覆和重构新时代媒体融合转型过程中的组织建设和内容生产等各个方面。同时，对技术本质属性的讨论也开始增多，出现了涉及法理学、政治学等跨学科的技术伦理思考。思辨性乃至批判性色彩的增强，使媒体融合研究不断深化，客观上提升了相关研究的深度，也为媒体深度融合提供帮助。

再次，媒体融合的落脚点，从技术应用转向加强用户运营与深入国家治理体系建设。从本文梳理的 2020 年相关研究来看，多数研究者都重提内容建设的重要性，并与内容受众紧密相连，形成"内容+服务"及"内容+用户"的创新模式，在平台化建设的基础上，进一步加强用户黏度和与政府部门的联动。在实践中，用户也成为转型成败的关键，是实现新型主流媒体长久发展的基础。

最后，融合媒体存在差异化发展，在经验学习的基础上，并未设置统一的转型范式。在文献梳理中，研究者对转型模式的概括总结各不相同，具体以地域特殊性、媒体发展程度等为变量，存在较多差别。这体现出媒体融合发展至今，已经超越最初全国范围内推广建设"中央厨房"等转型范式的改革初级阶段，开始结合不同区域的媒体特点和转型需求，因地制宜开展工作。

---

① 方兴东、钟祥铭：《中国媒体融合的本质、使命与道路选择——从数字传播理论看中国媒体融合的新思维》，《现代出版》2020 年第 4 期。

2020年建设性新闻研究综述

殷 乐 王丹蕊 杨 宁[*]

国内篇

以2020年1月1日、2020年12月31日为区间,在中国知网数据库以"建设性新闻"为主题共检索到相关文献161篇,较之2019年(53篇)数目大幅攀升。剔除检索结果中的4篇外文文献后,中国知网2020年度以"建设性新闻"为研究主题的文献共157篇。

总体来看,2020年"建设性新闻""新闻理念""新冠肺炎疫情""社会治理""疫情报道""新闻视角""主流媒体""媒体融合""新闻生产""信息传播"是相关研究最为关注的十大主要主题(见图1)。本部分主要以2020年1月1日至12月31日发表在新闻传播学核心期刊上的文献为研究文本,从概念界定与理论建构、概念移植与本土探索、理念适用与实践推进、疫情报道与社会治理四个维度出发考察梳理2020年中国建设性新闻研究的热门议题、重要观点与新兴视野。

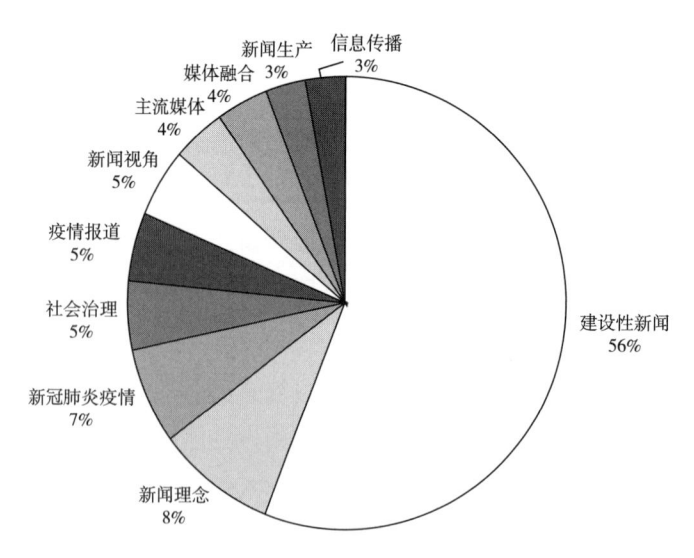

图1 "建设性新闻"相关研究十大主要主题[①]

- 建设性新闻 56%
- 新闻理念 8%
- 新冠肺炎疫情 7%
- 社会治理 5%
- 疫情报道 5%
- 新闻视角 5%
- 主流媒体 4%
- 媒体融合 4%
- 新闻生产 3%
- 信息传播 3%

---

[*] 殷乐,中国社会科学院大学教授,中国社会科学院新闻与传播研究所研究员;王丹蕊,北京印刷学院新闻传播学院新媒体学院讲师;杨宁,中国社会科学院大学新闻传播学院博士研究生。

[①] 数据来源:中国知网2020年"建设性新闻"文献检索结果"主要主题"可视化分析。

一、概念界定与理论建构

1. 概念溯源与阐释：建设性新闻理念的纵深之维

为更好地促进国内学界对"建设性新闻"概念的理解，许多学术成果都致力于从纵向的时间维度对这一概念进行溯源，并尝试在溯源中进一步厘清这一枝蔓芜杂的新闻概念。有研究对建设性新闻的起源进行了追溯，认为早在1959年，大卫·查莫斯就在其文章中提到了"建设性新闻"的表述，建设性新闻理念的建构应当着重从公共参与、平衡等维度出发。[①] 也有研究从布罗的观点出发，认为建设性新闻在西方的起源可以追溯到沃尔特·威廉姆斯在其《记者信条》中提到的"建设性"一词，凯瑟琳·吉尔登斯特德等的研究使这一概念摆脱了长期以来被遮蔽的命运，将其建构成为理论学说是对西方主流新闻研究的"范式转换"。[②] 还有研究指出早在1886年《每日新闻报》就被称为"建设性新闻的典范"，建设性新闻是"概念丛"中的概念而不是革命性的新概念，且从理论基础来看，我国目前对概念的译介只重视以积极心理学为理论根基而忽视了"从佛学角度论述"这一路径。[③]

正如概念缘起，关于建设性新闻的概念界定也具有一定的争议性，学者们从不同角度出发给出了多元化的阐释路径。有研究对比了建设性新闻与即时新闻和调查报道的区别，通过梳理西方学者对概念组成要素的不同观点，指出面向未来、解决方案、现在如何、积极参与是建设性新闻概念的主要要素。[④] 有研究分析了建设性新闻的产制语境，并将积极心理学、以解决问题为导向的报道框架以及多元协商对话归为建设性新闻的理论含蕴。[⑤] 有研究从术语入手，对比了乌尔里克·哈格鲁普所使用的"Constructive news"与凯瑟琳·吉尔登斯特德所使用的"Constructive journalism"，认为前者对概念的界定更加倾向于新闻文本中的建设性，而后者对概念的界定更加注重新闻实践中的建设性理念与技巧。[⑥] 此外，也有研究使用了"作为新闻生产实践的建设性新闻"的提法，并认为"介入性"正在替代传统新闻专业理念的"客观性"价值内核。[⑦]

[①] 殷乐、高慧敏：《建设性新闻：溯源、阐释与展望》，《新闻与写作》2020年第2期。

[②] 刘自雄：《范式转换抑或东西合流？——探析欧美建设性新闻运动的理论身份与价值》，《现代传播（中国传媒大学学报）》2020年第11期。

[③] 郭毅：《建设性新闻：概念溯源、学理反思与中西对话》，《现代传播（中国传媒大学学报）》2020年第1期。

[④] 殷乐：《建设性新闻：要素、关系与实践模式》，《当代传播》2020年第2期。

[⑤] 许加彪、成情：《建设性新闻的产制语境、理论含蕴与学理旨归》，《中国编辑》2020年第6期。

[⑥] 白红义、张恬：《作为"创新"的建设性新闻：一个新兴议题的缘起与建构》，《中国出版》2020年第8期。

[⑦] 常江、田浩：《建设性新闻生产实践体系：以介入性取代客观性》，《中国出版》2020年第8期。

2. 概念辨析与链接：建设性新闻理念的横向对比

建设性新闻作为一个"伞式概念"，其内涵庞杂且边界不够清晰，因而从其他已经有着较为清晰的概念理路和理论框架的相关概念入手，通过辨析建设性新闻概念与这些概念之间的异同就成为跳出概念以更为清晰地认识概念的可行路径。有研究对"公共新闻"和"建设性新闻"进行了辨析，认为尽管二者均是对传统客观新闻、新闻托管模式的变革，且都呼吁新闻业担负起其应负的责任，但它们之间存在本质区别：首先，公共新闻具有理想主义色彩，要求新闻业为宏大抽象的民主概念和公众概念负责，而建设性新闻从实用主义出发，以一种务实的态度将关注点聚焦于具体问题的解决之上；其次，公共新闻理念以媒体的"民主促进功能"为基础，强调媒体的政治职能，而建设性新闻理念倡导媒体发挥"社会促进功能"，将媒体重心从政治职能转向了社会职能；最后，公共新闻理念过于强调媒体"拯救民主"的责任，在一定程度上背离了客观性理念，而建设性新闻关注媒体的"自救"，努力使自身与客观性理念相契合，以强化新闻业存在的合法性。[①] 此外，还有很多研究对建设性新闻与新闻的建设性、正面宣传等概念进行了辨析。譬如，有研究认为建设性新闻是一种理念、概念，而新闻的建设性指新闻的一种功能、属性，不过这两者都强调新闻的价值追求。[②]

除上述将重点置于对比概念区别的研究外，也有一部分研究通过概念之间的链接来审视建设性新闻。有研究跳出建设性新闻范畴，单以"解困新闻"为线索，通过对提供解决之道的新闻的概念溯源与梳理，指出解决之道新闻与建设性新闻之间的联系极为紧密，且二者的发展脉络已开始由平行走向交融。[③] 也有研究跳出发展新闻学框架下将建设性新闻视为既成的、理想化的信息模式的视角，从技术可供性角度出发，试图将数字新闻学与建设性新闻相链接，并基于这种新的研究视角将建设性新闻视为一种具备介入性、多元新闻主体等特征的新闻生产机制。[④]

3. 概念延伸与发展：建设性新闻理念的未来向度

新闻业发展进程中，有许多概念在学界燃起过绚烂的"火花"，但却并未被主流新闻实践领域接纳，从而逐渐湮没于历史的长河。因而，建设性新闻的未来发展该何去何从亦成为学界讨论的焦点之一。有研究认为建设性新闻的未来发展应注重深化与积极心理学的融合，此外，建设性新闻处于客观性与介入性过渡的中间地带，未来发展中对介入程度的划定将决定这一理念的发展方向与生命力。[⑤] 也有研究从理论、实践等多重维度出发，提出建设性新

[①] 王建峰：《从公共新闻到建设性新闻：媒体功能的两次转型》，《当代传播》2020年第2期。
[②] 李仁虎、文建：《论新闻建设性的理论基础及价值追求》，《中国记者》2020年第1期。
[③] 殷乐、王丹蕊：《问题与解决：从"解决之道"看建设性新闻》，《青年记者》2020年第9期。
[④] 常江、田浩：《从数字性到介入性：建设性新闻的媒介逻辑分析》，《中国编辑》2020年第10期。
[⑤] 李林容、陈成：《必要的思考：建设性新闻的文化意蕴》，《编辑之友》2020年第4期。

闻的未来发展应注重范畴与概念丛的明晰、新闻生产准则的制定、心理效果的测量、理论的本土化转译与创新等。① 还有研究走出了"新闻"领域，将这一概念扩大到建设性传播，并进一步指出建设性传播具有"鲜明的问题意识、显著的实践性、主体的多元性、多元共融和协同并举模式、坚持效果导向、较强的自传播性"等特征。②

二、概念移植与本土探索

1. 理念旅行与落地：建设性新闻的中国渊源

综观相关文献，西方建设性新闻理念与中国传播理念之间的链接主要包括三种方式：与传统中华传播理念之间的联系、与马克思主义新闻观之间的联系以及与我国当下新闻传播理念之间的联系。有研究以中华传统文化为切入口，分析了建设性新闻与中国传播理念的亲和性，认为建设性新闻中的和平新闻与中华文化中的"和合理念"相契合，建设性新闻以积极元素中和负面、消极信息泛滥的做法与"积极思维""中庸思想"相契合，强调解决之道则与中华文化中对务实的崇尚相契合。③

以马克思主义新闻观为阐释起点，有研究认为在引进建设性新闻概念的同时应当对其进行"扬弃"，应当意识到中西新闻传统根基、民主语境等的区别且不将"社会公器论"与"耳目喉舌论"相等同，最重要的是应当将建设性新闻理念与我国新闻事业最根本的党性原则和人民性原则相联系。④ 还有研究对马克思主义新闻观进行了纵向历史维度的梳理，提出了"建设者"范式，并将其定义为"以推动事业发展为目标的理论范式"。该研究认为"建设者"范式与建设性新闻理念有一定的相通之处：以正面报道为主与积极向度相呼应、媒体与记者对社会建设的参与和对解决方案与新闻事件的参与介入相呼应。⑤

当下媒体融合进一步深化，主流媒体正面临角色转换的问题，而建设性新闻理念与实践的在地发展为我国当下新闻业的再出发提供了借鉴。有研究认为："'建设性新闻'一方面在客观上支持了我党一贯坚持的马克思主义新闻观，另一方面又在具体工作实践中强调了新闻媒体的'积极自由'，突出了'主动记者'的角色定位，从而给我们的新闻传播理论和实践

---

① 晏青、舒锰慧：《建设性新闻的观念、范式与研究展望》，《福建师范大学学报（哲学社会科学版）》2020年第6期。

② 田园、宫承波：《从建设性新闻到建设性传播——关于我国当前传媒发展的一点洞见》，《当代传播》2020年第4期。

③ 邵培仁：《西方建设性新闻理论的中国渊源》，《现代视听》2020年第5期。

④ 陈成：《必要的连接：马克思主义新闻观与建设性新闻》，《编辑之友》2020年第6期。

⑤ 陈作平：《论马克思主义新闻观中的"建设者"范式》，《现代传播（中国传媒大学学报）》2020年第12期。

以启发和借鉴。"① 后续研究指出:"继承和发展马克思主义新闻观,一方面要吸收建设性新闻'主动记者'的身份定位,为新闻工作者参与社会实践开辟更广的空间;另一方面也要注意避免其基于自由主义立场的自以为是和自由散漫,在党的思想路线和政治路线的指引下,积极投身到社会主义事业的伟大实践中去。"② 也有研究认为建设性新闻译介的意义在于拓宽正面报道的研究路径、丰富正面报道的理论含蕴、增强对正面报道的认同等。③

2. 本土化实践:建设性新闻的中国路径

除上述从概念操作角度考察建设性新闻理念的本土化研究外,也有许多研究立足实践、回归实践以期对这一西方理念的在地发展进行探索。有研究从理论分析出发,以指导实践为终点,认为建设性新闻理念的本土化应该把握中西语境的区别,诸如媒介环境、受众媒介素养等的区别都会影响建设性新闻的传播效果,在实践推进中也要尽量避免积极元素过度导致的新闻"心灵鸡汤化"和新闻专业主义被侵蚀等问题,还要避免提供不切实际的方案等误区。④ 也有研究以实践为起点,在分析民生新闻、参与式新闻、公共新闻、暖新闻等中国样本的基础上,提出以建设性新闻理念为理论基础建构建设性新闻中国范式,并将这一范式定义为"以中国传统文化为滋养、以马克思主义新闻观为核心、以社会责任与功能导向为目标的协同主义范式"。⑤

学界关于如何推进建设性新闻本土化实践的讨论不仅仅局限于宏观层面的整体观照,还包括具体实践操作层面的探讨。有研究将建设性理念与叙事学理论相结合,认为中国故事的讲述可以从"解决问题导向、公民赋权、多元叙事视角、提供语境、积极叙事和世界叙事"六个面向推进。⑥ 也有研究认为"由谁来践行"是建设性新闻本土化中的重要问题,并进一步提出建设性新闻在地发展的先行路径应该由政务新媒体引领、以社会治理为目标。⑦ 还有研究将后真相视为实践背景,认为建设性新闻本土化的实践路径应该"以真实性为首要原则、

---

① 芮必峰、余跃洪:《他山之石:从"建设性新闻"看我国新闻传播理论和实践的创新发展》,《新闻大学》2020年第6期。
② 芮必峰、余跃洪:《参与者:一种新的新闻职业观——再论"建设性新闻"与我国新闻传播理论和实践的创新发展》,《当代传播》2020年第5期。
③ 蔡惠福、张小平:《建设性新闻的中国意义探赜》,《传媒观察》2020年第6期。
④ 徐敬宏、张如坤、张世文:《建设性新闻的冷思考:中西语境、理论风险与实践误区》,《新闻大学》2020年第6期。
⑤ 漆亚林:《建设性新闻的中国范式——基于中国媒体实践路向的考察》,《编辑之友》2020年第3期。
⑥ 郑亮:《建设性新闻视角下"中国故事"的叙事策略研究》,《编辑之友》2020年第3期。
⑦ 赵鹿鸣、彭嘉熙:《嵌入政务新媒体:一种建设性新闻本土化的创新路径》,《新闻知识》2020年第12期。

坚持正面宣传引导的核心导向、以融合创新为有效支撑"[①]。

总体而言，学界关于建设性新闻本土化的讨论既包括了从理论层面寻找建设性新闻理念与中华传统传播理念、马克思主义新闻学和当下中国新闻实践特色的亲缘性与链接点，也包括立足实践，探讨宏观层面的推行误区与推行范式，以及中观层面推进实践的具体路径。

三、理念适用与实践推进

1. 路径探索：回归实践的建设性新闻理念

"建设性新闻"由哈格鲁普在实践中发掘，而后麦金泰尔与吉尔登斯特德又以积极心理学为基础开展了该领域的许多重要研究，使该理念初步理论化。不过这一源于实践的理念最终目标是回归实践并指导实践，而不仅仅是停留在"纸上"。有研究从宏观的新闻追求与新闻的社会功能入手，认为建设性新闻是真、善、美的新闻学实践：首先，建设性新闻重新定义了新闻"真"的本质，要求新闻从揭露事实转向全面、正确反映事实；其次，建设性新闻应该立足并反映"公共善""最大善"；最后，建设性新闻有利于提升受众媒介素养并进而发挥新闻的"美育"功能。[②] 换言之，建设性新闻实践要求真、求善、求美。也有研究从中观层面对实践模式的探索入手，认为建设性新闻的实践应当尝试试点模式、参与式观察模式、镜鉴模式和长尾报道模式。[③] 此外，有研究从微观新闻报道实践切入，认为建设性新闻理念无法扭转"新闻节奏"越来越快的趋势，无法挑战"时间"资源逐渐压缩状态下的当代新闻生产常规，因而在实践中应采用"过程式的新闻报道方法"。[④]

除上述探索外，还有许多研究基于不同语境分析了建设性新闻的实践特征和新进路。有研究分析了西方建设性新闻实践情况，将其特征总结为提供解决方案、报道面向未来、增强内容的包容性与多样性、采用建设性采访技巧、提供丰富的背景信息、赋权于民六点，并认为我国对新闻的建设性的强调与建设性新闻理念有相同之处。[⑤] 也有研究以数据新闻为基础，提出了建设性新闻报道框架的其他可能性和实践的新思路。[⑥] 有研究认为智媒时代，新闻业的价值观发生了"内卷""外泄"等情况，针对这些问题建设性新闻实践应该注重从积极情感向度出发实现共情传播、充分运用记者的专业智慧开展开放式新闻协作、提升智媒伦理

---

① 郭潇雨：《后真相时代建设性新闻的本土化实践路径》，《传媒》2020年第17期。
② 朱豆豆：《建设性新闻：真善美的新闻学实践》，《编辑之友》2020年第6期。
③ 殷乐：《建设性新闻：要素、关系与实践模式》，《当代传播》2020年第2期。
④ 王辰瑶：《论建设性新闻"适用性"与"可操作性"》，《中国出版》2020年第8期。
⑤ 蔡雯、凌昱：《"建设性新闻"的主要实践特征及社会影响》，《新闻与写作》2020年第2期。
⑥ 任瑞娟：《基于数据新闻构建建设性新闻报道框架之可行性研究》，《当代传播》2020年第4期。

价值履行新闻"公共善"等。[1]

2. 案例呈现：具象化的建设性新闻理念

部分研究以内容为案例，通过对实践文本的分析剖析建设性新闻部分理念的现实应用情况。有研究深入分析了绍兴市新闻传媒中心的新闻专题《"堵心"的沙洲》，认为记者与专家学者协作为问题寻找解决方案的新闻实践凸显了电视深度报道的建设性立场。[2] 也有研究以《谢谢你为湖北拼单》中的《小朱配琦》专场直播为例，分析了这一建设性传播实践为传统媒体的媒体融合提供的新思路。[3] 此外，有研究认为《北京日报》的《政府与市民》版探索了一种以解决问题为导向、媒体与政府形成"闭环"合作联动机制的建设性舆论监督方式。[4] 还有文章以南宁电视台《向人民承诺》为研究样本，提出电视问政重构了媒体在导向上的建设性，未来电视问政应当将多元主体视为利益共同体，以"温和的尖锐""建设性的探讨"为发展愿景。[5]

除上述以某一内容文本为案例的研究外，还有许多以媒体个案为基础的研究。有研究以澎湃新闻客户端中围绕"垃圾分类"的报道为研究对象，运用定性与定量相结合的研究方法，分析了当下国内媒体报道理念与建设性新闻理念之间的区别与联系，提出媒体报道应以"积极""建设""参与""主动记者"等为关键词。[6] 也有研究分析了苏州广电的建设性新闻实践，认为该媒体正着力唤醒用户的积极心理、推动社会发展问题的有效解决。[7] 此外，还有研究以CGTN[8]、CGTN微博账号[9]、新京报[10]、《纽约时报》[11]等为例分析了建设性新闻的实

---

[1] 陈薇、王中字：《智媒时代下建设性新闻的价值理性与实践路径》，《编辑之友》2020年第3期。

[2] 孟坚：《试析电视深度报道的建设性立场——以绍兴市新闻传媒中心新闻专题〈"堵心"的沙洲〉为例》，《电视研究》2020年第10期。

[3] 宫承波、田园、张文娟：《从公益传播到建设性传播——〈谢谢你为湖北拼单〉之〈小朱配琦〉专场直播的突破与启示》，《中国广播》2020年第5期。

[4] 赖薇：《建设性舆论监督：党报参与社会治理的"重头戏"——以北京日报〈政府与市民〉的实践为例》，《新闻与写作》2020年第4期。

[5] 万忆、陈文敏：《电视问政：公共新闻的建设性取径及其协商效力——以南宁电视台〈向人民承诺〉为例》，《吉首大学学报（社会科学版）》2020年第5期。

[6] 邵鹏、谢怡然：《建设性新闻视角下中国垃圾分类报道实践考察——以澎湃新闻相关报道为例》，《新闻大学》2020年第6期。

[7] 陆玉芳：《用建设性新闻理念构建绿色舆论生态——苏州广电的实践与探索》，《新闻与写作》2020年第2期。

[8] 吴敏苏、王鹏宇：《国际传播视域下建设性新闻议程设置探析——基于CGTN对新疆的深度报道》，《中国新闻传播研究》2020年第3期。

[9] 王茵：《建设性新闻的基础概念和社交媒体平台传播效果探究——以CGTN微博账号为例》，《现代视听》2020年第5期。

[10] 余宗明：《新京报评论的建设性新闻实践》，《青年记者》2020年第9期。

[11] 万婧、张志强：《人工智能视角下的建设性新闻实践：以〈纽约时报〉为例》，《国际传播》2020年第1期。

践情况。

另有研究以某一类别的新闻实践为研究抓手，分析建设性新闻理念的实践情况。譬如有文章以网红科学家的科普实践为例，研究建设性新闻在科普报道中的应用。该研究认为我国科普新闻实践在摒弃冲突框架、面向未来、强调内容生产的包容与多元、探索解决方案、提供语境、凸显积极内容等方面与建设性新闻相契合，但在促进大众参与、为受众赋权等方面依旧有不足之处。①

3. 主流媒体：建设性新闻实践的中国模式

关于建设性新闻实践的中国路径的讨论绝大多数会涉及主流媒体，有一部分研究成果甚至直接以主流媒体的建设性新闻实践为主题。有研究认为建设性新闻是我国党媒发展的必由之路，党媒在进行建设性新闻实践时应当吸收正反两方面的经验、坚持以人民为中心、助力国家治理体系与治理能力的现代化等。② 也有研究认为当下部分主流媒体的新闻报道存在报道话语抽象僵化、报道内容不能完全回应受众关切、报道选材偏向宏大主题而微观视角不足、传受双方交互性差等问题，因而如何才能增强主流媒体报道的贴近性成为了新时代主流媒体舆论引导、社会组织动员工作的焦点之一，而建设性新闻的公众导向、赋权于公众等理念则恰好可以协助媒体强化与受众的联系。③ 还有研究也关注受众的个体参与和报道的多元叙事，认为建设性新闻理念与实践有助于纠偏主流媒体气候变化报道"自上而下"的叙事框架。④

当然，并不是所有基于建设性新闻理念中国实践的探讨都以主流媒体为落脚点，也有一些研究分析了智媒时代平台媒体的建设性新闻取向。譬如，有研究发现抖音这一短视频平台的传播实践与建设性新闻理念在问题导向、赋权于民、内容的多元包容、提供语境等方面有耦合之处。⑤

---

① 贾鹤鹏、王大鹏：《作为建设性新闻的科学报道——以网红科学家的科普实践为例》，《当代传播》2020年第2期。
② 吴湘韩：《建设性新闻实践：党媒发展的必由之路》，《新闻与写作》2020年第2期。
③ 白树亮、巩建宇：《建设性新闻视域下增强主流媒体新闻报道贴近性研究》，《广西科技师范学院学报》2020年第6期。
④ 庄金玉、樊荣：《主流报纸气候变化报道的建设性叙事话语研究》，《西南民族大学学报（人文社会科学版）》2020年第8期。
⑤ 张永芹：《短视频媒介火爆的背后：建设性新闻理念的实践——以"抖音"手机软件为例》，《当代传播》2020年第5期。

四、疫情报道与社会治理

1. 建设性新闻在疫情报道中的应用研究

新冠肺炎疫情的发生成为一个契机，让人们发现社会需要一个既讲求真实、客观、公正，又注重面向未来、开放包容、以人为本、积极向上的新闻业。① 诸如疫情等突发事件中，媒体记者除了告诉受众"是什么"外，还需交代清楚"为什么""怎么办"。② 基于疫情期间的新闻报道来看，我国新闻的建设性实践可以借用建设性新闻面向未来、联结大众等理念。③ 有研究对疫情报道中建设性新闻的可行性进行了论证，认为建设性新闻理念与实践有助于调和疫情之下社会信息与大众心理的失衡状态并进一步使之达到重新平衡。④

部分研究分析了建设性新闻理念与实践在新冠肺炎疫情报道中的功能与效用。有研究从受众认知的角度切入，指出伴随疫情而生的还有容易引发受众认知失调的"信息疫情"，而建设性新闻对积极心理学的应用、对解决之道的陈述、对多元性与包容性的追求等都有利于遏制信息疫情、减少受众的认知失调。⑤ 也有研究从受众心理入手，认为疫情期间被隔绝的个体容易产生一种"孤岛式"绝望心理，建设性新闻中的恢复性叙事可以避免"心理瘟疫"和"情绪瘟疫"的蔓延⑥；认为建设性新闻的积极元素有助于调节公众的低落情绪、消除舆论性心理恐慌⑦。有研究从新闻产制视角出发，以疫情新闻报道为研究立足点，认为建设性新闻重塑了新闻生产实践，使新闻在采集环节以问题导向为指引、信源更加开放，在加工环节表现出多元协作，在扩散环节交互性提升。⑧ 此外，也有研究对"港式建设性新闻"的特点进行了描述，并指出疫情报道中的建设性新闻理念与实践对香港恢复社会秩序、提振发展

---

① 邵鹏、叶森：《疫情报道中我们需要怎样的新闻与新闻业——兼论中国建设性新闻理论的构建》，《当代传播》2020年第3期。

② 晏青、凯伦·麦金泰尔：《重大突发事件中的建设性新闻：角色、实践与理论创新——对凯伦·麦金泰尔的学术访谈》，《编辑之友》2020年第12期。

③ 蔡雯、凌昱：《试论中国新闻的建设性——基于我国专业媒体新冠肺炎疫情新闻传播的观察和思考》，《编辑之友》2020年第10期。

④ 高慧敏：《疫情信息传播中建设性新闻的可行性论证》，《当代传播》2020年第3期。

⑤ 殷乐、王丹蕊：《公众认知的再平衡："信息疫情"语境下的建设性新闻研究》，《福建师范大学学报（哲学社会科学版）》2020年第6期。

⑥ 刘静静、漆亚林：《建设性新闻视域下突发公共卫生事件的话语空间转向——以新冠肺炎报道为例》，《青年记者》2020年第9期。

⑦ 党君：《重大疫情事件中建设性新闻对于公众情绪的调节与引导》，《当代传播》2020年第4期。

⑧ 任媛媛：《强信心·聚民心·暖人心·筑同心：疫情报道中的建设性新闻生产实践》，《中国出版》2020年第13期。

信心具有重大意义。①

新冠肺炎疫情期间符合建设性新闻理念的一批"集群式"报道，为进一步研究建设性新闻中国范式、中国路径、中国经验等提供了样本与参照。② 有研究以央视抗疫专题报道《战疫情》为研究对象，分析了其情感化的、建设性的叙事策略。③ 也有研究对疫情期间的部分非虚构影像作品进行了文本分析，认为这些影像作品在意义建构时遵循了建设性新闻推动问题解决、多元主体协作内容创作等理念。④

2. 建设性新闻在社会治理中的应用研究

"当人人都有能力提供新闻时，告知就不再是专业媒体的首要任务了，如果可以帮助人们对存在的问题形成解决方案，并组织各方力量一起采取行动，那么媒体就有继续存在的价值，新闻就可以造福于社会。"⑤ 换言之，公民记者时代充分发挥新闻的建设性并积极参与社会治理是媒体生存发展的题中应有之义。而时下热议的建设性新闻理念与实践则为主流媒体参与社会治理提供了一种新思路。⑥

具体而言，建设性新闻可以从缓解"信息焦虑"、化解"阴谋论"、协助乡村振兴、帮助弱势群体等方面参与社会治理。有研究认为社会绩效主义的加剧与信息时代"非信息"的爆炸引发了普遍的"信息焦虑"，在对冲思维、纠错思维、引导思维三种思维的推动下，建设性新闻实践可以缓解信息焦虑现象。⑦ 也有研究认为重大突发公共事件总是与阴谋论相伴而生，而阴谋论则会加剧媒介生态的失衡和受众认知的失衡，而建设性新闻在构建多元的、包容的网络话语空间，及时提供语境、解决方案，以及唤起受众积极情绪方面的功能可以帮助破解阴谋论，进而促进信息传播的平衡和受众认知的平衡。⑧ 此外，有研究认为媒体从建设性新闻视角报道新生代农民工返乡创业、再现乡村美好新样貌等新闻实践有助于重构乡村传播网络，在讲述乡村振兴故事的同时从信息传播面向协助乡村实现振兴。⑨ 还有研究认为建

---

① 王妮娜：《从疫情报道看建设性新闻在香港的共识性价值》，《当代传播》2020年第3期。
② 翁之颢：《新冠肺炎疫情报道中的"建设性"探索：本土诠释、关键问题与未来面向》，《中国编辑》2020年第7期。
③ 苟凯东、王紫月：《情感化表达与建设性叙事——央视抗"疫"专题报道〈战疫情〉的讲故事策略》，《电视研究》2020年第4期。
④ 殷乐、王心路：《新冠肺炎疫情期间非虚构影像作品的建设性要素解析》，《当代传播》2020年第6期。
⑤ 唐绪军：《一个健康的社会离不开新闻的建设性》，《当代传播》2020年第2期。
⑥ 罗昕、陈秀慧：《建设性新闻：主流媒体参与社会治理的一种路径》，《青年记者》2020年第9期。
⑦ 陈小燕：《信息焦虑与建设性新闻功能设置的三重思维》，《当代传播》2020年第6期。
⑧ 张婷：《化解"阴谋论"信息传播的建设性新闻路径》，《当代传播》2020年第6期。
⑨ 刘珺：《建设性新闻视角下的新传播与乡村振兴的想象》，《当代传播》2020年第5期。

设性新闻应该替弱势群体发声，在新闻实践中努力帮助弱势群体解决矛盾与现实问题，做好社会的"导盲犬"，而不仅仅是扮演"报喜鸟"的角色。①

除上述从较为宏观的整体社会治理角度出发的研究外，也有研究从具体媒体内容形式和微观城市治理入手，分析电视问政的建设性监督对提升城市治理的良性影响。② 总而言之，建设性新闻对积极与参与的强调、对"向上向善"信念的追求、对提供解决方案的重视与我国媒体长期坚守的新闻的"建设性"理念相契合，是媒体与新闻业对党的十九届四中全会提出的"建设人人有责、人人尽责、人人享有的社会治理共同体"的积极响应。③

综观 2020 年国内学术界有关建设性新闻的各类研究，"建设性新闻"概念与表述的溯源问题，"建设性新闻理念"究竟是一种革新、一种新理念抑或是被西方主流新闻理念遮蔽而只是新近被重新发掘的问题，以及在引进、译介到中国时与"正面报道为主"的关系问题是主要的三大争议点。尽管存在包括上述争论在内的诸多分歧，但有两点目前已基本达成共识：建设性新闻目前只能称为理念或实践，而尚不能称为理论，当下学界的研究与探索都旨在建构理论；建设性新闻理念与实践有其价值，虽然不能盲目乐观，但也应该继续推进。最后，建设性新闻理念在国内的生命力取决于本土化实践和在地发展情况，而本土化是否能成功又取决于这一理念与新闻的"建设性"理念和"正面报道为主"路线之间的契合度。

国外篇

从对西方传统新闻观念的纠偏，到积极心理学的引入；从欧美的建设性新闻探索，到亚非的新尝试，建设性新闻的理念与实践不断深化发展，相关研究一步步积累了新的成果。到了 2020 年，国外的建设性新闻研究对如何重塑西方新闻业进行了深挖，对新冠肺炎疫情报道做出深入分析，同时又结合新媒体环境探讨了建设性新闻的未来图景。建设性新闻研究正从宏观论述转向更为具体的情况，其研究内容更加深化、研究视角更加创新、研究范围更加广阔，为我国的建设性新闻研究提供了一定参考素材。

一、生存与变革：建设性新闻对西方新闻业的重塑

在西方建设性新闻概念发展的历程中，乌尔里克·哈格鲁普、凯瑟琳·吉尔登斯特德、凯伦·麦金泰尔等相关研究的领军人物，都曾表示西方新闻业正在陷入信任危机，而建设性

---

① 王天定：《建设性新闻：要做无助者的"导盲犬"》，《青年记者》2020 年第 7 期。
② 殷乐：《城市媒体如何做好建设性监督》，《中国广播电视学刊》2020 年第 11 期。
③ 唐绪军：《建设性新闻：社会治理的媒体担当》，《新闻与写作》2020 年第 2 期。

新闻可能成为化解危机的一种路径。而在2020年，这种信任危机进一步加剧，路透社数字新闻报道显示全球仅有38%的受访者大多数时候对新闻充满信心。[①] 严峻的形势让许多研究者将目光聚焦于建设性新闻，并试图将之作为拓展新闻业生存空间、推动社会变革的重要力量。

面对西方新闻业危机的语境，一些研究者将传播情境细分，从具体情境中挖掘建设性新闻的价值。比如，有研究指出，西方政客越来越多地将科学知识用于政治事业，这就将科学家和记者吸纳入了倡导的世界。很多时候科学家和记者并非因为追求传统、狭隘的利己主义或党派政治而成为倡导者，这是由后常态情况中决策的紧迫性决定的。当科学和新闻的边界愈发模糊，建设性新闻成为了后常态新闻传播范式的原型。建设性新闻虽然并不提倡倡导，但它不仅报道社会问题及其背景，还提供这些问题可能的解决方案。这为后常态新闻传播范式提供了思路，科学家和记者可以以类似的方式成为倡导人类共同利益的榜样角色。[②]

除了科学传播之外，环境传播也成为建设性新闻研究一个重点探索的领域。研究发现，环境新闻往往是在如洪水、热浪、干旱等自然灾害的推动下产生的，与战争、失业或恐怖主义的相关新闻一样，给公众带来"坏消息"。在研究者看来，建设性新闻对于环境新闻而言，并不仅仅是单纯地提供了"好消息"，还在解决可持续性环境问题和区域性环境问题中提供了帮助。建设性新闻主张记者拥有参与性和行动力，这在报道可持续性环境问题时显得尤为关键，记者可以促使公共话语对可持续问题进行辩论和论证，还能够在地区传播中倡导可持续发展理念。而在区域的环境问题中，"环境冲突往往是局部的，解决方案不可避免地在这里出现"。建设性新闻会报道超地区的、小规模的解决方案，还会促进区域优先考虑并实施干预措施。研究者认为建设性新闻存在未被利用的潜力，可以在提供可持续发展未来图景方面做出更积极的努力。[③]

在这场危机中，地方媒体与中央媒体一样，也面临着员工减少、收入降低、用户信任流失等挑战，它们也在尝试拥抱建设性新闻，以提高本地新闻质量、吸引更多线上用户。有研究发现记者会在新闻报道中追求一种"公共品质"，比如强调普通人的经历、让复杂的问题变得容易理解、赋予公民根据他们读到的内容采取行动的权力等。这是记者的服务意识的体现，他们为受众创造出一种融合了公民、消费者和客户的身份。出于这种思路，地方媒体倾向于通过将社会问题和解决方案带入大众视野的方式，将服务意识与建设性新闻相结合，以提高新闻质量、应对新闻业环境变化。比如德国的一家地方报纸就针对如何解决该市的基础

[①] Reuters Institute, "Digital News Report", https://www.digitalnewsreport.org/survey/2020.

[②] Michael Brüggemann, Ines Lörcher and Stefanie Walter, "Post-normal Science Communication: Exploring the Blurring Boundaries of Science and Journalism", *Journal of Science Communication*, No.3, 2020, p.A02.

[③] Joana Díaz-Pont, Pieter Maeseele, Annika Egan Sjölander, Maitreyee Mishra, Kerrie Foxwell-Norton, *The Local and the Digital in Environmental Communication*, Springer Nature Switzerland AG, 2020, pp.237-239.

设施和新开发项目等问题，向该地的学生、年轻人、老年人等征求解决方案，并对此进行建设性报道。研究认为这种建设性新闻的手段，可以平衡地方媒体记者对履行新闻职责、生产高质量报道、吸引读者等方面的需要。①

如果说以上研究更多的是通过建设性新闻拓展新闻业的细分赛道，寻找西方新闻业危机语境下的生存思路，那么另一些建设性新闻研究的侧重点则是从生存转向了社会变革。许多学者认为建设性新闻或与之类似的新闻观念，可以推动社会向好的方向发展。有研究对阿富汗的新闻教育者和从业者进行了调查，受访者一致认为阿富汗的大多数媒体都在报道战争新闻，过多的负面报道使人们对社会的发展失去了信心。受访者希望有更多像建设性新闻这样关注事态积极发展的报道，以为社会提供更积极的指引和未来的展望。② 美国密歇根大学助理教授佩里·帕克斯认为新闻业的弱点正在加速全球性灾难性气候和独裁主义的蔓延，而"非代表性新闻"这样的概念性框架可能有助于遏制全球性危机。在帕克斯看来，"非代表性新闻"与建设性新闻有相同之处，它侧重于情感，并且关注有参与感、同情心和日常乐趣的新闻，而这有助于打破现代公众对新闻的偏见和回避。③

一些研究认为这种以建设性新闻推动社会变革的思想来源于新闻业的社会觉醒，这是以新闻服务社会理念战胜以新闻服务市场理念的一种表现。社会觉醒是一个松散且多义的概念，有人认为它代表了"公众良心的复活"，也有人将之称为"对人类过去不合理行为的道德补偿"。有学者提出报纸为社会服务的概念源于两个思想基础：一是受到了相互依存社会概念和社会觉醒的共产主义原则的启发，这些原则在20世纪初影响了所有的社会机构，报社也不例外；二是20世纪报纸是人们获取信息的重要来源，有进步倾向的记者和新闻教育者影响越来越大，促使人们意识到新闻担负的社会责任越来越大。这也是建设性新闻初步构思的来源，报纸不能满足于记录时事，而要成为一种"有助于物质、商业、道德建设"的伟大建设性力量。④

无论是为了适应生存需要，还是为了推动社会变革，这些研究都显现出一种以建设性新闻重塑西方新闻业的诉求。近年来，全球性气候变化、英国"脱欧"、极端右翼和极端民主主义政党力量的扩大，让许多西方学者对新闻业的现状持悲观态度，认为西方传统新闻理念

---

① Joy Jenkins, Rasmus Kleis Nielsen, "Proximity, Public Service, and Popularity: A Comparative Study of How Local Journalists View Quality News", *Journalism Studies*, No.2, 2020, pp.236–253.

② Jan Servaes, *Handbook of Communication for Development and Social Change*, Springer Nature Singapore Pte. Ltd., 2020, pp.481–494.

③ Perry Parks, "Researching with Our Hair on Fire: Three Frameworks for Rethinking News in a Postnormative World", *Journalism & Mass Communication Quarterly*, No.2, 2020, pp.393–415.

④ Ronald Rodgers, "The Social Awakening and the News: A Progressive Era Movement's Influence on Journalism and Journalists' Conceptions of Their Roles", *Journalism History*, No.2, 2020, pp.81–105.

正在助长社会的分化。一些学者将建设性新闻视为重塑现代新闻业的变革性力量,他们将建设性新闻研究进一步细化到不同传播情境、不同层级媒体机构之中,让人们看到了现代新闻业未来发展的更多可能性。

二、关于新冠肺炎疫情报道的建设性新闻研究

2019年末,新冠肺炎疫情暴发,全球绝大多数国家的新闻媒体都在铺天盖地地报道疫情新闻。在持续性的危机报道中,负面信息不断轰炸人们的眼球,恐慌、焦虑等情绪在公众中蔓延。为缓解公众情绪,全球多家媒体尝试以建设性新闻的方式报道疫情信息。2020年的国外建设性新闻研究对这些实践进行了重点关注,以此深入探索建设性新闻的功能价值与发展方向。

新冠肺炎疫情期间,公众的心理健康问题成为健康防控的一大挑战,世界卫生组织呼吁各国加大对精神卫生建设的投入力度。[①]《柳叶刀精神病学》评论称,恐惧和孤立可能加剧新冠肺炎疫情对公众心理健康的影响。[②] 有研究指出,在这场前所未有的全球性健康危机中,公众持续关注以死亡人数上升、缺乏防护装备、经济衰退等为主要内容的新闻,可能会产生心理健康问题。虽然新闻记者的职责之一是向公众提供信息,但是不能在报道中一味提供最新的统计数据或者追究他人的责任,新闻媒体应该帮助公众一同应对挑战、共同解决危机。该研究认为新冠肺炎疫情加剧了西方新闻业对公众传递负面信息的原有趋势,此时公众需要的不是更多"快乐"的故事,而是像建设性新闻这种在人们了解情况的同时带来希望、参与和赋权的报道。提醒公众正在面临的挑战及局势的复杂性是新闻媒体的责任,这符合公众的利益。但以启发性的成功案例照亮公众的心灵同样重要,这可以在媒体与公众之间创建更健康、紧密、稳定的关系。[③]

在公众心理健康方面,研究者还特别强调了建设性新闻对心理疾病患者的作用。有研究对澳大利亚报纸上有关青少年精神病的文章进行了分析,发现精神健康报道侧重于疾病故事,而不是公众的幸福。报道内容的精神疾病内容比例过高,并经常与异常、危险、暴力相关,而不是以治疗方案为主。这种报道的负面作用是显而易见的,不但可能会增加精神病人的病耻感,还可能会造成这一群体的污名化。研究表示,媒体要对心理疾病患者的新闻报道更加关注,要在报道中添加解决方案元素,而不是强化消极、危险、绝望的信息。[④]

---

① World Health Organisation, "Substantial Investment Needed to Avert Mental Health Crisis", https://www.who.int/news-room/detail/14-05-2020-substantial-investment-needed-to-avert-mental-health-crisis.
② David Gunnell, Louis Appleby, Ella Arensman, Keith Hawton, Ann John, Nav Kapur, "Suicide Risk and Prevention during the COVID-19 Pandemic", *The Lancet Psychiatry*, No.6, 2020, pp.468-471.
③ Sarah Niblock, "Towards a Psychosemiotics of Journalism, Mental Distress and COVID-19", *Social Semiotics*, 2020.
④ Natasha Delahunt-Smoleniec, Jennifer Smith-Merry, "A Qualitative Analysis of the Portrayal of Young People and Psychosis in Australian News Reports", *Journalism Practice*, No.7, 2020, pp.847-862.

疫情也让"新闻回避"这个新闻业中日益严重的问题受到了更多研究者的关注。公众有意识地回避新闻可能使他们错过科学的健康指导，进而增加健康风险。有研究认为新闻回避行为的一个重要原因是现代新闻业过于聚焦负面信息，这让公众感到沮丧。路透研究所 2019 年的数据显示，超过三分之一的英国人主动回避新闻，这个数字两年间增加了 11%，其中近三分之二的人觉得这是因为新闻对他们的心理健康造成了负面影响。[1] 针对这种引发新闻回避的潜在原因，有学者提出建设性新闻或许是减少公众消极情绪、扭转其新闻回避行为的有效手段。一方面将解决方案和未来图景添加到新闻故事中，可以让公众对新闻故事产生更正面的态度；另一方面，将非负面的新闻背景更全面地交代给公众，能够降低人们从碎片化、事件驱动的负面新闻中得出过度消极结论的风险。[2] 一项对西班牙 2006 名数字用户的调查支持了上述观点，调查发现新闻回避已经影响了近 50% 的受访者，并且该行为的一个重要动机就是获取新闻信息的过程会带来负面情绪影响。组织这项调查的研究者认为建设性新闻虽然并不能代替西方传统新闻价值，但它可以为公众提供一种新的看待世界的方式，以帮助他们恢复信心和保持情感健康。[3]

印度尼西亚"共和国在线"网站疫情期间的新闻报道实践在一定程度上证实了建设性新闻在疏解公众情绪方面的功能和价值。2020 年，新冠肺炎疫情在印尼的大范围传播造成了大面积的恐慌，尽管大量数据不断公布，仍有人不相信疫情的存在，甚至与之相关的阴谋论甚嚣尘上。在这样的情况下，"共和国在线"网站开始报道疫情相关的"好消息"，如阳性患者数量的减少、康复者数量的增加，以及可以通过几种替代性疗法治愈新冠肺炎等。研究者表示，"共和国在线"的这些"好消息"为公众提供了新的选项，他们不必仅接受单一的负面信息，这可以让人们在面对新冠肺炎疫情时保持更加乐观的态度。[4]

值得注意的是，疫情期间我国的对非报道引发了许多国外研究者的思考。此前，国外研究者对中国媒体是否在以积极方式报道非洲故事持不同的观点。一种看法是中国媒体正以建设性新闻的方式在对非传播中塑造中国形象，积极拉近中非关系；不过，也有人认为中国媒体对非洲的报道与西方媒体没有太大差别，许多中国媒体在描述非洲悲伤、绝望的新闻故事

---

[1] Reuters Institute, "Reuters Institute Digital News Report 2019", http://www.digitalnewsreport.org/survey/2019/.

[2] Morten Skovsgaard, Kim Andersen, "Conceptualizing News Avoidance: Towards a Shared Understanding of Different Causes and Potential Solutions", *Journalism Studies*, No.4, 2020, pp.459-476.

[3] Javier Serrano-Puche, "Constructive Journalism: A Response to Users' Motivations for News Avoidance", *Cuadernos.info*, No.46, 2020, pp.153-177.

[4] A.Fauziah Astrid, "Jurnalisme Positif Ala Portal Republika Pada Isu COVID-19", *Jurnal Mercusuar*, No.1, 2020, pp.150-161.

时，都借用了西方媒体和互联网的观点。对此，有学者以中国媒体和西方媒体关于非洲预防新冠肺炎疫情的新闻报道作为研究对象，分析了两者间的区别。研究发现，尽管西方媒体对非洲的报道并非以负面新闻为主，但中国媒体的报道框架通常是正面的。[①]

国外关于新冠肺炎疫情报道的研究在一定程度上说明了建设性新闻可以在突发性公共事件中发挥疏解公众情绪、减少新闻回避等功能和作用。但随着新冠肺炎疫情情况的逐渐平稳，人们生活趋近恢复常态，全球将进入"后疫情时代"。建设性新闻该如何在后疫情时代显现功用，是否可以推动社会的恢复和重建，这些问题仍需要进一步研究和探索。

三、新媒体环境下的建设性新闻研究

随着媒体环境的不断数字化、社交化、智能化，新闻业所处的媒介生态迎来了持续的结构化转型，建设性新闻与新媒体技术的结合已成为相关研究的热门议题。2020年，国外建设性新闻研究发现：在技术的影响下，被传统新闻业长期忽视的情感因素开始受到重视；数字媒体中建设性新闻的内容创作者有所改变，但记者角色未发生根本性变化；受众对智能媒体的建设性新闻功能接受良好，并认为这可以缓解负面新闻带来的伤害。

多种研究表明，情感在数字媒体环境中具有相当大的影响力，这也使得新闻业开始对报道中的情感因素更加关注。有学者发现数字化的新闻作品正在进行情感驱动的创新，其特征是：拒绝严格遵循传统的"倒金字塔"新闻写作模型；通过融合深层背景、情感语言、娱乐特色，创造全方位的情感阅读和观看体验；在新闻故事中提供解决方案。研究者认为这种新闻创新促进了一些情感驱动的新闻运动的发展，建设性新闻就是一个典型案例。不过，该研究也对这些情感驱动新闻提出了疑问：虽然情感驱动可以帮助新闻业与公众重新建立联系，但这是否是公众想要的，或者说情感对于新闻业的价值有多大。[②] 还有研究者提出新的问题：在建设性新闻不断证实情感可能会对公众参与行为产生影响的情况下，权力该如何分配；受情感驱动的内容创作，是会让新闻中出现更加多样化的声音，还是只是给最响亮的声音留出了空间。[③] 显然，目前的研究虽然对数字环境中的情感元素有所关注，但相关研究还有待更加深入地思考。

数字媒体环境与建设性新闻的连接点不仅限于情感驱动，还有新闻内容创作者的变化。

[①] Samuel Mochona Gabore, "Western and Chinese Media Representation of Africa in COVID-19 News Coverage", *Asian Journal of Communication*, No.5, 2020, pp.299–316.

[②] Sophie Lecheler, "The Emotional Turn in Journalism Needs to be about Audience Perceptions", *Digital Journalism*, No.2, 2020, pp.287–291.

[③] Kristin Skare Orgeret, "Discussing Emotions in Digital Journalism", *Digital Journalism*, No.2, 2020, pp.292–297.

以荷兰《记者》新闻论坛为例，它是荷兰建设性新闻的代表性媒体。《记者》新闻论坛邀请了专业记者、各领域专家、读者等共同创作新闻内容，新闻作品的产权归作者所有，但媒体公司保留分享的权力。有观点认为这种新闻生产模式的变化意味着赋权公众，这有利于保障言论自由、提升民主标准。不过，新闻内容创作者的变化，也让学者们对如何保证新闻内容的真实、准确提出了疑问。研究认为类似《记者》新闻论坛这样的媒体，应该注重媒体的管理和专业人员的培训，以便于建立控制机制，保证信息的准确性。[①] 有文章指出，《记者》新闻论坛自有一套确保信息权威、准确的办法，其要求所有分享内容的人都要是相关知识的权威。该文章进一步表达了对数字媒体环境下建设性新闻记者角色的思考，认为虽然《记者》新闻论坛新闻内容的创作者改变了，但总体来看记者的角色没有发生变化——"记者的角色仍然是提出困难的问题，解释复杂的问题"。只不过在新闻业的基本原则或建设性新闻内容的需要下，"记者"的角色由具有相关专业背景的人士自愿扮演。[②]

建设性新闻领军人物之一——凯伦·麦金泰尔也在新媒体技术与建设性新闻的融合方面进行了深挖。其以谷歌助手作为依托，尝试用混合设计的准实验研究论证建设性新闻带来的影响。智能虚拟助手（IVAs）是一种通过交互式语音和其他现代人工智能元素，构建与用户对话的"虚拟身份"，以达到"以人类的身份与人类交互"效果的技术。在实验中，当被测者对谷歌助手说"告诉我一些好事情"，就会启用智能虚拟助手朗读一段建设性新闻的功能。实验的一个关键性发现是，与未使用"告诉我一些好事情"功能的用户相比，那些在阅读传统新闻之前或之后使用了该功能的用户积极情绪较高。并且，就用户反馈而言，绝大多数被测者对该功能表示了良好的接受态度，指出如果这项功能向公众开放，他们将会继续使用。有大约半数的被测者觉得这是一种对抗负面新闻的有效方式，让他们对世界的未来更有希望。麦金泰尔认为这表明建设性新闻可以帮助用户缓解负面新闻带来的伤害，同时由于智能虚拟助手使用率的增加，数百万人都可能受益于"告诉我一些好事情"功能。[③]

虽然当下将建设性新闻置于新媒体环境的研究仍旧有限，但通过对现有研究的分析不难发现，建设性新闻对情感元素、记者参与性的重视与新媒体环境具有较强的适应性，并且受众对于数字化、社交化、智能化的建设性新闻形式接受能力较强。换言之，在新媒体时代，建设性新闻的新闻生产方式、写作模式、内容呈现形式等都存在着广阔的发展空间。同时，

---

① José Sixto-García, Ana Isabel Rodríguez-Vázquez and Xosé Soengas-Pérez, "Co-creation in North American and European Digital Native Media: Web, Social Networks and Offline Spaces", *Journalism*, 2020, pp.1-20.

② Berta García-Orosa, Xosé López-García, Jorge Vázquez-Herrero, "Journalism in Digital Native Media: Beyond Technological Determinism", *Media and Communication*, No.2, 2020, pp.5-15.

③ Karen McIntyre, "'Tell Me Something Good': Testing the Longitudinal Effects of Constructive News Using the Google Assistant", *Electronic News*, No.1, 2020, pp.37-54.

研究表明，在建设性新闻融入新媒体环境的过程中，要充分考虑如何平衡不同观点的表达权利、确保新闻信息的准确性等问题，选择健康、良性的发展路径。

四、关于发展中国家建设性新闻实践的研究

有观点认为当下这场席卷全球的建设性新闻运动肇始于欧美，由于其建设性新闻发展时间较长、实践较为成熟，此前多数建设性新闻研究都是围绕着欧美发达国家展开的。不过到了2020年，随着更多的发展中国家加入建设性新闻运动中，发展中国家的建设性新闻理念和实践成为了相关研究的一个新的着力点。建设性新闻是否适合发展中国家？发展中国家的建设性新闻与发达国家有何不同？学者通过对不同国家建设性新闻的探索给出了自己的答案。

就我国而言，我国建设性新闻在公共外交领域的实践颇受国外学者的关注。此前比较焦点的方向是对非传播中的建设性新闻实践，2020年一个新的关注点出现了——建设性新闻范式的数字公共外交。有研究收集了 Twitter 中人民日报、新华社、中国全球电视网三家媒体一年间发表的所有推文，然后对含有"熊猫"字符串的推文进行了提取和分析。结果显示，以熊猫为主题的建设性新闻推文不但可以加强国家关系，也能够将积极情绪传达给受众。同时，研究还证实直播和短视频显著提高了目标公众的在线互动，认为此类内容可能会增加熊猫外交的影响力。该研究指出，中国媒体这种建设性新闻范式的数字公共外交是在以微妙的方式传递政治信息，核心目的是以熊猫主题推文来支持中国和平崛起的形象，并提高在国际舞台上日益增长的吸引力。[①] 这篇文章在近年来研究中国建设性新闻的外文论文中颇具代表性。许多研究者倾向于将中国对外传播中的建设性新闻实践与提升文化软实力的诉求联系起来，认为这是解决"软文化赤字"问题的一种手段。[②]

就其他发展中国家而言，罗马尼亚的建设性新闻虽然相比北欧、西欧、美国等地区和国家出现较晚，但已经形成了较为丰富的实践形式。在欧美的建设性新闻观念中，一种颇受支持的观点是建设性新闻是一个"伞式"概念，解决之道新闻、恢复性叙事、和平新闻、预期新闻等都被囊括在其范畴之内。[③] 罗马尼亚的 DOR 杂志已经在解决之道新闻、恢复性报道等方面做出尝试。这家媒体不但出版建设性新闻相关书籍资料，为记者提供解决之道新闻培训，还与罗马尼亚亚裔美国人基金会（RAF）合作开发了以"重建、恢复、治愈、同情、联

---

① Zhao Alexandre Huang, Rui Wang, "'Panda Engagement' in China's Digital Public Diplomacy", *Asian Journal of Communication*, No.2, 2020, pp.118–140.

② Iulian Boldea, Cornel Sigmirean, *The Dialogue of Multicultural Discourses*, Arhipelag XXI Press, 2020, pp.100–107.

③ Karen Mcintyre, Katherine Gyldensted, "Positive Psychology as a Theoretical Foundation for Constructive Journalism", *Journalism Practice*, No.6, 2018, pp.662–678.

系和解决方案"为宗旨的项目。① 这个项目的宗旨与恢复性叙事"通过捕捉那些努力恢复和重建生活的故事,来表达力量、潜力、治愈或者成长"的概念较为类似,可以视为恢复性叙事的一种实践。② 在研究者看来,罗马尼亚新闻业做出的这些努力是为了应对媒介环境的变化和新闻业信任危机,建设性新闻可能是延续和巩固新闻业生命力的一种有效方式。③

与罗马尼亚类似,一项有关巴西里约热内卢的研究也认为建设性新闻可能是转变国内新闻业问题的良药。该研究总结了里约热内卢的新闻业现状,指出其正在用悲观的宏观叙事扭曲公众的认知。这项研究分析了里约热内卢 *O Globo* 报纸的 6771 条新闻,发现其中 67% 都呈现出负面倾向。甚至部分新闻内容用了隐喻的手法,将黄热病和登革热的暴发、人贩子与民兵之间的战争、金融危机和文化投资的衰减、来自暴力和忽视健康的死亡等喻为圣经中代表了瘟疫、战争、饥饿和死亡的天启四骑士。该研究声称并不是要新闻业忽略负面事实,但媒体机构应该以建设性新闻作为参考,在新闻中加入未来该怎么做、专家提出何种建议等内容,以便号召社会公众一同参与讨论和解决社会问题。④

马来西亚的一项研究则更加具体地指出了希望在交通事故相关报道中加入建设性新闻元素。数据显示,马来西亚每年约有 7000 人死于交通事故,关于交通事故的报道充斥各种报纸。研究者随机选取了 100 份关于交通事故的新闻报道,却发现没有一则报道运用了解决之道新闻的元素。换句话说,在新闻报道的所有 5W 和 1H 问题描述清楚后,没有一则报道提出"下一步"该如何做。作者分析造成这种情况的原因可能是记者缺乏对建设性新闻报道手法的了解,或者担心在文章中加入观点而受到误解。这项研究认为建设性新闻,特别是其范畴内的解决方案新闻,可以提高交通事故报道的质量和有用性。对于马来西亚媒体来说,它们需要更多的建设性新闻培训,训练有素的记者可以向交警或者道路安全专家的解决方案提出正确的问题,进而改善现有交通事故报道的方式。⑤

随着越来越多的发展中国家参与到建设性新闻运动中,有新的问题引发了思考:发达国家和发展中国家的建设性新闻实践会存在什么不同,或者说建设性新闻的发展是否会受到政

---

① Iulian Boldea, Cornel Sigmirean, *The Dialogue of Multicultural Discourses*, Arhipelag XXI Press, 2020, pp.100–107.

② Images & Voices of Hope, "Restorative Narrative", http://ivoh.org/exploration-of-restorative-narrative/.

③ Iulian Boldea, Cornel Sigmirean, *The Dialogue of Multicultural Discourses*, Arhipelag XXI Press, 2020, pp.100–107.

④ Gabriela Nóra, Débora Mesquita, Mariana Souza, Ramon Andrade, "Apocalipse Carioca: Peste, Guerra, Fome E Morte No Noticiário", *Jornalismo Popular e Alternativo*, No.2, 2020, pp.195–209.

⑤ Yusof Ghani, Zulhaidi Mohd Jawi, Mohd Rasid Osman, Khairil Anwar Abu Kassim, "Identification of 'Solutions Information' Elements in Road Crash Reports among the Malay Newspapers in Malaysia", Malaysian Institute of Road Safety Research (MIROS), 2020, pp.1–18.

治、经济、文化等因素的影响。一项关于挪威和埃塞俄比亚建设性新闻媒体的比较研究可能会对此有所启发。研究者采用非结构化观察、半结构化深度访谈、内容分析等研究方法，对挪威"此时此地"和埃塞俄比亚 AMMA 的媒体机构做了深度调查。研究发现，相比较而言，埃塞俄比亚的记者对建设性新闻的运用更加慎重，他们很少在编辑室提及"建设性新闻"这一术语，但是会在新闻报道中提供解决方案，并提倡公共服务的新闻原则。同时，埃塞俄比亚记者在践行解决之道新闻的过程中会遇到更多的困难，比如在操作中受到骚扰、因自我审查而找不到方案的提供者、受限于资源难以追踪案件等。研究者倾向于"此时此地"和 AMMA 都属于建设性新闻实践，只是由于要适应各自的社会及媒介背景，所以表达方式存在不同。以两个个例的比较很难总结出不同因素对建设性新闻发展的影响，但这项研究在某种程度上证实了建设性新闻具有跨文化的适应力。

对于发展中国家建设性新闻实践的关注拓展了现有的研究版图，有助于将以欧美为中心的研究视野拓展到全世界范围。我国的建设性新闻研究是其中的重要组成部分，自 2019 年北京"建设性新闻：理念与实践"论坛召开以来，我国建设性新闻研究成果的数量激增，建设性新闻已经成为新闻传播领域的显性议题。不过，建设性新闻研究的深度与本国实践的发展程度密切相关，我国的建设性新闻实践目前还处于起步的阶段，可以说距离建立我国本土化的建设性新闻理论体系还有一段路要走。

五、结语

此次席卷全球的建设性新闻运动带动了相关研究的深入发展。从 2008 年时任丹麦广播电视台新闻部总监乌瑞克·哈根洛普在《政治报》中发表的建设性新闻文章，到 2020 年对于发展中国家建设性新闻的进一步探索，建设性新闻研究的范围已经从欧美扩展到全球各地，研究内容涉及溯源、理念、传播效果研究、媒介角色研究等多个层面。

总体来看，2020 年国外的建设性新闻研究是对以往研究成果的传承和创新。传承是在建设性新闻该如何拓展现代新闻业生存空间、如何带来良性变革等方面进行更深入的探索，建设性新闻被视为带来积极情绪、缓解负面新闻伤害的有效途径；创新是结合当下时事与媒介生态，在建设性新闻在新冠肺炎疫情期间的实践、与新媒体技术的融合等方面取得了新的成果。在新冠肺炎疫情的报道实践中，建设性新闻为心理健康带来的积极作用受到研究者的重视，这或许意味着建设性新闻可以在更多与心理健康相关的报道中发挥作用。而建设性新闻与新媒体技术的融合体现出了良好的适应性，建设性新闻报道正从原有的文字报道转向更人性化、智能化的表达方式。这些研究为建设性新闻扩展报道领域、推出更加具有媒介适应性的功能提供了可能。或者说，2020 年国外建设性新闻研究正在从以往的是否可行、是否违背新闻价值等"该不该存在"的议题，转向建设性新闻要如何健康有效发展的方向。

2020 年新闻教育研究综述

董天策　伍晨阳[**]

纪念中国新闻教育百年华诞的热潮渐渐退去之后，研究者2020年延续了对新闻教育领域的关注，CNKI收录的中文期刊论文有285篇（较2019年减少14篇），其中CSSCI期刊（含扩展）论文69篇（约占总数的24.2%，较2019年增加10篇）。

总体上，2020年新闻教育研究比较关注新语境下的新闻教育改革，重视系统性的改革思路，既有对构建理论知识体系等问题的探讨，也有如何实现理论与实践一体化问题的探究，亦不乏对学界与业界从合作走向构建共同体的呼吁。对长期存在争论的重人文素养还是重技术技能的问题，进行了更深入的剖析，并有实证研究的支持。对来自国外的"他山之石"，研究者有了更加理性的批判性思考。民国新闻教育史研究有新发现、新视角，新闻教育"近现代史"研究有所增加。马克思主义新闻观教育重历史、重现实，加强历史与现实勾连的理念成为共识。

一、重视新闻教育的系统性改革

因应于社会、时代、技术、行业的变化，新闻教育如何改革是一个老生常谈而常谈常新的话题。此前研究，聚焦新闻教育中出现问题的某个点或面，针对性地提出解决对策，是常见路径。譬如，针对新闻学应有实践性，提出要加强实践；针对新媒体具有多学科性，提出要跨学科培养。这类研究不乏建设性的意见或建议，却忽略了教育是一个系统，难免陷入"头痛医头，脚痛医脚""不断修补而培养内容越来越多"的怪圈。以此指导新闻教育实践，实际效果正如研究者所言，有业界经历的教师加盟了，计算机、统计学、心理学等工科背景的专家加盟了，实习实践的学分上来了，焦虑的情绪却依然在学界弥漫，学生也充满迷惑。[①]

---

[*] 本文系2019年重庆市高校教改项目"媒体融合与卓越新闻传播人才培养模式改革与创新"（193018）、2018年重庆市研究生教改项目"新闻传播学研究生创新能力培养体系及其操作路径"（yjg183003）的阶段性成果。

[**] 董天策，重庆大学新闻学院院长、教授、博士生导师；伍晨阳，重庆大学新闻学院博士研究生。

[①] 王润泽：《新闻学面临的挑战与新闻教育变革》，《中国出版》2020年第14期。

2020年，越来越多的研究者认识到新闻教育需要进行系统性改革，构建起有机的系统，并从微观的专业理论知识体系、中观的理论与实践一体化、宏观的学界与业界共同体三个维度进行探索。

1. 构建以新闻专业知识为核心的理论知识体系

面对技术变革、社会发展，尤其是新媒体时代这样的新语境，对学科内的知识，不少院校的课程只是在原有模式上进行"打补丁式"的修正，有些院校仅在原有课程名称上套加"新媒体"，并未改变原有课程内容[①]，或在传统的新闻学、广播电视学专业原有课程基础上，新增若干网页制作、数据挖掘、全媒体新闻生产与运营等课程，而非系统性转型，与"采写编评摄"等传统核心课程的逻辑关系也尚未梳理清楚[②]。课程之间的教学内容要么彼此隔离、互不相关；要么彼此冲突，或者相互覆盖。

因此，构建界限清晰而又能彼此呼应、相辅相成的课程体系，就成为时代的要求。[③] 对其他学科的知识，也不能一味强调"宽口径"吸收，变成知识的"大杂烩"。研究者通过实证发现，"大类招生"在一定程度上反倒会降低专业承诺，并与新闻专业知识学习在时间上陷入"零和博弈"[④]，新闻教育应该坚守新闻专业知识的核心地位，进行从碎片到系统、从无机到交互的知识体系重构[⑤]。

2. 要有理论与实践一体化的实践观

理论与实践的结合，是新闻人才培养，尤其是本科新闻人才培养的重要环节，但"结合"并非简单"叠加"。研究者通过调查发现，部分高校把课堂教学和专业实习实践作为新闻传播人才培养的前后两个阶段，即低年级先通过校内课堂教学打基础，高年级再去社会媒体进行为期10—16周的专业实习。研究者认为，课堂教学与实习实践不是前后相续的两个阶段，而是人才培养中互为补充的平行环节，在课堂教学的同时，必须开展各种形式的实习实践。[⑥]

新闻教育实践不仅存在时间上的割裂，而且存在实践平台的简单相加。研究者认为中

---

① 雷跃捷、白欣蔓：《媒体融合时代新闻传播教育应对挑战的对策研究》，《中国大学教学》2020年第2—3期。
② 陶建杰、林晶珂：《技能、知识与素养：中国新闻传播本科人才的培养现状与现实回应》，《新闻与写作》2020年第7期。
③ 张昆、陈薇：《关于新闻传播史论课程群教学改革的思考》，《中国大学教学》2020年第9期。
④ 陶建杰：《当下新闻传播人才培养的八个观念问题》，《青年记者》2020年第10期。
⑤ 蒋晓丽、林正：《万物互联语境下新闻传播教育的知识谱系重构刍议——基于知识生态学的视阈》，《东岳论丛》2020年第2期。
⑥ 陶建杰：《当下新闻传播人才培养的八个观念问题》，《青年记者》2020年第10期。

国传媒大学新媒体研究院、复旦大学新闻学院各自与企业合作建立5G教育实验室值得借鉴，提出应建立起校内校外有机复合的媒体实践创新平台，让学生能够经常与一线从业者直接交流，在学习过程中就能直接使用行业前沿技术进行创作，避免校园实践与社会实践的脱节。[1]

针对实践教育环节存在观念错位、体系薄弱、理论与实践断裂等问题，研究者认为，应该形成学界与业界、理论学术与技术技能、专业实践与社会实践、传媒素养与人格塑造有机一体的"大实践观"，探寻新闻传播专业实践教育改革的新方向。[2]

3. 学界与业界在新闻教育中应形成共同体

与人文学科可以超脱于现实有所不同，新闻学、新闻教育与业界存在天然的联系。学界与业界早已意识到，在人才培养中需要进行合作，但现实中，这种合作往往止步于学生到媒体实习、从业者参与教学、高校教师为业界做理论培训等形式，看似来往不断，实际却是泾渭分明。两者在人才培养观念上相互鄙视、彼此指责的情况也并不鲜见，学者觉得记者带"徒弟"的方式太肤浅，记者觉得学者培养的学生跟不上业界要求。

研究者认为，这种矛盾的根源在于新闻学目前存在知识生产上的学界中心主义和人才培养上的业界中心主义，学界与业界需要打破这两个中心，形成紧密相连的共同体，以共同体身份面对新闻学、新闻业、新闻教育的危机与挑战[3]；需要认识到各自的社会定位和职责所在，相互认可对方的功能与效用，理解学生在校教育与具体工作的差别，探索常规性的相互承认机制[4]；认识到学界进行的学院式教育和业界进行的学徒式教授，在教育的不同阶段、在新闻人的成长过程中、在不同专业素养的训练中扮演着不同的角色，互相依赖，不可分割[5]，两者共同支撑新闻人才培养的全程。

二、对技术技能在新闻教育中的地位有了更深入的探讨

新闻学的发展与媒介技术变革息息相关，新闻教育应该多一些人文素养还是多一些技术技能，应该侧重理论还是侧重实用，是新闻教育研究与实践中长期争论的话题。在往年的研究中，多数学者认同一流大学应重人文素养，着重培养坚守社会理性、价值理性的理想型人

---

[1] 李华君：《多元、交叉与协同：学科融合背景下对新闻传播人才培养的思考——以华中科技大学新闻与信息传播学院为例》，《新闻与写作》2020年第7期。

[2] 张昆、张晶晶：《"大实践观"：对新闻传播专业实践教育的思考》，《中国编辑》2020年第12期。

[3] 曹林、张涛甫：《关于新闻传播共同体构建的对话》，《新闻大学》2020年第4期。

[4] 任孟山：《媒介技术变革时代的新闻传播教育——从中国传媒大学研究生教育综合改革谈起》，《青年记者》2020年第28期。

[5] 曹林、张红光：《面向共同体：超越业界中心主义的三个迷思》，《当代传播》2020年第3期。

才，地方院校应以实用为主要取向，着重培养技术过硬、面向行业需求的职业人才。然而，注重技术技能是不是就能满足行业需求，培养出应用型人才？在2020年的研究中，研究者进行了更为深入的探讨，并使用了实证研究方法进行论证。

1. 对教育者而言，在培养方案制定与实施中一味追逐技术变革并不现实

一方面，由于技术本身更新迭代太快，很难追上，现在看起来有用的潮流技术，这个短视频，那个H5，学生三四年毕业后可能就被淘汰了。现在学的是4G时代的技术，毕业时可能已经是5G甚至6G的基础秩序了，学生一毕业就面临落后。① 另一方面，由于教育管理体制因素，教育者也很难及时调整方案来适应技术的快速变革。研究者指出，一般而言，国内高校的人才培养方案一旦确定，通常一届学生在4年就读期间都将按照确定的培养方案来开设课程，强调技术、应用导向的培养方案很难满足瞬息万变的媒介环境和行业的快速变革。②

2. 对社会需求而言，新闻教育并不只是为媒体培养人才

在新闻教育中倡导技术教育的一种常见逻辑，就是新闻教育是为行业需求培养人才。研究者对此提出了批判，认为新闻业、新闻教育本身发端于对社会的凝视与守望，回归于对人、人性的关注③，新闻教育从来不是普通的强调技术的职业教育，一旦只能培养图解政策，热衷于与自媒体争夺眼球，靠低俗标题、贩卖焦虑、挑起对立获得流量进而变现的内容生产者，那才是真正的危机④。

研究者认为，新闻教育应放在培养能够承担起启迪民智、服务大众、提升整个社会的公共生活这样一个公共服务的业务的角度来看⑤，为毕业生规划的目标去向不局限在媒体一域，而是扩散在每个社会角落，让他们成为提高信息辨识、推动社会进步的动力，体现新闻教育的公共价值，在公共生活中持续地发挥作用⑥。

3. 即便是对行业需求而言，技术技能也不是首要的

研究者对16位学界、业界专家做了访谈，发现业界专家也强调把人文素养、价值教育、批判性思维放在首位，也认为新闻教育应当重视文史哲的素养教育，培养学生的全球视野、

---

① 曹林、张涛甫：《关于新闻传播共同体构建的对话》，《新闻大学》2020年第4期。
② 巢乃鹏：《面向新时代的传媒教育——以深圳大学传播学院人才培养模式为例》，《中国出版》2020年第14期。
③ 石静：《新闻教育工具理性与价值理性的体用之论》，《青年记者》2020年第2期。
④ 邹军：《传媒教育变革要以引领社会传播为目标》，《青年记者》2020年第19期。
⑤ 杜骏飞、胡泳、潘忠党、叶铁桥、张力奋：《清华"教改"与新闻学院的未来》，《新闻大学》2020年第7期。
⑥ 任孟山：《媒介技术变革时代的新闻传播教育——从中国传媒大学研究生教育综合改革谈起》，《青年记者》2020年第28期。

包容精神和同理心；培养学生对社会关系和人性的洞察力、想象力和同情心；培养学生的仁爱和道德心，对人、对世界的爱心，以及公德心、职业道德和私德。① 研究者对5家主流媒体和4家互联网企业的招聘信息进行分析后发现，招聘方对扎实功底和新闻敏感性的要求，如采编能力、写作能力、调研能力等，排在计算机编程、数据处理工具、可视化工具的使用等技术技能之前。②

研究者基于"业界需求"的101个案例，通过QCA定性比较分析发现，首先，新闻传播人才的"个人综合能力"，包括协调能力、协作能力、组织能力、沟通能力、体能、心理抗压能力、表达能力、策划能力、学习与钻研能力、视野能力等，在"业界需求"中极为凸显；其次为"智力素养"，包括互联网思维、分析思考能力、解读能力、理性的调查研究能力、批判性思维、创新能力等；排在第三位的是"专业能力"，包括写作能力、新闻素养、新闻敏感性、信息传播基本技能、策采编播评等；而"新技术素养"仅仅排在第四位。③

4. 对受教育者而言，技术技能无法成为与"他者"竞争的核心优势

在论及与行业中非新闻科班出身的"他者"竞争时，研究者认为，"技术功用"层面的东西，是最不难学会的，你能学会，别人也能学会，你在大学能学会，别人在媒体实践中也能学会，"实用"层面的知识并不是能够奠定竞争优势的核心知识④；突出技术技能教育培养出的学生，固然有"上手快"的优点，但在传播技术日新月异的现实下，如果"后劲不足"，在竞争中就会存在被淘汰的高风险⑤。

除了非科班出身的"他者"外，技术技能型学生还面临来自人工智能这类新技术"他者"的竞争。研究者认为，未来发达的人工智能最先取代的，就是那些新闻业中"直接有用"的方面，如流水线的写稿、短视频技术、H5、无人机等。⑥

三、对新闻教育中的"他山之石"有更多理性、批判性思考

早在中国新闻教育起步阶段，教育者即开始借鉴美国等外国经验，新中国成立初期，基

---

① 陈昌凤：《21世纪的新闻教育：如何培养创新型人才？》，《新闻大学》2020年第9期。
② 张铮、陈雪薇：《从"数据新闻"到"数据传播"——智媒时代新闻传播教育的数据转向及因应策略》，《中国编辑》2020年第5期。
③ 吴炜华、张守信：《全媒体人才之业界需求：基于定性比较分析方法》，《现代传播（中国传媒大学学报）》2020年第3期。
④ 曹林、张涛甫：《关于新闻传播共同体构建的对话》，《新闻大学》2020年第4期。
⑤ 任孟山：《媒介技术变革时代的新闻传播教育——从中国传媒大学研究生教育综合改革谈起》，《青年记者》2020年第28期。
⑥ 曹林、张红光：《面向共同体：超越业界中心主义的三个迷思》，《当代传播》2020年第3期。

本上照搬苏联模式，到20世纪80年代，又开始较多学习西方传媒发达国家的教育模式、教学内容。涉及国外的研究，也往往将国外的培养模式、培养方案、教学内容作为成功典范来进行推介。近年，西方媒体在英国脱欧、特朗普当选、新冠肺炎疫情等一系列事件中的表现饱受质疑。在这样的背景下，研究者对来自国外的"他山之石"有了更多理性、批判性思考，既关注国外新闻教育的困境及其改革的经验教训，也探讨国外模式、理论在中国的适用性问题。

1. 关注国外新闻教育困境和改革

研究者以美国哥伦比亚大学、加州大学伯克利分校和哈佛大学等12所参与"卡耐基—奈特未来新闻教育计划"高校开设的实务课程为样本，发现美国同样面临数字技术不仅在冲破传统媒体边界，也在冲破高等教育长期固守的隐性边界、重新界定高等教育的社会契约的困境。为应对困境，当前美国新闻教育改革的逻辑正建立在将教育改革理解为高校、媒体及社会的共同行动，将主要发力点集中于融合媒介技术、精细化课程、校媒协作融媒体实践平台等。①

在研究以OJT（On-Job-Training）模式（由媒体企业自行培养记者人才）为主的日本新闻教育时，研究者发现，这种"学徒制"模式以战后形成的终身雇佣、按资排辈等企业文化为基础和前提，基于这样的企业文化，需要的不是独立性很强的记者，而是不违抗上司的命令、服从组织要求的社员记者。② 对特定公司的归属感而形成的"家族成员"之间的互助，即指导和照顾新人是前辈的义务，新人也要尊重前辈，保证了OJT的质量和效果，但在当今媒体单位衰落和年轻人价值观变化的情况下，传统OJT体系在日本也受到不少质疑和冲击，面临转型的必要。③

有研究者考察了与中国渊源极深的俄罗斯新闻教育。当前，俄罗斯高校新闻教育普遍改革："本科一、二年级的课程基本由通识教育构成，并由外系专业教师负责讲授；三、四年级才开展专业教学，由新闻专业教师任教"。研究者担心这样的改革会压缩学生的在校教育时间，尤其是可能会降低新闻专业教育的时间和效果。研究者认为，俄罗斯坚持把俄罗斯民族语言和民族文学作为新闻事业形成民族个性与文化之魂的根基，并且，在学术国际化过程中始终坚持理论的本土特色，虽研究西方经验，但绝不照搬照抄，致力于寻找新闻学、媒介理论与俄罗斯民族文化的契合点，不一边倒地盲目崇拜某种模式的思路，在中国新闻教育改革中值得借鉴。④

---

① 李沁：《重构高等教育的社会契约：美国新闻教育变革逻辑和路径》，《现代传播（中国传媒大学学报）》2020年第9期。

② 沈霄虹：《日本的新闻传媒教育之变迁与现状》，《青年记者》2020年第22期。

③ 加藤隆则：《日本新闻教育的困境与探索——超越企业内OJT推动媒介素养教育》，《青年记者》2020年第25期。

④ 李喆：《俄罗斯新闻教育的主要特色研究》，《传媒》2020年第17期。

2. 国外模式、理论在中国新闻教育实践中的适用性问题

研究者以中国新闻教育界一直关注的"哥伦比亚大学模式"为例，指出哥大师资队伍的背景情况，放在如今的中国体制中，很难符合现在的人才引进和评价制度；其以实务为主的教育模式，在中国的教育评估体系中很难进入主流；其自主的招生模式和因材施教的培养模式，在中国也得不到制度性认同。因此，我国的教育理念与制度、招生机制、跨学科培养机制无法遵循哥大模式，一些同行提出在中国实施哥大等西方模式的建言是不切实际的。[①]

就教学中传授的理论而言，研究者以新闻教育中的"传播学原理"课程为例，指出我国在教学中常常把产生于西方的理论变为绝对定理，重点放在解释和记忆它们的核心观点，而忽略了这些理论（或假说）提出的社会背景和研究者的问题意识[②]，存在着"西学东用"的在地化断裂和西方经典理论力有不逮的两大困境，需做好对西方理论经验的精炼和与本土文化融合[③]。具体来说，就是借鉴他国经验需要注意"体用之分"，分清哪些需要借鉴和学习，哪些需要摒弃和删除[④]，属于社会主义新闻学自身固有的、根本性的原理、原则、惯例、规律性的东西，该坚守的必须毫不动摇地坚守[⑤]。

研究者认为，我们一方面要从不同社会制度国家的新闻业发展的流变中抽象出普遍性、规律性的东西，比如新闻的真实性、客观性、公正性等；另一方面也要讲清楚它们在不同国家受政治制度、宗教信仰、文化传统以及社会发展特殊性的影响所出现的变化和产生的不同效果。这种将普遍性与特殊性结合起来的历史观和话语框架（教材框架），一方面有助于学生发展地、全面地看问题，避免陷入绝对主义；另一方面也为构建具有中国特色的社会主义新闻传播体系奠定了方法论基础。[⑥]

四、新闻教育史研究：延续对民国的关注，当代史研究有所增加

1. 民国新闻教育研究有新发现、新视角

民国时期是中国新闻教育的起步阶段，具有开创性价值。在这一时期，新闻教育者"群星璀璨"，不同的新闻教育理念、不同的教育模式在教育实践中交流、碰撞，奠定了中国新闻教育的基础，值得探讨。重要的新闻教育人物、新闻教育机构是研究重点。研究者不仅注

---

① 陈昌凤:《21世纪的新闻教育：如何培养创新型人才？》,《新闻大学》2020年第9期。
② 王斌:《互联网新闻学：一种对新闻学知识体系的反思》,《编辑之友》2020年第8期。
③ 徐明华、余檬檬:《把握学科思维转型 搭建华夏传播理论矩阵——"传播学原理"课程改革的困境与超越》,《中国大学教学》2020年第12期。
④ 米博华:《负重快行的新闻传播教育如何致远？》,《新闻大学》2020年第9期。
⑤ 郑保卫:《当前我国新闻专业教育和人才培养的困境及出路》,《青年记者》2020年第19期。
⑥ 程曼丽:《谈谈新闻传播教育的"三观"》,《教育传媒研究》2020年第1期。

重对史料的挖掘与呈现,而且注重引入新的理论和视角对史料进行分析。

在人物研究方面,研究者对中国新闻教育的奠基者、开拓者之一谢六逸的新闻教育实践做了考察,认为谢六逸主张"新闻即社会教育",提倡无形的潜在课程教育的观念,不仅奠定了新闻记者从业的主体品格意识,还奠定了新闻工作者用新闻这一公器参与社会实践的基本动力。① 也有研究者考察外国驻华记者参与中国早期新闻教育。例如,《密勒氏评论报》主编帕特森协助卜舫济创办了圣约翰大学新闻系,也积极参与教学活动;美国《纽约日报》驻华记者斯诺、英国《卫报》兼路透社驻华记者田伯烈加入燕京大学新闻学系,担任兼职讲师;北京《导报》主笔柯乐文在北京大学开设"报纸练习"课程;路透社的伊文思为邵飘萍的《实际应用新闻学》作序;等等。这些驻华记者不仅系统地训练了中国学生学习西方新闻专业主义的技能与知识,而且向中国学生制度化地灌输新闻专业主义背后所深刻隐含的价值和理念,为中国年轻一代记者走向世界进行更广泛的国际交流和合作奠定了深远的基础。②

在教育机构研究方面,既有对高等院校办学的关注,也有对行业组织教育实践的观照。研究者梳理了南京大学前身金陵大学开中国影音传播类四年制大学教育先河的历程。早在20世纪30年代,金陵大学的新闻教育就已倡导通识教育,强调社会服务功能。金大影音部自成立起就一直积极配合政府需求,不仅开办了短期影音专业人才培养训练班,快速充实了电影宣传与教育等岗位,还时常拍摄各类教育电影并在全国巡回放映,并明确表示其教学宗旨是服务于民智开启与社会发展。时任影音部主任孙明经认为,影音传播教育不仅仅是一门技术的学习,更应该是以技术为底层、强化学生人文艺术的熏陶、再配合教育学的学习。在他设计的课程体系中,技术类课程占67%,教育类与艺术类课程占比达33%。③

有研究者关注了综合性高校、职业型新闻学校之外的第三种新闻教育机构——行业组织。研究者认为,中国青年记者学会以行业组织的身份积极尝试创办新闻教育,虽不如学校教育那样正规,但在战争岁月里,它通过吸收会员,因地制宜,以多种形式不遗余力推动新闻教育进步,这在中国新闻教育史上是一个创举。④

有研究者另辟蹊径,在研究中引入其他学科理论。研究者以布尔迪厄的场域概念为理论视角,将民国新闻教育视为一个力量斗争的场域,对"民国新闻教育受西方自由主义新闻思想的影响,推动了新闻专业主义在我国的诞生"的观点提出质疑。研究者认为,民国新闻教育本是处于高校学术场与新闻场之间的一个亚场域,由于学术力量弱小,新闻教育场受到了

---

① 李效文:《谢六逸潜在课程认知理念及其对当下新闻教育的启示》,《教育文化论坛》2020年第6期。
② 路鹏程:《论民国时期外国驻华记者与中国记者的合作与竞争》,《新闻大学》2020年第1期。
③ 张红军、朱江丽:《从"创造实干"到"德""知""行"合———南京大学新闻传播本科实践教育的历史经验与现实反思》,《中国出版》2020年第14期。
④ 廖声武:《"青记"的创新性实践及其启示》,《社会科学动态》2020年第9期。

来自新闻场力量的极大影响,而民国新闻场自身具有强烈"他律性",民国新闻教育场也随之成为一个极其开放、边界模糊的"双重亚场域"。新闻教育这个亚场域深受政治力量、商业力量、文化力量以及学术力量博弈的影响,不可能凭一己之力实现新闻专业主义在当时中国的落地。①

2. 新闻教育的当代史研究有所增加

中国新闻教育前后不过百年,史学研究多集中于前30年,也就是民国新闻教育时期(1918—1949),研究新中国新闻教育史的文章相对少见。这种厚"古"薄"今"的研究取向在2020年度的研究中有所改观。

中国新闻教育的"当代史"尚有不少亲历者健在,研究者认为,他们的记忆保存了其见证或直接参与的那段历史,他们如果不说出来,这段历史将随着他们的故去而淹没;许多重要的事件、重大的过程、重要的人物,当时并没有文字记载,或者因为特殊的历史环境,即便文字记载了也不一定真实客观;他们的记忆是历史实录的唯一来源。② 对这段历史若不及时、系统地进行抢救,留待后人在多年后再根据零零散散的记录和传言进行"考古",真相必定扑朔迷离。

研究者认为,《中国新闻传播教育年鉴》的"口述史""新闻传播教育史钩沉"栏目就是对活历史的抢救。"口述史"栏目选取教育家和教学名师作为口述人,记录他们的教育理念与实践探索;"新闻传播教育史钩沉"栏目邀请中国新闻传播教育史的见证人和亲历者撰写回忆文章,再现历史真相。从这些学者的口述或自述中,既可以感受到教育家成长的历史,也会对中国新闻传播教育的开创、发展与壮大有更为丰满的认知。③

近年,新闻教育界痛失多位前辈名师。生前故旧撰文哀悼,回顾和评价他们的教育实践经历。研究者回忆了中国传媒大学(原北京广播学院)前副校长、中国新闻史学会名誉会长赵玉明(1936—2020)教授的事迹:他提出中国新闻史学会设立分会的想法并稳步实施,直接推动"新闻传播教育专业委员会"成为首先设立的三个分会之一;支持学会编写《中国新闻传播教育年鉴》并亲自参与撰稿。赵玉明教授为人很实诚,以本相示人,以真心待人④,一生不求名利,教书育人,追求真理,致力于新闻教育60年,著作等身,享誉中外,堪称一代宗师,是我们效法的楷模⑤。

---

① 郭静:《民国新闻教育场:多重力量博弈下的"双重亚场域"》,《中国编辑》2020年第8期。
② 张昆:《新闻传播教育史体系刍议》,《西安交通大学学报(社会科学版)》2020年第2期。
③ 刘义昆:《〈中国新闻传播教育年鉴〉的时代价值——兼论中国新闻传播学的发展方向》,《青年记者》2020年第30期。
④ 吴廷俊:《悄悄的,你走了——赵玉明老师的故事》,《新闻春秋》2020年第4期。
⑤ 张昆:《怀念赵玉明先生》,《新闻春秋》2020年第4期。

研究者回忆了中国人民大学新闻学院原副院长秦珪（1928—2019）教授在新闻杏坛耕耘一甲子，评其一生对新中国新闻教育贡献很大，是新中国新闻评论教学研究工作的开创者之一、中国人民大学新闻传播学科与新闻评论教学研究的主要奠基人之一、马克思主义新闻观教育的推动者之一，也是一位和蔼、敬业、用心、宽厚慈和的师长。①

研究者回顾了刘树田（1936—2019）教授的一生，他作为土生土长的上海人，20世纪50年代毕业于复旦大学，毕业后主动申请到西藏、青海、甘肃等艰苦地区工作，分配到兰州后，先后任教于兰州艺术学院、兰州大学。1983年原国家教委批准在兰州大学设立新闻学专业，他承担起了建系重任，从零起步，使兰大新闻学专业很快在全国新闻教育系统中获得公认的地位。面对经济发达地区高薪挖人，他统统拒绝，把自己的根扎在了西北这片土地上，培养了大批优秀人才，退休后仍然心系兰大和大西北新闻教育，是西北新闻教育当之无愧的开拓者和坚守者。②

在纪念范敬宜（1931—2010）教授逝世十周年之际，研究者以范敬宜这位当代中国优秀新闻人的新闻实践与新闻教育思想作为研究对象，分析了当代中国新闻领域中"主流高手"的应然状态，提出了以培养新型有机知识分子作为当代中国新闻人才观建设的主要目标。③

五、马克思主义新闻观教育：重历史，重现实，更要重历史与现实的勾连

实践观是马克思主义引领时代变革的重要理论基石。马克思主义新闻观初成于马克思、恩格斯的报业实践，在后世实践中不断得到发展和完善。可以说马克思主义新闻观是"历史实践、理论"与"现实发展"的双重产物。马克思主义新闻观教育的内容，既有历史的经典文献、思想，也有现实发展的理论与实践。

研究者认为，高校马克思主义新闻观的教学内容，目前普遍存在或只讲经典著作新闻思想，或只讲现实问题，未能把思想基础、历史脉络与新闻实践进行有效勾连，使得学生无法在思想深度与实践指导上得到"释惑"和确立观念。④ 新闻院系可从历史和现实两个维度进行课程设计，既要注重对马克思主义新闻观史料的梳理与反思，又要注重对马克思主义新闻观教育实践中现实问题的关注与回应，做到创新中有传承，时新中不缺乏厚重。⑤

---

① 游丹怡、邓绍根：《秦珪：把一生献给了新中国的新闻教育事业》，《教育传媒研究》2020年第1期。
② 石萍、樊亚平：《刘树田：西北新闻教育的开拓者与坚守者》，《教育传媒研究》2020年第2期。
③ 胡钰、陆洪磊：《范敬宜与当代中国新闻人才观——纪念范敬宜逝世十周年》，《全球传媒学刊》2020年第3期。
④ 叶俊、杨娇娇：《全媒体环境下马克思主义新闻观教学方法论创新》，《传媒》2020年第9期。
⑤ 白树亮、巩建宇：《基于红色新闻资源的马克思主义新闻观教育创新》，《河北大学学报（哲学社会科学版）》2020年第4期。

有研究者认为，历史维度的教学设计不仅应该重视经典文献和理论成果这类显性知识，还应注重无产阶级革命家的价值观和方法论这类隐性知识。[①] 而现实维度的教学设计，也不应把对教育效果的期望仅仅寄托在学生带着理论去媒体实习。研究者通过对上海地区八所高校新闻学子的问卷调查发现，学校的新闻教育对学生的马克思主义新闻观认知有显著的正向作用，但传统媒体实习并不会强化这种效应。如何从校内教育和校外实习两方面入手，形成合力，强化新闻学子马克思主义新闻观的学习效果，是当下新闻教育需要重点思考的问题和努力的方向。[②]

[①] 陈瑛：《"SECI"模型理论视角下马克思主义新闻观的隐性建构》，《传媒》2020年第9期。
[②] 陶建杰、宋姝颖：《新闻教育、媒体实习与新闻学子马新观的关系研究》，《未来传播》2020年第4期。

2020 年政治传播研究综述

陈红梅[*]

根据 10 种新闻传播学期刊和 3 种邻近学科及综合性期刊[①]发表的近百篇相关论文情况分析可知，2020 年政治传播领域的研究重点在于媒介传播与社会治理的关系，以及政务传播的风格、策略和效果。除此而外，政治传播对社会公众在政治参与、国家认同等层面的影响和效果受到较多关注，新传播技术和新媒体平台给政治传播带来的改变和挑战，以及"一带一路"倡议等重要中国议题的对外传播情况也是比较聚焦的研究主题。

一、政治传播与社会治理的关系研究

在新自由主义政策和媒体逻辑影响下，媒体权力干预政治过程的风险曾引起西方学者广泛担忧。一些学者认为在网络环境下要激活中国共产党的群众路线思想资源，重新理解传媒在国家治理体系中的角色，"想象一种新型的传播与政治关系"，主张国家应在社会的沟通对话和民主协商中起主导性作用。[②] 但是，媒体是社会交往和意见竞争的公共空间，对媒体放任失序抑或强力管制都不是良策。胡百精提出可以借由公共传播来促进和拓展公共协商，而公共协商可以促成偏好转变并引导和改造公共传播，从而可以形成从"公共传播"到"共识秩序"的内生治理机制。他认为，国家和社会治理的创新之道在于开启"公共传播—公共协商"的社会实验，推进公共讨论和协商治理。[③] 从实践而言，近年我国各省份普遍推出电视问政节目或网络问政平台，在地方政府中形成一种利用媒介平台推行创新治理的政治景象。有学者认为这是社会变迁、技术发展和制度设计合力的产物，反映了我国政府社会治理模式

---

[*] 陈红梅，华东师范大学传播学院教授。
[①] 前者为《新闻与传播研究》《新闻记者》《新闻大学》《国际新闻界》《新闻界》《现代传播（中国传媒大学学报）》《当代传播》《编辑之友》《新闻与传播评论》《新闻与写作》；后者为《中国社会科学》、常设"新闻传播学"研究专栏的综合性期刊《南京社会科学》和政治学核心期刊《政治学研究》。
[②] 虞鑫、兰旻：《媒介治理：国家治理体系中的媒介角色——反思新自由主义的传播与政治》，《当代传播》2020 年第 6 期。
[③] 胡百精：《公共协商与偏好转换：作为国家和社会治理实验的公共传播》，《新闻与传播研究》2020 年第 4 期。

和公众参与日常政治的进步。① 但是，中国语境下的由政府强力主导的电视问政节目只是结合了"媒体逻辑"的治理实践，其运行"混搭了威权协商和公开问责的基本元素"，展示了"互动的真实性和表演性特征"，其指向则是优化现有体制的"改革性修补"，因而也体现了"现有体制的弹性和生命力"。②

近年，国家着力推动县级融媒体中心建设以改进基层社会的政治传播格局，因此，传播媒介在乡村治理中的角色功能也受到较多关注。县级融媒体中心建设被认为是国家治理的"托底工程"，也是国家治理体系和治理能力现代化的基础要件。③ 李乐分析了当代中国乡村共存的三种传播媒介（有线广播、电视和网络新媒体）与乡村治理结构变迁的关系，认为广播增强了国家政权的乡村治理能力，但并未赋予乡村民众以主体的力量，新媒体在乡村治理场域为各方提供了平等机会，但其塑造的网络化治理结构并不稳定，而电视则造成乡村治理主体的分化和力量失衡，因此，乡村治理在借助"电视—县级融媒体中心"组合以巩固国家在治理结构中的主导地位，还应运用"有线广播—社会化媒体"组合以赋能乡村组织，帮助乡村民众成为主动、有力的乡村治理主体。④ 对新冠肺炎疫情期间乡村媒介动员结构的田野研究显示，代表基层组织的媒介"高音喇叭"及时放大了国家抗疫声音，具有动员结构的成熟性和稳定性，而体现熟人网络的"微信群"则在短期内凝聚了村民"团结一致、共同抗疫"的集体共识，这两种动员结构共振而实现动员目标。⑤ 也有学者根据在较长时间段内对农村传播状况的观察和访谈认为，随着行政信息对社会化媒体的挪用，"社会化媒体在中国乡村治理秩序中扮演越来越重要的角色"，社会化媒体一定程度上消解了乡村治理中的物理空间障碍，又契合了乡土社会中的农业时间，"重构了乡村社会的治理新秩序"。⑥

对媒体自身的治理也是社会治理重要的组成部分。一些学者对智能媒体的算法透明抱以厚望，认为算法一旦透明，治理问题也就迎刃而解。徐琦认为，打开算法黑箱并不能解决智媒在价值观导向、平台主体责任和用户主体权利等方面带来的重大挑战，智媒治理要跳出技

---

① 陈刚、王卿：《话语结构、思维演进与智能化转向：作为政治新图景的中国网络问政》，《新闻与传播评论》2020年第6期。

② 闫文捷、潘忠党、吴红雨：《媒介化治理——电视问政个案的比较分析》，《新闻与传播研究》2020年第11期。

③ 王智丽、张涛甫：《超越媒体视域：县级融媒体中心建设的政治传播学考察》，《现代传播（中国传媒大学学报）》2020年第7期。

④ 李乐：《媒介变革视野中的当代中国乡村治理结构转型》，《新闻与传播研究》2020年第9期。

⑤ 刘庆华、吕艳丹：《疫情期间乡村媒介动员的双重结构——中部A村的田野考察》，《现代传播（中国传媒大学学报）》2020年第7期。

⑥ 李红艳、韩芸：《以"一"贯之：社会化媒体视野下乡村治理秩序的重构》，《现代传播（中国传媒大学学报）》2020年第3期。

术视角，以算法透明为辅助工具，通过政府规制、平台自治和社会共治来协同推进。① 媒体治理的另一个焦点是谣言传播问题。有学者探讨了用区块链技术防控和治理谣言的可行性，认为借助区块链技术消除信息孤岛和破除平台垄断，构建可信的全国新闻信息基础设施底层骨干网络，并辅之以高效监管，可以实现对网络谣言的有效治理。②

二、政务传播研究

政务新媒体和政府机构的新闻发布是政务传播研究的两个重点主题。

根据2014年有关部门的要求，县级以上与民生相关的政府机构均需开设政务公众账号，政务新媒体成为我国政治传播领域的一个重要现象。尹连根分析了政务微信生产实践中的新闻和政治两种文化逻辑之间的融合和冲突情况，根据对市级政务微信编辑的深度访谈，他认为政务新媒体出于对市场效率的追求，在政治安全的前提下有可能将新闻和政治两种逻辑进行有机融合，形成所谓"博弈性融合"。③ 对政务微信关于垃圾分类倡导的研究则发现，国家和地方两级政府的传播策略并不相同。中央政府在垃圾分类"问题化"过程中起至关重要的作用；而地方政府在动员策略上更为活跃，将中央精神转化为具体的动员实践形式。两者功能互补，为政策倡导的创新提供了条件。④ 对微博舆情热点的研究则显示，在媒体微博、政务微博和意见领袖微博三者之间，虽然媒体依然是最主要的议程设置者，但政务微博能够在国际及港澳台时政类事件上设置媒体议程，提升其在社会民生和灾难类事件中议程设置能力，可有效避免舆论场域的混乱及谣言的蔓延。⑤ 一些学者也对政务新媒体的表达风格进行了研究。例如，郎劲松等发现，政务短视频从场景到情绪和具体用语表达都体现出明显的人格化特征，这种人格化的实践增强了政务人员的成就荣誉感、归属感和责任感，并使其产生主动参与政治传播的自我驱动。⑥ 张放等对政务微信"软文"化传播效果的实验研究发现，软话题对提升传播效果作用微乎其微，"标题党"式标题则经常降低传播效果。⑦

在有关政府机构新闻发布的研究中，新冠肺炎疫情作为一个典型案例受到很多学者关注。

---

① 徐琦：《辅助性治理工具：智媒算法透明度意涵阐释与合理定位》，《新闻记者》2020年第8期。
② 丁晓蔚：《基于区块链技术的网络谣言防控和治理研究》，《南京社会科学》2020年第12期。
③ 尹连根：《博弈性融合——政务微信传播实践的场域视角》，《国际新闻界》2020年第2期。
④ 季诚浩、戴佳、曾繁旭：《环境倡导的差异：垃圾分类政策的政务微信传播策略分化研究》，《新闻大学》2020年第11期。
⑤ 王晗啸、于德山：《微博平台媒介间议程设置研究——基于2018年舆情热点事件分析》，《新闻大学》2020年第6期。
⑥ 郎劲松、沈青苗：《政务短视频的人格化传播：呈现与驱动——基于政务抖音号的实证分析》，《新闻与写作》2020年第10期。
⑦ 张放、杨颖、吴林蔚：《政务微信"软文"化传播效果的实验研究》，《新闻界》2020年第1期。

张志安、冉桢认为,疫情中的新闻发言人存在疫情信息供给和公共传播价值表达等方面的不足,需要调整新闻发布中的行政逻辑与专业逻辑的关系,"实现国家与公众、行政机构与专业机构之间的权力再平衡"。① 周庆安、陈苓钰对北京市政府28场新闻发布会的研究则认为,新闻发布要以构建良好的政治信任为核心,保持稳定和系统性的信息输出并积极应对公众信任的动态变化至关重要。② 孟建、裴增雨对九省区市新闻发布的实证研究发现,邀请相关领域权威专家参与新闻发布活动,可以提高信息传播效能,而在危机时期对新闻发布进行预测和研判则能提升主渠道新闻发布的质量。③ 近年来,"警情通报"在众多涉法热点事件中备受舆论关注。姚广宜、王栋梳理了其由来和发展过程,并对健全警情通报制度提出策略建议。④

三、政治支持和政治参与效果研究

大众媒介通常被认为传递社会主流价值观,在构建国家认同和凝聚公众政治支持上有重要作用。在以中美贸易摩擦为主题的实证调查中,学者发现媒介使用显著影响了中国民众的政治支持,但不同类型媒介的影响有明显分化。其中,西方媒介使用对受众的政治支持有负面效应。中国官方媒介使用对受众的政治支持无显著影响;中国非官方媒介使用则对普遍政治支持有正面效应,对特定政治支持无影响。而受众对媒体使用的假定影响认知在其中起到调节作用。⑤ 实际上,媒体信息对公众的塑造作用也与宏观的政治社会环境和现实舆论场域息息相关。陆屹洲、马得勇的实验研究显示,中美经贸摩擦报道的亲中框架有强大且较为持久的框架效应,竞争框架影响微弱;而亲美框架则有反向效应。其中原因可能在于,当代中国的普通民众在个人成长和政治社会化过程中已经吸收大量爱国主义的政治信息,并以此为基础形成了比较稳定的政治认知图式。⑥ 从青少年国家认同角度的研究则发现,以中央电视台为代表的官方传统媒体最受信任,官方媒体报道和宣传思想教育对塑造青少年国家认同有

---

① 张志安、冉桢:《"风险的社会放大"视角下危机事件风险沟通研究——以新冠疫情中的政府新闻发布为例》,《新闻界》2020年第6期。

② 周庆安、陈苓钰:《突发事件中新闻发布对政府信任的建构路径——基于新冠肺炎事件中北京市政府新闻发布会的观察》,《新闻与写作》2020年第5期。

③ 孟建、裴增雨:《关于我国抗击新冠肺炎新闻发布的实证研究——基于九省区市新闻发布的实证分析和若干对策建议》,《新闻大学》2020年第3期。

④ 姚广宜、王栋:《"微传播"环境下警情通报在涉法舆情演变中的作用》,《现代传播(中国传媒大学学报)》2020年第10期。

⑤ 王菁:《媒介使用与民众政治支持:面向中美贸易摩擦的实证分析》,《现代传播(中国传媒大学学报)》2020年第2期。

⑥ 陆屹洲、马得勇:《媒体框架效应及其持续性——以中美经贸摩擦为议题的实验研究》,《新闻大学》2020年第11期。

重要作用，不过，海外媒体的使用频率和信任度则有负向影响。[1]

公众政治参与也是考察政治传播效果的一个重要维度，从传播基础结构发展来说，不少学者预期新媒体技术能促进公众的政治参与。张云亮等研究发现，新媒体接触显著提升了公众多元化的社会治理参与行为和意愿；随着新媒体接触增加，社会公平感较低的个体会更有意愿参与社会治理；国家自豪感也发挥了部分中介作用，可能原因是新媒体使用提升了受众的国家自豪感并促使其更有意愿投身于社会治理实践。[2] 但公众参与的质量和深度并不如预期。张学波等构建了微博用户自我呈现与政治参与水平关系的模型，认为微博用户的政治参与广度有所拓展，参与形式以浏览政治话题和点赞转发相关政务新闻为主，政治参与深度不足，大多仅是一时兴趣激发的短暂行为。[3] 一些学者认为，媒介平台与媒介使用行为相互作用。晏齐宏基于2017年全国调查数据的研究发现，媒介平台接触整体而言对青年网络政治意见表达有正向作用，但不同媒介平台的差异较大。社交媒体的政治意见表达高于官方媒体和信息定制化平台，个体的政治注意力和偏好根本上决定了其对媒介平台的选择和政治信息接触情况。[4] 从社交媒体接触对社会运动参与的影响而言，曹钺、陈彦蓉基于台湾地区2015年传播调查资料数据的分析也显示，社交媒体具有显著的动员效应，但"社会运动往往是个体心理与新媒介工具共同作用的结果"，个体的政治知识和内在政治效能感既会对社会运动参与产生正向影响，又能强化社交媒体的动员效应。[5]

四、对外政治传播研究

此板块的研究主题有三个：一是如何讲好中国故事和对外传播中国的"人类命运共同体"理念，二是海内外媒体关于我国政府"一带一路"倡议的报道情况，三是境外社交媒体关于中国议题的呈现情况。

新媒体技术发展对"讲好中国故事"提出新的挑战，相关研究往往陷入机器、算法等唯技术导向的考量中，而对智能媒体介入语境下的故事叙事本身不够关注。周翔、仲建琴提出"智能化叙事"概念，建议结合叙事理论和计算传播原理，再造叙事创作流程，如通过参与性叙事改变以往普通民众被代言、被叙事的状态，从单向度的"话语输出"到多维度的"共创共享"，发

---

[1] 朱多刚、任天浩：《媒介使用对青少年国家认同的影响》，《新闻记者》2020年第4期。

[2] 张云亮、冯珺、季芳芳、柳建坤：《新媒体接触对社会治理参与的影响研究——基于中国社会状况综合调查2013-2017年数据的实证分析》，《新闻与传播研究》2020年第7期。

[3] 张学波、李康利、阚婷婷、周妍红：《微博用户自我呈现与政治参与水平关系模型研究》，《新闻记者》2020年第1期。

[4] 晏齐宏：《二元性互构：选择性接触影响下的青年网络政治意见表达》，《新闻大学》2020年第9期。

[5] 曹钺、陈彦蓉：《社交媒体接触对社会运动参与的影响研究——基于政治自我概念的交互效应》，《新闻界》2020年第2期。

展基于 AI 的交互式叙事等。① 王锡苓、谢诗琦认为，向世界传递"人类命运共同体"理念的意涵和核心价值是我国对外传播的关键所在，并构建了一个以"四力"（传播力、公信力、引导力、影响力）为框架的"人类命运共同体"理念传播评价体系，从新闻生产能力、传播特性、效果反馈等角度来评估传播效果，并以外宣媒体的实证数据对评价指标体系进行了检验和修正。②

在"一带一路"倡议报道的研究上，王丹、郭忠实从新闻生产的角度整合框架和解释水平两个理论，考察编辑部资源投入和新闻报道内容抽象度之间的关系，通过对中国内地、香港特区和美国的四份报纸关于"一带一路"报道的比较研究发现，距离事件越远的报纸，编辑部资源投入就越低，引用的消息源也更多为官方机构、组织和权威人士，此种报道框架使其"一带一路"报道呈现为高解释水平，内容空泛而抽象。反之，中国媒体的报道则呈现为低解释水平，内容详细具体，附有实例。③ 赵永华、郭美辰从策略性叙事和媒介化的角度分析了印度主流媒体对"一带一路"的报道情况，认为经过印媒驯化的"一带一路"报道与最初倡议之间存在严重偏差，但国际新闻的驯化也是全球化进程中必然的一部分，在全球化和本土化之间搭起理解的桥梁，由于国际新闻在维护国家利益这一目标上所扮演的角色，以及核查机构的缺失和受众对远方事件的漠不关心，国际新闻的驯化也容易造成新闻专业主义的失败。④

社交机器人在境外社交网站参与中国议题讨论情况受到高度关注，相关研究都认为社交机器人参与重大议题讨论已是常态，中国议题在境外社交媒体上存在被自动化算法操纵的风险。张洪忠等的研究发现，在 Twitter 上有关中美贸易谈判议题的讨论中，社交机器人占比 13%，发布内容占比接近 20%，但机器人的作用仅限于推送大量的相关信息，没有体现出明显的虚假信息干扰等问题。⑤ 师文、陈昌凤对 Twitter 上有中国议题讨论的抓取数据分析也得出相似的结论，认为超过 1/5 的与中国相关的推文疑似由机器人发布，机器人渗入社交网络改变了既有的信息交互结构，增加人类用户对特定信息的接触，可能干扰用户对事物之间关联的认知。⑥

---

① 周翔、仲建琴：《智能化背景下"中国故事"叙事模式创新研究》，《新闻大学》2020 年第 9 期。

② 王锡苓、谢诗琦：《新时代"人类命运共同体"理念传播评价体系的构建》，《现代传播（中国传媒大学学报）》2020 年第 7 期。

③ 王丹、郭忠实：《框架整合与解释水平：海内外报纸对"一带一路"报道的对比分析》，《新闻与传播研究》2020 年第 3 期。

④ 赵永华、郭美辰：《策略性叙事中的国际新闻驯化：印度主流媒体"一带一路"报道分析》，《国际新闻界》2020 年第 8 期。

⑤ 张洪忠、赵蓓、石韦颖：《社交机器人在 Twitter 参与中美贸易谈判议题的行为分析》，《新闻界》2020 年第 2 期。

⑥ 师文、陈昌凤：《分布与互动模式：社交机器人操纵 Twitter 上的中国议题研究》，《国际新闻界》2020 年第 5 期。

2020年国际传播研究综述*

张 昆 刘 爽**

2020年，中国的国际传播研究呈现出紧随时情、议题多元、重点突出的特点。新冠肺炎疫情全球肆虐，以中美博弈为核心的全球贸易争端频繁发生，"战狼外交"的非议甚嚣尘上，再加上恰逢脱贫攻坚的收官，抗疫传播、全球贸易争端背景下的对外传播、外交传播、扶贫传播成为国际传播的新议题。中国的国际传播研究议题十分广泛又相对集中，学者们聚焦于视听媒介的国际传播、社交媒体平台的国际传播、文化媒介的国际传播，不断深化国际传播话语权、中国国际传播话语体系建构、中国国际传播理论建构、国际传播战略的研究，生产出数量庞大的研究成果。

一、国际传播新实践催生国际传播新议题

2020年新冠肺炎疫情席卷全球，在病毒起源等问题上，美国等部分西方国家的政客言论及媒体报道存在不实之处，使中国的国际传播面临着前所未有的挑战。抗疫议题的研究主要集中在新冠肺炎疫情背景下的中国形象、舆情研究、媒介建构、媒体责任上。在新冠肺炎疫情背景下的中国形象方面，有学者提出，讲好中国抗疫故事是特殊时期我们向海内外进行自我呈现、陈述事实、消除误解的重要内容和传播手段。[①] 有学者认为，中国国际传播讲好抗疫故事有三重内涵：第一，把疫情报道和新时代中国话语建构结合起来，以"四个自信"讲好中国的抗疫故事；第二，把中国经验与全球面临的疫情挑战结合起来；第三，把疫情的挑战与全球治理结合起来。[②] 舆情研究是抗疫议题的热点问题。有学者提出要重视互联网对疫情舆情演变的影响。[③] 有学者认为，各类虚假信息、恐慌情绪等交织的"信息疫情"，体现

---

* 本文系国家社会科学基金重大课题"人类命运共同体视域下中国国家形象在西方主流媒体的百年传播研究"（19ZDA322）的系列成果之一。
** 张昆，华中科技大学国家传播战略研究院院长、教授、博士生导师；刘爽，华中科技大学新闻与信息传播学院博士研究生。
① 章彦：《讲好中国抗疫故事的国际传播与反思》，《青年记者》2020年第29期。
② 潘登、胡正荣：《中国国际传播讲好抗疫故事的三重内涵》，《当代传播》2020年第3期。
③ 殷俊、罗平宇：《重视互联网对突发事件舆情演变的影响》，《中国社会科学报》2020年10月16日。

了新技术背景下国际信息传播的无序和传统国际舆论引导范式的局限。[①] 我们需要有效抑制"信疫",形成及时有效应对的反应机制、扬长避短的对冲机制,建立新的信息传播秩序。[②] 还有学者研究了新冠肺炎疫情发生后的境内舆情演变[③]、CGTN疫情国际舆论传播特点[④]、疫情传播的舆论生态与引导[⑤]。在抗疫议题的媒介建构研究方面,有学者认为抗疫纪录片[⑥]、评论漫画[⑦]、新闻发布会[⑧]在国际传播中发挥着重要作用。学者还关注到疫情报道的媒体责任问题。有学者分析了主流媒体在信息发布、舆论引导、公共服务等方面的职责与使命,[⑨]总结了中央广播电视总台在新冠肺炎疫情中的传播实践,[⑩]探讨了后疫情时代如何提升地方媒体国际传播力。[⑪] 2020年的新冠肺炎疫情给中国的国际传播带来挑战的同时,也带来了发展的契机。中国的国际传播研究需要化挑战为机遇,持续改善中国的国际形象。

2020年,以中美博弈为核心的全球贸易争端持续,贸易摩擦频繁,美国先后将中国的15家媒体列入"外国使团"名单,全方位限制中国媒体在美国的活动。再加上印度与美国颁布对中国App的禁令,给中国的国际传播活动造成了极大的阻碍。有学者分析了美国遏华国际传播策略,即把渲染"中国原罪"作为叙事主调;全面遏制、全面对立的传播修辞策略;主体固定、政府主导、外围带动的舆论炒作路线。[⑫] 在应对的策略方法方面,有学者提出,美国对中国在话语层面采用"冷战"式意识形态进攻的策略,中国媒体要在议程设置上着力强

---

① 李玉洁:《国际舆论场新态势及其引导范式创新》,《中国社会科学报》2020年11月19日。
② 方兴东、谷潇、徐忠良:《"信疫"(Infodemic)的根源、规律及治理对策——新技术背景下国际信息传播秩序的失控与重建》,《新闻与写作》2020年第6期。
③ 张旭:《新冠肺炎疫情发生后境内舆情演变分析》,《青年记者》2020年第23期。
④ 毕建录、刘新清、钟新:《试析CGTN新冠肺炎疫情国际舆论传播特点》,《电视研究》2020年第7期。
⑤ 张彩霞:《重大突发公共事件的舆论生态与引导研究——基于新冠肺炎疫情传播的舆论生态与引导的反思》,《山东社会科学》2020年第10期。
⑥ 李宁、徐嘉伟:《疫情纪录片的叙事创新与国际传播效果研究——以CGTN〈武汉战疫纪〉为例》,《中国电视》2020年第9期。
⑦ 魏威:《新媒体时代评论漫画在国际传播中的应用研究——以CGTN新冠肺炎相关主题漫画为例》,《国际传播》2020年第5期。
⑧ 曲茹:《关于政府新闻发布会的国际传播研究——以外媒对北京新冠肺炎疫情防控报道为例》,《国际传播》2020年第5期。
⑨ 高晓虹、赵希婧:《突发公共卫生事件中主流传播的职责与使命》,《中国编辑》2020年第2-3期。
⑩ 秦瑜明、周晓萌:《壮大主流舆论 彰显国家媒体本色——中央广播电视总台在新冠肺炎疫情中的传播实践》,《电视研究》2020年第4期。
⑪ 乙福海、梁媛:《后疫情时代如何提升地方媒体国际传播力》,《对外传播》2020年第12期。
⑫ 陈龙:《战略竞争框架下的美国遏华国际传播策略探析》,《社会科学》2020年第7期。

调中国解决现实问题的行动力与价值取向，在自身建设中有规划地提升应对能力，在理论创新层面解构西方自身危机。[1] 打贸易战没有赢家，如何促使中美双方加深相互理解，求同存异，在平等和相互尊重的基础上妥善解决问题，需要学术界的共同努力。

2020年12月8日，德国《每日镜报》以《中国的战狼》为题，对中国外交政策进行批评性报道，认为中方外交官的举止"更具侵略性"，中国实行了"战狼外交"。中国外交部认为"战狼外交"，指中国面对国外毫无底线的攻击、抹黑和谩骂做出回击、说明事实真相的外交行为。[2] 有学者分析了中国特色外交传播体系的特点：一是形成了以党和政府为主导、多元主体协同参与的"复调传播"格局；二是传播内容紧紧围绕人类命运共同体理念进行故事化、定制化生产；三是传播媒体在信息技术驱动下开始向全球互联的平台型媒体转型；四是传播对象在"全球观"与"分众观"双重标准下实现了精准区划。[3] 但国内学术界"外交传播"领域研究的重点主要聚焦在实践方面，理论方面的进展和成果并不显著，未来学者将从外交学、传播学等跨学科研究的视角，将"公共外交"与"全球传播"两个系统进行关联。

2020年是中国脱贫攻坚的收官之年，如何向世界讲好中国的扶贫故事是国际传播研究的重点议题。有学者提出，围绕脱贫攻坚叙事建构中国国家叙事体系，有利于开启新时代对外传播新局面。[4] 在策略方法方面，有学者强调，脱贫攻坚故事国际传播要注重框架建构和叙事策略，在强化互通性、共同性和实用性的同时，有效回应国际关切，着力提升影响力和传播力。[5] 在媒介研究方面，有学者认为，主流媒体肩负着报道脱贫攻坚成果、讲好扶贫脱贫故事、传播中国减贫经验的重要任务。[6] 有学者提出，新媒体语境下中国减贫事业的国际传播路径有平台思维、故事架构和话语创新。[7] 还有研究者以个案分析的方式讨论了扶贫故事的国际传播问题。但扶贫话题，仍然遇到了一些来自西方国家的质疑。有学者发现，《纽约时报》为中国扶贫建构的语境广泛，但总体较为消极，给中国扶贫作为"中国故事"的传播

---

[1] 冯小桐、荆江:《"新冷战"话语体系下中国国际传播的应对》，《对外传播》2020年第12期。
[2] 《外交部发言人回应"战狼外交"：难道中方只能做"沉默的羔羊"吗?!》，人民网国际频道，2020年12月10日，http://world.people.com.cn/gb/n1/2020/1210/c1002-31962452.html。
[3] 杨明星、周安祺:《新中国70年来外交传播体系的历史演进与发展方位》，《国际观察》2020年第5期。
[4] 栾轶玫:《新时代中国国家叙事脱贫攻坚的对外传播》，《编辑之友》2020年第9期。
[5] 李宇:《脱贫攻坚故事国际传播的框架建构与叙事策略》，《电视研究》2020年第11期。
[6] 高晓虹、蔡雨:《讲好扶贫脱贫故事 决战决胜脱贫攻坚》，《电视研究》2020年第11期。
[7] 姬德强、朱泓宇、吴琼静:《平台思维、故事架构与话语创新——新媒体语境下中国减贫事业的国际传播路径》，《国际传播》2020年第6期。

以及中国扶贫经验作为全球减贫治理"中国方案"的提出设置了不小的障碍。[①] 向世界讲好中国扶贫故事任重道远，未来研究者需要在该领域继续深耕，研究深度有待进一步挖掘。

二、以媒介为中心的国际传播研究全面发力

传播媒介向来是国际传播研究的重点，2020年国际传播研究从传统媒体到新媒体均得到学者的关注，视听媒介仍然是研究的集中点，社交媒体平台成为新的重要研究领域，文化媒介的研究受到较大的关注。

2020年中国的国际传播研究涉及国际新闻的新闻文本书写、新闻摄影作品，以及电影、电视剧、纪录片等视听媒介方面。如有学者研究了对外新闻传播文本书写的"话语图示"，提出"新闻话语图示"概念。[②] 有学者认为新闻摄影作品在国家形象呈现及其视觉修辞实践过程中占有重要地位。[③] 在视听媒介方面，有学者认为，影视剧可以在润物细无声中向观众传达文化传统、价值观念、意识形态、政治理念，在国际传播中发挥越来越重要的作用。[④] 还有学者研究了中国影视剧对外传播的"和合"思想[⑤]、国际传播视阈下抗战电影的叙事维度[⑥]、中国电影的域外叙事与国家形象塑造[⑦]、中国首部科幻大片《流浪地球》在国际主流媒体和社交媒体的传播效果[⑧]、中国影视国际传播力提升的创新理念[⑨]。在纪录片领域，有学者提出，各种类型的纪录片从不同侧面以多元化的表达，向世界传播中国文化，展示中国形象，传递中国声音，彰显中国精神。[⑩] 有学者关注到国际合拍是一种融合自塑与他塑的国家形象

[①] 黄敏:《议题关联与关系建构——〈纽约时报〉有关中国扶贫报道的媒体网络议程分析》，《新闻与传播研究》2020年第3期。

[②] 任玥、李智:《新闻的"话语图示"——论对外新闻传播中的跨语言书写》，《国际新闻界》2020年第10期。

[③] 黄晓勇、薛翔:《西方三大通讯社的中国主题摄影作品：视觉修辞的视角》，《现代传播（中国传媒大学学报）》2020年第3期。

[④] 王魏:《中国影视剧海外传播作用分析》，《中国广播电视学刊》2020年第9期。

[⑤] 邱凌:《"和合"思想：中国影视剧对外传播的价值核心》，《现代传播（中国传媒大学学报）》2020年第6期。

[⑥] 姜小凌、张昆:《话语·故事·价值：国际传播视阈下抗战电影的叙事维度》，《现代传播（中国传媒大学学报）》2020年第10期。

[⑦] 谭政:《中国电影的域外叙事与国家形象塑造》，《现代传播（中国传媒大学学报）》2020年第9期。

[⑧] 相德宝、王静君:《跨文化传播视角下〈流浪地球〉国际媒体传播效果及策略研究》，《全球传媒学刊》2020年第4期。

[⑨] 刘俊:《论融媒时代中国影视国际传播力提升的十个创新理念》，《东岳论丛》2020年第9期。

[⑩] 许建华、欧阳宏生:《主流文化面向世界的多元表达——近十年中国纪录片的创作发展》，《民族艺术研究》2020年第6期。

塑造方式。① 还有学者研究了纪录片"他塑"中国形象的共情叙事与共情传播②、外籍在华人士拍摄纪录片的外宣合作与共情传播策略③。近年来中国纪录片在国际传播上取得一些成绩，但还没有创建自己的国际品牌，有学者认为，需要从纪实理念、叙事语态等方面进行调整。④ 总体而言，2020 年国际传播关于视听媒介的研究，沿袭了以往的研究范式，研究视角与创新性有待突破。

在新媒介技术全球化发展的背景下，社交媒体平台的兴起和发展改变了传统的信息传递和接收的模式，为国际传播提供了新思路。2020 年中国的国际传播充分利用社交媒体的优势与特点，取得了长足进步。有学者分析了海外社交媒体平台中的公众传播主体、特征及其影响。⑤ 有学者分析了网民群体的心态特征，并提出进一步利用互联网平台做好对外传播工作的建议。⑥ 在具体实践方面，有学者以北京市政府在 Facebook 上开设的城市官方账号作为研究对象，探讨如何利用社交媒体的传播特点更好地达到提升城市国际形象的目的。⑦ 有学者利用 Twitter 平台的传播数据对中国主场外交的国际传播效果进行分析。⑧ 有学者关注到社交机器人操纵 Twitter 上的中国议题，认为社交机器人的存在可增加人类用户对于特定信息的接触，改变既有的信息交互结构。⑨ 社交媒体平台上短视频的国际传播成为研究的热点，有学者认为李子柒短视频在 YouTube 平台走红增加了现代中国进入西方视野、重塑西方中国认知的机会。⑩ 有学者强调，视频博客作为一种在全球范围内兴起的视觉新媒介，成为国际文化交流的新方式。⑪

---

① 张梓轩、商俊：《国家形象多重塑造中的信誉与情感证明——基于中外合拍片英语评论的语义网分析》，《现代传播（中国传媒大学学报）》2020 年第 5 期。

② 邵鹏：《论纪录片"他塑"中国形象的共情叙事与共情传播——基于奥斯卡最佳纪录片〈美国工厂〉的分析》，《现代传播（中国传媒大学学报）》2020 年第 4 期。

③ 吴志远、江潞潞：《外籍在华人士外宣合作与共情传播策略——对〈南京抗疫现场〉系列纪录片创作的思考》，《当代传播》2020 年第 4 期。

④ 张同道：《中国纪录片的文化使命与国际传播》，《艺术评论》2020 年第 9 期。

⑤ 张志安、李辉：《海外社交媒体中的公众传播主体、特征及其影响》，《对外传播》2020 年第 5 期。

⑥ 李博文、徐静茹、张志安：《从李子柒走红看网民心态与网络外宣的启示》，《传媒》2020 年第 18 期。

⑦ 邵云：《国际社交媒体中的城市形象传播效果研究——基于北京市政府在 Facebook 平台官方账号的实例分析》，《新闻与写作》2020 年第 11 期。

⑧ 汤景泰、陈秋怡、高敬文：《传播网络与跨圈层传播：中国主场外交的国际传播效果研究》，《新闻大学》2020 年第 8 期。

⑨ 师文、陈昌凤：《分布与互动模式：社交机器人操纵 Twitter 上的中国议题研究》，《国际新闻界》2020 年第 5 期。

⑩ 李习文：《李子柒走红海外的国际传播逻辑》，《传媒观察》2020 年第 2 期。

⑪ 张梦晗：《国际视频博客讲述者跨文化传播中的互文性实践》，《社会科学》2020 年第 7 期。

但随着疫情蔓延、全球经济萎缩、贸易保护主义抬头，中国社交媒体平台TikTok在海外的发展受到重重阻碍。如何充分利用中国互联网技术的创新，拓展中国社交媒体的海外影响力，做大做强中国自己的国际传播平台，将是学术界持续深入研究的问题。

文化媒介是国际传播媒介的重要组成部分，国际传播研究与跨文化传播研究呈现出交叉融合的趋势。2020年该领域的研究主要聚焦在两个方面，一是中国文化如何增强中国国际传播力，有学者研究了信息质量[1]、文化要素跨境流动[2]、微传播时代的"碎微化"[3]、科技提升[4]对中国文化国际传播的影响。有学者提出，在对外文化工作中，要把握好文化自信与文明交流的关系、协调好政府引领与民间往来的关系、掌握好主题阐释与方式创新的关系。[5]有学者关注到国家形象与跨文化传播，认为国家形象跨文化传播应坚持系统思维。[6]二是从亚文化视角探析中国文化的国际传播，涉及儒家文化、地方文化、黄河文化、汉语对外教学、贵州茶、时尚文化、西游记故事等的跨文化传播，如有学者认为，儒家文化的成功传播对提升中华文化的世界影响力发挥了举足轻重的作用。[7]有学者考察了海外华人这一特定的桥接社群在西游记故事的跨文化传播实践中所扮演的角色，认为要对媒介中心主义和文本中心主义进行反思，发展以桥接社群的身份认同为基础的阐释框架。[8]有学者提出，以茶为媒开展国际传播，有助于消弭各国各地区间存在的文化差异和思维隔阂，化解中华传统文化的国际传播之困。[9]

三、以现实政治为基础的国际传播研究亮点纷呈

长久以来，少数西方国家在当代国际传播中占据着绝对的优势地位，是形成国际舆论的主导力量，掌握着国际传播话语权。西方世界长期渲染"中国威胁论"，给中国制造"话语

---

[1] 陶建杰、尹子伊：《中国文化软实力：国际评价、传播影响与提升策略》，《现代传播（中国传媒大学学报）》2020年第7期。

[2] 胡键：《文化要素跨境流动与中国文化传播力提升》，《现代传播（中国传媒大学学报）》2020年第4期。

[3] 周婉：《微传播时代：创新推进中华优秀文化的国际传播》，《学习与实践》2020年第10期。

[4] 谈国新：《科技提升我国文化传播力研究》，《理论月刊》2020年第7期。

[5] 张良：《对外文化工作应把握好哪几对关系》，《人民论坛》2020年第19期。

[6] 吴献举：《国家形象跨文化传播的系统特性与实现路径》，《中州学刊》2020年第5期。

[7] 杨威、闫蕾：《当代中华文化国际传播策略探究——基于儒家文化传播历史经验之考察》，《学校党建与思想教育》2020年第24期。

[8] 田浩、常江：《桥接社群与跨文化传播：基于对西游记故事海外接受实践的考察》，《新闻与传播研究》2020年第1期。

[9] 杨懿：《符号学视域下中华传统文化的国际传播：基于贵州茶的观察》，《现代传播（中国传媒大学学报）》2020年第11期。

陷阱"。为了捍卫中国的主权、安全、发展利益，维护国家的荣誉与尊严，维护国际的公平与正义，中国要加强国际传播能力建设，构建中国的对外传播话语体系、中国特色国际传播理论体系，致力于建立国际传播新秩序。

学者从他者视角，从西方视野眺望中国，研究西方历史语境与西方媒介生态下中国的国际传播问题。有学者研究了16世纪英国国家记忆中的中国形象，认为16世纪的英国通过间接信息和自我想象勾勒中国形象，带有典型的国家理性和自我中心的特征，依然影响着今天英国公众对中国形象的认知。[1] 有学者分析了西方媒体在国际报道中的双重框架，认为其并不完全是基于"客观性"的新闻报道原则，而是与西方媒体持有的政治立场、新闻选择标准等直接相关，是西方国家价值观的重要体现。[2] 有学者比较了 Google News 平台上中印两国雾霾议题呈现"区别对待"的建构框架，发现环境议题亦渗入西方冷战思维，成为"中国威胁论"持续延伸的又一维度。[3] 站在西方的角度看中国的国际传播，深入他者之境，有利于跳脱以我为主的思维误区，是中国国际传播研究的突破点。

近年来，中国国际话语权不断提高，但与西方发达国家相比仍然存在较大差距，构建中国的对外传播话语体系，是国际传播研究的重点话题。关于这一话题的研究，主要集中在两个视角，一是跨文化传播视角。有学者认为跨文化传播是权力在话语实践过程中寻求正当化的过程，话语建构的动力来源于话语背后的权力，而话语则充当了这种权力结构正当化的手段。[4] 面对中国对外传播实践中的国际话语权建构存在的问题，有学者认为在话语构建过程中要突出文化的融通、思维逻辑的沟通以及话语文本的转换。[5] 二是从公共性视角出发寻找适宜的方向。有学者探讨了突发事件国际舆论场中的中国话语权，提出要积极构建"自塑"话语体系，从优先阐释定义、摒除对抗意识、构建公共叙事和传播间性文化四个方面提升中国针对突发事件议题的话语权力。[6] 有学者发现，跨国危机中的舆论呈现出"复调"传播的特征，中国、周边国家和西方国家主流媒体与社交媒体呈现出以"互文"为特征的话语冲

---

[1] 王润珏：《探索与想象：16世纪英国国家记忆中的中国形象》，《现代传播（中国传媒大学学报）》2020年第4期。

[2] 胡钰、庄万里：《西方媒体国际报道中的双重框架分析——以 BBC、CNN 和〈纽约时报〉对"埃塞克斯惨案"的报道为例》，《青年记者》2020年第28期。

[3] 徐明华、李丹妮、王中字：《"有别的他者"：西方视野下的东方国家环境形象建构差异——基于 Google News 中印雾霾议题呈现的比较视野》，《新闻与传播研究》2020年第3期。

[4] 梁凯音、刘立华：《跨文化视角下中国国际话语权的建构》，《社会科学》2020年第7期。

[5] 薛丽：《跨文化视角下的中国对外话语体系建构》，《人民论坛》2020年第34期。

[6] 赵贺、鞠惠冰：《话语空间与叙事结构：论突发事件国际舆论场域中的中国话语权》，《现代传播（中国传媒大学学报）》2020年第10期。

突。① 还有学者指出数据话语权是国际传播的战略博弈工具和战略竞争焦点。② 上述研究均为构建融通中外、与时俱进的对外话语体系提供了有益启迪。

学者还呼吁构建中国特色国际传播理论体系，为国际传播理论研究贡献中国智慧。有学者认为，外部世界正在重新审视中华文化，这客观上要求包括理论研究者在内的中国对外传播主体进行创新探索，建立与之相适应的观念和体系。③ 这一观点明确提出了要加快构建中国特色国际传播理论体系。还有学者提出，20世纪后半叶从西方引入的传播学和发展传播理论框架在被用于中国的国际传播过程中已捉襟见肘。④ 但一直以来，国际传播研究的重点主要聚焦在实践方面，理论建构方面的进展和成果并不显著。因此，在国际传播新生态环境下，如何打破以西方为中心的国际传播理论体系，构建中国特色国际传播理论体系，是中国研究者亟待解决的问题。

在国际传播的战略研究方面，有学者探讨互联网与对外传播观念的革新，认为我国对外传播还需要进一步调适媒介与赋权、主体与参与、方法与实践之间的观念张力，正视国家之于对外传播关系的流动性角色。⑤ 有学者强调，从国家战略传播的角度来探讨如何有效增强中国国际传播能力具有重要意义。⑥ 有学者提出，5G时代我国国际传播创新发展的战略目标应紧紧围绕塑造丰满的"全球中国"形象和建构平等的全球传播秩序。⑦

除上述明显集中的议题之外，还有国际传播的地方实践经验、国际传播的区域性平台建构、国内外媒体的国际传播策略、地方文化对中国形象的建构、民间力量参与国际传播、中国共产党国际传播的思想政策与实践、国际新闻传播人才培养、在华留学生的国际传播效果等议题也都得到了一定程度的关注。

综观2020年的国际传播研究，可谓枝繁叶茂、硕果累累，研究范围不断扩大，研究深度不断增强，研究方法不断创新，呈现出跨学科、多学科参与的研究态势。但应用性研究居多，基础性研究相对匮乏，有关国际传播理论的研究有待学者的持续关注。

---

① 彭修彬：《多重话语冲突下的跨国危机传播——以三起周边领事危机事件为例》，《现代传播（中国传媒大学学报）》2020年第6期。
② 陆小华：《数据话语权：国际传播的战略性竞争焦点》，《现代传播（中国传媒大学学报）》2020年第10期。
③ 程曼丽：《加快构建中国特色国际传播理论体系》，《中国社会科学报》2020年12月8日。
④ 姜飞：《全球传播新生态呼唤国际传播新思想》，《新闻记者》2020年第10期。
⑤ 李鲤：《媒介·主体·方法：互联网与对外传播观念的革新》，《现代传播（中国传媒大学学报）》2020年第8期。
⑥ 刘小燕、崔远航：《新时代国家战略传播构想及实践思路》，《中国社会科学报》2020年3月26日。
⑦ 刘滢：《5G时代国际传播的战略目标、实现基础与现实路径》，《新闻与写作》2020年第9期。

2020年公共传播研究综述

张淑华　贺子宸[*]

因为突如其来的疫情，2020年公共传播研究表现出理论建构的急迫性和实践探索的多元化与专题研究纵深化共生的特征。在突发公共卫生事件议题带动下，危机传播、健康传播、科学传播等众多研究分支开展了深度讨论和框架共融、学科交叉的深层互动，以"危"为"机"，共同推进公共传播研究实践和以现实需求为导向的成果产出。在困顿中，以"公共传播"为主题的学术会议、讲座仍然在线举办，如由山东大学新闻传播学院承办、浙江大学传媒与国际文化学院合办的以"新媒体与公共传播"为主题的新媒体传播学年会，由华中农业大学举办的"2020突发公共事件中的科学传播创新论坛"等，并出版了《公共传播与社会治理》等著作。笔者以"公共传播"和"公共+传播"为主题词在中国知网上检索2020年的论文成果，分别获得论文160篇和5853篇，数量与2019年大致持平，显示出公共传播研究热度的持续性。在兼顾权威性和覆盖面的思路下，本文通过对"四大学刊"2020年度刊出的所有论文进行人工筛选和对中文核心以上期刊的其他论文以"公共传播"为主题词进行检索的办法，共选出论文434篇，作为本文的研究文本和数据来源，并借助可视化工具，对2020年度公共传播研究成果作出如下简要描述。

一、年度概述：疫情驱动下多元议题和多种范式协同发展

2020年，更多的学者加入公共传播研究，形成了一定规模且相对稳定的研究队伍。因为疫情，研究主题也呈现出特殊性。从图1中可以看出，排名前五的主题都和疫情有关，占据论文数量的比例为39.8%，亦即2020年度成果数量的五分之二。正是基于2020年的特殊性，本文后文特别设立了有关疫情研究的专题，对其相关成果进行集中梳理分析。

总体上看，研究内容呈现出多维度、多视角、多学科领域集中关注疫情与多样话题、多种范式相互促动和共同发展格局。关键词（keyword）作为文献重点内容的高度凝练，其出现频率一定程度上能反映这一领域的研究热点。本文通过关键词聚类分析的方法，对"公共传播"相关研究热点进行分析——设置节点类型为关键词，在关键词知识网络图谱基础上，选取LLR算

---

[*] 张淑华，郑州大学新闻与传播学院副院长、教授、博士生导师；贺子宸，郑州大学新闻与传播学院2020级博士研究生。

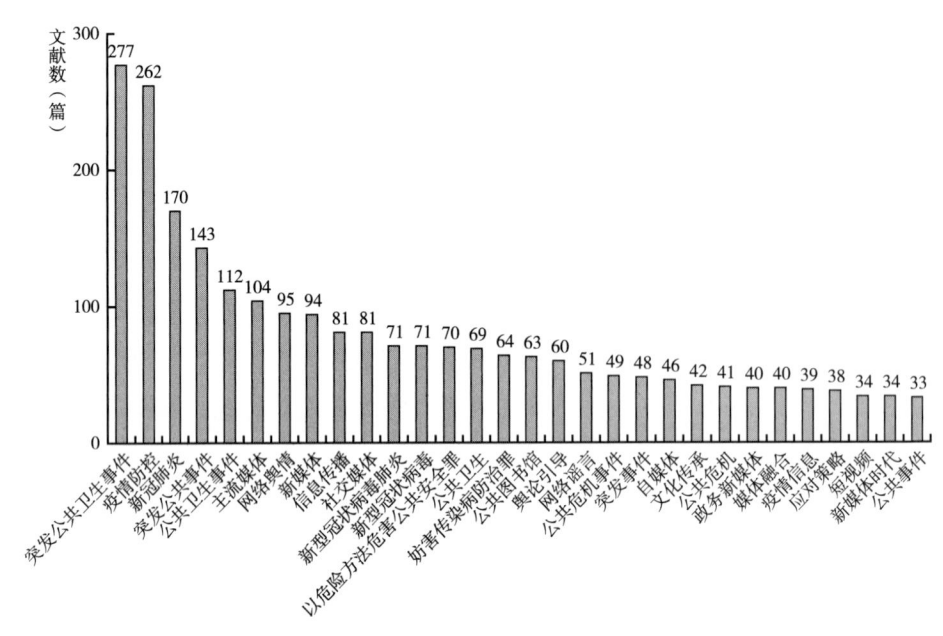

图 1　2020 年度公共传播研究的主题分布

法（log-likelihood ratio，相似度测量方法），运行 CiteSpace 进行关键词聚类和生成网络图谱，以洞察 2020 年度公共传播研究的内容分布情况。分析发现，2020 年度公共传播研究主要聚焦于新媒体、新冠肺炎、新闻业、信息传播、公共服务、网络舆论、健康传播、谣言、公共卫生事件、大数据、建设性新闻等 11 类议题。其主要标签词和关键词分布如表 1 和图 2 所示。

表 1　2020 年度公共传播研究关键词共现网络聚类表

聚类号	聚类大小	标签词（选取前五个）
0	15	新媒体、乡村振兴、危机传播、公共文化、舆情
1	15	新冠肺炎、突发性公共卫生事件、新型冠状病毒肺炎、舆论引导、公共危机预警
2	14	新闻业、积极心理学、正面宣传、新闻理念、和平新闻
3	14	信息传播、疫情信息、突发公共事件、网络舆情、公共性
4	14	公共服务、网络时代、意识形态、新闻价值、后真相
5	13	网络舆论、新冠肺炎疫情、政治传播、公共危机治理、公共舆论
6	13	健康传播、公共协商、共同体、公众、风险传播
7	11	谣言、网络民粹主义、话语表达、5G、县级融媒体中心
8	10	公共卫生事件、全媒体、主流媒体、网络谣言、新冠疫情
9	10	大数据、信息公开、重大公共卫生事件、突发公共事件、应急出版
10	6	建设性新闻、马克思主义新闻观、疫情报道、中国范式、协同意识

从这些数据中可以窥探出 2020 年度公共传播研究的基本特征。一是公共卫生事件一题独大，为这个特殊年份留下了独特的印痕和学术记忆。二是更加强调公共传播研究的社会干预价值和倡导更加多元深入的意义挖掘。三是公共传播的研究领域扩张与主要研究范式更加

稳定化和成熟化。新的公共议题不断出现，"旧"议题趋向成熟和稳定，从公共传播母体"剥离"成长为新研究范畴和学科分支的领域更多，如企业传播、知识传播、建设性传播等，与相对成熟的危机传播、政治传播、健康传播、环境传播、科学传播、农村传播、城市传播等共同成长，公共传播的包容性得以充分展示，其一级学科的特征和体系性也更加明显。

图 2　2020 年度公共传播研究的关键词分布

二、新世相、新话题、新领域

2020 年公共传播研究随"新世相"而来的是新词语、新议题和新的研究现象。企业"漂绿"、钉钉 B 站求饶、平台"深度造假"、"云课堂"盛行，这些新词语和新现象，在公共传播研究中都有相应的投射。如对企业"漂绿"[①] 和钉钉 B 站求饶[②] 现象，有研究者从行动者网络分析出发，对企业的媒介实践和环境传播进行了较为全面的研究。传播媒介的多元化作为一种传播新思维，也为公共传播研究领域的拓展提供了全新思路。对贵州茶等食物作为媒介的新现象关注，[③] 对中国传统"家文化"进行数字化、视觉化、移动化改造的新技术讨

[①] 王菲、童桐：《从西方到本土：企业"漂绿"行为的语境、实践与边界》，《国际新闻界》2020 年第 7 期。
[②] 李德团：《互联网平台企业媒介实践的网络隐喻与资本动因——以钉钉 B 站求饶事件为例》，《国际新闻界》2020 年第 12 期。
[③] 杨懿：《符号学视域下中华传统文化的国际传播：基于贵州茶的观察》，《现代传播（中国传媒大学学报）》2020 年第 11 期。

论①，对平台"深度造假"及其可能催化的算法权威主义和舆情政治风险等新问题思考②，都是2020年度公共传播研究的新景观。

一些颇具新意的研究对象和议题也被持续提出和推进。如数字劳工、银发一族、容貌焦虑、时尚传播、党的对外传播等。"数字劳工"是对马克思"异化劳动理论"的当代阐释，③结合外卖骑手、卡车司机、滴滴司机等群体研究，揭示平台对人的数字控制等现象，提出了如何实现平台和劳动者共同发展、和谐发展的全新问题。④ 基于疫情防控诉求的健康码使用，使得对"银发一族"的新媒介使用困境被广泛关注，相关研究从老年人使用智能手机是否能获得幸福感⑤到密集地关注"银发网红"⑥，再到新媒体时代的"数字难民"和"网络社会的层级化"讨论⑦，议题被不断推进和深化。此外，由"颜值经济"引发的"容貌焦虑"⑧、具有国际视野和倡导发挥国潮魅力的"时尚传播"⑨等，这些具有浓郁时代气息的议题与数字化时代"数字中国""数字乡村"建设等新技术诉求、即将到来的建党100周年等重大焦点议题交相辉映，在疫情笼罩的低迷氛围中为公共传播研究增添了几分活力，更加彰显"公共"的覆盖面与研究实践的现实情怀和强烈的创新精神。

三、理论研究扩展到功能、范式等主体性思考并提出"跨界"研究诉求

在基础研究层面，内容层次更加丰富。不仅关注公共传播的概念内涵，还对公共传播的功能演进、范式转换等更多维度进行总结。如胡百精强调，作为国家和社会治理实验的公共

---

① 董小玉、金圣尧：《论新时代中华"家文化"的内涵价值与传播样态》，《现代传播（中国传媒大学学报）》2020年第9期。
② 姬德强：《深度造假：人工智能时代的视觉政治》，《新闻大学》2020年第7期。
③ 汪金刚：《信息化社会生产与数字劳动异化——对马克思"异化劳动理论"的当代阐释》，《新闻大学》2020年第2期。
④ 姚建华：《在线众包平台的运作机制和劳动控制研究——以亚马逊土耳其机器人为例》，《新闻大学》2020年第7期。
⑤ 贺建平、黄肖肖：《城市老年人的智能手机使用与实现幸福感：基于代际支持理论和技术接受模型》，《国际新闻界》2020年第3期。
⑥ 赵振祥、刘国慧：《从审美动员到社会动员：时尚传播的文化政治指向》，《现代传播（中国传媒大学学报）》2020年第6期。
⑦ 彭兰：《网络社会的层级化：现实阶层与虚拟层级的交织》，《现代传播（中国传媒大学学报）》2020年第3期。
⑧ 王钰祺：《丁真火了，原因不只在于"颜值经济"》，《国际品牌观察》2020年第35期。
⑨ 赵振祥、刘国慧：《从审美动员到社会动员：时尚传播的文化政治指向》，《现代传播（中国传媒大学学报）》2020年第6期。

传播应当开启公共协商的社会模式①；石永军等也提出，由公共传播引导的平等对话协商系统可以为促成社会共识起到平台支撑作用②，通过对话的模式能实现"积极公共关系"③；公众参与被看作舆论参与的核心，也是公共传播的必备要素④。从公共传播的范式转变来看，有学者基于"权力—话语"理论，结合国内的具体实践，梳理了公共传播在中国语境下的范式转变⑤，认为公共传播在经历了数字化、网络化、移动化、智能化之后，数字传播将成为主导的传播范式⑥，在对外传播上也将出现数字话语权和数字公共外交，以提升国际传播能力⑦。在媒介作为"社会公器"的功能发挥上，操慧等提出"新闻观点化"和"观点新闻化"概念，强调媒介话语权的形塑及走向深度智识、重构公共理性的责任⑧。从公共传播研究的结构性优化出发，有学者提出要从"案例讨论+实地调研"双头并进的思路出发，将公共传播的理论研究和案例教学有机融合⑨；更有学者建议，建设学科共同体⑩，形成业界、学界合作，共同推进公共传播实施以应对危机和挑战⑪；或将公共传播放置于学科互涉的知识框架中，重新审视其内涵、外延，以及研究的问题域⑫。2020年度公共传播研究主体性反思密集，增加了公共传播理论研究的权重，也提示了多学科、多层次、体系化推进基础理论研究，从大文科乃至文理医工更多学科交融发展视角提升公共传播研究理论可供性的要求。

---

① 胡百精：《公共协商与偏好转换：作为国家和社会治理实验的公共传播》，《新闻与传播研究》2020年第4期。

② 石永军、龚晶莹：《论公共传播消解"共识困境"的结构性作用》，《现代传播（中国传媒大学学报）》2020年第1期。

③ 陈先红：《中国组织——公众对话情境下的积极公共关系理论建构》，《新闻界》2020年第6期。

④ 贺春兰：《基于现代治理—公众参与视角的舆论研究：内涵与启示》，《现代传播（中国传媒大学学报）》2020年第8期。

⑤ 吕清远、高丽华：《"公共传播"在中国语境下的知识生产与谱系考察——基于米歇尔·福柯权力-话语理论的演化视角》，《新闻与传播评论》2020年第4期。

⑥ 方兴东、严峰、钟祥铭：《大众传播的终结与数字传播的崛起——从大教堂到大集市的传播范式转变历程考察》，《现代传播（中国传媒大学学报）》2020年第7期。

⑦ 史安斌、王沛楠：《数字公共外交兴起与广电国际传播能力提升——基于"偶像"模式的分析》，《电视研究》2020年第1期。

⑧ 操慧、夏迪鑫：《新闻观点化与观点新闻化——对公共传播视域下媒体话语实践理路的审思》，《西南民族大学学报（人文社会科学版）》2020年第9期。

⑨ 邓理峰、张志安：《公共传播案例教学的理念、方法与知识更新》，《全球传媒学刊》2020年第1期。

⑩ 朱春阳：《一起寻找失去的共同体》，《新闻大学》2020年第3期。

⑪ 曹林、张涛甫：《关于新闻传播共同体构建的对话》，《新闻大学》2020年第4期。

⑫ 褚金勇：《公共传播：从媒介转型、学科整合到问题域的确立》，《新闻爱好者》2020年第10期。

四、"抗疫"成为年度主题,危机传播被再次"点亮"和得以"深描"

继 2003 年"非典"疫情激发公共卫生事件及危机传播研究持续高涨之后,2020 年突发公共卫生事件研究又迎来一个 10 倍级数量增长的新高峰(其数量增长趋势见图 3),因疫情而起的"刺激—反应"式危机传播研究更加深入。

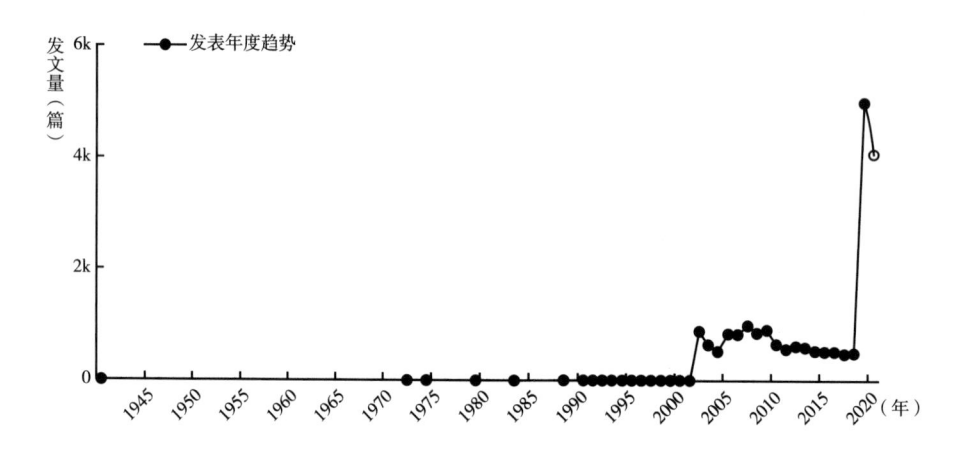

图 3　年度公共传播研究的关键词分布

2020 年疫情的蔓延,也带动着议题的演进。疫情之初的 2 月,相关讨论较多地出现在报纸上,以心理疏导、应对社会恐慌和做好应急响应为主要议题。3 月起议题转向以防控动员为主,"慢直播""方舱医院""云上战疫""精神抗疫"等话题入场,并在 4 月形成研究高峰(当月公共卫生主题论文产出 650 余篇)。此后的研究,包括医护人员和患者在内的心理健康问题、卫生政策、追责、网络舆情引导、疫情数字治理[①] 等话题如雨后春笋般涌起,问题意识增强。在疫情的对外传播中,也从关注中国的负面形象、抗辩而逐渐转换为表达"制度自信"和对"总体国家安全观"的阐释肯定[②] 等。随着疫情扩散势头逐渐被遏制和非常态生活的逐渐"常态化",政府危机应对、风险沟通、谣言防治等传统话题在更高的维度上被持续带入和讨论,协同治理、建立公共卫生事件档案、数据平台构建、科普机制建立等实践方案被不断提出,同时,科学传播、健康传播、公共关系、制度性反思、涉疫事件中的伦理问题等被深入讨论。疫情中的健康信息具有高度公共性,对集体行动具有高指导意义,更需要

---

① 常敏、宋毅:《重大突发公共卫生事件中基层数字治理的转型研究——基于杭州抗疫实践分析》,《中共福建省委党校(福建行政学院)学报》2020 年第 2 期。

② 朱雷、高文胜:《总体安全观下的中国重大疫情安全治理战略研究》,《华东理工大学学报(社会科学版)》2020 年第 1 期。

尝试多元主体参与纠正的工作，探寻辟谣、矫正伪健康传播的新路径。① 如面对全球健康不平等问题，学界开始反思由专家主导的健康传播项目的有效性和霸权支配问题，从"文化中心路径"这一理论入手，对健康传播进行批判和重构。② 在下半年将注意力转移到了全球抗疫、国际性突发公共卫生事件的综合检测、"逆全球化"等政治、外交等话题上，"全民议题"变成"全球议题"，实践探究上升为理论思考。一些期刊推出了"抗疫专刊"进行专题讨论，如《现代传播（中国传媒大学学报）》2020年第5期推出的"专题研究·疫情中的媒介与传播"，包含了对于疫情中的谣言传播、疫情中的用户媒介信息接触、认知等的研究。一些高校召开线上会议推进专题研究，如武汉大学召开2020中国传播创新论坛·云端对话会议，集中讨论"历史大场景下的疫情传播：问题与方法"议题，提出了"以病毒为媒介"的全新视角，强调了传播的物质性传统，同时提出疫情期间人们易陷入"信息的海洋"，被不确定信息包围反而使传播主体面临无效传播的困境等问题。构建疫情中的"人类命运共同体"具有直面全球化困境的现实针对性意义，以及为破除旧的意识形态偏见、求同存异和共同发展提供了科学方法和理论。③ 从要素型分析到结构化、复杂网络化分析，从静态分析到过程性分析和历史性观照，从局部透视到全球范围多要素互动视角的讨论，疫情相关研究呈现出专题讨论、立体检视、全面总结的"3D式"特征。

与2003年"非典"时期的研究不同，新媒体语境下的2020年抗疫传播实践和研究呈现出以下几个特点。

一是传播的"全媒体化"和"全民化"。相关政策宣讲媒介从广播、标语、大喇叭，到现在的新兴媒体抖音、微博、朋友圈等，与媒体全覆盖同步的是人员的全覆盖，"全员动员"，"动员全员"。武汉市民"开窗大合唱"④、河南焦作"硬核"大喇叭、"农村硬核标语"等新闻频繁见于报端，5G在疫情信息传播中也被广泛应用⑤。人际传播和生活方式相结合的

---

① 吴世文：《重大突发公共卫生事件中的伪信息传播、治理困境及其突破路径——以新冠肺炎疫情为例》，《电子政务》2020年第9期。

② 曹昂：《健康意义、另类视角与本土情境——"文化中心路径"对健康传播学的批判与重构》，《新闻与传播研究》2020年第7期。

③ 肖珺、肖劲草：《历史大场景下的疫情传播：问题与方法——2020中国传播创新论坛·云端对话会议综述》，《新闻与传播评论》2020年第4期。

④ 肖珺、胡文韬、董琪然：《生命叙事：新冠肺炎疫情中的流言与武汉市民的集体行动》，《全球传媒学刊》2020年第1期。

⑤ 卢迪、邱子欣：《5G在突发公共卫生事件信息传播中的应用与价值体现——以新冠肺炎疫情防控期间的5G技术应用为例》，《电视研究》2020年第11期。

形式，使得社会动员程度得以最大化。① 标语背后蕴藏的话语实践也和政治、社会、文化、经济密不可分，尤其对于乡村地区的疫情防控具有重大意义。②

二是健康传播、科学传播等水平的提升促进了危机传播和相关政策传播的效能。如短视频等方式对病毒传播路径的介绍，对疫苗接种重要性及关系本位的公众接种意愿劝服③，对互联网环境下用户的健康信息搜寻行为对其自我效能和健康风险感知所具有的调节作用等讨论④，都有力地提升了抗疫防疫政策的传播和实施效果。

三是全球化视角下的数据话语权争夺。疫情的全球扩散也使防疫成为全球议题。面对西方国家的污名化报道，主流媒体以国家形象维护为诉求的对外传播逐渐走向精深精细化，更加注重用户群体的价值认同与情感归属⑤。同时，在"全世界都在说"的大背景下，以社交媒体为代表的新媒体用户的新闻生产也越来越普遍、专业，形成了多元化的新闻流，也不可避免地带来了多种话语的碰撞冲突。数据话语权的争夺，将成为未来国际传播竞争的"焦点"。⑥

五、公共传播对国家和社会治理的核心价值和意义被进一步讨论

公共传播从公共关系学衍生，以推动公共事务和公益为旨归。公共治理是公共传播研究的主要对象和核心命题。但如何真正发挥公共传播研究在国家治理中的实际作用，从改善公共关系出发，将公共传播延展至国家和社会生活的具体场景、具体问题，提供具体实践方案和获得实效，此前缺乏详细的理论归纳和经验总结。2020年，相关研究在"碎片"中"拼接"，依稀可以揣摩出一些具有关联性的结论。譬如——"公共协商"取向的价值认知。在这个易于"众怒"的时代，"不加克制的愤怒反对交流和对话，阻止共识的达成，加剧社会的撕裂，导致相互之间的理解变得更为困难"⑦。因此需要促成公共传播转向公共协商，促成多元对话和偏好转换，通过开启公共传播—公共协商社会实验，推进公共讨论、协商治理训练，

---

① 刘庆华、吕艳丹：《疫情期间乡村媒介动员的双重结构——中部A村的田野考察》，《现代传播（中国传媒大学学报）》2020年第7期。

② 刘国强、粟晖钦：《共意动员：农村抗疫"硬核标语"的话语框架与建构逻辑》，《现代传播（中国传媒大学学报）》2020年第8期。

③ 陈经超、黄晨阳：《"自我取向"还是"家人取向"？基于中国情境的大学生流感疫苗接种健康传播策略效果研究》，《国际新闻界》2020年第6期。

④ 周敏、林苗：《风险感知与自我效能的正和博弈——基于ELM模型的健康类信息搜索行为影响因素研究》，《新闻大学》2020年第9期。

⑤ 田维钢、温莫寒：《价值认同与情感归属：主流媒体疫情报道的短视频生产》，《现代传播（中国传媒大学学报）》2020年第12期。

⑥ 刘鹏：《"全世界都在说"：新冠疫情中的用户新闻生产研究》，《国际新闻界》2020年第10期。

⑦ 袁光锋：《"众怒"的年代：新媒介、情感规则与"愤怒"的政治》，《国际新闻界》2020年第9期。

以此增益协商民主、国家和社会治理创新。① 在此过程中，公共传播能发挥共享信息、展开平等对话、影响与改进制度系统、维护与更新意义系统、形塑理性公民等作用，有利于破除社会"共识困境"。

在移动互联时代，生活方式被演绎为"永久在线、永久连接"。② 在此状态下，新媒体被看作促进公共参与和提升社会治理效能的基本路径。已有研究表明，互联网的使用显著提高了公众非制度化参与的行为倾向。③ 新媒体接触显著提升了公众多元化的社会治理参与行为和参与意愿，是实现国家治理能力现代化、完善共建共治共享社会治理制度的有效路径。④

如何在不同个体和群体等多种力量中寻求共识，如何在复杂结构中建立国家和民族的命运共同体，需要在公共协商中处理好专家与公众、平等与胜任、认知价值与政治价值等紧张关系，探索双轨协商、系统协商、分工协商等协商机制和规则，以实现多元冲突间的对话平衡。⑤ 特别是在网络"社群化"和"重新部落化"⑥ 生存语境下，网络社群表现出"网络参照群体效应"，体现为涵化效应、群体规范和群体认同等具体的作用机制，显示出对个体的巨大影响力⑦。隋岩等认为在群体传播背景下，传播者的影响力比信息内容本身更能影响信息的扩散规模。⑧ 这些成果，都提出了通过规则建构来规范公共传播行为和促成其正向价值生成的紧迫性。

六、研究局限与未来研究趋向

在疫情危急的背景之下，学术研究的迫切实践需求压倒一切。从 2020 年 3 月起，全国哲

---

① 胡百精：《公共协商与偏好转换：作为国家和社会治理实验的公共传播》，《新闻与传播研究》2020 年第 4 期。
② 周葆华：《永久在线、永久连接：移动互联网时代的生活方式及其影响因素》，《新闻大学》2020 年第 3 期。
③ 童佩珊、卢海阳：《互联网使用是否给政府公共关系带来挑战？——基于政府绩效评价和非制度化参与视角》，《公共管理与政策评论》2020 年第 4 期。
④ 张云亮、冯珺、季芳芳、柳建坤：《新媒体接触对社会治理参与的影响研究——基于中国社会状况综合调查 2013—2017 年数据的实证分析》，《新闻与传播研究》2020 年第 7 期。
⑤ 胡百精、安若辰：《公共协商中的平等与胜任》，《现代传播（中国传媒大学学报）》2020 年第 10 期。
⑥ 师曾志、李堃、仁增卓玛：《"重新部落化"——新媒介赋权下的数字乡村建设》，《新闻与写作》2019 年第 9 期。
⑦ 余来辉、何佳：《基于网络参照群体效应的重大突发公共卫生事件参与引导策略研究》，《新媒体与社会》2020 年第 2 期。
⑧ 隋岩、谈和：《网络群体传播背景下的信息扩散——基于新浪微博数据的定性比较分析（QCA）》，《新闻大学》2020 年第 5 期。

学社会科学规划办公室分批次、分层次征集和组织专项课题申报,促进了重大突发公共卫生事件相关研究的快速增长进而使其成为年度核心议题,其他领域的研究虽仍然保持多元共存状态但相对弱化,议题分布呈现出"中心—边缘"式的结构分布。从实践需求出发的对策型研究成果多,基础性的公共传播理论探究类成果相对较少。同时,因为疫情带来的出行不便和社交受限,研究方法也受到影响,大规模的田野调查和群体性、面对面、在场式的交流受阻,公共空间活动受限。因为疫情不确定性因素和风险的存在,国家对新闻传播的管理也在加强。2020年度全球公共生活的特殊性,一方面彰显了学术为现实服务的历史使命和"学以致用"的建设性价值观,但另一方面也要防止学术寻租和功利化趋向,防止疫情长期存在可能下学术研究的"窄化"和理论研究的"萎缩"。

2021年,疫情的研究需求仍在但渐趋平缓,并转向新的视角和更高维度。未来的公共传播研究,会在以下几个领域形成热点和新增长点。一是国际传播。新冠肺炎疫情的出现进一步加速了世界格局的复杂变化,"逆全球化"被重新提出,人口、资源、信息壁垒等问题不断累积,民族主义、区域主义、国家主义愈加盛行,为全球合作抗疫带来了巨大的挑战。[1] 中国还要应对西方国家对中国形象的污名化和不断逼仄的国际传播新环境。因此,对国际传播的研究也会更加深刻和更具建设性。二是乡村传播。随着扶贫工作的收官和乡村振兴战略的提出、国家乡村振兴局的成立,2021年对于乡村振兴的讨论会更加积极,如何带动乡村振兴、发挥农民的积极性从而带动农业活力,也将会是公共传播研究的一个重要领域。三是政党传播。2021年我国将迎来建党100周年的伟大历史时刻。2021年1月6日全国宣传部长会议明确了2021年宣传思想工作的总要求,突出庆祝中国共产党成立100周年、扎实做好宣传思想工作的要求[2],党史学习、意识形态和政治传播、红色文化传播等,都可能成为学者积极讨论的议题。

从更长时段来看,以新媒体为维系、以公共传播为核心内涵的新传播体系的建构,是或远或近但必须完成也正在完成的工作。在实践取向的研究之外,理论研究需要完成基础构建和不同研究范式的理论总结。一是进一步厘清公共传播的研究边界,建立公共传播的参照系,思考非公共传播领域的概念表述及其逻辑关系。二是顺应公共传播研究更加多元、分化、细化的趋势,推动公共传播理论的整体建构与不同研究分支之间理论总结的共舞。三是在"大文科"思路下,消除公共传播研究的碎片化、新闻传播学框架的局限性,打破"公共"的学科壁垒和实现跨学科阐释、合力建设公共传播的理论体系和学科架构。

---

[1] 段鹏、张倩:《后疫情时代我国国际传播话语体系建设的价值维度与路径重构》,《新闻界》2021年第3期。

[2] 李艳艳:《2020年度网络思想理论状况分析与思考》,《思想教育研究》2021年第1期。

2020年科学传播研究综述

朱励瑶 金兼斌[*]

本文采用内容分析方式对国内2020年科学传播领域的总体研究情况进行梳理与总结,其中,文献的检索与筛选均在CNKI数据库中进行。科学传播包含了传统科普、公众理解科学和科学传播三个不同阶段。[①] 因此,本文将"科普"、"公众理解科学"、"公众科学"与"科学传播"一起列为文献检索的关键词。而本文中"科学传播"之"科学",囊括了所有现代自然科学的学科门类,因此,健康传播、环境传播、风险传播等领域的相关研究也在本综述的检索范围内;科学传播之"传播"狭义上指"面向公众的科学传播",广义上则包含三个层面,即科学界内部的科学传播、科学文化与其他文化的传播、面向公众的科学传播。本文关注的是"面向公众的科学传播"这一层面,在文献筛选时排除与该层面无关的研究论文。具体来看,本文的文献检索与筛选操作如下。首先,我们利用CNKI数据库的高级搜索功能,设置检索条件为:正文部分出现"科学传播""科普""公众科学""公众理解科学""健康传播""环境传播""风险传播"等概念,发表时间为2020年,学科领域为新闻与传媒,文献类型为期刊论文。在此基础上筛除其中与"面向公众的科学传播"无关的文献,获取"新闻与传媒"学科领域的学术期刊论文共316篇。我们对316篇研究论文的摘要进行词频分析,结果显示新冠肺炎、转基因、气候变化是最受关注的科学议题,我们进一步补充了对这三种科学议题进行讨论的新闻传播研究成果,得到35篇符合上述要求的文献。因此,作为本文综述对象的期刊论文共有351篇。

以下我们将从研究议题和研究主题、研究方法、研究主体、期刊来源四个方面对351篇文献进行梳理。

一、研究议题和研究主题

(一)研究议题

国内科学传播领域在2020年最关注的五个研究议题依次为:新冠肺炎疫情、转基因与

---

[*] 朱励瑶,清华大学新闻与传播学院博士研究生;金兼斌,清华大学新闻与传播学院教授。
[①] 刘华杰:《科学传播的三种模型与三个阶段》,《科普研究》2009年第2期。

基因编辑、环境问题与自然灾害、医疗健康与养生、人工智能。其中，2019年12月暴发的新冠肺炎疫情这一重大公共卫生事件是2020年科学传播领域关注的重中之重，新冠肺炎疫情这一研究议题约占全部研究议题的56%。而转基因与基因编辑、环境问题与自然灾害、医疗健康和养生等三种研究议题，则向来是国内外科学传播领域关注的焦点，分别约占全部研究议题的11%、9%、7%，其中在医疗健康和养生议题中，中医科学传播在2020年度尤为受关注，这一方面源于近年来"中医热"的影响，另一方面则与疫情期间的"中医抗疫"有关。另外，人工智能的研究议题约占5%，学界对该议题的关注与人工智能技术的发展与应用有密切关联，具体来看如下。

1. 新冠肺炎疫情议题

新冠病毒肺炎是新中国成立以来我国发生的传播速度最快、感染范围最广、防控难度最大的一次重大突发公共卫生安全事件。[1] 2020年我国科学传播领域对新冠肺炎疫情议题的讨论主要在应急科普的视域下进行，可分为以下两类。

其一，对国内新冠肺炎疫情应急科普的总体实践进行经验总结并提出策略建议。根据自身对疫情应急科普实践的亲身观察，有学者认为：新冠肺炎疫情的应急科普中存在缺乏对信源和渠道的有效引导、对公众认知理解水平估计不足、科普被动且内容简单粗暴不严谨、科学信息失真且对不实信息缺乏有效表达与及时澄清、缺乏对公众行为的引导等问题。其中王明、郑念指出，上述种种问题根源在于政府的应急管理权、媒介机构的传播权和科学家群体的话语权"三权合作"的边界模糊以及协同不力。针对以上问题，相关研究要求政府、媒体、科学共同体和公众多元主体共同参与应急科普实践，发挥媒体优势以满足受众的层级化需求。[2] 除了亲身观察外，曾光总结以往SARS、甲型H_1N_1的应急科普经验，强调流行病学调查在应急科普中的重要性[3]；李润虎则结合日本、韩国、意大利三个国家的抗疫情况，对我国的抗疫应急科普提出建议[4]。

其二，对科学家群体、科学传播从业者等主要行动主体的应急科普行为进行总结和评价。

---

[1] 习近平：《在统筹推进新冠肺炎疫情防控和经济社会发展工作部署会议上的讲话》，《当代党员》2020年第Z1期。

[2] 王艳丽、王黎明、胡俊平、钟琦：《新冠肺炎疫情防控中的应急科普观察与思考》，《中国记者》2020年第5期；朱效民：《反思科普，才能应急——以新冠肺炎疫情为例谈应急科普》，《科普研究》2020年第1期；褚建勋、李佳柔、马晋：《基于云合数据的新冠肺炎疫情应急科普大数据分析》，《科普研究》2020年第2期；王明、郑念：《重大突发公共卫生事件的政府应急科普机制研究——基于政府、媒介和科学家群体"三权合作"的分析框架》，《科学与社会》2020年第2期。

[3] 曾光：《流行病学调查在中国"抗疫"中的作用和影响》，《科普研究》2020年第5期。

[4] 李润虎：《典型国家新冠肺炎疫情科普的案例研究及启示》，《科普研究》2020年第2期。

针对科学家群体的应急科普实践,杜君等讨论了疫情中科研人员的科研攻关以及成果传播等行为[1];张志强等讨论了针对新冠肺炎疫情的应急集成知识咨询服务体系及服务模式,认为这一知识咨询服务体系应该满足公众全方位获取疫情科学信息的需求[2];而林世华针对科技期刊在应急科普中存在的时效性相对滞后、科学传播话语缺乏亲和力、科学传播平台影响力不足等问题,指出科技期刊应加强与新闻媒体的合作,而新闻媒体则要培养并提高从业者的科学人文素质[3]。参与应急科普的科学传播行动者既包括专事科学传播的组织或人员,如科协、社区、科普场馆的科普人员,也包括涉及相关内容生产的各类媒体。王志芳和杨家英、王明梳理科协的应急科普体系建设[4];张楠等在社会资本理论的视角下对社区科普一线人员进行访谈,从社区信任、社区网络和社区规范三个维度来构建社区应急科普机制[5];周荣庭、柏江竹设计提出了新冠肺炎疫情下科技馆线上应急科普路径[6]。刘肖凡等从流行病传播动力学的角度,分析和评价了媒体在降低疾病传染率、减少易感人群基数和增加收治率等环节的干预效果。[7] 在应急科普中,多种媒介形式并存:徐凌等和夏临关注广播这一传统媒介,认为广播在农村应急科普中起到不可替代的作用。[8] 在新媒体应急科普方面,汤书昆、樊玉静认为新媒体时代的应急科普面临着民众信息依赖与心理恐慌加剧、移动互联网时代的信息噪音空前加大、数字媒介使用和媒介素养"洼地"普遍存在等问题,同时也呈现出垂直领域新

---

[1] 杜君、李霓、刘芝华:《突发公共卫生事件防控中加强科技支撑作用策略探讨——以新型冠状病毒肺炎疫情防控为例》,《中华医学科研管理杂志》2020年第Z1期。

[2] 张志强、张邓锁、胡正银:《突发重大公共卫生事件应急集成知识咨询服务体系建设与实践——以新冠肺炎(COVID-19)疫情事件为例》,《图书与情报》2020年第2期。

[3] 林世华:《突发公共事件中科技期刊参与科学传播的实践与思考》,《科普研究》2020年第2期。

[4] 王志芳:《新冠肺炎疫情中科协系统应急科普实践研究》,《科普研究》2020年第1期;杨家英、王明:《我国应急科普工作体系建设初探——基于新冠肺炎疫情应急科普实践的思考》,《科普研究》2020年第1期。

[5] 张楠、潘琳、周荣庭:《社会资本理论视角下新冠肺炎疫情中的社区应急科普机制研究》,《科普研究》2020年第5期。

[6] 周荣庭、柏江竹:《新冠肺炎疫情下科技馆线上应急科普路径设计——以中国科技馆为例》,《科普研究》2020年第1期。

[7] 刘肖凡、吴晔、许小可:《媒体在流行病暴发事件中的干预作用:基于传染病模型理论和新型冠状病毒疫情案例的分析》,《全球传媒学刊》2020年第1期。

[8] 徐凌、周荣庭、童云:《"村村响"农村广播系统应急科普体系的优化研究——以新冠肺炎疫情为例》,《科普研究》2020年第2期;夏临:《KAP模式下新冠肺炎疫情防控宣传动员策略浅探——以河南汝南和浙江绍兴为例》,《科普研究》2020年第1期。

媒体影响力凸显、数据可视化应用广泛、主流媒体与自媒体开放合作等新现象。[1] 相关研究主要涉及对主流媒体、科普自媒体、社交媒体三类媒体的应急科普实践。尚甲、郑念对《人民日报》、央视新闻、新华社三家主流媒体的科普传播策略和特征进行统计归纳，认为主流媒体可以通过议程设置释放疫情紧急程度信号、沟通科学专家与公众、鉴定信息的专业度和权威性、扩大优秀科普作品的影响力并强化引导科学精神。[2] 张明伟、梅进认为《中国科学报》的论文新闻存在不够通俗、形式单一、内容单薄等问题，因此需要发展视频型论文新闻，深入挖掘论文信息，理性对待预印本等相关问题。[3] 金亚兰、徐奇智对"丁香医生"和"科普中国"的辟谣机制进行研究，认为二者基于不同的辟谣机制展开行动，且存在辟谣理念落后、辟谣机制不完善、辟谣手段匮乏三个问题。[4] 赵天宇等采用文本分析和问卷调查的方法描述微博应急科普的现实图景，发现微博应急科普在及时性、系统性、协同性、交互性四个层面存在现实不足。[5] 强月新、孙志鹏在政治沟通的理论视域下，对"@武汉发布"政务微博的辟谣文本及受众评论进行分析，认为该账号的辟谣文本因强制性辟谣方式的单一向度、封闭式辟谣内容的话语噪音、全能型辟谣主体的意义闭塞而未达到理想的辟谣效果。[6]

2. 转基因与基因编辑议题

转基因和基因编辑作为典型的争议性科学议题，一直是国内外科学传播学界关注的焦点，2020年国内科学传播领域对该议题仍保持较高的关注度，其中，风险的沟通和感知是相关研究的重要切入点。对该议题的研究可分为三类：科学传播内容生产、科学传播内容对受众认知的影响、受众对转基因与基因编辑议题的认知。

在转基因科学议题的科学传播内容生产方面，相关研究关注科学记者、编辑与专业知识经纪人等行动主体。金兼斌认为科学记者和编辑应采用证据权重这一负责任的平衡叙事方式，避免机械地遵循平衡叙事客观性原则。[7] 楚亚杰等以"基因编辑婴儿"事件为例，认为以果

---

[1] 汤书昆、樊玉静：《突发疫情应急科普中的媒体传播新特征——以新冠肺炎疫情舆情分析为例》，《科普研究》2020年第1期。

[2] 尚甲、郑念：《新冠肺炎疫情中主流媒体的应急科普表现研究》，《科普研究》2020年第2期。

[3] 张明伟、梅进：《论文新闻：突发公共事件中的科普"利器"——以中国科学报社新冠肺炎疫情报道为例》，《科普研究》2020年第1期。

[4] 金亚兰、徐奇智：《突发公共卫生事件下基于公众参与的辟谣机制研究——以"丁香医生"和"科普中国"为例》，《科普研究》2020年第2期。

[5] 赵天宇、李佳柔、谢栋：《微博应急科普的现实图景与优化策略——基于新冠肺炎疫情的实证研究》，《科普研究》2020年第2期。

[6] 强月新、孙志鹏：《政治沟通视野下政务微博辟谣效果研究》，《新闻大学》2020年第10期。

[7] 金兼斌：《科学传播中的科学共识与平衡叙事问题》，《中国编辑》2020年第Z1期。

壳为代表的新兴知识经纪人展演了一种多元主体理性对话的科学文化。[1]

在科学传播内容对受众认知的影响方面,原艳飞、金兼斌采用实验法讨论转基因抗虫玉米科学传播叙事对科学传播中的第三人效果产生的影响。[2] 杨婧、金兼斌发现传受双方在转基因科普文章的解读上存在对政府监管的信任程度不同、对转基因技术的重要性错位解读等现象。[3] 游淳惠认为转基因的负面新闻会造成公众对政府、企业、社会的信任赤字,而互联网算法造成的信息茧房与回音壁效应会进一步加速社会信任的崩坏。[4]

在受众对转基因与基因编辑议题的认知方面,研究者根据受众对转基因和基因编辑技术的态度,将其分为"挺转者"、"反转者"和"中立者"。陈安繁等对微博上转基因议题的文本进行分析,认为"挺转者"和"反转者"之间议程不可通约,"中立者"扮演了挺转与反转两个极端之间缓冲地带的角色。[5] 陆晔、徐子婧将"中立者"分为态度明确的中立者和态度不明确的迟疑者两种类型,认为这些"中立者"都基于较高的制度性信任,期望国家和传统主流媒介能够对争议话题一锤定音。[6] 高芳芳、丌力梳理了"反转者"构建转基因风险话语的策略,认为科学的不确定性与现代化过程中的信任危机和能动性恐慌使得这些话语策略的风险建构成为可能。[7] 公众对转基因与基因编辑技术的态度与文化传统、地方性知识、科学知识积累、媒体使用等有关。汪凯、凌子敏对微信公众号"反转"推文进行话语分析,发现民间"反转"和"有机自然力"等中国传统养生文化之间存在密切联系,强调科学传播中的文化阻滞现象。[8] 崔波、林芳羽对"挺转"与"反转"QQ群进行调查,研究发现,"反转者"和"挺转者"都会利用既有地方性知识建构对转基因食品的认知,而中国传统的自然观会放大转基因的风险。[9] 新媒体平台上的科学信息会影响公众对转基因议题的态度,游淳

---

[1] 楚亚杰、胡佳丰、张林璇:《新兴知识经纪人与科学传播对话规则的建立》,《未来传播》2020年第2期。

[2] 原艳飞、金兼斌:《争议性科学议题中叙事对第三人效果的影响》,《未来传播》2020年第2期。

[3] 杨婧、金兼斌:《传播与解读的博弈:基于转基因科普文本的评论分析》,《华中农业大学学报(社会科学版)》2020年第1期。

[4] 游淳惠:《社会信任转移:从地方式信任到体制式与分散式信任》,《未来传播》2020年第4期。

[5] 陈安繁、罗晨、胡勇、徐靖杨、徐永妍:《中国社交媒体上转基因争论的网络议程研究》,《未来传播》2020年第4期。

[6] 陆晔、徐子婧:《争议话题中的中立者初探——以转基因食品风险争议为个案》,《新闻大学》2020年第12期。

[7] 高芳芳、丌力:《公众参与科学视角下的反转基因话语策略分析》,《未来传播》2020年第4期。

[8] 汪凯、凌子敏:《科学传播中的文化阻滞:"养生文化"与民间"反转基因"话语之建构》,《未来传播》2020年第2期。

[9] 崔波、林芳羽:《公众对转基因食品风险的态度及成因分析——基于虚拟民族志方法的研究》,《科普研究》2020年第3期。

惠、金兼斌认为：微信公众号中的转基因信息，既可以对受众的态度产生直接影响，也可以透过科学知识这一变量产生间接的影响。① 公众对该议题的认识存在"科学知识沟"的现象，金兼斌、王辉对大学生群体进行问卷调查发现：在年龄、教育程度等各方面高度同质的高校学生群体中，不同学科背景的群体之间存在着显著的转基因科学知识沟，而社会化媒体的使用差异与这种知识沟的形成之间也存在着显著的对应关系。②

3.环境问题与自然灾害议题

学界对环境问题与自然灾害议题的研究主要呈现为策略研究，其中，地质灾害科普、气象科普和新能源科普最受学者关注。在地质灾害科普上，梁宏锟等和穆婷等强调科普场馆建设对地质灾害科普的重要性。③ 在气象科普方面，达月珍等考察了气象微信公众号和青少年气象站的科普情况，认为气象微信公众号普遍存在着不遵循移动新媒体传播特性，不尊重新媒体用户的阅读习惯、个性化需求等问题，提出用手机等移动端将科学信息融入一般大众的日常生活的科普目标，而对于青少年群体，需要将气象科普与学校课程相融合，尝试将校园气象科普嵌入学校体制教育中。④ 除上述基于自身科普实践经验的研究外，翟俊卿等对印度非政府组织的环境教育实践进行讨论，认为其依托自然、因地因人制宜、与政府密切合作的科普策略有较强借鉴意义。⑤ 在新能源科普方面，水利水电和核能科普较受学者关注：金浩博等通过访谈法和问卷调查，发现公众整体上缺乏关于水电的科学知识，性别、学历等个人特征与水利水电的认知态度有一定关联⑥；汤勇生等认为可以利用水利风景区开展水利水电的科普工作⑦。王桂敏、张瀛等分析了国内核燃料处理项目的公众沟通中存在的问题，强调

---

① 游淳惠、金兼斌：《新媒体环境下科学知识对争议性科技态度的影响——以转基因为例》，《国际新闻界》2020年第5期。

② 金兼斌、王辉：《社会化媒体使用与科学知识沟——以转基因知识沟为例》，《新闻与写作》2020年第10期。

③ 梁宏锟、邵治涛、李慧、王石光：《创新科普宣传形式主动防范地质灾害》，《中国地质灾害与防治学报》2020年第4期；穆婷、杨帆、谢迪菲、罗彬、姚兰：《浅谈基层防震减灾科普馆的现状及发展对策》，《山西地震》2020年第2期。

④ 达月珍：《移动新媒体气象信息传播现状分析及发展思考——以气象微信公众号为例》，《气象科技进展》2020年第6期；达月珍、陈静琳、杨周荣麟：《校园气象科学普及与青少年体制教育的融合研究——以昆明市校园气象站科普为例》，《科普研究》2020年第5期。

⑤ 翟俊卿、钦夏昱：《印度非政府组织在环境教育中的角色与策略研究》，《科普研究》2020年第6期。

⑥ 金浩博、王东、陈玲、周泽泽、郭广鑫：《水电开发直接受众的公众认知研究》，《水利规划与设计》2020年第4期。

⑦ 汤勇生、李贵宝、韩凌杰、王欣苗：《水利风景区科普功能发挥的探讨与建议》，《中国水利》2020年第20期。

将科普展厅作为相关科学传播重要场所。①

总体来看，上述对环境问题与自然灾害议题的讨论多在"缺失模型"的"公众理解科学"框架下进行，其进行相关科普的前提是预设了受众在相关科学知识上的缺失，其中，青少年群体是学界最为关注的受众群体，科普场所建设是相关策略中的强调重点。但事实上，学界对"缺失模型"的反思由来已久，其中，赵莉对新媒体语境下环境传播模型进行讨论，强调超越"缺失模型"、扩展和深化对"情境模型"和"公众参与模型"的解读与应用的必要性②。

4. 医疗健康与养生议题

学界对医疗健康与养生议题的讨论主要围绕新媒体环境下的三个子议题展开。其一是线上医疗科普。林依蓉等对抖音上的医疗科普短视频进行分类，针对存在的问题提出运营者创新做法、完善服务功能、处理舆情以及抖音平台加强监管等措施。③ 杨焕静等以"天津健康大讲堂"为例，发现文字、短视频和图片的传播形式最受公众欢迎，认为应进一步完善现场讲座与新媒体相结合的分众传播形式，以满足公众不同的需求和偏好。④ 曹博林等对在线问诊用户的调查发现，线上医患交流对患者依从性的直接影响与间接影响同时存在。⑤

其二是中医科学传播。岳丽媛、刘兵以中医减肥微信公众号为例，分析当下有关中医减肥的科学传播现状并探讨存在的主要问题。⑥ 叶冠成等认为当前中医药新媒体运营因从业者专业素养参差不齐、传播途径与目的复杂多样，导致各类伦理失范现象层出不穷，甚至传播内容真实性、可靠性与公信力不足等问题，因此需要以医学伦理学原则引导中医药新媒体的运营。⑦

---

① 王桂敏、张瀛、戴文博、刘瑞桓、于大鹏、李杨：《核与辐射安全科普展厅建设现状分析及对策建议》，《核安全》2020年第6期；张瀛、王桂敏、戴文博、刘瑞桓、于大鹏：《我国乏燃料后处理项目公众沟通策略研究》，《核安全》2020年第6期。

② 赵莉：《超越缺失模型：新媒体语境下环境传播模型的嬗变与反思》，《未来传播》2020年第3期。

③ 林依蓉、叶肖栗：《抖音短视频平台中健康医疗类账号的运营现状及发展探析》，《中华医院管理杂志》2020年第12期。

④ 杨焕静、周利慧、安广节、高皓宇、范艳君、付洪阳、来萌婧：《天津市健康大讲堂受众需求及特征分析》，《中国健康教育》2020年第4期。

⑤ 曹博林、王一帆：《沟通弥合与患者感知：基于链式中介模型的线上医患交流效果研究》，《现代传播（中国传媒大学学报）》2020年第8期。

⑥ 岳丽媛、刘兵：《关于中医减肥的科学传播及其问题研究——以微信中医减肥公众号为例》，《科学与社会》2020年第1期。

⑦ 叶冠成、姚燕婷、代逸丹、江雯欣、袁和静：《中医药新媒体运营中的伦理问题探究》，《南京中医药大学学报（社会科学版）》2020年第1期。

其三是与疫苗相关的科学传播,其中"疫苗犹豫"是相关研究关注的焦点。唐倬、柯文认为,媒体和政治等推手不仅模仿了科学构架,还利用了人们直觉的推理习性,建立起一个看似十分有说服力的因果关系,使公众建立起"疫苗有害论"的坚固信念。① 郭小安、王天翊分析新媒体接触对女大学生HPV疫苗接种意向的影响,研究发现:社交媒体接触和人际传播是影响接种意向的最有效渠道,另外,感知易感性和感知利益在对其疫苗接种意向的影响中发挥了中介效应。② 陈经超、黄晨阳讨论目的框架与效益目标对大学生群体接种流感疫苗行为的影响,研究发现:目的框架不会影响疫苗接种意愿,而效益目标中的家人取向在提升接种倾向上更有效用,被感知的严重性与态度会对该效用发挥中介效用。③ 牟怡、张林以微信公众号上的一篇流感疫苗科普文章为蓝本,采用在线实验方法,探讨在不同的成年人代际之间的说服效果差异。研究发现,代际与幽默类型对信息分享意愿和信息质量感知存在交互效应。④

5. 人工智能议题

在2020年,国内科学传播领域对人工智能议题的讨论主要围绕以下两点进行,即应用人工智能的科学传播和关于人工智能的科学传播。

应用人工智能的科学传播关注人工智能技术在科学传播实践中的应用。张寒在"公众理解科学"的视角下讨论医疗AI的临床应用,呼吁政府、专业团体、人工智能开发者等机构协同合作,从用户角度出发,完善医疗AI的监管体系,使其发展符合法律规范和伦理规则。⑤ 黄时进在其研究中则认为,人工智能以技术层面的革命,驱动科学传播实现以受众需求为发展内在动力的根本性变革,促进科学传播中传播者与受众之间的深度交互。一方面,人工智能根据受众的需求实现自学习、自适应和自服务;另一方面,受众借助人工智能相对容易地获取自己需要的、浅层的科学技术知识,从而与科学共同体初步建立起互相理解、沟通的交往理性。⑥

关于人工智能的科学传播,一方面聚焦于人工智能伦理的科学传播现状,并提出改善建议。梁卫国对科幻作品视角下的人工智能伦理进行讨论,认为人工智能逐渐突破人类中

---

① 唐倬、柯文:《"疫苗有害论"的"后真理"建构》,《自然辩证法通讯》2020年第4期。
② 郭小安、王天翊:《新媒体接触、健康信念与HPV疫苗接种意向》,《新闻与传播研究》2020年第6期。
③ 陈经超、黄晨阳:《"自我取向"还是"家人取向"?基于中国情境的大学生流感疫苗接种健康传播策略效果研究》,《国际新闻界》2020年第6期。
④ 牟怡、张林:《幽默说服在医学微信公众号上传播效果代际差异的实验研究》,《现代传播(中国传媒大学学报)》2020年第9期。
⑤ 张寒:《公众理解视域下医疗AI的应用及治理》,《科普研究》2020年第3期。
⑥ 黄时进:《技术驱动与深度交互:人工智能对科学传播的跨世纪构建》,《科普研究》2020年第3期。

心主义的伦理观。① 段伟文认为在人工智能的应用中，用户对个人数据滥用、算法决策的不透明心存疑虑，开发者也担心伦理缺位带来的风险，由此提出展开必要的价值伦理校准、构建人工智能伦理与治理框架等建议。② 任安波、叶斌认为我国高校的人工智能伦理教育存在缺少专业化、规范化等问题，应借鉴国外的嵌入式伦理教学以及模拟伦理实验方法。③ 另一方面，相关研究也关注以人工智能为主题的科学传播文本的传播，如余文婷、刘会发现，美国媒体受保守主义影响的报道主要关注人工智能的缺点和给社会带来的潜在威胁，受自由主义影响的报道主要关注人工智能的先进性。④

（二）研究主题

2020年国内科学传播领域的相关研究有"科学传播总述""科学与人文""科学传播呈现""科学传播效果""科学家的科学传播实践"五个研究主题。具体来看如下。

1. 科学传播总述

"科学传播总述"主题下的研究主要围绕五个次主题展开，即科学传播模型、科学传播研究、科学传播专业培养、科学传播产业发展、科学传播基础设施建设。王炎龙、吴艺琳认为科学传播本质是为了实现特定目的、借由一定途径、在不同群体间进行的与科学相关的信息交流与传递活动，其传播模式多元，以缺失模式、民主模式和语境模式为主要呈现形式。⑤ 岳丽媛、刘兵对国内科学传播硕博士学位论文进行了全面梳理，发现在科学传播研究领域存在经验研究和批判研究两类与传播学中经验学派和批判学派相似的研究范式，其差别源自立场和科学观之差异。⑥ 王晓义调查科普人才培养与培训情况，统计了1950—2016年出版的科普专著，在界定科普人才、科普教材概念的基础上，分析了科普人才培养的现状与需求。⑦ 王阳、赵铮基于SWOT模型对我国科技馆文创产业自身优势、劣势，发展面临的机遇、挑战进行分析和探讨。⑧ 科学传播的基础设施建设主要聚焦在科普场馆及相关设施建设方面，黄雁翔、熊沁从智慧传播、智慧服务、智慧运营、智慧管理四个方面分析了5G时代

---

① 梁卫国：《科幻作品视角下的人工智能伦理》，《科普研究》2020年第3期。
② 段伟文：《构建稳健敏捷的人工智能伦理与治理框架》，《科普研究》2020年第3期。
③ 任安波、叶斌：《我国人工智能伦理教育的缺失及对策》，《科学与社会》2020年第3期。
④ 余文婷、刘会：《科学传播中的意识形态变迁——基于美国人工智能报道的文本分析》，《科学与社会》2020年第3期。
⑤ 王炎龙、吴艺琳：《海外科学传播的概念、议题与模式研究——基于期刊 Public Understanding of Science 的分析》，《现代传播（中国传媒大学学报）》2020年第8期。
⑥ 岳丽媛、刘兵：《立场与方法的差异：传播学二元框架下的中国科学传播硕博论文研究》，《自然辩证法通讯》2020年第6期。
⑦ 王晓义：《从科普人才培养维度看科普教材出版》，《科普研究》2020年第3期。
⑧ 王阳、赵铮：《基于SWOT模型的科技馆文创产业发展策略分析》，《科普研究》2020年第4期。

智慧科技馆的基本内容，并从基础层、数据层、应用层三个层面研究了基本技术架构。[1]

2. 科学与人文

在科学传播领域，斯诺有关科学与人文"两种文化"的命题一直是相关研究讨论的焦点。以"科学与人文"为主题的研究主要围绕"科学文化冲突"、"科技伦理"和"科普伦理"三个次主题展开。在"科学文化冲突"方面，除上文汪凯、凌子敏和崔波、林芳羽对转基因科学传播中科学与传统文化自然观之间冲突的论述外[2]，曹昂对健康传播中的"中心文化路径"进行理论分析，该路径将文化置于理解健康意义的核心位置[3]。在"科技伦理"方面，除上文所述人工智能伦理传播的研究外[4]，葛海涛、刘萱对比中外科技伦理的传播情况，认为我国科技伦理事件的参与者主要是科技、科普领域相关专业人员，其中公众对科技伦理事件的理解与参与仍需加强[5]。在"科普伦理"方面，刘萱等[6]和李正风等[7]基于已有文献，结合当代科普的新特点分析科普面临的伦理问题。其中，李正风等从功利论、义务论、契约论、德性论等提出科普应坚持的伦理立场，提出将负责任的科普从倡议落实到行动的建议。

3. 科学传播的呈现与效果

对科学传播实践的研究主要围绕"科学传播的媒介"和"科学传播与娱乐"两个子主题展开。在"科学传播的媒介"的研究中，传统媒体、新媒体的科学传播实践是研究重点。针对当代传统媒体的科学传播实践，上文徐凌等和夏临对新冠肺炎疫情广播应急科普的研究[8]有一

---

[1] 黄雁翔、熊沁：《5G时代智慧科技馆的探索与实践》，《科普研究》2020年第6期。

[2] 汪凯、凌子敏：《科学传播中的文化阻滞："养生文化"与民间"反转基因"话语之建构》，《未来传播》2020年第2期；崔波、林芳羽：《公众对转基因食品风险的态度及成因分析——基于虚拟民族志方法的研究》，《科普研究》2020年第3期。

[3] 曹昂：《健康意义、另类视角与本土情境——"文化中心路径"对健康传播学的批判与重构》，《新闻与传播研究》2020年第7期。

[4] 梁卫国：《科幻作品视角下的人工智能伦理》，《科普研究》2020年第3期。段伟文：《构建稳健敏捷的人工智能伦理与治理框架》，《科普研究》2020年第3期；任安波、叶斌：《我国人工智能伦理教育的缺失及对策》，《科学与社会》2020年第3期。

[5] 葛海涛、刘萱：《公众对科技伦理相关事件的理解与讨论——基于中外比较的事例研究》，《自然科学博物馆研究》2020年第5期。

[6] 刘萱、任福君、葛海涛：《新时代科普伦理的概念辨析与内涵界定》，《自然科学博物馆研究》2020年第5期。

[7] 李正风、马健铨：《科学普及及其伦理立场》，《自然科学博物馆研究》2020年第5期。

[8] 徐凌、周荣庭、童云：《"村村响"农村广播系统应急科普体系的优化研究——以新冠肺炎疫情为例》，《科普研究》2020年第2期；夏临：《KAP模式下新冠肺炎疫情防控宣传动员策略浅探——以河南汝南和浙江绍兴为例》，《科普研究》2020年第1期。

定代表性，但对传统媒体的科学传播的研究并不仅限于当代，如杨丽娜对根据地时期《太岳日报》的科技新闻报道进行研究[①]；曹培鑫、梁轩研究以《科学画报》的出版历程为研究对象，梳理中国近现代科学的传播历程[②]。新媒体的科学传播实践既体现为官方媒体与自媒体利用微信、抖音、微博等平台进行科学传播实践，也体现为以果壳、科普中国为代表的知识经纪人的科学传播实践，这些在上文新冠肺炎疫情[③]、转基因与基因编辑[④]、环境问题与自然灾害[⑤]、

---

① 杨丽娜：《中国共产党革命根据地科技传播研究——以〈太岳日报〉为中心的考察》，《自然辩证法通讯》2020 年第 7 期。

② 曹培鑫、梁轩：《科学传播的中国语境：实践的历史与中西对话》，《现代传播（中国传媒大学学报）》2020 年第 3 期。

③ 汤书昆、樊玉静：《突发疫情应急科普中的媒体传播新特征——以新冠肺炎疫情舆情分析为例》，《科普研究》2020 年第 1 期；尚甲、郑念：《新冠肺炎疫情中主流媒体的应急科普表现研究》，《科普研究》2020 年第 2 期；张明伟、梅进：《论文新闻：突发公共事件中的科普"利器"——以中国科学报社新冠肺炎疫情报道为例》，《科普研究》2020 年第 1 期；金亚兰、徐奇智：《突发公共卫生事件下基于公众参与的辟谣机制研究——以"丁香医生"和"科普中国"为例》，《科普研究》2020 年第 2 期；赵天宇、李佳柔、谢栋：《微博应急科普的现实图景与优化策略——基于新冠肺炎疫情的实证研究》，《科普研究》2020 年第 2 期；强月新、孙志鹏：《政治沟通视野下政务微博辟谣效果研究》，《新闻大学》2020 年第 10 期。

④ 楚亚杰、胡佳丰、张林璇：《新兴知识经纪人与科学传播对话规则的建立》，《未来传播》2020 年第 2 期；原艳飞、金兼斌：《争议性科学议题中叙事对第三人效果的影响》，《未来传播》2020 年第 2 期；杨婧、金兼斌：《传播与解读的博弈：基于转基因科普文本的评论分析》，《华中农业大学学报（社会科学版）》2020 年第 1 期；游淳惠：《社会信任转移：从地方式信任到体制式与分散式信任》，《未来传播》2020 年第 4 期；陈安繁、罗晨、胡勇、徐靖杨、徐永妍：《中国社交媒体上转基因争论的网络议程研究》，《未来传播》2020 年第 4 期；陆晔、徐子婧：《争议话题中的中立者初探——以转基因食品风险争议为个案》，《新闻大学》2020 年第 12 期；高芳芳、丌力：《公众参与科学视角下的反转基因话语策略分析》，《未来传播》2020 年第 4 期；汪凯、凌子敏：《科学传播中的文化阻滞："养生文化"与民间"反转基因"话语之建构》，《未来传播》2020 年第 2 期；崔波、林芳羽：《公众对转基因食品风险的态度及成因分析——基于虚拟民族志方法的研究》，《科普研究》2020 年第 3 期；游淳惠、金兼斌：《新媒体环境下科学知识对争议性科技态度的影响——以转基因为例》，《国际新闻界》2020 年第 5 期。

⑤ 达月珍：《移动新媒体气象信息传播现状分析及发展思考——以气象微信公众号为例》，《气象科技进展》2020 年第 6 期；达月珍、陈静琳、杨周荣麟：《校园气象科学普及与青少年体制教育的融合研究——以昆明市校园气象站科普为例》，《科普研究》2020 年第 5 期。

医疗健康与养生[1]、人工智能[2]五个主要研究议题的分析中都有典型体现。另外,"科学传播的媒介"的相关研究还包括对科学期刊全媒化实践的讨论,如:孔薇[3]、何永艳[4]认为科学期刊应借助新媒体技术,通过多样化手段提升编辑和科研工作者科普素养来实现学术期刊的科普化并构建大众传播体系。

在"科学传播与娱乐"的研究中,科学传播相关的动漫、游戏、综艺节目等是主要的研究对象。曾文娟从角色的设定与组合、人体内外空间的塑造与连接、叙事视角的选择与切换,以及叙事结构的建构与安排等方面对《工作细胞》等健康类科普动漫的叙事策略进行分析。[5] 王云、汤波从游戏化的设计层面、机制体制、服务与应用系统、应用领域的信息传播效率、组成结构、形象特征、科学技术的文化环境等方面对大众科学的游戏化应用进行分析。[6] 王彩臻、金兼斌选择三档传播效果优质的电视科普节目,探究其节目话题分布并建立拟合方程以了解传播效果的影响因素。[7]

对科学传播效果的研究涉及舆论引导、科学谣言治理、风险沟通感知等方面,如上文所述,学界对新冠肺炎疫情、转基因与基因编辑两个科学议题的研究多涉及这些方面。在传播学

---

[1] 林依蓉、叶肖栗:《抖音短视频平台中健康医疗类账号的运营现状及发展探析》,《中华医院管理杂志》2020年第12期;杨焕静、周利慧、安广节、高皓宇、范艳君、付洪阳、来萌婧:《天津市健康大讲堂受众需求及特征分析》,《中国健康教育》2020年第4期;曹博林、王一帆:《沟通弥合与患者感知:基于链式中介模型的线上医患交流效果研究》,《现代传播(中国传媒大学学报)》2020年第8期;岳丽媛、刘兵:《关于中医减肥的科学传播及其问题研究——以微信中医减肥公众号为例》,《科学与社会》2020年第1期;叶冠成、姚燕婷、代逸丹、江雯欣、袁和静:《中医药新媒体运营中的伦理问题探究》,《南京中医药大学学报(社会科学版)》2020年第1期;唐倬、柯文:《"疫苗有害论"的"后真理"建构》,《自然辩证法通讯》2020年第4期;郭小安、王天翊:《新媒体接触、健康信念与HPV疫苗接种意向》,《新闻与传播研究》2020年第6期;陈经超、黄晨阳:《"自我取向"还是"家人取向"?基于中国情境的大学生流感疫苗接种健康传播策略效果研究》,《国际新闻界》2020年第6期;牟怡、张林:《幽默说服在医学微信公众号上传播效果代际差异的实验研究》,《现代传播(中国传媒大学学报)》2020年第9期。

[2] 张寒:《公众理解视域下医疗AI的应用及治理》,《科普研究》2020年第3期;黄时进:《技术驱动与深度交互:人工智能对科学传播的跨世纪构建》,《科普研究》2020年第3期。

[3] 孔薇:《全媒体背景下科技期刊大众传播体系的构建》,《编辑学报》2020年第6期。

[4] 何永艳:《新媒体环境下关于实现学术期刊科普化的思考》,《新媒体研究》2020年第21期。

[5] 曾文娟:《医学健康类科普动画叙事策略研究——以〈头脑特工队〉〈工作细胞〉〈终极细胞战〉为例》,《科普研究》2020年第3期。

[6] 王云、汤波:《大众科学游戏化活动的理论模型构建与研究》,《北京印刷学院学报》2020年第4期。

[7] 王彩臻、金兼斌:《走向公众的"赛先生"——电视科普节目的传播效果及其影响因素》,《今日科苑》2020年第1期。

理论的应用上,议程设置理论①、知沟假说②、第三人效果③、回音壁效应④ 较受学者关注。

4.科学家的科学传播实践

"科学家的科学传播实践"主题下的研究主要围绕科学家形象、科学家性别以及科学家的媒介素养等进行。在科学家形象方面,徐素田、汪凯就《人民日报》上的科学家媒介形象进行语义网络分析,研究发现,科学家形象构建经历了从学习外国经验转变为独立自主发展、从着力科学工作者的爱国主义情怀到凸显个性化特征的变化。⑤ 其中,凸显个性化特征在网红科学家的科学实践中有突出的表现,贾鹤鹏、王大鹏分析了网红科学家的科学报道实践,认为该实践有助于改善传统科学新闻的单向度宣传,更加贴近民众生活,但在促进公众参与和为公众赋权方面仍有不足。⑥ 在科学家性别方面,李志红、林佳甜对获诺贝尔自然科学奖的女科学家与中科院女院士的成长及发展规律进行分析。⑦ 针对科学家的媒介素养,刘娟采用问卷调查法,对中国科学院科学家数字媒介素养进行调查,结果显示,网络已经成为中国科学家日常使用的首选媒介,科学家媒介使用工具性强,对网络信息甄别能力自信,具备主动的媒介信息处理能力。与此同时,科学家的媒介使用,也存在对网络媒体的信任度低于传统媒体,在传播对象上重视同行、忽略民众等特点。⑧

二、研究方法

2020年国内科学传播领域的期刊论文多为发散且缺少明确研究方法的主观论述类论文,使用社会科学研究方法的实证研究占比较低。在实证研究中,使用了较为多元的研究方法,其中以问卷调查、内容分析和话语分析最受研究者青睐,但总体来看,多数实证研究在理论和方法设计的创新性上稍显不足。表1为2020年国内科学传播研究使用相对较多的研究方法。

---

① 陈安繁、罗晨、胡勇、徐靖杨、徐永妍:《中国社交媒体上转基因争论的网络议程研究》,《未来传播》2020年第4期。

② 金兼斌、王辉:《社会化媒体使用与科学知识沟——以转基因知识沟为例》,《新闻与写作》2020年第10期。

③ 原艳飞、金兼斌:《争议性科学议题中叙事对第三人效果的影响》,《未来传播》2020年第2期。

④ 游淳惠:《社会信任转移:从地方式信任到体制式与分散式信任》,《未来传播》2020年第4期。

⑤ 徐素田、汪凯:《社会语境变迁下的中国科学家媒介形象研究——基于〈人民日报〉(1949—2019)的语义网络分析》,《自然辩证法研究》2020年第11期。

⑥ 贾鹤鹏、王大鹏:《作为建设性新闻的科学报道——以网红科学家的科普实践为例》,《当代传播》2020年第2期。

⑦ 李志红、林佳甜:《女科学家群体比较研究——以获诺贝尔自然科学奖的女科学家和中科院女院士为例》,《自然辩证法研究》2020年第8期。

⑧ 刘娟:《科学传播主体与公众对话——中国科学家数字媒介素养调查》,《科普研究》2020年第5期。

表1　2020年中国科学传播实证研究的主要研究方法及作者举例

研究方法类别	研究方法	相关文献作者举例
定性研究法	文献分析法	杨睿博等、王伟等、张瀛等、岳丽媛等
	案例分析法	徐萌晟、楚亚杰等、金亚兰等、龙闽君
	访谈法	贾鹤鹏等、张楠等、肖珺等、杨梦琳等
	虚拟民族志	崔波等
	话语分析	高芳芳等、陈安繁等、刘彤等、江苏佳
	扎根理论分析	罗跃等
定量研究法	问卷调查	游淳惠等、李希光等、楚亚杰、郭小安等
	实验法	原艳飞等、陈经超等、牟怡等
	内容分析	杨婧等、刘雅珺、刘娟等、蒙胜军等
	文献计量法	罗文学等、翟莉等
	语义网络分析	黄淼等、潘佳宝等、徐素田等、翟莉等
	社会网络分析	黄淼等、翟莉等、朱依娜等
	自然语言处理	余文婷等、王袁欣等

另外，2020年度的实证研究中也存在综合使用多种研究方法的混合研究，多以"问卷调查"搭配其他研究方法出现。如赵天宇等综合采用问卷调查和文本分析法，对微博应急科普进行分析[1]；袁子凌等综合使用问卷调查和深度访谈法，对疫情期间双黄连抢购事件进行分析[2]。另外也存在文本分析与访谈法结合使用的情况，如吴红雨等利用文本分析和访谈法探讨《人间世》纪录片对公众医疗认知的影响[3]。

虽然从整体上看，国内科学传播领域的研究仍然更关注宏观层次上的策略研究，但也逐渐显露出关注中观和微观科学传播现象，注重研究方法的规范使用和融会贯通。另外，"文献计量法"、"语义网络分析"、"社会网络分析"和"自然语言处理"等基于计算机数据处理技术的研究方法日益受到学者的重视，这些方法为科学传播研究提供了更多可能。

三、研究主体

2020年度科学传播领域的研究者身份呈现出明显的多元特征。就论文作者的职业来看，除科研院所的研究者外，还包括医护人员、科普展馆从业者、科普产业经营者、出版业从业

---

[1] 赵天宇、李佳柔、谢栋：《微博应急科普的现实图景与优化策略——基于新冠肺炎疫情的实证研究》，《科普研究》2020年第2期。

[2] 袁子凌、田华：《突发公共事件中公众的科学认知及网络行为分析研究——以双黄连抢购事件为例》，《科普研究》2020年第2期。

[3] 吴红雨、江美仪：《重塑中的医生与患者媒介形象对公众医疗认知的影响——以〈人间世〉等四部纪录片为例》，《新闻大学》2020年第1期。

者、学术期刊从业者、媒体从业者、政府部门工作人员等。而研究者所属的研究领域也呈现多样性,除新闻传播学领域外,有相当数量的管理学、科技哲学、马克思主义哲学、教育学、科技史、文学领域的学者也参与了相关研究,这些学者从所属专业的视角对科学传播问题进行解读,为相关研究提供了更广阔的学科视野。

这些研究者之间展开跨学科、跨领域的研究合作,特别是新闻传播学的学者与哲学学科、管理学学科的研究者进行合作。这些研究合作行为体现出科学传播研究中的跨学科、跨领域的趋势和较强的实践导向。

从研究者所属的机构来看,2020 年度的科学传播研究形成了以清华大学、中国科普研究所、复旦大学、中国科学技术大学、中国科学院、中国社会科学院等为关键节点的研究格局。除此之外,由于新冠肺炎疫情成为 2020 年度核心研究议题,如复旦大学附属华山医院、重庆医科大学附属第一医院等也成为科学传播研究的活跃机构。

四、期刊来源

在本文论及的 351 篇期刊文献中,CSSCI 来源文献为 92 篇。从具体期刊来源上看,351 篇文献共有 122 个期刊来源。图 1 中所列为相关文献数不少于 3 篇的 29 本期刊。另外,14

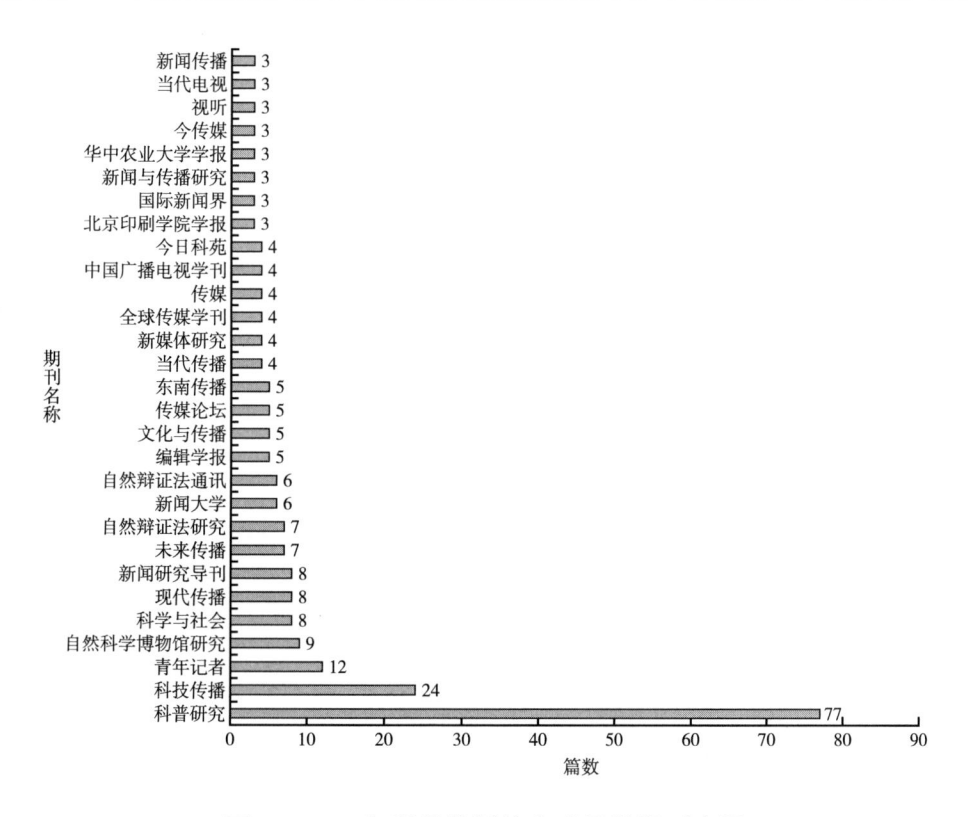

期刊名称	篇数
新闻传播	3
当代电视	3
视听	3
今传媒	3
华中农业大学学报	3
新闻与传播研究	3
国际新闻界	3
北京印刷学院学报	3
今日科苑	4
中国广播电视学刊	4
传媒	4
全球传媒学刊	4
新媒体研究	4
当代传播	4
东南传播	5
传媒论坛	5
文化与传播	5
编辑学报	5
自然辩证法通讯	6
新闻大学	6
自然辩证法研究	7
未来传播	7
新闻研究导刊	8
现代传播	8
科学与社会	8
自然科学博物馆研究	9
青年记者	12
科技传播	24
科普研究	77

图 1 2020 年科学传播论文成果的期刊来源

本期刊有 2 篇相关文献，79 本期刊仅有 1 篇相关文献。在图 1 所列的 29 本学术期刊中，专事于科学传播研究的期刊有《科普研究》《科技传播》《科学与社会》《自然科学博物馆研究》《今日科苑》等，而新闻传播领域的综合性期刊有《青年记者》《现代传播（中国传媒大学学报）》《新闻研究导刊》《未来传播》《新闻大学》《文化与传播》等，另有科学哲学领域的期刊《自然辩证法研究》与《自然辩证法通讯》，专注于科技期刊编辑问题的期刊《编辑学报》，社会科学类综合性期刊《北京印刷学院学报》和《华中农业大学学报》。其中，《科普研究》为 2020 年度刊登相关文献最多的期刊，其次是《科技传播》和《青年记者》，而《青年记者》是 2020 年度最关注科学传播研究的综合性新闻传播期刊。

我们进一步将上述 29 个学术期刊分别与研究议题、研究主题和研究方法进行交叉分布分析，结果显示：这些期刊未对特定研究主题和研究方法表现出明显关注，但在研究议题上存在一定的相对偏好（见表 2）。

表 2　29 份期刊对研究议题的偏好　　　　　　　　（单位：%）

期刊名称	新冠肺炎疫情	转基因与基因编辑	医疗健康与养生	环境问题与自然灾害	人工智能
自然科学博物馆研究	0	0	0	0	0
自然辩证法研究	50	0	50	0	0
自然辩证法通讯	0	0	100	0	0
中国广播电视学刊	100	0	0	0	0
新闻与传播研究	29	0	71	0	0
新闻研究导刊	0	0	100	0	0
新闻大学	53	47	0	0	0
新闻传播	100	0	0	0	0
新媒体研究	0	0	0	0	0
现代传播	75	0	25	0	0
文化与传播	0	0	0	100	0
未来传播	0	84	0	16	0
视听	100	0	0	0	0
全球传媒学刊	67	0	33	0	0
青年记者	40	20	20	0	20
科学与社会	21	0	20	0	59
科普研究	75	2	2	6	15
科技传播	0	33	0	67	0

续表

期刊名称	研究议题（横列百分比）				
	新冠肺炎疫情	转基因与基因编辑	医疗健康与养生	环境问题与自然灾害	人工智能
今日科苑	0	0	0	0	0
今传媒	50	0	50	0	0
华中农业大学学报	0	100	0	0	0
国际新闻界	25	48	27	0	0
东南学术	0	0	0	0	0
当代电视	100	0	0	0	0
当代传播	67	0	0	33	0
传媒论坛	75	0	0	25	0
传媒	100	0	0	0	0
编辑学报	100	0	0	0	0
北京印刷学院学报	0	0	0	0	0

表2为29份期刊对上文五类研究议题研究的分布情况（横列百分比），其中《自然科学博物馆研究》《新媒体研究》《今日科苑》《东南学术》《北京印刷学院学报》在2020年未对上述五个研究议题进行讨论。总体来看，新冠肺炎疫情议题最受这些期刊的关注，但具体来看，各期刊对研究议题的偏好存在差异：《中国广播电视学刊》《新闻传播》《视听》《当代电视》《传媒》《编辑学报》表现出对新冠肺炎疫情议题的偏好；《华中农业大学学报》对转基因与基因编辑议题最为关注；《自然辩证法通讯》《新闻研究导刊》对医疗健康与养生议题最感兴趣；《文化与传播》对环境问题与自然灾害议题最为重视。《科普研究》对上述五类议题都有涉及，其中新冠肺炎疫情议题的研究约占该期刊全部议题研究的75%，同时，相较于转基因与基因编辑、医疗健康与养生、环境问题与自然灾害，该期刊对人工智能议题更感兴趣。《科技传播》在2020年虽有24篇文献对科学传播的相关问题进行讨论，但未涉及新冠肺炎疫情的议题，而是更关注环境问题与自然灾害的研究议题。《青年记者》《科学与社会》《国际新闻界》等期刊在研究议题上体现出明显的多样性，其各自较为关注新冠肺炎疫情议题、人工智能议题和转基因与基因编辑议题。我们认为上述期刊对不同议题所表现出来的相对偏好有一定的随机性，视当年的社会关注热点而变。

五、总结：现实导向、开放多元的科学传播

在2020年，我国的科学传播研究取得了丰硕的研究成果，在研究议题和研究主题上更

强调现实导向，在研究方法、研究主体和期刊来源上更加开放多元。总体来看，2020年度国内科学传播领域最关注的研究议题依次为：新冠肺炎疫情、转基因与基因编辑、环境问题与自然灾害、医疗健康与养生、人工智能。学界对这些议题的研究往往具有较强的现实意义和实践指导价值，注重对现有经验、历史经验与国外经验进行总结并提出改善科学传播效果的策略。在研究主题上，2020年度相关研究有"科学传播总述""科学与人文""科学传播呈现""科学传播效果""科学家的科学传播实践"五个研究主题。"科学传播总述"包括科学传播模型、科学传播研究、科学传播专业培养、科学传播产业发展、科学传播基础设施建设等内容；有关科学传播实践的研究主要围绕"科学传播的媒介"和"科学传播与娱乐"两个子主题展开，而对科学传播效果的研究涉及舆论引导、科学谣言治理、风险沟通感知等方面。"科学家的科学传播实践"主要围绕科学家形象、科学家性别以及科学家的媒介素养等进行。在研究方法上，国内研究虽然使用实证研究占比较低，但已出现较为多元的研究方法，也逐渐显露出关注中观和微观科学传播现象，注重研究方法的规范使用和混合使用。在研究主体上，研究者身份呈现出明显的多元特征，体现出跨学科、跨领域的趋势和较强的实践导向。在期刊来源上，相关研究散见于122本学术期刊中，但分布总体上仍较为集中在科学传播头部期刊上，这些期刊在研究议题上存在某种相对偏好。

2020年度科学传播研究在开放性上稳步推进。相较于往年的科学传播研究，2020年度研究体现了更为明确的现实导向，包括研究服务实践、实践指导研究。首先，新冠肺炎疫情的暴发与抗疫防疫工作的推进使2020年度的科学传播研究向健康传播的方向倾斜，应急科普成为学界关注的焦点。其次，疫情使一系列现实问题更加凸显出来，如城乡差距下如何进行农村应急科普、代际鸿沟下对老年人进行应急科普、专家与公众的知识鸿沟背景下如何提高应急科普效果等。这些问题使学界更加意识到科学传播基础设施建设、科学传播从业者培养、上层建筑设计、科技期刊全媒化与大众化的重要性和迫切性。另外，医护人员、社区科普人员、科普场馆工作者、政府部门工作者、媒体从业者等在抗疫防疫科学传播一线积累了宝贵的实践经验，他们或独立或与学者合作进行论文创作，为2020年度的科学传播研究提供了多种视角和声音。

在取得上述成果的同时，2020年度国内的科学传播研究仍存在以下不足，即多现象描述而少机理探究、多总结评论而少实证论证、在理论上泥古于西方论点而缺乏本土化创新、在研究方法上欠缺新路径和规范性。针对这些问题，我们建议，一方面要继续推进跨学科、跨领域研究；另一方面，结合我国科学传播的研究与实践，在理论视野上要注重对西方理论进行本土化改进、在研究方法上要注重研究方法使用的规范性。既注重宏观层次的概况研究，也注重中观与微观层次的机理分析，并探索多种研究方法基于问题导向的策略性融会贯通。

2020年城市传播研究综述

姜 海[*]

在城市研究之中，无论是"可沟通性"（Communicable）[①]视角，还是"中介化"（Intermediary）[②]视角，在确立传播（学）存在之必然性的基础上，城市传播研究亦在不断寻觅着其既定的研究路径与方式。当城市传播渐入研究的"深水区"之时，这种路径也逐渐浮现：2020年，城市形象、城市文化、城市案例成为了较为突出的、学界理解与研究城市传播的三重路径，其各自的转向、介入与分化既帮助城市传播细分出特定的"支流"，又在新闻传播学中看到了这一领域的"主流"。

一、城市形象：羽翼渐丰的传播研究

实际上，对"城市形象"（City Image）的研究要早于城市传播。很长的时间里（2002—2019），学界一度将之与城市传播融合，视为"城市形象传播"（City Image Communication），并嫁接于广告、营销、影视、网络等诸多领域。2020年，虽然有学者"力求打破城市传播中以大众传播媒介为主体的城市形象研究的主体格局"[③]，但对于城市形象的研究依旧可视为城市传播的主流领域。较为明显，其中的策略、话语、建构三重维度呈现出从务实到创新、从表达到参与、从实践到理论的转向。

（一）策略研究：从务实到创新

梳理以往"城市形象（传播）"的策略研究成果可见：大部分强调传播策略的务实性与可行性，其重点多在考虑某一媒介路径（微电影、广播电视、网络平台、都市报纸等）对城市形象（品牌塑造、效果提升、符号传播、文化交流等）的具体作用，重点也多关注策略的具体落地性、相关匹配度以及宏观引导性等层面，方式多元，指向清晰。

在此基础上，陈少峰在2020年提出了城市形象的"创意传播"，强调通过打造城市IP

---

[*] 姜海，电子科技大学公共管理学院副教授，硕士生导师。
[①] 复旦大学信息与传播研究中心课题组：《城市传播：重建传播与人的关系》，《新闻与传播研究》2015年第7期。
[②] 谢静：《连接城乡：作为中介的城市传播》，《南京社会科学》2016年第9期。
[③] 黄骏：《虚实之间：城市传播的逻辑变迁与路径重构》，《学习与实践》2020年第6期。

来促进内涵与形象的一体化。① 刘亦师则提出了全新的"带形城市"之理念，认可其在全球传播与实践中的重要影响。② 曹凯中、焦盈则关注到了城市绘本对形象的传播价值，强调并认可挖掘日常生活的创造力。③ 同时，张齐婕、曾一昕也关注到了书展这一细节对城市传播的重要作用，并强调其传播体系存在缺失。④ 汤筠冰则关注到了城市的公共空间，认可空间本身作为一种媒介的形象作用。⑤

除了这些关注视角的创新，不少学者也在嫁接于前沿性的热点或技术之中，得出了较为创新的策略。例如，黄琳提出了5G时代中城市形象的范式革新，其中提及的"协作性结构"可视为亮点。⑥ 吕尚彬、刘奕夫则在智能化浪潮下，提出了城市形象传播的具体优化策略。⑦ 张守信描绘了短视频时代的城市形象的创新图景。⑧ 孙信茹、王东林则在跨国流动中的社会交往与文化沟通中探讨了某一群体的生计。⑨ 不难发现，策略研究整体从务实性逐渐转向了创新性，更加强调其策略对城市形象传播的亮点与特色，而不再仅仅只考虑落地与务实。

（二）话语研究：从表达到参与

就城市形象而言，策略研究或许是大众最为熟知的领域之一，但话语研究却在2020年为我们别开生面地带来了另一重视野。陈白颖以杭州为例，着重探讨了话语在对外传播中的作用，凸显了城市的地域文化。⑩ 孙传明、周文静则将话语嫁接到了后疫情的大环境下，尝试修补新冠肺炎疫情之后的武汉城市形象。⑪ 田淼琪、李文娟则以"网红"为话语链接，分析了城市在短视频传播中的反思与前瞻。⑫ 而被冠以"网红"话语的重庆也被作为参照样

---

① 陈少峰：《城市文化旅游的创意传播新模式》，《北京联合大学学报（人文社会科学版）》2020年第1期。
② 刘亦师：《带形城市规划思想及其全球传播、实践与影响》，《城市规划学刊》2020年第5期。
③ 曹凯中、焦盈：《基于认同感建构与空间传播的城市绘本价值研究》，《中国出版》2020年第16期。
④ 张齐婕、曾一昕：《新媒体时代我国城市书展的传播现状及策略研究》，《出版科学》2020年第5期。
⑤ 汤筠冰：《论城市公共空间视觉传播的表征与重构》，《现代传播（中国传媒大学学报）》2020年第10期。
⑥ 黄琳：《5G时代视觉传播语境下城市形象传播的范式革新》，《四川轻化工大学学报（社会科学版）》2020年第12期。
⑦ 吕尚彬、刘奕夫：《城市智能化发展及其形象传播优化》，《当代传播》2020年第4期。
⑧ 张守信：《短视频的本土化传播实践与创新图景》，《中国编辑》2020年第5期。
⑨ 孙信茹、王东林：《跨国流动中的社会交往与文化沟通——城市传播视角下的越南边民跨境生计研究》，《湖南师范大学社会科学学报》2020年第9期。
⑩ 陈白颖：《城市地域文化对外传播的话语策略研究——以杭州为例》，《城市发展研究》2020年第5期。
⑪ 孙传明、周文静：《后疫情时代武汉城市形象的话语传播》，《上海城市管理》2020年第11期。
⑫ 田淼琪、李文娟：《"网红"时代城市形象短视频传播的反思与前瞻》，《齐齐哈尔大学学报（哲学社会科学版）》2020年第9期。

本，用以分析传播学视域下的影视话语表达。[1] 不仅如此，话语研究自身的多元性也为城市形象研究带来了启发：聂雯使用多模态话语分析，呈现了城市旅游宣传片的互动意义。[2] 沈静、王保超、张颖则从微语义建构和新生产机制着手，探讨了网络微视频对城市的价值与作用。[3] 冯锵也从互文策略研究视角介入了城市形象，并认可"为城市形象的建构和传播提供了一种有效的方式"。[4]

如果说，将话语研究嫁接于城市形象是一种较为创新的路径，那么这种路径也经历了从表达式到参与式的转变，即学术界已经开始使用话语的多元性（多模态、微语义、互文策略等）来参与到城市形象的研究之中，而非仅仅将之视为表达方式。转向之中，城市形象的研究亦更加科学化、规范化。

（三）建构研究：从实践到理论

与此同时，学界对于城市形象的建构研究也愈加丰满。纵览发现，这些成果或立足于新型媒体形态、或立足于前沿技术视域、或立足于交叉学科领域，其多多少少都从实践视角来加以建构。转向之中，这种建构逐渐有了些许理论色彩。

例如，王溥、陈宁睿分析了公共卫生危机下的城市形象修复路径，文章重点使用了嵌套式形象修复理论来加以建构。[5] 仇琛分析了两汉文脉与徐州这座城市的关联，其使用的"视觉形象导视系统"证明了其工具的实践与理论价值。[6] 张伟博在以南京为案例之时，先后使用了媒介、建筑与空间三种理论视角，"为城市形象研究带来了新的活力"。[7] 孙玮则以短视频为聚焦点，使用赛博理论建构了城市的大众影像实践，并认为这是"一种具身化媒介实践"。[8] 特

---

[1] 杨光毅：《传播学视域下的城市传播影视话语表达——以重庆为传播参照样本》，《新闻研究导刊》2020年第8期。

[2] 聂雯：《旅游宣传片互动意义的多模态话语分析与中国文化海外传播——以〈最美安徽池州旅游宣传片：大美池州〉为例》，《辽宁科技学院学报》2020年第4期。

[3] 沈静、王保超、张颖：《网络微视频的微语义建构与新生产机制——以系列微视频〈中国一分钟〉为中心的考察》，《当代传播》2020年第1期。

[4] 冯锵：《城市形象话语建构中的互文策略研究》，《文化创新比较研究》2020年第12期。

[5] 王溥、陈宁睿：《公共卫生危机下的城市形象修复路径研究——兼论嵌套式形象修复理论的建构》，《学习与实践》2020年第12期。

[6] 仇琛：《两汉文脉与城市视觉形象导视系统建构研究——以历史文化名城徐州为例》，《南京艺术学院学报（美术与设计）》2020年第1期。

[7] 张伟博：《媒介、建筑与空间视角下的城市形象传播研究——以南京为例》，《现代城市研究》2020年第12期。

[8] 孙玮：《我拍故我在 我们打卡故城市在——短视频：赛博城市的大众影像实践》，《国际新闻界》2020年第6期。

别值得关注的是，除了从经验提纯出理论、从理论辨析出经验这两条传统路径之外，戴宇辰从物质性维度分析了城市传播中"物"之能动性，强调了对物质性与社会性的交织分析决定了"社会—物质实践"的分析路径。① 而张丽平则从芝加哥学派的城市社会学研究中汲取了营养，从社会向度出发探索了城市传播，发掘出了生态（学）观点来看待城市与社会之间的结构。② 应该说，这两篇论文不仅分析深度、论述广度超越了同时期的研究，更带来了一种从理论对话于理论（或者说从理论脱嵌于理论）的新的城市（形象）传播研究范式，其抽象性、梳理性、脉络性的研究特征较为明显。

应该说，这一范式的出现，既让我们看到了城市形象研究的某种新路径，更让我们意识到了这一领域所可能产生的深度与广度，即对城市形象的建构研究有着可以超越经验本身、对话理论的空间尺度。在这一尺度的张力之中，相关理论"破茧"的生命力既代表了城市形象传播新的高度，又展现出城市传播与媒介、信息、技术等互动的新结构。

二、城市文化：内外视野的传播介入

其实，这种新的结构变动也为城市传播提供了不同的研究视野。作为城市传播重要分支之一的城市文化研究，在2020年也经历了"内部—外部"双重视野的介入，内部以研究城市的建筑、空间为文化主体，外部以研究地域、民族为文化支撑，且呈现出新的增长点。

（一）内部视野：建筑、空间文化的介入

上文提及的学者戴宇辰将"物"嫁接于城市传播之时，对城市内部的建筑、空间进行了介入性分析。与此同时，在其他学者从这两个路径对城市进行研究之时，也嫁接了文化属性，从而令城市传播的结构具有了更深的粘合性。

例如，杨雅婷分析了建筑所承载的地缘性符号，并以南昌市为案例做出了城市品牌的传播建构。③ 聂凯则以城市中的文化建筑综合体为例，研究了这种综合体的发展与传播。④ 杨阳在对《人民日报》客户端对重庆旅游城市形象的建构中发现，大部分传播形象都是由建筑和空间所构成的。⑤ 尚丹蕊则以城市中常见的大屏幕为例，分析了这一建筑形式在公共空间

---

① 戴宇辰：《"物"也是城市中的行动者吗？——理解城市传播分析的物质性维度》，《新闻与传播研究》2020年第3期。
② 张丽平：《论社会向度的城市传播研究——基于芝加哥学派城市社会学研究的启示》，《郑州大学学报（哲学社会科学版）》2020年第3期。
③ 杨雅婷：《基于地缘性符号的城市品牌形象传播构建——以南昌市为例》，《现代视听》2020年第12期。
④ 聂凯：《城市文化建筑综合体的发展与传播研究》，《绿色科技》2020年第7期。
⑤ 杨阳：《〈人民日报〉客户端对重庆旅游城市形象的传播与建构》，《广西教育学院学报》2020年第2期。

中的作用。① 除此以外，朱亚希、隋文馨研究城市实体书店策展传播时，发现空间在其中占据核心位置。② 廖卫民则以人类命运共同体的文化为归宿，探讨了全球媒介与融合传播之道，其中涉及了较为广义的空间研究。③ 王昕、庄家瑶另辟蹊径，从建筑学角度探讨了城市文化传播的可能途径，并设计出了城市空间的体验方式。④ 杨郑一则以微纪录片《指尖上的扬州》为案例，探讨了城市记忆（文化）的实践路径与传播创新，其认为空间在当下的情景中实现了生产与再生产之作用。⑤ 史惠斌通过对《海南日报》的体育报道的创新研究，提出了"提升多元空间联展"的理念来帮助提升城市形象传播。⑥

不难发现，从城市内部的"建筑—空间"路径介入带来了对城市传播的反身性效果，即可以通过城市内部多元元素的排列组合诱发出对于城市传播的新理解，这种"新"的理解或在于新的视角（城市综合体／大屏幕的传播）、或在于新的发现（营销路径／品牌传播）、或在于新的嫁接（人类命运共同体／城市空间体验式）等。也可以说，这种效果让我们明确了城市的文化研究所可能存在的新视野。

（二）外部视野：地域、民族文化的介入

除了内部视野的介入之外，城市文化也从外部视野逐步渗透入了城市传播的研究之中。2020年，不少论文着手探讨地域文化对城市传播的影响，一定程度上，其趋向于认同地域文化对城市传播有着决定性作用，且随着"城市化"进程的加深，这种程度也会愈加明显；与此同时，学界开始关注到民族文化对城市传播的影响，并以各地带有民族特色的媒介（插画、锅庄、回坊等）为支撑，既凸显了民族文化在城市传播中的地位，又引导了城市传播更为广阔与拓展的外部视野。

就前者而言，邱可新、王铁军探讨了新时代公共艺术表达的地域文化特征，其中特别强调的回归地方的重塑，引导了对城市传播的新理解。⑦ 郑育娟则以北京城市副中心为例，探讨了地域文化符号对城市形象的提升作用。⑧ 丁思依探究了城市文化的IP形象设计，认为

---

① 尚丹蕊：《城市大屏幕传播在公共空间中的作用》，《东南传播》2020年第3期。
② 朱亚希、隋文馨：《基于知识再生产视角的城市实体书店策展传播探析》，《编辑之友》2020年第11期。
③ 廖卫民：《全球媒介之城与融合传播之道：人类命运共同体思想的价值启示》，《浙江大学学报（人文社会科学版）》2020年第1期。
④ 王昕、庄家瑶：《城市空间体验方式探索——以建筑学角度为切入点探讨城市文化传播之可能途径》，《建筑与文化》2020年第3期。
⑤ 杨郑一：《微纪录片〈指尖上的扬州〉建构城市记忆的实践路径与传播创新》，《当代电视》2020年第8期。
⑥ 史惠斌：《〈海南日报〉体育报道创新与城市形象传播刍议》，《出版广角》2020年第1期。
⑦ 邱可新、王铁军：《新时代公共艺术表达的地域文化特征》，《文艺争鸣》2020年第5期。
⑧ 郑育娟：《地域文化符号对城市形象提升的思考——以北京城市副中心为例》，《今传媒》2020年第3期。

建立带有地域城市的文化符号极为重要。① 金怡则以合肥的地铁语言景观为例，探讨了地域文化景观的建构与创新。② 就后者而言，马可通过对西安回坊文化的考察，分析了其作为一种区域性民族文化所能够带来的城市形象建构。③ 张磊则通过对蒙古族插画的分析，提出了对内蒙古城市广场文化形象的新路径研究。④ 冯宜慧以"锅庄文化"为载体，探讨了其在现代城市中的传播及社会功能研究。⑤ 必须承认，以上分析路径并不成熟，无论是材料的合理性，还是论证的组接度，抑或是论点的洞察力都缺乏更有说服力的逻辑与过程。但是，笔者将之纳入此年的综述，就在于将民族文化纳入城市传播分析这一形式具有相当的创新性。一定意义上，这种创新超过了就目前而言所呈现的观点、论述与洞察。

（三）"亚文化"：新的传播介入点

在"内部—外部"的双重视野之外，今年涉及城市文化的研究也出现了诸多亮点：罗奕、田泽华以本土说唱为案例，研究了其与城市文化传承的互动作用。⑥ 吴理财、解胜利剖析了当代中国大众娱乐习惯的结构变迁与功能转换，强调了娱乐文化对城市生活的建构作用。⑦ 尹金凤、蒋书慧则探索了网络短视频中乡镇青年的身份认同建构，认为这种建构在"网络视频—现实境遇"的双重视野下，将乡镇青年这一边缘群体拉入了文化主流。⑧ 谢素军关注了粤港澳青年的文化特征，认为这一群体困境在于文化和地域的非主流化，并建构了相关的支撑体系。⑨ 不难发现，这些成果关注的不仅仅是城市文化，更是掩盖在城市文化下的、游离于主流文化体系的诸多"亚文化"（说唱、乡镇等）地带，其在不同程度上带来了对城市文化全新的理解方式与研究思路。至此，城市文化研究的三重路径可如图1所示。

从图1中可见，在围绕"城市文化"的建构之中，外围的"地域—民族"文化通过各种路径渗透入城市研究，而内部的"建筑—空间"文化与新锐的"亚文化"共同构成了对城市

---

① 丁思侬：《城市文化IP形象创新设计探究》，《美与时代（城市版）》2020年第8期。
② 金怡：《地域文化景观构建与创新——以合肥地铁语言景观为例》，《沈阳大学学报（社会科学版）》2020年第2期。
③ 马可：《基于城市形象建构的西安回坊文化景观考察》，《新闻知识》2020年第8期。
④ 张磊：《蒙古族插画对内蒙古城市广场文化形象传播的新路径研究》，《今古文创》2020年第46期。
⑤ 冯宜慧：《锅庄文化在现代城市中的传播及社会功能研究》，《美与时代（城市版）》2020年第9期。
⑥ 罗奕、田泽华：《本土说唱与城市文化传承的互动研究——以南宁本土说唱为例》，《传播与版权》2020年第11期。
⑦ 吴理财、解胜利：《当代中国大众娱乐习惯变迁》，《华中师范大学学报（人文社会科学版）》2020年第6期。
⑧ 尹金凤、蒋书慧：《网络短视频生产中乡镇青年的身份认同建构》，《新闻界》2020年第8期。
⑨ 谢素军：《粤港澳大湾区青年文化特征、困境与支持体系构建》，《山东青年政治学院学报》2020年第4期。

文化的覆盖、建构与引介。整体看来，双重路径彼此配合、共同发展与实现了城市传播中文化路径的开阔气象，助力了城市传播新的范式融构与视野交汇。

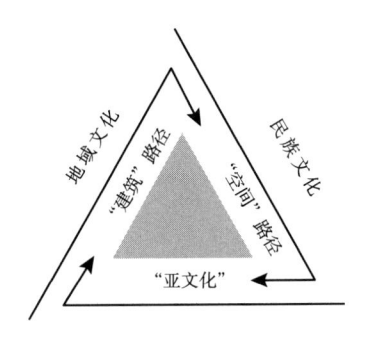

图 1 城市文化："内—外"视野的介入结构

三、城市案例：丰富多彩的传播分析

在笔者纵览涉及城市传播的研究之时，大量以城市为个案的文献浮现而出，在2020年研究中占比较大。仔细分析，这些案例大致呈现出媒体个案与品牌个案两条路径，前者重点关注了新媒体与传统媒体的平台融合，而后者则在强化省市级平台的交织。

（一）媒体个案："新—旧"平台的融合

在涉及媒体个案的研究之中，其路径多为融合性分析，即强调不同媒体中的城市传播。例如，邵云以北京市政府在Facebook上的官方账号为例，分析了城市形象的传播效果。[1] 陈佳、贾士秋则探讨了新媒体环境下郑州的城市形象。[2] 与其类似的还有闫欣洁在品牌关系视角下对郑州的研究。[3] 刘毅菲则以《广东一分钟》为个案，探讨了微视频对于塑造城市形象的重要作用。[4] 无独有偶，上文提及的学者仇琛[5]、张伟博[6]、杨阳[7]等均有着类似的研究思路与呈现逻辑，其差异在针对不同城市中的不同媒体平台。仔细分析可以发现：这些论文

---

[1] 邵云：《国际社交媒体中的城市形象传播效果研究——基于北京市政府在Facebook平台官方账号的实例分析》，《新闻与写作》2020年第11期。

[2] 陈佳、贾士秋：《新媒体环境下郑州城市形象传播研究》，《新闻爱好者》2020年第10期。

[3] 闫欣洁：《品牌关系视角下郑州国家中心城市品牌形象传播研究》，《新闻爱好者》2020年第4期。

[4] 刘毅菲：《〈广东一分钟〉对城市形象的微视频传播》，《传媒》2020年第11期。

[5] 仇琛：《两汉文脉与城市视觉形象导视系统建构研究——以历史文化名城徐州为例》，《南京艺术学院学报（美术与设计）》2020年第1期。

[6] 张伟博：《媒介、建筑与空间视角下的城市形象传播研究——以南京为例》，《现代城市研究》2020年第12期。

[7] 杨阳：《〈人民日报〉客户端对重庆旅游城市形象的传播与建构》，《广西教育学院学报》2020年第2期。

所呈现的媒体大致呈现出"新媒体"(Facebook、微视频、客户端等)与"传统媒体"(广播电视、视觉形象等)两条逻辑脉络,要么分析的是"新媒体"中某个城市、节目的城市传播效果,要么分析的是"传统媒体"中城市传播的创新策略。

值得注意的是,在两条脉络的交叉之中,也部分呈现出了融合性的分析路径与过程,即探讨"新媒体"环境下传统媒体的创新路径,或者是"传统媒体"中新媒体的传播效果。但这些融合中并不完全涉及城市传播研究,笔者不再展开,特此说明。

(二)品牌个案:"省—市"平台的交织

除此之外,不少对于城市案例的研究也凝练出涉及品牌个案的方向:倪鹏飞、沈立提出了新型全球城市假说,其设立的指标层级建构了不同城市的品牌度,并认可北京居于顶尖新型全球城市。[①] 胡小芳等则以杭州、湖州、恩施作为比较,提出了民宿空间的集聚模式与影响因素,强调了民宿本身作为一种品牌与城市的关联。[②] 陈宗诚、马航则以比较视野测出了香港和深圳大学生对"大粤区"城市品牌的感知度,认可不同城市平台对区域文化的影响力,并认为推动成熟的城市品牌发展,能够增强城市在市场上的吸引力。[③] 张辉等做了城市马拉松和城市品牌认知之间的关系调查,强调了城市品牌建设中,体育参与者的感官体验和思考体验的培养。[④]

应该说,在研究城市品牌建构之时,不少研究横跨了直辖市(北京、重庆等)、副省级城市(杭州、南京等)、市级城市(湖州、恩施等)以及特别行政区(香港、澳门),这种多层次跨度的交织带来了对于城市传播更加丰富的理解与认知,也令其得出的结论与策略更加贴合实际。

结语

今天,当我们再次回眸城市传播之时,城市形象、城市文化以及城市案例三者的研究成果交融并包。三者既是城市传播的主流研究领域,同时又是城市规划、城市地理、城市环境等领域介入传播学的重要接口,其在相互融构与阐释中梳理了城市传播内在的复杂关系。当然了,如何界定清楚城市传播(学)的边界,又不局限于学科相对狭隘的视野,还需要学者不断地探索与辨析。似乎,城市传播,路漫漫兮。

---

① 倪鹏飞、沈立:《新型全球城市假说:理论内涵与特征事实》,《城市与环境研究》2020年第4期。
② 胡小芳、李小雅、王天宇、赵红敏、杨铄、邓磊、李景旺:《民宿空间分布的集聚模式与影响因素研究——基于杭州、湖州、恩施的比较》,《地理科学进展》2020年第10期。
③ 陈宗诚、马航:《基于形象感知的香港和深圳大学生对粤港澳大湾区城市比较研究》,《暨南学报(哲学社会科学版)》2020年第8期。
④ 张辉、罗建英、孙天星:《城市马拉松和城市品牌认知的关系调查——基于现场参与者体验的视角》,《北京体育大学学报》2020年第6期。

2020年乡村传播研究综述

沙垚 关琮严*

2020年是不寻常的一年，在抗击新冠肺炎疫情、恢复生产生活的主旋律下，一方面，乡村传播研究在原有基础上继续深化和拓展，包括本土理论概念的创新、对新传播现象的捕捉和阐释、县级媒体的深度融合以及乡村传播助力乡村振兴和乡村治理；另一方面，围绕抗击疫情的相关话题成为乡村传播研究的一大亮点，而且由此引发了对广播、大喇叭等传统媒体的重新关注和审视。从2020年1月1日至12月31日，以"乡村传播"为主题词通过中国知网学术搜索平台检索，共产生论文结果134条。与论文相比，2020年乡村传播领域专著出版几乎没有。整体上看，2020年的乡村传播研究的特点可以概括为：立足实践，创新理论概念；围绕抗疫，阐释乡村传播现象；推陈出新，重新发现乡村传播；力图振兴，求解乡村传播难题。

一、立足实践创新理论概念

立足乡村传播实践，总结创新理论概念的研究方向基本可以概括为改造与创新。首先是反思和改造，主要是结合乡村传播实际，将其他领域的理论概念放在本领域内进行重新审视和阐释，使其在乡村传播实践中具备理论生命力和阐释力。2020年度"嵌入"成为乡村传播的热词。"嵌入"概念由波兰尼率先提出，用来重申整体主义的方法论原则。对于乡村传播的意义而言，"嵌入表现为一种关系性的视角，而对这种关系性视角的重视可以为媒介研究走向日常性、互动性传播实践的分析路径奠定基础"。[①] 受此启发，国内学者对"嵌入"进行了重新阐释，比如有学者从媒介人类学的关系维度对嵌入进行重新阐释，认为"嵌入概念又可以从两个角度来思考：一是理论层面，媒介人类学特别关注媒介技术和使用行为如何根植于日常生活的特定情境、历史、社会和文化体系。二是方法论层面，嵌入表现为研究者以自身为工具，进入研究对象的生活语境，观察他们的媒介日常实践，并建立起相互之间可靠的信

---

* 沙垚，中国社会科学院新闻与传播研究所副研究员；关琮严，湖州师范大学文学院教授。
① 孙信茹：《数字文化研究的"嵌入性"》，《现代视听》2020年第10期。

任关系,从而获得第一手资料去理解媒介、人、社会与文化之间的关系"①。基于上述认识,有学者通过对一个白族传统村落的微信社区进行田野调查后发现,"微信社区"的存在,一方面让乡村社会在某种程度上成为"脱域的共同体";另一方面,由微信建构起来的这个新型社区又在"嵌入"其现实的乡土社会结构和文化之中。② 还有学者以"嵌入"为视角重新审视乡村传播结构与乡村社会结构间的关系,"发现乡村传播结构与社会结构始终存在互嵌与协同演替的规律"③。这种嵌入的结果则是"改变传统乡村的社会结构与生活方式,建构着新的社区文化"④。嵌入的视角也影响到了对县级融媒体中心的探讨中,有学者由此视角出发对县级媒体融合进行了再思考,认为"县级媒体融合在媒介技术融合的显性内涵之外还有与基层社会融合嵌入的隐性内涵"⑤。从上述研究可以看出,乡村传播对"嵌入"这一理论概念和视角的关注和重视,说明乡村传播研究已经改变了"媒介—社会"的线性影响逻辑,取而代之的是结构性视角或关系性视角,是将媒介视为乡村社会中相互影响的结构性因素之一。长期以来,乡村传播研究中存在"媒介本位"的取向,有学者就此进行反思,着重讨论中国农村城镇化进程中社会关系时间维度的弱化与空间维度的凸显现象,分析传播与乡村社会研究空间转向与重构的理论需求。⑥

其次是总结创新,主要是基于鲜活的乡村文化传播实践,生发和提炼本土理论或概念。郭建斌、王丽娜关于"牧影"理论意涵的阐发是 2020 年度乡村文化传播领域本土理论概念创新的一个亮点。所谓"牧影",指的是在中国特定的历史文化语境中由流动电影放映相关的制度、人、技术等构成的媒介实践之阐释意义。⑦ 该概念是基于中国流动电影放映的相关现象提出的,它既包含了中国传统文化内涵,也涵盖了西方"代理""具身"等理论意涵,它"既能把流动电影放映这样一种当下的实践与中国文化传统进行有效勾连,同时也能与来自西

---

① 孙信茹、段虹:《再思"嵌入":媒介人类学的关系维度》,《南京社会科学》2020 年第 9 期。

② 杨星星、唐优悠、孙信茹:《嵌入乡土的"微信社区"——基于一个白族村落的研究》,《新闻大学》2020 年第 8 期。

③ 冯广圣:《互嵌与协同:社会结构变迁语境下乡村传播结构演变及其影响》,《南京林业大学学报(人文社会科学版)》2020 年第 2 期。

④ 周孟杰、吴玮、徐生权:《重拾、共构与嵌合:乡村青年的抗疫媒介实践——以新冠肺炎疫情中的武汉市黄陂区 A 村为例》,《新闻界》2020 年第 2 期。

⑤ 关琮严、李彬:《嵌入基层:县级媒体融合实践的治理转向及优化策略》,《出版广角》2020 年第 19 期。

⑥ 姚婷:《乡村振兴战略背景下传播社会学研究的"媒介本位"反思与空间架构》,《新闻爱好者》2020 年第 8 期。

⑦ 郭建斌、王丽娜:《"牧影":中国流动电影放映再阐释——基于滇川藏"大三角"地区田野研究的讨论》,《国际新闻界》2020 年第 6 期。

方的相关理论话语进行有效地嫁接"①。近年来关于重构中国新闻传播学的呼声不绝于耳，对于重构的逻辑起点也多有讨论。2020年度"乡村"成为讨论该问题的重要切入点。沙垚通过对学者有关讨论的学理探讨和20世纪历史经验的梳理总结，指出"社会主义与乡村，以之为起点，可以打开中国新闻传播学新的学术想象"②。这为重构中国新闻传播学指出了另一种可能，令人耳目一新。

最后是汲取借鉴，主要是将相关理论用于乡村传播研究。比如有学者用西尔弗斯通的"双重勾连"理论考察手机进入西部农村村民的日常生活，认为该理论同样适用于分析新媒介技术使用如何形塑日常生活并实现其社会和文化意义。③ 有学者在"在场"概念的基础上，聚焦于仪式化传播视角，凸显出"在场"作为秩序或制度生成逻辑基础的理论意涵，并且认为"在场"的有效整合，既可以推动乡村内生性力量向治理资源的转换，也可以促进村民参与式治理的进程，更可以形成乡村治理核心的再造。④ 还有学者从建设性新闻视角探讨新传播与乡村振兴的关系，拓展新传播关系与乡村振兴建设的想象维度，提供一个理解和认知当下中国乡村振兴的新传播路径。⑤

二、围绕抗疫阐释乡村传播现象

抗击新冠肺炎疫情是2020年整个国家的重要工作之一，它也成为乡村传播研究的重要主题之一。围绕该主题，引发了学者对突发事件中乡村传播的效果和作用的重新认识和评估，尤其是对乡村广播的重新探查成为重点。很多研究都注意到大喇叭在抗击疫情宣传中的组织动员作用，重新审视乡村传播结构中传统媒介与新媒介的关系问题。比如有学者认为，"乡村大喇叭虽因其自身所具有的优势助力了基层疫情防控宣传工作，打通了防控疫情信息的最后一公里，但我们也不能忽视其在信息传播过程中显现出的系列'噪音'，唯有将其消除，才能使疫情宣传工作的效果达到最佳"⑥。有学者认为乡村广播在乡村信息传播结构中拥有不可取代的地位，乡村广播在其宣传防控疫情的活动中，借助其地缘接近性等优势发

---

① 郭建斌、王丽娜：《"牧影"：中国流动电影放映再阐释——基于滇川藏"大三角"地区田野研究的讨论》，《国际新闻界》2020年第6期。
② 沙垚：《社会主义与乡村：重构中国新闻传播学的起点》，《全球传媒学刊》2020年第3期。
③ 吴琳琳、徐琛：《日常生活情境中的"勾连"：陕西省×家村村民使用手机获取信息的考察》，《现代传播（中国传媒大学学报）》2020年第10期。
④ 汪佳豪、邱新有：《传播仪式观视野下乡村治理过程中的"在场"新意涵——以南方某省王村新农村建设为中心》，《江西师范大学学报（哲学社会科学版）》2020年第6期。
⑤ 刘珺：《建设性新闻视角下的新传播与乡村振兴的想象》，《当代传播》2020年第5期。
⑥ 于凤：《乡村大喇叭在疫情防控宣传中的运用》，《青年记者》2020年第20期。

挥了巨大的宣传作用，为我国新冠肺炎疫情防控宣传贡献出了一份力量[①]。还有学者通过对乡村广播抗疫宣传的分析认为乡村广播亟待打破组织边界与媒介壁垒，开辟区域互联的广播系统，实现新旧媒体的深度融合。[②] 乡村广播和大喇叭在乡村抗疫宣传中的作用固然重要，但从乡村传播结构的角度来看，乡村广播却非孤立地发挥作用，它作为乡村传播结构中的重要一极，同其他传播力量同频共振。比如有学者分析了媒介在乡村抗疫中的角色和作用，认为乡村媒介动员存在"基层组织—高音喇叭"和"熟人网络—微信群"双重结构，二者通过"站堆儿"这种乡村人际传播和生活方式完成共振。[③] 还有学者通过对乡村青年抗疫媒介实践的考察，得出了相似观点，认为现新旧媒介彼此交融混搭，甚至传统媒介被重拾，两者共构为一种社会文化"传播力"。[④] 此外，还有对乡村抗疫宣传标语的研究。比如有学者研究了乡村抗疫宣传标语的战时影响和对文明走向的潜在影响。[⑤] 有学者研究了乡村抗疫标语的功能、特征和问题。[⑥] 还有学者将乡村抗疫宣传标语的话语策略加以辨识，研究总结出三种主要文本框架，即心理震慑框架、亲情感化框架、家国教化框架，并且分析了标语在话语实践背后社会、政治、文化等因素的运作，分析标语书写者如何通过文本框架的建构促进集体意识的塑造与共意的搭建，增强村民对疫情防控的认知与认同，从而实现有效的宣传动员。[⑦]

三、推陈出新重新发现乡村传播

如何在媒介环境变化和乡村传播结构变革中审视乡村传播现象，重新发现乡村传播已经成为近年来乡村传播研究的一个重要方向，这也成为乡村传播理论探讨最活跃的领域和乡村传播理论生产的增长点。该研究领域有三条研究进路。第一条进路是对传播现象的深度阐释。"唱新闻"是流传于浙江民间的传统新闻传播活动，源于南宋临安的"说朝报"传统。"在近

---

① 秦修琪、林燕：《乡村广播在抗疫战中的传播效力》，《青年记者》2020年第23期。
② 李琦、刘豫：《乡村媒介的社会传播与发展路径——基于2020年抗疫宣传中乡村广播的考察》，《传媒观察》2020年第9期。
③ 刘庆华、吕艳丹：《疫情期间乡村媒介动员的双重结构——中部A村的田野考察》，《现代传播（中国传媒大学学报）》2020年第7期。
④ 周孟杰、吴玮、徐生权：《重拾、共构与嵌合：乡村青年的抗疫媒介实践——以新冠肺炎疫情中的武汉市黄陂区A村为例》，《新闻界》2020年第2期。
⑤ 杨光志：《乡村防疫抗疫宣传标语传播效应研究》，《新闻研究导刊》2020年第6期。
⑥ 李成伟：《农村标语的功能、特征、问题及建议——以2020年新冠肺炎疫情防控标语为例》，《视听》2020年第4期。
⑦ 刘国强、粟晖钦：《共意动员：农村抗疫"硬核标语"的话语框架与建构逻辑》，《现代传播（中国传媒大学学报）》2020年第8期。

代江浙沪地区媒体新闻业兴起后,'唱新闻'与之发生勾连,成为一种媒体新闻向底层民众进行二次传播的口头中介"。为此,有学者从传播社会学视角对"唱新闻"在浙江地区兴起的社会因素进行了分析,并且认为"唱新闻"让我们认识到传统和民间新闻传播活动的丰富性,为我们理解传统中国的新闻传播活动、理解乡村底层民众的"新闻"传播实践提供了一个独特的观察窗口。① 同样是关于"唱新闻",另有学者从声音景观和感官文化的视角对其进行了探究,认为"听觉和声音是考察中国乡村深层文化结构的重要维度";同时还拓展出除声音与时间、声音与空间这两个基本问题之外,声音与权力争夺、声音与身份认同、声音与社会秩序、声音与民间信仰等问题,进而引出"听觉社区"的研究主题。② 有学者对1949年以来浙江省缙云县农村婺剧发展进行了考察,认为它体现出农村文艺实践中集体性和业余性的原则,其中还包含着社会主义想象,以及一种超越工资关系的生产关系和组织关系的可能性。③ 还有学者专门研究了徽州祭簿的媒介叙事与乡民记忆建构,研究发现"乡民群体借助祭簿强化了荣耀记忆和伤痛记忆,也选择性地遮蔽和消解了某些史实。祖先、书写者和子孙三大群体间的三元'互动'是乡民记忆得以传承的重要保证"④。学者不仅从传统乡村媒介研究中发现新意义、新价值,也注重从乡村传播的新媒介研究中发现新问题、新规律。有学者考察了珠三角地区新生代农民工自媒体赋权的演变,发现该群体的自媒体赋权声势渐弱。⑤ 还有学者就农民工群体中的"打工精英"如何通过新媒体赋权获得城市化发展的机会和资源,使他们在经济收入方面发生重大改变⑥ 这一现象进行了深入研究。短视频作为乡村文化传播的重要形式,受到研究者的持续关注,除了个别学者对乡土原创短视频的内容特点、局限性、传播特色等进行分析外,透过现象揭示深层文化肌理和传播规律的研究逐渐增多。比如对乡村短视频中的身份认同的研究⑦、短视频的乡村时间研究⑧ 等。短视频在乡村流行,在内化为广大村民日常生活方式的同时,也给主流媒体对乡村文化和价值引导提出了

---

① 李东晓:《"唱新闻":一种地方说唱曲艺的传播社会学研究》,《新闻与传播研究》2020年第8期。

② 李乐:《唱新闻:浙江传统乡村的声音景观和感官文化》,《现代传播(中国传媒大学学报)》2020年第1期。

③ 沙垚、赵月枝:《集体性与业余性:1949年以来浙江省缙云县婺剧实践的理论启示》,《杭州师范大学学报(社会科学版)》2020年第2期。

④ 庄曦、何修豪:《徽州祭簿的媒介叙事与乡民记忆建构研究》,《现代传播(中国传媒大学学报)》2020年第3期。

⑤ 高传智:《流水线下的网络低语:珠三角地区新生代农民工自媒体赋权演变考察》,《现代传播(中国传媒大学学报)》2020年第3期。

⑥ 宋颖慧、管成云:《新媒体赋权与农民工城市化发展的个案研究》,《新闻大学》2020年第4期。

⑦ 邓晴:《乡村短视频中的身份认同研究》,《青年记者》2020年第32期。

⑧ 李红艳、周晓璇:《短视频的乡村时间研究》,《新闻爱好者》2020年第11期。

新问题。于是，有学者提出并探究当短视频成为社会大众逐渐熟悉的概念或符号时，主流媒介时间如何"插入"乡村新媒体形态特别是在短视频中获得影响力。① 短视频引发的土味文化的网络兴起在近些年的乡村传播研究中备受重视，但研究的空间范围要么在农村，要么在网络。有学者专门选择城乡接合部这一特定空间，通过对土味文化和土味美学的思考，试图探讨城乡融合过程中的文化融合及乡土性何去何从的问题。②

第二条进路是见微知著。一方面，由某种乡村传播现象入手揭示乡村传播的宏观取向，"转型""转向"成为研究焦点。比如有学者在媒介视角下，以媒介变革为主线考察了当代中国乡村治理结构的转型，这种转型的背后蕴藏着新旧媒介在乡村社会治理框架下如何自洽，研究发现在充分挖掘新媒体治理潜能的基础上，仍有必要充分发挥电视、有线广播和人际传播的作用，以塑造更为合理的乡村治理结构。③ 有学者在对乡村传播结构进行历时态分析后认为乡村传播结构正在由差序格局向新媒介框架转型，这种新型的乡村传播结构重塑着乡村话语体系和故事结构，将建立在此基础上的乡村归属感——乡愁由实景引向拟态。④ 有学者通过考察农村家庭媒介空间结构转型的历史进程，重新发现国家在塑造村民以现代媒介观念和媒介自主意识为核心的主体性中的重要历史作用。⑤ 有学者通过回顾和概括20世纪末以来乡村传播领域中的三种主流分析框架，即科技兴农、媒介赋权与公共性重建，发现乡村公共性的重建不仅彰显了农民的主体性和乡村的内生动力，体现了在巨大社会转型变迁面前，乡村社会的一种"压力—回应"能力，更是一种社会的重建与释放。⑥ 还有学者从乡村网红文化现象入手，在文化唯物主义视角下解读乡土文化网络兴起的原因和现实意义，以窥视新媒体语境下乡土文化的转向。⑦ 另一方面，由某种新媒介为切入点，主要探究新媒介对乡村社会关系的建构。比如有学者以微信为例探讨了新媒体在乡村社会中所带来的社会联系的变化以及由这种变化而形成的类"亲属"关系。⑧ 还有学者探讨了微信社区，并且认为这种社

---

① 李红艳、周晓璇：《短视频的乡村时间研究》，《新闻爱好者》2020年第11期。
② 顾明敏：《城乡接合部的文化表征：土味美学及土味文化再思考》《新闻爱好者》2020年第5期。
③ 李乐：《媒介变革视野中的当代中国乡村治理结构转型》，《新闻与传播研究》2020年第9期。
④ 陈洪友：《从差序格局到新媒介框架——我国乡村传播结构转型的考察》，《编辑之友》2020年第9期。
⑤ 关琮严：《乡村家庭媒介空间中人主体性生成的历史考察——以甘肃省滋泥水村为例》，《新闻爱好者》2020年第6期。
⑥ 沙垚：《新媒介与乡村：从科技兴农、媒介赋权到公共性重建》，《江西师范大学学报（哲学社会科学版）》2020年第5期。
⑦ 顾丽杰、张晴：《乡村网红的崛起与乡土文化的转向》，《新闻爱好者》2020年第12期。
⑧ 李红艳、宋佳杰：《微信里的类"亲属"关系：基于贫困乡村社会联系视角的探讨》，《新闻与写作》2020年第4期。

区结构对传统社区中社会关系、组织结构和生活方式都产生了巨大影响。①

第三条进路是发现被遮蔽的传播，主要是在研究关注的主流对象之外，发现被忽略的传播活动和传播现象。比如有学者认为农村俱乐部是1949年以来中国新闻传播史的研究盲点，并且农村俱乐部和新时代文明实践之间都有着多重关联。② 类似的还有乡村小卖部，"很多乡村传播和空间研究的学者都较为关注村庙、祠堂、茶馆等，很少聚焦于乡村小卖部"③。有学者就此指出小卖部是乡村信息传播的策源地和集散地，不是飘浮于乡村社会之上的抽象符号，而是介入每一个村民的生产生活，将乡村有限的资源进行整合，以空间为手段，应对现实问题，使个体和社区在当代社会获得更好的生存与发展。④

四、力图振兴求解乡村传播难题

求解乡村振兴中的传播问题是近年来乡村传播研究的重要组成部分。此类研究主要集中在乡村社会治理、乡村文化传播、县级媒体融合三个主题。

一是县级媒体融合受到持续关注。前期关于县级融媒体中心建设在技术、业务、体制机制等方面的探讨在2020年度相关研究中仍在继续。有学者就"吃大锅饭"的体制机制进行了重点关注，认为它是县级融媒体中心建设的最大阻碍，因此体制机制改革是第一要务。⑤ 有学者对欠发达地区县级融媒体中心建设中存在的认识、资金、体制、人才、功能定位等方面的问题进行了探讨并从这几个方面探寻了建设出路。⑥ 还有学者对县级融媒体中心在重大突发事件中的功能作用进行了专门探讨，从"启动融媒体全方位传播消除地方疫情不确定性，有效疏解恐慌情绪；以暖新闻扩音机制，强化舆论的情绪感染力；以行动策划实施引导，推动舆论情绪的正向转化"⑦ 等具体业务的角度解析了县级融媒体中心乡村传播的情感动员机制。在经历了前些年对县级媒体融合在技术和业务等层面的讨论后，学者对县级媒体融合研究的视角更加开阔并趋于多元。比如有学者主张超越媒体视域，对县级融媒体中心建设进

---

① 杨星星、唐优悠、孙信茹：《嵌入乡土的"微信社区"——基于一个白族村落的研究》，《新闻大学》2020年第8期。
② 沙垚：《再谈农村俱乐部与新时代文明实践》，《现代视听》2020年第10期。
③ 沙垚：《小卖部：何以赋权、何以治理？》，《现代视听》2020年第11期。
④ 沙垚：《小卖部：何以赋权、何以治理？》，《现代视听》2020年第11期。
⑤ 张雪霖：《县级融媒体中心的体制机制改革研究——以H省3个试点县市为例》，《新闻界》2020年第3期。
⑥ 马雅成：《欠发达县区融媒体中心建设发展出路》，《新闻爱好者》2020年第6期。
⑦ 甄巍然、丁琳：《重大突发事件中县级融媒体中心乡村传播的情感动员机制——"巨鹿发布"新冠肺炎疫情传播的个案分析》，《河北农业大学学报（社会科学版）》2020年第3期。

行政治传播学考察,认为作为中国政治传播基座的县级融媒体中心建设,是兼有政治和传媒双重属性的跨界问题,须基于新的政治传播逻辑对传统媒介结构进行系统改造,以重新理顺新时代语境下的政治与媒介关系。为此,提出县级融媒体中心建设须基于国家治理的"托底工程"和中国基层治理结构的承重工程的功能定位,从根本上解决执政党政治传播体系"最后一公里"问题。① 有学者主张应该在区域化融合发展的背景下审视县级媒体融合,县级媒体存在内容资源稀薄、人才资源短缺、行政资源匮乏、市场空间狭隘等缺陷,很容易陷入传播的"最后一公里"的危险境地。因此,需要跳出县域融合的窠臼,在区域化融合的框架下主动汇入区域化融合发展大潮之中甘当配角,在垂直领域深耕并有所作为,于此中实现和谐"网台"关系重构。② 有学者将县级融媒体中心建设置于基层社会重建和媒介化政治的框架之下,提出在基层重建政府和人民的沟通机制,以及把民众组织起来是当代基层社会重建的两个重要的方面,县级融媒体中心参与其中,并可贡献不可或缺的力量。③ 还有学者认为县级融媒体中心建设中存在的若干问题是由于建设主体对相关核心概念认识与把握的局限性所致。因此,重新厘清了三个关键概念:具有建设基础指导价值的"政策赋能"、具有运作核心意义的"业务扩容"、具有发展方向指引作用的"系统转型"。④

二是乡村治理成为研究热点。乡村是国家治理体系中的薄弱环节,乡村治理的现代化是国家治理现代化的关键,而如何创新乡村治理方式则成为乡村传播研究的重点。为此,多角度、多元化的探讨成为此类研究的一大特点。比如有学者梳理了参与式传播社群对话和公众参与的内涵并将其融入乡村治理创新实践,认为"乡村治理实践中参与式传播主要运用参与式乡村发展传播评估和参与式乡村信息传播运作模式"⑤。有学者以关系概念的点、线、面、体连续谱为分析框架,提出三农传播的关系重构思路,即建设媒体的胜任能力、打通传播中的互动、连接各传播主体间的互通、建构结构化的三农传播关系。⑥ 有学者从对乡村春晚的分析中看到了乡村文化治理的可能性,并将乡村春晚视为一种重要的乡村治理方式。⑦

---

① 王智丽、张涛甫:《超越媒体视域:县级融媒体中心建设的政治传播学考察》,《现代传播(中国传媒大学学报)》2020年第7期。
② 胡兵、朱剑飞:《区域化融合发展背景下市县媒体的生存之道》,《现代传播(中国传媒大学学报)》2020年第6期。
③ 沙垚:《重建基层:县级融媒体中心实践的平台化和组织化》,《当代传播》2020年第1期。
④ 朱天、唐婵:《政策赋能、业务扩容、系统转型——对县级融媒体中心建设中几个关键概念的观察辨析》,《新闻界》2020年第6期。
⑤ 张莉:《乡村治理创新实践中的参与式传播运用探析》,《编辑之友》2020年第12期。
⑥ 陈娟:《乡村振兴语境下三农传播中的关系重构》,《重庆邮电大学学报(社会科学版)》2020年第1期。
⑦ 沙垚:《在乡村春晚中发现文化治理》,《现代视听》2020年第1期。

将县级融媒体中心建设和乡村治理相结合作为一个重要的研究点,这样既为乡村治理寻得了新的力量,也为县级融媒体中心建设走向深入指明了方向。有学者分析了县级融媒体中心参与乡村治理的必要性,认为从社会属性来看,县级融媒体中心有助于重建基层公共性;从媒体属性来看,县级融媒体中心的定位是通过宣传来组织群众。而且,从加强公共服务、政务服务、平台服务和智库服务等方面提出了县级融媒体中心参与基层治理的建议。[①]

三是乡村文化传播研究持续升温。乡村文化振兴是乡村振兴的重要组成部分,对乡村传播研究而言,阐释乡村文化现象,引导乡村文化取向便成为助力乡村文化振兴的重要抓手。有学者立足乡村公共文化传播,从用户、媒介、内容和情感四个方面进行公共文化传播设计分析,提出了契合公共文化传播用户、融合公共文化传播媒介、创新公共文化传播内容和链接公共文化传播情感的公共文化传播策略。[②] 有学者考察了独龙族的"80后""90后"群体对于一款社交App全民K歌的使用,借此探讨社交媒体和少数民族文化认同之间的关系。[③] 此外,2020年度,学者对广场舞也展开了新思考。有学者深入分析了农村广场舞队频频解散的原因,由此肯定了社会主义初期的制度遗产对当代农村文艺实践有着重要的积极意义。[④] 还有学者以广场舞为切入点,探讨了新农村公共文化空间的转型,认为"舞市"的快速发展昭示了国家公共文化供给模式与传播模式的重大转变,这种转变背后折射出农村民众的文化自觉和文化主体性。[⑤]

综上所述,2020年乡村传播研究紧扣时代脉搏,扎根乡土实践,既有对现实问题的观照,也有对理论问题的思考,还有对历史传统的反思,跨学科的交叉融合的趋势也越来越明显,相信在学者的积极探索和共同努力下,中国的乡村传播研究将砥砺前行,焕发出蓬勃生机。

[①] 沙垚:《县级融媒体中心建设走向何处》,《网络传播》2020年第8期。
[②] 徐延章:《乡村振兴战略中公共文化传播策略》,《图书馆》2020年第12期。
[③] 孙信茹、钱浩:《独乡"K歌":社交媒体与文化认同研究》,《新闻春秋》2020年第4期。
[④] 沙垚:《制度遗产与农村广场舞兴衰——基于江苏省R县的田野观察》,《现代传播(中国传媒大学学报)》2020年第1期。
[⑤] 关琼严、李彬:《"舞市":新农村公共文化空间的转型再造》,《江西师范大学学报(哲学社会科学版)》2020年第1期。

2020年舆情研究综述

毕宏音[*]

对中国舆情研究而言，倏忽而至的新冠肺炎疫情交织百年未有之大变局，令远去的"2020年"由单纯的时间标记，一跃为承载并受交杂社会环境、舆情空间影响的极特殊年份。这不但凸显实现"健全重大舆情和突发事件舆论引导机制"国家治理目标的战略意义，且让更多的舆情学术探索和话语阐释框架从纯粹学理建构、问题探究、实践摸索中逐步跳脱，具有了对接国家治理体系和治理能力现代化相关重大问题的新转向，着痕并体现在不同层次和多个维度的学思和探寻之中。

一、"疫情""舆情演变""治理"成为舆情研究中三个最具年度回应性的关键词

2020年年初，突如其来的新冠肺炎疫情的强力闯入，持续或断续袭扰并冲击着历史过程，令整个社会系统处于"解域"和"再构"的生成流中。[①]

时代的巨变事关私人体验和小我命运，时代的命题则呼唤身临其中的研究者发出回应性思考和结构性解答。查阅相关文献，从应然到实然，由认识论到方法论，学界深入疫情，探讨特殊"舆情演变"中的治理谋思[②]，既有对舆情本体的多视域剖析[③]；也有对舆情客体的规制性和协

---

[*] 毕宏音，天津社会科学院舆情研究所研究员，天津市舆情研究中心特聘专家。

[①] 刘涛：《从生产逻辑到生成范式：后新冠疫情时代的风险文化及其批评转向》，《新闻界》2020年第6期。

[②] 支振锋：《疫情中的舆情治理要有新思维》，《人民论坛》2020年第5期；胡峰：《重大疫情网络舆情演变机理及跨界治理研究——基于"四点四阶段"演化模型》，《情报理论与实践》2020年第6期；邢鹏飞、李鑫鑫：《重大疫情防控中网络舆情形成机制及引导策略研究——基于新冠肺炎疫情期间网络舆情文本的质性分析》，《情报杂志》2020年第7期。

[③] 纪莉：《种族主义的新冠：以病为名——新冠肺炎的全球媒介呈现》，《学术研究》2020年第3期；张爱军：《重大突发疫情阴谋论滋生的政治社会学分析》，《学习与探索》2020年第4期；张爱军、王子睿：《突发公共卫生事件"污名化"现象的隐喻及其矫治》，《广东行政学院学报》2020年第6期；董洪哲：《理性情绪疗法视角下新型冠状病毒肺炎公共危机事件的网络舆情治理》，《医疗与社会》2020年第5期。

同性探究[1]；再加上计算机学、医学、法学等基于本学科背景进行了相关舆情综合分析[2]，使"疫情"与"舆情演变"、"治理"相关联，成为2020年舆情研究中必定直面的三个最具现实回应性的关键词。

二、概念辨析与规律探索一直是舆情理论研究的核心内容

作为认知思维体系中最基本的构筑单位，对相关概念的抽象、概括、争论、补充与调整一直在现代舆情研究中展开，2020年亦无例外。

相关探讨包括阐述了舆情是否就是舆论在当代社会的、以高风险和大数据为特征的变种，或者说，舆情是否就是结合了本土舆论观、西方舆论观的新治理理念之一[3]；网络舆情——民意及其表达，是不是即网络舆论的本质特征[4]；如果说情绪是舆论/舆情的重要组成，情绪传播的概念是否就是个体或群体的情绪及与其伴随信息的表达、感染和分享的行为[5]；"大舆论场"是不是在新媒体的驱动下，由各种因素合力共同构成的舆情空间[6]；以及对"网络舆论聚集"概念阐释的再思考[7]；等等。当然，梳理文献，这些阐释视角各异、观点独立又相对零散，也映射出舆情研究理论范畴及相关系列概念的权威性共识尚在建构。

---

[1] 童兵：《公共卫生传播和应急治理的一次大考——新冠疫情防控中的信息与舆论考察》，《新闻界》2020年第4期；严松：《事实与价值的双重变奏：重大灾疫舆情的规制方略探究》，《思想教育研究》2020年第4期；张薇：《突发公共卫生事件与政务新媒体舆情应对话语研究——以新冠肺炎疫情事件为例》，《江海学刊》2020年第2期；刘鹏飞、翟薇、吴汉华：《新冠肺炎疫情中的新闻发布与舆论引导》，《青年记者》2020年第15期；董向慧：《舆情视角下的突发公共卫生事件风险沟通框架建构》，《理论与改革》2020年第4期。

[2] 齐佳音、方滨兴：《重大突发事件中网络舆情引导及治理研究——以新型冠状病毒肺炎疫情为例》，《上海对外经贸大学学报》2020年第3期；耿辉、马茂、张勇、尹小妹、徐安定、吕军：《基于爬虫技术获取新型冠状病毒（2019-nCoV）贴吧数据的网络舆情分析及应对策略》，《医学新知》2020年第2期；高德胜、曲鹏芳：《疫情危机下社会大众意见治理反思》，《治理现代化研究》2020年第3期；黄文瀚：《突发公共卫生事件中舆情引导与社会信任建设研究》，《江南大学学报（人文社会科学版）》2020年第2期。

[3] 姬德强、应志慧：《重思"舆情"：平台化时代的舆论》，《现代传播（中国传媒大学学报）》2020年第2期。

[4] 郑雯：《理解网络舆论：新力量、新格局、新战场、新文化》，《青年记者》2020年第7期。

[5] 赵云泽、刘珍：《情绪传播：概念、原理及在新闻传播学研究中的地位思考》，《编辑之友》2020年第1期。

[6] 丁柏铨：《略论"大舆论场"——对舆论格局和舆论引导的新思考》，《新闻与写作》2020年第1期。

[7] 董天策、梁辰曦：《究竟是"网络群体性事件"还是"网络公共事件"抑或其他？——关于"网络舆论聚集"研究的再思考》，《新闻与传播研究》2020年第1期。

舆情变动机制和运行规律亦始终是舆情基础理论研究的重点内容。这一年度，关于突发事件中的网络舆情变动规律[①]的探索在延续，同时，研究也指向了话语竞争中的网络娱乐性抗争机制[②]、语言在情绪社会化传播过程中的功能[③]、社交媒体对"极化"发展的实际影响力[④]、"社会记忆"对舆论爆点的塑造[⑤]、"情感"在网络舆情演化中的作用[⑥]、商业平台下的舆论生态变化[⑦]、问答社区社交投票下的意见形成机制[⑧]等更加具体和微观的层面。

三、信息技术迭代发展中的"互联网下半场"舆情研究

以人工智能和5G为代表的信息技术加快更新迭代，让网络舆情研究更多聚焦"互联网下半场"发展。

研究总结了基于关系传播、情感传播和接力传播，智能互联时代的公众意见表达所呈现的复杂多元样态[⑨]；提出了新技术革命推动下，作为关系表达的新的内容范式[⑩]；探讨了情感体验成为促进媒体消费的新动力的可能性[⑪]；并发现，经新技术赋权增能的科学知识传播和网络文化下沉，分别让科学型专业自媒体和四五线草根自媒体各司雅俗两极，成为舆情表

[①] 朱代琼、王国华：《突发事件中网民社会情绪产生的影响因素及机理——基于三元交互决定论的多个案定性比较分析（QCA）》，《情报杂志》2020年第3期。

[②] 汤景泰：《话语竞争与集体协同——论网络娱乐式抗争的行动机制》，《西北师大学报（社会科学版）》2020年第1期。

[③] 隋岩、李燕：《论网络语言对个体情绪社会化传播的作用》，《国际新闻界》2020年第1期。

[④] 葛岩、秦裕林、赵汗青：《社交媒体必然带来舆论极化吗：莫尔国的故事》，《国际新闻界》2020年第2期。

[⑤] 曾庆香、李秀莉、吴晓虹：《永恒故事：社会记忆对新闻框架和舆论爆点的形塑——以"江歌案"为例》，《新闻与传播研究》2020年第1期。

[⑥] 陈华明、孙艺嘉：《情感线逻辑下的网络舆情生发演化机理与治理研究》，《西南民族大学学报（人文社会科学版）》2020年第5期。

[⑦] 谢新洲、宋琢：《平台化下网络舆论生态变化分析》，《新闻爱好者》2020年第5期。

[⑧] 陈昌凤、师文：《准社会关系与社交投票中的意见形成机制——基于"知乎"的数据挖掘》，《西安交通大学学报（社会科学版）》2020年第4期。

[⑨] 喻国明、李彪主编：《中国社会舆情年度报告（2020）》，人民日报出版社2020年版。

[⑩] 喻国明、张珂嘉：《论作为关系表达的传播内容范式》，《武汉大学学报（哲学社会科学版）》2020年第4期。

[⑪] 程思琪、喻国明：《情感体验：一种促进媒体消费的新动力——试论过剩传播时代的新传播范式》，《编辑之友》2020年第5期。

达新集聚地，共同助力民众发声①。

立足人工智能、5G、8K 及虚拟现实技术发展现实，学界既通过思辨，探讨图像赋权可能带来的视觉喧嚣和能指膨胀②，虚拟偶像技术赋能中可能产生的技术伦理问题③；亦通过实证分析，讨论身体可能因人工智能受到的规训④，当前不同媒介人格下的媒介使用偏好⑤，以及永久移动互联对人的心理和行为倾向的影响⑥。

四、协商民主体系建构与舆情合理性表达机制建设关系问题研究

国家治理体系和治理能力现代化离不开社会主义协商民主建设。无论是在理论还是在实践层面，舆情机制运行都与社会主义协商民主建设相关联。

研究发现，从人民政协协商民主的理论架构、实践基础与价值诉求看，舆情表达成为人民政协履职、设置、运行的本质形态、内在要素和重要保障⑦；基于舆情表达视角，以话语权的主要实现形式——舆情表达为主线，则需探讨基层协商民主的理论和实务中的舆情主体、表达内容、表达平台和机制问题；从网络舆情视角出发，网络协商民主与舆情表达、网络协商民主工作机制和舆情合理性表达机制间相互嵌入、互动，民众合理性表达机制通过网络协商民主大系统，正进入网络与现实空间的决策程序中⑧。而网络协商民主建设策略之一，就

---

① 祝华新、廖灿亮、潘宇峰：《2019：中国互联网舆情分析报告》，转引自李培林、陈光金、王春光主编《2020 年中国社会形势分析与预测》，社会科学文献出版社 2020 年版；张晋升、祁志慧：《共治·共融·共建·共享：信息生态视域中的新媒体发展——2019 年中国新媒体事件回顾》，《编辑之友》2020 年第 2 期。

② 杨绍婷、郭小安：《视觉传播时代的图像赋权：研究理路、展演策略及实现路径》，《郑州大学学报（哲学社会科学版）》2020 年第 4 期。

③ 喻国明、耿晓梦：《试论人工智能时代虚拟偶像的技术赋能与拟象解构》，《上海交通大学学报（哲学社会科学版）》2020 年第 1 期。

④ 宋关杰、徐生权：《作为媒介的可穿戴设备：身体的数据化与规训》，《现代传播（中国传媒大学学报）》2020 年第 4 期。

⑤ 方可人、喻国明：《媒介用户：从物理划分到心理划分的范式升级——关于媒介人格与媒介使用偏向的实证研究》，《新闻与写作》2020 年第 5 期。

⑥ 周葆华：《永久在线、永久连接：移动互联网时代的生活方式及其影响因素》，《新闻大学》2020 年第 3 期。

⑦ 叶国平：《舆情表达机制与人民政协协商民主建设》，天津社会科学院出版社 2020 年版。

⑧ 毕宏音、张丽红：《新媒体网络舆情合理性表达与协商民主体系建构》，天津社会科学院出版社 2020 年版；毕宏音，张丽红：《舆情视角下我国网络协商民主的方式、困境及进路》，《电子政务》2020 年第 8 期。

是以多元民意主体参与和协商为切入口[①]来建设网络社会治理共同体。即在理性和有边界的协商中广纳舆情表达，共塑"我们"效应，达成最大限度的观念公约与理性共识[②]。

五、真实和虚拟两个空间下的社会思潮研究

作为舆情的重要组成部分，社会思潮是一定时期内，同时存在于虚实空间中的一股股思想观念和价值观潮流。

相关研究探讨网络极端民族主义舆情的生成演化机制[③]；概述社交媒体时代"后政治心理"的生成特点[④]；深度剖析网络民粹主义的内核、表征，总结反抗精英、推崇人民、批判性、暴戾性、非理性的基本特征[⑤]；综合分析网络社交媒体盛行下的"恐惧文化"的社会建构及政治社会后果[⑥]；归纳具有稳定性和流变性、聚合性和分散性、现实性和虚拟性、重叠性和交织性、平等性和碎片性等多元特点的网络空间政治认同[⑦]；专题讨论智媒时代特殊群体的国家认同的形成建构与风险挑战[⑧]。上述研究成果，既尝试综合反映当前社会思潮的复杂性、变动性和延续性，也试图深刻揭示当前的社会转型与社会变迁。

六、附着于热点现象、事件与群体之上的社会心态分析

社会心态始终是舆情研究的聚焦点。2020年相关论述是透过事件、群体或特殊社会现象来呈现的。

[①] 喻国明、李彪主编：《中国社会舆情年度报告（2020）》，人民日报出版社2020年版。

[②] 杜骏飞：《网络社会治理共同体：概念、理论与策略》，《华中农业大学学报（社会科学版）》2020年第6期；杜骏飞：《数字巴别塔：网络社会治理共同体刍议》，《当代传播》2020年第1期。

[③] 张爱军、魏毅娜：《网络空间极端民族主义舆情的延伸、变异及其应对》，《中南民族大学学报（人文社会科学版）》2020年第2期。

[④] 张爱军、孙玉寻：《社交媒体时代"后政治心理"的特征、风险与优化》，《现代传播（中国传媒大学学报）》2020年第12期。

[⑤] 郑雯、桂勇、胡佳丰：《网络民粹主义：内核、表征与发展趋势》，《青年记者》2020年第25期；张爱军、王富田：《网络民粹主义：反话语表征与消解策略》，《理论与改革》2020年第1期。

[⑥] 袁光锋、赵扬：《"恐惧文化"的社会建构及其政治社会后果》，《南京大学学报（哲学·人文科学·社会科学）》2020年第3期。

[⑦] 张爱军、秦小琪：《网络空间政治认同：特性、失范与改进》，《中共天津市委党校学报》2020年第5期。

[⑧] 孙江、李圆：《智媒时代少数民族大学生国家认同的机理、挑战与建构》，《现代传播（中国传媒大学学报）》2020年第4期。

有的分析了若干舆情事件中微信爆文的话语修辞策略①，透视了热点事件中思维定势导致的舆论"标签化"现象②，探讨了有关事件的特殊议题中叙事对第三人效果的影响③；有的通过实证，分别剖析了不同群体的话语空间与关系结构④，职业认同变迁⑤，数字反哺与群体压力⑥，自媒体诉求表达的赋权演变⑦，等等；还有的则或聚焦网络直播，或以李子柒的视频为典型案例，讨论关乎网络直播的网民信息策略选择⑧，所呈现的现代性焦虑⑨、网民特殊社会心态⑩ 以及舆论功能⑪。

七、舆情精准识别与研究方法的推进

近年来，人工智能、算法等的普及应用和嵌入舆情，使相关研究更加着力于舆情信息的精准识别与研究方法的推进。

2020年，除了利用社会网络分析方法、SIR传染病模型、EGM灰色预测模型及系统动力学建模分析等，继续研究特殊事件下的舆情演化机理⑫外，人工智能热潮下的隐舆情、伪

---

① 李彪：《舆情事件中微信爆文的话语修辞策略与引导》，《新闻春秋》2020年第4期。
② 郭小安：《透视热点事件中的"标签化"现象》，《人民论坛》2020年第16期。
③ 原艳飞、金兼斌：《争议性科学议题中叙事对第三人效果的影响》，《未来传播》2020年第2期。
④ 李彪、郑满宁、钱瑾：《跑步社群的话语空间与关系结构——以"北京跑步爱好者"群为例》，《上海体育学院学报》2020年第6期。
⑤ 曹艳辉、张志安：《地位、理念与行为：中国调查记者的职业认同变迁研究》，《现代传播（中国传媒大学学报）》2020年第12期。
⑥ 李彪：《数字反哺与群体压力：老年群体微信朋友圈使用行为影响因素研究》，《国际新闻界》2020年第3期；周裕琼、丁海琼：《中国家庭三代数字反哺现状及影响因素研究》，《国际新闻界》2020年第3期。
⑦ 高传智：《流水线下的网络低语：珠三角地区新生代农民工自媒体赋权演变考察》，《现代传播（中国传媒大学学报）》2020年第3期。
⑧ 朱逸、桂勇：《网络直播购物：影响消费者行动参与的信息策略选择——基于"文本挖掘+QCA"的混合性研究》，《企业经济》2020年第5期。
⑨ 曾一果、时静：《从"情感按摩"到"情感结构"：现代性焦虑下的田园想象——以"李子柒短视频"为例》，《福建师范大学学报（哲学社会科学版）》2020年第2期。
⑩ 李博文、徐静茹、张志安：《从李子柒走红看网民心态与网络外宣的启示》，《传媒》2020年第18期。
⑪ 麦尚文、杨朝露：《从议题互动到"场景融合"：网络直播的舆论功能与生态重构》，《福建师范大学学报（哲学社会科学版）》2020年第3期。
⑫ 雷思聪、张鹏、兰月新、成锡平：《基于SNA的突发事件网络舆情群体关系研究》，《武警学院学报》2020年第10期；彭程、祁凯、黎冰雪：《基于SIR-EGM模型的复杂网络舆情传播与预警机制研究》，《情报科学》2020年第3期；叶琼元、夏一雪、窦云莲、王娟、兰月新：《面向突发公共卫生事件的网络舆情风险演化机理研究》，《情报杂志》2020年第10期。

舆情以及人工/社交机器人舆情与真实显舆情并存，亦引发学界对智媒时代舆情信息精准识别[1]、社会心理特殊影响辨析[2]以及如何实现"靶向"治理[3]的剖判与思考。同时，如何利用大数据和人工智能技术方法，建构相关传播特征挖掘系统[4]、舆情监控系统[5]和有效利用仿真模拟进行舆情监测[6]，也得到了进一步研讨。

八、网络舆情治理与舆论引导研究热度愈发显现

立足舆情研究，关注国家治理体系和治理能力现代化重大问题，还在于从社会协同治理分析视角出发，锚定舆情治理与国家治理、舆情引导与社会发展等重点研究方向。

学界着眼宏观，讨论了当前网络舆情危机的治理逻辑[7]、实现包括民主协商模式在内的社会协同治理创新的可能性[8]、网络舆情综合治理体系建设问题[9]；对焦实操，通过政务抖音

---

[1] 于家琦：《计算式宣传——全球社交媒体研究的新议题》，《经济社会体制比较》2020年第3期；喻国明、曾佩佩、张雅丽、周杨：《趣缘：互联网连接的新兴范式——试论算法逻辑下的隐性连接与隐性社群》，《新闻爱好者》2020年第1期；郑晨予、范红：《从社会传染到社会扩散：社交机器人的社会扩散传播机制研究》，《新闻界》2020年第3期；师文、陈昌凤：《议题凸显与关联构建：Twitter社交机器人对新冠疫情讨论的建构》，《现代传播（中国传媒大学学报）》2020年第10期。

[2] 陈昌凤、仇筠茜：《"信息茧房"在西方：似是而非的概念与算法的"破茧"求解》，《新闻大学》2020年第1期；陈昌凤、仇筠茜：《"信息茧房"在中国：望文生义的概念与算法的破茧求解》，《新闻与写作》2020年第1期。

[3] 刘鹏飞：《智媒时代的舆情大数据分析和引导》，《青年记者》2020年第7期；陈昌凤、徐芳依：《智能时代的"深度伪造"信息及其治理方式》，《新闻与写作》2020年第4期；彭兰：《导致信息茧房的多重因素及"破茧"路径》，《新闻界》2020年第1期。

[4] 罗平、武斌：《基于人工智能的网络舆情大数据传播特征挖掘系统》，《现代电子技术》2020年第4期。

[5] 杜修振、吴乘龙、曾彪、周翌欣、陈实：《基于大数据的网络舆情监控系统》，《信息技术与信息化》2020年第2期。

[6] 王荣璞、夏一雪、张立红：《我国网民情感研究的知识图谱可视化分析与展望》，《新媒体研究》2020年第18期。

[7] 姚翼源：《人工智能时代政府网络舆情治理的逻辑、困局与策略》，《西南民族大学学报（人文社会科学版）》2020年第3期；祁泉淞：《大数据时代网络舆情危机治理策略研究》，《人民论坛·学术前沿》2020年第1期。

[8] 骆毅、王国华：《从信息公开到合作创新：社会协同治理创新的三种模式——基于互联网时代三个案例分析的研究》，《井冈山大学学报（社会科学版）》2020年第2期。

[9] 邹军：《中国网络舆情综合治理体系的构建与运作》，《南京师大学报（社会科学版）》2020年第2期。

与政务微博优劣比较[①]、政务微信治理效果分析[②]、政务传播怎样与公众舆情期待相契合[③]等，就政务部门如何做好舆情应对进行了综合探讨。进一步，有关研讨还转入对公共政策舆论风险防控的精细化与精准化把握上。例如，有研究运用腾讯指数，建立了"基于预期管理的公共政策舆论风险评估模型"[④]。

当然，深入更加宏阔的历史进程，虽然从共时性看，2020年舆情研究，确实试图聚焦内外、贯通上下，将变局与疫情双重影响下的中国民众社会情绪和社会态度，置于其研究的观照视域中。但从历时性来分析，对于现代舆情研究而言，描摹中国人的精神图谱，揭示心理嬗变的逻辑意义，又需置身变动不居的国际环境、剧烈改变的社会结构和迭代不辍的新兴技术中，前后延展，持续考量情绪、认知、价值观以及社会心态所经历的数十年微观衍变，并努力形成学术共同体所普遍接受的概念、定律、理论、模型和方法等研究范畴和科学范例。正因如此，作为新兴研究领域，不仅学科纵联交叉和跨领域协同成为拓展舆情研究的题中题，而且现代舆情研究的回答，可能亦蕴含在直面时代和经验解读下的新的学术构设之中。

[①] 姜景、王文韬：《面向突发公共事件舆情的政务抖音研究——兼与政务微博的比较》，《情报杂志》2020年第1期。

[②] 张放、杨颖、吴林蔚：《政务微信"软文"化传播效果的实验研究》，《新闻界》2020年第1期；张爱军、孙玉寻：《微信社区屏蔽治理与舆论失衡》，《未来传播》2020年第3期。

[③] 张志安、聂鑫：《政务传播与公众关切的错位及引导策略——以抗击新冠肺炎事件为例》，《青年记者》2020年第7期。

[④] 祝华新、廖灿亮、潘宇峰：《2019：中国互联网舆情分析报告》，转引自李培林、陈光金、王春光主编《2020年中国社会形势分析与预测》，社会科学文献出版社2020年版。

2020年视听传播研究综述*

曾一果　毛佳佳**

2020年，突然暴发的新冠肺炎疫情成为无法抹去的时代烙印，肆虐的疫情与居家隔离仿佛将人们彻底推向了尼葛洛庞蒂所言的"数字化生存"状态，数字技术已经深嵌到日常生活当中，数字支付记录下我们的生活轨迹，音频软件计算着我们的兴趣偏好，社交媒体架构了我们的连接关系，虚拟空间和现实空间相互交织、构连，越来越多的人依赖社交媒体开展各类社会活动，人们通过文字、图片、短视频和直播等各种形式进行媒介化表达，在数字空间建构起一个"数字自我"，人们生活的常态俨然已是"数字化生存"。在数字时代，人们的身体、日常生活、生活娱乐以及社会治理方式都在转向数字化，"计算不再只和计算有关，它将决定我们的生存"[①]。

基于此，短视频、视频直播等数字化视听媒介发展迅猛，不仅在日常生活中攫取了人们的注意力，而且也引起了视听传播研究者的关注。笔者爬梳了2020年《新闻与传播研究》《国际新闻界》《新闻大学》《现代传播（中国传媒大学学报）》、中国人民大学复印报刊资料《文化研究》等期刊的目录并在此基础上发现，短视频丰富的视听叙事、网络直播多元的内容形态、图像传播的视觉修辞、声音的媒介文化实践、视听化趋势的新闻生产等成为2020年五大视听传播研究的主要议题。

一、短视频研究的兴起

2021年2月3日，中国互联网络信息中心（CNNIC）在京发布第47次《中国互联网络发展状况统计报告》。该报告显示，截至2020年12月，我国网络视频用户规模达9.27亿，较2020年3月增长7633万，占网民整体的93.7%。其中短视频用户规模为8.73亿，较2020

---

* 本文为国家社科基金重大招标项目"数字媒介时代的文艺批评研究"（19ZDA269）的阶段性成果。

** 曾一果，暨南大学新闻与传播学院副院长、教授/博士生导师，暨南大学新媒体文化研究中心主任；毛佳佳，暨南大学新闻与传播学院2020级新闻传播学硕士研究生。

① ［美］尼古拉·尼葛洛庞蒂：《数字化生存》，胡泳、范海燕译，海南出版社1996年版，第15页。

年3月增长1.00亿，占网民整体的88.3%。① 由此可见，发展势头正劲的短视频是当下名副其实的"流量之王"。②

与短视频产业迅速发展相对应的，近年来，对短视频的考察也是学术界的重点。2020年第6期《国际新闻界》重磅推出了"短视频研究"专栏。包括孙玮的《我拍故我在 我们打卡故城市在——短视频：赛博城市的大众影像实践》，陆晔、赖楚谣的《短视频平台上的职业可见性：以抖音为个案》，潘祥辉的《"无名者"的出场：短视频媒介的历史社会学考察》等。③ 此外，彭兰在《中国编辑》上发表的《视频化生存：移动时代日常生活的媒介化》一文，也强调了短视频对日常生活的重要影响，她干脆用"视频化生存"凸显了短视频出现的意义。在彭兰看来，移动时代视频应用的普及，带来了一种视频化生存方式，它既是日常生活的媒介化，也是媒介化后的日常生活。视频成为一种粘连生活与媒介的界面，同时影响着人们的现实生存与媒介表达，现实生活和视频化生活也在相互影响、相向流动，它们之间的界限不断模糊。视频化互动带来的陪伴，也是视频化生存的一种重要方式。对于视频直播的使用者来说，直播也是典型的媒介化生存，甚至造就了个人的媒介事件。对于一些用户来说，视频化生存还将进阶为艺术创作。④

具体而言，"短视频的内容叙事与生产传播机制"、"短视频实践对个体及社会的影响"以及"短视频的平台管理"是2020年短视频研究的主要方面。

（一）短视频的内容叙事新特征

随着抖音、快手等视频平台的迅猛发展，相对于电影和电视等传统视觉叙事艺术，无论是在内容呈现、文本叙事和媒介形式上，短视频都展现了许多新的叙事特征，例如出现了从"横屏叙事"向"竖屏叙事"的转变，有人对竖视频的影像语言展开研究后认为，相较于横屏而言，"竖屏叙事"更注重展现个体化心理表达和亲密关系，迫使用户集中注意力，同时，竖屏的叙事模式也强化了模拟主观视角的运动。此外，竖视频也将互动性和社交性作为其视听语言的重要元素，包括用户与生产者互动、创作者之间互动乃至人机互动。⑤ 而在文本生产

---

① 中国互联网络信息中心：《CNNIC发布第47次〈中国互联网络发展状况统计报告〉》，2021年2月3日，http://cnnic.cn/gywm/xwzx/rdxw/20172017_7084/202102/t20210203_71364.htm，访问日期：2021年6月6日。

② 姜正君：《"短视频"文化盛宴的文化哲学审思——基于大众文化批判理论的视角》，《新疆社会科学》2020年第2期。

③ 这组文章发表在《国际新闻界》2020年第6期，其中以孙玮的《我拍故我在 我们打卡故城市在——短视频：赛博城市的大众影像实践》为代表的短视频研究产生了比较大的影响。

④ 彭兰：《视频化生存：移动时代日常生活的媒介化》，《中国编辑》2020年第4期。

⑤ 陈欣钢、任毅立：《视听语言的破与立：从传统影像到竖视频》，《新闻与写作》2020年第12期。

层面，无论是横屏或是竖屏形式的短视频都呈现出"重复"与"同质"的特性。然而，不同于学界大多数研究对于短视频"重复性"这一特点的唱衰，曾国华在梳理与重复性有关的理论传统的基础上指出，"重复性"短视频实际上蕴含着社会创造性，包括对"差异"的创造、对个体创造力的释放，以及对社会生活大规模和"非常规"的档案化记录。①

在考察短视频的内容叙事特征的同时，亦有学者聚焦某种特定类型的短视频。例如肖珺、张驰以"英国小哥看中国：解码新时代"系列短视频为研究对象，探析跨文化传播类型的短视频如何借助于视频符号叙事实现跨文化交流。② 辛静、叶倩倩使用 Python 软件抓取了 YouTube 平台上李子柒视频中热度排行前十的实时评论，探讨跨文化传播中中国文化所面临的挑战和可能性突破。该研究认为，语言文字及美食等传统中国文化符号的运用、对人与自然和谐共生等人类共通情感和价值理念的阐述以及网络化社群内的对话交流都助力于我国文化的对外输出。③ 不同于探索中国传统文化的对外传播，范英杰、李艳红聚焦在中非战略合作背景下来到赞比亚的三位中国农村青年，关注他们制作并在快手平台上传播有关非洲主题视频的现象，进而分析了这一群体通过这一媒介实践展开的非洲叙事。④ 还有学者对政务短视频及"三农"短视频进行了深入考察。郎劲松、沈青苗通过内容分析与深度访谈，发现政务短视频场景、情绪以及语用表达都体现出明显的人格化叙事传播特征。⑤ 石磊、黄婷婷认为，"三农"短视频是社交媒体时代依靠人与人的连接进行传播和营销的一种情感商品，根据 SIPS 模型，"三农"短视频作为一种情感商品进行传播的过程经历了情感共鸣的产生、情感的确认、参与互动、共享和扩散四个环节。⑥

（二）短视频用户的日常生活实践

短视频的出现是媒介技术发展的产物，但这种媒介技术的产物对用户的影响最大，考察短视频用户的日常生活实践所产生的结果是近两年短视频研究的重点。孙玮的《我拍故我在 我们打卡故城市在——短视频：赛博城市的大众影像实践》探讨了用户如何通过短视频打

---

① 曾国华：《重复性、创造力与数字时代的情感结构——对短视频展演的"神经影像学"分析》，《新闻与传播研究》2020 年第 5 期。

② 肖珺、张驰：《短视频跨文化传播的符号叙事研究》，《新闻与写作》2020 年第 3 期。

③ 辛静、叶倩倩：《国际社交媒体平台中国文化跨文化传播的分析与反思——以 YouTube 李子柒的视频评论为例》，《新闻与写作》2020 年第 3 期。

④ 范英杰、李艳红：《草根全球化、技术赋权与中国农村青年的非洲叙事：对快手平台上三个视频主播的分析》，《国际新闻界》2020 年第 11 期。

⑤ 郎劲松、沈青苗：《政务短视频的人格化传播：呈现与驱动——基于政务抖音号的实证分析》，《新闻与写作》2020 年第 10 期。

⑥ 石磊、黄婷婷：《情感商品与情感流通："三农"短视频的传播机理》，《编辑之友》2020 年第 9 期。

卡的实践活动创造赛博城市空间。①

短视频赋予了用户获取可见性及进行个人展演的新途径，人们开始乐于在短视频平台上展示自我和分享生活，并借此建构身份认同乃至职业认同。潘祥辉基于历史社会学这一颇具创新性的研究视域，对短视频展开了分析。他认为，短视频作为一种平民媒介，赠予了普通个体记录个人及时代历史的权利，为历史史料的生产和累积带来了全新的变化，而这种"全民记录"的勃兴不仅将影响当代社会，也将影响后世。②陆晔、赖楚谣以具有不同职业声望等级的十类职业的共310个抖音用户为研究对象，分析不同职业的短视频实践造成的不同结果。研究发现，"高职业声望群体和中低职业声望群体展演职业可见性的方式有显著差异"③，而"低职业声望"的农民工更多的是从情感而非知识层面进行职业可见性的展演，即其视频表达多是激发了社会的情感共鸣而不是提供某种专业知识。与之类似，宋双峰等的研究也关注到了情感维度，指出新生代农民工是在"满足"了人际交往、自我表达等特殊情感的基础上完成了本群体在短视频"媒介瞬间"中的身份重构。④

除对职业群体的短视频实践加以关注之外，农民群体和农村文化的影像表达也成为2020年学界的热点话题。尹金凤、蒋书慧聚焦于网络短视频生产中乡镇青年的身份认同建构路径并发现：一方面，乡镇青年借由线上空间的归属找寻（承认自己属于乡镇而非城市，并由此发现和交往与自身相似的个体）和情感连接（仪式性的群体互动狂欢）来获取"我群"的认同；另一方面，他们又试图与城市人相区别，并通过视觉符号景观的臆想和独特的风格展演编织与"他群"的差异性，最终在这种同一性和差异性中建构起自身的身份认同。⑤

当下，观看短视频是人们日常生活的重要部分，许多人也从短视频所展现的世界中获得精神慰藉。例如曾一果、时静在《从"情感按摩"到"情感结构"：现代性焦虑下的田园想象——以"李子柒短视频"为例》一文中认为，在一个不断加速的现代社会中，社会焦虑情绪弥漫，在此情况下，李子柒系列短视频中以充满诗意的田园影像开展"视觉按摩"，缓解了公众的精神压力，使得公众可以在繁忙的现实生活中获得喘息和休憩的空间。李子柒短视频所蕴含的怀旧的"新乡愁"、古风的"新生活"及文化的"新传统"等都勾连出观众的

---

① 孙玮：《我拍故我在 我们打卡故城市在——短视频：赛博城市的大众影像实践》，《国际新闻界》2020年第6期。

② 潘祥辉：《"无名者"的出场：短视频媒介的历史社会学考察》，《国际新闻界》2020年第6期。

③ 陆晔、赖楚谣：《短视频平台上的职业可见性：以抖音为个案》，《国际新闻界》2020年第6期。

④ 宋双峰、方晓恬、窦少舸：《从娱乐到表达——新生代农民工基于短视频媒介形象建构的身份认同》，《新闻春秋》2020年第4期。

⑤ 尹金凤、蒋书慧：《网络短视频生产中乡镇青年的身份认同建构》，《新闻界》2020年第8期。

情感共鸣。① 夏德元、刘博也认为，短视频有助于建构集体记忆："传播技术的迅猛发展，打破了原有的时空格局，构建出流动的传播语境；传播语境的变革引发社会集体记忆建构权力的流动，使集体记忆建构在'相互协作'与'多元协商'中展开；大众在短视频媒介中更注重娱乐性，由此集体记忆的功能呈现出记录日常生活、投射美好期许、积累社会资本的消费性转向。"②

除了捕捉短视频在受众情感层面的效用外，也有学者从经济消费的角度探讨了视频博主对用户购买行为的影响。汪雅倩以扎根理论为研究工具，以B站视频平台为研究田野，从用户视角出发，构建了"基于社交媒体影响者（SMIs）的中国短视频用户虚拟交往及购买意愿的影响因素模型"③。研究发现，社交媒体影响者与用户间的"人格一致性"是赢得用户关注与认可的基础，换言之，用户常常会被与自己相似的视频博主所吸引，也更容易接受其营销内容。进一步，用户也会与博主进行虚拟化的社交互动，并在线下生活中对博主的购买行为进行学习和模仿。从关注、互动到模仿，用户在视频博主的影响下完成了自身的消费行为。

（三）虚实交织的短视频空间

在短视频文化研究中，有研究者发现，用户通过影像实践创造了一个个内容丰富的短视频空间，而这样的短视频空间更准确地说是一个真实与虚拟交织的赛博空间。孙玮便从"社会领域的视觉建构"路径，考察短视频作为数字时代的典型影像实践，如何"突破了媒介表征论，凭借突出的涉身性渗透在赛博城市的肌理中，成为建构社会现实的强大视觉性力量。作为一种存在方式，它确认了在实体与虚拟世界双重存在的新型自我：我拍故我在"。④ 孙玮以短视频的城市打卡为例，进一步指出作为一种"具身化媒介实践"，打卡借助汇聚大众的个人印迹而形塑了公共的城市形象，即大众通过对城市进行短视频打卡这一实践方式，建构起了虚实交织的媒介化城市空间。冷淞也揭示了疫情期间短视频对拟态环境的建构作用，这体现在以下两个维度：一是场景的聚集性，疫情期间的短视频多是以家庭环境为生产空间、以美食制作为主要内容，同时"云端"生活成为隔离期间线下生活的替代方案；二是事件的聚焦性，短视频集中描绘了全民抗击疫情的媒介景观。此外，由媒体所营造的"拟态环境"

---

① 曾一果、时静：《从"情感按摩"到"情感结构"：现代性焦虑下的田园想象——以"李子柒短视频"为例》，《福建师范大学学报（哲学社会科学版）》2020年第2期。
② 夏德元、刘博：《"流动的现代性"与"液态的记忆"——短视频在新时代集体记忆建构中的特殊作用》，《当代传播》2020年第5期。
③ 汪雅倩：《从"线上交往"到"线下模仿"：视频博主对用户虚拟交往及购买意愿的影响因素研究——以哔哩哔哩为例》，《新闻与传播评论》2020年第6期。
④ 孙玮：《我拍故我在 我们打卡故城市在——短视频：赛博城市的大众影像实践》，《国际新闻界》2020年第6期。

通过制约人的认知和行为来对客观的现实环境产生双向影响。"短视频营造的虚拟社群与现实社会互动,社交圈与生活圈实现重合,与现实生活交叉的特质让用户观看短视频后,从基本认知,到迅速判断,再到付诸行动,构成的连贯行为直接作用于现实世界,提升了拟态环境的环境化程度。"①

(四) 短视频的内容和平台治理

正如尼尔·波斯曼所言,每一种技术既是"恩赐",也是"包袱"。技术的发展推动了短视频文化的繁荣,但由于短视频内容的芜杂,导致了低俗化、奇观化乃至色情化倾向的短视频也大量出现在各种社交媒体平台上,对短视频内容和相关平台治理的呼声也此起彼伏。

王佳航从互联网内容生态治理的视角出发,剖析了MCN中的内容农场模式及其对互联网内容生态的侵蚀,并根据国内外内容农场治理经验,提出在多方协同的情境下平台修正算法的思路及治理路径。② 冯晓青、许耀乘从宏观的行业治理角度出发,指出司法实践中短视频版权保护标准不明、针对短视频平台的约谈缺乏相应法律依据等短视频版权治理困境,并提出应引入社会治理手段作为短视频版权治理的路径,如通过确定短视频的版权保护标准、建立版权过滤机制、构建正版作品数据库并接受社会公众监督等路径加以改进。③

短视频平台及行业的乱象较为显而易见,而短视频内容对个人的思维能力及主体性的危害则相对隐蔽,"当我们享受短视频带来的便捷性信息和娱乐性社交的同时,必须警惕短视频繁荣浮华背后潜在的文化隐忧"④。姜正君全面地梳理归纳了短视频文化盛宴背后的文化隐忧,包括阅读视频化带来的人类理性思维的萎缩和废弃、内容碎片化消解了对事物的整体把握及深度认知、娱乐化的风格瓦解了人的批判精神并消解了人的主体性、精准化的推送让用户困守在"信息茧房"的隐形牢笼中等。孙立武基于抖音中的"旅游类"视频,考察了技术的物与人的主体性之间的辩证关系。研究认为,抖音短视频通过能够突出拍摄对象的竖屏呈现方式,制造了技术依赖的情感体验,并在此过程中征用了观看者的主体性。而观看者则应在最大限度上去找回被技术征用的个人理性,以便获取更多的自主选

---

① 冷淞:《"人间烟火"的景象迁移与"现实图景"的双向建构——新冠肺炎疫情下短视频与拟态环境重构》,《新闻与传播研究》2020年第9期。
② 王佳航:《短视频 MCN 中的内容农场模式及算法治理》,《当代传播》2020年第2期。
③ 冯晓青、许耀乘:《破解短视频版权治理困境:社会治理模式的引入与构建》,《新闻与传播研究》2020年第10期。
④ 姜正君:《"短视频"文化盛宴的文化哲学审思——基于大众文化批判理论的视角》,《新疆社会科学》2020年第2期。

择权。①

短视频这一媒介形式已经深深嵌入了人们的日常生活，并且也与社会变迁紧密相连，在不断审视短视频对当代文化与社会生活影响的同时，短视频的未来发展趋向也是人们关注的重要议题。一些研究认为短视频的未来包含两种可能：一是在经历了技术驯化的过程后，成为日常生活的底层语言；② 二是被更为新进便捷的诸如 AR 之类的沟通方式所取代。

二、网络直播的商业实践

近年来，网络直播这种新兴媒介形态的热度一直居高不下，有人甚至将网络直播与短视频喻为"网络文化'风口'上继微博、微信之后的'双子星'"③。反观学界，网络直播更是与短视频一道，构成了视听传播研究的半壁江山。而就网络直播本身而言，电商直播、网红直播和慢直播是其几种主要类型。

（一）电商直播的开启

在网络直播的所有类型中，电商直播是最为人所熟知、也是学界研究最多的一种直播形式。数据显示，在被称为"中国电商直播元年"的 2019 年，天猫"双 11"开场 1 小时左右，直播促成的成交量总额就超过上一年"双 11"全天的数目，全年的市场总规模达到 4338 亿元，比上一年增长 226%，用户规模达 7.13 亿，比上年增长 17.3%。④ 电商直播的火爆程度可见一斑，究其原因，一方面是明星主播"名人效应的效益转化"；另一方面则是即时互动、平民性和亲近感的新媒体购物形态对网络直播影响力的催生作用。⑤

《新闻与写作》2020 年第 9 期设置了"直播带货"专题，对直播带货的机制与模式进行了探索。其中，李凌、周业萍着重探讨了电商直播的信任机制，其研究构建了由人格信任、关系信任以及制度技术信任组成的网络信任结构模型，在此基础上，认为"直播带货"通过透明展示、社交背书等因素实现了对关系信任以及技术信任的增强作用。不过，作为直播带货的信任中介化，同时也成了导致信任危机的根源，造成了道德盲视和多主体行为的追责困

---

① 孙立武：《观看者的"在场"与风景的幻象——抖音中"旅游类"视频的生产机制分析》，《文学与文化》2020 年第 2 期。
② 陈秋心、胡泳：《社交与表演：网络短视频的悖论与选择》，《新闻与写作》2020 年第 5 期。
③ 姜正君：《"短视频"文化盛宴的文化哲学审思——基于大众文化批判理论的视角》，《新疆社会科学》2020 年第 2 期。
④ 燕道成、李菲：《场景·符号·权力：电商直播的视觉景观与价值反思》，《现代传播（中国传媒大学学报）》2020 年第 6 期。
⑤ 邓燕玲、高贵武：《直播带货带来了什么 网络直播带货的机遇与思考》，《新闻与写作》2020 年第 7 期。

境。① 周懿瑾等关注的则是直播带货中的粉丝经济模式,其研究借由网络田野观察,发现直播电商中主播与粉丝之间存在四种关系模式,而不同的关系模式对直播带货有完全不同的影响和作用机制,因此研究建议品牌方和主播应针对不同的关系培育相应的核心能力,以适应长期运营的要求。②

在直播带货的相关研究中,"场景"也是学界关注的重要切口,因为场景能够"凭借对直播参与者的强大影响,催生情感共鸣,精准匹配用户需求"③。燕道成、李菲认为,直播通过模拟实体店铺、虚构社交场景、合并前后台等视觉实践,构建了比现实更逼真的场景,同时也利用想要模仿明星网红以及通过产品的差异体现自己个性等受众心理,编织了人们的身份幻想,刺激并诱导着用户进行消费。④ 王佳航、张帅男提出,场景时代的直播带货重构了商品、信息和用户之间的连接关系,其实质是技术驱动下营销范式的迁移。新的营销范式的特点在于,从传统营销转换到了人物匹配的精准营销,沉浸式的全方位营销,广告、品牌、内容、零售一体化的营销模式。在场景营造方面,直播间调用了展演、临场、陪伴等刺激策略,而情感动员机制建构、新的时空关系的塑造、虚拟社群连接的推动则是场景的具体作用机制。⑤

(二) 其他直播类型的特征与要素

电商直播的勃兴吸引着学界的密切关注,然而,网络直播不仅仅是狭隘意义上的商业营销传播活动的发生场所,也是"泛内容态势下的舆论场景"⑥。麦尚文、杨朝露指出,网络直播具有重构舆论生态、拟合舆论缝隙、助推主流意识形态传播的重要作用,而这种作用具体体现在三个方面,分别是"作为新形态新业态的直播场景变革与融合创新,作为网络内容生态中主流话语的官方议程融入,以及作为舆论传播主体角色的公众议程征用"⑦。网络直播在

---

① 李凌、周业萍:《智能时代网络信任的模型、风险与重构——从直播带货引发的信任危机谈起》,《新闻与写作》2020 年第 9 期。
② 周懿瑾、黄盈佳、梁诗敏:《"粉与被粉"的四重关系:直播带货的粉丝经济探究》,《新闻与写作》2020 年第 9 期。
③ 苏涛、彭兰:《技术与人文:疫情危机下的数字化生存否思——2020 年新媒体研究述评》,《国际新闻界》2021 年第 1 期。
④ 燕道成、李菲:《场景·符号·权力:电商直播的视觉景观与价值反思》,《现代传播(中国传媒大学学报)》2020 年第 6 期。
⑤ 王佳航、张帅男:《营销模式迁移:场景传播视角下的直播带货》,《新闻与写作》2020 年第 9 期。
⑥ 麦尚文、杨朝露:《从议题互动到"场景融合":网络直播的舆论功能与生态重构》,《福建师范大学学报(哲学社会科学版)》2020 年第 3 期。
⑦ 麦尚文、杨朝露:《从议题互动到"场景融合":网络直播的舆论功能与生态重构》,《福建师范大学学报(哲学社会科学版)》2020 年第 3 期。

舆论功能层面的重构意义正是在于此,即推动开辟一个集纳了直播场景、主流价值及公众议程三者有效融合的舆论新生态。

新冠肺炎疫情期间,中央广播电视总台央视频栏目推出了《全景直击武汉火神山、雷神山医院建设》等"慢直播""云直播",吸引了公众的广泛关注。与电商直播、网红直播等形式有所不同,所谓"慢直播",也有人将之称为"云直播",指的是"对热点事件给予较长时间、不间断的关注,以全过程形式直播事件的发展,无解说、无分镜、无剪辑等人为干预,允许所有观看者进行开放式讨论的一种传播模式"[1]。郭淼、马威以互动仪式链理论为研究视域,探讨"慢直播"中的互动仪式要素,并分析"虚拟在场的身体聚集、共同关注的互动焦点、共享情绪和情感体验"[2]这三方面的发生机制。该文认为正是这种互动仪式最终起到了强化身份认同、塑造群体符号以及汇聚情感能量的作用。

三、图像传播中的视觉修辞

海德格尔认为,现代社会的特征是进入了"世界图像时代",而"世界图像时代"的核心内容表现为两个方面:一是"世界被把握为图像",二是"世界成为图像是现代之本质"。[3]视觉文化中视觉性占据主因或显赫地位,图像逐渐成为文化主因的形态,较之于传统的话语文化形态,图像的生产、传播和接受更具重要性和普遍性。近年来,在视觉传播研究中,除了对新兴的短视频、网络直播等视觉传播现象进行考察之外,也有不少学者借助符号修辞等理论对图像文化进行了深入考察。

(一)社交化的图像生产与传播

崔林、朱玺基于以表情包、短视频和直播为代表的网络图像展开了探讨,认为此类图像的传播样态、网络图像生产与消费机制都呈现出明显的社交化特征,在这种社交化的影响下,网络图像传播内容将向题材生活化、价值取向娱乐化、情感取向感性化以及类型个性化等方面转化。[4]在图像导向社交的当下,旅游打卡拍照是一项司空见惯的图像实践活动。梁君健、陈凯宁以"百度地图"和"携程旅游"两款App为研究个案,围绕用户分享的关于"故宫博物院"、"上海外滩"及"黄山风景区"的静态手机图片展开了内容和视觉话语分析。研究指出,手机拍照本身的技术特征和实践属性呈现出一种可以被称为"扫摄"的具身性的视觉话语形式和观看方式,以帮助个体记录和呈现自己的旅游体验。"'扫摄'有别于传统旅游

---

[1] 杜阳:《央视频抗击疫情报道慢直播实践思考》,《电视研究》2020年第4期。
[2] 郭淼、马威:《互动仪式链视域下的"慢直播"分析》,《新闻与写作》2020年第6期。
[3] 孙周兴选编:《海德格尔选集》,上海三联书店1996年版,第899页。
[4] 崔林、朱玺:《网络图像传播的社交化生产样态与消费机制》,《现代传播(中国传媒大学学报)》2020年第7期。

图片研究所强调的符号学和图像志的意义建构机制，打破了传统的凝视关系所依据的个体与对象之间在空间和心理上的距离控制，稀释了风景约定俗成的意义。"①

从 PS 美图到 AI 智能换脸，技术的革新推出了个人"变脸"的实践。陈世华沿袭了传播政治经济学的批判视角，对变脸背后的政治经济动因进行了审思。从政治维度上看，"颜值"的高低是一种裹挟了深刻的政治与权力因素的社会规范；就经济层面而言，变脸这一实践背后，紧紧绑缚的是广告经济与商业利益；在文化的视域下，脸则是一种"交往性的社会符号"。② 最后反观技术维度，变脸的走红可归因于新技术对仿真物的迷恋。

图像作为一种现代"语言"，同时表征和形塑了种种社会公共空间。孟令法在其研究中考辨了图像对空间神圣性的加持作用，强调对神圣空间的研究，应回归图像使用的民俗场，重点关注"空间内图像的布列格局及其叙事模式"③。城市空间中的视觉表征体系不仅有图像，还包括雕塑、艺术装置、广告牌等实物，汤筠冰从视觉传播的研究视角对城市公共空间加以审视，其认为，城市空间中的视觉表征体系在公共领域中不断进行着视觉表意实践，而在这些炫亮的视觉形式下，隐藏的却是各种意识形态、权力关系和价值观。④ 在新闻生产实践中，图像类新闻的研究近年来也一直很受重视，徐沛、杨璐嘉对北伐战争中分居南北的大众媒体《良友》和《北洋画报》展开了比较研究。研究结果指出，"南北两画报以完全对立的政治立场描绘出两种高度差异化的政治图景：天津的《北洋画报》以'南征'视角建构出一个'反赤'的、崇尚'武功'的北洋政府；上海的《良友》则以'北伐'视角呈现出一个'革命'的、崇尚'文治'的国民政府。前者在文化上表现为求新和反旧；后者则在追求都市化和工业化的同时，更进一步表达了对'普遍参与'的现代社会的向往和追求"⑤。

视觉既是话语，我们便应警惕其中的话语霸权，对海外输入的视觉文化加以反思与批判。于德山在其研究中就提到了"图像霸权"的概念，其认为，改革开放 40 年以来，港台现代、当代日韩以及欧美的视觉文化都曾经或正在对我国产生重要影响，海外视觉文化的图像霸权因而成功渗透进我国的视觉文化传播体系中。因此，在后全球化时代，国家视觉文化对外传播策略的制定显得尤为重要，"全面评估当代海外视觉文化传播的状况与影响""依据内外视

---

① 梁君健、陈凯宁：《从凝视到扫摄：手机摄影与旅游情境中观看方式的转变》，《新闻记者》2020 年第 9 期。

② 陈世华：《为"颜"所困：变脸的传播政治经济学批判》，《南京社会科学》2020 年第 8 期。

③ 孟令法：《"不在场的在场"：图像叙事及其对空间神圣性的确定》，《云南师范大学学报（哲学社会科学版）》2020 年第 3 期。

④ 汤筠冰：《论城市公共空间视觉传播的表征与重构》，《现代传播（中国传媒大学学报）》2020 年第 10 期。

⑤ 徐沛、杨璐嘉：《南征还是北伐？一场战争的两种视角——对民国画报的图像表征分析》，《国际新闻界》2020 年第 11 期。

觉文化传播的张力进行文化整合""重新认识观众的复杂性与积极性""发展具有中国特色的视觉文化产业"[1] 等皆为可行路径。

（二）视觉修辞研究

在图像文化研究中，视觉修辞是近年来一个绕不开的重要研究领域，我国的相关主题研究方兴未艾。而语图关系是视觉修辞关注的重点内容。"语图关系研究在图像学、文学等领域一直是研究的重点，并且在哲学的发展脉络中，语言和图像问题也一直是争论的焦点。在视觉修辞视野下如何把握两者之间的关系，语言与图像相结合后所产生的新的修辞形式以及修辞效果，正是视觉修辞领域中语图关系研究的重点。"[2] 汪金汉的研究即从柏拉图出发，依循哲学脉络，对语图关系的发展路径进行了考察。

长期以来，图像一直被视为现实之镜，然而，随着后真相时代的来临，图像以假乱真、欺骗公众的现象却层出不穷。为了完整把握后真相时代视觉传播的交流认知机制，刘涛从"完形图式"和"意象图式"两个维度对图像文本进行了深入考察，在其看来，"图式是一种通往心理表征的'算法'体系，一种抵达事物形式与特征的'建模'结构，其功能就是为认识活动提供一种'加工'依据，使得我们的知觉过程变得有'章'可循"[3]。甘莅豪则引入符号交际的视角对图像的视觉修辞问题进行了深入思考。该研究从三方面展开了探讨："第一，探讨符号交际视角对视觉修辞研究的意义。第二，探讨符号交际视角如何深化了人类对'谎言'的理解，以及如何在此基础上理解'以图欺骗'的视觉修辞行为。第三，从符号交际视角，探讨图像符号的视觉修辞实践行为及其谎言生产的认知心理"[4]。

四、关于声音文化的研究

"随着字母表和文字的发明，文明进入书写时代，认知、理性、科学被不断强调，听觉的重要性被视觉所取代，听觉文化在日常生活中被压抑。"[5] 然而，现代社会移动化与碎片化的趋势激活了声音媒体的应用场景，喜马拉雅 FM、荔枝等声音类 App 开始繁荣起来，对于声

---

[1] 于德山：《图像霸权与文化政策：海外视觉文化的传播实践探析》，《现代传播（中国传媒大学学报）》2020 年第 7 期。

[2] 汪金汉：《视觉修辞视野下的语图关系哲学脉络书写——以柏拉图为中心》，《新闻与传播评论》2020 年第 3 期。

[3] 刘涛：《图式论：图像思维与视觉修辞分析》，《南京社会科学》2020 年第 2 期。

[4] 甘莅豪：《图像的谎言：符号交际视阈下的视觉修辞行为》，《西北师大学报（社会科学版）》2020 年第 2 期。

[5] 毛秋野：《移动传播背景下听觉文化的表征、困境和超越》，硕士学位论文，华中科技大学，2019 年，第 1 页。

音文化的研究也因此得到了重视。麦克卢汉早在20世纪60年代就在其《理解媒介——论人的延伸》一书中强调了听觉的重要性,并提出了"听觉回归"问题。而在我国,此前由周志强与王敦等发起的关于听觉文化的讨论也引发了学术界对于声音文化的关注。[1]

(一)声音文化的概念辨析

2018年,周志强和王敦围绕着听觉文化的基本概念进行了辩论,王敦主张将"Sound Studies"翻译为"听觉文化研究",但周志强认为这样的翻译导致了"'听觉文化研究'不仅会变成知识化的陈述,还可能落入英美文化研究预设的'快感陷阱',沦为替声音的商品政治乃至文化政治的'听觉霸权'辩护的理论"[2]。讨论引起了广泛关注,并显示听觉文化/声音文化研究正在受到学术界的重视。

张聪的《"听觉"抑或"声音"——声音文化研究中的"技术"及"文化"问题》一文从周志强与王敦的讨论出发,进一步对声音文化的一些基本概念和研究对象进行了深入思考,"至此,我们可以厘清'sound studies'这一新兴学科的宏观研究对象了。鉴于'声音'与'听觉'二者所指涉范畴的差异性,特别是除了听觉之外,对于声音的研究还存在一种看似'文化无涉'的纯客观技术范式,因此,我们选择用汉语的'声音(文化)研究'来命名这一学科。围绕声音以及人类对于声音的接收与倾听,声音(sound)、倾听(listening)与媒介(media),以及与之相关的文化(culture),就构成了'声音(文化)研究'的四个关键性对象。其他一切的表述变种,如'听觉'(auditory)、'声觉'(acoustic)、'听力'(hearing)、'听见'(hear)等,都是围绕这四个概念而展开。例如,当我们研究一个人的倾听能力(hearing ability)时,我们是沿着技术的方向展开的。倾听能力的拥有则意味着这个人可以捕捉到声源,并对其加以识别。套用麦克卢汉'媒介即延伸'的理论,应用于新闻传播、电影、电视及音乐制作、声音录制、城市设计等领域的现代声音技术在某种程度上就是现代人倾听能力的延伸。另外,我们还可以在语义的意义上展开'聆听'(listening)。而聆听是一个捕捉声音与话语意义的能力。我们的课堂听讲,与他人交谈,都是在捕捉和理解意义的层面上来展开的。相对于作为自然禀赋的倾听能力,'聆听'则具有更多的文化意义。主体所有的倾听都是对客观声音积极选择并且主观过滤的结果,这就使得声音文化因主体感知模式的不同而呈现不同的面貌,也为我们提供了不同的研究模式"[3]。这篇文章特地讨论声音和文化之间的关联,并且提出从文化的视角研究声音的重要性。

---

[1] 曾一果、毛佳佳:《数字技术驱动下媒介文化的裂变与重构——2020年我国媒介文化研究状况扫描》,《中国图书评论》2021年第4期。

[2] 周志强:《"听觉文化"与文化研究的陷阱——答王敦》,《探索与争鸣》2018年第7期。

[3] 张聪:《"听觉"抑或"声音"——声音文化研究中的"技术"及"文化"问题》,载陶东风、周宪主编《文化研究(第36辑)》,社会科学文献出版社2019年版。

（二）情感与声音

相对于视觉传播的直观性，声音文化更注重情感和心理的体验。张晓娴、张梅在《即刻真实、想象空间与自我观照——情感电台中的听觉文化》一文中就讨论了在数字媒介环境下，喜马拉雅、蜻蜓、荔枝等情感电台如何通过声音来和听众建立一种新的情感关系。作者认为："相对于视觉而言，听觉的通感效果更强，听觉在情感电台的情感共鸣效果中发挥了关键作用。媒介技术的发展提高了人们的速度性、目的性，同时过程中的状态体验性也被忽视，指涉时间现象的听觉以其'高清晰度'的特征为'喧嚣'的现代化城市中的人们提供了'个体声景'，听觉所要求的专心致志意味着人们可以更为用心地去感知情感电台中主播的每一声调，从而弥补了人们所缺乏的状态真实的过程性感知。与此同时，耳朵在本性上是情感的感官，对于情感电台而言，听觉作为结盟的感官，其提供的'陪伴感'恰为个体化社会的孤独感和全民焦虑提供了舒缓平台，听觉在提供的个人私密空间的同时给予了听者以更为开放的想象空间，且此想象空间具备听觉主体投射的'向心'作用，从而使得听者'向内想象'，听觉在情感电台中发挥的自我投射作用得到最大效果呈现。因此，作为自我认知与体验为孤独个体的听者在情感电台中得到陪伴感的情感体验，恰是在以不同于视觉的快速不连续观看作用，而是以听觉的每一时刻的倾听作用去体验生命的状态真实，这实则是倾听自我、自我依靠。"[1]

（三）声音的政治经济学

声音同视觉相类似，纷繁多元的表征形态背后蕴含着深刻的文化内涵、政治意义以及阶级属性。在考察声音与深层结构相勾连的立意下，学者们多以唱新闻、喊麦、农村高音喇叭等我国本土化的、草根阶层的声音文化现象作为研究切口。

"唱新闻"是流传于浙江乡村的一种颇具特色的地方曲艺，也是一种以声音为载体的"新闻"传播活动。李东晓认为，"唱新闻"为丰富我国本土新闻传播史和民间的口头传播实践研究提供了新的案例和新的阐释视角，同时，"唱新闻"通过口头说唱的方式将国家和社会时事传播给底层民众，成为民众了解国家时局和外部社会的渠道，起到了一定的教化和启蒙作用。[2] 李乐认为，"唱新闻"为窥探中国传统乡村的声音景观和感官文化提供了一个较为敞亮的窗口。其将"唱新闻"置于传统乡村的声响系统中进行了考察，指出了"唱新闻"在传统乡村的重要意义，即"唱新闻"不仅是对传统乡村美好时光的标记，还给乡民带来了一种超越性的空间感受。[3]

---

[1] 张晓娴、张梅：《即刻真实、想象空间与自我观照——情感电台中的听觉文化》，《未来传播》2020年第2期。

[2] 李东晓：《"唱新闻"：一种地方说唱曲艺的传播社会学研究》，《新闻与传播研究》2020年第8期。

[3] 李乐：《唱新闻：浙江传统乡村的声音景观和感官文化》，《现代传播（中国传媒大学学报）》2020年第1期。

喊麦是源于草根群体的一种音乐形式,刘涛、田茵子沿袭了声音政治研究的第三种范式,即"作为草根话语生产的声音政治",旨在揭示其所蕴含的草根话语及其深层的阶层批判问题。研究认为,喊麦这一声音现象的背后隐藏着一个更大的阶层问题,即"社会文化的区隔体系存在一个可以识别和辨析的'声音之维'——'合法趣味'与'审美配置'的差异、'幻想'的闭合式生产与消费,揭示了不同类型声音符号使用者的阶层区隔问题"。此外,研究也提出了听觉文化研究的阶层分析方法,试图拓展听觉文化研究的视野和方法。[1]

新冠肺炎疫情期间,农村里许久未用的高音喇叭因其"便利性、不受地理限制、传播范围广的特性"[2],重新成为抗疫政策宣传及基层动员的有效工具。刘庆华、吕艳丹以"基层组织—高音喇叭"和"熟人网络—微信群"两种动员结构为切入点,探讨了中部A村疫情期间乡村媒介动员的问题。研究结果表明,该村的集体行动是人际传播与组织传播的交汇、线上线下信息共振的结果,上述两种动员结构既有"硬核"的一面,也存在现实的困惑,而这些都是源于乡村社会自有媒介系统的现实。[3]

对音乐、知识付费音频等产品的探讨,为声音文化研究提供了另一种较为微观的商业考察视角。伊丽媛的研究聚焦于融媒体时代音乐文化的传播,认为融媒体时代的音乐文化具有传播速度与广度提升、传播渠道与空间拓宽、传播圈层与领域细化三方面特征,同时也存在追求数据流量而忽视内容经典、国际化影响力不足以及传统音乐文化被大量流行、流量音乐元素所冲击这三方面困境。因此,其提出,应着力打造优质作品提升审美趣味、融合经典创新音乐文化、利用媒介技术与手段充分打造中国特色,从而摆脱传播困境。[4] 伴随着声音的"复兴",音频知识付费类产品也得到了开发与运用。李武、胡泊以知识付费音频为研究对象,借鉴启发系统信息双重加工模型,引入感知内容质量作为中介变量和免费观作为调节变量,探索了用户对主讲人声音吸引力的判断对自身后续付费意愿的影响及其发生机理。研究结果表明,"声音吸引力显著正向影响用户付费意愿,且有调节的中介模型成立。当用户免费观较低时,感知内容质量在声音吸引力和付费意愿之间扮演部分中介角色;当用户免费观较

---

[1] 刘涛、田茵子:《喊麦的声音政治及其符号实践——兼论听觉文化研究的阶层分析方法》,《湖南师范大学社会科学学报》2020年第4期

[2] 李昕昕、曾一果:《媒介空间的影像建构与文化想象——以王小帅"三线三部曲"系列作品为例》,《电影评介》2020年第2期。

[3] 刘庆华、吕艳丹:《疫情期间乡村媒介动员的双重结构——中部A村的田野考察》,《现代传播(中国传媒大学学报)》2020年第7期。

[4] 伊丽媛:《融媒体时代音乐文化传播:特征、困境与策略》,《现代传播(中国传媒大学学报)》2020年第12期。

高时，声音吸引力通过感知内容质量的完全中介效应影响付费意愿"①。

五、视听技术与新闻生产

每当有新的技术出现并勃兴时，我们就会审视一个反复被提及的问题，即它会对新闻业带来何种影响。同样，不断更迭的视听技术也将此类问题摆在了新闻传播研究者的面前。视听媒介技术发展日新月异，并且与传统新闻生产融合起来，不断推动融合媒体环境下新闻的生产。

（一）短视频的新闻生产

短视频与新闻生产的融合是学界、业界较为关切的一项可行方案。田维钢、温莫寒以人民日报社、新华社、中央广播电视总台、中国日报社四家国家级主流媒体在疫情中的短视频报道为对象展开了剖析。研究指出，此类报道具有突出个体叙事的叙事视角、聚焦移动场景的话语模式以及把握社会热点的价值呈现方式。不过，融合媒体环境下短视频报道也存在一些制约性因素，如情绪输出过度、深度探讨缺失、产品形态单一等问题。因此，主流媒体短视频报道应遵循信息采集追寻"速度"、产品制作把握"向度"、移动传播重视"态度"这三条路径。② 高贵武、薛翔对深度报道的短视频新闻实践予以了肯定，认为深度报道不仅可以通过短视频的方式呈现，还能重新阐释短视频新闻生产的融合张力，从而更好地理解碎片化视听形式与深度化内容表达之间的重要关系。在操作层面，深入"短"出恰是深度报道在短视频时代的发展逻辑与未来趋势。③ 另外，新冠肺炎疫情期间，直播新闻也十分活跃。申宁、曹为鹏聚焦网络特别直播节目《人民战"疫"》，认为该节目助力了新冠肺炎疫情阻击战，"不仅及时传递了第一手权威信息，对舆论引导起到了良好作用，也是对网络视频新闻和直播节目的积极探索与实践"④。

（二）可视化和可听化新闻

"可视化（Visualization）是指利用计算机图形图像处理技术，将抽象概念简单化、专业知识形象化、庞大数据可视化、复杂事件全景化展现的方法和技术"⑤，新闻生产中可视化技术的采纳有助于更为清晰、有条理性地呈现新闻事件。周庆安、张力文以"深思的可能性模

---

① 李武、胡泊:《声音的传播魅力：基于音频知识付费情境的实证研究》，《新闻大学》2020年第12期。
② 田维钢、温莫寒:《价值认同与情感归属：主流媒体疫情报道的短视频生产》，《现代传播（中国传媒大学学报）》2020年第12期。
③ 高贵武、薛翔:《深入"短"出：短视频时代的新闻深度——基于深度报道短视频化的实践考察》，《当代传播》2020年第6期。
④ 申宁、曹为鹏:《〈人民战"疫"〉：5G时代直播新闻的新探索》，《新闻与写作》2020年第5期。
⑤ 白净、吴莉:《健康传播中的可视化应用——以新冠肺炎报道为例》，《新闻与写作》2020年第4期。

式"作为理论框架,考察了2020年新冠肺炎疫情期间与疫情相关的可视化报道的特点与形态变迁,认为"新媒体平台中信息图(infographic)的使用对于传播中边缘说服力的形成具有一定的影响,有助于解决'信疫'中潜在的认知障碍"。①

"作为数据新闻实务中的前沿创新,数据可听化(data sonification)以全新的方式拓宽了数据新闻的呈现形式。正如著名数据新闻记者西蒙·罗杰斯(Simon Rogers)所说,我们总是在寻找新的方式将数据可视化,声音开启了一个新的可能性局面。"②方惠探讨了近几年来数据可听化在新闻实践中的运用,认为数据可听化与传统报道有所不同,其突出强调了音符间的节奏感、诗意和美学等元素,并最终诉诸新闻内容的感受力。可听化的独特价值在于情感唤起,但乐理理解和参数映射上的困境仍亟待克服。刘涛、朱思敏也对数据可听化命题进行了探讨,认为作为当前融合新闻中声音叙事的方向和趋势,数据可听化的主要表现形式包括:以声音配合画面讲述数据化信息、以数字声音模拟现实声音或情景以及以音乐或音效形式再现数据逻辑。③

(三)感知媒介下的新闻生产

可视化和可听化都突出了人的感知在新闻生产和报道中的重要性。孙玮在《论感知的媒介——兼析媒介融合及新冠疫情期间的大众数字传播实践》一文中提出了"感知媒介"的概念,在她看来,2020年新冠病毒在全球的蔓延,让人的身体与感知成为我们认知病毒最突出的方面。

> 数字媒介的普及使得人们得以全息化、多维度地感觉到病毒弥漫的危险环境,以及处在同一威胁之下世界各个角落里同类的存在。透过屏幕(手机的、电脑的、电视的或镶嵌于城市空间的,但主要是手机的),感染者沉重的喘息声、被呼吸机覆盖的面庞、逝者亲朋撕心的哭泣、众人追赶灵车的步履、防护服遮掩了真容的救护人员、似军营般整齐排列的病床,这一切伴随着真假莫辨的汹涌信息,扑面而来。更有那用精确定位标识患者所在区域的疫情地图,以及如影随形的健康码。因为有了虚拟在场的体验式新媒体,这一切形成了排山倒海般的巨大感官冲击,猛烈地撞击着人们的理性意识与心理防线。有学者将这种极端状况称为"终端化生存":这是人类历史上第一次全终端、全信息、全场景、全时空、全体验、全直播的重大事件,整个地球上几乎所有地点的所有人,不管他是多么远离现场,都会通过终端设备"观看疫情",同时"观看疫情的破坏性效

---

① 周庆安、张力文:《信息图:新闻发布的可视化呈现新路径》,《新闻与写作》2020年第8期。
② 方惠:《数据可听化:声音在数据新闻中的创新实践》,《新闻记者》2020年第11期。
③ 刘涛、朱思敏:《融合新闻的声音"景观"及其叙事语言》,《新闻与写作》2020年第12期。

果"。(张宇星,2020)① 只是此处用"观看"已不足以显示"全体验",电视时代的"全世界在观看"已经转变为"全世界在感受"。②

孙玮看到了电视时代的"全世界在观看"已经转变为"全世界在感受"。今天的新闻生产也是这样,不仅越来越注重可见性和可听性,而且越来越注重全方位的感知体验。孙玮以上海"澎湃新闻"所提供的"你的地方"报道为例,详细介绍了澎湃新闻这样的新型主流媒体关于这个项目的生产和传播方式都与一般传统做法的不同,包括线下活动、线上报道、上海当代艺术馆的现场展示等。新媒体呈现与实体空间的身体实践相互渗透,贯穿于媒介生产与大众参与的全部过程,从根本上改变了传统电视新闻的生产方式。

六、结语

短视频、网络直播、感知媒介……从上述关于2020年视听传播研究的主要议题来看,随着数字媒介技术的不断发展,今天的视听传播跟电影和电视时代的视听传播在技术手段、内容生产和文本形态等方面都发生了巨大变化,而且这种变化在未来还将愈演愈烈,并且对人本身的存在方式与价值产生了极大的影响。就像孙玮在其讨论感知媒介时所说的那样:"数字技术作为驱动力的第四次工业革命,推动着人类社会从信息时代迈向智能时代,这个时代的媒介技术特点是,越来越多地触及人类存在的根本性问题,如新型时空、虚拟实在等,特别是新型主体不断涌现,如赛博人、仿真人等,而这些都涉及人类感知方式的历史性变革。媒介技术塑造感官,是媒介影响人类文明的一种重要的、基础性方式,也是塑造主体的一种力量。最终指向的是人本身及其存在的方式与价值。"③

---

① 张宇星:《终端化生存 后疫情时代的城市升维》,《时代建筑》2020年第4期。
② 孙玮:《论感知的媒介——兼析媒介融合及新冠疫情期间的大众数字传播实践》,《新闻记者》2020年第10期。
③ 孙玮:《论感知的媒介——兼析媒介融合及新冠疫情期间的大众数字传播实践》,《新闻记者》2020年第10期。

2020年华夏传播研究综述

谢清果　王皓然[*]

如果我们以1978年郑北渭先生在《外国新闻事业资料》上译介的华伦·K.艾吉的《公众传播工具概论》和《美国资产阶级新闻学：公众传播》两篇论文为开端的话，本土传播学研究已走过43个年头，接近一个"80后"。如果将它比作一个中年人，则意味着它很有可能正逐步进入生活的瓶颈期，迎来一次"中年危机"的挑战。

其实，传播学研究也是如此。在它历经学术生命头40年的不断吸收学习和自我批判的野蛮生长后，"自我人格"开始定型并趋向保守和教条化。但同时，传播学的外部环境发生了天翻地覆的变化：一方面，以海量数据和算法科学所主导的崭新信息时代改变了世界的基本规则。我们现正处在从计算机和信息技术引导的第三次工业革命向第四次工业革命转变的接轨路口，由生物技术引导的认知神经科学，由智能计算、光学工程和量子通信引导的新一代网络物理系统，结合新材料、新能源、新空间，正在创造出全新的传播环境，这是过去难以想象的。[①] 另一方面，在经典时代中培养起来的主体意识、认识范式和思维惯性，它们又过早地定义了传播学是什么、为什么和怎么做等关键问题，使得未来发展路径被框定。

两者虽非绝对冲突，但这种时代感与归属感造成了不可弥合的隔阂。不平凡的2020年放大了这种隔阂：它以一种横扫一切的冲击力颠覆了我们许许多多的旧思维和旧常识，其余波也将长远地影响着新闻传播学科。新冠肺炎疫情深刻地改变了全球范围内的社会生活，促使社会运行的主导逻辑由生产逻辑转向风险逻辑[②]，过去以效果论为主导价值的能动的、生产性的传播学知识取向，不得不面临更加深刻的自我批判，不得不寻求重新认识我们与外部世界、我们与传播之间的关系。在这一过程中，与其把自己看作离散的、本质上是人类的人，还不如把自己理解为通过与其他物种相互作用而成为的人。故而传播学不得不去思考如何在我们的生存世界当中实现人与自然、人与人的和谐相处、交往共生，保持主体间性的思考维

---

[*] 谢清果：厦门大学新闻传播学院教授；王皓然：宁波大学人文与传媒学院讲师。
[①] 吴予敏：《中国传播研究的再出发》，《新闻与传播评论》2020年第3期。
[②] 《国际新闻界》传播学年度课题组：《2020年中国的传播学研究》，《国际新闻界》2021年第1期。

度,从而真正理解"万物皆媒"所构成的社会交往关系。[1]

"中年危机"的首要表现是突如其来的"身份焦虑"。在过去,传播学界一直强调"以世界为方法"。这包含了学术理论和知识的权威谱系、学术话语家族、学术问题议程、学术规范标准、学术建制秩序、学术传播网络等。然而,作为方法的"世界"本身却是以美国、欧洲国家为基本模板,就连其中不同的意识形态价值体系、不同的学派斗争、不同的学术话语也都在中国得到沿袭和模仿。[2] 这种异域风情在与不断发酵凸显的本土问题脱节的过程中,自然带来自我的身份危机。

"中年危机"的另一个表现是路线模糊。剧变之下的现实,对过去传播学"为什么"和"怎么做"等回答提出了挑战,理论与方法的效度失灵正倒逼着我们去寻求新范式、新方法。当下传播学研究面临的议题和挑战,已经偏离传统普适性的"世界方法论",愈发需要以新的尺规来划定未来方向。这把尺规可能是大数据、技术批判,也可能是新史学范式或是更加严谨的行为科学取向。不同细分领域中,我们正为着共同的目标奔向各自的方向,而尝试提出"以中国为方法"的华夏传播学研究范式,恰印证了对"以世界为方法"的过往主体意识的批判和修正。作为传播学百花争艳中的一枝,华夏传播研究既是立足中国本土、历史的学问,也是面向当下、未来和世界的研究,肩负着十分繁重而艰巨的历史使命和社会责任。[3] 在新冠肺炎疫情加速催生的"世界百年未有之大变局"面前,它的野心和潜能不仅仅是对学术主体性的深切忧思,更是面对当下生存世界许多客观难题时的切实需要。

一、从中华到世界:话语的对话与碰撞

2020年,华夏传播研究迎难而上,尤其表现在比过往更加迫切地与主流学术体系实现对话、碰撞和思想交锋的过程。相对过去聚焦于从在洋学问中提炼"中国特质""中国经验",更多学者已经意识到主动提倡"中国意识""中国道路"的重要性,这不仅仅是华夏传播研究从学科范式和主体意识上趋向成熟的标志,更是实现国家长远的文化出海与积极国际化战略的重要方法论指导。谢清果在《如何向世界说明"中国":中华文化海外传播的问题意识与方法自觉》一文中就指出,中华文化海外传播是中国在国际舞台上树立国家形象的关键一招,在当代阐扬"中国"观念的文明交往观,是建构向世界说明"中国"话语体系的内在需要。[4]

---

[1] 肖珺、肖劲草:《历史大场景下的疫情传播:问题与方法——2020中国传播创新论坛·云端对话会议综述》,《新闻与传播评论》2020年第4期。
[2] 吴予敏:《传播研究应"以中国为方法"》,《教育传媒研究》2020年第6期。
[3] 邵培仁:《面向现在、未来和世界的华夏传播研究》,《现代视听》2020年第6期。
[4] 谢清果:《如何向世界说明"中国":中华文化海外传播的问题意识与方法自觉》,《安徽师范大学学报（人文社会科学版）》2020年第4期。

与其他国家不同,中国有着以儒学为核心、儒释道一体的文化传统,有着以中文为支持的表达习惯和语言实践特点,融入了当代在社会主义核心价值观主导下的文化实践,共同塑造了它特有的表达方式、思维方式和行为方式。[①] 这共同决定我们只有在强调自身主体特殊性的前提下,才能与更广泛多元的文明世界形成交流。特别是与倡导"世界性"和"普适性"的西方文明模式发生对话过程,将避免不了碰撞和融合两种对话姿态。

(一)以史为鉴:华夏文明传播研究的历史之思

文明与文明间的对话往往是二元的,它包括相互角力对撞的过程,也正是在对撞中实现更深层的对话与互构。2020年华夏传播领域的不少成功,都试图将文明对话作为一种鲜活的传播过程进行语境还原,进而重新审视历史事件中显现的传播价值。比如张兵娟、李阳的论文《传播学视角下中英"礼仪之争"再审视》解读1793年英国大使马戛尔尼来华导致的"礼仪之争",它既是东西方文明史上的一次碰撞与冲突,也是40余年后爆发鸦片战争拉开中国近代史的"导火索"。作者借助后殖民理论批评,从传播学视角重新审视传播动机、传播手段及由中英价值观念偏差导致的认知障碍等因素,指出英贸易诉求背后的殖民霸权倾向;同时通过中华礼仪文明与西方物质文明的对比,帮助我们理解西方文明扩张史,亦从中纠正"中国故事"中丧失主体性的长期失语,重塑中国文化自信和中华文明。[②]

虽然殖民时代已经被人类历史彻底翻篇,但殖民主义认识模式的强烈意识仍深远影响着每个人的思维。在根深蒂固的西方范式雾霾之下,华夏传播学的倡导者常不由自主地将自己所倡导的"中国方法"和"中华范式"误作为一种被凝视和被观察比较的对象,进而又重新落入东方主义的怪圈当中。要摆脱这种怪圈,除了不断强调自我意识的自信外,也需要通过对福柯式的批判来对东方主义话语加以更深刻的解构。王润珏就为我们提供了这样一种思路。他以微观视角还原西方世界如何在早期历史中相对匮乏的传播渠道中建构对中国的想象。在中英尚未直接接触的16世纪,英国多通过间接素材从地理、人文和商贸三个维度勾勒中国形象,这与该时期英国对海上权力的谋求、国家制度的设计和对贸易逻辑的认知紧密联系。[③] 对一个文明的认识判断是一定条件下传播活动的结果,它并不具有真理性和恒定性,而仅作为客观交流条件和具有局限性的主体视角的共同呈现。

如何客观地使用这种具有历史性的观察结果来帮助我们实现对华夏文明的自我审视是研究难题所在。哈布瓦赫认为,记忆既是物质现实,又是象征符号。这种对于记忆的二重性的充分认识,有助于我们理解记忆与社会关系的重要性。王润珏的尝试是以深植于英国国家历

---

① 胡智锋、刘俊:《新中国70年新闻传播学发展的回顾与展望》,《新闻大学》2020年第2期。
② 张兵娟、李阳:《传播学视角下中英"礼仪之争"再审视》,《新闻与传播评论》2020年第5期。
③ 王润珏:《探索与想象:16世纪英国国家记忆中的中国形象》,《现代传播(中国传媒大学学报)》2020年第4期。

史和社会认知中的记忆符号为线索，唤醒跨越时空的共同记忆，以形塑更生动、丰盈的当代中国形象。[1] 中西两种文明模式之间的对话过程，不仅仅是意义、思想、哲学的对话，更是基于广泛的社会物质交往活动的对话。及至当下，由于全球化的市场实践活动，通过物质交往活动来促成双方的相互理解与和解，成为比直接的符号交流更频繁且主流的对话方式。比如以茶叶商品贸易为媒所开展的国际传播，就是消弭各国各地区间存在的文化差异和思维隔阂、化解中华文化国际传播之困的可借鉴案例[2]；又如各民族生活媒介在文明对话中的作用，通过考察游牧服饰的装饰符号流行传播，可以厘清中国与周边和海外民族交流的互动模式与规律[3]。杜莉、刘彤、王胜鹏等共著的《丝路上的华夏饮食文明对外传播》一书，选取我国不同区域三条丝路上的饮食文明对外传播为研究对象，以历史学为基，运用文化人类学、传播学等多学科原理，勾勒出全球贸易活动发生过程中的文明交流、融合与演进。[4]

文明与文化的交流过程不但是碰撞和融合的，而且这种碰撞和融合总是文明传播实践过程中的一体两面。按赵立敏的说法，即"冲突与融合是跨文化传播的两大旋律，冲突既是融合的阻力，也是融合的动力，什么样的冲突往往造就什么样的融合"[5]。他以佛教在华传播为例证，详细阐释佛教与中国本土文化先后经历的理论冲突、身份冲突、权力冲突。在这一过程中，冲突规范了儒释道的功能分区，也奠定了中国传统文化的基本传播秩序。[6] 佛教本土化的传播过程和当今我们所面对的全球化交流活动一样，存在着身份认识和重构认同的曲折且深度的发展。

（二）经世致用："人类命运共同体"视角下的思想对话与文明交流

历史、现在与未来，不断交织的人类发展实践和广延的交流活动中，我们的对话和碰撞无时无处不在产生。而之所以华夏传播学研究所提倡的独立体系和理论特色具有重要性，不仅因为它是"最历史的""最中国的"，更因为它最符合当代国家、民族与社会发展需要。

---

[1] 王润珏:《探索与想象：16世纪英国国家记忆中的中国形象》，《现代传播（中国传媒大学学报）》2020年第4期。

[2] 杨懿:《符号学视域下中华传统文化的国际传播：基于贵州茶的观察》，《现代传播（中国传媒大学学报）》2020年第11期。

[3] 李楠、张焱:《跨文化视野下中国游牧服饰之媒介功能与意义》，《现代传播（中国传媒大学学报）》2020年第5期。

[4] 杜莉、刘彤、王胜鹏、张茜、刘军丽:《丝路上的华夏饮食文明对外传播》，人民出版社2020年版。

[5] 赵立敏:《理论、身份、权力：跨文化传播深层冲突中的三个面向——以汉传佛教在华传播为例》，《国际新闻界》2020年第9期。

[6] 赵立敏:《理论、身份、权力：跨文化传播深层冲突中的三个面向——以汉传佛教在华传播为例》，《国际新闻界》2020年第9期。

近年来,"中外文化与国际传播研究丛书"系列作为国家社科基金重大项目"一带一路背景下中国价值观的国际传播研究"的成果,为我们罗列了同"一带一路"沿线国家文化交流传播活动当中所涉及诸多问题和理论探讨。它主要关注中国价值观在国际传播过程中的环境演变与理论创新,同时涉及中外比较研究、人类命运共同体视域下中国价值观的跨文化阐释研究等。[1] 作为该系列的最新成果,《中华文化海外传播的新境界:中西传播思想的分野与对话》以传播学为锚点对"中国价值"的当代性和学理性进行了现代化阐释,用中西传播观念比较观照的方式实现中华传统文化思想精粹与现代传播学理论的对话,进而将传统价值与智慧嵌入现代化的传播学理论与实践指导体系中去。逄增玉的《跨文化交流与中华文艺参与人类命运共同体建设的思考》一文则着重阐述"建设人类命运共同体"倡议号召下的跨文化交流活动的重要性。[2] 中国与西方、传统与现代的传播思想智慧加以比较对话,是深化对本土传播思想轮廓认识的必要步骤。谢清果、王婕就以比较哲学的方法将彼得斯《对空言说》中提出的传播阈限性问题与先秦思想家庄子的观点进行了比较。[3]

二、从观念到体系:华夏传播学的议题、概念与范式思考

华夏传播研究之所以可能,很大程度上归功于一代又一代学人的情怀和视野,尤其是从这个研究领域产生之初就一以贯之的跨学科、跨领域、跨文化的开放学术态度。华夏传播研究经由自我批判与审视实现了学科化与成熟化,这尤其体现在对研究方法、范式的不断尝试和思考当中。正是这些在生命历程当中积累起来独特气质,才赋予了这样一个偏"传统"的研究面向始终保持着前沿性和生动性。

(一)小问题与大乾坤:中国传统文化现象与意向的新阐释

近年来,随着媒介学、媒介考古学以及具有本土特色的阐释学和传播考古等新的视角与方法的涌现,对中国传统传播实践和历史文化现象的传播学研究拥有更广阔的潜力空间。越来越多的学者致力于对文化现象与意向进行新的传播学思维框架下的阐释和理论建构。这些现象许多是具体而微的,却无不体现着中华文化的独特智慧和丰富实践特点。

比如,潘祥辉以"谥号"这一符号来透视中国古代政治传播。谥号既是生者对死者的"盖棺定论",也是一种"无声的舆论",发挥着道德监督的作用。谥号依托于褒贬评议程序,

---

[1] 谢清果等:《中华文化海外传播的新境界:中西传播思想的分野与对话》,中国戏剧出版社 2020 年版,总序第 7 页。
[2] 逄增玉:《跨文化交流与中华文艺参与人类命运共同体建设的思考》,《现代传播(中国传媒大学学报)》2020 年第 3 期。
[3] 谢清果、王婕:《〈庄子〉对"交流失败"的求解——从与彼得斯〈对空言说〉比较的视角》,《新闻爱好者》2020 年第 6 期。

通过口碑、史书以及碑刻等媒介传于后世，以其宗法传统发挥其重要的声誉传播和宣传教化作用。在"前大众传媒时代"，以谥评人、盖棺定论的中国式传播机制，既是一种华夏本土传播观念，也是一种本土传播实践。①

"追谥"作为中国古代政治传播活动当中的文化现象，独特却非孤例。李东晓、潘祥辉的《"史论监督"：一种中国特色的政治监督机制溯源》一文择取"史权"这一中国传统政治生态中的独特存在，探讨它的监督职能、历史渊源和行动模式。中国史学对世界文明的贡献不止于发明了一种自成体系的、连续性的记录方式，更在于发展出一种通过历史书写与传播来实现对现实政治的监督功能，即"史论监督"。②"追谥"和"记史"，虽有各自的目的和运作模式，但都是活跃于中国传统社会的"前大众传播时代"的特有文化实践。

又比如，谢清果从"门"入手，考察生活世界中的常见媒介在人类社会交往过程中的隐喻义。在《道德经》中对"门"之意向性的不同运用既阐释了作为万物本源的道为"众妙之门""玄牝之门"，提出了"门道"隐喻；又剖析了人类如何复归生活世界的操作方式，引申为欲望和心灵的门。③

"礼"是建构中华传统文化与历史秩序的核心机制，研究华夏传播问题就绕不开"礼"在传统实践中的传播和符号功能。张兵娟教授与张议丹、张欢分别合作的两篇论文，分别从日常最易接触的"饮食"与"牌坊"入手探讨二者作为"礼"的载体如何在传统文化生活当中发挥社会性作用。中华饮食既蕴含了丰富的文化韵味又发挥着完整的社会功能，又是在饮食活动中建构了"礼"。④ 同样，牌坊由于它极高的审美、历史、艺术价值，在崇尚用"礼"来规范社会的古代中国也极具探讨价值，牌坊是一种具有"时间偏向"性的"无声的媒介"，也被视为一种"类大众媒介"。⑤

李东晓的《"唱新闻"：一种地方说唱曲艺的传播社会学研究》一文将源于南宋临安的地方特色曲艺活动——"唱新闻"置入传播学的视角。"唱新闻"是留存至今的古代"新闻"传播活动的活化石。⑥ 该文从传播社会学视角对"唱新闻"在浙江地区兴起的社会因素进行分析，并将之与近代江浙沪地区媒体新闻业兴起相联系，发现它作为底层社会二次传播口头中介的社会与历史意义，为丰富我国民间口头传播实践研究提供了新的阐释视角。

---

① 潘祥辉：《盖棺定论：作为一种本土传播机制的谥号及其政治功能》，《社会科学战线》2020年第11期。
② 李东晓、潘祥辉：《"史论监督"：一种中国特色的政治监督机制溯源》，《新闻与传播研究》2019年第10期。
③ 谢清果：《媒介哲学视角下的老子之"门"新论》，《山西大学学报（哲学社会科学版）》2020年第2期。
④ 张议丹、张兵娟：《饮食媒介符号的礼文化传播及当代价值》，《新闻爱好者》2020年第5期。
⑤ 张兵娟、张欢：《传播视野下中国古牌坊的媒介特征及其当代价值》，《新闻爱好者》2020年第2期。
⑥ 李东晓：《"唱新闻"：一种地方说唱曲艺的传播社会学研究》，《新闻与传播研究》2020年第8期。

在"前大众传媒时代",中国特色的传统传播实践还有祭簿。在徽州乡村社会中,它作为一种"神圣文本"实现特色的媒介叙事与乡民记忆建构。庄曦、何修豪以安徽歙县峤山村实地收集的八份祭簿为样本,集中探讨了徽州祭簿与乡民记忆活动之间的关联性问题及其"沉降式"的传播结构。① 该研究是非常可贵的将民间文献与田野研究相结合的代表性成果。

陈月华、潘沪生的《从图案化影像遗存探析我国原始游戏活动中的价值观塑造传播》一文视角颇为大胆,意从当今考古发现中复原原始社会赓续至今的传统游戏活动。通过考古研究成果结合图案化实物影像资料如岩画、崖画、彩陶纹饰等"史前文献",分别从生存、享受、发展的三个视域窥探我国原始游戏和氏族价值观的塑造与传播之间紧密的同根性关系。② 以古鉴今,这些远古以来的时间传承与保留能够为当下新时代以严肃游戏为载体传播国家主流价值观的行为进行最本初的溯源,提供最悠远的观照。

之所以强调华夏传播研究与传统传播学研究之间的区别和对等关系,是因为在漫长历史演化过程中中国独特的政治体制、自然禀赋、哲学和科学技术思想体系,共同塑造了中国新闻传播实践的明显特征。这些文化印记既是我们研究和思考的对象,也是中国新闻传播学主体性建设的基础和依托,彰显着中国新闻传播学主体性建构的广阔空间。③ 比如在情感价值的语言传播上,孔子主张以德性情感主导的"慎言"观,其目的是通过"慎言"来培育个体德性的修养,强化阶级之间的互动交流,保持社会秩序的稳固,建构理想社会。④ 中国人的交流活动讲究意境、内涵和隐喻关系,将西方修辞学强调的辩论、逻辑包裹在美学和情感的温暖外衣当中。这也让中国传统的人际交流和说服活动有了其独特性。⑤

(二)老智慧与新道路:华夏传播研究的经典之思与范式之辩

我们始终强调,华夏传播研究需要以自身的主体意识为起点,讲求对中华文明的范式自信与方法自觉,也讲求对优秀传统思想的提炼和把握,更讲求辩证地把握两种文明形态理解传播与社会时的思维互补性。邵培仁、姚锦云的专著《华夏传播理论》就是这样一部系统性探讨华夏传播问题意识、方法启示和理论贡献的重要作品。不仅探讨了华夏传播理论是否可能、如何可能以及如何建构等问题,而且创造性提出"从观念到概念、从思想到理论"的建

---

① 庄曦、何修豪:《徽州祭簿的媒介叙事与乡民记忆建构研究》,《现代传播(中国传媒大学学报)》2020年第3期。

② 陈月华、潘沪生:《从图案化影像遗存探析我国原始游戏活动中的价值观塑造传播》,《现代传播(中国传媒大学学报)》2020年第9期。

③ 胡智锋、刘俊:《新中国70年新闻传播学发展的回顾与展望》,《新闻大学》2020年第2期。

④ 林凯、谢清果:《"慎言观"视域下孔子的情感传播观念研究》,《华夏文化论坛》2020年第1期。

⑤ 谢清果、米湘月:《说服的艺术:华夏"察言观色"论的意蕴、技巧与伦理》,《现代传播(中国传媒大学学报)》2019年第10期。

构路径，并依据中华文化基因和传播元素探索性地提出一系列华夏传播理论观，从而既表征了华夏传播研究在全球传播时代的觉醒与现实，也丰富了华夏传播理论的认知与想象。它以宏大广阔的理论视野，辩证地探讨了西方与本土、历史与当下、返本与开新、意义与因果、知识论与方法论等的关系；在翔实而鲜活的文献资料中提炼出"华夏传播十大观念""意义之网""理论的胚胎"，以"他山之石"攻本土之玉，也以本土之智启全球认知，使古今中外的学术对话得到充分开展。①

对华夏传播学理论体系整体性框架性的设想，建立在更多学者对中华文明丰富资源大浪淘沙式的辛勤挖掘上，也建立在对重要历史人物事件的思想提炼上。每年都有许多优秀成果致力于从既往的历史材料中为我们淘洗出传统传播观念智慧的饕餮盛宴。潘祥辉的《"潜夫"之论：东汉王符的政治传播思想研究》一文聚焦于东汉中后期社会政治批判思潮的开风气者——王符。王符对东汉的吏治、社会风气及政治传播失灵现象有着深刻的洞察和批评，进而对君臣、官民之间的政治沟通，对克服政治传播的信息壅塞及信息扭曲提出一系列主张。②

由于中华文化相对独立的实践性特征，全盘托付于西方社会科学与人文思想的认识论与价值论难以完满地理解、深入阐释许多原生传播现象，本土化的语境和历史实践条件必不可少。余英时也说："我可以负责地说一句：20世纪以来，中国学人有关中国学术的著作，其最有价值的都是最少以西方观念作比附的。"③ 当我们越来越多地把这些与经典传播学语境迥异、知识超纲的问题纳入传播学的视野下去重新分析时，就不得不寻求建立本土化的独立范式。李红就认为在中国文化中，"权力"并不是讨论的核心，以"权力"为中心的范式划分只适用于西方语境。为了将华夏传播研究范式的讨论置于世界话语的脉络，他提出以"主体"作为中心的范式划分标准。基于中国文化以"自我"为对象的修身传统，遵循反求诸己范式及朝向内在"主体性克减"的逻辑，以获得自我的敞开与透明，主体才实现对于他者或者世界的吸引或者接纳。④

尹连根对当下传播学本土化研究总体态势进行了评估，认为当在地经验的本土化之争日趋式微的时候，传统文化的本土化之争依然存在。他参照社会学与史学等学科的本土化实践，也提出对传播学本土化可资借鉴的三条路径：社会学的"文化自觉"，哲学层面的思辨以及历史学层面的传播活动诠释。⑤

---

① 邵培仁、姚锦云：《华夏传播理论》，浙江大学出版社2020年版。
② 潘祥辉：《"潜夫"之论：东汉王符的政治传播思想研究》，《湖南师范大学社会科学学报》2020年第3期。
③ 余英时：《论士衡史》，上海文艺出版社1999年版，第459页。
④ 李红：《反求诸己：华夏传播研究的范式》，《山西大学学报（哲学社会科学版）》2020年第2期。
⑤ 尹连根：《庄子与中国传播学的本土化》，《新闻与传播评论》2020年第6期。

三、从过去到现在：新时代下的华夏传播与文明实践

华夏传播研究既传统又当代，它对把握和理解当代的传播现象、文化符号有着自己的独特面向和视角。近年来越来越多研究尝试从田野经验、实证方法出发，参透传统文化思想精华如何被创造性地融入现代社会生活实践当中。近年来，华夏传播研究的工作不仅仅局限于从黄泥巴中捧出"土理论"，它同样结合现代社会的传播实践活动特点进行了很多范式、方法和哲学认识层面的思考，进而涌现出传播考古学、训诂和谱牒学等既具有本土特色又具有广泛影响力的新研究方法。这种古今对谈本身汇聚了古老与现代、东方与西方的不同智慧，也让华夏传播研究的版图和视野在历史与现代的交汇中变得更加完整、广博，亦碰撞出更加多元精彩的思想火花。

（一）华夏传播研究的方法与范式创新

林羽丰的《月子传授：行动中心的传统传播研究》一文摈弃过往传播研究的文本中心主义取向，转而寻求一种行动中心主义假设，进而启发我们以一种微观的、日常的、行动取向的思路考察传统传播的问题。文章以发生在一对母女间的月子传授展示了"文本式微而趋于边缘，行动紧迫而占据中心"的传统传播实践。这则个案充实了关于行动中心的想象和传统传播的认识，也显现了传统对现代的反噬。[①]

相比以信息文本及其运动为主要研究对象的传统传播学范式，以行动为中心的研究取向更加契合于中国传统传播实践样态。但这并不意味着传统的以信息为中心的传播学方法论便不再适用于华夏传播问题的研究，比如宋凯将大数据和网络分析代入传统文化形象议题上来。[②] 董小玉、金圣尧则讨论了中国人最为重视、最富感情的"家文化"是如何通过现代媒介和现代叙事焕发新生的。文章着重阐释中华优秀"家文化"的内涵价值，分析新时代中华优秀"家文化"的现代媒介传播样态：族谱电子化、数字化，并破解现代叙事下"家文化"的流散难题，以期全面了解"家文化"的传承现状，并提出"家文化"的建构范式与传播路向。[③]

邱凌的《"和合"思想：中国影视剧对外传播的价值核心》一文则考虑了通过影视剧如何起到传播"和合"思想的问题，认为应通过多维视角、多元题材、精良制作打造优秀文化成果。[④]

---

① 林羽丰:《月子传授：行动中心的传统传播研究》,《新闻与传播研究》2020年第9期。
② 宋凯:《北京文化形象的媒体呈现——基于大数据和社会网络分析方法》,《现代传播（中国传媒大学学报）》2020年第10期。
③ 董小玉、金圣尧:《论新时代中华"家文化"的内涵价值与传播样态》,《现代传播（中国传媒大学学报）》2020年第9期。
④ 邱凌:《"和合"思想：中国影视剧对外传播的价值核心》,《现代传播（中国传媒大学学报）》2020年第6期。

同样是研究影视剧文本的传播问题，张兵娟、刘停停的关注点聚焦在以影视剧为载体实现文化价值传达的可能性上。该研究综合近年来获得业界关注和市场成功的年代剧在叙事上的特点，主要从小人物、大时代的历史叙事，立体化、差异化的人物叙事，地域化的审美叙事以及多维度的家国叙事来探讨年代剧在叙事上的创新与突破。①

（二）华夏传播研究的版图补全与理论积淀

华夏传播研究本身是以愿景为导向的实践尝试：它将试图建立具有深刻独立意识、民族立场和本土实践价值的华夏传播学作为其终极追求，并为此尝试以西方传播学的经典理论、范式为蓝本进行批判性对话，又不断将文学、史学、哲学、修辞学、人类学等不同学科视角下的理论和方法融入这种尝试当中去。正因为"愿景"当先，它往往先有框架与理论设想的"骨架"，再通过不断汇入的新思想、新研究扩充"血肉"。在自我不断拓展边界的过程中，华夏传播研究也致力夯实基础，补全学术拼图。

这种边界拓展不仅来自现实问题与未来的展望，更取决于经典文本和发展历程的不断沉淀。2020年，华夏传播研究论丛系列《海外华夏传播研究（陈国明卷）》《华夏传播研究在中国（谢清果卷）》《华夏传播学年鉴（2019卷）》三册本出版，通过组织经典文本的方式展开学科史的书写尝试。此外，大量海外学者研究中译本的首次出版，对华夏传播研究的历史溯源进行了新的延展，进而能让我们重新思考华夏传播研究草创的设想和路径探讨，重新认识华夏传播研究发展逻辑，强化学科意识。同样怀揣着补全华夏传播研究学术版图的目的，谢清果等主编的"经典与传播研究丛书"系列继《中庸的传播思想》《庄子的传播思想》之后于2020年又出版了《〈论语〉的传播思想》，以传统经典与现代理论的对谈来深耕传统文本当中的传播观念和思想。厦门大学新闻传播学院作为早期华夏传播研究的萌芽之地，长期致力于这些文本经典和历史文献层面的基础工程，致力于补全空缺版图的学术作品，为孕育更多、更前沿、更深刻的成果提供土壤。

这种版图补全是前向的、面向历史和自我的。当下的华夏传播研究讲求古今、中西之间的对话融通的可能，时间与空间跨度上的理论张力。这就意味着不只是用"传统的眼睛看现代"，更可以用"现代的视野"重新审视我们的传统。由晏青、杨威所著的《再访传统：中国文化传播理论与实践》以新传播体系作为背景讨论传统文化传承，从媒介逻辑、移动哲学、全球传播以及个案研究四个层面研究中国优秀传统文化在大众传播系统中的传播景观与策略。

聆听时代的召唤，2020年华夏传播学研究正表现出它更加自信、积极和开放的面貌，更主动地承担文明传播、文化出海、跨文化传播与交流的历史性责任与使命，也更主动地

---

① 张兵娟、刘停停:《历史之潮与现实之美：年代剧的叙事创新及其精神诉求》，《中国电视》2020年第2期。

参与到"中年危机"背景之下关于传播学"是什么"和"怎么做"的讨论当中去。在 2020 年于厦门大学、云南民族大学、深圳大学分别举办的"华夏文明与传播学中国化高峰论坛""华夏文明与跨文化传播学术研讨会""华夏文明与传播创新高峰论坛暨华夏传播研究会年会"三场学术论坛中,就紧扣"中国化"、"文明传播"和"创新"三个关键词展开了多领域、多层次的精彩交流。这既是华夏传播研究在当下和未来一段时间内的主题任务,也是它为传播学正面临的"中年危机"给出的药方。

四、总结

尽管我们已经无数遍地渲染过这种山雨欲来的气氛,但大变革当中的传播学,已经是事实地踏入它的"中年危机"中了。其表现在整个传播学界当中,就是我们对于过去笃信的认识论与方法不再抱有无可置疑的信仰,对这个学科的边界和未来形态不再持有笃定的判断,对自身的身份和价值认同更加焦虑;表现在更细分的华夏传播研究领域,就是对自身主体意识、范式意识的更加关注,对自身对现实传播活动的经验把握和指导意义更加关注,对与传播学其他不同流派、更广泛不同学科与科学领域间的交流欲望更加迫切。

在未来,新闻传播学的发展突破少不了"世界性的传播学"和"中国化的传播学"两个主体之间的建构与创新。因而"新闻传播学"的发展与"中国新闻传播学"的发展有它各自平行且独立的空间:新闻传播学主体性的建构,是基于以传统老牌学科的发展为参照的;中国新闻传播学主体性的建构,是以全球新闻传播学的发展为参照的。[①] 在新的剧变时代中,两者虽然是"你中有我"的,却又需要各自埋头苦干。居于其间,既强调本土性和主体性,又极具与世界产生对话,甚至影响和改变世界性理论的华夏传播学,会不断通过延展范式和理论骨架,并不断填充文本和历史的血肉的方式,继续履行好属于它的那一部分学术使命。

就如"幼儿期""青春期"等不同的人生阶段一样,这场"中年危机"终究要被经历、被克服,在无数的自我否定、观点论争和重新发现当中进入下一个、也更加成熟的阶段。唯一和人类不同的是,华夏传播研究的学术生命,只会变得更加"年轻",更加具有"活力",并迈向更加广阔的未来。

---

① 胡智锋、刘俊:《新中国 70 年新闻传播学发展的回顾与展望》,《新闻大学》2020 年第 2 期。

论文选粹

《中国新闻传播学年鉴》优秀论文奖作品选摘

中国社会科学院新闻与传播研究所于2021年12月完成了第九届（2020年度）全国新闻传播学优秀论文遴选暨《中国新闻传播学年鉴》优秀论文奖评选活动。

优秀论文遴选由中国社会科学院新闻与传播研究所主持，始于2013年。为增强学术年鉴对学术研究成果的评价功能，自2019年起，中国社会科学出版社与新闻与传播研究所达成协议，为遴选出来的优秀论文冠名"《中国新闻传播学年鉴》优秀论文奖"。

该届遴选以全国167种期刊2020年发表的一万余篇新闻学与传播学论文作为备选文本，经新闻与传播研究所学术委员会委员（所内）、各研究室主任和资深研究员等初选、打分排序、民主协商，最终以集体评议的方式从中选出10篇优秀论文。

此外，《新闻与传播研究》评选的10篇全国优秀论文（2020年度）也自动入选。

2020年度全部入选优秀论文共20篇（按论文发表期刊期号顺序排列，同一期号的按作品题目音序排列）。

【桥接社群与跨文化传播：基于对西游记故事海外接受实践的考察】

田 浩 常 江[*]

该论文对跨文化传播经典理论进行回顾和反思，提出"桥接社群"的概念，并采用扎根理论方法，通过对海外华人这一特定的桥接社群在西游记故事的跨文化传播实践中所扮演的角色进行考察，提出跨文化传播的"动力-意识-策略"模型，建构"讲好中国故事"的原创理论。

研究发现，双重身份认同是桥接社群所拥有的排他性文化资源；有效跨文化传播实践须制造一种近乎"浸入式"的接受体验；以桥接社群为核心要素的跨文化传播是一个微观的、语境化的、双向的模型；通过桥接社群实现有效的跨文化传播受制于故事文本自身在异文化中的认知基础和传播潜力。应对跨文化传播中的媒介中心主义和文本中心主义进行反思，发展以桥接社群的身份认同为基础的阐释框架。

摘自《新闻与传播研究》2020年第1期

---

[*] 田浩，清华大学新闻与传播学院博士研究生；常江，深圳大学传播学院特聘教授。

【"信息茧房"在西方：似是而非的概念与算法的"破茧"求解】

陈昌凤 仇筠茜[*]

桑斯坦提出的"信息茧房"，基于美国两党政治的语境对新技术降低政治信息多元化以及政治信息极化的忧虑，如今却被泛用于所有信息。但是西方学界尚无有力研究证实"信息茧房"的存在。事实上，造成"信息茧房"的单纯信息环境很难在现实中出现。Web2.0技术提供了与志同道合的人讨论问题的机会，也增加了与那些持不同观点的人讨论问题的可能性，很难形成信息茧房和回音室。

论文也探讨了算法优化以降低信息茧房风险的可能性。算法技术对多样性的提升主要基于两种路径：第一种路径是使个性化推荐系统的使用者"意识到未知"；第二种路径是通过加深"个性化"来有效增强"多样性"。该文分析了信息聚合及其积极意义，以及Web2.0技术条件下"积极的受众（用户）"的可能。文中讨论了一些"除茧""破茧"的可能途径。我们不认同桑斯坦提出的偶然性信息的解决方案，认为真正要解决"信息茧房"之忧的问题，不如回到问题提出的原点，将实验条件下的单纯信息环境还原到人们的真实信息环境中，反省"信息茧房"这个虽有衍生空间和警示价值，却仍似是而非、缺乏科学证据的概念。

摘自《新闻大学》2020年第1期

【网络谣言入罪的尺度与限度——以风险刑法为分析视角】

冯建华[**]

为了维护网络秩序与降低社会风险，网络谣言犯罪化已成必然趋势，关键在于把握好尺度与限度。在风险刑法观的影响或推动下，随着网络谣言肆虐传播日益演化为风险社会的表征，刑法便可能成为"管理不安全性"的控制工具。从实际情况来看，网络谣言犯罪化在限缩与扩张之间不时呈现自反性悖论。究其根本，网络谣言入罪须避免出现"刑法浪漫主义"思维和惯性，即认为"通过刑罚可以管控一个更好的社会"。

论文提出网络谣言治理是综合系统工程，刑事处罚只是其中的最后手段。网络谣言入罪既要考虑手段的合法性与正当性，又要考虑法律成本与实际效果。为防止网络谣言入罪演变为维护秩序的"人治之术"，首要在于将现实危害性作为社会防卫的主要价值导向，并以此真正回归传统刑法观，即刑法本质是"权益保护法"而不仅仅是"风险管控法"，更不是"行政管理法"。

摘自《新闻与传播研究》2020年第2期

---

[*] 陈昌凤，清华大学新闻与传播学院教授；仇筠茜，中国传媒大学新闻学院讲师。
[**] 冯建华，中国社会科学杂志社编辑。

【整合框架与解释水平：海内外报纸对"一带一路"报道的对比分析】

王 丹 郭中实[*]

该研究通过整合框架（framing）和解释水平（construal level）两个理论来考察新闻发生地远近与编辑部资源投入之间的关系。基于我国政府提出的"一带一路"倡议，对《中国日报》《环球时报》《南华早报》《纽约时报》等四份中西方主流报纸涉及"一带一路"的报道进行了量化内容分析和比较。

研究发现，距离事件越远的报纸，编辑部的资源投入就越低，引用的信息源也更多为官方机构、组织或权威人士。这种框架结构使得西方报纸在报道中国"一带一路"相关的新闻时较多采用高解释水平，内容宽泛而抽象。与之相反，中国媒体的报道则详细具体，附带实例和情感表述，多采用低解释水平的写作手法

摘自《新闻与传播研究》2020 年第 3 期

【劳动者社交媒体言论自由及其限制】

谢增毅[**]

近年来，我国劳动者因在社交媒体发表言论而与用人单位发生纠纷的案件数量较多。言论自由是公民的一项基本权利，其在劳动关系中也应得到保护。但劳动者言论自由与雇主的权利和利益有可能产生冲突，劳动者言论自由也应受到限制。从劳动法角度看，对劳动者言论自由进行限制的基础在于劳动者的忠实义务。

论文提出，劳动者的言论自由与其忠实义务及雇主的权利和利益需要平衡。我国法院在司法实践中通过考虑劳动者社交媒体言论行为的各种因素对其合法性作出判定。确立劳动者言论自由的边界需要在个案中考察劳动者社交媒体行为的"四要素"，即行为是否符合雇主规章制度要求、行为动机、行为后果、行为情节以及相应的具体因素，从而判定劳动者行为是否损害雇主利益、违反忠实义务，并以此判定劳动者的社交媒体行为是否超出言论自由边界及是否合法。雇主对劳动者社交媒体言论行为采取的惩戒措施应符合比例原则。

摘自《法学研究》2020 年第 4 期

---

[*] 王丹，香港浸会大学传理学院研究助理，博士；郭中实，香港浸会大学传理学院教授，复旦大学信息与传播中心研究员。

[**] 谢增毅，中国社会科学院法学研究所研究员。

【清末京师阅报社考察——基于空间和族群的视角】

王鸿莉*

街头贴报、阅报社和讲报社是清末北京中下层启蒙运动的重要组成部分。1905 年至 1906 年，北京出现了创办阅报社的高潮，推动白话报和白话文走向街头、茶馆和寺庙，进入底层民众的日常生活。作为一种新式公共文化载体，阅报社的选址附着在北京原有的城市体系之中，折射出清代北京特有的族群空间结构。阅报社既是北京中下层社会超越固有界域的联合，也体现了四民社会松动后新型社会力量的重组尝试。众多贴报人和讲报人的发言，尤其反映了满汉族群对启蒙事业的广泛参与和旗民之间的通力合作。

论文提出，从"京师"这一特殊的"地方"的角度，可以发现北京阅报社的发展背后隐藏着贯穿有清一代的满汉族群关系，而就国家和社会的视野来看，阅报社及它所从属的清末北京下层启蒙运动，又鲜明地体现出庚子事变之后中等社会和下等社会的合作。清末京师阅报社所隐含的满汉关系，指向的是中国最后一个传统王朝的权势格局和政治遗产；它所体现的中下等社会的联合，则显示出士农工商四民社会的分解与新型社会力量的重组。作为近代的新兴事物，阅报社在历史中出现的方式细碎、零散而微小，但通过这些残存碎片的打捞与拼贴，结合白话报、学堂、戏曲改良等诸种启蒙实践，可以重构清末北京较为完整的启蒙者群体活动图像。

摘自《近代史研究》2020 年第 5 期

【数字化记忆的双重书写——百度贴吧中"克拉玛依大火"的记忆结构之变迁】

闫 岩　张皖疆**

在 1990 年代末的诸多事故中，"克拉玛依大火"有其特殊性。它本是一起举国关注的特大安全责任事故，却因主流媒体一篇报道中颇具争论的一句"让领导先走"，在网络激发十余年的民间讨论，成为一个数字化时代公共记忆值得研究的事件。

在集体记忆理论框架下，该研究借助社会网络分析、LDA 主题模型等研究方法，通过爬虫技术挖掘百度贴吧 2006—2018 年的全部吧友讨论文本，深入考察网络对事件呈现的民间记忆图景。研究发现，数字空间中的记忆书写具有双重性：一方面，是事件非亲历者的抽象记忆，"让领导先走"的制造者、捍卫者和求证者就记忆书写权展开互动、竞争与博弈；另一方面则是关于"大火记忆"之记忆，围观者和哀悼者围绕大火进行非书写性参与。在前数字时代无迹可循的记忆"痕迹"，在数字时代却借由数据挖掘技术而被捕捉、保存和分析，重现了特定事件集体记忆的公共书写。

摘自《新闻与传播研究》2020 年第 5 期

---

* 王鸿莉，北京市社会科学院满学研究所助理研究员。

** 闫岩，中国人民大学新闻学院副教授；张皖疆，香港中文大学新闻与传播学院博士研究生。

【短视频平台上的职业可见性：以抖音为个案】

陆晔 赖楚谣*

有关互联网可见性的讨论中，职业可见性是其中一个维度：在线视频越来越成为人们获取可见性、展演职业身份、专业知识和职业技能的重要平台。

论文通过对处于不同职业声望等级的十类职业共 310 个抖音用户作为"常规信号"的个人资料自我描述和作为"评估信号"的短视频内容的职业可见性展演的讨论，发现高职业声望群体和中低职业声望群体展演职业可见性的方式有显著差异，且可区分为职业知识/技能扩散和情感共鸣两个职业可见性展演维度，它们共同指向新技术时代中国社会公共生活新的可能。

摘自《国际新闻界》2020 年第 6 期

【"牧影"：中国流动电影放映再阐释——基于滇川藏"大三角"地区田野研究的讨论】

郭建斌 王丽娜**

所谓"牧影"，指的是在中国特定的历史文化语境中由流动电影放映相关的制度、人、技术等构成的媒介实践之阐释意义。这是基于长期田野研究所得到的一个分析概念。论文首先对"牧"字进行了词源学的考证，在此基础上，结合"代理""具身"等相关理论资源进一步充实了"牧影"概念的理论意涵，以期对中国流动电影放映相关现象作出再度阐释。

摘自《国际新闻界》2020 年第 6 期

【作为知识的"报刊"：清末民初新式教科书中的报刊叙述（1902—1922）】

王润泽 邓洁***

教科书是一个独特的知识空间，也是一种典型性的传播媒介。清末民初新式教科书中的报刊叙述（1902—1922），为探讨近代中国新闻学学科酝酿时期的报刊知识生成方式、传播途径、内容水准、积累与演变过程提供了一个独特视角。

论文认为，清末教科书以旧识比附报刊，在进步思维中编织报刊叙述话语；民初教科书凸显报刊言论价值，引入新闻学，并将报人报业纳入叙述框架，在一定程度上开创了近代报刊素养教育的雏形。在社会建构过程中，教科书中的报刊知识也助推了学生个体的社会化。

摘自《编辑之友》2020 年第 6 期

---

* 陆晔，复旦大学信息与传播中心研究员、新闻学院教授；赖楚谣，复旦大学新闻学院博士研究生。
** 郭建斌，云南大学民族学与社会学学院教授、博士生导师；王丽娜，云南大学新闻学院博士研究生，西南林业大学文法学院教师。
*** 王润泽，中国人民大学新闻学院教授；邓洁，中国人民大学新闻学院硕士研究生。

【偏移的转折点：传播学史上被"受众民族志"遮蔽的"双重转向"】

张 放[*]

多年以来，以戴维·莫利的研究为代表的"受众民族志"被视为大众传播研究"诠释主义转向"或"民族志转向"的转折点，而这其实是一个误区。哈洛伦等的《游行示威与传播：一项个案研究》、坎特的《好莱坞电视制作人：他的工作与受众》、沃思等的《透过纳瓦霍人之眼：一次电影传播与人类学领域的探索》以及勒尔的家庭电视受众研究等在时间上均早于莫利的研究，并符合成为转折点的其他要件。这四项研究被忽略的原因主要在于莫利的研究更符合当时学术政治的需要，但由此带来的问题是此次转向仅被视为方法论层面的转向，而遮蔽了研究对象层面的媒介生产研究转向。

文章提出，哈洛伦领衔完成的《游行示威与传播：一项个案研究》才是此次"双重转向"真正的转折点，传播学史应当给予更为合理的评价。对"双重转向"的重新认识有助于厘清诠释主义范式在当下传播学学术地图中的位置，并促进对如何让被"5W"模型割裂的传播学在传播要素高度融合的今天走向"综合性研究"的思考。

摘自《新闻与传播研究》2020 年第 7 期

【"信息茧房"学术场域偏倚的合理性考察】

丁汉青 武沛颖[**]

目前"信息茧房"学术场域表现出"算法偏倚"与"理论偏倚"两种倾向。前者指将"信息茧房"与算法推荐紧密关联，后者指将其视为理论而非假设。基于对"信息茧房"学术史的考察和学术场域内文献的分析可以发现，桑斯坦提出"信息茧房"时采用的是技术批判视角，算法为其批判的重点，因此"算法偏倚"具有合理性。另外，"信息茧房"效应以假说形式提出，且以验证"信息茧房"存在性为第一落点的已有研究在概念理解、操作性定义、推导逻辑、数据采集等方面多有缺陷，因此"理论偏倚"值得商榷。

论文提出，应尊重"信息茧房"效应假说本意，并推动信息过滤技术批判研究学术场域重心适度向"回音室""过滤气泡"倾斜，是提高学术场域质量的关键。

摘自《新闻与传播研究》2020 年第 7 期

---

[*] 张放，四川大学新闻学院教授。

[**] 丁汉青，北京师范大学新闻传播学院教授，博士生导师；武沛颖，北京师范大学新闻传播学院本科生。

【早期《申报》"体例"与19世纪新闻人的伦理观】

操瑞青[*]

19世纪70—90年代的新闻话语中,"体例"是一个常见表达,主要指涉办报活动的原则或规范。围绕"体例"的长期论辩,彼时中文报刊构筑了一套实践中的新闻伦理观念。以《申报》为中心,论文试图厘清19世纪新闻伦理的内涵、成因及历史意义。

论文认为,《申报》反复言说的"体例"包含了新式报刊向社会作出的种种道德声明,是一个松散但丰富的、关乎实践正当性的观念集合体。它阐述了报业的价值关怀、行动职责、操作规范及从业者品德等,"公开"、"公正"和"事实"是其核心追求。读者质疑、当事人申辩、官员干预、同行竞争等日常实践中普遍存在的互动关系,是促使其被频繁提出并反复辨析的动因。19世纪伦理观是近代新闻伦理讨论的起点,它初步明确了作为公共话语的报业活动的道德要求。

摘自《国际新闻界》2020年第7期

【心智模型视角下风险认知差距的探寻与弥合——基于邻避项目风险沟通的实证研究】

黄 河 王芳菲 邵 立[**]

心智模型是风险沟通领域弥合风险认知差距以解决"邻避困境"的有效手段。

该研究针对备受争议的垃圾焚烧邻避项目,通过半结构访谈法建立风险的专家模型和公众心智模型,发现二者在概念认知、风险评估和政府决策评价三个层面存在认知差距。在此基础上,设计用以弥合认知差距的风险沟通信息和恐惧诉求信息,并借助4×2公众调查实验对之进行检验。

结果表明,工艺流程信息直接或间接提升公众的支持态度;景观规划信息可显著改善公众的风险感知和收益感知,但对公众的邻避态度无显著影响;恐惧诉求信息对公众的风险感知和邻避态度均无显著影响。上述观点与发现对我国风险沟通研究的理论探索和实证检验形成补充,也为沟通实践提供了方法指引。

摘自《新闻与传播研究》2020年第9期

【"学术性新闻":马克思在《纽约每日论坛报》的社会历史写作】

沈荟 熊涛[***]

论文认为,1851—1862年,作为欧洲通讯记者的马克思与美国大报《纽约每日论坛

---

[*] 操瑞青,南京师范大学新闻与传播学院副教授。

[**] 黄河,中国人民大学新闻学院教授,新闻与社会发展研究中心研究员;王芳菲,大连理工大学人文与社会科学学部新闻与传播学系讲师;邵立,浙江大学公共管理学院百人计划研究员。

[***] 沈荟,上海大学新闻传播学院教授;熊涛,上海大学新闻传播学院硕士研究生。

报》有过长达十余年的合作。马克思为彼时美国社会变革实验场提供了一种以严肃的学术风格见长、充满生动语言的"学术性新闻",其思想洞见也影响了各国政治议程的设置。在马克思理论、思想与现实相配合的实践中,究竟怎样的新闻和记者才是为公众所期待的,当下仍需深思。马克思与《纽约每日论坛报》合作的背景和总体经历,以及马克思报刊文章的社会历史写作方式,值得基于史料进行梳理。对这一段经历的呈现,不仅有利于丰富我们对马克思新闻实践与新闻思想的认识,也有益于深化我们对新闻教育和新闻工作核心价值的理解。

摘自《新闻与传播研究》2020 年第 9 期

【新冠中的非典往事:历史类比、记忆加冕与瘟疫想象】

李红涛 韩婕[*]

在新冠肺炎疫情当中,非典仿佛逃不开的历史阴影,时刻萦绕在国人的心头笔端。论文考察新闻媒体如何在疫情报道中调用非典(SARS)往事,理解过去如何介入当下,集体记忆如何充当社会框架。

研究发现,新闻媒体不仅积极建构非典和新冠之间的历史类比,还致力于激活、挪用非典共同记忆,在专业和道德层面为不同世代的医护加冕。历史类比和记忆加冕皆是多元主体互动的产物,存在着周期性和内部张力。不过,在认知工具、批判性话语资源和共情框架等层面,非典和新冠之间的"调音"构造出的历史感较为狭隘,而激发出的瘟疫想象也趋于单薄。

摘自《新闻记者》2020 年第 10 期

【在文化与结构之间:斯图亚特·霍尔传播观的范式整合】

黄典林[**]

传播学界对斯图亚特·霍尔传播思想的研究大多集中于所谓编码/解码模式,而对霍尔传播思想的方法论逻辑,尤其是他如何通过文化霸权和"结合"理论对文化主义和结构主义方法的整合,确立了文化研究视角的批判传播研究范式缺乏足够的认识。

有鉴于此,论文提出,应在把握霍尔对这两个范式进行整合的理论逻辑的基础上,理解这种具有结构和文化二重性的传播观念与主流实证主义传播观和传播政治经济学的双重论辩

---

[*] 李红涛,浙江大学传媒与国际文化学院教授、复旦大学信息与传播研究中心研究员;韩婕,浙江大学传媒与国际文化学院博士研究生。

[**] 黄典林,中国传媒大学传播研究院副研究员、博士。

关系，进而从传播研究的角度评估霍尔这种范式整合的努力在理论和方法上的贡献以及悬而未决的问题。

综上所述，通过"结合"理论，霍尔在一定程度上对文化主义和结构主义进行了整合，形成了与主流实证主义在文化与结构之间：斯图亚特·霍尔传播观的范式整合传播学的行为主义范式和同属左翼学术阵营的传播政治经济学都不同的文化研究范式的传播观。从这种视角来看，前两个范式都忽略了人类传播实践的意义问题，分别以行为主义和经济主义意义上的还原论对传播实践的"决定"问题进行了简单化处理。通过对文化主义和结构主义的整合，霍尔既反对行为主义传播学把作为意义建构和意指实践的人类传播理解为一种纯粹的信息刺激和效果输出的控制论模式，也对政治经济学把传播理解为资本权力所主导的文化资源分配问题持有保留意见。

摘自《南京社会科学》2020年第10期

【媒介化治理——电视问政个案的比较分析】

闫文捷　潘忠党　吴红雨[*]

近年来，电视问政节目在各地频出，作为媒介化治理的创新，构成了地方治理中一种独有的政治景象。电视问政如何体现为治理的实践？"媒介逻辑"如何与政治逻辑相互交织，参与我国的地方治理过程，且由此渗入我国的公共生活？以电视问政为表现形式的媒介化治理在我国政治文化环境下的展开蕴涵了怎样的可能和局限？

围绕上述几个主要问题，在"媒介化"理论视角的框架内，该研究通过内容分析、访谈和对节目案例的分析，经验地对比"监督类"和"议政类"两种类型的电视问政节目，结合"媒介逻辑"在中国语境下的特定形式与实践，就媒介化治理的意义和限度展开理论层面的讨论。

摘自《新闻与传播研究》2020年第11期

【中国舆论观的近代转型及其困境】

胡百精[**]

由于舆论关乎政治合法性、权力秩序和治乱之道，先秦即形成了多重面向的舆论观：民心至上的"民本主义舆论观"、民意可惧的"恐舆观"、民智不足的"轻舆观"。这些观念一

---

[*] 闫文捷，北京师范大学新闻传播学院副教授，博士生导师；潘忠党，美国威斯康星大学–麦迪逊校区传播艺术系教授；吴红雨，浙江大学传媒与国际文化学院副教授。

[**] 胡百精，中国人民大学新闻学院教授、国家治理与舆论生态研究院研究员。

直延展至明清，强调秩序优先、价值理性优先、教化德化优先，却终难跳脱"疏堵悖论"。清末民初舆论观发生现代转型，初步标画了以舆论进化促成国族进步的观念地图，却于历史实践中遭遇了舆论"暗面"的遮覆。

这一问题常表现为话语竞争转向公共对话之困，舆论、公意与公共利益的错位等。此中最紧要者，乃古已有之的舆论理性品质及其导向共识的可能性问题。最终，论文提出舆论观转型困境的反思与启示：以理性养成实现舆论进化；重构理性基础，再造舆论生成机制；舆论观转型的路径选择。

摘自《中国社会科学》2020 年第 11 期

【"通知—移除"抑或"通知—拦截"：算法时代的选择】

刘文杰[*]

进入算法时代，自动化的通知与移除容易造成网络信息的过度删除；"通知—拦截"规则能够更有力地打击版权侵权，但也可能加剧已然凸显的信息过度移除，将合法公众言论、正当新闻报道以及基于合理借鉴的文艺创作等拦截在互联网之外，对网络空间内意见交流和知识分享的威胁更大。基于网络服务商之间在经济能力和技术水平上的差异，无差别适用"通知—拦截"规则易对中小规模服务商的发展造成抑制，不利于商业模式及技术创新，进而妨碍信息传播与公众表达自由。

论文提出，当下较为理想的方案是保留"通知—移除"规则作为平台责任基本制度，同时，围绕提高算法识别精度和打击恶意侵权对制度体系加以适当微调，有针对性地课以主动拦截义务等。

摘自《新闻与传播研究》2020 年第 12 期

---

[*] 刘文杰，中国传媒大学法律系教授，博士生导师。

· 专题（热点）研究论文选编 ·

中国特色新闻学

【理论视野中当代中国新闻学的重大问题】

杨保军在《国际新闻界》2020年第10期撰文指出，当代中国新闻学，是受到现代西方影响而又根源于中国文化、中国历史、中国实际、中国需要的新闻学，是马克思主义、列宁主义新闻思想不断中国化的新闻学，是包含无产阶级基因特质的新闻学，是在社会主义建设过程中历经曲折起伏的新闻学，是在改革开放过程中勃兴发展的新闻学，是进入新时代进一步自觉追求中国特色的新闻学。

当代中国新闻学，以不断变化的中国新闻现象为主要研究对象，以马克思主义为基本理论性质，以马克思主义新闻观为主导观念，以党媒理论为主体内容，以"学科体系、学术体系、话语体系"建设为总体目标，以实现"二为"（为社会主义服务，为人民服务）目的为自觉实践追求。因而，当代中国新闻学，是马克思主义新闻学，是具有中国风格、中国气派、中国特色的新闻学。

当代中国新闻学，已经是新兴媒介环境中的新闻学，已经是进入"范式转换"进程中的新闻学，已经是影响世界又受世界影响的新闻学，是面向未来、不断探索、持续发展的新闻学。

【中国特色新闻学本体论话语的历史变迁与价值体现】

朱清河在《新闻大学》2020年第4期撰文指出，中国特色新闻学本体论话语的形成与变迁实际上就是中国共产党人不断寻求如何运用中国语言与中国修辞厘定、阐释、践行与指导中国新闻实践、进而服务无产阶级各项事业不断进步的历史。尤其中华人民共和国成立70年来，其价值诉求不断实现着从"为了革命"的革命话语，到"以经济建设为中心"的建设话语，再到"以人民为中心"的发展话语的历史变换。一个世纪的中国特色新闻学本体论话语的建构、发展与演化是马克思主义新闻观中国化的历史必然，也是中国革命、建设与发展引领社会主义新闻业不断理性实践的过程。

话语体系转变的根本是理论的建立，理论逻辑的改变体现于话语体系的转变，中国特色新闻学话语体系批判性的建构立足于社会实践，并且以严谨的论证、缜密的逻辑结构诠释着马克思主义超越时代与族群国界的强大思想感召力、持久理论生命力与价值影响力。

【中国特色新闻学的时代语境、实践基础和根本要义】

方提、尹韵公在《现代传播（中国传媒大学学报）》2020年第11期撰文指出，处于百年未有之大变局、全球信息化浸染下的新时代，是中国从大国走向强国的时代，也是中国理论逐渐走向自立自强的时代。新时代的伟大实践，将给中国特色新闻学的理论创新、学术繁荣提供强大动力和广阔空间。信息的社会化、多种媒介形态的交织、中华民族伟大复兴梦的奋斗现实及其丰富无比的传媒实践活动，为新闻传播理论构建新时代知识谱系和传媒体系，作出了最厚重的学术铺垫贡献。认清本质，更新理念；坚持守正，勇于创新；强化互联网思维，建设好"四全"媒体，全面提高舆论引导能力是深刻把握新时代中国特色新闻学的根本要义。

新闻学三个体系建设

【新中国新闻传播史的研究历程及其未来展望】

邓绍根在《福建师范大学学报（哲学社会科学版）》2020年第4期撰文指出，新中国新闻传播史的研究是中国新闻传播史整体研究中极为重要的组成部分，可分为曲折前行、恢复开拓、反思创新、繁荣发展等四个阶段；研究成绩不小，但仍然存在诸多不足——存在滞后性，整体性研究成果数量少、规模小，整体性研究成果受"革命史"范式影响较大，文献资料缺乏系统性整理，未能跟上新时代步伐；展望未来，新中国新闻传播史研究的创新发展，应立足于新中国新闻事业发生发展的历史过程，紧跟新时代，加强思想理论指导，增强宏观历史思维和责任感，推进史料文献的系统整理工作，全面系统、客观深入地研究新中国新闻传播史。

【论新中国70年广播电视传播理念的嬗变——基于媒介社会学框架之再梳理】

欧阳宏生、朱婧雯在《现代传播（中国传媒大学学报）》2020年第1期撰文指出，新中国成立70年间广播电视传播理念的变革对于媒介本体与社会形态的"互构"认知具有显著的样本意义。以斯图亚特·霍尔围绕广播电视研究所提出的"媒介社会学"理论范式为基础，以新中国成立70年时间范畴内广播电视的史实资料为样本，重新梳理广播电视内部组织运作与外部传播观两个层面、四个维度的社会学指向及其演变历程：在内部层面，70年来我国广播电视本位认知历经从"工具"、"喉舌"到"阵地"的理念回归，引导内部组织和运作理念从"粗放式覆盖"到"认同式生产"之转型；外部层面，基于技术认知从拓展规模到保障品质的意识觉醒，形成了广播电视外部效果理念由政治依附向公共服务的嬗变轨迹。在多元媒介环境下，广播电视应突破单一媒介形态理念的消极保守认知，从"大视听""跨媒介"的价值意识层面重塑传播理念。

【"下乡""离场"与"返乡"——新中国农村有线广播发展"三部曲"】

艾红红在《福建师范大学学报（哲学社会科学版）》2020年第4期撰文指出，相比报刊、无线电广播和电视等大众媒介，有线广播的生产成本与接收门槛最低，集体收听的成效却十分显著，因而成了新中国政府重构农村信息环境的首选媒介，在参与乡村社会治理方面发挥了重要作用：改革开放前，有线广播大规模"下乡"，使中央的声音直达农村，农民则借助收听广播实现了封闭乡村与外部世界的想象性整合。改革开放后，农村有线广播部分"离场"，这既是国家媒体战略调整的产物，也是公权力尊重农民自主选择的结果。近年来，随着国家媒体政策与农村形势的变化，有线广播强势"返乡"，大喇叭、小广播在很多村庄重新响起，并从"对农广播"向"农村广播"转变；其内嵌的核心思想，是国家对农村尤其是农民中弱势群体的关怀与守护。新中国农村有线广播的发展，是农村治理的一个缩影，也是党、政府与农村、农民关系的一种媒介隐喻。

延安新闻史

【从"媒介革命"到"革命媒介"：延安新秧歌运动再考察】

张勇锋在《新闻大学》2020年第10期撰文指出，从媒介学的视角，思考作为象征实践的秧歌剧，如何在一个时空范围中通过经典文本的生产和阐释而形成其革命性；一种新型的政治文化如何通过对秧歌剧的组织和技术再造而生成并得到有效传递，从而使革命思想转化为结构社会的物质力量。这一从象征到实践的深刻转换过程，展示出作为"媒介"的新秧歌剧乃至整个新秧歌运动，在中国革命的特定历史节点所具有的支配性"前台作用"。

作为革命媒介的新秧歌剧为中共的政治动员提供了一种意识形态的"信息模具"和"传递装置"，由此所型构的政治文化通过新秧歌剧的媒介逻辑和传播范式，与边区群众的情感与日常生活经验渗透并融合在一起，将身处"政治之外"的工农兵群众，成功塑造为革命所需要的新型主体，并将其媒介化影响传播扩散至边区之外的政治时空，由此创生出革命性的社会关系并预示出新的社会变革。或可以说，延安时期再造秧歌的广泛运动，不仅使中共获得了一种"物化"革命思想的历史工具，更获得了一种推动革命进程的历史动力——这正是延安时期新秧歌运动的媒介学意蕴，也是理解与重估中国革命特殊性的一个新的重要的窗口。

【论延安时期中国共产党新闻思想的历史地位及理论贡献】

郑保卫、张喆喆在《中国编辑》2020年第9期撰文指出，延安时期，中国共产党人在马克思列宁主义的指引下，紧密结合中国革命斗争现实和党的新闻工作实际，开展了丰富的新闻实践探索和科学的新闻理论总结，为中国共产党新闻思想注入了丰富内容，促使它不断走向成熟，在中国共产党新闻思想发展史上写下了浓墨重彩的一页，同时也开启了马克思主义新闻观中国化的新的历史进程。总结延安时期中国共产党新闻思想的源流及变迁不难发现，它不是抽象空洞的理论教条，而是不断与时俱进、广采博取的新闻观念和新闻工作方法论。

延安时期中国共产党的新闻思想，为推进马克思主义新闻观中国化的历史进程作出了重要贡献，其历史地位及当代价值需要我们全面总结和深刻认识。如今，面对新时代急剧变化的国内外形势和党的新闻舆论工作所肩负的新的历史使命与时代责任，我国新闻工作者如何传承好延安时期中国共产党的新闻思想，是一个必须认真思考的重要问题。

【作为话语的"完全党报"：延安《解放日报》改版再解读】

贾梦梦、周光明在《国际新闻界》2020年第5期撰文指出，"完全党报"作为中共新闻宣传史上的重要观念，不仅是一个新闻宣传方面的关键词，也是一种政治修辞和话语实践。采用话语分析对此进行了重新解读，研究发现：从文本的向度看，"完全党报"既吸收了列宁主义的党报理论，也借用了本土的相关思想资源；从话语实践的向度看，"完全党报"在《解放日报》的改版过程中，通过一系列互文性的话语来实现话语的强化和再生产；从社会文化的向度看，《解放日报》以"完全党报"为目标的改版，既是延安整风运动的一部分，又进一步推动了整风运动的发展，最终确立了毛泽东在中共党内的话语主导权和文化领导权，从而为中国共产党赢得全国更大范围的支持与抗战的全面胜利奠定了坚实基础。

县级融媒体中心建设研究

【从大喇叭、四级办台到县级融媒体中心——中国基层媒体制度建构的历史分析】

周逵、黄典林在《新闻记者》2020年第6期撰文指出，县级融媒体中心建设的政策出发点是在延续传统"四级"媒体框架的基础上，寻求基层媒体和政治传播困境的政策突破口，试图通过把政策话语与媒体融合的技术逻辑相嫁接，来实现国家整体传播战略的基层落地，同时对县级媒体的地位、角色和功能进行必要的调适，使之适应新的政治生态和传播技术条件下舆论引导和基层政治传播的新使命。

县级融媒体是嵌入传统广播电视机构的组织外壳之中的，因此作为传统主流媒体的一部分，县级媒体的融合发展在实质上依然没有摆脱传统制度架构的限制，融合后所形成的技术制式、操作模式、内容样态，本质上是传统媒体在新技术平台上的一种形式化嫁接。这种嫁接能否在未来进一步推动媒体体制架构的整体变化、媒体机构体制性身份的重新界定，以及媒体与基层社会治理的关系模式的变化，还是最终会作为"规定动作"而成为一种行政逻辑自我实现的仪式性存在，依然是一个有待观察的问题。

【县级融媒体中心完善的关键点与三种路径】

郭全中在《新闻与写作》2020年第10期中撰文指出，县级融媒体中心完善的关键点在于科学合理的功能定位、顶层设计、两个一把手的重视与专业、体制机制的改革和完善、市场化能力的提升等。而根据GDP、一般预算收入、传媒业市场规模、人口数量等指标分为发达地区、较为发达地区和欠发达地区。对于发达地区、较为发达地区、欠发达地区的县级融媒体中心，应该根据其特点采取不同的发展路径，不同发展路径的根本区别就是财政资金的支持力度和市场化程度。

【超越媒体视域：县级融媒体中心建设的政治传播学考察】

王智丽、张涛甫在《现代传播（中国传媒大学学报）》2020年第7期撰文指出，因新媒体技术的深广影响，全面改写了传统传播权力格局，须基于新的政治传播逻辑对传统媒介结构进行系统改造，以重新理顺新时代语境下的政治与媒介关系。县级融媒体中心建设，也必须跳出媒体视域，超越单纯的媒体逻辑，从中国政治传播大格局，从新时代政治逻辑中寻找县级融媒体中心建设的逻辑起点。县级融媒体建设作为国家治理体系和治理能力现代化的基础要件，是执政党进行全面领导和全过程领导的基座工程，对于执政合法的加固具有不可或缺的承重作用。全面改造县级媒体系统，构筑执政党政治传播体系根基，从根本上解决执政党政治传播体系"最后一公里"问题，让县级融媒体中心最大范围、最大深度地与群众"心连心"，将执政党的意志、理念、政策下沉到基层，实现"引导群众，服务群众"的目标预期。

数据新闻研究

【数据新闻的社交化传播之困——基于两个数据新闻微信公众号的定量研究】

唐铮、丁振球在《新闻记者》2020年第11期撰文指出，数据新闻报道领域出现的交互可视化呈现与移动端不适配、阅读门槛较高、生产逻辑与传统新闻的人文主义诉求冲突等问题，从实践层面看，仅仅是降低了移动端用户的阅读体验，继而限制了数据新闻的社交化传播。从发展时间线来看，这是一种先进的新闻生产手段在遭遇更先进的媒介平台后所发生的不适和碰撞。

在转战移动端社交平台的过程中，数据新闻的生产应基于移动端社交平台的传播特点，按照互动新闻的设计理念，提升交互技术的用户体验，为用户探索新闻故事提供更多的自主性和可能性；并遵循"设计轻量化"的报道原则，增强数据新闻的可读性；同时在主题选取和文本表达上回归数据新闻的"新闻"属性，使其叙事功能得到重视与发挥，并展现数据新闻的人文关怀，引发用户的共情。

【智媒时代的数据迷惘与新闻寻路——以重大突发事件的数据新闻报道为例】

吴炜华、程素琴在《中国编辑》2020年第12期撰文指出，数据新闻在摆脱技术迷信的同时也要依托技术实现数据交互，从而形成其最主要的新闻叙事框架。在对自身困境的不断反思与探寻的过程中，数据新闻实践在世界范围内虽然步履维艰，但也激发出新闻创新和前沿数据科学、智能传播相结合的全新局面。数据新闻创新不仅表现在新闻生产层面数据驱动的调查性新闻、数据可视化叙事、数据驱动的应用，以助力媒体建立面对复杂社会问题时进行新闻报道的透明性，也指向了新闻实务在人类命运共同体的理论框架中，全球数据共享和信息生态建设的理念创新。

【数据新闻产业化发展的现实困境与未来危机——基于国内三家数据新闻媒体栏目的分析】

郭嘉良在《现代传播（中国传媒大学学报）》2020年第7期撰文指出，在全球数据资产化背景下，国内的数据新闻从业媒体普遍处于一种"数据饥饿"状态。数据缺失已成为限制数据新闻发展的首要因素，加之行业对于自身盈利模式的迷失，导致国内的数据新闻无论在内容抑或是表达形式上均存在明显的新闻规范性问题，并在近几年呈现了"量高而质低"的发展趋势。探究其原因，除了外部环境的桎梏因素，因控制生产成本所采取的量化生产策略和由新闻生产要素变化所引发的编辑室话语权冲突成为制约媒体数据获取能力的主要内因。在数据供需矛盾的长期影响下，国内的数据新闻产业化进程在未来将面临停滞与退化危机。

新报刊（阅读）史书写

【"无米为炊"——中国近代报业的纸荒困厄与报界应对】

齐辉、曾丹在《国际新闻界》2020年第5期撰文指出，近代中国，由于造纸工业长期滞后，始终未能给新闻业的发展提供强有力的纸张供给，加之社会动荡、列强压迫等多种因素相互叠加，致使近代中国报业纸荒困厄久拖未决。

近代中国纸荒形塑了报纸的外在形态，深刻影响了报业生产的观念和模式。为摆脱"饥馑"之忧，中国报界处心积虑囤积纸张、不惜重金高价购纸，空耗了大量精力和财力。因纸荒而导致的版面缩减，减少了报业赖以创收的广告收益，压缩了报纸的盈利空间。纸价捆绑的报价，限制了廉价报纸的普及，降低了民众购报阅报的热情。近代新闻业的发行特点和用纸需求，使得其应对纸荒的抗压能力更为脆弱。为了消解纸荒的破坏力，报界多以缩减报刊版面或关停报纸为应对，不少民国时期的优秀报刊被迫关停，而大量劣质读物却乘势充斥侵占市场，抢占着国民的阅读空间。纸荒不仅危害了新闻业的自身经营，其对近代国民精神世界的侵蚀和文化生活的破坏更是难以估量的。

【建国70年报刊史书写中共产党报刊入史的演进研究】

黄春平在《国际新闻界》2020年第9期撰文指出，建国70年报刊史书写中共产党报刊的入史是一个动态的、不断建构与调整的过程。20世纪六七十年代的报刊史中"共产党报刊占主体性地位"，20世纪八十年代至21世纪初共产党报刊与民营报刊共同占据了报刊史的主体性地位，21世纪的报刊史中民营报刊独占了主体性地位。从演进特征来看，共产党报刊入史种类比较完整、系统，其中中央报刊是新闻史研究的重点。共产党报刊入史演进历程受到苏联报刊史模式、著作本身的书写定位、社会时代思潮及研究者书写视角等诸多因素的共同影响。

【新旧世界秩序中的"国际五四"——以《大陆报》《字林西报》为中心的考察】

田野、李永东在《新闻与传播研究》2020年第5期撰文指出,"五四"的建构和影响具有国际性,《大陆报》和《字林西报》叙述"五四"有着明显不同的逻辑,呈现出美国和英国对"五四"的分别建构:在美方视角中,"五四"是美国民主观念指导下的示威游行;而在英方视角中,"五四"则是北洋政府"阴谋"策划的排外事件。英美对于"五四"的叙述思路完整,在世界时间和国际事件中还原了"五四"的发生缘由和发展脉络,从"二十一条"到"中国参战"再到"巴黎和会",不仅凸显了国际争论和矛盾聚集的焦点,亦展现出两国"国际联盟"思路的分野。英美对"五四"的阐述、引导和利用,显露了两国对华的政策、立场以及态度的转变,也影响了五四运动以后的政治思想文化走向。

短视频平台研究

【"无名者"的出场:短视频媒介的历史社会学考察】

潘祥辉在《国际新闻界》2020年第6期撰文指出,作为一种流行于互联网上的新型视听媒介,短视频的崛起或许在媒介史上具有革命性的意义,它将互联网时代的"自媒体革命"推进到一个新的阶段。短视频媒介是"后文字时代"的一种平民媒介,它唤醒和激发了普通人的传播本能,促成了福柯所言的"无名者"的历史性出场。短视频媒介最大的社会价值即其"全民记录"价值。与文字时代的帝王起居注迥异,短视频时代出现了无数的"平民起居注",其对社会的影响既是共时性的,也是历时性的,其历时性影响之一在于它生成了一种新型史料。

短视频有着自身的媒介逻辑和历史社会学效应,其带来的"无名者的出场"并非国家所赐,而是互联网商业化创新的一种"溢出效应",这种"溢出效应"可能在历史社会学层面产生不少"意料外后果"。理解这种"溢出效应"与"非预期后果",我们需要一种历史的"后见之明"。

【"熟悉的陌生人":网络直播中刷礼物与私密关系研究】

孙信茹、甘庆超在《新闻记者》2020年第5期撰文,将刷礼物的行为理解为一种互动性回赠,主播通过对私密话题和身体表演的内容呈现,将个人体验与直播间的集体感知结合,采取特定的方式与粉丝建立关系。从媒介人类学的意义看,这种互动性回赠是在网络情境下基于新技术平台展开的虚拟互动,它一定程度上弥补了人在现实社会中私密关系的不足,成为重构现代社会中陌生人关系的一种方式。网络直播间中经由互动性回赠生成的私密关系能够流行多久,人们没有办法预测,但或许它的复杂性就在于网络直播中主播的"身体政治反映了资本主义和消费文化的矛盾:既歌颂独立自主的自我,又无情地把人商品化"。可以肯定的是,网络直播赶上了媒介化社会的人们普遍具有的消费诉求，满足了视觉时代人们的审美标准与情感需求。

当下网络直播中主播与粉丝的互动内容质量相对较低，且受到利益性目的的驱动较强，因此，这种互动对于自我认知、实现交流和沟通，甚至形成彼此的守望相助可能会有很多障碍。而在这个过程中，那些沉迷于过度交际、过度消费的网络世界中的"低头族"，可能会深陷于这种看起来"美好"但却与现实隔绝的虚拟关系中难以自拔，反而忽视了对现实关系的维护。对网络直播中的刷礼物而言，这种交往方式，也许只是停留于肤浅和瞬时的享乐与刺激上，很有可能是扭曲变形的。这些多重的影响，仍值得继续研究。

【短视频用户"出圈"表达的特征、功能与治理】

王洋、段晓薇在《新闻与写作》2020年第8期撰文指出，在短视频平台这一独特的传播空间中，用户可以依照自己的"剧本"表演创作，进行形象塑造与印象管理。不论是普通民众阶层还是精英阶层，或者是不同文化圈层的小众亚文化群体，通过"出圈"表达进行表演的诉求都是突破圈层，继而获得社会认可，强化自身认同。然而，短视频平台是一个多元文化价值观的集合体，主流文化价值观和主流意识形态很容易受到挑战。在平台圈层化的传播生态面临被逐渐消解的语境下，需要警惕由多种非理性表达所产生的负面效应。平台建设方应主动加强主流价值观的引导，完善平台算法技术，对违法行为依法处理是矫治表演乱象、建立健康网络传播生态和现代化网络治理体系的重要手段。

【风格表意与认同建构：青少年网络自拍亚文化】

蔡骐、文芊芊在《现代传播（中国传媒大学学报）》2020年第12期撰文认为，随着原子化社会的发展、消费主义的渗透以及媒介技术的进步，自拍逐渐成为一种全球性的潮流。从内容上看，无论是美颜式自拍、恶搞式自拍，还是纪实类自拍，其实质都是一种视觉化的话语呈现，通过彰显特殊的风格，构建有关身体的神话。从形式上看，自拍作为青少年主体获取自我认同和社会认同的重要文化实践，既是一种基于自恋的自我凝视，又是一种基于社会化网络而实现的他者凝视。从现实意义上看，自拍一方面是媒体技术演进的成果，它实现了自拍亚文化的审美功能、传播功能和叙事功能，以及社会资本的再生产；另一方面，自拍在传播的过程中嵌入社会关系网络、消费社会、媒介传播活动和政治生活之中，引发了人们对于"娱乐至死"的担忧和随之而来的"道德恐慌"。因此，理解自拍的风格表征与传播机制，把握自拍的内在冲突与现实意义，才能真正规范青少年的自拍行为，建构良好的传播环境，促进青少年亚文化的健康发展。

网络治理研究

【网络社会治理共同体：概念、理论与策略】

杜骏飞在《华中农业大学学报（社会科

学版）》2020年第6期撰文指出，建设网络社会治理共同体已成为中国深化改革的关键任务。通观全球网络社会治理模式，有法治偏向与自律偏向之别，亚洲地区国家特有的管制方式，有一定的短期行为倾向。指涉所有网络社会主体的多元治理，正日益成为基本共识。中国的网络治理问题，其出发点是社会力量的觉醒及国家治理的现代化转型；政府加强和创新社会治理，应通过有边界的网络治理民主，推进现实民主，并逐步建立起高水平的协商政治体系。网络社会治理共同体作为一种思想变革，其政治转型的价值在于：通过网络治理权的合作，推动全社会在重要议题上的政治协同，既寻求网络管理政策的新共识，也努力达成现实治理观念的新平衡。基于这样的理论框架，给出了建设网络社会治理共同体的一系列操作性建议。

【网络社会治理中的"国家中心关系型"政府角色定位研究】

张军在《福建师范大学学报（哲学社会科学版）》2020年第3期撰文指出，随着中国网络社会的崛起与兴盛，政府在其治理中面临"管控"与"互动"的角色选择困境。在理论框架上，政府需要有效处理"国家中心"抑或"社会中心"、"强制"或者"互动"两组关系，由此形成四种角色模式。

基于中国网络社会运行实际，倡导政府在治理中承担"元治理"角色，与市场、社会行动者保持互动而非强制关系，由此提出"国家中心关系型"治理模式。该模式有效实施之途在于：使政府处于治理中心的同时，推动它与其他治理主体形成互动型关系和协调治理模式，并针对治理对象对社会的正负面影响，分门别类地展开治理活动，从而有效推进中国网络社会治理体系与治理能力现代化进程。

【法治视角的网络社会治理探究】

雷承锋在《现代传播（中国传媒大学学报）》2020年第12期撰文指出，网络社会环境的高度复杂性和诸多不确定性，给网络社会环境治理带来新的挑战。从法治视角对我国网络社会治理存在的问题进行分析，总结国际上典型国家的网络社会治理经验教训，梳理共性与中国个性，剖析网络空间与现实空间网络治理的关系。在此基础上提出网络社会环境治理需要坚持综合防控的原则、建立完整的网络立法系统、创新网络监管方式、加强行业自律、完善技术保障等多措并举，进而打造全方位、多层次的信息网络管理体系，最终形成维护网络公共环境的有效合力。

人工智能研究

【传播中的离身与具身：人工智能新闻主播的认知交互】

於春在《国际新闻界》2020年第5期撰文指出，离身认知与具身认知在认知科学与人工智能中极为重要，但在新闻传播研究中少有理论关注。分析认为，作为认知科学与人工智能在新闻播报领域的典型应用之一，人工智能新闻主播源于离身认知，日益走向具身认知，不断尝试两种认知的交互融合；

人工智能新闻主播持续创新的关键因素包括具身性、情境认知、认知发展与动力系统。据此提出，离身认知与具身认知需要不断向前，放下非此即彼，走向更高阶交互的亦此亦彼，这是优化人工智能新闻主播的可能进路，也有益于媒介进化视域中人工智能与人类智慧的未来共处。

【新闻聊天机器人：新闻生产的机遇与挑战】

卢长春在《现代传播（中国传媒大学学报）》2020年第10期撰文指出，从新闻聊天机器人本身的发展来看，其目前正处于初级阶段，可能还没有产生重大的影响。它们的价值在于，作为算法个性化新闻和面向受众的个人导向模式的发展趋势的一部分，必须进一步考虑其潜在的影响和对新闻业的挑战。同时新闻聊天机器人发展正在改变记者、媒体经营者和开发人员思维和实践方式，并可能改变受众对新闻更广泛参与的期望。未来聊天机器人如果想要有更好的发展，变得更加智慧，向用户提供更好的服务，知识库的创建和对话用户界面的优化是迫切需要解决的问题。此外，增强对话用户界面的技术能力需求也很迫切，例如构建一个人们可以使用自由文本"交谈"的聊天机器人，这需要将语音技术与更复杂的受众数据分析和推荐算法相结合。

【论人工智能的话语实践与艺术美学反思】

吴文瀚在《现代传播（中国传媒大学学报）》2020年第4期撰文指出，一方面，人工智能试图由冰冷的理性世界进入人温暖而柔软的感性生命之中；但另一方面，我们也看到资本与权力的"神话"在人工智能艺术活动的参与中成为一个无所不在的"幽灵"。斯蒂格勒指出，资本主义文化的工业时代开创了一个艺术死亡的时代，这一关键点是本雅明从摄影技术的可复制性中最早意识到的。在本雅明那里，艺术品独一无二的"韵味"在工业化的复制性批量生产中丧失了。艺术是意识的外化，也是人存在的确证，当人不断复制自己意识时，当人的多元性与多样性被不断复制与替代时，也许就是艺术真的面临死亡之时，也是人迷失自我的开始。或许，这才是赛博格引发人们惶恐的要旨所在。当然，人们也希望人工智能艺术能够呈现更多的他者，帮助人们在科技日益发达的当下，能够更深刻地"认识自己"。

游戏研究

【MMORPG网络游戏批判——关于游戏币以及游戏乌托邦的历史考察】

邓剑在《新闻记者》2020年第7期撰文指出，与MMORPG网络游戏的兴起一样，否定游戏乌托邦的原动力并不来自"游戏社会"内部，而是源自中国社会自身发展模式的局限。即在价值一元化的发展主义模式下，作为现实社会经济活动细胞的游戏商，同时也是作为现实生活里的具体个人的游戏商，他们不得不将资本逻辑引入"游戏社会"，从而追逐一种纯粹外在于游戏世界的现实"美好生活"。这就使得MMORPG网络游戏的当下面貌其实只是外力作用的结果，而非内生性的改变,因此这类游戏就保留了重启乌托邦想象以及重返主流的可能性。而重启的方法看上去也不困难——同时该方法也被各类实践一再征用与证明——即取消游戏世界的二元市场结构,恢复游戏币的本币地位,让玩家可以复归属于他们的游戏原乡,重拾游戏精神。或许这就构成 21 世纪"颠覆性游戏"的有效策略之一。

【新媒介治理中的划界活动探析——基于网络游戏的研究】

郭栋在《编辑之友》2020 年第 11 期撰文指出,越来越多的人用游戏这种新媒介来表达思想,网络游戏治理中的划界活动易受权力影响,划界者包括利益相关者、决策者、专家等,不同划界者处于塑造、协商和争夺边界的状态。划界活动的策略有扩张、驱逐和保护自主性等,边界的建构是个修辞过程。游戏的决策主体要转换角色:从边界的立法者转变为建构过程的描述者和记录者,要特别关注特定情境中参与边界建构的主体。

研究划界活动要把目光转向所处的历史文化背景,具体考察划界活动所包含的权力、利益、价值观以及社会和文化需要。以网络游戏为代表的新媒介治理的边界正是在该地方性的情境中展开,它是诸多划界者建构的结果。强调情境化要素意味着,如果抛却利益、权力、价值观和修辞等社会条件,就很难把握新媒介治理的科学范式和意义。考察新媒介治理的划界问题,要求决策主体转换角色:从边界的立法者转变为建构过程的描述者和记录者,在这种转变中,要特别关注特定情境中参与边界建构的主体。唯有如此,才有可能理解新媒体治理边界的历史可变性和情境依赖性。

【戏假情真:《王者荣耀》如何影响玩家对历史人物的态度与认知】

何威、李玥在《国际新闻界》2020 年第 7 期撰文指出,成年玩家从理性上知道游戏是一种虚拟情境体验,是"假的"。但由社交增强的游戏化身认同,会让游戏角色与玩家自我不断产生暂时的认知重合。而常人对与自己相关的事物会"爱屋及乌"、对自己拥有的事物会"敝帚自珍"。于是通过长时间的扮演、认同、"爱屋及乌",玩家对于同名的那个真实历史人物,也下意识地产生了认同和喜爱。这种心理机制应被命名为"戏假情真"效应。

国际传播研究

【新时代"人类命运共同体"理念传播评价体系的构建】

王锡苓、谢诗琦在《现代传播(中国传媒大学学报)》2020 年第 7 期撰文指出,通过运用抓取数据的检验,其一,说明我国主流媒体在舆论引导中的主流导向作用最为显著,即在"人类命运共同体"相关报道中发挥重要作用;其二,通过对 120 篇报道的内容进行解读,主流媒体对"人类命运共同体"的报道视角,既观照了"宏大报道",又包含对小视角、小人物的关注,宏大叙事中并存着"平等"和"贴近";其三,所关注的 6 家媒体的报道较少借助当下人们普遍使用的技术用于严肃主题的对外传播，形式上仍延续着严肃、自上而下的风格。在技术不断迭代升级的当下，媒介技术助力对外传播将是未来的发力点之一，应给予准确把握。

【文化要素跨境流动与中国文化传播力提升】

胡键在《现代传播（中国传媒大学学报）》2020年第4期撰文指出，文化传播力就是文化要素流动所引发的文化影响力。文化要素跨境流动的原因是多方面的，流向也非常复杂。从原因来看，自古以来大致可以归结为战争、经济（市场）要素流动、人口流动、通婚等。不同的原因所引发的文化要素流动及传播力是不一样的。从流向来看，有正向流动传播，即文化要素向外流动，从而导致文化传播力提升；有反向流动传播，即外来文化要素流入反而提升本体文化的传播力和影响力；有离散式传播，即文化要素呈现出发射式流动从而提升文化传播力；有传导式传播，即文化要素流出到一个国家后，又从这个国家流到第三国、第四国等，且在第一东道国得到正向传播，又通过第一东道国传到第二东道国，在这一连串的传导过程中，文化传播力得到加速式提升。"一带一路"背景下中国文化传播力提升，不在于中国文化要素是否"走出去"，而在于是否有文化品牌，且品牌通过植入市场要素的传播方式。这种方式将有利于规避类似于"文化扩张""新殖民主义"等国际舆论，从而有效地提升中国的文化传播力。

【数据话语权：国际传播的战略性竞争焦点】

陆小华在《现代传播（中国传媒大学学报）》2020年第10期撰文指出，数据的收集、控制、发布、解读，是当今世界更为隐蔽、又更具有战略意义的施加影响方式，不同数据构成和发布方式潜藏着不同的影响逻辑。话语权是一种现实传播优势和深层影响力，既是影响力和传播能力的竞争结果，也是持续竞争过程，也会因在特殊时点的特殊表达而迅速获得。疫情地图这个数据产品已经成为人们描述、认知、判断全球疫情的主要数据来源之一，从而拥有了全球影响力和实际上的数据话语权。数据话语权，是特定主体通过对某个领域数据或更大范围数据集的积累、收集、控制、处理、发布、解读、传播等行为，以及通过提供不断延伸的相关数据产品和数据服务而获得的现实传播优势和深层影响能力。数据话语权是话语权的特殊存在方式，数据和数据服务的专业性、客观性、连续性，更容易让使用者接受和相信，产生路径依赖形成特殊信任。话语权与数据话语权的争夺和影响力竞争，实际上是具有战略意义的博弈。数据话语权是国际传播的战略博弈工具和战略竞争焦点。从战略谋划与对策设计的层面看，数据话语权的竞争与博弈，急需加强理论建构和力量强化，包括认知投入、制度投入、资源投入、传播投入和机制投入。

情感传播

【从愤怒到厌恶：危机事件中公众的情绪图景】

刘念、丁汉青在《新闻大学》2020年第

12期撰文，主要在以下两方面对ICM理论模型在中国语境下的本土化应用进行了一定的修正与完善：一是在公众的情绪类型上，第一象限的主要情绪类型由愤怒与焦虑改为愤怒与厌恶；二是增加了时间维度，将原二维模型转变为三维模型，并发现了公众情绪类型由愤怒到厌恶的演变过程。

在情绪类型方面，研究发现，在"公众意动型应对—组织高参与度"危机事件中，公众的主导情绪并非ICM理论模型所提示的愤怒与焦虑，而是愤怒与厌恶。

在时间维度方面，通过探究危机事件中的公众情绪—时间演变，增加了危机事件发展的时间维度，扩展了原有的ICM理论框架。已有的ICM理论模型仅提到了公众情绪的两种不同类型——初级情绪与次级情绪，且这两种情绪主要是基于公众的认知判断，并未将时间维度纳入模型当中具体考察。发现不同危机时期内公众的主要情绪类型经历了由愤怒到厌恶的演变过程，且整个过程中公众的负面情绪持续高涨。时间维度的引入强调了危机事件过程中公众情绪的动态演变，有助于危机传播者更好地把握公众情绪，以评估危机威胁和制定传播策略。

【公共领域中热点事件的社会情感价值分析】

孙慧英、明超琼在《现代传播（中国传媒大学学报）》2020年第7期撰文指出，长期以来，在哈贝马斯"公共领域"相关理论的影响下，人们常常将情感置于理性的对立面，因而情感往往被认为是非理性的、盲目的，是无意义的宣泄，甚至其带来的群体性事件会对公共领域产生破坏性影响。研究基于十年热点事件，对其情感进行定量的分析，对于公共领域中的情感提出以下看法：第一，社会情感普遍存在于公共领域之中。第二，社会情感是中性的。社会情感在公共领域中产生正向或反向的作用。第三，社会情感有其存在价值。尽管情感对于事件的最终结果不产生决定性作用，但其仍具有表达和宣泄的价值。

【社交媒体中的友谊：相似性机制与情感传播逻辑】

付森会在《福建师范大学学报（哲学社会科学版）》2020年第2期撰文指出，社交网络里的友谊关系，具有介质化、数字化、算法推荐等特征。虽然社交媒体中的朋友与传统意义上的朋友概念存在差异，但是现实与虚拟社交生活之间的界限模糊，线上与线下朋友之间的差异已无法泾渭分明，"点赞之交""@之交"等新型友谊类型也成为无法忽略的情感形态。实际上，社交媒体中的友谊本身就蕴含情感传播，是在关系逻辑中生成的，进而影响传播行为。在技术赋权下，受众对信息内容、传播方式、反馈方式有更多的能动性，这也使得数字化友谊框架下的交际方式与传播行为有所改变，并在一定程度上塑成社交媒体情境中的信息传播景观。在未来研究中，需要进一步深化对在线友谊的认知，可以使用量化研究方法探究这种友谊影响信息传播的效果，从而有效讨论情感传播的作用机制。

媒介记忆

【春晚作为记忆实践——媒介记忆的书写、承携和消费】

谢卓潇在《国际新闻界》2020年第1期撰文指出，考察媒介记忆被书写、承携和消费的过程，应以受众为出发点讨论春晚和媒介记忆，即春晚是谁的和什么样的集体记忆，同时透过受众记忆讨论春晚长期社会文化影响，与现有关于春晚如何建构"家—国"意识形态的观点对话。研究以动态、实践和流变的视角认识记忆建构，强调大众传媒既是行动主体也可能是记忆实践的途径和对象。通过区分"中介化"（mediation）的集体记忆实践和"集体记忆化"的媒介实践，认为春晚内容单独不构成集体记忆，作为记忆实践的春晚是形成记忆机制的关键。春晚在受众主体的记忆实践中，成为记忆之所，记忆唤起和记忆操演的承携者，以及讲述和理解家庭、民族和阶层身份的对象。

【讲述家庭故事：媒介记忆实践、界定仪式与传播赋权——基于"族印"口述历史纪录片计划的个案研究】

袁梦倩在《南京社会科学》2020年第9期撰文指出，大众传媒时代，媒介在建构社会记忆中扮演着重要的角色，社会记忆往往通过具体的媒介生产和传播得以表达、维持和重构。以"族印"口述历史纪录片计划为案例，将其视为一种媒介记忆实践，聚焦口述历史纪录片的生产和传播过程，观照家庭故事的传播如何建构意义、记忆、认同和关系，以及如何影响赋权。该实践的传播过程作为一种"界定仪式"，深刻形塑着媒介记忆生产者对家人以及社会历史的认知与情感，促进家庭成员之间的深度沟通和理解，从而在公开的故事讲述行动中重新界定主体的身份认同与家庭关系。并且，该实践的传播过程促进了赋权，在个体层面，该实践赋予主体讲述并反思家庭故事和社会历史的机会和权利，形塑批判性意识；在社群层面，该实践为一些被边缘化的弱势群体赋权，促进社会介入性的行动；在社会层面，该实践打捞和挖掘普通人被遗忘的、被压抑的记忆，以有血有肉的生命故事、丰富多元的历史细节，为口述历史和民间记忆赋权。

【建构、遗忘与激活：社会危急事件的媒介记忆】

杨超、朱小阳、揭其涛在《浙江社会科学》2020年第6期撰文指出，媒介信息系统的收集、制作、编辑过程类似于个人记忆的关注、了解与记忆。如果说媒介是人的延伸，那么媒介记忆就是个体记忆的延伸和拓展。当社会危急事件对社会基本生活节奏和价值体系造成破坏时，其带来的结果和影响会促使社会大众唤醒那些恐慌记忆并引发群体行为。

在危急事件发生后，党和政府迅速动员进行救助，体现在领导人的讲话、政府相关救灾物资的调运以及社会各界的爱心捐助中。这些都体现在灾民的记忆中，也深刻记录在媒介的记忆中。拥有类似记忆的受难者，面对政府和国家的救助，都表达了对国家的感恩和谢意，在日后媒介不断纪念、展示这段记忆时，促进了对整个国家和集体的归属感和认同。媒介记忆中关于"我的祖国""祖国母亲""中国人"等语句都从国家身份的视角，完成对家国民族情怀的建构，标签化的方式帮助受灾群众寻找认同感，建构其共同的价值观。

数字劳工

【工作、福利与获得感：短视频平台上的创意劳动者研究】

何威、曹书乐、丁妮、冯应谦在《新闻与传播研究》2020年第6期撰文指出，首先，短视频创意劳动可以为劳动者带来切实的收入，却不够令人满足。其次，劳动者之所以选择从事短视频创作、传播与运营，不仅是为了赚钱；劳动者的工作喜好度、工作满意度、对工作平台的满意度、对自己生活质量的评价都相当高，其心理状态也显著地变得更好。因此短视频创意劳动增进了劳动者的福利与获得感。最后，宏观来看，短视频创意劳动为个人与行业赋能，使劳动者更加亲社会，转变为创意企业家，推动创意行业集群发展，建构创意领域，培育创新的社会生态。

【互联网平台劳动的社会影响及研究启示】

张志安、姚尧在《新闻与写作》2020年第12期撰文，通过对零工经济所包含五类互联网平台劳动的类型和中外平台劳动研究的梳理，发现互联网平台劳动的负面影响主要体现在劳动环境的恶化、劳动控制的隐蔽与强化、社会关系的牺牲和情感压榨、数据劳动中的资本增值等；平台劳动的正面意义则体现在平台的信息近用性、连接性、匿名性、灵活性和补充性等。在此基础上，文章认为，立足中国语境下的平台劳动研究要超越单一批判性视角、兼顾其正面意义和负面影响，要立足具体的社会语境、从过程性角度考察其劳动状况，要充分把握互联网平台劳动"场景"中人与技术、劳动者与平台、劳动与社会的多重关系，要注重从平台主体的权力与责任视角提出治理路径。

【数字劳工：移动游戏中青少年玩家的非物质劳动研究】

袁潇在《当代传播》2020年第5期撰文指出，移动游戏是"技术民族主义"、经济深化改革以及社会结构变迁多重驱动下的产物。青少年的休闲娱乐活动被技术和资本异化为数字经济中的生产实践，数字资本将玩家的生命时间转变为劳动时间，形成了"实质吸纳"的非物质劳动过程。青少年玩家自觉加入游戏信息的智识性、交往性与情感性的协作生产中，成为数字资本剥夺生命政治劳动的核心要素。他们位处移动游戏"科层制"中的底层，是游戏产业重度剥削的对象；他们的游戏行为隐含着数字经济深层性的技术控制与经济盘剥。数字经济产业和电竞选手、游戏代练和游戏主播间建立起虚假"同意"，通过"造梦"机制将规训内化为劳工们的自我激励，从而实现资本增值。

危机传播

【多重话语冲突下的跨国危机传播——以三起周边领事危机事件为例】

彭修彬在《现代传播（中国传媒大学学报）》2020年第6期撰文指出，冲突本身是不同话语之间的相互映射和相互碰撞，在这样的文本"互文"生成机制中，话语基于其背后的利益基础、政治立场和意识形态底色，不断转移焦点，企图在整个舆论场域争取更大的权力，也因而造成了话语不断地再生产和意义变形。总而言之，涉华跨国危机事件的舆论场呈现出突出的"复调性"。

复调传播是当前国际传播值得关注的问题。随着社交媒体和传播技术的发展，国际传播也日益进入一个"媒介化"（mediatization）的阶段。除了跨国媒体之外，政府机构、非政府组织和公民个人都可以通过社交媒体参与到跨国的信息生产与流动中。主流媒体对议题的建构会显著地影响到社交媒体受众的感知，并引发受众在社交媒体上的讨论。在这样的传播环境下，不同的声音对于传播主体性的争夺，必然会引发国际传播中复调传播的出现。

【疫情报道与国家治理体系建设】

崔保国、韩博在《新闻战线》2020年第9期撰文指出，此次疫情信息传播带来许多启示，国家治理体系建设中网络传媒信息治理体系的建设刻不容缓。在思考网络传媒信息治理体系建设的时候，首先应该回答的问题是：互联网时代的传媒体系怎么定义？传媒的社会功能如何定位？

应该秉持平衡发展观和生态发展观，实事求是地把现代传媒的社会功能置于多元化和多功能的框架里。当下，主流媒体、市场化网络平台媒体和自媒体共生互鉴、交相融合。主流媒体以宣传和舆论引导功能为主，也兼有社会系统监测和社会意见协调等功能；市场化网络平台媒体以娱乐和服务为主；自媒体则更加多元化，各有侧重。疫情信息的公开、真实报道，需要尽可能多的媒体从不同视角呈现同一主题。这样才能满足舆情事件中民众对信息的渴求，以揭示事实真相，树立媒体权威。网络信息内容治理的本质是为了营造良好的网络生态，保障公民、法人和其他组织的合法权益，维护国家安全和公共利益。

【幽默的"两面性"：社交媒介危机回应的效果与影响因素】

宫贺、黄苗红、柯颖妮在《新闻与传播研究》2020年第2期撰文指出，在非责任型危机中，个人和组织进行幽默回应会产生不一样的效果。个人的幽默回应会对组织声誉评价产生积极影响，而组织的幽默回应反而对感知真诚和组织声誉产生负面影响。在组织被认为对危机担负主要责任的危机中，无论哪种回应主体，幽默的使用都可能会损害组织声誉，对感知真诚的负向中介效应亦显著。

当企业处于严重程度不高的非责任型危机时，使用个人账号进行幽默回应对恢复组织声誉有积极影响,这可能得益于当下社交媒介"草根化"、"个性化"以及"反权威"的话语风格。然而,这一研究却提示组织管理者,"泛娱乐化"时代的危机回应仍需谨慎使用"幽默策略",在责任确认明晰的危机中,无论个人还是组织,只要使用幽默回应都会对组织声誉带来负面影响。

以"幽默"为切口,试图探讨的是公众对危机界定、责任归因以及对危机回应阐释的情境依赖性(context dependency)对危机回应效果产生的可能影响。这种高度的情境化要求组织在即便"泛娱乐化"成为全球社交媒介"气候"的当下,仍要重视在地的(local)观察,时刻保持文化敏感性(cultural sensitivity)。

5G 时代

【从 2G 到 5G:技术驱动下的中国传媒业变革】

李良荣、辛艳艳在《新闻大学》2020年第7期撰文指出,对于传媒业来说,2G到5G各个阶段的技术特征所带来的区分度主要体现在三个方面:第一,传播速率提升带来内容形态变化,从图文并茂到视频化主导;第二,技术门槛带来网络主体人群的结构性变化,从中间阶层到"三低人群"再回归到中间阶层;第三,网络技术的"去中心—再中心化"过程重塑了传播格局中的权力关系,传媒业从垄断性的中心地位回归到普通中介(节点位置),但又因为中国传媒业所肩负的政治使命,使其必须凝结网络主要群体,重新成为关键节点。

然而,从2G到5G时代的变革历程中,传媒业对于技术影响的深入思考,是由传播格局变化所激发的。这种定势思维使传媒业的变革具有一定的滞后性,主要表现为一味强调多媒体资源整合,以传者为中心,忽视了网络主体人群的切身诉求。直到"媒体融合"国家战略的提出,传媒业才开始重新理解技术驱动下媒介形态变化和社会形态变化,转向以"用户为中心",再造融合性平台,并且意识到只有打造完整的信息生产系统,才能凝聚网络主体人群。

与此同时,传媒业仍有一个经典问题尚未解决:技术驱动下,传媒业的现行管理制度如何自洽?因为互联网诞生之初就是去中心化的,而"再中心化"的结果受到多重因素影响,不受行政级别制约。因此,5G时代必须直面的问题是,如何对传媒业的管理制度进行优化,避免重复投入、资源浪费、低效生产,使传媒业的改革能够更平衡、更充分。

【所到之处皆媒介——5G 对媒体产业的影响分析】

胡泳在《新闻记者》2020年第7期撰文指出,媒体将成为最早受益于5G技术的产业之一,5G有潜力真正改变媒体内容的生产和分发方式,移动网络将成为主要的视频分发渠道。5G技术不仅带来速度,还带来新的商业模式和身临其境的互动体验,AR和VR行业将发生根本改变,内容和观众的距离将大大缩短。最终，5G 将为人们的信息需求和娱乐活动增加新的和切实可见的维度。

【5G 时代：未来传播中"人—机"关系的模式重构】

喻国明、杨雅在《新闻与传播评论》2020 年第 1 期撰文指出，5G 技术将为现实社会以及虚拟网络空间中的人机传播以及传播机制、传播效应带来了革命性的改变，并将深刻改写人的社会性连接、认知与决策行为。在传播学研究的视域下重新审视人与机器的关系、人与传播技术之间的关系，从而构建新时代的人机传播研究图景与框架是一项现实而紧迫的重大课题。从传播技术、内容、关系、主体等层面对 5G 时代人机传播与主客体关系重构进行探讨，认为同构、协同与共生将成为人机传播关系的新特点及发展的新逻辑。

具体来说，在技术层面，5G 时代人机传播既要考虑人机互补性，也要考虑人机同构性；在内容层面，既要考虑传播内容的静态性改变，也要考虑传播内容的动态性改变；在关系层面，既要考虑主客体关系，也要考虑主体间性和感性人的活动；在主体层面，既要考虑传播主体与技术主体的关系，也要考虑经由技术介质与其所构建的传播界面所形成的传播主体之间的关系。概言之，5G 时代未来传播中，需要从传统的以人为绝对主体的关系转向人机互在、人机共生的新型关系，重构人机传播思维，向人机传播的"命运共同体和价值共同体"实现转变。

传媒经济

【传媒要素理论视角的传媒经济实现研究】

王雪野、冯婷在《现代传播（中国传媒大学学报）》2020 年第 3 期撰文指出，以互联网为介质的新传媒，从媒介属性中派生而出的传媒要素属性，在突破各类边界的过程中，包含了从产品到产业、从知识到技术、从市场到商品、从智慧到文化的相融，在激活各类资源的同时，完成了它们内部的相互平衡和外部的相互协调，驱动了全产业、全业态、各领域的传媒经济实现。

变革为"媒介 + 要素"的传媒，是技术与信息、思想、创意，以及对社会资源要素配置功能的集成，是信息互动传播与要素优化功能融合的核心驱动力，是重构产业与社会的重要力量，从根本上改变了信息赋权模式与社会权力格局，从根本上打开了传媒经济实现和发展的新领域和新空间。基于科技进步变革为"要素"的传媒，正因为其服务于资源要素的优化配置、服务于信息互动的融合畅达、服务于生产生活的无限便捷，从而决定了传媒的无限收益，决定了传媒经济的全新视野和无限前景。

【价值共创与协同创新：基于智媒时代价值平台网络的商业模式创新研究】

李凤萍在《新闻大学》2020 年第 3 期撰文指出，商业模式创新是一个系统演进的过程，涉及价值流的多个环节和不同主体的参与。人工智能技术对商业模式创新的影响，突破了以往以生产者、消费者和用户之间互动为价值共创主要方式的路径，而更强调生产者、消费者以及机器等不同界面对价值创造的重要作用，并在人机交互的基础上使得机器承载起更多的商业模式创新，这就需要重新审视传媒业的价值创造流程和逻辑。智媒时代的商业模式创新更强调价值创造主体的多元化以及不同平台之间以数据交互为核心的价值共创机制，谁拥有对这些数据的智能化处理能力，谁就将在价值网络中占据核心位置，并为用户创造出全新的价值主张。

价值平台网络的提出突破了价值链和价值网的创新局限，将关注重心从价值分配转向价值创造，强调人机交互、机器自主学习对价值创造的作用以及它们对消费者和生产者价值共创方式的影响，也强调数据智能交互与场景化连接在价值共创中的作用。价值平台网络中的每一个平台都可以在人工智能技术的推动下完成平台内部的价值创造闭环，并进一步通过各平台之间的数据交互实现价值洞察、价值创造、价值传递与价值转化，从而驱动智媒时代的商业模式创新。

【内需体系构建中振兴制造业的传媒要素效能研究】

张崇杰、王珏在《现代传播（中国传媒大学学报）》2020年第2期撰文指出，传媒在科技推动下由媒介变革为生产要素和创新要素，通过精准信息传播和要素配置驱动及持续创新，实现对产业发展根本性促进基理的同时，对内需体系构建中振兴中国制造业的传媒要素效能实现进行了探索。通过供给侧和需求侧信息精准、及时、有效、畅达机制的升级，传媒创新要素可以推动模式创新和技术进步，有效降低产品和服务成本，并有效提升产品性能和服务质量，进而通过产品和服务的升级换代改变市场产品的需求质量结构，还可以通过传媒要素的空间溢出效应，实现产业间的相融或转移，积极作用于中国制造业的振兴。

脱贫攻坚

【打赢脱贫攻坚 助力乡村振兴——短视频赋能下的乡村文化传播】

王德胜、李康在《中国编辑》2020年第8期撰文指出，乡村文化传播既是理论研究同时也是实践研究，借助短视频这一形式，怎样始终围绕党的中心任务推进乡村文化建设，怎样透过乡村振兴背后的文化逻辑进行乡村文化传播，怎样依托我国乡村优秀的文化底蕴推动乡村文化的创造性转化与创新性发展，是在进行乡村文化传播时需要进一步深入思考的问题。进入互联网下半场，短视频在乡村文化传播中开始发挥日益重要的作用。短视频技术在一定程度上唤醒了村民的文化自觉，村民开始主动融入乡村文化的传播与建设之中，并由此带动乡村产业的繁荣，最终将推动我国脱贫攻坚战的胜利。

【精准型政策范式下的中国扶贫报道研究——以 2013—2019 年《人民日报》精准扶贫的相关报道为例】

魏亚萍、陈东方在《新闻爱好者》2020 年第 10 期撰文指出，精准扶贫的报道框架经历了一个逐渐建构并不断成熟的过程。政策阐释框架完成了从以政策执行者为主要受众到以大众为受众的转变；工具策略框架则随着精准扶贫政策的逐渐完善，逐步完成其建构；精神引导框架则随着精准扶贫实践的进行，其呈现方式逐渐改变。

后 2020 时代的扶贫报道，也需要深刻把握政策的社会结构背景与思维框架，深入理解新时期扶贫报道需求与报道意图，构建适应新阶段变化的扶贫报道话语框架，从而更好地发挥扶贫报道的传播力、影响力与引导力，助力推动中国反贫困工作的发展。

论文辑览

2020年主要文摘类期刊转载新闻传播学论文篇目

《新华文摘》

2020年第1期

世界一流湾区传媒产业发展经验及对粤港澳大湾区的战略启示（臧志彭）

       中国出版2019-17

2020年第2期

中国电视剧的发展：成就、挑战与展望（蓝轩）

       民族艺术研究2019-05

2020年第3期

全媒体传播体系的全息透视：系统建构、功能耦合与目标优化（支庭荣）

    西北师大学报（社会科学版）2019-06

2020年第4期

计算广告的兴起背景、运作机理和演进轨迹（吕尚彬、郑新刚）

       山东社会科学2019-11

2020年第5期

圈层下的"新网红经济"：演化路径、价值逻辑与运行风险（朱春阳、曾培伦）

       编辑之友2019-12

动力之源与知识创新：构建中国特色新闻传播学术体系（胡百精）

     中国社会科学报2019-12-20

2020年第6期

5G时代新型主流媒体的机遇与责任（蔡雯）

     人民论坛·学术前沿2019-21

2020年第7期

从媒体融合到融合媒体：电视人的抉择与进路（廖祥忠）

       现代传播2020-01

2020年，报纸还好吗（崔莹）

       文汇报2020-01-16

2020年第8期

全媒体时代的传播趋势与创新路径（张晓锋、程静）

       传媒观察2020-01

---

* 这里选取的国内主要文摘类期刊包括：人民出版社主办的《新华文摘》、中国社会科学杂志社主办的《中国社会科学文摘》、上海师范大学主办的《高等学校文科学术文摘》、人大复印报刊资料《新闻与传播》。本篇目中的《现代传播（中国传媒大学学报）》简称《现代传播》。

"区块链+"如何重构内容产业生态（王佳航）

新闻与写作2020-01

2020年第9期

运用"互联网思维" 拓展新闻传播疆域（米博华）

新闻战线2020-01

国家治理现代化中的媒体使命与调适创新（孔德明）

新闻战线2020-01

提升舆论引导水平要明确方向、完善制度（陆绍阳）

新闻战线2020-01

2020年第10期

媒介融合之历史观照（方提、尹韵公）

中国社会科学报2020-03-05

2020年第11期

大力提升舆情传播治理水平（张晋升）

中国社会科学报2020-03-24

影像与影响：探寻经典纪录片的力量（顾亚奇）

中国艺术报2020-03-25

人工智能时代传媒业未来发展趋势（课题组）

中国记者2020-02

2020年第12期

新时代国家战略传播构想及实践思路（刘小燕、崔远航）

中国社会科学报2020-03-26

2020年第13期

5G时代全媒体传播的价值嬗变、关系解构与路径探析（李华君、涂文佳）

现代传播2020-04

智能化演进：广电媒体深度融合历史机遇与发展策略（段鹏）

编辑之友2020-03

2020年第14期

突发公共卫生事件下的信息沟通与传播治理（曹劲松、曹鲁娜）

南京社会科学2020-04

2020年第15期

网络连接观：类型划分、演化逻辑及风险防范（沈阳、冯杰、闫佳琦、向安玲）

西安交通大学学报（社会科学版）2020-03

2020年第16期

中国主流媒体面临的新环境、新形势、新任务（胡智锋、陈寅）

新闻记者2020-04

站在渡口的媒体融合——来自澳大利亚媒体的观察与启示（马国仓）

中国出版2020-09

2020年第17期

我们需要建构什么样的公共信息传播？——对新冠肺炎疫情期间新媒体传播的反思（彭兰）

新闻界2020-05

技术规制：数字平台版权价值体系的重构（张韵）

中国出版2020-11

2020年第18期

技术、传播与社会：中国主流媒体融合发展路径——以长三角地区12家主流媒体为例（李沁、徐诚、赵凡瑜）

中国人民大学学报2020-03

2020 年第 19 期

技术革命主导下新闻学与传播学的学科重构与未来方向（喻国明）

新闻与写作 2020-07

2020 年第 20 期

从 2G 到 5G：技术驱动下的中国传媒业变革（李良荣、辛艳艳）

新闻大学 2020-07

责权边界重构：民法典对新闻工作的影响探究（崔尧、刘徐州）

中国记者 2020-08

2020 年第 21 期

中国媒体融合的本质、使命与道路选择——从数字传播理论看中国媒体融合的新思维（方兴东、钟祥铭）

现代出版 2020-04

2020 年第 22 期

中国互联网治理模式的形成及嬗变（1994—2019）（彭波、张权）

新闻与传播研究 2020-08

2020 年第 23 期

全球互联网舆论生态的历史演变与未来走向（吴瑛）

人民论坛·学术前沿 2020-15

全球社交网络的新闻生态与国际舆论引导（李希光）

人民论坛·学术前沿 2020-15

2020 年第 24 期

直播电商：传播理论、发展现状、产业结构及反思（赵子忠、陈连子）

中国广播 2020-09

百年中国共产党新闻政策变迁研究：意义、问题与内容（郑保卫、王仕勇）

中国出版 2020-19

《中国社会科学文摘》

2020 年第 1 期

中国共产党的舆论监督观（丁柏铨）

南京社会科学 2019-08

中国近代文人著述出版的观念转型（褚金勇）

出版发行研究 2019-08

2020 年第 3 期

理论谱系与本土探索：新中国传播学理论研究 70 年（刘涛）

新闻与传播研究 2019-10

新时期以来我国传媒业变革的基本路径（朱春阳）

新闻界 2019-10

2020 年第 5 期

视听微叙事的中国立场与文化图景（吴炜华、张守信）

中国出版 2019-24

数据新闻可视化叙事研究（许向东）

国际新闻界 2019-11

2020 年第 7 期

传媒技术赋权与人类传播理念的演变（骆正林）

现代传播 2020-02

建设性新闻的中国范式（漆亚林）

编辑之友 2020-03

2020 年第 9 期

新闻创新研究的六种路径（王辰瑶）

新闻与传播研究 2020-03

网络连接观：类型划分及风险防范（沈阳）

西安交通大学学报 2020-03

2020 年第 11 期

技术驱动下的中国传媒业变革（李良荣、辛艳艳）

新闻大学 2020-07

互联网历史学的理路及其中国进路（吴世文）

新闻记者 2020-06

《高等学校文科学术文摘》

2020 年第 1 期

文明传播视野中的"中国模式"与"中国故事"（白文刚）

新闻与传播评论 2019-06

网络直播带来的文化反思（严三九）

学术界 2019-11

2020 年第 2 期

论当代中国新闻学科层面几个主要概念之间的关系（杨保军）

新闻界 2020-01

从媒体融合到融合媒体：电视人的抉择与进路（廖祥忠）

现代传播 2020-01

2020 年第 3 期

中国文化产业研究现状与热点问题（周建新、胡鹏林）

深圳大学学报（人文社会科学版）2020-01

从网刊、域出版到新平台（桑海）

苏州教育学院学报 2020-01

算法是一种新的传播观：未来传播与传播学的重构（喻国明、赵文宇）

西南民族大学学报（人文社会科学版）2020-05

互联网治理进程中的治理模式争议（郑文明）

新闻与传播评论 2020-02

2020 年第 5 期

新媒体研究的 STIP 模型（匡文波、吕聪聪等）

中国人民大学学报 2020-04

智能媒体时代的阅读革命与编辑出版创新（夏德元）

现代出版 2020-04

2020 年第 6 期

跨文化传播中的话语力问题（赵启正）

甘肃社会科学 2020-05

准社会关系与社交投票中的意见形成机制（陈昌凤、师文）

西安交通大学学报（社会科学版）2020-04

人大复印报刊资料《新闻与传播》

2020 年第 1 期

5G 新媒体三大应用场景的入口构建与特征（卢迪、邱子欣）

现代传播 2019-07

"以新闻而生，以新闻而死，为新闻殉节"——刘煜生案与"九•一"记者节的创伤记忆叙事（郭恩强）

国际新闻界 2019-09

"媒介融合"：电视开播的技术政治意义（李煜）

现代传播 2019-10

创意劳动抑或算法规训？——探析智能化传播对网络内容生产者的影响（翟秀凤）

新闻记者 2019-10

名流、名流文化与名流新闻：历史，功能与争论（闫岩、丁一）

国际新闻界 2019-10

尊严、言论与隐私：网络时代"被遗忘权"的多重维度（令倩、王晓培）

新闻界 2019-07

建设性新闻：一个"伞式"理论的建设行动、哲学和价值（金苗）

南京社会科学 2019-10

理论谱系与本土探索：新中国传播学理论研究70年（1949—2019）（刘涛）

新闻与传播研究 2019-10

线上社会世界的兴起——以"自我"概念探究"社交"媒体（卞冬磊）

新闻记者 2019-10

蒋介石与《申报》、史量才关系再研究——基于台北"国史馆"藏档案的考察（韩戍）

新闻与传播研究 2019-09

2020年第2期

中国对外报道的"方法—目的"之惑——基于新华社对外报道的历史考察（单波、林莉）

现代传播 2019-10

从列斐伏尔到位置媒介的兴起：一种空间媒介观的理论谱系（李耘耕）

国际新闻界 2019-11

从新名词到关键词：近代以来中国"舆论监督"观念的历史演变（邓绍根）

新闻大学 2019-11

媒介话语中的社会道德研究——基于知识考古学的框架（李敬）

新闻界 2019-10

情感、阶级和新闻专业主义——美国公共传播危机的话语与反思（陈红梅）

新闻与传播研究 2019-09

智慧报业产业互联网平台的构建（李鹏飞、刘先根、彭培成）

新闻战线 2019-23

资本、政治、主体：多元视角下的县级媒体融合实践——以A县融媒体中心建设为样本的案例研究（沙垚）

新闻大学 2019-11

超越想象的贫瘠：近年来海内外健康传播研究趋势及对比（苏婧、李智宇）

全球传媒学刊 2019-03

遍在与重构："跨媒体叙事"及其空间建构逻辑（刘煜、张红军）

新闻与传播研究 2019-09

重拾革命遗产：新中国新闻教育的曲折探索（向芬）

新闻春秋 2019-05

2020年第3期

"大众传播"溯源：社会情境、根本问题

与价值立场（展宁）

新闻与传播研究 2019-11

互联网治理的进程、模式争议与未来走向（郑文明）

新闻与传播评论 2020-02

从斯蒂芬森出发：传播游戏理论的新进展（陈洁雯、胡翼青）

新闻春秋 2019-06

全球数字劳工研究与中国语境：批判性的述评（姚建华、徐偲骕）

湖南师范大学社会科学学报 2019-05

媒体办智库：转型期的实践探索和理论发展——对2008—2018年媒体智库及相关研究的分析（蔡雯、蔡秋芃）

国际新闻界 2019-11

媒体融合改革中的"腰部塌陷"问题（郑雯、张涛甫）

青年记者 2019-25

尼克·库尔德利：数据殖民主义是殖民主义的最新阶段——马克思主义与数字文化批判（常江、田浩）

新闻界 2020-02

智能时代人的数字化生存——可分离的"虚拟实体"、"数字化元件"与不会消失的"具身性"（彭兰）

新闻记者 2019-12

朝日新闻转型及对中国报纸的启示（王君超、章蓉）

新闻与写作 2019-12

生态政治哲学视阈下环境传播的话语实践创新（李玉洁）

现代传播 2019-10

社交媒体时代国家话语能力的建构逻辑（丁云亮）

安徽师范大学学报（人文社会科学版）2019-05

社会型构、媒介技术与耻感变迁——波兹曼和埃利亚斯之间的思想对话（王佳鹏）

新闻大学 2019-11

解构智能传播的数据神话：算法偏见的成因与风险治理路径（郭小平、秦艺轩）

现代传播 2019-09

2020年第4期

"借题发挥"：一种中国特色的网络舆论话语生成模式（陈龙）

新闻与传播研究 2019-12

"远处苦难"的中介化——范雨素文本的跨阶层传播及其"承认政治"意涵（李艳红、范英杰）

新闻与传播研究 2019-11

从"一体化"宣传到"混合型"传播——以中国共青团网络政治传播活动变迁为中心的讨论（涂凌波）

新闻大学 2019-11

从"跨"到"转"：新全球化时代传播研究的理论再造与路径重构（史安斌、盛阳）

当代传播 2020-01

传播"空间"：近代早期欧洲的地图与知识-社会转型（于京东）

国际新闻界 2019-11

作为媒介的"新年画"：新中国成立初期家庭空间的视觉重构与政治认同（林颖）

现代传播 2019-11

国际新闻报道的议程建设——以《纽约

时报》头版中国报道为例的考察（陈红梅）

新闻记者 2019-12

垄断、创新与融合：新时期以来我国传媒业变革的基本路径（朱春阳）

新闻界 2019-10

情绪传播：概念、原理及在新闻传播学研究中的地位思考（赵云泽、刘珍）

编辑之友 2020-01

拟态家园：一种群体独特的跨文化适应模式研究（刘洪、黄昊）

现代传播 2019-12

算法推荐平台中新闻聚合的特征与思考（黄淼）

青年记者 2019-28

论网络语言对个体情绪社会化传播的作用（隋岩、李燕）

国际新闻界 2020-01

2020年第5期

"区块链+"如何重构内容产业生态（王佳航）

新闻与写作 2020-01

严肃议题的消解与重构——亚文化视域下的青少年政治社会议题传播（曾昕）

新闻春秋 2020-01

个人信息保护双轨机制：欧盟《通用数据保护条例》的立法启示（林凌、李昭熠）

新闻大学 2019-12

后美国时代的互联网与国家（洪宇）

国际新闻界 2020-02

圈层下的"新网红经济"：演化路径、价值逻辑与运行风险（朱春阳、曾培伦）

编辑之友 2019-12

建设性新闻：概念溯源、学理反思与中西对话（郭毅）

现代传播 2020-01

抖音：日常生活的迷幻化（赵乔）

文化研究 2019-01

概念与语境：建设性新闻与公共协商的可能性（胡百精）

新闻与传播研究 2019年增刊

永恒故事：社会记忆对新闻框架和舆论爆点的形塑——以"江歌案"为例（曾庆香、李秀莉、吴晓虹）

新闻与传播研究 2020-01

社交媒体必然带来舆论极化吗：莫尔国的故事（葛岩、秦裕林、赵汗青）

国际新闻界 2020-02

蓄力与开蒙：李提摩太在华社会关系网的拓展及其对中国报业的影响（艾红红、韩文婷）

现代传播 2020-01

2020年第6期

民族志传播学的中国学术实践质思（程郁儒、张瑞坤）

内蒙古社会科学 2020-02

英国文化马克思主义与二战后媒介研究的生成（宗益祥）

新闻大学 2020-02

基于欧盟《通用数据保护条例》的个人数据跨境流动规制机制研究（邹军）

新闻大学 2019-12

权力结构失衡视角下的个人信息保护机制研究——以信息属性的变迁为出发点（雷丽莉）

国际新闻界 2019-12
突发复杂科学事件中能力之知的传播（谭笑）

科普研究 2020-01
李子柒的回声室？社交媒体时代跨文化传播的破界与勘界（姬德强）

新闻与写作 2020-03
从"情感按摩"到"情感结构"：现代性焦虑下的田园想象——以"李子柒短视频"为例（曾一果、时静）

福建师范大学学报（哲学社会科学版）2020-02
主流媒体正面宣传分众化传播初探——以光明网"新时代新青年"系列短视频为例（董玉芝、陶梦清）

传媒 2020-07
究竟是"网络群体性事件"还是"网络公共事件"抑或其他？——关于"网络舆论聚集"研究的再思考（董天策、梁辰曦）

新闻与传播研究 2020-01
从社会传染到社会扩散：社交机器人的社会扩散传播机制研究（郑晨予、范红）

新闻界 2020-03
算法伤害和解释权（邵国松、黄琪）

国际新闻界 2019-12
传播与运输：信息、人和商品的流动性（戴维·莫利）

新闻记者 2020-03

2020 年第 7 期

MCN 机构发展动因、现状、趋势与变现关键研究（郭全中）

新闻与写作 2020-03
作为媒介的可穿戴设备：身体的数据化与规训（宋美杰、徐生权）

现代传播 2020-04
关于新闻传播共同体构建的对话（曹林、张涛甫）

新闻大学 2020-04
后马克思主义视野下的媒介话语分析：拉克劳与墨菲话语理论的传播适用性（徐桂权、陈一鸣）

新闻与传播研究 2020-02
新闻传播中数据使用的价值、问题与规约（许向东、郑雪婧）

新闻爱好者 2020-04
流水线下的网络低语：珠三角地区新生代农民工自媒体赋权演变考察（高传智）

现代传播 2020-03
粉丝研究流变：主体性、理论问题与研究路径（尹一伊）

全球传媒学刊 2020-01
被"标识"的国家：撤侨话语中的国家认同与家国想象（陈薇）

国际新闻界 2020-01
记者角色的地方性实践与记者比较范式的跨文化重构（单波、张洋）

新闻与传播研究 2020-04
论民国时期外国驻华记者与中国记者的合作与竞争（路鹏程）

新闻大学 2020-01
论马克思恩格斯的传承观（韩立新、张萌）

新闻春秋 2020-02
跨界的燃灯者——读李金铨教授《传播

纵横：历史脉络与全球视野》（唐小兵）

新闻记者 2020-03

2020年第8期

"物"也是城市中的行动者吗？——理解城市传播分析的物质性维度（戴宇辰）

新闻与传播研究 2020-03

中国新闻传媒业融合发展问题与抓手（刘建华）

中国出版 2020-02

从生产逻辑到生成范式：后新冠疫情时代的风险文化及其批评转向（刘涛）

新闻界 2020-06

从议题互动到"场景融合"：网络直播的舆论功能与生态重构（麦尚文、杨朝露）

福建师范大学学报（哲学社会科学版）2020-03

列宁"党的出版物党性"的普遍意义和历史局限——纪念列宁诞生150周年（陈力丹）

国际新闻界 2020-04

文化建政：中共对上海报业的文化接管与秩序重建（龙伟、谢文君）

新闻春秋 2020-02

永久在线、永久连接：移动互联网时代的生活方式及其影响因素（周葆华）

新闻大学 2020-03

直播的政治学："交流闭环"与"社会的气泡化"（王钦）

东方学刊 2020-02

种族主义的新冠：以病为名——新冠肺炎的全球媒介呈现（纪莉）

学术研究 2020-03

认知传播的研究取向、方法与趋势（晏青）

南京社会科学 2020-05

防疫下乡、知识再制与乡村想象力——关于农村新型冠状病毒防疫宣传的深度思考（刘文祥）

江汉论坛 2020-03

2020年第9期

5G赋能下的中国科学传播体系研究（曾静平、卫玎）

湖南工业大学学报（社会科学版）2020-01

任务导向型网络打卡：新媒体时代的数据化生活与自我管理（孙文峥）

南京社会科学 2020-06

传播中的离身与具身：人工智能新闻主播的认知交互（於春）

国际新闻界 2020-05

数字文化研究的开放视野与问题意识——宾夕法尼亚大学安纳伯格传播学院杨国斌教授访谈（徐桂权）

新闻记者 2020-04

约翰·哈特利：文化研究可以给新闻学的发展带来变革——文化科学对当代知识的破坏性建构（常江、田浩）

新闻界 2020-05

社交与表演：网络短视频的悖论与选择（陈秋心、胡泳）

新闻与写作 2020-05

社交媒体研究的媒介物质性路径——以微信API开放与使用项目为个案的研究（束开荣）

新闻界 2020-05

社会减速与媒介时间性（张磊）

全球传媒学刊 2020-02

科学传播中的文化阻滞："养生文化"与民间"反转基因"话语之建构（汪凯、凌子敏）

未来传播 2020-02

网络谣言入罪的尺度与限度——以风险刑法为分析视角（冯建华）

新闻与传播研究 2020-02

谣言传播犯罪中的法益侵害——以谣言传播犯罪三种主要罪名及案例为视角（罗斌、龙敏）

新闻记者 2020-06

重大疫情中谣言治理的法治理性（赵青娟）

新闻与传播评论 2020-03

2020年第10期

"录像分析"作为社会研究方法：理论、应用与展望（甘雨梅）

新闻与传播研究 2020-02

"恐惧文化"的社会建构及其政治社会后果（袁光锋、赵扬）

南京大学学报（哲学·人文科学·社会科学）2020-03

互联网历史学的理路及其中国进路（吴世文）

新闻记者 2020-06

从审美动员到社会动员：时尚传播的文化政治指向（赵振祥、刘国慧）

现代传播 2020-06

以中国为方法的环境传播话语建构（李玉洁）

湖南师范大学社会科学学报 2020-04

对大数据鸿沟几个相关问题的思考（马克·安德烈赫维奇、张岩松、蔡润芳）

国外社会科学前沿 2020-04

安德烈亚斯·赫普：我们生活在"万物媒介化"的时代——媒介化理论的内涵、方法与前景（常江、何仁亿）

新闻界 2020-06

我拍故我在 我们打卡故城市在——短视频：赛博城市的大众影像实践（孙玮）

国际新闻界 2020-06

战略竞争框架下的美国遏华国际传播策略探析（陈龙）

社会科学 2020-07

流量逆行中主流媒体评论突围之道（曹林）

中国记者 2020-07

突发公共卫生事件与政务新媒体舆情应对话语研究——以新冠肺炎疫情事件为例（张薇）

江海学刊 2020-02

自媒体时代的政治传播秩序及中国调适（荆学民、于淑婧）

政治学研究 2020-02

2020年第11期

"全党办报、群众办报"话语的历史缘起与建构动力（朱清河、王青）

新闻春秋 2020-03

从"算法神话"到"算法调节"：新闻透明性原则在算法分发平台的实践限度研究（毛湛文、孙曌闻）

国际新闻界 2020-07

从八卦到八卦新闻：起源、功能与争论（闫岩、任禹衡）

新闻记者 2020-08

从独白到复调：超越国家叙事的对外传播话语想象（全燕）

社会科学 2020-07

从边界危机到霸权重构：科恩与霍尔的道德恐慌与媒体研究范式转换（黄典林）

新闻与传播研究 2020-06

作为知识的"报刊"：清末民初新式教科书中的报刊叙述（1902—1922）（王润泽、邓洁）

编辑之友 2020-06

作为知识的传播：传播研究的知识之维刍议（刘海龙）

现代出版 2020-04

嵌入乡土的"微信社区"——基于一个白族村落的研究（杨星星、唐优悠、孙信茹）

新闻大学 2020-08

技术革命主导下新闻学与传播学的学科重构与未来方向（喻国明）

新闻与写作 2020-07

智媒时代少数民族大学生国家认同的机理、挑战与建构（孙江、李圆）

现代传播 2020-04

辅助性治理工具：智媒算法透明度意涵阐释与合理定位（徐琦）

新闻记者 2020-08

2020年第12期

MMORPG网络游戏批判——关于游戏币以及游戏乌托邦的历史考察（邓剑）

新闻记者 2020-07

主流媒体内容生产：逻辑、空间及其内在张力——以新华通讯社防疫抗疫报道为例（张毓强、张开扬）

现代传播 2020-06

互联网新闻学：一种对新闻学知识体系的反思（王斌）

编辑之友 2020-08

从"新冠肺炎"热点传播看新闻边界的颠覆与重构（蔡雯、凌昱）

新闻与传播研究 2020-07

作为竞争与疗法的叙事：疫情传播中个体叙事的生命书写、情感外化与叙事建构（陈刚）

南京社会科学 2020-07

嵌入政治体制：晚清中国官报制度的确立及其影响（程河清、张晓锋）

新闻与传播评论 2020-05

文化研究作为数字新闻学的方法论思考（常江）

山西大学学报（哲学社会科学版）2020-04

月子传授：行动中心的传统传播研究（林羽丰）

新闻与传播研究 2020-09

未来图景：虚拟世界与现实社会的融合（李岭涛）

现代传播 2020-06

民国时期国民政府广播管理的传播发展观及其逻辑——一种基于伦理视角的历史考察（康智、白贵）

新闻春秋 2020-03

运动图像的操作化：对触屏视频流装置及其姿势现象的考古（徐亚萍）

国际新闻界 2020-06

2020年部分新闻传播学专业期刊论文索引

《国际新闻界》

2020年第1期

2019年中国的新闻学研究（束开荣、孙彤昕、段世昌、刘海龙）

2019年中国的传播学研究（于瀛、秦艺丹、方惠、刘海龙）

热点与趋势：技术逻辑导向下的媒介生态变革——2019年新媒体研究述评（苏涛、彭兰）

新起点、新探索：2019年中国的马克思主义新闻观研究综述（邓绍根、丁丽琼）

论网络语言对个体情绪社会化传播的作用（隋岩、李燕）

社会化表演的网络文本世界——符号叙述学视域下美国总统政治的媒介话语分析（蒋晓丽、郭旭东）

"新媒体使用"概念的有效性——从媒介使用和媒介效果看网络信息渠道的异质性（王天娇）

被"标识"的国家：撤侨话语中的国家认同与家国想象（陈薇）

春晚作为记忆实践——媒介记忆的书写、承携和消费（谢卓潇）

2020年第2期

后美国时代的互联网与国家（洪宇）

阿里巴巴的进化史与小资本主义的平台化：对本土语境平台化的考察（管泽旭、张琳）

社交媒体必然带来舆论极化吗：莫尔国的故事（葛岩、秦裕林、赵汗青）

博弈性融合——政务微信传播实践的场域视角（尹连根）

媒介考古学：渊源、谱系与价值——访加州大学洛杉矶分校埃尔基·胡塔莫教授（唐海江、肖楠、袁艳）

新闻规律观念："马新观"的基础观念（杨保军）

新闻事实的本体结构与新闻客观性——基于批判实在论的解释（郑忠明）

论广告史观的"古今之变"——基于一种全球传播思想史的进路（祝帅）

2020年第3期

中国家庭三代数字反哺现状及影响因素研究（周裕琼、丁海琼）

数字反哺与群体压力：老年群体微信朋友圈使用行为影响因素研究（李彪）

城市老年人的智能手机使用与实现幸福感：基于代际支持理论和技术接受模型（贺

建平、黄肖肖）

融入与"断连"：老年群体 ICT 使用的学术话语框架分析（方惠、曹璞）

微信老年用户的健康信息采纳行为研究（王蔚）

智能时代传播学受众与效果研究：理论、方法与展望——与香港城市大学祝建华教授、斯坦福大学杰佛瑞·汉考克教授对谈（李晓静、付思琪）

"驯化"媒介社会学：理论旅行、文化中间人与在地学术实践（李红涛、黄顺铭）

突出"姓"还是"名"？文化框架对品牌延伸命名策略的影响（宣长春、魏昀、林升栋、刘霞）

2020 年第 4 期

列宁"党的出版物党性"的普遍意义和历史局限——纪念列宁诞生 150 周年（陈力丹）

论列宁新闻思想的历史贡献及当代价值——写在列宁诞辰 150 周年之际（郑保卫）

列宁主义在华初步传播及中国共产党新闻事业兴起（邓绍根、丁丽琼）

基于上下文语义的网络议程设置研究——以红黄蓝事件为例（王晗啸、李成名、于德山、巴志超）

如何实现"信任性真实"：社交媒体时代的新闻生产实践——基于对 25 位媒体从业者的访谈（李唯嘉）

权力的消失：被扭曲的福柯——基于《话语与社会变迁》的分析（朱振明）

大卫·诺德的"新闻机制史"书写路径及其知识贡献——以《新闻的共同体：美国报纸和它们读者的历史》为中心（方晨）

网络传播与认知风险：社交媒体环境下的风险信息搜索行为研究（英文）（李祎惟、郭羽）

2020 年第 5 期

从离身到具身——媒介技术的生存论转向（芮必峰、孙爽）

共生、转译与交互：探索媒介物的中介化（杜丹）

传播中的离身与具身：人工智能新闻主播的认知交互（於春）

文化技艺：德国文化与媒介研究前沿——对话媒介哲学家杰弗里·温斯洛普-扬（王继周）

分布与互动模式：社交机器人操纵 Twitter 上的中国议题研究（师文、陈昌凤）

新媒体环境下科学知识对争议性科技态度的影响——以转基因为例（游淳惠、金兼斌）

复杂舆论议题中的媒体框架效应——以中美贸易争端为案例的实验研究（马得勇、陆屹洲）

消失的头条：新闻 APP 的视觉影响因素与记忆效果（张晗）

"无米为炊"——中国近代报业的纸荒困厄与报界应对（齐辉、曾丹）

作为话语的"完全党报"：延安《解放日报》改版再解读（贾梦梦、周光明）

2020 年第 6 期

我拍故我在 我们打卡故城市在——短视频：赛博城市的大众影像实践（孙玮）

短视频平台上的职业可见性：以抖音为

个案（陆晔、赖楚谣）

"无名者"的出场：短视频媒介的历史社会学考察（潘祥辉）

运动图像的操作化：对触屏视频流装置及其姿势现象的考古（徐亚萍）

"牧影"：中国流动电影放映再阐释——基于滇川藏"大三角"地区田野研究的讨论（郭建斌、王丽娜）

"自我取向"还是"家人取向"？基于中国情境的大学生流感疫苗接种健康传播策略效果研究（陈经超、黄晨阳）

论中国特色社会主义新时代舆论监督的功能和要求（周俊）

中国共产党对外传播研究的演进与未来取向（刘小燕、崔远航）

国共宣传战中国民党宣传何以失败：基于组织行为学的一种考察（王明亮）

2020 年第 7 期

从"算法神话"到"算法调节"：新闻透明性原则在算法分发平台的实践限度研究（毛湛文、孙曌闻）

批判算法研究视角下微博"热搜"的把关标准考察（王茜）

戏假情真：《王者荣耀》如何影响玩家对历史人物的态度与认知（何威、李玥）

作为复媒体环境的社交媒体：中国留学生群体的平台分配与文化适应（董晨宇、丁依然、段采薏）

媒介研究、技术创新与知识生产：来自媒体考古视野的洞见——与齐林斯基教授的对话（潘霁、李凌燕）

新媒介环境下中国主流媒体的声誉评价体系研究（高贵武、薛翔）

话语与生态：民国报刊新闻述评的文体流变分析（刘英翠）

从西方到本土：企业"漂绿"行为的语境、实践与边界（王菲、童桐）

早期《申报》"体例"与 19 世纪新闻人的伦理观（操瑞青）

2020 年第 8 期

想象、话语与景观：底层视角下公共事件中的谣言传播进路研究——一项基于 NC 市 XH 事件的扎根研究（李春雷、雷少杰）

网络辟谣信息如何影响受众的感知可信度——信息介入度的调节效应（唐雪梅、赖胜强）

策略性叙事中的国际新闻驯化：印度主流媒体"一带一路"报道分析（赵永华、郭美辰）

坚定与动摇：新闻从业者的职业承诺及其影响因素研究（王军、韩晓宁）

"后台"前置：新闻透明性的兴起、争议及其"适度"标准（张超）

从"后真相"到"后羞耻"：民粹主义媒体话语是如何进入欧美主流话语体系的？——基于对露丝·沃达克的专访（王敏、孙志鹏）

我国影视剧普通编剧有关从业状况的自我认知与评价——一项基于 25 位编剧的深度访谈研究（张辉锋、李淼）

网络口碑对国产与进口动画电影票房的影响：以 2009—2018 年为例（姜照君、吴志斌、孙吴优）

"宣传"何以重于"军事"？——1943 年

蒋介石所建构宣传系统的初步溃败（王靖雨）

2020年第9期

"众怒"的年代：新媒介、情感规则与"愤怒"的政治（袁光锋）

理论、身份、权力：跨文化传播深层冲突中的三个面向——以汉传佛教在华传播为例（赵立敏）

三元空间场域中的邻避运动：以珠三角X镇的危废中心为例（杨银娟、柳士顺）

"全世界都在说"：新冠疫情中的用户新闻生产研究（刘鹏）

马克思早期新闻思想及其时代性——《评普鲁士最近的书报检查令》再解读（徐梦菡、李彬）

危机传播中公关与法务的冲突：理论述评与实践考察（陈晶晶、余明阳、薛可）

"可供性"：译名之辩与范式/概念之变（孙凝翔、韩松）

建国70年报刊史书写中共产党报刊入史的演进研究（黄春平）

物质性与流动性：对戴维·莫利传播研究议程扩展与范式转换的考察（王鑫）

2020年第10期

媒体融合进程中的"连接"与"开放"——兼论新型主流媒体建设的难点突破（蔡雯）

理论视野中当代中国新闻学的重大问题（杨保军）

"液态""半液态""气态"：网络共同体的"三态"（彭兰）

"地位授予"：我国媒体对一家国际环保组织"媒体身份"建构的描述性分析（李东晓）

智能传播中算法偏见的成因、影响与对策（许向东、王怡溪）

新闻的"话语图示"——论对外新闻传播中的跨语言书写（任玥、李智）

"集体的组织者"：一条列宁党报语录的百年政治文化旅行（刘继忠）

进入"旧世界"的通道：近代宗教报纸《中国教会新报》发行网络研究（杜恺健、王润泽）

论中国传播史研究的想象力与典范性探索——评《华夏传播新探：一种跨文化比较视角》（姚锦云）

谨慎对待城市"公私合营"与公共数据私人控制——评《数字化世界的智慧城市》（徐偲骕、洪婧茹）

2020年第11期

媒介与传播物质性研究：理论渊源、研究路径与分支领域（曾国华）

网页隐喻与处理超文本的姿态（章戈浩）

媒介作为一种研究方法：传播、物质性与数字劳动（孙萍）

建构实在：大众媒体的运作——读尼克拉斯·卢曼的《大众媒体的实在》（黄旦）

草根全球化、技术赋权与中国农村青年的非洲叙事：对快手平台上三个视频主播的分析（范英杰、李艳红）

内容与技术如何协作？——行动者网络理论视角下的新闻生产创新研究（肖鳕桐、方洁）

"目击"即真实？——一项关于新闻"真实性"的实践策略考察（王敏）

大数据：作为一种方法论的追溯与质疑

（赵曙光、吴璇）

南征还是北伐？一场战争的两种视角——对民国画报的图像表征分析（徐沛、杨璐嘉）

2020年第12期

反结构化的突围：网络粉丝社群建构中情感能量的动力机制分析——以肖战王一博粉丝群为例（刘国强、蒋效妹）

破圈：粉丝群体爱国主义网络行动的扩散历程——基于对新浪微博"饭圈女孩出征"的探讨（崔凯）

符号化表演：网络空间丧文化的批判话语建构（李欣、彭毅）

互联网平台企业媒介实践的网络隐喻与资本动因——以钉钉B站求饶事件为例（李德团）

大数据解析全球传播学学科制度化的发展历程与规律（冯广超）

从"漠视"到"重视"：媒体融合中媒体保护版权的历史演进（朱鸿军）

儿童色情禁止的网络监控和刑法规范框架（陈绚、王思文、张瑜）

国际新闻传播人才的多维度复合与进阶式培养：基于中国人民大学国际新闻传播硕士项目十周年毕业生调查（钟新、崔灿、蒋贤成）

《现代传播（中国传媒大学学报）》

2020年第1期

从媒体融合到融合媒体：电视人的抉择与进路（廖祥忠）

"新四化"：中国传媒发展的未来趋势与关键路径（徐立军）

智能媒体伦理建构的基点与行动路线图——技术现实、伦理框架与价值调适（耿晓梦、喻国明）

日韩观众电影接触与偏好对其认知中国的影响——2019年度中国电影日韩地区传播调研报告（黄会林、李慧研、杨卓凡）

当代中国受众视频消费的变迁轨迹与内在规律（贾毅）

隐私、言论与平台规制——基于扎克伯格听证会的议题分析与思考（马澈）

制度遗产与农村广场舞兴衰——基于江苏省R县的田野观察（沙垚）

"讲好中国故事"：国家立场、话语策略与传播战略（陈先红、宋发枝）

政策网络视角下我国农村政策传播的效能问题研究（张淑华）

蓄力与开蒙：李提摩太在华社会关系网的拓展及其对中国报业的影响（艾红红、韩文婷）

论公共传播消解"共识困境"的结构性作用（石永军、龚晶莹）

跨文化传播的视觉化趋向与中国出版"走出去"的实践场域（李冰玉、孙英春）

唱新闻：浙江传统乡村的声音景观和感官文化（李乐）

建设性新闻：概念溯源、学理反思与中西对话（郭毅）

中国智库传播力的评价与提升——以中信改革发展研究基金会为例（胡钰、赵平广）

汉语纳入海外各国国民教育体系之方略探索（李宝贵、庄瑶瑶）

论新中国70年广播电视传播理念的嬗变——基于媒介社会学框架之再梳理（欧阳宏生、朱婧雯）

新中国70年广播电视管理体制的演进轨迹（覃榕、覃信刚）

"电影眼"的新启示：吉尔·德勒兹之"纯粹感知电影"的创造逻辑（徐辉）

本真与失真：论国产喜剧电影的"非现实性"表达（熊芳）

揭示、间离、反思：细论反身模式纪录片的观念和手法（唐俊）

从360全景到CGI情境再建构：VR纪录片创作源流论（张宁、郭艳民）

从意识沉浸到知觉沉浸：智能时代广告的具身性转向（姚曦、任文姣）

美国信息流广告的规制框架及其借鉴意义（黄玉波、杨金莲）

基于空间维度视角的品牌传播策略演化（张慧子）

网络传播研究述略：从本体研究到规范研究（胡泳、陈磊）

军事维度阐释网络安全规则大国话语权力博弈（刘小燕、崔远航）

风险感知与网络舆情的微博传播模型研究（袁媛、严宇桥）

"产学研创"教育平台构建：融媒体创作人才培养（王冬冬）

2020年第2期

"区块链+"：重构传媒生态与未来格局（郭全中）

新闻短视频内容生产的融合困境与突围之路（刘秀梅、朱清）

数字人文研究：超学科方法论的一种认知与阐释（孟建、胡学峰）

村委会选举的制度与理念认同——以农民文化心态为视角（邱新有、黎星）

社群化传播：基于新媒介时间的新传播形态（张华、韩亮）

技术变革视角下5G融媒体的智能转向与价值思考（段鹏、文喆、徐煜）

自我决定理论视角下UGC生产动机的模式与演进探究（杨珊、蒋晓丽）

主体困境与再生可能：微媒介中的自我镜像（孙旭）

重思"舆情"：平台化时代的舆论（姬德强、应志慧）

传媒技术赋权与人类传播理念的演变（骆正林）

媒介使用与民众政治支持：面向中美贸易摩擦的实证分析（王菁）

"夸夸群"：身份焦虑、夸赞泛滥与群体伪饰（蒋建国、赵艺颖）

朋友圈泛化下的社交媒体倦怠和网络社交自我（洪杰文、段梦蓉）

场景消解：女性网络自拍中的后区迷失（陈琦）

从"御宅族"到"正气少年"：弹幕互动中的亚文化资本汇集与认同构建（王润、吴飞）

网络时代影视文化女性消费主义倾向新论（向芝谊、陆地）

超级英雄电影符号构建的"当代神话"

（庄琦春）

论近年来综艺节目的现实主义转向：生态、叙事与资本（陈一）

宇宙遐想·超级变体·审美移情：科幻电影中外星人形象的建构逻辑（魏晨捷）

与时间共振：双重视角下新媒介艺术的创作演进（曹凯中、刘欣怡）

从本质真实到体验真实：论数字时代纪实文化的流变（常江）

先锋、陌生化与诗意书写：科技流变中实验性纪录片的颠覆与沿袭（牛光夏、成亚生）

广告市场的数字化、社会性、适应性辨析（杜国清、方贤洁）

融媒体广告的品牌传播取向（甘世勇、舒咏）

互动的商品化：付费机制引入知识问答平台的影响及其意义（刘忠博、史滢晖）

我国消弭数字鸿沟的新机遇与新路径探析（彭波、严峰）

现实与游戏伦理道德互动关系探究——基于沉浸水平与游戏动机的中介效应分析（崔蕴芳、张自中）

教育场景重构与传媒卓越人才培养（姚争、冯建超）

中国特色新闻学科建设的历程与问题检视（黄春平）

2020年第3期

论列宁的报刊活动及其历史贡献——写在列宁诞辰150周年之际（郑保卫）

网络社会的层级化：现实阶层与虚拟层级的交织（彭兰）

艰难中突围：2019年韩国电视产业报告（朴由敬）

跨文化交流与中华文艺参与人类命运共同体建设的思考（逄增玉）

徽州祭簿的媒介叙事与乡民记忆建构研究（庄曦、何修豪）

再论民国新闻史研究的三个基本问题——基于国家社科基金重大项目"中华民国新闻史"研究的思考（倪延年）

论三种现代新闻学讲义学术经典化的内涵式嬗演历程（肖燕雄、聂晓钰）

科学传播的中国语境：实践的历史与中西对话（曹培鑫、梁轩）

自然灾害情境下青年群体的风险感知与媒介信任——基于对台风"山竹"的实证研究（李春雷、陈华）

以"一"贯之：社会化媒体视野下乡村治理秩序的重构（李红艳、韩芸）

技术控制担忧之争议及其价值冲突——算法新闻推荐与信息茧房关系的多元群体再阐释（晏齐宏）

人是媒介的尺度：智能时代的新闻伦理主体性研究（薛宝琴）

公众心理视阈下涉检网络舆情与传播疏导（孟威）

隐私声明评估指标体系与网络应用文本分析（石婧、潘雅）

刀锋之美：艺术媒介视域下的战争美学建构（张晶、石宕川）

消解电影原罪的叙事策略：视觉禁忌的诗性表达——兼论中国电影学派的影像伦理表征（刘永宁）

信息传播中互动机制的建构与意义生成——基于中美气象频道节目的多模态话语分析（尹素伟、姚喜双）

西方三大通讯社的中国主题摄影作品：视觉修辞的视角（黄晓勇、薛翔）

景观消费与媒介凝视：美国动画电影的他者文化演绎（宗伟刚、段晓昀）

姿态·语态·情态：《澳门二十年》的创作与表达创新（胡智锋、徐梁、Yin Hong）

共享·共情·共鸣：《澳门二十年》的献礼纪录片创作观探索（尹鸿、史哲宇）

政论文献纪录片的"功能"论：基于《澳门二十年》（何苏六、韩飞）

庆典类纪录片的政治站位与家国情怀：评《澳门二十年》（时统宇、吕强）

传媒要素理论视角的传媒经济实现研究（王雪野、冯婷）

论我国新闻侵犯名誉权"合理审查义务"抗辩的确立与完善——兼评民法典分则草案历次审议稿中两条抗辩条款（王伟亮、刘逸帆）

致敬互联网50年，面向下一个50年——全球互联网纪念活动深度解析与启示（金文恺、方兴东、彭筱军）

流水线下的网络低语：珠三角地区新生代农民工自媒体赋权演变考察（高传智）

新媒体时代权威、秩序的媒介重构：一种历史视角的思考（李书藏）

全媒体人才之业界需求：基于定性比较分析方法（吴炜华、张守信）

童年的区隔：家庭文化资本与儿童视听媒介实践——以Z城和S乡为例（张卓、周红莉）

2020年第4期

5G时代全媒体传播的价值嬗变、关系解构与路径探析（李华君、涂文佳）

新闻"移动化"与直播"常态化"：5G技术推动新闻与直播深度融合（卢迪、邱子欣）

文化要素跨境流动与中国文化传播力提升（胡键）

智媒时代少数民族大学生国家认同的机理、挑战与建构（孙江、李圆）

媒介理论范式的兴起：基于不同学派的比较分析（胡翼青、王焕超）

数字媒体新闻伦理研究的新观点、新问题和新趋向（季为民）

文明理念传播研究：特征、模式、效果及路径（杨琳、许秦）

作为媒介的可穿戴设备：身体的数据化与规训（宋美杰、徐生权）

VR新闻的重构特征与伦理风险（尤红）

论早期中国广播转型中的"媒介融合"实践（王文利、杨俊彦）

探索与想象：16世纪英国国家记忆中的中国形象（王润珏）

突发公共卫生事件的危机传播与新闻发布（邓杭）

论中国政治传播在国家治理体系现代化中的战略地位和作用（荆学民、宁志垚）

大数据中的隐私流动与个人信息保护（林爱珺、蔡牧）

创意驱动·市场拉动·技术推动：论中国电影工业体系建构的新态势（范志忠、

仇璜）

论当代中国网络文艺的文学性兼容取向（耿文婷）

实体与空间：现代艺术传播范式的流变与哲思（邓尚、金妹）

论人工智能的话语实践与艺术美学反思（吴文瀚）

伪存在、时间消费与分离效果：网络游戏的景观性特征（温彩云）

影像正义：论纪录片生产与传播中的伦理规制（顾亚奇）

论纪录片"他塑"中国形象的共情叙事与共情传播——基于奥斯卡最佳纪录片《美国工厂》的分析（邵鹏）

论数字经济的定义与测算——兼论数字经济与数字传媒的关系（崔保国、刘金河）

IP剧吸附性文化品牌构建研究（赵楠、张海韵）

从生活展示到产业的转型：短视频在乡村振兴中的产业价值（李安、余俊雯）

新闻聚合平台的算法规制与隐私保护（张文祥、杨林）

算法新闻用户的数字鸿沟：表现及影响（杨洸、佘佳玲）

儿童观众动画观看动机研究（蒋莹莹、陈世红）

广播百年看广播学：声音本位与听觉传播规律探索（张彩、曹默）

美国传播学专业学习成果方案（LOC）与启示（董庆文、张金龙）

2020年第5期

5G时代中国传媒产业的解构与重构（刘珊、黄升民）

垂直整合与供给侧改革：中国电视剧产业趋势观察（司若、刁基诺）

人工智能的文化转向与全球智能话语体系的构建（施旭、别君华）

高价值言论的法理与哲理（纪忠慧）

意见领袖的跨圈层传播与"回音室效应"——基于深度学习文本分类及社会网络分析的方法（汤景泰、陈秋怡）

文化差异、文化基因与谜米表达——以中美体育失利与胜利报道为例（曾庆香、吴晓虹）

促成抗日统一战线：巴黎《全民月刊》抗战话语研究（刘继忠、张京京）

新"卢德运动"会出现吗？——人工智能与工作/后工作世界的未来（姚建华、徐偲骕）

冲突叙事、纠偏干预与舆情反转结果——对43个媒介事件的模糊集定性比较分析（廖梦夏）

正面报道：中国特色新闻实践的制度机理与策略选择（张斯琦）

论危机传播中新闻媒体的信息甄别责任——基于对新冠肺炎疫情期间新闻报道的研究（王志、贾媛媛）

场域重构与主流再塑：疫情中的用户媒介信息接触、认知与传播（曾祥敏、张子璇）

突发事件信息治理制度构建研究（胡剑）

疫情期的谣言传播与治理（王四新、徐菱骏）

跨文化视野下中国游牧服饰之媒介功能与意义（李楠、张焱）

论货币即信息（刘瑾鸿）

论电影"想象力消费"的意义、功能及其实现（陈旭光、张明浩）

"本真性"塑造：垂直类音乐综艺节目符号与意义的文化生产（杨盈龙、冯应谦）

元素发散与风险规避：综艺"大时代"的节目策划理念创新（刘俊）

媒介进化论视角下网络自制剧的海外输出：技术、叙事与形态（尤达）

中国网络文学新业态的诞生、迭代与模型：商业与艺术（吴亮芳）

超越功能主义范式的短视频传播新路径（连冰玉）

国家形象多重塑造中的信誉与情感证明——基于中外合拍片英语评论的语义网分析（张梓轩、商俊）

重塑新闻商业模式：The Correspondent 的创新与实践（张建中）

数据驱动下广告产业的智能化发展（马二伟）

知识问答社区答主形象对用户付费意愿的影响机理——以微博问答为例（董开栋）

技术、平台、政府：新媒体行业社会责任实践的多维考察（钟瑛、邵晓）

从微信的互动模式看互联网群体传播的互动心理（孔倩）

新文科建设的三个理论前提（王永）

媒介融合时代广播电视学专业人才核心素养探究（李永健、杨苏丽）

2020 年第 6 期

从全球化时代到全球共同体时代（李怀亮）

未来图景：虚拟世界与现实社会的融合（李岭涛）

区域化融合发展背景下市县媒体的生存之道（胡兵、朱剑飞）

文化三题：文化·革命文化·人民文化权益（童兵）

从审美动员到社会动员：时尚传播的文化政治指向（赵振祥、刘国慧）

"口耳相传"的数字化重建：社交媒介时代的口语文化（王媛）

性别对合成语音新闻传播效果的影响研究——基于行为与 EEG 效果测定（喻国明、王文轩、冯菲、修利超）

媒介、时间与现代性的"谎言"：社会加速理论的传播批判研究（连水兴、邓丹）

主流媒体内容生产：逻辑、空间及其内在张力——以新华通讯社防疫抗疫报道为例（张毓强、张开扬）

从"外显自尊"到"真实自豪"：新时代青年群体的爱国情感表征与价值认同生成（徐明华、李丹妮）

数据库、信息崇拜与新闻话语生产的转变（周旭）

多重话语冲突下的跨国危机传播——以三起周边领事危机事件为例（彭修彬）

新媒体场域媒介生态与主体身份延异（李有军）

国有文化企业社会效益评价：概念、重点与指标（张春河、张奎）

论工业化进程中国产电影审美价值体系的构建基础（贾秀清、齐翊帆）

泛化与淡化：电视娱乐节目主持人的嬗

变（孔令顺、王明玉）

"和合"思想：中国影视剧对外传播的价值核心（邱凌）

基于关系传播结构模型的电视剧官方微博传播力研究（苏美妮）

区域视角与情感框架：中国影视文化在韩国传播的框架分析（阴艳、付妍妍）

社群化、人格化、陌生化：戏曲新媒体传播的内容生产策略（赵晓亮）

全景深描与情境构建：都市民族志纪录片的范式更新（花晖）

史实再现与媒介形象：BBC一战历史纪录片的社会历史分析（刘言武）

场景·符号·权力：电商直播的视觉景观与价值反思（燕道成、李菲）

突发公共卫生事件网络谣言的特征及治理（何勇、杨映瑜）

传媒企业并购行为及商誉对绩效的影响（梅楠、戴超）

女性向游戏的溯源、类型及模式解析（韩运荣、王杏予）

政治传播语境下的社交媒体奇观及其风险症候（全燕）

网络暴力的微观权力结构与个体的"数字性死亡"（罗譞）

媒介素养认知模式的迭代更新（王贵斌）

基于场景匹配的口语传播：智媒时代之播音主持教育（陈虹、杨启飞）

2020年第7期

超越媒体视域：县级融媒体中心建设的政治传播学考察（王智丽、张涛甫）

"精简精办"：中国电视频道高质量发展的现实抉择（张国涛、李轩）

中华民族共同体意识传播中主流媒体融合发展的实践进路——以新疆为例（段鹏）

图像霸权与文化政策：海外视觉文化的传播实践探析（于德山）

网络图像传播的社交化生产样态与消费机制（崔林、朱玺）

论列宁新闻思想的特色、内涵及启迪意义（丁柏铨）

新时代"人类命运共同体"理念传播评价体系的构建（王锡苓、谢诗琦）

区块链与个人数据保护模式的转型（邹军、吕智娴）

中国文化软实力：国际评价、传播影响与提升策略（陶建杰、尹子伊）

论马克思主义在中国传播的实践特征（张傅）

数据新闻产业化发展的现实困境与未来危机——基于国内三家数据新闻媒体栏目的分析（郭嘉良）

算法传播的信息地缘政治与全球风险治理（罗昕、张梦）

疫情期间乡村媒介动员的双重结构——中部A村的田野考察（刘庆华、吕艳丹）

新时代电视综艺节目评价体系探究（游洁、彭宇灏）

人工智能技术与电影录音技术变革及其美学意义探赜（赫铁龙、姚国强）

从知觉空间改变到意义生成再造：剧场、视听与社交媒体中的京剧传播（张梅、赵蒙）

动漫卷入度对青少年身份资本获取之影响研究（何建平、王会芳）

论网感化语境下青少年受众对影视明星人设的期待结构（刘怡）

2019年中国纪录片发展研究报告（张同道）

传统村落形象的建构：以影像记录的身份为视角（兰东兴）

论新闻推荐算法的管理（匡文波、张一虹）

中国智能广告模型研究（顾明毅）

大众传播的终结与数字传播的崛起——从大教堂到大集市的传播范式转变历程考察（方兴东、严峰、钟祥铭）

公共领域中热点事件的社会情感价值分析（孙慧英、明超琼）

微媒体传播的人本主义趋势与转向（汪兴和、张璐）

外派记者跨文化能力研究（唐佳梅、洪宇）

来华留学教育舆情中自媒体报道框架的多元分析（申金霞、张伟佳）

2020年第8期

基于层次分析法的国际一流新型主流媒体评价指标体系研究（张举玺、王文娟）

作为文化的传播：人、媒介与社会关系的形上之思（杨柏岭）

凝视感知情境下"AI换脸"用户的自我展演行为研究（邓秀军、刘梦琪）

论二次元文化的概念流变及其文化消费特征（刘书亮、朱巧倩）

场景化时空：一种理解当今社会的结构性视角（刘宏、周婷）

海外科学传播的概念、议题与模式研究——基于期刊 Public Understanding of Science 的分析（王炎龙、吴艺琳）

近五年网络流行语的青年身份认同与话语实践（李继东、吴茜）

政府信息发布升级：国家卫生健康委的"中央厨房"模式分析（刘哲峰、苏婧）

抗战时期《新华日报》五四纪念文章中的抗日话语探析（尹志兵）

沟通弥合与患者感知：基于链式中介模型的线上医患交流效果研究（曹博林、王一帆）

基于现代治理—公众参与视角的舆论研究：内涵与启示（贺春兰）

共意动员：农村抗疫"硬核标语"的话语框架与建构逻辑（刘国强、粟晖钦）

方式、观念与权力变迁：个人摄影的自我镜像表达（甘险峰、赵鹏）

论影视艺术的创新性国际传播（潘可武、马荟晖）

表情符号使用动机及其在不同人际关系中对使用行为的影响——基于混合研究方法（刘丽群、刘玺辰）

历史文化变迁视野中的通俗文学传受兴衰——基于《玉梨魂》的探析（李宗刚、钱瑶瑶）

论新媒介的形式与规则及其对当代艺术的影响（秦兴华）

论狄德罗"理想的范本"对电影海报设计的启示（袁筱蓉）

融合性与流动化：主持人的主体身份与职业认同（王宇）

用户需求、算法推荐与场景匹配：智能

广告的理论逻辑与实践思考（段淳林、宋成）

规制俘虏理论视角中的网红经济发展路径及对策（陈清、吴联俊）

期望与确认：短视频平台持续使用影响因素初探——基于 SEM 与 fsQCA 的研究（张大伟、陈彦馨、王敏）

社交媒体自我呈现与主观幸福感关系的元分析（毛良斌）

媒介·主体·方法：互联网与对外传播观念的革新（李鲤）

粉丝社群的组织结构与动员机制研究（赵丽瑾）

建制激增、学科互渗与课程互构：网络与新媒体专业教育的结构性特征与关键问题（安珊珊）

师徒关系与职业认同：基于播音主持艺术专业实习生的研究（王文艳、殷航）

2020 年第 9 期

论智能媒体的演进逻辑及未来发展——基于补偿性媒介理论视角（程明、程阳）

基层公共服务精准供给：区级融媒体中心建设路径研究——以上海实践为例（石力月、戴冉）

内容价值管理产品的发展路径探析（吴殿义、周艳）

从图案化影像遗存探析我国原始游戏活动中的价值观塑造传播（陈月华、潘沪生）

论新时代中华"家文化"的内涵价值与传播样态（董小玉、金圣尧）

全媒体服务的效果与影响因素研究——以省级广电媒体为例（高慧军、黄华津）

科技平台论的悖谬：短视频社交媒体的公共责任及其实现路径（王丽、刘建勋）

新时代党的新闻出版理论创新成果的结构体系、产生背景与重要意义（刘建华）

身体和远程存在：论手机屏幕的具身性（黄华）

规训、惩戒与救赎：PUA 情感传播中的"斯德哥尔摩效应"（陈琦）

第四消费时代的现代性反叛与田园想象——以李子柒海外走红为案例的分析（刘朝霞）

技术中介化系统：移动智能媒介实践的隐私悖论溯源（杜丹）

网络闲话与群际偏见生产：微博话题的批评话语分析（石晋阳）

艺术训练论（张晶）

"以歌爱国"活动中的"青春"展演及其国家想象——基于教育部政务新媒体"微言教育"的 358 个视频（王玉玮、阳志标）

中国电影的域外叙事与国家形象塑造（谭政）

数字时代博物馆叙事逻辑的重构：基于场景理论的视角（张允、张梦心）

重塑与融合：新媒体艺术传播中的算法视域及其文化生态（白晓晴）

瓦解、重塑与升华：国产影视作品中的父亲形象研究（徐芳依）

俯拍主轴与辅助性策略：纪录片《航拍中国》的叙事建构（苟博、宋航）

入场、转场与退场：重大公共卫生事件的政府新闻发布机制创新——以广东疫情防控系列新闻发布为例（侯迎忠、杜明曦）

媒介化新闻：形成机制、生产模式与基

本特征——以"脆皮安全帽"事件为例（陈逸君、贺才钋）

后疫情时代体育传播营销的场景转型（王鸣捷、王婉婷）

移动媒介多任务行为研究（巢乃鹏、樊彦宁）

幽默说服在医学微信公众号上传播效果代际差异的实验研究（牟怡、张林）

论政府监管和公众网络舆论对生态环境的影响——基于中国省级面板数据检验（郭修远）

重构高等教育的社会契约：美国新闻教育变革逻辑和路径（李沁）

媒介变迁与高等教育：塑造与调适（李巧针、赵梦园）

2020 年第 10 期

数据话语权：国际传播的战略性竞争焦点（陆小华）

新闻聊天机器人：新闻生产的机遇与挑战（卢长春）

媒体朝圣与空间芭蕾："网红目的地"的文化形成（蒋晓丽、郭旭东）

北京文化形象的媒体呈现——基于大数据和社会网络分析方法（宋凯）

论城市公共空间视觉传播的表征与重构（汤筠冰）

公共协商中的平等与胜任（胡百精、安若辰）

互联网新闻制作失范：表现、原因与规范进路（李良荣、戴前柏）

话语·故事·价值：国际传播视阈下抗战电影的叙事维度（姜小凌、张昆）

议题凸显与关联构建：Twitter 社交机器人对新冠疫情讨论的建构（师文、陈昌凤）

动员、信任与破解：网络谣言的圈子化传播逻辑研究（陈华明、刘效禹）

再东方化：欧洲高级时尚对中国形象的意义生产及传播研究（1968—2018）（陈雅莉）

从感性直观到情动感性："情感劳动"的哲学谱系研究（林磊）

文化嵌入与社会回响：1949—2019 年外国电影在中国的传播（袁庆丰、严玲）

类型拓展、个人意识、象征隐喻：十年来中国电影跨界导演创作回溯（陈晓伟）

"观察者"回归与人的偏向：互动剧的解读与反思（黄洪珍、陈泰旭）

新媒体视阈下戏剧影视评论价值判断的四个面向（夏波）

论"看脸时代"的青年审美迷失（战迪）

需求与认同的逻辑：论电视艺术审美认同的发生机制（周建新）

中国（广州）国际纪录片节获奖影片的题材倾向、主题流变及审美价值（戴剑平、王樱洁）

"微传播"环境下警情通报在涉法舆情演变中的作用（姚广宜、王栋）

叠聚与辐散：数字化浪潮中的社群演变及其影响因素研究（杨雪睿、杨怡情）

风险社会下短视频媒体软法规制的三重变奏（刘京）

日常生活情境中的"勾连"：陕西省×家村村民使用手机获取信息的考察（吴琳琳、徐琛）

性格驱动与认同建立：网络阅读社区用户行为研究（李武、胡泊）

农民使用政务短视频的影响因素研究——基于技术采纳和政治参与的视角（陈然）

论互联网复杂传播系统的超循环结构（白旭晨）

新中国第二代新闻教师群体的特征与贡献（冯帆、庞亮）

网络环境中儿童个人信息的人格权化保护（王勇旗）

2020 年第 11 期

我国文化贸易数字化发展的正效应及推进方略（方英、吴雪纯）

智能传播时代社交机器人的兴起、挑战与反思（高山冰、汪婧）

"后真相"的理论谱系与现实反思（刘燕南、吴浚诚）

非物质文化遗产数字信息对受众城市认同的影响——基于新浪微博的实证研究（薛可、李柔）

技术赋能与身体传播：移动短视频戏仿实践的价值重构（董玉芝）

论恩格斯新闻思想的形成背景、历史贡献及当代启示——为纪念恩格斯诞辰200周年而作（郑保卫、王青）

70年来我国媒体国际新闻报道的三种范式及特征（郭可、梁文慧）

范式转换抑或东西合流？——探析欧美建设性新闻运动的理论身份与价值（刘自雄）

唤醒、愉悦与支配：情感作用下的推特政治传播路径重构（周庆安、宁雨奇）

符号学视域下中华传统文化的国际传播：基于贵州茶的观察（杨懿）

意义建构与权力再生产：论斯图亚特·霍尔的新闻观念（黄典林）

公共卫生安全危机下的新闻报道——1910—1911年肺鼠疫期间哈尔滨和上海的媒体考察（孙慧、谢建明）

人工智能时代算法权力的渗透与个人信息的监控（许天颖、顾理平）

中国特色新闻学的时代语境、实践基础和根本要义（方提、尹韵公）

都市摩登与衣冠修辞：电影的服饰文化研究——基于桑弧导演20世纪40年代的作品为示例（张语洋、王宜文）

人类命运共同体背景下中国与北非影视协作发展策略研究（齐林泉、张德祥）

中国电视综艺的二律背反（1997—2017）：基于政治经济与社会转型的视角（吴畅畅）

"浸入"真实：影像内容新媒体化生存的路径转向（李群）

新感性的重构：当代中国文学"欲望书写"的电影改编（陶赋雯）

纪实真实与艺术真实：奥斯卡获奖影片的非虚构元素研究（潘桦、孙一）

"记忆作为方舟"：论文博类纪录片形塑集体记忆的媒介功能（曾丽红）

中小制片企业融资效率及其影响因素研究（姚德权、戴烊）

瑜伽时尚的构建：基于广告的批评话语分析（刘书博、李珍晖）

中医药品牌传播创新模型研究（孔清溪、

赵怡晨）

移动互联网时代健康信息获取行为的族群研究（刘德寰、王袁欣）

社会集合、过渡媒介与文化形态——关于传播圈层的三个认知（刘明洋、李薇薇）

短视频新闻生产转型：动因、问题与路径（李青青、水学智）

多义的影视教育理念与实践趋向（钟大丰）

"人工智能"思想溯源与教育精神的返回（周廷勇）

2020年第12期

中国面临的第二道数字鸿沟：影响因素研究——基于社会资本视角的实证分析（刘淼、喻国明）

价值认同与情感归属：主流媒体疫情报道的短视频生产（田维钢、温莫寒）

争议性事件的民粹化网络话语表达及传媒纾解（曾振华、袁甲）

依恋式守护："饭圈化"情感的公共价值与实践逻辑（袁文丽、王浩）

融媒体时代音乐文化传播：特征、困境与策略（伊丽媛）

论马克思主义新闻观中的"建设者"范式（陈作平）

作为"理想型"的媒介社会学经典创立者：重访韦伯与帕克（白红义）

论现代传媒监管制度建构的理念与路径（李丹林）

在地化呈现与跨文化阐释：南非媒体涉"人类命运共同体"的报道研究（郭石磊、孙有中）

话语空间与叙事建构：论突发事件国际舆论场域中的中国话语权（赵贺、鞠惠冰）

仅自己可见的朋友圈：社交媒体想象的互动（陈阳、张睿丽）

公众新闻生产如何改变新闻业：基于新闻规范、观念与文化的分析（陈鹏）

社交媒体时代"后政治心理"的特征、风险与优化（张爱军、孙玉寻）

作为冲突的调节者：《人民日报》（1978—2018）医患报道的内容分析（陈娟、李金旭）

论主旋律电视剧的网络接受困境及其应对策略（李胜利、李子佳）

宣传·组织·指路：长征标语口号的产制、修辞和社会动员（许加彪、张宇然）

观察类真人秀的共情效应及其触发机制（赵瑜、沈心怡）

乡愁共振与寓居想象：乡村综艺的双重侨寓（陈接峰、冀铮）

"新女性"在批评论战和行业纠纷中前行——兼评20世纪30年代进步电影的女性话语（徐红）

演艺生产、院团性质与"后改革"时代国有文艺院团效率（胡慧源、李书琴）

中国纪录片国际传播能力建设：历史路径与当下迷思（韩飞、何苏六）

虚实、气蕴、鉴今：论人文历史类纪录片的中华美学与文化精神（马池珠、刘春晓）

内需体系构建中振兴制造业的传媒要素效能研究（张崇杰、王珏）

上市公司绿色金融的社会化监督研究（王积龙、邓雅楠）

法治视角的网络社会治理探究（雷承锋）

风格表意与认同建构：青少年网络自拍亚文化（蔡骐、文芊芊）

后真相时代社交媒体的图像与真相（张彩霞、杨永军）

社群知识付费的使用、满足与忠诚：用户体验价值模型建构（戴程）

地位、理念与行为：中国调查记者的职业认同变迁研究（曹艳辉、张志安）

新文科背景下戏剧与影视学科前瞻：时代需求、建设重点和核心价值（张阿利、王璐）

《新闻大学》

2020年第1期

以定生慧，照亮未来（朱春阳）

"信息茧房"在西方：似是而非的概念与算法的"破茧"求解（陈昌凤、仇筠茜）

主持人语（徐笛）

算法驯化：个性化推荐平台的自媒体内容生产网络及其运作（黄淼、黄佩）

智能新闻信息分发中的算法偏见与伦理规制（林爱珺、刘运红）

论新闻的"有机真实"（杨保军）

论民国时期外国驻华记者与中国记者的合作与竞争（路鹏程）

弗洛姆的"人本主义"传播思想及其启示（潘祥辉、王炜艺）

重塑中的医生与患者媒介形象对公众医疗认知的影响——以《人间世》等四部纪录片为例（吴红雨、江美仪）

在线协同编辑的话语冲突与群体极化——以中文维基百科"上海外来人口问题"条目为例（赵士林、张亚琼）

中国新闻传播教育"华科大模式"的内涵及价值（张昆）

2020年第2期

隔离与连接（张涛甫）

学习、生成与反馈：基于动觉智能图式理论的广告智能创作（姜智彬、戚君秋）

主持人语（段淳林）

智能广告的程序化创意及其RECM模式研究（段淳林、任静）

扎根理论及其在新闻学中的应用（胡钰、陆洪磊）

新中国70年新闻传播学发展的回顾与展望（胡智锋、刘俊）

1932年国民党党营新闻机构的"现代化"改革研究（王大丽）

英国文化马克思主义与二战后媒介研究的生成（宗益祥）

信息化社会生产与数字劳动异化——对马克思"异化劳动理论"的当代阐释（汪金刚）

乡村社会的另一种"凸显"——基于抖音短视频的思考（李红艳、冉学平）

新闻算法推荐的信息可见性、用户主动性与信息茧房效应：算法与用户互动的视角（杨洸、佘佳玲）

2020年第3期

一起寻找失去的共同体（朱春阳）

关于我国抗击新冠肺炎新闻发布的实证研究——基于九省区市新闻发布的实证分析和若干对策建议（孟建、裴增雨）

主持人语（孟建）

新冠肺炎疫情语境中多元媒介的微博话语表达（孙少晶、王帆、刘志远、陶禹舟）

公共卫生事件中的风险感知和风险传播模型研究——兼论疫情严重程度的调节作用（章燕、邱凌峰、刘安琪、钟淑娴、李介辰）

试析列宁社会主义建设时期的新闻思想与政策实践——为纪念列宁150周年诞辰而作（童兵）

未来传播视野下内容范式的三个价值维度——对于传播学一个元概念的探析（喻国明、耿晓梦）

陈景韩新闻思想及影响探析——以上海《时报》为中心的考察（余玉）

永久在线、永久连接：移动互联网时代的生活方式及其影响因素（周葆华）

价值共创与协同创新：基于智媒时代价值平台网络的商业模式创新研究（李凤萍）

2020年第4期

回归宏大理论视野（张涛甫）

关于新闻传播共同体构建的对话（曹林、张涛甫）

中国特色新闻学本体论话语的历史变迁与价值体现（朱清河）

反还原论与媒介哲学：哈曼的"物向本体论"初探（骆世查）

自媒体时代虚假新闻的话语空间生产与修辞研究——基于2010—2018年的81个虚假新闻文本的分析（李彪、潘佳宝）

新媒体赋权与农民工城市化发展的个案研究（宋颖慧、管成云）

"中间群体"vs."边缘群体"：群体特征对社交媒体广告态度的影响（林升栋、宣长春）

20世纪下半叶中国电视纪录片创作观念流变研究（田秋生）

历史意识与比较视野——读李金铨教授的《传播纵横：历史脉络与全球视野》（吴飞、李佳敏）

2020年第5期

学术话语的力量（朱春阳）

网络群体传播背景下的信息扩散——基于新浪微博数据的定性比较分析（QCA）（隋岩、谈和）

被隐藏的言论机关报：《盛京时报》的真实身份探微（叶彤）

"变形"记：中国早期现实主义纪录影像的意义重构（1920—1949年）（陈婷）

城市新移民社交媒介使用与社会责任认同的关系——基于上海样本的实证研究（白如金、姚君喜、张国良）

媒体议程对个人议程的影响研究——基于Twitter平台的大数据文本挖掘与主题建模的进路（易红发）

抖音观看情境下的用户自我认识研究（陈秋心、胡泳）

新媒体运用在中国反腐倡廉中的治理效应研究——以"清风中原"为例（李东晓、方堃）

模糊的算法伦理水平——基于传媒业269名算法工程师的实证研究（袁帆、严

三九）

2020 年第 6 期
技术活性（张涛甫）

他山之石：从"建设性新闻"看我国新闻传播理论和实践的创新发展（芮必峰、余跃洪）

主持人语（芮必峰）

建设性新闻的冷思考：中西语境、理论风险与实践误区（徐敬宏、张如坤、张世文）

建设性新闻视角下中国垃圾分类报道实践考察——以澎湃新闻相关报道为例（邵鹏、谢怡然）

中国形象传播中受害者情结的源起（董军）

中国重大主题新闻对外传播的受众影响机制研究——基于海外受众调查的 SEM 模型建构（王唯滢、李本乾）

影响估差：京湘新闻人中的第三者效应和第一者因素（彭雪华、柳旭东、敖颂、陈玥、焦文、赵志龙、冼雪畅、赵心树）

微博平台媒介间议程设置研究——基于 2018 年舆情热点事件分析（王晗啸、于德山）

"漂绿广告"的发生机制与管理失灵研究（刘传红、吴文萱）

全球传播政治经济学的理论前沿与现实批判——传播政治经济学家格雷厄姆·默多克（Graham Murdock）教授访谈录（孔宇、张艾晨）

2020 年第 7 期
研究的"画术"（朱春阳）

深度造假：人工智能时代的视觉政治（姬德强）

主持人语（姚建华）

在线众包平台的运作机制和劳动控制研究——以亚马逊土耳其机器人为例（姚建华）

清华"教改"与新闻学院的未来（杜骏飞、胡泳、潘忠党、叶铁桥、张力奋）

从 2G 到 5G：技术驱动下的中国传媒业变革（李良荣、辛艳艳）

上海三报馆被控案的多重关系解读（李秀云、王子姣）

数字化环境下的新闻"去专业化"研究——基于 2018 与 2012 年我国报纸新闻的比较内容分析（王海燕、刘湘）

意义与心镜：智媒时代中国语境下罗兰·巴特神话思想新视角（田乐乐、郝雨）

手机新闻使用、导向需求与信息环境对政治知识的影响（李宗亚、罗文辉、魏然、张国良、陈忆宁、Edson Tandoc）

2020 年第 8 期
技术"倒刺"（张涛甫）

嵌入乡土的"微信社区"——基于一个白族村落的研究（杨星星、唐优悠、孙信茹）

主持人语（孙信茹）

嵌入式传播：网络语言在日常生活中的实践与再生产（赵呈晨）

媒体融合时代新闻定义问题的再思考（雷跃捷、王娜）

新闻照片著作权司法实务问题的学理反思（彭桂兵）

传播网络与跨圈层传播：中国主场外交的国际传播效果研究（汤景泰、陈秋怡、高敬文）

越可信越验证：移动端用户验证信息的动因探究（胡兵、钟布）

我国传媒上市公司并购绩效影响因素的实证研究（向青平）

景观竞争的逻辑——基于政治权力实现的媒介路径考察（马立明、苟利武）

体育明星争议性形象背后的名声机制与精英冲突——以网球运动员李娜为例（张钢花、张德胜、周树华）

2020 年第 9 期

不忘少年游（朱春阳）

负重快行的新闻传播教育如何致远？（米博华）

21 世纪的新闻教育：如何培养创新型人才？（陈昌凤）

清末官僚体制对新式官报发展的双重影响（程河清、张晓锋）

风险感知与自我效能的正和博弈——基于 ELM 模型的健康类信息搜索行为影响因素研究（周敏、林苗）

二元性互构：选择性接触影响下的青年网络政治意见表达（晏齐宏）

智能化背景下"中国故事"叙事模式创新研究（周翔、仲建琴）

欧美新闻教育模式革新及其在数字新闻学体系中的角色（常江）

当代傣族"泼水节"的话语流变研究（柳盈莹、刘海贵）

2020 年第 10 期

"信息疫情"考验新闻正义（张涛甫）

政治沟通视野下政务微博辟谣效果研究（强月新、孙志鹏）

融合与分化：疫情之下微博多元主体舆论演化的时序分析（汪翺翺、黄文森、曹博林）

公共危机下新型主流媒体的广告图像传播——基于《人民日报》微信公众号的探索性考察（吴来安）

从"媒介革命"到"革命媒介"：延安新秧歌运动再考察（张勇锋）

什么在影响新闻学子的职业选择？——基于职业动机和行业环境感知影响的分析（郑佳雯、孔舒越、汪洁）

"强制"与"说服"：关于校园跑 APP 技术干预体育锻炼的解释现象学分析（王玮、潘霁）

网络用户自主权的价值结构解析与实践案例研究（周笑）

2020 年第 11 期

永远的导师 卓越的典范——纪念恩格斯诞辰 200 周年（童兵、陆生）

论恩格斯新闻思想的理论内涵及其实践基础——纪念恩格斯诞辰 200 周年（郑保卫、王青）

论《新莱茵报》的中文编译（陈力丹、夏琪）

试论网络传播秩序治理的刑法界限（冯建华）

媒体框架效应及其持续性——以中美经贸摩擦为议题的实验研究（陆屹洲、马得勇）

人们为何相信不实信息：科学传播视角下的认知偏差与信息鉴别力研究（楚亚杰）

形象修复与布诺伊特理论运用：新冠肺炎疫情前期湖北官员的话语策略（刘毅涛、

章于炎）

环境倡导的差异：垃圾分类政策的政务微信传播策略分化研究（季诚浩、戴佳、曾繁旭）

云卷云舒：乘槎浮海居天下——读《奇云》（黄旦）

2020年第12期

他者的分享与分享的他者：Quora社区中国知识分享的跨文化分析（单波、周夏宇）

争议话题中的中立者初探——以转基因食品风险争议为个案（陆晔、徐子婧）

从愤怒到厌恶：危机事件中公众的情绪图景（刘念、丁汉青）

声音的传播魅力：基于音频知识付费情境的实证研究（李武、胡泊）

媒介动员：概念辨析与研究展望（郭小安、霍凤）

文化接近性与媒介化共情：新冠疫情中的数字公共外交探索（彭修彬）

新媒体产业资本流通与价值转移的影响机制研究——以网络视听行业为例（王建磊）

新闻学专业理论型课程教材评价指标研究（张大伟、王梓、谢兴政、郭晶、张学科）

《新闻与传播研究》

2020年第1期

民主知识分子的媒介实践与马克思主义早期中国化——以邓初民为个案的考察（1915—1949）（张原）

永恒故事：社会记忆对新闻框架和舆论爆点的形塑——以"江歌案"为例（曾庆香、李秀莉、吴晓虹）

桥接社群与跨文化传播：基于对西游记故事海外接受实践的考察（田浩、常江）

面容媒介、道德意识与人际交往关系：基于现象学的交互主体性分析（姚晓鸥）

"上下交而其志同"：《论语》中的政治信任建构——以政治传播为视野的考察（张明新、陈佳怡）

究竟是"网络群体性事件"还是"网络公共事件"抑或其他？——关于"网络舆论聚集"研究的再思考（董天策、梁辰曦）

新中国成立后人民广场作为政治符号的确立——以上海人民广场为例（钟靖）

2020年第2期

网络谣言入罪的尺度与限度——以风险刑法为分析视角（冯建华）

"录像分析"作为社会研究方法：理论、应用与展望（甘雨梅）

后马克思主义视野下的媒介话语分析：拉克劳与墨菲话语理论的传播适用性（徐桂权、陈一鸣）

幽默的"两面性"：社交媒介危机回应的效果与影响因素（宫贺、黄苗红、柯颖妮）

乡村居民社交网络使用与人际交往——基于中国35个乡镇的实证研究（金恒江、聂静虹、张国良）

伟大的情感：近代报刊的"祖国"话语与意义争夺（1902—1927）（卞冬磊）

《女学报》的公共舆论空间与女性主体意识（张新璐）

2020 年第 3 期

整合框架与解释水平：海内外报纸对"一带一路"报道的对比分析（王丹、郭中实）

议题关联与关系建构——《纽约时报》有关中国扶贫报道的媒体网络议程分析（黄敏）

新闻创新研究：概念、路径、使命（王辰瑶）

"物"也是城市中的行动者吗？——理解城市传播分析的物质性维度（戴宇辰）

"有别的他者"：西方视野下的东方国家环境形象建构差异——基于 Google News 中印雾霾议题呈现的比较视野（徐明华、李丹妮、王中字）

非表征理论与媒介研究：新视域与新想象（宋美杰）

"层累地"形成的"时事新闻"——基于美国版权史判例的分析（许永超、陈俊峰）

左翼运动中的报业劳资冲突（李秀云）

2020 年第 4 期

记者角色的地方性实践与记者比较范式的跨文化重构（单波、张洋）

公共协商与偏好转换：作为国家和社会治理实验的公共传播（胡百精）

从"十字路口"到"中间地带"——英美媒介社会学的边界工作与正当性建构（李红涛、黄顺铭）

"倒贴钱"的实习如何可能？——新闻媒体实习生劳动过程中的同意制造与"理想游戏"（牛静、赵一菲）

塑造国民智识：近代报刊"缺乏常识"话语的形成（操瑞青）

"人身上的血脉"：大革命时期中共党报发行网络（张朋）

1934 年《益世报》停邮事件考察（吴麟）

2020 年第 5 期

社交机器人在新闻扩散中的角色和行为模式研究——基于《纽约时报》"修例"风波报道在 Twitter 上扩散的分析（师文、陈昌凤）

谣言传播违法与犯罪的成立条件——基于行政法与刑法相关制度比较的视角（罗斌、宋素红）

重复性、创造力与数字时代的情感结构——对短视频展演的"神经影像学"分析（曾国华）

仪式传播如何影响受众对商品的态度？——卷入度的调节作用（王霏、魏毅晖、蒋晶森）

数字化记忆的双重书写——百度贴吧中"克拉玛依大火"的记忆结构之变迁（闫岩、张皖疆）

新旧世界秩序中的"国际五四"——以《大陆报》《字林西报》为中心的考察（田野、李永东）

兴盛、改良与管理：20 世纪 20 至 30 年代上海民营广播中的娱乐节目（朱时宇）

2020 年第 6 期

从边界危机到霸权重构：科恩与霍尔的道德恐慌与媒体研究范式转换（黄典林）

中国互联网使用对社会资本影响的元分析（来向武、任玉琛）

工作、福祉与获得感：短视频平台上的创意劳动者研究（何威、曹书乐、丁妮、冯

应谦)

新媒体接触、健康信念与HPV疫苗接种意向(郭小安、王天翱)

我国新闻聚合版权司法的问题阐释与解决方略——基于比较法视角(彭桂兵)

施拉姆与中国传播研究:文化冷战与现代化共识(刘海龙)

主体呈现与醒世觉述:清末民初报刊漫画的视觉现代性(李培)

2020年第7期

从"新冠肺炎"热点传播看新闻边界的颠覆与重构(蔡雯、凌昱)

"信息茧房"学术场域偏倚的合理性考察(丁汉青、武沛颖)

偏移的转折点:传播学史上被"受众民族志"遮蔽的"双重转向"(张放)

健康意义、另类视角与本土情境——"文化中心路径"对健康传播学的批判与重构(曹昂)

新媒体接触对社会治理参与的影响研究——基于中国社会状况综合调查2013—2017年数据的实证分析(张云亮、冯珺、季芳芳、柳建坤)

全面抗战时期中国共产党对日宣传再研究——基于日本馆藏档案的考察(赵新利)

中国古代历书的编造与发行(汪小虎)

2020年第8期

新闻学的范式转换:从职业性到社会性(杨保军、李泓江)

微信朋友圈的虚假健康信息纠错:平台、策略与议题之影响研究(杨洸、闻佳媛)

中国互联网治理模式的形成及嬗变(1994—2019)(彭波、张权)

论私法范畴的媒体权利——基于《民法典·人格权编》相关条款(陈堂发)

全球性抑或属地性:被遗忘权的空间范围争议与执行方案选择(邹举、叶济舟)

"唱新闻":一种地方说唱曲艺的传播社会学研究(李东晓)

新闻界协作:1930年代的上海市新闻记者公会(赵建国)

2020年第9期

"学术性新闻":马克思在《纽约每日论坛报》的社会历史写作(沈荟、熊涛)

泛化与偏见:算法推荐与健康知识环境的构建研究——以今日头条为例(聂静虹、宋甲子)

心智模型视角下风险认知差距的探寻与弥合——基于邻避项目风险沟通的实证研究(黄河、王芳菲、邵立)

月子传授:行动中心的传统传播研究(林羽丰)

媒介变革视野中的当代中国乡村治理结构转型(李乐)

社会公共事件中网民话语表达框架形成及其影响因素——基于解释水平理论的视角(毛良斌)

"人间烟火"的景象迁移与"现实图景"的双向建构——新冠肺炎疫情下短视频与拟态环境重构(冷凇)

2020年第10期

伊莱休·卡茨与大众传播研究:半个多世纪的学术演变(展宁)

媒介的货币:"关系-行动"与自由交

往——齐美尔货币思想的传播社会学解读（李华君、张智鹏）

社交媒体兴起十年如何影响党报公信力变迁？（张洪忠、石韦颖）

破解短视频版权治理困境：社会治理模式的引入与构建（冯晓青、许耀乘）

网络违法信息传播次数作为入罪标准的困境与出路——基于186份刑事裁判文书和相关司法解释的思考（熊波）

"掠夺性期刊"在学术共同体中的形成与省思（刘忠博、郭雨丽、刘慧）

从照相馆到新闻馆：中国近代职业新闻摄影记者的形成与发展（路鹏程）

2020年第11期

我国报纸新闻中的情感性因素研究——以中国新闻奖一等奖作品为例（1993—2018）（陈阳、郭玮琪、张弛）

"传播"与"仪式"：基于研究经验和理论的辨析（郭建斌、程悦）

媒介化治理——电视问政个案的比较分析（闫文捷、潘忠党、吴红雨）

我国传媒产业关联及其演化趋势分析——基于投入产出表的实证研究（丁和根）

报缘政治：冷战阴云下的记者与密使（向芬）

"邮发合一"：报纸的上海新"路"（詹佳如）

"满洲国"通信社的"国策性"塑造与实践（孙继强）

2020年第12期

冷热媒介：合成语音与真人语音的不同传播效应——基于EEG的实验证据（冯菲、王文轩、修利超、喻国明）

"通知—移除"抑或"通知—拦截"：算法时代的选择（刘文杰）

国家与市场之间的"调和人"：传媒转型与治理中行业协会的角色功能（周逵、黄典林、董晨宇）

媒体融合与基层媒体从业人员的职业满意度——基于浙江省的探索性研究（韦路、方振武）

空间转译：作为"媒介"的惠爱医院（1898—1935）（李耘耕）

空间介入日常生活：1914—1936之间《申报》广告地图初探（潘晟、景晨雪）

2020年增刊

马克思主编《新莱茵报》第1号（创刊号）（刘然、陈力丹、杜渐）

马克思主编《新莱茵报》第2号（郝甜甜、刘丽、陈吾宜、许楷、柴皓月、程雪清、翟红梅、张一帆、付宇娜、夏玉婷、曹昀钰彦、李慕晗、张昳昕、杨安琪、邢倩倩、夏琪、杜渐）

马克思主编《新莱茵报》第301号（终刊号）（何渊、杜渐）

完整再现马克思《新莱茵报》版面的辉煌——论编译中文版《新莱茵报》的意义和编译原则（陈力丹）

从"公正惯例"到"根据可靠事实确定见解"——论《新莱茵报》客观与立场相统一的新闻报道原则（毛湛文）

"时间只允许我们报道最重要的和最突出的事件"——论《新莱茵报》的新闻时效（夏琪）

《新莱茵报》与马克思的广告思想——基于德国历史与德文原版报纸的考察（吴璟薇）

国际交流

2020年中国新闻传播研究的国际期刊发表与国际合作

——基于SSCI/A&HCI收录数据的计量分析

吴　锋　季　英[*]

一、问题的提出

进入21世纪的第三个十年，人工智能技术加速重构媒介生态格局，媒介业态和运作逻辑发生根本性变迁。传媒格局变迁传导至学术层面，传统新闻传播学学科体系、学术体系与话语体系的解释力和引领力不足，学科的合法性、科学性遭遇空前挑战，面临愈加严重的内卷化危机。究其原因，是学界过分聚焦国内学术内循环，但缺乏国际学术对话，中外循环通道不畅。从空间维度上看，学科建设与学术创新的诱致性因素有内部和外部之分。内部创新是指学术创新的内部诱因，即结合本土话语、本土学术智慧以及本土议题开展学术创新，其本质是学科建设的"内循环"。外部创新是指学术创新的外部动力，即通过开展国际学术交流与理论对话，引入国际学科体系、学术体系与话语体系，由此促成学术创新，其本质是学科建设的"双循环"。新闻传播学是一个开放的学科，要克服学科建设"内卷化"之弊，就必须秉持"文明互鉴"理念，加快中国理论研究"走出去"，促进内部张力和外部张力的二元耦合，构建以国内学术内循环为主体、国际国内双向互动的"双循环"学术创新格局，实现学科的破圈与突围。

中国新闻传播学理论成果"走出去"，不仅是破除学界内卷化危机的需要，更是提升国际传播能力的要求。习近平总书记在中共中央政治局第三十次集体学习时强调，要着力推进国际传播能力建设，讲好中国故事，展现真实、立体、全面的中国。提升国际传播能力，需要强大的理论支撑，需要在国际学术界有力发声。讲好中国传播学理论故事，推动国内学术理论成果"走出去"，是提升国际传播能力的关键方面；强大的国际学术影响力和领导力，

---

[*] 吴锋，西安交通大学新媒体学院教授、博士生导师；季英，西安交通大学新媒体学院硕士研究生。

是提升国家文化软实力的有力抓手。

一个学科的国际发表产出，既体现着其国际交流合作能力，也表征着其国际影响力及全球竞争力。[①] 如何以国际发表为载体推动国际学术交流合作？如何加快融入国际话语体系，向国际学术界讲述"中国传播的理论故事"，提升国际学术参与力、影响力和领导力？如何打破国际偏见，引领构建国际学术学科体系、学术体系与话语体系？以上是学界急需解决的现实问题。本研究在 Web of Science 数据库中筛选 2020 年中国新闻传播学 SSCI 和 A&HCI 索引论文，共 361 篇，再选取第一作者或通讯作者为中国作者的论文，最终精确匹配到 303 篇。通过文献计量研究方法和知识图谱可视化工具，对样本文献的高频关键词进行文献计量分析，考察中国新闻传播学国际发表的宏观图景、热点议题。

二、中国新闻传播学 SSCI 和 A&HCI 论文产出总体态势

全球新闻传播学国际发表规模及总体分布。统计显示，2020 年全球新闻传播学 SSCI 和 A&HCI 论文发表共 5730 篇。新闻传播学国际发表格局为中美英"三足鼎立"，北美、欧洲、亚洲和大洋洲国家整体处于优势地位，非洲和拉美国家持续边缘化。其中，中国新闻传播学国际发表的总体发文规模得到了大幅提升，论文发表总量达 361 篇，首次进入世界三强（见表 1）；中国内地新闻传播学国际发表数量达 242 篇，位居世界第七，创历史新高。

表 1 中国近年新闻传播学 SSCI 和 A&HCI 发文量及排名

年份	全球总发文量	我国发文量	排名	年份	全球总发文量	我国发文量	排名
2020	5730	361	3	2015	3616	124	8
2019	5420	282	5	2014	3178	112	7
2018	4235	231	5	2013	3011	90	8
2017	4018	162	8	2012	2817	107	6
2016	3933	162	7	2011	2692	76	8

中国新闻传播学国际发表论文产出及分布。（1）发文机构。2020 年中国新闻传播学高产发文机构大幅增加，产出 10 篇及以上的机构共计 11 家。其中，香港高校依旧领先，香港城市大学、香港浸会大学、香港中文大学、香港大学分别位居发文量前四强。内地高校发文表现抢眼。在产出 10 篇及以上的中国高校中，内地高校占据 6 席，分别为浙江大学、北京师范大学、上海交通大学、暨南大学、南京大学和清华大学。（2）发表期刊。2020 年中国

[①] 吴锋、王学敏：《2018 年中国大陆新闻传播论文发表产出的最新进展与趋势前瞻》，《新闻与写作》2019 年第 1 期。

新闻传播学 SSCI 和 A&HCI 论文发表在 64 本期刊上，其中，68 篇发表在 Q1 区期刊上，99 篇发表在 Q2 区期刊上，合计占比 46%。在期刊参与方面，中国仅拥有 *Chinese Journal of Communication*（香港中文大学主办）一本 SSCI 期刊，尚无内地所属 SSCI 和 A&HCI 收录期刊；但中国学者在努力突围，如清华大学陈梁担任 SSCI 期刊 *Environmental Communication* 的副主编职位，表明中国学者在国际学术期刊的领导力不断增强。（3）论文被引数。2020 年中国新闻传播学 SSCI 和 A&HCI 论文共 93 篇有被引记录，总被引频次 199，单篇最高被引 12 次，平均每篇文章被引频次为 0.55。与此同时，2020 年全球新闻传播学 SSCI 和 A&HCI 论文单篇最高被引达 69 次，被引频次总计 8110，平均每篇文章被引频次为 1.41。这表明中国新闻传播学国际发表论文的影响力仍有待提升。（4）基金资助。2020 年中国基金机构共资助产出 268 篇论文，占比 74.24%，基金资助覆盖率较高，但未实现全覆盖。地方政府基金方面，高资助产出基金机构主要分布于上海、北京、浙江、江苏、广东等内地经济发达省份及香港特别行政区；高校基金方面，新闻传播学科老牌强势高校是主要力量，包括复旦大学、华中科技大学、武汉大学等内地高校及部分香港高校。（5）学术合作（见表 2）。2020 年内地与香港合作关系紧密，共合作产出 17 篇文献，其他地区间合作数量较少。国内合作总体进展缓慢，内地与港澳台之间缺乏有效学术交流与合作；2020 年中国以与欧美及亚洲国家合作为主。其中，与美国合作最紧密，共合作产出 68 篇文献；与澳大利亚、新加坡、英国、加拿大等国的合作也较密切，均合作产出 10 篇以上文献；与非洲和拉美国家的合作稍显不足。

表 2　2020 年中国学术合作情况

区间合作

合作地区	发文量	合作地区	发文量	合作地区	发文量
内地 & 香港	17	内地 & 澳门	4	大陆 & 台湾	3
香港 & 台湾	3	香港 & 澳门	1	澳门 & 台湾	0

国际合作（合作发文量 ≥ 2）

合作国家	发文量	合作国家	发文量	合作国家	发文量
美国	68	西班牙	7	以色列	2
澳大利亚	20	丹麦	4	意大利	2
新加坡	15	日本	4	马来西亚	2
英国	13	瑞士	4	荷兰	2
加拿大	12	德国	3	波兰	2
韩国	9	南非	3	俄罗斯	2
新西兰	7	奥地利	2	瑞典	2

三、中国新闻传播学 SSCI 和 A&HCI 论文产出的研究热点分析

文章的内容和主旨往往能够通过规范化的关键词进行反映，对关键词的共词分析能够发现研究的热点主题。[①] 本研究利用 Bibexcel 软件对样本进行关键词统计分析，获得 104 个高频关键词（设定高频关键词频数阈值为 2），总频次为 319。再利用 Ucinet 和 VOSviewer 软件对关键词共词矩阵进行聚类分析，根据计算，该网络密度为 0.0241，标准差为 0.1715，图的中间中心势为 23.27%，这说明该网络的密度水平一般，但具有一定程度的集中趋势。根据 VOSviewer 软件的模块化聚类算法，共识别出包含 84 个高频关键词（其余 20 个关键词没有相互连接，连接项的最大集合仅由 84 个关键词组成）的 4 个聚类。由于样本数量少，VOSviewer 软件可视化聚类分析结果仅能指明研究热点的大致方向，存在一定模糊性，因此，本研究结合手动文献检索和分析，将研究主题补充和细化为 5 类，分别为风险传播、政治传播、媒介发展、国际交流与对外传播、青少年媒介素养。2020 年中国新闻传播学国际发表的研究议题紧跟现实趋势、关注现实课题，坚持理论发展与现实应用并行，积极针对时代主题和主流思潮作出学理回应。

（一）风险传播议题

当今世界呈现"风险社会"症候，重大疫情、自然灾害、种族冲突、阶级矛盾、恐怖主义等社会风险滋生，发达的通信工具更进一步加剧了风险的等级和效力，风险传播议题便是学界对此作出的恰当回应。该议题针对当下主要社会风险事件进行分析，探索媒介尤其是数字媒介与社会风险事件的互动关系，致力于为国家风险治理提供参考。其中，新冠肺炎疫情和女权主义运动研究集中度明显。

2020 年新冠肺炎疫情成为全球社会以及国际学术界的中心议题之一。中国经历了新冠肺炎疫情大暴发且快速有效地控制了疫情形势，由此成为新冠肺炎疫情研究的典型案例。大部分新冠肺炎疫情文献都紧密结合中国国情，探讨本土化问题。2020 年中国学者共刊发 3 篇涉及新冠肺炎疫情期间口罩佩戴问题的论文，"佩戴口罩"成为中国学者研究新冠肺炎疫情议题的最主要切入口。中国的成功抗疫，离不开全民佩戴口罩等自觉防疫行为，离不开中国政府的集体规训和民众的主动服从，这种集体主义和公共道德观与西方社会所倡导的自由主义价值观和行动逻辑存在本质区别。因此，"佩戴口罩"不仅仅是一种行为现象，还具备了相当的符号学意义，包含着民族主义、集体主义、道德价值观的丰富内涵，更是探索中国社会治理、民族精神凝聚和现代化国家建设以及中西方意识形态差异等宏大议题的独特微观具象。研究者分别从历史学视角和符号学视角，对这一问题进行考察。从历史溯源视角来看，中国口罩

[①] 陈天祥、龚翔荣：《国外公共管理学科领域研究热点及演化路径——基于 SSCI 样本期刊（2006—2015）的文献计量分析》，《公共行政评论》2018 年第 3 期。

防疫策略得以顺利推行有着独特的历史原因和民族性根源。反帝民族主义、崇拜科学、民族尊严、现代化等要素，共同构成了中国公民积极参与卫生健康运动，并将其视作一种光荣的爱国行为的观念与传统。从灾难符号学和政治学视角来看，中国政府和媒体通过特定的灾难叙事策略，迅速建构起关于口罩的"科学神话"，并促成全社会自觉佩戴口罩的行为。除"佩戴口罩"议题外，研究者还进行了一些较为分散的研究。如从社会关系的角度出发，分析新冠肺炎疫情期间公众日常交往活动和政客政治交往活动的变化，探究人类自发创造新的交往方式和互动仪式以维系社会关系的能力。[①] 又如借助风险信息寻求与处理（RISP）模型，调查新冠肺炎疫情期间影响个人在线风险信息获取行为和预防意图的因素。

女权运动也是风险传播议题中的热门话题。其中，MeToo 运动[②] 等女权主义运动、数字化时代的女权主义、中国当代女权主义等词条的讨论热度最高。多名研究者通过对 MeToo 运动以及"天一"案[③] 的研究发现，数字媒体在促进女权主义运动中发挥着关键性作用，数字技术将为女权主义带来巨大的政治潜力。这种基于互联网兴起的数字化女权主义，具备非正式、高度文本化和相对自治等特质，将为解决长期存在的社会问题提供新的途径。[④] 除了推进女权主义运动的发展外，互联网还造就了一种中国新女性模式，其特征是摆脱家庭和社会的束缚、前所未有的自信、愿意公开表达和购买她们想要的、高度媒介化。但有研究者持否定态度，认为互联网仍存在技术本身无法改变结构性不平等的局限性。在数字媒体经济环境中，"男性和女性有着根本不同的特征"这一主导观点，即原有社会性别权力关系仍在被不断强化。

（二）政治传播议题

随着经济社会的发展、互联网等数字技术和数字平台的崛起、社会思潮的涌动与碰撞，国家的政治传播活动愈发重要，民众的政治参与意愿也愈加强烈，由此，学界也将目光投向政治传播议题，并从宏观和微观两个研究视角出发，以中国政治环境为例进行本土化研究。

---

① Katila, J., Gan, Y. M., & Goodwin, M. H., "Interaction Rituals and 'Social Distancing': New Haptic Trajectories and Touching from a Distance in the Time of COVID-19", *Discourse Studies*, Vol.22, No.4, 2020, pp.418-440.

② 2017 年 10 月，美国女星艾丽莎·米兰诺等针对哈维·韦恩斯坦性侵多名女星丑闻发起抗议运动，呼吁所有曾遭受性侵犯女性挺身而出说出惨痛经历，并在社交媒体帖文附上标签 #MeToo，由此引发了世界范围内的 MeToo 运动。

③ 2018 年 10 月 31 日，耽美小说作者"天一"及其团队，因印刷出售男性同性恋色情小说《攻占》，被安徽省芜湖县人民法院分别被判处十个月到十年零六个月不等有期徒刑。

④ Ling, Q., & Liao, S., "Intellectuals Debate #MeToo in China: Legitimizing Feminist Activism, Challenging Gendered Myths, and Reclaiming Feminism", *Journal of Communication*, Vol.70, No.6, 2020, pp.895-916.

宏观层面探索互联网对政治传播活动的重要影响。研究者着重分析了互联网为政治活动与政治参与带来的正负影响，并考察了青年群体的政治参与行为。不可否认，互联网带来了新的机遇。社交媒体为个人提供了前所未有的政治参与、决策和动员机会，甚至挑战自上而下的政治传播过程，还有助于促进年轻人的政治参与，以及年轻人对国家身份的认同。但同时，互联网也带来了新的挑战。网络审查制度加剧了国家对公民交流的操纵，此外，年轻人的网络政治参与容易遇到脱离现实、失去活力等陷阱。[①] 但有学者对此提出质疑，呼吁应更加辩证地看待这一问题。其认为群体不同，互联网带来的影响是不同的，不可一概而论。社交媒体会对不同身份群体的政治态度、情感和政治参与行为带来不同的影响。[②]

微观层面探索政治传播活动的多种形式，以期为应对当前日益复杂的国内外政治局势提供参考。2020年学者的主要研究对象包括新闻发布会、政治动画、政治标语等。在对新闻发布会这种政治传播活动的研究中，主要分析了发言人和记者在新闻发布会中所使用的语言特征和语用策略，以及道德立场在中国政治话语中的运用。在对政治动画这种边缘媒体形式的研究中，主要考察了中国流行动画片《年兔事件》中的爱国话语，探索政治动画等政治文化产品的媒介效应及其在中国的社会政治意义。在对政治标语这种特殊语言工具的研究中，主要考察了中国政治标语如何在特定情况下执行不同的、独特的和重要的功能，并试图探寻各类话语形式在不同民族和国家中的起源、维持、冲突和变化。[③]

（三）媒介发展议题

数字技术为媒介发展带来了新一轮的革新浪潮，也为媒介广告的发展带来了新的可能，学者纷纷对媒介发展议题展开研究，以期探索互联网媒体发展的有效路径。相关研究主要聚焦在互联网时代媒介发展层面，探索媒介内容、形态、功能等的变迁，探究互联网催生的新兴媒体平台、媒体内容与媒介现象；此外，对广告学的探讨则彰显了数字媒体时代下媒介愈加明显的商业属性、产业形态和市场化改革倾向。

主要涉及的互联网媒体平台包括短视频平台（抖音、快手）、社交媒体平台（微信、微博）、功能性平台（健身应用 Boohee、知识共享平台知乎）等，均为中国本土媒介品牌。

---

① Chu, T. H., & Yeo, T. E. D., "Rethinking Mediated Political Engagement: Social Media Ambivalence and Disconnective Practices of Politically Active Youths in Hong Kong", *Chinese Journal of Communication*, Vol.13, No.2, 2020, pp.148–164.

② Kobayashi, T., "Depolarization through Social Media Use: Evidence from Dual Identifiers in Hong Kong", *New Media & Society*, Vol.22, No.8, pp.1339–1358.

③ Song, J. L., & Gee, J. P., "Slogans with Chinese Characteristics: The Political Functions of a Discourse Form", *Discourse & Society*, Vol.31, No.2, pp.201–217.

国际交流

短视频平台是近年来随着算法推荐机制兴起的一类超级媒体平台，拥有庞大的用户基数和日活量，对当今媒介格局产生了颠覆性改变。其中，抖音和快手是最具影响力的两款现象级媒体产品，由此成为重点研究对象。研究内容包括对平台建设的研究，以及对平台使用者的研究。在平台建设方面，重点分析了抖音独特的平台基础设施建设经验，包括技术特征、商业模式、平台话语以及平台与政府的权力互动关系等，[①] 以及抖音（TikTok）的全球平台扩张新范式。在平台使用者方面，网络主播是重点研究对象，包括网络主播的成名策略以及短视频平台利用网络主播的盈利策略两部分内容。针对网络主播的成名策略，主要分析了快手主播如何吸引、培养和留住粉丝，获得知名度并以此盈利，其中，有人单独分析了以"社会人"形象为中心的亚文化成名策略，并认为这种成名策略可能为社会阶层变革带来积极影响。对于短视频平台的盈利策略，学者大多持反对态度。他们认为，快手本质是一种"社会工厂"，通过持续对网络主播进行高度的劳动力剥削，将人力资本最大化以获取物质利益。主播会在不知情的情况下为快手提供免费的、高度可利用的劳动力，以获得应用的使用权和在快手赚钱的机会。[②]

在社交媒体平台层面，研究主要集中于社交媒体上的信息传播，包括政治信息、低俗信息和虚假信息等。在对政治信息的分析中，主要对微博上的代表性公共事件进行考察，探究新媒体发展与中国政治之间的历史关系，以及中国媒介融合战略形成的背景原因。在对低俗信息的分析中，主要对微博上的不文明言论进行考察，探究脏话的网络扩散情况和对信息传播过程的影响，并为政府开展内容审查提供参考。在对虚假信息的分析中，主要探讨了关于转基因生物的社交媒体话语，并采用网络分析的方法，验证信息真实性和账号验证对信息传播的影响，以及不同信息在社交媒体上的传播模式。除了社交媒体信息传播，社交媒体上的互动也是研究的重点，包括企业与消费者的互动、粉丝与偶像的互动，以及用户与社交媒体平台的互动等。

功能性平台也是学者关注的重点领域。探究用户使用功能性平台的影响因素或行为动机，不仅有助于提高平台服务水平，激发平台活跃度和用户参与度，发掘用户行动潜力，更有助于深化和发展用户行为研究的理论模型和研究方法。对某健身应用的研究主要从自我控制理论出发，通过将技术接受与使用统一理论（UTAUT）与健康信念模型（HBM）相结合，研究

[①] Zhang, Z. Y., "Infrastructuralization of Tik Tok: Transformation, Power Relationships, and Platformization of Video Entertainment in China", *Media Culture & Society*, Vol.43, No.2, 2021, pp.219-236.

[②] Tan, C. K. K., Wang, J., Wangzhu, S. Y., Xu, J. J., & Zhu, C. X., "The Real Digital Housewives of China's Kuaishou Video-sharing and Live-streaming App", *Media Culture & Society*, Vol.42, No.7-8, 2020, pp.1243-1259.

用户使用该应用的影响因素，丰富用户采用意图相关研究。① 对某知识共享应用的研究则从认知评价理论出发，利用计算分析方法，在用户在线科学知识贡献行为模型中引入知识领域多样性作为内在动机的指标，考察了科学专家用户在知识共享平台知乎上的行为指标，揭示用户的科学知识贡献行为动机。

对广告学的探讨主要包括广告效果的影响因素以及广告的新模式。在对广告效果影响因素的研究中，主要从广告内容、观众意识、代言人形象、文化语境等角度进行考察。广告信息框架和观众自我建构意识影响着广告的劝服效果，中西方不同的文化又会导致不同的自我建构意识。② 同时，男性代言人的温情度可以作为一种诱导消费者产生温暖感的方式，从而影响广告效果。在对广告新模式的考察中，主要分析了微电影广告和网购平台横幅广告两种模式，通过社会符号学和多模态分析，为企业制定营销策略和创新广告模式提供参考。

（四）国际交流与对外传播议题

在全球一体化时代，构建命运共同体、实现中华民族伟大复兴、推进双循环发展等国家战略稳步实施，如何讲好中国故事，如何进行有效且良性的国际交流成为热门话题，国际交流与对外传播议题也引发越来越多的学术关注。研究者分别从政治国际传播、非政治（经济与文化）国际传播出发，探索全球化时代国际交流与传播的前沿趋势与现实路径。在政治国际传播研究中，本土话题和案例是研究者的关注重点，如中美贸易摩擦、"两会"、"一带一路"等。对中美贸易摩擦的研究，主要采用语料库辅助语篇研究的方法，通过对不同国家传统主流媒体和新媒体上对中美贸易摩擦的语篇建构，考察背后的意识形态与国家利益原因，分析跨文化语境特别是网络话语空间中的政治传播。对"两会"的研究主要采用社交网络分析和内容分析方法，通过构建一种研究公共外交的网络新范式——"公共外交网络"，考察中国在推特上的公共外交传播效果。③ 对"一带一路"的研究主要采用内容分析，通过将解释水平理论与新闻生产策略相结合，考察中国和西方的四家报纸进行"一带一路"倡议报道的决定因素，探讨距离和编辑承诺对新闻叙事的影响。④ 此外，还有研究从历史维度出发，

---

① Wei, J. C., Vinnikova, A., Lu, L. D., & Xu, J., "Understanding and Predicting the Adoption of Fitness Mobile Apps: Evidence from China", *Health Communication*, Vol.36, No.8, 2021, pp. 950–961.

② Wang, H. W., Fu, H. Y., & Wu, Y. Y., "To Gain Face or not to Lose Face: The Effect of Face Message Frame on Response to Public Service Advertisements", *International Journal of Advertising*, Vol.39, No.8, 2020, pp.1301–1321.

③ Jia, R. X., & Li, W. D., "Public Diplomacy Networks: China's Public Diplomacy Communication Practices in Twitter during Two Sessions", *Public Relations Review*, Vo.46, No.1.

④ Guo, S., & Wang, D., "News Production and Construal Level: A Comparative Analysis of the Press Coverage of China's Belt and Road Initiative", *Chinese Journal of Communication*, Vol.14, No.2, 2021, pp.211–230.

考察中国外交传播活动的演变。通过对1954年至1966年中国外交话语中冒犯或攻击性含义的政治隐喻的研究，梳理全球政治形势和中国外交语言的发展历程。除了政治维度的对外传播，文化、消费等领域的对外传播也是研究的重点，包括中国游戏跨文化交际（ICC）策略与中国本土ICC零和博弈论、中国跨国公司的海外网站品牌建设等。

（五）青少年媒介素养议题

作为未来建设社会主义强国的中坚力量，青少年媒介素养问题一直是社会各界关注的焦点，对此，学界也作出了符合社会期待的回应。本议题聚焦于青少年媒介素养，关注媒介环境下青少年群体的成长与发展问题，涉及媒介素养、人际传播、社会心理、健康传播等多学科理论内容。一是研究媒介与青少年心理健康的关系。研究主题包括：基于风险感知态度（RPA）框架和计划行为理论（TPB），探讨青少年寻求咨询以促进心理健康的行为；[1] 基于应激源—应变—结果模型，验证社交媒体超载对青少年心理压力的影响。[2] 二是研究人际传播与青少年发展的关系，主要聚焦于亲友人际传播。部分研究聚焦过度养育、亲子冲突、青少年母亲依恋等人际传播因素对青少年发展的影响及调节作用；还有部分研究聚焦青少年意志力、父母关系质量等因素对同伴交往（人际传播活动）的影响。

四、结论与讨论

中国新闻传播学国际发表呈现整体向好态势，议题日趋多元、聚焦本土，但仍存在一些问题，需要加快构建以提高论文质量、提升国际学术影响力和领导力为核心的论文产出体系，推动中国新闻传播学理论成果"走出去"，实现学科的破圈与突围。

中国新闻传播学国际发表已取得很大进展，具备较强的学术参与力和一定的学术影响力，实现了初步"破圈"。近年来中国新闻传播学国际发表势头强劲，国际发表参与力明显提升，发文数量首次进入世界三强，已成为国际学术共同体的重要成员；学术群体进一步扩大，越来越多的高校参与到国际发表中来，中国内地发文机构仍集中分布于东部沿海地区，但也出现了越来越多中西部地区高校的身影；高产发文机构增多，涌现出一批国际发表的核心力量；基金资助覆盖率提高，基金资助机构为中国学者展开大规模、高成本的科研活动和学术调研，产出高水平论文提供了有力支持；学术合作取得一定进展，越来越多的中国新闻传播

---

[1] Shi, J. Y., & Kim, "H. K. Integrating Risk Perception Attitude Framework and the Theory of Planned Behavior to Predict Mental Health Promotion Behaviors among Young Adults", *Health Communication*, Vol.35, No.5, 2020, pp.597-606.

[2] Shi, C. L., Yu, L. L., Wang, N., Cheng, B. Y., & Cao, X. F., "Effects of Social Media Overload on Academic Performance: A Stressor-Strain-Outcome Perspective", *Asian Journal of Communication*, Vol.30, No.2, 2020, pp.179-197.

学者开始重视中外学术沟通和对话，积极构建全球学术共同体；部分中国学者已加入 SSCI 和 A&HCI 期刊编委会及审稿专家队伍，为中国新闻传播学国际发表突围与破圈、传递中国理论声音贡献了力量。

中国新闻传播学国际发表研究视角不断拓宽，研究内容持续细化，积极探索多元议题、重点聚焦本土议题。总体来看，中国新闻传播学国际发表议题有以下两点特征。一是积极探索多元议题。2020 年中国新闻传播学国际发表的五大核心议题，涵盖了从个体发展到媒介变革，从社会治理到国际政治，从经济到社会，从政治到文化的多元研究视角和研究内容。研究议题的跨学科态势也十分明显，与公共管理学、社会学、心理学、经济学、政治学等多学科紧密交叉融合。此外，研究方法也趋向多元，从民族志、问卷调查、深度访谈、文本分析、内容分析到社交网络分析、计算分析方法，中国新闻传播学研究方法在继承本学科分析方法的基础上，不断进行发展与创新，以更好地服务于多元化、跨学科的研究议题。积极探索多元议题恰好体现了新闻传播学结合实际、动态发展的学科特点，彰显了新闻传播学致力于以学理研究解决现实问题、以社会实践指导理论创新的学科内涵。二是重点聚焦本土议题。2020 年中国新闻传播学国际发表的五大核心议题的研究对象、研究主题与研究案例，绝大部分紧密联系中国实际，具备较强的本土性和地域性。研究主题无论是倾向于本土议题，与中国主流话语紧密结合，还是倾向于研究西方议题，参与西方学术话语和思潮的实践，都是中国新闻传播学者参与国际学术交流的主要路线，均具备相当的合理性、可行性和有效性。但是，针对当下中国学者在国际学术界话语权较弱，国际社会对中国认识不清、不全甚至偏见的现实情况，研究中国本土化议题，向国际学术界传播中国声音，是中国学者进行国际发表的时代责任和应然之义。中国新闻传播学者在国际发表的过程中，着重讲述了中国的理论故事，宣扬中国的主流话语，向世界展现了真实的中国。

中国新闻传播学理论成果"走出去"存在一些问题，整体的学术影响力和领导力较弱，"破圈"成效一般。中国新闻传播学国际发表的质量还有待提高，论文被引量与论文发表规模严重不匹配，缺乏被国际学术界广泛关注的热点文献，这也间接表明中国学者尚未获得充足的国际话语权，学术成果未受到国际学术圈的认可和重视，中国本土议题也未获得国际学术界的充分关注；2020 年国内 CSSCI 发表 7508 篇，中国新闻传播学国际发表之路依旧任重而道远；中国新闻传播学缺乏内地所属 SSCI 和 A&HCI 收录期刊，国际 SSCI 和 A&HCI 期刊编委会和审稿专家队伍的中国学者占比不高，这导致国际发表的能见度不强，对中国学术影响力和领导力的提升带来阻碍；论文发表尚未实现基金支持的全覆盖，国家也暂未出台国际发表专项基金；国内和国际合作论文占比较低，学者之间的跨地区、跨机构、跨学科合作不足，总体缺乏有效交流，合作意识仍有待强化；部分新闻传播学中文发表领域的"大咖学者"国际发表产出不高，而许多在国际发表领域有着杰出表现的新一代青年学者，在国内影响力不够大；国内外学术研究成果缺乏连通，严重断层，新闻传播学领域的国际发表成果在国内缺乏有效传播路径，国内学科建设的重要主题亦未能及时同步到国际学术界，如媒介融合与县级融媒体建设、新型主流媒体、网络舆情研究、中国新闻传播史、算法传播、身体传播等。此外，5G、算法推荐、大数据等国内媒体实践的领先成就未能充分传达出去，也没有形成相关学术理论框架。国内学术界和国际学术界两个学术场域呈区隔状态，缺乏有效融合与对话。

未来，中国新闻传播学国际发表要加快构建以提高论文质量、提升国际学术影响力和领导力为核心的论文产出体系，积极探索和构建高水平"破圈"之路。国家层面，国家应出台专门基金项目扶持国际发表，缓解学者的科研成本压力，为学者开展研究提供支持。此外，要强调新闻传播学科理论成果对其他学科的引领和指导作用。在哲学社会科学工作座谈会上的讲话中，习近平总书记把新闻学列为 11 个对哲学社会科学具有支撑性作用的学科之一。国家要支持并推动新闻传播学科为社会发展、中国特色学科体系打造、交叉学科与新兴学科建设提供理论支撑和解决方案。机构层面，要重视沟通国内与国际两个学术场域，促进研究资源的共享，提供学者间交流的机会与平台，减少国际发表在文化差异、意识形态、语言障碍等方面的问题。推动国内主流学术话语"走出去"，也促进国际发表的优秀学术成果引进来，协同构建具有中国特色和普遍意义的中国新闻传播学科体系。期刊层面，要积极扩大期刊的国际学术影响力，并加紧创办本土 SSCI 和 A&HCI 收录期刊；创新学术评价规则，打破唯引用、唯分区、等级化的单一论文评价体系。学者层面要两手抓。一方面，中国学者要重视开展学术合作。目前，中国新闻传播学者更倾向于与国际发表先进国家及地区的学者展开合作，随着中国新闻传播国际发表走向成熟，还需重视对学术边缘国家及地区展开学术帮扶，确保新闻传播学国际学术共同体的话语公平性和结构合理性。另一方面，中国学者要坚持积极探索多元议题、重点聚焦本土议题，用国际学术话语讲述中国理论故事，解决中国重大问题，关注世界热点问题，最终构建融通中外的学科体系、学术体系与话语体系。

最后，本研究存在一定的局限性。限于数据库分类和篇幅，本研究未涉及刊发在非传播学类期刊上的文献，研究样本仅为 2020 年内的 SSCI 和 A&HCI 文献，因此未能完全覆盖中国新闻传播学国际发表成果。这些不足，需要后续研究加以补充。

2020 年中国传播学国际发表篇目

吴 锋[*]

Authors	Article Title	Source Title	Affiliations
Flew, T; Gillett, R; Martin, F; Sunman, L	Return of the Regulatory State: A Stakeholder Analysis of Australia's Digital Platforms Inquiry and Online News Policy	*Information Society*	University of Sydney; Queensland University of Technology (QUT); University of Sydney; University of Sydney
Neo, R	A Cudgel of Repression: Analysing State Instrumentalisation of the 'Fake News' Label in Southeast Asia	*Journalism*	University of Hong Kong
Li, XJ; Hu, RJ	Developing and Validating the Digital Skills Scale for School Children (DSS-SC)	*Information Communication & Society*	Shanghai Jiao Tong University
Su, LS; Li, XG	Perceived Agenda-setting Effect in International Context: Impact of Media Coverage on American Audience's Perception of China	*International Communication Gazette*	Beijing Jiaotong University; Shanghai University; Beijing Foreign Studies University
Zheng, Q; Zhang, ZY	An Analysis of Media Discourse on Genetically Modified Rice in China	*Discourse & Communication*	Chinese Academy of Sciences; University of Chinese Academy of Sciences, CAS; Chinese Academy of Sciences; University of Chinese Academy of Sciences, CAS
Wang, C; Cardon, PW; Li, CR; Li, CX	The Influences of Open Communication by Senior Leaders and Legitimacy Judgments on Effective Open Innovation	*International Journal of Business Communication*	Northeast Electric Power University; University of Southern California; University of Southern California; Jilin University; Jilin University
Pellitteri, M	The European Experience with Japanese Animation, and What it Can Reveal about the Transnational Appeal of Anime	*Asian Journal of Communication*	Xi'an Jiaotong-Liverpool University; Shanghai International Studies University

[*] 吴锋,西安交通大学新媒体学院传播系主任,教授,博士生导师。

续表

Authors	Article Title	Source Title	Affiliations
Zhang, DB	Dynamism in Knowledge Exchanges: Developing Move Systems Based on Khorchin Mongolian Interactions	*Discourse Studies*	University of International Business & Economics
Lam, CB; McHale, SM; Lam, CS; Chung, KKH; Cheung, RYM	Maternal Differential Treatment and Child Socioemotional Competencies: A Multi-informant Longitudinal Study of Chinese Families	*Journal of Social and Personal Relationships*	Education University of Hong Kong (EdUHK); Pennsylvania Commonwealth System of Higher Education (PCSHE); Pennsylvania State University; Pennsylvania State University-University Park
Wen, NN; Chao, NP; Wang, CJ	Predicting the Intention of Sustainable Commuting among Chinese Commuters: The Role of Media and Morality	*Environmental Communication-A Journal of Nature and Culture*	Nanjing University; Shenzhen University
Yuan, B; Yang, CL; Sun, XC; Yin, J; Li, WQ	How does Residential Mobility Influence Generalized Trust?	*Journal of Social and Personal Relationships*	Ningbo University; Beijing Normal University; Nanjing Medical University
Li, SY; Coduto, KD; Song, C	Comments Vs. One-click Reactions: Seeking and Perceiving Social Support on Social Network Sites	*Journal of Broadcasting & Electronic Media*	Zhejiang University; South Dakota State University; Ohio State University
Xu, K; Liu, FJ; Mou, Y; Wu, YH; Zeng, J; Schafer, MS	Using Machine Learning to Learn Machines: A Cross-cultural Study of Users' Responses to Machine-generated Artworks	*Journal of Broadcasting & Electronic Media*	State University System of Florida; University of Florida; Shanghai Jiao Tong University; University of Zurich
Bouvier, G	Racist Call-outs and Cancel Culture on Twitter: The Limitations of the Platform's Ability to Define Issues of Social Justice	*Discourse Context & Media*	Zhejiang University
Guo, QJ; Gao, XS; Shao, Q; Zhu, SR	Identity Performance and Language Policing in Hong Kong's Media	*Discourse Context & Media*	Ningbo University; University of New South Wales Sydney; University of Hong Kong; Shanghai University of Finance & Economics

续表

Authors	Article Title	Source Title	Affiliations
Guo, YP; Ren, W	Managing Image: The Self-praise of Celebrities on Social Media	*Discourse Context & Media*	Beihang University
Lee, C	Doxxing as Discursive Action in a Social Movement	*Critical Discourse Studies*	Chinese University of Hong Kong
Tai, Y; Fu, KW	Specificity, Conflict, and Focal Point: A Systematic Investigation into Social Media Censorship in China	*Journal of Communication*	Tamkang University; University of Hong Kong
Xia, CL; Shen, F	Does Government Pay Attention to the Public? The Dynamics of Public Opinion and Government Attention in Posthandover Hong Kong	*International Journal of Public Opinion Research*	University of Hong Kong; City University of Hong Kong; Sun Yat Sen University
Lu, HY; Kandilov, IT	The Moderating Role of Internet Use in the Relationship between China's Internal Migration and Generalized Trust	*Information Communication & Society*	Southwestern University of Finance & Economics-China; University of North Carolina; North Carolina State University
Samson, L; Nanne, AJ; Buijzen, M	Remember the Motivationally-relevant Appeals? The Influence of Social and Sensory Appeals on Memory for Pronutritional Messages Promoting Healthy Foods	*International Journal of Advertising*	Radboud University Nijmegen; Tilburg University
Wang, QQ; Zhang, Y; Liu, X	Perceived Discrimination, Loneliness, and Non-suicidal Self-injury in Chinese Migrant Children: The Moderating Roles of Parent-child Cohesion and Gender	*Journal of Social and Personal Relationships*	Beijing Normal University
Cao, H	From Asymmetric Dependency to Discursive Disengagement: How Social Movements and the Media/Public Talked Past Each Other	*Media Culture & Society*	Wuhan University
Chen, F; Wang, GF	A War or Merely Friction? Examining News Reports on the Current Sino-US Trade Dispute in the New York Times and China Daily	*Critical Discourse Studies*	Shanghai Normal University
Li, ZY	Role of Affective Mediators in the Effects of Media Use on Proenvironmental Behavior	*Science Communication*	Huazhong University of Science & Technology

Authors	Article Title	Source Title	Affiliations
Leung, JTY; Shek, DTL; Fung, ALC; Leung, GSM	Perceived Overparenting and Developmental Outcomes among Chinese Adolescents: Do Family Structure and Conflicts Matter?	*Journal of Social and Personal Relationships*	Hong Kong Polytechnic University; City University of Hong Kong; University of Hong Kong
Wang, S	Moderating Uncivil User Comments by Humans or Machines? The Effects of Moderation Agent on Perceptions of Bias and Credibility in News Content	*Digital Journalism*	City University of Hong Kong
Peng, H; Bell, C; Li, YR	How and When Intragroup Relationship Conflict Leads to Knowledge Hiding: The Roles of Envy and Trait Competitiveness	*International Journal of Conflict Management*	Fudan University; York University-Canada
Zhang, L; Han, Y; Zhou, JL; Liu, YS; Wu, Y	Influence of Intrinsic Motivations on the Continuity of Scientific Knowledge Contribution to Online Knowledge-sharing Platforms	*Public Understanding of Science*	Beijing Normal University; Beijing Normal University; Beijing University of Posts & Telecommunications; Sun Yat Sen University
Ge, JJ; Sui, YP; Zhou, XF; Li, GX	Effect of Short Video Ads on Sales through Social Media: The Role of Advertisement Content Generators	*International Journal of Advertising*	Harbin Institute of Technology; Harbin Institute of Technology
Lee, TK	Translation and Copyright: Towards a Distributed View of Originality and Authorship	*Translator*	University of Hong Kong
Li, N	Playing the Past: Historical Video Games as Participatory Public History in China	*Convergence-The International Journal of Research into New Media Technologies*	Zhejiang University
Witteborn, S	Privacy in Collapsed Contexts of Displacement	*Feminist Media Studies*	Chinese University of Hong Kong
Luqiu, LR	Female Journalists Covering the Hong Kong Protests Confront Ambivalent Sexism on the Street and in the Newsroom	*Feminist Media Studies*	Hong Kong Baptist University
Peng, WY; Wang, WY	Buying on Weixin/WeChat: Proposing a Sociomaterial Approach of Platform Studies	*Media Culture & Society*	Hunan Normal University; University of Melbourne
Shen, B	Creating a Parasocial Relationship on Social Media: Luxury Brands Playing Cute in China	*Asian Journal of Communication*	Fudan University

续表

Authors	Article Title	Source Title	Affiliations
Pable, A	Integrating Linguistic Relativity	*Language & Communication*	University of Hong Kong
Sandel, TL; Wangchuk, D	'Thank You for Your Blessing': Constructed Mobile Chronotopes in a Buddhist Online Community in Bhutan	*Language & Communication*	University of Macau
Wang, Y; Guan, L	Mapping the Structures of International Communication Organizations' Networks and Cross-sector Relationships on Social Media and Exploring Their Antecedents	*Public Relations Review*	City University of Hong Kong; City University of Hong Kong
Yang, Y	A Contrastive Study of Engagement Resources between English Spoken and Written Texts	*Text & Talk*	Beijing Normal University
Zhao, XY; Zhan, MQ; Ma, L	How Publics React to Situational and Renewing Organizational Responses across Crises: Examining Scct and Dor in Social-Mediated Crises	*Public Relations Review*	Hong Kong Baptist University; University of Texas System; University of Texas Arlington; Texas Christian University
Sun, P; Zhao, GN; Liu, Z; Li, XT; Zhao, YZ	Toward Discourse Involution within China's Internet: Class, Voice, and Social Media	*New Media & Society*	Chinese Academy of Social Sciences; Renmin University of China; Renmin University of China
Song, G	Hybridity and Singularity: A Study of Hong Kong's Neon Signs from the Perspective of Multimodal Translation	*Translator*	Beijing Normal University–Hong Kong Baptist University United International College
Ren, W	The Evolution of Interpreters' Perception and Application of (Codes of) Ethics in China since 1949: A Sociological and Historical Perspective	*Translator*	Beijing Foreign Studies University
Sun, YQ; Chia, SLC; Lu, FC; Oktavianus, J	The Battle is on: Factors that Motivate People to Combat Anti-vaccine Misinformation	*Health Communication*	City University of Hong Kong
Yin, SY; Sun, Y	Intersectional Digital Feminism: Assessing the Participation Politics and Impact of the Metoo Movement in China	*Feminist Media Studies*	Simon Fraser University; Zhejiang University

续表

Authors	Article Title	Source Title	Affiliations
Yu, YT	Perpetuating and/or Resisting the Leftover Myth? The Use of (de) Legitimation Strategies in the Chinese English-language News Media	*Feminist Media Studies*	Hong Kong Polytechnic University
Nartey, M	A Feminist Critical Discourse Analysis of Ghanaian Feminist Blogs	*Feminist Media Studies*	Hong Kong Polytechnic University
Wang, D; Huang, VL; Guo, SZ	Malleable Multiplicity and Power Reliance: Identity Presentation by Chinese Journalists on Social Media	*Digital Journalism*	Hong Kong Baptist University
Nartey, M	Metaphor and Kwame Nkrumah's Construction of the Unite or Perish Myth: A Discourse-mythological Analysis	*Social Semiotics*	Hong Kong Polytechnic University
Shi, JY; Dai, Y	Promoting Favorable Attitudes toward Seeking Counseling among People with Depressive Symptomatology: A Masspersonal Communication Approach	*Health Communication*	Hong Kong Baptist University; City University of Hong Kong
Feng, GC	Determinants of Institutional Excellence in Asian Communication Research	*Asian Journal of Communication*	Shenzhen University
Cui, K; Ji, T	The Interaction of Evolving Media Structure and Life-course Dynamics: The Changing Landscape of Media Use in China (2005-2015)	*Asian Journal of Communication*	China University of Political Science & Law; Peking University
Zhu, JN; Wang, CL	I Know What You Mean: Information Compensation in an Authoritarian Country	*International Journal of Press-politics*	University of Hong Kong; Shanghai University of Finance & Economics
Zhang, XZ; Chen, MY	Journalists' Adoption and Media's Coverage of Data-driven Journalism: A Case of Hong Kong	*Journalism Practice*	Hong Kong Baptist University; Nanyang Technological University & National Institute of Education (NIE) Singapore; Nanyang Technological University

续表

Authors	Article Title	Source Title	Affiliations
Jaworski, A; Wei, L	Introducing Writing (in) the City	*Social Semiotics*	University of Hong Kong; University of London; University College London
Pun, J; Chor, W	Use of Questioning between Traditional Chinese Medicine Practitioners and Patients to Realize Tcm Philosophy: Holism, Five Elements and Yin-Yang in the Context of Doctor-patient Communication	*Health Communication*	City University of Hong Kong; Hong Kong Baptist University
Chan, M; Hu, PF; Mak, MKF	Mediation Analysis and Warranted Inferences in Media and Communication Research: Examining Research Design in Communication Journals from 1996 to 2017	*Journalism & Mass Communication Quarterly*	Chinese University of Hong Kong; University of Wisconsin System; University of Wisconsin Madison
Lee, JH	Algorithmic Uses of Cybernetic Memory: Google Photos and a Genealogy of Algorithmically Generated Memory	*Social Media+ Society*	
Liu, WY; Wang, YJ	The Role of Offensive Metaphors in Chinese Diplomatic Discourse	*Discourse Context & Media*	Dalian University of Technology; University of Groningen
Mao, YS; Zhao, X	A Discursive Approach to Disagreements Expressed by Chinese Spokespersons during Press Conferences	*Discourse Context & Media*	Harbin Engineering University; Nanjing University
Xia, J	Loving You: Use of Metadiscourse for Relational Acts in WeChat Public Account Advertisements	*Discourse Context & Media*	Nanjing University; Jiangsu University of Science & Technology
Nowacki, L	Frame Dynamics in Global Media: A Case Study of Frame Strength and Dominance in Media in the Democratic People's Republic of Korea	*Chinese Journal of Communication*	University of Nottingham Ningbo China

续表

Authors	Article Title	Source Title	Affiliations
Li, JH; Zheng, H	Online Informationseeking and Disease Prevention Intent during COVID-19 Outbreak	*Journalism & Mass Communication Quarterly*	Jinan University; Jinan University; Nanyang Technological University & National Institute of Education (NIE) Singapore; Nanyang Technological University
Ragragio, JLD	Framing Media Populism: The Political Role of News Media Editorials in Duterte's Philippines	*Journalism*	Hong Kong Baptist University
Bouvier, G	From 'Echo Chambers' to 'Chaos Chambers': Discursive Coherence and Contradiction in the #Metoo Twitter Feed	*Critical Discourse Studies*	Zhejiang University
Zhu, YN; Fu, KW	Speaking Up or Staying Silent? Examining the Influences of Censorship and Behavioral Contagion on Opinion (Non-) Expression in China	*New Media & Society*	University of Hong Kong
Guo, S; Wang, D	News Production and Construal Level: A Comparative Analysis of the Press Coverage of China's Belt and Road Initiative	*Chinese Journal of Communication*	Hong Kong Baptist University; Hong Kong Baptist University
Feng, GC; Su, XL; Lin, ZL; He, YR; Luo, N; Zhang, YT	Determinants of Technology Acceptance: Two Model-based Meta-analytic Reviews	*Journalism & Mass Communication Quarterly*	Shenzhen University
Li, XQ	The More the Better? A Comparative Study of the Relationships among Multimodal Connectedness, Online Communication, and Relational Outcomes in China and the United States	*Chinese Journal of Communication*	Shanghai Jiao Tong University
Fang, H	Cannibalizing Collective Memory: Chinese History and Political Consciousness in Tsui Hark's the Taking of Tiger Mountain	*Continuum-Journal of Media & Cultural Studies*	Jinan University

续表

Authors	Article Title	Source Title	Affiliations
Chia, SC	Who Speaks and Why? An Examination of Outspokenness on Social Networking Sites and a Reflection on Assessing Public Opinion Online	*International Journal of Public Opinion Research*	City University of Hong Kong
Jin, GS; Li, CL; Sun, Y	Exploring the Macrostructure of Research Articles in Economics	*Ieee Transactions on Professional Communication*	University of International Business & Economics
Kwok, S	The Human-animal Divide in Communication: Anthropocentric, Posthuman and Integrationist Answers	*Language & Communication*	University of Hong Kong
Lin, ZX	Commercialization of Creative Videos in China in the Digital Platform Age	*Television & New Media*	Jinan University
Liu, TT	The Freedom of Binge Gaming or Technologies of the Self? Chinese Enjoying the Game Werewolf in an Era of Hard Work	*Chinese Journal of Communication*	Jinan University
McKeown, J; Ye, M	Quilting Muslims: A Diachronic Study of Ideological Representations around the Master Signifiers for Muslims in the Time Magazine Corpus (1923-1992)	*Language & Communication*	Hong Kong Polytechnic University; Beijing Normal University; Beijing Normal University-Hong Kong Baptist University United International College
Mutua, SN; Zhang, YQ	Regulating Online Content in East Africa: Potential Challenges and Possible Solutions	*Journal of African Media Studies*	Communication University of China
Wang, B; Liu, SQ; Kandampully, J; Bujisic, M	How Color Affects the Effectiveness of Taste-versus Health-focused Advertising Messages	*Journal of Advertising*	Dalian University of Foreign Languages; Ohio State University; Ohio State University; New York University
Yu, DN	Corporate Environmentalism: A Critical Metaphor Analysis of Chinese, American, and Italian Corporate Social Responsibility Reports	*Ieee Transactions on Professional Communication*	Beijing Foreign Studies University

续表

Authors	Article Title	Source Title	Affiliations
Zhou, FF	'How Can Johns Hopkins Not Be Angry？' A Discursive Case Study of Chinese Lay Expert's Science Communication in the Digital Age	*Language & Communication*	Lingnan University
Tsang, SJ	Motivated Fake News Perception：The Impact of News Sources and Policy Support on Audiences' Assessment of News Fakeness	*Journalism & Mass Communication Quarterly*	Hong Kong Baptist University
Kaye, DBV；Chen, X；Zeng, J	The Co-evolution of Two Chinese Mobile Short Video Apps：Parallel Platformization of Douyin and Tiktok	*Mobile Media & Communication*	Queensland University of Technology（QUT）；Xiamen University；University of Zurich
Jaworski, A；Lou, JJ	#Wordswewear：Mobile Texts, Expressive Persons, and Conviviality in Urban Spaces	*Social Semiotics*	University of Hong Kong；University of London；Birkbeck, University of London
Li, YG；He, QJ	Is Mental Illness Like Any Other Medical Illness？Causal Attributions, Supportive Communication and the Social Withdrawal Inclination of People with Chronic Mental Illnesses in China	*Health Communication*	Shanghai Jiao Tong University；Shanghai University
Liu, SN；Chang, TK	Continuities and Changes of Media Construction of Citizenship Rights in China：The Case of the People's Daily, 1978-2012	*Asian Journal of Communication*	Sichuan University；National Yang Ming Chiao Tung University
Zhou, FF	Typographic Landscape, Indexicality and Chinese Writing：A Case Study of Place-making Practices in Transitional China	*Social Semiotics*	Lingnan University；Lingnan University
Han, L	Reading Chinese Anti-COVID-19 Pandemic Narratives on Facemasks as the Art of Disaster Governance：A Semiotic and Biopolitical Survey	*Social Semiotics*	Shanghai Jiao Tong University
Lee, TK	Writing Singapore：Choreographed and Emergent Practices	*Social Semiotics*	University of Hong Kong
Song, L	Re-inventing Confucian Subjects：Politics of Subject-making in Chinese Dating with the Parents	*Continuum-Journal of Media & Cultural Studies*	University of Macau

续表

Authors	Article Title	Source Title	Affiliations
Wang, R; He, Y; Xu, J; Zhang, HZ	Fake News or Bad News? Toward an Emotion-driven Cognitive Dissonance Model of Misinformation Diffusion	*Asian Journal of Communication*	Beijing Normal University
Karlander, D	Cities of Sociolinguistics	*Social Semiotics*	University of Hong Kong
Lu, LQ; Liu, JW; Yuan, YCN	Health Information-seeking Behaviors and Source Preferences between Chinese and Us Populations	*Journal of Health Communication*	Zhejiang University; Cornell University
Li, M; Tan, CKK; Yang, YT	Shehui Ren: Cultural Production and Rural Youths' Use of the Kuaishou Video-sharing App in Eastern China	*Information Communication & Society*	Shandong University; Nanjing University; Beijing Normal University
Garrisi, D	Syntax as Meaning: The Stylistic Construction of the Past in American Feature Writing	*Journalism Studies*	Xi'an Jiaotong-Liverpool University
Ji, P	Masking Morality in the Making: How China's Anti-epidemic Promotional Videos Present Facemask as a Techno-moral Mediator	*Social Semiotics*	Fudan University
Peng, J	To Honour Cleanness and Shame Filth: Medical Facemasks as the Narrative of Nationalism and Modernity in China	*Social Semiotics*	Jinan University
Chen, JX; Zhang, PY; Shang, YY; Li, ZY	National Identity Construction by Chinese Youths in Tiananmen Square: Political Pilgrimaging and Geographic Microblogging	*Chinese Journal of Communication*	Beijing Jiaotong University; Australian National University
Chong, GPL	Who Wants 9-to-5 Jobs? Precarity, (in) Security, and Chinese Youths in Beijing and Hong Kong	*Information Society*	Hong Kong Baptist University
Wang, M; Rao, MK; Sun, ZP	Typology, Etiology, and Fact-Checking: A Pathological Study of Top Fake News in China	*Journalism Practice*	Wuhan University; University of Leeds; Wuhan University
Wang, XT; Kobayashi, T	Nationalism and Political System Justification in China: Differential Effects of Traditional and New Media	*Chinese Journal of Communication*	City University of Hong Kong

续表

Authors	Article Title	Source Title	Affiliations
Zheng, LY; Luo, YD; Chen, X	Different Effects of Attachment Anxiety and Attachment Avoidance on Depressive Symptoms: A Meta-analysis	*Journal of Social and Personal Relationships*	Southwest University-China
Chang, J; Tian, H	Girl Power in Boy Love: Yaoi, Online Female Counterculture, and Digital Feminism in China	*Feminist Media Studies*	Shenzhen University; Tsinghua University
Sang, YP	Citizen Curation and the Online Communication of Folk Economics: The China Collapse Theory in Hong Kong Social Media	*Media Culture & Society*	Chinese University of Hong Kong
Zhu, D; Johnson, EK; Bolls, P	Platform and Proximity: Audience Responses to Crime News on Desktop Computers and Smartphones	*Journal of Broadcasting & Electronic Media*	Shanghai Jiao Tong University; University of North Carolina; East Carolina University; Texas Tech University System; Texas Tech University
Zhao, XM; Lim, SS	Online Patriarchal Bargains and Social Support: Struggles and Strategies of Unwed Single Mothers in China	*Television & New Media*	Renmin University of China; Singapore University of Technology & Design; Singapore University of Technology & Design
Zhang, LS; Yang, XD	Linking Risk Perception to Breast Cancer Examination Intention in China: Examining an Adapted Cognitive Mediation Model	*Health Communication*	National University of Singapore; Shandong University
Liu, M; Zhong, JL	Between National and Local: Identity Representations of Post-colonial Hong Kong in a Local English Newspaper	*Discourse Context & Media*	Shanghai Jiao Tong University; Sun Yat Sen University
Yu, GD	Doing Being Objective: Turn Design in the Preliminary to a Journalist's Question at the Press Conference of the National People's Congress of China	*Discourse Context & Media*	Ocean University of China
Zhou, L	Moral Stance Taking as a Device of Covert Aggression in Chinese Political Language Use	*Discourse Context & Media*	Northeast Normal University-China
Ho, HCY; Yeung, DY	Conflict between Younger and Older Workers: An Identity-based Approach	*International Journal of Conflict Management*	Education University of Hong Kong (EdUHK); City University of Hong Kong

续表

Authors	Article Title	Source Title	Affiliations
Wang, T; Wu, JL; Gu, JB; Hu, LY	Impact of Open Innovation on Organizational Performance in Different Conflict Management Styles: Based on Resource Dependence Theory	*International Journal of Conflict Management*	Tsinghua University; Chinese Academy of Sciences; University of Science & Technology of China, CAS; Zhejiang Wanli University
Cortes-Sanchez, JD; Ibanez, DB	Content Analysis in Business Digital Media Columns: Evidence from Colombia	*Journalism Practice*	Universidad del Rosario; Fudan University; Universidad del Rosario
Huang, GX	Does Warm Glow Promote Physical Activity? Examining the Relative Effectiveness of Self-benefiting Versus Other-benefiting Incentives in Motivating Fitness App Use by Corporate Sponsorship Programs	*Health Communication*	City University of Hong Kong
Huang, Y; Miao, WS	Re-domesticating Social Media When It Becomes Disruptive: Evidence from China's Super App WeChat	*Mobile Media & Communication*	Chinese Academy of Medical Sciences-Peking Union Medical College
Zhang, ZY	Infrastructuralization of TikTok: Transformation, Power Relationships, and Platformization of Video Entertainment in China	*Media Culture & Society*	Chinese University of Hong Kong
Zhao, LL; John, N	The Concept of 'Sharing' in Chinese Social Media: Origins, Transformations and Implications	*Information Communication & Society*	Wuhan University; Hebrew University of Jerusalem
Liu, TT; Lai, ZS	From Non-player Characters to Othered Participants: Chinese Women's Gaming Experience in the 'Free' Digital Market	*Information Communication & Society*	Jinan University; University of Sydney
Wang, S	The Influence of Anonymity and Incivility on Perceptions of User Comments on News Websites	*Mass Communication and Society*	City University of Hong Kong
Cheung, MMF; Lam, BSY; So, BMH	Who Leads the IPO News: Agenda-building and Intermedia Agenda-setting in a Routinised and Standardised News Context	*Journalism Studies*	Hang Seng University of Hong Kong; Hang Seng University of Hong Kong
Valdeon, RA	On the Interface between Journalism and Translation Studies: A Historical Overview and Suggestions for Collaborative Research	*Journalism Studies*	Guangdong University of Foreign Studies; University of Oviedo; University of the Free State

续表

Authors	Article Title	Source Title	Affiliations
Liu, FS; Chui, HR; Chung, MC	The Effect of Parent-adolescent Relationship Quality on Deviant Peer Affiliation: The Mediating Role of Self-control and Friendship Quality	*Journal of Social and Personal Relationships*	Chinese University of Hong Kong
Chan, M	Partisan Selective Exposure and the Perceived Effectiveness of Contentious Political Actions in Hong Kong	*Asian Journal of Communication*	Chinese University of Hong Kong
Hu, TT; Wang, CY	Who is the Counterpublic? Bromance-as-Masquerade in Chinese Online Drama-SCI Mystery	*Television & New Media*	Wuhan University; Shanghai Normal University
Song, L; Tan, CKK	The Final Frontier: Imagining Queer Futurity InStar Trek	*Continuum-Journal of Media & Cultural Studies*	University of Macau; Nanjing University
Wu, Y; Shen, F	Negativity Makes us Polarized: A Longitudinal Study of Media Tone and Opinion Polarization in Hong Kong	*Asian Journal of Communication*	City University of Hong Kong
Feng, JY; Zhao, F; Feng, AQ	Strategic Manoeuvring by Dissociation in Corporate Crisis Communication: The Case of the 2017 United Airlines' Passenger Dragging-off Incident	*Argumentation*	University of International Business & Economics; Zhongnan University of Economics & Law
Huang, Q	Understanding Public Perceptions of Genetically Modified Organisms in China: The Role that Heuristics Play during Digital Media Exposure	*Chinese Journal of Communication*	Zhejiang University
Lin, ZX; Yang, L	A Digital Promised Land? Digital Landscape as a Heterotopia for Disabled People in China	*Information Communication & Society*	Jinan University; Sun Yat Sen University
Kobayashi, T; Hoshino, T; Suzuki, T	Inadvertent Learning on a Portal Site: A Longitudinal Field Experiment	*Communication Research*	City University of Hong Kong; Keio University
Chang, SC; Chang, JHY; Low, MY; Chen, TC; Kuo, SH	Self-regulation of the Newlyweds in Taiwan: Goals and Strategies	*Journal of Social and Personal Relationships*	Shih Hsin University; Huaiyin Normal University

续表

Authors	Article Title	Source Title	Affiliations
Xie, ZX	Mobile Communicating Place and Place-inscribed Communicative Mobilities: Shaping Alternative Consumer Cultures in Mobile Media Communication	Mobile Media & Communication	Renmin University of China
Liu, Y	Analysing Tension between Language and Images: A Social Semiotic View	Social Semiotics	Sichuan International Studies University
Yan, Q; Yang, F	From Parasocial to Parakin: Co-creating Idols on Social Media	New Media & Society	University of Jinan; State University of New York (SUNY) System; State University of New York (SUNY) Albany
Ju, SE; Chen, ZX; He, Y	Political Argumentation by Reciting Poems in the Spring and Autumn Period of Ancient China	Argumentation	Sun Yat Sen University
Wong, ALK	Towards a Queer Affective Economy of Boys' Love in Contemporary Chinese Media	Continuum-Journal of Media & Cultural Studies	University of Hong Kong
Zeng, WN; Chan, KR	Heroism as Narrative Strategy: Children's Animation and Modernity in Chinese TV	Television & New Media	Shenzhen University; Hong Kong Baptist University
Zhao, JJ; Wong, AK	Introduction: Making a Queer Turn in Contemporary Chinese-language Media Studies	Continuum-Journal of Media & Cultural Studies	Xi'an Jiaotong-Liverpool University; University of Hong Kong
Zhao, JMJ	Queerness within Chineseness: Nationalism and Sexual Morality on and off the Competition Show *The Rap of China*	Continuum-Journal of Media & Cultural Studies	Xi'an Jiaotong-Liverpool University
Li, JB; Guo, YJ; Delvecchio, E; Mazzeschi, C	Chinese Adolescents' Psychosocial Adjustment: The Contribution of Mothers' Attachment Style and Adolescents' Attachment to Mother	Journal of Social and Personal Relationships	Education University of Hong Kong (EdUHK); University of Perugia
Chan, WWL	What if Reporters Need Creativity to Keep Their Jobs: Aggregate Results of Journalistic Consensual and Conflictual Creativity from Front-Line Journalists Working in the Field	Journalism Practice	

续表

Authors	Article Title	Source Title	Affiliations
Liao, YL	The Legitimacy Crisis of Arguments from Expert Opinion: Can't We Trust Experts?	*Argumentation*	Nanjing University
Chi, PL; Wu, QL; Cao, HJ; Zhou, N; Lin, XY	Relationship-oriented Values and Marital and Life Satisfaction among Chinese Couples	*Journal of Social and Personal Relationships*	University of Macau; Beijing Normal University
Hoyng, R	From Open Data to Grounded Openness: Recursive Politics and Postcolonial Struggle in Hong Kong	*Television & New Media*	Chinese University of Hong Kong
Chia, SC; Tu, CX	Screw the Majority? Examining Partisans' Outspokenness on Social Networking Sites	*Journal of Information Technology & Politics*	City University of Hong Kong
Lwin, MO; Panchapakesan, C; Sheldenkar, A; Calvert, GA; Lim, LKS; Lu, JH	Determinants of eHealth Literacy among Adults in China	*Journal of Health Communication*	Nanyang Technological University & National Institute of Education (NIE) Singapore; Nanyang Technological University; Nanyang Technological University & National Institute of Education (NIE) Singapore; Nanyang Technological University; Tianjin University
Wai-on, L; Ng, R	Finding the Translator's Voice: A Study of Translators' Prefaces to Chinese Translations of Christian Texts in Hong Kong and Taiwan	*Translator*	Chinese University of Hong Kong; Hong Kong Polytechnic University
Bu, H; Connor-Linton, J; Wang, LF	Linguistic Variation in the Discourse of Corporate Annual Reports: A Multi-dimensional Analysis	*Discourse Studies*	Beijing International Studies University; Georgetown University; Beijing Language & Culture University
Valdeon, RA	Gatekeeping, Ideological Affinity and Journalistic Translation	*Journalism*	Huazhong University of Science & Technology; University of Oviedo; University of the Free State
Wu, F; Xu, DY	Making the Most Effective Strategy More Effective: Examining the Situational and Interaction Effects of Accommodative CCSs in Corporate Crises	*International Journal of Business Communication*	Shanghai Jiao Tong University; Shanghai Jiao Tong University

续表

Authors	Article Title	Source Title	Affiliations
Li, B; Yin, SM	How Perceived Control Affects Advertising Avoidance Intention in a Skippable Advertising Context: A Moderated Mediation Model	*Chinese Journal of Communication*	Huazhong University of Science & Technology; Anhui University
Waruwu, BK; Tandoc, EC; Duffy, A; Kim, N; Ling, R	Telling Lies Together? Sharing News as a Form of Social Authentication	*New Media & Society*	City University of Hong Kong; Nanyang Technological University & National Institute of Education (NIE) Singapore; Nanyang Technological University; Nanyang Technological University & National Institute of Education (NIE) Singapore; Nanyang Technological University
Huan, CP; Guan, XC	Sketching Landscapes in Discourse Analysis (1978-2018): A Bibliometric Study	*Discourse Studies*	Shanghai Jiao Tong University
Yeo, TED	Do You Know How Much I Suffer? How Young People Negotiate the Tellability of Their Mental Health Disruption in Anonymous Distress Narratives on Social Media	*Health Communication*	Hong Kong Baptist University
Wang, PP; Wang, XH	The Evolving Audience Network during Media Environment Transition-A Longitudinal Study of Cross-platform Use in China	*Journal of Broadcasting & Electronic Media*	Shenzhen University
Hsun, WP; Jie, G	Systematic Creation of a City's Visual Communication: Logo Design Based on the Phoenix Flower in Tainan City, Taiwan	*Visual Communication*	City University of Macau
Ye, ZY; Jeon, HY	Chinese City Brands and Semiotic Image Scales: A Tourism Perspective	*Social Semiotics*	Changsha University of Science & Technology; Mokpo National University
Oh, T; Kim, S; Love, A; Seo, WJ	Media Framing of the Unified Korean Olympic Women's Ice Hockey Team	*Communication & Sport*	University of Mississippi; Hong Kong Baptist University; University of Tennessee System; University of Tennessee Knoxville; Eulji University

续表

Authors	Article Title	Source Title	Affiliations
He, J; Caple, H	Why the Fruit Picker Smiles in an Anti-corruption Story: Analyzing Evaluative Clash and News Value Construction in Online News Discourse in China	*Discourse Context & Media*	Jimei University; City University of Hong Kong; University of New South Wales Sydney
Kadar, DZ; Liu, FG; House, J; Shi, WR	Reporting Ritual Political Advice in the Chinese State Media: A Study of the National People's Congress	*Discourse Context & Media*	Dalian University of Foreign Languages; Hungarian Academy of Sciences; Hungarian Research Institute for Linguistics; University of Hamburg
Katila, J; Gan, YM; Goodwin, MH	Interaction Rituals and 'Social Distancing': New Haptic Trajectories and Touching from a Distance in the Time of COVID-19	*Discourse Studies*	Tampere University; Chinese University of Hong Kong; University of California System; University of California Los Angeles
Tsang, SJ	Issue Stance and Perceived Journalistic Motives Explain Divergent Audience Perceptions of Fake News	*Journalism*	Hong Kong Baptist University
Wu, ZW	The Discursive Construction of the Moral and Legal Statuses of Fansubbers in the Chinese Press 2006-2018	*Discourse Context & Media*	Hong Kong Polytechnic University
Xiang, Y; Zhang, XX	CCTV in Africa: Constructive Approach to Manufacturing Consent	*Journal of African Media Studies*	Shanghai University; Simon Fraser University
Zhang, HY; Wu, YC; Xie, ZH	Diversity or Division: Language Choices on International Organizations' Official Websites	*Ieee Transactions on Professional Communication*	Zhejiang University; Peking University; University Town of Shenzhen
Xiao, XZ; Borah, P	Do Norms Matter? Examining Norm-Based Messages in HPV Vaccination Promotion	*Health Communication*	Qingdao University; Washington State University
Bankov, K	Cyberbullying and Hate Speech in the Debate around the Ratification of the Istanbul Convention in Bulgaria: A Semiotic Analysis of the Communication Dynamics	*Social Semiotics*	Sichuan University; New Bulgarian University

续表

Authors	Article Title	Source Title	Affiliations
Cheng, L; Sun, YX; Li, J	Aggressiveness of Emojis before the Court: A Sociosemiotic Interpretation	*Social Semiotics*	Zhejiang University; Zhejiang Gongshang University
He, HS; Tan, CKK	Strangers in the Borderlands: WeChat and Ethical Ambiguity in Yunnan, China	*Chinese Journal of Communication*	Yunnan University; Nanjing University
Leone, M	Mona Lisa's Emoji: Digital Civilization and Its Discontents	*Social Semiotics*	Shanghai University; University of Turin
Wang, X; Huang, YHC	Uncovering the Role of Strategic Orientation in Translating Communication Strategies to Organizational Performance: An Analysis of Practitioners from Two Chinese Societies	*International Journal of Business Communication*	Chinese University of Hong Kong; City University of Hong Kong
Li, Y; Wei, F; Chen, SY; Yan, YS	Effects of CEO Humility and Relationship Conflict on Entrepreneurial Performance	*International Journal of Conflict Management*	Shanghai University; Tongji University; Zhejiang University
Zhang, HX; Zheng, XY; Zhang, X	Warmth Effect in Advertising: The Effect of Male Endorsers' Warmth on Brand Attitude	*International Journal of Advertising*	Peking University; Nankai University; China University of Petroleum
Ng, TWC	Recontextualisation of Beijing's Voice: A Critical Discourse Analysis of Hegemony and Resistance in Hong Kong Political Discourse	*Discourse & Society*	University of Hong Kong
Zhao, JJ	It has Never Been Normal Queer Pop in Post-2000 China	*Feminist Media Studies*	Xi'an Jiaotong–Liverpool University
Wang, S; Kim, KJ	Restrictive and Corrective Responses to Uncivil User Comments on News Websites: The Influence of Presumed Influence	*Journal of Broadcasting & Electronic Media*	City University of Hong Kong
Wang, GF	Legitimization Strategies in China's Official Media: The 2018 Vaccine Scandal in China	*Social Semiotics*	Shanghai Normal University
Miao, WS; Chan, LS	Social Constructivist Account of the World's Largest Gay Social App: Case Study of Blued in China	*Information Society*	Chinese Academy of Social Sciences; Chinese University of Hong Kong

续表

Authors	Article Title	Source Title	Affiliations
Rui, JR	How a Social Network Profile Affects Employers' Impressions of the Candidate: An Application of Norm Evaluation	*Management Communication Quarterly*	South China University of Technology
Yu, HL	A Rebellious Thinker or a Cultural Icon: Chan Master Huineng in Theatrical Resemiotization	*Visual Communication*	Hunan University
Zhao, YP; Lin, ZX	Political Irony as Self-censorship Practice? Examining Dissidents' Use of Weibo in the 2017 Hong Kong Chief Executive Election	*Discourse & Communication*	Zhejiang University; Jinan University
Ling, B; Guo, Y	Affective and Cognitive Trust as Mediators in the Influence of Leader Motivating Language on Personal Initiative	*International Journal of Business Communication*	Hohai University; University of London
Yu, HL; Yang, TY	Loving Mother vs. Controlling Mother: Visual Attitude and Reading Positions in the Short Film Bao	*Social Semiotics*	Hunan University
Miao, WS; Chan, LS	Between Sexuality and Professionalism: Experiences of Gay Workers at Blued, a Chinese Gay Social App Company	*New Media & Society*	Chinese Academy of Social Sciences; Chinese University of Hong Kong
Tian, DX	Construction of a Water and Game Theory for Intercultural Communication	*International Communication Gazette*	Yangzhou University
Wu, XP; Fitzgerald, R	'Hidden in Plain Sight': Expressing Political Criticism on Chinese Social Media	*Discourse Studies*	University of Macau; University of Macau
Zhou, FF	Borrowed Language and Identity Practices in a Linguistic Marketplace: A Discourse Analytic Study of Chinese Doctors' Journey Online	*Discourse & Communication*	Lingnan University
Wang, HW; Fu, HY; Wu, YY	To Gain Face or not to Lose Face: The Effect of Face Message Frame on Response to Public Service Advertisements	*International Journal of Advertising*	Henan Agricultural University; Purdue University System; Purdue University; Purdue University West Lafayette Campus; Jiangnan University

续表

Authors	Article Title	Source Title	Affiliations
Yu, XY; Meng, XT; Cao, G; Jia, YY	Exploring the Relationship between Entrepreneurial Failure and Conflict between Work and Family from the Conservation of Resources Perspective	*International Journal of Conflict Management*	Shanghai University; Shanghai University
Zhang, N; Skoric, MM	Getting Their Voice Heard: Chinese Environmental NGO's Weibo Activity and Information Sharing	*Environmental Communication-A Journal of Nature and Culture*	City University of Hong Kong
Li, Z; McKerrow, RE	Xi Jinping's Keynote in the Belt and Road Forum: A Pentadic Cartography	*Critical Discourse Studies*	Southwest Jiaotong University; Ohio University
Zeng, H	Contemporary Flaneuses in Late Capitalism: The Representation of Urban Space in Two Hong Kong Women Artists' Works	*Continuum-Journal of Media & Cultural Studies*	Hong Kong Baptist University
Vukovich, D	A Sound and Fury Signifying Mediatisation: On the Hong Kong Protests, 2019	*Javnost-the Public*	University of Hong Kong
Lai, GN; Fung, KY	From Online Strangers to Offline Friends: A Qualitative Study of Video Game Players in Hong Kong	*Media Culture & Society*	Hong Kong Baptist University
Tan, CKK; Wang, J; Wangzhu, SY; Xu, JJ; Zhu, CX	The Abject as Mass Entertainment: Micro-celebrities in China's Kuaishou Video-sharing App	*Mobile Media & Communication*	Nanjing University; Tianjin University; Duke University; University of London; London School Economics & Political Science; University of Chicago
Wang, Y	Exploring the Linkages among Transparent Communication, Relational Satisfaction and Trust, and Information Sharing on Social Media in Problematic Situations	*Profesional De La Informacion*	City University of Hong Kong
Yan, Y; Zhang, WJ	Gossip at One's Fingertips: Predictors of Celebrity News on Twitter	*Journalism*	Renmin University of China; Wuhan University
Lan, XY	Grit and Peer Relationships in Early Adolescence: A Person-centered Approach	*Journal of Social and Personal Relationships*	Beijing Normal University

续表

Authors	Article Title	Source Title	Affiliations
Tan, CKK; Shi, JY	Virtually Girlfriends: 'Emergent Femininity' and the Women Who Buy Virtual Loving Services in China	*Information Communication & Society*	Nanjing University
Zhao, YP; Lin, ZX	'Jianghu Flow': Examining Cultural Resonance in The Rap of China	*Continuum-Journal of Media & Cultural Studies*	Zhejiang University; Jinan University
Zheng, WZ; Bronson, J; Lin, CP	How Social Entrepreneurs' Attention Allocation and Ambidextrous Behavior Enable Hybrid Organization	*International Journal of Conflict Management*	Huaqiao University; University of Wisconsin System; University of Wisconsin Whitewater; Huaqiao University
Chen, L; Zhu, FX; Mantrala, M; Wang, N	Seller Creative Selling in Social Commerce	*International Journal of Advertising*	Suffolk University; Cleveland State University; University of Missouri System; University of Missouri Columbia; Huaqiao University
Foti, L; Zhu, XJ; Yuan, YG; Teng, LF	Broadcasting and Narrowcasting: The Impact of Affective and Cognitive Message Framing on Message Persuasiveness	*International Journal of Advertising*	University of Guelph; Jiangnan University; Tsinghua University
Jiang, HY; Li, C; Li, XP; Li, LD	The Effect of Social Exclusion on Persuasiveness of Feelings Versus Reasons in Advertisements: The Moderating Role of Culture	*International Journal of Advertising*	China University of Mining & Technology; National University of Singapore; Xidian University
Shi, ZM; Zhang, CY; Wu, LY	Sales or Reviews, Which Matters More to Consumer Preference and Online Advertising? —Evidence from Eye-tracking and Self-reporting	*International Journal of Advertising*	Sun Yat Sen University
Feng, WT; Wang, T; Mu, WL	The Influence of Anthropomorphic Communication in Social Media on the Country-of-origin Effect	*International Journal of Advertising*	China University of Geosciences; Wuhan University
Wu, TJ; Xu, T; Li, LQ; Yuan, KS	Touching with Heart, Reasoning by Truth! The Impact of Brand Cues on Mini-film Advertising Effect	*International Journal of Advertising*	Harbin Institute of Technology; Xiamen University; Shanghai University; Huaqiao University

Authors	Article Title	Source Title	Affiliations
Shi, JY; Kim, HK	Integrating Risk Perception Attitude Framework and the Theory of Planned Behavior to Predict Mental Health Promotion Behaviors among Young Adults	*Health Communication*	Hong Kong Baptist University; Nanyang Technological University & National Institute of Education (NIE) Singapore; Nanyang Technological University
Lu, M	Designed for the Bottom of the Pyramid: A Case Study of a Chinese Phone Brand in Africa	*Chinese Journal of Communication*	Chinese University of Hong Kong
Song, M; Gok, K; Moss, S; Borkowski, N	The Relationship between Perceived Dissimilarity and Feedback Avoidance Behaviour Testing a Multiple Mediation Model	*International Journal of Conflict Management*	Beijing University of Technology; Winona State University; Wake Forest University; University of Alabama System; University of Alabama Birmingham
Yang, H; Hu, YM; Qiao, H; Wang, SY; Jiang, F	Conflicts between Business and Government in Bike Sharing System	*International Journal of Conflict Management*	Chinese Academy of Sciences; University of Chinese Academy of Sciences, CAS; Aalborg University; Chinese Academy of Sciences; University of Chinese Academy of Sciences, CAS; Chinese Academy of Sciences; Academy of Mathematics & System Sciences, CAS; Hangzhou Dianzi University
Wang, SS; Kim, K; Stokes, JE	Dyadic Profiles of Personality among Older Couples: Associations with Marital Quality	*Journal of Social and Personal Relationships*	Shandong University; University of Massachusetts System; University of Massachusetts Boston
Zhang, LS; Qin, YR; Li, PX	Media Complementarity and Health Information Acquisition: A Cross-sectional Analysis of the 2017 HINTS-China Survey	*Journal of Health Communication*	National University of Singapore; Shenzhen University
Suzuki, T; Kobayashi, T; Boase, J; Tanaka, Y; Wakimoto, R; Suzuki, T	Mortality Salience and Mobile Voice Calling: A Case of a Massive Natural Disaster	*Communication Research*	City University of Hong Kong; University of Toronto; University of Toronto; Nagoya Institute of Technology; Meiji University

续表

Authors	Article Title	Source Title	Affiliations
Chu, TH; Yeo, TED	Rethinking Mediated Political Engagement: Social Media Ambivalence and Disconnective Practices of Politically Active Youths in Hong Kong	*Chinese Journal of Communication*	Hong Kong Baptist University; Hong Kong Baptist University
Zhang, HY	Chinese Blockbusters and Culture Self-confidence	*Javnost-the Public*	Peking University
Kasadha, J	Digitizing Community Building and Reconciliation in Post-conflict Communities: A Case of #Let's TalkUganda in Northern Uganda	*Social Media+Society*	City University of Hong Kong
Liu, YD; Liu, MT	Big Star Undercover: The Reinforcing Effect of Attenuated Celebrity Endorsers' Faces on Consumers' Brand Memory	*Journal of Advertising*	University of Macau
Wang, HC; Feng, JZ; Zhang, H; Li, X	The Effect of Digital Transformation Strategy on Performance: The Moderating Role of Cognitive Conflict	*International Journal of Conflict Management*	Hangzhou Dianzi University
Yin, JL; Jia, MX; Ma, ZZ; Liao, GL	Team Leader's Conflict Management Styles and Innovation Performance in Entrepreneurial Teams	*International Journal of Conflict Management*	Beijing Information Science & Technology University; University of Windsor
Guo, JY	Pain is Temporary: Discourse Analysis of Inmates' Accounts of Suicide	*Discourse & Society*	Zhejiang Police College
Lu, WX; Wei, YX; Wang, R	Handling Inter-organisational Conflict Based on Bargaining Power Organisational Power Distance Orientation Matters	*International Journal of Conflict Management*	Tianjin University
Wu, GD; Zheng, JW; Zhao, XB; Zuo, J	How does Strength of Ties Influence Project Performance in Chinese Megaprojects? A Conflict-based Perspective	*International Journal of Conflict Management*	Chongqing University; Kunming University of Science & Technology; Central Queensland University; University of Adelaide
Liu, W; Liu, RH; Chen, H; Mboga, J	Perspectives on Disruptive Technology and Innovation Exploring Conflicts, Characteristics in Emerging Economies	*International Journal of Conflict Management*	Zhejiang University; Jinan University; Pennsylvania State System of Higher Education (PASSHE); Bloomsburg University of Pennsylvania

续表

Authors	Article Title	Source Title	Affiliations
Wu, AQ; Zhong, XT; Song, D	Entrepreneur's Political Involvement and Inter-organizational Conflict Resolution in China's Transition Economy	*International Journal of Conflict Management*	Zhejiang University
Zhu, WC; Zhou, JY; Lau, WK; Welch, S	How Harmonious Family Encourages Individuals to Enter Entrepreneurship: A View from Conservation of Resource Theory	*International Journal of Conflict Management*	Pennsylvania State System of Higher Education (PASSHE); Bloomsburg University of Pennsylvania
Rui, JR; Cui, X; Liu, Y	They are Watching Me: A Self-presentational Approach to Political Expression on Facebook	*Mass Communication and Society*	South China University of Technology; College of Charleston; State University System of Florida; Florida International University
Hong, H; Oh, HJ	The Effects of Patient-centered Communication: Exploring the Mediating Role of Trust in Healthcare Providers	*Health Communication*	Chung Ang University; Hong Kong Baptist University
Lu, XY	Lessons from Weibo: Media Convergence and Contemporary Chinese Politics	*Javnost-the Public*	East China Normal University
Wang, WJ	Mediatised Politics: A Persepctive for Understanding Political Communication in China	*Javnost-the Public*	Peking University
Dong, J	Space, Signs, and Legitimate Workers' Identities: An Ethnography of a Beijing Urban Village	*Social Semiotics*	Tsinghua University
Wang, GF; Ma, XQ	Representations of LGBTQ Plus Issues in China in Its Official English-language Media: A Corpus-assisted Critical Discourse Study	*Critical Discourse Studies*	Shanghai Normal University; Shanghai Normal University
Yu, SY; Zenker, F	Schemes, Critical Questions, and Complete Argument Evaluation	*Argumentation*	Nankai University; Warsaw University of Technology
Talmacs, N	Chinese Cinema and Australian Audiences: An Exploratory Study	*Media International Australia*	Xi'an Jiaotong-Liverpool University
Kobayashi, T	Depolarization through Social Media Use: Evidence from Dual Identifiers in Hong Kong	*New Media & Society*	City University of Hong Kong

续表

Authors	Article Title	Source Title	Affiliations
Shi, CL; Yu, LL; Wang, N; Cheng, BY; Cao, XF	Effects of Social Media Overload on Academic Performance: A Stressor-strain-outcome Perspective	*Asian Journal of Communication*	Chinese Academy of Sciences; University of Science & Technology of China, CAS; Beijing Technology & Business University; Hefei University of Technology
Chen, XH; Hung-Baesecke, CJF; Chen, YRR	Constructing Positive Public Relations in China: Integrating Public Relations Dimensions, Dialogic Theory of Public Relations and the Chinese Philosophical Thinking of Yin and Yang	*Public Relations Review*	Huazhong University of Science & Technology; Massey University; Hong Kong Baptist University
Chen, YRR; Hung-Baesecke, CJF; Chen, XH	Moving Forward the Dialogic Theory of Public Relations: Concepts, Methods and Applications of Organization-public Dialogue	*Public Relations Review*	Hong Kong Baptist University; Massey University; Huazhong University of Science & Technology
Chen, YRR; Hung-Baesecke, CJF; Bowen, SA; Zerfass, A; Stacks, DW; Boyd, B	The Role of Leadership in Shared Value Creation from the Public's Perspective: A Multi-continental Study	*Public Relations Review*	Hong Kong Baptist University; Massey University; University of South Carolina System; University of South Carolina Columbia; Leipzig University; University of Miami
Deschrijver, C	Metalinguistic Density as an Indicator of Sharedness: Economic and Financial Terms in Online Interaction	*Language & Communication*	Hong Kong Shue Yan University
Eriksson, G; Machin, D	Discourses of 'Good Food': The Commercialization of Healthy and Ethical Eating	*Discourse Context & Media*	Orebro University; Zhejiang University
Huang, YHC; Lu, YH; Choy, CHY; Kao, L; Chang, YT	How Responsiveness Works in Mainland China: Effects on Institutional Trust and Political Participation	*Public Relations Review*	City University of Hong Kong; Chinese University of Hong Kong; Hong Kong Baptist University; Hang Seng University of Hong Kong; National Taiwan University

续表

Authors	Article Title	Source Title	Affiliations
Huang, YHC; Lu, YH; Kao, L; Choy, CHY; Chang, YT	Mainframes and Mandarins: The Impact of Internet Use on Institutional Trust in East Asia	*Telecommunications Policy*	City University of Hong Kong; Chinese University of Hong Kong; Hong Kong Baptist University; Hang Seng University of Hong Kong; National Taiwan University
Jia, RX; Li, WD	Public Diplomacy Networks: China's Public Diplomacy Communication Practices in Twitter during Two Sessions	*Public Relations Review*	Huazhong University of Science & Technology
Karlander, D	Ideological Indeterminacy: Worker Esperantism in 1920s Sweden	*Language & Communication*	University of Hong Kong
McKeown, J; Ladegaard, HJ	Exploring the Metadiscursive Realisation of Incivility in TV News Discourse	*Discourse Context & Media*	Hong Kong Polytechnic University
Ng, YL; Zhao, XS	The Human Alarm System for Sensational News, Online News Headlines, and Associated Generic Digital Footprints: A Uses and Gratifications Approach	*Communication Research*	University of Hong Kong; Hong Kong Baptist University
Ngai, CSB; Einwiller, S; Singh, RG	An Exploratory Study on Content and Style as Driving Factors Facilitating Dialogic Communication between Corporations and Publics on Social Media in China	*Public Relations Review*	Hong Kong Polytechnic University; University of Vienna; Hong Kong Baptist University
Song, JL; Gee, JP	Slogans with Chinese Characteristics: The Political Functions of a Discourse Form	*Discourse & Society*	Renmin University of China; Arizona State University; Arizona State University–Tempe
Wang, JF	Place, Image and Argument: The Physical and Nonphysical Dimensions of a Collective Ethos	*Argumentation*	Fujian Normal University; University of Windsor
Wang, YM; Wu, HY; Cui, G	Rhetorical Structure Analysis of Prepared Speeches and Argumentative Essays by Chinese Advanced English Learners	*Text & Talk*	Renmin University of China; Tsinghua University

Authors	Article Title	Source Title	Affiliations
Zhao, WC	Building Axiological Affiliation in Televised Chinese Job Interviews: Attitudinal Evaluations and Their Communication	*Text & Talk*	Henan University of Science & Technology
Chen, LJ; Zhang, DY; He, YF; Zhang, GL	Transcultural Political Communication from the Perspective of Proximization Theory: A Comparative Analysis on the Corpuses of the Sino-US Trade War	*Discourse & Communication*	Shanghai Jiao Tong University
Qian, YB	A Critical Genre Analysis of MD&A Discourse in Corporate Annual Reports	*Discourse & Communication*	Chinese Academy of Sciences; University of Chinese Academy of Sciences, CAS
Jin, Y; Watson, BM	Playback: An Investigation of the Discursive Implications and the Pragmatic Functions of Repetition in Traditional Chinese Medical Consultations	*Journal of Language and Social Psychology*	Hong Kong Polytechnic University
Qiu, HF; Huang, S	Mobile Dating, Relational Communication, and Motivations for AIDS Risk Reduction among Chinese MSM College Students	*Health Communication*	Xiamen University; Xiamen University
Chen, ZT; Cheung, M	Consumption as Extended Carnival on Tmall in Contemporary China: A Social Semiotic Multimodal Analysis of Interactive Banner Ads	*Social Semiotics*	Xi'an Jiaotong-Liverpool University; Griffith University
Hong, YX; Zhang, PQ	Political News and Happiness: The Difference between Traditional Media and New Media Use	*Chinese Journal of Communication*	Hangzhou Dianzi University; Hangzhou Dianzi University
Wu, CY; Xiao, J	Evolving Frames: British Newspaper Coverage of Repression and Resistance in China over Time, 1949-2009	*Journalism Practice*	Loughborough University; Sun Yat Sen University
Song, YY; Kwon, KH; Xu, JL; Huang, X; Li, SY	Curbing Profanity Online: A Network-based Diffusion Analysis of Profane Speech on Chinese Social Media	*New Media & Society*	Hong Kong Baptist University; Hong Kong Baptist University; Arizona State University; Arizona State University-Downtown Phoenix; Hong Kong Baptist University; Hong Kong Baptist University; Brown University

Authors	Article Title	Source Title	Affiliations
Guan, TR; Hu, TT	The Conformation and Negotiation of Nationalism in China's Political Animations–A Case Study of Year Hare Affair	*Continuum-Journal of Media & Cultural Studies*	Wuhan University; Macquarie University
Wei, JC; Vinnikova, A; Lu, LD; Xu, J	Understanding and Predicting the Adoption of Fitness Mobile Apps: Evidence from China	*Health Communication*	Chinese Academy of Sciences; University of Science & Technology of China, CAS; Chinese Academy of Sciences; University of Science & Technology of China, CAS
Chang, PC; Wu, T; Du, J	Psychological Contract Violation and Patient's Antisocial Behaviour: A Moderated Mediation Model of Patient Trust and Doctor-patient Communication	*International Journal of Conflict Management*	Macau University of Science & Technology; Changzhi Medical College
Zhou, QY; Qiu, HF	Predicting Online Feminist Engagement after MeToo: A Study Combining Resource Mobilization and Integrative Social Identity Paradigms	*Chinese Journal of Communication*	Xiamen University
Yan, J; Ouyang, Z; Vinnikova, A; Chen, MX	Avoidance of the Threats of Defective Vaccines: How a Vaccine Scandal Influences Parents' Protective Behavioral Response	*Health Communication*	Nanjing University of Finance & Economics; Chinese Academy of Sciences; University of Science & Technology of China, CAS; Washington University (WUSTL)
Liu, XK	'But if Taiwan Legalizes Same-sex Marriage …': Discourses of Homophobia and Nationalism in a Chinese Antigay Community Online	*Critical Discourse Studies*	University of Hong Kong
Liu, QT; Zhang, N; Chen, WL; Wang, QY; Yuan, YY; Xie, K	Categorizing Teachers' Gestures in Classroom Teaching: From the Perspective of Multiple Representations	*Social Semiotics*	Central China Normal University; Nanyang Technological University & National Institute of Education (NIE) Singapore; Nanyang Technological University; National Institute of Education (NIE) Singapore; Ohio State University

续表

Authors	Article Title	Source Title	Affiliations
Tan, CKK; Wang, J; Wangzhu, SY; Xu, JJ; Zhu, CX	The Real Digital Housewives of China's Kuaishou Video-sharing and Live-streaming App	*Media Culture & Society*	Nanjing University; Tianjin University; Duke University; University of London; London School Economics & Political Science; University of Chicago
Chen, HT; Guo, L; Su, CC	Network Agenda Setting, Partisan Selective Exposure, and Opinion Repertoire: The Effects of Pro-and Counter-Attitudinal Media in Hong Kong	*Journal of Communication*	Chinese University of Hong Kong; Boston University; University of Copenhagen
Lowe, J; Ortmann, S	Unmasking Nativism in Asia's World City: Graffiti and Identity Boundary Un/making in Hong Kong	*Continuum-Journal of Media & Cultural Studies*	City University of Hong Kong; City University of Hong Kong
Wang, S	Standing up or Standing by: Bystander Intervention in Cyberbullying on Social Media	*New Media & Society*	City University of Hong Kong
Lu, J; Yu, X	Does the Internet Make us More Intolerant? A Contextual Analysis in 33 Countries	*Information Communication & Society*	Tsinghua University
Lan, XM; Tarasevich, S; Proverbs, P; Myslik, B; Kiousis, S	President Trump vs. CEOs: A Comparison of Presidential and Corporate Agenda Building	*Journal of Public Relations Research*	Beijing Normal University; Beijing Normal University-Hong Kong Baptist University United International College; Hong Kong Baptist University; University System of Georgia; Valdosta State University; State University System of Florida; University of Florida; Rollins College
Chen, HL; Atkin, D	Understanding Third-person Perception about Internet Privacy Risks	*New Media & Society*	Zhejiang University; University of Connecticut
Kuznetsov, D	ICANN's dotCommunities: Analysing the Construction of DNS-appropriate Communities in the New gTLD Programme	*New Media & Society*	Chinese University of Hong Kong

续表

Authors	Article Title	Source Title	Affiliations
Song, L	Entertainingly Queer: Illiberal Homonormativity and Transcultural Queer Politics in a Chinese Broadway Musical	*Feminist Media Studies*	University of Macau
Jiang, MY	Retranslation in Popular Culture: A Multimodal Extension of Taboo Love	*Translator*	Beijing Normal University; Beijing Normal University–Hong Kong Baptist University United International College; Hong Kong Baptist University
Zhang, Y	How Doctors Do Things with Empathy in Online Medical Consultations in China: A Discourse-analytic Approach	*Health Communication*	Hong Kong Baptist University
Shah, SJ; Shah, SAA; Ullah, R; Shah, AM	Deviance Due to Fear of Victimization: Emotional Intelligence a Game-changer	*International Journal of Conflict Management*	Harbin Institute of Technology
Yao, Y; Du-Babcock, B	English as a Lingua Franca in Mainland China: An Analysis of Intercultural Business Communicative Competence	*International Journal of Business Communication*	Chinese University of Hong Kong, Shenzhen; City University of Hong Kong
Cheng, M	Acclaims, Attacks, Defenses: Critical Discourse Analysis of Ma Ying-jeou's 2012 Taiwan Presidential Debates Discourse	*Discourse & Society*	City University of Hong Kong
Cheng, XX	Malaise Effect or Virtuous Effect? The Dynamics of Internet Use and Political Trust in China	*International Journal of Communication*	Tsinghua University
Huang, Q	How Does News Media Exposure Amplify Publics' Perceived Health Risks about Air Pollution in China? A Conditional Media Effect Approach	*International Journal of Communication*	Zhejiang University
Kim, S; Chang, Y; Wong, SF; Park, MC	Customer Resistance to Churn in a Mature Mobile Telecommunications Market	*International Journal of Mobile Communications*	Beijing Institute of Technology; Sunway University; Korea Advanced Institute of Science & Technology (KAIST)
Lee, FLF; Chan, M; Chen, HT	Social Media and Protest Attitudes during Movement Abeyance: A Study of Hong Kong University Students	*International Journal of Communication*	Chinese University of Hong Kong

Authors	Article Title	Source Title	Affiliations
Li, L; Bautista, JR	Incorporating Communication Factors in the Theory of Planned Behavior to Predict Chinese University Students' Intention to Consume Genetically Modified Foods	*International Journal of Communication*	Yunnan University; University of Texas System; University of Texas Austin
Li, XG; Liang, ZR; Wu, XH	Source Interests, News Frames, and Risk Delineation: A Content Analysis of US Newspapers' Coverage of Genetically Modified Food (1994–2015)	*International Journal of Communication*	Shanghai University; City University of Hong Kong
Li, YX; Wang, HC; Zeng, XW; Yang, SQ; Wei, JN	Effects of Interactivity on Continuance Intention of Government Microblogging Services: An Implication on Mobile Social Media	*International Journal of Mobile Communications*	Zhejiang University of Finance & Economics; State University System of Florida; University of West Florida
Lin, CH; Shih, KH; Wang, WC; Chuang, LF; Tsai, WC; Huang, CF	Factors Influencing the Purchase of Travel Insurance over Mobile Banking	*International Journal of Mobile Communications*	Chinese Culture University; Chinese Culture University; Zhaoqing University
Liu, XC; Lu, J	Does the Internet Erode Trust in Media? A Comparative Study in 46 Countries	*International Journal of Communication*	East China University Political Science & Law; Tsinghua University
Lockwood, J; Song, Y	Understanding Each Other: Strategies for Accommodation in a Virtual Business Team Project Based in China	*International Journal of Business Communication*	City University of Hong Kong; University of South Australia
Pak, C; Cotter, K; DeCook, JR	Intermedia Reliance and Sustainability of Emergent Media: A Large-scale Analysis of American News Outlets' External Linking Behaviors	*International Journal of Communication*	Beijing Normal University–Hong Kong Baptist University United International College; Michigan State University; Loyola University Chicago
Pu, XD; Chan, FTS; Chong, AYL; Niu, B	The Adoption of NFC-based Mobile Payment Services: An Empirical Analysis of Apple Pay in China	*International Journal of Mobile Communications*	Hong Kong Polytechnic University; University of Nottingham Ningbo China; Shenzhen University; Shenzhen University

续表

Authors	Article Title	Source Title	Affiliations
Robinson, EP; Zhu, YC	Beyond I Agree: Users' Understanding of Web Site Terms of Service	Social Media+ Society	University of South Carolina System; University of South Carolina Columbia; Beijing Normal University
Seah, S; Weimann, G	What Influences the Willingness of Chinese WeChat Users to Forward Food-Safety Rumors?	International Journal of Communication	Huazhong University of Science & Technology; University of Haifa
Shi, XS; Xu, WJ	Do Chinese Brands Culturally Adapt Their Overseas Websites: Evidence from Top Chinese Brands' Sino-US Websites?	Asian Journal of Communication	University of International Business & Economics; Yunnan Normal University
Su, CC; Liu, J; Zhou, BH	Two Levels of Digitalization and Internet Use across Europe, China, and the US	International Journal of Communication	University of Copenhagen; Fudan University
Sun, YS; Wilkinson, JS	Parenting Style, Personality Traits, and Interpersonal Relationships: A Model of Prediction of Internet Addiction	International Journal of Communication	Beijing Institute of Technology; State University System of Florida; Florida A&M University
Sun, Y; Yan, WJ	The Power of Data from the Global South: Environmental Civic Tech and Data Activism in China	International Journal of Communication	Zhejiang University; Beijing Normal University
Wang, L; Dai, XF	Exploring Factors Affecting the Adoption of Mobile Payment at Physical Stores	International Journal of Mobile Communications	Chinese Academy of Social Sciences
Wu, XY; Lin, L	Resentment against the Rich: Conceptualization, Measurement, and Empirical Evidence from China	International Journal of Conflict Management	Xiamen University; Xiamen University
Yang, YP; Yang, LF; Chen, HM; Yang, JZ; Fan, CJ	Risk Factors of Consumer Switching Behaviour for Cross-border E-commerce Mobile Platform	International Journal of Mobile Communications	Shanghai Jiao Tong University; East China University Political Science & Law; University of Shanghai for Science & Technology
Zhang, X; Ma, L; Zhang, G; Wang, GS	An Integrated Model of the Antecedents and Consequences of Perceived Information Overload Using WeChat as an Example	International Journal of Mobile Communications	Shandong University of Finance & Economics

学术出版

· 新书选介 ·

《宣传：观念、话语及其正当化》

作者：刘海龙
出版社：中国大百科全书出版社 2020 年版

简介：该书是宣传概念的历史，也是宣传观念的历史。为了回答什么是宣传、它为什么会存在、大众为什么会容忍宣传等问题，该书追溯了第一次世界大战中宣传概念的产生、美国 20 世纪初宣传与民主的争论、俄国革命的宣传观念、第二次世界大战中的宣传观念、20 世纪后期的新宣传等宣传观念发展的重要环节，并以此为背景，重点研究了中国宣传观念的产生和建立、宣传与革命、知识分子与宣传、从宣传 1.0 到宣传 3.0 的升级、宣传与粉丝民族主义等问题。

《报刊史的底色：近代中国新闻界与社会》

作者：赵建国
出版社：暨南大学出版社 2020 年版

简介：该书分为三个部分：第一部分把社会群体作为观察中国社会的重要中介，尽力拓展报人群体研究，特别强调新闻团体研究，将之视为报人群体研究的基石；第二部分注重中外新闻交流与传播研究，专题讨论近代中国新闻界与境外同业如何进行新闻交流，以争取国际话语权，重构国家形象；第三部分尝试从新的视角考察近代报刊史，如媒介地理学、媒介记忆等。

《再访传统：中国文化传播理论与实践》

作者：晏青、杨威
出版社：暨南大学出版社 2020 年版

简介：传统文化的现代传承是一个"老而弥坚"的论题，内部存在价值传统、内在信念、生活哲学、权力、现代性、全球化等具有张力的意义指向。该书围绕传统文化的媒介逻辑、移动传播、全球传播与本土创新等议题展开，重点关注移动媒介中传统文化的意义、空间与社交话语，以及这种富媒介下的传统文化的当代图景。

《边界、权威与合法性：中国语境下的新闻职业话语研究》

作者：白红义

出版社：复旦大学出版社 2020 年版

简介：新闻职业话语是新闻从业者围绕与新闻业生产和发展有关的各类公共议题生产的论述。该书将新闻从业者视作具有主动建构能力的行动主体，考察其话语实践逻辑与影响，着重关注新媒体环境下出现的新现象、新问题，通过对典型案例的研究，讨论中国新闻业如何建构自身的权威性与合法性。通过这种新的分析范式，阐释职业话语建构与使用的理论意涵。

《新媒体用户研究：节点化、媒介化、赛博格化的人》

作者：彭兰

出版社：中国人民大学出版社 2020 年版

简介：该书观照新媒体时代的人，探究人与新媒体之间的互动关系，以及在新媒体作用下人与人的关系。全书从三个关键视角来观察新媒体时代的用户。其一，节点化的用户。作者将新媒体用户视作新媒体的传播、社交关系、服务这三种网络的节点，以此洞察新媒体时代传播的新意涵以及社会关系的重塑。其二，媒介化生存的人。移动时代新媒体用户的数字化生存，也是一种典型的"媒介化"生存，媒介与现实生活之间形成了一种相互映照、相互生成的关系。理解这些新的关系，才能更好地理解新媒体时代的人。其三，赛博格化的人。正在到来的人工智能时代，在促成人的"赛博格"化，也使得人—机关系成为未来重要的传播关系。人既是新媒体的用户，也是社会的基本单元，更是复杂的生命体。该书既体现以人为本的观察视角，也呈现出面向未来的研究意识。

《注意力分散时代：高速网络经济中的阅读、书写与政治》

作者：[澳]罗伯特·哈桑

译者：张宁

出版社：复旦大学出版社 2020 年版

简介：在过去的三千年里，阅读和写作相互作用并以特定的方式造就了我们的世界。然而，在数字时代，信息传播技术动摇了语词及其意义的稳定性，我们在信息洪流中的软弱正日益变成一种病态，即"慢性注意力分散"。该书从哲学和传播学的交叉领域思考日常生活中常见的注意力分散问题，以及它是如何在新自由主义全球化和信息传播技术革命相互渗透的影响下，在全世界范围内流行开来并日益加重的。罗伯特·哈桑的视角弥漫着一种历史的感觉——从写作的发明和阅读技能的发展开始。随着技术的发展，传统的阅读、写作模式创造的时间景观被彻底改变，我们被抛入一个不断加速的世界中，这对我们的认知和思考能力提出了巨大的挑战。

《近代以来中国"大众"话语的生成与流变》

作者：罗崇宏

出版社：社会科学文献出版社 2020 年版

简介：该书以"大众"概念的更替为基础，厘清了近代以来的中国"大众"话语的生成与流变过程，最终在中西"大众"话语的坐标系中给中国"大众"理论确立了位置。全书共分为六章，从"国民"的现代性转型、"民众"话语的现代性发展、"革命"语境中的"工农"大众、"革命"语境中的"工农兵"大众、"和平"语境中的"群众"、比较视域下的当代"大众"入手，清晰梳理了中国"大众"的理论脉络。

《媒介融合：网络传播、大众传播和人际传播的三重维度》

作者：[丹麦] 克劳斯·布鲁恩·延森

译者：刘君

出版社：复旦大学出版社 2020 年版

简介："媒介融合"是什么，如何来认识，该书提供了不一样的视角。在延森看来，媒介融合带来了研究上的转向——从作为技术的媒介转向作为实践的传播，后者的一个中心命题是特定的媒介与传播实践将对社会组织（从微观到宏观）产生何种影响。解决上述问题，首先需要解决交流与传播观念的理论规范问题，该书就是阶段性的成果：基于对交流/传播观念史的考察，建构全新的认识论范式，既不同于法兰克福学派，也区别于政治经济学派。对于该书，世界知名传播学者利文斯通如此评价："在这本集系统性、思想性和启发性于一身的著作中，延森既提供给媒介与传播研究一套激动人心的基本理论，又赋予了我们一套宏大而实用的工具。"

《近代中国新闻实践史略》

作者：王润泽

出版社：人民出版社 2020 年版

简介：新闻学在中国落地后，一直强调新闻在社会中的作用，在实践中更是注重发挥其对社会的积极推进作用，新闻事业在历史上深度参与过中国的启蒙与救亡运动，更深度参与过中华民族的解放和社会主义的建设事业，从实践上看，中国新闻事业已经走出了不同于西方的中国特色。因此，不论是从新闻观念、理论和理论体系等思想层面，还是从古代、近代以来的不同政治团体、商业机构、新闻机构等实践主体的新闻实践层面，细致分析和洞见中国特色都将成为中国新闻事业发展的重要内容，是中国新闻文化自信的集中展现。

《网络空间的劳动图景：技术与权力关系中的网络用户劳动及报酬》

作者：杨逐原

出版社：中国人民大学出版社2020年版

简介：该书探讨的是传播政治经济学的新鲜话题。作者认为，网络用户劳动是互联网时代资本和劳动重构的产物。在网络空间，网络用户数量不只是数字，更是代表着生产、传播与消费等加快信息资本积累的力量。从网络用户的信息活动是一种生产性的劳动出发，该书深入地研究了劳动者（网络用户）、技术与资方权力控制中的网络用户劳动、网络用户劳动中的生产力和生产关系、劳动力的再生产以及劳动的报酬等诸多问题。

《见微知著：地县媒体融合创新实践》

作者：谢新洲等

出版社：人民出版社2020年版

简介：该书以2017—2019年我国县级融媒体中心、多地市媒体机构及其负责当地新媒体平台建设的政府机构或机关单位等为调查对象，通过问卷调查与实地调研，以数据报告结合案例分析的方式，对各地传统媒体以网站和"两微一端"为代表的新媒体平台做了较为全面的分析与研究。一方面以数据为支撑，以案例为实证，重点分析全国县级融媒体中心的平台搭建、平台功能与内容建设、经营管理、人才队伍建设等方面出现的新特点；另一方面，结合数次深入调研的相关地市单位媒体融合建设情况，综合我国地市区域经济发展、媒体发展水平等诸多因素，展现我国地市媒体融合发展状况。最后基于上述研究，该书联系我国媒体融合政策与县级融媒体中心建设实际，探究了省、市、县三级如何更好地实现媒体融合、共同发展。

《互联网传播治理：理论探讨与国际经验》

作者：董媛媛

出版社：复旦大学出版社2020年版

简介：随着信息技术的蓬勃发展，互联

网日渐成为社会发展中不可或缺的要素，网络空间将政治、经济、文化和军事等传统的国家安全问题与信息化、高科技等非传统的安全问题汇聚于一体，成为各国为确保国家安全必须抢夺的"制高点"。与此同时，各国对构建全球性网络空间管理共同体的需求也日益强烈，互联网治理成为一个全球性的课题。该书从传播的角度对互联网治理的相关议题进行探讨，集中于"网络中立"、"被遗忘权"和"网络恐怖主义"这三个具有里程碑意义的新兴热点和全球瞩目的领域，既有理论和政策层面的专业解读，也极具国际视野和战略思维，同时对国际案例和经验的剖析独具视角。

《释放数据的力量：数据新闻生产与伦理研究》

作者：张超

出版社：中国人民大学出版社 2020 年版

简介：该书共八章，作者站在全球数据新闻生产的层面，采用跨学科的研究路径和批判的研究视角，系统、深入地研究了数据新闻的生产模式、数据采集与分析、叙事、伦理和大数据新闻等数据新闻生产的关键问题。该书图、文、二维码结合，是一本具可视性、互动性的学术专著。

《想象中国：新媒体时代的中国形象》

作者：韦路

出版社：大有书局 2020 年版

简介：该书以新媒体时代的中国形象为研究课题，通过分析中文、外文著作、论文中的中国形象，境外报纸电视中的中国形象，Facebook、Twitter、YouTube 等社交媒体上的中国形象，网络舆论中的中国形象等，全面阐释了新媒体时代下的中国形象。该书结构严谨，分别从形象载体、形象来源、形象维度、研究层面、研究性质、研究方法等六个方面对新媒体时代的中国形象做了详细研究。

《被算法操控的生活：重新定义精准广告、大数据和 AI》

作者：[瑞典] 大卫·萨普特

译者：易文波

出版社：湖南科技出版社 2020 年版

简介：如果我们不了解算法如何使用

数据，就无法知道人工智能将如何改变我们的生活。在该书中，大卫·萨普特将引领读者展开一段有关算法的趣味旅程，了解数学阴暗的一面。通过采访那些在算法研究领域工作的科学家，以及动手进行有趣的数学实验，萨普特介绍了那些能够分析我们、影响我们，甚至会变得更像我们的算法。大众将由此明白谷歌搜索是否存在种族歧视和性别歧视，为什么选举预测有时会与真实的选举结果间存在巨大的偏差，使用算法来找出罪犯是不是一个严重的错误，以及我们把决策权交给机器时，未来又会发生什么……萨普特所道出的真相将刷新我们的观念：直到今天，AI 的智能都仅与大肠杆菌相当，和某些科技巨头的激进预测相反，取代人类的超级 AI 其实离我们非常遥远。

《传统出版融合发展的路径与对策研究》

作者：王关义等

出版社：人民出版社 2020 年版

简介：该书的研究对象是出版企业，是对出版企业中传统出版与现代出版融合发展实践的研究。在传统出版与现代出版融合发展的路径方面，主要涵盖：第一，传统管理方式的变革，包括管理者思维创新、组织结构创新。第二，生产运营方式变革，包括资源融合、产业链融合、技术融合、资本融合。第三，传统产品形态的变革。提供教育服务解决方案，在解决方案的基础上考虑产品的具体形态，包括纸质图书、线上知识资源等。在传统出版与现代出版融合发展的对策方面，主要是推动传统出版和新兴出版在内容、渠道、平台、经营、管理等方面深度融合，实现出版内容、技术应用、平台终端、人才队伍的共享融通。

《媒介与传播地理学》

作者：[美]保罗·亚当斯

译者：袁艳

出版社：中国传媒大学出版社 2020 年版

简介：地理学与传播学曾经相距遥远，进入 21 世纪以来，以移动互联网为代表的技术革新掀起了媒介的"地理复兴"，催生出媒介与传播地理学这一跨学科前沿。美国地理学家保罗·亚当斯的《媒介与传播地理学》堪称这一领域的集大成之著作。该书最大的贡献是明确地提出了地理学的"传播转向"，并总结出人文地理学与传播学交叉的四个象限：空间中的媒介、媒介中的空间、地方中的媒介、媒介中的地方，为今后地理学与传播学的跨学科发展奠定了坚实的基础。书中对流传播、传播的拓扑学、地方意象、弥散性聚集等问题都有非常有趣的探讨。该书是希望进入媒介与传播地理学殿堂的学者的必读文献。

《信息、算法与编码》

作者：陆宏

出版社：南京大学出版社 2020 年版

简介：该书是数学与应用专业基础课教材，不同于一般信息论教材，该书从理论计算机编码、算法的角度去看信息，讲述如何建立模型来研究信息，如何编码，如何找到算法。因此，从数理逻辑、可计算分析、算法信息三个方向入手，循序渐进地把数学、计算机中处理信息的思想揭示出来。在此基础上讲解了关于通信的香农信息论。

《数字出版盈利模式研究》

作者：刘一鸣

出版社：中国社会科学出版社 2020 年版

简介：该书基于利润要素的视角系统地构建数字出版盈利模式的内容体系，创新性地设计了一套数字出版盈利模式的绩效评价模型。从利润要素的五个因子，即利润点、利润源、利润组织、利润杠杆、利润屏障入手，运用大量的实证和案例分析，针对出版企业的数字内容、客户需求、组织机构、动力机制和进入壁垒五个维度重新梳理和构建不同的盈利模式，并在对利润要素各项指标权重评估的基础上运用模糊综合评价方法和结构方程模型来构建数字出版盈利模式绩效评价模型。通过模型的检验和应用研究来保证盈利模式的可行性、稳定性与持久性，以期实现出版企业盈利能力的提升和我国数字出版产业的健康发展。

《敞视与隐匿——视觉文化理论与实践》

作者：包鹏程

出版社：中国传媒大学出版社 2020 年版

简介：该书以视觉文化的兴起为论述点，用八章内容系统分析了视觉文化理论谱系迭代中的各种不同对象，涉及广告、影视、虚拟空间、建筑空间、城市空间等多个维度。作者将视觉文化放在一个更加广阔的背景中去研究，对视觉文化理论进行了谱系性论述，同时也对视觉文化实践有比较前瞻性的论述。

·书目辑览·

2020年新闻传播类书目

新闻传播理论

金砖国家与全球传播秩序重构 龙小农主编，中国传媒大学出版社，2020年1月

两种范式的对话：西方媒介效果研究的历程与转向 张卓著，武汉大学出版社，2020年1月

商务传播学教程 倪琳、刘叙一编著，上海交通大学出版社，2020年1月

新闻理论十讲（修订版） 陈力丹著，复旦大学出版社，2020年1月

信息理论基础（第5版） 周荫清主编，北京航空航天大学出版社，2020年1月

新闻历史与理论 王润泽主编，中国人民大学出版社，2020年1月

马克思主义新闻观经典文献研究 陈力丹、支庭荣主编，中国人民大学出版社，2020年1月

公共传播与社会治理 胡百精主编，中国人民大学出版社，2020年1月

中国西部民族地区传媒素养培养模式研究 李苓等著，四川大学出版社，2020年1月

中国新闻伦理思想的演进 徐新平著，北京大学出版社，2020年1月

宣传：观念、话语及其正当化（第二版） 刘海龙著，中国大百科全书出版社，2020年1月

舆论学原理、方法与应用（第3版） 韩运荣、喻国明著，中国传媒大学出版社，2020年1月

公益慈善传播与声誉管理 党生翠著，中国社会出版社，2020年2月

认知传播学 欧阳宏生等著，科学出版社，2020年3月

社会意识视域中的媒介舆论引导理论研究 许海著，人民日报出版社，2020年3月

职工权利维护与大众传媒的关系研究——以传播赋权为视角 张玉洪著，光明日报出版社，2020年4月

新闻发布会研究：基于人类学的视角 王洁著，上海交通大学出版社，2020年4月

人际传播：知识图景与前沿实践 胡春阳著，复旦大学出版社，2020年4月

知识、数据、文化：新时代的媒体研究 张聪主编，知识产权出版社，2020年4月

如何赢得全媒体——新闻舆论实战讲义 吴强华著，天津大学出版社，2020年4月

观念传播：19世纪汉语外来观念与外来词 孔秀祥著，中国社会科学出版社，2020年4月

再访传统：中国文化传播理论与实践

晏青、杨威著，暨南大学出版社，2020年4月

道可道：新闻传播理论与实务研究　谭天著，暨南大学出版社，2020年4月

流行文化研究：方法与个案　张潇潇著，暨南大学出版社，2020年4月

新闻语言信息噪音研究　李杰著，上海三联书店，2020年4月

传播学原理（第二版）　张国良主编，复旦大学出版社，2020年4月

传播机制中的情感因素研究　易艳著，人民日报出版社，2020年4月

简约图像的文化张力：对中国漫画的观察与思考　甘险峰著，暨南大学出版社，2020年5月

科技传播学　武志勇主编，中国科学技术出版社，2020年5月

边界、权威与合法性：中国语境下的新闻职业话语研究　白红义著，复旦大学出版社，2020年5月

社交媒体时代口语传播的交互性研究　王媛著，暨南大学出版社，2020年5月

效应：舆论传播的100个定律　中璋著，中信出版集团股份有限公司，2020年5月

新媒体用户研究：节点化、媒介化、赛博格化的人　彭兰著，中国人民大学出版社，2020年5月

中国早期媒介女性形象质化研究　陈路遥著，九州出版社，2020年6月

中国新闻传播研究：无障碍信息传播　高晓虹主编，中国传媒大学出版社，2020年6月

变迁与革新：传播格局演进下的媒体效果实证研究　王迪、夏晓非、方璘琰、叶茂著，四川大学出版社，2020年6月

新时代中国国家形象传播研究　张楠著，中国社会科学出版社，2020年6月

舆论学概论（第二版）　许静著，北京大学出版社，2020年6月

行者智见：主流媒体对新疆南疆影响力研究　林涛著，中国国际广播出版社，2020年7月

新闻话语中的社会心理研究　杨击等著，复旦大学出版社，2020年7月

舆论学教程　李彪著，中国人民大学出版社，2020年7月

敞视与隐匿——视觉文化理论与实践　包鹏程著，中国传媒大学出版社，2020年7月

智能传播环境下的新闻生产——基于连接的视角　王佳航著，中国广播影视出版社，2020年7月

名声：以传播的视角　刘宏著，中国传媒大学出版社，2020年7月

大众传媒对农民工政治信任的影响研究　庄思薇著，经济日报出版社，2020年8月

新闻媒体国家形象建构研究——《每日电讯报》中国形象塑造实证研究　赵泓著，华中科技大学出版社，2020年8月

传播学研究理论与方法（第二版）　戴元光著，复旦大学出版社，2020年8月

闻新论理　陈建飞著，中国传媒大学出版社，2020年8月

新闻文论集 刘家伟著，社会科学文献出版社，2020年8月

传播学遇见福柯：一种新的质询 李敬著，中国大百科全书出版社，2020年8月

媒介竞人择 适人需者存——保罗·莱文森的媒介进化论研究 陈功著，知识产权出版社，2020年8月

融媒体环境下的网络舆论研究 任雅仙著，中国社会科学出版社，2020年7月

动态阅读——关于图像和文字互动关系的研究 晏虹辉著，九州出版社，2020年9月

从宣传到传播：广州日报近年主题报道经典案例剖析 赵东方、汤新颖著，南方日报出版社，2020年9月

传播、技术与社会研究读本 石力月主编，上海交通大学出版社，2020年9月

会议新闻传播活动论——一种政治传播的研究视角 李春雨著，国家图书馆出版社，2020年9月

中国国家形象的全球传播效果研究 徐明华著，华中科技大学出版社，2020年9月

新闻叙事与文化记忆——史态类新闻研究 杨琴著，西南交通大学出版社，2020年9月

中国崛起之舆论战 任贤良著，人民日报出版社，2020年9月

财经媒体传播影响力研究 吴玉兰著，社会科学文献出版社，2020年9月

媒介文化论 曾一果著，暨南大学出版社，2020年9月

多模态文化翻译理论与传播研究（全八套） 王建华总主编，中国人民大学出版社，2020年9月

仪式传播思想研究 刘建明著，科学出版社，2020年10月

新闻传播专业思政的理论与实践 李彦冰、周春霞主编，知识产权出版社，2020年10月

改革开放以来中国形象的国际传播：从多元文化主义到软实力理论的中国反思与实践 刘琛著，北京大学出版社，2020年10月

传播媒体与文化建设 董天策主编，中国社会科学出版社，2020年10月

理解媒介环境学 梁颐著，北京大学出版社，2020年10月

传播语言学研究 赵宏著，中央民族大学出版社，2020年11月

媒体跨界融合的理论、路径与策略 韩立新、杨新明、张秀丽著，科学出版社，2020年11月

跳动空间：抖音城市的生成与传播 潘霁等著，复旦大学出版社，2020年11月

穿越边界——科学社交视域下的科学传播研究 侯蓉英著，九州出版社，2020年12月

新闻传播业务

新时代播音主持艺术魅力与实践 张竞文著，辽海出版社，2020年1月

时评写作十六讲 曹林著，北京大学出版社，2020年1月

媒介融合背景下讲好故事的实践研究

董晓玲著，光明日报出版社，2020年1月

新闻写作学（第五版） 胡欣、谢献谋、郑忠祥著，武汉大学出版社，2020年1月

编辑部场域中的新闻生产——基于《南方都市报》的研究 张志安著，复旦大学出版社，2020年1月

出镜报道（第二版） 张超著，中国人民大学出版社，2020年2月

视听传媒的内容生产与传播 顾亚奇著，中国传媒大学出版社，2020年4月

出版物质量问题典例面面观 萧振华著，安徽教育出版社，2020年4月

为时代立言：新闻评论的守正与创新 左中甫著，江西人民出版社，2020年4月

新闻采访方法论 艾丰著，人民日报出版社，2020年5月

新闻写作方法论 艾丰著，人民日报出版社，2020年5月

节目主持批评学 战迪、叶昌前著，中国大百科全书出版社，2020年5月

新闻写作精要：新闻报道的原则与方法（第二版） 高钢著，首都经济贸易大学出版社，2020年5月

县级融媒体优秀传播案例评析——以四川省为例 操慧主编，四川大学出版社，2020年5月

财经媒体写作指南 李箐著，中国友谊出版公司，2020年6月

消息写作原理 武斌著，南方日报出版社，2020年6月

新闻评论教程 魏猛著，中国传媒大学出版社，2020年6月

新闻节目播音主持教程 饶丹云编著，同济大学出版社，2020年6月

播音主持要诀阐释（升级版） 刘文静著，北京联合出版公司，2020年7月

行走书香间：阅读与出版研究 杨虎著，华文出版社，2020年7月

出版的维度与跨度 于殿利著，人民出版社，2020年7月

大众传播学案例精析 金建楠编著，山西人民出版社，2020年7月

编辑学在新中国茁壮成长 邵益文著，中国书籍出版社，2020年7月

国际新闻报道之批评话语分析 严玲等著，中国传媒大学出版社，2020年7月

交通新闻写作与传播 陈克锋著，江西科学技术出版社，2020年7月

新媒体评论教程 张涛甫著，复旦大学出版社，2020年8月

全媒体创新案例精解 黄鹂著，复旦大学出版社，2020年8月

时评写作十三招 李思辉著，人民日报出版社，2020年8月

出版沉思录·改革探索 何志勇著，商务印书馆，2020年8月

出版沉思录·振兴之路 何志勇著，商务印书馆，2020年8月

新编国际新闻报道案例教程 杨莉、唐时顺主编，西南交通大学出版社，2020年8月

如何出版一本书 邢海鸟著，吉林出版集团股份有限公司，2020年9月

新闻传播学论文写作：理论、方法与

案例 王卫明主编，华中科技大学出版社，2020年9月

非线性编辑 段兰霏主编，中国传媒大学出版社，2020年9月

现代新闻业务基础教程（第三版） 王灿发编著，中国广播影视出版社，2020年10月

非节目主持艺术（第3版） 郭红玲、杨涛编著，中国广播影视出版社，2020年10月

融媒体时代新闻采访与写作 袁丰雪、仇玲、周海宁、张成良著，新华出版社，2020年10月

传播文书写作 钟东霖编著，电子工业出版社，2020年11月

新闻标题制作一点通 王卫明、万莉、蔡军剑主编，人民日报出版社，2020年11月

数字出版实务 石明贵、丁贵广、任岩、李冬著，清华大学出版社，2020年11月

新闻传播史

近代以来中国"大众"话语的生成与流变 罗崇宏著，社会科学文献出版社，2020年1月

外国新闻传播史 林婕著，光明日报出版社，2020年2月

湘赣苏区红色新闻研究 余习惠著，光明日报出版社，2020年3月

近代书目与中国传统学术的学科化转型 傅荣贤著，社会科学文献出版社，2020年3月

《新中华报》：上海新闻整理汇编（1937.2—1941.5） 贾翠玲主编，上海科学技术文献出版社，2020年3月

《红色中华》：上海新闻整理汇编（1931.12—1937.1） 贾翠玲主编，上海科学技术文献出版社，2020年3月

报刊史的底色：近代中国新闻界与社会 赵建国著，暨南大学出版社，2020年4月

何以"新"闻：电报的应用与晚清《申报》发展 钱佳湧著，中国社会科学出版社，2020年4月

传播媒介娱乐史纲 文然著，辽宁人民出版社，2020年4月

20世纪纸质媒介研究 陈剑光著，上海交通大学出版社，2020年6月

中国文学新闻"两栖写作"百年流变 魏占兴、郭翠玲著，科学出版社，2020年6月

澳门大众传媒研究 李春著，中国传媒大学出版社，2020年7月

时空演进与观念建构：我国近代报刊业发展研究（1815—1911） 成连虎著，九州出版社，2020年7月

皇权与教化：清代武英殿修书处研究 项旋著，中国社会科学出版社，2020年7月

"时尚"是什么——基于中国媒介的话语分析（1980—2010） 汤喜燕著，浙江大学出版社，2020年8月

新中国连环画政治叙事研究（1949—1978） 张勇锋著，人民出版社，2020年8月

东北书店：1945—1949 胡继东著，

辽宁人民出版社，2020年8月

史量才办报思想及策略研究　姚珺著，华中科技大学出版社，2020年8月

刘向文献编纂研究　李景文著，人民出版社，2020年11月

南京国民政府新闻检查制度研究　张举玺、祁涛、许俊峰著，中国社会科学出版社，2020年11月

近代中国新闻实践史略　王润泽著，人民出版社，2020年11月

美国受众研究的历史轨迹：一个知识社会学的视角　谷征著，中国传媒大学出版社，2020年11月

媒介经营与管理

触媒西方：外国的传媒业　冯文丽著，浙江工商大学出版社，2020年1月

中国现代出版评论研究　曾建辉著，社会科学文献出版社，2020年1月

河北省学术期刊数字化发展研究　吴星著，化学工业出版社，2020年1月

中国图书出版责任伦理研究　甄巍然著，科学出版社，2020年3月

出版有"数"　张忠凯等著，贵州人民出版社，2020年4月

读图时代：儿童图画书阅读与出版　刘晓晔、王壮著，文化发展出版社，2020年4月

中国出版"走出去"创新研究　戚德祥著，中国社会科学出版社，2020年4月

"走出去"战略下图书出版业海外市场竞争力研究　佟东著，经济管理出版社，2020年4月

媒体融合路径研究：以中国报业为例　秦祖智著，经济科学出版社，2020年4月

变革与创新：中国报业转型的市场逻辑　张晋升著，暨南大学出版社，2020年4月

泛内容变现：未来传媒商业模式探研　范以锦、刘芳儒、聂浩著，暨南大学出版社，2020年4月

"场域"与"资本"：数字时代下中文出版产业商业模式研究　李育菁著，东南大学出版社，2020年5月

期刊：连续出版的逻辑　李频著，中国传媒大学出版社，2020年5月

出版的边界　耿相新著，中国传媒大学出版社，2020年5月

中国传媒规制绩效实证研究——基于有效竞争理论视角　易旭明著，上海交通大学出版社，2020年5月

书业叙事："作业本"上的戒尺　汪耀华编著，上海人民出版社，2020年5月

转企改制后高校出版社发展路径研究　王云石著，天津大学出版社，2020年5月

书谱研究　张存良著，上海古籍出版社，2020年5月

不同情境下实体书店转型发展研究　李傲霜著，电子工业出版社，2020年5月

中国近现代出版企业制度研究　范军主编，中国传媒大学出版社，2020年5月

版权管理体制改革研究　蔡晓宇著，中国传媒大学出版社，2020年5月

换个活法：浙江法制报打造"四全媒体"的探索　浙江法制报编，红旗出版社，2020

年 6 月

场馆学习——理论·技术·实践 杜华著，吉林大学出版社，2020 年 6 月

出版产业转型研究 张养志主编，文化发展出版社，2020 年 6 月

商业模式创新与出版业转型升级研究 谢巍著，文化发展出版社，2020 年 6 月

从报纸到爆款：解码党媒融合路径 罗彦军主编，南方日报出版社，2020 年 6 月

媒体创新与新闻坚守 骆正林著，中国传媒大学出版社，2020 年 7 月

新时代传媒创新书系迷思与进路 高永亮著，中国传媒大学出版社，2020 年 7 月

县级融媒体中心和基层社会治理研究 郑亮著，暨南大学出版社，2020 年 8 月

媒体融合的探索与实践（2014—2018） 朱江丽、蒋旭峰著，社会科学文献出版社，2020 年 7 月

融合：转型中的"媒介体制"与新闻业 刘兆明著，中国社会科学出版社，2020 年 9 月

大学出版社差异化发展研究 施小占著，江苏大学出版社，2020 年 9 月

传媒创新探索：理论与实践 马持节著，暨南大学出版社，2020 年 9 月

融媒图景：中国新闻传播变革研究 《融媒图景：中国新闻传播变革研究》编写组编，人民日报出版社，2020 年 9 月

见微知著：地县媒体融合创新实践 谢新洲等著，人民出版社，2020 年 9 月

传统出版融合发展的路径与对策研究 王关义等著，人民出版社，2020 年 9 月

科学传媒的做点——中国国家地理之路 李栓科著，北京联合出版有限公司，2020 年 11 月

数字出版盈利模式研究 刘一鸣著，中国社会科学出版社，2020 年 11 月

出版文化实践存思 谭跃著，北京大学出版社，2020 年 11 月

出版业知识服务转型之路（二）——追踪新技术，探索新应用 张立、熊秀鑫、周琨等编著，中国书籍出版社，2020 年 11 月

新媒体

互联网背景下的区域传播力提升研究——以贵州实践为个案 谢念、林茂申著，人民出版社，2020 年 1 月

言语行为视角下的政府微博研究 崔蓬克著，上海社会科学院出版社，2020 年 1 月

新媒体内容编辑 李怀亮主编，重庆大学出版社，2020 年 1 月

新媒体时代高校学术期刊媒介融合问题研究 孟耀著，光明日报出版社，2020 年 1 月

新闻传播学前沿·2019 隋岩、哈艳秋主编，中国国际广播出版社，2020 年 2 月

信息、算法与编码 陆宏编著，南京大学出版社，2020 年 3 月

媒介融合背景下新媒体发展研究 赵玉岗著，中国原子能出版社，2020 年 3 月

社会化媒体中在线负面口碑处理的管理方法及应用 蔡淑琴等著，科学出版社，2020 年 3 月

信息时代的哲学新问题 肖峰著，中国

社会科学出版社，2020年3月

"微传播"伦理失范现状及矫治研究　郭淼著，人民日报出版社，2020年3月

信息资源共享机制：一个多维驱动模型　高锡荣著，社会科学文献出版社，2020年3月

高校网络舆论生态系统优化　管秀雪、徐建军著，社会科学文献出版社，2020年3月

高能政务：政务新媒体高效运营指南　申琦、赵鹿鸣著，中信出版集团，2020年3月

新媒体技术标准的形成与扩散　刘倩著，暨南大学出版社，2020年4月

转变中的媒介生态与认知　余志为著，中国传媒大学出版社，2020年4月

互联网传播治理：理论探讨与国际经验　董媛媛著，复旦大学出版社，2020年4月

融媒时代的播音主持艺术研究：现状与趋势　林小榆著，暨南大学出版社，2020年5月

数字时代的场景传播　朱磊等著，暨南大学出版社，2020年5月

释放数据的力量：数据新闻生产与伦理研究　张超著，中国人民大学出版社，2020年5月

网络新闻实务（第二版）　罗昕编著，北京大学出版社，2020年5月

新媒体编辑实务　李灿辉、施薇主编，中国人民大学出版社，2020年5月

新媒体环境下舆情信息演化规律与干预策略　王治莹、王伟康、梁敬著，经济管理出版社，2020年5月

道可道：新媒体理论与实务研究　谭天著，暨南大学出版社，2020年5月

线上中国：移动时代的微信社区研究　王琛、刘楠著，中国大百科全书出版社，2020年5月

新兴媒介与科学传播　王勤业著，中国科学技术出版社，2020年5月

网络传播导论（第三版）　钟瑛主编，中国人民大学出版社，2020年5月

运营科普新媒体　周荣庭著，中国科学技术出版社，2020年5月

自媒体领域我国主流意识形态的话语权研究　聂智著，人民出版社，2020年5月

自媒体价值观传播机制及其导向策略研究　代征等著，中国社会科学出版社，2020年5月

云计算环境下的数据共享技术研究　许灿著，吉林教育出版社，2020年6月

原生数字期刊馆藏建设模式研究　阮建海等著，科学出版社，2020年6月

走进数字媒体　林彩霞主编，机械工业出版社，2020年6月

电子多媒体出版物管理　陈铭编著，科学出版社，2020年6月

大数据与中国经济新闻生产：以财新网为例　袁满著，社会科学文献出版社，2020年6月

新媒体传播：中国主流媒体的实践与探索　《新媒体传播：中国主流媒体的实践与探索》编写组著，人民日报出版社，2020年6月

突发事件背景下社交媒体谣言扩散机理及导控策略　丁学君著，东北财经大学出版社，2020年6月

众声喧哗的下半场：新媒体时代公共舆论理性表达的话语建构　金蕾蕾著，浙江工商大学出版社，2020年6月

新媒体概论（第八版）　宫承波主编，中国广播影视出版社，2020年6月

新媒体概论　乔付军、王虹垒、程淦主编，人民邮电出版社，2020年6月

移动社交媒体舆论热点传播机制研究　张鑫著，人民日报出版社，2020年6月

信息需求调节下社会化媒体用户学术信息搜寻行为研究　张晋朝著，武汉大学出版社，2020年6月

大变局——移动赋能价值传播　杜飞进等著，商务印书馆，2020年7月

融媒体实务　王宏主编，中国传媒大学出版社，2020年7月

数字出版（第二版）　司占军、顾翀主编，中国轻工业出版社，2020年7月

网络匿名表达权研究　张治中著，知识产权出版社，2020年7月

网络热点事件中的价值引导与构建研究　奚冬梅著，中国书籍出版社，2020年7月

新媒体新闻写作、编辑与传播　唐铮编著，人民邮电出版社，2020年7月

舆情演变机理——网络舆情治理模式嬗变与重构符号化分析　冉朝霞著，黄河水利出版社，2020年7月

互联网新闻制作　李良荣、钟怡编著，复旦大学出版社，2020年7月

源流说：内容生产与分发的44条法则　吴晨光主编，中国人民大学出版社，2020年8月

概念、意象与传播——我的新媒体认知　倪雪莹著，武汉大学出版社，2020年8月

新媒体运营技术与应用（视频指导版）　李夏、勾俊伟编著，人民邮电出版社，2020年8月

Web中文舆情信息挖掘　王天志著，科学出版社，2020年8月

网络新闻编辑　胡明川著，中国人民大学出版社，2020年8月

新媒介时代数字阅读批判研究　沈蔚著，东北大学出版社，2020年8月

数字化出版信息资源的综合开发与利用　罗紫初著，武汉大学出版社，2020年8月

网络谣言群体态度研究　沈超著，北京邮电大学出版社，2020年8月

H5交互融媒体作品创作　樊荣等编著，中国人民大学出版社，2020年8月

网络空间的劳动图景：技术与权力关系中的网络用户劳动及报酬　杨逐原著，中国人民大学出版社，2020年8月

新媒体舆论治理研究　邰书锴著，知识产权出版社，2020年8月

理解新媒介：线上内容生产与公共性文化　王昀著，社会科学文献出版社，2020年8月

新媒体与网站管理　石焱编，中国林业出版社，2020年8月

新媒体编辑实战教程　王昌云、王晓亮主编，人民邮电出版社，2020年9月

新媒体数据分析与应用　段峰峰编著，人民邮电出版社，2020年9月

数据时代高校微信公众平台和抖音平台用户接受行为研究　赵辰玮、刘韬著，武汉大学出版社，2020年9月

新媒体对外传播内容制作　王亚宏、张春燕著，复旦大学出版社，2020年9月

传媒艺术导论　胡智锋、刘俊等著，北京师范大学出版社，2020年10月

新媒体数据分析　王佳娴编著，人民邮电出版社，2020年9月

网络传播学　苏宏元、于小川著，中国传媒大学出版社，2020年9月

网络舆情时变演化机制及应对策略研究　张军著，中国社会科学出版社，2020年9月

社会网络视角下组织内流言传播研究　王越乙著，北京航空航天大学出版社，2020年9月

2019年网络舆情热点扫描　陈志伟、刘春阳编著，国际文化出版公司，2020年9月

全媒体语境下老龄社会的阅读服务保障整合研究　邓香莲著，复旦大学出版社，2020年9月

媒介融合背景下的网络视频发展趋势　蒋宁平著，西南交通大学出版社，2020年9月

社交媒体概论　禹卫华著，上海交通大学出版社，2020年9月

新媒体技术、市场与规制　王学成、侯劭勋等著，东方出版中心，2020年9月

共享与智能——信息技术视角下未来媒体发展趋势　许志强、刘彤著，科学出版社，2020年9月

基于信息生态的微博信息管理研究　崔金栋、陈思远著，科学出版社，2020年9月

网络舆情中的热点话题研究　吴树芳、朱杰著，科学出版社，2020年9月

中国新闻传播研究：区域融媒体传播　高晓虹主编，中国传媒大学出版社，2020年9月

政务新媒体语言表达模式建构研究　王建华等著，浙江大学出版社，2020年9月

新媒体的逻辑：内容生产与商业变现　高阳著，社会科学文献出版社，2020年9月

智能时代：媒体重塑　本书课题组著，新华出版社，2020年10月

智媒时代中国交通广播发展研究　高永亮主编，中国传媒大学出版社，2020年10月

社交媒体公信力　詹骞著，中国广播影视出版社，2020年10月

微信与媒介生态环境　李林容、陈成、赵红勋著，知识产权出版社，2020年10月

知识传播、创新网络结构与区域创新能力评价研究　李庆军、张连和编著，科学出版社，2020年11月

数字时代的大众文学出版与传播研究　陈洁著，浙江大学出版社，2020年12月

想象中国：新媒体时代的中国形象　韦路著，大有书局，2020年12月

中国原生新媒体演进　任占文著，上海大学出版社，2020年12月

广告

电视广告创意 聂艳梅著，复旦大学出版社，2020年1月

广告设计与制作 曹大勇等编著，湖南大学出版社，2020年1月

广告策划与品牌管理 陈俊宁主编，暨南大学出版社，2020年1月

中国广告教育四十年（1979—2019） 宋红梅著，社会科学文献出版社，2020年1月

信息流广告实战 明学海编著，清华大学出版社，2020年2月

中国广告产业发展研究 廖秉宜著，中国书籍出版社，2020年2月

广告不疯狂 徐卫华著，浙江工商大学出版社，2020年3月

话语·叙事·伦理：当代广告与网络传播的审思与批判 杨先顺等著，暨南大学出版社，2020年4月

影视广告 李燕临等著，上海人民出版社，2020年4月

广告理论与实务 曾凡海编著，清华大学出版社，2020年4月

广告理论与实务 章文艳、熊凌宇主编，中国人民大学出版社，2020年5月

广告效果测评 杨雪睿编著，中国人民大学出版社，2020年5月

广告设计（第三版） 李冬影主编，华中科技大学出版社，2020年5月

影视广告案例解析 张正学、段兰霏主编，中国传媒大学出版社，2020年5月

广告实务（第三版） 任淑艳主编，清华大学出版社，2020年5月

中国广告公司四十年（1979—2019） 刘佳佳、王昕著，社会科学文献出版社，2020年5月

广告设计微话题 刘秀伟著，化学工业出版社，2020年6月

广告舆论及其社会功能 晋艺菡著，社会科学文献出版社，2020年6月

网络语言广告：理论与应用 刘世雄、贺凯彬著，中国经济出版社，2020年6月

新编广告学概论 姜智彬、秦雪冰编著，上海人民美术出版社，2020年6月

市场调查与分析 王云蔚著，中国传媒大学出版社，2020年6月

实验广告学 王霏著，厦门大学出版社，2020年6月

创新融合与平台共享：广告产业的数字化发展路径 李名亮著，学林出版社，2020年7月

广告创意设计手册 史磊编著，清华大学出版社，2020年7月

新媒体条件下的竞选广告研究 徐键著，社会科学文献出版社，2020年7月

新媒体广告与文案写作 廖美红、林珍、余宇主编，人民邮电出版社，2020年7月

民国时期（1912—1949）上海户外广告设计研究 黄展著，中国传媒大学出版社，2020年8月

广告意识形态的生成与传播研究 周志平著，浙江工商大学出版社，2020年8月

品牌与广告：符号学叙述学分析 饶广

祥著，四川大学出版社，2020年8月

广告摄影（第四版） 张西蒙编著，中国轻工业出版社，2020年8月

广告设计与创意（第2版） 李金蓉主编，清华大学出版社，2020年8月

网络广告设计与制作（第二版） 史晓燕、单春晓主编，华中科技大学出版社，2020年9月

广告材料与设计制作 饶鉴、赵文编著，中国轻工业出版社，2020年9月

广告创意与表现（第二版） 段轩如、高玲主编，化学工业出版社，2020年9月

广告基础与实务（第2版） 苏路丹、黄秀娜主编，电子工业出版社，2020年9月

中外广告史（第二版） 何玉杰著，中国人民大学出版社，2020年9月

数字广告概论 黄埔晓涛、刁玉全著，中国传媒大学出版社，2020年9月

中国互联网广告监管研究 黎明著，中国社会科学出版社，2020年9月

瘾：让人上瘾的产品、广告与创意背后的秘密 吴文芳著，北京时代华文书局，2020年9月

广告创意案例实践教程·快克篇 穆虹、王志昊、赵世勇编著，清华大学出版社，2020年10月

作为学科的广告史：发展、个案及趋势 祝帅著，北京大学出版社，2020年10月

中国公益广告年鉴（2014年—2019年） 中国传媒大学、全国公益广告创新研究基地编著，中国广播影视出版社，2020年10月

中国广告年鉴（2019） 中国广告协会、《现代广告》杂志社编，机械工业出版社，2020年10月

广告隐喻研究 何玉杰著，人民出版社，2020年10月

广告蒸汽时代 大力金刚掌著，百花文艺出版社，2020年11月

后广告时代：边界的崩塌与重构 薛敏芝著，上海大学出版社，2020年11月

广告设计 陈辉、黄文颖主编，清华大学出版社，2020年11月

程序化广告的道与术：数据技术时代的营销变革 陈韵博著，社会科学文献出版社，2020年11月

文化视域下的现代广告 陈卓、吕晖、张冰著，四川大学出版社，2020年11月

广告学（第2版） 田明华编著，清华大学出版社、北京交通大学出版社，2020年11月

爆品创意：如何设计有销售力的广告 汪豪、邓素娟著，电子工业出版社，2020年12月

广播电视

广播电视概论 朱怡、李欣著，中国传媒大学出版社，2020年1月

音频媒体研究 孟伟著，光明日报出版社，2020年1月

电视媒体与社会核心价值观传播研究 魏正聪著，科学出版社，2020年3月

新时代财政支持广西广播电视发展研究 廖志华著，天津大学出版社，2020年4月

形态·生态·业态：中国广播创新发展的多维审视　申启武著，暨南大学出版社，2020年4月

CBA联赛电视转播宏观体制与信号制作过程研究　信光杰著，中国出版集团东方出版中心，2020年5月

反思与对话：中国广播电视改革开放四十年　颜春龙、赖黎捷主编，中国社会科学出版社，2020年6月

广播电视改革与创新（2019）　中国广播电影电视社会组织联合会编，中国广播影视出版社，2020年6月

广播电视编辑应用教程（第二版）　靳义增主编，北京大学出版社，2020年6月

把脉中国电视　李岭涛著，中国国际广播出版社，2020年6月

电视新闻评论：从本体到跨媒介的话语功能考察　朱婧雯著，四川大学出版社，2020年6月

现代广播电视传播体系研究　石长顺、石婧著，人民出版社，2020年7月

电视法治新闻类节目中的女性形象呈现研究　陈丽丹著，知识产权出版社，2020年7月

中国电视剧批评模式研究　王黑特、潘希鸣著，中国传媒大学出版社，2020年7月

电视编导实训教程　张萌、王艳玲编著，北京师范大学出版社，2020年7月

广播新空间——从广播媒体到听觉媒体　田园著，中国广播影视出版社，2020年7月

电视节目策划学（第三版）　胡智锋主编，复旦大学出版社，2020年8月

体育新闻深度报道（第2版）　王惠生、李金宝主编，中南大学出版社，2020年8月

播音创作基础实训教程　张永洁、刘春蕾、李雅林编著，中国广播影视出版社，2020年8月

广播电视新闻应用基础研究　华金香著，中国戏剧出版社，2020年8月

教育电视新闻采编：价值·温度·深度　田立著，复旦大学出版社，2020年8月

广播电视评论　何志武编著，高等教育出版社，2020年9月

广播电视概论　王哲平、赵瑜主编，化学工业出版社，2020年9月

电视配音实训教程　彭晓燕编著，中国传媒大学出版社，2020年9月

中国广播电视编年史·第二卷（1977—1997）　杨波主编，中国广播影视出版社，2020年9月

被发现的受众：电视民生新闻新论　叶冲著，中山大学出版社，2020年9月

当代电视编辑教程（第三版）　张晓锋著，复旦大学出版社，2020年9月

广播电视文案写作　钟剑茜、李近、曾岑著，暨南大学出版社，2020年9月

广播电视综合知识（2020—2021）　广播影视业务教育培训丛书编写组编，中国国际广播出版社，2020年9月

5G时代广播发展的理念创新与实践探索　申启武著，暨南大学出版社，2020年12月

电影

21世纪以来都市爱情电影的文化阐释与

产业分析　戴哲著，首都经济贸易大学出版社，2020年1月

封面：我的电影故事视频书　《中国电影报道》栏目组编，人民出版社，2020年1月

厦门电影百年　洪卜仁著，厦门大学出版社，2020年1月

新感觉电影：娄烨电影的美学风格与形式特征　韩帅著，江苏教育出版社，2020年3月

华语青春电影类型学研究　王昌松、陈一鸣著，暨南大学出版社，2020年3月

文化即吾心：电影表演与社会表演　厉震林著，上海交通大学出版社，2020年3月

中国电影艺术的现代转型——论"80年代"电影思潮　王丽娟著，社会科学文献出版社，2020年4月

中国网络大电影产业发展研究　孙浩著，华中科技大学出版社，2020年4月

海与毒药：日本电影内外　刘德秦著，中国电影出版社，2020年4月

光影流传：姜云川电影之路　姜云川著，中国电影出版社，2020年4月

后殖民主义视域下的好莱坞电影研究　徐雅宁著，中国电影出版社，2020年4月

声魂：上海电影译制厂的"清明上河图"　潘争著，生活·读书·新知三联书店，2020年4月

早期中国电影的现代主义（1922—1937）：电影美学　叶文妍著，光明日报出版社，2020年4月

一个电影导演的自述　常彦著，中国电影出版社，2020年4月

想象的救赎：香港武侠电影的叙事演变与文化转型（1949—1997）　刘郁琪著，光明日报出版社，2020年4月

影视传播概论（第2版）　袁智忠主编，西南师范大学音像出版社，2020年5月

传统与类型：中国武侠电影的身体艺术　周钰棡著，四川大学出版社，2020年5月

山西电影文学史　韩玉峰著，北岳文艺出版社，2020年5月

电影的目光：中国电影"走出去"战略研究　陈旭光、肖怀德主编，贵州教育出版社，2020年5月

2020中国电影艺术报告　中国电影家协会理论评论委员会编，中国电影出版社，2020年5月

2020中国电影产业研究报告　中国电影家协会、中国文联电影艺术中心编，中国电影出版社，2020年5月

蜕变与新生：艺术驱动下的中国电影产业研究　孙萌著，中国戏剧出版社，2020年5月

电影北上　鲍盛华著，长春出版社，2020年6月

中国早期电影导演与公司研究　饶曙光主编，中国电影出版社，2020年6月

顺流与逆流：重写香港电影史　苏涛、傅葆石编，北京大学出版社，2020年6月

多元视域中的底层影像：20世纪90年代以来中国"底层电影"研究　林进桃著，中国社会科学出版社，2020年6月

固守与超越——美日动画电影母题研究　赵冰著，光明日报出版社，2020年6月

邪典电影：一种亚文化的历史　李闻思著，中国电影出版社，2020年6月

中国电影人才培养模式研究　王昱华著，中国电影出版社，2020年6月

清末民初时期女性主义思潮与中国早期电影　徐雅宁著，陕西人民出版社，2020年6月

作为精神史的电影史：中国电影中的诗性传统1930—1949　孙萌著，商务印书馆，2020年6月

2020上海电影产业报告　上海市电影局编，上海人民出版社，2020年7月

中国功夫电影的演进与国际传播研究　张翼飞、王影主编，天津人民出版社，2020年7月

中日电影关系史：1920—1945　晏妮著，汪晓志、胡连成译，北京大学出版社，2020年7月

跨媒介的审美现代性：石黑一雄三部小说与电影的关联　沈安妮著，中国社会科学出版社，2020年7月

世界电影高等教育：经验与前瞻　刘军主编，中国电影出版社，2020年7月

公路电影：现代性类型与文化价值观　李彬著，中国海洋大学出版社，2020年7月

镜城寻踪——关于中国电影的沉思　陈吉德著，南京大学出版社，2020年7月

电影蓝皮书：全球电影产业发展报告（2020）　卢斌、牛兴侦、刘正山主编，社会科学文献出版社，2020年7月

青城风云：电影文学剧本　张富奎、朝乐孟其其格著，兰州大学出版社，2020年7月

从外来杂耍到本土影业：中国电影发生史研究（1897—1921）　张隽隽著，中国社会科学出版社，2020年8月

改编与中国电影　万传法著，中国电影出版社，2020年8月

电影作为批评实践：视觉、历史与文化　张斌宁著，重庆大学出版社，2020年8月

当代电影中的家国情怀与文化追寻　崔军著，社会科学文献出版社，2020年8月

光影之城：电影中的深圳　王樽著，深圳报业集团出版社，2020年8月

远逝的芳华：中国早期电影人的婚恋研究　杨新磊编著，东方出版社，2020年9月

电影南渡："南下影人"与战后香港电影（1946—1966）　苏涛著，北京大学出版社，2020年9月

中国影视往何处走2：中国艺术研究院电影电视评论周实录　丁亚平、赵卫防主编，文化艺术出版社，2020年9月

浙江电影年度发展报告（2019）　葛学斌主编，浙江大学出版社，2020年9月

中国电影在中亚的跨文化传播研究　胡凯著，复旦大学出版社，2020年9月

游牧与乡愁：中国台湾儿童电影创作历史简谱　韩佳政著，中国传媒大学出版社，2020年9月

电影导演灵魂密码　王国平著，文汇出版社，2020年9月

新世纪华语电影叙述策略研究　李志方著，武汉大学出版社，2020年9月

中国电影史学述要（1978—2019）　檀

秋文著，人民出版社，2020年9月

中国新时期以来的类型电影　龚金平著，复旦大学出版社，2020年9月

影像化的思想：电影中的哲学　徐陶、何溪编著，中国传媒大学出版社，2020年9月

复兴之路上中国电影的类型演进与生态迁变　刘帆著，中国电影出版社，2020年9月

中外电影批评研究　何然然著，吉林文史出版社，2020年10月

越剧电影研究　许元著，中国电影出版社，2020年10月

中国电影：20世纪20年代现象研究　高小健主编，中国电影出版社，2020年10月

电影特效创作　刘晓清著，中国电影出版社，2020年10月

中国电影伦理学·2020　贾磊磊、袁智忠主编，西南师范大学出版社，2020年10月

亚洲电影的现实表达与文化想象　周星、张燕主编，中央编译出版社，2020年10月

电影概念设计之再设计　王果、马丽欣著，西南师范大学出版社，2020年10月

精神构建　道远任重——北京电影学院改革开放40年电影教育发展回顾与研究　张会军著，中国广播影视出版社，2020年10月

20世纪90年代以来韩国电影政策研究　孙晴著，社会科学文献出版社，2020年10月

现代电影表演艺术论　齐士龙著，中国电影出版社，2020年10月

日本战争电影发展史　卢伟、刘云飞著，中国社会科学出版社，2020年10月

无障碍电影　马卫著，上海人民出版社，2020年11月

动画电影研究：理论与应用　张娟著，四川美术出版社，2020年11月

电影市场营销　于丽著，中国电影出版社，2020年11月

电影摄影师应用手册　张会军著，中国电影出版社，2020年11月

"张艺谋电影"批评史研究　蔡贻象著，中国电影出版社，2020年11月

消费时代：从小说到电影改编研究　熊芳著，人民日报出版社，2020年11月

"猫"眼看电影　韩程等编著，浙江大学出版社，2020年12月

浙江民营电影产业运营模式创新研究　顾芳芳著，浙江大学出版社，2020年12月

因为有光：电影文本研究　李镇著，上海三联书店，2020年12月

已阅：光影中的法律与正义　周成著，中国法制出版社，2020年12月

国外新闻传播论（译）著

模仿律　［法］塔尔德著，［美］埃尔希·克鲁斯·帕森斯英译，何道宽汉译，中信出版集团，2020年1月

被算法操控的生活：重新定义精准广告、大数据和AI　［瑞典］大卫·萨普特著，易文波译，湖南科技出版社，2020年1月

广告的未来：全接触点价值创造　［美］

约瑞姆·杰瑞·温德、凯瑟琳·芬迪森·海斯著，粟志敏译，中国人民大学出版社，2020年1月

交往在云端：数字时代的人际关系（第2版） ［美］南希·K.拜厄姆著，董晨宇、唐悦哲译，中国人民大学出版社，2020年1月

习以为常：手机传播的社会嵌入 ［美］理查德·塞勒·林著，刘君、郑奕译，复旦大学出版社，2020年2月

论电影 ［法］阿兰·巴迪欧著，李洋、许珍译，华东师范大学出版社，2020年1月

新闻的骚动 ［英］阿兰·德波顿著，丁维译，上海译文出版社，2020年3月

大众传播媒介（第十一版） ［美］约翰·维维安著，任海龙、常江等译，北京大学出版社，2020年3月

哈佛出版史 ［美］马克斯·豪尔著，李广良、张琛译，浙江大学出版社，2020年4月

文化与社会的媒介化 ［丹麦］施蒂格·夏瓦著，刘君等译，复旦大学出版社，2020年4月

媒介融合：网络传播、大众传播和人际传播的三重维度 ［丹麦］克劳斯·布鲁恩·延森著，刘君译，复旦大学出版社，2020年4月

工作中的新闻：信息充裕时代的模仿 ［美］帕布鲁·博奇科夫斯基著，周亭译，北京大学出版社，2020年5月

传播时代（第3版） ［美］奥特姆·爱德华兹、查德·爱德华兹、肖恩·T.沃尔斯科特·A.迈尔斯著，龙思思译，清华大学出版社，2020年5月

网络效应：浪漫主义、资本主义与互联网 ［美］托马斯·斯特里特著，王星、裴苒迪等译，华东师范大学出版社，2020年5月

电影叙事学 ［荷］彼得·菲尔斯特拉腾著，王浩译，北京师范大学出版社，2020年5月

电影通史（第2版） ［英］菲利普·肯普主编，王扬译，中国画报出版社，2020年6月

初识传播学：在信息社会正确认知自我、他人及世界 ［美］埃姆·格里芬著，展江译，北京联合出版公司，2020年6月

互动新闻：黑客、数据与代码 ［美］尼基·厄舍著，郭恩强译，中国人民大学出版社，2020年6月

会说话的畅销书——如何写好图书策划案 ［美］杰夫·赫尔曼、黛博拉·莱文·赫尔曼著，陈梅玥译，人民日报出版社，2020年6月

震惊至死：重温尼尔·波斯曼笔下的美丽新世界 ［美］兰斯·斯特拉特著，何道宽译，中国大百科全书出版社，2020年6月

注意力分散时代：高速网络经济中的阅读、书写与政治 ［澳］罗伯特·哈桑著，张宁译，复旦大学出版社，2020年6月

逗号女王的自白：编辑的自我修养 ［美］玛丽·诺里斯著，安芳译，重庆大学出版社，2020年7月

叙事的胜利——在大众文化时代讲故事 ［加］罗伯特·弗尔福德著，李磊译，南

京大学出版社，2020年7月

纸知识：关于文档的媒介历史 ［美］丽莎·吉特尔曼著，王昀译，复旦大学出版社，2020年7月

顶尖文案：现代广告之父的文案写作技巧 ［美］克劳德·霍普金斯著，张小默译，北京理工大学出版社，2020年7月

原生广告 ［英］戴尔·洛弗尔著，蔡郁译，中信出版社，2020年8月

广告、促销与整合营销传播 ［美］肯尼思·克洛、唐纳德·巴克著，应斌、王虹译，中国人民大学出版社，2020年8月

东亚新闻事业论 ［新加坡］卓南生著，中国社会科学出版社，2020年8月

这个小时属于你——英伦访谈 恺蒂著，商务印书馆，2020年8月

传播学质性研究方法 ［美］托马斯·R.林德洛夫、布莱恩·C.泰勒著，叶欣、李静、周翔译，重庆大学出版社，2020年8月

新闻社会学（第二版） ［美］迈克尔·舒德森著，徐桂权译，中国人民大学出版社，2020年8月

过滤泡：互联网对我们的隐秘操纵 ［美］伊莱·帕里泽著，方师师、杨媛译，中国人民大学出版社，2020年8月

媒体生产标准 ［德］托马斯·霍夫曼－瓦贝克等著，金杨译，文化发展出版社，2020年8月

美国女记者的故事 ［美］伊什贝尔·罗斯著，王海译，科学出版社，2020年8月

舆情应对攻略：方法·案例·清单速查速用 ［日］竹中功著，杨喆译，中华工商联合出版社，2020年8月

电视谈话：电视脱口秀的历史 ［美］伯纳德·M.廷伯格、罗伯特·埃勒、霍勒斯·纽科姆著，文芳译，华中科技大学出版社，2020年8月

社交媒体深渊：批判的互联网文化与否定之力 ［荷］基尔特·洛文克著，苏子滢译，重庆大学出版社，2020年9月

影像背后1991—2005：吕克·达内电影手记 ［比］让－皮埃尔·达内、吕克·达内著，王恬、王瑛译，华东师范大学出版社，2020年9月

无声的语言 ［美］爱德华·霍尔著，何道宽译，北京大学出版社，2020年10月

科学新闻导论 ［英］马丁·W.安格尔著，王大鹏、张寒译，中国科学技术出版社，2020年11月

人工智能时代，新闻人会被取代吗？ ［以色列］诺姆·莱梅尔史萃克·拉塔尔主编，胡钰、王一凡译，清华大学出版社，2020年11月

媒介与传播地理学 ［美］保罗·亚当斯著，袁艳译，中国传媒大学出版社，2020年12月

流浪舞韵——《庄子》的身体思维和对舞蹈的启发 ［美］武重淑子著，上海古籍出版社，2020年11月

对世界说话：公共关系与传播 ［美］丹尼斯·L.威尔科克斯等著，尚京华等译，中国人民大学出版社，2020年11月

大师镜头（第三卷）——导演视野：让电影脱颖而出的100个镜头调度 ［澳］

Christopher Kenworthy 著，黄德宗译，电子工业出版社，2020年11月

电影时代：保利娜·凯尔评论集 ［美］保利娜·凯尔著，兰梅译，北京日报出版社，2020年11月

非虚构电影制作艺术 ［美］杰弗里·弗里德曼、罗伯特·爱泼斯坦、莎伦·伍德著，张文军译，中国广播影视出版社，2020年11月

论文集及综合性工具书

学理三棱镜：媒介批评文集 董天策著，中国社会科学出版社，2020年1月

融媒体建设与创新 蔡雯主编，中国人民大学出版社，2020年1月

甘肃蓝皮书：甘肃舆情分析与预测（2020） 王俊莲、许振明主编，社会科学文献出版社，2020年1月

重庆日报报业集团新闻奖获奖作品选（2017年度卷） 管洪主编，重庆大学出版社，2020年1月

宁波广播电影电视发展报告（2019） 宁波市广播电影电视学会、宁波市广播电影电视发展研究中心编，中国国际广播出版社，2020年1月

新闻人·秋实 平潭综合实验区传媒中心编，福建海峡文艺出版社，2020年1月

长风破浪：外研社40年改革发展史1979—2019 外研社社史编写组编著，外语教学与研究出版社，2020年1月

湖北省新闻传播事业发展研究报告（2019） 廖声武主编，武汉大学出版社，2020年1月

国际传播（第二版） 李智著，中国人民大学出版社，2020年1月

中国版权年鉴（2019） 中国版权年鉴编委会编，中国人民大学出版社，2020年1月

媒体融合发展时代课题的西部探索——来自贵州省的系列调研报告 谢念、林茂申、龚文静著，人民出版社，2020年1月

微传播与网络善治 王君超、易艳刚主编，光明日报出版社，2020年2月

北京新闻出版业发展报告（2018~2019） 孙玲主编，社会科学文献出版社，2020年2月

改革新时代·传媒新变革——中国传媒大学首届研究生学术季优秀成果集 陈莹峰、贾秀清编，中国传媒大学出版社，2020年2月

数字出版研究辑刊（2020年卷） 王京山主编，中央编译出版社，2020年2月

探索与重塑：新时代新闻传播学热点研究丛论 杨光、张伟主编，人民日报出版社，2020年3月

中国广播电影电视发展报告（2019） 国家广播电视总局发展研究中心编著，中国广播影视出版社，2020年3月

地方广播电视法规汇编（2019年版） 国家广播电视总局政策法规司编，中国广播影视出版社，2020年3月

新闻人·初心 平潭综合实验区传媒中心编，福建海峡文艺出版社，2020年4月

新闻人·耕耘 平潭综合实验区传媒中心编，福建海峡文艺出版社，2020年4月

学术出版

中国人民大学复印报刊资料转载指数排名研究报告（2019） 武宝瑞主编，中国人民大学出版社，2020年4月

上海市文化创意产业发展2019年度报告：出版领域 夏德元主编，学林出版社，2020年4月

中国传媒智库［第三辑］ 喻国明、张洪忠、陆先高主编，中国传媒大学出版社，2020年4月

中国媒体发展研究报告（总第18辑） 单波主编，社会科学文献出版社，2020年4月

福建优秀新闻作品选评 中共福建省委宣传部、福建省新闻工作者协会编，厦门大学出版社，2020年4月

符号与传媒（20） 曹顺庆、赵毅衡主编，四川大学出版社，2020年4月

中国微电影短视频发展报告（2019） 杨才旺、崔承浩主编，中国广播影视出版社，2020年5月

国际传播与媒介发展论集 朱颖主编，中国社会科学出版社，2020年5月

中国传媒融合创新研究报告（2019—2020） 黄晓新、刘建华、卢剑锋主编，中国书籍出版社，2020年5月

中国视听新媒体发展报告（2020） 国家广播电视总局网络视听节目管理司、国家广播电视总局发展研究中心编著，中国广播影视出版社，2020年5月

中国新闻奖作品选（2018年度·第二十九届） 中国新闻奖评选委员会办公室编，新华出版社，2020年5月

中国新媒体社会责任研究报告（2019） 钟瑛、芦何秋主编，社会科学文献出版社，2020年5月

从哥本哈根到马德里——中国气候传播研究十年 郑保卫主编，燕山大学出版社，2020年5月

新媒体与社会（第二十五辑） 谢耘耕、陈虹主编，社会科学文献出版社，2020年6月

融合体系——中国媒体融合发展年度报告（2018—2019） 人民日报社编，人民日报出版社，2020年6月

国际出版业发展报告（2019版） 范军主编，中国书籍出版社，2020年6月

河北蓝皮书：河北传媒发展报告（2020） 康振海主编，社会科学文献出版社，2020年6月

中国高等教育舆情报告2019 王保华主编，中国传媒大学出版社，2020年6月

视界的革命——中国视频媒体产业市场考察报告 张海涛、胡占凡主编，中国广播影视出版社，2020年6月

跨文化传播研究（第一辑） 单波主编，中国传媒大学出版社，2020年6月

新闻学传播学文摘（2018） 唐绪军主编，中国社会科学出版社，2020年6月

传媒大家谈：媒体人的24堂精进课 涂凌波、丰瑞主编，人民日报出版社，2020年7月

湖北方言文化传播研究（第二辑） 盛银花主编，华中科技大学出版社，2020年7月

广电媒体融合发展进行时：全国广播电

视媒体融合先导单位/典型案例/成长项目（2019）《广电媒体融合发展进行时》编委会编，中国广播影视出版社，2020年7月

传播创新蓝皮书：中国传播创新研究报告（2020）　单波主编，社会科学文献出版社，2020年7月

新媒体蓝皮书：中国新媒体发展报告No.11（2020）　唐绪军、黄楚新主编，社会科学文献出版社，2020年7月

从经典到前沿：欧美传播学大师访谈录　常江、邓树明编著，北京大学出版社，2020年8月

中国民主法治足迹：法治日报40年优秀作品评析　李群、吴坤主编，法律出版社，2020年8月

大道同源：当代中国新闻传播学术精神寻踪　陈娜著，中国社会科学出版社，2020年8月

北京市"三农"网络舆情报告2019　北京市城乡经济信息中心编，中国农业出版社，2020年8月

奋力书写立德树人的新时代答卷：中管高校扎实推进"不忘初心、牢记使命"主题教育　张政主编，光明日报出版社，2020年8月

2019三农新闻作品选　农业农村部新闻办公室编，中国农业出版社，2020年8月

中国市县融媒体中心建设研究报告（2020）　王文科、史征主编，浙江大学出版社，2020年8月

最美书海报——2019上海书业海报评选获奖作品集　汪耀华主编，上海教育出版社，2020年8月

国家网络安全知识百问　本书编写组编，人民出版社，2020年9月

华夏传播研究（第三辑）　谢清果主编，中国传媒大学出版社，2020年9月

华夏传播研究（第四辑）　谢清果主编，九州出版社，2020年9月

第29届中国新闻奖获奖作品新媒体展示手册　殷陆君主编，中国传媒大学出版社，2020年9月

中国政治传播研究（第2辑）　荆学民主编，中国传媒大学出版社，2020年9月

"一带一路"国际出版合作发展报告（第二卷）　魏玉山主编，中国书籍出版社，2020年10月

翻译与传播（2020年第2期）　高明乐主编，社会科学文献出版社，2020年9月

2019—2020中国出版业发展报告　范军主编，中国书籍出版社，2020年9月

中国传媒经济发展报告（2020）　卜彦芳主编，中国国际广播出版社，2020年9月

符号与传媒（21）　赵毅衡主编，四川大学出版社，2020年9月

中国科技期刊发展蓝皮书（2020）　中国科学技术协会主编，科学出版社，2020年9月

传媒艺术经典导读　胡智锋主编，北京师范大学出版社，2020年10月

情音万里系三农：农业广播百集精品视听　王学军、胡永万主编，中国农业出版社，2020年10月

中国新闻传播教育年鉴（2020）　中国

新闻史学会新闻传播教育史研究委员会、《中国新闻传播教育年鉴》编撰委员会编，武汉大学出版社，2020年10月

失衡与流动：微博话语权研究 申玲玲著，中国社会科学出版社，2020年10月

中国新闻业年度观察报告（2020） 张志安、徐桂权主编，人民日报出版社，2020年11月

媒介批评（第十辑） 蒋原伦、张柠主编，广西师范大学出版社，2020年11月

解析中国新闻传播学2020 刘海龙主编，中国人民大学出版社，2020年11月

2021新闻传播学热点专题：知识图谱（修订版） 孙祥飞著，人民日报出版社，2020年11月

记录历史 开拓未来：《中国新闻传播教育年鉴》五周年纪实 张昆主编，武汉大学出版社，2020年11月

传媒蓝皮书：中国音频传媒发展研究报告（2020） 申启武、牛存有主编，社会科学文献出版社，2020年11月

守正创新 奋楫者先——2020上海出版青年编辑论文集 上海市出版协会、上海市编辑学会编，学林出版社，2020年11月

2020中国新闻出版统计资料汇编 国家新闻出版署编，中国书籍出版社，2020年11月

新媒体公共传播（2019年第2期） 张淑华主编，社会科学文献出版社，2020年11月

黄炎培序跋选 许芳编著，上海远东出版社，2020年12月

中国新媒体研究报告2020 中国记协新媒体专业委员会编，人民日报出版社，2020年12月

其他

百年未有之大变局下的中国与世界 人民日报海外版《望海楼》栏目组编著，人民日报出版社，2020年1月

领读者 郑伟著，中国传媒大学出版社，2020年1月

新时代新闻传播教育 胡百精主编，中国人民大学出版社，2020年3月

书架上的近代中国：一个人的阅读史 唐小兵著，东方出版社，2020年3月

触摸传媒脉搏：2008—2018年传媒事件透视 范以锦著，暨南大学出版社，2020年5月

传媒现象思考 范以锦著，暨南大学出版社，2020年5月

媒头脑:《青春报》新闻业界采访录 刘津编，新华出版社，2020年5月

永远的新青年——陈独秀与五四学人 石钟扬、石雾著，中国出版集团东方出版中心，2020年5月

新闻出版博物馆（2020年第1期） 学林出版社，2020年5月

真话——长星杂文选 宋长星著，文汇出版社，2020年5月

追寻职业的幸福感——叶辉人物新闻作品选 叶辉著，光明日报出版社，2020年6月

大有之路：一个新闻工作者的学思践悟 殷陆君著，宁波出版社，2020年6月

记者手记：写在抗击新冠肺炎疫情的日子里　广东省广播电视局、广东广播电视台编著，广州出版社，2020年6月

MEMO2019:《三联生活周刊》的观察与态度　生活·读书·新知三联书店，2020年6月

从菜鸟到专业：萌新记者成长手册　谭峰著，人民日报出版社，2020年7月

镌刻在生命里的印迹　王圣国著，北方妇女儿童出版社，2020年7月

放大：如何放大你的小才华　池骋著，中信出版集团股份有限公司，2020年8月

荷风传韵：新媒介环境下的课堂教学实践与探究　王冰主编，上海社会科学院出版社，2020年8月

居住空间分异与交流重构：基于对某国企煤矿居民生活区的考察　辛文娟著，中国传媒大学出版社，2020年8月

中国书院与阅读推广　李西宁主编，朝华出版社，2020年8月

周恩来新闻纪事　张同刚著，中国社会科学出版社，2020年9月

我的出版实践与观察　周百义著，华中师范大学出版社，2020年9月

致青年编辑的十二封信　聂震宁著，人民教育出版社，2020年9月

书说四十年　北京师范大学出版社编，北京师范大学出版社，2020年9月

采访课　王志著，山东人民出版社，2020年9月

质疑的力量　王志著，山东人民出版社，2020年9月

采访的秘密　王志著，山东人民出版社，2020年9月

质疑逼近真相　王志著，山东人民出版社，2020年9月

贩书偶记　孙殿起撰，上海古籍出版社，2020年10月

2020中原战"疫"　中共河南省委宣传部编著，大象出版社，2020年10月

生活书店会议记录1939—1940　上海韬奋纪念馆编，中华书局，2020年10月

思逐风云：闻有成新闻作品集　闻有成著，新华出版社，2020年11月

于友先出版工作选集（上、下）　于友先著，人民出版社，2020年11月

学术期刊编辑素养提升　迟凤玲著，科学技术文献出版社，2020年12月

学术期刊

· 学术期刊2020年概况 ·

《出版发行研究》

《出版发行研究》杂志创刊于1985年7月，月刊，曾用刊名《出版与发行》，是由国家新闻出版署主管、中国新闻出版研究院主办的出版行业学术性刊物，是为适应我国出版体制改革、总结出版工作丰富的实践经验、开展出版学理论研究、探索出版工作规律、加强学术交流的需要而创办的。

《出版发行研究》全方位服务图书、期刊、数字出版等各个出版领域，刊载内容涵盖出版理论、出版管理、出版营销、出版教育、出版史、版权法等多个层面。刊物创刊35年来，始终坚持正确导向，研究出版发行领域前瞻性、紧迫性的问题。主要栏目有理论探索、马克思主义新闻出版观、产业论坛、数字出版、期刊研究、编辑理论与实践、市场与营销、阅读与接受、出版法苑、走出去、环球扫描、出版史研究等。

《出版发行研究》始终坚持以马克思主义、毛泽东思想、邓小平理论和"三个代表"重要思想、科学发展观、习近平新时代中国特色社会主义思想为指导，牢牢把握正确的政治方向和舆论导向，坚决贯彻执行党的出版路线、方针、政策，以较准确的办刊定位，以较高水平的学术品位，为行业主管部门提供智囊服务，为行业生产部门提供理论与实践服务，为读者全面了解行业发展状况提供信息服务。

背靠中国新闻出版研究院的优势平台，在杂志社编委、理事的关爱和支持下，在杂志社全体人员的共同努力下，《出版发行研究》在业界已形成权威性影响力，在出版科研、专业教育领域和出版企业中都获得了良好的口碑。

2002年和2004年，《出版发行研究》连续两届荣获"国家期刊奖百种重点社科期刊"。《出版发行研究》是《中文社会科学引文索引》（CSSCI）来源期刊、北京大学《中文核心期刊要目总览》核心期刊，被中国人民大学人文社会科学学术成果评价研究中心评为复印报刊资料重要转载来源期刊。2020年《出版发行研究》被人大复印报刊资料转载18篇文章，居新闻传播类期刊转载量首位。

2020年，《出版发行研究》共出版正刊12期。全年刊登学术论文194篇，约190万字。

一、内容建设

2020年，该刊坚持以习近平新时代中国特色社会主义思想为指导，贯彻落实党的十九大和十九届二中、三中、四中、五中全会精神，以促进出版业高质量发展为引领，办好理论探索、马克思主义新闻出版观、产业论坛、数字出版、编辑理论与实践、市场与营销、出版史研究等栏目，不断加强选题策划，注重理论与方法的引导，把期刊内容提高到一个新水平。

在内容把关方面，该刊政治导向和学术方向正确。

在选题策划方面，该刊2020年策划了12组专题，主要有"当代中国出版业新解""商务精神与百年实践""书店发展新业态""疫情下的应急图书出版""出版学：学科范式与学科教育""网络版权监管与治理""全民阅读与现代化治理""主题出版发展路径创新""解读中国动漫产业""《民法典》与出版合同""农家书屋建设十五年""主题出版史实与实践"等，刊发了《重新理解当代中国出版业》《关于出版学"学科范式"的思考》《全民阅读的时代表达：阅读影响与国家治理》《〈民法典〉的实施与版权合同的完善》《主题出版若干史实辨析》等论文，其中《重新理解当代中国出版业》被《新华文摘》全文转载。注重反映业界关注的热点和痛点问题，刊载了一大批反映出版研究前沿观点、出版科研重大成果的理论文章，对深化出版业体制与机制改革、促进出版产业的形成和发展，起到了积极的助推作用；连续刊载《中国图书出版业报告》《中国数字出版产业年度报告》《中国动漫游戏产业年度报告》等年度专题报告，及时发布行业信息，提供行业发展指导性建议；对探索研究出版学科理论建设体系和出版教育发展起到了促进作用。

2020年，马克思主义新闻出版观栏目刊发的主要论文有《深解"四力"，建构网上网下同心圆》（第1期）、《马克思主义新闻观的研究范式》（第2期）等。这些文章时代性、思想性、学理性兼具，是对马克思主义新闻出版观研究的新拓展。

理论探索栏目刊载对出版理论研究和出版产业发展具有重要影响的新理论、新观点、新视角的创新性理论研究文章，涉及出版业的战略规划、制度设计、政策环境、服务平台、技术手段、人才培育等各方面研究的理论探索成果。刊发的主要论文有《编织意义之网：论作为表达的出版》（第7期）等。

产业论坛栏目深度探讨我国出版发行企业体制、机制改革的大势；关注出版发行企业转企改制中先进的经验等；推介出版发行企业市场化运作的创新理念与构建的新型模式。刊发的主要论文有《后疫情时代我国出版业面临的变化预测与应对》（第6期）、《"十三五"以来的出版学研究》（第10期）等。

数字出版栏目兼重数字出版领域的基础理论与产业实践，及时介绍与阐释数字出版领域的新知识、新概念、新技术、新思维、新模式、新动向；特别关注在媒体融合背景下，传统出版企业在数字化转型方面的探索与实践成果；剖析国内有特色及典型意义的实战案例，力图为行业发展提供方向性、指引性的参考。主要刊发的论文有《作为生产机制的平台：对数字内容生产的多案例研究》（第2期）、《媒介融合与出版进路》（第12期）等。

编辑理论与实践栏目主要刊载研究编辑基础理论、探索编辑活动规律及编辑实践管理的创新性研究文章。所刊文章要具有理论性、实用性、前沿性，以及对编辑学研究及学科建设的指导性。刊发的主要论文有《发现陈翰伯——陈翰伯与当代出版史研究再认识》（第1期）、《浅析融媒体时代图书编辑"四力"理念的实操与细分》（第4期）等。

市场与营销栏目旨在探讨我国出版物发行企业体制、机制改革的大势；关注发行企业在市场化运作中的创新理念；推介发行企业在营销各个环节中构建的新型模式；紧扣出版物发行业务主题，多角度、多层面探讨出版物市场营销、人才培养、技术创新等方面议题。刊发的主要论文有《"云端"之上：实体书店的现实困境、存在价值与发展方向》（第8期）等。

期刊研究栏目反映期刊媒体相关研究成果，涵盖内容包括期刊媒体的发展及趋势研究、期刊编辑出版研究、期刊经营管理研究、优秀期刊与期刊人研究等。刊发的主要论文有《乡村振兴战略下农村科普期刊创新发展探析》（第1期）、《科技期刊创新生态圈构成、特征及运行机制研究》（第4期）等。

出版法苑栏目刊发的主要论文有《欧美数字出版的区块链创新治理实践启示》（第5期）、《制度演进与社会变迁——中国新闻出版立法的百余年历史回勘及评析》（第8期）等。

走出去栏目关注我国图书、数字出版物等的版权输出；研究"走出去""一带一路"等在版权贸易领域的落实，包括出版传媒企业的海外并购重组、跨国战略合作等，"丝路书香工程"的开展实施；探讨提升中华文化软实力，提升出版企业的国际化运营能力，促进国内市场与国际市场两个市场的融合。

刊发的主要论文有《澜湄区域网络文学产业合作联动发展研究》（第5期）、《中国英文学术期刊走出去的现状、发展与挑战》（第6期）、《从人文社会科学图书海外传播看中国对外话语体系构建》（第12期）等。

二、其他

在学术传播方面，该刊利用"出版发行研究"微信公众号，对刊载的优秀文章进行推介，扩大论文的社会影响力。

《出版发行研究》杂志社承办了2019年、2020年中国出版创新年会。年会由中国新闻出版研究院、广西出版传媒集团联合主办，主题分别是"坚持高质量发展 推动文化繁荣"和"出版创新与出版融合"，通过深入学习贯彻习近平总书记关于"推动高质量发展"和媒体融合发展的系列重要论述，共同探讨出版深度融合发展的路径与方式、机遇与挑战，加快构建融为一体、合而为一的全媒体出版传播格局，着力提升优质内容的传播力、引导力、影响力和公信力，推动出版融合不断跨出新步伐、迈上新台阶，实现出版高质量发展。

组织人员构成方面，《出版发行研究》编辑部现有责任编辑4人，均为新闻出版类专业硕士研究生及以上学历，市场发行部2人、版式设计1人。编委会现有编委28人，不定期召开编委会、办刊研讨会，为刊物发展把脉献策，促进杂志决策的科学化、专业化。

该刊为月刊，大16开，每月中旬出版。

供稿：《出版发行研究》编辑部

《国际新闻界》

一、期刊简介

《国际新闻界》(Chinese Journal of Journalism & Communication, CJJC)是由中华人民共和国教育部主管、中国人民大学主办的新闻传播学综合性学术月刊,刊载国内外新闻传播学各领域理论和应用研究的原创性成果。该刊是新闻传播学科唯一的国家社科基金首批资助期刊、全国中文核心期刊、全国新闻核心期刊、中文社会科学引文索引(CSSCI)来源期刊之一。1961年4月创刊,前身为内部资料《国际新闻界简报》,1981年3月公开发行。最初为季刊,2006年改为月刊。

研究内容包括新闻传播史论、大众传播业界、广播影视、编辑出版、广告、公共关系和传媒经济的各种理论与实践问题,网络信息传播、传播科技的各种现象和问题,以及与传播相关的跨学科领域的研究,成为"大传播"所有领域各种研究课题的探讨空间和研究成果的发表园地。自1999年起,《国际新闻界》正式实行来稿同行专家匿名审稿制度。2010年,《国际新闻界》网站和在线投稿审稿系统正式开通,实现投稿和审稿的数字化管理。

截至2020年年底,该刊共出版42卷、314期。2020年,《国际新闻界》共出刊12期,刊登107篇文章,约161万字。

二、内容建设

2020年,《国际新闻界》坚持以习近平新时代中国特色社会主义思想为指导,自觉承担起"举旗帜、聚民心、育新人、兴文化、展形象"的使命任务,牢牢把握正确舆论导向,加大专题策划力度,在引领新闻传播学科研究前沿上发挥了重要作用。

全年共推出11个专题,分别为"2019年中国的新闻传播学研究"(2020年第1期)、"平台资本主义研究"(2020年第2期)、"老年传播研究"(2020年第3期)、"列宁主义研究"(2020年第4期)、"媒介哲学研究"(2020年第5期)、"短视频研究"(2020年第6期)、"算法研究"(2020年第7期)、"谣言传播研究"(2020年第8期)、"明新工程"(2020年第10期)、"媒介物质性"(2020年第11期)、"网络亚文化研究"(2020年第12期)。其中,"老年传播研究"专题组织了5篇文章:《中国家庭三代数字反哺现状及影响因素研究》(周裕琼、丁海琼)、《数字反哺与群体压力:老年群体微信朋友圈使用行为影响因素研究》(李彪)、《城市老年人的智能手机使用与实现幸福感:基于代际支持理论和技术接受模型》(贺建平、黄肖肖)、《融入与"断连":老年群体ICT使用的学术话语框架分析》(方惠、曹璞)、《微信老年用户的健康信息采纳行为研究》(王蔚),从不同面向探讨老龄化社会的重要传播议题,凸显了该刊的人文关怀和社会责任。

《国际新闻界》结合马克思主义原理及理论界最新动态,进行了不同维度和不同形式的探讨。该刊在2020年度刊载《马克思早期新闻思想及其时代性——〈评普鲁士最近的书报检查令〉再解读》(徐梦菡、李彬,2020年第9期)、《"集体的组织者":一条列宁党报语录的百年政治文化旅行》(刘继忠,2020年第10期)、《建国70年报刊史书写中共产党报刊入史的演进研究》(黄春平,2020年第9期)等文章,拓展了当前马克思主义新闻观的研究内容。

同时,该刊以"名家访谈"栏目,不定期刊载介绍本学科具有较高理论价值和学术价值的新作,相继推出有《物质性与流动性:对戴维·莫利传播研究议程扩展与范式转换的考察》(王鑫,2020年第9期)、《论中国传播史研究的想象力与典范性探索——评〈华夏传播新探:一种跨文化比较视角〉》(姚锦云,2020年第10期)、《谨慎对待城市"公私合营"与公共数据私人控制——评〈数字化世界的智慧城市〉》(徐偲骕、洪婧茹,2020年第10期)。

《国际新闻界》注重展开学术争鸣,呈现多元观点。2020年度"争鸣与探讨"栏目,刊载孙凝翔、韩松《"可供性":译名之辩与范式/概念之变》(2020年第9期),赵曙光、吴璇《大数据:作为一种方法论的追溯与质疑》(2020年第11期)等文章,这一形式受到读者欢迎。

三、影响力建设

2020年12月17日,在中国知网公布《中国学术期刊影响因子年报(人文社会科学)2020版》中,位于Q1区的"信息与新闻出版学"的13种期刊中,《国际新闻界》位居第一。"国际新闻界"微信公众号在2020年度南京大学中国人文社会科学综合评价研究院公布的《C刊微信公众号传播力年榜》的所有社科期刊中位列第八。

论文视频化成为当前《国际新闻界》编辑部在扩大学术影响力方面的重要创新举措,它拓展了研究成果的呈现形式,符合当下视频化发展的趋势与潮流。自2020年起,《国际新闻界》开办"可以听的讲座",推出《打王者荣耀究竟会不会影响玩家的历史观?》《计算模拟和人造社会——关于ABM和莫尔国的故事》《窥探欲望互联网——中国网络空间的色情文化变迁史》《我拍故我在 我们打卡故城市在——抖音城市短视频何以不同》等线上公开讲座。通过邀请作者详细讲解所写论文的研究与写作过程,让研究成果更为形象化和生动化,满足了广大科研工作者的需求。

该刊注重青年学者的培养,主要体现在三个方面。一是在发稿方面,只看论文质量,不问作者是谁(匿名评议);编辑部掌握作者的情况,对年轻作者的来稿,若具有一定的学术价值或应用价值,均请审稿专家给予指导,经反复修改,给予尽早发表。二是与新闻传播学科四大学术期刊联合评选优秀论文，聘请海内外著名学者做匿名评审专家。三是在全国范围内（部分延伸至海外华人学者），邀请一批学术上有突出成绩的年轻学者担任该刊的外审专家。同时，不定期地通过学术茶座、学术沙龙、工作坊，以及网络系统（稿件处理互动平台）和电邮等方式，请他们为该刊献计献策。

该刊在线投稿网址：http://cjjc.ruc.edu.cn；电子信箱：gjxwj@ruc.edu.cn。

该刊每月23日出版，单价48元/期，全年价576元。全国各地邮局均可订阅，邮发代号82-849。

供稿：《国际新闻界》编辑部

《全球传媒学刊》

《全球传媒学刊》创刊于2014年，是由教育部主管、清华大学主办的正式学术期刊，季刊，清华大学新闻与传播学院承担期刊的学术组织工作，清华大学出版社承担期刊的出版发行工作，是新闻学与传播学的学术理论刊物。截至2020年年底，共出版7卷25期。2020年，《全球传媒学刊》共出刊4期，刊登学术论文44篇，约52万字。

一、内容建设

2020年，该刊继续加强栏目策划，刊载优质论文，应对前沿问题和重要理论问题，围绕重要的节点进行了策划和约稿。

第一期策划专栏年度研究"综述"，《技术迭代下传媒经济发展的基本维度与未来趋势——2019年中国传媒经济研究的热点与前沿分析》《2019年中国新媒体研究的八大议题》《2019年智能传播的八个研究领域分析》《粉丝研究流变：主体性、理论问题与研究路径》四篇论文分别对2019年传播研究的四个学科领域或特定研究主题进行了梳理和总结。

作为对这场仍在世界各国快速蔓延的世纪病毒之殇的回应，在疫情暴发、武汉封城不久，编辑部也联系了部分学界同仁，邀请他们就疫情下的传播与社会问题进行研究，形成了一组专稿，这便是第一期的"疫情与传播"专题。这组专题由三篇论文组成：《公众在重大疫情暴发初期的风险感知差异——新型冠状病毒肺炎健康信息采用的影响机制研究》《生命叙事：新冠肺炎疫情中的流言与武汉市民的集体行动》《媒体在流行病暴发事件中的干预作用：基于传染病模型理论和新型冠状病毒疫情案例的分析》，以不同的视角和研究方法考查了疫情背景下公众对健康信息的关注，媒体在应对突发公共卫生事件中的干预作用及其效果评估等。

第二期策划"疫情与传播思想史"专题，由《社会减速与媒介时间性》《传播与媒介研究的死亡盲点：一个生存媒介研究的视角》

两篇文章构成，把它放在新冠肺炎疫情这个当下"浓墨重彩"的时代背景下，以时间这一"思想史"中的核心要素为线索，来贯穿媒介、社会和个体生存之间的关系认知。

第三期策划"中国特色新闻学"专题。中国特色新闻学是该刊持续关注的研究方向，这些年来每年都组织专题进行深度探讨和实践总结，是该刊立足本土、面向全球关注不同国家和社会中丰富多彩的新闻传播实践和理论创新的自然选择。此专题由以下四篇论文组成：《中国特色新闻学教育的特色与路径：中美比较的视角》《范敬宜与当代中国新闻人才观——纪念范敬宜逝世十周年》《以媒介作为方法：关于中国新闻传播研究发展路径的对话》《社会主义与乡村：重构中国新闻传播学的起点》。

第四期策划"文化走出去"专题，有《全球传播与政治经济学的互构与重校：一种传播思想史的理论评述》《媒介接触、价值观与中国在非洲影响力评价》《中国影视剧海外社会化媒体传播模式分析：以〈延禧攻略〉为例》《跨文化传播视角下〈流浪地球〉国际媒体传播效果及策略研究》等四篇论文。这组文章以"当前我国对外传播面临的挑战和陷入的困局"作为立论的基本现实背景，思考我国对外传播工作如何在理论和实践上进行策略性调整，探索从"跨文化传播"到"转文化传播"的可能途径。四篇论文在理论和实证方面各有侧重，精彩纷呈。

二、社会评价

该刊2018年成为国家哲学社会科学学术期刊数据库（NSSD）收录期刊；2019年成为中国社会科学引文索引（CSSCI）扩展版来源期刊，学界关注度持续上升。

2020年，该刊发表的文章被人大复印报刊资料、《新华文摘》全文转载十余篇。该刊利用"全球传媒学刊"微信公众号，每月按时推出封面和目录篇目，推介当期文章和往期相关文章回顾，在学术圈内具有较好的传播度和影响力。

除重点策划专栏以外，其他常设栏目"传播与科技""传播与社会变迁""国际传播""学术对谈"等也持续刊载优质的稿件。值得一提的是，2020年度发表的文章中包括多篇在读硕士研究生或博士研究生的精彩之作，这也体现了该刊对前辈后学一视同仁之选稿用稿原则。

《全球传媒学刊》力求成为思想性和学术性并重的学术刊物，以此为国内新闻传播领域的学科发展和学术共同体建设作出自己的一份努力和贡献。

学刊在线投稿网址：http：//qqcm.cbpt.cnki.net；电子邮箱：gmj2014@tsinghua.edu.cn。

该刊由清华大学出版社期刊中心统一发行。

供稿：《全球传媒学刊》编辑部

《现代传播（中国传媒大学学报）》

《现代传播（中国传媒大学学报）》（以下简称《现代传播》）创刊于1979年9月，是由教育部主管、中国传媒大学主办的专业性学术期刊，系国家社科基金资助期刊、教育部"名刊工程"入选期刊、全国高校社科名刊。创刊40多年来，《现代传播》培育滋养了一批批学界名家和传媒精英，有力推动了中国大众传播事业发展和传播学术进步，是反映我国新闻传播学术前沿、传媒艺术潮流趋势的重要载体。

《现代传播》长期坚守"学术性、思想性、时代性"的一贯标准，持续为传媒与影视行业、高校师生和广大读者奉献权威观点、前沿思想和新鲜个案，努力争创具有国际影响力的传媒学术一流名刊。

《现代传播》主编为隋岩教授，副主编为张国涛研究员、潘可武研究员，编辑部主任为刘俊教授，责任编辑为杨旭东研究员，特约编辑为张毓强教授。

近年来《现代传播》所获期刊的荣誉奖励如下。

——国家社科基金资助期刊（优秀级别）
——教育部"名刊工程"入选期刊
——全国高校社科名刊
——中文社会科学引文索引（CSSCI）来源期刊
——全国中文核心期刊
——中国人文社会科学核心期刊
——RCCSE中文权威学术期刊（A+级）

2020年《现代传播》开设了如下栏目：本刊专稿、传媒观察、传播文化、新闻学与传播学、繁荣哲学社会科学前沿、专题研究、传媒艺术、纪录片研究（含个案研究）、传媒经营与管理、新媒体研究、传媒教育。

《现代传播》唯一指定投稿邮箱为journalcuc@163.com，编辑部从未委托任何除编辑部之外的网站、平台、机构和个人代理投稿、收稿、审稿、刊发工作。《现代传播》一律不收取任何刊发费用。《现代传播》来稿如拟录用或需要修改再审，一律仅由编辑部同仁联络作者修发事宜，严格实行"四审四校"制度。

《现代传播》联系地址：北京市朝阳区定福庄东街1号中国传媒大学22信箱44号楼205A学报《现代传播》编辑部（邮编：100024）。联系电话：010—65779586。

供稿:《现代传播》编辑部

《新闻大学》

《新闻大学》于1981年5月在上海创刊,是由教育部主管、复旦大学主办、复旦大学新闻学院主编的新闻学术刊物。自1999年起,对投稿稿件实行专家匿名评审制度。创办初期为季刊,2012年起改版为双月刊。改版后,期刊版式、引文注释等都作了更新和规范。2019年正式改为月刊,年底启用网上投稿系统。2020年,投稿系统经调试,组成了近百人的网上系统评阅人专家队伍,日常运营日趋完善,整个编辑流程更加科学、严谨、顺畅,编辑出版能力进一步提升。刊物以学术水平为稿件评判标准,坚持同行匿名评审制度,保证了刊物的出版质量,在新闻传播学术领域有较大影响,被许多高等院校列为新闻传播类论文权威期刊。

该刊始终秉持"新闻传播融合、理论实践结合、科研教育并重"的办刊宗旨,以"大学之道,在明明德,在亲民,在止于至善"作为办刊理念。主要读者对象为新闻院校的师生、新闻学研究者、有志于理论探索的新闻从业人员和广大新闻爱好者。

《新闻大学》多年来被评为国内新闻传播类核心期刊,是中国人文社会科学期刊AMI综合评价(A刊)核心期刊、中文社会科学引文索引(CSSCI)来源期刊、北大中文核心期刊、中国人文社会科学论文与引文数据库首批来源期刊、RCCSE中国核心学术期刊(A类)、人大复印报刊资料的核心来源期刊。历任主编有王中、徐震、夏鼎铭、姚福申、黄芝晓,现任主编为张涛甫。

2020年,刊发论文100篇、卷首语12篇,其中90篇为自由来稿,万字以上的论文约为95篇,总字数160余万字。2020年,该刊入选中国科技核心期刊(社会科学卷)名录;"本刊特稿"栏目入选2020年华东地区期刊"优秀栏目"。

一、内容建设

2020年,《新闻大学》继续坚持正确舆论导向、办刊方向,强化社会责任感,加大选题策划力度,着眼学术界重要研究议题,继续办好新闻理论、传播学、新闻业务、新闻史、广播电视、媒介经营管理、新媒体研究、新闻教育等栏目,在继承和保持复旦大学新闻学院史论结合传统的同时,关注新闻传播领域研究新动向、新理论、新方法,特别是具有跨学科视野的创新性研究。办刊水平在原有基础上有了新的发展。

在习近平新时代中国特色社会主义思想、马克思主义理论及年度重大主题等方面,在新闻理论、新闻史、新闻业务等多个栏目刊发多篇论文——《中国特色新闻学本体论话语的历史变迁与价值体现》《传播网络与跨圈层传播:中国主场外交的国际传播效果研究》《中国重大主题新闻对外传播的受众影响机制研究——基于海外受众调查的SEM模型建构》《智能化背景下"中国故事"叙事模式创新研究》《试析列宁社会主义建设时期的新闻思想与政策实践——为纪念列宁150周年诞辰而作》《永远的导师 卓越的典范——纪念恩格斯诞辰200周年》《论恩格斯新闻思想的理论内涵及其实践基础——纪念恩格斯诞辰200周年》《论〈新莱茵报〉的中文编译》《新中国70年新闻传播学发展的回顾与展望》《从"媒介革命"到"革命媒介":延安新秧歌运动再考察》《英国文化马克思主义与二战后媒介研究的生成》《信息化社会生产与数字劳动异化——对马克思"异化劳动理论"的当代阐释》等,丰富了相关研究。

在年度重大主题出版方面,刊发了有关疫情方面的研究论文多篇。这些论文从不同侧面展现了全国上下众志成城、科学抗击疫情的面貌。有些研究专门探讨了主流媒体在疫情防控中的作为与做法。如《关于我国抗击新冠肺炎新闻发布的实证研究——基于九省区市新闻发布的实证分析和若干对策建议》《政治沟通视野下政务微博辟谣效果研究》《公共危机下新型主流媒体的广告图像传播——基于〈人民日报〉微信公众号的探索性考察》《新冠肺炎疫情语境中多元媒介的微博话语表达》《融合与分化:疫情之下微博多元主体舆论演化的时序分析》等。此外,2020年度还刊发多个公益广告,设计制作多期抗疫封面。

在专题策划方面,2020年策划了如下专题:算法与信息茧房(第1期);智能广告(第2期);抗击新冠肺炎疫情(第3、第10期);建设性新闻(第6期);平台与人工智能(第7期);民族志与日常生活(第8期);新闻教育(第9期);恩格斯新闻思想(第11期)。刊发了《嵌入乡土的"微信社区"——基于一个白族村落的研究》《嵌入式传播:网络语言在日常生活中的实践与再生产》《他山之石:从"建设性新闻"看我国新闻传播理论和实践的创新发展》《建设性新闻的冷思考:中西语境、理论风险与实践误区》《深度造假:人工智能时代的视觉政治》《在线众包平台的运作机制和劳动控制研究——以亚马逊土耳其机器人为例》《学习、生成与反馈:基于动觉智能图式理论的广告智能创作》《智能广告的程序化创意及其RECM模式研究》《"信息茧房"在西方:似是而非的概念与算法的"破茧"求解》《算法驯化:个性化推荐平台的自媒体内容生产网络及其运作》等在新闻传播领域有一定前沿性或跨学科性质的论文,促进了新闻传播学与其他学科的交流互动。

在传播学研究方面,刊发的论文有《未来传播视野下内容范式的三个价值维度——对于传播学一个元概念的探析》《永久在线、永久连接:移动互联网时代的生活方式及其影响因素》《网络群体传播背景下的信息扩散——基于新浪微博数据的定性比较分析(QCA)》《弗洛姆的"人本主义"传播思想及其启示》《反还原论与媒介哲学:哈曼的"物向本体论"初探》《城市新移民社交媒介使用与社会责任认同的关系——基于上海样本的实证研究》《中国重大主题新闻对外传播的受众影响机制研究——基于海外受众调查的SEM

模型建构》《风险感知与自我效能的正和博弈：基于 ELM 模型的健康类信息搜索行为影响因素研究》《人们为何相信不实信息：科学传播视角下的认知偏差与信息鉴别力研究》等。

在新闻业务研究方面，刊发的论文有《自媒体时代虚假新闻的话语空间生产与修辞研究——基于 2010—2018 年的 81 个虚假新闻文本的分析》《数字化环境下的新闻"去专业化"研究——基于 2018 与 2012 年我国报纸新闻的比较内容分析》《智能化背景下"中国故事"叙事模式创新研究》《什么在影响新闻学子的职业选择？——基于职业动机和行业环境感知影响的分析》等。

在新媒体研究方面，刊发的论文有《乡村社会的另一种"凸显"——基于抖音短视频的思考》《新闻算法推荐的信息可见性、用户主动性与信息茧房效应：算法与用户互动的视角》《新媒体赋权与农民工城市化发展的个案研究》《抖音观看情境下的用户自我认识研究》《微博平台媒介间议程设置研究——基于 2018 年舆情热点事件分析》《越可信越验证：移动端用户验证信息的动因探究》《环境倡导的差异：垃圾分类政策的政务微信传播策略分化研究》等。

在媒介经营管理研究方面，刊发的论文有《新媒体产业资本流通与价值转移的影响机制研究——以网络视听行业为例》《网络用户自主权的价值结构解析与实践案例研究》《我国传媒上市公司并购绩效影响因素的实证研究》《模糊的算法伦理水平——基于传媒业 269 名算法工程师的实证研究》《价值共创与协同创新：基于智媒时代价值平台网络的商业模式创新研究》等。

此外，在新闻理论、新闻史、新闻传播法、媒介文化、新闻传播教育、广告与公共关系等方面，刊发的论文有《关于新闻传播共同体构建的对话》《"漂绿广告"的发生机制与管理失灵研究》《论民国时期外国驻华记者与中国记者的合作与竞争》《20 世纪下半叶中国电视纪录片创作观念流变研究》《试论网络传播秩序治理的刑法界限》等。

二、出版管理制度建设

在日常的编辑流程管理中，坚持"三审三校"制度，对刊登稿件进行政治上把关，把握正确政治导向。为保证"三审三校"制度落到实处，《新闻大学》编委会和编辑部有针对性地制定了符合《新闻大学》期刊工作需要的编辑流程。流程着眼于两个方面——为保证期刊内容政治导向正确、论文内容质量过硬，严格执行"三审三校"制度，各个环节均由符合要求、有编辑审读资格的人员担任；为保证期刊专业学术水准，严格执行同行专家匿名评审制度。两个环节紧密融合在一起，共同保证了"三审三校"制度的实施和学术水平的提升。

通过规范流程提升办刊水平，吸引更多优秀作者，提高期刊整体影响力。2019 年 1 月由原来的双月刊改为月刊，工作节奏加快，论文刊发时间大大缩短。月刊模式的启动，虽然增加了工作量，但是在全国的新闻传播学界和业界均产生积极影响，吸引了更多优秀作者和高质量的稿件。2019 年年底，网上投稿系统的投入使用，改变了过去邮箱投稿中存在的不少弊端,使得整个编辑流程更加"可视化""透明化""规范化"。此外,同时开通《新闻大学》微信公众号,将每一期的重要论文,通过公众号二次传播,进一步扩大了期刊影响,同时也进一步拉近了与学术界的距离,密切了与核心作者的关系。

三、社会影响及学术论坛

2020年发表的论文,在学术界和同行中产生较大影响,被转载论文16篇。包括《新闻与传播》(人大复印报刊资料)转载11篇;《新华文摘》纸质版转载2篇,《新华文摘》网络版转载2篇;《中国社会科学文摘》转载2篇;《社会科学文摘》转载1篇。其中,李良荣、辛艳艳的文章《从2G到5G:技术驱动下的中国传媒业变革》同时被《新华文摘》《中国社会科学期刊》《新闻与传播》三家期刊转载。期刊论文转载率及综合影响力在新闻传播学术类刊物中排名居前。

2020年7月,"复旦光华·新闻传播学主编论坛"(线上)在复旦大学新闻学院举行。来自《新闻与传播研究》《国际新闻界》《现代传播(中国传媒大学学报)》《新闻记者》《新闻界》《编辑之友》等专业期刊的近二十位主编参加此次论坛。论坛以"新闻传播学知识创新与范式转型"为主题,探讨了新闻传播学期刊如何扮演积极角色,促进新闻传播学的知识创新与范式转型。与会主编们就新闻传播学学术研究的中国学派达成了以下共识:学术研究要有问题意识,要立足中国现实发展;既要有思想、有识见,也要与新闻传播实践紧密结合,对行业发展的现实进行理论回应。要实现上述目标,需要尽快建立一套较为统一的学术标准,推动专业共同体的建设,在良好生态的基础上实现学术创新。会议新闻稿《十家学术期刊云端对话,"复旦光华"新闻传播学主编论坛举行》发表于澎湃新闻。

该刊网上投稿系统:http://devjava.odb.sh.cn/fudanNews/client/contribute.html;电子信箱:xwdx@fudan.edu.cn。

该刊每月30日出版,自办发行,期刊以印刷品方式邮寄。

供稿:《新闻大学》编辑部

《新闻记者》

2020年,《新闻记者》共出版正刊12期,全年刊登学术论文105篇,约180万字。

2020年该刊的"马新观研究"专栏,继续推出一批有理论深度,有广泛影响的论文。包括《意义与局限:论列宁的苏维埃报刊思想》《中国主流媒体面临的新环境、新形势、新任务》等。

该刊特别关注新冠肺炎疫情下媒体的表现和受众对媒体的使用情况,组织了一批高质量的特稿专稿,如《"看见"的力量——透视疫情报道与国家治理能力现代化》《合理信赖与合理怀疑——从新冠肺炎事件看媒体应如何报道官方通报》《社交媒体与疫情：对公共卫生事件的预测、沟通与干预》《新冠疫情下中国公众的知与行——基于"全国公众科学认知与态度"调查的实证研究》《论感知的媒介——兼析媒介融合及新冠疫情期间的大众数字传播实践》《新冠中的非典往事：历史类比、记忆加冕与瘟疫想象》《#看见女性劳动者#：新冠疫情中的女性自媒体与话语行动主义》《新冠疫情中的媒体与公众注意力研究》《媒介接触对传染病疫情不确定性感知的影响——风险感知的中介作用与情绪反应的调节作用》。

该刊紧密追踪县级融媒体建设问题，发表了《技术装置"多棱镜"：国家治理视阈下的县级融媒体中心建设研究——基于71篇县级融媒体中心挂牌新闻的分析》《从大喇叭、四级办台到县级融媒体中心——中国基层媒体制度建构的历史分析》《国家战略的地方路径：区县融媒体中心建设的上海探索——基于上海8个区级融媒体中心的实地调研与问卷调查》等论文。

新环境下新闻业的变迁，以及数字新闻环境下传播与舆论生态变化，是该刊重点关注的选题，在这方面刊发了比较多的文章。包括《数字新闻学：一种理论体系的想象与建构》《锚定常规："转型"与新闻创新的时间性》《融媒变革中新闻从业者的角色调适——基于某报集团组织变革的扎根研究》《数字新闻创新的变与不变——基于十家媒体客户端新闻与纸媒报道的对比分析》《再论作为"中介"的新闻》《开放的探索：事实核查实践与公共生活的相互依存——以"NJU核真录"为例》《从八卦到八卦新闻：起源、功能与争论》《自媒体话语实践中的观点极化与社会流瀑——对方方日记海外出版争论的个案分析》《互联网历史学的理路及其中国进路》《生活世界、实践与结构：〈做新闻〉中现象学社会学的内在理路与路径局限》《从知识论反思到生存论反思——传播学学科性质追问的历史路径与发展趋向》《从知识付费到知识服务：新媒体知识中介组织的正当性建构——基于罗辑思维的个案研究》《相同的选择，各异的心路历程——生命历程理论下的离职媒体人职业认同研究》《协商、整合与离散：阐释社群与媒体记忆实践——基于中国新闻界"三鹿事件"报道文章（2008—2019）的研究》《2020全球新闻传播新趋势——基于五大热点话题的访谈》等。

该刊突出前沿性，将风靡的网络游戏以及各种新型数字化生活所涉传播学问题纳入研究视野，刊发了《"肝动森"：休闲玩工的形成——对〈集合啦！动物森友会〉的数字民族志考察》《情感劳动的传播政治经济学批判——以L后援会为个案》《"消费者"·"玩家"·"玩工"·"生产者"——基于模组游戏〈我的世界〉的研究》《MMORPG网络游戏批判——关于游戏币以及游戏乌托邦的历史考察》《竞争、情感与社交：〈阴阳师〉手游的氪金机制与玩家氪金动机研究》《边缘的游弋：中国网络游戏代练者的日常生活实践》《游戏"幽灵"为何如影随形？——中小学生手机游戏成瘾的质性研究》《反向自我呈现：分手者在社交媒体中的自我消除行为研究》《"熟悉的陌生人"：网络直播中刷礼物与私密关系研究》《理解直播：按照传播逻辑的社会重构——试析媒介化视角下直播的价值与影响》《"底层"数字化生存的可能及其意义——基于"60后"下岗工人个体生命历程的考察》等论文。

由该刊组织课题组撰写的《2019年传媒伦理问题研究报告》《2019年虚假新闻研究报告》《2019年中国传媒法治发展报告》已经持续多年，获得很大的传播量，被多种传媒报告转载，也成为后续专题研究的基础材料。

在新闻史研究方面，该刊刊发了《洗耳恭听：媒介史书写中的"声音"问题》《张汉杰与〈楚报〉案：清廷与租界夹缝中的报人映像》《近代国民党体制内新闻人生涯比较研究——以董显光、陶希圣、马星野为例》《听觉媒介、声音和民族—国家的建制——国民党党营广播和国语实践（1928—1937）》等论文。

"传媒对话"栏目刊发学术对谈类的文章，包括《数字文化研究的开放视野与问题意识——宾夕法尼亚大学安纳伯格传播学院杨国斌教授访谈》《"未来新闻"与美国媒体民主化改革——传播政治经济学学者维克托·皮卡德（Victor Pickard）教授访谈录》《政治、历史与比较视野下的新闻业——美国爱荷华大学戴维·瑞夫（David Ryfe）教授学术访谈》等。

"传媒法治"栏目刊发了《略论治理网络谣言的行政处罚》《谣言传播犯罪中的法益侵害——以谣言传播犯罪三种主要罪名及案例为视角》《新闻报道、舆论监督行为人的"合理核实义务"研究——基于〈民法典〉第1025条和1026条的释读》《〈民法典〉在新闻侵权抗辩事由上的探索与创新》《〈民法典〉个人信息保护条款解读及其对新闻报道的影响》《〈民法典〉中新闻侵权责任方式的创新与适用》《新闻侵犯名誉权的过错归责原则与证明责任分配》等论文。

"传媒随笔"栏目继续连载彭增军以媒体融合为主题的学术随笔。

在学术成果评价方面，该刊多篇论文获得中国新闻史学会颁发的各种奖项。

在学术传播方面，该刊利用"新闻记者"微信公众号，推出论文全文，以及新闻传播学术信息等。

该刊投稿邮箱：xwjz@sumg.com.cn。

供稿：《新闻记者》编辑部

《新闻与传播评论》

《新闻与传播评论》2018年正式出版发行，其前身是发轫于1930年的学术期刊《国立武汉大学文哲季刊》和创办于2000年的学术集刊《新闻与传播评论》。刊物为双月刊，由教育部主管，武汉大学主办，国内外公开发行。截至2020年年底，共出版73卷371期。

刊物传承并贯通武汉大学王世杰校长在《国立武汉大学文哲季刊》《创刊弁言》阐明的一种融学术、文化、交流于一体的期刊精神。刊物以学术为志业，保持开放的视野，关注国内外新闻传播的前瞻性、前沿性理论与实践，开展国际对话，深化学术交流，促进新闻传播学科的发展。刊物现为国家哲学社会科学学术期刊数据库收录期刊、中国人文社会科学引文索引CSSCI（扩展版）来源期刊、中国人文社会科学引文数据库来源期刊等。2020年被湖北省期刊协会授予"湖北省最具影响力学术期刊"（10种人文社会科学期刊之一）。现任主编为姚曦教授。

2020年，《新闻与传播评论》共出版6期，全年刊登学术论文66篇（不含卷首语），约140万字。一年来，刊物以习近平同志系列重要讲话精神为引领，以国家新闻出版署、教育部有关文件精神为指导，重点办好马克思主义新闻观、新闻传播学、媒介化社会、广告与媒介经济、传播与文化、跨文化传播、新闻传播史等栏目，不断强化选题策划，精心编排优秀论文，注重凸显论文的意识形态引领和学术引领，尤其注重培养年轻学人，在期刊建设与发展、竞争力与影响力提升等多方面做了一系列工作。

一、进一步规范办刊

努力克服突发公共卫生事件在武汉暴发造成的各种不利局面，进一步强化网上投审稿流程，加强质量建设，完善全流程质量管控体制、机制，严格保证"三审五校"等编校流程，确保逢单月8日按时、优质、高效出版发行。

二、进一步加大投入

2020年度进一步加大投入，提高稿酬和审稿费，对有重要影响的作者、主持人等优稿优酬，吸引优质学者资源。2020年度学院投入30万元，人文社会科学研究院优秀期刊支持计划资助7万元办刊经费，优稿优酬，特别优秀的重点约稿文章实行"一字一元"的稿费标准，以吸引高水平作者，保障刊物的优质、高效出版发行。

三、进一步提升质量

通过"名家+专题"的方式进一步提升刊物的学术质量。2020年度出版6期，共刊发文章66篇（不含卷首语），其中一流学校高级职称学者的文章超过80%，基金论文比93.9%，用稿率在5%以下。在名家方面，先后约请赵月枝、吴予敏、胡百精、胡翼青、丁俊杰、童兵、喻国明、陈培爱、张昆、强月新、黄升民、李红艳、张兵娟等知名学者或撰写卷首语、或组织专题、或亲自撰写稿件。在专题方面，先后组织马克思主义新闻观、突发公共卫生事件、智能传播、电影、跨文化传播等方面的专题研究，进一步提升刊物的学术档次和学术影响力。

四、进一步集约办刊

借助刊物的平台力量，广泛利用一切可

以利用的资源,实行集约办刊,开放办刊。先后主办、承办、协办各级各类学术会议十余场。如主办校外编委学术论坛（12月）、学术期刊圆桌论坛（12月19日）；作为学术支持期刊,参与2020年4月11日中国传播创新论坛·云端对话第一场"历史大场景下的疫情传播：问题与方法"、9月19日举办的第二届"智能营销传播学术工作坊"、11月上旬在上海举办的"智能时代的广告教育变革高峰论坛""第三届智能科学与广告发展国际学术研讨会"、11月28日在华中农业大学举办的"2020突发公共事件中的科学传播创新论坛"、12月5日在武汉大学举办的"《跨文化传播研究》集刊发布与学术讨论会"、12月6日在华中师范大学举办的"第四届华中学术传播论坛"、12月12日在武汉大学举办的"第三届中国传播创新研究工作坊"等学术会议,进一步扩大刊物的学术影响和社会影响。

五、进一步凸显实效

积极推进刊物数字化建设,进一步做好自有网站、投审稿系统、微信公众号等建设,与中国知网、中国超星、万方、维普、国家期刊库等重要数据库建立良好的沟通与联系,依托这些知名数据库,进一步拓展期刊传播路径,实现"一次制作多维传播"的集约化、数字化传播。与此同时,强化专兼职编辑的业务培训和绩效评估,进一步提升编辑人员的学术素养和工作能力。

2020年度,在学校、学院的大力支持与编委会的正确领导下,在编辑部全体同仁的共同努力下,在全国相关专业学者的学术支持下,刊物的质量、口碑和影响大幅提升。根据中国科学文献计量评价研究中心和清华大学图书馆联合研制的《中国学术期刊影响因子年报（人文社会科学）2020年版》统计数据,《新闻与传播评论》综合影响因子在新闻传播类学术期刊位居第十,复合影响因子在新闻传播类学术期刊位居第七,期刊连续三年位于Q1区。

据不完全统计,2020年度,《新华文摘》《中国社会科学文摘》《新闻与传播》《社会科学文摘》等知名二次文献转载机构共转载该刊近20篇文章,转载量位居全国新闻传播类学术期刊第七,转载率为30%。

2020年度,刊物获得中共湖北省委宣传部期刊印装质量"省优期刊"、湖北省期刊协会"湖北省最具影响力学术期刊"等荣誉称号。

《新闻与传播评论》编辑部所有同仁愿张开双臂,和海内外学者一道,勠力同心,激荡智慧,携手探索,彼此成就,共同推动新闻传播学科的发展与繁荣,为国家的现代化建设竭忠尽智。

刊物投审稿系统：http：//www.whds.cbpt.cnki.net；联系电话：027—68754345；电子邮箱：xwycbpl@163.com。

该刊物逢单月8日出版,由中国邮政集团公司湖北分公司发行。

供稿：《新闻与传播评论》编辑部

《新闻与传播研究》

2020年,《新闻与传播研究》共出版正刊12期,增刊1期。正刊全年刊登学术论文85篇,约180万字。

《新闻与传播研究》始终以"代表我国新闻传播学研究最高水平、引领我国新闻传播学研究发展方向"为办刊宗旨。2020年,该刊坚持以习近平总书记系列重要讲话精神特别是习近平总书记在哲学社会科学工作座谈会上的重要讲话为引领,办好新闻学、传播学、新媒体、传媒经济、新闻传播法治、广告学、媒介分析、传媒文化、国际传播、新闻传播史等栏目,不断加强选题策划,注重理论与方法的引导,把期刊内容提高到一个新水平。

一、政治导向

2020年,《新闻与传播研究》始终坚持以马克思主义为指导,牢牢把握正确政治方向和学术导向,全面落实意识形态工作责任制,努力把刊物办成研究、宣传、阐释习近平新时代中国特色社会主义思想的重要阵地,办成马克思主义的坚强阵地。

为落实党管媒体主体责任,新闻与传播研究所成立了"党的意识形态工作领导小组"。领导小组每季度听取一次编辑部工作汇报,对刊物文章的意识形态倾向进行研判,确保所发文章正确的政治方向和学术导向。该刊在意识形态工作领导小组的指导下坚持"两手抓":一手抓正面宣传,及时刊发研究阐释习近平新时代中国特色社会主义思想的理论成果,深入分析每一篇拟用稿背后的意识形态含义;一手抓反面批判,组织学者撰写深入揭批资产阶级错误思潮的理论文章。

为加强刊物的马克思主义理论研究栏目建设,进一步提升我国马克思主义新闻观研究及马克思主义理论研究水平,2020年出版了以"《新莱茵报》的编译与研究"为主题的增刊。该增刊的出版对进一步提升我国马克思主义新闻观研究具有重要的理论意义和实践意义。

二、内容建设

(一)加强期刊内容建设,回应重大现实问题

"该刊密切关注重大现实问题,能够站在时代的前沿,呼应新媒体时代发展。"这是中国社会科学院科研局期刊审读专家2020年8月5日给《新闻与传播研究》的审读意见。

《新闻与传播研究》紧紧围绕新闻传播实践中的重大问题和热点问题,开展理论探讨和实证研究,为解决问题提出具有启示意义的对策措施。

先后推出了《网络谣言入罪的尺度与限度——以风险刑法为分析视角》(2020年第2期)、《谣言传播违法与犯罪的成立条件——

基于行政法与刑法相关制度比较的视角》（2020年第5期）、《我国新闻聚合版权司法的问题阐释与解决方略——基于比较法视角》（2020年第6期）等研究成果，它们中既有对新闻传播法治理论的研究，也有对规制路径建构的对策研究，在学术界反响良好。

还推出了《中国互联网使用对社会资本影响的元分析》（2020年第6期）、《新媒体接触对社会治理参与的影响研究——基于中国社会状况综合调查2013—2017年数据的实证分析》（2020年第7期）、《中国互联网治理模式的形成及嬗变（1994—2019）》（2020年第8期）等主题宏大、关注传播现实问题的理论成果。

尊重学术发展规律，不以"影响因子"论英雄。近年来，史学研究蔚成风气。尽管史学论文引用率低，影响期刊的"影响因子"，但是该刊不急功近利，而是尊重学科发展特点，为优秀史学论文提供平台。每期刊发1—2篇史学文章，在国内同类期刊中独树一帜。如《伟大的情感：近代报刊的"祖国"话语与意义争夺（1902—1927）》（2020年第2期）、《塑造国民智识：近代报刊"缺乏常识"话语的形成》（2020年第4期）、《新旧世界秩序中的"国际五四"——以〈大陆报〉〈字林西报〉为中心的考察》（2020年第5期）、《全面抗战时期中国共产党对日宣传再研究》（2020年第7期）等史学文章堪为佳作。

（二）参与并举办学术活动，做名副其实的"权威期刊"

1. 参与国际国内学术论坛，选载中外优秀学术成果

近年来，中国社会科学院新闻与传播研究所主办多次国际、国内重大学术会议，该刊积极参与其中，并从论坛中拔擢优秀论文。如由中国社会科学院新闻与传播研究所主办的"平台、技术与传播国际研讨会"、中国新闻史青年学者论坛等，从中发现新人，寻找好文章。

2. 第8次评选年度十佳论文，激励作者为人民做真学问

2013年起，《新闻与传播研究》首次举办了刊物优秀论文评选活动。评选活动旨在全国新闻与传播学界倡导"认认真真做研究、扎扎实实写论文"的良好学风，为学界树立榜样。评选活动由编辑部提名候选篇目，由该刊编委打分评定。每年评出优秀论文10篇，由编辑部给优秀论文作者颁发荣誉证书和奖金，每篇论文发放奖金2000元。这一活动受到学界的广泛好评，被誉为"这是目前国内为数不多的不需要申报的奖项"。2020年5月，该刊举行了第8次优秀论文评选活动。这一活动已经常态化、制度化，并成了期刊的品牌活动。

（三）期刊数字化传播成效显著，微信公众号订户达到"8万+"

在学术传播方面，该刊进一步完善"新闻与传播学术前沿"微信公众号，每月按时推出封面文章和目录篇目，摘录文章精华，推送内容提要。该刊还对期刊评出的优秀论文作者进行访谈，论文的社会影响力得到较大提升。截至2020年年底，微信公众号的订户达到"8万+"。

三、社会影响

2020年，期刊在继承中发展。《新闻与

传播研究》每期发文7—8篇，年度发文数量较为稳定，期刊的学术水准稳中有升。虽然代表性文章的学术原创能力有待提升，但是期刊仍保有较好的学术影响力和社会影响力。

（一）被期刊数据库评为最受欢迎期刊

2020年5月，《新闻与传播研究》荣获2019年国家哲学社会科学文献中心学术期刊数据库"新闻学与传播学"学科最受欢迎期刊。

（二）所刊论文在全国各级优秀论文评选中数量居同类期刊前列

在中国史学会主办的"新闻传播学会奖"中，首发于《新闻与传播研究》的获奖论文数量最多。

2020年，在第八届全国新闻传播学优秀论文遴选活动中，评委们通过对论文的深度阅读发现，《新闻与传播研究》评出的10篇优秀论文均可圈可点，于是主办单位决定将《新闻与传播研究》年度优秀论文视同全国新闻传播学优秀论文。

（三）期刊影响因子位居本学科前列

期刊影响因子一定意义上反映着期刊论文的引用、转载情况。据中国知网数据，《新闻与传播研究》2019版复合影响因子为2.743，综合影响因子为1.639，位居"文化理论/新闻事业类"核心期刊前列。

（四）期刊发行量逆势上扬

受纸张涨价及疫情等因素影响，2020年学术期刊纸刊发行量普遍下降，但据社会科学文献出版社期刊运营中心反映，《新闻与传播研究》是纸质期刊中少数几家发行量逆势上扬的期刊之一。

（五）期刊论文转载情况

《新闻与传播研究》刊发的文章主要被人大复印报刊资料和《中国社会科学文摘》转载。鉴于转载周期，2019年第1期至2020年第9期的转载情况如下：《中国社会科学文摘》转载3篇，人大复印报刊资料《新闻与传播》转载30篇，人大复印报刊资料《马克思列宁主义研究》转载1篇。

该刊在线投稿网址：www.xwycbyj.org；电子信箱：submit-jc@163.com。

该刊每月25日出版，由社会科学文献出版社期刊运营中心统一发行。

供稿：《新闻与传播研究》编辑部

《中国科技期刊研究》

一、概况

《中国科技期刊研究》是中国科学院自然科学期刊编辑研究会的会刊，由中国科学院主管，中国科学院自然科学期刊编辑研究会、中国科学院文献情报中心共同主办，是我国第一份面向全国的综合研究科技期刊学术理论与实践创新的专业性核心期刊，是中国期刊出版界有重要影响力的学术期刊。1990年2月创刊，最初为季刊，2000年改为双月刊，2014年改为月刊。截至2020年年底该刊共出版31卷215期（含7期增刊）。

该刊集学术前瞻性、理论系统性、应用规范性、实践指导性于一体，已经在学界业界形成了很高的影响和声誉，在引领学术前沿、促进学术交流、指导业务实践、培养专业人才等方面发挥了重要作用，取得了良好的社会效益，多次荣获国家、中国科学院各种奖项。从2014年起实现了全流程在线投审稿，双盲评审。目前主要栏目有论坛、数字出版、质量建设、编辑规范、管理与改革、评价与分析、能力建设等。该刊目前是《中文核心期刊要目总览》核心期刊、《中文社会科学引文索引》来源刊、中国科技论文统计源期刊、中国人文社会科学核心期刊、人大复印报刊资料重要转载来源期刊（2017年版）。历任主编为苏世生、许菊、言静霞、张晓林，现任主编为张薇，常务副主编为初景利。

2020年《中国科技期刊研究》共出版正刊12期。正刊全年刊登学术论文222篇，约231万字。

二、内容建设

2020年，对《中国科技期刊研究》而言是不平凡的一年。这一年，该刊克服疫情影响，以习近平系列重要讲话精神为指导，继续关注期刊出版业前沿趋势、把握研究热点、服务期刊业务实践，不断加强选题策划，加大学术内容的策划与组织。更加关注期刊质量建设，以质量赢得影响力，在推动科技期刊高质量发展方面取得了新成果。

该刊组织新冠肺炎疫情专题（2020年第3期），3篇论文分别为《浅析口腔医学期刊在新冠肺炎疫情防控中的作用与行动》《新冠肺炎事件中科技期刊的社会责任及应急响应机制》《学术期刊在突发公共卫生事件中的社会责任与思考——以新冠肺炎疫情为例》。全年共发表新冠肺炎相关论文9篇。体现期刊界、期刊人在突发公共卫生事件中的社会责任，起到了引导作用，使期刊界同仁认识达到了新高度。

该刊组织了创刊30周年纪念专刊（2020年第10期），专家们用新颖的观点、严密的逻辑、科学的方法、充分的数据、典型的案例、丰富的经验为读者呈现了一场学术盛宴。相关论文展示了新发现、新进展，提出了新问题、新观点，拓展了新思路、新方案，推出了新技术、新平台，探讨了新机制、新挑战，达到了新高度、新共识，体现了我国科技期刊界专家的大音希声、大象无形、大爱无疆。展示了业界期刊研究的最高水平，把期刊研究推向了一个新的高潮。

在专题建设方面，《关于深化改革 培育世界一流科技期刊的意见》的出台，极大地促进了建设世界一流期刊的研究，该刊也刊发了相应的专题（第7期），包括4篇论文，即《探索建设世界一流科技期刊之路——以〈中国科学〉杂志社19种期刊为例》《"双一流"建设和培育世界一流期刊背景下的农林高校期刊发展现状及启示》《建设世界一流科技期刊的策略——基于Nature、Science、The Lancet和Cell的分析》《利用人工智能技术培育世界一流科技期刊的策略研究》。这些文章从各个层面和角度对一流期刊进行了有益的探索与思考，对促进我国一流期刊建设有积极的启示。

在特别稿件方面，张薇主编为期刊撰写《走向一流科技期刊的挑战、责任与使命》《创造一流 走中国特色科技期刊发展之路》《新领域 新探索 新发展 新高度——中国科学院自然科学期刊编辑研究会副理事长兼秘书长、〈中国科技期刊研究〉主编张薇研究员访谈录》，分别刊发在第1、第1、第10期；常务副主编初景利等撰写了《学术期刊作者贡献声明规范建设与思考》（第10期）；肖宏编委撰写了《"双循环"战略视野下的科技期刊双语出版》（第9期）。

全年共推荐封面论文66篇，每期6篇（专刊除外）。其中包括中国科学技术信息研究所发布的《2018年中国科技论文统计与分析简报》（第1期）等。

三、期刊评价及其他

2020年，该刊作者在2020年中国高校科技期刊研究会优秀论著评选中，获得金笔奖的有7人（占比87.5%），银笔奖9人（占比56.3%），优秀奖11人（占比44%）。中国科技期刊卓越行动计划选育高水平办刊人才子项目——青年人才支持项目入选项目研究课题类30个项目负责人中，有28人是该刊的作者或审稿专家。

在学术传播方面，疫情期间，为了能尽快和准确传播成果，与中国知网的同仁签约优先出版、网络首发等事宜。继续利用"中国科技期刊研究"微信公众号（cas_cjstp），推送业界相关的主题内容和重要信息，提高期刊的影响力与显示度；与超星开展合作，扩大论文的社会影响力；与《科学文字社》达成授权协议，允许其联系该刊的发文作者，改写为微文在微信公众号发布。

在编辑出版方面，继续开展与"科云出版"的合作，表明对推动我国科技期刊集约化出版的支持；首次发布出版伦理声明，明确推出对创建良好学术生态的举措。

在培养人才方面，积极走出去，对青年编辑开展写作培训。同时，编辑部人员也获得了"全国青编赛三等奖"荣誉，获得"中国科技期刊卓越行动计划选育高水平办刊人才子项目——青年人才支持项目"支持。

该刊实行开门办刊，注重发挥全国编辑出版学界专家学者的学术把关作用。为鼓励专家高质量地为期刊审稿，与审稿专家保持良好的交流沟通，目前该刊的审稿专家有近200人。

该刊获得了中国期刊协会授予的"2020年中国精品期刊"新荣誉。在各大评价系统排行榜中名列前茅——北大（2/11），南大（3/15），知网（3/54），中信所（1/5）；是人大复印报刊资料重要转载来源期刊，RCCSE中国权威学术期刊（A+）。

该刊在线投稿网址：www.cjstp.cn；电子信箱：cjstp@mail.las.ac.cn。

该刊每月15日出版，单价48元/期，全年价576元。全国各地邮局均可订阅，邮发代号82-398。

供稿：《中国科技期刊研究》编辑部

高校学术概况

中国传媒大学新闻传播学科 2020 年学术发展概况

一、2020 年现任领导

校长	副校长	党委书记	党委副书记
廖祥忠	刘延平、刘守训、李新军、段　鹏	陈文申	姜绪范、王达品

二、2020 年新晋或引进教师（正高级）

姓名	职称	研究方向
和群坡	教授	新闻传播学
姬德强	研究员	新闻传播学
宋　凯	研究员	新闻传播学
涂凌波	教授	新闻传播学
王京山	教授	新闻传播学
叶明睿	教授	新闻传播学
詹新惠	教授	新闻传播学
赵树清	教授	新闻传播学
赵新利	教授	新闻传播学

三、2020 年新设学术科研机构

校级研究中心

名称	负责人	宗旨
中国传媒大学5G智能媒体传播与产业研究院	王筱卉	旨在通过联合中国传媒大学和中国电信的领域优势，将5G技术应用到媒体运营、内容传播、艺术创作、虚拟现实等多个方面，探索智能媒体未来发展形态。研究院将充分发挥科学研究、人才培养社会服务和国内外学术交流活动等功能，针对以下三个方向深入研究：基于智能融媒体理论体系和实践平台建设研究，探索和研究一套全新的基于云端的内容生产和传播模式，打造面向5G时代的智能融媒体平台；基于虚拟现实产业发展研究，通过打造5G VR实验室、5G媒体研究室，研发行业领先的产品软件，提供行业传输标准、白皮书、内容制作与运营标准、研究报告；基于5G条件下的内容生产研究，通过超高清的8K、VR、AR等技术，在新闻、影视剧或纪录片、游戏等领域，制作更多沉浸式内容产品，目前联合创作的纪录片《风物志》正在拍摄中。此外，研究院拟开设产业实验室，产出论文、白皮书、研究报告等学术科研成果；开展硕博人才培养，为产业发展培养先进人才；为高校教师提供科研平台，提高教师专业技能和科研能力

四、2020年所承担的国家级、省部级科研项目、课题

1.2020年新立项的国家级、省部级科研项目、课题

项目类型	项目名称	负责人
国家科技重大专项	智能融媒体学科创新引智基地	段鹏
国家社科基金重大项目	智能化背景下全媒体传播体系建设的理论与实践路径研究	段鹏
国家社科基金重大项目	重大舆情和突发事件舆论引导机制创新及应对策略研究	张树庭
国家社科基金重大项目	建立健全我国网络综合治理体系研究	高晓虹
国家社科基金重大项目	传播主体多元化的群体传播对网络行为与社会关系的影响研究	隋岩
国家社科基金一般项目	媒体融合背景下地方党刊在思想建党中的功能研究	张晓红
国家社科基金一般项目	十八大以来党史纪录片创作与传播路径提升研究	牛慧清
国家社科基金一般项目	重大突发公共卫生事件社交媒体传播评价体系构建及公众政治认同研究	王锡苓
国家社科基金一般项目	科学传播与国家媒体形象创新塑造研究	张雅欣
国家社科基金一般项目	协同治理视下互联网企业信息管理社会责任缺失与重塑研究	顾洁
国家社科基金青年项目	全媒体语境下移动互联网视听内容建设创新路径研究	武楠
国家社科基金艺术学重点项目	群体传播对网络叙事结构与文化思潮的影响研究	隋岩
国家社科基金后期资助项目	中国网络新世代的媒体社会学研究	吴炜华
国家社科基金后期资助项目	数字化时代世界性通讯社的权力体系研究	王润珏

续表

项目类型	项目名称	负责人
国家社科基金后期资助项目	信息弱势人群能力提升研究	叶明睿
国家社科基金后期资助项目	文化金融理论与实践	张苏秋
国家社科成果文库项目	网络语音与社会表达	隋　岩
教育部人文社会科学研究项目	1949—2019年《纽约时报》头版涉华报道的国家形象生成与话语传播机制研究	王晨燕
教育部人文社会科学研究项目	乡村老年用户对自媒体健康信息的接受和反应研究	熊　皇
教育部人文社会科学研究项目	智能化背景下中国传媒产业发展模式与路径研究：基于共生理论视角	王润珏
教育部人文社会科学研究后期项目	媒介融合背景下广播电视发展策略研究	段　鹏
文化名家暨"四个一批"人才工程项目	中国网络视听行业发展研究	王晓红
国家广电总局项目	5G条件下网络视听新业务管理研究	王晓红
国家广电总局项目	广播电视和网络视听行业人才战略综合评价体系研究	刘　昶
国家广电总局项目	媒介融合背景下中国重大主题的广播电视国际传播策略研究	陆佳怡
国家广电总局项目	融媒体时代谈话节目形态创新发展调查与研究	牛慧清
国家广电总局项目	协同治理视角下网络视听新业务治理体系建设研究	顾　洁
国家广电总局项目	社会治理视角下视听新闻评论的舆论引导力提升研究	李　舒
国家广电总局项目	关于全面小康和建党百年等主题重大题材创作的前瞻性研究	符绍强
国家广电总局项目	5G时代我国广电媒体融合发展的创新方向及政策建议	王　昕
国家广电总局项目	广播电视行业治理体系与治理能力现代化建设研究	赵如涵
外交部项目	推进中国在非话语权建设的传播策略研究	张艳秋
团中央项目	乡村青年网络"大V"的社交媒体使用与意见表达研究	曹慧敏
中国侨联项目	华侨华人与构建人类命运共同体研究	符绍强
中国侨联项目	新时代海外侨情演进与"大侨务"战略创新研究	刘　昶
中国侨联项目	美国华裔新生代认同建构研究	刘燕南
北京社科规划项目	北京城市传播与现代媒介变迁史	李　煜
北京社科规划项目	新时代中国贫困治理理念的国际传播研究	陆佳怡
北京社科规划项目	数据新闻发展现状与趋势研究：基于中外比较的视角	赵如涵
北京社科规划项目	社交机器人的虚假信息传播及算法治理研究	韩　霄
北京教育科学项目	智媒时代新闻传播人才培养模式创新研究	邹　欣

2.2020年结项的国家级、省部级科研项目、课题

项目类型	项目名称	负责人
国家社科基金一般项目	中国在非洲国家形象与影响力研究	张艳秋
国家社科基金一般项目	抗战时期中国共产党在对日宣传战中的中流砥柱作用研究	赵新利
教育部人文社会科学研究项目一般项目	传播技术路径下的中国大众媒介变迁史研究	李　煜
教育部人文社会科学研究项目一般项目（青年基金项目）	民族器乐的乐律感知协和性研究	王　鑫
国家广电总局社科研究项目	媒体融合背景下我国广播电视创新发展研究	段　鹏
国家广电总局社科研究项目	新闻宣传融合传播策略研究	曾祥敏
国家广电总局社科研究项目	推进融合发展、打造新型主流媒体研究	庞　亮
北京市社会科学基金重大项目	习近平关于新闻舆论工作的重要论述研究	高晓虹
北京市社会科学基金一般项目	新时代网络空间治理的实践创新研究	付晓光
北京市社会科学基金一般项目	北京市主流媒体的媒体融合策略研究	王　昕
北京市社会科学基金一般项目	北京市新媒体人才培养体系研究	赵子忠
北京市社会科学基金青年项目	北京视听新媒体产业政策研究	赵　敬

五、2020年学术成果汇总

1. 专著情况

作者	书名	出版社
艾红红	民国南京政府后期的新闻业（1945—1949）	花木兰文化事业有限公司
艾红红	民国时期的新闻广播业	花木兰文化事业有限公司
陈　刚、龚诗尧	跨越学科的纪录片	中国国际广播出版社
陈欣钢	中国故事的媒体产制：视听节目类型研究	中国传媒大学出版社
崔　林	媒介的变迁：从印刷术到互联网	中国传媒大学出版社
段　鹏	*Media Convergence and the Development Strategies of Radio and Television in China*	Springer Singapore
段　鹏、张　磊、宋　凯、韩　霄	*Communication of Smart Media*	Springer Singapore
高　萍	融媒体与政府公共关系	世界图书出版公司
高晓虹等	融媒图景：中国新闻传播变革研究	人民日报出版社

续表

作者	书名	出版社
高晓虹等	新媒体传播：中国主流媒体的实践与探索	人民日报出版社
何苏六、韩 飞、程潇爽	映像中国：纪录片参与下的国际传播与国家形象建构	社会科学文献出版社
黄昇民、杜国清、陈 怡	中国广告主营销传播趋势报告 No.9	社会科学文献出版社
雷跃捷	舆论学与新闻教育的学与思——雷跃捷舆论学研究论文集	中国传媒大学出版社
李 春	澳门大众传媒研究	中国传媒大学出版社
李 频	期刊：连续出版的逻辑	中国传媒大学出版社
刘红梅	奇迹中国	新星出版社
刘 宏	名声：以传播的视角	中国传媒大学出版社
刘 雯	How American Media Presents Crisis of Sino-US Relations	Author House
贺国帅、何海明、马 澈、梁姗姗、井婷婷	内容生意：内容创业案例手册	广东旅游出版社
秦学智	波斯曼传媒与教育思想	山西人民出版社
宋晓阳	完美沟通：如何练就直击人心的精准表达力	中国友谊出版公司
隋 岩	符号里的中国	俄罗斯尚斯国际出版集团
隋 岩	符号传播模式	俄罗斯尚斯国际出版集团
王建华	悦目与怡情：电视文艺的视觉传播	民主与建设出版社
王润珏	重塑资讯：世界性通讯社数字化转型研究	知识产权出版社
王晓丹	中国网络文学平台的版权运营	中国广播影视出版社
刘佳佳、王 昕	中国广告公司四十年（1979—2019）	社会科学文献出版社
王 志	质疑逼近真相	山东人民出版社
王 志	采访的秘密	山东人民出版社
王 志	质疑的力量（全12卷）	山东人民出版社
王 志	采访课	山东人民出版社
吴易霏	媒介融合视角下的影视作品视听功能及文化分析	中华工商联合出版社
肖 明、易红发（外）	社交媒体中的议程设置研究：方法与路径	中国广播影视出版社
詹 骞	社交媒体公信力	中国广播影视出版社

2. 发表论文情况

第一作者	论文标题	发表期刊	刊期
艾红红	蓄力与开蒙：李提摩太在华社会关系网的拓展及其对中国报业的影响	现代传播[①]	2020-1

---

① "高校学术概况"表格中，《现代传播（中国传媒大学学报）》简称《现代传播》。

续表

第一作者	论文标题	发表期刊	刊期
艾红红	"下乡""离场"与"返乡"——新中国农村有线广播发展"三部曲"	福建师范大学学报（哲学社会科学版）	2020-7
白晓晴	重塑与融合：新媒体艺术传播中的算法视域及其文化生态	现代传播	2020-9
白晓晴	故事世界建构中电影的跨媒介互文	当代电影	2020-9
卜彦芳	基于社会网络视角的中国电影制片公司竞争力探析	当代电影	2020-11
曹慧敏	《西游记》"西行"之路探究——基于跨文化传播视角的考察	四川师范大学学报（社会科学版）	2020-4
曹培鑫	科学传播的中国语境：实践的历史与中西对话	现代传播	2020-3
曹三省	5G与媒体融合时代下出版业IP开发模式的创新发展	现代出版	2020-12
曾庆香	永恒故事：社会记忆对新闻框架和舆论爆点的形塑——以"江歌案"为例	新闻与传播研究	2020-1
曾庆香	"饭圈"的认同逻辑：从个人到共同体	人民论坛·学术前沿	2020-11
曾祥敏	全媒体语境下突发公共事件信息传播路径探析——基于新冠肺炎疫情报道的研究	当代电视	2020-4
曾祥敏	场域重构与主流再塑：疫情中的用户媒介信息接触、认知与传播	现代传播	2020-5
曾祥敏	突发公共事件中主流媒体融合传播价值提升探析	电视研究	2020-6
曾祥敏	新媒体语境下新闻反转、舆论生成机制和治理路径探究——基于2014—2020年典型反转新闻事件的定性比较分析（QCA）研究	社会科学	2020-7
曾祥敏	形短流长、守正创新：短视频生产与运营的辩证逻辑	中国编辑	2020-11
曾祥敏	重新连接用户，引领全媒体传播舆论——新时期专业记者的守正创新	电视研究	2020-12
常媛媛	新型主流媒体新闻的身份建构：角色展演与道德规训	新闻界	2020-2
常媛媛	新型主流媒体新闻身份建构：主体间性与道德共识	西南民族大学学报（人文社会科学版）	2020-3
陈欣钢	社交视频：影像功能转型与生活方式变迁	当代传播	2020-3
陈欣钢	视听语言的破与立：从传统影像到竖视频	新闻与写作	2020-12

续表

第一作者	论文标题	发表期刊	刊期
程素琴	从翻页电子书到融媒体出版物——后接受美学视野下融媒体编创的跨界探索	现代出版	2020-11
初广志	公共视角的公益广告概念：溯源、反思与重构	山西大学学报（哲学社会科学版）	2020-5
崔　林	网络图像传播的社交化生产样态与消费机制	现代传播	2020-7
崔　林	新闻媒介还是朝政传播——中国古代报纸媒介范式研究	社会科学	2020-11
杜国清	广告市场的数字化、社会性、适应性辨析	现代传播	2020-2
段　鹏	融媒体时代县区广播电视公共服务标准化建设研究——基于内蒙古乌拉特前旗的考察	现代出版	2020-2
段　鹏	智能化演进：广电媒体深度融合历史机遇与发展策略	编辑之友	2020-3
段　鹏	试论我国智能全媒体传播体系建设的实践路径：内容、框架与模式	现代出版	2020-5
段　鹏	平台经济时代算法权力问题的治理路径探索	东岳论丛	2020-5
段　鹏	5G时代互联网主流意识形态传播经验与内涵重释	现代出版	2020-11
方毅华	他们面对着你——突发公共卫生事件报道中出镜记者的责任与素养	电视研究	2020-5
耿益群	信息疫情背景下媒介素养的新发展：海外经验与中国策略	新闻与写作	2020-8
宫承波	主体性异化与反异化视角的智能传播伦理困境及突围	当代传播	2020-11
顾　洁	5G时代物的回归、视频化社会构建与电视转型	郑州大学学报（哲学社会科学版）	2020-4
韩　飞	纪录片参与的文明传播与交流互鉴——以《从长安到罗马》为例	当代传播	2020-11
韩　飞	中国纪录片国际传播能力建设：历史路径与当下迷思	现代传播	2020-12
韩　霄	饮食文化类纪录片的空间叙事探析	当代电视	2020-9
韩运荣	女性向游戏的溯源、类型与模式解析	现代传播	2020-4
何苏六	政论文献纪录片的"功能"论：基于《澳门二十年》	现代传播	2020-3
何苏六	第30届中国电视金鹰奖终评入围电视纪录片作品述评	当代电视	2020-12
何　勇	突发公共卫生事件中网络谣言的特征及治理	现代传播	2020-6

续表

第一作者	论文标题	发表期刊	刊期
黄典林	从边界危机到霸权重构：科恩与霍尔的道德恐慌与媒体研究范式转换	新闻与传播研究	2020-6
黄典林	在文化与结构之间：斯图亚特·霍尔传播观的范式整合	南京社会科学	2020-10
黄典林	意义建构与权力再生产：论斯图亚特·霍尔的新闻观念	现代传播	2020-11
黄典林	身体问题的传播研究路径刍议	新闻与写作	2020-11
姬德强	重思"舆情"：平台化时代的舆论	现代传播	2020-2
姬德强	隐喻还是现象：重思传播学视域下的身体问题	南昌大学学报（人文社会科学版）	2020-4
姬德强	深度造假：人工智能时代的视觉政治	新闻大学	2020-7
贾飞扬	私人领域的公共化：第一人称纪录片对话语空间的建构	当代电视	2020-6
金雪涛	消费者学习机制与"饭圈"文化的利弊	人民论坛·学术前沿	2020-10
孔倩	从微信的互动模式看互联网群体传播的互动心理	现代传播	2020-5
孔清溪	中医药品牌传播创新模型研究	现代传播	2020-11
郎劲松	政务短视频的人格化传播：呈现与驱动——基于政务抖音号的实证分析	新闻与写作	2020-10
李丹林	论现代传媒监管制度建构的理念与路径	现代传播	2020-12
李怀亮	文化产业创新创造活力提升的重要渠道	红旗文稿	2020-4
李怀亮	从全球化时代到全球共同体时代	现代传播	2020-6
李继东	近五年来网络流行语的青年身份认同与话语实践	现代传播	2020-8
李鲤	超越表征：数字时代跨文化传播研究的新视野	当代传播	2020-11
李舒	体系、过程与主体：编辑出版学研究生教育改革的多维思考	现代出版	2020-11
廖祥忠	从媒体融合到融合媒体：电视人的抉择与进路	现代传播	2020-1
刘宏	口语传播视角下有声出版的知识传播探析	出版发行研究	2020-8
刘庆华	疫情期间乡村媒介动员的双重结构——中部A村的田野考察	现代传播	2020-7
刘珊	5G时代中国传媒产业的解构与重构	现代传播	2020-5
刘书亮	论二次元文化的概念流变及其文化消费特征	现代传播	2020-8
刘燕南	"后真相"的理论谱系与现实反思	现代传播	2020-11

续表

第一作者	论文标题	发表期刊	刊期
刘自雄	范式转换抑或东西合流？——探析欧美建设性新闻运动的理论身份与价值	现代传播	2020-11
龙 耘	智媒时代的主流价值引领：内涵、挑战及策略	新闻与写作	2020-11
卢 迪	新闻"移动化"与直播"常态化"：5G技术推动新闻与直播深度融合	现代传播	2020-5
马 澈	从内容商业化到新内容经济——内容商业化的问题演进、发展热点与深层变革	新闻与写作	2020-11
逄增玉	跨文化交流与中华文艺参与人类命运共同体建设的思考	现代传播	2020-3
任孟山	英国流媒体市场考察：竞争主体与影响因素	当代电视	2020-9
任 玥	新闻的"话语图示"——论对外新闻传播中的跨语言书写	国际新闻界	2020-12
邵华冬	跨国企业合法性危机：一种文化间性的研究路径——基于"NBA 莫雷"危机事件的个案研究	辽宁大学学报（哲学社会科学版）	2020-7
沈 浩	当阅读遇上智能技术：数字时代内容出版的机遇与挑战	现代出版	2020-4
宋 凯	社会化媒体时代出版产业 IP 化运营路径研究	中国出版	2020-3
宋 凯	北京文化形象的媒体呈现——基于大数据和社会网络分析方法	现代传播	2020-10
宋 凯	音乐类综艺节目中的听觉审美现状及创新路径	当代电视	2020-10
隋 岩	网络群体传播背景下的信息扩散——基于新浪微博数据的定性比较分析（QCA）	新闻大学	2020-5
隋 岩	网络叙事的生成机制及其群体传播的互文性	中国社会科学	2020-10
孙振虎	视听语言"一镜到底"的应用技巧	新闻与写作	2020-5
孙振虎	景深：重构影像的画面表达与主题叙事	新闻与写作	2020-9
田维钢	空间建构与自我呈现：中国私纪录片的影像表达路径	当代传播	2020-5
涂凌波	新冠肺炎疫情下中国面对的复杂国际舆论环境：表现、原因及影响	当代世界	2020-11
王 蕾	融媒体背景下扶贫类网络视听内容的创新变革	电视研究	2020-11
王 楠	网络舆情对高校形象的影响因素研究——基于30个案例的定性比较分析	国家教育行政学院学报	2020-8
王润珏	探索与想象：16世纪英国国家记忆中的中国形象	现代传播	2020-4

续表

第一作者	论文标题	发表期刊	刊期
王晓红	融合传播的视频功能重构——基于央视疫情融合报道研究	当代传播	2020-7
王 宇	变革与重塑：5G时代视听传播的内容生产	编辑之友	2020-8
翁旭东	在场、组局、破圈——突发重大公共事件中主流媒体移动社会化传播的破与立	电视研究	2020-9
吴殿义	内容价值管理产品的发展路径探析	现代传播	2020-9
吴炜华	身体迷思、族群狂欢与虚拟亲密关系："女友粉"的媒介社会学考察	华东理工大学学报（社会科学版）	2020-3
武 楠	历史辩证与实事求是：改革开放初期新闻观念革新的话语考察	兰州大学学报（社会科学版）	2020-5
武 楠	短视频时代主流媒体的新闻生产变革与视听形态特征——以新冠肺炎疫情期间"央视新闻"快手短视频为例	当代传播	2020-5
向青平	我国传媒上市公司并购绩效影响因素的实证研究	新闻大学	2020-8
薛宝琴	人是媒介的尺度：智能时代的新闻伦理主体性研究	现代传播	2020-3
闫玉刚	狂欢化与去狂欢化——基于新冠疫情期间直播带货传播现象的冷思考	当代电视	2020-6
杨 帆	从媒体融合与传播主体多元化共构看传播学本科课程改革	现代出版	2020-4
杨雪睿	叠聚与辐散：数字化浪潮中的社群演变及其影响因素研究	现代传播	2020-10
于淑婧	自媒体时代的中国政治传播及其治理	社会科学	2020-5
詹 骞	用户视角下社交媒体公信力影响因素研究	当代传播	2020-10
张 开	回放与展望：中国媒介素养发展的20年	新闻与写作	2020-8
张苏秋	艺术参与对个体主观幸福感的影响研究——基于中国综合社会调查（CGSS 2015）的经验证据	暨南学报（哲学社会科学版）	2020-6
张文娟	"底层"数字化生存的可能及其意义——基于"60后"下岗工人个体生命历程的考察	新闻记者	2020-11
张 寅	记忆、共鸣与认同：融合传播背景下大型电视纪录片的创作路径	当代电视	2020-3
张 寅	"小编"与记者的"脸面观"：媒体微信公众号新闻生产中的人际关系向度	新闻记者	2020-11
张毓强	主流媒体内容生产：逻辑、空间及其内在张力——以新华通讯社防疫抗疫报道为例	现代传播	2020-6
赵 洁	"群众路线"的政治传播意蕴新解	山西师大学报（社会科学版）	2020-5

续表

第一作者	论文标题	发表期刊	刊期
赵丽华	话语与实践：罗杰·夏蒂埃对阅读研究理论框架的探索	现代出版	2020-5
赵如涵	电视媒体抗击疫情节目的叙事策略与社会功能	中国电视	2020-11
赵瑞琦	话语制衡视域下的中美新冠疫情舆论博弈	南京邮电大学学报（社会科学版）	2020-6
赵新利	公益广告在疫情防控中的功能探析	当代电视	2020-4
赵子忠	"云生活"的场景传播	新闻与写作	2020-6
郑宏民	理解·阐释·践行——习近平新闻工作重要论述研讨会综述	新闻与写作	2020-12
郑志亮	纸质图书编辑出版中的多感官交互体验应用探索——以《光明博物馆》纸质交互书编创为例	中国编辑	2020-10
周 逵	从大喇叭、四级办台到县级融媒体中心——中国基层媒体制度建构的历史分析	新闻记者	2020-6
周 逵	正当性的互嵌：广电MCN机构的创新动因与模式分析	新闻与写作	2020-10
周 逵	国家与市场之间的"调和人"：传媒转型与治理中行业协会的角色功能	新闻与传播研究	2020-12
朱振明	权力的消失：被扭曲的福柯——基于《话语与社会变迁》的分析	国际新闻界	2020-4

3. 转载情况

作者	标题	原发表期刊及刊期	转载期刊及刊期
段 鹏	智能化演进：广电媒体深度融合历史机遇与发展策略	《编辑之友》2020年第3期	《新华文摘》2020年第13期
姬德强	深度造假：人工智能时代的视觉政治	《新闻大学》2020年第7期	《社会科学文摘》2020年第11期
姬德强	李子柒的回声室？社交媒体时代跨文化传播的破界与勘界	《新闻与写作》2020年第3期	人大复印报刊资料《新闻与传播》2020年第6期
荆学民、于淑婧	自媒体时代的政治传播秩序及中国调适	《政治学研究》2020年第2期	人大复印报刊资料《新闻与传播》2020年第10期
李建刚	5G时代的音频业：场景延展与融合创新	《中国广播》2020年第2期	《新华文摘》2020年第11期论点摘编
廖祥忠	从媒体融合到融合媒体：电视人的抉择与进路	《现代传播》2020年第1期	《新华文摘》2020年第7期

续表

作者	标题	原发表期刊及刊期	转载期刊及刊期
卢迪、邱子欣	5G新媒体三大应用场景的入口构建与特征	《现代传播》2019年第7期	人大复印报刊资料《新闻与传播》2020年第2期
涂凌波	从"一体化"宣传到"混合型"传播——以中国共青团网络政治传播活动变迁为中心的讨论	《新闻大学》2019年第11期	人大复印报刊资料《新闻与传播》2020年第4期
吴炜华、张守信	视听微叙事的中国立场与文化图景	《中国出版》2019年第24期	《中国社会科学文摘》2020年第5期
张毓强、张开扬	主流媒体内容生产：逻辑、空间及其内在张力——以新华通讯社防疫抗疫报道为例	《现代传播》2020年第6期	人大复印报刊资料《新闻与传播》2020年第12期
赵子忠、陈连子	直播电商的传播理论、发展现状、产业结构及反思	《中国广播》2020年第9期	《新华文摘》2020年第24期
曾庆香、李秀莉、吴晓虹	永恒故事：社会记忆对新闻框架和舆论爆点的形塑——以"江歌案"为例	《新闻与传播研究》2020年第1期	人大复印报刊资料《新闻与传播》2020年第5期

4.承办会议

（1）2020年7月13日至15日，中国传媒大学传播研究院举办第二届全国"传播学&编辑出版学师资班"云课程。来自全国百余所院校和科研机构的200多名教师、博士研究生参加了培训。

（2）2020年9月4日，中国传媒大学举办"交流与对话——涉藏国际传播云论坛"，来自国内外的藏学家及传播学专家、学者及媒体从业者，就涉藏国际传播的现状和创新路径进行了线上交流与探讨，促进涉藏国际传播的新发展，讲好西藏故事，向世界展现一个发展着的新西藏。

（3）2020年10月17日，中国传媒大学传播研究院举办"智能·传播·社会：跨学科融合与挑战"首届智能传播论坛。来自美国俄亥俄州立大学、荷兰格罗宁根大学、中国人民大学、南京大学等20余所海内外知名高等院校的学者以及央视市场研究、广视索福瑞、明略科技、快手研究院、欢网科技和勾正数据数家业界领军企业的代表参会并进行会议发言。

（4）2020年10月22日，由中国传媒大学主办，中国传媒大学新闻传播学部电视学院、中国纪录片研究中心（CDRC）、"一带一路"纪录片学术共同体（BriDoc）联合承办的"纪录片《大工告成——北京大兴国际机场》学术研讨会"在中国传媒大学电视学院"时空报告厅"举行。来自中国民航局、国家广播电视总局、中国文联、中央电视台、中国传媒大学、北京三多堂传媒等机构的20多位专家学者出席了研讨会。

（5）2020年10月31日，中国传媒大学传播研究院与河阳乡村研究院共同举办"'红绿'融合发展与新闻传播角色转变"线上论坛。论坛为期一天，来自复旦大学、华东师范大学、北京大学、南京大学、新疆大学、中国人民大学、上海交通大学、西华师范大学、石河子大学、北京林业大学、清华大学、温州大学、浙江工业大学、浙江大学、山东师范大学等众多高校的师生参与了云端研讨。

（6）2020年12月18日，"决胜脱贫攻坚：无障碍信息传播与文化扶贫"论坛在中国传媒大学举办。参加论坛的学界业界专家就无障碍信息传播如何助力文化扶贫、践行文化强国等问题进行了深入研讨，并为"光明影院"项目的发展与创新献计献策。当日，中国传媒大学宣布成立无障碍信息传播研究院，并在此次论坛上举行了揭牌仪式。论坛还发起"中国高校无障碍信息传播志愿者践行文化强国"倡议，倡议成立"光明影院"全国高校公益联盟，为文化强国和社会文明贡献力量。目前已经有百所高校响应倡议，加入"光明影院"全国高校公益联盟。

（7）2020年12月26日，由国家广播电视总局指导，中国传媒大学主办、中国纪录片研究中心承办、电视学院支持的第十届"光影纪年"——中国纪录片学院奖颁奖典礼在京落幕，来自中宣部、国家广电总局等国家机关，各级电视、新媒体机构、纪录片行业机构及从业者代表等众多嘉宾出席颁奖典礼。

供稿：中国传媒大学

中国人民大学新闻学院 2020 年学术发展概况

一、2020 年学院现任领导

执行院长	副院长	党委书记	党委副书记
周　勇	王润泽、赵云泽	张辉锋	韩晓宁、孙　权

二、2020 年学院新晋或引进教师（正高级）

姓名	职称	研究专长
彭　兰	教授	新媒体传播

三、2020 年新设学术科研机构

校级研究中心

名称	负责人	宗旨
中国人民大学国家治理与舆论生态研究院	李　彪	中国人民大学国家治理与舆论生态研究院是校级跨学院科研实体机构，主要负责舆论学新型智库建设、教学实践基地建设和高层次舆论学管理人才培养等工作。研究院将积极响应党和国家重大战略需求，寻求重大理论突破，通过新技术应用与学科交叉，整合校内研究力量，打造中国特色舆论学，努力建设成为立言发声、咨政育人的新型科研教辅平台和服务"双一流"建设、引领新文科建设的重要跨学科平台

四、所承担的国家级、省部级科研项目、课题

1.2020 年立项的国家级、省部级科研项目、课题

项目类型	项目名称	项目负责人
国家社会科学基金特别委托项目	媒体融合发展综合评价体系研究	胡百精
国家社会科学基金重大项目	健全重大突发事件舆论引导机制与提升中国国际话语权研究	李彪
国家社会科学基金重点项目	新时代中国共产党对外传播的理论逻辑与实践探索研究	刘小燕
国家社会科学基金重点项目	我国重大舆情传播引导机制问题研究	周勇
国家社会科学基金重点项目	建立健全网络综合治理体系研究	匡文波
国家社会科学基金专项项目	当前对美经贸舆论斗争的策略研究	周勇
国家社会科学基金一般项目	移动传播时代我国中央级党报内容生产转型研究	陈阳
教育部人文社科高校智库专刊	从美国历史上的民权运动看当前示威骚乱：趋势判断与对策建议	王莉丽
北京市社会科学基金青年项目	网络舆情事件中社会协商的开展模式与有效性的评估研究	赵小曼
北京市社会科学基金重点项目	人工智能时代网络舆情管理与首都治理现代化研究	张辉锋

2. 2020年结项的国家级、省部级科研项目、课题

项目类型	项目名称	项目负责人
国家社会科学基金重点项目	基于大数据的视听传播效果研究	周勇
国家社会科学基金一般项目	新媒体环境下的中国主流媒体声誉管理研究	高贵武
国家社会科学基金一般项目	政府话语权与国际规则之关系研究	刘小燕
国家社会科学基金青年项目	大数据时代网络舆情与网络社会治理研究	李彪
教育部人文社科高校智库专刊	从美国历史上的民权运动看当前示威骚乱：趋势判断与对策建议	王莉丽
教育部人文社科基地重大项目	苏联新闻体制变迁史研究	赵永华
教育部人文社科基地重大项目	社会化媒体时代的媒介素养研究	彭兰
教育部人文社科基地重大项目	西藏新闻传播与社会发展研究	张征
教育部人文社科基地重大项目	新闻学学术规范研究	郑保卫
教育部人文社科基地重大项目	我国电视产业生产机制研究	周小普

五、2020年学术成果汇总

1. 著述、教材、译著情况

作者	书名	出版社
邓绍根	民国时期的外国在华新闻业	花木兰文化事业有限公司

续表

作者	书名	出版社
李彪	正本清源：重大疫情下的虚假信息治理	中国人民大学出版社
李彪	舆论学教程	中国人民大学出版社
林升栋	传统中庸概念的现代心理学研究	厦门大学出版社
刘海龙	解析中国新闻传播学 2020	中国人民大学出版社
刘海龙	宣传：观念、话语及其正当化（第二版）	中国大百科全书出版社
刘小燕	政府传播研究	人民出版社
盛希贵	新闻摄影教程第五版	中国人民大学出版社
唐铮	新媒体新闻写作、编辑与传播	人民邮电出版社
王润泽	中国新闻传播史新编（第二版）	中国人民大学出版社
王润泽等	新闻学概论（第二版）	高等教育出版社、人民出版社
王润泽	中华民国新闻史·民国北京政府时期的新闻业（上）	花木兰文化事业有限公司
王润泽	中华民国新闻史·民国北京政府时期的新闻业（下）	花木兰文化事业有限公司
王润泽	近代中国新闻实践史略	人民出版社
王树良等（译）	平面设计概论	上海人民美术出版社
王树良（译）	品牌设计全书——从战略策划到视觉设计 掌握成功品牌创意制胜技	上海人民美术出版社
王树良（译）	世界设计史 1	江苏凤凰美术出版社
王亦高、张金玺、罗雪蕾、吴翼翔	新闻从业人员专业意识研究：基于北京市的一项调研数据	清华大学出版社
翁昌寿	文化创业：移动互联网时代的文化生产与创新	中国人民大学出版社
许颖	止于公开：重大公共卫生事件与新闻发布	中国人民大学出版社
杨逐原	网络空间中的劳动图景：技术与权力关系中的网络用户劳动及报酬	中国人民大学出版社

2. 发表论文情况

第一作者	论文题目	发表期刊	刊期
蔡雯	从"新冠肺炎"热点传播看新闻边界的颠覆与重构	新闻与传播研究	2020-7
蔡雯	试论中国新闻的建设性——基于我国专业媒体新冠肺炎疫情新闻传播的观察和思考	编辑之友	2020-10
陈力丹	2019 年中国新闻传播学研究的十个新鲜话题	当代传播	2020-1
陈力丹	列宁"党的出版物党性"的普遍意义和历史局限——纪念列宁诞生 150 周年	国际新闻界	2020-4

续表

第一作者	论文题目	发表期刊	刊期
陈力丹	新确认的恩格斯《新莱茵报》37篇（组）新闻考证——纪念恩格斯诞辰200周年	新闻界	2020-11
陈力丹	论《新莱茵报》的中文编译	新闻大学	2020-11
陈力丹	列宁论著及宣传观在中国的早期传播	新闻界	2020-12
陈 绚	儿童色情禁止的网络监控和刑法规范框架	国际新闻界	2020-12
陈 阳	我国报纸新闻中的情感性因素研究——以中国新闻奖一等奖作品为例（1993-2018）	新闻与传播研究	2020-11
陈 阳	仅自己可见的朋友圈：社交媒体想象的互动	现代传播	2020-12
邓绍根	新起点、新探索：2019年中国的马克思主义新闻观研究综述	国际新闻界	2020-1
邓绍根	列宁主义在华初步传播及中国共产党新闻事业兴起	国际新闻界	2020-4
邓绍根	新中国新闻传播史的研究历程及其未来展望	福建师范大学学报（哲学社会科学版）	2020-7
邓绍根	组织"连接"的新理路：重思列宁"报纸是集体的宣传员、鼓动员和组织者"	出版发行研究	2020-12
董晨宇	反向自我呈现：分手者在社交媒体中的自我消除行为研究	新闻记者	2020-5
董晨宇	作为复媒体环境的社交媒体：中国留学生群体的平台分配与文化适应	国际新闻界	2020-7
高贵武	新媒介环境下中国主流媒体的声誉评价体系研究	国际新闻界	2020-7
高贵武	聚焦个体成长 映现时代精神——评电视剧《奋进的旋律》的创作特色	中国电视	2020-9
高贵武	深入"短"出：短视频时代的新闻深度——基于深度报道短视频化的实践考察	当代传播	2020-11
胡百精	认知落差、媒体叙事与冬奥会的全球想象	上海体育学院学报	2020-1
胡百精	公共协商与偏好转换：作为国家和社会治理实验的公共传播	新闻与传播研究	2020-4
胡百精	公共协商中的平等与胜任	现代传播	2020-10
胡百精	中国舆论观的近代转型及其困境	中国社会科学	2020-11
胡百精	从问题出发	当代传播	2020-11
黄 河	企业环境话语建构方式对公众态度的影响——基于两种绿色广告诉求的对比分析	四川大学学报（哲学社会科学版）	2020-3
黄 河	5G时代体育赛事移动传播的技术变革与内容创新——兼论对北京2022年冬奥会的启示	上海体育学院学报	2020-5

续表

第一作者	论文题目	发表期刊	刊期
黄河	心智模型视角下风险认知差距的探寻与弥合——基于邻避项目风险沟通的实证研究	新闻与传播研究	2020-9
匡文波	因情感而生，因娱乐而火"夸夸群"爆红背后的网络心理需求	人民论坛	2020-1
匡文波	"霸屏"广告的运行机制	人民论坛	2020-3
匡文波	自媒体时代圈群文化新特征	人民论坛	2020-5
匡文波	新媒体研究的STIP模型	中国人民大学学报	2020-7
匡文波	论新闻推荐算法的管理	现代传播	2020-7
匡文波	"美丽"作为隐喻 美妆网红与消费文化的批判性解读	人民论坛	2020-7
匡文波	短视频中的乡土文化呈现及其发展局面的开拓	人民论坛	2020-9
李彪	数字反哺与群体压力：老年群体微信朋友圈使用行为影响因素研究	国际新闻界	2020-3
李彪	亚文化与数字身份生产：快手新生代农民工群体土味文化研究	东北师大学报（哲学社会科学版）	2020-3
李彪	自媒体时代虚假新闻的话语空间生产与修辞研究——基于2010—2018年的81个虚假新闻文本的分析	新闻大学	2020-4
李彪	跑步社群的话语空间与关系结构——以"北京跑步爱好者"群为例	上海体育学院学报	2020-6
李彪	从属性数据到关系数据：社群时代新闻传播学研究方法新转向	编辑之友	2020-9
李沁	技术、传播与社会：中国主流媒体融合发展路径——以长三角地区12家主流媒体为例	中国人民大学学报	2020-5
李沁	善用无边界的双刃剑 探索新型主流媒体形态——地市级主流媒体小区域合作模式分析	当代传播	2020-7
李沁	重构高等教育的社会契约：美国新闻教育变革逻辑和路径	现代传播	2020-9
林升栋	"一带一路"背景下"中国元素"广告的说服路径	厦门大学学报（哲学社会科学版）	2020-1
林升栋	"中间群体"vs."边缘群体"：群体特征对社交媒体广告态度的影响	新闻大学	2020-4
刘保全	第二十九届中国新闻奖精品赏析	当代传播	2020-1
刘保全	敢为天下先	当代传播	2020-7
刘保全	第三十届中国新闻奖精品赏析	当代传播	2020-11
刘海龙	施拉姆与中国传播研究：文化冷战与现代化共识	新闻与传播研究	2020-6
刘海龙	媒介场理论的再发明：再思《关于电视》	当代传播	2020-7

续表

第一作者	论文题目	发表期刊	刊期
刘海龙	作为知识的传播：传播研究的知识之维刍议	现代出版	2020-7
刘小燕	军事维度阐释网络安全规则大国话语权力博弈	现代传播	2020-1
刘小燕	风险社会与中国舆论治理观念的调适	当代传播	2020-5
刘小燕	中国共产党对外传播研究的演进与未来取向	国际新闻界	2020-6
栾轶玫	融媒体时代重大主题报道的传播边控	当代传播	2020-4
栾轶玫	主题出版图书与政论广播电视节目的联动研究	出版发行研究	2020-8
栾轶玫	饭圈失范的表象及纠偏	人民论坛	2020-9
栾轶玫	新时代中国国家叙事脱贫攻坚的对外传播	编辑之友	2020-9
栾轶玫	"多元传播"赋能的非遗扶贫新模式——以脱贫网红贵州"侗族七仙女"为例	云南社会科学	2020-10
孙利军	照亮新时代的"星星之火"——列宁早期党报思想及其现实价值	当代传播	2020-11
唐铮	数据新闻的社交化传播之困——基于两个数据新闻微信公众号的定量研究	新闻记者	2020-11
唐铮	基于大数据的新闻内容生产效能评估——以上海某媒体为例	海南大学学报（人文社会科学版）	2020-11
王斌	互联网新闻学：一种对新闻学知识体系的反思	编辑之友	2020-8
王菲	从西方到本土：企业"漂绿"行为的语境、实践与边界	国际新闻界	2020-7
王菲	回顾与反思：中国媒体融合研究十五年（2005—2019）	当代传播	2020-9
王莉丽	特朗普推特执政的政治修辞与政策合法性建构——以中美贸易战为例	现代国际关系	2020-7
王润泽	作为知识的"报刊"：清末民初新式教科书中的报刊叙述（1902—1922）	编辑之友	2020-6
王润泽	新闻学面临的挑战与新闻教育变革	中国出版	2020-7
王树良	数字媒体时代跨媒介视角下广告与设计的双向融合	装饰	2020-7
许向东	在全新的传播格局下破解"回音室效应"	人民论坛	2020-6
闫岩	数字化记忆的双重书写——百度贴吧中"克拉玛依大火"的记忆结构之变迁	新闻与传播研究	2020-5
闫岩	新冠疫情早期的媒介使用、风险感知与个体行为	新闻界	2020-5
闫岩	从八卦到八卦新闻：起源、功能与争论	新闻记者	2020-8
杨保军	论新闻的"有机真实"	新闻大学	2020-1
杨保军	论当代中国新闻学科层面几个主要概念之间的关系	新闻界	2020-1
杨保军	论新闻学"基本问题"的体系构成	社会科学战线	2020-1

续表

第一作者	论文题目	发表期刊	刊期
杨保军	论作为"中介"的新闻	中州学刊	2020-1
杨保军	论理论新闻学的问题体系	编辑之友	2020-2
杨保军	论新闻学术话语的形成	西安交通大学学报（社会科学版）	2020-3
杨保军	论新闻的价值根源、构成序列和实现条件	新闻记者	2020-3
杨保军	新闻规律观念："马新观"的基础观念	国际新闻界	2020-3
杨保军	论当代中国新闻学的"特色问题"	当代传播	2020-3
杨保军	准确理解新闻的"整体真实"	新闻界	2020-5
杨保军	论新闻学的总问题	编辑之友	2020-6
杨保军	当前中国语境中的"马克思主义新闻观"与"新闻专业观"	山东社会科学	2020-7
杨保军	试析场景新闻真实的特征	当代传播	2020-7
杨保军	新闻学的范式转换：从职业性到社会性	新闻与传播研究	2020-8
杨保军	再论作为"中介"的新闻	新闻记者	2020-8
张辉锋	县级融媒体中心发挥服务功能的价值取向	人民论坛	2020-6
张辉锋	我国影视剧普通编剧有关从业状况的自我认知与评价——一项基于25位编剧的深度访谈研究	国际新闻界	2020-8
赵永华	构建网络空间命运共同体的必要性与合理性	人民论坛	2020-7
赵永华	策略性叙事中的国际新闻驯化：印度主流媒体"一带一路"报道分析	国际新闻界	2020-8
赵云泽	情绪传播：概念、原理及在新闻传播学研究中的地位思考	编辑之友	2020-1
赵云泽	宋明理学的传播观念研究	兰州大学学报（社会科学版）	2020-4
赵云泽	社交媒体中的"信息偶遇"行为研究——解决"信息茧房"问题的一种视角	编辑之友	2020-5
赵云泽	网络民粹主义产生的结构性原因	当代传播	2020-5
赵云泽	宋明理学的衰落与清代传播观念丕变	东岳论丛	2020-9
赵云泽	科学对待青少年偶像崇拜心理	人民论坛	2020-9
郑保卫	论列宁新闻思想的历史贡献及当代价值——写在列宁诞辰150周年之际	国际新闻界	2020-4
钟新	新时代中国大国形象的四个维度与两种传播路径——基于习近平相关论述的分析	中国人民大学学报	2020-5
钟新	国际新闻传播人才的多维度复合与进阶式培养：基于中国人民大学国际新闻传播硕士项目十周年毕业生调查	国际新闻界	2020-12

续表

第一作者	论文题目	发表期刊	刊期
周 俊	论中国特色社会主义新时代舆论监督的功能和要求	国际新闻界	2020-6
周蔚华	重新理解当代中国出版业	出版发行研究	2020-1
周蔚华	出版史研究方法论的范式建构与理论创新	现代出版	2020-2
周蔚华	疫情防控面前编辑人的责任和担当	编辑学刊	2020-3
周蔚华	出版与国家治理体系和治理能力现代化	中国出版	2020-4
周蔚华	2019—2020年中国图书出版业报告	出版发行研究	2020-4
周蔚华	"十三五"时期我国出版管理发展回顾	科技与出版	2020-8
周蔚华	"十三五"时期的主题出版：回顾与展望	中国出版	2020-11
周 勇	作为一种社会语境的中国电视：历史演进与现实抉择	当代传播	2020-9

3. 论文转载情况

作者	标题	原发表期刊及刊期	转载期刊及刊期
李 沁、徐 诚、赵凡瑜	技术、传播与社会：中国主流媒体融合发展路径——以长三角地区12家主流媒体为例	《中国人民大学学报》2020年第3期	《新华文摘》2020年第18期
刘小燕、崔远航	新时代国家战略传播构想及实践思路	《中国社会科学报》2020年3月26日	《新华文摘》2020年第12期
栾轶玫	饭圈失范的表象及纠偏	《人民论坛》2020年第9期	《新华文摘》2021年第1期
许向东、郑雪婧	新闻传播中数据使用的价值、问题与规约	《新闻爱好者》2020年第4期	人大复印报刊资料《新闻与传播》2020年第7期
周蔚华	重新理解当代中国出版业	《出版发行研究》2020年第1期	《新华文摘》2020年第10期
周 勇、何天平	作为一种社会语境的中国电视：历史演进与现实抉择	《当代传播》2020年第9期	《新华文摘》2021年第5期

4. 承办会议

（1）2020年1月3日至5日，中国人民大学新闻学院深研会第20期——四校合作新闻传播研究方法创新工作坊在中国人民大学明德新闻楼演播厅举办，来自人大新闻学院的10位教师进行了10场关于新闻传播学研究方法的讲座，中国人民大学新闻学院、中国社会科学院大学新闻传播学院、河北大学新闻传播学院、北京印刷学院新闻出版学院四校的青年教师和学生参与听讲交流。

（2）2020年1月12日，"2020传媒区块链高级研讨会暨传媒区块链产业智库筹备会"在中国人民大学明德新闻楼召开。该活动由区块链产业智库、中国人民大学新闻学院现代广告研究中心、清华大学技术创新研究中心、《媒介》杂志社主办，由国研智库、清华x-lab数权经济实验室、人民日报社《中国城市报》、首都版权产业联盟、区块链产业人才研究所等机构联合举办。

（3）2020年5月26日，中国人民大学新闻学院举办线上网络视频会议：深研会第21期——"学院广告/视觉/创意领域发展研讨"，邀请了来自美国芝加哥洛约拉大学传媒学院、四川大学文学与新闻学院、广州奥美广告公司的学界、业界学者专家，与学院教师开展交流对话。

（4）2020年5月29日，围绕"后疫情时代的国家治理与舆论生态"这一主题，中国人民大学新闻学院举行第22期深研会。

（5）2020年6月19日，围绕"新闻与传播专业硕士人才培养机制创新"这一主题，中国人民大学新闻学院举行第23期深研会。来自国内多所新闻传播院校的专家分享了各自院校专业硕士项目建设的创新实践经验，并围绕招生、培养、课程、目标、发展方向等一系列问题开展深入探讨。

（6）2020年6月28日，围绕"学科国际化的2.0时代"这一主题，中国人民大学新闻学院举行第24期深研会，同时作为新闻传播学"十四五"规划的第二场调研会，邀请国内多所新闻传播院校的专家学者就新闻传播学科国际化发展的质量、标准、目标、路径、重点难点等一系列问题开展研讨。

（7）2020年7月1日，围绕"重返历史现场：中国共产党百年新闻事业"这一主题，中国人民大学新闻学院联合中国高教学会新闻学与传播学委员会在中国共产党成立第99周年之际举行第25期深研会。此次研讨会同时作为新闻传播学"十四五"规划的第三场调研会，邀请国内十所新闻传播院校的专家学者就当前新闻传播学科如何将中国共产党红色新闻传承注入教学科研和学生培养工作之魂，如何以马克思主义新闻观为指导开展课程思政建设，如何培养造就一大批具有红色血脉、家国情怀的高素质复合型新闻传播后备人才等议题开展研讨。

（8）2020年7月4日，由中国人民大学新闻学院、安徽大学新闻传播学院、南京大学新闻传播学院、浙江大学传媒与国际文化学院、中山大学传播与设计学院联合发起的第一届全国新闻传播学研究生"青梅论坛"顺利举办。近1600名师生通过腾讯会议平台及其直播线上参与了此次论坛。

（9）2020年7月9日，为梳理总结部校共建成果、经验，探讨新形势下部校共建的新任务、新思路，中国人民大学新闻学院举行以"共建再升级：'2020'新闻传播学科部校共建回顾与展望"为主题的深研会，邀请国内多所在部校共建方面经验丰富的新闻传播院校的专家学者开展研讨。此次会议是人大新闻学院深研会的第26期，也是学院为"十四五"规划而进行的第四场调研会。

（10）2020年7月10日，围绕"学院文化的建设与传承"这一主题，中国人民大学新闻学院举行第27期深研会。此次研讨会同时作为新闻传播学"十四五"规划的第五场调研会，邀请国内新闻传播院校的专家学者就相关议题开展研讨。

（11）2020年7月16日，中国人民大学新闻学院围绕"泛媒介时代卓越新闻传播人才的评价标准"这一主题，举行第28期深研会。此次研讨会同时作为新闻传播学"十四五"规划的第六场调研会，邀请国内新闻传播院校的专家学者开展研讨。

（12）2020年7月，中国人民大学国家治理与舆论生态研究院正式成立。7月31日上午，中国人民大学新闻学院举办国家治理与舆论生态建设论坛（2020）暨中国人民大学国家治理与舆论生态研究院成立仪式，邀请多位新闻传播研究领域的专家学者，就国家治理与舆论生态建设、研究院建设发展等开展交流和研讨。

（13）2020年8月29日，中国人民大学新闻与社会发展研究中心、中国新闻史学会与中国人民大学新闻学院联合举办线上暑期工作坊。此次工作坊以"新闻传播学术研究的问题意识与方法路径"为主题。来自国内外新闻院校的五百多名师生通过腾讯会议和直播齐聚云端，围绕如何建立起自觉的问题意识、如何实现问题与方法的匹配、如何让追赶热点的研究转变为真正有意义的学术成果等问题开展研讨。

（14）2020年9月12日，中国人民大学新闻学院举办第29期深研会，邀请国内新闻传播院校的专家学者就"双一流"建设与新闻传播学科创新发展等相关议题开展研讨。

（15）2020年9月19日，中国人民大学新闻学院举办第30期深研会，邀请国内新闻传播院校的专家学者就"中国新闻传播史料学的构建路径与理论"这一主题，分享各自院校的史料库建设情况、交流重大项目的执行经验。

（16）2020年10月24日，中外新闻传播学院院长会议（2020）在中国人民大学新闻学院融媒体与智慧传播创新孵化平台举办。会议以"瞭望与关怀：全球疫情背景下的新闻传播"为主题，以线上和线下相结合的形式邀请了国内外多所新闻传播院校的院长、专家学者一同开展交流研讨。当天会议还进行了网络直播，两千余人在线观看。此届会议分三场圆桌会议，主题依次为"疫情期间的高等教育：坚守与改变""疫情期间的新闻伦理：程序与原则""疫情期间的新闻实践：速度与关怀"。

（17）2020年11月13日，由中国人民大学新闻学院与中国人民大学继续教育学院联合主办、中国人民大学新闻学院视听传播系承办的第31期深研会在人大新闻学院融媒体与智慧传播创新孵化平台举行。此次深研会邀请来自新闻传播及网络直播领域的专家学者、基层领导干部、直播从业者等，围绕"直播改变了什么：网络直播与媒体深度融合"这一主题，重点探讨了在媒介深度融合、技术多元赋能与交互形态变革的环境下，以"网络直播"为代表的社群化、融合化、数字化精神交往给视听传播和社会发展带来了哪些影响与改变；在传播主体、传播结构、传播效果、业态属性、社会功能与责任等多维层面形成了哪些冲击与启示；面对多场域在网络直播中的融合趋势、视听传播的形态变化，该以怎样的学术观察与跨学科视野来解释新现象、回答新问题。

（18）2020年11月14日，围绕"新闻传播学科国际化建设研讨会"这一主题，中国人民大学新闻学院举行第32期深研会。

（19）2020年12月5日，由中国人民大学新闻学院、中信改革发展研究基金会主办的庚子抗疫口述历史座谈会在中国人民大学召开。中信改革发展研究基金会理事长孔丹，华东师范大学传播学院院长吕新雨，清华大学新闻与传播学院教授李彬，北京市中医研究所副所长、北京市政协委员李萍，中央广播电视总台央广新闻节目中心副主任、中国之声副总监高岩，光明日报北京记者站站长、高级记者、北京市政协委员张景华，北京市政协委员胡永芳，人民日报社记者李龙伊，中国传媒大学副研究员武楠，《经济导刊》杂志社副社长季红，中信改革发展研究基金会联络办公室主任张桐，"庚子抗疫口述史"课题组相关成员出席。

（20）2020年12月20日，由中国新闻史学会主办，中国人民大学新闻学院、国家社会科学基金重大招标项目"新中国70年新闻传播史"课题组承办的首届"当代中国新闻史研究论坛"在线上举行。此次论坛同时作为中国人民大学新闻传播学术话语体系创新深研会第33期，共邀十家单位新闻院所的学界、业界专家会聚一堂，在建党百年来临之际，从新中国成立70年来新闻传播史的研究出发，研讨当代中国新闻史的研究及书写，碰撞思想，指引方向。

（21）2020年12月25日，中国人民大学新闻学院举办"学生创新创业与职业发展指导委员会"成立暨创业创新与职业发展高峰论坛，聘任多位业界专家担任委员会委员，并邀请学界、业界专家就学生创业创新与职业发展等议题进行分享和交流。

供稿：中国人民大学新闻学院

复旦大学新闻学院 2020 年学术发展概况

一、学院现任领导

院长	执行院长	副院长	党委书记	党委副书记
米博华	张涛甫	周葆华、陈建云、郑　雯	张涛甫	杨　鹏、朱　佳

二、2020 年学院新晋或引进教授

姓名	职称	研究方向
白红义	教授	新闻理论、新闻社会学、数字新闻学、政治传播
邓建国	教授	传播思想、媒介融合、国际新闻、媒介研究、媒介哲学

三、所承担的国家级、省部级科研项目、课题

1.2020 年立项的国家级、省部级科研项目、课题

项目类型	项目名称	项目负责人
国家社会科学基金重大项目	百年中国马克思主义新闻观话语的历史建构与实践研究	张涛甫
国家社会科学基金重大项目	百年中国共产党对外传播研究	黄　瑚
国家社会科学基金重大项目	智能时代重大舆情和突发事件舆论规律及治理研究	周葆华
国家社会科学基金后期资助项目	新闻社会学的历史与理论研究	白红义
国家社会科学基金重点项目	公共危机中的风险沟通与效果评估研究	汤景泰
国家社会科学基金青年项目	社会治理视角下西部民族地区县级媒体融合的跃迁机制研究	张　诚
上海市教育科学研究项目	儿童短视频使用与数字媒介素养教育研究	章　平
上海市哲学社会科学规划一般课题	智能城市的社区公共传播研究：系统元治理、空间治理、时间治理	谢　静

续表

项目类型	项目名称	项目负责人
上海市哲学社会科学规划一般课题	"巧夺人工？"：自动化新闻生产中的人机关系研究	姚建华
国家广电总局部级社科研究项目	重大题材新媒体纪录片生产与传播创新研究	唐俊
国家广电总局部级社科研究项目	广播电视行业治理体系与治理能力现代化建设研究	周笑
其他上海市政府部门项目（省部级）	上海市文创类行业协会创新发展研究	朱春阳

2.2020年结项的国家级、省部级科研项目、课题

项目类型	项目名称	项目负责人
国家社会科学基金重点项目	中国特色新闻学话语体系建构研究	张涛甫
国家社会科学基金重点项目	传播秩序视野下的网络强国战略研究	廖圣清
国家社会科学基金重点项目	增进当代中国价值观念的国际理解与国际传播策略研究	张涛甫
国家社会科学基金重点项目	新媒体环境下的城市传播研究	孙玮
国家社会科学基金一般项目	上海新生代农民工广告接触的相对剥夺感影响研究	张殿元
国家社会科学基金一般项目	网络自制视听节目的全平台柔性干预治理模式研究	周笑
上海市教育委员会其他项目	加强文明交流互鉴，提升中国在东盟的文化软实力	张殿元
上海市教育委员会其他项目	大数据环境下新型主流媒体建设与海派文化的重塑	童兵
国家民族事务委员会民族问题研究项目	东盟国家传媒对"人类命运共同体"传播方式比较研究	许燕
国家民族事务委员会民族问题研究项目	台湾少数民族的媒介使用与国家认同研究	王莹
上海市哲学社会科学规划委托课题	日本情报中的中国近现代报刊史料汇编	秦绍德
教育部人文社会科学重点研究基地重大项目	新媒体崛起：传播革命与19和20世纪之交的上海	黄旦
教育部人文社会科学重点研究基地重大项目	移动互联网使用与城市公众的生活方式：以上海为例	周葆华
教育部人文社会科学研究青年基金项目	商业报纸的都市想象：上海《申报》专刊研究	林溪声

四、2020年学术成果汇总

1. 著述、教材、译著情况

作者	书名	出版社
Larissa Hjorth、周葆华等	Digital Media Practices in Households	Amsterdam University Press
白红义	边界、权威与合法性：中国语境下的新闻职业话语研究	复旦大学出版社
邓建国（译）	奇云：媒介即存有	复旦大学出版社
顾　铮	世界摄影史	浙江摄影出版社
顾　铮	城市表情	上海人民美术出版社
胡春阳	人际传播：知识途径与前沿实践	复旦大学出版社
刘景芳	Green Communication and China: On Crisis, Care, and Global Futures	Michigan State University Press
孟　建	数字人文研究	复旦大学出版社
潘　霁、周海晏、徐　笛、李　薇	跳动空间：抖音城市的生成与传播	复旦大学出版社
杨　击等	新闻话语中的社会心理研究	复旦大学出版社
姚建华	媒介和数字劳工研究：西方的视角丛书（四）：数字经济中的劳工组织	商务印书馆
张力奋	牛津笔记	学林出版社
张涛甫	新媒体评论教程	复旦大学出版社

2. 发表论文情况

第一作者	论文标题	发表期刊	刊期
Ben-Ezra, M (Ben-Ezra, Menachem)	The Association of Being in Quarantine and Related COVID-19 Recommended and Non-Recommended Behaviors with Psychological Distress in Chinese Population	Journal of Affective Disorders	2020-11
Chen, YB (Chen, Yibei)	Objective Facts or Misleading Hype？Associations between Features of E-Cigarette Marketing and Sales on a Chinese E-Commerce Platform	International Journal of Environmental Research and Public Health	2020-12
He, JB (He, Jinbo)	Validation of the 12-item Short Form of the Eating Disorder Examination Questionnaire in the Chinese Context: Confirmatory Factor Analysis and Rasch Analysis	Eating & Weight Disorders	2020-11
He, JB (He, Jinbo)	Body Dissatisfaction and Sexual Orientations: A Quantitative Synthesis of 30 Years Research Findings	Clinical Psychological Review	2020-12

续表

第一作者	论文标题	发表期刊	刊期
Hu, HZ（Hu, Hongzhi）	Cognitive Computation on Consumer's Decision Making of Internet Financial Products Based on Neural Activity Data	Computer Science and Information Systems	2020-8
Jun Liu	Two Levels of Digitalization and Internet Use across Europe, China, and the U.S.	International Journal of Communication	2020-11
Kam, CCS（Kam, Chester Chun Seng）	Method Factor Due to the Use of Reverse-keyed Items: Is it Simply a Response Style Artifact?	Current Psychology	2020-10
白红义	媒介社会学中的"把关"：一个经典理论的形成、演化与再造	南京社会科学	2020-1
白红义	2019年虚假新闻研究报告	新闻记者	2020-1
白红义	气候报道记者作为"实践共同体"——一项对新闻专业知识的探索性研究	新闻记者	2020-2
白红义	"边界工作"再审视：一个新闻学中层理论的引入与使用	湖南师范大学社会科学学报	2020-2
白红义	作为"创新"的建设性新闻：一个新兴议题的缘起与建构	中国出版	2020-4
白红义	社会学家如何研究新闻？——"重访"《什么在决定新闻》	山西大学学报（哲学社会科学版）	2020-7
白红义	作为"理想型"的媒介社会学经典创立者：重访韦伯与帕克	现代传播	2020-12
陈逸君	媒介化新闻：形成机制、生产模式与基本特征——以"脆皮安全帽"事件为例	现代传播	2020-9
楚亚杰	新冠疫情下中国公众的知与行——基于"全国公众科学认知与态度"调查的实证研究	新闻记者	2020-5
楚亚杰	社会化媒体时代的媒介素养与跨文化适应	新闻界	2020-11
楚亚杰	人们为何相信不实信息：科学传播视角下的认知偏差与信息鉴别力研究	新闻大学	2020-12
黄旦	重构"谷登堡星汉"	现代出版	2020-2
姜华	媒以达通：媒介学视野下的"金庸传奇"	新闻记者	2020-12
李良荣	从2G到5G：技术驱动下的中国传媒业变革	新闻大学	2020-7
李良荣	互联网新闻制作失范：表现、原因与规范进路	现代传播	2020-10
陆晔	"玩"监控：当代艺术协作式影像实践中的"监控个人主义"——以《蜻蜓之眼》为个案	南京社会科学	2020-3
陆晔	短视频平台上的职业可见性：以抖音为个案	国际新闻界	2020-6

续表

第一作者	论文标题	发表期刊	刊期
孟 建	数字人文研究：超学科方法论的一种认知与阐释	现代传播	2020-2
米博华	负重快行的新闻传播教育如何致远？	新闻大学	2020-9
闵 晨	The Relationship between Government Trust and Preventive Behaviors during the COVID-19 Pandemic in China: Exploring the Roles of Knowledge and Negative Emotion	*Preventive Medicine*	2020-11
潘 霁	Masking Morality in the Making: How China's Antiepidemic Promotional Videos Present Facemask as a Techno-moral Mediator	*Social Semiotics*	2020-6
潘 霁	媒介研究、技术创新与知识生产：来自媒体考古视野的洞见——与齐林斯基教授的对话	国际新闻界	2020-7
沈 玢	体育品牌保护：论美国商标法的立法视角与司法实践	武汉体育学院学报	2020-3
沈 玢	Green with Fear: Fear Appeals and Temporal Framing in Eco-friendly Clothing Advertising	*Clothing and Textiles Research Journal*	2020-7
沈 玢	Creating a Parasocial Relationship on Social Media: Luxury Brands Playing Cute in China	*Asian Journal of Communication*	2020-11
孙少晶	新冠肺炎疫情语境中多元媒介的微博话语表达	新闻大学	2020-3
孙少晶	Newspaper Coverage of Artificial Intelligence: A Perspective of Emerging Technologies	*Telematics and Informatics*	2020-11
孙少晶	Obesity as a "Self-regulated Epidemic": Coverage of Obesity in Chinese Newspapers	*Eating and Weight Disorders*	2020-12
孙 玮	我拍故我在 我们打卡故城市在——短视频：赛博城市的大众影像实践	国际新闻界	2020-6
孙 玮	媒介化生存：文明转型与新型人类的诞生	探索与争鸣	2020-6
孙 玮	论感知的媒介——兼析媒介融合及新冠疫情期间的大众数字传播实践	新闻记者	2020-10
汤筠冰	东亚殖民主义的视觉建构与传播——以《华文大阪每日》"面速力达母膏"广告为中心的考察	学习与探索	2020-5
汤筠冰	论城市公共空间视觉传播的表征与重构	现代传播	2020-10
唐 俊	揭示、间离、反思：细论反身模式纪录片的观念和手法	现代传播	2020-1

续表

第一作者	论文标题	发表期刊	刊期
唐俊	论红色主题微纪录片生产和传播的模式创新——以《见证初心和使命的"十一书"》为例	中国电视	2020-3
童兵	习近平关于媒体融合发展论述的要义及实施进程	当代传播	2020-3
童兵	试析列宁社会主义建设时期的新闻思想与政策实践——为纪念列宁150周年诞辰而作	新闻大学	2020-3
童兵	文化三题：文化·革命文化·人民文化权益	现代传播	2020-6
童兵	试论习近平新时代新闻舆论工作论述对马克思主义新闻观的发展	山东社会科学	2020-10
姚建华	新"卢德运动"会出现吗？——人工智能与工作/后工作世界的未来	现代传播	2020-5
姚建华	在线众包平台的运作机制和劳动控制研究——以亚马逊土耳其机器人为例	新闻大学	2020-7
张大伟	制度与人性：尘封史料中的生活书店内部管理制度（1938—1939）	中国出版	2020-3
张大伟	期望与确认：短视频平台持续使用影响因素初探——基于SEM与fsQCA的研究	现代传播	2020-8
张大伟	代际反哺：农村中老年人信息寻求行为形成机制探索——基于突发公共卫生事件时期的实证研究	图书情报工作	2020-8
张大伟	新闻学专业理论型课程教材评价指标研究	新闻大学	2020-12
张涛甫	隔离与连接	新闻大学	2020-2
张涛甫	回归宏大理论视野	新闻大学	2020-4
张涛甫	列宁与马克思主义新闻思想的苏俄化——基于思想建党的视角	当代传播	2020-5
张涛甫	谨防被"他者"带偏	当代传播	2020-5
张涛甫	技术活性	新闻大学	2020-6
张涛甫	新媒体技术迭代与国际舆论话语权重构	人民论坛·学术前沿	2020-8
张涛甫	技术"倒刺"	新闻大学	2020-8
张涛甫	读图时代的文字阅读：困境与出路	现代出版	2020-9

续表

第一作者	论文标题	发表期刊	刊期
张涛甫	风险认知偏差与风险语境中的媒体	学术月刊	2020-9
张涛甫	"信息疫情"考验新闻正义	新闻大学	2020-10
张涛甫	未来已来	新闻大学	2020-12
郑晨予	从社会传染到社会扩散：社交机器人的社会扩散传播机制研究	新闻界	2020-2
郑晨予	Comparisons of the City Brand Influence of Global Cities：Word-embedding Based Semantic Mining and Clustering Analysis on the Big Data of GDELT Global News Knowledge Graph	*Sustainability*	2020-8
郑晨予	中国三大城市的品牌影响力及其差异化研究	江西社会科学	2020-10
郑雯	当前西方民粹主义动向分析及其镜鉴意义	人民论坛·学术前沿	2020-8
郑雯	"新时代"的网络镜像及其社会性意涵	兰州大学学报（社会科学版）	2020-9
周葆华	永久在线、永久连接：移动互联网时代的生活方式及其影响因素	新闻大学	2020-3
周笑	网络用户自主权的价值结构解析与实践案例研究	新闻大学	2020-10
朱春阳	全媒体视野下新型主流媒体传播效果评价的创新路径	新闻界	2020-1
朱春阳	基于网络平台的动画产业集群创新网络再造与虚拟化转型——以美日中为例	同济大学学报（社会科学版）	2020-10

3. 论文转载情况

作者	论文标题	原发表期刊及刊期	转载期刊及刊期
李良荣、辛艳艳	从2G到5G：技术驱动下的中国传媒业变革	《新闻大学》2020年第7期	《新华文摘》2020年第20期
米博华	运用"互联网思维"拓展新闻传播疆域	《新闻战线》2020年第1期	《新华文摘》2020年第9期
米博华	负重快行的新闻传播教育如何致远？	《新闻大学》2020年第9期	《新华文摘》2021年第2期
孙玮	我拍故我在 我们打卡故城市在——短视频赛博城市的大众影像实践	《国际新闻界》2020年第6期	人大复印报刊资料《新闻与传播》2020年第10期
孙玮	媒介化生存：文明转型与新型人类的诞生	《探索与争鸣》2020年第6期	人大复印报刊资料《文化研究》2020年第12期

续表

作者	论文标题	原发表期刊及刊期	转载期刊及刊期
唐俊	揭示、间离、反思：细论反身模式纪录片的观念和手法	《现代传播》2020年第1期	人大复印报刊资料《影视艺术》2020年第7期
谢静	新媒体时代的量子化生存与离散式联结——论政治联盟形态变化与统战工作创新	《统一战线学研究》2020年第3期	人大复印报刊资料《中国政治》2020年第8期
张大伟	5G时代出版业的发展趋势及制度创新：技术与制度互动的视角	《编辑学刊》2020年第1期	人大复印报刊资料《出版业》2020年第3期
郑晨予、范红	从社会传染到社会扩散：社交机器人的社会扩散传播机制研究	《新闻界》2020年第2期	人大复印报刊资料《新闻与传播》2020年第6期
周葆华	永久在线、永久连接：移动互联网时代的生活方式及其影响因素	《新闻大学》2020年第3期	人大复印报刊资料《新闻与传播》2020年第8期

4. 承办会议

（1）2020年5月29日，复旦大学信息与传播研究中心主办"切问近思半月谈｜疫情下的媒介与媒介融合：理论与实践的反思"。

（2）2020年6月12日，复旦大学国家文化创新研究中心主办"超学科视野中的数字人文与传播创新学术论坛暨《数字人文研究》学术集刊首发式"。

（3）2020年6月24日，复旦大学信息与传播研究中心在上海主办"切问近思半月谈｜作为道德调节物的口罩：兼谈媒介技术研究的'再场景化'"。

（4）2020年6月28日，复旦大学信息与传播研究中心在上海主办2020复旦大学"中外新闻传播理论研究与方法"暑期学校（第16期）——传播与城市：新视野、新路径、新方法。

（5）2020年7月23日，复旦大学信息与传播研究中心在上海主办"全球城市、数字媒体和中国话语"暨学术合作研讨会。

（6）2020年9月17日，复旦大学信息与传播研究中心在上海举办"切问近思半月谈｜在武汉：后疫情时代反思非虚构影像的社会价值"。

（7）2020年9月30日，复旦大学信息与传播研究中心在上海举办"切问近思半月谈｜从'音乐肖像'到'寻谣计划'：公共艺术实践如何连接公众、激活社区"。

（8）2020年10月8日，中国高等院校影视学会与复旦大学国家文化创新研究中心在安徽池州联合举办第三届中国高校网络视听论坛。

（9）2020年10月15日，复旦大学信息与传播研究中心在上海举办"切问近思半月谈｜沿苏州河行走：声音和影像的城市表情"。

（10）2020年10月23日，复旦大学信息与传播研究中心在上海举办"'传播与中国'学术工作坊第三期——传播与城市变迁：媒介的视野"。

（11）2020年10月30日，复旦大学信息与传播研究中心在上海举办"切问近思半月谈｜超越地方：沪语与上海城市文化精神"。

（12）2020年10月30日，复旦大学党委宣传部、复旦大学教师工作部、复旦大学新闻学院在上海联合举办"纪念宁树藩先生诞辰100周年座谈会"。

（13）2020年11月21日，复旦大学信息与传播研究中心在上海举办传播与中国·复旦论坛（2020）——"数字媒介：城市感知、交往和生活"。

（14）2020年11月21日，复旦发展研究院传播与国家治理研究中心、复旦大学全球传播全媒体研究院、复旦大学新闻学院、复旦大学信息与传播研究中心、Remix教育在上海联合举办第六届传播与国家治理论坛。

（15）2020年12月4日，新华网、复旦大学国家文化创新研究中心联合在海南博鳌举办"守正创新：2020中国文化经济发展博鳌论坛"。

（16）2020年12月12日，由复旦大学新闻学院主办的2020"智能时代的新闻传播学科重塑与人才培养"国际高峰论坛在上海举行。会议主题为智能时代的新闻传播学科重塑与人才培养。

（17）2020年12月13日，复旦大学新闻学院、马克思主义新闻观教学与研究基地在上海联合举办"'心有所信，方能行远'——全国马克思主义新闻观论坛"。

供稿：复旦大学新闻学院

南京大学新闻传播学院2020年学术发展概况

一、2020年学院现任领导

院长	执行院长	副院长	党委书记	党委副书记
卜 宇	张红军	李 声、胡翼青、李晓愚、朱江丽	刘 源	闻 羽

二、2020年新设学术科研机构校级研究中心

名称	主任（所长）	中心宗旨（任务、目标等）
南京大学美学与文化传播研究中心	潘知常	2020年7月，南京大学城市文化传播研究中心更名为南京大学美学与文化传播研究中心。中心宗旨为结合学院特色，以传播+文化、传播+美学为特色，从"大传播"角度开展跨学科的基础研究和应用研究，主要集中在当代文化传播研究、媒介文化研究、应用传播学研究、美学前沿问题研究、文化与美育普及等领域。同时，还将发挥好战略咨询和策划功能，服务于全国各地政府、企业与媒体，努力成为文化传播领域的高端智库

三、所承担的国家级、省部级科研项目、课题

1.2020年立项的国家级、省部级科研项目、课题

项目类型	项目名称	项目负责人
国家社科基金重点项目	传播学视野下的中国图像史研究	韩丛耀
国家社科基金重点项目	全媒体传播体系构建与发展路径研究	张红军
国家社科基金重点项目	网络社会治理共同体：理论、实践与范式研究	杜骏飞
国家社科基金一般项目	智能手机对农村留守儿童的影响及其对策研究	郑 欣
国家社科基金一般项目	中国图像传播史研究	韩丛耀
国家社科基金后期资助项目	电子媒介与现代人境况研究	卞冬磊

续表

项目类型	项目名称	项目负责人
国家社科基金青年项目	新传播技术与公共情感的形成及演化机制研究	袁光锋
教育部人文社科一般项目	旌表门闾：中国古代的国家奖励与社会教化研究	潘祥辉
教育部人文社科专项任务项目	新时代高校辅导员谈心谈话工作创新研究——基于双向沟通理论的视角	周围
社科类国家部委项目－国家民委	报刊媒介与现代"中华民族"意识的形成（1902—1937）	卞冬磊
社科类国家部委项目	农村应急广播"村村响"的成效与问题研究——基于江浙地区乡村广播站的实地调查	潘祥辉
江苏省社科基金重点项目	长三角生态绿色一体化发展示范区制度创新研究	周凯
江苏省社科基金重点项目	江苏建设全媒体新闻生态系统创新研究	王辰瑶
江苏省社科基金一般项目	重大突发事件中农村应急广播的角色、功能与建设研究	潘祥辉
江苏省社科基金基地项目	人工智能时代数字媒体上注意力流动研究	王成军

2.2020年结项的国家级、省部级科研项目、课题

项目类型	项目名称	项目负责人
国家社科基金一般项目	传播学视角下的青少年网络语言生活方式研究	郑欣
国家社科基金一般项目	媒介融合背景下中国电视剧的跨屏传播研究	张红军
国家社科基金一般项目	基于社交网络的青年群体日常社会—文化实践研究	朱丽丽
国家社科基金青年项目	基于"情感"视角的当代中国公共舆论研究	袁光锋
社科类省内各厅局项目－艺术学项目	文旅融合下非物质文化遗产传播传承保护利用研究	周凯
社科类国家部委项目	网络青年亚文化群体的诉求表达和社会参与行为研究	王蕾

四、2020年学术成果汇总

1. 著述、教材、译著情况

作者	书名	出版社
李晓愚	中国文化故事（丛书全6册）	译林出版社
孙文峥	中国人学英语：话语建构与主体实践	南京大学出版社
吴志远	超越主体主义：反思20世纪传播学的哲学源流	江苏人民出版社

续表

作者	书名	出版社
许媚媚	Cinema in China Prior to WWI	Peter Lang
朱江丽	媒体融合的探索与实践（2014—2018）	社会科学文献出版社
王佳鹏等（译）	心灵的整饰：人类情感的商业化（译著）	上海三联书店

2. 发表论文情况

第一作者	论文标题	发表期刊	刊期
白 净	数据新闻操作流程基础篇	新闻与写作	2020-2
白 净	健康传播中的可视化应用——以新冠肺炎报道为例	新闻与写作	2020-4
白 净	媒体融合背景下新闻实务教学改革和创新	新闻与写作	2020-7
白 净	织密预防网络暴力的法治防护网	人民论坛	2020-11
卞冬磊	伟大的情感：近代报刊的"祖国"话语与意义争夺（1902—1927）	新闻与传播研究	2020-2
卞冬磊	中国的一年：新闻、阅读与民族国家在日常的兴起	传播与社会学刊	2020-4
陈堂发	突发危机事件中谣言追责的理性问题——基于区块链技术支撑的讨论	人民论坛·学术前沿	2020-5
陈堂发	论私法范畴的媒体权利——基于《民法典·人格权编》相关条款	新闻与传播研究	2020-8
丁柏铨	略论"大舆论场"——对舆论格局和舆论引导的新思考	新闻与写作	2020-1
丁柏铨	学术智慧的凝聚——习近平新闻舆论观研究综述	当代传播	2020-2
丁柏铨	新闻学科课程思政：特殊性、有效性及实施路径	当代传播	2020-6
丁柏铨	新闻舆论工作的特点及队伍建设的目标	新闻与写作	2020-7
丁柏铨	论列宁新闻思想的特色、内涵及启迪意义	现代传播	2020-7
丁柏铨	重大主题宣传：特点、现状与优化	新闻与写作	2020-10
丁柏铨	论重大公共卫生事件中主流媒体舆论引导力提升	中国出版	2020-18
丁和根	县级融媒体中心核心功能的实践路径与保障条件探析	南京师大学报（社会科学版）	2020-4
丁和根	我国传媒产业关联及其演化趋势分析——基于投入产出表的实证研究	新闻与传播研究	2020-11
杜骏飞	数字巴别塔：网络社会治理共同体刍议	当代传播	2020-1
方延明	"新文科"建设：何以必要及如何可能	江海学刊	2020-5
胡菡菡	合理信赖与合理怀疑——从新冠肺炎事件看媒体应如何报道官方通报	新闻记者	2020-3

续表

第一作者	论文标题	发表期刊	刊期
胡翼青	媒介理论范式的兴起：基于不同学派的比较分析	现代传播	2020-4
胡翼青	"第四堵墙"：媒介化视角下的传统媒体媒介融合进程	新闻界	2020-5
胡翼青	透视"种草带货"：基于传播政治经济学的视角	西北师大学报（社会科学版）	2020-7
胡翼青	论时间的传播政治经济学	新闻记者	2020-8
胡翼青	出版研究的媒介入射角：一种延伸学术想象力的路径	现代出版	2020-11
胡翼青	超越传统，回归媒介：论传播政治经济学的三种新路径	湖南师范大学社会科学学报	2020-12
姜 海	"游戏成瘾"与健康性应对——兼论健康传播在游戏中的适应性	北京理工大学学报（社会科学版）	2020-1
孔 宇	"未来新闻"与美国媒体民主化改革——传播政治经济学学者维克托·皮卡德（Victor Pickard）教授访谈录	新闻记者	2020-4
孔 宇	全球传播政治经济学的理论前沿与现实批判——传播政治经济学家格雷厄姆·默多克（Graham Murdock）教授访谈录	新闻大学	2020-6
李晓愚	何处观看：论中国古代绘画传承中的"收视点"重构	学术月刊	2020-6
李晓愚	社交情境下的使用创新：作为"赠礼画"的兰花图研究	南方文坛	2020-7
李晓愚	文化记忆的官能：论贡布里希的人文科学研究思想	当代文坛	2020-8
李晓愚	文化、媒介与风格：论潘诺夫斯基的风格研究方法	江海学刊	2020-11
林羽丰	月子传授：行动中心的传统传播研究	新闻与传播研究	2020-9
林昱君	媒介系统依赖下的短视频受众研究	编辑之友	2020-7
刘 鹏	"全世界都在说"：新冠疫情中的用户新闻生产研究	国际新闻界	2020-9
马志浩	Social Integration, Perceived Stress, Locus of Control, and Psychological Wellbeing among Chinese Emerging Adult Migrants: A Conditional Process Analysis	Journal of Affective Disorders	2020-2
马志浩	Relative Deprivation, Social Exclusion, and Quality of Life among Chinese Internal Migrants	Public Health	2020-9
马志浩	Development and Validation of the Chinese Public Official Strain Scale	Journal of Criminal Justice	2020-10
马志浩	Acculturation Strategies, Age at Migration, and Self-rated Health: An Empirical Study on Internal Migrants in China	Social Science Research	2020-10
潘祥辉	弗洛姆的"人本主义"传播思想及其启示	新闻大学	2020-1
潘祥辉	"潜夫"之论：东汉王符的政治传播思想研究	湖南师范大学社会科学学报	2020-3
潘祥辉	"无名者"的出场：短视频媒介的历史社会学考察	国际新闻界	2020-6
潘祥辉	盖棺定论：作为一种本土传播机制的谥号及其政治功能	社会科学战线	2020-11

续表

第一作者	论文标题	发表期刊	刊期
潘知常	生命美学是"无人美学"吗？——回应李泽厚先生的质疑	东南学术	2020-1
潘知常	从"去实践化"、"去本质化"到"去美学化"——关于后实践美学与后实践美学之后的思考	山东社会科学	2020-3
潘知常	生命美学的原创性格——再回应李泽厚先生的质疑	文艺争鸣	2020-2
潘知常	因生命，而审美——再就教于李泽厚先生	当代文坛	2020-4
潘知常	"发乎情，止乎情"——从"陆王心学"到明清之际的"启蒙美学"	江苏行政学院学报	2020-2
潘知常	生命美学："以生命为视界"	郑州大学学报（哲学社会科学版）	2020-6
尚可可	Growing Networks with Communities: A Distributive Link Model	Chaos	2020-4
尚可可	A Novel Metric for Community Detection	EPL	2020-4
孙文峥	扁平化与逆向扁平化：青少年网络语言传播的结构形态分析	西南民族大学学报（人文社科版）	2020-4
孙文峥	任务导向型网络打卡：新媒体时代的数据化生活与自我管理	南京社会科学	2020-6
王辰瑶	新闻创新研究：概念、路径、使命	新闻与传播研究	2020-3
王辰瑶	论"建设性新闻"适用性与可操作性	中国出版	2020-8
王 蕾	媒介诉求、阅读场景、社交依赖：老年群体的微信阅读	当代传播	2020-6
温乃楠	Predicting the Intention of Sustainable Commuting among Chinese Commuters: The Role of Media and Morality	Environmental Communication	2020-3
温乃楠	Understanding the Chinese Public's Risk Perception and Information-seeking Behavior Regarding Genetically Modified Foods: The Role of Social Media Social Capital	Journal of Risk Research	2020-10
吴志远	外籍在华人士外宣合作与共情传播策略——对《南京抗疫现场》系列纪录片创作的思考	当代传播	2020-7
尤 浩	版权平台化对短视频创作的影响	中国出版	2020-6
袁光锋	"恐惧文化"的社会建构及其政治社会后果	南京大学学报（哲学·人文科学·社会科学）	2020-3
袁光锋	"众怒"的年代：新媒介、情感规则与"愤怒"的政治	国际新闻界	2020-9
袁光锋	"私人"话语如何成为公共议题？——共情、再构与"底层"表达	传播与社会学刊	2020-10
张红军	融媒体时代传媒从业者的职业能力重塑	当代传播	2020-2
张红军	2019年中国广播电视和视听传播研究重要主题回顾	编辑之友	2020-2
张红军	从"创造实干"到"德""知""行"合———南京大学新闻传播本科实践教育的历史经验与现实反思	中国出版	2020-14
张 青	Being in the Apple Store: A Genetic Phenomenological Sociology of Space	Human Studies	2020-4

续表

第一作者	论文标题	发表期刊	刊期
赵曙光	大数据：作为一种方法论的追溯与质疑	国际新闻界	2020-11
赵曙光	数字化转型、开放获取与"不平等"出版——基于2019年SSCI来源期刊的知识图谱分析	现代出版	2020-9
赵曙光	2019年国际新闻传播学研究的十个核心议题	新闻记者	2020-7
郑佳雯	开放的探索：事实核查实践与公共生活的相互依存——以"NJU核真录"为例	新闻记者	2020-8
郑佳雯	什么在影响新闻学子的职业选择？——基于职业动机和行业环境感知影响的分析	新闻大学	2020-10
周海燕	亲历者口述：从个体叙事到社会行动	探索与争鸣	2020-4
周海燕	史料、社会建构与行动：口述历史的三重理论向度	天津社会科学	2020-4
周海燕	见证历史，也建构历史：口述史中的社会建构	南京社会科学	2020-6
朱江丽	数字出版平台完善要素参与分配机制：现实性与实施路径	出版科学	2020-4
朱丽丽	移动与划界：青少年手机使用中的数字自我实现	中国地质大学学报（社会科学版）	2020-1
朱丽丽	不容青史尽成灰——评丁帆《先生素描》	当代文坛	2020-1
宗益祥	英国文化马克思主义与二战后媒介研究的生成	新闻大学	2020-2

3. 论文转载情况

作者	标题	发表期刊及刊期	转载期刊及刊期
刘煜、张红军	遍在与重构："跨媒体叙事"及其空间建构逻辑	《新闻与传播研究》2019年第9期	人大复印报刊资料《新闻与传播》2020年第2期
李晓愚、路端	"符号叠积"视阈下的纪念空间视觉修辞分析——以南京和平公园钟塔景观为例	《江苏社会科学》2019年第6期	人大复印报刊资料《文化研究》2020年第4期
金苗	建设性新闻：一个"伞式"理论的建设行动、哲学和价值	《南京社会科学》2019年第10期	人大复印报刊资料《新闻与传播》2020年第1期
林羽丰	月子传授：行动中心的传统传播研究	《新闻与传播研究》2020年第9期	人大复印报刊资料《新闻与传播》2020年第12期
卞冬磊	线上社会世界的兴起——以"自我"概念探究"社交"媒体	《新闻记者》2019年第10期	人大复印报刊资料《新闻与传播》2020年第1期
陈洁雯、胡翼青	从斯蒂芬森出发：传播游戏理论的新进展	《新闻春秋》2019年第6期	人大复印报刊资料《新闻与传播》2020年第3期
朱丽丽、魏玮	移动与划界：青少年手机使用中的数字自我实现	《中国地质大学学报（社会科学版）》2020年第1期	人大复印报刊资料《青少年导刊》2020年第7期

续表

作者	标题	发表期刊及刊期	转载期刊及刊期
袁光锋、赵扬	"恐惧文化"的社会建构及其政治社会后果	《南京大学学报（哲学·人文科学·社会科学）》2020年第3期	人大复印报刊资料《新闻与传播》2020年第10期
宗益祥	英国文化马克思主义与二战后媒介研究的生成	《新闻大学》2020年第2期	人大复印报刊资料《新闻与传播》2020年第6期
王佳鹏	社会型构、媒介技术与耻感变迁——波兹曼和埃利亚斯之间的思想对话	《新闻大学》2019年第11期	人大复印报刊资料《新闻与传播》2020年第3期
刘若衡、王蕾	"迷失"的主体：图像传播视角下中国女运动员媒介形象建构	《中华女子学院学报》2019年第5期	人大复印报刊资料《妇女研究》2020年第1期
孙文峥	任务导向型网络打卡：新媒体时代的数据化生活与自我管理	《南京社会科学》2020年第6期	人大复印报刊资料《新闻与传播》2020年第9期

4. 承办会议

（1）2020年9月4日，南京大学新闻传播学院举办第六届"青椒论坛"。

（2）2020年11月15日，南京大学新闻传播学院举办地市和县级媒体深度融合发展峰会暨第四届江苏传媒产业发展论坛（2020）。

（3）2020年12月5日至6日，南京大学新闻传播学院主办2020年中国新闻史学会外国新闻传播史委员会年会。此次会议主题为"新冠疫情背景下的全球传播暨外国新闻传播史专题研究"。来自中国人民大学、复旦大学、武汉大学、华中科技大学、北京外国语大学、南京大学等30多所高校的100余名专家学者进行深入学术交流和探讨。

供稿：南京大学新闻传播学院

四川大学新闻学院 2020 年学术发展概况

一、学术成果概述

四川大学新闻学院 2020 年新增教授 1 人；共有 3 项课题获国家社会科学基金项目立项，1 项课题获中央部委项目立项，2 项课题获省级项目立项；1 项国家社会科学基金项目与 4 项省级项目结项；在职教师公开出版学术著作 6 部，并在 CSSCI 期刊（不含扩展版）、SSCI、A&HCI 期刊以第一署名单位或通讯作者单位发表论文 45 篇；8 篇博士学位论文与 1 份博士后出站报告获通过；此外，还承办了 2020 年符号学年会、2020 年符号学高层论坛等学术会议。

二、学院现任领导

院长	副院长	党委书记	党委副书记
李 怡	胡易容、周维东、操 慧	古立峰	张 莹

三、2020 年学院新晋或引进教授

姓名	职称	研究方向
蒋忠波	教授	传播学

四、所承担的国家级、省部级科研项目、课题

1.2020 年立项的国家级、省部级科研项目、课题

项目类型	项目名称	项目负责人
国家社会科学基金一般项目	中国近代县报史	朱至刚
国家社会科学基金一般项目	西南少数民族地区信教人群社会心态与增强"五个认同"研究	张 悦
国家社会科学基金后期资助项目	纪录片历史与文本研究	侯 洪

续表

项目类型	项目名称	项目负责人
中宣部全国宣传思想文化青年英才项目	公共危机背景下社交媒体公众认知与情绪引导的计算传播学研究	张放
四川省社会科学规划重大招标项目	新冠肺炎疫情后基于县级融媒体中心建设的舆论引导机制优化研究	朱天
四川省社会科学规划重大委托项目	智媒时代信息传播领域的前沿问题研究	蒋忠波

2.2020年结项的国家级、省部级科研项目、课题

项目类型	项目名称	项目负责人
国家社会科学基金一般项目	基于功能共振理论的网络舆情演化与治理机制研究	陈华明
四川省社会科学规划重大招标项目	四川文化传播与媒体创新发展报告	蒋晓丽
四川省社会科学规划重点基地项目	"人类命运共同体"理念对外传播的四川机遇	蒋晓丽
四川省社会科学规划重点基地项目	县级融媒体在基层社会治理中的主要功能及实现路径研究	肖尧中
四川省社会科学规划重点基地项目	基于无尺度网络的意见领袖形成与舆论扩散机制研究	陈雪奇

五、2020年学术成果汇总

1. 专著情况

作者	书名	出版社
陈明悦等	颠覆与想象：后互联网时代的媒介理论与媒体实践	四川大学出版社
饶广祥	品牌与广告：符号叙述学分析	四川大学出版社
曾娅妮	成长影像：中国儿童视听创作的现实困境与优化路径	中国广播影视出版社

2. 编著情况

作者	书名	出版社
操慧	县级融媒体优秀传播案例评析——以四川省为例	四川大学出版社
操慧	春华秋实新闻行："许川新闻奖"纪念文集	四川大学出版社

3. 译著情况

原作者	书名	译者	出版社
罗伯特·E.帕克	新闻与舆论：罗伯特·E.帕克论文选集	刘 娜	（台北）双叶书廊

4. 发表论文情况

第一作者	论文标题	发表期刊	刊期
蔡尚伟	居家经济开拓经济发展新模式	人民论坛	2020-21
操 慧	新闻观点化与观点新闻化——对公共传播视域下媒体话语实践理路的审思	西南民族大学学报（人文社会科学版）	2020-9
陈华明	从"凝固"到"流动"：媒介学视阈下的网络舆情再认知	湖南师范大学社会科学学报	2020-3
陈华明	情感线逻辑下的网络舆情生发演化机理与治理研究	西南民族大学学报（人文社会科学版）	2020-5
陈华明	动员、信任与破解：网络谣言的圈子化传播逻辑研究	现代传播	2020-10
陈力丹	马克思《新莱茵报》资金源的经营实践	兰州大学学报（社会科学版）	2020-5
陈力丹	以原版《新莱茵报》为基础研究马克思主义新闻观	东岳论丛	2020-12
陈 翔	论手机传播的"中间性"——基于传播时空的重构	西南民族大学学报（人文社会科学版）	2020-8
段彦会	2019年中国符号学发展研究	符号与传媒	2020-1
郭旭东	从整体到多元：论传播学本土化的地方性视角	西南民族大学学报（人文社会科学版）	2020-1
侯 洪	权威的建构与消解：论科幻纪录片的影像话语	西南民族大学学报（人文社会科学版）	2020-3
胡易容	传播研究的符号学范式、流派及观念	内蒙古社会科学	2020-6
胡易容	新纪录电影身份的符号学考察	东岳论丛	2020-7
胡易容	From Literary Illusions to Media Simulacra: Toward a Semiotic Imagology in the Era of Global Communication	European Review	2020-7
蒋晓丽	社会化表演的网络文本世界——符号叙述学视域下美国总统政治的媒介话语分析	国际新闻界	2020-1
蒋晓丽	网络玄幻IP世界建构的叙述机制研究	中外文化与文论	2020-1
蒋晓丽	"知识求人"的时代：网络语境下的知识变革及新知识素养构建	四川大学学报（哲学社会科学版）	2020-2

续表

第一作者	论文标题	发表期刊	刊期
蒋晓丽	万物互联语境下新闻传播教育的知识谱系重构刍议——基于知识生态学的视阈	东岳论丛	2020-2
蒋晓丽	从介入到共生：新冠疫情媒体报道中专家话语的表达修辞	新闻界	2020-5
蒋晓丽	媒体朝圣与空间芭蕾："网红目的地"的文化形成	现代传播	2020-10
蒋晓丽	回看网络学术社区：传播关系、网络、权力下的使用动机与使用行为研究——以中文网络学术社区小木虫论坛为例	西南民族大学学报（人文社会科学版）	2020-10
刘 娜	Continuities and Changes of Media Construction of Citizenship Rights in China: The Case of the People's Daily, 1978-2012	Asian Journal of Communication	2020-5
饶广祥	泛广告：人工智能时代的广告变革	福建师范大学学报（哲学社会科学版）	2020-5
王 钰	场景视域下的移动端数字教材开发研究	出版科学	2020-5
王 钰	用户视角下的教育出版知识服务场景分析	出版发行研究	2020-11
王炎龙	主体属性与话语表达：公众人物的影响力传播与构建研究——基于《时代周刊》"全球最具影响力人物"榜的分析	西南民族大学学报（人文社会科学版）	2020-3
王炎龙	情境、应对与修复：公益组织的舆情危机传播与治理研究——基于湖北红十字会新冠疫情事件的分析	新闻界	2020-5
王炎龙	话语共识与协商回应：文化宣传类提案的传播互构研究	湖南科技大学学报（社会科学版）	2020-5
王炎龙	海外科学传播的概念、议题与模式研究——基于期刊 Public Understanding of Science 的分析	现代传播	2020-8
王炎龙	分化、跨界与融合：媒介变迁视域下出版理念变革三重进路	编辑之友	2020-8
王炎龙	人文社科学术期刊的导向把关	中国编辑	2020-9
徐 沛	南征还是北伐？一场战争的两种视角——对民国画报的图像表征分析	国际新闻界	2020-11
杨 珊	自我决定理论视角下UGC生产动机的模式与演进探究	现代传播	2020-2
杨 珊	全员媒体视角下新闻生产社会化协作的应用传统与业务机制研究	新闻界	2020-11
张 放	政务微信"软文"化传播效果的实验研究	新闻界	2020-1
张 放	疫情心理时空距离对公众情绪的影响研究——基于新冠肺炎疫期微博文本面板数据的计算分析	新闻界	2020-6

续表

第一作者	论文标题	发表期刊	刊期
张 放	偏移的转折点：传播学史上被"受众民族志"遮蔽的"双重转向"	新闻与传播研究	2020-7
张 悦	演绎自我：农民工城市融入的新媒体实践	西南民族大学学报（人文社会科学版）	2020-7
朱 天	对省级党媒政经类客户端新闻生产理念与实践的观察解析——以"四川观察"和"川报观察"为例	中国出版	2020-4
朱 天	政策赋能、业务扩容、系统转型——对县级融媒体中心建设中几个关键概念的观察辨析	新闻界	2020-6
朱 天	重大公共危机事件中主流媒体的责任与担当——基于《新闻联播》抗击新冠肺炎疫情报道的观察分析	电视研究	2020-6
朱至刚	"我们"为何以"新闻"为起点——试析《我们对于新闻学的基本观点》的理论构造	四川大学学报（哲学社会科学版）	2020-2

5. 转载情况

作者	标题	原发表期刊及刊期	转载期刊及刊期
陈华明	情感线逻辑下的网络舆情生发演化机理与治理研究	《西南民族大学学报（人文社会科学版）》2020年第5期	《新华文摘》2020年第16期论点摘编

6. 获奖情况

奖项名称	等级	成果名称	负责老师	级别
第八届高等学校科学研究优秀成果	二等奖	早期中国新闻学的历史面相：从知识史的路径	朱至刚	部级
第八届高等学校科学研究优秀成果	三等奖	连接与互动：新媒体新论	蒋晓丽等	部级

7. 承办会议

（1）2020年10月17日，由中国中外文艺理论学会文化与传播符号学分会、中国新闻史学会符号传播学研究委员会、四川大学新闻学院主办，西北民族大学新闻传播学院承办的"民族文化·数字人文·符号学"2020年符号学年会在线上召开。来自中国人民大学、中国传媒大学、浙江大学、南京大学、四川大学、中山大学、重庆大学、西南大学、西北大学、中国海洋大学、中国社会科学院新闻与传播研究所等数十所高校、科研机构的70余位专家学者分别参加了年会的4个学术圆桌会场与4个青年论坛会场。

（2）2020年11月14日至15日，由四川大学新闻学院和美国宾夕法尼亚大学安南堡传播学院联合举办的"重访网络社区——数字文化研究论坛"在成都市科华苑宾馆举行。来自武汉大学、浙江大学、南京大学、四川大学、中国政法大学、苏州大学、上海大学、中国社会科学院新闻与传播研究所等高校和科研机构的近30名师生以线上与线下相结合的方式与会。

（3）2020年12月4日至6日，由中国新闻史学会符号传播学研究委员会、四川大学新闻学院联合主办，四川外国语大学新闻传播学院承办的"话语与符号传播"2020年符号学高层论坛在重庆召开。来自数十所高校、科研机构的百余位专家学者莅临现场参会。论坛采取线上线下相结合的方式进行，高峰时在线参与人数超过1.72万人。

六、新闻传播学集刊

出版双语学术集刊《符号与传媒》总第20期、第21期。

供稿：四川大学新闻学院

河北大学新闻传播学院 2020 年学术发展概况

一、学术成果概述

2020 年，河北大学新闻传播学院省部级以上科研项目立项 5 项，发表 CSSCI 论文 13 篇（含转载），省级领导批示 1 项，获第八届高等学校科学研究优秀成果奖（人文社科）二等奖 1 项、第十七届河北省社会科学优秀成果奖 4 项。

二、学院现任领导

院长	副院长	党委书记	党委副书记
韩立新	彭焕萍、商建辉	颜士义	王婷婷

三、所承担的国家级、省部级科研项目、课题

1.2020 年立项的国家级、省部级科研项目、课题

项目类型	项目名称	项目负责人
国家社科基金项目	少数民族女性新媒体赋能研究	马 婷
河北省社科基金项目	多元媒介环境话语的价值传播与争夺策略研究	李 娜
河北省社科基金项目	复媒体视角下 Vlog 的接触使用与再社会化研究	苏 敏
河北省社科基金项目	1937—1948 年河北境内党的新闻事业发展研究	张金凤
河北省社科基金项目	大学生问题性社交媒体使用的影响因素及引导研究	张雅明

2.2020 年结项的国家级、省部级科研项目、课题

项目类型	项目名称	项目负责人
教育部人文社会科学项目	数字时代图书馆选题决策模式研究	杨金花
河北省社科项目	河北"创城"公共传播中的城市认同研究	甄巍然

续表

项目类型	项目名称	项目负责人
河北省社科项目	民国时期河北报刊出版研究	金　强
河北省社科项目	河北太行山集中连片特困区乡村文化兴盛的路径研究	杜　浩
河北省社科项目	河北省传统村落文化数字化保护和微传播研究	王雪梅
河北省社科项目	京津冀传媒产业集成经济协同发展研究	樊拥军
河北省社科项目	"互联网+"语境下网络IP视听产业价值网理论研究	杨状振
河北省社科项目	数字时代图书选题决策模式研究	杨金花
河北省社科项目	环境传播视域下"美丽中国"的媒介建构和雄安实践研究	李　娜
河北省社科项目	河北省户外公益广告生产传播机制研究	张　艳

四、2020年学术成果汇总

1. 专著情况

作者	书名	出版社
陈　娟	新时期我国涉农媒体战略转型研究	中国环境出版集团
韩立新等	媒体跨界融合的理论、路径与策略	科学出版社
金　强	吴融诗歌及其传播研究	人民出版社
金　强	中国大陆媒体对伊斯兰国家报道研究（2001—2015）	马来西亚简牍书社
杜　浩等	擎起一方蓝天——燕山—太行山片区文化产业与精准扶贫融合发展策略研究	河北大学出版社

2. 发表论文情况

作者	论文标题	发表期刊	刊期
康　智、白　贵	民国时期关于广播娱乐伦理的争论及历史反思	河北学刊	2020-1
韩立新、张秀丽	交往视域下的媒介使用责任主体研究	编辑之友	2020-5
金　强	近代中国大陆第一部出版专刊《图书月报》研究	现代出版	2020-2
刘燕飞	编辑出版专业校外实践基地建设新需求、瓶颈与调适	出版发行研究	2020-12

续表

第一作者	论文标题	发表期刊	刊期
彭 翠	论新时代新闻学的学术想象力与理论创造力——从李彬教授的《新时代新闻论》谈起	出版发行研究	2020-8
杨金花	图书销量预测偏差与校正	出版发行研究	2020-4
张京京	《互联网使用让农村居民更幸福吗？——来自CFPS2018的证据》	东岳论丛	2020-9
张 艳	美国互联网广告业自我规制：多元主体与路径选择——以广告数据欺诈防范为切入点	编辑之友	2020-7
赵树旺	疫情背景下出版业知识服务的特色、问题与应对	科技与出版	2020-4
赵树旺	英国出版硕士教育特色与启示	科技与出版	2020-7

3. 转载情况

作者	论文标题	原发表期刊及刊期	转载期刊及刊期
康 智、白 贵	民国时期国民政府广播管理的传播发展观及其逻辑——一种基于伦理视角的历史考察	《新闻春秋》2020年第3期	人大报刊复印资料《新闻与传播》2020年第12期
韩立新、张 萌	论马克思恩格斯的传承观	《新闻春秋》2020年第2期	人大报刊复印资料《新闻与传播》2020年第7期

4. 获奖情况

姓名	奖项	级别
田建平	第八届高等学校科学研究优秀成果奖（人文社科）二等奖	国家级
商建辉	第十七届河北省社会科学优秀成果奖二等奖	省级
王秋菊	第十七届河北省社会科学优秀成果奖二等奖	省级
魏海岩	第十七届河北省社会科学优秀成果奖二等奖	省级
彭 翠	第十七届河北省社会科学优秀成果奖三等奖	省级

5. 承办会议

（1）2020年1月3日至5日，由中国人民大学、中国社会科学院大学、河北大学、北京印刷学院合办的"四校合作新闻传播研究方法创新工作坊"在中国人民大学明德新闻楼三楼演播厅举行。

（2）2020年6月12日至14日，中国人民大学、中国社会科学院大学、北京印刷学院新闻出版学院和河北大学新闻传播学院共同举办了第二届"四校合作新闻传播研究方法创新工作坊"。

（3）2020年7月29日，由中国科学院信息工程研究所、河北大学新闻传播学院联合主办，河北大学跨文化传播研究中心、河北大学伊合组织研究中心协办的计算传播论坛系列学术活动之"观察与治理：虚与实的世界与重建的秩序"系列在腾讯会议云端开讲。

（4）2020年11月7日，由中国社会科学院新闻与传播研究所、中国社会科学出版社主办，河北大学新闻传播学院承办的《中国新闻传播学年鉴》第五届编辑出版研讨会在河北保定举行。

供稿：河北大学新闻传播学院

武汉大学新闻与传播学院 2020 年学术发展概况

一、学术成果概述

2020 年，武汉大学新闻与传播学院获批国家社会科学基金重大项目 1 项、一般项目 2 项，湖北省社科基金重点项目 1 项，教育部人文社科年度项目 2 项，教育部后期资助项目 1 项，国家广电总局项目 1 项，湖北省社科基金项目 1 项；获教育部人文社会科学二等奖 1 项、湖北省社科成果奖二等奖 2 项、三等奖 1 项；共发表 CSSCI 源刊论文 55 篇（不含 C 扩、集刊），权威期刊 2 篇，三大 A 刊 8 篇（除《新闻与传播研究》），出版学术著作 13 部；5 项应用成果被省级政府部门、中央办公厅采纳。

疫情期间多位教师产出了有价值的研究报告，如《西方七国主流媒体对我国新冠肺炎疫情报道的话语特征及我国回应策略》《关于尽快将宣传口径从"零感染"改为"平复曲线"的建议》等，被中共中央办公厅采纳。

二、学院现任领导

院长	副院长	党委书记	党委副书记
强月新	程 明、姚 曦、洪杰文、洪毅生	吴爱军	张 琦、王怀民

三、2020 年学院新晋或引进教授

姓名	职称	研究方向
肖 珺	教授	网络传播、跨文化传播

四、所承担的国家级、省部级科研项目、课题

2020 年立项的国家级、省部级科研项目、课题

项目类型	项目名称	项目负责人
国家社会科学基金重大项目	社会转型期媒体公信力研究	强月新
国家社会科学基金一般项目	家庭仪式传播对中国青少年幸福感的影响研究	刘建明
国家社会科学基金一般项目	中国数据新闻的风险防控研究	王　琼
湖北省社科基金重点项目	推进我省媒体深度融合发展研究	肖　珺
教育部社科项目	晚清媒介形态史研究（1815—1911）	周光明
教育部社科项目	《礼记》文化关键词流变与传播研究	刘金波
教育部后期资助项目	社会记忆视角下的中国互联网历史研究	吴世文
国家广电总局项目	新时代提升电视纪录片传播能力的创新研究	刘　娜
湖北省社科项目	新闻传播学学术话语体系建设研究	吴世文

五、2020年学术成果汇总

1. 专著情况

作者	书名	出版社
洪杰文、归伟夏	网络与新媒体技术基础	高等教育出版社
刘　娜	话语与赋权：中国乡村影像研究	社会科学文献出版社
刘建明	仪式传播思想研究	科学出版社
吴世文	不对称的"博弈"：伪健康信息的扩散及其纠正	中国社会科学出版社
肖劲草	交换正义：和谁交换？交换什么？怎样交换？	社会科学文献出版社

2. 编著情况

编者	书名	出版社
廖秉宜	中国广告产业发展研究	中国书籍出版社
林　婕	外国新闻传播史	光明日报出版社
刘艺琴	20世纪平面广告设计研究	山东教育出版社
单　波	中国传播创新研究报告（2020）	社会科学文献出版社
单　波	跨文化传播研究（第一辑）	中国传媒大学出版社
王　琼等	中国数据新闻发展报告（2018~2019）	社会科学文献出版社
单　波	中国媒体发展研究报告（总第18辑）	社会科学文献出版社

3. 发表论文情况

第一作者	论文标题	发表期刊	刊期
曹 皓	From Asymmetric Dependency to Discursive Disengagement	*Media, Culture and Society*	2020-11
陈之琪	"弗洛伊德事件"的传播学分析与思考	人民论坛	2020-7
程 明	论智能传播时代的信息生产：流程再造与信息连通	编辑之友	2020-9
洪杰文	移动视频直播平台用户持续意愿影响因素研究：基于用户体验的视角	*Proceedings-International Joint Conference on Information, Media, and Engineering, IJCIME 2019*	2020-1
洪杰文	朋友圈泛化下的社交媒体倦怠和网络社交自我	现代传播	2020-2
纪 莉	种族主义的新冠：以病为名——新冠肺炎的全球媒介呈现	学术研究	2020-3
纪 莉	对抗性"凝视"中的"他者"——兼论20世纪80年代以来中国女性电影的反"凝视"	当代电影	2020-6
贾 煜	How to Reduce Opportunism through Contractual Governance in the Cross-cultural Supply Chain Context: Evidence from Chinese Exporters	*Industrial Marketing Management*	2020-11
贾梦梦	作为话语的"完全党报"：延安《解放日报》改版再解读	国际新闻界	2020-5
廖秉宜	平台型智能媒体建设的核心问题与创新路径	中国编辑	2020-5
刘 娜	乡村原创短视频中身体呈现的文化阐释——以快手APP中代表性账号及其作品为例	华中师范大学学报（人文社会科学版）	2020-2
刘金波	宗经：数字媒介时代汉字批评传播研究	江南大学学报（人文社会科学版）	2020-11
刘金波	中国诗学的理趣、机趣与天趣	学习与实践	2020-12
刘丽群	表情符号使用动机及其在不同人际关系中对使用行为的影响——基于混合研究方法	现代传播	2020-8
刘丽群	结构、风格与内容：社交媒体用户转发的信息特征——基于媒体新冠肺炎疫情报道的考察	新闻界	2020-11
刘友芝	新时代媒体深度融合战略路径的创新突破——从"以老推新"到"强新拉老"	编辑之友	2020-1
刘友芝	传媒消息来源的偏向性对早期风险预警的影响——以代表性媒体的新冠肺炎早期报道为例	新闻界	2020-7

续表

第一作者	论文标题	发表期刊	刊期
吕尚彬	城市智能化发展及其形象传播优化	当代传播	2020-4
强月新	"中国梦"的报道研究——基于《人民日报》2012—2019年相关报道内容分析	当代传播	2020-3
强月新	从剪刀手到守夜人：韩国电影内容规制政策变迁	延边大学学报（社会科学版）	2020-7
强月新	政治沟通视野下政务微博辟谣效果研究	新闻大学	2020-10
强月新	新文科视野下的新闻传播人才培养	中国编辑	2020-10
强月新	互动仪式链理论范式下官员直播带货现象分析	编辑之友	2020-10
强月新	"韩流坞"：21世纪韩国电影的革命性逆袭崛起	湖北社会科学	2020-11
单波	面向跨文化关系：报道他者的可能性	新闻与写作	2020-3
单波	记者角色的地方性实践与记者比较范式的跨文化重构	新闻与传播研究	2020-4
单波	病毒如何介入社会交往关系？	新闻界	2020-4
单波	他者的分享与分享的他者：Quora社区中国知识分享的跨文化分析	新闻大学	2020-12
王刚	Healthy People 2020	International Journal of Environmental Research and Public Health	2020-10
王敏	从"后真相"到"后羞耻"：民粹主义媒体话语是如何进入欧美主流话语体系的？——基于对露丝·沃达克的专访	国际新闻界	2020-8
王敏	中国故事的传播中介、传受偏差与传声纠偏：以在华留学生为中介的研究	新闻记者	2020-12
王琼	传统电视媒体新闻短视频内容生产特征及传播策略——以《主播说联播》为例	电视研究	2020-4
吴世文	Air Pollution in China: Health Information Seeking and Protective Behaviors	Health Promotion International	2020-3
吴世文	重大突发公共卫生事件中的伪信息传播、治理困境及其突破路径——以新冠肺炎疫情为例	电子政务	2020-9
吴世文	互联网历史学的理路及其中国进路	新闻记者	2020-11

续表

第一作者	论文标题	发表期刊	刊期
肖 珺	短视频跨文化传播的符号叙事研究	新闻与写作	2020-3
肖 珺	算法情感：直播带货中的情绪传播	新闻与写作	2020-9
肖劲草	如何通向理解？柏拉图的困境与马克思的出路——从批判《对空言说》谈起	马克思主义哲学研究	2020-1
薛 静	角色压力视角下青年群体社交媒体倦怠影响因素研究——以微信朋友圈为例	新闻界	2020-7
杨 嫚	隐私保护意愿的中介效应：隐私关注、隐私保护自我效能与精准广告回避	新闻界	2020-1
姚 曦	从意识沉浸到知觉沉浸：智能时代广告的具身性转向	现代传播	2020-1
姚 曦	品牌传播研究的新范畴与新内容——基于发生学的认识图式	武汉大学学报（哲学社会科学版）	2020-4
张 卓	童年的区隔：家庭文化资本与儿童视听媒介实践——以Z城和S乡为例	现代传播	2020-3
张 卓	中国纪录电影的"地方"生成逻辑	北京电影学院学报	2020-5
张 卓	纪实影像中"中国故事"叙述的路径演化	当代电视	2020-5
张瓅尹	朋友圈虚拟认同、个体自我认知与大学生线下社会资本研究——基于对湖北6所重点大学学生的跟踪调研	西南民族大学学报（人文社会科学版）	2020-1
张雪霖	链式治理结构：解释中国特色社区治理模式的理论框架	科学社会主义	2020-2
张雪霖	通才型治理：城市社区治理现代化新方向	求索	2020-2
张雪霖	政务微信群重塑政治沟通体系的机制研究	求实	2020-3
张雪霖	县级融媒体中心的体制机制改革研究——以H省3个试点县市为例	新闻界	2020-3
张雪霖	代际责任与家庭发展能力的区域差异研究	南京农业大学学报（社会科学版）	2020-6
张雪霖	多层级核心政治体制与"统分结合"双层治理	教学与研究	2020-6
张雪霖	城市社区邻里关系性质研究	经济社会体制比较	2020-6
周红莉	HIV感染者的脱域与再嵌入社会生活研究	北京社会科学	2020-7

4. 转载情况

作者	标题	原发表期刊及刊期	转载期刊及刊期
吴世文	互联网历史学的理路及其中国进路	《新闻记者》2020年第6期	人大复印报刊资料《新闻与传播》2020年第10期

5. 获奖情况

奖项名称	成果名称	负责老师	级别
第八届高等学校科学研究优秀成果奖（人文社会科学）	西方传播学理论是如何与马克思主义发生联系的？	单波	部级
第十二届湖北省社科成果奖	社交媒体时代中国对外传播的变革与转型	强月新	省部级
第十二届湖北省社科成果奖	追忆消逝的网站：互联网记忆、媒介传记与网站历史	吴世文	省部级
第十二届湖北省社科成果奖	新媒体跨文化传播的中国实践研究	肖珺	省部级

6. 承办会议

（1）2020年4月11日，由武汉大学媒体发展中心和新闻与传播学院主办的"历史大场景下的疫情传播：问题与方法"云端对话在武汉召开。来自中国人民大学、中国传媒大学、复旦大学、武汉大学、北京大学、暨南大学等国内高校的研究者在虚拟会议室"共聚一堂"，从新闻史、群体传播、移动传播、人类命运共同体、病毒传播学、文化研究、政治沟通、健康传播等多个角度进行了充分的交流。

（2）2020年11月21日，中国高等教育学会新闻学与传播学专业委员会第八届理事会第三次全体会议暨"后疫情时代的新闻传播教育"学术年会在武汉大学举办。此次会议由中国高等教育学会新闻学与传播学专业委员会主办，武汉大学新闻与传播学院承办。来自多所高校的百余位专家、学者参加会议，共同探讨后疫情时代的新闻传播教育面临的新环境、新机遇、新生态。会议进行了"后疫情时代的新闻传播人才培养""后疫情时代的新闻传播学科变革""后疫情时代的新闻传播教学理念与模式"等三大分论坛学术交流，各分论坛均分设上、下两个半场，围绕"新闻传播人才培养的实践创新""新闻传播人才培养的时代特征""新闻传播学科发展新理念""疫情语境中的健康传播""新闻传播学课程思政""新闻传播学教学模式"等六大主题展开。来自全国各地多所新闻传播院校的与会嘉宾分享了各自的研究成果，经过深入交流探讨，形成了许多具有开创性、建设性的共识与成果。

（3）2020年10月18日，由武汉大学新闻与传播学院、武汉大学媒体发展研究中心（教育部人文社会科学重点研究基地）主办的智能媒体发展高端论坛在线上举办。论坛聚焦发展中的智能传媒。来自北京师范大学、中国传媒大学、清华大学、中国人民大学、武汉大学的8位学者分享了智能传媒前沿研究成果。

（4）2020年9月19日，第二届智能营销传播学术工作坊在线上举办。学术工作坊由武汉大学新闻与传播学院、武汉大学媒体发展研究中心（教育部人文社会科学重点研究基地）、武汉大学城市传播与企业品牌研究中心、武汉大学"智能营销传播研究"青年学术团队主办，《新闻与传播评论》《传媒创新蓝皮书：中国传播创新研究报告》《中国媒体发展研究报告》协办。此次工作坊聚焦智能营销传播理论、方法与实践，设置了四场专题讨论，分别为：人工智能、智能媒体与智能营销传播，智能时代的广告传播与智能营销，智能时代的广告文化与伦理审视，智能营销传播产业与效果实证。来自中国人民大学、北京师范大学、中国传媒大学、厦门大学、上海外国语大学、上海戏剧学院、南昌大学、江西师范大学、成都理工大学、安徽师范大学、山西财经大学、武汉大学等国内知名高校的15位专家学者分享了智能营销传播前沿研究成果。

（5）2020年12月4日至6日，由武汉大学媒体发展研究中心（教育部人文社会科学重点研究基地）、武汉大学新闻与传播学院、中国传媒大学出版社、武汉大学跨文化传播研究中心联合主办的"《跨文化传播研究》集刊发布与学术讨论会"在武汉召开。来自清华大学、北京大学、复旦大学、中国人民大学、浙江大学、中国传媒大学、暨南大学、广州大学、河北大学、北京外国语大学、华中师范大学、广东外语外贸大学、广西艺术学院等机构和高校的嘉宾，与武汉大学师生相聚东湖之滨，共同探寻跨文化传播的实践智慧与未来发展的可能路径。

（6）2020年12月12日，中国传播创新研究工作坊在武汉大学举行。工作坊由武汉大学媒体发展研究中心（教育部人文社会科学重点研究基地）、武汉大学新闻与传播学院、《传播创新蓝皮书：中国传播创新研究报告》编辑部、新疆大学新闻与传播学院联合主办，《新闻与传播评论》《跨文化传播研究》《中国媒体发展研究报告》及教育部人文社科重点研究基地智库联合体合办。来自中国社会科学院、北京大学、中国传媒大学、暨南大学、郑州大学、华中师范大学、武汉理工大学、新疆大学、广东金融学院、武汉大学、《新闻与写作》杂志、新华社、人民网、长江日报报业集团、新浪微博等高校和机构的学者和业界专家共聚珞珈山，聚焦"中国传播创新"进行交流对话。

供稿：武汉大学新闻与传播学院

北京大学新闻与传播学院 2020 年学术发展概况

一、学术成果概述

2020年，北京大学新闻与传播学院教师共发表文章（含期刊论文、会议论文、研究报告等）120余篇，出版著作（含专著、译著、编著、教材等）3部；立项课题25项，到账科研经费约260万元。

二、学院现任领导

校长	副校长	党委书记	党委副书记
陆绍阳	陈 刚（兼）、俞 虹、刘德寰、吴 靖	陈 刚	卢 亮

三、所承担的国家级、省部级科研项目、课题

1.2020年立项的国家级、省部级科研项目、课题

项目类型	项目名称	项目负责人
国家社科基金重大委托项目	马克思主义新闻观中的列宁思想研究	程曼丽
教育部哲学社会科学研究后期资助重大项目	溯源中国信息社会研究（1955—1984）	王洪喆

2.2020年结项的国家级科研项目、课题

项目类型	项目名称	项目负责人
国家社科基金一般项目	中国当代广告口述史（1979—2010）	祝 帅

四、2020 年学术成果汇总

1.专著情况

作者	书名	出版社
胡　泳	数字位移：重新思考数字化	中国人民大学出版社
许　静	舆论学概论（修订版）	北京大学出版社
祝　帅	作为学科的广告史：发展、个案及趋势	北京大学出版社

2.发表论文情况

作者	论文标题	发表期刊	刊期
陈　刚、谢佩宏	信息社会还是数字社会	学术界	2020-5
王　苗、曲　韵、陈　刚	数字化变革与品牌资产概念与模型研究	贵州社会科学	2020-8
陈汝东	新时代我国话语空间拓展的挑战与对策	人民论坛	2020-29
胡　泳、陈　嘉	网络传播研究述略：从本体研究到规范研究	现代传播	2020-1
胡　泳	网络时代，新闻业提供哪类产品和服务	新闻界	2020-2
陈秋心、胡　泳	抖音观看情境下的用户自我认识研究	新闻大学	2020-5
胡　泳	呼唤启蒙2.0——人类意识的范式转变与革命	探索与争鸣	2020-6
杜骏飞、胡　泳、潘忠党、叶铁桥、张力奋	清华"教改"与新闻学院的未来	新闻大学	2020-7
胡　泳	所到之处皆媒介——5G对媒体产业的影响分析	新闻记者	2020-7
胡　泳、徐　辉	网红社交资产如何改变商业模式	新闻界	2020-8
向芝谊、陆　地	网络时代影视文化女性消费主义倾向新论	现代传播	2020-2
陆　地、杨　雪	疫情下各国的"表情"与周边共同体建设	当代传播	2020-2
师曾志	"命运共同体"视阈下的对外传播	人民论坛	2020-18
王洪喆	Machine for a Long Revolution: Revisiting the Red Technetronic Era in China	*Vitamin Press*	2020-1
王维佳	社会发展视角下的健康传播——重访20世纪"第三世界"的历史经验	兰州大学学报（社会科学版）	2020-2
王维佳	Mediatised Politics: A Perspective for Understanding Political Communication in China	*Javnost-The Public*	2020-2
潘佼佼、吴　靖	窥探欲望互联网：中国网络空间的色情文化变迁史	国际新闻界	2020-2
赵月枝、吴　靖	Understanding China's Developmental Path: Towards Socialist Rejuvenation？	*Javnost-The Public*	2020-2

续表

作者	论文标题	发表期刊	刊期
吴　靖	Exporting the Silicon Valley to China	*Online Journal of Communication and Media Technologies*	2020-4
许　静	Tell Health Stories Comprehensively and Accurately: A Case Study of Health Edition of People's Daily	*International Journal of Nursing Sciences*	2020-1
许　静	Medicine Together with Humanities and Media: An MHM Model to Move Forward for Health Communication Studies	*International Journal of Nursing Sciences*	2020-1
张慧瑜	Chinese Blockbusters and Culture Self-confidence	*Javnost-The Public*	2020-2
祝　帅	论广告史观的"古今之变"——基于一种全球传播思想史的进路	国际新闻界	2020-3
祝　帅	现代"广告"观念的中国旅行——基于全球传播思想史的视角	山西大学学报（哲学社会科学版）	2020-5
祝　帅	广告学与设计学：走向新的整合	装饰	2020-7
祝　帅	展厅书法笔法的衰微与设计意识的崛起	中国书法	2020-8

3. 转载情况

作者	论文标题	原发表期刊及刊期	转载期刊及刊期
陆绍阳	提升舆论引导水平要明确方向、完善制度	《新闻战线》2020年第1期	《新华文摘》2020年第9期全文转载

4. 获奖情况

奖项名称	等级	成果名称	负责老师	级别
教育部高校科研优秀成果奖（人文社科）著作论文奖	一等奖	中华文化国际影响力调查研究	关世杰	部级
教育部高校科研优秀成果奖（人文社科）著作论文奖	二等奖	中国乡村调查——农村居民媒体接触与消费行为研究	陈　刚	部级
教育部高校科研优秀成果奖（人文社科）咨询服务报告奖	二等奖	国家传播治理与网络舆论系列研究报告	王维佳	部级
教育部高校科研优秀成果奖（人文社科）青年成果奖	青年成果奖	从西学东渐到书学转型	祝　帅	部级

5. 承办会议

（1）2020年11月7日，由北京大学新闻与传播学院主办、中国新闻文化促进会健康产业发展传播分会协办的北京论坛（2020）健康传播分论坛暨第三届"医疗、人文与媒介：'健康中国'与健康传播国际研讨会"（Medicine, Humanity and Media: "Healthy China" and Health Communication International Academic Virtual Conference，简称为MHM 2020）在北京举行。此届MHM 2020主论坛下设五个分会场，议题覆盖"公共卫生危机传播与风险交流"、"健康教育与健康促进"、"健康传播与社会"、"媒介与健康传播"与"医患沟通及传播干预"等多个方面。论坛采用线上、线下相结合的形式，吸引了包括清华大学、中国人民大学、浙江大学、美国约翰斯·霍普金斯大学、美国德州农工大学、荷兰阿姆斯特丹大学、新西兰梅西大学、新加坡南洋理工大学等在内的国内31家高校和科研单位以及国外14家高校的学者参与。论坛在百度直播、bilibili等直播网站上吸引了超过11万人次观看。

（2）2020年11月7日至8日，由北京大学新闻学研究会和湖南大学新闻与传播学院共同主办的第九届新闻史论青年论坛暨北京大学新闻学研究会年会在湖南长沙举行。会议围绕"实践与话语：中国新闻事业发展的历史逻辑与理论建构"主题，探讨"在中国新闻传播史的不同阶段，不同传播主体在社会实践中生成了怎样的话语""不同的话语如何服务于各主体的实践""在中国语境下，基于话语和实践应形成怎样的新闻理论建构"等系列议题。来自北京大学、清华大学、复旦大学、浙江大学、湖南大学、中国外文局当代中国与世界研究院、加拿大皇家学会、日本龙谷大学等国内外50多所高校和研究机构的100余位专家学者参加会议。

（3）2020年11月19日，由北京大学新闻与传播学院科研机构新媒体研究院主办的第三届全国地县媒体融合发展高峰论坛在北京举行。论坛主题为"深化·持续·效果"，契合当前媒体融合发展趋势，为学界、业界搭建宝贵交流平台，为政府相关部门提供决策参考。

（4）2020年12月21日，"2020中国视频节目年度掌声·嘘声发布"在山东广播电视台齐鲁频道和闪电新闻客户端播出。"掌·嘘"活动由北京大学新闻与传播学院研究机构北京大学电视研究中心发起。

供稿：北京大学新闻与传播学院

暨南大学新闻与传播学院 2020 年学术发展概况

一、学术成果概述

2020 年，暨南大学新闻与传播学院主动对接国家战略需求，牵头成立广东省普通高校特色新型智库 1 个（舆情与社会治理研究院）、广东省社会科学研究基地 1 个（国家话语体系研究中心）、校级研究中心 2 个（暨南大学国家文化大数据研究中心、暨南大学边疆与治理研究院）。2020 年 9 月，暨南大学边疆与治理研究院在联合国人权理事会第 45 次会议期间承办一系列涉疆会议，就"反恐、去极端化与人权保障"、"扶贫脱困与人权保障"及"中国新疆人口发展与人权保障"等方面介绍中国真实情况与经验，搭建交流平台。

学院获批国家社科基金项目 8 项，包括重大招标或重大委托项目 3 项，重点项目 1 项，一般项目 2 项，青年项目 1 项，后期资助课题 1 项，国家社科项目立项率位居全国前列。

高水平论文发表、出版著作质量齐升。2020 年度，暨南大学新闻与传播学院科研成果共 398 项，包括外文论文发表 43 篇，其中 SSCI-A1 类 11 篇，A&HCI 类 3 篇，SCI-A1 类 3 篇，SSCI-A2 类 13 篇，SCI-A2 类 3 篇；中文论文发表 182 篇，其中 A1 类 5 篇，A2 类 15 篇，A3 类 6 篇，B1 类 46 篇，B2 类 20 篇，C 类 25 篇，等同 A3 类 5 篇，等同 B1 类 6 篇；出版专著 14 部，编著 18 部，译著 4 部。刘涛教授专著《视觉修辞学》入选 2019 年度"国家哲学社科成果文库"（19KXW073）。

科研成果丰硕，获高水平奖项多项。2020 年，获教育部哲学社科成果奖 5 项，其中二等奖 3 项，三等奖 1 项，青年奖 1 项。2020 年，新闻传播学在"软科"中国最好学科排名中位居第 6。

二、学院现任领导

名誉院长	院　长	副院长	党委书记	党委副书记
范以锦	支庭荣	曾一果、汤景泰、郑　亮	刘　涛	张建敏

三、2020 年学院新晋或引进教授

姓名	职称	研究方向
赖凯声	教授	大数据传播
李 红	教授	符号学、网络舆论
林升梁	教授	传播与社会发展
王海燕	教授	数字新闻学、媒体融合与创新、国际新闻与传播、媒体与性别
晏 青	教授	新闻与传播学
张潇潇	教授	传播学与流行文化研究
祝 东	教授	符号学与传播学

四、2020年新设学术科研机构

1. 省部级研究中心（院）

名称	负责人	中心宗旨
舆情与社会治理研究院	林如鹏	舆情与社会治理研究院为广东省普通高校特色新型智库，依托传统研究优势，重点强化技术平台建设，以构建统一的"数据湖泊"和细分的"数据仓库"为手段，以提升现代组织的"数据治理"能力为目标，以增进大众的"信息福利"为旨归，聚焦"重大理论难题、重大现实挑战、重大社会关切"，搭建跨学科、开放式的研究中心和智库平台
国家话语体系研究中心	刘 涛	国家话语体系研究中心为广东省社会科学研究基地，充分依托暨南大学新闻与传播学院、广东省舆情大数据工程技术研究中心和传播与边疆治理研究院，致力于当今国际国内形势背景下的国家话语体系理论、方法与实践研究，着力构建能有效阐释中国实践、彰显人类共同价值诉求的中国特色国家话语体系

2. 校级研究中心（院）

名称	负责人	中心宗旨
暨南大学国家文化大数据研究中心	向 熹	文化大数据研究是服务于国家文化大数据体系建设战略布局的重要力量，是学科交叉融合的典型，是计算社会科学视角下的新领域探索。有助于克服人文社科"软"学科的局限，促进社会科学向"硬"科学方向发展；有助于突破学科边界，形成新的研究范式，可以承担为政府建言献策及智库服务功能
暨南大学传播与边疆治理研究院	郑 亮	研究院旨在通过跨学科的研究，整合调动各个学科的资源，将传播与公共治理、边疆治理、跨界治理、跨境治理充分融合，对我国边疆地区进行更为深入和全面的研究

五、所承担的国家级、省部级科研项目、课题

1.2020年立项的国家级、省部级科研项目、课题

项目类型	项目名称	项目负责人
国家社会科学基金重大项目	增强香港、澳门同胞的国家意识和爱国精神研究	林仲轩
国家社会科学基金重大项目	后疫情期间海外华文媒体铸牢华侨华人中华民族共同体意识研究	彭伟步
国家社会科学基金重大项目	涉疆问题国际传播战略研究	郑亮
国家社会科学基金重点项目	公共危机中的风险沟通与效果评估研究	汤景泰
国家社科基金一般项目	移动传播时代广播生态化发展战略研究	申启武
国家社科基金一般项目	"一国两制"下香港媒体舆论生态的新变化与国家认同再建构研究	嵇美云
国家社科后期资助一般项目	古典四大名著在日本的漫画改编创作研究	陈曦子
国家社会科学基金青年项目	短视频传播的情绪极化原理与情感治理研究	姚晓鸥
教育部人文社科青年基金项目	自媒体中性别暴力的传播机制与协同治理研究	黄雅兰
国家广播电视总局部级社科研究一般项目	5G环境下网络视听内容把关策略研究	余苗
中华全国归国华侨联合会一般课题	东南亚地区华侨华人对中国科技品牌的认知及传播意愿考察	万木春
中国残联研究项目	新技术背景下的信息无障碍研究	林仲轩
广东省哲学社会科学"十三五"规划一般项目	广东港澳青年社会融入与政治认同研究	龙思思
广东省哲学社会科学"十三五"规划一般项目	规范伦理学视角下人工智能营销的伦理规制研究：以广东省为例	阳翼
教育部、澳门中联办	关于大学生学习生活情况的调研	张蕾

2.2020年结项的国家级、省部级科研项目、课题

项目类型	项目名称	项目负责人
国家社会科学基金重点项目	全球治理中制度性话语权的构建研究——基于中俄媒体交流的实证研究	吴非
国家社会科学基金一般项目	基于核心价值观传播视域的新媒体文化建设研究	陈伟军
国家社会科学基金一般项目	中国近代报刊的海权观与南海诸岛报道研究	赵建国

续表

项目类型	项目名称	项目负责人
国家社会科学基金后期资助项目	日本侵华遗孤的认同研究——中日两国三代人的生命叙事	张 岚
教育部人文社科青年基金项目	先秦儒家传播思想与春秋战国的政治沟通	姚锦云
教育部人文社科青年基金项目	新生代农民工社交媒体使用效果研究：基于社会资本的视角	朱文哲
教育部人文社科青年基金项目	社交媒体语境下网络民族主义思潮传播及其引导研究	龙思思
广东省博士科研启动纵向协同管理试点项目	大数据背景下的社会舆情监测研判体系与智能决策研究	刘 倩

六、2020年学术成果汇总

1. 专著情况

作者	书名	出版社
蒋述卓、陈伟军等	文化兴国：新时代文化自信理论与实践	社会科学文献出版社
陈韵博	程序化广告的道与术：数据技术时代的营销变革	社会科学文献出版社
范以锦	触摸传媒脉搏：2008—2018年传媒事件透视（暨南文库·新闻传播学）	暨南大学出版社
范以锦	传媒现象思考（暨南文库·新闻传播学）	暨南大学出版社
林升梁	微时代·微传播·微营销学术规训下的多元研究	厦门大学出版社
罗 昕	突发公共事件网络舆情的传播与治理	暨南大学出版社
罗 昕	网络社会治理研究：前沿与挑战	暨南大学出版社
邵培仁、姚锦云	华夏传播理论	浙江大学出版社
曾一果	媒介文化论（暨南文库·新闻传播学）	暨南大学出版社
赵建国	报刊史的底色：近代中国新闻界与社会（暨南文库·新闻传播学）	暨南大学出版社
郑 亮	县级融媒体中心和基层社会治理研究	暨南大学出版社
郑晓君	观照世界的二十面镜子——当代艺术形态与观念解读（暨南文库·新闻传播学）	暨南大学出版社
朱 磊、崔 瑶	数字营销效果测评	科学出版社

2. 编著情况

编者	书名	出版社
高贵武、林小榆	中国主持传播研究	中国传媒大学出版社
刘涛	时代长镜头：风雨路	经济日报出版社
刘涛	时代长镜头：浮生掠影	经济日报出版社
刘涛	时代长镜头：铺路石	经济日报出版社
刘涛	时代长镜头：新青年	经济日报出版社
刘涛	时代长镜头：烟火人家	经济日报出版社
罗昕	网络新闻实务（第二版）	北京大学出版社
钟瑛、张军辉、罗昕	网络传播导论（第三版）	中国人民大学出版社
麦尚文	中华传统文化十二讲	暨南大学出版社
申启武、牛存有	中国音频传媒发展研究报告（2020）	社会科学文献出版社
申启武、张建敏	5G时代广播发展的理念创新与实践探索	暨南大学出版社
万木春、郭宏超	爆款营销：杰出品牌营销案例精选	机械工业出版社
肖伟、梁美娜	移动新媒体实战演讲录	南方日报出版社
晏青	爱情：一种媒介考古	经济日报出版社
张晋升、汤景泰	舆情与社会治理（第一辑）（暨南卓越智库丛书）	暨南大学出版社
张岚	舆情观察第16辑：娱乐与舆情	人民日报出版社
梅宁华、支庭荣	媒体融合蓝皮书：中国媒体融合发展报告（2020）	社会科学文献出版社

3. 译著情况

原作者	书名	译者	出版社
[美]奥特姆·爱德华兹等	传播时代（第3版）	龙思思	清华大学出版社
[匈]米哈伊·霍帕尔	民族符号学：文化研究的方法	彭佳等	社会科学文献出版社
[荷]塔玛拉·维茨格等	数字新闻	高丽	清华大学出版社

4. 发表论文情况

高校学术概况

第一作者	论文标题	发表期刊	刊期
方 惠	融入与"断连":老年群体ICT使用的学术话语框架分析	国际新闻界	2020-3
方 惠	Cannibalising Collective Memory: Chinese History and Political Consciousness in Tsui Hark's the Taking of Tiger Mountain	Continuum-Journal of Media & Cultural Studies	2020-9
方 惠	数据可听化:声音在数据新闻中的创新实践	新闻记者	2020-11
甘险峰	方式、观念与权力变迁:个人摄影的自我镜像表达	现代传播	2020-8
公丕钰	参与传播:理论溯源、概念关联及理解维度	当代传播	2020-7
黄雅堃	Mental Health Toll from the Coronavirus: Social Media Usage Reveals Wuhan Residents' Depression and Secondary Trauma in the COVID-19 Outbreak	Computers in Human Behavior	2020-8
黄雅兰	"Re-feminization" of Dependent Women Migrants: Negotiating Gender Roles in the Chinese Digital Diaspora	Asian Journal of Women's Studies	2020-6
赖凯声	Who Falls for Rumor? Influence of Personality Traits on False Rumor Belief	Personality and Individual Differences	2020-1
林爱珺	智能新闻信息分发中的算法偏见与伦理规制	新闻大学	2020-1
林爱珺	大数据中的隐私流动与个人信息保护	现代传播	2020-4
林仲轩	Self-Enterprising eSports: Meritocracy, Precarity, and Disposability of eSports Players in China	International Journal of Cultural Studies	2020-2
林仲轩	A Digital Promised Land? Digital Landscape as a Heterotopia for Disabled People in China	Information Communication & Society	2020-7
林仲轩	Commercialization of Creative Videos in China in the Digital Platform Age	Television & New Media	2020-9
林仲轩	Precarious Creativity: Production of Digital Video in China	Critical Arts-South-North Cultural and Media Studies	2020-11
林仲轩	Beyond Celebrity Politics: Celebrity as Governmentality in China	Sage Open	2020-7
刘亭亭	From Non-player Characters to Othered Participants: Chinese Women's Gaming Experience in the 'Free' Digital Market	Information, Communication & Society	2020-7
刘亭亭	The Freedom of Binge Gaming or Technologies of the Self? Chinese Enjoying the Game Werewolf in an Era of Hard Work	Chinese Journal of Communication	2020-9
罗 昕	算法传播的信息地缘政治与全球风险治理	现代传播	2020-7

— 497 —

续表

第一作者	论文标题	发表期刊	刊期
马立明	景观竞争的逻辑——基于政治权力实现的媒介路径考察	新闻大学	2020-8
彭　佳	指示性重临：从影像的"曾在"到数字的"此在"	文艺理论研究	2020-6
曲舒文	The Making of Singer-songwriters：Exploring the Authorship and Ethos of Contemporary Folk Music in Mainland China	Journal of Popular Music Studies	2020-3
施　畅	互动电影崛起：媒介脉络与游戏基因	当代电影	2020-9
汤景泰	意见领袖的跨圈层传播与"回音室效应"——基于深度学习文本分类及社会网络分析的方法	现代传播	2020-5
汤景泰	传播网络与跨圈层传播：中国主场外交的国际传播效果研究	新闻大学	2020-8
王　媛	"口耳相传"的数字化重建：社交媒介时代的口语文化	现代传播	2020-6
王海燕	数字化环境下的新闻"去专业化"研究——基于2018与2012年我国报纸新闻的比较内容分析	新闻大学	2020-7
王海燕	数字新闻创新的变与不变——基于十家媒体客户端新闻与纸媒报道的对比分析	新闻记者	2020-9
王明亮	国共宣传战中国民党宣传何以失败：基于组织行为学的一种考察	国际新闻界	2020-6
王玉玮	"以歌爱国"活动中的"青春"展演及其国家想象——基于教育部政务新媒体"微言教育"的358个视频	现代传播	2020-9
姚锦云	论中国传播史研究的想象力与典范性探索——评《华夏传播新探：一种跨文化比较视角》	国际新闻界	2020-10
姚晓鸥	面容媒介、道德意识与人际交往关系：基于现象学的交互主体性分析	新闻与传播研究	2020-1
赵建国	新闻界协作：1930年代的上海市新闻记者公会	新闻与传播研究	2020-8
郑　亮	从民族分裂到全球"圣战"——"东伊运"恐怖组织意识形态演变分析	民族研究	2020-3

5. 转载情况

论文题目	第一作者	发表期刊	刊期	转载刊物	转载刊期
理论谱系与本土探索：新中国传播学理论研究70年（1949—2019）	刘 涛	新闻与传播研究	2019-10	人大复印报刊资料《新闻与传播》	2020-1
理论谱系与本土探索：新中国传播学理论研究70年（1949—2019）	刘 涛	新闻与传播研究	2019-10	《中国社会科学文摘》	2020-3
从生产逻辑到生成范式：后新冠疫情时代的风险文化及其批评转向	刘 涛	新闻界	2020-6	人大复印报刊资料《新闻与传播》	2020-8
从"情感按摩"到"情感结构"：现代性焦虑下的田园想象——以"李子柒短视频"为例	曾一果	福建师范大学学报（哲学社会科学版）	2020-2	人大复印报刊资料《新闻与传播》	2020-6
网络社会的"新俗信"：后亚文化视角下的"星座控"	曾一果	西北师大学报（社会科学版）	2020-4	人大复印报刊资料《文化研究》	2020-8
从议题互动到"场景融合"：网络直播的舆论功能与生态重构	麦尚文	福建师范大学学报（哲学社会科学版）	2020-3	人大复印报刊资料《新闻与传播》	2020-8
智能推送、政治极化与民粹主义：基于传播学的一种解释路径	马立明	理论与改革	2020-4	人大复印报刊资料《新闻与传播》	2020-10
认知传播的研究取向、方法与趋势	晏 青	南京社会科学	2020-5	人大复印报刊资料《新闻与传播》	2020-8
文化自信的文艺实践：从文化叙事到中国形象传播	晏 青	东岳论丛	2020-3	《中国社会科学文摘》	2020-9

6. 获奖情况

奖项名称	等级	成果名称	负责老师	级别
教育部高校科研优秀成果奖（人文社科）著作论文奖咨询服务类	二等奖	习近平关于新闻舆论工作重要论述研究	马克思主义新闻观研究课题组（林如鹏、支庭荣、刘 涛、张晋升、杨先顺、林爱珺、汤景泰、麦尚文、罗 昕、李志敏、侯东阳、王玉玮）	国家级

续表

奖项名称	等级	成果名称	负责老师	级别
第九届广东省教育教学成果奖（高等教育）	一等奖	国际标准湾区特色——粤港澳"SA卓越"新闻传播人才培养改革创新实践	林如鹏团队（林如鹏、支庭荣、刘涛、张晋升、杨先顺、林爱珺、陈伟军、彭伟步、汤景泰、麦尚文、朱磊、赵建国）	省部级
第九届广东省教育教学成果奖（高等教育）	二等奖	以文化素质教育大讲堂为依托的"中央厨房式"大思政育人模式的创新与实践	麦尚文团队（麦尚文、汤景泰、魏传光、区向丽、罗发龙、甘宇、孙建莉、吴伟红）	省部级
广东教育好新闻	一等奖	《忠信笃敬》微电影全球首发！苏炳添、马有恒、程国赋领衔演绎"暨南精神"	麦尚文团队（麦尚文、梁燕、陈文举、李梅、杜明灿、陈联、冯子铭）	省部级
广东教育好新闻	一等奖	习近平总书记视察暨南大学媒体融合报道	麦尚文团队（麦尚文、陈文举、刘斌、苏运生、凌舰、杜明灿、李伟苗、李梅）	省部级
入选国家哲学社科成果文库		视觉修辞学	刘涛	国家级
教育部第八届高等学校科学研究优秀成果奖青年奖		西方数据新闻中的中国——一个视觉修辞分析框架	刘涛	国家级
教育部高校科研优秀成果奖（人文社科）著作论文奖	二等奖	实践新闻专业性实现新闻公共性——基于马克思主义新闻观的视角	支庭荣	国家级
教育部高校科研优秀成果奖（人文社科）著作论文奖咨询服务类	二等奖	党的十九大报告境内舆情报告——基于语言文本和视觉文本的综合分析	李龙、刘涛	国家级
教育部高校科研优秀成果奖（人文社科）著作论文奖	三等奖	西方媒介文化理论研究	曾一果	国家级
优秀电视文艺论文（第六届星光电视文艺论文评选）	二等奖	记忆、询唤和文化认同：论传统文化类电视节目的"媒介仪式"	曾一果	
优秀电视文艺论文（第六届星光电视文艺论文评选）	三等奖	新世纪以来电视文化节目的三种语态	晏青	
中国史学会第六届新闻传播学优秀学术奖	一等奖	以communication的汉译看传播研究在中文世界的知识旅行	黄雅兰	国家级学会奖

续表

奖项名称	等级	成果名称	负责老师	级别
2020年中国广告长城奖学术奖	铜奖	当代营销传播行业的知识生产力及其运行机制	万木春	国家级协会奖
中宣部机关党委2020年"深入群众，感受基层"调研活动	二等奖	广东省县级融媒体中心建设现状调研与思考	高同同	中宣部机关党委
2020年广东省高校统治理论研究会年会	优秀论文	内地高校港澳台侨学生"同根同心"爱国育人工程研究	张建敏	省部级
2020年广东省高校统战理论研究年会	优秀论文	内地港澳学生社会融入指标体系构建及现状评估	龙思思	省部级
广东省第五届高校（本科）青年教师教学大赛（文科组）	一等奖		黄雅堃	省部级
广东省新闻学会	二等级	微信公众号新闻发布时间对阅读量的影响	陈伟军	省级学会
中国新闻史学会优秀学术奖	三等奖	Viewing Mechanism of Lonely Audience: Evidence from an Eye Movement Experiment on Barrage Video	陈广耀	国家级学会
BIEAF 2020年釜山国际环境艺术节	特选奖	裂变	叶培森	

7. 承办会议

（1）2020年9月17日，暨南大学传播与边疆治理研究院举办联合国人权理事会第45次会议"反恐、去极端化与人权保障"研讨会。与会专家就当前国际反恐的整体态势与现状，国际恐怖主义对新疆反恐、去极端化斗争的影响，中国新疆反恐去极端化的措施与经验，喀麦隆去极端化的制度框架等主题阐述看法。

（2）2020年9月21日，暨南大学传播与边疆治理研究院举办联合国人权理事会第45次会议"扶贫脱困与人权保障"研讨会，向世界介绍中国扶贫脱困的真实情况和成功做法，为国际扶贫脱困提供交流平台。

（3）2020年9月24日，暨南大学传播与边疆治理研究院举办联合国人权理事会第45次会议"中国新疆人口发展与人权保障"研讨会。中方专家介绍了近年来中国新疆人口发展的真实情况以及在人权保障方面所做出的努力。

（4）2020年12月12日，暨南大学新闻与传播学院举办"视觉技术研究：视觉传播与当代社会"学术论坛暨2020年中国新闻史学会视听传播研究委员会学术年会。会议旨在聚焦视觉技术，积极回应这个视觉化时代的种种社会命题和学术问题。

七、新闻传播学辑刊

2020年，暨南大学舆情大数据研究中心主编的《舆情观察·娱乐与舆情》由人民日报出版社出版。《舆情观察》一年一期，汇总该年度国内外舆情实践的学术研究和分析文章，围绕各个重大社会主题，客观地认识、分析舆情。《舆情观察·娱乐与舆情》以"娱乐与舆情"为主题，聚焦粉丝社群、网络直播、娱乐舆情生态、新媒体形态下的自我构建等话题，探究社会热点事件背后的传播机制，从多角度对娱乐和舆情话题进行深入的思考和呈现。

供稿：暨南大学新闻与传播学院

清华大学新闻与传播学院 2020 年学术发展概况

一、学院现任领导

院长	常务副院长	副院长	党委书记	党委副书记
柳斌杰	陈昌凤	史安斌、周庆安、杭 敏	胡 钰	梁君健

二、2020 年学院新晋或引进教师（正高级）

姓名	职称	研究方向
周庆安	教授	国际传播和公共外交；政治传播和新闻评论

三、2020 年新设学术科研机构

院级研究中心

院级研究中心	主任	中心宗旨
智媒研究中心	陈昌凤	智媒研究中心集学术研究、教书育人、人才培养、实验室建设、智库咨询于一体，旨在加强智能时代的媒体变革研究，扩展跨学科研究格局，以适应新技术变革时代的新闻传播学科发展；积极参与推动建设中国特色、世界水平的一流新闻传播专业，在学科交叉融合发展中坚持守正创新，为完善主体多元、形式丰富、布局立体的全媒体智能化传播格局提供学理支撑；坚持立德树人，注重科教融合，结合国家战略和社会发展需求，通过课程思政寓价值引导于知识传授和能力培养之中；推动学术梯队与青年人才向高水平、特色化发展；探索培养模式创新，推进实验室建设、教学改革、课程建设、教材建设、人才培养项目建设等；产学研贯通，支撑决策、服务行业，提升智能传播的价值引领

续表

院级研究中心	主任	中心宗旨
经济传播研究中心	杭 敏	经济传播研究中心旨在整合资源，推动重大历史时期中的经济传播学术研究与实践探索，探讨构建报道财经资讯、传播商业信息、提升中国在全球经济发展中信息话语权、主导权的研究智库。中心在宏观层面推进对中国经济发展及对外经贸合作的信息交流与传播的研究；在中观层面推动对市场经济信息传播机制与理论的探索；在微观层面调动企业主体传播活力、建立企业、行业合作发展的传播交流平台与载体。中心积极与国内外研究机构合作，探讨经济社会发展的内涵与规律，推动经济传播领域的研究；同时，与财经、金融、新闻单位联合举办产业研讨，推进专业领域教育，推动经济传播实践，助力中国经济发展，推动社会创新与进步

四、所承担的国家级、省部级科研项目、课题

1.2020年立项的国家级、省部级科研项目、课题

项目类型	项目名称	项目负责人
国家社科基金一般项目	智能手机对未成年人身心健康发展的影响及其协同共治机制研究	蒋俏蕾
国家艺术科学基金一般项目	新时代主流影视剧的创作与传播创新研究	梁君健
国家广播电视总局社科研究项目	新时代中国主流电视剧高质量发展战略研究	梁君健
中宣部对外新闻局	新闻发布评估工作（2020年）	周庆安
国家信息技术安全研究中心	网络信息传播效果评估理论研究	周庆安
中央网信办政策法规局	2020年世界互联网媒体发展状况－蓝皮书重大问题研究支撑服务	史安斌
国家广播电视总局媒体融合发展司	融合纵深生态下舆论格局的结构化建设及其路径研究	陈昌凤
外交部欧洲司"指南针计划"执行秘书处	"一带一路"背景下欧洲主流智库中的"中国观"研究	张 莉
中华人民共和国国家民族事务委员会	社交短视频促进中华民族共同体意识研究	梁君健

2.2020年结项的国家级、省部级科研项目、课题

项目类型	项目名称	项目主持人
国家社科基金青年项目	青少年移动互联网使用与沉迷现状研究	蒋俏蕾
国家社科基金重点项目	"新新媒介"环境下的报纸发展趋势及转型研究	王君超
教育部一般项目	记录与继承：中国传统文化保护与传承研究	雷建军

五、2020年学术成果汇总

1. 专著情况

作者	书名	出版社
周庆安	Public Diplomacy in Global Communication: Theories and Models	Bridge 21 Publication
张　铮	数字文化产业：体系与效应	新华出版社
司　若	影视工业化体系研究	社会科学文献出版社
曹书乐	云端影像：中国网络视频的产制结构与文化嬗变	华东师范大学出版社
梁君健	现代中国与革命中国：《人民画报》的图像建构研究	民族出版社

2. 教材情况

作者	书名	出版社
胡　钰、陆洪磊、虞　鑫	网络舆论教程	清华大学出版社

3. 编著情况

作者	书名	出版社
崔保国等	中国传媒产业发展报告（2020）	社会科学文献出版社
胡　钰等	文创时代的我——清华文创人物访谈录	新华出版社
司　若	影视蓝皮书：中国影视产业发展报告（2020）	社会科学文献出版社
王君超等	微传播与网络善治	光明日报出版社
王君超	基于微博的表达权与"理想的传播情景"	清华大学出版社
张　铮等	文创发展与人类新文明——2019清华文创论文集	新华出版社
张小琴等	守望与思索：人文清华讲坛实录Ⅳ	清华大学出版社

4. 译著情况

作者	书名	出版社
李　彬	唐代文明与新闻传播（英译本）	英国麦克米兰公司

5. 发表论文情况

第一作者	论文题目	发表期刊	刊期
Zhang, Li（张莉）	Research Progress in Chinese Perceptions of the EU: A Critical Review and Methodological Reflection	Asia Europe Journal	2020-3
曹书乐	竞争、情感与社交:《阴阳师》手游的氪金机制与玩家氪金动机研究	新闻记者	2020-7
何 威	工作、福祉与获得感：短视频平台上的创意劳动者研究	新闻与传播研究	2020-6
陈昌凤	"耳朵经济"：知识与资讯消费新形态	人民论坛	2020-2
陈昌凤	准社会关系与社交投票中的意见形成机制——基于"知乎"的数据挖掘	西安交通大学学报（社会科学版）	2020-4
陈昌凤	"信息茧房"在西方：似是而非的概念与算法的"破茧"求解	新闻大学	2020-1
陈昌凤	21世纪新闻教育：如何培养创新型人才？	新闻大学	2020-9
陈昌凤	批判性思维与新冠疫情报道的伦理问题	新闻界	2020-5
崔保国	论数字经济的定义与测算——兼论数字经济与数字传媒的关系	现代传播	2020-4
戴 佳	全球视野下的环境正义：垃圾跨境转移报道比较研究	湖南师范大学社会科学学报	2020-7
戴 佳	从民主实用到行政理性：垃圾焚烧争议中的微博行动者与话语变迁	中国地质大学学报（社会科学版）	2020-5
胡 钰	建构中国特色新闻学的理论工具	当代传播	2020-1
胡 钰	企业传播：目标、能力与评价	湖南师范大学社会科学学报	2020-12
胡 钰	疫情之下：在全社会涵养舆情理性	人民论坛	2020-3
胡 钰	中国智库传播力的评价与提升——以中信改革发展研究基金会为例	现代传播	2020-1
胡 钰	扎根理论及其在新闻学中的应用	新闻大学	2020-2
金兼斌	科学传播中的科学共识与平衡叙事问题	中国编辑	2020-3
李 彬	新中国新闻学知识图谱：从人民新闻学到中国新闻学	兰州大学学报（社会科学版）	2020-3
李希光	全球社交网络的新闻生态与国际舆论引导	人民论坛·学术前沿	2020-8
梁君健	人类学家的观影指南——《电影：一项心理学分析》导读	民族艺术	2020-12
梁君健	电影与民众：抗战时期中国新闻纪录片的传播观念研究	文艺理论与批评	2020-1
梁君健	从凝视到扫摄：手机摄影与旅游情境中观看方式的转变	新闻记者	2020-9
沈 阳	网络连接观：类型划分、演化逻辑及风险防范	西安交通大学学报（社会科学版）	2020-4

续表

第一作者	论文题目	发表期刊	刊期
史安斌	从跨到转：新全球化时代传播研究的理论再造和路径重构	当代传播	2020-1
史安斌	数字公共外交兴起与广电国际传播能力提升——基于"偶像"模式的分析	电视研究	2020-1
史安斌	智媒时代的技术信任与社区众治——解析区块链在传媒业的应用场景	电视研究	2020-2
司　若	多元体验建构：疫情下2020年中国电影产业发展趋势预判	北京电影学院学报	2020-4
司　若	近年来我国网络影评发展脉络研究	当代电影	2020-3
司　若	流媒体视听产品传播逻辑、观看模式与生产机制研究	当代电影	2020-10
司　若	中国网络电影发展脉络与未来趋势研究	电影艺术	2020-7
司　若	垂直整合与供给侧改革：中国电视剧产业趋势观察	现代传播	2020-5
司　若	美食纪录片中的多元表达和文化想象——以《风味人间2》为例	中国电视	2020-10
吴璟薇	新莱茵报与马克思的广告思想——基于德国历史与德文原版报纸的考察	新闻与传播研究	2020-11
尹　鸿	中国电视剧发展的一面镜子——中国电视金鹰奖评析	当代电视	2020-10
尹　鸿	在守正创新中向上向善向美向前的剧集创作	当代电视	2020-2
尹　鸿	在多向选择中创新突破——2019年国家电影创作备忘	当代电影	2020-2
尹　鸿	电影发行"窗口模式"的重构及影院的"优先地位"	当代电影	2020-9
尹　鸿	2019年中国电影产业备忘	电影艺术	2020-3
尹　鸿	共享·共情·共鸣：《澳门二十年》的献礼纪录片创作观探索	现代传播	2020-3
虞　鑫	媒介治理：国家治理体系中的媒介角色——反思新自由主义的传播与政治	当代传播	2020-11
张　铮	"云端"之上：实体书店的现实困境、存在价值与发展方向	出版发行研究	2020-8
张　铮	电影院作为乡镇媒介化治理实践的研究——文化治理视野下安徽省乡镇电影院建设与运营	当代电影	2020-8
张　铮	新时代社会文化新需求分析	人民论坛	2020-7
张　铮	从"数据新闻"到"数据传播"——智媒时代新闻传播教育的数据转向及因应策略	中国编辑	2020-5
张　铮	创意流水线：网络文学写手的劳动过程与主体策略	中国青年研究	2020-12
周庆安	愉悦、唤醒与支配：情感作用下的推特政治传播路径重构	现代传播	2020-11

6. 论文转载情况

作者	论文标题	原发表期刊及刊期	转载期刊及刊期
崔保国、刘金河	论数字经济的定义与测算——兼论数字经济与数字传媒的关系	《现代传播》2020年第4期	人大复印报刊资料《文化创意产业》2020年第5期
胡　钰	正确面对人工智能新闻业的崛起	《中国社会科学报》2020年8月6日	《新华文摘》2020年第21期
胡　钰、王一凡	我国动漫产业空间分布特征及区域集聚模式比较——基于企业工商大数据视角	《经济社会体制比较》2020年第3期	人大复印报刊资料《文化创意产业》2020年第5期
李希光	全球社交网络的新闻生态与国际舆论引导	《人民论坛·学术前沿》2020年第15期	《新华文摘》2020年第23期
梁君健	物质性与个体化：网络热播纪录片中传统文化的话语机制及当代转化	《南京社会科学》2019年第11期	人大复印报刊资料《影视艺术》2020年第3期
沈　阳、冯　杰、闫佳琦、向安玲	网络连接观：类型划分、演化逻辑及风险防范	《西安交通大学学报（社会科学版）》2020年第3期	《新华文摘》2020年第15期
史安斌	互联网如何打破"偏见闭环"	《环球时报》2019年10月14日	《新华文摘》2020年第2期
史安斌、盛　阳	从"跨"到"转"：新全球化时代传播研究的理论再造与路径重构	《当代传播》2020年第1期	人大复印报刊资料《新闻与传播》2020年第4期
司　若、黄　莺	中国网络电影发展脉络与未来趋势研究	《电影艺术》2020年第4期	人大复印报刊资料《影视艺术》2020年第10期
王君超、章　蓉	朝日新闻转型及对中国报纸的启示	《新闻与写作》2019年第12期	人大复印报刊资料《新闻与传播》2020年第3期
尹　鸿、许孝媛	电影发行"窗口模式"的重构及影院的"优先地位"	《当代电影》2020年第9期	人大复印报刊资料《影视艺术》2020年第11期

7. 承办会议

（1）2020年4月10日，腾讯公司联合清华大学中国文艺评论基地，举办"后疫时代'互联网+影视'的破局之路"云沙龙，共话互联网如何助力电影产业复苏。云沙龙讨论话题主要包括：疫情加剧影响电影行业，期待优惠政策发挥效力；"看电影"难"聊电影"热，舆论对行业复苏日趋关注；互联网成解困重要抓手，线上线下联手补位抗压；"互联网+电影"提挡增速，行业转型升级逢新机遇期。

（2）2020年6月5日，清华大学新闻与传播学院举办"2020清华财经新闻论坛"。由于疫情，论坛首次以线上会议的形式召开。此次论坛主题为"新冠疫情下的国际媒体应对与经济新闻报道"。论坛分设两个议题，即"新冠疫情下的媒介组织管理"以及"国际媒体对全球供应链议题的报道"。来自国家外文局、中国国际电视台（CGTN）、彭博新闻社、FT中文网、日本经济新闻社和美国国家公共电台等机构的近10位中外媒体专家，与来自中国人民大学、中央财经大学、上海财经大学等高校的学者，以及10000余名线上观众进行了云对话。论坛在线传播获得近40万次的播放量与2万余次点赞。

（3）2020年6月24日，"新闻传播教育与国家战略人才培养"联合论坛在云端举行。论坛由教育部新闻传播学类专业教学指导委员会支持，清华大学、华中科技大学、北京外国语大学、兰州大学四所高校的新闻传播学院联合举办，清华大学新闻与传播学院组织承办。20余位与会专家对当前新闻传播教育服务国家战略人才的意义和举措进行了探讨，四校新闻传播学院结合人才培养的新模式达成了多项共识。四校新闻传播学院一致认为，围绕教育部、中宣部卓越新闻传播人才教育培养2.0计划，四校将在教学资源共享、学生交流、本研培养、实践就业等方面展开合作，具体包括强化师资交流，推动特色课程开放，共同开发课程组、教材和校际资源，共建新的教学实践基地，推动学生的深度交流等。四校一致主张构建开放的教学共同体，为国家战略联合培养更多高层次的人才。

（4）2020年7月17日，由清华大学伊斯雷尔·爱泼斯坦对外传播研究中心主办的第四届中国媒体非洲报道高层论坛暨第三届中非报道奖颁奖典礼在线上举办。此次会议的主题是重思疫情风险下的新闻报道与中非互信。与会中外资深媒体人、专家学者对此进行了分享与探讨。

（5）2020年9月4日，清华大学马克思主义新闻学与新闻教育改革研究中心召开"智库化转型发展"研讨会。

（6）2020年9月23日，由清华大学新闻与传播学院和澳大利亚迪肯大学亚洲媒介和文化研究中心（Asian Media and Cultural Studies Network, Deakin University）共同举办的"亚洲疫情研讨"系列线上研讨会第二场"关于疫情的跨文化对话"在ZOOM会议平台成功举办。来自清华大学、北京大学、迪肯大学、宁波诺丁汉大学等知名高校的国内外专家学者，从东西方不同的视角对全球疫情下的新闻报道和媒介治理提出了新颖独到的见解。

（7）2020年9月23日，"全球视野下的中兴企业形象构建"研讨会在清华大学新闻与传播学院举办。会议围绕中兴的企业形象建构从不同方面进行了广泛的交流。

（8）2020年10月25日，第二届马克思主义新闻观教育创新论坛在清华大学新闻与传播学院环球资源厅举行。论坛由中国新闻史学会中国特色新闻学研究委员会、清华大学新闻与传播学院、中山大学传播与设计学院、清华大学马克思主义新闻学与新闻教育改革研究中心主办。来自清华大学、中山大学、北京大学、中国人民大学的专家作主题发言。

（9）2020年10月31日上午，由清华大学新闻与传播学院和清华大学文化创意发展研究院主办的2020清华文创论坛在北京举办。论坛以"文化科技融合与当代文创发展"为主题，聚焦文化科技融合的前沿进展与未来趋势，邀请国内外学界、业界嘉宾探讨当代文创发展的方向和美好前景。

（10）2020年11月10日，以"人类命运共同体与国家形象建构"为主题的"2020清华国家形象论坛"在清华大学蒙民伟音乐厅顺利举行。论坛上为企业智库专家、文化与媒体智库专家、清华校内跨院系专家与校外学界智库专家颁发聘书。论坛还组织了专题发言和高端对话。来自国内外学界、业界的专家代表150余人出席了线下论坛，在线分论坛也同步进行。各大新媒体平台进行了同步直播，抖音平台直播观看人数突破10万。清华国家形象研究系列丛书之六《文明互鉴与国家形象》和2020爱德曼信任度调查报告《信任度与新冠肺炎疫情专题报告》同时发布。

（11）2020年12月4日，"批判与建设：批判传播学术回顾与展望"研讨会在北京举行。研讨会由清华大学新闻与传播学院、华东师范大学传播学院、中国新闻史学会中国特色新闻学研究委员会主办。来自加拿大西蒙菲沙大学、清华大学、华东师范大学、北京大学、中国传媒大学、浙江大学、中国社会科学院、山东师范大学等院校和科研机构的专家学者参会。学者围绕过去十年的批判传播学研究进行讨论和总结，同时对批判传播学共同体的建设与合作、教学研究的思路与方向、时代变局中批判传播学未来的发展进行了深入的讨论。

供稿：清华大学新闻与传播学院

中山大学传播与设计学院 2020 年学术发展概况

一、学术成果概述

2020年，传播与设计学院坚持围绕中山大学"十三五"发展大计，制定学科"十四五"发展规划，进一步明确了以数字新闻业研究、大数据与公共传播、视觉传播与交互设计为核心的发展方向。

在科研项目方面，共计立项34项，其中纵向课题27项（较2019年增加了7项）、横向项目5项、国防军工项目2项，总经费近800万元；2020年共发表论文103篇，其中重要期刊论文68篇（13篇一A核心论文，其中9篇英文；10篇一B核心论文，其中8篇英文），出版著作9部，学术成果的国际化水平明显提升。

在决策研究方面，被中办、中央网信办、中宣部、中联办、省委办公厅等省级以上部门采用或批示的篇数达108篇，其中4篇被中央领导批示。

在学术会议方面，学院参与主办2020第八届广东互联网政务新媒体论坛，学院互联网与治理研究中心联合腾讯大粤网联合发布了《2020年广东政务微信指数报告及政务新媒体战"疫"研究》，这是疫情后发布的首份广东政务新媒体战"疫"研究报告。学院直播电商研究院主办了"机遇与路径：广州打造直播电商之都研讨会"、直播电商人才培养论坛、第二届粤港澳大湾区合作发展论坛系列学术活动。此外，学院还组织了"云山谷河"等线上学术会议，增进学术交流。

基地建设方面，广州大数据与公共传播研究基地在第五轮人文社科验收评估中获评"优秀"，广东省社科基地中山大学互联网与治理研究中心获评上年度评估"优良"。此外，设立了国内首家专注直播电商研究的科研机构——广州直播电商研究院。

二、学院现任领导

代院长	副院长	党委书记	党委副书记
黄 毅	钟智锦、陶建杰	黄 毅	黄伟娥

三、2020年新设学术科研机构

名称	负责人	主要研究方向
广州直播电商研究院（广州市人文社会科学重点研究基地）	张志安	（1）直播电商行业标准和评价体系研究。立足广州国际商贸中心的定位，构建直播电商的行业标准，助力"千年商都"实现直播电商的成功转型。（2）直播电商人才培养模式和体系研究。直播电商行业的高速发展需要更多的专业化人才，基地需构筑直播电商人才的整体职业体系，提供从人才培养到职业规划的路径。（3）直播电商业态发展和产业政策研究。为政策出台提供建议，帮助广州市完善直播电商发展的顶层设计，为重塑行业生态提供助力

四、所承担的国家级、省部级科研项目、课题

1. 2020年立项的国家级、省部级科研项目、课题

项目类型	项目名称	项目负责人
国家社会科学基金项目	香港网络舆论场的社会思潮与行动动员研究	钟智锦
国家社会科学基金项目	深度媒介化环境里的核电风险沟通与协商治理研究	邓理峰
国家社会科学基金项目	媒介智能化与马克思主义新闻观中国化研究	葛彬超
教育部人文社科研究项目	中国新兴社交媒体依赖的发生机制、风险与对策研究	付晓燕
广东省哲学社会科学规划项目	互联网平台提升国家现代化治理的路径与机制	李 辉
广东省科技计划项目	面向人机物融合的软件定义理论与方法之中大分任务	陈湘萍
教育科研项目（高校认定类）	粤港澳大湾区基础教育质量标准比较研究	郑 昱
国家发改委项目	大湾区居民对粤港澳大湾区建设政策诉求分析研究	何凌南
国家社科基金重大项目子课题	关于信息技术迭代发展条件下意识形态问题研究	李 辉
其他部级同类项目	"十四五"时期社会主义先进文化网络传播和管理工作思路和措施支撑服务	李 辉
广东省哲学社会科学规划项目	广东省社科联基地平台社会语境下广东数字治理创新研究（广东省社科联基地经费）	张志安

2. 2020年结项的国家级、省部级科研项目、课题

项目类型	项目名称	项目负责人
国家自然科学基金项目	管理者环保组织公民行为决策的心理机制：基于"齐当别"模型的行为、眼动研究	郑 昱

续表

项目类型	项目名称	项目负责人
国家自然科学基金项目	基于实时大数据的公共安全情景推演及应急决策方法研究	何凌南
国家自然科学基金项目	数据驱动的移动应用知识推荐与复用方法研究	陈湘萍
国家发改委项目	推进粤港澳大湾区建设形势分析研究	何凌南
其他部级同类项目	一国两制前提下香港文化生态重塑和舆论环境再造研究	张志安

五、2020年学术成果汇总

1. 专著情况

作者	书名	出版社
陈 梁	健康传播：理论、方法与实证研究	知识产权出版社
廖宏勇	品牌的跨文化传播	中山大学出版社
卢家银	群己权界新论：传播法比较研究	商务印书馆
卢家银	青年、社交媒体与政治沟通研究	社会科学文献出版社
张 宁	媒介社会学	中山大学出版社

2. 编著情况

编者	书名	出版社
张志安、徐桂权	中国新闻业年度观察报告（2020）	人民日报出版社
张志安、陶建杰	中国应用新闻传播十大创新案例（第三辑）	南方日报出版社
郑梓煜	外国摄影师镜头里的中国	中信出版集团

3. 译著情况

原作者	书名	编者	出版社
［美］迈克尔·舒德森	新闻社会学（第二版）	徐桂权	中国人民大学出版社

4. 发表论文情况

第一作者	论文标题	发表期刊	刊期
陈 梁	Personal and Media Factors Related to Citizens' Pro-environmental Behavioral Intention against Haze in China: A Moderating Analysis of TPB	*International Journal of Environmental Research and Public Health*	2020-4
陈 梁	E-Health Campaigns for Promoting Influenza Vaccination: Examining Effectiveness of Fear Appeal Messages from Different Sources	*Telemedicine & e-Health*	2020-10
陈湘萍	Commtpst: Deep Learning Source Code for Commenting Positions Prediction	*The Journal of Systems & Software*	2020-6
陈湘萍	A Data-driven Approach for Recommending UI Element Layout	*Science China-Information Sciences*	2020-8
陈湘萍	Code Review Knowledge Perception: Fusing Multi-features for Salient-class Location	*Ieee Transactions on Software Engineering*	2020-9
陈湘萍	Autowpr: An Automatic Web Page Recoloring Method	*International Journal of Software Engineering and Knowledge Engineering*	2020-9
陈湘萍	Towards Automatically Generating Block Comments for Code Snippets	*Information and Software Technology*	2020-11
陈湘萍	Learning Human-written Commit Messages to Document Code Changes	*Journal of Computer Science and Technolog*	2020-11
何凌南	Public Perception of Artificial Intelligence in Medical Care: Content Analysis of Social Media	*Journal of Medical Internet Research*	2020-7
贺碧霄	Debates on Ccp Newspaper Policy in Hong Kong Circa 1949 and the Elimination of Private Newspapers in the Early 1950s in the PRC	*Media History*	2020-1
贺碧霄	Haunted by the State: A Study of the Politicization of Chinese Journalism and Its Consequences	*Media History*	2020-1
范英杰	草根全球化、技术赋权与中国农村青年的非洲叙事：对快手平台上三个视频主播的分析	国际新闻界	2020-11
林淑金	Voxel-based Quadrilateral Mesh Generation from Point Cloud	*Multimedia Tools and Applications*	2020-8
刘 洋	群体焦虑的传播动因：媒介可供性视角下基于微信育儿群的研究	新闻界	2020-10
武汇岳	Influence of Cultural Factors on Freehand Gesture Design	*International Journal of Human-Computer Studies*	2020-6
武汇岳	User-defined Gestures for Dual-screen Mobile Devices	*International Journal of Human-Computer Interaction*	2020-6

续表

第一作者	论文标题	发表期刊	刊期
武汇岳	Exploring Frame-based Gesture Design for Immersive VR Shopping Environments	*Behaviour & Information Technology*	2020-7
武汇岳	Design and Development of an Immersive Virtual Reality News Application: A Case Study of the SARS Event	*Multimedia Tools and Applications*	2020-9
武汇岳	Immersive VR Journalism: Research on User Experience and Communication Effect	*International Journal of Human-Computer Studies*	2020-12
席艺洋	论田汉对新文学"社会改造"意涵的探索	文学评论	2020-12
徐桂权	后马克思主义视野下的媒介话语分析：拉克劳和墨菲话语理论的传播适用性	新闻与传播研究	2020-2
徐桂权	数字文化研究的开放视野与问题意识——宾夕法尼亚大学安纳伯格传播学院杨国斌教授访谈	新闻记者	2020-4
杨　柳	A Digital Promised Land? Digital Landscape as a Heterotopia for Disabled People in China	*Information, Communication & Society*	2020-7
詹小美	马克思主义新闻观的研究范式	出版发行研究	2020-1
詹小美	重大疫情应对中的文化动员及实践向度	青海社会科学	2020-3
詹小美	National Spirit Mobilization in Response to Pandemics	学术界	2020-4
张　潮	组织能力、合作网络和制度环境：社区非营利组织参与社会治理的有效性研究	经济社会体制比较	2020-3
张志安	平台媒体驱动下的视觉生产和技术调适——2019年中国新闻业年度观察报告	新闻界	2020-1
张志安	抖音"出海"与中国互联网平台的逆向扩散	现代出版	2020-5
张志安	"风险的社会放大"视角下危机事件的风险沟通研究——以新冠疫情中的政府新闻发布为例	新闻界	2020-5
张志安	中国调查记者的媒介角色认知、变迁及影响因素研究	当代传播	2020-5
郑梓煜	塑造凝视——"传播学-媒介学"视角下的设计	美术研究	2020-2
郑梓煜	观看的分野——从郭熙的"三远法"到阿尔贝蒂的"锥体横截面"	文艺研究	2020-9
钟智锦	Extending Media System Dependency Theory to Informational Media Use and Environmentalism: A Cross-national Study	*Telematics and Informatics*	2020-7
钟智锦	Subjective Likelihood of Contracting Contagious Diseases Does Not Predict Measures of General Trust in a Chinese Panel Dataset	*Evolutionary Behavioral Sciences*	2020-10
钟智锦	新冠疫情中的媒体与公众注意力研究	新闻记者	2020-10

续表

第一作者	论文标题	发表期刊	刊期
周书环	媒介接触风险和网络素养对青少年网络欺凌状况的影响研究	新闻记者	2020-3

5. 转载情况

作者	标题	原发表期刊及刊期	转载期刊及刊期
徐桂权	后马克思主义视野下的媒介话语分析：拉克劳和墨菲话语理论的传播适用性	《新闻与传播研究》2020年第2期	人大复印报刊资料《新闻与传播》2020年第7期
徐桂权	数字文化研究的开放视野与问题意识——宾夕法尼亚大学安纳伯格传播学院杨国斌教授访谈	《新闻记者》2020年第4期	人大复印报刊资料《新闻与传播》2020年第9期
李艳红	"远处苦难"的中介化——范雨素文本的跨阶层传播及其"承认政治"意涵	《新闻与传播研究》2019年第11期	人大复印报刊资料《新闻与传播》2020年第4期

6. 获奖情况

奖项名称	等级	成果名称	负责老师	级别
教育部第八届高等学校科学研究优秀成果奖（人文社会科学）	二等奖	调研报告《谁能代表香港民意：对传统媒体、社交媒体及民意调查数据的比较》	林功成	部级
广东省委统战部"2019广东省统战理论政策研究创新成果"	一等奖	《港澳青年对大湾区认知态度和心态融入策略》	张志安	省级

7. 承办会议

（1）2020年12月5日，《红色见证：九位广东籍革命摄影家经典作品展》和《在希望的田野上：贵州织金"媒介融合野外实践"作品展》两个摄影展览同时在中山大学传播与设计学院开幕，这两个展览是由学校党委办公室立项的"红色摄影与中国摄影发展"项目的成果。与展览配套进行的还有"摄影：重返现实"学术座谈会。"摄影：重返现实"的主题设四个分议题："故影重温：历史图像中的象征与叙事""时代现场：作为田野调查的视觉生产""非常日常：微观视角与去事件性的历史""社交图像：自我形塑中的真实与虚构"。各议题从不同方面探讨了在当下媒介环境中，摄影与现实的关系面临的挑战与重构，从经典的历史图像出发，到疫情影响下面向个体的日常影像，以及社交媒体上的自我表现。

（2）2020年12月18日，由中山大学传播与设计学院互联网与治理研究中心和南方报业传媒集团联合指导、腾讯大粤网主办的2020第八届广东互联网政务新媒体论坛在广州举行，此次论坛以"温度与态度"为主题，邀请全省政务新媒体管理者和运营者，共同探讨新的传播趋势和发展格局下，广东政务新媒体的转型变革，共同讲好广东故事。会上，互联网与治理研究中心和腾讯大粤网联合发布了《2020年广东政务微信指数报告及政务新媒体战"疫"研究》，这是疫情发生之后，发布的首份广东政务新媒体战"疫"研究报告。

（3）2020年6月27日，电商直播人才培养论坛暨广州直播电商研究院人才培养基地揭牌仪式在广州举行，这是广州提出打造"著名的直播电商之都"后，第一个成立的人才培养基地。此次人才培养基地的揭牌，标志着直播电商研究院将为珠三角地区乃至全国电商直播行业提供专业人才培养的创新模式与路径，为广州发展直播电商产业提供积极的人才储备。

供稿：中山大学传播与设计学院

天津师范大学新闻传播学院 2020 年学术发展概况

一、学院现任领导

院长	副院长	党委书记	党委副书记
李秀云	张嘉璐、陈 娜、林 靖	杨 庆	彭永刚

二、2020 年学院新晋或引进教师（正高级）

姓名	职称	研究方向
陈 娜	教授	媒介话语与社会思潮、中国特色新闻学、口述历史、新闻学史论
张洪伟	高级编辑	舆论引导、媒体融合

三、所承担的国家级、省部级科研项目、课题

1.2020 年立项的国家级、省部级科研项目、课题

项目类型	项目名称	项目负责人
国家社科基金后期资助项目	报刊媒体与近代中国女学	李净昉
天津市哲学社会科学规划重点项目	近代天津新闻纪实摄影整理与研究	祁小龙
天津市哲学社会科学规划一般项目	天津疫情防控经验的融媒体传播研究	李净昉
天津市哲学社会科学规划一般项目	新时代媒体参与建构社会利益均衡机制的对策研究	高 杨
天津市哲学社会科学规划一般项目	天津影像建构与传播策略	孙 蕾
天津市哲学社会科学规划一般项目（委托项目）	提升天津文化"软实力"的对策研究	李秀云
天津市社科规划"党史、新中国史、改革开放史、社会主义发展史"研究专项课题	中国共产党百年宣传思想工作历史经验与当代启示研究	冯 帆
中央网信办横向课题	网络语音社交移动应用程序规范化管理研究	张建军

2.2020 年结项的省部级科研项目、课题

项目类型	项目名称	项目负责人
天津市哲学社会科学规划一般项目	新一代移动互联网络背景下视频自媒体发展态势研究	陈建群
天津市哲学社会科学规划一般项目	大数据背景下互联网广告的伦理困局、发生机制及对策研究	胡振宇
天津市哲学社会科学规划一般项目	区域对外传播模式创新及效果评估研究	王　娟
天津市教育科学规划一般项目	亲子真人秀节目对天津家庭教育的影响研究	韩红梅

四、2020 年学术成果汇总

1. 专著情况

作者	书名	出版社
陈　娜	大道同源：当代中国新闻传播学术精神寻踪	中国社会科学出版社
韩　岳	跨文化视域下中外国际合拍纪录片研究	吉林大学出版社
胡振宇	我国互联网广告信用及其风险治理研究	天津大学出版社

2. 编著情况

编者	书名	出版社
张　萌、王艳玲	电视编导实训教程	北京师范大学出版社

3. 发表论文情况

第一作者	论文标题	发表期刊	刊期
陈立强	《湾区儿女》的文化"地方感"及其现代性叙事	中国电视	2020-11
褚亚男	新中国电影胶片生产历史初探——以保定电影胶片厂为例	当代电影	2020-6
冯　帆	新中国第二代新闻教师群体的特征与贡献	现代传播	2020-10
韩　诚	《洪波曲》修改与长沙大火责任论争	现代中国文化与文学	2020-3
胡振宇	广告信用发展的三重悖论与平衡趋向	当代传播	2020-1

续表

第一作者	论文标题	发表期刊	刊期
李秀云	左翼运动中的报业劳资冲突	新闻与传播研究	2020-3
李秀云	上海三报馆被控案的多重关系解读	新闻大学	2020-7
孙卫华	同情与共意：网络维权行动中的情感化表达与动员	当代传播	2020-3
王艳玲	"吃播"的沉浸式体验：从群体孤独走向虚拟狂欢	海南大学学报（人文社会科学版）	2020-3
王艳玲	融媒体时代"云综艺"的瓶颈及创新路径	中国电视	2020-11

供稿：天津师范大学新闻传播学院

安徽大学新闻传播学院2020年学术发展概况

一、学院现任领导

院长	副院长	书记
姜　红	刘　勇、崔明伍、葛明驷	王丁凡

二、所承担的国家级、省部级科研项目、课题

1.2020年立项的国家级、省部级科研项目、课题

项目类型	项目名称	项目负责人
国家社科基金项目	当代中国新闻传播话语范式的"实践转向"研究	姜　红
国家社科基金项目	新中国纪录片批评史研究（1949—2019）	罗　锋
安徽省社科规划项目	多元主体参与下的安徽美丽乡村形象传播研究	徐天博
安徽省社科规划项目	社交媒体在突发公共卫生事件监测、沟通与舆论引导中的作用机制	李小军
安徽省社会科学创新发展研究课题	重大突发事件应对中的社区传播及其技术治理研究	黄伟迪

2.2020年结项的国家级科研项目、课题

项目类型	项目名称	项目负责人
国家社科基金项目	网络公共事件中的集体行动框架研究	佘文斌

三、2020年学术成果汇总

1.著述、教材、译著情况

作者	书名	出版社	说明
包鹏程	艺术传播概论	安徽大学出版社	
蒋含平	简明中外新闻事业史	合肥工业大学出版社	国家级规划教材
孔正毅	比较新闻传播学概论	安徽大学出版社	

2. 发表论文情况

第一作者	论文标题	发表期刊	刊期
葛明驷	县级融媒体建设与舆论治理"下沉"	中州学刊	2020-11
葛明驷	"后真相"时代网络民粹主义主导舆论的机制及其治理	东岳论丛	2020-5
国秋华	消失与重构：智能化新闻生产的场景叙事	中国编辑	2020-4
国秋华	多边"下沉"中县级融媒体中心建设的问题与对策	中国编辑	2020-11
胡安琪	新媒介时代的身体传播实践——基于对"打卡"的考察	安徽大学学报（哲学社会科学版）	2020-11
刘丽	采风与窝访：中国新闻事业溯源的两种历史路径	安徽大学学报（哲学社会科学版）	2020-2
罗锋	纪录与荣光：2019年中国电视纪录片创作特点分析	中国电视	2020-4
罗锋	中外合拍纪录片与国家形象建构的演进逻辑与实践效果	江淮论坛	2020-12
芮必峰	从离身到具身——媒介技术的生存论转向	国际新闻界	2020-5
芮必峰	参与者：一种新的新闻职业观——再论"建设性新闻"与我国新闻传播理论和实践的创新发展	当代传播	2020-5
芮必峰	他山之石：从"建设性新闻"看我国新闻传播理论和实践的创新发展	新闻大学	2020-6
佘文斌	危机中的价值重审：转型语境下的新闻职业话语——对47篇休刊词的研究	新闻界	2020-5
王天根	媒介品牌视野下近代新闻纸发展探索	山东师范大学学报（社会科学版）	2020-3
王天根	传播政治经济学视角下近代中国报刊与政治	安徽师范大学学报（人文社会科学版）	2020-4
张朋	"人身上的血脉"：大革命时期中共党报发行网络	新闻与传播研究	2020-4

3. 承办会议

（1）2020年12月12日，安徽大学新闻传播学院举办"部校共建系列活动之：第八届舆情与社会发展论坛"。

（2）2020年12月12日，安徽大学新闻传播学院举办"部校共建系列活动之：第十二届安徽省新闻传播学科研究生论坛"。

（3）2020年12月19日，安徽大学新闻传播学院举办"部校共建系列活动之：新文科建设背景下新闻传播学科发展高峰论坛（2020）"。

（4）2020年12月19日，安徽大学新闻传播学院举办"部校共建系列活动之：新文科建设背景下新闻传播学科发展院长论坛（2020）"。

供稿：安徽大学新闻传播学院

汕头大学长江新闻与传播学院 2020 年学术发展概况

一、2020 年学院现任领导

院长	副院长	党委书记
刘昶	毛良斌、蔡秋彦	余珊燕

二、2020 年新设学术科研机构

院级研究中心

名称	负责人	宗旨
数字人文与智能传播研究中心	毛良斌	旨在研究关注大数据、云计算、人工智能等数字技术的发展引发的传播效果和数字人文问题，聚焦数字人文与智能传播的实践探索、现代反思和传播创新等核心问题，探讨如何运用数字人文与智能传播进一步讲好中国故事，传承和弘扬优秀的中华文化

三、所承担的省级科研项目、课题

1.2020 年立项的省级科研项目、课题

项目级别	项目名称	项目负责人
省级	粤港澳大湾区制造业文化的影像传播空间与方案设计研究	丁智擘

2.2020 年结项的省级科研项目、课题

项目级别	项目名称	项目负责人
省级	潮汕古村落文化价值研究——基于申遗的视角	赖明明

四、2020年学术成果汇总

1. 著述、教材、译著情况

作者	书名	出版社
毛良斌	微博准社会交往实证研究	中国书籍出版社
周 翔（第三译者）	传播学质性研究方法	重庆大学出版社

2. 发表论文情况

第一作者	论文标题	发表期刊	刊期
黄 显	作为纪念物的数字移动媒介：德布雷视野下的媒介与遗产传承	新闻界	2020-10
梁 超	图书营销理论的演进初探	科技与出版	2020-1
毛良斌	社交媒体自我呈现与主观幸福感关系的元分析	现代传播	2020-8
毛良斌	社会公共事件中网民话语表达框架形成及其影响因素——基于解释水平理论的视角	新闻与传播研究	2020-9
周 翔	智能化背景下"中国故事"叙事模式创新研究	新闻大学	2020-9
Yumeng Peng	A Cross-cultural Analysis of the Modes and Effectiveness of Collaborative Production of Knowledge on Quora	Aslib Journal of Information	2020-12
Juyan Zhang	Exploring the Impacts of National Image, Service Quality, and Perceived Value on International Tourist Behaviors: A Nepali Case	Journal of Vacation Marketing	2020-10

3. 承办会议

（1）2020年11月7日至8日，汕头大学长江新闻与传播学院承办第十二届全国新闻与传播心理研讨会暨中国社会心理学会传播心理专业委员会第九届年会。来自海内外近30所高等院校、研究机构和传媒组织的专家学者围绕"共识与担当：新闻与传播心理研究新进展"开展讨论。

（2）2020年12月26日，举办第十六届汕头大学长江新闻与传播学院研究生论坛，给新闻与传播学子搭建一个思想碰撞与观点交锋的学术平台。

五、新闻传播学刊物

2020年10月，为推进高校新文科建设，促进交叉学科和新兴学科发展，中国社会心理学会传播心理专业委员会、汕头大学长江新闻与传播学院、《汕头大学学报（人文社会科学版）》编辑部联合推出"新闻与传播心理研究"专栏。

该专栏聚焦于研究新闻与传播活动中的心理现象及其存在的心理规律，要求研究能够坚持以传播心理学视角分析问题，能够很好地关注到新闻与传播心理研究的理论及实践方面的新议题、新发展等。

供稿：汕头大学长江新闻与传播学院

南京师范大学新闻与传播学院 2020 年学术发展概况

一、2020 年学院现任领导

院长	执行院长	副院长	党委书记	党委副书记
周跃敏	张晓锋	骆正林、俞小松、庄　曦	顾永林	沈　菲

二、2020 年学院新晋或引进教师（正高级）

姓名	职称	研究方向
韩顺法	教授	文化产业、传媒经济与管理
尤　红	教授	传播与社会研究、广播电视与媒体融合研究
庄　曦	教授	传播与社会发展、比较新闻学

三、所承担的国家级、省部级科研项目、课题

1.2020 年立项的国家级、省部级科研项目、课题

项目类型	项目名称	项目负责人
国家社科基金重大项目	我国青少年网络舆情的大数据预警体系与引导机制研究	骆正林
国家社科基金一般项目	"人类命运共同体"理念的海外传播和国际认同提升策略研究	沈　珺
国家社科基金一般项目	智媒时代网络社交的法律与伦理风险及其应对策略研究	胡　颖
国家社科基金一般项目	延安时期中国共产党思政工作报刊史料整理与研究	钱　珺
国家自然科学基金一般项目	空间关联视角下长三角文化市场一体化的时空演进与体制机制创新研究	郭新茹
江苏省社会科学基金重点项目	新媒体图像舆情研究	于德山
江苏省社会科学基金一般项目	移动短视频生产的形态、审美及规制研究	刘永昶

续表

项目类型	项目名称	项目负责人
江苏省社会科学基金青年项目	"一带一路"背景下江苏对外传播话语体系与国际认同研究	沈珺
江苏省社会科学基金青年项目	中国故事背景下江苏电影类型创作研究（2000—2020）	陈晓
江苏省社科基金后期资助项目	传统文化传承与创新背景下中国早期电影明星史料搜集、整理与研究	游晓光

2. 2020年结项的国家级、省部级科研项目、课题

项目级别	项目类型	项目名称	项目负责人
国家级	一般项目	新浪"大V"传播行为与失范应对研究	靖鸣
国家级	一般项目	我国电视剧的网络传播现状及管控研究	刘永昶
省级	一般项目	城市老年群体的互联网社会支持研究	庄曦
省级	一般项目	江苏地区红色新闻传播活动史研究（1921—1949）	王继先
省级	一般项目	江苏新的社会阶层人士社会态度及其影响因素研究	张伟伟

四、2020年学术成果汇总

1. 著述、教材、译著情况

作者	书名	出版社
高昊	日本灾害事件中的媒介功能：以20世纪以来日本重大地震为例	社会科学文献出版社
高山冰	南京临时政府时期的新闻管理体制	社会科学文献出版社
靖鸣、于韵佳	移动传播学	江苏人民出版社
倪延年	中国近代新闻国际交流史	中国传媒大学出版社
王丽娟	新时期电影思潮流变（1978—1992）	社会科学文献出版社
姚远	声音的现代性：中国早期电影的音乐、语言和音响	中国国际广播出版社
游晓光	制造大众偶像——中国早期电影明星生产研究（1922—1937）	中国国际广播出版社

2. 发表论文情况

第一作者	论文标题	发表期刊	刊期
操瑞青	塑造国民智识：近代报刊"缺乏常识"话语的形成	新闻与传播研究	2020-4
操瑞青	观念为什么难以成为制度——近代中国新闻出版领域"阴私"立法的论争与失败	新闻记者	2020-5
操瑞青	早期《申报》"体例"与19世纪新闻人的伦理观	国际新闻界	2020-7
陈秀娟	Output Regularities of China's International Collaboration Research Projects Funded by NSFC	*Library Hi Tech*	2020-11
陈秀娟	NSFC国际合作研究项目合作特征分析	图书与情报	2020-12
高昊	日本灾害信息传播应急机制及对我国的启示	山东社会科学	2020-4
高昊	日本传统二手书店发展特征及其生存之道探析	出版科学	2020-5
高山冰	智能传播时代社交机器人的兴起、挑战与反思	现代传播	2020-11
顾理平	区块链与公民隐私保护的技术想象	中州学刊	2020-3
顾理平	整合型隐私：大数据时代隐私的新类型	南京社会科学	2020-4
刘继忠	促成抗日统一战线：巴黎《全民月刊》抗战话语研究	现代传播	2020-5
刘继忠	"集体的组织者"：一条列宁党报语录的百年政治文化旅行	国际新闻界	2020-10
刘自强	基于PWLR模型的领域新兴趋势识别及其可视化研究	情报学报	2020-9
骆正林	我国网络空间的建设理念和规划思路——基于科学主义思想与系统功能规划	山西大学学报（哲学社会科学版）	2020-1
骆正林	传媒技术赋权与人类传播理念的演变	现代传播	2020-2
骆正林	立体规划与功能兼容：我国政务新媒体矩阵的建设现状与功能拓展	探索	2020-7
王继先	近代国民党体制内新闻人生涯比较研究——以董显光、陶希圣、马星野为例	新闻记者	2020-9
吴小兰	融合内容与关系的学术社交媒体上跨学科用户推荐模型研究	图书情报工作	2020-6
游晓光	类型表达与文化体认——论矢口史靖电影的青春叙事	当代电影	2020-7
于德山	人工智能时代的视觉真相及其反思	社会科学战线	2020-1
于德山	图像霸权与文化政策：海外视觉文化的传播实践探析	现代传播	2020-7
张伟伟	The Smart City in a Digital World	*Chinese Journal of Communication*	2020-10
周清清	Measuring Book Impact via Content-level Academic Review Mining	*The Electronic Library*	2020-1
周清清	Multidimensional Mining of Public Opinion in Emergency Events	*The Electronic Library*	2020-7
周清清	Evaluating Wider Impacts of Books via Finegrained Mining on Citation Literatures	*Scientometrics*	2020-8

续表

第一作者	论文标题	发表期刊	刊期
庄　曦	徽州祭簿的媒介叙事与乡民记忆建构研究	现代传播	2020-3
邹　举	全球性抑或属地性：被遗忘权的空间范围争议与执行方案选择	新闻与传播研究	2020-8

3. 论文转载情况

作者	论文标题	原发表期刊及刊期	转载期刊及刊期
张晓锋	全媒体时代的传播趋势与创新路径	《传媒观察》2020年第1期	《新华文摘》2020年第8期
庄　曦	城市老年群体微信健康信息的接触与鉴别研究	《南京师大学报（社会科学版）》2019年第6期	《高等学校文科学术文摘》2020年第6期

4. 承办会议

2020年11月28日，南京师范大学新闻与传播学院主办江苏省第七届传媒学科研究生论坛。此届论坛以"新冠记忆：媒体信息传播与公共危机应对"为主题。特别邀请了多位新闻传播学界知名学者作主题演讲。来自中国人民大学、中国传媒大学、中国科学技术大学、南京师范大学等单位78名入围论文作者参会并于10大分论坛进行学术汇报。受疫情影响，此次论坛采用"线上+线下"相结合形式，共160余人参与论坛活动。

供稿：南京师范大学新闻与传播学院

郑州大学新闻与传播学院 2020 年学术发展概况

一、学术成果概述

2020年，郑州大学新闻与传播学院立项国家社科项目2项（其中重点项目1项，青年项目1项），省部级项目9项，省部级以上课题结项6项（其中国家级课题结项2项）。发表SSCI及CSSCI来源期刊（含）以上水平的中英文论文14篇，出版著作3本，获得省级社科优秀成果奖2项。

二、学院现任领导

院长	副院长	党委书记
张举玺	张淑华、郑素侠、陈晓伟	吴爱民

三、2020 年学院新晋或引进教授

姓名	职称	研究方向
马二伟	教授	传媒经济学、广告学

四、2020 年新设学术科研机构

省部级研究中心

名称	负责人	宗旨
郑州大学影视创作与研究中心	陈晓伟	一是讲好河南故事，大力传承黄河文化；二是推动科研创新，助推一流大学建设；三是集中资源优势，锻造高素质影视队伍

五、所承担的国家级、省部级科研项目、课题

1.2020 年立项的国家级、省部级科研项目、课题

项目类型	项目名称	项目负责人
国家社科基金后期资助重点项目	区块链赋能视域下传媒产业重构研究	周鸥鹏
国家社科基金青年项目	当前青年群体短视频使用的平台摇摆与政治认同研究	秦 静
河南省高等学校哲学社会科学基础研究重大项目	农村政策传播网络与效能研究	张淑华
河南省社科规划委托项目	县级融媒体中心建设评估标准和验收指标体系研究	张举玺
河南省社科规划项目	区块链背景下电视剧产业版权运营制度创新研究	谢晨静
河南省社科规划项目	区块链赋能视域下传媒产业重构研究	周鸥鹏
河南省高等学校重点科研项目	基于大数据分析的河南省教育舆情监控与治理研究	秦 静
河南省高等学校重点科研项目	媒介化语境下讲好黄河故事创新研究	崔汝源
河南省软科学研究计划项目	反福利依赖视角下河南城中村村民市民化的媒介引导策略	张 晴
河南省博士后基金项目	新媒体环境下的新闻生产创新研究	潘亚楠
河南省高校科技创新人才计划项目	移动短视频与城市形象传播	邓元兵
河南省高等学校青年骨干教师培养计划项目	基于大数据文本挖掘的河南区域形象研究	邓元兵

2.2020 年结项的国家级、省部级科研项目、课题

项目类型	项目名称	项目负责人
国家社科基金一般项目	中国礼文化传播与认同建构研究	张兵娟
国家社科基金青年项目	争议性新闻事件中的专家参与研究	褚金勇
河南省社科规划项目	河南省青少年网络公共传播行为问题及对策研究	罗雁飞
河南省社科规划项目	河南传统媒体与新媒体融合发展路径研究	王晓宁
河南省社科规划委托项目	习近平关于网络治理重要论述研究	常燕民
河南省社科规划委托项目	习近平关于新闻传播重要论述的实践思考	魏 猛

六、2020 年学术成果汇总

1. 专著情况

作者	书名	出版社
徐　键	新媒体条件下的竞选广告研究	社会科学文献出版社
楚明钦	媒介经营与管理	中国传媒大学出版社

2. 译著情况

原作者	书名	译者	出版社
［美］伊什贝尔·罗斯（Ishbel Ross）	美国女记者的故事	王　海	科学出版社

3. 发表论文情况

第一作者	论文标题	发表期刊	刊期
常启云	媒介融合视域下手游场景中的儿童成人化现象研究	现代出版	2020-11
陈晓伟	类型拓展、个人意识、象征隐喻：十年来中国电影跨界导演创作回溯	现代传播	2020-10
刘　洋	石井裕也：弱者的电影	当代电影	2020-6
马二伟	数据驱动下广告产业的智能化发展	现代传播	2020-5
潘亚楠	他者视角下的中国故事创新叙事——以中国新闻奖国际传播奖作品为例	编辑之友	2020-8
王　茜	批判算法研究视角下微博"热搜"的把关标准考察	国际新闻界	2020-7
王振宇	新媒介环境中照相活动的日常化转变	编辑之友	2020-8
张兵娟	历史之潮与现实之美：年代剧的叙事创新及其精神诉求	中国电视	2020-2
张举玺	On the Freedom and Control of the Press in China	*African and Asian Studies*	2020-1
张举玺	俄罗斯的互联网技术与新媒体发展现状	人民论坛·学术前沿	2020-7
张举玺	基于层次分析法的国际一流新型主流媒体评价指标体系研究	现代传播	2020-8
张举玺	On the Reform, Measures and Evolution of the Journalism System in Late Soviet Union	*African and Asian Studies*	2020-12
张淑华	政策网络视角下我国农村政策传播的效能问题研究	现代传播	2020-1
宗俊伟	革命题材电视剧叙事中的民俗符号	中国电视	2020-9

4. 转载情况

作者	标题	原发表期刊及刊期	转载期刊及刊期
褚金勇	作为变革动因的印刷机：中国近代文人著述出版的观念转型	《出版发行研究》2019年第8期	《中国社会科学文摘》2020年第1期

5. 获奖情况

奖项名称	等级	负责老师	级别
河南省社科优秀成果	二等奖	张淑华	省级
河南省社科优秀成果	三等奖	褚金勇	省级

6. 承办会议

2020年12月12—13日，郑州大学新闻与传播学院、郑州大学传媒发展研究中心在郑州主办"智能驱动下的传媒再造与传播想象"学术年会。此届会议分为学术研讨与业界考察两个环节，来自复旦大学、武汉大学、北京师范大学、中山大学、厦门大学、暨南大学等高校的专家学者以及业界专家100余人参加。

供稿：郑州大学新闻与传播学院

华南理工大学新闻与传播学院 2020 年学术发展概况

一、学术成果概述

2020 年，华南理工大学新闻与传播学院新增承担国家级、省部级科研项目 11 项，其中国家级项目 3 项；出版著述、教材 8 部；发表 SCI、SSCI 论文 7 篇，CSSCI 论文 31 篇（第一作者 / 不含扩展版）；承办了第八届传播视野下的中国研究论坛（2020）暨"媒介变迁与知识生产"学术研讨会、全国网络素养教育学术峰会等。

二、学院现任领导

院长	副院长	党委书记	党委副书记
苏宏元	蒋建国、陈　娟	冯向阳	刘　涛

三、2020 年学院新晋或引进教授

姓名	职称	研究方向
胡　兵	教授	广播电视技术、新媒体技术

四、2020 年新设学术科研机构

2020 年，学院成功申报成立广东省公众健康风险监测与信息传播中心，陈娟教授担任主任。该中心与广东省人民医院、广东省疾控中心等公共健康机构长期合作，充分利用华南理工大学工科优势，联合俄亥俄州立大学传播与生理心理研究实验室，依托 HealthMap 等多个健康数据合作平台，以模拟仿真和实验计算研究为手段，致力于进行公众健康监测与预警、信息传播与信息疫情治理、媒体健康传播力优化等多领域研究，努力为构建公众健康风险监测与信息传播体系、推动健康传播力现代化提供强有力的智力支撑和决策依据。

五、所承担的国家级、省部级科研项目、课题

1.2020年立项的国家级、省部级科研项目、课题

项目类型	项目名称	项目负责人
国家级（重点）	基于重大突发公共卫生事件治理的传播创新研究	陈 娟
国家级	新中国成立初期报业经营史（1949—1956）	郑宇丹
国家级	中国共产党与传统文化关系百年历史的经验总结（国家社科基金重大项目子课题四）	黄有东
省部级	基于MR技术的跨境电商创新创业实践案例研发	胡 兵
省部级	大数据视域下华南地区高校社会科学文献学术不端分析及治理研究	黄有东
省部级	西学东渐视阈下日本近代译报史料整理与研究（1862—1870）	于小川
省部级	推动广东区块链技术运用及其产业化发展研究	吴小坤
省部级	推动AI大数据与粤港澳大湾区制造业品牌融合的传播对策研究	段淳林
省部级	新时代国际视野下综合类高等院校影视媒介人文领域人才培养、研究理论与方法	陈 希
省部级	智媒时代新闻传播教学与科研的变革	胡 兵
省部级	新冠肺炎疫情的媒体报道与涉华舆论的国际合作研究	罗韵娟

2.2020年结项的国家级、省部级科研项目、课题

项目类型	项目名称	项目负责人
国家级	数据新闻学发展前沿研究	苏宏元
国家级	大数据与国家品牌形象的构建研究	段淳林
省部级	中美文学新闻叙事比较研究	李 梅
省部级	广州外来人口生存发展状况与治理研究	陈 娟
省部级	基于产业集群的广东省中小数字内容企业融资研究	刘银娣
省部级	广州城市品牌形象塑造及传播对策研究	佘世红
省部级	移动互联网时代报网融合的实证研究——基于广州本土报网融合的思考	孙 珉

六、2020年学术成果汇总

1. 专著情况

作者	书名	出版社
李 梅	写在新闻至深处：中外文学新闻叙事研究	武汉大学出版社
苏宏元、于小川	网络传播学	中国传媒大学出版社
谭元亨	我是客家人	华南理工大学出版社
谭元亨	老圃	华南理工大学出版社
谭元亨	珠江现代学说学派	华南理工大学出版社
谭元亨	百货先驱马应彪	广东人民出版社
赵 泓	新闻媒体国家形象建构研究：《每日电讯报》中国形象塑造实证研究	华中科技大学出版社

2. 编著情况

编者	书名	出版社
谭元亨	客家文化史（上下卷）	华南理工大学出版社

3. 发表论文情况

第一作者	论文标题	发表期刊	刊期
曹小杰	"对不起，我错了"：自媒体道歉的文本策略与道义政治	新闻记者	2020-8
陈 娟	社交媒体与疫情：对公共卫生事件的预测、沟通与干预	新闻记者	2020-4
陈 娟	《纽约时报》匿名消息源使用规范研究	新闻界	2020-5
陈 娟	作为冲突的调节者：《人民日报》（1978—2018）医患报道的内容分析	现代传播	2020-12
程 杨	The Presumed Influence of Digital Misinformation: Examining US Public's Support for Governmental Restrictions Versus Corrective Action in the COVID-19 Pandemic	*Online Information Review*	2020-12
储冬爱	小故事与大社会：口述历史中的粤语讲古及其传人	文化遗产	2020-1
段淳林	智能广告的程序化创意及其RECM模式研究	新闻大学	2020-2
段淳林	用户需求、算法推荐与场景匹配：智能广告的理论逻辑与实践思考	现代传播	2020-8
胡 兵	虚拟社区成员价值观认同的建构与维系——以"虎扑社区"为例	中国出版	2020-2
胡 兵	区域化融合发展背景下市县媒体的生存之道	现代传播	2020-6
胡 兵	媒体深度融合之路：区块视频链的建构与应用	当代传播	2020-7
胡 兵	越可信越验证：移动端用户验证信息的动因探究	新闻大学	2020-8

续表

第一作者	论文标题	发表期刊	刊期
蒋建国	"夸夸群":身份焦虑、夸赞泛滥与群体伪饰	现代传播	2020-2
蒋建国	网购成瘾:商品幻象与循环型自恋	探索与争鸣	2020-3
蒋建国	《万国公报》的发行、阅读与社会影响	出版发行研究	2020-6
蒋建国	微信朋友圈的情感消费与认同困境	贵州社会科学	2020-8
赖寄丹	反转新闻的自媒体议程设置弊端及应对	海南大学学报(人文社会科学版)	2020-3
李小华	后现代语境下中国传统文化传播新向度——基于李子柒的短视频分析	中国出版	2020-11
梁思哲	The Boomerang Effect of Tuberculosis Knowledge and Self-efficacy on Chinese Patients' Intention to Seek Timely Treatment and Adhere to Doctors' Regimens	*Patient Education and Counseling*	2020-10
刘银娣	同行评审的人工智能应用:现状和挑战	出版科学	2020-9
刘忠博	互动的商品化:付费机制引入知识问答平台的影响及其意义	现代传播	2020-2
刘忠博	"掠夺性期刊"在学术共同体中的形成与省思	新闻与传播研究	2020-10
罗韵娟	创新扩散视角下"一带一路"议题传播的社交网络分析	当代传播	2020-1
芮牮	How a Social Network Site Profile Affects Employers' Impressions of the Candidate: An Application of Norm Evaluation	*Management Communication Quarterly*	2020-1
芮牮	They are Watching Me: A Self-presentational Approach to Political Expression on Facebook	*Mass Communication and Society*	2020-2
芮牮	社会资源差异还是父母示范影响——大学生微信阅读的数字鸿沟研究	新闻记者	2020-5
芮牮	How Information Sources, Risk Perception, and Efficacy Appraisal Predicted Engagement in Protective Behaviors against COVID-19: A Repeated Cross-sectional Survey in China	*JMIR Human Factors*	2020-11
佘世红	流动的文化与凝聚的城市:"可沟通城市"建构中新兴出版的意义及实践	出版发行研究	2020-11
苏宏元	5G时代舆论生态变化与舆论引导新范式	人民论坛	2020-9
孙珉	浸入与驱逐:聚焦新闻领域非虚构写作的强情节建构	当代传播	2020-3
吴小坤	网络表情包:后现代社会的文化表征与符号	人民论坛	2020-2
吴小坤	热搜的底层逻辑与社会责任调适	人民论坛	2020-10
张庆园	新媒体时代旅游类图书出版的意义、问题与创新	现代出版	2020-2

续表

第一作者	论文标题	发表期刊	刊期
钟 布	Health Information Helps Mitigate Adoles Depression: A Multivariate Analysis of the Links between Health Information Use and Depression Management	*Child: Care, Health and Development*	2020-11
周 煜	疫情期间的谣言变迁与治理路径	当代传播	2020-9

4. 获奖情况

奖项名称	等级	成果名称	负责老师	级别
教育部第八届高等学校科学研究优秀成果奖"青年成果奖"		潜行的力量：ICT精英如何嵌入并影响社会运动	吴小坤	部级
中国高等院校影视学会第十三届"学会奖"暨2019—2020年度学术成果推优活动学术论文奖	二等奖	屏幕进化研究的理论溯源、历史进程与现状	张陆园	国家一级学会奖
第27届中国国际广告节长城奖（广告学术类）	银奖	《计算广告》专著	段淳林、张庆园	全国性行业协会奖
第六届"新闻传播学学会奖"优秀学术奖	三等奖	A Meta-analysis of News Media's Public Agenda-setting Effects, 1972—2015	罗韵娟	国家一级学会奖

5. 承办会议

（1）2020年12月18—19日，由上海市社会科学界联合会《学术月刊》杂志社、复旦大学信息与传播研究中心主办，华南理工大学新闻与传播学院承办的第八届传播视野下的中国研究论坛（2020）暨"媒介变迁与知识生产"学术研讨会在广州举办。此次会议主题为"媒介变迁与知识生产"，包括浙江大学文科资深教授桑兵、黄旦在内的全国各地20余位学者从媒介变迁、文本传播与报刊受众样态等方面，深入探讨了传播视野下的近代中国社会变迁问题，展示了最新的研究成果。

（2）2020年2月28日，由华南理工大学和佛山中国科学院产业技术研究院联合主办，华南理工大学新闻与传播学院、中国通信工业协会通信和信息技术创新人才培养工程（CIIT）人才孵化中心共同承办，《广州市青年报》协办的全国网络素养教育学术峰会在广州举办。会议以"提升全方位网络素养，共建全链条防护体系"为主题，旨在引起全社会对网络素养教育的重视，并为国家的网络治理提供思路和建议。来自全国各地的60余位专家学者出席了会议。

供稿：华南理工大学新闻与传播学院

华东师范大学传播学院2020年学术发展概况

一、学术成果概述

2020年，华东师范大学传播学院承担国家级、省部级科研项目、课题7项，其中国家级项目5项，省部级项目2项；出版专著、教材9部；发表论文31篇。

二、学院现任领导

院长	副院长	党委书记	党委副书记
吕新雨	陈虹、肖洋	方奇华	杜彬彬

三、2020年学院新晋或引进教授

姓名	职称	研究方向
甘莅豪	教授	媒介话语分析、危机话语分析

四、2020年新设学术科研机构

校级研究中心

名称	负责人	中心宗旨
华东师范大学融合传播与社会治理研究中心	吕新雨教授担任机构负责人，新闻学系赵路平副教授担任执行副主任	旨在促进媒体融合的路径、观念、方式的探讨，推动融合传播理论研究与媒体融合实践，并探索如何发挥其在社会治理中的建设性力量。中心建设的目标是服务于国家战略需求、学校发展方向和传播学院建构"大传播"格局，配合传播学院与其他高校新闻传播院系开展错位竞争，凸显自身特色。力争通过若干年的建设，形成专门研究融合传播与社会治理的研究团队，成为在国内有影响力的智库中心。在国家政策、国家战略、社会治理等政府决策方面发挥重要影响力

五、所承担的国家级、省部级科研项目、课题

1.2020 年立项的国家级、省部级科研项目、课题

项目类型	项目名称	项目负责人
国家社科基金一般项目	"新革命史"视野下的延安时期新闻传播史研究	李海波
国家社科基金一般项目	人工智能应用下的互联网广告监管研究	秦雪冰
国家社科基金青年项目	传统再造视野下的民国古籍出版史料整理与研究	朱 琳
国家社科基金中华学术外译项目	中国近代图像新闻史：1840—1919（第四卷）	吕新雨
国家社科基金艺术学一般项目	中国沉浸式戏剧研究	沈嘉熠
教育部后期一般项目	公共危机责任政府道歉行为的话语修辞研究	甘莅豪
上海市社科一般项目	当代中国沉浸戏剧研究	沈嘉熠

2.2020 年结项的国家级、省部级科研项目、课题

项目类型	项目名称	项目负责人
国家社科基金项目	转型社会媒介寻租与政府规制研究（1978—2014）	潘祥辉
上海市社科项目	中国共产党新闻政策发展史	武志勇
上海市社科项目	美国电视动画文化专题研究	徐 坤
教育部人文社会科学研究项目	中国近代新闻记者的职业生涯研究（1911—1937）——基于工作社会学的视角	路鹏程

六、2020 年学术成果汇总

1. 专著情况

作者	书名	出版社
邓香莲	全媒体语境下老龄社会的阅读服务保障整合研究	复旦大学出版社
申 琦、赵鹿鸣	高能政务：政务新媒体高效运营指南	中信出版社
陈 虹	节目主持人概论（教材）	高等教育出版社
刘秀梅、冯 羽	数字媒体科技传播创意设计研究（教材）	中国科学技术出版社
聂欣如	动画概论（教材）	复旦大学出版社
聂欣如	类型电影原理教程（教材）	复旦大学出版社
秦雪冰	广告文案（教材）	上海人民美术出版社

2. 编著情况

编者	书名	出版社
丁　鹏等	以读攻毒：数字出版抗疫助学实用图谱	文化发展出版社
武志勇	科技传播学（教材）	中国科学技术出版社

3. 发表论文情况

第一作者	论文标题	发表期刊	刊期
陈　虹	社交媒体在自然灾害事件中的风险沟通——以飓风"厄玛"为例	当代传播	2020-3
陈　虹	基于场景匹配的口语传播：智媒时代之播音主持教育	现代传播	2020-6
陈　虹	无边界融合：可供性视角下的智能传播模式创新	新闻界	2020-7
甘莅豪	符号传播中的"图"与"数"——基于数据可视化图表的修辞分析	东岳论丛	2020-3
甘莅豪	图像的谎言：符号交际视阈下的视觉修辞行为	西北师大学报（社会科学版）	2020-3
甘莅豪	互联网百科知识的生产机制及其合法性建构：以维基"钓鱼岛"条目为例	新闻界	2020-12
刘　影	数字出版研究的"社会文化转向"——基于出版史的范式更新	现代出版	2020-7
刘秀梅	新闻短视频内容生产的融合困境与突围之路	现代传播	2020-2
路鹏程	论民国时期外国驻华记者与中国记者的合作与竞争	新闻大学	2020-1
路鹏程	徘徊在传播和动员之间：中国环境新闻记者职业角色认知的实证研究	新闻记者	2020-2
路鹏程	从照相馆到新闻馆：中国近代职业新闻摄影记者的形成与发展	新闻与传播研究	2020-10
罗　薇	论音乐在当代纪录片中的多元化运用	当代电影	2020-7
吕新雨	齐泽克的"兔子"	读书	2020-1
吕新雨	Lessons from Weibo: Media Convergence and Contemporary Chinese Politics	*Javnost-The Public*	2020-3
吕新雨	Cinematic Representation of Ethnic Minorities in the PRC and Postcolonialism	*Clcweb-Comparative Literature and Culture*	2020-12
聂欣如	新中国电影语言的民族化——以郑君里为例	当代电影	2020-1
聂欣如	2019年中国动画理论综述	中国电视	2020-5
聂欣如	索绪尔的幽灵：德勒兹运动-影像的模式建构与叙事	上海大学学报（社会科学版）	2020-9

续表

第一作者	论文标题	发表期刊	刊期
聂欣如	科幻亚类型"美国式科幻片"新论	上海师范大学学报（哲学社会科学版）	2020-9
潘妮妮	社交媒体对日本政治决策过程的渗透——基于对"#抗议检察厅法修正案"事件的考察	日本学刊	2020-6
秦雪冰	消费者洞察的NKP模型：社会网络分析在智能广告中的应用	当代传播	2020-6
石岸书	作为"新群众运动"的"新时期文学"——重探"新时期文学"的兴起	中国现代文学研究丛刊	2020-12
吴畅畅	中国电视综艺的二律背反（1997—2017）：基于政治经济与社会转型的视角	现代传播	2020-11
武志勇	《道德经》在西方世界传播的历史	湖南大学学报（社会科学版）	2020-9
夏冰青	数字劳工的概念、学派与主体性问题——西方数字劳工理论发展述评	新闻记者	2020-8
徐 坤	时尚、名流与后现代——美国电视动画中的娱乐文化	中国电视	2020-8
徐正则	Hand Segmentation Pipeline from Depth Map: An Integrated Approach of Histogram Threshold Selection and Shallow CNN Classification	Connection Science	2020-4
於 春	传播中的离身与具身：人工智能新闻主播的认知交互	国际新闻界	2020-5
周文姬	当代美国电影中的美国梦与后种族主义	电影艺术	2020-2
周文姬	当代美国黑人电影中的"黑命攸关"问题	电影艺术	2020-11
周文姬	论"美是意象"	学习与探索	2020-12

4. 承办会议

（1）2020年10月21日，由中信改革发展研究基金会主办，华东师范大学传播学院和中山大学中国马克思主义解释史研究中心协办的"列宁主义、中国道路与马克思主义新闻观——纪念列宁诞辰150周年学术研讨会"在北京召开。会议由华东师范大学传播学院吕新雨教授与中山大学马克思主义学院徐俊忠教授共同发起，旨在纪念列宁诞辰150周年并进一步深化对列宁主义基本理论与发展历程的认识，推动马克思主义新闻观研究的深入拓展。会议邀请了新闻传播学、哲学、政治学、历史学等学科的十余位专家学者，围绕列宁主义及其新闻思想与中国道路的关系，进行跨学科的交流对话。

（2）2020年10月24日，由华东师范大学传播学院主办，教育部人文社科重点研究基地、中国传媒大学国家传播创新研究中心、浙江大学传媒与国际文化学院、深圳大学传播学院协办的第六届中国电视研究年会在上海举办。此次年会以"电子屏幕包围之下，我们的生活，生命与文化"为主题，邀请了来自学界、业界和媒体界的专家学者，共同交流电子屏幕时代下人类与视听机器的特殊关系以及后疫情时代中国广电和网络视频的发展之路。此次大会还获得了《新闻大学》、《新闻界》以及《中国电视》三家期刊的支持。

（3）2020年11月8日，由华东师范大学传播学院主办的智能时代的广告教育变革高峰论坛在上海举行。此次高峰论坛邀请了数十位来自广告学界、业界的专家学者，共同交流在人工智能、大数据和5G等新一轮的技术变革背景下，广告专业教育面临的挑战和变革路径。

（4）2020年11月7日，由华东师范大学传播学院、华东师范大学影视创编中心联合主办的第一届"中国影视创编的历时与共时发展研究论坛"在上海举办。此届论坛特开设一场主旨发言、两场圆桌会议、两场研究生专题会议，共邀请了来自业界和学界的60余位专家、学者共议中国影视相关热点话题。

（5）2020年11月21日，由华东师范大学传播学院与中国人民大学新闻学院联合主办的第四届中国主持传播论坛暨第五届口语传播高峰论坛在上海举行。100多位来自海内外的学者及业界人士围绕论坛主题"解构与重塑：智能时代的主持传播"，从不同维度和视角对主持传播领域的学科前沿和学术焦点进行深度研讨，意图剖析新媒介环境下易变复杂的表象，重新定位人在主持传播中的主体性地位，并寻找重新构造学科和行业的新思路和新力量。

（6）2020年11月28—29日，由中国新闻史学会、中国社会科学院新闻与传播研究所主办，华东师范大学传播学院承办的第六届中国新闻史青年学者论坛在华东师范大学闵行校区举行。来自北京大学、清华大学、中国人民大学、复旦大学、美国加州大学洛杉矶分校等海内外知名高校的80多位学者，通过线上和线下两种方式，围绕"新闻史研究的范式转变、比较视野与中国经验"这一主题进行了深入探讨。

供稿：华东师范大学传播学院

厦门大学新闻传播学院 2020 年学术发展概况

一、学术成果概述

2020 年,厦门大学新闻传播学院师生共出版 11 本著作,以第一作者单位发表近 20 篇核心刊物论文,其中在《新闻与传播研究》《国际新闻界》《现代传播(中国传媒大学学报)》以及 SSCI 及 SCI 收录期刊上发表论文 10 篇。承担课题方面,厦门大学新闻传播学院教师共获得国家级、省部级项目立项共 5 项,其中国家社科基金项目 3 项、省部级项目 2 项。研究成果主要集中呈现于国际新闻与传播、健康传播、新媒体传播等领域。

二、学院现任领导

院长	副院长	党委书记	党委副书记
余清楚	苏俊斌、陈素白、谢清果	曾铮	聂鑫、黄辉

三、所承担的国家级、省部级科研项目、课题

2020 年立项的国家级、省部级科研项目、课题

项目类型	项目名称	项目负责人
国家社会科学基金后期资助项目	广告形象的视觉说服研究	罗萍
国家社会科学基金一般项目	"健康中国"命题下的社交媒介卷入与对话信任研究	宫贺
国家社会科学基金一般项目	社会主义核心价值观的测量与传播效果研究	黄合水
福建省社会科学规划项目一般项目	特朗普执政以来的美国对华媒体外交及其对中国的启示研究	李德霞
福建省其他厅局项目	重大突发公共卫生事件的风险放大机制及其传播治理创新研究	邱红峰

四、2020年学术成果汇总

1. 专著情况

作者	书名	出版社
黄合水	人类透视	厦门大学出版社
黄合水、曾秀芹	广告心理学（第三版）	高等教育出版社
王霏	实验广告学	厦门大学出版社
谢清果等	《论语》的传播思想	九州出版社
谢清果等	中华文化海外传播的新境界：中西传播思想的分野与对话	中国戏剧出版社
熊慧	地方报业记者的职业角色：理论分析与个案研究	厦门大学出版社
邹振东等	大数据与台湾舆论研究	九州出版社

2. 编著情况

编者	书名	出版社
谢清果	华夏传播研究论丛：海外华夏传播研究（陈国明卷）	九州出版社
谢清果	华夏传播研究论丛：华夏传播研究在中国（谢清果卷）	九州出版社
谢清果	华夏传播研究论丛：华夏传播学年鉴（2019卷）	九州出版社
谢清果	华夏传播学年鉴2020	九州出版社

3. 发表论文情况

第一作者	论文标题	发表期刊	刊期
陈经超	"自我取向"还是"家人取向"？基于中国情境的大学生流感疫苗接种健康传播策略效果研究	国际新闻界	2020-6
陈素白	广告回避文献述评与研究转向探讨	编辑之友	2020-11
段秋婷	朋友圈信息流广告参与意愿动因探讨——基于品牌—双重自我一致性的视角	新闻界	2020-12
宫贺	幽默的"两面性"：社交媒介危机回应的效果与影响因素	新闻与传播研究	2020-2
邱红峰	Predicting Online Feminist Engagement after MeToo: A Study Combining Resource Mobilization and Integrative Social Identity Paradigms	*Chinese Journal of Communication*	2020-2
邱红峰	The Mediation of News Framing between Public Trust and Nuclear Risk Reactions in Post-Fukushima China: A Case Study	*Journal of Risk Research*	2020-4

续表

第一作者	论文标题	发表期刊	刊期
孙 蕾	邻避时代循环经济的新闻报道及公众参与研究	厦门大学学报（哲学社会科学版）	2020-3
孙慧英	公共领域中热点事件的社会情感价值分析	现代传播	2020-7
王 霏	仪式传播如何影响受众对商品的态度？——卷入度的调节作用	新闻与传播研究	2020-5
王 霏	Threat Appeals in Public Service Announcements: Effects of Message Framing and Relationship Norms	*PsyCh Journal*	2020-6
吴琳琳	日常生活情境中的"勾连"：陕西省x家村村民使用手机获取信息的考察	现代传播	2020-10
谢清果	媒介哲学视角下的老子之"门"新论	山西大学学报（哲学社会科学版）	2020-3
熊 慧	策略性"报忧"与"孝"伦理重构：知识型新移民的家庭支持寻求机制及其文化内涵	中国青年研究	2020-3
熊 慧	话语视角下的记者角色研究：概念模型与未来进路	新闻记者	2020-6
殷 琦	Exploring the Roles of Government Involvement and Institutional Environments in the Internationalization of Chinese Internet Companies	*Chinese Journal of Communication*	2020-1
曾秀芹	数字时代的父母媒介干预——研究综述与展望	新闻记者	2020-5

4. 承办会议

（1）2020年12月5日，厦门大学百年影像史暨影像词典高峰论坛在厦门大学科学艺术中心举行。高峰论坛分别举办了主旨演讲和圆桌论坛活动。国内70余位专家学者参与论坛，就如何用影像语言来对历史档案进行记录保存研究和传播、凤凰花季毕业影展的回顾与展望等议题进行了探讨。

（2）2020年10月31日，华夏文明与传播学中国化高峰论坛在厦门大学科学艺术中心举行，这是厦门大学百年校庆系列论坛之一，邀请了全国高校40余位专家学者、业界精英和青年学子共同探讨传播学中国化议题。此次高峰论坛由厦门大学新闻传播学院主办，华夏传播研究会、厦门大学传播研究所、福建省高校人文社科研究基地、中华文化传播研究中心、中盐金坛盐化有限责任公司协办。

（3）2020年6月6日，由厦门大学新闻传播学院主办的厦门大学新闻传播学科创新发展座谈会在厦门大学科学艺术中心举行。60多名业界、学界精英齐聚美丽的厦大校园，围绕新闻传播学科的创新发展主题，讨论学科建设、校院发展、人才培养和科研合作。

供稿：厦门大学新闻传播学院

重庆大学新闻学院 2020 年学术发展概况

一、学术成果概述

2020年，国务院学位委员会公布重庆大学自主增设新闻传播学一级学科博士点，重庆大学新闻学院建成完整的本—硕—博人才培养体系。学院共承担国家社会科学基金项目3项，教育部人文社科项目1项，中国博士后基金项目2项，重庆市社科项目5项；发表SCI/SSCI/CSSCI论文32篇，出版学术著作5部，编著教材2部；举办在线学术研讨会4次。1项成果获教育部第八届高等学校科学研究优秀成果奖（人文社会科学）三等奖，2项成果获重庆市第十次社会科学优秀成果三等奖。

二、学院现任领导

院长	副院长	党委书记	党委副书记
董天策	郭小安、龙　伟	凌晓明	郭秀荣

三、所承担的国家级、省部级科研项目、课题

1.2020年立项的国家级、省部级科研项目、课题

项目类型	项目名称	项目负责人
国家社会科学基金项目一般项目	"建设性冲突"视域下东盟国家媒介话语中的中国文化想象研究	吴明华
国家社会科学基金项目一般项目	短视频使用对青少年身心健康的影响及其精准引导策略研究	刘　毅
国家社会科学基金项目青年项目	海外中国劳工安全保护模式与机制研究	章雅荻
教育部人文社科研究青年项目	基于新史料的抗战时期西方驻华记者研究	郭　毅
中国博士后科学基金项目	中国外来移民治理模式研究	章雅荻
中国博士后科学基金项目	网络游戏平台中青少年的数字劳动与社会干预研究	黄贺铂
重庆市委宣传部哲学社会科学攻关重点攻关项目	重大疫情中的社会舆论引导机制研究	郭小安

续表

项目类型	项目名称	项目负责人
重庆市社科规划办哲学社会科学规划研究项目一般项目	《民法典》实施与新闻传播法治建设的关系研究	杨 秀
重庆市社科规划办哲学社会科学规划研究项目青年项目	重庆居民在线健康社区使用与就医决策研究	金恒江
重庆市社科规划办哲学社会科学规划研究项目青年项目	直播平台中"网红"带货的数字劳动与社会治理研究	黄贺铂
重庆市博士后科学基金项目	一带一路背景下我国网络游戏产业的海外资本扩张与国家治理研究	黄贺铂

2.2020年结项的国家级、省部级科研项目、课题

项目类型	项目名称	项目负责人
国家社科基金重点项目	重大公共事件的社会伦理心态研究	刘海明
国家社科基金一般项目	网络时代"共意性社会运动"的媒介动员机制研究	郭小安
重庆市社会科学规划重大项目	媒体融合发展研究	曾润喜
重庆市社会科学规划一般项目	互联网虚拟社会风险管理框架与治理机制研究	曾润喜
重庆市社会科学规划博士项目	社交媒体时代新闻从业者的职业认同建构研究	王 军
重庆市社会科学规划青年项目	青少年手机游戏成瘾的发生机制及干预研究	刘 毅

四、2020年学术成果汇总

1. 专著情况

作者	书名	出版社
董天策	学理三棱镜：媒介批评文集	中国社会科学出版社
郭 毅	Freedom of the Press in China: A Conceptual History, 1831-1949	Amsterdam University Press
李成波、杨 茜、闫 涵、熊智强、张鲁玉	健康城市建设学理思考、国外样本与促进机制研究	西安交通大学出版社
刘 毅	青少年手机游戏成瘾研究	中国社会科学出版社
杨 涵	融媒体时代的专业新闻报道理论与实务	九州出版社

2. 编著情况

编者	书名	出版社
董天策等	传播媒体与文化建设	中国社会科学出版社
郜亚楠、张琛、张丹旭	广播电视传播与节目编导实践	吉林出版集团股份有限公司

3. 译著情况

原作者	书名	译者	出版社
魏舒歌	战场之外：租界英文报刊与中国的国际宣传（1928~1941）	魏舒歌、李松蕾、龙伟	社会科学文献出版社
［美］苏珊·马丁	国际移民的演化趋势：百年回顾与展望	章雅荻	浙江大学出版社

4. 发表论文情况

第一作者	论文标题	发表期刊	刊期
董天策	究竟是"网络群体性事件"还是"网络公共事件"抑或其他？——关于"网络舆论聚集"研究的再思考	新闻与传播研究	2020-1
董天策	新媒体与新闻传播机制创新（2021年获重庆市新闻奖一等奖）	新闻界	2020-3
董天策	在新闻理想与转型现实之间——都市报休刊宣言的话语实践分析	当代传播	2020-7
郭小安	新媒体接触、健康信念与HPV疫苗接种意向	新闻与传播研究	2020-6
郭小安	透视热点事件中的"标签化"现象	人民论坛	2020-6
郭小安	媒介动员：概念辨析与研究展望	新闻大学	2020-12
郭毅	建设性新闻：概念溯源、学理反思与中西对话	现代传播	2020-1
［英］乔·乌蒂奇，郭毅（译）	昆汀·塔伦蒂诺论《好莱坞往事》	当代电影	2020-6
郭毅	抗战时期驻华记者回忆录中译本出版：当代意义、现状与问题	出版发行研究	2020-8
郭毅	欲戴其冠 难承其重：1933—1934年民国"电影皇后"票选始末	当代电影	2020-8
金恒江	乡村居民社交网络使用与人际交往——基于中国35个乡镇的实证研究	新闻与传播研究	2020-2
李成波	健康信息获取渠道对城市老年人健康信息素养的影响——基于我国西部地区三省市的问卷调查分析	人口与发展	2020-3
李彦	新冠疫情会成为国际互联网治理制度变迁的新节点吗？——制度变迁、中美冲突与国家安全因应	情报杂志	2020-9

续表

第一作者	论文标题	发表期刊	刊期
刘海明	共情传播的量度：重大公共卫生事件报道的共振与纠偏	新闻界	2020-10
刘 毅	移动新闻APP持续使用意向的影响因素研究——基于信息系统持续使用的期望确认模型之拓展	西南民族大学学报（人文社会科学版）	2020-3
刘 毅	基于SIPS模型的短视频平台图书营销策略探究	出版发行研究	2020-3
龙 伟	新中国成立前后中共对英、美在华新闻机构的处置	党史研究与教学	2020-2
齐 辉	"无米为炊"——中国近代报业的纸荒困厄与报界应对	国际新闻界	2020-5
王 军	五大国际大众出版商的经营概况与发展策略分析	出版发行研究	2020-1
王 军	实际获得与公平感知：新闻从业者的工资报酬与满意度研究	新闻记者	2020-2
王 军	坚定与动摇：新闻从业者的职业承诺及其影响因素研究	国际新闻界	2020-8
王 军	传媒产业版权保护强度指标体系建构——基于中国省际面板数据的分析	中国出版	2020-10
张小强	网红直播带货：身体、消费与媒介关系在技术平台的多维度重构	新闻与写作	2020-6
张小强	学术期刊网络舆情危机与对策	中国科技期刊研究	2020-9
章雅荻	国际移民视阈下移民动因理论再建构	国际观察	2020-1
曾润喜	Pregnancy-related Information Seeking and Sharing in the Social Media Era among Expectant Mothers in China: Qualitative Study	Journal of Medical Internet Research	2020-1
曾润喜	A Statistical Model of the Impact of Online Rumors on the Information Quantity of Online Public Opinion	Physica A-statistical Mechanics and Its Applications	2020-3
邹 霞	学术期刊的新媒体传播风险及其规避对策	中国科技期刊研究	2020-9

5. 转载情况

作者	论文标题	原发表期刊及刊期	转载期刊及刊期
董天策、梁辰曦	究竟是"网络群体性事件"还是"网络公共事件"抑或其他？——关于"网络舆论聚集"研究的再思考	《新闻与传播研究》2020年第1期	人大复印报刊资料《新闻与传播》2020年第6期
龙 伟、谢文君	文化建政：中共对上海报业的文化接管与秩序重建	《新闻春秋》2020年第2期	人大复印报刊资料《新闻与传播》2020年第8期

6. 获奖情况

奖项名称	等级	成果名称	负责老师	级别
教育部第八届高等学校科学研究优秀成果奖（人文社会科学）	三等奖	从网络集群行为到网络集体行动——网络群体性事件及相关研究的学理反思（载《新闻与传播研究》2016年第2期）	董天策	部级
重庆市第十次社会科学优秀成果奖	三等奖	《新闻传播理论深化与创新的方法论路径》（载《当代传播》2015年第4期）	董天策	省级
重庆市第十次社会科学优秀成果奖	三等奖	网络民族主义运动中的米姆式传播与共意动员（载《国际新闻界》2016年第11期）	郭小安	省级
重庆市新闻奖	一等奖	新媒体与新闻传播机制创新（载《新闻界》2020年第3期）	董天策	省级

7. 承办会议

（1）2020年11月21日至22日，由中国新闻史学会地方新闻史研究委员会、重庆大学新闻学院、重庆市地方史研究会、重庆大学卢作孚现代中国研究院共同主办的"纪念中国抗日战争胜利75周年——中国抗日战争新闻史学术沙龙"在线上平台举行。此次沙龙分为两场，分别由重庆大学新闻学院副院长龙伟教授和齐辉教授主持。来自中国人民大学、中国社会科学院、中国传媒大学、暨南大学、安徽大学、华南理工大学、扬州大学、广州大学、上海外国语大学、重庆大学、重庆市档案馆等高校和机构的专家学者十余人围绕"中国抗日战争新闻史"这一主题探讨了新闻史研究、新闻史教育等方面的问题。

（2）2020年11月8日，由重庆大学新闻学院发起召开的"西部高校新闻传播教育发展与创新"交流会在线举行。来自四川大学、兰州大学、西安交通大学、云南大学、新疆大学、广西大学、陕西师范大学、西北大学、西南大学、宁夏大学等14所西部高校的新闻传播学院院长，通过视频会议在线交流西部高校新闻传播教育在学科建设、专业建设与人才培养等各方面的举措与经验，共商新时代背景下西部高校新闻传播教育的发展与创新大计。

（3）2020年9月25日至26日，围绕"一流本科专业建设与卓越新闻传播人才培养"，重庆大学"新闻传播学一级学科水平提升计划"第3期研讨会在线上平台举行。会议分为两场，分别由重庆大学新闻学院副院长郭小安、龙伟主持。来自清华大学、中国人民大学、中国传媒大学、复旦大学、浙江大学、华中科技大学、中山大学、四川大学、中央民族大学、北京外国语大学等18所高校的新闻传播学领域专家受邀出席，就一流本科专业建设和卓越人才培养方面开展交流对话，分享经验与心得。

（4）2020年8月19日，围绕"面向新时代的新闻传播学博士培养"，重庆大学"新闻传播学一级学科水平提升计划"第1期研讨会在线上平台举行。会议由重庆大学新闻学院院长董天策主持。来自北京大学、复旦大学、中国人民大学、中国传媒大学、浙江大学、武汉大学、华中科技大学、四川大学、湖南师范大学 9 所高校的新闻传播学专家受邀出席，分享在博士培养方面的经验与卓识，助力重庆大学新闻学院博士研究生教育的全面开展。

供稿：重庆大学新闻学院

河南大学新闻与传播学院 2020 年学术发展概况

一、学术成果概述

2020 年河南大学新闻与传播学院共获批国家社科基金项目 2 项，省部级课题 6 项；发表 B 类权威刊物论文 5 篇，C 刊 16 篇；出版专著 3 部；获教育部第八届高等学校科学研究优秀成果奖（人文社会科学）青年奖 1 项，河南省社会科学优秀成果奖二等奖 2 项、三等奖 2 项。

二、学院现任领导

院长	副院长	党委书记	党委副书记
杨萌芽	王鹏飞、杨 波、于春生	王文科	王志国

三、2020 年学院新晋或引进教授

姓名	职称	研究方向
高红波	教授	广播电视与新媒体
段乐川	教授	编辑理论

四、所承担的国家级、省部级科研项目、课题

2020 年立项的国家级、省部级科研项目、课题

项目类型	项目名称	项目负责人
国家社会科学基金	5G 时代主流媒体智能编辑部建设研究	段乐川
国家社会科学基金	中国百年新闻述评的文体流变研究	刘英翠
教育部人文社会科学研究项目	移动阅读用户社交行为及影响因素分析研究	王海燕
河南省社科规划项目	5G 时代互联网传播内容的变革与影响研究	陈文泰

续表

项目类型	项目名称	项目负责人
河南省社科规划项目	新媒体场域中的政府形象传播研究	姜 伟
河南省社科规划项目	近代媒介变迁视域中严复媒介形象的建构及其影响研究	惠 萍
河南省社科规划项目	人类学视野下的当代少数民族文学与影像研究	王艺涵
河南省社科规划项目	移动互联时代青年群体的媒介化交往研究	赵红勋

五、2020年学术成果汇总

1. 专著情况

作者	书名	出版社
崔 军	当代电影中的家国情怀与文化追寻	社会科学文献出版社
胡芃原	电视剧中的人生价值观	社会科学文献出版社
肖 帅	影视画面编辑	北京师范大学出版社

2. 发表论文情况

第一作者	论文标题	发表期刊	刊期
白志如	传播学译著出版的断层问题与学术话语转向：媒介学的视角	现代出版	2020-3
段乐川	靳青万的编辑学研究及其价值认知	河南大学学报（社会科学版）	2020-6
姬建敏	开拓、创新、发展：新中国编辑学研究70年	出版发行研究	2020-1
姬建敏	阙道隆的编辑学研究及其贡献	河南大学学报（社会科学版）	2020-6
刘 杨	中国学术出版"走出去"：经验梳理与路径探索	河南大学学报（社会科学版）	2020-1
刘英翠	民国期刊述评专栏的属性变革与现象解读（1918—1949年）	出版发行研究	2020-7
刘英翠	话语与生态：民国报刊新闻述评的文体流变分析	国际新闻界	2020-7
祁 涛	论当前学术著作出版的经济补偿模式与运营逻辑	现代出版	2020-4
王鹏飞	"消失"的副局长：沈知方中华书局经历考述	中国出版	2020-10
王鹏飞	回眸与启示：民国时期的出版营销	科技与出版	2020-11
于春生	学术著作营销：资源禀赋受限条件下的多元选择	内蒙古社会科学	2020-1
赵红勋	新媒介依赖视域下青年群体的"信仰风险"论析	中国青年研究	2020-1

3. 获奖情况

奖项名称	等级	成果名称	负责老师	级别
教育部第八届高等学校科学研究优秀成果奖（人文社会科学）	青年成果奖	新世纪的欧美移民电影	崔　军	部级
河南省社会科学优秀成果奖	二等奖	媒体融合与编辑理论创新	段乐川	省级
河南省社会科学优秀成果奖	二等奖	族群边界与文学/影像表述——以叶尔克西、万玛才旦、哈斯朝鲁为中心	王艺涵	省级
河南省社会科学优秀成果奖	三等奖	电视娱乐化转向——景观社会的视角	乔新玉	省级
河南省社会科学优秀成果奖	三等奖	移动终端社会化阅读	王海燕	省级

4. 承办会议

（1）2020年7月25日，河南大学新闻与传播学院主办新文科背景下的新闻与传播教育高端论坛。

（2）2020年12月3日，河南大学新闻与传播学院主办第二届中原新闻与传播研究生学术论坛。

（3）2020年12月13日，河南大学新闻与传播学院主办智媒时代广告产业转型与传播创新高峰论坛。

（4）2020年12月18日，河南大学新闻与传播学院主办第三届中国编辑出版青年学者论坛。

供稿：河南大学新闻与传播学院

上海大学新闻传播学院 2020 年学术发展概况

一、学术成果概述

2020年上海大学新闻传播学院转入2项国家社科基金重大项目，立项2项国家社科基金重点项目、1项国家社科基金一般项目、10项省部级科研项目，各项经费共计269.05万元。成立1个校级研究机构：新闻宣传研究中心。发表SSCI期刊文章3篇、CSSCI期刊文章23篇。获得中宣部等省部级领导采纳11篇。出版专著3部。

二、学院现任领导

院长	副院长	党委书记	党委副书记
严三九	赵为学、牛盼强	邓 江	韦淑珍

三、2020年学院新晋或引进教授

姓名	职称及人才类型	研究方向
王 虎	教授	媒介融合、新媒体与社会治理
易前良	教授，江苏省"青蓝工程"中青年学术带头人	数字媒介技术与文化社会变迁研究、网络平台传播研究
周宇豪	教授，河南省高层次人才特殊支持计划（中原领军人才）	政治传播、马克思主义中国化
朱清河	教授，教育部新世纪人才	马克思主义新闻观、中国特色新闻传播学、舆论学、跨文化传播、比较新闻学

四、2020年新设学术科研机构

校级研究中心

名称	负责人	宗旨
新闻宣传研究中心	齐爱军	该中心与上海市委宣传部密切合作，围绕重大主题宣传，召开每年一次的工作坊会议。主要服务上海市的媒体融合事业：一是在上海市委宣传部的指导下，就当下媒体融合实践这一重点热点，对上海市主流媒体展开深入调研，及时总结经验、发现问题，并形成研究报告，就上海市主流媒体下一步如何深度融合，打造全国媒体融合标杆提出意见建议；二是在上海市委宣传部的指导下，依托上海大学新闻传播学院的优质师资，联合举办新闻宣传工作培训班，面向上海市16个区委宣传部、融媒体中心以及相关单位宣传部门，就新媒体格局下的新闻宣传工作，开展集中培训，为上海市培养新闻宣传业务骨干

五、所承担的国家级、省部级科研项目、课题

1.2020年立项的国家级、省部级科研项目、课题

项目类型	项目名称	项目负责人
国家级	构建现代文化市场体系研究	包国强
国家级	习近平总书记对外传播思想研究	周宇豪
国家级	马克思主义中国化百年传播话语体系变迁研究（1919—2018）	周宇豪
国家级	构建三维一体的全媒体传播体系研究	严三九
国家级	传播视域下香港澳门民众国家意识和爱国精神研究	李喜根
国家级	加快推进传统媒体与新兴媒体融合发展研究	严三九
国家级	老年人新媒体虚假信息搜索与接收行为研究	刘燕
省部级	疫情环境下上海推进文化旅游业发展的对策研究	吴信训、龙锦
省部级	上海人工智能广告产业创新发展研究	牛盼强
省部级	上海社区建设中的社交媒体应用研究	沈荟
省部级	在华美国报人与中国共产党交往关系的建构与维系研究（1921—1949）	沈荟
省部级	二战期间来华犹太难民集体记忆的建构与传播研究（1950—2018）	单凌
省部级	社交媒体新闻供给失灵与政府规制	刘志杰
省部级	新媒体使用与大学生情绪健康研究	刘燕
省部级	记忆与认同："中国记忆"的影像建构——基于中国纪实影像生产的研究	虞国芳
省部级	浙江历史文化动画创作	海阔
省部级	"十四五"时期上海打造国际会展之都具体举措的专项调研	张敏

2.2020 年结项的国家级、省部级科研项目、课题

项目类型	项目名称	项目负责人
国家级	新媒体视角下传播伦理从职业伦理到公民伦理的演变研究	张咏华
国家级	习近平总书记对外传播思想研究	周宇豪
省部级	大数据时代基于供给侧改革视角的新闻传播人才培养模式创新研究	陶建杰
省部级	"广播与1950年代上海城市生活"研究	周叶飞
省部级	融合媒体影响下的新闻生产研究	刘兆明

六、2020 年学术成果汇总

1. 专著情况

作者	书名	出版社
孔秀祥	观念传播：19 世纪汉语外来观念与外来词	中国社会科学出版社
李建新	民国时期的新闻教育	花木兰文化事业有限公司
刘兆明	"融合"：转型中的"媒介体制"与新闻业	中国社会科学出版社
钱佳湧	何以"新"闻：电报的应用与晚清《申报》发展	中国社会科学出版社
胡维平、汪　洋、赵海频	新媒体时代会展交互艺术研究	中国社会科学出版社
王　虎	现代媒体艺术（全国普通高中美术教科书）	山东美术出版社
薛敏芝	后广告时代：边界的崩塌与重构	上海大学出版社
杨海军	广告舆论传播研究——基于广告传播及舆论导向的双重视角	中国社会科学出版社
易红发	社交媒体上的议程设置研究：方法与路径	中国广播影视出版社
易红发	社交媒体个人议程设置研究：基于推特的大数据文本挖掘	上海交通大学出版社

2. 编著情况

编者	书名	出版社
李良荣、钟　怡	互联网新闻制作	复旦大学出版社

3. 发表论文情况

第一作者	论文标题	发表期刊	刊期
包国强	"网络失智":智能传播时代网络舆论监督的"智效"反思	湖北社会科学	2020-8
方 茜	办学经营与研究转向——上海美专骨干教师对西方现代绘画传播的推进	南京艺术学院学报（美术与设计）	2020-4
方 茜	传统书画精英对西方现代绘画传播的因应——以黄宾虹《新画训》为中心	美术	2020-8
郝一民	葛红兵创意写作的新趋向与新收获——评十卷本长篇历史小说《大宋江山》	当代作家评论	2020-1
郝一民	互联网"模因"生成规律与非理性传播控制——关于防范舆论风险的新视角	当代传播	2020-2
郝一民	平民视角的超强历史感——从《红色》到《新世界》的冷思考	当代电视	2020-7
郝一民	章太炎对文学家鲁迅及《狂人日记》的深度影响	河北大学学报（哲学社会科学版）	2020-9
李喜根	Source Interests, News Frames, and Risk Delineation–A Content Analysis of U.S. Newspapers' Coverage of Genetically Modified Food（1994-2015）	International Journal of Communication	2020-7
牛盼强	我国新媒体科技传播效果评价研究——以科技类微信公众号为例	当代传播	2020-1
齐爱军	我国体育赛事版权资源的配置和利用问题论析	天津体育学院学报	2020-4
沈 荟	"学术性新闻":马克思在《纽约每日论坛报》的社会历史写作	新闻与传播研究	2020-9
田乐乐	意义与心镜:智媒时代中国语境下罗兰·巴特神话思想新视角	新闻大学	2020-7
严三九	5G背景下短视频内容生态重构探析	中国编辑	2020-6
易红发	媒体议程对个人议程的影响研究——基于Twitter平台的大数据文本挖掘与主题建模的进路	新闻大学	2020-5
易红发	媒介使用对老年人死亡风险的作用机制研究	上海大学学报（社会科学版）	2020-5
赵士林	在线协同编辑的话语冲突与群体极化——以中文维基百科"上海外来人口问题"条目为例	新闻大学	2020-1
钟 怡	新时代政治传播策略的"日常生活化"转向	中州学刊	2020-6
周叶飞	洗耳恭听:媒介史书写中的"声音"问题	新闻记者	2020-3
周宇豪	基于国际影响力视野的中国对外传播话语共同体构建逻辑	郑州大学学报（哲学社会科学版）	2020-6

续表

第一作者	论文标题	发表期刊	刊期
朱清河	文献学视域下马克思主义新闻观中国化的历史进路	陕西师范大学学报（哲学社会科学版）	2020-3
朱清河	信息的不确定性：媒介变迁与谣言演化的交互与内嵌	当代传播	2020-3
朱清河	中国特色新闻学本体论话语的历史变迁与价值体现	新闻大学	2020-4

4. 转载情况

论文题目	第一作者	发表期刊及刊期	转载期刊及刊期
媒介在消除知识沟中扮演的角色：三地区农村儿童的媒介使用、人际交谈与知识水平	易红发	《中国农村观察》2020年第3期	人大复印报刊资料《青少年导刊》2020年第10期

5. 获奖情况

获奖名称	颁发单位	获奖人
2020年度优秀论文	《新闻与传播研究》编辑部	沈荟

6. 承办会议

（1）2020年11月7日，中国新闻史学会中国特色新闻学研究委员会2020年学术年会暨上海大学马克思主义新闻观研讨会在上海举办。会议由中国新闻史学会中国特色新闻学研究委员会、上海大学新闻传播学院联合主办。来自中国新闻史学会中国特色新闻学研究委员会和全国多所新闻传播学院的近百位专家学者莅临会场，共同探讨中国特色新闻学和马克思主义新闻观的学术热点和未来发展。会议期间还举办了多场分论坛和全国高校马克思主义新闻观研究生学术论坛、国际新闻传播教育联盟专题研讨会等学术活动。

（2）2020年10月17日，主题为"未来传媒与传播——传播名刊主编及学者的对话"的第三届世界传播论坛（2020）在上海大学举行。来自中国社会科学院、中国传媒大学、中国人民大学、复旦大学、浙江大学、北京师范大学、上海交通大学、上海大学等国内众多高等院校、科研机构和学术期刊的专家学者参加了演讲和讨论。与会专家学者围绕智能媒体未来发展、未来传媒人才培养等新闻传播学界共同关注的学术热点话题等展开探讨，为新时代新闻传播学术研究和卓越新闻传播人才培养贡献新的智慧和力量。

供稿：上海大学新闻传播学院

兰州大学新闻与传播学院 2020 年学术发展概况

一、学术成果概述

2020 年，兰州大学新闻与传播学院累计申报国家社科基金 2020 年各类型项目 15 项，获批 3 项，其中重点项目 1 项；获第八届高等学校科学研究优秀成果奖（人文社会科学）三等奖 1 项。学院师生以"兰州大学新闻与传播学院"为第一署名单位共发表高水平学术论文 40 余篇，其中 CSSCI 论文 9 篇，英文论文 2 篇。出版学术专著 5 部，教材 1 部。学院积极发挥智库平台作用，中共中央宣传部舆情局采纳"兰州大学社会舆论调查与舆情研判中心"舆情报告 43 篇，向甘肃省委宣传部报送甘肃疫情风险防控舆情分析 22 期。

二、学院现任领导

院长	常务副院长	副院长	党委书记	党委副书记
冯 诚	张硕勋	刘晓程、王君玲、王春彦	张硕勋	周兆瑜、王春彦

三、2020 年学院新晋或引进教授

姓名	职称	研究方向
李 娟	教授	媒体人类学、传播与社会发展、跨文化传播、民族地区文化传播等

四、所承担的国家级、省部级科研项目、课题

1.2020 年立项的国家级、省部级科研项目、课题

项目类型	项目名称	项目负责人
国家社科基金重点项目	华夏器物文明的媒介考古学研究	李曦珍
国家社科基金后期资助项目	范长江心态研究	樊亚平
国家社科基金一般项目	中华民族共同体视域下边疆民族地区公共政策传播机理与优化策略研究	刘晓程

续表

项目类型	项目名称	项目负责人
甘肃省社科基金项目	甘肃纪录片发展口述史	妥超群

2.2020年结项的国家级科研项目、课题

项目类型	项目名称	项目负责人
国家社科基金一般项目	中国新闻从业者职业心态史研究（1912—1949）	樊亚平

五、2020年学术成果汇总

1. 专著情况

作者	书名	出版社
刘晓程	国家形象建构与国家公共关系研究	华中科技大学出版社
王君玲	行走陇原的调查与思考	兰州大学出版社
魏占兴	中国文学新闻"两栖写作"百年流变	科学出版社
赵　楠	他塑与自塑：文化传播与媒介再现	中国社会科学出版社

2. 编著情况

编者	书名	出版社
李晓灵	对比与求新：韬奋精神的传布与再生产	中国社会科学出版社

3. 发表论文情况

第一作者	论文标题	发表期刊	刊期
陈新民	铭记抗战历史　建设强大国防	红旗文稿	2020-17
樊亚平	张季鸾职业追求与理念的演进与转变	兰州大学学报（社会科学版）	2020-4
李　娟	视角与想象——西北少数民族流动人口中华民族共同体意识社交媒体涵化研究	西北师大学报（社会科学版）	2020-3
马　萍	敌意媒介效果：媒介偏见研究的新转向	兰州大学学报（社会科学版）	2020-5

续表

第一作者	论文标题	发表期刊	刊期
权 玺	未来媒体架构：平台媒体的模块化结构探析	兰州大学学报（社会科学版）	2020-2
妥超群	吐蕃"玛冲"（rMa Khrom）、"廓域"（Kog Yul）地望考辨	中国边疆史地研究	2020-1
张 华	社群化传播：基于新媒介时间的新传播形态	现代传播	2020-2
张利洁	传统出版知识服务转型探究	编辑之友	2020-1
赵 楠	IP剧吸附性文化品牌构建研究	现代传播	2020-4

注：论文为SSCI及CSSCI来源期刊（含）以上水平的中英文论文（不含CSSCI扩展期刊论文）。

4. 获奖情况

奖项名称	等级	成果名称	负责老师	级别
教育部第八届高等学校科学研究优秀成果奖（人文社会科学）	三等奖	第二种秩序——明清以来的洮州青苗会研究	阙 岳	部级

5. 承办会议

2020年10月23—25日，中国新闻史学会公共关系分会第五届学术年会暨第十三届公关与广告国际学术论坛在兰州大学学生活动中心举行，来自国内外100余名专家学者通过线上和线下展开研讨。此次大会的主题为"后疫情时代的公共关系转向"，主要围绕"'一带一路'故事叙事与国家公共关系""国际故事—国家关系的构建与连接""重大疫情危机管理与公共关系"等议题展开学术研讨。同时，会议还增设第十三届公关与广告国际学术论坛专场，就"国际故事—国家关系的构建与连接"主题展开研讨，连线来自美国、澳大利亚等海外学者开展网上交流。与会专家在四个分会场上分别围绕"故事""疫情""公关""学科建设"等议题进行了分享与探讨。

供稿：兰州大学新闻与传播学院

陕西师范大学新闻与传播学院 2020 年学术发展概况

陕西师范大学地处具有深厚历史文化积淀的古都西安，建校于 1944 年，是教育部直属、世界一流学科建设高校。陕西师范大学新闻与传播学院建院于 2000 年，是西北地区最早以学院建制的传媒教育机构。建院 20 多年来，学院发挥西安地区的历史文化优势和陕西师范大学的人文社科优势，在学校、学界、业界各方力量的支持下，在教职工的艰苦努力下，已初步建成专业门类齐全、培养层次完备的传媒教育基地。2014 年 12 月 16 日，中共陕西省委宣传部与陕西师范大学签订了共建新闻与传播学院协议。学院正在以部校共建为机遇，努力提升学院办学水平，为陕西乃至全国新闻传播及宣传文化事业的发展作出更大贡献。

学院学科设置较为齐全，覆盖面广，形成了文理艺相结合、学术型和实践型相结合的学科特色。学院在新闻系、编辑出版系、广播电影电视系、播音与主持艺术系和网络与新媒体系五个本科教学系的基础上，全面完成了硕士研究生教育的布局，目前建有新闻传播学、戏剧与影视学 2 个硕士一级学科，3 个专业硕士点（新闻与传播硕士、出版硕士、广播电视艺术硕士）。在博士研究生培养方面，学院于 2007 年在中国语言文学一级博士点下自主设置了二级学科博士点"文艺与文化传播学"，不仅培养了高级传媒人才，还造就了一批博士生导师，为学院的学科进一步发展打下了坚实的基础。学院成为西北地区首家自主招收和培养博士研究生且硕士学位点最多的大学二级学院。在教育部第四轮学科评估中，学院新闻传播学列全国第 17 位，属于 B 档。

学院现有教职工 86 人，其中教授 21 人，副教授 28 人，高级实验师 3 人，具有博士学位的教师 45 人，有国外留学经历或国外取得学位的超过 25%，在读博士研究生 3 人。同时，学院着力打造学界和业界相结合的人才队伍，从央媒陕西分设机构、陕西日报社、陕西广电融媒体集团等相关媒体机构遴选、聘任高水平的专家和学者 30 余人担任客座教授和外聘导师，充实兼职教师队伍，整体提升学院的实务教学水平。此外，学院双聘院士 1 位（多语种信息处理专家、新疆大学吾守尔·斯拉木院士），特聘教授 3 位（教育部虚拟现实工程研究中心首席专家、北京师范大学二级教授周明全，北京师范大学教授周星，中国艺术研究院教授贾磊磊）。

学院师资队伍跨文、理、艺三个学科门类，已经形成了一批实力雄厚、学缘丰富、年龄结构合理的教学科研队伍。师资队伍中有中宣部文化名家暨"四个一批"人才 1 人，教育部教学指导委员会委员1人，国务院政府特殊津贴获得者1人，全国新闻出版行业领军人才1人，中国摄影金像奖获得者1人，高等学校出版专业教学指导委员1人，陕西省高层次人才2人，陕西省教学名师1人，陕西省和贵州省宣传文化系统"四个一批"人才各1人，省级百青艺术家2人，陕西省文艺评论家协会主席1人，中国新闻史学会党报党刊研究委员会副会长1人，中国高校影视学会媒介文化专业委员会第二届理事会副主任1人，中国高校影视学会实验教学专业委员会副会长1人，陕西省传播学会副会长1人，陕西省青年新媒体协会副会长1人，陕西艺术摄影学会副会长1人。

学院建有国家级、省部级各级各类软硬件平台，为学院稳步发展奠定了基础。学院在学校支持下，已建成国内一流的硬件环境，先后投资3000多万元建设的"数字传媒技术实验教学中心"是设施较齐全的传媒实验室群落之一。该中心于2007年获批陕西省实验教学示范中心，2009年获批国家级实验教学示范中心，到目前为止是西北地区唯一的国家级传媒类实验教学示范中心。2019年学院融媒体中心获批陕西省实验教学示范中心；2020年学院与校内相关单位共同申报获批教育部融媒体建设试点单位。2021年年初，学院的"西部多语种文化资源智慧出版重点实验室"获批国家新闻出版署出版业科技与标准重点实验室。学院联系校内其他单位申报的"民歌智能计算与服务技术文化和旅游部重点实验室"获批第三批文化和旅游部重点实验室。该实验室是陕西首个、西部首批获批的文化和旅游部重点实验室。

学院搭建了多层次有机协调的人才培养平台，这些平台横跨国家、省市、学校、学院四级体系。其中，国家级平台8个，分别为国家级实验教学示范中心1个、国字号实验室3个、国家级人才培养模式创新实验区1个、国家级一流专业3个。省级平台16个，包括省级特色专业2个、省级一流专业2个、省级专业综合改革项目1个、省级融媒体实验教学示范中心1个、省级人才培养模式创新实验区3个、省级精品课程4门、省级课程思政示范课1门、省级大学生校外实践教育基地1个、省级动漫教育基地1个。校级平台2个，包括斯诺卓越新闻人才实验班和齐越卓越播音主持人才实验班。通过开办实验班投放优质资源，如本科生导师制、读书会、假期大见习、研究课题等，加强学生了解民情、国情和世情，提高专业能力，积极开展在融媒体环境中全媒体人才培养模式的新探索。学院连续14年开展"晨读经典"等特色活动，并举办14届"晨读经典大赛"，大大提升了传媒学子的传统文化素养和综合素质，已形成品牌效应，受到校内外的广泛关注和好评。

学院强化全浸入式课程思政的协同育人和立德树人理念，构建知识·体验·实践"三位一体"的育人体系，成效卓著。2015年，"传媒专业马克思主义新闻观'三位一体'教育模式的建构与实践"获评陕西省高等教育教学成果奖二等奖。2019年，新闻系教职工党支部获评全省高校党建"双创"样板建设支部，一年后通过验收。2017年，学院党委报送的"新闻系教工党支部以'两学一做'为契机,扎实推进马克思主义新闻观教育"入选教工党支部工作案例类优秀作品(全国共计15件),获得教育部组织的全国高校"两学一做"支部风采展示表彰。2018年,学院党委报送的"从师大校园的一棵玉兰树说起——谈谈中共延安时期的对外传播"入选教工党支部微党课优秀作品,获得教育部组织的第二届全国高校"两学一做"支部风采展示活动表彰。2019年,"深度贫困地区扶贫策略宣传推广路径调研服务队"获评团中央全国大中学生暑期"三下乡"社会实践优秀团队、陕西省"万名学子扶千村"暑期实践优秀团队。2020年,在第一批全省高校团建标杆院系和样板支部培育创建工作中,新闻专业2017级斯诺卓越新闻人才实验班团支部入选"全省高校团建样板支部"培育创建单位。

学院先后为社会各界培养人才5000余名。在校生和毕业生先后获得"中国新闻奖"、"全国三八红旗手"、"央视挑战主持人年度总冠军"、全国大学生朗诵比赛二等奖、陕西省主持人大赛一等奖、国际纪录片中国选片赛金奖、"全国新闻学子论文大赛"一二三等奖等各类奖励500余项。毕业生分布在中央电视台、中央人民广播电台、新华社、中国青年报社、新京报社、上海文广集团、南方报业集团、羊城晚报集团、广州日报报业集团、湖南卫视、深圳卫视、山东电视台、天津电视台、河南电视台、辽宁电视台、人民网、环球网等全国各大媒体。大部分毕业生集中在西部地区的各主要媒体、高等院校、党政机关和企事业单位,大多已经成为业务骨干。学院已经成为西部乃至全国重要的传媒人才培养和输送基地。

学院坚持对接社会需求的办学要求,依托丰厚的教育资源和学科专业优势,积极参与社会服务工作,整合各种社会资源和社会力量,开展交流、合作和联合办学,走出一条开放办学的途径。学院先后与陕西电视台、华商报社、陕西新闻出版广电局、陕西省新华出版集团、西安市委宣传部、陕西省文化产业投资集团、西部电影集团、曲江文化产业示范园区等单位合作,成立了"陕西电视台业务培训基地""华商报社新闻培训基地""陕西省报刊审读中心""西安市委宣传部传媒人才继续教育培训基地"等机构,为社会各界提供了高质量的社会服务,得到了社会的肯定和认可。

学院依托学科及各种平台优势,助力文化扶贫,发挥智库作用,服务政府科学决策,多份报告被相关部门采纳及省领导批示,为地区软实力的提升提供智力支持。李震教授主持的大型文化纪录片《秦风》在央视播出,获得陕西省"五个一工程"奖,并入选教育部首批"高校原创文化精品推广行动计划"。学院牵头组建的"陕西师范大学'一带一路'文化教育传播智慧港"组织申报的"民族民间文化资源传承与开发利用技术集成与应用示范"项目获批科技部重点研发项目,项目合同经费4868万元,到账经费1868万元。

近年来,在各方力量的支持和努力下,学院各项事业快速发展。在"十四五"期间,学院将实施"立足区位,凝练特色,精准发力,打造精品"发展策略,充分整合和优化学院资源,服务国家战略,凝练特色研究方向,打造高水准研究团队,以期形成具有品牌影响力的学术研究成果。

一、学术成果概述

2020年获批国家项目2项,教育部项目1项,发表高层次文章40篇,出版著作7部,获得省部级以上奖励2项。

二、学院现任领导

院长	副院长	党委书记	党委副书记
许加彪	杨致远、郝鹏展	黄 玲	芮国星

三、2020年学院新晋或引进教师(正高级)

姓名	职称	研究方向
李 泛	特聘研究员	新闻摄影与人文摄影创作研究、实践与教学
滕 朋	教授	危机传播、政务传播、社区传播等
张建中	教授	新媒体、媒体创新与创业、媒体与社会转型
张勇锋	教授	传播史论、中共政治传播思想与实践、马克思主义新闻观
赵成德	正高级实验员	摄录像技术实践应用

四、所承担的国家级、省部级科研项目、课题

1.2020年立项的国家级、省部级科研项目、课题

项目类型	项目名称	项目负责人
国家社科基金重大项目	"推动陕西追赶超越的精神动力实践研究"之子课题"新时代延安精神和西迁精神有效传播的实践经验研究"	邓晓旭
国家社科基金一般项目	出版企业知识服务发展战略研究	代 杨
国家社科基金后期资助项目	隋唐长安城公共空间与城市传播研究	郝鹏展
其他国家级项目	科技期刊产业链运行方式研究	苏 静
国家其他部委项目	中国语言资源保护工程·陕西方言口传文化遗产典藏与综合研究	邢向东
教育部其他项目	甘肃临夏地区国家通用语言文字推广普及和助力乡村振兴理论与实践研究	邢向东

续表

项目类型	项目名称	项目负责人
教育部社科项目青年项目	唐长安城的公共空间与城市传播研究	郝鹏展
陕西省社科联项目	陕西新型特色小镇的可沟通性提升策略研究——以大唐西市小镇为例	许加彪
陕西省社科联项目	2019年陕西省新闻与传播学学科发展报告	许加彪
陕西省社科联项目	陕西省突发公共卫生事件中危机与应急风险传播管理体系建设研究	张建中
陕西省社科联项目	基层干部党员"形势与政策"教育系列报告	张亚泽
陕西省社科项目	增进中国特色社会主义制度优势认同面临的挑战及对策研究	李 梅
陕西省社科项目	陕西新文艺组织与新文艺群体研究	代 杨
陕西省社科项目	以延安为中心的红色新闻史研究	李 文
陕西省社科项目	延安时期《解放日报》广告导向机制研究	屈雅利
陕西省其他项目	高校研究生创新创业课程质量提升策略研究	芮国星
陕西省其他项目	"社会主义新人"形象与大学生思想政治教育研究	马佳娜
陕西省其他厅局项目	"一带一路"背景下陕西文化软实力提升战略研究	杜 波

2.2020年结项的国家级、省部级科研项目、课题

项目类型	项目名称	项目负责人
国家社科基金重点项目	基于知识组织的图书馆资源发现服务体系研究	苏 静
国家社科基金一般项目	"互联网+"时代的自媒体治理	郭 栋
全国艺术规划国家年度项目	中英比较视域下的中国儿童戏剧产业现状与发展策略研究	徐 翠
其他国家级项目	科技期刊产业链运行方式研究	苏 静
教育部社科一般项目	突围与重构:我国原创电视文化节目发展现状、问题及对策研究	张 丽
教育部社科一般项目	移动互联网背景下青少年新媒体素养研究	王贵斌
教育部社科青年项目	新媒体对农村留守儿童社会化影响的多点民族志调查研究	管成云
教育部其他项目	延安时期马克思主义新闻观中国化话语体系发展研究	朱清河
陕西省社科联项目	"一带一路"视野下基于区块链技术的媒体创新研究	张建中
陕西省社科联项目	"一带一路"战略中陕西形象构建及传播策略研究	王贵斌
陕西省社科联项目	"两微一端"背景下高校团课课程体系建设与实施路径研究	朱 尉
陕西省社科项目	大数据时期陕西形象的可视化统计研究	王贵斌
陕西省社科项目	陕西关中农村留守儿童的新媒体使用与社会化问题及对策研究	管成云

续表

项目类型	项目名称	项目负责人
陕西省社科项目	2018年度陕西省社科界重大理论与现实问题研究项目	朱清河
陕西省社科项目	在陕中亚留学生的社交媒体使用与跨文化适应研究	李孝祥
陕西省社科项目	严明政治纪律和政治规矩，坚决破除形式主义、官僚主义研究	杨 平
陕西省社科项目	陕西高校共青团意识形态工作研究	闫文浩
陕西省社科项目	马克思主义政治舆论与新闻传播时代内涵发展研究	芮国星
陕西省社科项目	建设性新闻与思想政治工作舆论传播研究	党 君

五、2020年学术成果汇总

1. 专著情况

作者	书名	出版社
鲍海波	公共空间的媒介表达	世界图书出版公司
王贵斌	虚拟社区中的社会资本：基于网络民族志的考察	中国传媒大学出版社
杨致远	视觉感知、影像文本与文化身份——叙事电影的观众认同机制研究	中国社会科学出版社
张勇锋	新中国连环画政治叙事研究（1949—1978）	人民出版社

2. 编著情况

编者	书名	出版社
刘蒙之、周秭沫	中国非虚构写作名家访谈录	南方日报出版社

3. 译著情况

书名	原作者	编者	出版社
出版法律	［英］休·琼斯、［英］克里斯托弗·本森	郝 婷	陕西师范大学出版总社有限公司

4. 发表论文情况

第一作者	论文标题	发表期刊	刊期
陈守湖	"现代化"的总体性与"技术主义"的鼎新——对20世纪80年代先锋文学的一种发生学考察	海南大学学报（人文社会科学版）	2020-3
程郁儒	民族志传播学的中国学术实践质思	内蒙古社会科学	2020-3
党　君	重大疫情事件中建设性新闻对于公众情绪的调节与引导	当代传播	2020-7
邓　瑞	Dash Based Video Caching in MEC-assisted Heterogeneous Networks	Multimedia Tools and Applications	2020-8
管成云	The Family Politics of New Media Domestication: An Ethnographic Study of Mobile Phones' Influences on Rural Adolescents' Socialization in a Central Chinese Town	Asian Journal of Communication	2020-1
郭　栋	超前点播模式的实践与思考	当代传播	2020-3
郭　栋	新媒介治理中的划界活动探析——基于网络游戏的研究	编辑之友	2020-11
郭　栋	出版机构的短视频图书营销探析	科技与出版	2020-2
牛鸿英	"欢喜"美学的叙事建构——电视剧《小欢喜》的艺术创新性研究	中国电视	2020-1
牛鸿英	日常生活的形式逻辑与内涵生产——电视剧《安家》的文化叙事分析	中国电视	2020-7
牛卫红	非虚构新闻写作的价值引领探究——以《新京报》"剥洋葱people"为例	当代传播	2020-12
裴亚莉	文学与音乐：对跨媒介领地的一个测绘	中国比较文学	2020-10
宋颖慧	新媒体赋权与农民工城市化发展的个案研究	新闻大学	2020-4
苏　静	Chinese Researchers' Perceptions and Use of Open Access Journals: Results of an Online Questionnaire Survey	Learned Publishing	2020-3
苏　静	基于领域知识库的语义出版形态研究	出版科学	2020-10
苏　静	国家元数据库及其协同构建框架研究	情报理论与实践	2020-10
王贵斌	媒介素养认知模式的迭代更新	现代传播	2020-6
王敏芝	技术空间的交往实践与个体困境	当代传播	2020-2
王勇安	后真相时代科学传播的困境——关于科学传播民主模型应用的思考	渭南师范学院学报	2020-2
肖　超	面向数字学术的牛津大学出版社学术工具书数据库出版探析	出版发行研究	2020-8
肖　超	数字学术视域下出版机构人文社科知识服务转型探析	编辑之友	2020-11

续表

第一作者	论文标题	发表期刊	刊期
肖　超	学术出版场域变革与欧美学术出版机构的差异化策略	出版科学	2020-11
许加彪	作为社会本体的表象：景观理论的建构机制与当代转场	兰州大学学报（社会科学版）	2020-5
许加彪	5G技术特征、传播场景和媒介环境学审视	当代传播	2020-7
许加彪	宣传·组织·指路：长征标语口号的产制、修辞和社会动员	现代传播	2020-12
杨　军	我国现代出版观念形成的社会因素初探	编辑之友	2020-12
张建中	重塑新闻商业模式：The Correspondent 的创新与实践	现代传播	2020-5
张文琪	风景与中国电影研究的双向取径	北京电影学院学报	2020-1
张勇锋	从"媒介革命"到"革命媒介"：延安新秧歌运动再考察	新闻大学	2020-10
朱　尉	习近平青年工作重要论述的生成逻辑与结构特征	马克思主义理论学科研究	2020-8

5. 转载情况

第一作者	论文题目	原发表期刊及刊期	转载期刊及刊期
程郁儒	民族志传播学的中国学术实践质思	《内蒙古社会科学》2020年第2期	人大复印报刊资料《新闻与传播》2020年第6期全文转载，《新华文摘》2020年第17期观点转载
党　君	重大疫情事件中建设性新闻对于公众情绪的调节与引导	《当代传播》2020年第4期	《中国社会科学文摘》2021年第4期

6. 获奖情况

奖项名称	等级	成果名称	负责老师	级别
中国高等院校影视学会第十三届"学会奖"学术论文类		视域融合与行为聚合：数字影像行为的范式解读	郑海昊	国家级
第十届学院奖剧情片单元教师组	二等奖	再见吧当知梅朵（剧情片）	马聪敏	
田汉戏剧奖评论奖		"现实"迷思与"超越"价值：现实题材戏剧创作热的冷思考	穆海亮	
"茶茶杯·中国新闻传播教育年鉴奖"编撰贡献奖		中国新闻教育会议综述（2015、2016、2017、2018、2019）	李　文	

7. 承办会议

（1）2020年10月16日，举办第二届中国电影地缘文化高端论坛，特聘教授周星、贾磊磊参加，并作学术报告。

（2）2020年10月12日，举办院士高端报告会，邀请吾守尔·斯拉木院士以及教育部虚拟现实工程研究中心首席专家、北京师范大学二级教授周明全作专题学术报告。

（3）2020年11月6日至8日，举办中国高校影视学会媒介文化专业委员会第四届学术年会暨2020年媒介文化论坛会议。

（4）2020年12月19日，举办中国新闻史学会新闻传播思想史研究委员会2020年会。

供稿：陕西师范大学新闻与传播学院

澳门大学社会科学学院传播学系
2020年学术发展概况

一、历史沿革

澳门大学社会科学学院（FSS）的前身为社会科学与人文学院（FSH）。学院旨在提供以学生为中心的通识教育，鼓励学生寻求超出其核心专业的教育机会，并发展跨学科知识和跨学科视野，使学生成为知识渊博且有较强能力的全球公民，为应对复杂而多变的地球环境作出贡献。学院现有在读学生1900多名，教学人员70多名，设有传播学学士、经济学学士、政府与公共行政学士、心理学学士、社会学学士；传播和新媒体硕士、犯罪和犯罪评估学硕士、经济学硕士、欧洲研究硕士、国际关系和公共政策硕士、澳门研究硕士、公共管理硕士；传播学博士、经济学博士、政治学博士、心理学博士、公共管理学博士、社会学博士。设有4个中心（研究所），分别是艺术与设计中心、粤港澳大湾区研究中心、全球和流体事物研究所以及俄罗斯中心。

传播学专业隶属于澳门大学社会科学学院。提供本科及研究生水平的课程，并具有传播学、传播和新媒体（MA）和传播学（PhD）的社会科学学位。教学语言是英语。

二、课程设置

自2017年开始，传播学社会科学学士教育将英语专业的文学学士学位课程和传播学专业、新闻与公共传播学士学位的两个课程整合为一个计划，即设立以英语为主要教学语言的传播学社会科学学士学位。提供三个专业：创意媒体、公共传播，以及新闻和大众传播。新课程是对澳门社会和传播业对培养精通英语、具有国际知名度的优秀毕业生的需求的回应。但是，这项新计划并不排除诸如中文新闻编辑、中文新闻写作和报道。课程设置中还包括实践课程，以提供媒体制作方面的培训，并为学生提供数字技术方面的基本制作技能。

传播和新媒体硕士学位课程均完全使用英语进行教学，旨在帮助传播专业人士获得大众传播和数字媒体的概念和理论知识，以及传播的社会和文化影响。正常修业年限为2年。分为学术研究和应用研究两个方向。学术研究方向需修读4门必修课、4门选修课和完成一篇理论论文以及毕业论文。应用研究方向需修读4门必修课、5门选修课和一个理论应用。必修课包括"传播学理论""传播学研究方法""新媒体与传播研究""学术写作";选修课可从"大中华地区的传播模式和文化""国际和跨文化传播""舆论""新闻与数字媒体专题""广告专题""公共关系专题""传播与社会变革""媒体功能与管理""英语专业写作""数字媒体""传播与社会专题""传播与文化专题""传播研究专题""创意与文化产业:媒体研究方法"等14门课程中选择。

传播学博士课程启动于2009年,旨在采用跨学科的方法来研究传播理论和实践,从新闻学到互联网研究,从影视到跨媒体研究,从媒体效果到文化研究,从批判理论到性别研究,从视觉文化到旅游研究,再到社会传播技术用于人类学和城市社会学。目的是培养出具有学术才能、专业技能、广泛知识和对社会高度诚信的优秀毕业生。传播学博士正常修业期为4年,非在职博士最长修业期为6年,在职博士最长修业期为8年。传播学博士学位课程包括两个主要部分:课程作业和博士学位论文。对于获得相关硕士学位的学生:课程作业包括3门必修课程和2门选修课程。必修课程为"研究伦理""学术写作和奖学金""传播学研究的学术写作"。选修课程为"定量研究方法""定性研究方法""大学教学与实践""社会理论"。对于没有相关硕士学位的录取学生除上述条件外,还要求学生修读"传播学理论"以及"传播学研究方法"。

三、师资队伍

澳门大学社会科学学院传播学系共有教学人员25人,其中教授5人,分别是李天宗教授、赵心树教授、梁蓝波特聘教授、刘世鼎教授、Richard Fitzgerald教授;副教授11人,分别是林玉凤副教授、Chen Ni副教授、Todd Lyle Sandel副教授、史唯副教授、Timothy A. Simpson副教授、张文瑜副教授、Benjamin Kidder Hodges副教授、李展鹏副教授、李小勤副教授、李颖副教授、丁懿芬副教授;高级讲师6人,分别是Hio Ieong CHE、郑嘉欣、黎飞雷、Alta U Tong LEONG、骆柱君、Suzana Va Ian SOU;客座高级讲师2人:Mike Weng Fong、Paul Ching Man LAU;博士后研究员1人,Lin SONG。

四、学术期刊及学术出版概况

据不完全统计,2020年澳门大学社会科学学院传播学系25位教学员工的学术期刊及学术出版情况如下。

[1]B. Hodges,"Looking at the Sea through a Window:Land Reclamation and Installation Art in Macao,China",*Shima*,2020,Vol.14.

[2]Yang,Chao and Lampo Leong,"Dynamic Changeable University Logo Design and

Its Extended Applications in the 5G Era", *Packaging Engineering*, Chongqing: Southwest Technology and Engineering Research Institute, 2020, Vol.41, No.2.

五、学术交流活动概况

1月13日，电影制作人劳拉·马克斯（Laura Marques）参加澳门大学传播学系创意媒体实验室视频研讨课程。

2月11日，澳门大学传播学系毕业作品《传人类·他的一生》中的系列专题报道"言传身教"获"2019校园学报新闻奖"最佳新闻报道（中文组）季军。

12月1—8日，澳门大学传播学系学生代表参加澳门国际影片影展。

12月16日，澳门大学传播学系学生代表举办视频研讨会，放映澳门大学学生拍摄制作的8部短篇小说电影。

12月18日，举办智媒时代的全球传播国际学术会议，此次会议主题为"智媒时代的现实探索与未来想象"。

来源：澳门大学官方网站

澳门科技大学人文艺术学院新闻传播专业 2020年学术发展概况

一、历史沿革

澳门科技大学人文艺术学院创设于2008年，是澳门科技大学第二大学院，目标是"弘扬人文精神，为澳门、内地及世界培养有创意、有人文艺术素养，学贯中西的综合性人才，服务澳门，服务祖国"。

截至2020年，学院共有教学人员54名，包括教授3名，特聘教授5名，副教授6名，助理教授32名，高级讲师1名，讲师7名。兼职人员18名，包括访问教授12名，客座教授4名，客座副教授1名，客座助理教授1名。学院设有多媒体实验室、金木工设计实验室、数字建构实验室等。学院还设有澳门传媒研究中心，为教育部人文社科重点研究伙伴基地。

2008年，开设传播学本科学位课程。2011年开设传播学硕士学位课程和博士学位课程。2017年，开设电影管理硕士学位课程、电影管理博士学位课程、电影制作硕士学位课程。学院旨在培养影视管理、制作领域专业人才，打造"交流、研发与服务"的国际平台，促进澳门电影产业与服务链融合创新。2020年，新增建筑学硕士、博士学位课程，表演艺术学学士学位课程，数字媒体艺术学士、硕士课程，影视制作学士学位课程等6门课程。

截至2020年学院共设有18门课程，分别是新闻传播学学士，传播学硕士、博士学位课程；艺术学—艺术设计学士，设计学硕士、博士课程；美术学硕士、博士课程；数字媒体博士课程；电影制作硕士，电影管理硕士、博士课程，建筑学硕士、博士学位课程；表演艺术学学士学位课程；数字媒体艺术学士、互动媒体艺术硕士课程，影视制作学士课程。

二、课程设置

传播学本科课程开设于2008年，学术领域为传播与媒体研究，专业范畴包括数据新闻学；传播学和公共关系与广告学。基础必修课程包括"传播学概论""新闻采访与写作""广告学""跨文化传播""公共关系学""整合行销传播""受众分析""社会统计""传播学定量研究方法""传播学定性研究方法""数码摄影""传播法规与伦理""组织传播""数字叙事""视觉传播""传播心理学""媒介与社会""大众传播基础"等18门。按照专业范畴不同，每个专业设有6门专业必修课程。数据新闻学的专业必修课包括"新闻报道高阶""调查新闻报道""数据新闻编辑""广播电视新闻""数据可视化""数据新闻专题";传播学的专业必修课包括"新媒体传播""数字媒体设计""数码影像""媒介与流行文化""传播理论高阶""传播学专题";公共关系与广告学的专业必修课包括"消费者行为""品牌研究""广告文案与写作""广告设计""市场研究与调查""公共关系与广告专题"。

传播学硕士课程开设于2011年，正常修业期为2年，最长修业期为3年。课程专业范畴包括整合行销传播和新媒体传播。课程设置包括4门基础必修课程、1门专业必修课程、8门选修课程、学术专题项目及1篇硕士学位论文。其中，基础必修课程为"传播学理论""社会科学研究方法""社会统计分析""文化、媒介与全球化"。按照专业范畴不同，整合行销传播专业的专业必修课程为"整合行销传播原理"，选修课程包括"新媒介心理学""社会网络分析""数据采集与分析""科学、健康与风险传播专题""传播学研究报告的写作""视觉传播""消费者洞察""品牌策略与传播"等8门。新媒体传播专业的专业必修课程为"新媒体研究前沿"，选修课程包括"新媒介心理学""社会网络分析""数据采集与分析""科学、健康与风险传播专题""传播学研究报告的写作""视觉传播""新媒体考古""文化产业的批判性论争"等8门。

传播学博士课程开设于2011年，正常修业期为3年，最长修业期为6年。课程设置包括5门基础必修课程、2门选修课程、学术专题项目及1篇博士学位论文。其中，基础必修课程为"传播学理论高阶""批判与文化理论""社会科学量化研究方法高阶""社会科学质化研究方法高阶""传播学研究前沿";选修课程包括"社会统计高阶""政治传播""数位游戏与社会""媒介、文化与社会""视觉传播研究方法""媒体不平等性研究""身体与具身性研究""文化研究专题"等8门。

数字媒体艺术学士课程创立于2020年，属于艺术学士、专业范畴包括游戏设计和动画设计，课程期限为4年，授课语言为英文和中文。课程设置包括13门必修课程，包括"素描基础与设计""构成与色彩基础""艺术动物解剖""摄影""原画""角色与场景设计""Flash""3D Max""AE（后期特效）""剧本策划""编程导论""虚拟与扩增实境""交互媒体与多媒体";7门专业范畴必修课程，其中游戏设计专业课程包括"游戏设计Ⅰ""游戏设计Ⅱ""前沿专题讲座""创作项目""交互设计与技术"、实习和毕业设计，动画设计专业课程包括"动画设计Ⅰ""动画设计Ⅱ""前沿专题讲座""创作项目""交互设计与技术"、实习和毕业设计;5门专业学科选修课程，以及15学分基础选修学科课程。

互动媒体艺术硕士课程创立于2020年，为全日制必修课程，正常修业期为2年，最长修业期为3年。旨在培养互联网时代具有文化性、前瞻性、国际性的优质互动媒体设计与研究专业人才。课程设置方面强调"专业多样性""取向实务性""跨领域整合能力"，分为游戏设计专业与游戏管理专业两大类型课程，包括"交互设计概论"和"游戏策划"2门基础必修课程；3门专业必修课程，其中游戏设计专业必修课程为"游戏设计引擎设计""游戏介面与音效设计""游戏技术研究"，游戏管理专业必修课程为"游戏项目管理""游戏和玩家""人机交互研究"；2门选修课程，其中游戏设计专业选修课范畴包括"人工智能""手机游戏开发""计算机圆形学及可视化技术""数字图像处理""角色动画设计"，游戏管理专业选修课范畴包括"互动媒体业务""企业管理中的法律问题""统计学""消费者洞察""设计艺术学"。

影视制作学士课程隶属于传播与媒体研究领域，课程期限为4年，包括17门必修课："电影导论""影视摄像基础""世界电影史""中国电影史""试听语言""影视导演艺术""剪辑与后期""艺人与经济人""剧本写作""电影声音及音乐""影视类型分析""影视制作专题1：纪录片制作""影视制作专题2：新媒体及短片制作""影视制作专题3：广告制作""影视制作初级工作坊""影视制作中级工作坊""影视制作高级工作坊"；3门选修课程，课程选择范畴为"影像叙事""受众分析""影视表演艺术""动画设计""世界文学选读"；36学分基础选修学科课程。

电影制作硕士课程正常修业期为2年，最长修业期为3年。课程包括7门基础必修课程，4门专业范畴课程，以及学术必修项目和硕士学位论文。其中7门基础必修课程为"电影制作Ⅰ"、"世界电影史"、"电影制作Ⅱ"、"电影理论与评论"、"剧本创作Ⅰ"、"剧本创作Ⅱ"以及实习；4门选修课程的选修范畴为"当代艺术""纪录片研究""电影新浪潮""小说选读Ⅰ""小说选读Ⅱ""传媒管理"。

电影管理硕士课程正常修业期为2年，最长修业期为3年。课程包括7门基础必修课程，4门专业范畴课程，以及学术必修项目和硕士学位论文。其中7门基础必修课程为"电影与新媒体融资管理"、"电影宣传及行销"、"电影与法律"、"制片人与剧本分析"、"电影制作与市场个案研究"、"电影管理"及实习；4门选修课程的选修范畴为"独立制片""传媒管理""电影新浪潮""当代艺术""商业财务""纪录片研究""电影全球化"。

电影管理博士课程正常修业期为3年，最长修业期为6年。课程包括4门必修课程，3门选修课程，以及学术必修项目和博士学位论文。其中4门必修课程为"电影管理理论与实务专题""研究方法专题""电影文化及批评专题""电影市场营销专题"；3门选修课程的选修范畴为"电影财务与金融专题""电影人力资源管理专题""电影与其他艺术""欧洲电影史""美国电影史""传统电影理论""当代电影理论""文化、媒介与社会""电影院线管理"。

三、师资队伍

人文艺术学院自成立以来，一直致力于向海内外广招具有教学和科研能力的教师，筹组一个强大的教授阵容。

在新闻传播学专业，传播学硕士学位共有13位全职导师，分别是张志庆教授、孙琪副教授、柳旭东副教授、郭羽副教授、章戈浩助理教授、黄微子助理教授、王迪助理教授、邓耀荣助理教授、Lee Joo Yeon助理教授、吴建莹助理教授、彭堃助理教授、张晓助理教授、鞠蓓助理教授。

传播学博士学位共有导师24位。其中全职导师9位，分别是张志庆教授、尹鸿教授、孙琪副教授、柳旭东副教授、郭羽副教授、章戈浩助理教授、黄微子助理教授、王迪助理教授、邓耀荣助理教授；除此之外，还在海内外各大顶尖高校聘请兼职导师15位，分别是李彬教授、邵培仁教授、施旭教授、洪俊浩教授、胡智锋教授、陈先红教授、陈卫星教授、单波教授、黄旦教授、程曼丽教授、黄京华教授、黄煜教授、杨乘虎教授、赵林教授、廖圣清教授。

电影制作硕士学位共有导师24位。其中全职导师8位，分别是张志庆教授、尹鸿教授、章戈浩助理教授、蒋潇玲助理教授、田媛助理教授、罗乐助理教授、李昊助理教授、陈方玉助理教授；兼职导师16位，分别是梁明教授、石川教授、胡智锋教授、姚国强教授、杨乘虎教授、杨琳教授、徐枫教授、邢虹文教授、金贵荣教授、刘明厚教授、潘若简教授、司若教授、吴兵副教授、张振鹏教授、石俊副教授、陈蓓妮助理教授。

电影管理硕士学位共有导师24位。其中全职导师8位，分别是张志庆教授、尹鸿教授、章戈浩助理教授、蒋潇玲助理教授、田媛助理教授、罗乐助理教授、李昊助理教授、陈方玉助理教授；兼职导师16位，分别是石川教授、李道新教授、胡智锋教授、姚国强教授、杨乘虎教授、杨琳教授、邢虹文教授、潘若简教授、赵曦教授、司若教授、吴兵副教授、张振鹏教授、刘藩副教授、李苒副教授、石俊副教授、陈蓓妮助理教授。

电影管理博士学位全职导师有张至庆教授、尹鸿教授、章戈浩助理教授；兼职导师有方方教授、石川教授、司若教授、李道新教授、李向民教授、邢虹文教授、孟建教授、胡智锋教授、姚国强教授、张雅欣教授、梁明教授、杨琳教授、董泽平教授、杨乘虎教授、贾磊磊教授、雷建军教授、路海波教授、赵曦教授。

互动媒体艺术硕士学位共有导师7位，其中全职导师有蒋潇玲助理教授、萧鹏威助理教授、李佳琪助理教授、田媛助理教授、罗乐助理教授、李昊助理教授；兼职导师有王睿副教授。

数字媒体博士学位导师有章戈浩助理教授，兼职导师有黄心渊教授、吕欣教授。

四、学术期刊及学术出版概况

据不完全统计，2020年，澳门科技大学传播学专业、电影学专业和互动媒体专业全职导师共发表学术期刊论文16篇，具体发表情况如下。

[1] 刘磊、柳旭东：《外国观众对中国电影在线评论的文本分析——基于IMDb网站的样本

调查》,《当代电影》2020年第3期。

[2] 彭雪华、柳旭东、敖颂等:《影响估差:京湘新闻人中的第三者效应和第一者因素》,《新闻大学》2020年第6期。

[3] 李祎惟、郭羽:《网络传播与认知风险:社交媒体环境下的风险信息搜索行为研究》(英文),《国际新闻界》2020年第4期。

[4] 章戈浩:《传播与媒介研究的死亡盲点:一个生存媒介研究的视角》,《全球传媒学刊》2020年第2期。

[5]Wang, Di, Zhao, Xiao, "Public Opinion about E-Cigarettes on Chinese Social Media: A Combined Study of Text Mining Analysis and Correspondence Analysis", *Journal of Medical Internet Research*, 2020, Vol. 22, No. 10.

[6]Ju, B, Sandel, TL, "Perceived Understandings of Home and Self-identity among Mainland Chinese Dual Migrants in Macao", *Journal of Intercultural Studies*, 2020, Vol. 41, No. 2.

[7]Dai, HM, Ju, B, Teo, TL, "Understanding Chinese Female University Teachers' Intention to Pursue a PhD Degree: Some Insights from a Chinese University", *Higher Education*, 2020.

[8]Liu, XD, Lo, VH, Wei, "Violent Videogames, Telepresence, Presumed Influence, and Support for Taking Restrictive and Protective Actions", *Sage Open*, 2020, Vol. 10, No. 2.

[9] 田媛:《文化产业十年:澳门电影中的本土身份建构》,《当代电影》2020年第6期。

[10] 罗乐:《新中国成立后澳门地区电影放映(1949—1959)》,《北京电影学院学报》2020年第1期。

[11] 罗乐、曾芸:《从〈动物世界〉探究文化混杂视阈下的国产漫改之路》,《电影评介》2020年第9期。

[12] 张洪忠、沈菲、李昊、贾全鑫:《疫情接近性对谣言信任度的影响:新冠疫情中传播渠道的中介效应分析》,《新闻界》2020年第4期。

[13]Chen, F., "The Rupture in Hong Kong Cinema: Post-2000 Hong Kong Cinema (s) as Both a Transnational Cinema and a National Cinema", *Lumina-Revista do Programa de Pós-Graduação em Comunicação da Universidade Federal de Juiz de Fora*, 2020, Vol. 14, No. 1.

[14]Hsiao, Peng Wei, Wang, Yu Ya, "The Concept of Sustainability Integrated into the Interactive Shadow Play Interactive Learning System Design", 2nd IEEE Eurasia Conference on Biomedical Engineering, Healthcare and Sustainability 2020, 2020.

(以上仅统计2020年传播学专业、电影学专业和互动媒体专业全职导师的学术期刊及学术出版情况)

五、学术交流活动概况

1月9—10日，澳门科技大学电影学院师生代表赴青岛山影集团以及东方影都参与影视调研。

1月16日，澳门科技大学人文艺术学院受邀参加广东电视台"筑+公益计划"纪录片的拍摄。

5月13—20日，澳门科技大学电影学院举办了纪录片线上工作坊，中国传媒大学教授赵曦分享了相关创作和制作经验。

5月22日，澳门科技大学电影学院举办了"电影导演现场执行及pitching技巧"工作坊，分享嘉宾为澳门导演徐欣羡。

6月9日，举办"学术新锐前沿工作坊·2020在云端"，香港城市大学媒体与传播系小林哲郎博士应邀发表题为"Mortality Salience and Mobile Voice Calling: A Case of a Massive Natural Disaster"的主旨演讲。

6月16日，澳门科技大学人文艺术学院与联合国大学澳门研究所签署实习项目合作协议。

6月17日，举办"学术新锐前沿工作坊·2020在云端"，佛罗里达大西洋大学传播与多媒体学院副教授亚伦·文斯特拉博士应邀发表题为"Social Identity, In-Group Communication, and Belief"的主旨演讲。

6月23日，举办"学术新锐前沿工作坊·2020在云端"，诺丁汉大学媒介与文化研究副教授包宏伟博士应邀发表题为"Queer Community Media and Cultural Production in Contemporary China"的主旨演讲。

6月24日，澳门科技大学电影学院举办了纪实电影线上工作坊。主讲嘉宾为中国传媒大学教授张雅欣。

6月28日，举办"2019金泉奖短片大赛暨微剧本大赛"颁奖典礼。

7月8日，澳门科技大学电影学院举办电影研究系列讲座第一讲"口述历史与中国电影"。分享嘉宾为中国电影艺术研究中心副编辑檀秋文博士。

7月15日，澳门科技大学电影学院举办电影研究系列讲座第二讲"口述历史规范流程及要点"。分享嘉宾为中国电影艺术研究中心研究员陈墨。

7月22日，澳门科技大学电影学院举办电影研究系列讲座第三讲"口述历史与档案"。分享嘉宾为中国电影艺术研究中心研究员张锦。

7月22日，举办"湾区儿女再出发"澳门影视产业发展与粤港澳大湾区建设座谈会。

7月23日，举办澳门科技大学电影学院电影论坛。

7月24日，举办传播与艺术名家系列讲座之"病毒的传播学"。主讲嘉宾为中国人民大学新闻学院刘海龙教授。

7月22日，澳门科技大学电影学院举办电影研究系列讲座第四讲"口述历史批评"。分享嘉宾为中国电影艺术研究中心研究员李镇。

8月28日，新闻传播学课程主任柳旭东副教授、章戈浩助理教授、郭羽助理教授一行赴广州拜访南方都市报和羊城晚报报业集团，商谈建立实习基地以及其他合作事宜，并与在广州的部分校友座谈。

9月23日，澳门科技大学人文艺术学院与南方报业传媒集团共建"视频实验室"。

10月12日，举办"澳门文化遗产保护"讲座。主讲嘉宾为澳门特区政府文化局研究及计划处处长苏建明先生。

10月15日，澳门科技大学人文艺术学院电影学院与文体发展办公室共同举办"艺术大讲堂"系列讲座之"中华优秀传统文化与当代中国电影"。主讲嘉宾为中国传媒大学戏剧影视学院副院长张宗伟教授。

10月22日，举办"艺术大讲堂"系列讲座之"智能媒体的崛起与社会文化变迁"。主讲嘉宾为中国传媒大学动画与数字艺术学院吕欣教授。

10月22日，举办"艺术大讲堂"系列讲座之"新文科背景下的中国高等教育转型发展"。嘉宾为上海戏剧学院院长黄昌永、教授石川、教授刘明厚。

10月29日，举办"艺术大讲堂"系列讲座之"如何去写故事，如何扮演故事中的人物"。主讲嘉宾为中国国家话剧院国家一级演员果靖霖老师。

11月5日，举办"艺术大讲堂"系列讲座之"镜头调度和场面调度"。主讲嘉宾为杨斌导演。

11月19日，举办"艺术大讲堂"系列讲座之"当艺术遇到疫情"。主讲嘉宾为国家广播电视总局电视剧管理司副司长张子扬导演。

12月9日，举办"2020澳门居民新媒体使用习惯调查"报告发布会。该调查由澳门科技大学传媒研究中心联合中山大学传播与设计学院共同完成。

来源：澳门科技大学官方网站

澳门城市大学人文社会科学学院文化产业管理专业2020年学术发展概况

一、历史沿革

澳门城市大学人文社会科学学院以"人文日新,经纬社会"为理念,力争把学院建设成大学的"压舱石"。下设应用心理学、文化产业管理、社会工作及社会科学四个学科,涵盖学士、硕士、博士层次。学院自2011年成立至今,已完成各类科研项目16项,参与国家级、省部级项目5项,出版著作40余部,发表学术论文180多篇。目前全院教职工34人,其中教授3人,特聘教授6人,副教授4人,助理教授12人,讲师9人。

二、课程设置

澳门城市大学是澳门最早开设文化产业管理硕士学位课程的高校,该课程也是目前澳门唯一一个文化产业管理相关的硕士课程。文化产业研究硕士课程致力于培养学生创意策划、经营管理、行销之核心能力,关注文化资源的开发与利用,注重文化企业个案分析,强调文化产业政策研究,同时亦透过文化研究训练学生对文化产业保持检讨和批判之眼光。文化产业管理硕士课程设置8门专业必修课、5门专业选修课及一篇硕士学位论文。其中,专业必修课程为"文化产业学""文化学经典""文化市场与行销""文化项目管理""研究方法""澳门文化研究专题""非物质文化遗产""文化与节庆互动策划与实务";专业选修课程包括"中西文化比较""民俗学理论与方法""文化政策""数位行销""文化消费心理与行为"。

文化产业研究博士学位课程开设于2018年。课程以政治经济学为理论背景,研究取向呈现出三个方面的特点:一是整体性,即将文化经济与政治、社会、文化生活视为一体;二是历史性,即密切关注文化产业中国家角色、公司角色和媒介角色的长期变迁及力量平衡;三是超越"效率"等传统文化经济学所关注等问题,致力于正义、公平和公共良善等文化产业本应关注的基本道德伦理问题。旨在培养文化产业高级研究人才。课程专业范畴包括创意与文化生产、文化消费与文化品牌、文化中介与文化贸易。课程设置包含2门基础必修课程、2门专业必修课程、5门专业选修课程,以及博士学位论文和学术专题讲座。2门基础必修课程为"创意及创意工作者研究"和"文化生产的组织与规则";创意与文化生产范畴的专业必修课程包括"创意与创意工作者研究""文化生产的组织与规则",文化消费与文化品牌范畴的专业必修课程包括"文化消费研究""文化品牌研究",文化中介与文化贸易范畴的专业必修课程包括"文化中介机构研究""国际文化贸易研究";专业选修课程包括"文化产业政策研究""文化产业集群与创意城市专题""社会学理论与方法""传播学专题""美学理论前沿"。

三、师资队伍

文化产业研究专业现有全职学术人员王忠教授、肖代柏副教授、施瑞婷助理教授、王盈娟助理教授、何珍讲师,以及兼职学术人员高小康博士等。

四、学术期刊及学术出版概况

据不完全统计,2020年文化产业管理专业全职导师的学术期刊及学术出版情况如下:

[1] 裴齐荣、王忠:《传承与发展:澳门妈祖信俗文化景观研究》,《妈祖文化研究》2020年第1期。

[2] 王忠、宋少婷:《文化传媒行业上市公司投资效率相关性分析》,《中国文化产业评论》2020年第1期。

[3] Xiaoxiao Wang, Ruiting Shi, and Ying Zhou, "Dynamics of Urban Sprawl and Sustainable Development in China", *Socio-Economic Planning Sciences*, 2020, Vol. 70, No. 6.

五、学术交流活动概况

1月7日,人文社会科学学院副院长王忠教授、文化产业专业系主任肖代柏及文化产业研究博士拜访暨南大学珠海校区、珠海华发文化传播公司。

7月12日,人文社会科学学院文化产业管理课程学生参加"2020全国大学生艺术场馆振兴方案策划大赛"斩获"最佳合作奖""最佳人气奖"。

10月15日,举办"定型研究方法:访谈法与观察法"和"流动性背景下的旅游流动研究——脉络、方法与案例"学术讲座。主讲嘉宾为中山大学旅游学院孙九霞教授。

来源:澳门城市大学官方网站

研究机构概况及学术社团

·研究机构概况·

中国社会科学院新闻与传播研究所 2020 年概况

一、机构概述

（一）人员情况

截至 2020 年 12 月 31 日，中国社会科学院新闻与传播研究所（以下简称"新闻所"）共有在职人员 45 人。其中，正高级职称人员 10 人，副高级职称人员 13 人，中级职称人员 15 人；高、中级职称人员占全体在职人员总数的 84.4%。党委书记、副所长方勇，所长唐绪军，纪委书记、副所长季为民。

（二）机构设置

2020 年，新闻所的机构设置为：综合办公室（主任白长茂，副主任贾云海、吴秋玲），马克思主义新闻学研究室（主任季为民〈兼〉，副主任向芬），传播学研究室（副主任张丹，主持工作），网络学研究室（主任孟威，副主任张化冰），应用新闻学研究室（主任殷乐，副主任冷淞），舆论学研究室（主任刘志明，副主任杨斌艳），数字媒体研究室（主任黄楚新，副主任雷霞），编辑室（主任钱莲生，副主任朱鸿军、沙垚）。

新闻所设有 6 个非实体研究中心、2 个实验室和 1 个国情调研基地。

6 个非实体研究中心，其中，有 1 个院属研究中心：中国社会科学院新媒体研究中心（主任唐绪军）；有 5 个所属研究中心：媒介传播与青少年发展研究中心（主任季为民），传媒发展研究中心（主任苗伟山），世界传媒研究中心（主任张丹），传媒调查中心（主任杨斌艳），广播影视研究中心（主任殷乐）。

2 个实验室：全球影视与文化软实力实验室（主任殷乐），中国舆情调查实验室（主任方勇，首席专家刘志明）。

1 个国情调研基地：江苏张家港国情调研基地（主任方勇）。

新闻所主管的教学机构和全国性学会各 1 个：中国社会科学院研究生院新闻学与传播学系（主任唐绪军，副主任宋小卫），中国新闻文化促进会传播学分会（会长唐绪军，副秘书长张丹）。

（三）学术委员会、职称评审委员会

新闻所学术委员会由唐绪军、季为民、钱莲生、黄楚新、殷乐、孟威、朱鸿军、崔保国（清华大学）、蔡雯（中国人民大学）等 9 人组成。唐绪军任主任委员，季为民任副主任

委员。

新闻所第十一届副高级专业技术资格评审委员会由唐绪军、季为民、钱莲生、殷乐、孟威、刘志明、黄楚新、史安斌（清华大学）、张洪忠（北京师范大学）、胡百精（中国人民大学）、王维佳（北京大学）等11人组成。唐绪军任主任，季为民任副主任。其中，唐绪军、史安斌为中国社会科学院研究系列高级职称评审委员，钱莲生为中国社会科学院出版编辑系列高级职称评审委员。

二、科研工作

（一）科研成果统计

2020年（按中国社会科学院考核周期，成果统计时间段为2019年11月至2020年10月，下同），新闻所共出版专著1种，学术论文159篇，译文1篇，"三报一刊"理论文章3篇，一般文章30篇，工具书2部、论文集3部、蓝皮书2部，刊发内部要报64篇。

专著有：

《文旅产业指数研究》（刘志明著），中国社会科学出版社2020年10月出版。

"三报一刊"理论文章有：

《加快构建中国特色新闻学的"三大体系"》（作者：季为民），刊于2020年2月3日《人民日报》；《5G应用给媒体融合发展提供更多路径》（作者：冷淞），刊于2020年7月15日《光明日报》；《访谈类节目展开思想碰撞》（作者：冷淞等），刊于2020年7月22日《光明日报》。

权威期刊论文有：

《幻象、欲望与观念器：麦克卢汉新民俗广告批评中的"美国梦"》（作者：王凤翔等），刊于《新闻与传播研究》2019年第12期；《重复性、创造力与数字时代的情感结构——对短视频展演的"神经影像学"分析》（作者：曾国华），刊于《新闻与传播研究》2020年第5期；《"人间烟火"的景象迁移与"现实图景"的双向建构——新冠肺炎疫情下短视频与拟态环境重构》（作者：冷淞），刊于《新闻与传播研究》2020年第9期。

（二）科研课题

1. 新立项课题

2020年，新闻所共有新立项课题9项。其中，国家社会科学基金重大项目1项："我国青少年网络舆情的大数据预警体系与引导机制研究"（季为民主持）；国家社会科学基金一般项目1项："'数字丝绸之路'背景下中国互联网跨境发展的机制研究"（苗伟山主持）；国家社会科学基金青年项目1项："大数据驱动下出版业高质量发展策略研究"（陈雪丽主持）；国家社会科学基金研究专项项目1项："新冠肺炎疫情期间的舆论传播及引导研究"（殷乐主持）；

中国社会科学院交办项目2项:"中宣部委托交办课题"(唐绪军主持),"党的十八大以来纪检监察宣传工作的特点和规律"(季为民主持);中国社会科学院与澳大利亚社会科学院合作研究项目1项:"中澳城市对外传播策略研究——以青岛与墨尔本为个案"(杨斌艳主持);中国社会科学院中国非洲研究院项目1项:"'中国债务陷阱论'在非洲的产生及其应对"(季芳芳主持);中国社会科学院研究所国情调研基地项目1项:"张家港市建设社会主义现代化县域示范区探索与实践"(沙垚主持)。

2. 结项课题

2020年,新闻所共有结项课题6项。其中,中国社会科学院创新工程社会调查项目1项:"中国网络民意和舆情调查(2019—2020)"(唐绪军、赵天晓、季为民主持);中国社会科学院马工程项目1项:"马克思主义新闻观的概念、话语与范式研究"(叶俊主持);中国社会科学院中国非洲研究院项目1项:"'中国债务陷阱论'在非洲的产生及其应对"(季芳芳主持);中国社会科学院与澳大利亚社会科学院合作研究项目1项:"中澳社交媒体的代际与文化差异比较研究——以微信和WhatsApp的信息分享为例"(孙萍主持);中国社会科学院研究所国情调研基地项目2项:"张家港新时代文明实践中心试点建设调查与研究"(赵天晓主持),"张家港市建设社会主义现代化县域示范区探索与实践"(沙垚主持)。

(三)获奖优秀科研成果

1. 唐绪军主编的《中国新媒体发展报告(2019)》获得第十一届"优秀皮书奖"一等奖;季为民主编的《中国未成年人互联网运用报告(2019)》获得第十一届"优秀皮书奖"三等奖。

2. 曾国华撰写的《重复性、创造力与数字时代的情感结构——对短视频展演的"神经影像学"分析》,获得第七届中国新闻史学会优秀会员作品三等奖。

3. 2020年1月上线的纪录片《中国医生》和2020年5月上线的纪录片《中国医生(战疫版)》,由中国社会科学院新闻与传播研究所提供学术支持,该所副研究员张建珍担任总导演,也是该所创新工程项目"互联网治理与建设性新闻研究"的成果之一。《中国医生》获得国家广播电视总局2020年度国产纪录片及创作人才扶持项目"优秀导演奖",《中国医生(战疫版)》获得中国电视艺术家协会颁发的"第九届大学生电视节赏析推荐作品"。

4. 2020年,新闻所获得"2019年度优秀对策信息奖"对策研究类特等奖1项,二等奖6项,三等奖9项。

三、学术交流活动

(一)学术活动

2020年,新闻所主办和承办的主要学术会议、研讨会、论坛、讲座、报告会如下。

1. 2020年1月12日，由中国社会科学院新闻与传播研究所和张家港市人民政府联合主办的"《张家港市建设社会主义现代化县域示范区规划》学术研讨会"在北京举行。会议就中国特色社会主义现代化建设县域示范区指标体系及张家港的探索和经验进行了深入研讨。

2. 2020年7月22日，由中国社会科学院新闻与传播研究所、社会科学文献出版社共同主办的以"5G领航·智能中国"为主题的新媒体蓝皮书《中国新媒体发展报告（2020）》发布会暨新媒体发展研讨会以线上线下互动的形式在北京举行。专家学者就我国新媒体发展现状与趋势进行了研讨。此次发布的是《中国新媒体发展报告》第11版。该报告认为，2019年以来，随着5G商业化应用正式开启，以数据为关键生产要素的数字经济为我国经济社会发展提供了强劲动力。

3. 2020年9月21日，由中国社会科学院新闻与传播研究所、中国社会科学院大学新闻传播学院和社会科学文献出版社共同主办的青少年蓝皮书《中国未成年人互联网运用报告（2020）》发布会暨研讨会，以线上线下互动形式在北京举行。该蓝皮书是青少年蓝皮书的第6版，重点关注未成年人网络主体地位和网络生态环境建设问题。

4. 2020年10月29日，由中国文物学会、清华大学文化创意发展研究院和中国社会科学院新媒体研究中心联合主办的中国首档世界文化遗产探寻体验类节目《万里走单骑——遗产里的中国》创作研讨会在清华大学召开。该节目希望通过融媒体时代创新型实践，为探索或推动文化遗产的保护和利用做出努力。

5. 2020年11月7日，由中国社会科学院新闻与传播研究所、中国社会科学出版社主办，河北大学新闻传播学院承办的"《中国新闻传播学年鉴》第五届编辑出版研讨会"在河北省保定市举行。会上介绍了《中国新闻传播学年鉴》2019年卷以及2020年卷的出版状况，并讨论了2021年卷年鉴的编辑工作。

6. 2020年11月17日，由中国社会科学院新闻与传播研究所主办、上海大学新闻传播学院协办的以"《新莱茵报》的编译与研究"为主题的《新闻与传播研究》2020年增刊发布暨学术研讨会在北京举行。中国社会科学院党组成员、当代中国研究所所长、马克思主义研究院院长姜辉出席会议并致辞。中宣部新闻局负责同志应邀出席会议。与会代表们就《新莱茵报》的编译出版、马克思主义新闻观教育等议题进行了深入研讨。

7. 2020年，由中国社会科学院新闻与传播研究所主办的"'三见'读书会"共举行了9期。受疫情影响，这9期读书会都是在线上举行，分享议题为"行动网络与主体间性——新冠疫情的启示""数字时代'社会'是否以及如何可能？——以重复性短视频展演为例的初步探究""竞争、情感与社交：《阴阳师》手游的氪金机制与玩家氪金动机研究""被技术编织的乡村生活——以淘宝村个案发展过程为例""互联网时代的疾病与疼痛""从法兰克福学派到基特勒——德国媒介学前史""数字新闻的研究图景和学术想象力""从御宅到社交，从消费到盈利——青少年亚文化视角下的盲盒迷思""做主播：一项关系劳动的数码民族志"。"'三见'读书会"从线下走到线上，从所里走出所外，有越来越多的高校老师和学生参与研讨。

8. 2020年新闻所于8月举行了第八届（2019年度）全国新闻传播学优秀论文的遴选活动，北京清博大数据科技有限公司帮助搜集了166种期刊2019年发表的一万余篇新闻学与传播学论文作为此次遴选的备选文本。

组委会总结7年来的遴选经验，一致同意，为增加更多期刊、作者论文入选的机会，《新闻与传播研究》不再参加此次遴选，其评选的年度优秀论文视同全国新闻传播学优秀论文。组委会还确立了以下遴选规则。

第一，以论文质量为遴选首要原则，不考虑论文发表的刊物或作者（此前获奖者仍有获奖资格）。

第二，同一年度同一作者的论文只能入选一篇（含合作）。

第三，同等质量的情况下，优先遴选优秀青年学者的论文。

经新闻与传播研究所学术委员会委员、各研究室主任和《新闻与传播研究》编委初选、打分排序、民主协商，最终以集体评议的方式从中选出10篇优秀论文。

（二）国际学术交流与合作

1. 2019年10月12日，新闻与传播研究所副研究员向芬赴美国波士顿大学帕迪全球学院国际关系与政治学系进行为期一年的访学。此次出访为国家留学基金管理委员会的"国家公派高级研究学者、访问学者、博士后项目"，访学期间主要研究课题是"冷战时期两岸文化宣传研究"。受疫情影响，她于2020年9月10日结束访问回到国内。

2. 2020年12月7日，由中国社会科学院新闻与传播研究所主办的"平台、技术与传播国际研讨会"在北京举行。来自中国、新加坡、澳大利亚等国家和地区的新闻学、传播学、社会学、政治学等学科的专家学者线上线下会聚一堂，围绕劳动与工作、技术与治理、媒介使用与消费及性别议题进行了研讨。

四、期刊

（一）《新闻与传播研究》（月刊）

2020年，《新闻与传播研究》共出版正刊12期，增刊1期。正刊刊登学术论文85篇，约180万字。

《新闻与传播研究》始终以"代表我国新闻传播学研究最高水平、引领我国新闻传播学研究发展方向"为办刊宗旨。2020年，该刊继续以习近平总书记系列重要讲话精神特别是习近平总书记在哲学社会科学工作座谈会上的重要讲话为引领，办好新闻学、传播学、新媒体、传媒经济、新闻传播法治、广告学、媒介分析、传媒文化、国际传播、新闻传播史等栏目，不断加强选题策划，注重理论与方法的引导，把期刊内容提高到一个新水平。

《新闻与传播研究》刊发的《民主知识分子的媒介实践与马克思主义早期中国化——以邓初民为个案的考察（1915—1949）》是研究马克思主义新闻观的最新成果。刊发的《社交机器人在新闻扩散中的角色和行为模式研究——基于〈纽约时报〉"修例"风波报道在Twitter上扩散的分析》一文观点犀利、论据充分、论证有力，体现了勇于亮剑的斗争精神。为加强该刊的马克思主义理论研究栏目建设，进一步提升我国马克思主义新闻观研究及马克思主义理论研究水平，2020年10月该刊编辑出版了以"《新莱茵报》的编译与研究"为主题的增刊。该增刊的出版对进一步提升我国马克思主义新闻观研究具有重要的理论意义和实践意义。

在内容建设方面，该刊密切关注重大现实问题，能够站在时代的前沿，呼应新媒体时代发展。《新闻与传播研究》紧紧围绕新闻传播实践中的重大问题和热点问题，开展理论探讨和实证研究，为解决问题提出具有启示意义的对策措施。发表的《网络谣言入罪的尺度与限度——以风险刑法为分析视角》《谣言传播违法与犯罪的成立条件——基于行政法与刑法相关制度比较的视角》《我国新闻聚合版权司法的问题阐释与解决方略——基于比较法视角》等成果，既有对新闻传播法治理论的研究，也有对规制路径建构的对策研究，在学术界反响良好。发表的《中国互联网使用对社会资本影响的元分析》《新媒体接触对社会治理参与的影响研究——基于中国社会状况综合调查2013—2017年数据的实证分析》等成果，主题宏大、关注传播现实问题。

该刊尊重学科发展特点，尊重学术发展规律，为优秀史学论文提供平台。每期刊发1—2篇史学文章，在国内同类期刊中独树一帜。刊发了《伟大的情感：近代报刊的"祖国"话语与意义争夺（1902—1927）》《塑造国民智识：近代报刊"缺乏常识"话语的形成》《新旧世界秩序中的"国际五四"——以〈大陆报〉〈字林西报〉为中心的考察》《全面抗战时期中国共产党对日宣传再研究——基于日本馆藏档案的考察》等史学文章。

2020年，该刊发表的有影响力的论文有《"学术性新闻"：马克思在〈纽约每日论坛报〉的社会历史写作》（作者：沈荟、熊涛）、《桥接社群与跨文化传播：基于对西游记故事海外接受实践的考察》（作者：田浩、常江）、《网络谣言入罪的尺度与限度——以风险刑法为分析视角》（作者：冯建华）、《整合框架与解释水平：海内外报纸对"一带一路"报道的对比分析》（作者：王丹、郭中实）、《数字化记忆的双重书写——百度贴吧中"克拉玛依大火"的记忆结构之变迁》（作者：闫岩、张皖疆）、《"信息茧房"学术场域偏倚的合理性考察》（作者：丁汉青、武沛颖）、《偏移的转折点：传播学史上被"受众民族志"遮蔽的"双重转向"》（作者：张放）、《心智模型视角下风险认知差距的探寻与弥合——基于邻避项目风险沟通的实证研究》（作者：黄河、王芳菲、邵立）、《媒介化治理——电视问政个案的比较分析》

(作者：闫文捷、潘忠党、吴红雨)、《"通知—移除"抑或"通知—拦截"：算法时代的选择》（作者：刘文杰）。

在学术活动方面，该刊积极参与国内国际学术论坛，选载中外优秀学术成果。11月17日，编辑部主办了以"《新莱茵报》的编译与研究"为主题的《新闻与传播研究》2020年增刊发布暨学术研讨会。与会专家就《新莱茵报》的编译出版、马克思主义新闻观教育等议题进行了深入研讨。12月7日，该刊参与了由中国社会科学院新闻与传播研究所主办的"平台、技术与传播国际研讨会"，拟于2021年出版一期增刊。

在学术评价方面，该刊于2020年5月举行了第8次优秀论文评选活动，评出10篇优秀论文。目前这一活动已经常态化、制度化，并成为期刊的品牌活动。

在学术传播方面，该刊进一步完善"新闻与传播学术前沿"微信公众号，每月按时推出封面文章和目录篇目，摘录文章精华，推送内容提要。该公众号还对期刊评出的优秀论文作者进行访谈，论文的社会影响力得到较大提升。截至2020年年底，微信公众号的订户达到"8万+"。

在社会影响方面，2020年5月，《新闻与传播研究》荣获2019年国家哲学社会科学文献中心学术期刊数据库"新闻学与传播学"学科最受欢迎期刊。

在全国各级各类优秀论文评选中，与同类期刊相比，《新闻与传播研究》刊发的论文获奖层级最高、数量最多。在中国史学会主办的"新闻传播学会奖"中，首发于《新闻与传播研究》的获奖论文数量最多。

在由中国社会科学院新闻与传播研究所主办的第一届至第八届"全国新闻传播学优秀论文遴选"活动中，《新闻与传播研究》获奖论文数量、质量名列同类期刊前列。2020年，在第八届全国新闻传播学优秀论文遴选活动中，主办单位决定将《新闻与传播研究》年度优秀论文视同全国新闻传播学优秀论文。

据中国知网数据，《新闻与传播研究》2019版复合影响因子为2.743，综合影响因子为1.639，位居"文化理论/新闻事业类"核心期刊前列。

该刊系国家社科基金资助期刊、中国人文社会科学（CECHSS）权威期刊、中文社会科学引文索引（CSSCI）来源期刊、中文核心期刊。

（二）《中国新闻年鉴》

《中国新闻年鉴》是一部由中国社会科学院新闻与传播研究所主办的、反映我国新闻传播事业基本情况和发展变化的大型资料性年刊。其主要内容是记录上一年我国新闻报刊业、广播电视业、网络传播业的工作实绩、重大事件、重大改革举措、典型经验、典型人物、优秀成果、机构设置、重大人事变动等方面的情况。2020年卷是该刊自1982年创刊以来连续编辑出版的第39卷，它全面系统地记录了2019年中国新闻传播事业的发展变化情况。

2020年卷正文内含"重要文献""事业发展""学术成果""综合资料"四大板块,涵盖19编。卷首图片记录了2019年党和国家领导人对新闻界的亲切关怀以及重大报道、重要活动、事业发展、友好往来、重要会议等的精彩瞬间;为了更加生动地展示新闻界的风貌,该卷将过去的32页增加至40页。

在栏目设置方面,"重要文献"板块包括"要文""典章"2编,"事业发展"板块包括"综述""中央主要新闻媒体、社团概况""各地新闻事业概况""港澳台新闻传播业概况""新媒体"5编,还增加了1个"县级融媒体中心建设专题"。"学术成果"板块包括"高峰论坛""新论""经验与思考""新书""调查"5编。"综合资料"板块包括"评奖与表彰""人物""机构""统计""纪事""附录"6编。

"要文"栏目选摘了习近平总书记在中共中央政治局第十二次集体学习时关于全媒体时代和媒体融合发展的重要讲话和其他重要指示,选载了党和国家其他领导人及新闻管理界主要负责人2019年对新闻事业的新指示、新要求和新阐释。"典章"栏目选摘了2019年度有关部门颁布的法规、发布的部门规章和规范性文件。"综述"栏目全面反映了2019年我国在新闻舆论工作、广播电视业、网络媒体与网络传播等方面取得的新成就。该栏目特别刊发了中宣部新闻局提供的《中国新闻舆论工作2019年综述》《中华人民共和国成立70周年新闻报道综述》。"中央主要新闻媒体、社团概况""各地新闻事业概况""港澳台新闻传播业概况"栏目着重记载了中央主要新闻媒体(社团)、全国省(区、市)、港澳台地区2019年新闻传播事业的基本情况。"新媒体"栏目记录了部分新媒体机构的概况、经验以及新媒体界年度大事。"县级融媒体中心建设专题"栏目重在反映2019年我国县级融媒体发展概况,学界、业界对县级融媒体建设实践与理论的探索。"高峰论坛"栏目摘选了新闻界部分负责人关于舆论宣传、采编艺术、对外传播、管理创新、媒体融合、经营亮点等方面的专门论述。"新论"栏目摘登了2019年中国新闻业界、学界的重要研究成果,包括论文摘编和论点摘编。"经验与思考"栏目记录了新闻传媒人在舆论传播、栏目创新、媒体融合等方面值得借鉴的做法与思考。"新书"栏目整理了2019年新闻传播领域的专业书目,选载了2019年我国公开出版的新闻传播论著的书介。"调查"栏目选摘了能够反映我国新闻传播界实际情况和存在问题的、有代表性的调查报告,分综合调查、媒体调查和调查选介等几个部分。"评奖与表彰"栏目刊发了第二十九届中国新闻奖获奖作品篇目。"人物"栏目刊登了该刊新增编委简介、中国新闻界人物简介、2019年新晋升的正高职称人员的名单等。"机构"栏目继续刊登2019年全国新闻宣传管理机构、新闻传播机构(包括通讯社、报纸、广播电视、新闻专业期刊)、新闻社团等的详细名录。"统计"栏目刊发了2019年中国报刊出版和中国广播电视发展的统计数据。"纪事"栏目包括综合、会议、政策法规、经营管理、采访报道、队伍建设、新闻科技以及对外交往与传播等方面的年度大事记。

全书约2100千字,2020年12月出版。

五、创新工程及新型智库建设工作

（一）创新工程项目

2020年，新闻所进入创新工程岗位人员共35人，首席管理是唐绪军、赵天晓，共设立5个研究所创新工程项目——

1. A类项目"基于新媒体发展的综合性研究"（首席研究员为黄楚新、孟威）；
2. B类项目"新时代马克思主义新闻学创新与发展研究"（首席研究员为季为民）；
3. B类项目"互联网治理与建设性新闻学研究"（首席研究员为殷乐）；
4. B类项目"我国在线知识付费平台的运营模式与治理研究"（首席研究员为朱鸿军）；
5. B类项目"我国新闻传播学一流期刊建设"（总编辑为钱莲生）。

（二）高端智库建设工作

新闻所智库名称为"中国社会科学院国家治理研究智库舆情研究部"，2017年3月挂牌成立。

中国舆情调查实验室是新闻所新型智库建设的核心部门之一，承担着院"国家治理研究智库"的舆情研究工作，以围绕大局、服务中央和社会发展的大政方针为导向，强化对全局性、前瞻性、战略性、综合性问题的研究，提出有建设性的对策建议和研究成果，努力探索和积累专业化新型智库建设的可复制性经验。目的在于打造舆情大数据的调查与监测机构，在为中央有关部门提供决策建议的同时，为院有关院所和智库提供全方位数据服务。实验室主任由新闻与传播研究所党委书记方勇担任，刘志明研究员担任中国舆情调查实验室的首席专家。

2020年度，该智库认领承担了两项院智库办交办课题，并延续进行中国舆情指数调查、社会舆情指数、中国舆情调查大数据系统等项目。

供稿：中国社会科学院新闻与传播研究所科研处

北京市社会科学院传媒与舆情研究所2020年概况

一、机构概述

(一) 历史沿革

北京市社会科学院传媒研究所是经北京市机构编制委员会办公室〔(2013) 88号〕文正式批准成立的研究机构。该所同时挂"北京市文化产业研究中心"牌子。2012年5月23日，中共北京市委常委会通过的《"人文北京"行动计划2012年度折子工程》中指出：发挥北京文化产业研究中心平台作用，加大对文化产业理论和发展实践的研究。

该所自成立至今，一直由郭万超研究员任所长、学术委员会主任，并兼任北京文化产业研究中心主任；2016年10月，仇博任所长助理（中共北京市委宣传部挂职干部）。

该机构的主要职责是开展传媒理论与应用对策以及文化及相关产业领域的研究。2010年，经人力资源和社会保障部批准，北京市社会科学院设立博士后工作站。传媒研究所作为博士后工作站点已经与中国社会科学院新闻与传播研究所、北京大学艺术学院、中国传媒大学等单位合作招收全脱产博士后3名，目前设立"文化产业""新媒体""跨文化传播"等研究方向。

该所每年出版《文化和旅游产业前沿》（社会科学文献出版社）等出版物。该所人员目前已出版著作15部；另主编或参编书15部；在《求是》《经济学动态》《新闻与传播研究》《现代传播（中国传媒大学学报）》《光明日报》等刊物发表论文200多篇；20多项成果获部级以上领导的重要批示或被中央内参采纳；主持国家课题7项：国家社会科学基金课题4项（其中2项为特别委托），中宣部特别委托课题1项，"十二五"国家重点图书出版规划项目1项，中国博士后科学基金课题1项；主持北京市重大课题等40余项；参与国家自然科学基金课题等多项；获原人事部、《人民日报》和中央统战部等十多项奖励。中央电视台、《人民日报》、《光明日报》、中央人民广播电台等对该所人员研究成果进行过报道或采访。

(二) 人员、研究室等基本情况

1. 人员

传媒研究所共有正式人员编制10人，其中包括1名所长和1名副所长设置。截至2020年年底，在职人员5人，研究员1名、副研究员1名、助理研究员3名；兼职或特聘研究人员9人；北京市"高创计划"哲学社会科学和文化艺术领军人才和北京市宣传文化系统四个一批人才1名。

2. 科研中心

新媒体研究中心、文化产业研究中心。

3. 学术委员会（按照姓名拼音顺序）

学术委员会包括陈少峰、范周、郭万超、金迈克（澳大利亚）、刘康（美国）、唐立军、唐绪军、辛向阳、喻国明、张京成。

二、科研工作

（一）科研成果

著作：

1. 郭万超、张钦坤著：《数字文化产业》，中共中央党校出版社2020年版。

2. 郭万超主编：《文化和旅游产业前沿（第六辑）》，社会科学文献出版社2020年版。

3. 王丽著：《"一带一路"对外文化传播研究》，经济日报出版社2020年版。

论文：

1. 胡慧璟、郭万超：《借鉴日韩经验发展首都冰雪产业》，《前线》2020年第6期。

2. 郭万超、孙博：《北京文化产业的新特征新问题与新思路》，《中国国情国力》2020年第9期。

3. 王丽：《增强2022冬奥传播力的五个维度》，《青年记者》2020年第17期。

4. 王丽：《视频网络自制节目如何讲好中国故事——以〈中国三分钟〉为例》，《传媒》2020年第17期。

5. 王丽：《"一带一路"与国际化大流通体系构建》，《商业经济研究》2020年第13期。

6. 郭万超：《文化和旅游融合：北京经验和政策创新》，《文化和旅游产业前沿（第六辑）》，社会科学文献出版社2020年版。

7. 赵玉宏：《我国数字文化产业创新发展的现实瓶颈与突围路径》，《文化和旅游产业前沿（第六辑）》，社会科学文献出版社2020年版。

8. 赵玉宏：《2019北京影视产业发展背景、现状及趋势展望》，《北京文化发展报告（2019—2020）》，社会科学文献出版社2020年版。

9. 王丽：《"一带一路"文化交流面临的机遇与挑战》，《文化和旅游产业前沿（第六辑）》，社会科学文献出版社2020年版。

（二）科研课题

国家课题：

1. 郭万超主持：国家社会科学基金重大项目"现代文化产业体系与市场体系的协同发展

研究"（20ZDA064）子课题——"文化产业结构升级促进文化产品市场拓展的机理及具体实现路径"。

2. 郭万超主持：国家社会科学基金特别委托项目（中宣部领导批准）"开启全面建设社会主义现代化国家新征程对文化发展提出的新目标新要求研究"（项目编号：19@ZH032），2020年3月结项。

3. 郭万超参与：2020年度国家社科基金艺术学专项一般项目"文化文物单位文创开发知识产权授权机制研究"（项目编号：20BH144）。

4. 郭万超主持：北京市重大项目"社会主要矛盾变化对宣传思想文化工作的影响"，2020年4月立项，2020年7月结项。

5. 郭万超主持：北京市重大项目"新冠疫情对北京发展的影响"（文化部分上半阶段研究）。

6. 王丽主持：北京市社会科学院一般项目"2022冬奥会促进北京全国文化中心建设研究"。

7. 杨传张参与：文化和旅游部委托课题"黄河文化保护传承弘扬规划编制"，2020年1月立项。

8. 杨传张参与：文化和旅游部委托课题"'十四五'时期文化产业和旅游产业发展规划编制"，2020年6月立项。

9. 杨传张参与：中宣部委托课题"完善文化产品创作生产传播的引导激励机制研究"，2020年11月立项。

（三）内参采纳

1. 郭万超：《疫情过后中国经济的新发展机遇》，中宣部舆情综采YQZB-34-1。

2. 郭万超：《当前国内自媒体生态的演化、特征、模式与趋势》，中宣部舆情综采ZTCL-0612-1。

3. 郭万超：《2020年8月份月度舆情综合考察》，中宣部舆情综采YQCY-19-1。

4. 郭万超：《2020年第三季度舆情分析研判》，中宣部舆情综采YQCY-20-1。

5. 郭万超：《2020年11月舆情深度解读与研判》，中宣部舆情综采YQCY-24-1。

6. 郭万超：《2020年度舆情与治理综研与思路》，中宣部舆情综采YQCY-1-1。

7. 郭万超：《关于将"国民经济和社会发展五年规划"改为"国家发展和改革五年规划"的建议》，新华社《瞭望研报》2020年第71期（总第443期），供中央领导决策参考。

8. 王丽：《疫情中的自媒体发展状况及引导建议》，中宣部舆情平台预综采。

9. 王丽：《关于第一季度经济运行情况的舆情分析》，中宣部舆情平台预综采。

10. 赵玉宏：《疫情期间新媒体表现》，中宣部舆情平台预综采。

11. 赵玉宏：《发哨子的人一文被删引发舆情高峰的传播学理论分析》，中宣部舆情平台预综采。

12. 赵玉宏：《2020一季度经济数据相关舆论及工作建议》，中宣部舆情平台预综采。

13. 赵玉宏：《我国网络直播打赏的现状、问题及治理对策》，中宣部舆情平台预综采。

三、主要学术活动

1. 郭万超：国家社科基金重大课题"现代文化产业体系和市场体系的协同发展研究"开题，担任子课题负责人。

2. 郭万超：中央文化产业专项基金评审、第一组组长。

3. 郭万超：在首届中国消费城市发展论坛上，受聘上海交通大学文旅大数据中心咨询委员会委员。

4. 郭万超：北京市委宣传部课题"北京市'十四五'时期加强全国文化中心功能建设规划"开题会以及"'十四五'时期提高首都文化软实力和影响力的思路与措施研究""'十四五'时期北京市促进文化产业发展的思路与措施研究""'十四五'时期北京市丰富文化产品和服务供给的思路与措施研究""国家文化产业创新实验区'十四五'时期发展思路及措施研究"开题、结题评审。

5. 郭万超：参加河北电视台"星耀河北"节目录制5期。

6. 郭万超：参加北京市发改委"国家服务业扩大开放综合示范区、中国（北京）自由贸易试验区"研讨会。

7. 杨传张：2020年12月5—7日，参加文化和旅游部产业发展司主办的"第二届全国文化和旅游融合理论与实践工作营"。

四、获奖

赵玉宏《文化创意产业融合发展研究——以北京文创为例》一书获北京市社会科学院第19届科研成果二等奖。

供稿：北京市社会科学院传媒与舆情研究所

上海社会科学院新闻研究所 2020 年概况

一、基本情况

上海社会科学院新闻研究所创建于 1985 年 3 月。中共上海市委于 1987 年确定新闻研究所为副局级单位，编制 30 人。2001 年，上海社会科学院进行机构调整，将新闻研究所与信息研究所、图书馆合并，实行一体化运作。新闻研究所成立现代传媒研究中心，并入信息研究所。2011 年，新闻研究所与信息研究所分离。恢复独立建制后，首任所长为强荧研究员。

自 2018 年 7 月起，徐清泉研究员开始担任第二任所长，副所长为张雪魁研究员、戴丽娜副研究员。2019 年该所将研究中心调整改建为 5 个，分别为互联网治理研究中心（主任为方师师副研究员）、新媒体发展研究中心（主任为王蔚副研究员）、新闻学研究中心（主任为丁方舟副研究员）、传播学研究中心（主任为李敬副研究员）、舆论学研究中心（主任为同心助理研究员）。截至 2020 年年底，新闻研究所在职人员共 22 人。其中正高级职称 4 人，副高级职称 5 人，中级职称 10 人，具有博士学位者 17 人。

二、主要学术活动

新闻研究所有三个特色研究方向：互联网传播治理研究、新媒体发展研究、社会舆情研判及舆论学理论研究。其中，互联网传播治理研究方向，主要聚焦于互联网传播新规律及网络空间国际治理探讨，自 2017 年起，已连续三年参与世界互联网大会"网络空间国际规则"分论坛的筹备、组织和承办工作；新媒体发展研究方向，主要从事移动互联全媒体传播新规律及主流媒体转型发展研究，已连续多年承担上海传统媒体与新兴媒体的融合发展项目评估工作；社会舆情研判及舆论学理论研究方向，主要从事社会心态、网络舆情及舆论学基本理论研究工作，相关团队建有社会科学大数据研究实验室。2019 年起，新闻所开始打造"闻天"系列学术品牌，包括闻天论坛、闻天公众号、闻天大讲堂、闻天新知分享、闻天读书会等。

三、科研项目

2020 年新闻研究所共中标国家社科基金项目 2 项，分别是李敬主持的"'非物质劳动'：符号实践与传播学主体理论构建研究"、孟晖主持的"移动出版中的法律与伦理问题及其治理研究"。中标上海市社科规划项目3项,分别是吕鹏主持的"短视频生产与传播的治理研究"、丁方舟主持的"人工智能条件下传播学理论的范式转型研究"、张卓主持的"基于人工智能技术的网络语音社交内容监测和治理研究——以上海为例"。

另承担国家部委办招标定向课题2项、中央有关部门委托课题1项、国家高端智库交办课题1项、国家社会科学基金特别委托项目1项、"四个一批"人才资助项目1项;承担上海市委办局定向课题2项、委托课题1项;中标国家高端智库院内招标课题1项;中标院课题2项。2020年,该所共承接各类课题15项。

四、年度科研成果

出版著作3部,李敬:《传播学遇见福柯:一种新的质询》;方师师:《中国社会网络中的动态媒介过程:关系、结构与意义》;孟晖:《"传记式"批评研究:以中国现代作家传记文本为主要考察对象》。译著2部,方师师等译:《过滤泡:互联网对我们的隐秘操纵》;张昱辰译:《基特勒论媒介》。此外,新闻研究所参与中央网信办网络空间安全研究院《世界互联网发展报告2020》部分章节的撰写工作。

在论文成果方面,共发表CSSCI论文7篇,其中1篇被人大复印报刊资料全文转载。

五、研究生教育

新闻研究所2001年获批新闻学硕士学位授予权,2002年开始招生。2018年升级为新闻传播学一级学科授予点。2019年,增设新闻传播学目录外二级学科舆论学硕士点,2020年,新闻所具备新闻学、传播学和舆论学(新增目录外二级学科)三个方向招生资格。根据学科发展趋势和需求,调整研究生课程体系,增设"大数据分析实践"等新课程。2020年,新闻学和传播学两个方向共有在校研究生27名。

六、报刊、蓝皮书

1. 1985年7月,新闻研究所和上海电视台联合创办《消费报》,后由新闻研究所主办。1997年,改由上海社会科学院主办。1999年,《消费报》和《新闻报》合并。

2. 1986年4月,中共上海市委宣传部下达批复,光华公司创办的《设计新潮》由新闻研究所负责政治和业务指导。1987年10月改由新闻研究所主办,直至2000年。

3. 1987年,新闻研究所开始主办《新闻记者》。该刊原由上海市新闻学会和文汇报社新闻研究室在1983年创办。1995年10月,改由新闻研究所和新民晚报社联合主办。1998年,改由文汇新民联合报业集团和新闻研究所主办,新闻研究所研究人员担任特约编辑。

4. 2012年1月,新闻研究所出版年度刊物《上海传媒发展报告(2012)》,由报业、广电、电信等一线新闻工作者和来自高校、科研机构的专家、学者，共同研撰上海传媒发展年度报告。2019年，为应对新闻传播学新的发展态势，启动蓝皮书改版工作，力求体现国际视野。新版蓝皮书聚焦国际新闻传播学界的前沿动态，收录的论文以新闻传播学前沿问题的外文文献为基础，经过作者的梳理与分析，为国内学界提供国际学界对相关问题的研究思考，帮助新闻传播专业的老师、学生了解新闻传播学科的国际发展热点和趋势。2020年11月，完成新版蓝皮书《国际新闻传播研究年度报告（2020）》编撰工作。11月21日，第八届"闻天论坛"特为此举办了新版蓝皮书电子版发布会。该书纸质版于2021年3月正式出版。

供稿：上海社会科学院新闻研究所

天津社会科学院舆情研究所 2020 年概况

一、机构概况

天津社会科学院舆情研究所创立于 1999 年 10 月,其前身为"天津社会科学院舆情调查研究中心"。该所自成立以来一直致力于舆情研究学科建设,是国内第一家以"舆情"命名的专业研究机构,出版了国内第一部系统研究舆情范畴的学术专著。

2017 年 7 月,舆情研究所正式获批成为"中宣部舆情信息直报点"。同年 8 月,中共天津市委宣传部与天津社会科学院共建的"天津市舆情研究中心"成立,开始形成研究所、直报点、中心"三位一体"工作格局。目前,该研究所积极服务于中宣部舆情信息局、中共天津市委宣传部、天津市文明办等有关部门,以社情民意调查和数据分析为载体,发挥为中央及地方党政工作服务的智库作用。2020 年向中宣部舆情局、《经济日报》内参部、中共天津市委宣传部、中共天津市委办公厅等部门报送内参报告 100 余篇,其中 53 篇被中宣部舆情局综合采用,3 篇获得中央领导同志肯定性批示。研究所被中宣部评为 2019 年度舆情信息工作"优秀单位",被中共天津市委宣传部评为 2018 年度舆情信息工作"优秀单位"。所内多项科研成果获得天津市社会科学优秀成果奖及优秀调研成果奖。

截至 2020 年年底,共有专职科研人员 16 名,研究员 5 人,副研究员 8 人,助理研究员 3 人,其中博士 11 人,硕士 4 人,已经形成了稳定、团结的研究梯队。科研人员学科背景主要为社会学、政治学、经济学等。

二、科研工作

(一)科研成果

2020 年度科研成果主要代表作品如下。

1. 毕宏音、张丽红:《新媒体网络舆情:合理性表达与协商民主体系建构》,天津社会科学院出版社 2020 年版。

2. 叶国平:《舆情表达机制与人民政协协商民主建设》,天津社会科学院出版社 2020 年版。

3. 郭鹏:《协商民主的具体发展:对全国多地探索基层协商民主工作主要案例的调研》,天津社会科学院出版社 2020 年版。

[以上三本专著均属王来华研究员主编"舆情表达机制建设与协商民主体系构建研究丛书",为王来华研究员主持国家社科基金特别委托项目"舆情表达机制建设与协商民主体系构建研究"(项目编号:14@ZH032)结项成果,并获得2019年度国家出版基金资助。]

4. 毕宏音、张丽红:《舆情视角下我国网络协商民主的方式、困境及进路》,《电子政务》2020年第8期。

5. 于家琦:《计算式宣传——全球社交媒体研究的新议题》,《经济社会体制比较》2020年第3期。

6. 于家琦:《人民政协制度是社会主义民主政治优势的重要体现》,《中国政协理论研究》2020年第1期。

7. 董向慧:《舆情视角下的突发公共卫生事件风险沟通框架建构》,《理论与改革》2020年第4期。

8. 于家琦:《天津市网络舆情分析报告(2020)》,《天津社会发展报告2020》,天津社会科学院出版社2020年版。

9. 吴阿娟:《在全媒体时代走好群众路线》,《中国社会科学报》2020年11月10日。

10. 王建明:《全面提升主流媒体网络传播力》,《中国社会科学报》2020年12月3日。

11. 叶国平、王建明:《构建自律自净网络直播空间》,《中国社会科学报》2020年4月9日。

12. 韩阳、郭鹏:《干部带货直播要向纵深发展》,《天津日报》2020年6月22日。

13. 韩阳:《国家治理现代化中的营商环境建设:以政商关系为视角》,《统一战线学研究》2020年第1期。

(二)科研课题

2020年新立项及在研的课题有20项,其中横向课题7项,具体如下。

1. 2020年度天津市哲学社会科学规划项目:"全球新冠肺炎疫情对当代西方思潮的考问"(主持人叶国平);

2. 2020年度天津市哲学社会科学规划项目:"组织结构变迁视域下的舆情支持研究"(主持人林竹);

3. 2020年度天津市哲学社会科学规划项目:"智能时代重大突发事件舆论规律及引导策略研究"(主持人吴阿娟);

4. 2020年度天津市哲学社会科学规划项目:"坚持党的领导是防范化解重大风险的根本保证"(主持人董向慧);

5. 2020年度天津市哲学社会科学规划项目:"社会主要矛盾转化下的网络意识形态新情况及治理"(主持人董向慧);

6. 2020年度天津市哲学社会科学规划重点委托项目:"新冠肺炎疫情中涉意识形态议题及

分析"（主持人毕宏音）；

7. 2019年度天津市哲学社会科学规划重点委托项目："收缩型中小城市精致化发展及其治理研究"（主持人郭鹏）；

8. 2019年度天津市哲学社会科学规划项目："习近平网络安全观下的自媒体治理困境与路径选择"（主持人王建明）；

9. 2019年度天津市哲学社会科学规划项目："天津市营商环境的形象建构与宣传策略研究"（主持人韩阳）；

10. 2019年度天津社会科学院重点研究课题："政治传播视域中的舆情表达及治理研究"（主持人韩阳）；

11. 2019年度天津社会科学院重点研究课题："舆情智库建设研究：现状、挑战及发展趋势"（主持人贾杨）；

12. 2018年度天津市哲学社会科学规划项目："天津市公共政策供给侧改革与民众获得感提升研究"（主持人李莹）；

13. 2018年度天津社会科学院重点研究课题："社会主要矛盾转化下的舆情研究"（主持人董向慧）；

14. 2019年度天津市委宣传部委托咨询课题："涉津新闻舆论环境及宣传效果评估研究"（主持人王来华）；

15. 2020年度天津市文明办委托咨询课题："2020年天津市文明城区综合测评"（主持人叶国平）；

16. 2020年度天津市文明办委托咨询课题："2020年天津市文明城区提名城区专项测评"（主持人叶国平）；

17. 2019年度天津市级机关工委委托项目："天津市市级机关党员干部思想状况调查研究"（主持人于家琦）；

18. 2020年度天津市社科界"千名学者服务基层"活动大调研重点项目：习近平总书记关于选人用人的思想和实践研究（主持人于家琦）；

19. 2020年度天津市政协理论研究会重点课题："发挥市政协专门协商机构作用、进一步规范协商活动研究"（主持人于家琦）；

20. 2020年度天津市政协理论研究会重点课题："坚持和完善人民政协化解矛盾、凝聚共识制度研究"（主持人于家琦）。

三、学术交流

2020年，天津社会科学院也积极参加学术交流活动，主要围绕舆情信息工作、舆情治理等主题,具体如下。

1月,叶国平研究员、吴阿娟研究员参加天津社会科学院主办的"天津市2020经济与社会发展报告(蓝皮书)发布会"。

4月,毕宏音研究员参加由天津社会科学院、中央党校专家工作室、华中科技大学国家治理研究院联合主办的"全球战'疫'彰显中国精神"网络学术研讨会并作主旨发言。

4月,于家琦研究员、王建明副研究员撰写《做好新时代人民政协提案工作》书稿,收到全国政协提案委员会和天津市政协发来的感谢信。

5月,王来华研究员作为特邀专家参加天津新闻广播《公仆走进直播间》节目。

10月,毕宏音研究员、郭鹏副研究员赴贵州参加中国社会学会2020年学术年会。

11月,河南省社会科学院社会发展研究所负责人陈东辉研究员一行4人来舆情研究所调研舆情信息工作、舆情学科建设等相关事宜。

11月,毕宏音研究员赴河北参加"《中国新闻传播学年鉴》第四届编辑出版研讨会"。

11月,毕宏音研究员赴天津外国语大学参加"后疫情时代融媒体生态视阈下的舆情治理"学术研讨会并作主题发言。

12月,于家琦研究员赴北京参加中国人民政协理论研究会第三次理事会第二次会议。

供稿:天津社会科学院舆情研究所

四川省社会科学院新闻传播研究所 2020 年概况

2020年，四川省社会科学院新闻传播研究所（以下简称"新闻所"）按照四川省社会科学院党委会工作部署和要求，不断加强学科建设，提升科研竞争力与影响力，在获得课题、论文发表等方面取得如下成绩。

一、新立项课题

2020年，新闻所新立项课题11项，其中，国家社科基金项目2项，省级项目5项，市、院级及其他课题4项（见表1）。

表1 新闻所2020年新立项课题

负责人	课题类型及名称
张立伟	2020年国家社科基金后期资助项目"传统媒体升级化转型路径研究"
李京丽	2020年国家社科基金项目"中国社会流行语的传播图谱、话语变异与社会心理研究（1999—2019）"
彭 剑	四川省社科院课题"公众新闻的现象、问题及治理研究"
蹇 莉	四川省软科学项目"推进四川民族地区政务新媒体发展的对策和路径研究"
陈玉霞	2020年四川省社科规划重大项目"新型智慧城市视域下四川城市治理能力提升路径研究"
罗子欣	2020年四川省社科规划重大项目"2020应对重大公共危机事件的科学普及与公众科学素养提升研究"（SC20YJ013）
刘文帅	成都市委统战部"同心智库"聚焦东进战略课题"东进区域生活服务于文化教育国际化方向研究"
李 晖	2020年四川省软科学重点研究项目"四川省白酒产业文化研究"（21RKX0164）
李 晖	2020年成都市软科学研究一般项目"新时代金融舆情风险评价与防控机制研究"（2020-RK00-00226-ZF）
李 晖	四川省高等学校人文社会科学重点研究基地四川中医药文化协同发展研究中心2020年重点项目"文化传播视域下峨眉武术养生传承发展的困境和出路"
李 晖	四川省社会科学重点研究基地（扩展）中国出土医学文献与文物研究中心2020年一般项目"冷门不冷绝学不绝——天回医简的价值挖掘与当代传播研究"

二、结项课题

2020年，新闻所结项课题10项，其中，国家社科基金项目5项，省级项目3项，市、院级课题2项（见表2）。

表2 新闻所2020年结项课题

负责人	课题类型及名称
彭　剑	国家社会基金项目"社交媒体环境下的政治传播研究"
罗子欣	国家社科基金项目"新媒体环境下的科学传播研究",等级优秀
余　婷	国家社科基金项目"美国报业数字化转型研究",等级良好
陈　实	国家社科基金项目"城市骚乱中英美社会化媒体传播模式及管理研究"(14CXW029),等级良好
陈玉霞	国家社科基金项目"大数据环境下中国基层政府网络协商机制建构与公共决策优化研究"完成研究报告并提交结项,全国社科办审批中
彭　剑	省哲学社会科学重点课题"四川省新闻学科70年发展研究"
蹇　莉	四川省哲学社会科学项目"基层治理视域下四川藏区政务新媒体传播机制与效果研究"
蹇　莉	成都市软科学项目"推进成都市政务新媒体发展的政策和路径研究"
余　婷	四川省哲学社会科学项目"本土传媒推动城市充分国际化路径研究"
王　卉	院课题"19世纪传教士中文报刊对中国文化的解读及传播"(8YB09),已送审

三、论文发表

表3 新闻所2020年发表C刊论文

作者	论文标题、发表期刊及刊期
陈　实、陈井安	《双主体传播格局的构建:社交媒体环境下的反腐传播研究》,《社会科学研究》2020年第2期
李京丽	《网络社会风险研究的宏观图景与三个核心向度——兼评陈华明教授专著〈网络社会风险论:媒介、技术与治理〉》,《新闻界》2020年第2期
蹇　莉、陈玉霞、何　飞	《新媒体时代民族地区政治传播的突围与创新——以藏区宣讲为样本的分析》,《西南民族大学学报(人文社会科学版)》2020年第9期
唐耕砚	《科技期刊缩短出版时滞策略研究——以"新型冠状病毒肺炎"事件中的医学期刊为例》,《出版科学》2020年第3期
唐耕砚	"Analysis on the Position of Copyright Trade in the Sino-US Trade Friction", *Publishing Research Quarterly*, No.2, 2020

表4 新闻所2020年发表核心论文

作者	论文标题、发表期刊及刊期
蹇　莉	《新冠肺炎疫情中的信息传播引导策略》,《青年记者》(核心期刊)2020年第6期
黄　琳	《5G时代视觉传播语境下城市形象传播的范式革新》,《四川轻化工大学学报(社会科学版)》2020年第6期
余　婷	《抓住"婴儿潮"忠粉:美国报纸维护中老年受众的策略》,《青年记者》(核心期刊)2020年第25期
李　晖	《人工智能在新闻传播中的伦理失范与对策选择》(第一作者),载《新媒体与社会(第二十五辑)》(CSSCI集刊),社会科学文献出版社,2020年6月

表5　新闻所2020年发表其他论文

作者	论文标题、发表期刊及刊期
蹇莉、魏敏	《集聚广电力量 助力脱贫攻坚》（第一作者），《中国广播》2020年第1期
李晖	《四川赛事产业发展报告》（第二作者），载向宝云主编《四川文化产业发展报告（2020）》，社会科学文献出版社，2020年10月
余婷	《四川省文化旅游融合发展报告》，载向宝云主编《四川文化产业发展报告（2020）》，社会科学文献出版社，2020年10月
王卉	《晚清传教士中文报刊对中国传统思想的解释框架》，《西部广播电视》2020年第24期
王卉	《街头新闻与抽象阶梯》（第一译者），《财富时代》2020年第10期
王卉	《品五彩人生凝琥珀岁月：评黄基秉教授新闻作品》，《经营管理者》2020年第1期
杜唐丹	《关于有声语言的艺术表达及审美意蕴的探究》，《西部广播电视》2020年第11期
陈实	《四川音乐酒吧产业发展报告》（第一作者），载向宝云主编《四川文化产业发展报告（2020）》，社会科学文献出版社，2020年10月

四、对策建议

2020年，新闻所获批对策建议5项。

表6　新闻所2020年获批对策建议

作者	对策建议
彭剑	《从自治到共治：关于社会"自我健康管理"普及化的建议》，获尹力、王力肯定性批示
蹇莉	《新型冠状病毒感染肺炎疫情"信息传播"需要注意的五个关键点》，获四川省副省长王宁肯定性批示
刘文帅	《建设高品质生活宜居地的思考与对策》，获四川省委常委、成都市委书记范锐平肯定性批示
罗子欣	研究报告《新经济赋能成都市应对新冠肺炎疫情的建议》
罗子欣	《及时把握"新基建"机遇下好国家新一代人工智能创新发展试验区建设"先手棋"》

供稿：四川省社会科学院新闻传播研究所

河北省社会科学院新闻与传播学研究所2020年概况

一、机构概述

河北省社会科学院新闻与传播学研究所于1989年12月正式创建，是河北省内以研究新闻传播规律、服务省委省政府为主要业务的专业科研机构。2018年起，成立河北传媒发展研究创新团队，围绕河北新闻事业的繁荣发展开展科研工作。

1. 主要领导：现任所长田苏苏，副所长张芸。

2. 内设机构：该所内设河北传媒发展研究创新团队（首席研究员田苏苏），并设立广播电视网络新闻研究室（主任孙荣欣，副研究员）、新闻与传播学理论研究室（主任王全领，副研究员）和新闻与传播学业务研究室（主任韩春秒，副研究员）三个研究室。

3. 截至2020年年底，河北省社会科学院新闻与传播学研究所共有在职科研人员6人，其中研究员1人，副研究员4人，助理研究员1人。科研人员学科背景主要为新闻传播学、编辑学、历史学、哲学、政治学等。

二、主要学术活动

2020年，新闻与传播学研究所积极投入河北省社会科学院新型智库建设，聚焦新闻传播学理论及河北省新闻事业改革发展重大现实问题，在媒介融合、广播电视、县级融媒体、农村自媒体、网络舆情、华北红色新闻史等领域取得了较为丰硕的研究成果。全年共完成科研成果60余项。主要代表成果如下。

（一）学术论文

1.《县级融媒体新闻内容生产优化路径》（作者：张芸），《青年记者》2020年第12期。

2.《乡土原创短视频的内容特征及局限性》（作者：韩春秒），《青年记者》2020年第17期。

3.《技术 思维 融合——地方媒体2020年全国两会报道纵览》（作者：张旭、瞿兴华），《新闻战线》2020年第14期。

4.《新冠肺炎疫情发生后境内舆情演变分析》（作者：张旭），《青年记者》2020年第23期。

5.《智慧广电的坚守与创新》（作者：万强、张芸），《新闻战线》2020年第20期。

（二）研究报告

1.《我省县级融媒体中心建设经验、制约因素及发展建议》，《智库成果专报》（作者：张旭、张芸），《河北智库报告》2020年第40期采用。

2.《关于省级新闻单位绩效考核和薪酬管理研究报告》（作者：张芸），中宣部委托课题，时任河北省委常委、宣传部部长焦彦龙肯定批示，中宣部文改办采用。

3.《弘扬长城精神 彰显主流媒体责任》（作者：田苏苏），河北省委宣传部《新闻阅评专报》采用。

4.《河北省特色文化演艺业发展调研报告——以杂技业为例》（作者：韩春秒），收入《河北文化产业发展报告（2020）》，社会科学文献出版社2020年版。

（三）著作

2020年5月，河北省社会科学院新闻与传播学研究所主编的《河北传媒发展报告（2020）》由社会科学文献出版社出版发行。该书通过对2019年河北报业、图书期刊、广播电视、电影、广告等传统主流媒体行业，以及新闻网站、媒体融合、政务微博、农村视频自媒体、互联网内容生产、新闻传播教育、媒体从业者、大学生媒体用户等专题的研究和个别典型案例分析，系统揭示了河北省传媒行业发展现状与特征，剖析了影响河北省传媒行业发展的突出问题和障碍因素，分析了在意识形态工作上升为国家战略部署、京津冀一体化建设、雄安新区规划建设、媒体融合等重大战略机遇下，河北传媒行业发展的有利条件。提出了重视优质原创内容生产，抓热点、迎时事，找准区位文化，力推精品；优化传媒业态格局；促进技术、平台、观念、人才协同发力，建立健全媒体融合运行机制；加大对传媒行业的政策扶持力度等推动河北传媒行业良性发展的对策建议。

（四）理论文章

1.《初心映照来时路》（作者：田苏苏），《中国社会科学报》2020年4月20日。

2.《讲好脱贫攻坚的中国故事》（作者：田苏苏），《中国社会科学报》2020年11月26日。

3.《脱贫攻坚主题报道的媒介呈现》（作者：张芸），《中国社会科学报》2020年11月26日。

4.《扶贫剧：紧扣时代主题 讲好脱贫故事》（作者：韩春秒），《中国社会科学报》2020年11月26日。

5.《直播带货：助力精准扶贫新路径》（作者：孙荣欣），《中国社会科学报》2020年11月26日。

（五）舆情报告

1.《做好新冠肺炎疫情宣传报道的反思与建议》（作者：张芸、张旭），获中宣部舆情信息综合采用。

2.《南方汛期媒体宣传报道分析》（作者：张旭），获中宣部舆情信息综合采用。

3.《舆情事件 or 舆论生态——"南方水灾 & 央视报道"相关舆情分析及研判》（作者：韩春秒），获中宣部舆情信息综合采用。

4.《疫情下的国内自媒体生态、言行特征及其引导思路》（作者：韩春秒、张旭），获中宣部舆情信息综合采用。

5.《2020年第二季度舆情分析报告》（作者：张旭），获中宣部舆情信息综合采用。

6.《2020年7月月度舆情分析报告》（作者：张旭），获中宣部舆情信息综合采用。

7.《新冠肺炎疫情期间新闻舆论工作痛点分析及思考》（作者：田苏苏、孙荣欣、王全领、韩春秒、张旭），获中宣部舆情信息综合采用。

三、科研项目、年度研究成果

1. 张旭在研2020年度河北省社会科学基金项目："新冠肺炎疫情语境下地方主流媒体应急科普方法优化研究"（项目批准号：HB20XW007）。

2. 孙荣欣在研2020年度河北省社会科学发展研究课题："'前冬奥时代'体育报道导向把握"的研究成果（课题编号：20200605012）。

3. 张旭在研2020年度河北省社会科学发展研究课题："冬奥文化传播与国家形象建构策略"（课题编号：20200605013）。

4. 韩春秒在研河北省社会科学院2020年度国家社科基金预研项目："乡村振兴战略下创新基层治理的融媒体路径研究"（项目批准号：2020YY11）。

供稿：河北省社会科学院新闻与传播学研究所

安徽省社会科学院新闻与传播研究所 2020 年概况

一、机构概况

截至 2020 年年底,该所在编科研人员 6 人,其中,研究员 1 人,副研究员 3 人,助理研究员 2 人。该所具有博士学位的科研人员 3 人,学科背景主要有新闻传播学、社会学、历史学等。现任所长是方金友研究员,2020 年 12 月王慧副研究员被聘任为副所长。该所内设两个研究室:新闻与媒介研究室(主任:王慧副研究员)、传播与社会研究室(主任:胡凤副研究员)。该所挂靠机构有 2 个:安徽省中国特色社会主义理论研究会、安徽省旅游发展研究中心。

二、科研工作

2020 年,该所深入贯彻落实党的十九大及十九届二中、三中、四中、五中全会精神,以习近平新时代中国特色社会主义思想为指导,凸显网络舆情研究方向,以课题项目为平台,以科研队伍建设为支撑,努力把该所建成全省领先、全国知名的学术研究机构。

(一)课题研究

1. 新立项课题

(1)2020 年度安徽省哲学社会科学重点项目"网络意识形态的话语传播及治理研究"(主持人:方金友)。

(2)安徽省铜陵市服务业发展第十四个五年规划(主持人:方金友)。

(3)安徽省合肥市网络内容建设与管理第十四个五年规划(主持人:方金友)。

2. 在研课题

(1)2017 年度国家社科基金青年项目"新闻事件流行语的意识形态镜像研究"(主持人:刘莲莲)。

(2)2018 年度国家社科基金一般项目"自媒体时代环境传播中的舆情研究"(主持人:常松)。

(3)2019 年安徽省哲学社会科学一般项目"'一带一路'倡议下安徽出版企业'走出去'战略研究"(主持人:胡凤)。

3. 结项课题

(1)2016 年国家社科基金一般项目"微传播的舆情分析与治理路径研究"(主持人:方

（2）2018年度安徽省社科规划一般项目"乡村治理视域下安徽'微政务'传播研究"（主持人：王慧）。

（3）2018年度安徽省社会科学创新发展重大研究课题"全面建设社会主义现代化国家研究"（主持人：方金友）。

（4）2018年安徽省社科院青年课题"青少年接受传统文化媒介倾向性研究"（主持人：胡凤）。

（二）科研成果

2020年，该所出版著作1部：《微传播舆情分析与治理路径》（方金友著），黄山书社2020年12月出版。出版诗集1部：《窗外有鸟》（胡从发著），团结出版社2020年10月出版。

2020年，该所发表论文6篇，分别为：《乡村治理视域中的"微政务"传播功能探析》（作者：王慧），《新闻传播》2020年第18期；《乡村治理中的"微政务"互动社区建构》（作者：王慧），《新闻研究导刊》2020年第8期；《安徽农村改革新闻宣传的历史回顾》（作者：王慧），《江淮文史》2020年第6期；《论移动社交媒介传播社会主义核心价值观有效路径探析》（作者：王飞），《新闻传播》2020年第22期；《网络时代信息把关特征研究》（作者：王飞），《新闻研究导刊》2020年第22期；《用舆论助推理论发出中国声音》（作者：方金友），《江淮》2020年第6期。

2020年，该所撰写研究报告3篇。《以"微政务"传播推进乡村治理现代化》（作者：王慧），《咨政》2020年第4期；《科学把握微传播舆情的治理原则》（作者：方金友），《咨政》2020年第6期；《改进我省青少年接受传统文化教育媒介偏好的对策建议》（作者：胡凤），《咨政》2020年第19期。

三、学术交流

2020年，该所继续鼓励科研人员积极参加学术交流活动和开展学术调研活动，扩大研究视野，掌握新闻传播学科最前沿的研究动态，加强科研队伍的培养。

1. 5月17日，该所参加安徽省社会科学院承办的"安徽省社科界学习贯彻习近平总书记关于哲学社会科学工作重要论述座谈会"，撰写论文4篇，1篇摘发在《江淮》上。

2. 8月17日，方金友主持了由安徽省社会学会主办的中国社会学会年会"中国乡村振兴的路径、方式与模式"分论坛。

3. 9月18—20日，方金友、胡凤到蚌埠参加陈独秀研究会2020年学术年会，方金友主持分论坛，胡凤宣读论文《中共早期的新闻活动与马克思主义新闻观教育的初步开展》。

4. 9月21—23日，胡凤参加中国新闻史研究会与华东师范大学合办的第六届中国新闻史青年学者论坛，线上宣讲论文《抗战时期媒介地理及其战争动员》。

5. 9月25—26日，方金友参加中国社会科学院新闻与传播研究所主办的《中国新闻传播学年鉴2020》编纂会，论文《微传播研究2019年综述》被收入年鉴中。

6. 10月23日，方金友到铜陵市参加"第九届皖江文化论坛"，提交学术论文。

7. 11月6—8日，胡凤到重庆市参加中国新闻教育史2020年学术年会，宣讲论文《抗战时期新闻教育的传者与受者》。

供稿：安徽省社会科学院新闻与传播研究所

人民日报社研究部 2020 年概况

一、基本情况

人民日报社研究部前身为 2002 年 9 月成立的新闻研究中心。2013 年 7 月，经中央编制委员会办公室批准，成立人民日报社研究部。研究部主要职能：开展报社事业发展的对策性、前瞻性、战略性、可行性研究，研究人民日报社新闻传播的历史、现状和趋势，研究运用新技术、新应用创新媒体传播方式，承担人民日报及社属媒体的研究和阅评工作，承担报社干部职工教育培训工作。

截至 2020 年年底，人民日报社研究部在职人员 25 人。其中正高职称 3 人，副高职称 7 人，中级职称 6 人。

研究部主要负责人：主任、党支部书记崔士鑫，副主任丁丁。

研究部设 5 个室处：综合室（主任曼叶平），媒体发展战略研究室（主任薛贵峰），新闻传播理论研究室（主任王志锋），新闻报道业务研究室（主任李凯），教育培训处（处长刘烨）。

二、科研工作

（一）专著

完成国家社科基金重点项目"主流媒体运用移动传播、推动媒体融合发展的现状、前景及其影响和对策研究"。该课题探索主流媒体移动传播的现实发展路径，对主流媒体移动传播前景进行科学预测，并在此基础上为主流媒体提供移动传播发展的路径选择和对策建议。最终成果为学术专著《大变局——移动赋能价值传播》一书，于 2020 年 7 月由商务印书馆出版发行。

参与编撰《中国媒体融合发展年度报告》，负责中央和地方媒体融合实践调研报告、媒体融合大事记等章节的编写工作，《中国媒体融合发展年度报告 2018—2019 年卷》于 2020 年 6 月由人民日报出版社出版发行。

（二）调研课题

承担中宣部课题"遵循传播规律 促进有效沟通——更生动更扎实更自如地做好新形势下宣传引导工作"，对党的十九大以来宣传思想工作的先进经验和创新做法进行总结，对社会公众特别是青年人在网络舆论场中的表现和特征，社会舆论关切的突出特点、演变趋势和发展规律以及存在的短板及其内在原因进行深入分析，并就更生动更扎实更自如地做好新形势下宣传引导工作提出对策建议。

承担中宣部课题"党的百年新闻舆论工作史"专项研究和编撰工作，完成近10万字的书稿，全面记述100年来中国共产党在新闻舆论工作方面的重要思想、重大事件、重要会议、重要活动、重要人物等。

参与中宣部课题"如何做好重大突发事件舆论引导"，课题报告分析突发事件舆论引导工作面临的形势和挑战，总结《人民日报》等主流媒体的经验做法，并根据新情况、新形势、新要求，从四个方面提出对策建议。

完成中央网信办课题"社会主要矛盾变化对宣传思想文化工作的影响"。

（三）新闻传媒阅评

全年完成《新闻传媒阅评》97期，有效推动阅评质量提升。编发2期《新闻传媒阅评（专报）》，及时报告发现的问题，为办报提供建设性意见、建议。全年有6篇阅评被中宣部《新闻阅评》采用编发。顺利完成中宣部新闻局布置的两轮央媒及地方媒体互评工作任务，向中宣部新闻局提供了该报阅评工作总结报告，得到中宣部新闻阅评小组高度肯定。

（四）学术论文

崔士鑫：《加快推进媒体深度融合发展，建立全媒体传播体系》(《传媒》2020年第20期)

崔士鑫：《在融合创新中展示新形象新风貌——西藏广播电视台提升移动传播力做好重大宣传报道的评析与思考》(《新闻战线》2020年第17期)

崔士鑫：《重塑传播力：澳大利亚媒体融合发展的探索和启示》(《中国出版》2020年第9期)

崔士鑫、周凤革：《新闻媒体在防控和抗击疫情中的角色担当》(《中国记者》2020年第4期)

崔士鑫：《主流媒体如何做好突发公共卫生事件宣传报道——以人民日报新冠肺炎疫情报道为例》(《传媒》2020年第5期)

崔士鑫、王志锋：《为媒体融合发展提供有力保障》(《人民日报》2020年1月17日)

丁丁、李凯、苏长虹、王向令、程惠芬、荣翌：《为众志成城抗击疫情凝聚强大舆论力量——人民日报疫情防控报道扫描》(《新闻战线》2020年第4期)

丁丁、李凯、苏长虹、王向令、程惠芬、路畅：《向世界传递抗疫之年中国之治的必胜信念——人民日报2020年两会报道扫描》(《新闻战线》2020年第12期)

蒋元明、曼叶平：《我编杂文这些年》(《青年记者》2020年第10期)

王向令：《一图胜千言！看抗疫图集直击人心的力量》(《传媒评论》2020年第4期)

王志锋：《区块链与区块链媒体应用探析》(《中国报业》2020年第5期)

李康乐：《让党的声音传得更开更广更深入》(《人民日报》2020年1月17日)

李康乐、路畅：《布局移动传播 扩大影响版图——国家社科基金重点项目〈大变局——移动赋能价值传播〉研讨会综述》(《新闻战线》2020年第24期)

耿磊：《推动媒体融合向纵深发展 切实发挥技术支撑作用》(《人民日报》2020年1月17日)

耿磊：《实施全媒体传播工程 加快推进媒体深度融合发展》(《新闻战线》2020年第24期)

夏康健：《创新管理理念，拓展管理范围，提升管理效果，统筹处理好"四对关系"》(《人民日报》2020年1月17日)

夏康健：《构建主流媒体全媒体传播体系的聚焦点与发力点》(《传媒评论》2020年第8期)

李凯：《彰显思想观点 绽放智慧火花——人民日报2019年11—12月获奖好标题赏析》(《新闻与写作》2020年第5期)

李凯：《在思想深度中融入情感温度——人民日报2020年1—2月获奖好标题赏析》(《新闻与写作》2020年第8期)

苏长虹：《先声夺人方寸间——人民日报2019年9—10月获奖标题赏析》(《新闻与写作》2020年第1期)

苏长虹：《做题求抢眼 意趣竞盎然——人民日报2020年3—4月获奖好标题赏析》(《新闻与写作》2020年第10期)

程惠芬：《内涵深邃 余韵悠长——人民日报2020年5—6月获奖标题赏析》(《新闻与写作》2020年第12期)

路畅：《塑造新时代的奋斗者群像——融合传播环境下〈人民日报〉典型人物报道分析》(《传媒评论》2020年第1期)

王宝平：《手机上的新闻采编考试考出了什么》(《中国报业》2020年第1期)

三、教育培训工作

研究部认真履行教育培训职能，克服疫情带来的困难，创新线上培训模式，开发和完善"人民学习"App，全年完成线上线下培训达4200多人次。

（一）集中培训

因疫情原因，线下培训班数量有所减少，教育培训工作注重提质增效，努力让每个培训班都成为精品培训班。举办的新入社人员培训班以及入党积极分子培训班参训人数超过600人次。完成报社新闻采编人员资格培训，649人参加培训。

（二）线上培训

1月15日举行"人民学习"App发布仪式，报社的学习培训平台"人民学习"App正式上线。截至年底，"人民学习"累计上传学习视频、图片、文档50多个，培训班班级管理模块也已开发完成，形成"四力专题"、人民培训、人民讲堂、人民研讨、自主选学等栏目。结合《人民日报》疫情防控报道，线上推出5期"人民研讨·战疫报道"，分别邀请一线记者分享采访体会、讲述亲身经历，在线观看总人数超过1000人。线上完成全媒体人才和全媒体运营师塑造专题培训班、培训管理者培训班。

（三）人民讲堂

认真做好高端培训品牌栏目"人民讲堂"的组织工作。开创"人民讲堂"的"线下+网络"直播模式，邀请故宫博物院院长王旭东、国务院发展研究中心原副主任王一鸣、国务院原副秘书长江小涓和清华大学教授沈阳，围绕国家文化形象、全面建成小康社会、国家治理体系和治理能力现代化、疫情期间的舆论传播等热点话题进行授课辅导，线上线下超过2000人观看，并在《人民日报》《环球人物》等纸质媒体和人民日报中央厨房新媒体平台刊发相关报道和授课内容。

四、新媒体工作

研究部有三个新媒体平台：微信公众号"研究事儿"、人民日报中央厨房"煮酒话媒"和"智观天下"融媒体平台。新媒体平台关注和解读国内外新闻传播领域重大事件和热点话题，强化研究特色，提升内容质量，创新表达形式，传播力、影响力不断增强。"研究事儿"全年共推送原创作品48篇，粉丝数量超过8000，订阅人群以新闻传媒相关学者和工作者为主，实现用户沉淀、精准传播，粉丝粘性逐步提升。中央厨房"煮酒话媒""智观天下"融媒体平台依托全国党媒公共平台，共刊发作品30篇，被多家新媒体平台、商业网站及核心期刊转载。

五、部校共建工作

2020年，研究部进一步丰富部校共建工作内容，创新方式方法，加强沟通协调，密切交流合作，推动部校共建工作再创佳绩，为全面提升新闻后备人才培养质量作出贡献。为深化高校马克思主义新闻观教育，人民日报社研究部和清华大学新闻与传播学院联合举办题为"主流媒体抗疫报道的实践与思考——以人民日报为例"的线上讲座，主讲嘉宾为报社新闻协调部副主任、武汉前方报道组副总指挥汪晓东，讲座受到广大师生好评。邀请清华大学新闻与传播学院教授为报社新入职采编人员讲授专业课程，协调安排多名新闻学子来人民日报社实习、实践。

供稿：人民日报社研究部

新华社新闻研究所 2020 年概况

2020 年，新华社新闻研究所以习近平新时代中国特色社会主义思想为指导，认真贯彻落实新华社党组决策部署，切实履行"思想库""智囊团"职责，不断强化政治引领，大力提升新闻研究质量，取得积极成效。

一、机构概况

（一）人员

截至 2020 年年底，新闻研究所在职人员 43 人。其中高级编辑/记者 12 人，主任编辑 14 人。

负责人：刘刚（新华社总编室副主任）主持工作；副所长、党委常委刘光牛；所长助理、党委常委朱智宾。

（二）机构

新闻研究所设 9 个处室：

1. 办公室：主任陈兴平；

2. 新闻报道研究室：主任李龙师，副主任董彩兰；

3. 国际传播研究室：主任文建；

4. 文化产业研究室：主任周燕群，副主任翟跃文；

5. 新闻理论研究室：副主任马昌豹；

6. 新闻史研究室：主任万京华；

7. 新闻业务编辑室：主任李勇华；

8. 新媒体与舆论研究室：副主任南隽；

9. 编辑出版中心：主任张维燕。

二、科研工作

（一）科研课题

1. 重点课题

持续深化习近平总书记新闻舆论论述研究。由社领导牵头，举全所之力，编写习近平新闻舆论论述研究专著；修订完成《习近平论新闻舆论工作》（内部学习资料·2020 年版），此次再版增补了习近平总书记关于新闻舆论工作的论述共13篇。两名同志作为编写组主要成员参与修订的中央"马工程"重点教材《新闻学概论》经过反复修改打磨，成为党的十九大精神进教材进课堂的第一批课本，已进入高校新闻教学领域。"人工智能时代的媒体变革与发展"课题组历时7个月，完成超过12万字的研究报告及相关书稿撰写工作，课题成果《智能时代：媒体重塑》出版面世，引起业界、学界关注。"三家央媒社会热点报道能力对比分析及启示"课题组历时两个多月深入采访调研，提出启示与建议，推动了相关报道工作的改进。参与新华社推进媒体深度融合发展研究，广泛调研多家国内主流媒体融合发展经验，撰写《国内媒体推进融合发展和新媒体移动端转型报告》。参与新华社国际传播能力建设进展、深入推进"国别战略"等课题研究，研究国内主要央媒及外国通讯社的相关经验和做法等。

2. 交办课题

作为新华社国家高端智库传播战略研究中心，新闻研究所积极发挥服务咨询作用，交办任务完成出色。出色完成中宣部交办的"新冠肺炎疫情对外宣传专题研究""提高重大突发事件中新闻舆论工作及时性有效性""加强和改进突发事件舆论引导""党的新闻舆论工作史""2021年宣传思想工作形势和工作重点"等课题研究。高标准完成中国记协《马克思主义新闻观百问百答》教材编写工作。积极参与《"十四五"时期新华社事业发展规划》《新华社加快推进媒体深度融合发展的实施意见》等全社性文件规划起草工作。完成国家高端智库"加强和改进网络外宣工作的研究""加快构建融通中外的话语体系"等课题研究，报送多篇研究报告。

3. 国家社科基金课题

结项的课题有：国家社科基金课题"新媒体条件下党管理媒体遇到的挑战和对策研究"（主持人：文建）以免检方式顺利结项。

在研的课题有：（1）国家社科基金课题"提高主流媒体新闻供给质量的扶持路径"；（2）国家社科基金重大项目"新时代我国残疾人社会融合问题研究"，新闻研究所承担其中子课题"新时代我国残疾人社会融合的舆论传播"。

（二）日常研究

在新闻报道业务研究方面，全面跟踪研究有关习近平总书记报道，编发习近平总书记报道研究27篇；不断创新研究工作思路和方式方法，围绕抗击新冠肺炎疫情、"两会"等重大报道组织研究，为新华社做好相关报道提供了重要参考。全年共完成报道业务研究、传媒研究、社办报刊阅评等日常研究195篇。

在新媒体研究方面，持续关注国内外主流媒体融合报道创新实践，对国内外具有较强创新性的现象级产品进行分析研究，采写了《对抗疫新媒体报道中10类爆款产品的分析与建议》《海媒平台我社疫情报道不断创新出彩 数据可视化作品实用高效传播有力》等一批时效快、点评精到的稿件。完成业界咨询交流工作，就"十四五"规划加强和创新互联网内容建设等主题提出建议。此外，还承担新华社海媒报道评估研究工作。

在国际传播能力建设研究方面，做好国内外新闻传播理论动态跟踪与日常研究，持续关注整理海外大通讯社和主流媒体业务动态，聚焦国外媒体行业研究，追踪全球媒体发展总体趋势。与新华社《前进报》合作开设"他山之石"专栏，重点介绍国外通讯社和主流媒体、新媒体的新动向、新做法、新经验。

在新闻史研究方面，编撰《新华通讯社史》；参与"北京市与中央高校共建双一流大学"课题项目"北京新闻史研究"；完成"海外归国人员对新华社抗战宣传的贡献"等课题研究。

编辑出版新华社内部业务杂志《新闻业务》周刊，做到每期都有专题，重大时间节点有特刊，创新推出"大年三十，我们这样度过""开启未来 新华社人工智能应用与展望"等5期业务特刊，推出"最美逆行者""聚焦战疫报道"等7个战疫报道研究专题。

此外，按中宣部要求，精心组织做好2020年度新华社与中央电视总台等新闻单位"新闻互评"工作；组织完成新华社社级好稿评选，每周表扬稿初评定评，中国新闻奖、人大新闻奖、政协新闻奖评选，以及每季度"清新文风"初评定评等好稿评选工作。

（三）科研成果

1. 图书

（1）《习近平论新闻舆论工作》（内部学习资料·2020年版），2020年9月印行；

（2）《智能时代：媒体重塑》，新华出版社，2020年10月出版。

2. 论文

2020年，新闻研究所在理论书籍、学术期刊公开发表学术论文和研究报告50余篇。包括：《媒体智能化发展面临的问题与挑战》《人工智能时代传媒业未来展望》《人工智能时代新闻媒体创新发展的对策建议》《寻找"非市场需求"——2019中国报业转型发展报告》《短视频新视域下发展传播学的中国范式》《民国时期国民党地方性通讯社历史发展探究》《吹响战胜疫情集结号 展现众志成城精气神——新华社全力做好抗击新冠肺炎疫情报道》《论舆论斗争的时代要求、思想内涵和理论渊源》《海外媒体涉华新冠肺炎报道的话语建构与框架分析》《告诉世界中国的战"疫"故事》《主流媒体推动国家治理现代化的方式、挑战与应对》《从技术回归内容——5G时代传媒转型战略与方向》《区块链与媒介内容生产应用》《1978年邓小平视察新华社始末》《抗美援朝前线的新华社记者》《"使用与满足"理论下媒体智能化发展状况及想象空间》《疫情催生的新闻生产变革与应对之策》，等等。

（四）获奖情况

1. "人工智能时代媒体变革与发展"课题系列研究成果（作者：集体），获评2020年新华社优秀新闻作品"最佳新闻论文"。

2.《中国记者》记者节特刊:《记者的力量——脱贫攻坚优秀新闻作品采访记》,获评 2020 年新华社优秀新闻作品"最佳创意策划"。

新华社新闻研究所 2020 年优秀作品

一等奖（20 篇）

作品题目	作 者	编 辑
战"疫"舆论场中媒体低级红高级黑案例分析及对我社的警示	代和铭	
"人工智能时代媒体变革与发展"研究报告	集 体	集 体
发挥全民记录力量 众筹抗"疫"影像素材——建议我社加强对民间抗"疫"素材的搜集利用	程 征	周燕群
《知乎十年》等"起底"一组	陈国权 吕 星	张维燕 张 垒
疫情就是命令 现场就是战场——新华社在湖北抗"疫"一线忠实履职尽责	唐卫彬 刘 刚	张 垒 郭 初
论舆论斗争的时代要求、思想内涵和理论渊源	马昌豹	张维燕
多位对冲立体攻防——从舆论斗争艺术看我涉港国安立法报道	李 成	李龙师 李勇华 庞晓华
论建设性新闻的理论基础与价值追求	文 建	张维燕
战"疫"纪念特刊	集 体	集 体
三家央媒社会热点报道能力对比分析及启示——以近期 20 个社会热点事件为样本	程 征	朱智宾 周燕群
人民日报社媒体融合发展与创新体制机制的经验启示	南 隽 刘丽琴 毛 伟	刘 刚
中国新闻奖 30 年		集 体
美国传统主流媒体"靠边站"了吗？——从大选看美国政治舆论生态与传播格局	集 体	刘 刚
抗美援朝前线的新华社记者	万京华	陈国权
建党百年报道需谨防的问题及对策建议	代和铭	罗 婷
记者的力量——脱贫攻坚优秀新闻作品采访记		集 体
三大央媒近期总书记报道情况分析（8 月 1—15 日）	王 丽	李龙师
海外主流新闻机构社交媒体平台运维观察	毛 伟	权 进 申 琰
湖南广电媒体融合的 12 条经验	集 体	
新时代党的新闻舆论工作	李江涛	刘 刚 刘光牛 万京华

二等奖（80 篇）（略）

三、学术活动

2020年11月26日，新华社2020年新闻学术年会在北京举行。年会以"谋篇'十四五'擘画新蓝图 加快建设国际一流的新型世界性通讯社"为主题。在开幕会上，新华社社长、党组书记、总编辑何平讲话，副社长张宿堂主持会议。此届学术年会共收到论文160余篇，设四个论坛："开幕暨主题论坛"、"媒体融合发展与全媒体传播体系建设"分论坛、"国际舆论斗争常态化与国际传播能力建设"分论坛、"做大做强主流舆论"分论坛。60多人在论坛发言，为加快建设国际一流的新型世界性通讯社提供智力支持。

四、期刊

主办刊物名称：《中国记者》，月刊。

负责人：刘刚；执行总编辑：张维燕。

该刊是新华社主管的大型新闻专业期刊，在业界学界具有公认的权威性和影响力。在第三十届中国新闻奖评选中，共有4篇刊发的新闻论文获奖。

2020年，《中国记者》加大策划力度，紧密围绕中央和总社要求，追踪前沿和热点问题，先后推出《战"疫"》《记者的力量——脱贫攻坚优秀新闻作品采访记》两本特刊，以及"从服贸会观察媒体融合成果与趋势"等多项主题策划。加强合作、开门办刊，强化与中国记协等相关机构的合作，与中国记协国内部共同主办"学习贯彻习近平总书记全国抗击新冠肺炎疫情表彰大会重要讲话精神研讨会"，引发强烈反响和好评。受邀参加第二十七届北京国际图书博览会，并荣获由中国期刊协会颁发的"2020中国精品期刊展"证书，杂志品牌影响力不断提升。

供稿：新华社新闻研究所

光明日报社新闻研究部 2020 年概况

一、机构概述

截至 2020 年年底，光明日报社新闻研究部在职人员 9 人。其中正高级职称 1 人、副高级职称 1 人、中级职称 4 人。部门主任耿海军，副主任孙明泉。部门下设新闻研究室、内刊编辑组两个处级单位，还有光明日报社开展增强"四力"教育实践工作领导小组办公室（"四力"办）、新闻战线"三项学习教育活动"办公室（"三教办"）、马克思主义新闻观培训领导小组办公室、光明日报社社史资料征集与研究办公室、报社新闻奖评奖办公室和国家社科基金委托管理机构。

二、科研工作及主要成果

在光明日报社编委会"抓党建 促业务""同频共振"办报办社理念统领下，新闻研究部将党建全面融入部门各项业务工作，充分发挥中央媒体研究机构职能，广泛联系知识界、理论界特别是新闻传播界专家学者，为报社办报和事业发展提供智力支持。

（一）重点课题

针对该报新年改版等重要项目，研究部于 2020 年底组织开展光明日报办报质量问卷调查，最终撰写形成调研报告《突出思想文化大报特色 光明日报办报质量逐年提升》和《2021 年版面安排建议》，为该报 2021 年的版面调整提供了重要决策依据。

作为报社研究性部门，新闻研究部积极进行业务调研并撰写调研报告《光明日报深度融合发展三年规划纲要》，为报社媒体融合发展提供遵循、指明方向；针对光明日报社好新闻评选、长江韬奋奖评选、防堵差错奖惩制度等问题进行了专门调研，并为报社最终的文件撰写了方案和文件草稿，包括《光明日报每月好新闻评选办法》《光明日报社 2020 年长江韬奋奖推荐人选评选细则（试行）》《光明日报社防堵差错奖惩办法》等。这些调研活动针对报社长期以来在各个领域存在的问题、需要改进的环节进行了清晰梳理和总结，在充分贯彻上级指示的同时广泛吸纳各部门对相关问题的建议，最终形成正式文件，助力该报的制度建设。

（二）学术论文及阅评文章

围绕 2020 年疫情防控和复工复产宣传报道，新闻研究部集中部门队伍力量，扎实研究，撰写系列研究总结文章刊发在内刊《新闻研究》，并积极向中宣部新闻阅评小组推荐。主要有:《坚守底色 突出特色 全媒发力——决战决胜抗击"疫"情阻击战》《精准发布、有效引导、同频共振——围绕习近平总书记重要讲话和指示精神做好抗"疫"宣传报道》《光明日报战疫报道的经验与反思——从战疫报道100天看光明日报的优势与努力方向》《塑造医务人员战"疫"英雄谱:光明日报这样做》《供给优质文化产品 有力有效引导舆论——光明日报广泛运用报告文学、诗歌、散文等文学作品坚定抗击疫情信心决心》《强信心 暖人心 聚民心——光明日报推出篇版联动系列报道讴歌全民战疫时代伟力》《以研究总结中国精神为己任 汇聚中华民族复兴的磅礴力量》《亮思想理论之剑 破舆论斗争之局——光明日报近期对美西方舆论斗争的回顾与思考》《统筹做好疫情防控和经济社会发展宣传报道的有效路径》《光明日报疫情报道总结与展望》《守正创新 同频共振 机制保障 全媒发力——光明日报以习近平总书记重要讲话和指示精神为指引做好战疫报道》等。

围绕本报全媒体人才培养、两会创新报道等主题,光明日报社新闻研究部撰写的新闻业务论文《加强全媒体人才培养 构建全媒体传播格局》《在凸显光明品格中讲好两会故事》《坚守底色 突出特色 全媒发力》《以守正促创新 以创新强守正》《统筹做好疫情防控和经济社会发展宣传报道的有效路径》分别刊登在《新闻战线》《三项学习教育通讯》《人民论坛》等期刊。

2020年,新闻研究部完成与《人民政协报》、《农民日报》、《湖南日报》、云南日报报业集团新媒体等多家单位的互评,主题涉及常态化疫情防控与全面推进复工复产宣传报道、"决胜脱贫攻坚、全面建成小康社会"新闻报道等,撰写的阅评报告主要有:《发挥"三个媒体"作用唱响政协抗疫好声音——对〈人民政协报〉"常态化疫情防控与全面推进复工复产宣传报道"的阅评》《聚力融合传播,讲好温情故事——云南日报报业集团新媒体"决胜脱贫攻坚、全面建成小康社会"新闻报道阅评》等。

三、学术期刊

2020年,新闻研究部共编辑《新闻研究》内刊30期,刊发文章135篇,内容涉及疫情防控及重大主题报道经验和规律的探索总结、报社编辑记者在新闻实践活动中的经验总结和新闻业务方面的论文,以及报社重大新闻活动、重要会议的报告、讲话等内容,继续深化了《新闻研究》为全社员工提供思想碰撞、业务交流、经验分享的平台功能。

疫情防控背景下,新闻研究部还创新推出《新闻研究》网络版93期,与原有纸质版《新闻研究》形成"一体两翼"格局,为报社战疫报道特别是战疫期间的"两会"报道提供了强大智力支持。

四、其他工作

参与光明日报社重大采编活动。新闻研究部编辑充分发挥脚力、眼力、脑力、笔力,积极参与新闻采编工作，在 2020 年"新春走基层""走向我们的小康生活"重大主题采访、世界互联网大会·互联网发展论坛等活动中，以记者编辑身份参与了报社组织的重大采访报道和编辑工作。

积极推动共建新闻院校工作。光明日报与中国政法大学光明新闻传播学院、北京师范大学新闻传播学校搭建了良好的共建新闻学院平台，作为具体执行部门，新闻研究部组织安排记者编辑到中国政法大学授课，涉及新闻写作、传播学概论、平面媒体采编技术、网络编辑技术、新闻采访学、国际新闻报道、新闻报道策划、媒介运营案例分析等课程，共计 20 多人次。

组织各类好新闻评选、报纸点评、报纸纠错工作。认真做好第三十届中国新闻奖、第十六届长江韬奋奖、人大好新闻、中小企业好新闻、应急好新闻、政法好新闻、政法综治好新闻、首都女记协短视频大赛等奖项报送工作；改革报社月度好新闻、年度好新闻、长江韬奋奖等评选办法，严格评奖标准，有效提高评奖的导向性、权威性，充分发挥评奖的指挥棒作用；组织报社 2020 年度新闻奖评选、月度好新闻评选工作；继续完善每日的编前会双部门评报制度，新闻研究部实行人员轮流评报制度，深化日常评报制度改革，在每日评报的基础上总结提炼一周报道亮点、特色及不足等，汇总后每月结集刊发在《新闻研究·一周汇评》，并加大对兄弟媒体报道的研究力度，使评报做到客观真实，有喜有忧；虚心听取读者意见建议并及时反馈，整理每月见报差错，按《光明日报社防堵差错奖罚办法》实施奖惩，进一步完善扣罚流程，并将见报差错结集刊发于内部刊物《新闻研究》，形成督促激励效应。

完成各类对外供稿工作。如顺利完成《中国新闻年鉴 2020》光明日报社供稿任务；完成中国社会科学院新闻与传播研究所《中国新闻传播学年鉴》供稿任务，撰写《光明日报社新闻研究部 2019 年概况》；完成中国记协《三项学习教育通讯》杂志多篇约稿。

牵头组织了多项上级或外部机构安排的工作与活动。完成中宣部等上级单位要求的多项材料报送工作，主题涉及新冠肺炎疫情报道、2020 年全国"两会"、第三届进博会、"走向我们的小康生活"主题报道等；高质量完成 2020 年第七届"好记者讲好故事"演讲活动的组织工作，光明日报社安徽记者站站长常河登上央视参加节目录制；对接中国记协安排的"中国新闻工作者援助项目"，办好光明日报援助申请等事宜；联系机关党委、人事部组织报社马克思主义新闻观教育、"四力"培训、青年编辑记者培训 5 次，有效提升采编人员业务水平；组织报社 2019 年国家社科基金重大项目材料汇总申报工作。

供稿：光明日报社新闻研究部

・学术社团・

中国新闻史学会及其二级学会 2020 年概况

中国新闻史学会是中华人民共和国境内新闻传播学方向唯一的一家以研究中外新闻传播历史与现状、促进新闻传播学发展为宗旨的全国一级学术团体。学会于 1989 年 4 月经民政部正式批准，1992 年 6 月在北京广播学院成立，业务主管单位为中华人民共和国教育部。中国新闻史学会现任（第六届理事会）会长为中国人民大学新闻学院王润泽教授，名誉会长为中国人民大学荣誉教授方汉奇、中国传媒大学赵玉明教授、北京大学程曼丽教授、清华大学新闻与传播学院常务副院长陈昌凤教授。副会长有陈建云、陈先红、胡钰、林如鹏、单波、隋岩、赵振祥等。学会联席秘书长为中国人民大学新闻学院邓绍根教授、深圳大学传播学院常江特聘教授。学会秘书处和学会新闻史志资料中心设在中国人民大学新闻学院。2020 年是不平凡的一年，一场突如其来的新冠肺炎疫情席卷全国。全国上下万众一心，众志成城，听从党的号召，遵从党的脚步，让中国的新冠肺炎疫情在短期之内就能得到有效的控制，并随着疫情逐渐稳定，采用腾讯会议等诸多线上线下相结合的新方式，积极开展组织工作和学术交流等活动。

一、热切响应党和政府号召，积极参与新冠防疫斗争

中国新闻史学会理事和会员积极响应党中央和教育部的居家防范新冠肺炎疫情的各项举措，做好各项防疫的社会服务工作。王润泽会长发动学会理事和会员有钱出钱，有力出力，积极捐赠，支援武汉及全国的防范新冠肺炎疫情斗争。95 岁的名誉会长方汉奇先生积极参加了"新冠涅槃"的主题征文活动，并题写了"家国情怀，浴火重生"，受到《中国教育报》等主流媒体的高度关注。

学会会刊《新闻春秋》在 2019 年第二期，围绕新冠肺炎疫情疾病预防和健康信息传播，推出了"抗击新冠肺炎专题研究"专栏，约请方汉奇先生和其他知名专家教授撰写了稿件，其中包括方汉奇先生撰写的题为《抗击"新冠"老兵报道》的卷首语，参与"新闻与传播学术前沿班"授课的中国人民大学新闻学院 2019 级博士研究生以及硕士研究生撰写的《抗击新冠肺炎疫情中的媒体：功能、教训与启示》，王润泽教授及学生撰写的《〈申报〉在卫生事业近代化中的作用分析——以 1910—1912 鼠疫报道为核心》等和公共卫生重大事件相关的学术

论文，受到了学术界的一致好评，也体现出了《新闻春秋》的人文关怀。

二、召开理事和会长工作会议，推动学会工作有序发展

1. 2020 年 1 月 5 日，中国新闻史学会京津冀常务理事工作会在北京外国语大学外研社召开。会议由中国新闻史学会主办，北京外国语大学国际新闻与传播学院与外研社承办。中国新闻史学会会长王润泽感谢北京外国语大学国际新闻与传播学院和外研社对此次京津冀常务理事会议的会务支持。她表示，中国新闻史学会在几代人的共同努力下得到了空前的发展，目前学会已有 22 个二级分会，此次常务理事工作会既务虚又务实，希望与会专家学者畅所欲言，对中国新闻史学会未来的发展提供良策。中国新闻史学会联席秘书长邓绍根报告了 2019 年度学会工作情况和 2020 年学会工作计划。联席秘书长常江就中国新闻史学会目前的内部管理和二级分会的申请、审核和停止等相关问题做了报告和补充。与会学者高度评价中国新闻史学会取得的成就，并就未来工作建言献策，共议发展。中国新闻史学会名誉会长程曼丽表示，当前世界正处于百年未有之大变局，在新的历史发展机遇期，怎样加快中国新闻史学的学科体系、学术体系和话语体系建构，更好发挥新闻史学会的作用，各位专家包括青年学者都有一份责任。特邀理事白润生、乔云霞，常务理事熊澄宇、白贵、赵丽芳、韩立新、李秀云、赵云泽、曼叶平、艾红红，《新闻春秋》主编周蔚华，博物馆与史志传播研究委员会秘书长刘英华等先后发言。大家认为，要明确中国新闻史学会的定位，加强对二级分会的管理。同时会刊在版块、栏目调整的基础上要突出特色，形成机制确保稿件数量，提升稿件质量，应用新媒体扩大会刊影响力等。最后，中国新闻史学会会长王润泽向与会专家学者转达了前任会长陈昌凤的祝福，并号召大家共同努力，让中国新闻史学会的发展更加扎实、辉煌。

2. 7 月 31 日，中国新闻史学会召开线上会长办公会议。会长王润泽，副会长陈建云、陈先红、胡钰、单波、隋岩、赵振祥，秘书长邓绍根、常江参会。会议就秘书处即将提交 2020 年度学会常务理事会审议的各项事宜展开了讨论，包括：二级机构管理办法和学术评优细则的改进方案；学会作为"讲好中国故事创意传播大赛特邀协办单位"的动议；关于号召各二级机构于 2020 年下半年开展形式多样的线上学术活动的倡议；关于学会副秘书长人选的提名等。除上述议程外，各位副会长也从不同方面对学会未来的发展提出建议。赵振祥副会长和胡钰副会长建议通过更加规范的程序加强二级机构申请管理；单波副会长和陈建云副会长建议通过多种方式提升评优活动的学术含金量；陈先红副会长倡议一级学会通过公益性的学术讲座活动提升影响力；隋岩副会长提出应加强学会与主流学术期刊的联系与合作。

3. 9 月 5 日，中国新闻史学会第六届常务理事会第二次会议在深圳大学召开。深圳大学校长李清泉出席并致欢迎词。中国新闻史学会会长王润泽及各位副会长、常务理事出席了会

议。中国新闻史学会会长王润泽教授感谢深圳大学对学会工作的支持。她表示，中国新闻史学会经过31年的发展，目前已经成为凝聚新闻传播学界力量、推动新闻传播学术研究的重要学术共同体。深圳大学传播学院作为中国新闻史学会的常务理事单位，在国内新闻传播学界影响力与日俱增，在学会发展过程中发挥了积极作用。学会的发展离不开各理事单位的大力支持。上午的议程主要包括：为中国新闻史学会名誉会长赵玉明先生默哀；听取学会秘书处工作报告；讨论并表决通过二级机构管理办法草案；讨论通过关于各二级分会在10—11月举办学术活动月的相关安排；发出为学报《新闻春秋》征稿的倡议；等等。下午的议程主要为听取各二级分会工作报告。会议还表决通过了增补中国人民大学讲师杨奇光为学会副秘书长。最后，王润泽会长作总结发言，从三个方面提出学会未来发展的方向：坚持传承与创新相结合，实现学会各项工作的稳步推进；集众智、汇众力，发扬"集体办会"精神，团结各会员单位与二级机构协同推进学会发展；坚持"学术立会"的办会宗旨，明确学会各项活动的学术导向，令学会为新闻传播学学术发展作出应有的贡献。

4. 12月30日晚，中国新闻史学会会长办公会于线上举行。会议由王润泽会长主持，副会长林如鹏教授、赵振祥教授、单波教授、隋岩教授、陈建云教授、胡钰教授、陈先红教授，秘书长邓绍根、常江，副秘书长杨奇光参会。秘书处首先汇报了2020年的主要工作和2021年秘书处的工作重点，通报了部分已完成换届的二级机构情况，并就如下事宜提请会长办公会讨论，包括关于二级机构管理规则的完善，关于下一届学会大会的筹备工作，关于拟申请二级机构名称的初步遴选，关于学术推优活动的筹备与推广工作。围绕二级机构的管理以及学会未来发展等问题，各位副会长分别提出了建议。林如鹏教授建议一级学会加强对部分二级机构的引导和管理工作，赵振祥教授建议加强对拟申报二级机构的考察，单波教授提出可结合新文科建设的背景开展具备交叉学科特色的学术活动，陈建云教授和胡钰教授提出应进一步规范各二级机构的换届工作，陈先红教授还就会费缴纳的标准以及拟申报二级机构的遴选提出了建议。

通过两次理事会议和两次会长线上工作会议，形成了一季度开一次的惯例，决策重大事件，推进学会工作顺利向前发展。

三、学术会议活动蓬勃开展

1. 2020年8月29日，中国新闻史学会与中国人民大学新闻与社会发展研究中心、中国人民大学新闻学院联合举办了线上暑期工作坊"新闻传播学术研究的问题意识与方法路径"。来自国内外新闻院校的百名专家学者师生齐聚云端，围绕如何建立起自觉的问题意识、如何实现问题与方法的匹配、如何让追赶热点的研究转变为真正有意义的学术成果等问题，展开了热烈的研讨。上午，浙江大学文科资深教授黄旦，中国传媒大学新闻学院院长、中国传媒大学国家传播创新研究中心主任隋岩教授，中国人民大学新闻学院蔡雯教授、杨保军教授，武汉大学媒体发展研究中心主任单波教授先后作主题发言。蔡雯教授讲道，"新闻传播的问题意识和方法途径"工作坊通过网络以线上会议形式举办还是第一次。下午设有分论坛一：新闻传播学研究的知识图谱；分论坛二：新闻传播学研究的问题意识；分论坛三：新闻传播学前沿研究方法。三个分论坛依次进行，来自多所新闻院校的师生进行了充分的学术交流，为与会者打造出一个共商、共建、共享的学术对话空间。全天累计550余人通过线上会议平台和直播系统参加了工作坊，在学界产生了积极的反响。

2. 9月5日，召开了中国新闻史学会第六届常务理事会暨新闻传播史学术研讨会。2020年是中外新闻传播发展史上值得纪念的重要年份。它不仅是世界上第一座有正式营业执照的广播电台KDKA诞生的100周年，而且是中国无产阶级新闻事业诞生的100周年；它不仅是中国共产党领导的人民广播事业诞生的80年，而且是深圳经济特区诞生的40周年。参加中国新闻史学会第六届常务理事会第二次会议常务理事和全国学者在深圳大学围绕上述新闻传播史学术问题进行了深入研讨。

3. 9月19日，由中国新闻史学会、中国人民大学新闻与社会发展研究中心、中国人民大学新闻学院、辽宁大学新闻传播史料研究中心主办，"百年中国新闻史史料整理与研究"重大课题项目组、"清代新闻传播史料整理与史料学建构"重大课题项目组承办的"中国新闻传播史料学的构建路径与理论"研讨会在中国人民大学召开。会议邀请了国内新闻传播院校的专家学者就"中国新闻传播史料学的构建路径与理论"这一主题，分享各自院校的史料库建设情况、交流重大项目的执行经验。重视历史、研究历史、借鉴历史是中华民族5000多年文明史的一个优良传统。新闻传播史研究的目的在于聚焦新闻传播教育界和学术界发展中的关键性问题，发扬科研"钉钉子"精神，集中相关领域权威专家的集体智慧，攻坚突破，期待通过每个具体问题的研讨带动某个领域教学科研的改革创新。

4. 11月28日至29日，第六届中国新闻史青年学者论坛在华东师范大学闵行校区举行。论坛由中国新闻史学会、中国社会科学院新闻与传播研究所主办，华东师范大学传播学院承办。来自北京大学、清华大学、中国人民大学、复旦大学、美国加州大学洛杉矶分校等海内外知名高校80多位学者，通过线上和线下两种方式，围绕"新闻史研究的范式转变、比较视野与中国经验"这一主题，设有分论坛一：中国共产党的新闻思想与政策专题；分论坛二：健康传播史；分论坛三：媒体与知识社会学；分论坛四：文化传播史专题；分论坛五：报刊与政治专题；分论坛六：党报、革命与文化专题；分论坛七：晚清舆论与传播专题；分论坛八：晚清新闻与社会专题；分论坛九：战争与舆论专题；分论坛十：报人与社会文化专题；分论坛十一：政治宣传与运作专题，进行了深入的学术探讨。

5. 2020年12月20日，由中国新闻史学会主办，中国人民大学新闻学院、国家社会科学基金重大招标项目"新中国 70 年新闻传播史"课题组承办的首届"当代中国新闻史研究论坛"在线上举行。论坛同时作为中国人民大学新闻传播学术话语体系创新深研会第 33 期，共邀十家单位的学界和业界学者、专家会聚一堂，在建党百年来临之际，从新中国成立 70 年来新闻传播史的研究出发，研讨当代中国新闻史的研究及书写，碰撞思想，指引方向。

四、二级分会开展精彩纷呈的学术、公益、智库活动

目前中国新闻史学会下设有新闻传播教育史研究委员会、外国新闻传播史研究委员会、网络传播史研究委员会、少数民族新闻传播史研究委员会、台湾与东南亚华文新闻传播史研究委员会、广告与传媒发展史研究委员会、公共关系史研究委员会、舆论学研究委员会、传媒经济与管理研究委员会、视听传播研究委员会、新闻传播思想史研究委员会、传播学研究委员会、编辑出版史研究委员会、媒介法规与伦理研究委员会、应用新闻传播学研究委员会、全球传播与公共外交研究委员会、中国特色新闻学研究委员会、党报党刊研究委员会、符号传播研究委员会、计算传播学研究委员会、地方新闻史研究委员会、博物馆与史志传播研究委员会等 22 个二级分会。2020 年 11—12 月，新冠肺炎疫情好转之后，各个二级分会积极响应总会号召，开展了网上"学术月"活动，在全国产生了较为广泛的社会影响。各二级机构积极召开自身理事会议，举办学术年会、学术论坛、工作坊、学术公众号、大讲堂，出版会刊，推进二级分会的工作有序进行。比较有特色的活动如下。

1. 中国新闻史学会新闻传播教育史研究委员会集体编撰的《中国新闻传播教育年鉴（2020）》顺利出版，《中国新闻传播教育年鉴（2018）》喜获第十二届湖北省社会科学优秀成果奖二等奖，并召开了两次大型学术会议。

2. 中国新闻史学会媒介法规与伦理研究委员会根据全国疫情联防联控小组、中国新闻史学会的要求，针对特殊时期社会关注的议题开展特别线上线下的会议进行深入探讨。

3. 中国新闻史学会舆论学研究委员会于 2020 年 11 月，由上海交通大学、华东师范大学等全国重点高校知名学者联合撰写的《中国舆论史》完成最后统稿工作。

4. 中国新闻史学会全球传播与公共外交研究委员会策划了 1 次学术年会，1 次研讨会，确定了 26 位常务理事，正式注册的会员达到 110 名，组织了支持武汉新冠肺炎疫情募捐活动。

5. 博物馆与史志传播研究委员会拓展了天津收音机博物馆等理事单位。

6. 中国新闻史学会视听传播研究委员会集刊《视觉传播研究》的编辑出版工作。

7. 中国新闻史学会公共关系分会抗疫倡议书，中国公关云讲堂，中国故事创意传播研究院 2020 工作会议，参与组织 2020 "讲好湖北抗疫故事"作品评定会暨研讨会。

8. 中国新闻史学会符号传播学研究委员会开展了"符号学视野与学科开拓"系列对谈。

9. 中国新闻史学会计算传播学研究委员会与微热点大数据研究院共同发起了"第二届传

播数据挖掘竞赛",发起"第二届大学生校园媒体大赛"。

10. 传媒经济与管理研究委员会编辑、出版会刊《传媒经济与管理研究》。

11. 中国新闻史学会新闻传播思想史专业委员会微信公众号"传播思想史研究会"依然非常活跃。

12. 广告与传媒发展史研究委员会开展上海广告业"十四五"规划编写暨"十三五"规划评估工作。

13. 应用新闻传播学研究委员会继续开拓进取,共召开了一次常务理事会,举办了三次学术会议/研讨会、二次案例评选活动,出版了《应用新闻传播十大创新案例》辑刊一本。

14. 少数民族新闻传播史研究委员会积极发展会员。

15. 传播学专业委员会在疫情早期发起了"雷火明书"志愿者活动。

16. 网络传播史研究委员会 2020 年 5 月起,该会发起"网络传播三人会"线上学术对话活动,探讨互联网与数字媒体领域的前沿议题。

17. 编辑出版研究委员会召开了编辑出版学国家级一流本科专业建设点座谈会,举办了青年论坛。

五、完善规章制度,规范二级机构换届工作流程

2020 年申请换届的二级机构中,传媒经济与管理研究委员会、应用新闻传播学研究委员会、计算机传播学研究委员会、台湾与东南亚华文新闻传播史研究委员会、外国新闻传播史研究委员会、公共关系委员会、全球传播与公共外交研究委员会,已依照换届暂行办法提交了相关表格完成换届。

为加强中国新闻史学会管理,指导二级机构换届工作正常有序进行,在参考民政部和教育部相关社团管理规定与其他一级学会的实施办法基础上,学会秘书处起草了《中国新闻史学会二级机构建设和管理暂行办法(试行版)》、《中国新闻史学会二级机构换届暂行办法》和《中国新闻史学会二级机构换届流程细则》等文件,并经过了会长办公会的审议。

六、国家社科基金社科学术社团主题学术活动获得立项资助

2020 年 8 月 31 日,经专家评审并报全国哲学社会科学工作领导小组批准,该社团申请的国家社科基金社科学术社团主题学术活动:重大突发公共卫生事件的舆情应对学术研讨会获准立项。

七、加强国际学术交流

2020 年 12 月 2 日,亚洲舆论学会(ANPOR)与亚太传播学会联盟(APCA)2020 联合

年会在线上举行，会议的主题是"权衡、理解和沟通：百年未遇时代的舆论"。此次会议围绕百年未遇时代的舆论，探讨传播与沟通的学术话题。年会设分论坛、学术展示、工作坊等多种形式，来自亚太地区的多国学者在线上参加。

2020年11—12月，中国新闻史学会传媒经济与管理研究委员会举行"重构传播学国际系列论坛"。该系列论坛共举行16场，包括"计算传播专题""健康传播专题""数字媒体研究前沿对话""互联网治理研究前沿""SSCI主编论坛""跨文化语境下的组织传播与创新""媒介与人机交互""研究如何选料：实证研究的数据质控""新闻传播学科国际学会主席论坛：学科任务与传播学未来发展""健康素养、环境与计算内容分析方法"等10个系列。共33位国外知名专家参加了此系列论坛。

上述两个线上论坛前者侧重中国，后者侧重国际，议题前沿，专家权威，在腾讯会议、ZOOM、B站上直播时，平均每场活动均有上千人参加，惠及了整个学术圈。

八、秘书处日常工作运转正常

会刊《新闻春秋》6期正常出版，但由于疫情原因出现了拖期的现象，尤其影响了寄给学会各位理事和论文作者。2020年起，该刊特聘外审专家为内容把关，另外还聘任20余位博士研究生作为期刊的责任编辑。除了对文字内容有无错字、别字、病句等问题进行校对外，重点放在把关文章的政治立场和价值取向。在编辑部建设方面，该刊已全面建立起完善的编辑人员队伍，责任编辑均为拥有新闻传播学博士学位的学者担任，助理编辑和校对人员则由在读博士研究生担任。在书报资料中心的要求下，编辑部严格管理编辑人员资质，并为其提供必要的专业培训以使之更好地适应学术期刊编辑工作。2020年编订新的实施办法，加强来稿登记，规范化审稿与编校流程，明晰职责与分工，将栏目负责人、责任编辑与各栏目固定，做到每篇稿件责任到人，彻底贯彻三审三校流程。《新闻春秋》学术影响力也在不断扩大，6期有7篇文章被人大复印报刊资料《新闻与传播》全文转载。

秘书处重新建设的中国新闻史学会网站已正式启用；邮箱、微信公众号正常运行；秘书处及时向会员发送学会动态、会议通知等信息，回复会员问询。微信公众号已经连续推出了会长和副会长寄语，马上要推出二级分会会长寄语和二级分会简介；会员微信群、常务理事群以及各分会会员群持续活跃，提高了沟通的有效性。

秘书处及时完成了证书、会刊的邮寄，并解决作者、读者来信、来电提出的问题。

撰稿：邓绍根（中国新闻史学会秘书处）

北京大学新闻学研究会2020年概况

一、第九届新闻史论青年论坛暨北京大学新闻学研究会年会在湖南大学召开

2020年11月7日至8日,第九届新闻史论青年论坛暨北京大学新闻学研究会年会在湖南大学召开。会议由北京大学新闻学研究会和湖南大学新闻与传播学院共同主办,北京大学新闻学研究会新闻史论师资特训班同窗会协办。

湖南大学党委副书记、纪委书记曹升元,湖南大学新闻与传播学院院长彭祝斌,北京大学新闻学研究会执行会长、北京大学新闻与传播学院教授程曼丽,分别代表主办方和学会在开幕式上致辞。

来自北京大学、清华大学、复旦大学、浙江大学、华中科技大学、中国人民大学、山东大学、四川大学、厦门大学、湖南大学、中国外文局当代中国与世界研究院等国内50多所高校和研究机构,以及加拿大皇家学会、日本龙谷大学等海外高校研究机构的百余位专家学者出席会议。

在突如其来的新冠肺炎疫情下,全球团结抗疫的话语催生了真诚合作的实践。会议聚焦实践与话语及其相互关系,围绕"实践与话语:中国新闻事业发展的历史逻辑与理论建构"这一主题而展开。整个会议设置了湖南大学超算中心主会场和8个分会场。在主会场上,中国人民大学新闻学院王润泽教授、华中科技大学新闻与信息传播学院吴廷俊教授、湖南师范大学新闻与传播学院院长尹韵公教授、加拿大皇家学会院士赵月枝教授、湖南大学新闻与传播学院阳美燕教授、北京大学新闻与传播学院程曼丽教授分别发言。

"在中国新闻传播史的不同阶段,不同传播主体在社会实践中生成了怎样的话语""不同的话语如何服务于各主体的实践""在中国语境下,基于话语和实践应形成怎样的新闻理论建构"等一系列议题备受关注,成为会议的热点。

在8个分论坛上,近百人的青年研究者围绕马克思主义新闻观、近代报人与报刊、沦陷区新闻传播史、对外传播史、媒体融合发展、突发公共事件传播等主题,进行了论文成果报告。为鼓励青年学子投身新闻传播史研究,会议还特别将其中的两个分论坛设为"研究生专场",26位青年学子报告了各自最新的研究成果。

"青年视点"一直是新闻史论青年论坛的特色环节。重庆大学新闻学院的李松蕾副教授、北京工商大学传媒与设计学院李杰琼副教授、华东师范大学传播学院李海波副教授、北京大

学新闻与传播学院张慧瑜研究员等结合各自阶段性研究成果，围绕"从新闻传播历史实践走向中国理论与话语建构"，分别以"日本帝国主义话语及其生产机制——从《顺天时报》的日俄战争宣传谈起""近代日本在华北的新闻实践与话语建构——兼论新闻史研究的问题意识与理论创新""新革命史与延安新闻史研究""从中国经验到中国理论——基于解放战争时期根据地新闻实践的观察"为题与参会者进行了交流。针对四位年轻学者的发言，北京大学新闻学研究会新闻史论师资特训班同窗会会长刘扬进行了反馈与点评。

作为会议主办方之一的北京大学新闻学研究会，成立于1918年10月14日，由时任北京大学校长蔡元培担任会长并起草章程，聘请徐宝璜和邵飘萍任导师，以"灌输新闻知识，培养新闻人才"为宗旨，被公认为是中国新闻学教育的开端。2008年，在中断运作70多年后，北京大学新闻学研究会恢复成立，经程曼丽教授、卓南生教授等导师指导，先后举办了五届新闻史论师资特训班，培训了100名学员。自2011年起，研究会已连续在北京、厦门、吉首、长春、南京、长沙举办了九届新闻史论青年论坛暨北京大学新闻学研究会年会，成为国内青年新闻史论人才深入交流的重要平台。

二、第64期北大新闻学茶座热议新闻史研究的问题意识

北大新闻学茶座是北京大学新闻学研究会的品牌学术活动。在召开学术年会的同时，以北大新闻学茶座为平台组织深度学术交流，通过学术讲座和互动推进问题意识的深入，已成为北大新闻学研究会的一项传统。

2020年11月8日，第64期北大新闻学茶座在湖南大学集贤宾馆集贤厅举行。新加坡学者、北大新闻学研究会导师兼副会长卓南生教授围绕新著《东亚新闻事业论》，分享他对新闻史论研究的起点、方法与方向的思考。茶座由北京大学新闻学研究会执行会长、北大新闻与传播学院教授程曼丽主持。

《东亚新闻事业论》由中国社会科学出版社于2020年9月出版。此书是卓南生教授在其日文著作『東アジアジャーナリズム論―官版漢字新聞から戦時中傀儡政権の新聞統制、現代まで』（《东亚新闻事业论——从官版汉字新闻、战时傀儡政权的新闻统制到现在》）基础上，面向中国读者的中文增订本（增加约一倍的篇幅），也是其代表作《中国近代报业发展史1815—1874》（获中国新闻传播学会奖第二届"卓越学术奖"）的姊妹篇。作者学生时代的恩师、九旬高龄的东京大学新闻研究所荒濑丰教授誉之为"开拓东亚媒体研究沃野的金字塔之作"。

程曼丽教授介绍，《东亚新闻事业论》是卓南生教授近20年来的心血之作，凝聚着对新闻史论研究的学理思考。程教授还转述了方汉奇先生阅后对此书的评价："大作论证绵密，弥补了新闻史研究的重要空白，可敬可喜可贺！"

《东亚新闻事业论》内容分为四部分。卓南生教授指出，前两部分正如《中国近代报业发展史 1815—1874》一般，是"论从史出"的典型例子，即明确史观，结合历史背景，读破"碎片化"的原始资料（一手资料或准一手资料）。在第一部分"近现代华文新闻史的探源与发现"中，通过对报刊原件和准原件的追溯与考究，卓教授分析指出，中日两国近代报刊之诞生，并非出自两国的"内因"，而是来自"外因"。被日本新闻史奠基人小野秀雄视为"与《官版巴达维亚新闻》一样"，同属"我邦（指日本）报纸的祖先"的"官版翻刻汉字新闻"，其原报正是来自欧美传教士和商人在中国东南沿海被迫"开埠"的港口或已沦为英国殖民地的香港所办的中文报刊。中日两国所接触的"近代报刊"的"原型"和时期是相近的。例如美国传教士在宁波出版的首家中文报刊《中外新报》，传入日本后翻刻为《官版中外新报》。其特点是西方传教士与商人为维护"西人在当地的共同利益"办报，将舆论导向与其母国的对外扩张"国策"紧密挂钩，形成"国益论"和"双重标准"的办报"范式"。

此后，中日两国的报人怎样看待这些"范式"？是毫不保留地接受与继承，并发扬光大，还是审慎地吸收其办报概念，并从中摸索和掌控"新报"之道？对此，卓南生教授指出，针对外报在中国的创办和发行，中国报人和报学研究者固然对之评价不一，但总体都相对保持着高度的警惕，报界先驱王韬等在《循环日报》发刊词中打出了"华人资本、华人操权"的鲜明旗帜，戈公振在《中国报学史》中更是直截了当地抨击在华外报之言论与流弊。换句话说，早期的中国近代报业史，其实正是一部中国人要求摆脱外国势力对传媒的控制、争取言论自由，从而表达国家民族意识的斗争史。

至于日本的反应，在该书第二部分"日本的新闻学与大众传媒"中有典型且深入的呈现。卓南生教授通过日本媒体对明治维新 100 周年和 150 周年纪念的评价、日人"日清战争（甲午战争）观"的辨析乃至对今日日本主流媒体有关国际问题（包括中日关系）的报道与评论的考察，发现"国益论"与"双重标准"始终占据着日本主流媒体的主线，并深刻地影响着战争期间和战后日本的知识界。它们沿袭西方的"近代化模式"，走"富国强兵"路线，信奉"弱肉强食"的丛林法则，媒体与"国策"捆绑，扮演"战争协力"角色，甲午战争以来用"义战论"与"大东亚解放论"合理化对亚洲的侵略扩张。

关于为何战后日本知识界（包括"开明人士"）没能摆脱战前史观与洋人的办报"范式"，卓教授分析，一是对战前未进行彻底反思，二是"本能地"为侵略行为翻案。他不无遗憾地指出，环顾当时日本学界、论坛的知名人士，特别是与"亚洲"有关的人士，几乎毫不例外地曾卷入"大东亚战争"的"总动员"当中，并扮演其相应"协助战争"的角色（详见该书第二部分第二章）。在战后宪法与"民主化改革"措施和民众运动热火朝天开展的大格局下，日本知识分子顽固坚守战前思想者固然有之，投身于战后的民主运动、努力改造自己和社会并以崭新姿态出现者不在少数。但与此同时，只是迫于战后形势，摇身一变（或者表面"转向"，内心充满矛盾）成为"开明派"或"前卫者"也大有其人。卓南生教授表示，20世纪六七十年代的亚洲留日青年固然十分敬重这些名学者与名报人，也设法理解他们的处境与所处时代的影响和战后反思的局限性，但不会因为对方的名气或者所举旗号就轻易对其自圆其说的"学说"信以为真，遑论尊他们为偶像并直接或间接推售其惑人的"智慧"与"学知"。

卓教授赞同京都大学已故知名历史学家井上清教授应"从全盘（而非部分）否定大东亚战争出发"，方能清算战前思维的观点。

在辨析中日两国报业先驱对这"新报"范式的不同反应与实践之后，该书将视野投向作为近代华文报刊发源地和欧美前殖民地的东南亚，勾勒并探究东南亚华文报业独特的发展历程与难题。卓教授解释道，从表面上看，东亚新闻事业的起源与东亚媒体的走向似乎欠缺关联，但通过对上述课题长期的观察与研究，时常可以发现不少古今东亚新闻事业的共同点，以及两者相呼应的痕迹与现象。他指出，不管是美国在华第一家华文报纸《中外新报》的"国益论"与"双重标准"的编辑方针，或者是汪伪政权的新闻管制体制及其自圆其说的新闻理论，人们都不难从中发现迄今仍不过时的有关国际新闻媒体本质及其功能的论议。

卓南生教授强调，历史研究的起点是找准自我定位，在探讨研究的"方法论"之前，要先弄清楚为何研究，为谁研究，接着，通过"大翻书、乱翻书"的过程培育"问题意识"，收集原始资料，告别概念游戏的迷思，脚踏实地回归历史现场，摸索梳理碎片化史料的路径。这也是卓南生教授结合半个多世纪以来与中日学界、知识界的交流与体察，在《东亚新闻事业论》第四部分"与青年学者分享研究的苦与乐"中展现的长期以来对新闻学理及新闻史研究核心问题与方法论的沉思与辨析。

茶座由北京大学新闻学研究会、湖南大学新闻与传播学院共同主办，采用线上线下相结合的方式。来自北京大学、湖南大学、山东大学、厦门大学、重庆大学、河北大学、北京工商大学、首都经贸大学、日本龙谷大学和中国外文局当代中国与世界研究院等海内外高校、研究机构的学者和青年教师出席茶座，围绕《东亚新闻事业论》及新闻史研究的问题意识、史观、史料和方法进行交流与探讨。

中国外文局当代中国与世界研究院助理研究员、北大新闻学研究会新闻史论师资特训班同窗会会长刘扬作为茶座评议人率先发言。他认为，《东亚新闻事业论》不仅是继《中国近代报业发展史1815—1874》之后又一部论从史出、史论结合的研究典范，而且展示了一种广阔的、从新闻事业维度审视西方列强与东亚关系的研究视野，该书没有抽象的理论和高深的概念，却在史料的挖掘与研析中展现了学术的严谨与负责，在啃尽史料中成就一篇又一篇的"打深井"之作，其对于近代西人在华报刊"国益论"和"双重标准"办报"范式"以及中日近代报刊相似起点却不同发展路径的揭示，打通近代与当代、贯通中国、日本等东亚国家与世界，不仅证明一国控制本国舆论主导权对于维系自身独立的重要性，也说明了建立世界信息传播新秩序的必要性与艰巨性。同时，他指出，卓教授十余年来一直借助北大新闻学研究会举办的各类学术活动悉心指导、热情鼓励青年新闻史研究者，该书第四部分"与青年学者分享研究的苦与乐"是这种关爱与期望的集中体现。

厦门大学新闻传播学院助理教授、北京大学新闻史论师资特训班同窗会首任会长毛章清指出，作为一本论文集，《东亚新闻事业论》有着一以贯之的问题意识，全球视野、批判精神、新闻史研究的主体性、一手史料和回归历史现场是理解这本书的关键词。

北京工商大学传媒与设计学院副教授、北京大学新闻史论师资特训班同窗会副会长李杰琼指出，贯穿于《东亚新闻事业论》的思想性是把握史观、史实、史料三者关系的重点。卓南生教授注重对一手原件的考据、考证，治学态度严谨，但也会被所谓"史料派"的标签遮蔽了他论著中高度的思想性。这种思想性体现在通过对中日近代报刊不同发展路径的细致比较，通过对日本新闻事业（特别是对亚洲邻国的新闻报道论调）连续性与非连续性的深入分析，持续地剖析新闻传播实践在西方现代化向全球扩散、复制自身的历史进程中发挥的重要作用，审慎地站在历史大是大非的立场上质询西方现代化道路的暴力性和非正义性。

山东大学新闻传播学院王咏梅教授、中南民族大学文学与新闻传播学院汪前军副教授、广西大学新闻与传播学院李时新副教授、河北大学跨文化传播研究中心金强副教授等结合各自的研究体验，就史观从何而来、问题意识与学术立场、结合历史语境"读破"碎片化史料的方法与卓南生教授进行了远程对话。茶座活动在热烈讨论中落下帷幕。

供稿：北京大学新闻学研究会秘书处

学术评奖

第三十届中国新闻奖获奖作品名录

(新闻论文)

2020年11月2日,中华全国新闻工作者协会主办的第三十届中国新闻奖评选结果揭晓。16件新闻论文作品获奖,其中一等奖2件,二等奖7件,3等奖11件。

中国新闻奖是经中央批准常设的全国优秀新闻作品最高奖,由中华全国新闻工作者协会组织评选,每年评选一次,自1991年开始评选,至今已评选31届。

奖次	题目	作者(主创人员)	编辑	刊播单位	报送单位
一等奖	增强脚力、眼力、脑力、笔力更好地履行新时代新华社的职责使命	蔡名照	陈国权	中国记者	新华社
一等奖	厘清边界内涵 构建凝聚共识的大舆论格局	双传学	陈国权	中国记者	江苏记协
二等奖	创新服务能力,构建服务型媒体,推进媒体融合行稳致远	陆先高	左志新	传媒	光明日报
二等奖	不断增强"四力"妙笔书写新时代	王一彪	黄福特 武艳珍	新闻战线	人民日报
二等奖	《西藏日报》:蹲点采访对田野调查方法的借鉴	廖云路	梁益畅	中国记者	西藏记协
二等奖	汇聚起各民族团结奋斗的磅礴力量	李志伟	叶 帆	人民日报	中央主要新闻单位初评委员会
二等奖	用人物报道讲好中国改革开放故事	沈 斌、刘亚奇	包萨仁娜	新闻战线	中国日报
二等奖	在守正创新中展示好新时代空军形象	徐同宣	姜兴华	军事记者	中央军委政治工作部宣传局
二等奖	把握"系统性问题的典型呈现"——对党报舆论监督报道的思考	李鹏飞、王红军、赵丰	赵 金	青年记者	山东记协
三等奖	5G时代中国广电新闻业态转型发展对策研究——基于使用与满足理论视角	赵 刚、宋 艳、孙 萌	樊丽萍	中国广播电视学刊	黑龙江记协
三等奖	推进融媒体时代副刊转型	章学锋	张更武	新闻战线	陕西记协
三等奖	把握好"流向"和"流量",构建舆论引导新格局	庄谦宇	武艳珍	新闻战线	吉林记协

续表

奖次	题目	作者（主创人员）	编辑	刊播单位	报送单位
三等奖	融合时代电视时政报道的"变"与"不变"	刘红明	樊丽萍	中国广播电视学刊	广西记协
三等奖	舆论监督报道时度效把握的理论与实践	胡跃华、章玉政	陈国权	中国记者	安徽记协
三等奖	融媒体助力新时代社会治理探析	袁蕾	郝红	当代传播	新疆记协
三等奖	机器人新闻写作的风险评估及责任机制探讨	陈建飞	杨忆华、甘恬	传媒评论	浙江记协
三等奖	塑造主流价值需融合"破局"	丁洪、季红	郭潇颖	新闻战线	宁夏记协
三等奖	端网速度 纸媒深度 全媒呈现	赵洪松	郭潇颖	新闻战线	湖北记协
三等奖	新闻扶贫，贵在精准	于瀛	王洪奎	影响力-云南传媒	云南记协
三等奖	"流量"时代党报评论守正创新的实践思考——以北京日报"长安观察"融合实践为例	毛颖颖	李嘉卓、梁凤鸣	新闻与写作	北京记协

来源：中国记协网

第九届（2020年度）全国新闻传播学优秀论文遴选结果名录

中国社会科学院新闻与传播研究所于2021年12月完成了第九届（2020年度）全国新闻传播学优秀论文遴选暨《中国新闻传播学年鉴》优秀论文奖评选活动。

优秀论文遴选由中国社会科学院新闻与传播研究所主持，始于2013年。为增强学术年鉴对学术研究成果的评价功能，自2019年起，中国社会科学出版社与新闻与传播研究所达成协议，为遴选出来的优秀论文冠名"《中国新闻传播学年鉴》优秀论文奖"。

遴选以全国167种期刊2020年发表的一万余篇新闻学与传播学论文作为备选文本，经新闻与传播研究所学术委员会委员（所内）、各研究室主任和资深研究员等初选、打分排序、民主协商，最终以集体评议的方式从中选出10篇优秀论文。

序号	论文标题	作者	论文出处
1	桥接社群与跨文化传播：基于对西游记故事海外接受实践的考察	田浩、常江	《新闻与传播研究》第1期
2	"信息茧房"在西方：似是而非的概念与算法的"破茧"求解	陈昌凤、仇筠茜	《新闻大学》第1期
3	网络谣言入罪的尺度与限度——以风险刑法为分析视角	冯建华	《新闻与传播研究》第2期
4	整合框架与解释水平：海内外报纸对"一带一路"报道的对比分析	王丹、郭中实	《新闻与传播研究》第3期
5	劳动者社交媒体言论自由及其限制	谢增毅	《法学研究》第4期
6	清末京师阅报社考察——基于空间和族群的视角	王鸿莉	《近代史研究》第5期
7	数字化记忆的双重书写——百度贴吧中"克拉玛依大火"的记忆结构之变迁	闫岩、张皖疆	《新闻与传播研究》第5期
8	短视频平台上的职业可见性：以抖音为个案	陆晔、赖楚谣	《国际新闻界》第6期
9	"牧影"：中国流动电影放映再阐释——基于滇川藏"大三角"地区田野研究的讨论	郭建斌、王丽娜	《国际新闻界》第6期
10	作为知识的"报刊"：清末民初新式教科书中的报刊叙述（1902—1922）	王润泽、邓洁	《编辑之友》第6期

来源：新闻与传播研究网

第三届青年新媒体学术研究"启皓奖"获奖名单

"启皓奖"由微博智库联合清华大学新闻与传播学院、深圳大学传播学院主办。发起于2018年的"启皓奖"旨在通过评选、奖励青年学者在新媒体使用、文化和社会影响研究领域取得的高水平成果,鼓励青年学者探索前沿理论、关注时代话题、促进中国新媒体学术研究的高质量发展。自诞生以来,"启皓奖"和启皓新媒体青年学者论坛受到学界、业界和新闻媒体的广泛关注,业已成为国内新媒体学术研究领域具有标志性意义的事件。目前,已有多位获奖者因研究成果突出而受到各高校、科研机构的关注。

第三届青年新媒体学术研究"启皓奖"评选结果揭晓,共21件学术作品获奖,其中卓越学术奖7件、优秀学术奖10件、学术新秀奖4件。

奖项	作者	作者单位	作品名称
卓越学术奖	郑 雯	复旦大学新闻学院	论争与演进:作为一种网络社会思潮的改革开放——以2013-2018年2.75亿条微博为分析样本
	王 茜	郑州大学新闻与传播学院	批判算法研究视角下微博"热搜"的把关标准考察
	江 凌	上海交通大学媒体与传播学院	后真相事件的生成因素与内在机制实证分析
	王 蕊	北京师范大学新闻传播学院	Fake New or Bad News? Toward an Emotion Driven Cognitive Dissonance Model of Misinformation Diffusion
	仇筠茜	中国传媒大学新闻学院	在屏与在场:移动互联网与公众参与机制研究
	曹博林	深圳大学传播学院	沟通弥合与患者感知:基于链式中介模型的线上医患交流效果研究
	孙 萍	中国社会科学院新闻与传播研究所	Your Order, Their Labor: An Exploration of Algorithms and Laboring on Food Delivery Platforms in China
优秀学术奖	胡岑岑	北京体育大学新闻与传播学院	从"追星族"到"饭圈"——我国粉丝组织的"变"与"不变"
	徐 智	中央民族大学新闻与传播学院	网络女性自治区的性别歧视内化——自媒体美妆视频中的女性嫌恶现象及批判
	姬德强	中国传媒大学人类命运共同体研究院	深度造假:人工智能时代的视觉政治

续表

奖项	作者	作者单位	作品名称
优秀学术奖	方　惠	暨南大学新闻与传播学院	融入与"断连"：老年群体 ICT 使用的学术话语框架分析
	王可欣	浙江大学传媒与国际文化学院	Active Public Facebook Use and Adolescents' Feelings of Loneliness：Evidence for a Curvilinear Relationship
	张　楠	厦门大学新闻传播学院	Getting Their Voice Heard：Chinese Environmental Ngo's Weibo Activity and Information Sharing
	孙文峥	南京大学新闻传播学院	任务导向型网络打卡：新媒体时代的数据化生活与自我管理
	叶韦明	北京大学汇丰商学院	重塑时空：算法中介的网约劳动研究
	唐嘉仪	中山大学粤港澳发展研究院	场景与对话：微信群讨论如何影响态度？——基于对比实验的微观解释框架
	董向慧	天津社会科学院舆情研究所	"后真相时代"网络舆情与舆论转化机制探析——互动仪式链理论视角下的研究
学术新秀奖	郭沛沛	中国人民大学	"嘲笑"即礼遇：偶像"出圈"的传播研究——基于洛文塔尔社会心理学接受理论的分析视角
	赵甜芳	华南理工大学	Toward Predicting Active Participants in Tweet Streams：A Case Study on Two Civil Rights Events
	韩　婷	北京师范大学	The Impact of Media Situation on People's Memory Effect：An Erp Study
	黄　骏	清华大学	城市形象、用户生成视频与传播效果——对抖音平台武汉城市话题挑战的内容分析

中国新闻史学会第六届新闻传播学获奖名单（2020）

奖项	等级	姓名	单位	类别	作品名称
优秀学术奖	一等奖	黄雅兰	暨南大学	论文	以 communication 的汉译看传播研究在中文世界的知识旅行
		陈志强	浙江万里学院	著作	中国共产党报人群体的出现与崛起
	二等奖	孙信茹	云南大学	论文	作为"文化方法"的媒介人类学研究
		郭建斌	云南大学	著作	在场：流动电影与当代中国社会建构
		陈先红	华中科技大学	著作	中国公共关系学：全2册
		方晓恬、王洪喆	北京大学	论文	从"群众路线"到"人的现代化"："北京调查"与传播学在中国的肇始（1982—1992）
		季为民	中国社会科学院新闻与传播研究所	论文	中国特色社会主义新闻学"三大体系"的建构
	三等奖	张殿元	复旦大学	著作	广告传播政治经济学批判
		陈广耀	暨南大学	论文	Viewing Mechanism of Lonely Audience: Evidence from an Eye Movement Experiment on Barrage Video
		喻发胜	华中师范大学	论文	普遍联系：马克思主义新闻学的重要哲学基石及其实践价值
		罗韵娟	华南理工大学	论文	A Meta-analysis of News Media's Public Agenda-setting Effects, 1972-2015
		王艳	四川外国语大学	论文	移动连接与"可携带社群"："老漂族"的微信使用及其社会关系再嵌入
		李丹林、曹然	中国传媒大学；苏州大学	论文	新媒体治理视域下的表达权规制研究
		陶喜红	中南民族大学	著作	中国传媒产业生态系统健康评价研究
方汉奇奖	一等奖	徐新平	湖南师范大学	著作	中国新闻伦理思想的演进
	二等奖	黄升民	中国传媒大学	著作	中国广告四十年（丛书）
	三等奖	向芬	中国社会科学院新闻与传播研究所	论文	新闻学研究的"政治"主场、退隐与回归——对"新闻论争三十年"的历史考察与反思
		郭毅	重庆大学	论文	The Liminal Landscape: The Reception of Western Press Freedom in Late Imperial China

续表

奖项	等级	姓名	单位	类别	作品名称
杰出青年奖		郭小安	重庆大学		1. 舆论的公共性与公众性价值：生成、偏向与融合——一项思想史的梳理 2. 公共舆论中的情绪、偏见及"聚合的奇迹"——从"后真相"概念说起 3. 图像传播时代的符号载体与共意动员——对九起丝带行动的综合分析
		王辰瑶	南京大学		1. 新闻融合的创新困境——对中外77个新闻业融合案例研究的再考察 2. 反观诸己：美国"新闻业危机"的三种话语 3. 新闻权威为何失灵？——"江歌案"中多元传播主体的话语实践
		闫岩	中国人民大学		1. 共同体的凝聚、分化和退场：建国以来官方救灾话语的共现结构之演变（1949—2017） 2. The Sky is Falling：Predictors of News Coverage of Natural Disasters Worldwide 3. 从"工友"到"他们"：建国以来特大事故对象指称词的变迁（1949—2016）
终身成就奖		姚福申	复旦大学		
		白润生	中央民族大学		
卓越学术奖		马光仁	上海社会科学院新闻研究所		
组委会特别奖		陈力丹	中国人民大学		

来源：中国新闻史学会网站

科研项目

·项目名录·

国家社科基金2020年度重大项目立项一览表

(新闻学与传播学)

课题名称	首席专家	责任单位
马克思主义新闻观中的列宁思想研究	程曼丽	北京大学
传播主体多元化的群体传播对网络行为与社会关系的影响研究	隋 岩	中国传媒大学
社会转型期媒体公信力研究	强月新	武汉大学
数字新闻学理论、方法、实践研究	陆小华	天津大学
	常 江	深圳大学
健全重大突发事件舆论引导机制与提升中国国际话语权研究	李 彪	中国人民大学
	雷跃捷	湖南大学
融媒体环境下互联网平台型企业现代治理模式研究	李文冰	浙江传媒学院
	汪旭晖	东北财经大学
百年中国马克思主义新闻观话语的历史建构与实践研究	张涛甫	复旦大学
百年中国共产党对外传播研究	黄 瑚	复旦大学
百年中共党报党刊史（多卷本）	林绪武	北京大学
百年中国播音史	姚喜双	中国传媒大学
中国近现代新闻团体资料搜集、整理与研究（1905—1949）	廖声武	湖北大学
新中国公益广告发展史	初广志	中国传媒大学
文明多样性视野下的中国媒介考古（多卷本）	唐海江	华中科技大学
世界汉学家口述中文与中华文化国际传播史：图文音像数据库建构	徐宝锋	北京语言大学

来源：全国哲学社会科学工作办公室网站

国家社科基金 2020 年度重点项目、一般项目、青年项目立项一览表

（新闻学与传播学）

课题名称	负责人	工作单位	所在省市	项目类别	预期成果	计划完成时间	批准号
文明互鉴视域下人类命运共同体构建的影像责任问题研究	孔令顺	广州大学	广东	重点项目	专著	2024/9/1	20AXW001
重大突发公共卫生事件社交媒体传播评价体系构建及公众政治认同研究	王锡苓	中国传媒大学	高校	重点项目	研究报告	2023/8/31	20AXW002
基于重大突发公共卫生事件治理的传播创新研究	陈 娟	华南理工大学	广东	重点项目	研究报告	2023/6/30	20AXW003
中国媒介考古研究	唐海江	华中科技大学	湖北	重点项目	论文集	2025/12/30	20AXW004
全媒体传播体系构建与发展路径研究	张红军	南京大学	江苏	重点项目	专著其他	2022/12/31	20AXW005
新时代中国共产党对外传播的理论逻辑与实践探索研究	刘小燕	中国人民大学	高校	重点项目	专著	2024/12/30	20AXW006
华夏器物文明的媒介考古学研究	李曦珍	兰州大学	甘肃	重点项目	专著	2024/10/30	20AXW007
公共危机中的风险沟通与效果评估研究	汤景泰	暨南大学	广东	重点项目	专著	2022/12/31	20AXW008
情感视角下的"圈层舆论"引导机制研究	项国雄	江西师范大学	江西	重点项目	研究报告	2023/12/31	20AXW009
大数据时代青少年网络意识形态引导研究	燕道成	湖南师范大学	湖南	重点项目	专著	2023/10/30	20AXW010
社会主义核心价值观的测量与传播效果研究	黄合水	厦门大学	福建	一般项目	专著	2023/6/30	20BXW001

续表

课题名称	负责人	工作单位	所在省市	项目类别	预期成果	计划完成时间	批准号
数字时代青年中华民族认同的培育路径研究	张　健	苏州大学	江苏	一般项目	专著	2023/6/30	20BXW002
移动传播时代我国中央级党报内容生产转型研究	陈　阳	中国人民大学	高校	一般项目	论文集	2023/12/31	20BXW003
主流媒体"四力"建设的人工智能赋能研究	张红良	北华大学	吉林	一般项目	专著 电脑软件	2023/3/31	20BXW004
"建设性冲突"视域下东盟国家媒介话语中的中国文化想象研究	吴明华	重庆大学	重庆	一般项目	专著	2023/6/30	20BXW005
21世纪国外涉华纪录片中的中国国家形象研究	王瑞林	重庆工商大学	重庆	一般项目	研究报告	2025/12/31	20BXW006
国家形象战略视角下的国企海外形象传播体系构建研究	公克迪	北京工商大学	北京	一般项目	研究报告	2022/8/31	20BXW007
境外中国形象的网络重构与传播效果研究	苏林森	北京交通大学	高校	一般项目	论文集 研究报告	2023/12/31	20BXW008
日常生活视域下中国文化形象的建构与对外传播研究	辛　静	华中师范大学	湖北	一般项目	专著	2024/7/31	20BXW009
新中国70年爱国主义歌曲国家精神塑造与传播研究	韩忠岭	青岛大学	山东	一般项目	专著	2023/12/31	20BXW010
信息生态视角下重大突发事件信息次生灾害的治理研究	杨　琴	西南交通大学	四川	一般项目	专著 论文集	2023/12/31	20BXW011
重大突发事件舆论传播中的网络负面情绪及其引导研究	祝兴平	中央财经大学	高校	一般项目	研究报告	2023/8/30	20BXW012
重大突发事件中网民情感状态演变规律及引导研究	史　伟	湖州师范学院	浙江	一般项目	论文集	2022/6/30	20BXW013
重大突发事件中心理疏导及媒介引导机制研究	舒　曼	华东交通大学	江西	一般项目	专著 研究报告	2023/6/30	20BXW014
重大突发灾难事件中的计闻报道伦理规范及影响因素研究	吴　锋	西安交通大学	陕西	一般项目	专著 电脑软件	2023/12/31	20BXW015

续表

课题名称	负责人	工作单位	所在省市	项目类别	预期成果	计划完成时间	批准号
"新革命史"视野下的延安时期新闻传播史研究	李海波	华东师范大学	上海	一般项目	论文集 研究报告	2024/6/30	20BXW016
现代中国传播学史（1911—2019）	周岩	国防大学	军队	一般项目	专著	2024/12/30	20BXW017
新中国成立初期报业经营史（1949—1956）	郑宇丹	华南理工大学	广东	一般项目	专著	2025/6/30	20BXW018
中国古代报纸与政治信息博弈研究	刘晓伟	华南师范大学	广东	一般项目	专著	2024/4/30	20BXW019
中国近代县报史	朱至刚	四川大学	四川	一般项目	专著	2023/6/30	20BXW020
百年南海危机舆论史研究	张继木	华中师范大学	湖北	一般项目	专著	2023/9/25	20BXW021
朝鲜近代报刊涉及清朝新闻传播史料收集、整理与研究（1883—1911）	刘威	辽宁大学	辽宁	一般项目	专著	2023/12/30	20BXW022
基于中日档案的中国共产党华北抗日根据地舆论动员研究	俞凡	山东大学	山东	一般项目	专著	2024/6/30	20BXW023
抗日战争时期《伦敦新闻画报》中的中国人形象研究（1931—1945）	季念	湘潭大学	湖南	一般项目	专著	2025/6/30	20BXW024
中国近代公共关系发展史研究	王晓乐	中央财经大学	高校	一般项目	专著	2023/6/1	20BXW025
5G时代主流媒体智能编辑部建设研究	段乐川	河南大学	河南	一般项目	研究报告 其他	2023/7/1	20BXW026
当代中国新闻传播话语范式的"实践转向"研究	姜红	安徽大学	安徽	一般项目	专著 论文集	2023/12/31	20BXW027
人工智能对新闻从业者职业认同危机的影响机制研究	张兰	南昌工程学院	江西	一般项目	论文集 研究报告	2023/12/30	20BXW028
受众对数据新闻的认知与采用行为研究	翟红蕾	武汉理工大学	湖北	一般项目	专著 研究报告	2024/5/1	20BXW029
中国数据新闻的风险防控研究	王琼	武汉大学	湖北	一般项目	研究报告	2023/6/30	20BXW030

续表

课题名称	负责人	工作单位	所在省市	项目类别	预期成果	计划完成时间	批准号
"一带一路"背景下中国网络剧的海外传播力提升策略研究	尤达	南京艺术学院	江苏	一般项目	论文集 研究报告	2023/6/30	20BXW031
电影的再媒介化研究	赵斌	北京电影学院	北京	一般项目	专著 研究报告	2023/12/31	20BXW032
新中国纪录片批评史研究（1949—2019）	罗锋	安徽大学	安徽	一般项目	专著其他	2025/6/30	20BXW033
移动传播时代广播生态化发展战略研究	申启武	暨南大学	广东	一般项目	专著	2023/6/30	20BXW034
英美纪录片的中国形象与话语策略研究	周思静	湖南大学	湖南	一般项目	专著	2023/12/30	20BXW035
中国广播百年发展史研究	王春美	北京联合大学	北京	一般项目	专著	2025/8/30	20BXW036
"数字丝绸之路"背景下中国互联网跨境发展的机制研究	苗伟山	中国社会科学院	社科院	一般项目	研究报告	2024/7/1	20BXW037
媒体融合背景下我国传统媒体的市场结构矛盾与供给侧改革研究	黄洪珍	湖南科技大学	湖南	一般项目	论文集 研究报告	2023/12/30	20BXW038
县级融媒体创新基层社会治理的现实基础与拓展路径研究	方提	湖南师范大学	湖南	一般项目	论文集	2024/10/30	20BXW039
县级融媒体助力基层社会治理创新的模式与效果研究	陈旭鑫	江西师范大学	江西	一般项目	专著	2023/12/31	20BXW040
新媒体环境下的公共传播对国家治理、社会认同的影响研究	顾杨丽	浙大城市学院	浙江	一般项目	专著	2024/12/30	20BXW041
"一带一路"背景下出版"走出去"效果的多源异构数据智能评价研究	王大可	上海交通大学	上海	一般项目	研究报告	2024/6/30	20BXW042
20世纪前半叶蒙古文古籍出版研究	敖特根白乙拉	内蒙古大学	内蒙古	一般项目	专著	2023/12/30	20BXW043
出版企业知识服务发展战略研究	代杨	陕西师范大学	陕西	一般项目	研究报告	2023/6/30	20BXW044

续表

课题名称	负责人	工作单位	所在省市	项目类别	预期成果	计划完成时间	批准号
前苏联"新闻出版自由"与社会思潮发展研究	王迎胜	黑龙江大学	黑龙江	一般项目	研究报告	2025/6/30	20BXW045
宋元时期宋人集部典籍的编纂、刊刻与出版研究	张佩	北京印刷学院	北京	一般项目	专著	2023/6/30	20BXW046
中国出版走出去效果评估体系构建研究	戚德祥	浙江工商大学	浙江	一般项目	研究报告 其他	2023/8/30	20BXW047
区块链对数字出版产业全球价值链重构机理与中国战略选择研究	臧志彭	华东政法大学	上海	一般项目	研究报告	2023/12/31	20BXW048
区块链技术下新媒体产业版权集体管理制度创新研究	赵双阁	西北大学	陕西	一般项目	专著	2023/6/30	20BXW049
融媒体时代学术期刊品牌价值评估及运营策略研究	江波	苏州大学	江苏	一般项目	专著	2025/6/30	20BXW050
新中国成立以来我国哲学社会科学期刊发展史研究	杨春兰	中国新闻出版研究院	机关	一般项目	专著	2024/12/20	20BXW051
移动出版中的法律与伦理问题及其治理研究	孟晖	上海社会科学院	上海	一般项目	专著	2023/6/30	20BXW052
中国图像传播史研究	韩丛耀	南京大学	江苏	一般项目	专著	2022/12/31	20BXW053
"非物质劳动"、符号实践与传播学主体理论构建研究	李敬	上海社会科学院	上海	一般项目	研究报告	2024/6/30	20BXW054
传播基础设施激活社区公共生活效果研究	潘霁	复旦大学	上海	一般项目	研究报告 论文集	2024/12/22	20BXW055
当代中国语境下的家庭传播研究	王卫明	南昌大学	江西	一般项目	专著 工具书	2023/6/30	20BXW056
基于语料库的东盟国家媒体"人类命运共同体"理念传播研究	自正权	广西财经学院	广西	一般项目	研究报告	2023/6/30	20BXW057
家庭仪式传播对中国青少年幸福感的影响研究	刘建明	武汉大学	湖北	一般项目	专著	2022/12/31	20BXW058
马克思恩格斯交往传播观的内在逻辑和当代意义研究	李庆林	广西大学	广西	一般项目	论文集	2024/12/30	20BXW059

续表

课题名称	负责人	工作单位	所在省市	项目类别	预期成果	计划完成时间	批准号
中国社会流行语的传播图谱、话语变异与社会心理研究（1999—2019）	李京丽	四川省社会科学院	四川	一般项目	专著	2023/12/30	20BXW060
"人类命运共同体"理念的海外传播和国际认同提升策略研究	沈珺	南京师范大学	江苏	一般项目	专著 论文集	2023/6/30	20BXW061
"一带一路"倡议在海外社交平台的精准传播策略研究	杨凯	广东外语外贸大学	广东	一般项目	论文集	2023/12/31	20BXW062
金砖国家传播共同体建设与国际传播秩序重构研究	严功军	四川外国语大学	重庆	一般项目	专著	2023/8/31	20BXW063
"他塑"视角下中国故事的图像叙事机制和策略研究	杨莉莉	深圳大学	广东	一般项目	论文集	2023/10/30	20BXW064
保护视角下西藏非物质文化遗产的传播策略研究	李娜	西藏民族大学	西藏	一般项目	研究报告	2023/2/18	20BXW065
媒介融合视域下中国水彩文化海外传播与交流研究	李凡璠	浙江理工大学	浙江	一般项目	论文集 研究报告	2023/6/1	20BXW066
晚清时期西方小说在中国传播与接受研究	陆国飞	浙江海洋大学	浙江	一般项目	专著	2023/7/30	20BXW067
"一国两制"下香港媒体舆论生态的新变化与国家认同再建构研究	嵇美云	暨南大学	广东	一般项目	论文集 研究报告	2022/12/30	20BXW068
科学传播与国家媒体形象创新塑造研究	张雅欣	中国传媒大学	高校	一般项目	专著 研究报告	2023/8/30	20BXW069
全媒体环境下自主品牌形象提升的符号建构规则及传播策略研究	张燚	西南政法大学	重庆	一般项目	研究报告	2023/7/1	20BXW070
增强香港青少年国家认同的全媒体传播网络建构研究	卢锋	南京邮电大学	江苏	一般项目	专著 研究报告	2023/12/31	20BXW071
中美贸易博弈背景下我国主要经贸合作国中的"中国经济形象"研究	陈欧阳	华中师范大学	湖北	一般项目	专著 研究报告	2023/6/30	20BXW072

续表

课题名称	负责人	工作单位	所在省市	项目类别	预期成果	计划完成时间	批准号
公共危机下网络社群信息传播与社会舆情引导研究	周琼	浙江工业大学	浙江	一般项目	研究报告	2023/12/30	20BXW073
基于大数据的网络舆情全息建模与决策情报感知研究	兰月新	中国人民警察大学	河北	一般项目	论文集 研究报告	2023/6/30	20BXW074
社会转型期民生舆情的风险防控与引导机制研究	许伟杰	浙江工业大学	浙江	一般项目	专著 研究报告	2023/8/30	20BXW075
社交媒体时代我国福利舆情的突变演化机理与防控对策研究	汤茜草	广西师范大学	广西	一般项目	研究报告	2023/12/31	20BXW076
网络舆论中"一带一路"沿线国家来华研修人员的意见领袖功能研究	王玲宁	上海外国语大学	上海	一般项目	专著	2022/12/31	20BXW077
网络舆情的地方政府回应效能评价及提升路径研究	原光	山东科技大学	山东	一般项目	专著	2023/7/1	20BXW078
全媒体时代公共传播治理的理论创新研究	冯建华	中国社会科学院	社科院	一般项目	专著	2022/6/30	20BXW079
我国网络空间内容风险治理体系构建与评价研究	周建青	华南理工大学	广东	一般项目	论文集	2024/8/30	20BXW080
协同治理视角下互联网企业信息管理社会责任缺失与重塑研究	顾洁	中国传媒大学	高校	一般项目	专著 论文集	2022/12/31	20BXW081
智媒时代网络社交的法律与伦理风险及其应对策略研究	胡颖	南京师范大学	江苏	一般项目	专著	2023/12/31	20BXW082
老年流动人群的社交媒体使用及其社会交往重建研究	王艳	四川外国语大学	重庆	一般项目	专著	2023/6/30	20BXW083
老年人新媒体虚假信息搜索与接收行为研究	刘燕	上海大学	上海	一般项目	专著	2023/7/31	20BXW084
社会治理视角下县级媒体传播对乡村社会生态影响研究	关琼严	湖州师范学院	浙江	一般项目	专著	2024/7/31	20BXW085

续表

课题名称	负责人	工作单位	所在省市	项目类别	预期成果	计划完成时间	批准号
社会治理视域下的"可沟通乡村"建设研究	方雪琴	河南财经政法大学	河南	一般项目	专著 研究报告	2023/6/30	20BXW086
实践范式下我国卡车司机劳动媒介化研究	高传智	中国劳动关系学院	高校	一般项目	论文集 研究报告	2024/8/31	20BXW087
"健康中国"命题下的社交媒介卷入与对话信任研究	宫贺	厦门大学	福建	一般项目	专著	2023/6/30	20BXW088
环境群体事件中的社交媒体动员与协同治理体系研究	陈相雨	南京林业大学	江苏	一般项目	研究报告	2022/12/30	20BXW089
河西走廊民族互嵌型社区铸牢中华民族共同体意识的传播符码体系重构研究	张兢	西北民族大学	甘肃	一般项目	研究报告	2023/6/30	20BXW090
客家民间仪式影像志与传播研究	刘丽芸	赣南师范大学	江西	一般项目	专著 研究报告	2024/12/22	20BXW091
少数民族女性新媒体赋能研究	马婷	河北大学	河北	一般项目	研究报告	2023/12/31	20BXW092
少数民族社交媒体使用与中华民族共同体意识培育研究	张媛	贵州大学	贵州	一般项目	专著	2023/12/31	20BXW093
社会治理视域下西藏全媒体传播体系建设的机制与路径研究	李炜	西藏民族大学	西藏	一般项目	研究报告	2023/5/30	20BXW094
中华民族共同体视域下边疆民族地区公共政策传播机理与优化策略研究	刘晓程	兰州大学	甘肃	一般项目	研究报告	2023/12/31	20BXW095
多重社会网络视角下的突发公共事件信息传播模式与演化规律研究	余建勇	湖南科技大学	湖南	一般项目	论文集 电脑软件	2023/12/31	20BXW096
干扰条件下突发事件网络舆情传播模型及干预路径细粒度研究	朱红军	重庆邮电大学	重庆	一般项目	研究报告	2023/12/31	20BXW097
国家治理能力现代化视域下民众利益表达与媒体引导策略研究	邱新有	江西师范大学	江西	一般项目	专著 研究报告	2022/12/18	20BXW098

续表

课题名称	负责人	工作单位	所在省市	项目类别	预期成果	计划完成时间	批准号
降低舆论冲突的负面影响研究	朱田凤	长安大学	陕西	一般项目	专著	2022/12/31	20BXW099
新媒体语境下中华民族共同体意识的仪式传播研究	陈文敏	吉首大学	湖南	一般项目	研究报告	2023/12/31	20BXW100
基于区块链技术的网络涉军负面舆情挖掘方法、传播模型及治理机制研究	张明书	武装警察部队工程大学	军队	一般项目	专著 研究报告	2023/12/31	20BXW101
基于社会化媒体的在线知识传播效能与影响机制研究	张 伦	北京师范大学	高校	一般项目	专著	2023/6/30	20BXW102
人工智能时代的传播伦理与治理框架研究	赵 瑜	浙江大学	浙江	一般项目	研究报告	2023/12/30	20BXW103
松—紧文化理论视角下第三人效果的作用及机制研究	付 佳	北京师范大学	高校	一般项目	论文集	2024/6/30	20BXW104
香港网络舆论场的社会思潮与行动动员研究	钟智锦	中山大学	广东	一般项目	研究报告	2022/12/31	20BXW105
新媒体技术条件下弱势群体表达的特点、机制与趋势研究	何 晶	中国社会科学院大学	社科院	一般项目	论文集 研究报告	2022/12/31	20BXW106
智媒时代社会偏见的形成机制及其风险控制研究	全 燕	广东外语外贸大学	广东	一般项目	论文集 研究报告	2023/12/31	20BXW107
5G时代短视频生产与传播的网络安全引导体系研究	路 鹃	北京工商大学	北京	一般项目	专著	2023/6/30	20BXW108
公共事件中网络抗争性话语的生成机制及公共治理研究	冯 锐	扬州大学	江苏	一般项目	专著	2023/12/30	20BXW109
国家治理视域下新媒体参与公共政策研究	杨思文	南昌大学	江西	一般项目	专著	2024/12/31	20BXW110
全球跨境数据流动治理的冲突格局与数据主权的维护研究	邹 军	广州大学	广东	一般项目	专著	2025/9/1	20BXW111
人机融合视域下智能媒介传播研究	赵立兵	西南政法大学	重庆	一般项目	专著	2025/6/30	20BXW112

续表

课题名称	负责人	工作单位	所在省市	项目类别	预期成果	计划完成时间	批准号
社会系统结构视域下两岸三地受众对假新闻的认知功能比较研究	诸葛俊	浙江越秀外国语学院	浙江	一般项目	专著	2023/6/30	20BXW113
我国网络媒体政策的扩散机制及影响效应研究	李芊	湖南工商大学	湖南	一般项目	研究报告 其他	2025/6/30	20BXW114
智媒体时代信息变异及协同治理机制研究	熊茵	江西师范大学	江西	一般项目	专著	2023/8/30	20BXW115
短视频平台传播机制中的安全风险与治理研究	张冠文	山东师范大学	山东	一般项目	专著 论文集	2023/12/1	20BXW116
短视频使用对青少年身心健康的影响及其精准引导策略研究	刘毅	重庆大学	重庆	一般项目	专著	2023/6/30	20BXW117
区块链赋能视角下环保微公益的创意及传播效果研究	沈汪兵	河海大学	江苏	一般项目	论文集 研究报告	2023/12/31	20BXW118
计算技术范式下广告产业转型发展研究	曾琼	湖南师范大学	湖南	一般项目	专著	2024/10/30	20BXW119
人工智能应用下的互联网广告监管研究	秦雪冰	华东师范大学	上海	一般项目	研究报告	2022/12/31	20BXW120
在线行为广告的伦理失范及其治理研究	肖玉琴	南昌大学	江西	一般项目	研究报告	2023/12/31	20BXW121
智能时代广告导向监管与主流价值观建设研究	黄玉波	深圳大学	广东	一般项目	专著	2023/12/30	20BXW122
中国广告学术思想史七十年（1949—2019）	李阿嫱	黑龙江大学	黑龙江	一般项目	专著	2023/6/30	20BXW123
社交网络欺凌对未成年人的影响及其治理研究	莫梅锋	湖南大学	湖南	一般项目	论文集 研究报告	2023/12/30	20BXW124
未成年人在线风险及其治理研究	陈映	广东金融学院	广东	一般项目	研究报告	2023/5/31	20BXW125
智能手机对农村留守儿童的影响及其对策研究	郑欣	南京大学	江苏	一般项目	专著	2023/12/31	20BXW126
智能手机对未成年人身心健康发展的影响及其协同共治机制研究	蒋俏蕾	清华大学	高校	一般项目	论文集 研究报告	2024/12/31	20BXW127
社交网络中主流文化传播失范与"圈层"干预研究	吴钊	湘潭大学	湖南	青年项目	专著	2024/12/30	20CXW001

续表

课题名称	负责人	工作单位	所在省市	项目类别	预期成果	计划完成时间	批准号
智媒时代香港青年网络意识形态分析与治理研究	李雪晴	上海交通大学	上海	青年项目	论文集 研究报告	2023/12/31	20CXW002
突发公共卫生事件中的网络谣言传播与风险防控研究	袁会	湖南师范大学	湖南	青年项目	专著	2024/10/30	20CXW003
重大疫情防治中情感传播机理及其社会信任修复研究	段永杰	南京财经大学	江苏	青年项目	专著 论文集	2023/6/30	20CXW004
中国共产党图像宣传史研究（1921—1949）	夏羿	南京财经大学	江苏	青年项目	专著 论文集	2023/12/31	20CXW005
基于算法策展的新闻创新研究	周睿鸣	浙江大学	浙江	青年项目	论文集	2023/6/30	20CXW006
全媒体语境下移动互联网视听内容建设创新路径研究	武楠	中国传媒大学	高校	青年项目	专著	2022/12/31	20CXW007
中国百年新闻述评的文体流变研究	刘英翠	河南大学	河南	青年项目	专著	2023/12/28	20CXW008
媒介技术理论视野下民国广播研究及其史料库建设	李暄	上海政法学院	上海	青年项目	专著 工具书	2023/6/30	20CXW009
中国影视海外传播塑造国家形象研究	王冰雪	浙江传媒学院	浙江	青年项目	论文集 研究报告	2023/6/30	20CXW010
大数据驱动下出版业高质量发展策略研究	陈雪丽	中国社会科学院	社科院	青年项目	专著	2023/12/31	20CXW011
东盟涉华舆情中的意见领袖研究	李凯	广西大学	广西	青年项目	研究报告	2023/6/30	20CXW012
美国对华战略调整背景下的舆论传播挑战及对策研究	陈玮	杭州电子科技大学	浙江	青年项目	研究报告	2023/6/30	20CXW013
美国对华战略调整下媒体对华报道偏差的机理及其对策研究	江力涵	杭州电子科技大学	浙江	青年项目	论文集	2022/12/31	20CXW014
海洋强国战略下海洋文化路径创新研究	马克秀	青岛大学	山东	青年项目	研究报告 其他	2022/12/31	20CXW015
中国科技形象在推特的计算传播对策研究	张维莎	电子科技大学	四川	青年项目	研究报告	2023/3/1	20CXW016
老年人网络风险认知及防御研究	陈宏亮	浙江大学	浙江	青年项目	论文集	2023/6/30	20CXW017

续表

课题名称	负责人	工作单位	所在省市	项目类别	预期成果	计划完成时间	批准号
生命历程视角下残障者媒介生活与传播困境研究	章玉萍	广州大学	广东	青年项目	论文集	2023/9/1	20CXW018
健康老龄化背景下老年人群健康信息传播研究	刘 淼	北京师范大学	高校	青年项目	研究报告	2022/12/31	20CXW019
社会治理视角下西部民族地区县级媒体融合的跃迁机制研究	张 诚	复旦大学	上海	青年项目	研究报告	2023/3/31	20CXW020
西部农村地区健康传播效果与需求研究	黎 藜	云南大学	云南	青年项目	研究报告	2022/12/31	20CXW021
新时代新疆形象自塑策略研究	邢倩云	新疆社会科学院	新疆	青年项目	研究报告	2022/12/31	20CXW022
平台化社会的信任危机与信任机制建构研究	席志武	南昌大学	江西	青年项目	专著	2023/12/31	20CXW023
社交网络时代社会舆情酝酿的结构特征与演化规律研究	黄文森	深圳大学	广东	青年项目	专著 论文集	2023/12/31	20CXW024
新传播技术与公共情感的形成及演化机制研究	袁光锋	南京大学	江苏	青年项目	论文集	2023/12/30	20CXW025
基于人工智能的网络意识形态自动分类和人机综合治理研究	罗 茜	苏州大学	江苏	青年项目	研究报告	2023/6/30	20CXW026
当前青年群体短视频使用的平台摇摆与政治认同研究	秦 静	郑州大学	河南	青年项目	研究报告	2022/12/31	20CXW027
短视频传播的情绪极化原理与情感治理研究	姚晓鸥	暨南大学	广东	青年项目	论文集	2023/7/31	20CXW028
计算技术范式下广告产业发展中的数据财产权研究	王 水	首都经济贸易大学	北京	青年项目	专著	2023/6/30	20CXW029
粉丝文化视域下青少年的社会参与及其引导研究	胡岑岑	北京体育大学	高校	青年项目	研究报告	2022/12/31	20CXW030
新冠疫情社交媒体信息传播对疫区青年集体性无助的影响研究	刘 丛	上海交通大学	上海	青年项目	论文集 研究报告	2023/12/31	20CXW031
新媒体环境下香港青年国家认同研究	崔远航	国防大学	军队	青年项目	研究报告	2023/6/30	20CXW032

来源：全国哲学社会科学工作办公室网站

国家社科基金 2020 年度西部项目立项名单

（新闻学与传播学）

课题名称	姓名	单位
社会主义改造时期中国共产党领导新闻舆论工作研究	丁骋	广西大学
5G 时代数字出版新业态新模式研究	梁君	广西师范大学
融合创新愿景下面向知识服务的出版转型研究	汪曙华	闽南师范大学
百年来五四运动主题图书出版研究	杜波	长安大学
"一带一路"背景下我国在东盟投资企业邻避风险的传播策略研究	覃哲	广西大学
提升面向"一带一路"涉疆对外传播能力研究	单雪梅	新疆大学
一带一路背景下提升西南边疆主流媒体面向东盟的国际传播能力研究	庄严	中共广西壮族自治区委员会党校
媒介赋权视域下健康观建构和健康信息服务创新研究	檀琳	空军军医大学
西部地区政务舆情回应的效果评价研究	王雅蕾	宁夏大学

来源：全国哲学社会科学工作办公室网站

国家社科基金 2020 年度后期资助项目立项名单

(新闻学与传播学)

项目名称	负责人	工作单位	项目类别
重大突发事件舆论引导与提升中国国际话语权研究	吴 瑛	上海外国语大学	重点项目
区块链赋能视阈下传媒产业重构研究	周鹍鹏	郑州大学	重点项目
前沿科学可视化的图像认知与叙事研究	王国燕	苏州大学	重点项目
融合视域下媒体经营管理研究	张 玮	河北传媒学院	一般项目
电子媒介与现代人境况研究	卞冬磊	南京大学	一般项目
纪录片历史与文本研究	侯 洪	四川大学	一般项目
"宋教仁案"的传媒叙事与社会记忆	杨晓娟	河北经贸大学	一般项目
深度媒介化环境里的核电风险沟通与协商治理研究	邓理峰	中山大学	一般项目
现代中国精神疾病与健康话语的建构与传播研究	李耘耕	上海交通大学	一般项目
新闻社会学的历史与理论研究	白红义	新闻学院	一般项目
激励约束视角下中国出版上市企业"双效"协同提升研究	徐志武	华南师范大学	一般项目
广告形象的视觉说服研究	罗 萍	厦门大学	一般项目
中国家庭空间的"媒介化"研究	林 颖	福建师范大学	一般项目
大数据时代动漫亚文化对青少年价值观的影响研究	刘 斌	北京师范大学	一般项目
新媒体时代的传播学创新问题研究	张 骋	四川师范大学	一般项目
数字时代的群体传播与关系再造研究	崔 凯	中国政法大学	一般项目
古典四大名著在日本的漫画改编创作研究	陈曦子	暨南大学	一般项目
新冠肺炎疫情防控中舆情引导机制研究	王冬冬	同济大学	一般项目
《新华日报》《大公报》《中央日报》抗日舆论动员研究	肖燕雄	湖南师范大学	一般项目
报刊媒体与近代中国女学	李净昉	天津师范大学	一般项目
中医国际传播研究	张立平	北京中医药大学	一般项目
媒介化医患冲突的建构机制与社会认知研究	刘双庆	中国政法大学	一般项目
中国影视产品社会责任评价体系理论建构与应用研究	葛进平	浙江传媒学院	一般项目
网络公共表达中的反语修辞及其政治传播效果研究	王天娇	广东外语外贸大学	一般项目
传统媒体升级化转型路径研究	张立伟	四川省社会科学院	一般项目

续表

项目名称	负责人	工作单位	项目类别
全球媒介革命视阈下中国网络文学商品化演进及其规制研究	陆 臻	上海师范大学	一般项目
民国时期上海公益广告研究（1912—1949）	杨海军	上海大学	一般项目
中国网络新世代的媒体社会学研究	吴炜华	中国传媒大学	一般项目
互联网法律新思维与适用研究	李佳伦	北京大学	一般项目
数字化时代世界性通讯社的权力体系研究	王润珏	中国传媒大学	一般项目
儿童阅读与童书出版编辑力创新研究	张 炯	湖北第二师范学院	一般项目
范长江心态研究	樊亚平	兰州大学	一般项目
当代中国纪录片发展研究	李 智	中国传媒大学	一般项目
国家形象的对外传播理论研究	赵瑜佩	浙江大学	一般项目
信息弱势人群能力提升研究	叶明睿	中国传媒大学	一般项目
流行文化的政治经济学研究	陈世华	南昌大学	一般项目

来源：全国哲学社会科学工作办公室网站

2020年度国家广播电视总局部级社科研究项目立项名单

序号	课题名称	负责人
1	突发性危机事件中视频传播舆论引导力与公信力研究	冷淞
2	新时代综艺节目引导力研究	喻梅
3	新时代西部地区提升广播电视舆论传播力、引导力、影响力、公信力研究	彭鸿嘉
4	社会治理视角下视听新闻评论的舆论引导力提升研究	李舒
5	《新闻联播》传播创新研究	翁佳
6	大湾区广播电视机构提升舆论传播力、引导力、影响力、公信力策略及路径思考	张涛
7	中国精准扶贫题材电视剧高质量发展研究	卞天歌
8	新时代中国主流电视剧高质量发展战略研究	梁君健
9	重大革命历史题材电视剧创作观念与传播策略研究	毛良才
10	历史题材影视剧创作与中华优秀传统文化传承发展研究	刁生虎
11	关于全面小康和建党百年等主题重大题材创作的前瞻性研究	符绍强
12	媒体融合时代短视频内容创作与发展趋势研究	赵晖
13	中国网络剧价值取向研究	张智华
14	全媒体时代广电媒体的短视频发展策略研究	王韵
15	重大革命历史题材纪录片创作研究	王晴川
16	网络视听文艺评论实践和节目价值评估研究	彭锦
17	基于儿童本位特征的影视动画创作实践研究	柳执一
18	融媒体时代谈话节目形态创新发展调查与研究	牛慧清
19	新时代中国纪录片高质量发展研究	张延利
20	重大题材新媒体纪录片生产与传播创新研究	唐俊
21	少儿电视节目根植中华文化自信，讲好中国故事的途径和方法研究	侯津森
22	新时代提升电视纪录片传播能力的创新研究	刘娜
23	县级广播电视节目共享平台建设标准研究	缪志红
24	广播电视公共服务绩效评价体系研究	王一梅
25	农村应急广播"村村响"的成效与问题研究——基于江浙地区乡村广播站的实地调查	潘祥辉

续表

序号	课题名称	负责人
26	全面推进农村牧区"智慧广电"网络建设提升广播电视公共服务水平——关于做好内蒙古"智慧广电"服务农牧区工作的研究和思考	姜伯彦
27	广播电视高山台站基础设施（建设）标准化问题研究	蒋强先
28	广电信号传输事业单位绩效考核体系研究	刘颖悟
29	5G技术背景下广播电视和网络视听基地（园区）发展趋势与建设模式研究	李凌燕
30	5G环境下网络视听内容把关策略研究	余 苗
31	5G条件下网络视听新业务管理研究	王晓红
32	AI主播对视听生态的影响研究	栾轶玫
33	区块链技术在智慧广电中的应用场景研究	李 倩
34	广电短视频与网络直播发展趋势研究	余潜飞
35	新时代县级融媒体创新基层社会治理的模式研究	张 立
36	广电版权内容资源价值应用研究	孙 超
37	广播电视行业治理体系与治理能力现代化建设研究	赵如涵
38	协同治理视角下网络视听新业务治理体系建设研究	顾 洁
39	网络视听平台治理现状及对策研究	赵京文
40	广播电视行业治理体系与治理能力现代化建设研究	周 笑
41	县级融媒体中心长效运营机制研究	冯景锋
42	互联网生态下融合传播的博弈与趋势	卜 宇
43	推动广播电视媒体融合纵深发展研究——以湖南广电全媒体平台"芒果生态圈"为例	王超群
44	5G时代我国广电媒体融合发展的创新方向及政策建议	王 昕
45	推动城市台广播电视媒体融合纵深发展研究	郭昌雄
46	推动广播电视与新媒体融合纵深发展的路径研究	李红秀
47	全媒体时代涵养国际人脉资源建构国家形象策略研究	朱家钧
48	中国影视剧周边传播能力建设研究	惠东坡
49	广播电视内容和技术走出去战略研究	张国庭
50	中国与东南亚间影视传播机制与引导策略研究	张 虹
51	媒介融合背景下中国重大主题的广播电视国际传播策略研究	陆佳怡
52	新时代电视节目海外传播策略研究	李 宏
53	短视频叙事与国家形象传播研究	舒笑梅
54	广电行业高精尖人才培养机制创新研究——以总局"两个人才"工程研究为例	刘 颖
55	全媒体时代广播电视和网络视听人才队伍融合发展策略研究	姚 争

续表

序号	课题名称	负责人
56	广播电视和网络视听行业党的建设研究	黄　涛
57	广播电视和网络视听行业人才战略综合评价体系研究	刘　昶
58	人工智能图像鉴别系统赋能智慧广电生态体系建设	孙苏川
59	广播电视和网络视听法律体系建设研究	鲍金虎
60	广电总局系统党建工作分类考核评价体系研究	杨　峥

来源：国家广播电视总局网站

学术人物

尹韵公

尹韵公，1956年10月出生于重庆。1976年10月，到四川大凉山一个十分贫瘠的山区的地质队工作。1978年以四川省文科第一名成绩考入中国人民大学新闻系学习，十年攻读，先后获得了学士、硕士、博士学位。1989年1月，进入中南海国务院研究室工作，先后任主任科员、副处长、处长、副司长等职务。1997年12月，调入中国社会科学院新闻所工作，先后任副所长、所长兼党委书记、所长等职务。1998年被评为研究员，2002年被中国社会科学院研究生院聘为博士生导师，2011年被评为二级研究员。2012年2月，转赴中国社会科学院中国特色社会主义理论体系研究中心任主任，2019年办理退休。2018年1月起，被湖南师范大学聘为新闻与传播学院院长。

2013年被全国哲学社会科学规划领导小组聘为国家哲学社会科学研究专家咨询委员会委员，2004年8月被中宣部确定为全国宣传文化系统"四个一批"人才，2011年入选中组部确定的国家高层次人才特殊支持计划领军人才（即"万人计划"领军人才），2008年入选全国新闻出版行业领军人才，2000年享受国务院颁发的政府特殊津贴；曾聘为国务院学位委员会第五届学科评议组（新闻传播学科组）召集人、第六届学科评议组成员；曾任中华全国新闻工作协会第六、第七届理事会常务理事；2005年被聘为中央马克思主义理论与建设工程首席专家，曾任中国新闻年鉴社社长、中国大百科全书（第二版）新闻出版卷副主编，中国社会科学杂志社编委，中国新闻史学会副会长。现为国家哲学社会科学规划办公室新闻传播学科评审组召集人；是北京大学、清华大学、中国人民大学等50余所高校新闻传播学院的学术顾问、客座研究员和兼职教授。

主要著作有《中国明代新闻传播史》《孙权传》《尹韵公纵论三国》《尹韵公自选集》《中国大西北采访纪实（1984）》《新闻传播史论拾遗》《乱雨跳珠集》等，先后发表《赤壁之战辨》《为什么不是范长江？》等论文和文章近500篇，论文《〈大公报〉与红军长征落脚点之研究》被第十三届中国新闻奖评为新闻论文一等奖、论文《"喉舌"追考》荣获第六届中国社会科学院优秀科研成果奖三等奖。

治学自述

我在中学时代给自己设定的人生奋斗目标是：当一名新闻记者或历史学家。

我的理想险些被埋葬在四川大凉山一个贫穷得一塌糊涂的荒瘠山沟里，那时我还是一名普通得不能再普通的地质队员，任何希望似乎都已与我绝缘。一年后的1977年秋冬之际，社会上流传着一则惊天动地的消息，高考恢复了！我和许多同龄青年一样，顿时欣喜若狂，觉得个人前途有盼头了。头一年高考，虽然我成绩名列前茅（事后得知），但因政审不合格和不服从分配，故我报考的复旦大学新闻系惨遭落空。第二年是改革开放以来真正意义的首次全国统一高考，大概是鬼使神差，我居然考了当年四川省文科第一名。在贵人（会理县招办李主任）的监督和助力下，我毫不犹豫地报考了理想追求的北京大学中文系新闻专业、北京大学历史系和中国人民大学新闻系。我最终顺利进入人大新闻系。进校后方知，报考北大中文系新闻专业和人大新闻系就是一回事，都是同样的老师选录的，因为1978年北大中文系新闻专业又重回复校后的中国人民大学。

在人大新闻系历史上，从本科毕业，直接读硕士、博士，一口气完成十年学业，我算是第一人；也是七八级同班同学中唯一者。求学十年，主要做了以下几件自认为觉得有意义的事情。

一是本科期间，我发表了三篇比较有影响的三国史论文，即大三发表在《光明日报·史学版》的《赤壁之战辨》和大三、大四发表在《文史哲》杂志上的《从荆州争夺战看三国前期的外交斗争》《论蜀国的灭亡》。当时的《光明日报》只有四个版，很不容易发表，不像现在的《光明日报》一天出几十个版。当时的《文史哲》杂志地位很高，因为毛泽东支持的"小人物"在该杂志发表评论红楼梦文章而知名和享誉全国。由于当时学术界杂志太少，故学者皆以能在《文史哲》发表论文为荣耀。我的论文发表后，曾在史学界引发一场大讨论，1981年第8期《新华文摘》全文转载了《赤壁之战辨》。在这里，我要特别感谢恩师王仲荦教授。王先生是国学大师章太炎的关门弟子，山东大学历史系主任，以擅长专治魏晋南北朝史而闻名史学界，史称"北王南唐"。王指王先生，唐是指武汉大学历史学唐长孺教授，两位老先生均以专攻魏晋史而著称。有了王先生的看重，我才有了学术底气和学术自信。多年以后，王先生夫人郑宜秀教授告诉我：当年王先生不顾年迈，拿着我的论文亲自到《文史哲》杂志编辑部推荐。又说：我跟王先生这么多年，还未见过他对一个学生文章如此上心！听后，不禁潸然泪下。

二是读硕期间，开启了范长江与西北采访的研究。当时因重走范长江西北采访路线，发现有的问题完全无法解释。如范长江说西北采访的目的是研究红军北上以后的动向，可他走过的地方如甘南哈达铺镇却比红军早了40天。尤其是看了未经删节的《中国西北角》版本，更是疑窦丛生。据此写成的《范长江与红军长征》一文，产生的影响更是出乎我的意料。显而易见，花大半年时间重走当年西北采访路线，使我对杜甫所言的"读万卷书，行万里路"，有了别具常人的深切领悟和深透洞见。

三是读博期间，有力推动了明代新闻史研究。读博士，恩师方汉奇教授鼎力支持，我也毅然决然地放弃了心仪已久的《光明日报》记者工作；确立论文方向，方先生也大度包容了我。尤其是当时环境开放程度不如现在，方先生专门委托亲属在台湾购买朱传誉《宋代新闻史》一书，转寄美国，再由美国亲属寄回大陆，转送给我。这本书对我拓展视野帮助很大，至今不能忘怀方先生的这份恩情。我的博士学位论文审核非常严格,共找了20余位教授(其中大部分是明史专家)审阅,答辩会也由著名明史专家王淦昌先生主持。我的博士学位论文《中国明代新闻传播史》(1990年出版),被公认为是大陆第一部断代新闻史专著,具有填补空白的意义和价值。后来,《中国社会科学》《读书》《光明日报》等权威报刊都刊发了充分肯定和褒扬的书评。

博士研究生毕业后,虽然有过九年的从政经历,但更多的时间都是"混迹"于学界。不可否认,在中南海的锤炼使我懂得了国家利益、民族命运和大局意识,同时对历史与现实之间的关系也有了更深的理解,对学术研究必备的眼光、境界、格局、胸怀等也有了更好的把握。学业画上句号,不等于学术研究的终止。沿着既已形成的学术惯性,我继续谨慎地探索前行,拉伸学术长度,力图获取新的发现和进展。

在三国史研究方面,出版了《尹韵公纵论三国》一书,书中的许多观点和论断曾被广泛引用,曾有细心的读者告诉我:我是易中天的《品三国》中被引用观点和论述最多的学者。

在范长江西北采访研究方面,我又发表了《为什么不是范长江》等几篇论文。由于翻阅和掌握了大量第一手资料,我对范长江研究有了更坚实的基础和更可靠的自信。一些党史、军史学者关注和引用了我的论文。

在明代新闻史研究方面,我根据明史专家谢国桢先生提供的线索,发现了我国现存最早的邸报原件,即明代万历年间的《急选报》(1580)。我据此写成的论文,引起学界轰动。

除上述学术方向外,我还开辟了一个新的研究领域,即我党特有的新闻传播体制之内参机制,连续写下了好几篇研究文章,如《邓小平与内参》《毛泽东与内参》《毛泽东内参批示研究》等,引起了一些党史、政治学、历史学、社会学等专家的关注和引用。我曾写过一篇党史研究文章《论粉碎"四人帮"的关键群体》,大胆提出华国锋同志起到了关键性作用,从而推翻了传统说法。后来,中央给华国锋评价更高,认为是"决定性作用"。

虽然耕耘一辈子学问,也留下一堆文字,好在激情仍未褪色,热情尚未风干,乐意可持续地穷首皓经。我认为,任何一个学者,倘若这辈子写出一本专著或几篇论文能够成为精品而流传下去,此生愿矣,此生足矣。

葛 岩

葛岩,男,1956年12月生于陕西西安。上海交通大学特聘教授、媒体与传播学院传播系教授、心理与行为科学研究院双聘研究员、复旦大学信息与传播研究中心兼职研究员。1975年5月至1978年1月在西安缝纫机零件一厂做工;1982年1月在西北大学中国语言文学系获文学学士学位；1985年1月在美术史论系获美术理论硕士；1987年9月入美国匹兹堡大学建筑和艺术历史系学习，1989年4月获艺术考古学硕士（MA）；1997年4月获艺术考古学博士（Ph.D）；1996年入匹兹堡大学信息科学学院学习，1998年8月获信息科学硕士（MS）。曾在中国艺术研究院美术研究所（1985—1987）、美国伯明翰艺术博物馆（1990—1993）、美国费城艺术博物馆（1993—1996）、波士顿学院美术系（1998）、Virtual China（1999—2000）、Jupiter Media Metrics（2000—2002）、深圳大学传播系（2002—2005）工作。葛岩教授的研究跨学科取向突出，多借助心理和行为研究范式观察和分析传播现象。发表中英文论文90余篇，主持过国家社科基金一般项目、重点项目和重大招标项目。

治学自述

我在动荡年代长大，小学和中学没受过完整教育。改革开放后上了大学，学习过文学、美术理论、艺术考古和信息科学，先后做过工人、研究人员、报纸编辑、博物馆馆长助理、网络程序工程师、大学教师，到了四十多岁，才开始以传播学为业。

1977年大学恢复招生，我上的是中文系。本科毕业时适逢美学热，我报考了中国艺术研究院。读了美术理论硕士，留在美术研究所工作。那份工作有大把研究时间和不少发表论文的机会，加上参与《中国美术报》的编辑工作，认识了不少有趣的艺术家和批评家。20世纪80年代的北京留给人许多美好记忆，但我没有待下去，一心想着去美国留学。

工作两年后，我拿到三份奖学金，两个全奖，一个学费奖加一份校园工作。一个全奖是俄亥俄州立给的，方向是西藏艺术；另一个匹兹堡大学给的，方向是东北亚青铜艺术考古。我选了匹兹堡大学，因为匹大艺术史系的排名更好。我在1987年8月20日到了匹兹堡大学。带的钱少，英文很差，兴奋，但更多的是紧张。

在匹大陆续拿了两个硕士学位、一个博士学位，培养了我对跨学科研究的兴趣。有两件事值得一提。第一件是学校对跨学科学习的鼓励。老师林嘉琳（K. Linduff）是艺术史系和人类学（考古）系双聘教授。她发现我没有正式上过考古学、人类学、宗教学和统计学课程，要求我选修，还允许我上了微观经济学、认知心理学和微积分等课程。宽松的选课制度（以及导师的大度）改变了我原来的知识结构。更意想不到的是，学校有个跨学科学习的奖学金，授予对象是在某个学科至少已得到硕士学位，还打算在另一个学科取得硕士学位或博士学位的学生。这份奖学金支持了我信息科学硕士的学习，也修改了我原来的思维习惯，开始从不同学科的多重视角思考问题。林老师为我申请这个奖学金写了推荐信，她在信中说："无论他选择做什么，他都会在那里留下印迹，我信此不疑"。今天想起，我仍会感动不已。

第二件是认识了秦裕林。老秦是"文化大革命"前的大学生，在北京航空航天大学做计算机和人工智能研究，来卡内基-梅隆大学读认知心理学博士学位，导师是赫赫有名的图灵奖、诺贝尔经济学奖得主赫伯特·西蒙。老秦对历史感兴趣，愿意和我聊天。我常到他办公室打游戏，听他讲解正在做的实验，打探他们师生在做些什么。认识不久，他便建议我去上一两门编程课，许诺帮我解决编程的困难。后来上计算机课程，他以及从中国科学技术大学来的邓义给了我很大帮助。这样的交往让我对认知心理学和实验方法有了兴趣。想到个题目，会请教老秦该如何做，比如，把"意境"当作一种认知状态，该如何设计实验研究。我们天南海北地设想过不少题目，但直到 21 世纪初才一起做了几个实验，涉及传播、艺术和法律等多个领域。2013 年，上海交通大学凯原法学院引进秦老师做特聘访问教授，我们成了经常交流的同事。遇到实验设计、数据处理或编程方面问题，我心里没底的时候，老秦总能提出建议或批评，常让我醍醐灌顶。

离开匹兹堡后，我并没想好该做什么。虽然毕业前已经在美国两家博物馆工作过多年，但我没打算重操旧业。在波士顿学院得到一份合同工作，教了一个学期，就辞职去了纽约。先是加入一个风投支持的英文网站 Virtual China 做网络工程师，次年又跳槽到上市不久的新媒体市场研究公司 Jupiter Research，做数据库。

还是在波士顿的时候，胡正荣和胡智锋到康州的一个学校访问。我去看他俩，听他们讲国内的新闻传播学的热闹。回国探亲我们再聚北京，正荣派发我一点活儿做，为他主持的项目写了两个章节，智锋安排发了一篇我的论文。那是 2000 年前后，由于父母渐老，开始生病，也由于国内的高速发展打动人心，我有了回国的念头。在 Jupiter 的工作，和两位胡老师的交流让我相信做媒体、传播是个不错的选择。表达了这个想法，正荣马上联系了北京广播学院新闻学院；在深圳大学做院长的吴予敏建议我考虑深大。我为此去一趟深圳，并立刻喜欢上那座年轻、自由、开放、蓬勃向上，十块钱三只大个儿的蒜蓉生蚝的城市。怕自己犹豫不决，首鼠两端，回到纽约不久，我就办了离职手续。2002 年秋天在深大报到，开始正式地以传播学教学和研究为业。

回头想想，如果没有和两位胡老师在康州相聚，如果在纽约的工作和媒体无关，如果吴予敏那里没有传播系，或，我还没有认真考虑过回国，事情一定会是另一种样子。

对跨学科进入传播领域可能遇到的麻烦，我做过精神准备，也的确遇到一些困难。但整体上，我国传播学研究是个相对开放的领域。像我这样缺乏系统传播学教育的"外来人"也常能体会到同仁们的开阔的思路、对新想法的好奇。一连串的偶然竟把我带入了一个堪称宽厚的研究群体，这实在是一种幸运。

西蒙曾告诉自己的学生，学者需要对付两种研究——"面包、奶油式研究"和"真正的研究"。前者指你未必喜欢，但为了饭碗必须做的研究；后者指难度高，但你喜欢，也相信有重要价值的研究。前者保证你有份工作，后者能成功固然了不起，但失败概率不低。平衡二者很是重要。我的职业生涯来日无多，希望自己能把更多时间用在"真正的研究"之中。这样，退休时会少些追悔莫及的感受。

荆学民

荆学民，男，1959年生，哲学博士。中国传媒大学政治传播研究所所长；政府与公共事务学院教授；"国家治理与政治传播"专业博士生导师；中国政治学会常务理事；世界政治研究学会理事；中国传媒大学学术委员会委员，中国传媒大学政府与公共事务学院学术委员会主任；中国传媒大学国家传播创新研究中心研究员；清华大学国家形象传播研究中心智库特聘专家。

主要从事政治传播理论研究。主持并完成国家社科基金重大项目"中国特色政治传播理论与策略体系研究"、重点项目"自媒体时代政治传播秩序与中国政治传播转型研究"、重点项目"新形态政治传播学学科体系建构研究"及教育部、北京市等多个项目；出版《政治传播活动论》《政治传播简明原理》《中国政治传播策论》等多部学术著作；主编学术辑刊《中国政治传播研究》；主编学术丛书"当代中国政治传播研究"（8部）、"政治传播研究前沿书系"（7部）。

在《中国社会科学》《求是》《哲学研究》《政治学研究》《文艺研究》《光明日报》《中国人民大学学报》《现代传播（中国传媒大学学报）》《国际新闻界》《新闻大学》等学术刊物发表学术论文260余篇。其中，刊发在CSSCI期刊180余篇；《新华文摘》全文转载7篇、论点摘要20篇；人大复印报刊资料转载120余篇。

治学自述

我的40多年的学术研究之路，可以划分为两大阶段：第一阶段，1977年我作为粉碎"四人帮"后恢复高考的中国第一届大学生考入当时的山西师范大学，读书4年，于1982年1月毕业留校任教选择教研哲学，从此全身心扑进了对"信仰"的研究，一发不可收拾，先后在《哲学研究》《文艺研究》《马克思主义研究》《光明日报》等权威报刊爆发性地发表学术论文，出版了命名宏大的《人类信仰论》学术专著。遥想当年，也才只有20多岁，已然在中国的学术理论界以"信仰"研究"成名"。后来，我的学生在"中国知网"上对中国改革开放以来的几千篇关于"信仰研究"的博士学位论文进行了考论，几乎全部引用了我对信仰的研究成果。尽管其中有大面积的抄袭甚至恶意全文剽窃，但我从知识传播的特殊角度，仍有一定的"自豪"之感。

历时30多年，中国完成了从计划经济到市场经济的"转型"（我的博士学位论文就是以《社会转型与信仰重建》为题的）。虽然中国社会的"信仰问题"仍然是一个严肃重大的问题，但是，关于信仰，人们似乎已经无话可说了。我自觉，我对信仰的研究已经"江郎才尽"了。

其实，在研究"形而上"的宏大哲学问题之余，我也一直在思考"形而下"的实践问题，即人的思想何以被改变和影响。很显然，"传播"是一个重要的途径和手段。而在"传播"的诸多领域中，"政治传播"对人整个思想体系的影响最具根本性，对社会发展的影响也更为重要。而当时在国内，政治传播还尚未被重视。"如火如荼"的政治传播实践与"荒芜贫瘠"的政治传播理论之间形成了巨大落差。这种现实促使我于2008年转职于中国传媒大学，在较高起点上开启了中国政治传播研究的垦垦跋涉之旅。

应该说，哲学专业的求学、教学和研究经历，奠定了我从事政治传播研究的高度和深度。具体地说，哲学能够使我从更为本质的意义上思考和研究政治传播问题。在面对具体科学时，哲学思维的理论穿透力和理论洞察力，是其他学科所不能比拟的。我在撰写《政治传播活动论》一书时，重点强调了主体性及主体意识在政治传播过程中的重要作用，这是从哲学高度把握和认识政治传播的前提和基础。正因如此，对政治传播的研究才会走向深处，才会别有洞天。这一点，恐怕缺乏哲学基础和训练的研究者一时半会儿难以体会。

我对政治传播的研究，虽然先后持续性地提出了"政治统摄传播""政治传播基本形态""政治传播运行模式""活动论政治传播""微观政治传播"等具有原创性贡献的理论，但是，首要的学术贡献，我自己认为还是建构了"活动论"的政治传播理论体系。

这种研究的思想底层，受益于马克思主义哲学。马克思是20世纪被西方世界评出来的三个"世纪伟人"之一。在马克思主义的理论体系中，马克思主义哲学是具有世界观和方法论地位的学说。在马克思主义哲学看来，"人"不是一种抽象的概念，也不是像动物一样的非理性无目的"活物"，人是具体的历史的活动着的人，即人是实践着的活动的创造者。社会的一切一切，均是人的活动的产物。这种世界观和认识世界的方法论，对于认识"属人的世界"万事万物，具有普遍的指导意义。据此说到"政治传播"，就应该首先从"人的活动"的视角夯实其研究的理论基础。然而非常遗憾的是，传播学乃至相关学科对于政治传播的研究，一开始就"扎入"到了在活动中可能至关重要也可能无关轻重的细枝末节，而未能首先对"政治传播"做出前提性的、基础性的理论框范。所以，我对政治传播的研究，一开始就选定哲学的实践论视角，聚力撰写了《政治传播活动论》这部著作。事实上，这种理路，至今还是有不可忽略的启发意义的。

从2009年我发表的第一篇产生较大影响的关于政治传播的学术论文《政治与传播的视界融合：政治传播研究五个基本理论问题辨析》算起，到写这个"治学自述"为止，十多年来，我以"政治传播"为关键词，立体多维对中国特色政治传播研究扇形铺展、整体推进：获批国家社科基金重大、重点项目4项，发表学术论文200多篇，出版学术著作4部，主编学者丛书2套（13部著作），主编学术辑刊5辑，举办学术论坛5届，出版专业教材2部，等等。对于一个学者来说，也能算得上研究成果丰硕。

但是，我自己觉得这并不是值得特别"夸耀"的东西。在我看来，十几年对政治传播的研究，我率领我的研究团队，在外部环境风云变幻、内部功利精神作祟的"时代情景"之中，始终坚守"以学理学术为根基"的研究信念，不为外部一切"噪音"所干扰，按照既定目标，基本完成了中国特色政治传播的理论建构、学术研究、学科建制、机构设立、专业设置、人才培养、平台发布等，可以总称为"一个学科的崛起"。现在，中国传媒大学设有政治传播研究所、政治传播系，设有"政治传播"的本科、硕士和博士专业，创办有《中国政治传播研究》专业期刊，开设有"中国政治传播研究学术论坛"等，是全国乃至全球唯一。

这是我进入花甲之年，回顾自己的工作和治学最感欣慰因而也是最想告诉学界朋友们的话。

李本乾

李本乾，1962年6月生于甘肃皋兰。上海交通大学媒体与传播学院院长、二级教授。教育部"长江学者奖励计划"特聘教授、国家"万人计划"哲学社会科学领军人才、享受国务院政府特殊津贴专家、中宣部文化名家暨"四个一批人才"、教育部"新世纪优秀人才"，我国培养的第一批传播学博士。

1982年本科毕业于西北师范大学数学系，先后从事教学、报纸编辑工作，1995年晋升为主任编辑。1998年9月进入复旦大学新闻学院攻读博士学位，据新华社报道，其博士学位论文研究"对于建立中国特色传播理论具有开拓价值"（新华社2001年10月16日电）。2002年4月进入同济大学经济与管理学院博士后流动站、上海汽车集团总公司博士后科研工作站从事博士后科研工作。2004年11月被引进到上海交通大学，先后担任系副主任、主任、副院长。2013年12月起，担任媒体与设计学院院长；2018年学院更名后，担任媒体与传播学院院长。获"上海交通大学'校长奖'"。

获国家一流课程"科技强国融合新闻报道虚拟仿真实验教学"，教育部全国高校艺术教育科研论文一等奖等教学成果20余项；主持国家社科重大项目"5G时代新闻传播的格局变迁与研究范式转型"（21&ZD325）、"提升我国文化产品国际竞争力的路径与策略研究"（12&ZD027）以及国家社科重点项目和一般项目等40余项；获教育部"第六届高校科学研究成果奖（人文社科）"、商务部"全国商务发展研究成果奖"、安子介"国际贸易研究成果奖"、上海市社会科学成果奖（3次）等成果奖30余项；发表论文100余篇，并被《中国社会科学文摘》、《新华文摘》、人大复印报刊资料等转载；出版专著十余本，其中两本获上海市社科成果奖。

治学自述

全国高考恢复后，作为第一批应届高中毕业生，1978年我考入西北师范大学数学系。从入校时16岁的花季少年，到如今迈入花甲之年，我始终以"只管耕耘，不问收获"自勉。心无旁骛，专心致志，做好自己本职工作，我认为它是治学的必备条件之一。

20世纪70年代末恰逢改革开放，国家百废待兴，当时学习条件还很差，但校园里"为中华崛起发愤读书"的氛围却非常浓厚。即使周末，教室里同学们总是坐得满满的。本科的学习，不仅让我学到了专业知识，更是培养了逻辑思维。特别是中国科学院院士林群先生来校讲座，对我影响颇深。林院士的讲座深入浅出，融会贯通，在我们眼里十分复杂的数学难题，都被他转化为中小学的基础知识一一解决。这种大道至简的治学风格，令我十分神往。与此同时，他还讲了应用数学的前景，也让我眼前一亮！可能年少无畏，我便从图书馆借来经济学等书籍，尝试把数学应用到经济领域。尽管这些尝试微不足道，但对我未来跨学科研究特色的形成产生了重要影响。

1989年11月，我进入兰州市的一家小报工作。报社规模不大，我身兼数职："要闻版"责任编辑兼记者、摄影师，由此得到了许多新闻实务锻炼机会，1995年获"主任编辑"职称。1997年我有幸进入复旦大学新闻学院学习。起初，我在复旦大学新闻学院张骏德教授名下做访问学者。当时，新闻商品属性是新闻界的研究热点之一。许多研究引经据典，在"是""非"之间抉择。我则紧扣商品定义，认为应以新闻产品是否交换为标准，提出新闻商品属性的"两分法"，进而按照采、编、播与发三个阶段，比较系统地提出了"三段论"改革。我怀着忐忑心情将作业呈交张骏德教授，但意外地获得他的高度评价。这不仅使我信心倍增，而且也由此形成了独特的思维方式。为方便起见，不妨以面团发酵为例说明。如何从"面团"中找出"酵母"？又如何由"酵母"生成"面团"？进而两者如何融会贯通？如果说，前者要求是抓本质，而后者要求是成体系；前者旨在把书读"薄"，而后者目标却是读"厚"。我认为在学术研究中，这种思维方法是十分有益的。

攻读博士学位期间，导师张国良教授根据我的学科背景，为我指定了传播效果实证研究方向。我发挥数理统计优势，完成了博士学位论文《中国大众传媒议程设置功能研究》。该文先后获教育部和国务院学位委员会"全国优秀博士学位论文（提名）"、上海市社会科学成果二等奖、上海市教学成果（学位论文）和复旦大学优秀博士学位论文。读博阶段的研究，让我体会了学科交叉融合的特性。诚如法国著名作家福楼拜所言："科学与艺术，从山麓分手，又在山顶汇合"。我之所以迈入"山顶汇合"的探索之旅，得益于复旦兼容并包的海派文化、新闻学院开放自由的学术氛围,更少不了导师张国良教授的信任和鼓励。

取得博士学位后,我进入了同济大学经管学院博士后流动站、上汽集团博士后科研工作站,师从沈荣芳教授进行博士后研究。导师的言传身教,上汽冲击"世界500强"的管理实践,让我对管理理论尤其对其实践性有了更加深刻的认识。而这些经历也为我理论联系实际、开展媒介管理研究奠定了基础。或许与此有缘,2002年我获批国家社科基金项目"媒介经济在我国经济发展中的地位与作用"。此后获批的包括国家社科基金重大项目"提升我国文化产品国际竞争力的路径与策略研究"等在内的一系列项目,大都涉及媒介管理领域。

对于学术研究而言,知识、技能固然重要,但我认为顽强的意志,坚韧的品格或许同等重要,甚至更为重要。我指导的一位在职博士研究生,学位论文几经周折,反复打磨,直到修改出45版才提交答辩。个中意义已经远远超越专业训练及论文写作本身,更包括了意志的磨炼、品格的修炼。爱因斯坦说过:"当我们把学校里学习的知识都忘掉后,剩下来的就是素质。"为此,知识之外能为学生剩余什么?值得我们在人才培养中进一步思考。倘若说我和同学们取得了一些成绩,那一定是我们意志磨炼的结晶。

面向未来,新技术、新产业层出不穷,新问题、新业态接踵而来,唯有与时俱进,不断开拓新领域,持续探索新方法,努力实现自我超越,才能永葆学术青春,为丰富新闻传播理论、深化新闻传播改革,尽自己绵薄之力。

张洪忠

张洪忠,1969年8月出生于四川省峨眉山市。北京师范大学新闻传播学院教授,北京师范大学新媒体传播研究中心主任。1988年9月—1991年7月于四川师范大学生物系就读,毕业分配至四川峨眉山大为中学任教一年后到珠海,先后从事生物技术、广告设计工作,后创立广告公司。1999年9月—2002年7月,就读于四川省社会科学院新闻传播研究所攻读硕士学位。2002年9月—2005年7月,就读于中国人民大学新闻学院攻读博士学位。2005年9月—2015年8月,在北京师范大学艺术与传媒学院任教,从讲师、副教授到教授。2006年7月和2010年4月到香港城市大学访学。2010年9月—2011年9月,到美国印第安纳大学访学。2015年8月至今,在北京师范大学新闻传播学院任教,先后担任副院长、执行院长、院长,并担任北京师范大学新媒体传播研究中心主任。

治学自述

由于早期在生物实验室和广告公司的工作都强调证据和效果，这一理念也被带入新闻传播学的研究之中，从实证研究入手来探讨传播效果。最早在读硕阶段思考传播效果的理论文章是《大众传播学的议程设置理论与框架理论关系探讨》一文。20世纪90年代中后期我进入新闻传播学领域时，有两个大的传媒生态变化：一方面是都市类报纸正处于大发展阶段，都市类报纸面向市场获得成功，2000—2010年我在成都、福州、重庆等地多次开展受众调查，获得大量不同城市市民的媒介消费数据，对受众使用和偏好有较多理解；另一方面是互联网开始起步，每一次的受众调查都会涉及互联网使用内容，看到互联网使用比例从几个百分点上升到百分之七八十。通过媒介使用数据流向，逐步加大对互联网的关注度，也形成一个认知：信息流在哪里，传播学就应该在哪里。

博士毕业论文开始致力于有关传媒公信力的研究，此后20年来一直关注该领域。在此期间，参与一次和主持三次大型调查工作。2005年调查是老师喻国明教授主持，本人参与执行，这次调查采用PPS抽样的线下入户的全国大样本调查。2009年和2012年我得到《现代广告》杂志支持，采用电话辅助系统（CATI），对北京、上海等十大城市居民进行调查，从绝对公信力和相对公信力两个测量角度对报纸、电视、网站等上百家媒体公信力状况的整体特征做了描述，基础数据最后分别成书《中国传媒公信力调查》《转型期的中国传媒公信力》，以及相关中英文论文。到了2018年时，由于移动互联网的普及和座机使用的减少，使用电话采样已经不再合适，于是采用网络平台采集问卷数据调查北京、上海、广州、成都四座城市传媒公信力。从2013年开始几乎每年牵头组织一次传媒公信力论坛。早期关注不同政治体系宏观变量下传媒公信力判断维度的区别，机构媒体公信力与社会信任之间的关系，以及提出机构媒体公信力是否还能提高、机构媒体公信力是否越高越好等问题。最近几年转向智能传播技术与社会信任的相关问题。

从2008年开始关注移动互联网，开展了一些小型调查。到2011年后完全进入大数据领域，2012—2014年得到腾讯支持开发基于PC端的大数据产品"腾讯汽车指数"来预测汽车消费市场变化，但这一工作到2013年下半年遇到PC互联网数据向移动互联网转移的困难。为了把握移动互联网的变化趋势，2014—2015年，我创建了"移动互联网与大数据沙龙"，做了三十多期，邀请了业界和学界相关专家来开讲和交流，也帮助我掌握了大数据领域的基本应用情况。2014年开发了基于网络数据挖掘的中国大学海外网络传播力指数报告，后来发展到每年一度的大学、央企、城市海外网络传播力报告。

移动互联网的快速发展带来人工智能技术在传播领域的应用，同时将我的学术视野引到智能传播领域。其中，2017年北京师范大学新闻传播学院与微软亚洲研究院联合成立"人工智能与未来媒体实验室"，我带领团队与微软小冰团队合作开发小冰写作辅助盒子，从技术逻辑了解智能传播问题。同年，我开始关注社交机器人在舆论中的应用，团队迅速掌握了相关数据挖掘、识别等技术手段，并在2018年SMP年会做特邀报告会，牵头成立了社交机器人小组，将计算机学科和社会科学的学者聚集在一起开展交叉学科的交流。在智能传播领域研究有两个体会：一是需要了解技术逻辑，在技术逻辑基础上思考社会科学问题；二是要有一手数据的挖掘能力，在一手数据基础上开展分析。

另外，从2016年和学院同事一起推出了每年一届的"中国VR/AR创作大赛"、常规的"人工智能与未来媒体大讲堂"、智库功能的"京师传媒智库发布"等活动，营造新传播技术发展前沿的学院氛围。

姜 飞

姜飞，男，1971年出生于河北昌黎，现为北京外国语大学国际新闻与传播学院教授，博士生导师，院长，院学术委员会主任；校学术委员会委员。1994年毕业于陕西师范大学政治经济学院，获经济学学士学位。1998年考取四川大学文学与新闻学院硕士，2000年提前攻读博士学位，2003年获文学博士学位。2003年入职中国社会科学院新闻与传播研究所，2011年评为研究员，历任传播学研究室副主任、主任；任中国社会科学院创新工程项目首席专家，中国新闻文化促进会传播学分会秘书长，世界传媒研究中心主任，"中国跨文化传播研究与实践基地"主任。2017年9月调入北京外国语大学国际新闻与传播学院，2019年任院长，2021年评为三级教授。

担任中宣部、中央网信办、国家留基委、中国外文局等机构专家委员会委员或评审专家，北京大学、清华大学、山东大学、四川大学、中国传媒大学等高校特聘或客座教授（研究员），中央广播电视总台国际视频通讯社VMF智库专家，中国新闻社"华文媒体中心"学术顾问，百度智库专家，新浪微博智库专家，"一带一路"沿线国家研究智库联盟副理事长，国家信息中心中经网管理中心在线教育资源库"中经视频"特聘教授，中华全国新闻工作者协会第25届中国新闻奖评委等。

先后主持国家社科基金、教育部、文化和旅游部、中国社会科学院、中国外文局等重大重点课题十余项，挪威研究署资助项目、澳大利亚国际交流部资助项目中方专家。发表SSCI、CSSCI和中文核心期刊论文总计一百多篇。担任英文期刊 Journal of Transcultural Communication（《国际跨文化传播学刊》）、《中国跨文化传播研究年刊》中英文版、《全球传播生态发展报告》蓝皮书主编。任 Journal of International Communication、Global Media and China 等期刊评审专家。赴二十多个国家和地区访问、讲学和作报告,曾获美国福特基金、加拿大研究特别奖资助;在 ICA、IAMCR、ANZCA 等国际会议发言;为加拿大皇家大学、法国波尔多政治学院、瑞士卢加诺大学客座教授。

专著《跨文化传播的后殖民语境》获第四届吴玉章奖、第五届胡绳青年学术奖。多次获得中国社会科学院优秀信息对策研究类一等奖、二等奖、三等奖,两次获评全国对外传播理论研讨会优秀论文。获得北京市宣传思想文化系统"四个一批"人才称号。

治学自述

治史

1998 年起我在四川大学文学与新闻学院硕博连读,以西方马克思主义文艺理论为框架,结合本科阶段经济学专业的《资本论》、马克思政治经济学和西方经济学基础,开启了新闻与传播学的新知识生产的探索,并较早进入跨文化传播和国际传播研究领域。正是对德国古典哲学和马克思主义哲学绵密体系的认知与把握,奠定了我的人文社会科学研究方法基础,尤其是对文化与文明的关系、人类精神活动和社会生活的发展规律的思考,以及对思维和思辨能力的看重,决定了我的学术研究取向以及学术指导原则。

1993 年《读书》杂志上连续刊登了三篇介绍东方学的文章,同年有重要学者在《复旦学报》首发文章介绍约瑟夫·奈的软实力;1996 年,亨廷顿提出了文明冲突论,同年半岛电视台成立并发出了与美英和欧洲强国传媒不一样的声音。建设世界传媒新秩序的车轮似乎重启,在导师指导下,我开始以"后殖民"与"跨文化传播"为方向进行博士学位论文的研究与写作。博士学位论文《跨文化传播的后殖民语境》2005 年由中国人民大学出版社出版,我成为最早把后殖民理论全面、系统地引入新闻传播学界的学者之一,从跨文化传播和国际传播研究视角研究中国媒体的理论与实践,先后获得"吴玉章奖"和"胡绳奖"或许与此有关。

2003 年我博士毕业就非常荣幸地到中国社会科学院新闻与传播研究所工作,在喻权域、孙旭培、陈崇山、徐耀魁、张黎、尹韵公、闵大洪、明安香等前辈资深学者指导下,体会出学问之道在求真务实,故"治史"既是门径,也是必需——从宏观哲学史、思想史入手,打捞出合宜理论或领域、流派;此后再次进入该领域、流派和理论的历史长河中,与奠基人、代表人物、观点线索全方位"接触和对话",通过独特的研究视角、问题设置和研究假设,建构乃至重构该领域的知识体系。随着学术边界的拓展和认知世界能力的提升,这个过程可以重复两次到三次。"治史"作为学术研究方法论是我在读博期间开始的摸索,在中国社会科学院这个高度重视学术的场域下逐步成熟并完善。

我以后殖民理论史、世界传媒秩序和国际传播格局变迁史、美国等大国国际传播体系史、海外媒体进入中国的历程为背景,以传播学学科发展史、传播学进入中国的历程为线索,以中国国际传播制度和传播主体发展为研究对象,2007 年获批中国社会科学院新闻与传播研究所立项所重大课题"中国传播学研究 30 年专业 DV 访谈",邀请中国人民大学、南京大学、深圳大学等青年学者加入课题组,以专访的形式追证并记录中外新闻学与传播学、跨文化传播与国际传播等领域代表人物,总计近 300 小时的珍贵录像记载了两代人将传播学概念与理论"织入"人类社会科学研究的历史长河的进程,以口述史的方式挖掘中国新闻传播学的"前世今生",并探索发展规律与方向。

2008 年我对中国跨文化传播研究 30 年历史进行了梳理,2009 年提出在国际博弈中重新规划中国跨文化传播研究地图的路径,2010 年从学科史和思想史的视角试探讨中国跨文化传播研究的未来方向,2013 年在《华人传播想象》章节中提出了跨文化传播研究的中国视角,2019 年发表英文文章论述中国学界对跨文化传播领域的贡献。2015 年,我创办《中国跨文化传播研究年刊》;2021 年,创办英文期刊 Journal of Transcultural Communication。至此,在跨文化传播领域我从"历史实证主义"的个体理论研究,努力朝向跨文化研究的学术共同体构建。

立论

我的理论建构从历史视角关注传播学学术史的发展、传播思想史的脉络,以及传播学作为社会科学重要分支在知识生产方面的贡献;从技术视角关注传播科技的变迁在人类文明演进中的规律,将新媒体视角纳入国际和跨文化传播领域,并推进针对中国实际问题的理论创新。

2009 年我将跨文化传播的两类、四种理论(cross-,inter-,trans-,Intra-cultural communication)的分野首次在国内进行研究概念廓清与辨析。2011 年,在第二本专著《传播与文化》中,我提出文化和文明的逻辑函数关系(文化 = 系数 × 文明 ± 常数)理论模型,并据此论证中华文化崛起的思想性起点。2016 年,在《国际传播》创刊号上我提出了国际传播的三次浪潮理论,进而指出中国国际传播能力建设的十字路口特点;2019 年进一步完善了中国对外传播的三次浪潮的研究。2018 年,我提出用"全球传播生态"解读全球传播格局,此后与中央广播电视总台国际视频通讯社合作每年出版蓝皮书。

2011 年在信息时代背景下,我提出新闻学研究对象需要从复数的"媒体"转向单数的"媒介",传播学研究对象有必要从"信息"转向"讯息"和数据。2013 年,在 5 个 W 理论模式基础上我提出信息流动"破界"新特征的 5 个 A 理论,即任何人(Anyone)、任何对象(Anybody)、任何时间(Anytime)、任何地点(Anywhere)、任何内容(Anything)。2020 年我创建"文化物理学"研究视域并以此分析传播学的研究对象从信息下沉到讯息、数据以及多模态意义共现的现象。2021 年,我提出新文科方向下"传播美学"概念的建构和新专业的创建。

2012 年,基于微博、推特、脸书等社交媒体平台对社会和个体的深度影响,创造性地使用中国历史文化概念"权"(power)与"势"(social power)的关系转化作为解读国际范围内政治文化变迁的理论框架,并发表中英文论文。2015年,在首届中国政治传播研究学术论坛上我论证了政治的传播与传播的政治之关系。2021年,我提出百年未有之大变局中的国际传播之"局"是利益、边界和秩序的接力博弈,因此应该用发展的"权与势"理论来探讨"后殖民之后"的国际传播格局。

取实

以学术理论为基础,发挥智库作用。2004年我针对"海外传媒进入中国"进行调研并对我国文化安全提出保障建议。2007年开始研究如何提高中国文化的国际传播效果以及创建评估体系。2010年实地调研山西省"三网融合"试点推进中遇到的问题并提出对策建议。2013年调研中澳网络社区与实体社区在文化建构和认同中的作用。2014年通过调研延边独特地缘传播环境提出国际传播能力建设实施方案。2015年分析国际主流媒体的融合战略提出中国方案。2016年围绕"一带一路"倡议提出"大传播"概念和实践路径。2016年受中宣部委托赴非洲对央媒和相关机构进行首次面对面实地国际传播效果评估,同年作为首席专家赴欧洲调研考察文化部对外文化传播能力建设效果。

我多次在中央部委和单位作有关国际传播演讲和报告,广泛参与中央媒体的国际传播规划写作和"十三五""十四五"规划起草,曾任中央电视台《新闻直播间》《环球视听》《焦点访谈》等栏目时事评论员。作为评审专家参与中国新闻奖、国家广电总局"丝绸之路影视桥工程"、中国国际广播电台优秀作品以及其他评奖活动。

廖圣清

廖圣清,1971年8月出生于江西赣州。复旦大学新闻学院教授、博导,云南大学新闻学院院长,两岸关系和平发展国家2011协同创新平台专家委员,上海市高校新闻传播学类教学指导委员会委员兼秘书长,云南大学学术委员会委员,《新闻大学》编辑,澳门科技大学人文学院兼职教授,中国新闻史学会符号传播学研究、党报党刊研究、少数民族新闻传播史研究委员会副会长,中国科技新闻学会数据新闻专业委员会副理事长。

2003年毕业于复旦大学新闻学院,获文学博士学位。2000年任复旦大学新闻学院讲师、复旦大学信息与传播研究中心主任助理,2005年被评为副教授,2006年赴韩国全南大学任访问副教授,2010年任传播学系主任,2012年被评为教授,2013年起任博导。2020年援助西部,挂任云南大学新闻学院(南亚东南亚国际传播学院)院长。

主要著作有《传播与中国受众》《20世纪90年代西方大众传播学研究》等,参编有《传播学原理》《大辞海·文化 新闻出版卷》等。先后发表《中国大陆大众传媒公信力的实证研究》等学术论文50余篇。一次获上海市育才奖(2016),一次获宝钢优秀教师奖(2017),一次获"上海市浦江人才"称号(2007),一次获上海社科奖优秀论文二等奖

（2014），两次获上海社科奖优秀论文三等奖（2012、2002），一次获中国新闻奖优秀论文三等奖（2001），一次获高等学校国家级教学成果奖二等奖（2014）。

治学自述

1997年，我从复旦大学新闻学院新闻学系毕业，获得了文学硕士学位，遂留校任教至今。在治学过程中，我对受众分析、传播学学术史和传播秩序都有浓厚的兴趣，也是国内在这三个领域较早开展全面研究的学者之一。能为科学推进中国传播学学术体系的建设和构建现代传播体系等国家和社会急需的重大课题尽自己的绵薄之力，我深以为荣。

在专注于新闻传播学实证研究的20余年中，我尤其重视受众与传播效果的实证研究。我的代表性成果《传播与中国受众》涵盖了媒介的碎片化使用、意见表达、新闻可信度、国家印象、主观幸福感、传媒与社会民主化进程等多个研究主题。这项研究对认识新媒介技术环境下传播对中国受众的影响具有重要的参考和借鉴价值。

关于传播学的学术史研究，我在博士学位论文的基础上修订出版了《20世纪90年代西方大众传播学研究》。这部著作是国内最早系统且深入地剖析国际大众传播学总体状况的研究。近年来，在此研究的基础上，我持续关注并致力于推进我国新闻传播学学科的发展，为建设中国特色新闻传播学学术体系提供实证资料和理论思考。我的相关研究成果获得了学界的关注和好评，比如《中国大陆新闻传播学研究十五年：1998—2012》在2014年获得上海市社科优秀论文二等奖；2021年撰写的论文《科学推进中国传播学学术体系建设》在《中国社会科学报》和中国社会科学网头条刊发；我在论文《中国新闻传播学研究的知识谱系：议题、方法与理论（1998—2017）》中关于中国新闻传播学研究在今天仍然处于引进、理解、应用理论的阶段，却极少涉及新理论的提出以及理论的改进和整合的观点得到了同仁的认可；等等。可以说这些研究从学科发展和学术体系建设的角度，思考传播学理论的中国化研究，推动了中国新闻传播学研究的理论创新。

我同样十分注重从中国社会的实际出发来研究传播秩序问题，倡导用现代的、科学的方法促进建设合理、有序的互联网传播环境。2019年，作为上海市委宣传部媒体融合调研组唯一的学界专家，我负责调研上海主流媒体的媒介融合情况并起草报告。我的论文《构建社会责任传播制度，让互联网"管得紧"》为传播学从宏观层面研究、解决重大中国社会现实问题提供了一种新路径。在该领域，我已成功获得教育部人文社科重点研究基地重大项目和国家社科基金重点项目的资助，这将有利于我进一步开展现代传播体系与公共舆论研究，探究新传播技术和新社会环境下传播格局的变化，拓展新媒体传播与社会治理研究的广度和深度。

作为一个深入学界和业界前沿领域的学者，我深知技术的变革对传播学的作用和影响。2015年，我在国内开设了首个计算传播博士专业方向，并于2018年培养出国内首批两位计算传播博士。今天，计算传播专业方向已建成硕士、博士、博士后相贯连的培养体系，极大地推动了计算传播研究在中国的成长与壮大，并与国际主流新闻传播学研究形成学术共同体，开展合作交流。在人才培养方面，我总是教导研究生要具备做科研的概念意识、问题意识和理论意识，指导学生研究真问题、真现象，培养学生的社会科学综合研究能力、数理分析能力、计算编程能力等。这些工作为探索新媒介环境下新闻传播学研究的新范式及重大理论突破提供了可能性，以期为国家发展战略和社会稳定发展提供经验支撑。

我的学术历程见证、践行了国内传播学走向规范化、实证化和国际化的发展过程。我相信在今天，只有掌握中国传播作用机制，才是中国传播学回应中国现实问题的根本动力和底气来源。

贾鹤鹏

贾鹤鹏，1972年出生于内蒙古自治区呼和浩特市。现任苏州大学传媒学院教授、博士生导师，美国康奈尔大学科学传播专业博士。曾担任《中国日报》科技记者，英国科学与发展网络（SciDev.Net）中国区域负责人，中国科学院《科学新闻》杂志总编辑，美国麻省理工学院奈特科学新闻研究员等职务，并先后为 Nature、Science、Chemical and Engineering News 等知名国际刊物从事科学报道。2006年以来在国内外机构的支持下，先后举办了50多场（次）面向中国记者的科技新闻报道培训活动，在全国范围内惠及2000余名专业记者。2010年获得由科技部、中宣部、中国科协联合授予的"全国科普先进工作者"荣誉称号；2011年，被美国普渡大学推选为亚洲首个科学新闻桂冠人物。其间出版了《全球化时代有效的科学传播》、《争议中的科学》和《全球性议题的专业化报道——气候变化新闻实务》等系列科学传播实务专著。

2012年开始攻读科学传播专业博士学位。主要研究领域包括开展科学传播能力建设、探索具有中国特色的公众参与科学以及探讨科技争议背后的政治、社会与传播因素。先后发表了《科学传播的溯源、变革与中国机遇》、《科学传播、风险传播与健康传播的理论溯源及其对中国传播学研究的启示》以及《谁是公众，如何参与，何为共识？——反思公众参与科学模型及其面临的挑战》等论文，在学界产生影响。其中，《科学传播的溯源、变革与中国机遇》获得了《新闻与传播研究》2018年年度论文奖。

2019年加盟苏州大学传媒学院以来，致力于开拓具有中国特色的科学传播理论，三年来发表了十余篇名刊论文，并获得了"弘扬科学精神"国家社科基金重点项目。并组建了苏州大学科技传播团队，团队成员累计发表了50多篇名刊论文，获得了5项国家社科基金、十余项省部级项目及国家部委咨询课题。并成功创办了"科学传播苏州论坛"和"国际媒体与传播研究会（IAMCR）2022苏州科学传播前会"，在学界取得了广泛影响力。

治学自述

在赴美读博之前，我已经是国内外比较有名的科学记者了，觉得读科学传播的专业不过是把自己的实务经验系统化。然而，第一学期末我们的研究生主任给我的评语却是——"You had a slow start, perhaps because you were a journalist"（你的起点较低，可能因为你曾经是记者）。这对我冲击很大，让我难受了好久，这不仅是对我一个学期学习情况的评价，也意味着我引以为傲的记者经历，竟然成了负资产！

经过两到三年时间的痛苦思考和反复尝试，我意识到需要将看待问题的思维从作为一个记者所具有的广泛关怀变为重点思考概念之间的关系，也就是探究规律。对于作为一门社会科学的科学传播而言，就是研究科学与社会之间关系的规律以及公众个人对科学和健康议题的认知与行为的规律。不管使用质化还是量化研究方法，概念之间的关系是根本。我必须将自己置于特定概念的关系考察中。

经过这段时间的痛苦思考和适应，我也找准了自己的科研路径，那就是基于媒体经历为自己创造的对中国社会的丰富理解，用中国特例来丰富、改写并最终发展具有普遍性的理论。理论贡献现在成为学界的一个热门词。但可能不同人眼里理论是不一样的。在我看来，理论指的就是有关人类行为和社会的规律。而实现理论贡献，就是通过增加新的影响因素来改写我们现在普遍理解的一些规律或范式。

现在回顾起来，找准了这个科研方向后，自己很正确地实施了一条可行的学术路径。第一个阶段基于自己在美国的非常扎实的学术阅读和训练以及对较新理论的系统把握，结合对中国热点科技问题尤其是科技争议问题和科技治理议题的理解，发表了一批论文。这些文章澄清了科学传播、健康传播和风险传播等领域的基本概念和学术脉络，也把"科学媒体化""科学传播的科学""公众参与科学模式的挑战"等最新的学术进展第一次引进了国内。

第二个阶段则是自己博士学位论文的调研写作。这项研究的基本研究问题是，为何在同等的国情和社会变迁背景下，中国的转基因争议、水电争议和核电争论却有完全不同的发展模式与走向。其中，转基因争议持续最久，中国政府的转基因作物产业化也因而停滞；水电争议虽然集中在环保人士中，但几乎让中国所有有争议的大坝停建；但核电争议则相对并不显著，且总体上并没有阻碍中国核电建设事业。对这些案例一年多的田野调研看似是建立在自己过去十几年作为一线科学记者对相关争议的深入参与的基础上的延展，但实际上则应用了政治机会理论、传播学中的框架理论与注意力周期理论（attention cycle）、研究中国政治的碎片化权威主义理论以及科学社会学中的知识控制理论，从而为转基因、水电、核电三种争议迥然不同的发展结果，找到了明确的理论归因。正因为如此，在完成博士学位论文仅仅两年后，以此论文为基础的专著《运动中的科学》（Science in Movements）就在 2021 年由国际知名出版社 Routledge 顺利出版。

2019 年回国加盟苏大后，较为充裕的科研经费和领导支持让我能带领团队成员致力于开拓具有中国特色的科学传播理论。在突发的新冠肺炎疫情中，中国上上下下对其的迅速有力应对和相比之下西方各国的混乱失措让我和团队成员都意识到，除了强有力的国家机器外，中国民族文化气质中，一定有自己独特的公共卫生危机应对因素。在《我为国家戴口罩》、《强国通行证》以及《当科学素质遭遇民族主义》等名刊论文中，我和团队成员利用翔实的实证数据，表明了集体主义因素在中国人科学态度与健康行为等方面发挥的重要作用；高度组织化对中国科学传播产生强大的影响；爱国主义和经济机遇感知对中国人采纳低碳行动的影响显著。这些研究合在一起揭示出，在西方发展多年的基于个体态度与说服理论的科学与健康传播研究，需要补充东方社会的集体主义行动因素。这也是中国科学传播学术发展的机遇所在。

马　忠

马忠，1974 年生，甘肃通渭人。西安交通大学教授、博士研究生导师，新闻与新媒体学院院长兼党总支书记。现为国家高层次人才特殊支持计划哲学社会科学领军人才、全国文化名家暨"四个一批"人才，教育部高校思想政治理论课教学指导委员会委员，全国高校"中国马克思主义与当代"教学创新中心负责人，主要从事马克思主义意识形态话语体系与新闻观研究。

1991 年考入兰州大学哲学系哲学专业，2000 年至 2003 年在兰州大学法学院获经济法硕士学位。2001 年至 2004 年在兰州大学新闻学院获新闻传播学硕士学位。2004 年至 2007 年在武汉大学马克思主义理论专业获博士学位。2004 年任教于兰州大学马克思主义学院。2018 年任教于西安交通大学马克思主义学院，2019 年 6 月担任马克思主义学院副院长，2022 年 5 月起担任西安交通大学新闻与新媒体学院院长兼党总支书记。

主要著作有《思想政治教育叙事话语研究》《全面建成小康社会》《变革时代的思想重建》等。先后在《马克思主义研究》《马克思主义理论学科研究》《思想教育研究》《西安交通大学学报》等刊物发表学术论文近百篇。获全国高校思政课教师影响力人物、全国高校思政课教学能手、甘肃省"飞天学者青年学者"特聘计划、陕西省第十五次哲学社会科学优秀成果一等奖等 20 多项荣誉。

治学自述

1995年，我从兰州大学哲学系毕业，获得了哲学本科学士学位。系统的哲学学习培养了我批判的精神、辩证的思维、创新的意识，为我一直以来的学术研究提供了方法论指导。2001年至2004年，我在兰州大学攻读新闻传播学硕士学位。在我毕业那一年，新闻学被确定为国家重点发展的九大哲学社会科学学科之一，新闻学学科地位得到极大提升。通过对新闻学的探索学习，我深刻意识到新闻学领域存在广阔发展研究空间，需要持续关注并不断探索。

2004年，我到武汉大学攻读马克思主义理论专业博士学位。读博期间，我聚焦中国共产党意识形态工作深入学习。毕业后到马克思主义学院工作以来，我继续加强马克思主义哲学的学习，并及时跟进和阐释党的理论新进展，聚焦习近平关于国家治理现代化、新闻舆论、国际传播的重要论述，在本学科顶级期刊《马克思主义研究》封面和栏目首篇刊发相关文章，多篇文章被人大复印报刊资料转载、全国科学规划办网站重点推介、全国高校思政课程资源平台使用。著作《全面建成小康社会》入选中宣部主办的"书影中的70年"新中国图书版本展。在上面的研究基础上，我尝试从马克思主义、政治传播学、语言学交叉领域出发，从马克思主义意识形态理论视角，分析"意识形态叙事""社会主义意识形态叙事体系"，撰写了40余篇论文，在文化帝国主义、"普世价值"的叙事话语批判方面做了一些思考，并出版了《思想政治教育叙事话语研究》一书，论述了主流意识形态传播的叙事学方法。另外，我还关注西北民族地区党的宣传舆论工作和话语创新研究，成果获多项省部级荣誉。

在调入西安交通大学新闻与新媒体学院之后，我感到了更强烈的使命感。虽然原有的学术基础提供了一定的交叉学科视野，但新闻传播学的新理论、新发展给自己提出了很高的学术要求，尤其是新媒体技术日新月异，新闻传播理论与思想更需与时俱进。为此，我组建了中国共产党新闻舆论观研究团队，目的是结合新时代要求，探索中国特色新闻舆论学的相关理论和实践问题，我感到构建中国自主知识体系是当前新闻传播学的重大问题。与此相关，党的十八大以来习近平总书记有四个重要论断："讲好中国故事，传播好中国声音"（2013年8月19日）、"加强话语体系建设"（2016年5月17日）、"构建中国话语和中国叙事体系"（2021年5月31日）、"建构中国自主的知识体系"（2022年4月25日）。这四个论断层层递进：讲好中国故事必须构建话语体系、构建话语体系还要构建叙事体系、构建中国话语和中国叙事体系必须立足于形成中国自主的知识体系。在构建中国自主的新闻传播学知识体系方面，我有一点粗浅认识：要从哲学高度关注传播话语、文化框架、意识形态的关系，并扎根本土文化，在历史中提炼总结中国传统传播理论，打造融通中外的新概念、新范畴、新表述。当前很多概念还没有走出西方话语体系，如何将之提升为"中国表达"显得尤为重要。

最后，在推进马克思主义新闻观研究上，

我觉得除了从马克思恩格斯经典作家和之后的马克思主义者的重要论述与新闻实践方面继续深度挖掘外，还要善于运用唯物史观分析新闻传播领域的重要问题，关注新闻传播与国家权力、阶级意识、世界历史等的关系。尤其是运用马克思主义基本原理，从技术革命、社会演进、人类前途的结合视角，对元宇宙等前沿问题提供总体性指导。古人云：生有涯而知无涯。我将聚焦马克思主义新闻观，潜心钻研，砥砺前行。

年10月开始担任执行院长。主要从事广播电视新闻理论与实务、新媒体与视听传播的教学研究工作，入选教育部"新世纪优秀人才"、宝钢教育基金优秀教师、全国广播电视和网络视听行业领军人才。

主要著作有《跨屏时代的视听传播》《影像背后：网络语境下的视觉传播》《路径与抉择：主流电视媒体网络视听信息发展战略》，著有教材《视听新闻报道》《电视新闻编辑教程》等。主持包括国家社科基金重大专项课题在内的多项国家及省部级科研项目。

周 勇

周勇，1974年4月出生于湖南汨罗。传播学博士，教授，教育部青年长江学者，现任中国人民大学新闻学院执行院长，全国新闻与传播专业学位研究生教育指导委员会副主任委员，中国高等教育学会新闻学与传播学专业委员会理事长，中国记协常务理事。

1992年9月进入中国人民大学新闻学院学习，先后获得广播电视新闻专业本科、新闻学硕士、传播学博士学位，1999年7月留校任教，担任新闻学院广播电视专业教师至今，2014年获评教授、博士生导师。曾任广播电视系主任、副院长、院党委书记，2020

治学自述

30年前，我从湖南汨罗这座湘北小城进入中国人民大学学习的时候，完全没有意识到自己这一生会和新闻传播这项事业有如此深刻的羁绊，更没有想到会走上神圣的大学讲台。之所以选择进入人大新闻学院这座新闻教育的殿堂学习，很大程度上是因为在文字方面的偏好、加上当年考了全省文科第一的一点自信。至于新闻之于国家社会发展的意义，"铁肩担道义、辣手著文章"的职业情怀，那是进入这个专业以后慢慢体悟的事情，浸润日久、体会愈深。

我在大学本科学的是广播电视新闻专业，留校二十多年来也一直在这个专业任教，其间有十来年还利用业余时间参加中央电视台新闻部门的业务工作，曾担任中央电视台《晚间新闻》《早间新闻》责任编辑、新闻频道制片人，参与过新闻频道创办以及香港回归等诸多重大直播报道活动。这二十多年也是广播电视行业沧海桑田的一段时光，横贯学业两界的经历使我对此有更深的体会。我曾亲历20世纪90年代中国电视业狂飙突进的黄金岁月，也曾目睹近年来传统广播电视日渐式微、互联网视听传播爆发式增长的新旧转换。所以，始终保持对实践领域前沿动向的把握和对实践问题的响应是我在教学科研中对自己不断的提醒。实践领域的深刻变革提出了一系列亟待解决的问题单，这也促使我在学术研究上积极向互联网视听传播领域拓展，并推动学院的广播电视学专业构建以互联网为底层技术架构、融通传统广电与互联网视听新媒体的大视听传播学科体系，以此为逻辑进行面向未来传播的系统性再造。为此，我将学术研究的重点放在了新技术条件下的视听传播理论、视听传播与社会文化、互联网视听传播史等基础领域，以期在对本学科知识图谱再建构的同时，为实践领域的转型发展提供扎实可靠的理论支持。

学术研究上的另一动力还来自本学科的整体性变化。近年来，面向新时代国家社会发展的任务需求、面向新媒介技术的结构性改造、面向全球化背景下人类文明交往的新形势，新闻传播学科遭遇巨大挑战。一代人有一代人的事情，重塑学科主体性、实现学科转型升级发展就是我们这一代新闻传播学人的使命。在推动人大新闻传播学科以"对内重构、对外拓展"进行"双一流"建设的过程中，我也在不断思考：我们的学术研究除了服务新闻传播事业，还有哪些更为广阔的社会意义；新闻传播学科不可替代的独特性价值在哪里。时代是最好的出题人，新时代国家、社会的使命召唤是新闻传播学知识创新的动力之源。基于此，近年，我将视听传播本体研究延伸到舆论生态与国家治理领域，尝试关注社会文化向视觉转向的大背景下，视听传播在社会治理视域下的运行规律与作用机理。

感谢我的学院，从1992年进入这里学习，30年倏然而过，当年的青葱少年如今已添华发，学院依然年轻、明亮、充满锐气。如果说这些年在治学之路上能有寸进，全因背靠学院这栋大厦，我愿继续做它的一块砖石。

韦　路

韦路，1976年生，湖北武汉人。浙江大学传媒与国际文化学院院长，党委副书记，浙江大学求是特聘教授，博士生导师，浙江大学融媒体研究中心主任，国家社科基金重大项目首席专家，教育部青年长江学者，教育部新世纪优秀人才，入选国家百千万人才工程，被授予"有突出贡献中青年专家"荣誉称号，享受国务院政府特殊津贴，浙江省"万人计划"人文社科领军人才，浙江省有突出贡献中青年专家。

1998年毕业于华中理工大学（现华中科

技大学）新闻系，获文学、法学双学士学位，同年留校任教，历任助教、讲师。2001年于华中科技大学新闻与信息传播学院获新闻学硕士学位。2004年赴美留学，于2007年获美国华盛顿州立大学传播学博士。之后在美国罗德岛大学传播系担任助理教授。2008年回国，入职浙江大学传媒与国际文化学院，任副教授。2011年晋升教授，曾任浙江大学新闻传媒与社会发展研究所所长，传媒与国际文化学院院长助理、副院长。

主要研究领域为新媒体传播、国际传播、政治传播等，努力探索新媒体技术与社会之间的互动关系，重点关注媒体融合、数字鸿沟、中国形象等议题。主持省部级以上基金项目十余项，包括国家社科基金重大项目1项。出版《想象中国：新媒体时代的中国形象》《传播技术研究与传播理论的范式转移》《传播理论》等专著。在《新闻与传播研究》发表论文8篇，其他中文论文近百篇。在SSCI期刊发表英文论文十余篇，连续2次入选爱思唯尔中国高被引学者。

荣获首届"新闻传播学国家学会奖"之杰出青年奖、宝钢优秀教师奖、浙江省"五四"青年奖章，一次荣获教育部高校优秀成果三等奖，两次荣获浙江省哲学社会科学优秀成果一等奖。主讲课程入选国家级线上一流课程和虚拟仿真实验教学一流课程。担任教育部新闻传播学类专业教学指导委员会委员、浙江省高等学校新闻传播学类专业教学指导委员会主任委员、中国新闻史学会网络传播史研究委员会会长、政协第十二届浙江省委员会委员。

治学自述

如果从1998年开始读硕士算起，我的学术生涯已有24个春秋。与高山仰止的前辈大师相比，我仿佛还是个只会扫地的小和尚。在新闻传播学领域扫了20多年的地，越扫越觉得学无止境。道阻且长，行则将至。一路走来，深感四种特质至关重要。

一是问题意识。如果把现有新闻传播学研究分为社会科学研究范式、诠释研究范式和批判研究范式的话，我的研究取向大体为社会科学研究范式。虽然这一范式成为西方传播研究的主流范式，但常常让人感觉索然无味，乏善可陈。出现这一问题的主要原因在于这一范式的不少研究缺乏问题意识，往往选择一个特别细碎的问题，螺蛳壳里做道场，用复杂精细的方法验证一些意义不大的假设。因此，我希望自己的研究能够更加凸显问题意识，解决战略问题，体现人文关怀。我的一个重点研究方向是关注以数字鸿沟和知识沟为代表的信息沟，目的就是探讨数字时代社会不平等的表现、成因和对策，以此回应"中国之问"、"世界之问"和"时代之问"。

二是历史思维。我的硕士导师吴廷俊教授是中国新闻史研究的大家。虽然我当时选择了吴老师的一个新研究方向——网络传播研究作为自己的主攻方向，但吴老师作为新闻史学家的言传身教，使我形成了鲜明的历史思维，深刻影响了我的学术成长。明镜所以照形，往事所以知今。我尽力将具体的研究问题置于宏阔的历史长河中加以把握、理解与反思，从中总结经验，揭示规律，观照未来。我的第一本专著《传播技术研究与传播理论的范式转移》，就尝试从技术史和思想史的角度探讨传播技术演变与传播理论发展之间的紧密联系，指出传播技术发展是传播学理论诞生的直接诱因，而人类对于传播技术的社会影响和社会控制的不懈探索则是传播学理论蓬勃发展的核心动力。

三是国际视野。2000年，在新加坡南洋理工大学传播学院一个学期的硕士交换生经历坚定了我出国留学的决心。在时任院长郭振羽教授的帮助下，在导师吴廷俊教授的支持下，我于2004年踏上了赴美求学之路。虽然在美读书和教书的时间不长，但这段经历对我最大的影响就是打开了国际视野。我亲身感受了美国的社会现状和学科发展，清醒认识了中国新闻传播学研究在国际上的地位，包括优势和劣势。在此基础上，我也开始尝试对一些西方经典传播理论进行发展。例如，我提出了知识生产沟、第三道数字鸿沟、多模态网络使用等概念，为数字时代传播理论的延展提供了新的视角。

四是创新精神。入职浙大后，我对"求是创新"的浙大校训深感认同。求是即追求真理，创新即开物前民。自2017年担任浙江大学传媒与国际文化学院院长以来，除了个人的学术创新之外，我开始更多思考学科的创新发展问题。同年，我们提出"全球传播"优势特色学科建设方向。2020年，我们提出"数字全球沟通"的2.0版方案，致力于通过数字新闻、数字沟通和数字文化三个具体方向的研究，打造世界一流、中国特色、浙大风格的新闻传播学派。未来，我将继续与各位同仁一道，以中华优秀传统文化、马克思主义基本原理和国外哲学社会科学理论为基础，聚焦中国问题，坚守人民立场，深入中国实践，为建构新闻传播学中国自主知识体系贡献绵薄之力。

杜智涛

杜智涛，男，1977年生。中国社会科学院大学新闻传播学院副院长、教授、博士生导师。管理学博士、情报学博士后，毕业于武汉大学信息管理学院。北京大学互联网发展研究中心兼职研究员。

主要讲授课程：网络传播。研究方向：网络传播与新媒体、竞争情报、知识传播。在《新闻与传播研究》《新闻大学》《图书情报知识》《图书情报工作》等学术期刊发表论文50余篇。出版专著3部。主持国家社科基金国家应急管理体系建设研究专项"重大突发事件中知识传播对社会共识的作用机制研究"（2020）、中国社会科学院马克思主义理论学科建设与理论研究工程项目"新时代网络舆论的形成机制与治理模式研究"（2018）、国家社会科学基金青年项目"网络微信息知识化的形成机理与组织模式研究"（2012）、教育部人文社会科学研究青年基金项目"媒介融合环境下的微学习模式及实现机制研究"（2012）、北京市哲学社会科学规划青年项目"Web3.0环境下的网络舆论演化规律及管理模式研究"（2011）。

治学自述

我于2009年在武汉大学信息管理学院获得管理科学与工程专业博士学位，之后从事了两年情报学博士后研究，2011年博士后出站后才进入新闻传播学领域。现在算来，我作为新传人的学术经历不过11载，平心而论，这短短11载仅仅是一位学者学术生涯的起步，作为"后学"的我，很难说有什么可道的学术经历。当然，这些年我在前辈巨擘的引领下和不少学者的帮助下也有诸多收获，以下所述权且当作自己的学习体会。

我的研究方向主要集中在知识组织、知识服务与知识传播等方面，在曾经主持的国家社科基金项目"网络'微信息'知识化的形成机理与组织模式研究"和教育部人文社科基金项目"媒介融合环境下的微学习模式及实现机制研究"中，分别从知识客体和知识接受者主体两个视角探讨了知识内化、外化、序化和社会化的机制；在主持的国家社科基金专项"重大突发事件中知识传播对社会共识的作用机制研究"中，将研究视域进一步拓展，把知识与社会风险相结合，探讨了在社会重大突发事件中如何通过知识动员来实现社会共识；在参与的国家自然科学基金重点项目"新媒体发展管理理论与政策研究"中，研究了新媒体环境中的知识聚合与社会风险控制。此外，我曾研究过知识资本对企业竞争合作关系的影响，以及知识创新对国家竞争力的作用。近年来，我也关注过知识付费问题。

信息是知识的载体，我也对网络舆情分析与治理相关议题做过研究，主持了北京市哲学社会科学规划青年项目"Web3.0环境下的网络舆论演化规律及管理模式研究"以及中国社会科学院马克思主义理论学科建设与理论研究工程项目"新时代网络舆论的形成机制与治理模式研究"。此外，我作为主要参与人的研究成果"网络情报挖掘与管理系统关键技术及其应用"获得了教育部2013年度高等学校科学研究优秀成果奖科技进步一等奖。

由于我曾经的学缘基础是情报学，因此在这些年的研究中，我面对的一个重要挑战是如何从情报学转向传播学。尽管传播学与情报学有诸多可以交叉的领域，但这两个学科的理论基础、问题呈现、研究范式还是有很大的差异。情报学是"事"学，更倾向于围绕"事"和"物"展开研究，更加注重解决问题的方法和实现路径；传播学是"人"学，更倾向于围绕"人"和"理"开展研究，更加重视研究议题的理论价值和理论回应。这些差异直接反映在研究议题的选择、问题的设计和成果的呈现上。记得最初进入传播学领域时，我在新闻传播学期刊中投稿屡投不中，非常沮丧，于是我开始分析这些期刊的发文，体会两个学科论文写作的差异，并充实自己在传播学、社会学和哲学等方面的理论基础，逐渐培养自己的传播学研究思维，这个过程一直持续至今。

当前学科交叉是大势所趋，跨学科研究越来越重要。但跨学科研究并不容易，需要在思维体系、知识结构上融通，才能实现多元建构、优势互补，否则就会流于形式。情报学与传播学如此相近的学科，其研究范式都有如此大的差异，更何况其他差异更大的学科之间进行跨学科研究，其不确定因素是难以想象的。因为不同学科的思维模式、方法训练乃至学术共同体的价值判断都是不一样的，弥合这些差异绝非一蹴而就。跨学科研究中的团队组织、实验设备等"硬件"易建，而底层的思维体系、知识结构、沟通话语、共识机制等"软件"难成。对于跨学科的学者来讲，要首先找到栖身学科，在学科主流的基础上寻找交叉创新，避免"热"而不"实"、两头不靠的尴尬状态。这也算是我给跨学科研究的学者的一个不成熟的建议吧。

以上是我的浅薄体会。得益于新闻传播学术共同体的包容和"大传播观"的格局，我获得了许多学习和成长的机会。尽管这些年我在权威、核心期刊上发表过一些论文，但我个人感觉这些研究还不够深入，作为新闻传播学科的一名新手，我的研究才刚刚起步，未来我想继续围绕知识这一研究对象，探讨知识与社会的互为建构问题，以及知识创新的形成机制问题。

曾繁旭

曾繁旭，1978年11月出生于广东揭阳。清华大学新闻与传播学院长聘教授、博士生导师，气候传播与风险治理研究中心主任。兼任新闻史学会应用新闻传播学研究委员会副会长（2016—2020）、*Chinese Journal of Communication* 编委、复旦大学信息与传播研究中心研究员、国内外多份学术期刊和 Routledge 出版社审稿人、谷雨非虚构作品奖评委。

2007年毕业于中国传媒大学传播学专业，获博士学位。同年任中山大学传播与设计学院讲师，2010年被评为副教授。2012年调入清华大学新闻与传播学院，任副教授，2018年被评为长聘副教授，2021年被评为长聘教授。为哈佛燕京学社（2010—2011）、香港城市大学、东京大学、香港浸会大学访问学者。曾在中国社会科学院农村发展研究所进行博士后研究。在进入学术界之前以及初期，曾任《南方人物周刊》记者、资深编辑，从事深度报道工作。

主要著作有《表达的力量：当中国公益组织遇上媒体》、《媒体作为调停人：公民行动与公共协商》、《风险传播：通往社会信任之路》、*Environmental Risk Communication in China: Actors, Issues and Governance* 等。著作获得教育部高等学校科学研究优秀成果奖三等奖（2015）、全国新闻学青年学者优秀学术成果专著奖（2016）、新闻传播学国家学会奖三等奖（2016、2017），并得到 *Chinese*

Journal of Communication 与 *Communication and the Public* 等学刊的积极评价。论文见于传播学、政治学、中国研究等领域的英文SSCI期刊以及《新闻与传播研究》《国际新闻界》等多本国内代表性期刊，获"全国新闻学与传播学优秀论文奖"（2013、2014）、新闻传播学国家学会奖三等奖（2019）、青年新媒体学术研究"启皓奖"（2018、2019）等奖项，并被人大复印报刊资料《新闻与传播》《社会学》等权威刊物转载。

治学自述

我的第一份工作，是在《南方周末》报社下属的新闻杂志《南方人物周刊》当记者、编辑。2007年我完成博士学业并到中山大学传播学院任教，因为当时所教授的课程主要是"采访与写作"，需要大量的鲜活案例，加之十分留恋杂志社的温暖氛围，所以在教书之余，我仍照常参与采编事务。这段经历，对我的教学和研究都有深远的影响。

我的博士学位论文关切的是环保组织如何通过与媒介机构的互动，参与到公共讨论和政策制定过程当中。这个想法，始于在《南方人物周刊》的记者工作，那时见到很多环保组织负责人，了解他们参与公共事务的处境与策略，也看到他们一点点在改变我们的环境，触动之余开始文献阅读和田野调查，逐渐发现这个领域的学术可能。后来，这个博士论文修改成为我的第一部著作《表达的力量：当中国公益组织遇上媒体》。

这部著作体现了我进行学术探索的方式。我甚少以新闻业作为单一的主体，而总是希望将媒介机构放置于广阔的社会图景和多方张力当中。我之后的研究关注了更多社会主体（如公众、意见领袖、专家、政府部门等）与新旧媒介体系的互动，也运用了更丰富的学术概念和实证方法，但核心的理论关切却大致相近，就是致力于系统阐释中国生态文明建设和风险社会形成当中的媒介逻辑、公众逻辑以及媒介化治理之道。

在中国环境污染频现、公众环境意识快速觉醒，且环境与风险突发事件此起彼伏的背景下，国家建设生态文明的宏伟目标面临严峻挑战，环境风险沟通的研究与实践空前地凸显其重要性。国内学术界近年开始引介西方在环境传播与风险沟通领域的理论，我们则强调从中国语境出发，立足国内的各类环境事件与风险议题，运用多种实证方法展开探讨，从而对话西方理论，力图建构中国环境风险沟通的理论图景与实践方案。

我的几部著作，先后探讨了生物多样性、森林保护、大坝建设、垃圾焚烧工程、PX项目、核电项目、转基因工程、空气污染、气候变化等一系列与环境风险沟通息息相关的公共议题，观察媒体实践对于公众风险感知乃至政府决策的影响，探究媒介如何促成良性的环境风险评估、公共政策制定以及理性"绿色话语"的表达。这些著作也着力阐述中国环境风险沟通实践前沿出现的一些新现象与新概念，如环保组织与媒介机构的协同互动、都市公众与中国媒介的互激模式、地方媒介体系、风险框架争夺、社会信任重建等。在2022年年初，经国际知名出版社

Routledge 邀约与评审，我和戴佳老师将主要的学术观察进行系统化，加入近年来的很多内容，着力提升理论对话，出版了英文专著 Environmental Risk Communication in China: Actors, Issues and Governance。

机缘巧合，2022年清华大学新闻学院在能源基金会的支持下建立了气候传播与风险治理研究中心，我们将致力于长期开展气候、环境与风险沟通领域的研究，并且将学术探索和社会关怀结合起来。期待与更多同道一起，推进相关的学术工作。

钟智锦

钟智锦，女，1978年生，籍贯湖南。中山大学传播与设计学院教授、副院长（主持工作）、博士生导师。现任中国新闻史学会计算传播学会候任主席、国家高端智库中山大学粤港澳发展研究院研究员、中国外文局中山大学粤港澳发展研究院国际传播研究中心研究员。

研究方向为政治传播、公益传播、互联网与社会资本、网络游戏等。有多篇中文论文在《新闻与传播研究》《传播与社会学刊》《国际新闻界》《现代传播（中国传媒大学学报）》等杂志发表。有多篇英文论文发表于 Journal of Computer-Mediated Communication、Computers in Human Behavior、Computers & Education、New Media and Society、Asian Journal of Communication、China: An International Journal 等 SSCI 期刊。

治学自述

我对社会科学的热爱始于对实证研究的兴趣，从北大硕士毕业后，我在一家出版社工作三年，接触了各种各样的图书，包括学术著作和畅销书。三年的编辑工作令我发现自己更喜欢直面社会问题、用数据和事实说话的实证主义研究，这对于纯文科出身的我来说，是一个全新的领域，充满未知和吸引力。

申请读博的时候，我非常幸运地入读于香港城市大学祝建华教授的门下，开启了自己的学术之路。由于香港各高校之间学分可以互通，我分别在香港中文大学、香港科技大学修读了多门研究方法类课程，这个过程十分艰辛，但这段淬炼为我打下了比较扎实的方法基础。博士研究生三年级的时候，我前往加州大学圣巴巴拉分校访学半年，跟随 Rene Weber 教授学习，接触到了脑科学研究方法在新闻传播学科的应用，令我认识到社会科学研究路径的开放和多元。在祝老师的指导和自己的摸索学习、尝试之下，我读博期间在 Journal of Computer-Mediated Communication 上发表了一篇论文，这是一篇关于网络游戏和第三人效果理论的研究，也是我在游戏研究领域发表的第一篇文章，大大提振了我对学术研究的信心。

游戏的广泛市场带来了游戏研究的繁荣，大量的研究关心游戏暴力和游戏上瘾问题，但我却对虚拟游戏世界和现实物理世界之间是否存在联系感到好奇，用今天的话来说，两个世界之间是否能够突破"次元壁"，产生某种意义上的关联？我的主要的突破口是人际关系和公共参与，游戏中的人际交往是否会影响现实社会中的人际交往，游戏中的集体生活是否会影响现实生活中的公共参与？基于这两个根本问题，我完成了自己的博士学位论文，探索二者之间的因果关系，随后也发表了几篇有关游戏研究的文章，现在我仍然对这一领域保持着关注和少量的学术产出。

博士毕业后，我来到中山大学传播与设计学院工作，从一名懵懂的"青椒"博士后，慢慢成长到今天。中山大学是一所具有家国情怀的大学，鼓励社会科学学者研究面向国家发展、社会需求的大问题。在这种学术取向的熏陶下，以及发现游戏研究本身也逐渐出现瓶颈，难以有新的突破，我慢慢转向了舆论研究。读博期间的方法训练令我一开始进入舆论研究领域就有明确的"数据意识"，我收集了十年之间的重要"新媒体事件"，建构一个事件库，再根据事件去寻找媒体报道，对媒体报道进行编码，试图还原事件的诱因、经过、诉求、政府回应、事件结局、影响，比较早地进行了基于多年事件库的规律分析。

但是很快，我发现传统的社会科学研究方法无法解决海量文本内容带来的挑战，这个时候，国内外已经有一批学者早就开始探索计算社会科学的研究路径了。祝建华教授是计算传播学领域的"带头大哥"，2018年，在祝老师的推动下，中国新闻史学会计算传播学研究委员会成立，那个时候的我，一方面深深感觉新的社会现象和新的数据形态要求实证社会科学必须进行转型；另一方面，也实在不愿意再重复以往的研究路径，已经在自觉地学习计算传播方法，开拓新领域带来的新鲜感和获得感令我觉得学术探索是如此妙不可言。2018年，我非常荣幸地和巢乃鹏教授、张洪忠教授一起，成为计算传播学会的主席团成员。

研究方法的拓展令研究的视野变得更加开阔，我对舆论的研究从分析舆论内容，逐渐延伸到挖掘舆论的传播网络、跟踪舆论传播中的情绪传染、识别舆论生产中的人物角色、从舆论演变中发现社会发展变迁的趋势，希望能够建构"谁在生产舆论""舆论怎么说""舆论怎么传播""舆论能告诉我们什么""舆论有何影响"这一条逻辑链条。

中山大学毗邻港澳，有着三十多年的港澳研究历史。2015年，国家高端智库中山大学粤港澳研究院成立，新闻传播学科是研究院的支撑学科之一。我也加入其中，开始了对港澳舆论的研究。港澳与内地跨境政治中的跨境舆论场是一种独特的存在，传媒与互联网在政治场域中的作用发挥得淋漓尽致，我的研究试图结合中国学术界聚焦于政策传播的政治传播研究范式和西方学术界聚焦于选举与社会运动的政治传播研究范式，希望发现在政治格局变化中，港澳传媒的新闻实践逻辑的变化、特定群体在社会运动中的网络动员和舆论引导机制。随着跨境政治和国际政治形势的变化，我计划继续以舆论研究为立足点，将对大中华区域的政治传播研究跨越到国际政治传播研究。

学术的未知领域无边无涯，永葆孩童般的好奇心，不奢望超越他人，但求不重复自己，这是我一路走来的赤诚初心。

周庆安

周庆安，1978年生，现为清华大学新闻与传播学院院长，教学委员会主任；兼任清华大学马克思主义新闻观与新闻教育改革研究中心主任；清华大学国际与地区研究院培养指导委员会委员等。

1996年考入清华大学中文系汉语言文学专业（新闻传播方向），后免试攻读新闻与传播学院硕士研究生，2006年在清华大学新闻与传播学院获得博士学位后留校任教。历任讲师、副教授、长聘副教授、长聘教授。2013—2016年曾挂职担任中央电视台新闻中心策划部副主任、新媒体新闻部副主任；2016—2022年担任清华大学新闻与传播学院副院长。

主要从事国际传播、公共外交、政治传播等研究，探索前沿新闻传播理论与当前中国实践的结合，关注多学科互动在国际传播和政治传播领域的深入运用。主持国家社科基金、教育部人文社科基金等省部级以上课题多项，连续近十年担任中宣部全国政府新闻发布学术评估组组长。出版《超越有形疆界：全球传播中的公共外交》《制度、模式及话语：当代政治传播与新闻发布前沿观察》等专著，发表论文近百篇。同时还是国内多家媒体的国际时评专栏作者和评论员。

获得全国思想文化宣传系统"四个一批"人才青年英才，北京市思想文化宣传系统"四个一批"人才等称号，是第二届北京市高等院校青年教学名师，并获得第六届全国新闻传播学优秀论文奖、中国新闻史学会学术成果一等奖（2019）、清华大学教育教学成果一等奖、清华大学年度教学优秀奖等。目前担任全国记协第十届理事、教育部新闻与传播专业研究生教指委委员、中国公共关系协会学术委员会副主任、中国高等教育学会公共关系教育专业委员会副理事长、中国新闻史学会公共外交与全球传播委员会副会长、中信基金会资深研究员等。

治学自述

从1996年9月2日到清华园报到开始，我在清华园学习和工作了26年的时间。从一个学生成长为一名教师，再成长为承担发展责任的学院负责人，在这个过程中，清华园的浸淫熏陶、一代代前辈师长的教诲，以及媒介快速变革下同行的不断努力，都在不断地帮助和指导我治学成长。

当前，新闻传播教育和研究工作，正处于一个快速发展，同时又充满挑战的时期。全球政治格局、媒介技术发展、经济形态变迁，甚至受众代际特征的变化，都深刻地影响和改变了新闻传播学术实践的趋势。在这个百年未有之大变局下，治学新闻传播，对我来说既是挑战，也是幸事。

实践是治学的灵魂

踏入这个具有高度意识形态属性，同时又具有高度实践性的学科，我对自身的理解是，在刚刚踏进这个学科的大门的时候，我就得到了自己的导师李希光教授的大篷车教育。2000年夏天，他带着包括我在内的研究生，从兰州出发，沿着丝绸之路，探访额济纳，深入罗布泊，行走塔克拉玛干，跋涉上千公里，第一次把新闻传播的课堂搬到了山河大地上。从那时候开始，这个专业在我心中种下的种子就是"实践"二字。

因此，实践性、情境化的再现和检验，就成为我教学和研究中必须要追求的一个目标。我所关注的国际传播和政治传播，每个传播现象都处于不同的国际国内语境或情境中，对于传播活动的影响变量越来越多，结构日渐复杂。研究者未必能穷尽所有的因素，但也需要不断求真求新。为此，研究的选题需要和现实紧密结合，在各国政治文化的具体语境中进行检验。

定力是治学的素养

当然，在过去十几年时间中，我也见证了国际传播和政治传播中的一些领域，常有"冷"和"热"的交替。究其原因，往往是传播现象的变化比较快，新现象出现后就成为热门议题，而之前的研究领域就逐渐遇冷。但是作为学者，长期持续跟进一个选题和研究是非常有必要的。

举例来说，新闻发布活动是21世纪中国政治传播的一个特色活动，它的缘起和治理体系治理能力的现代化有密切的关系。从2004年还在读博期间，我就开始跟进参与新闻发布的研究工作。2013年以来主持全国政府新闻发布效果评估的研究，迄今也已近十年。这个过程中，我有幸第一手观察了许多政府新闻发布和国际传播活动，并以多元化的视角，梳理新制度主义等相关理论，对于当前政治传播的发展脉络、特征和趋势进行梳理研究，从而对效果研究提供了新的视角。

我理解，对新闻传播研究者来说，坐冷板凳不仅是冷门选题，有的时候也是在冷、热交替中长期观察和思考某一种传播现象，通过对传播现象的历史归纳和大量的案例比较，从而得出有价值的研究结论。

交叉是治学的增长

新闻传播活动与社会生活密切相关，因此新闻传播的治学不可避免要和多个学科交叉。交叉才能引发新的问题，找到更加深入的答案。例如在国际传播和政治传播领域，传统上政治学和传播学有高度的交叉。但是近年来，随着网络传播活动的普及，政治传播与社会学之间发生了更加密切的联系，研究关系从传统的政府与媒体二元转向多元关系，研究的对象从权力结构转向网状结构，其解释体系也超越新闻传播本位，更多地借助社会文化背景进行深入理解。

作为一个以叙事为核心的学科体系，新闻传播的外延不断扩大，是因为传播活动与社会、国家、全球体系、现代性的密切连接。这些年来，在向同仁前辈的学习中，我也观察到，树立新闻传播学科地位和自觉性的最好办法，就是在人文社科领域甚至更大跨越的过程中包容并蓄，善用其他学科的方法和解释体系，来完善和充实国际传播、政治传播等研究。

建院之初，范敬宜老院长提出"素质为本、实践为用、面向主流、培养高手"的十六字办学方针。我是这个办学方针的受益者，自然也会以此作为治学的目标。自有媒体以来的数百年时间中，全球媒体人从来都是焦虑的、不安的。我们的焦虑和不安，实际上代表着学科建设的冲动和自觉。我愿意在这种充满挑战的变局中，化焦虑不安为不断进步的动力。

周裕琼

周裕琼，1978年10月出生于江西遂川，祖籍江西奉新。深圳大学教授、博士生导师，深圳大学学术委员会委员，中国新闻史学会健康传播专委会常务理事。

1998年本科毕业于南昌大学信息管理系，2001年硕士毕业于复旦大学新闻学院，2005年博士毕业于香港城市大学英文与传播系（后改名为媒体与传播系），同年加盟深圳大学传播学院。2007年被评为副教授，2012年被评为教授，2019年被评为博士生导师。

先后获得深圳大学首届"荔园优青"、深圳大学优秀学者、深圳市优秀教师、深圳市高层次人才、广东省教学名师、中国新闻传播学学会杰出青年等荣誉称号。主持完成多项国家和省级课题，在国际SSCI期刊和国内知名期刊发表论文30余篇，由商务印书馆出版专著1部。学术成果荣获全国新闻传播学优秀论文奖（两次）、全国新闻学青年学者优秀学术成果奖、广东省哲学社会科学优秀成果一等奖（两次）、深圳市哲学社科成果一等奖及二等奖等奖励。所主讲的"传播学理论"于2020年被认定为首批国家级和广东省线下一流本科课程。

治学自述

"吾十有五而志于学，三十而立，四十而不惑。"在读书人眼中，十五、三十、四十岁是人生的关键节点，我就分三个阶段来讲讲自己的治学生涯吧。

因为读书早，我在十五岁的最后一个月（1994年9月）上了大学，本科学理。高等数学、计算机语言等课程是我们的必修课。虽然学得不深，却培养了我的理科思维，这对我未来的研究（尤其是对统计分析的理解与掌握）至关重要。出于对"铁肩担道义、妙手著文章"记者生涯的向往，1998年我跨专业考取复旦大学新闻学院的研究生。复旦的官方校训是"博学而笃志，切问而近思"，我们上课、泡图书馆、做调研，在老师的带领下践行校训。但同学内部却流传着一条民间校训：复旦培养的是"自由而无用的灵魂"。受此影响，我虽然在报社电视台做着"入世"的实习，却总有一种"出世"的向往。渐渐地，我发现自己真正的兴趣不是去做新闻，而是研究新闻怎么做。正好香港城市大学的祝建华教授回母校挑选博士研究生，我内心刚刚萌芽的学术嫩苗便有了最佳的生长土壤。

在香港求学的四年（2001—2005），我才算走上治学的正途。我的导师祝建华和何舟都是在国内接受高等教育后留学美国，又在美国高校任教多年之后来到香港。虽然他们的学问对我来说犹如"高山仰止"，但他们的治学之道——将国际化与本土化有机融合，以实证精神探究中国社会转型中的传播现象——却可供我模仿与追随。后来，李金铨老师也加盟城大，他的论文写作课令我受益匪浅。2004年，我来到美国华盛顿大学交换半年，师从华裔学者Patricia Moy（她后来当选2018—2019年的ICA主席）。在她的舆论学研究课程上，我用framing理论分析中国网络热点事件。她给这篇习作打了最高分，并建议我投给 Journal of Communication。其实在那之前，我曾把自己博士学位论文（《中国记者对互联网的采纳、使用与影响》）的一章投给某英文期刊，惨遭拒稿，颇受打击。幸得祝建华老师给出"点石成金"的修改建议，转投 New Media & Society。我的学术自信正是在老师们的鼓励下一点点树立起来的。

2008年前后，上述两篇论文都发表了。此时我已在深圳大学任教两年多，评上了副教授，并获批国家社科基金青年项目"网络谣言的传播规律及应对策略研究"，似乎有点"三十而立"的意思了。对网络谣言的兴趣，一方面延续了我对新媒体（尤其是网络舆论）的学术关怀，另一方面也源自我童年时期类似"叫魂"的谣言记忆。此后五年，我梳理了十几个网络谣言的传播路径，还"破天荒"地在校内做了一个奥运谣言传播的模拟实验（该文于2013年获得省社科成果一等奖）。在最终出版的专著中，我提出"新谣言"的观点（新特征、新媒体、新功能），并指出在互联网时代，不可能像过去那样视谣言为洪水猛兽予以彻底铲除，而必须通过提高民众的媒介素养来培养全社会对谣言的"免疫力"。此后几年，我的学术视野扩展到"抗争性话语"领域，对当时中国风起云涌的社会抗争事件背后的话语建构与传播特征进行研究。其中，《策略性框架与框架化机制：乌坎事件中抗争性话语的建构与传播》以及《从标语管窥中国社会抗争的话语体系与话语逻辑：基于环保和征地事件的综合分析》两篇论文先后荣获全国新闻传播学优秀论文奖。

2018年，我期待中的"四十不惑"并没有到来，反而"疑惑丛生"。关于治学之道，思考最多的就是该如何从独特的中国情境出发，提出有生命力的中国理论，解决迫切的中国问题。我建构了数字代沟与数字反哺这两个全新的概念，重点讨论中国的"家"文化在老年人数字融入进程中所发挥的影响。

除了写论文（其中一篇于2021年获得省社科成果一等奖），我还带领学生走出"象牙塔"，进入社区教老年人使用智能手机、开展家庭数字反哺工作坊，通过行动研究寻找数字适老的中国式解决方案。这种全新的尝试，让我对治学要义有了新的领悟，"好学近乎知，力行近乎仁"，不仅要座谈论道，更要身体力行。我提出"老龄化传播"概念，开启了新一轮的研究与实践。路漫漫其修远兮，吾将上下而求索。

牟 怡

牟怡，1980年出生于重庆。上海交通大学媒体与传播学院长聘副教授、博士生导师，未来媒体与人机传播研究中心主任，健康与医学传播研究中心副主任，"达医晓护"医学传播智库学术部主任，上海市浦江人才（2017），上海市社科新人（2019），爱思唯尔中国高被引学者（2021）。同时担任中国新闻史学会健康传播专委会理事和中国科技新闻学会科技传播理论专委会理事等社会兼职。

2003年本科毕业于中国科学技术大学，随后赴美留学，分别在波士顿大学、密歇根州立大学和康涅狄格大学获得化学硕士、传播学硕士和传播学博士学位。曾任教于澳门科技大学。主要研究领域为新媒体研究、人机传播和健康传播，已发表近40篇SSCI期刊论文，50余篇论文被ICA、NCA、AEJMC等国际学术会议收录；出版著作6部，主持国家社科基金重大项目子课题、国家社科基金一般项目等多项省部级及以上项目。现为包括 Journal of Broadcasting & Electronic Media（SSCI期刊）和 Chinese Journal of Communication（SSCI期刊）在内的五份国际学术期刊编委，并担任包括 New Media & Society、Journal of Computer-Mediated Communication 等期刊在内的20份国际学术期刊的论文评审。

主要著作包括《传播的进化：人工智能将如何重塑人类的交流》《医学传播学：从理论模型到实践探索》等，并出版了智能传播教材《机器与传播：从计算机中介传播到人机传播》。多次荣获国际国内学术奖项，包括 Association of Education of Journalism and Mass Communication（AEJMC）The Stevenson Faculty Paper Competition First Place Award（2013），The Asian Journal of Communication Award for International Communication Research（2013），中国新闻史学会学术年会优秀论文（2018），第四届"全国新闻学青年学者优秀学术成果"专著奖（2018），国家出版基金资助（2019），中华医学科技奖卫生管理奖（2021）等荣誉。

治学自述

1998年我被保送至中国科学技术大学开

始本科阶段学习。受到居里夫人、吴健雄等女性科学家的鼓舞，我在选择专业时选择了化学。然而，技术的发展以一种让人猝不及防的方式开始迅速改变中国社会和我个人的学术生涯。1994年，中国全面接入万维网，标志着我国互联网的开端。5年后，我开始在校园内接触互联网，从最早的ChinaRen、网大，到风靡一时的QQ聊天，也痴迷过第一代网络小说，混迹过不少BBS论坛。因为生命前20年里没有网络，所以作为第一代数字移民，我深刻体会了互联网带来的巨大变化。于是，我开始思考新媒体技术对社会和个人的影响。网络社会三部曲、《交流的无奈》这些著作在为我指点迷津的同时，又带来新的问题。对这些问题的思考一直持续到我本科毕业后赴美留学。在即将完成化学硕士学位之际，我觉得需要郑重考虑一下未来的研究方向。再三权衡之下，我觉得对社会科学尤其是对传播学领域的问题更让我感兴趣，于是便毅然决然转专业到了传播学。这一段迂回的经历，也间接帮助我形成了坚持以问题为导向、不局限于学科框架的研究风格。

2015年7月，我加盟上海交通大学媒体与传播学院（当时还是媒体与设计学院）担任特别研究员。那段时间里，媒体技术又一次发展到一个崭新的阶段：世界范围内的社交媒体都开始放慢了"野蛮生长"的脚步，逐渐趋于创新扩散的饱和阶段。面对这样的局面，业内和学界都发出同样的疑问：接下来是什么？同时，人工智能、大数据、物联网、区块链，直至最近的元宇宙，开始粉墨登场。这样的背景之下，智能机器（包含硬件及软件）开始以传者和受者的身份登上传播舞台，而不仅仅是扮演传统的传播渠道的角色。尽管大家对机器的主体性具有不同的认知和理解，但毋庸置疑的一点是，智能机器（含算法）正在逐渐成为重要的传播者。

当人工智能成为人类新的交流伙伴之后，传播会发生怎样的变化？带着这个疑问，我于2015年年底开始开展研究，并于2016年完成专著《传播的进化：人工智能将如何重塑人类的交流》的写作。这本书自2017年5月出版以来，有幸得到不少同仁的好评。然而我却心知这本书提出的问题虽然有趣，但当时很多观点却较为稚嫩。因此，围绕这个大问题的实证研究与思辨研究依然在展开。如果说我做了一些原创性的工作在国际学术界得到一点点认可的话，那么实则是因为，在这个全人类面临智能机器这样一个非人的传播者之时，我不过尝试提供了一点立足于中国语境的普适性答案而已。何其幸也。

陈积银

陈积银，1980年10月出生于甘肃省庆阳市。西安交通大学教授，博士生导师，中组部国家万人计划青年拔尖人才，西安交通大学青年拔尖A类人才，福建省闽江

学者讲座教授，中国数据新闻大赛品牌创始人。曾获第六届全国广播影视"十佳百优"理论人才称号、首届中国传媒经济与管理学会优秀科研成果（丛书类）一等奖、教育部全国第三届高校艺术教育科研论文三等奖、中国电视艺术家协会2019—2020年度优秀论文一等奖、国际传播学会（ICA）年会优秀论文奖（教师组）、国际传播学会（ICA）年会最佳论文奖等十余项奖项。

2002年，本科毕业于西北师范大学文秘教育专业，同年9月师从吴信训教授在上海大学影视艺术技术学院攻读传播学硕士学位，后在北京师范大学艺术与传媒学院周星教授指导下获得戏剧影视学博士学位。其间，先后赴英国威斯敏斯特大学、墨尔本皇家理工（RMIT）大学学习、交流。

曾任西北师范大学传媒学院副院长、西北师范大学艺术教育中心副主任，西安交通大学新闻与新媒体学院院长助理，西安市委宣传部新闻处副处长（挂职）。现任全国艺术专家库成员、英国Taylor & Francis出版集团图书评审专家、中国新闻史学会传媒经济委员会常务理事、中国高校影视学会理事等十余个社会兼职。

以陈积银教授为带头人的智能传播与社会治理科研团队长期扎根于智能传播、数据新闻、国际传播、广播影视理论，传媒经济与管理等方向的研究，先后主持完成中宣部、中组部、教育部、科技部、文化和旅游部、国家广电总局等部委项目多项。目前已在《现代传播（中国传媒大学学报）》、《新闻大学》、《新闻记者》、*Computational Intelligence*、*Entropy*等期刊发表CSSCI、SSCI和SCI论文30余篇，出版著作6本，并有多篇论文被人大复印报刊资料、《新华文摘》、《高等学校文科学术文摘》全文转载，多篇智库成果被中央领导同志和中宣部采纳。

未来陈积银教授将继续带领团队立足国家重大需求，继续追踪国际前沿理论研究。同时，以中国数据新闻大赛为纽带，不断推动新技术、新应用在新闻传播领域的广泛使用。

治学自述

我自幼在农村学习，经常在山里放羊的时候读书背文，与飞鸟为友，和昆虫为伴。1998年有幸考到西北师范大学学习，在那里接触到丰富的书籍和典藏，开始了"不在图书馆，就在去图书馆的路上"的充实求学经历。2002年，有幸得到恩师吴信训教授的指点，走上了新闻传播的求学之路。也曾作为会议联系人协助主办"中国东西传媒经济会议""传媒新经济·中国与世界的对话"等大型学术会议，大大提升了我的学术写作能力、责任担当意识、沟通协调能力、团队合作能力和国际学术视野。

学术创新很难，本人天生愚钝，才疏学浅，写的论文不多。2004年，我深入比较当时的国内外传媒经济领域研究异同，撰写了《试论中国传媒经济研究的不足与突破》一文，此文当时被多所重点高校的传媒经济与管理方向的学生当作考研指南。之后，我便开启了向西方学习的旅程，并与清华大学出版社合作翻译了《受众经济学：传媒机构与受众市场》和《电子媒介管理与商业运营战略》两本书，以及多篇学术论文（含教学论文），并赴英国、澳大利亚学习。回国后，我的学术走上第二阶段（本土化）：主要是紧跟时代信息技术的发展，试图从国际比较的视野研究中国问题，协助解决中国信息传播方面的难题。在此过程中，我先后发表了与数字电视、3D电视、数据新闻、网络视听、媒体融合、数据新闻、智能媒体、应急管理等领域相关的学术论文；另外，我还撰写了新闻传播教育改革方面的论文，主编出版数据新闻相关教材，创办中国数据新闻大赛，希望对中国新闻传播教育跟上时代的发展作出自己微不足道的贡献。

学术研究要多追求创新，多打深井，扎扎实实做调研，不应为论文而论文；要不唯理论、不唯权威、不唯名，只唯实、唯新。我希望我的学术团队能做到立足学界，携手业界，服务政界，融入世界。

李 彪

李彪，1981年生，江苏沛县人。中国人民大学新闻学院副院长、教授、博士生导师，兼任教育部人文社科重点基地新闻与社会发展研究中心副主任、中国人民大学舆论研究所所长、中国人民大学国家治理与舆论生态研究院副院长、中国新闻史学会传媒经济与管理研究委员会副会长，《中国社会舆情年度报告》系列蓝皮书主编、国家社会科学基金年度重大项目首席专家。入选教育部青年长江学者、北京市高校首批青年英才。

2001年考入中国人民大学新闻学院新闻学专业，2005年至2010年继续就读于中国人民大学新闻学院，硕博连读，获传播学博士学位；2010年至2012年在中国人民大学经济学院从事理论经济学博士后研究；2012年回新闻学院任教，2016年被评为副教授，2018年被破格评为博士生导师，2020年被破格评为教授。2019年至2021年曾在中国人民大学发展规划处挂职副处长，2016年至今担任教育部人文社科重点基地新闻与社会发展研究中心副主任，2021年4月开始担任中国人民大学新闻学院副院长。

目前已出版《谁在网络中呼风唤雨》《舆情：山雨欲来——网络热点事件传播的空间结构和时间结构》等专著6本、《舆论学教程》教材1本，发表专业学术论文110余篇，主持国家社科基金年度重大项目1项、青年项目2项，北京社科等省部级课题5项，主持教育部首批新文科研究与改革实践项目1项。科研成果先后获第八届高等学校科学研究优秀成果奖（人文社会科学）一等奖（第二获奖人）、北京市第十三届哲学社会科学优秀成果奖二等奖、第七届高等学校科学研究优秀成果奖（人文社会科学）二等奖、第六届高等学校科学研究优秀成果奖（人文社会科学）三等奖。教学成果先后获北京市教育教学成果奖一等奖、二等奖，第二届北京市高校教师教学创新大赛一等奖等。

治学自述

选择读新闻是一个很偶然的事情，高三填志愿时我向政治课老师征求填报人大专业选择时，他说人大最好的专业就是新闻与法学。我觉得法学只能拯救个人不能拯救苍生，就选择了新闻学，怀揣着最朴素的新闻理想来到了中国人民大学新闻学院。

四年的本科学习，懵懂无知中过来，随大流考上了本院的研究生，选择了我学术领路人喻国明教授作为导师。2005 年喻老师招了 9 个硕士研究生，其中就我一个男生。读硕两年，我对学术还是很浅薄的想法，硕士毕业找了个不错的工作，以为自己绚烂的人生就此开启。正好时值新闻学院从资料楼往最新落成的明德新闻楼搬迁，我作为喻老师唯一的男学生，自然承担了帮忙搬办公室的重任。在电梯里，喻老师问我毕业后干啥去，告诉我学院现在可以硕博连读，问我愿不愿意留下来读博，我也没多想就说"好啊"。结果不久他就让我填写一个申请表，就这样机缘巧合地继续读博，彻底走上了学术之路。

读博期间跟着喻老师做了很多项目、写了很多申请书、尝试着写了一些论文。2008 年喻老师开始带着我跟方正智思研究院合作，进行舆情监测功能开发和优化，并与中央电视台每月定期发布舆情监测报告。我们研制了国内最早的舆情指数。这些项目使我确定了博士学位论文选题。那时候的舆情研究还是个处女地，什么话题都没人研究。最终我形成了一个 15 万字的博士学位论文。论文获得了中国人民大学校级论文奖、北京市优秀博士论文奖，由于平衡等复杂原因最终仅获全国优秀博士论文提名奖（这也是最后一届评选全国优秀博士论文），但这些给了我很大的学术自信和勇气。以后无论是从事博士后研究还是回到新闻学院做教师，我的研究志趣一直都在网络舆情和新媒体传播。近年来，试图对之进行学理化和体系化构建，强调构建中国舆论学的"三大体系"。

在自己并不长的学术之旅中的感悟是，学术研究要专注，要挖深井而不能刨土坑，狗熊掰棒子故事也适用于学术研究；学术要胸怀天下苍生，要参与到国家社会宏大问题中，不能对一些鸡零狗碎微观末节甘之若饴；学者要有批判力和独立思考力，不能躲在故纸堆或卡拉 OK 式或人云亦云式研究。总之一句话，学术研究更要眼里有光、脸上有笑、心中有爱。

吴　晔

吴晔，1982 年 10 月出生于福建，祖籍福建莆田。北京师范大学新闻传播学院教授、博士生导师，北京师范

大学计算传播学研究中心主任，全国广播电视和网络视听行业青年创新人才，北京社科基金青年学术带头人，中国新闻史学会计算传播学研究委员会秘书长，中国科技新闻协会数据新闻专委会常务理事，《河南师范大学学报（自然科学版）》编委会委员。先后主持3项国家自然科学基金项目、北京市社科基金重点项目、网信办项目等。

2005年毕业于北京师范大学物理学系，获得学士学位；2007年提前毕业于北京邮电大学理学院，专业方向为物理电子学，获得硕士学位；2010年毕业于德国波茨坦大学，专业方向为非线性物理，获得博士学位。2010年12月起在北京邮电大学理学院物理实验中心工作。2012年被评为副教授并获得硕士研究生导师资格，2013年起任物理学专业博士研究生导师。2016年12月调动到北京师范大学新闻传播学院工作，同年被评为教授、博士生导师。

主要代表作以2016年为界分为两个阶段。2016年以前，研究成果以SCI收录的英文论文为主，主要从复杂系统视角探讨了集群行为包括传播行为的潜在规律等。曾在世界四大综合期刊之一的 PNAS（美国科学院院刊）上发表论文 Evidence for a Bimodal Distribution in Human Communications，在《物理学报》期刊发表题为 Research on the Growing Process of Short Message Networks 的学术论文，以及发表在 Chaos 上的 Antiphase Synchronization of Two Coupled Mechanical Metronomes 等学术成果。

随着研究领域从物理学转向传播学，2016年之后，代表作则主要围绕传播学的议题展开，多发表在人文社科类的SSCI/CSSCI期刊上。其中，在新冠肺炎疫情期间，于世界四大综合期刊之一的 Science 上发表合作论文 Serial Interval of SARS-CoV-2 was Shortened over Time by Nonpharmaceutical Interventions；也在被SSCI/SCI双收录的JCR一区期刊 EPJ Data Science 上发表论文 Dynamics of the Social Construction of Knowledge: An Empirical Study of Zhihu in China。除了英文论文发表以外，学术作品也先后刊登于国内新闻传播学领域的权威期刊。如发表于《新闻与传播研究》的《绘制知识版图：在线知识分享系统的知识协同构建》、《国际新闻界》的《2010—2016年公共议题的公众注意力周期变化研究》、《新闻大学》的《社会化媒体信息接触对个体健康行为的说服效果研究——以HPV疫苗采纳为例》等。

治学自述

2001年7月，那还是一个只能电话查分的时代，在我按下一串复杂的准考证号、听到话筒里传来的高考成绩后，心情五味杂陈——我的高考分数大大超出了预估分，被临时加上来的提前批志愿北京师范大学物理学专业录取已经十拿九稳。从此，"我是北京师范大学毕业的""我是学物理的"的标签就深深地烙印在了我的简历上。

2004年年底，命运再次发生了转折，由于成绩不够突出，当我拿到保研资格的时候，很多地方的保研都已经结束。最后我机缘巧合地走进了北京师范大学隔壁的北京邮电大学理学院，但十分幸运的是，在我的研究生生涯中，导师肖井华教授为我提供了丰富的学习资源，也让我获得了真正意义上的学术启蒙。跟着导师，我学会了混沌、同步、螺旋波、相变等非常有意思的物理学知识，也懂得了什么是科研。

2007年硕士毕业后，我决定远赴传闻中"治学异常严谨"的德国攻读博士学位。三年内，我在无忧宫旁跟随着欧洲科学院院士Prof.J.Kurths继续进行物理学研究之旅，我在PNAS上发表了第一篇学术论文Evidence for a Bimodal Distribution in Human Communications。现在回想起来，那时就已经和传播学结下了不解之缘。

2010年从德国毕业后，我回到了北京邮电大学理学院物理实验中心，从讲师到副教授，从自然科学基金青年项目到自然科学基金面上项目，从硕士研究生导师到博士研究生导师，就这样一步一个脚印地度过了6年的学术生涯。随着大数据时代的到来，除了继续自己的本行非线性物理、复杂网络的研究外，我还逐渐喜欢上了与大数据相关的交叉学科研究，特别是与我们生活密切相关的社会科学领域的数据研究，包括短信数据、论坛数据、微博数据和微信数据等。让人兴奋的是，借助大数据、云计算、人工智能技术的快速发展，计算社会科学进入了"黄金时代"。与此同时，国内计算传播学研究正处于萌芽阶段，新型的数据及其分析方法，以及跨学科合作正在出现爆炸性增长。这更加坚定了我从理学角度研究社会科学问题的决心。

2016年12月，我从北京邮电大学调动到了北京师范大学，真正开始了交叉学科的研究和教学，也从代表着理科的物理学专业跨到了社会科学领域的传播学专业。同时，还遇到了以周金金和李永宁为代表的一众优秀的学生以及最佳合伙人张伦副教授，有了大家的帮助，我的跨学科之路也异常顺利和有趣。在两年的时间里，我带领科研团队先后在国内新闻传播学著名期刊《国际新闻界》与《新闻大学》上发表了多篇学术论文。我也将此视为我跨学科道路上的标志性成果。至今，我们的计算传播研究团队也逐渐摸索出来了"文理结合、合作共赢"的科研模式。一方面，在选题来源上，我们奉行"兴趣导向"，从生活中的传播现象和行为中发掘有趣的研究问题，通常来说，传播学出身的人更擅长这项工作。而在研究方法上，有计算机专业背景的人则更为熟练，我带领团队对传播学学生进行了编程等技术的启蒙，也帮助学生解决了诸多技术上的难题。另一方面，在任务执行上，我们开展"项目制"的团队合作方式，我和张伦老师大力支持和鼓励学生作为"项目经理"，给予充分的空间发挥学术想象力，也给予更多的机会去解决科研中遇到的各类问题，在这个过程中，我们允许学生去不断地尝试，即便一些刚入门的学生会不断地试错，但我们发现，试错就是学生成长最快的阶段。而我作为导师，在为学生提供指导性建议的同时，也深刻体会到了文理科研究之间的"相通"与

"迥异"之处，积累了宝贵的交叉学科科研经验。

蒋俏蕾

蒋俏蕾，女，1982年生，辽宁大连人。清华大学长聘副教授、博士生导师。现任社会科学引文索引（SSCI）Q1区期刊 Technology in Society 副主编、中国家庭教育学会第六届理事会理事、中国新闻文化促进会传播学分会第四届理事会理事、中国新闻史学会计算传播学研究委员会首届理事、第六届中国科技新闻学会健康传播专业委员会委员、香港浸会大学国际教育学院学术顾问、中国社会科学评价研究院A刊评价同行评议推荐专家、中国网络空间安全协会未成年人网络安全保护智库专家。

2001年考入北京大学新闻与传播学院，获新闻学学士（2005）、艺术学双学位（2005）和传播学硕士（2007），后于香港中文大学攻读传播学博士学位，2011年博士毕业，先后在新加坡南洋理工大学任博士后研究员，大连理工大学任副教授，2018年起到清华大学任教至今。现任清华大学新闻与传播学院智媒研究中心副主任、清华大学—美国南加州大学数据传播双硕士项目主任、清华大学计算社会科学与国家治理实验室之"计算传播与认知传播"主题实验室副主任。

主要从事人与媒介交互、信息传播技术与社会变迁等教学研究工作。曾主持国家社科基金青年项目、一般项目、重大项目子课题等多项科研项目。主要专著有《中国青少年的网络沉迷研究：特征表现、风险因素与干预策略》、Internet Addiction among Cyberkids in China: Risk Factors and Intervention Strategies，主编有《智能与科技传播研究前沿》，代表性论文发表于《国际新闻界》、《新闻大学》、《现代传播（中国传媒大学学报）》与 Journal of Computer-Mediated Communication、The Lancet Public Health、Frontiers in Psychology 等国内外学术期刊。曾获香港中文大学优秀博士论文青年学者奖（2011）、国际媒介与传播研究学会赫伯特·席勒奖（International Association for Media and Communication Research Herbert Schiller Award, 2011）、南方传播政策研究学会青年学者奖（Communication Policy Research South Young Scholar Award, 2012）、首届青年新媒体学术研究启皓奖卓越学术奖（2018）、北京市第十六届哲学社会科学优秀成果奖二等奖（2021）、中国新闻史学会第七届新闻传播学学会奖杰出青年奖（2021）等。2020年被评为北京市广播电视和网络视听行业青年创新人才，2021年入选第六批国家"万人计划"青年拔尖人才。

治学自述

《论语·为政》中关于人生为学进德有言"四十不惑"。2001年,我怀揣着新闻理想叩开了新闻学专业的大门,由此开启了在新闻传播领域的浸润、学习与思考,直面传媒生态深刻变革的同时,也亲历着传播学研究与教学向"全媒、全科、全员"方向发展。

作为"80后",赶上了以互联网为代表的信息传播技术迅猛发展与普及,见证了新媒体不断发展迭代。全媒体时代,万物皆媒,人类传播进入新的时代,传媒对现实空间、数字空间、精神空间都产生显著影响。求学中,我的研究兴趣逐渐聚焦于媒介技术与媒介心理,并在知识储备上注重学科交叉。基于对十余年媒体报道的内容分析、网络沉迷机构六年多临床数据的挖掘和近四个月的实地调研,我完成了博士学位论文,首次从传播学视角系统地探析中国青少年的网络沉迷问题,明确了"生理—心理—社会"(Biopsychosocial)视角探究人与媒介交互、信息传播技术与社会变迁的研究思路,并逐渐投身智能传播、认知传播领域的研究探索,重新审视传播的本质和规律,在交叉融合中凸显新闻传播的学科影响力。

一路学习成长,北大的兼容并包,香港的中西交融,新加坡的东西文化交汇,清华的"自强不息、厚德载物",都让以作者、审稿人、编辑三重身份参与中外学术交流与思想碰撞的我深切体会着全球视野的意义。作为出生于改革开放之后的一代,身处社会大变革大发展时期,见证着我国日益走近世界舞台中央,感受着个人与时代的同频共振。面对时代之问,中国传播学人有能力也有责任在全球新闻传播知识体系中作出更大贡献。担任社会科学跨学科领域国际期刊 Technology in Society 副主编,我积极参与国际学术共同体建设,以中国为原点推动融通中外的知识体系构建,在东西方文化差异比较和沟通的研究中主动设置议题和框架,从而更好地向世界推介阐释中国智慧、实践经验、研究成果与理论构建,为提升我国传播研究的国际学术话语权与声量尽一份绵薄之力。

传播主体日益多元,全员媒体同时激发着新闻传播教育教学的传承与创新。媒体格局、传播方式、舆论生态的深刻变化,让我注重回应社会关切,主动推动研究教学服务社会。媒介化生存的时代,媒介素养成为公民的基本素养,我较早关注智媒时代的价值观培育,秉持"价值塑造—知识传授—能力培养"三位一体的教育理念开设了"新媒体心理学""新媒体与社会""认知传播前沿"等课程,实践科教融合,培养学生的学术志趣。与美国南加州大学合作的数据传播双硕士项目,探索新闻传播跨学科人才培养,在全球视野中思考本土的现实需求。

传播学是一门十字路口上的学科,传播研究需要以更加开放、包容的姿态拥抱学科交叉融合,激活新机遇,催化新领域,催生文明交流互鉴的新机制和新模式,以媒为酶应对更大的乌卡(VUCA,即流动性、不确定性、复杂性和模糊性)。这是当代传播学人的使命,正如《人类群星闪耀时》中的名句所言的，"一个人最大的幸福莫过于在人生的中途、富有创造力的壮年，发现自己此生的使命"。

苗伟山

苗伟山，1984年12月出生于陕西西安。中国社会科学院新闻与传播研究所副研究员，传媒发展研究中心主任。2006年毕业于西南大学，当年考入中国传媒大学并于2008年获得传播学硕士学位。毕业后进入中国移动北京公司，历任综合部和市场部专员。2011年进入清华大学新闻与传播学院攻读传播学博士学位，其间受国家留学基金委资助赴美国康奈尔大学进行联合培养博士，并于2015年夏顺利毕业。同年进入中国社会科学院新闻与传播研究所任助理研究员，2019年被评为副研究员。其间，曾借调中国网信办，并在法国波尔多政治学院、美国埃默里大学、北卡大学夏洛特分校、澳洲迪肯大学、悉尼科技大学、香港中文大学和香港城市大学、中国人民大学等多所高校担任客座教授和访问学者。

研究兴趣集中在科技、社会和文化的互动，特别关注社会底层/边缘群体的媒体使用和不平等、社会公正的关系。目前发表期刊论文和书目章节61篇，其研究见于 *Journal of Computer-Mediated Communication*、*New Media & Society*、*The Information Society*、*Mobile Media & Communication*、*Science Communication*、*Journal of Broadcasting & Electronic Media*、*International Journal of Communication*、《新闻与传播研究》、《国际新闻界》、《开放时代》、《传播与社会学刊》等国内外知名期刊。目前担任多家英文出版社以及18本英文SSCI期刊的评审人。

2016年，荣获第四届全国"希望英才"奖励，为全国人文社科领域唯一的访美奖学金获得者。2019年，荣获国际传播学会（ICA）年会传播与科技领域教师组最佳论文奖。2020年，获得国际传播学会上海交通大学区域分会优秀论文奖，中国新媒体传播学年会教师组优秀论文，《传播与社会学刊》下载次数最多论文奖。

治学自述

生于20世纪80年代的西北小镇，我的很多童年记忆都是和媒体相关的：晚上守在电视机前看港台电视剧、周末在县城集市的旧书摊乱翻书、暑假在爷爷奶奶家听广播评书。在那个物质相对匮乏的时代，这些都是大家休闲娱乐的主要手段。随着90年代中国改革开放的深入以及社会的转型，少年的我依靠电视感受到着这个时代的脉搏，1990年北京亚运会、1997年香港回归、1998年大洪水以及1999年中华人民共和国成立50周年大阅兵，十几寸黑白电视屏幕中源源不断展示着外边的世界，也成为我憧憬未来的渠道。

尽管当时从未想到多年后的自己成了一名媒体研究者，但媒体在那些非城市/非中心位置普通人日常生活中发挥的作用，潜移默化地成为我最早的问题萌芽。

2000年初走入大学，《南方周末》还是那个时代的畅销读物和时代先锋。在象牙塔中的热血青年，对这个世界充满着好奇、不解以及年轻人的愤怒。渴望有所作为、渴望深入参与并改变这个社会，"铁肩担正义、妙手著文章"的职业理念在那个年代熠熠生辉，包括我在内的很多年轻人都被这种浪漫的英雄主义所吸引。2006年大学毕业，我抱着一个记者梦考入中国传媒大学，很快发现传媒生态格局已经在互联网和新媒体的冲击下不断变化。毕业后，我进入了中国移动，其中有过兴奋，也有沮丧，也有过无数个自我怀疑和否定的时候。正如同那个年代的其他青年，面对着时代的剧烈变迁我充满着各种疑问，个体与社会以及时代的关系构成了一代人的问题原点和学术底色。

带着一系列的困惑，我进入清华大学新闻与传播学院攻读博士学位。平静的校园生活给了我一个暂停下来再反思的机会，但开始的时候总是凌乱的，个人的、社会的、学术的，不同层面的问题相互交错，而自己又没有足够的能力去融会贯通和应对这些困惑，所以我经历了很长时间的心有千千结但却无处下笔的痛苦状态。现在看来，其实是缺乏必要的学术基础训练，还不了解如何做一个具体的研究。如同一个从来没有蹲过马步练基本功的人，却天天想着如何腾云驾雾纵横天下。现在看来，那个时候最多算一个爱读书、喜欢琢磨事情、偶尔写点随笔的学生，远不是一个接受了专业训练的博士研究生。这种焦虑和较真部分也是源于我对专业性的痴迷，或者说希望能学到一些真本事/真功夫在这个社会上立足。可能自己当时也并不明白什么是真本事，但很清楚的是自己没有这个能力。读博第二年时去康奈尔大学做交换生，如同我访谈的一个海归老师的感慨，很难不被美国那套严谨和精密的学术体系所吸引。这种对于科学性的追求和当时在国内大家对于洞见、文采和知识渊博的偏好很不同。现在看来，这其实是两套不同的话语和知识体系，各有利弊。

因困惑去读书，毕业后困惑却更多了。有可能是还没想明白，也可能是自己太较真儿。2015年来到中国社会科学院工作，老实说，自己没有很强的学术主体性，虽然也写了一些文章，但不知道为什么老感觉自己还没上道儿，没有写出一篇让自己觉得不错的论文。所幸是自救的欲望非常强烈，接下来的四五年基本上是之前读博生活的升级版。中国社会科学院教学量比较少，受益于较为宽松的科研环境，自己就没日没夜地看论文、看书、做访谈、做田野调查，去和不同的人聊如何做研究。直到2019年前后，才慢慢地找到一些做研究的感觉。也是那年，我的一篇论文获得了国际传播学会（ICA）年会科技与传播领域教师组最佳论文奖。这给了我很大的信心，让我觉得可以沿着这条路走下去，也因此更加努力地做研究。在这些年的积累下，2021年一年我在 *JCMC* 以及 *New Media & Society* 等国际期刊上发表了10篇研究性英文SSCI论文。这表面上看起来好像是轻松的，但没有一篇不经历殚精竭虑、反复推敲和无数个不眠之夜的辗转反侧，其中的甘苦只有研究者自己体会最深。当然，这也离不开很多师友的帮助和指导，感谢大家！

感谢《中国新闻传播学年鉴》给我这么一个宝贵的机会，让我可以梳理反思自己的研究历程。在当前的组织考核下，研究者被晋升的指标牵着走，青年学者很多时候身不由己，精神层面的学术追求被迫变成了生计问题。畅谈学术也成了一种奢侈，发表技巧、投稿经验以及相关的实用策略成为解"近渴"的最佳选择。尽管如此，我还是想以自己有限的经验和大家分享/探讨一些研究心得/困惑。（1）尽量还是从自己的内心寻找学术原动力，探究自己真正想做什么，以及反身性地寻找自己学术兴趣的源头、基本假设和学术脉络，这样的学术探究也因此会变成走进内心、了解自己的过程。（2）保持足够的好奇心、长久的耐心和适度的愤怒感，因为创新来自批判、否定和质疑。研究者往往被训练成过度理性的专业人士，在概念理论中编织逻辑自洽的叙事，但真实的生活往往是模糊的、矛盾的和难以归类的，因此要珍视自己内心真实的感受，真实自有力量。（3）学术生产是一场对话。一方面，我们要清晰地知道对方在说什么，以及为什么这样说，也要很清楚地表达自己的创新性的观点和逻辑，同时也要思考这样的对话能为未来的研究者创造什么样的空间。这样的学术探究是一种良性学术共同体的知识的共建。另一方面，身处理论和现实之间的研究者，也要反思在这个时代我们究竟要做什么样的研究，以及我们的研究如何与当下社会产生连接和互动。我相信，对于这些基础性问题的分享、反思甚至是争鸣，是走进自己、走向外界、促进一个良好的学术共同体发展的有效途径。

研究生学苑

2020年新闻传播学优秀博士学位论文选粹

《环境传播视域下的社会动员——基于阿拉善左旗荒漠化治理运动的传播民族志考察》内容摘要

现代性伴生的环境问题已成为全人类发展过程中不得不面对的严峻挑战。不仅如此，环境问题还裹挟着一系列复杂社会议题对现实社会秩序、生态文化和国际格局产生深刻影响。荒漠化作为我国西北地区典型的环境问题，其引发的沙尘暴肆虐现象一度成为全社会关于环境问题讨论的焦点。在这些讨论中，"是什么导致了荒漠化""怎样能解决荒漠化"是最被关注的两个根本问题。阿拉善左旗是全国荒漠化程度最为严重的地区之一，也是最早开始荒漠化治理运动的地区之一。从20世纪80年代以来，阿拉善左旗的荒漠化治理逐渐摸索出一条良性发展之路，当地生态环境得到大幅度改善，被誉为全国荒漠化治理的典型案例。然而，这一阶段性成果还有很长的路要走，甚至一些根本性问题还未得到解决。从目前参与荒漠化治理的社会主体看，其对于荒漠化治理的认知、阐释及行动还存在着一定分歧和矛盾，更遑论形成对荒漠化治理的合力，而社会大众参与荒漠化治理的热情还远远未被动员起来。因此该文认为，基于话语进行社会动员是目前当地荒漠化治理最为关键的问题。

论文主要以环境传播的社会建构主义为基本思路，以阿拉善左旗荒漠化治理运动中的话语主体为研究对象，聚焦于其话语模式和社会动员结果展开分析。在具体研究中，运用"符号化—语境生产—话语接合"的分析框架，通过考察不同话语主体形成的话语和文本，理解其是如何围绕荒漠化议题，根据自己的价值观和利益进行社会动员的，从而去探寻荒漠化治理运动背后的意义争夺实践。

该文采用了传播民族志的方法，超越了以往环境传播研究中常见的依赖文本的研究模式，让研究者走出书斋，到田野中获得大量关于话语生产的一手资料。传播民族志方法也为研究者带来了地方性知识等具有文化色彩的理论概念，另外还搜寻了相关档案文献、媒体报道和政策文件等其他环境话语文本。这些对于把握"环境"背后的社会问题和传播生态具有重要意义。

通过深入的田野调查，研究者发现地方政府始终处于运动的中心位置，掌握着主导型环境话语。其他行动主体虽然对荒漠化有着不同认知，但囿于政府在环境治理中的垄断地位，这些环境话语往往被排斥、挤压和消解。当政府逐渐吸纳其他社会力量参与到荒漠化治理进程后，各种环境话语对"荒漠"意义的争夺形成了一张巨大的传播网络，在这张网络中各行动主体为了实现自身参与荒漠化治理的目的，选择了相匹配的理解阐释框架，并动用了相应的环境话语，利用丰富的传播策略意图动员其他传播节点，最终这种广泛而错综复杂的话语动员模式促成了整个传播网络的共振。这一模式为解决中国现实语境下的荒漠化问题提供了可以参考的普遍性解释及行动方案。

该研究形成如下结论。（1）荒漠化治理运动的实质是不同话语主体针对荒漠化现象所赋予的不同意义之间的话语竞争和对于社会议题的根本挑战。在社会舆论中，农牧民的盲目开垦和扩大养殖量行为一直被认为是荒漠化加剧的主要原因。而从话语场域看，政府长时间对环境主导话语的垄断，挤压了原本蕴含在民族文化中的环境话语空间，这是其他主体主导的环境话语长期被忽视的重要原因之一。（2）近些年，随着政府社会治理观念的转变，以往由政府垄断的环境话语空间得到了释放，这使得在公共话语空间中其他主体主导的环境话语逐渐开始活跃，这大大激发了各主体环境动员的意愿和效果，其中最常使用的策略是"接合"其他话语体系对环保行为进行重新界定与赋予意义，以带动更多社会群体参与到荒漠化治理的议题讨论与实践行动中。事实上，这种动员行动一方面在实践维度上形成了对荒漠化治理进程的有效推进和社会关注，另一方面在理论维度上则实现了重建社会认同和对荒漠意义的争夺。因此，该研究认为各主体的话语实践是这场以意义争夺实践为标志的新社会运动的主要方式，而通过话语动员将是实现荒漠化治理目标的根本途径。当然，就目前的趋势看，参与传播的话语主体不仅限于该文所叙述的五大主体，如果动员更多社会力量参与到该传播网络中，势必将收到更好的效果。（该文获2020年度中国传媒大学优秀博士学位论文）

作者：阿希塔

《记忆的实践：东北老工业基地集体记忆的媒介学研究》内容摘要

近年来，在东北老工业基地的互联网记忆场域中，涌现了一批自媒体文本，其中透露出对东北深深的悲情与绝望，与官方记忆形成了鲜明对照，也为研究者提供了学术研究的契机。该研究中的"东北老工业基地集体记忆"指的是在各类社会群体中被讲述、记载与建构的，跟东三省的国有工业企业有关的集体记忆，它既包括生产劳动记忆，也包括与之相关的生活记忆。该研究冀望打破对集体记忆传统研究路径的依赖，在实践转向的视野下，以德布雷的媒介学为理论依据，聚焦于东北老工业基地集体记忆的实体化过程，亦即集体记忆的知识化、工具化和媒介化过程。该研究综合运用了内容分析、文本分析、深度访谈的研究方法，以东北老工业基地记忆场域中官方记忆、阐释社群记忆和民间记忆的博弈关系为研究落点，综合考察1949—2018年记忆话语、记忆媒介和社会环境三者之间的耦合关系。

1949—1977年，官方建构出"增产节约""技术革新""劳动竞赛""自力更生"等主要的东北工业基地初始记忆符码，形成了官方的初始记忆内容、话语和情感基调。通过与老工人群体的回忆加以比较，确认尽管民间记忆中存在异质性部分，但其与官方初始记忆符码之间存在高度匹配。相关历史资料与工人访谈表明，在记忆社会化的过程中，当时的生产运动、动员大会、模范人物等媒介起到了主要的记忆刻写与扩散作用。这些记忆媒介独特的物质特征形塑了当时的记忆实践，使其展现出组织化、口语化和体化特征。以上特征也是官方记忆得以在老工人群体中成功实现记忆唤起、重构、固化和刻写的重要原因。

1978—2002年，"东北老工业基地"的提法正式出现。这一由经济体制变动产生的历史性称谓，与现代性的断裂体验和焦虑息息相关。官方记忆文本将上一个历史时期的东北工业基地记忆代码分类打包，归纳到"历史包袱"与"历史传统"两个记忆框架中，形成了官方主体的集体记忆再赋义；阐释社群记忆和民间记忆中则存在着对东北老工业基地的矛盾统一认知状态。这一时期的东北老工业基地集体记忆的场域中，出现了主流记忆和"反记忆"的分裂与角力。在角力中，这一时期最有力的大众传播媒介——电视，起到了重要的形塑场域的作用。它所形塑的集体记忆具有明显的中国语境下的现代性特征——线性的、发展的、进步的、现代民族国家的特征。

2003年以后有关东北老工业基地的集体记忆明显受到互联网技术的影响。尤其在互联网当中，阐释社群和民间主体的集体记忆更为接近，官方记忆在互联网记忆网络中成为边缘化的记忆内容。互联网是一种现象性思维媒介，官方记忆擅用的"宏大叙事"、威权传播和封闭文本并不符合互联网的扩散逻辑；而阐释社群和民间社群的"私人叙事"、后真相传播和开放文本与其存在高度契合，并由此形成了主要在阐释社群和一般网民的持续互动中进行的协作性记忆书写模式，并对置身其中的人和东北老工业基地产生现实影响。

研究发现，从社会角度出发，在集体记忆场域再生产的总流程中，记忆主体和社会结构都是构成集体记忆场域的作用力。从媒介角度出发，集体记忆自有一套与媒介之间的"演化适应"模式。这一模式从媒介的物质条件出发，涉及从物质到媒介的技术嬗变、主体的参与方式与参与程度、记忆内容的表征形式三个交互过程。因此，集体记忆的竞争就是媒介的竞争，为了在竞争中获胜，就要拥有一套与之匹配的媒介技术与政治技术。从历史角度出发，东北老工业基地集体记忆中的怀旧集体无意识和"复兴"的原型，通往的是集体记忆中蕴藏的心理感受、情感价值和历史根源。我们在探讨集体记忆的建构与引导时，要以人为振兴东北的最根本目的，正视记忆原型中包含的情感色彩，对其加以理解和疏导，而非盲目强调理性的秩序统治与维护。此外，要积极建构整体性的、长时段东北记忆，在对东北的历史性战略地位的记忆认知中，打破"经济中心主义"的一元化振兴观，避免陷入过度的"记忆失落"中去，重拾对东北的多元自信。（该文获2020年度中国传媒大学优秀博士学位论文）

作者：潘晓婷

《近现代上海小报报人的职业化研究——基于社会交往视角的考察》内容摘要

小报是19世纪末以来发源于上海的一种形状、篇幅小于大报，面向都市市民大众发行，内容以趣味、消遣为主要功能的通俗类报刊。自李伯元1897年创办第一份《游戏报》到1952年最后一份小报《亦报》的终刊，小报见证了半个世纪以来中国历史的风云变幻。小报自诞生之日起，就以其世俗化、平民化的办报风格迎合普通读者心理，这也就成为其能在漫长岁月里保持勃兴的主要原因之一。而小报报人群体，因其熟谙市民阶层情趣和喜好，长期以来在都市民间社会构成了一定的文化影响力。

小报报人大多身兼报人与作家二重身份，因此常被界定为是具有文学色彩的自由文人群体，其作为报刊从业者的职业身份则极容易被忽视。而其实，20世纪20年代以来小报风格就发生了转变，新闻比例增加，各报馆极其重视消息网络的建构，可以说，报刊运营机制日趋现代化，专业办报的小报报人人数也大幅增加，其结果就是直接推动着小报界人士的日趋职业化。可以说，小报报人的职业化对其社会身份、地位产生了重要影响，而且这一过程和中国社会结构的现代转型密切相关。因此，小报报人的职业化历程，实际也是近现代小报界衍变发展历史以及报人职业命运的曲折反映。

作者通过阅读、研究小报史，梳理、探寻其中的史料，发现如要深入窥探小报报人的职业化脉络，从其社会交往的视角进行考察，不失为一个有效方法。因为报人的社会交往反映了他们在各历史时期与社会的互动关系。而这也恰恰是他们职业化进程中的重要推动力。为深入探究其中曲折，呈现历史细节，作者从晚清至20世纪20年代、20—30年代、30—40年代、1949年至80年代四个主要历史阶段分别来梳理相关史实，探寻社会交往视角下小报报人职业化的形成、发展、深入和成型阶段，重点分析小报报人群体职业定位、职业认同、职业精神、职业身份等职业化要素的形成和发展过程。（该文获2020年度上海大学优秀博士学位论文）

作者：施蕾蕾

《中国大陆消费者社交媒体广告态度研究：基于4172份全国性样本的分析》内容摘要

随着媒介技术的发展和媒介环境的变化，以社交媒体为主要载体的社交媒体广告正日益成为一种独特而重要的广告形式。社交媒体广告的发展不仅会重构广告业态，也会深刻影响以传统媒体广告为研究对象的广告效果研究。围绕社交媒体广告的效果研究将是未来社交媒体广告研究的基石，也是值得学界关注的基础性课题。

该研究聚焦社交媒体广告效果这一基础性问题，在中国大陆地区展开全国性大规模问卷调查（N=4172）。在融合社会学、心理学、传播学和广告学等学科视角的基础上，通过五个子研究，从消费者（人口统计学特征、社交媒体使用行为、心理特质）、社交媒体及社交媒体广告、文化等三个维度全面而又系统地分析了影响社交媒体广告态度的各种因素，并就其中作用机制展开细致分析。

结果表明，从人口统计学特征来看，对社交媒体广告持正面态度的是"中间群体"，持负面态度的是"边缘群体"。从社交媒体使用行为来看，社交媒体使用与广告态度之间呈一种倒"U"型关系，信息性、娱乐性、侵入性和隐私担忧发挥中介作用。从消费者心理特质来看，孤独感和广告态度之间呈正"U"型关系，社交媒体使用发挥调节作用。从社交媒体及广告属性来看，信息性、娱乐性、自我—品牌一致性正向影响广告态度，隐私担忧负向影响广告态度，侵入性、生活质量和结构化时间对广告态度无显著影响，城市层级和代际发挥调节作用。从文化层面来看，侵入性并不必然影响中国消费者的广告态度，文化紧密度发挥调节作用。

该研究的理论和现实意义主要体现在：第一，该研究立足中国实际，发现中国大陆消费者的内部异质性以及与美国消费者之间的异同；第二，相较于"具体"广告态度，该研究对"一般"社交媒体广告态度的关注具有更广泛的适用性和理论指导意义；第三，通过引入其他学科理论视角，该研究提出新的研究变量，填补了国内外研究的空白，建构了较为完善的社交媒体广告态度模型；第四，该研究所发现的社交媒体广告态度U型模式强调对"度"的把握，为研究者提供了西方经典线性模式之外的探索视角；第五，该研究结果对社交媒体广告经营和管理者具有实际指导意义。（该文获2020年度厦门大学优秀博士学位论文）

作者：宣长春

《中国媒体文化的全球传播：模式差异与价值共识》内容摘要

全球传播正取代国际传播成为理解信息和文化跨国流动的主导范式，推动全世界范围内传播秩序的变革。在这个过程中，中国从坚持"独立自主"的发展路径开始逐渐融入全球化的体系中，并且在全球传播中扮演日益重要的角色。该文以多案例分析的形式，通过内容分析、批判性话语分析和社会网络分析等混合研究方法，从CGTN、TikTok和Cpop三个当前中国媒体全球传播中具有较大影响力同时又能够代表不同媒介形态的案例出发，讨论全球传播语境下中国媒体文化在不同媒介形态上的特征，并借助模式分析的路径梳理不同媒介形态和内容全球传播的模式及其背后的价值观念。

该研究认为，全球传播语境下包括中国在内的发展中国家的媒体文化处于"融合—替代"与"全球—本土"两组对立的关系中，由此形成了对话模式、另类模式和杂糅模式三种不同的媒体文化模式，代表了不同媒介进入全球市场的基本路径。在国际新闻的领域，CGTN代表了全球传播的"对话模式"。基于对话理论对主体身份平等和开放对话的要求，CGTN展现了以"远方他者"共情为基础的媒介化世界主义的价值理念，并将其体现在非洲报道和刘欣的"主播外交"中。在数字媒体的领域，TikTok代表了全球传播的"另类模式"。以另类现代性为理念核心，TikTok的媒体文化立足于全球本土化的逻辑，作为与美式"平台帝国主义"的并行的另类发展路径，呈现出全球社群和本土规制相结合的虚拟世界主义的价值理念。在流行文化的领域，Cpop代表了全球传播的"杂糅模式"。它在进入全球市场的过程中以"自我他者化"的方式重塑身份叙事，在与美式流行文化的杂糅中寻求被主流市场接受，体现的是以消费主义和他者化为核心的平庸世界主义的价值理念。

概括而言，中国媒体文化的全球传播正在经历从文化他者身份向世界主义理念的转变，但具体到不同的媒介形态上，对世界主义理念的理解和接纳却有所不同。如何在中国的媒体文化中进一步形成世界主义的价值共识，并将这种价值嵌入已经被民族主义深刻影响的中国全球传播发展进程中，使其超越传统的本土关怀而具有全球性的视野，是中国的媒体文化在全球传播中所需要面对的问题。（该文获2020年度清华大学优秀博士学位论文）

作者：王沛楠

2020年新闻传播学博士学位论文、博士后出站报告篇目辑览

（按大学所在地行政区划排序）

中国社会科学院研究生院新闻学与传播学系

2020年博士学位论文

博士论文题目	作者	导师
蒙元时期的传播与国家认同——以驿站研究为例	陶　丽	姜　飞
出现、演变、跨越：恐怖类型的传播历程与方式研究	常玉倩	姜　飞
广播电视广告行政监管研究——基于北京市广播电视局履职实践的考察与解析	连　勇	宋小卫
微博场域特大事故的媒介呈现与意义建构研究——对三家媒体新浪官微的框架分析	张海艳	宋小卫
从客观性到建设性：新闻理念的演变与理论构建	王建峰	唐绪军
算法技术环境下新闻网站从业者职业角色话语研究	王　琪	唐绪军
媒介社会学视角下中国媒体的建设性新闻报道研究——以苏州广播电视总台与凤凰网为例	郭　倩	殷　乐
智能传播时代身体与媒介互动研究	高慧敏	殷　乐

中国传媒大学

2020年博士学位论文

博士论文题目	作者
童年的转场：在新媒介生态之中的儿童教育	王　莹
《纽约时报》中国环境形象建构的多维研究	李炜炜
政府主管型社科学术期刊知识生产把关研究——以《中国高等教育》为个案	王弘扬
中国网络微名人的身份机制与文化功能研究	王书斌
Canada's Relationship with China in the Perspective of Communication: A Case Study of Harper's Decade	Hong Bing Wang
话语视角下女性维权与发展议题的媒体表达	孔　倩
手机沟通对家庭关系的影响	闫玉荣

续表

博士论文题目	作者
美国文化国际传播观念与策略的历史建构（1917—1945）	孙　钰
从单一主体监管走向多元主体共治——政府主导下的中国互联网治理研究	徐菱骏
新媒体环境下奥运新闻报道的政治传播研究——以AP体育推特2018平昌冬奥会报道为例	吕　航
群体传播空间中的关系共同体重构	范　明
新闻生产的再制度化：新媒体环境下传统媒体组织转型研究——以都市报为例	刘黎明
媒介生态视角下城市广播电视台生态位研究	苗　勃
民俗文化发展与社会资本增长的传播学考察——以丽江城区东巴文化为例	王文渊
关于全球社交媒体传播的科学哲学解释	董　超
反法西斯战争时期《泰晤士报》涉华报道研究（1937—1945）	张　帜
对外传播国别评价指标体系创建——基于日本国为对象的研究	潘　健
我国网络自制综艺的生产与传播研究	郑　石
中国音乐选秀节目的仪式研究	马文青
中国新闻摄影观念生成研究（1844—1936）	龚诗尧
群体传播：互联网时代的传播类型研究	马广军
情境与体验：网络媒介环境下短视频的景观重构	杨乐怡
日常经验与文化创新：中国青少年网络素养研究	高胤丰
城市品牌塑造模型研究	石凤玲
演进、互构、变革：西北乡村的媒介与消费	云　庆
新中国对外商业传播发展历史考察（1949—1979）	张允竞
品牌体验对品牌资产的影响因素研究——以马来西亚智能手机市场为例	Tong Wei Lee
改革开放以来中国企业品牌成长的历史演进与宏观考察	张　驰
唐朝国家形象对外传播研究	陈　宇
太极拳健身文化整合营销传播研究	陈思达
基于全球广告网络视角的跨国广告公司在华发展历程研究	刘佳佳
中国公益广告价值观研究（1982—2018）——以"黄河奖"获奖作品为例	张学伟
融媒体传播效果评估体系构建研究——以"两微一端"为例	刘若歆
互联网内容平台的生态系统研究	吴凤颖
广州新媒体产业生态研究	崔卓宇
中国大型海外文化交流项目与国家形象的建构研究	李　洁
群体传播中不同信息分发模式下的媒介权力实践	谈　和
主体性的显现与失控——互联网群体传播中的非理性交往行为研究	罗　譞

续表

博士论文题目	作者
融媒体传播中的广播生态研究	王　伟
媒体融合背景下央广两会报道研究（2008—2018）	李秀丽
《申报》编读交往史研究	韩文婷
新型主流媒体新闻身份建构：道德规训与话语机制	常媛媛
融媒体新闻叙事：召唤与回应	张　馨
主流媒体新闻评论主流化实现路径研究——基于传受关系变革的背景	李劭强
基于认同理论的主流媒体新闻评论引导力研究	宋守山
新型主流媒体建设中党报价值理性与工具理性平衡研究	张洪伟
健康传播视阈下中国健康题材纪录片研究	王　烁
建构与变迁：主流新闻媒体中的东北形象——基于《人民日报》（1978年—2018年）报道的研究	崔　琳
十九世纪以来法国大众科学知识生产和传播变迁研究	林　佩
数字出版生态系统演化与构建研究	高　坚
我国改革开放进程中的国民阅读研究	宋思佳
认同与流变：朝鲜王朝对中国书籍的输入与刊行研究	郭瑞佳
网络流行语的青年身份认同历史流变——话语实践与身份想象	吴　茜
未成年人互联网隐私保护研究	孟禹熙
当代全球传播中的伦理困境研究	高　冉
中国官方媒体与社交媒体中的泰国国家形象研究——以《人民日报》与新浪微博为例	Suleeporn Suebsiriviriyakorn
记忆的实践：东北老工业基地集体记忆的媒介学研究	潘晓婷
知识生态视角下虚拟知识社群知识共享研究	艾克热木江·艾尼瓦尔
网络空间仇恨言论的规制研究	韩新华
自媒体时代中国政治传播秩序转型研究	于淑婧
传播学视域下的黄一鹤春晚观研究	张　洁
环境传播视域下的社会动员——基于阿拉善左旗荒漠化治理运动的传播民族志考察	阿希塔
Community Radio Roles in Combating Child Abuse in Zanzibar: An Perspective of Development Communication	Koshuma Saleh Ramadhan
跨文化传播场域中的视觉文化与自我表达——基于社交媒体Instagram的研究	李冰玉
论数字智能技术对人的意识延伸——从媒介环境学视角出发	邵婉霞
新媒体语境下身体在场的人际传播关系研究——以短视频社交媒体传播为例	刘萌雪

续表

博士论文题目	作者
Political Participation of Young People on Social Media and Its Policy Implications: A Case Study of Pakistan	Nosharwan Arbab Abbasi
The Media-State Interaction in the Context of Legislation on Terrorism and Religious Issues in Pakistan	Usman Umer
融媒时代我国视听新媒体的规制研究	刘 双
社交媒体的空间化研究——以脸书为例	朱学峰
消费文化视角下中国国际传播的路径探析	寇佳婵
全球风险社会视角下的我国公共危机传播研究	周晓萌
移动互联网时代的知识传播研究	郭 杨
"一战""二战"宣传战图像传播研究	李 颖
我国学术期刊全文数据库的知识生产与传播	张阿源
知识社会学视角下的戴维莫利传播思想研究	王琛元
传播对重庆近代城市空间建构研究	蒋东旭
十九世纪英国自由主义价值观国际传播研究	王哲媛
中国出版企业境外投资风险测度及管理研究	周 晋
制度逻辑、传媒企业社会责任与企业绩效——基于传媒上市公司的实证研究	张 珊
中国主流媒体"走出去"效果评估研究	巩育华
城市形象感知的群体差异及其驱动机制研究	刘小晔
消费文化视野下中国儿童观的变迁（1979—2018）——基于《新民晚报》儿童广告的研究	林晓颖
改革开放以来中国品牌观念变迁研究——以学术话语变迁为线索（1978—2019）	安 琪
"审美心理距离"视域下影像形态的流变研究	王廷轩

北京大学新闻与传播学院

1. 2020年博士学位论文

博士论文题目	作者	导师
金融资本与技术资本驱动下中国户外广告的产业发展研究（2001—2018）	曾 腾	陈 刚
数字时代的生活者研究——溯源、反思与建构	宋玉玉	陈 刚
当代中国广告产业技术范式变迁研究	谢佩宏	陈 刚
日本电通公司在中国的早期发展研究（1972—1994）	卿 婧	陈 刚
修辞学视角下的中国舞蹈传播研究	何 薇	陈汝东

续表

博士论文题目	作者	导师
新媒体环境下中国城市社区传播的嬗变与发展——以北京市为例	蔡曦亮	程曼丽
从"群众路线"到"现代化":对1949—1992年中国传播学的历史重访	方晓恬	程曼丽
汉民族形成过程中的周边传播研究	刘雁翎	陆 地
跨媒介场景中的粉丝参与实践与身份建构	涂俊仪	陆绍阳
文学作品影像化中的女性表达研究	薄 莎	陆绍阳
作为媒介的网约车——移动互联网时代技术对社会变迁影响研究	潘聪平	师曾志
作为媒介的藏香草与社会变迁:对一个藏地村庄的传播民族志研究	仁增卓玛	师曾志
互联网公益:平台社会中的公共传播研究	宋 奇	师曾志

2.2020年博士后出站报告

出站报告标题	作者	合作老师
创意传播管理与产业发展研究	王 苗	陈 刚
媒介学的想象力——重构数字时代的媒介理论与批评	车致新	王洪喆

清华大学新闻与传播学院

1.2020年博士学位论文

博士论文题目	作者
平台媒体的垄断化与规制研究	王竟达
论社交媒体的平台权力及其治理	刘金河
俄罗斯大学生用户创造内容行为研究——以VKontakte为例	宋雅琪
媒介权力与总统操纵的变奏——特朗普与主流媒体的博弈	张 焱
伊斯兰和伊斯兰极端主义的媒体建构	加米尔
村上春树在中国的传播与接受	千叶万希子
平台媒介化中的内容安全及治理	张 虹
传播的新"路":山东战时邮局研究(1937—1945)	梁 骏
全球视野下的新闻真实探索:理论阐释与实际考察	刘沫潇
中国媒体文化的全球传播:模式差异与价值共识	王沛楠
对话理论视角下的中国国家形象建构研究	冯海燕
中央企业在美国的声誉建构研究	田香凝
借由他者化的驱逐与认同:古今穆斯林世界的中国观	帝 友
系统失控下网络空间治理的困境与回应研究	张学骞
社交媒体在公共外交中的角色:中罗大使馆案例比较研究	冯瑞娜

2.2020年博士后出站报告

出站报告标题	作者
移动互联网背景下的社会时间结构研究	翁之颢
体育类短视频传播与运营研究	罗姣姣
纪实影像中争议性科学传播的创作策略探究	邢梦莹
偶像制造：网络时代的偶像工业 2010—2020	薛 静

中国人民大学新闻学院

1.2020年博士学位论文

博士论文题目	作者
中产安家：媒介化与家居空间的社会生产	陈 辉
修辞转向：公共关系修辞范式研究	高 歌
多屏时代视频新闻画面意义建构	额尔德尼其其格
场域视野下公共文化空间传播研究	王珊珊
从信息发布到社会动员：自然灾害中的应急传播模式研究	刁 莹
从中外纸媒气候传播对比看我国媒体气候传播的功能与策略	杨 柳
中国气候传播战略研究	张志强
诠释与行动：中国记者职业认同研究	周益帆
国际话语权兴衰与中国制度性话语权构建研究	刘 娟
新闻触电：电子时代中国新闻业技术观念的嬗变（1949前）	杨奇光
中国上古媒介史研究	董翊宸
基于美国原始档案的来华密苏里新闻人研究（1900—1953）	刘 珍
近现代中国报刊功能的认知演变研究（1815—1949）	谭泽明
新教伦理与西方现代新闻观念的起源	王 阳
融合视域下的新闻机构组织形态研究	赵新宁
新闻公正论	杜 辉
摄影视觉修辞视角下的国民形象建构——基于西方摄影师镜头里的中国国民形象的分析	黄晓勇
地缘政治视角下俄罗斯媒体对外传播研究	爱丽亚
北京首都城市政治形象传播研究	张劲林
社交媒体环境下高技术企业形象传播的理论模型	杨 正

续表

博士论文题目	作者
后达赖时代《印度时报》《纽约时报》涉藏报道的话语与政治	江灏锋
中国网络民族主义情绪传播研究	张 瑜
虚假新闻甄别与管控研究——互联网媒体平台把关机制构建	冯雯璐
移动智能广告传播效果的理论模型研究	贾一丹
媒介技术的演进逻辑与传媒业智能化发展研究	周宇博
网络空间中个体的自我表达	郭 慧
改革开放初期汉语工具书出版与秩序重建	张 旸
网络大电影的差异化竞争研究	翟旭瑾
中国控烟传播的实证研究：呈现框架、叙事话语与受众作用机制分析	赵 睿
"八十年代"图书出版对社会思潮的影响研究	宋 扬
启动、爆发与消退：网络抗争事件中的情绪周期	刘 念
"看电视"作为一种生活方式——中国电视的社会文化史考察（1978—2018）	何天平
"群己权界"：互联网时代的隐私观念研究	令 倩
中国新闻生产的视觉逻辑变迁（1990—2020）	王晓培
建构人民中心：涉农深度报道的话语变迁研究	刘 楠
食品安全议题下企业利益相关者的危机传播管理	薛立琦
新闻报道与风险社会的关系	范晨虹
学界业界：中国新闻专业共同体研究	曹 林

2.2020年博士后出站报告

出站报告标题	作者
青少年网络传播行为的心理机制研究	白麒钰
社交化阅读中的知识生产与服务研究	杨逐原

安徽大学新闻传播学院

2020年博士学位论文

博士论文题目	作者	导师
公众舆论的"情感"展演——以"朴素正义感"为中心的考察	开薪悦	姜 红

河北大学新闻传播学院

2020年博士学位论文

博士论文题目	作者	导师
掌阅公司版权运营研究	袁丽娜	任文京、陶丹
国家文化认同视阈下主流媒体传播中国故事研究——以中央人民广播电视总台综合频道为例	陈婧薇	胡连利
清末农学期刊研究（1897—1911）	王青原	韩立新

复旦大学新闻学院

1.2020年博士学位论文

博士论文题目	作者	导师
线上线下的成都拉拉空间研究	孔宇	曹晋
洋物舶来：视觉惊奇与现代生活启蒙	金晶	顾铮
向着技术图像的世界：维兰·弗鲁塞尔传播学思想研究	卢照	顾铮
互联网背景下中国动画产业国际竞争力培育路径创新研究	曾培伦	朱春阳
《大公报》国民生活观建构——以新生活运动为中心	赵佳鹏	黄瑚
网络时代增强中华文化全球影响力的分层传播理念研究	胡学峰	孟建
战后台湾国民党外传媒之比较研究	许智超	刘海贵
移动遗产：媒介学视角下广东省汕头市小公园开埠区的文化传承	黄显	孙玮
界域与节点：基于空间实践的西安城墙"意象"再造	李淼	谢静
复合空间中的赛博格：基于位置媒体的媒介实践	许同文	陆晔
台湾地区文化创意园区的运行模式研究——以台北华山文创园区和松山文创园区为例	孙晨茵	孟建
社会化媒体环境下的企业公共关系管理研究	陈娟玲	程士安
中韩电视产业的平台和内容版权的比较研究——基于新旧媒体平台竞争下产业结构的演变的视觉	朴由敬	童兵
萨德入韩前后中韩两国国家形象认知比较研究	郑美真	孟建
中介中西：晚清上海传教士与新式出版机构——以《北华捷报》与墨海书馆为中心的考察	骆世查	黄旦
《上海新报》研究	李小青	黄旦
新闻学视野中的《中国丛报》研究	石雅洁	黄旦
数据新闻叙事研究：知识、结构与话语	戴前柏	李良荣
向海而强：《人民日报》海洋新闻报道的建构性研究	范佳秋	童兵

2.2020 年博士后出站报告

出站报告标题	作者
中国新闻文化的当代呈现与创新发展	席志武
性别、媒介与社会：对晚清女报及相关报刊的解读	张新璐
唱新闻：浙江传统乡村的口头传播	李 乐
人工智能时代的传播研究范式转型	丁方舟
从创伤到国殇：日本"原爆电影"媒介记忆研究	陶赋雯
数字修辞：理论、方法与实践	徐生权

华东师范大学传播学院

2020 年博士学位论文

博士论文题目	作者	导师
基于协同治理视角的灾害事件多元主体辟谣研究	宋 雪	陈 虹
中国网络新闻传播领域算法伦理研究——基于"三视角"理论框架	袁 帆	严三九
个人意识、自我认同与日常生活再造：广告生产的社会过程（1978—2018）	陈 凌	吕新雨
书法艺术的现代审美传播——以大学生书法审美的特点为例	李承宗	吕新雨
民国《申报》健康广告话语变迁研究	袁 建	吕新雨
中文科技新闻易读性测量的实证研究	李静姝	严三九

上海大学新闻传播学院

2020 年博士学位论文

博士论文题目	作者	导师
民国上海商业报纸经营管理制度历史演变——《申报》、《新闻报》研究（1927—1949）	张文娟	郑 涵
清末民初《大同报》传教士办报政治思想研究（1904—1916）	路 珏	郑 涵
近现代在沪日文报纸历史变迁——《大陆新报》研究	徐 萌	郑 涵
任白涛新闻思想研究	刘辰辰	沈 荟
近现代上海小报报人的职业化研究——基于社会交往视角的考察	施蕾蕾	沈 荟
新媒体时代美国政府与媒体的共生和博弈关系研究	鲍 静	许正林

南京大学新闻传播学院

2020 年博士学位论文

博士论文题目	作者
情境重叠现象对社交媒体消极使用行为影响研究	李 洁
迈向媒介化时代的数字资本主义 2.0——思想史、话语与存在论反思	杨 馨
转型媒体人的生命体验及其迁徙式生存：基于 J 报的民族志研究	江 飞
收视率中国旅行史	李 钢

南京师范大学新闻与传播学院

2020 年博士学位论文

博士论文题目	作者	导师
疫苗安全议题中媒介间显、隐性议程网络关系研究——基于第三层次议程设置理论	王晗啸	于德山

武汉大学新闻与传播学院

2020 年博士学位论文

博士论文题目	作者	导师
公益组织的新媒介传播研究——基于媒介赋权的视角	张 婷	黄扬略
企业品牌危机的大数据管理与处置研究	陆 瀚	张金海
中国奥数议题的媒介呈现研究	邵 娟	夏 琼
国家广告产业园区运行机制研究	杨同庆	冉 华
互联网平台的电视收视测量及其评估应用：比较与重构	徐立军	单 波
场域视角下"问题疫苗"事件的话语冲突与认知建构	丁敏玲	刘建明
中国手机游戏境外用户文化价值观差异研究	秦 晴	周 翔
对农电视传播力影响因素研究——基于河南新农村频道传播内容的分析	钟 娅	冉 华
跨文化粉丝圈：分化、认同与冲突——基于迪玛希粉丝社群的传播学考察	侯 雨	单 波
Promoting ISIS through Words and Visual Technologies: Comparative Framing Analysis of RT Arabic and Sky News Arabia	Daleen Al Ibrahim	石义彬
越中跨文化关系的建构研究——基于对芽庄越南人的观察分析	Tran Son Tung	单 波

续表

博士论文题目	作者	导师
议程设置视角下《人民日报》"中国梦"报道研究（2012—2019）	刘 亚	强月新
网络时代中国新闻舆论监督研究——基于系统论的理论视角	龚升平	夏 琼
延安时期毛泽东宣传思想研究	张一真	梁相斌
信息生态位视域下网络用户参与品牌价值共创研究	邓良柳	吕尚彬
面向实践的重构：技术变革背景下广告学科知识的发展	李 娜	姚 曦
智媒时代中国广告从业者身份认同研究——以广告代理公司从业者为例	沈君菡	周茂君
信息学视域下媒介传播的演进及智能传播的未来发展研究	赵静宜	程 明
新媒体时代我国职业新闻从业者隐性知识的研究	姜诗斌	江作苏
二战后韩国电影产业规制变迁研究	许欢欢	强月新
中国互联网虚假广告监管体系研究——基于预防和惩治的双重视角	罗雁飞	周茂君
平台媒体的传媒公共性实践——以微信公众平台为例	欧 健	刘建明
迷失在网络——荒路村儿童日常生活中的媒介实践研究	周红莉	张 卓
新型主流媒体媒介信任的影响因素研究——基于网络直播的实证分析	刘建勋	姚 曦

重庆大学新闻学院

1.2020年博士学位论文

博士论文题目	作者	导师
网络公共事件中的图像赋权研究	杨绍婷	郭小安

2.2020年博士后出站报告

出站报告标题	作者	合作老师
媒介与残障研究的探索——从新闻呈现到社群实践	杨 柳	董天策

四川大学新闻学院

1.2020年博士学位论文

博士论文题目	作者	导师
莫里斯符号传播思想研究	胡光金	赵毅衡
场域视角下聚合类平台的内容个性化分发研究——以《今日头条》为例	尚 帅	尹韵公

续表

博士论文题目	作者	导师
报纸商业模式数字化转型的全球实践与本土省思——以付费墙为中心的研究	邓树明	蒋晓丽
全媒体视阈下政治公关的范式转向和实现路径研究	耿姝	蒋晓丽
询唤视角下新媒体抑郁症报道对障碍者的主体性建构研究	林正	蒋晓丽
媒介融合背景下广播发展的路径研究	宋锦燕	欧阳宏生
理念生成与路径选择——中国电视法治节目理性传播研究	黎薇	欧阳宏生
呈现与想象：《新新新闻》与成都城市的现代转型（1929—1950）	高敏	操慧

2.2020年博士后出站报告

出站报告标题	作者	合作老师
宋诗在北美的传播与接受研究	万燚	曹顺庆

厦门大学新闻传播学院

2020年博士学位论文

博士论文题目	作者	导师
《国语日报》六十年研究（1948—2008）——台湾少儿报刊书写史中"文化认同"的变迁	王艳	许清茂
社会建构论视野下我国疾病与医疗题材电视话语实践研究	刘也夫	阎立峰
1980年代台湾左翼的"民众传播"探索与"另类媒体"的再认识	温晔	张铭清
大众传媒作用下的台湾表演性政治研究	张燕萍	阎立峰
民国琼崖报刊研究	周仁清	朱至刚
清代朝贡制度解体的跨文化传播解读	魏健峰	黄星民
基于国际成功品牌的品牌建设经验探索	唐晓	黄合水
新闻报道与品牌资产的关系研究——基于网络新闻数据和语义网络分析	彭丽霞	黄合水
中国大陆消费者社交媒体广告态度研究：基于4172份全国性样本的分析	宣长春	林升栋
媒介话语中的"幸福"（1949—2019）——《人民日报》与当代中国"幸福"话语的建构及变迁研究	谢欣	陈嬿如
以乐观礼：中国古乐的媒介功能观	张丹	谢清果

陕西师范大学新闻与传播学院

2020 年博士学位论文

博士论文题目	作者	导师
新媒体条件下基层党建有效路径研究	张国宁	张积玉
新世纪主流电视剧叙事中的新疆文化景观建构——以央视为研究对象	王 月	张积玉
中国儿童舞台剧市场供求问题研究	熊 艳	李 震
播音与主持艺术专业的学科归属与学科建构研究	成越洋	李 震
延安清凉山：空间媒介及其意义	张 聪	鲍海波

中山大学传播与设计学院

2020 年博士学位论文

博士论文题目	作者	导师
社交媒体对"港漂"的赋权和社会融合效应：针对三类香港内地移民的实证研究	唐嘉仪	张 宁
党报整合宣传与文化领导权构建研究——以人民日报新媒体中心为个案	章 震	张志安
当代青年政治化消费行为的影响因素研究	王童辰	钟智锦

暨南大学新闻与传播学院

1.2020 年博士学位论文

博士论文题目	作者	导师
"看见"与"想象"：乌江流域少数民族文化媒介表征研究——基于传播符号学视角	陈艳花	李異平
中国新闻法制发展史研究（1979—2019）	陈文举	林爱珺
多维视阈下网络视频的媒介角色审思	严 俊	张晋升
社交媒介时代粉丝社群互动仪式研究	张建敏	申启武
县级融媒体参与中国基层治理的机制研究	文琼瑶	支庭荣
流动现代性视角下海南"候鸟族"社群传播和社会关系网络研究	朱雅婧	刘 涛
社交媒体视域下时尚传播文化场域建构研究	康 茜	星 亮
风险语境下科学传播的主体协同、话语互动研究——以本土疫苗议题为例	赵倩怡	陈伟军
播撒火种：红军在贵州的舆论宣传与民众动员研究（1930—1936）	杨雅芸	邓绍根
媒妁之言：媒介社会学视角下的"婚媒文化"研究	张文婷	曾一果
南方都市报智库化转型研究	汪金刚	支庭荣

续表

博士论文题目	作者	导师
作为劳动的游戏：网络游戏玩家的情感劳动研究	刘芳儒	范以锦
移动互联网时代新闻实践研究：一个日常生活的视角（2010—2020）	何艳明	林爱珺
走向中国本位：民国新闻教育体系研究	李兴博	赵建国
视觉修辞视角下的语图关系研究	汪金汉	刘 涛
作为政治的媒介——政治文化视野下的中国大陆连环画研究（1949—1985）	李 勇	甘险峰

2. 2020年博士后出站报告

出站报告标题	作者	合作老师
数字域、参与传播及乡村治理——清远市"乡村新闻官"制度研究	公丕钰	张晋升
新技术影响下的新媒体平台社会影响力评估和分析	刘 倩	林如鹏、汤景泰

郑州大学新闻与传播学院

2020年博士学位论文

博士论文题目	作者	导师
农村政策传播中的信息异化现象研究——基于乡村干部的政策行为考察	王佳林	张淑华